Direito Ambiental do Trabalho

Apontamentos para uma Teoria Geral

Volume 5

Volume 1 — Junho, 2013
Volume 2 — Setembro, 2015
Volume 3 — Fevereiro, 2017
Volume 4 — Maio, 2018
Volume 5 — Julho, 2020

GUILHERME GUIMARÃES FELICIANO
INGO WOLFGANG SARLET
NEY MARANHÃO
TIAGO FENSTERSEIFER

COORDENADORES

DIREITO AMBIENTAL DO TRABALHO

APONTAMENTOS PARA UMA TEORIA GERAL

VOLUME 5

LTr Editora Ltda.

© Todos os direitos reservados

Rua Jaguaribe, 571
CEP 01224-003
São Paulo, SP — Brasil
Fone (11) 2167-1151
www.ltr.com.br
Julho, 2020

Produção Gráfica e Editoração Eletrônica: GRAPHIEN DIAGRAMAÇÃO E ARTE
Projeto de Capa: DANILO REBELLO
Impressão: META BRASIL

versão impressa — LTr 6245.0 — ISBN 978-85-301-0077-3
versão digital   — LTr 9687.3 — ISBN 978-85-301-0199-2

Dados Internacionais de Catalogação na Publicação (CIP)
(Câmara Brasileira do Livro, SP, Brasil)

Direito ambiental do trabalho : apontamentos para uma teoria geral, volume 5 / coordenadores Guilherme Guimarães Feliciano ... [et al.] — São Paulo : LTr, 2020.

Vários autores
Outros coordenadores: Ingo Wolfgang Sarlet, Ney Maranhão, Tiago Fensterseife.r
Bibliografia.
ISBN 978-85-301-0077-3

1. Ambiente de trabalho 2. Direito ambiental 3. Direito do trabalho I. Feliciano, Guilherme Guimarães. II. Sarlet, Ingo Wonfgang. III. Maranhão, Ney. IV. Fensterseifer, Tiago.

19-29322   CDU-34:331.042

Índices para catálogo sistemático:
1. Direito ambiental do trabalho   34:331.042

Cibele Maria Dias — Bibliotecária — CRB-8/9427

SUMÁRIO

APRESENTAÇÃO
Guilherme Guimarães Feliciano e Ney Stany Morais Maranhão 9

PREFÁCIO
Ingo Wolfgang Sarlet e Tiago Fensterseifer 11

SEÇÃO 1
PROPEDÊUTICA JURÍDICO-AMBIENTAL

ESTADO SOCIOAMBIENTAL E MÍNIMO EXISTENCIAL (ECOLÓGICO?): ALGUMAS APROXIMAÇÕES
Ingo Wolfgang Sarlet e Tiago Fensterseifer 15

SUSTENTABILIDADE: O ESTADO DA ARTE
Édis Milaré 41

DESENVOLVIMENTO E MEIO AMBIENTE
Talden Farias 75

MEIO AMBIENTE NA CONSTITUIÇÃO DA REPÚBLICA FEDERATIVA DO BRASIL DE 1988
Luciana Costa da Fonseca 81

A RESPONSABILIDADE CIVIL AMBIENTAL NA SOCIEDADE DE RISCO
Nelson Rosenvald e Felipe Peixoto Braga Netto 95

ACESSO À JUSTIÇA EM QUESTÕES AMBIENTAIS NO ACORDO DE ESCAZÚ
Paulo Affonso Leme Machado 107

SEÇÃO 2
JUSFUNDAMENTALIDADE DA QUESTÃO
DO MEIO AMBIENTE DO TRABALHO

DIREITO FUNDAMENTAL AO EQUILÍBRIO DO MEIO AMBIENTE DO TRABALHO
Ney Maranhão 119

A INCOLUMIDADE PSICOFÍSICA DO TRABALHADOR COMO DIREITO FUNDAMENTAL
José Antônio Ribeiro de Oliveira Silva 127

DIREITO FUNDAMENTAL AO TRABALHO DIGNO E MEIO AMBIENTE DE TRABALHO SAUDÁVEL: UMA ANÁLISE SOB A PERSPECTIVA DO ASSÉDIO ORGANIZACIONAL
Gabriela Neves Delgado e Valéria de Oliveira Dias 143

Seção 3
Principiologia jurídico-ambiental e concreções no meio ambiente do trabalho

O Princípio do desenvolvimento sustentável e o meio ambiente do trabalho
Sandro Nahmias Melo 161

Princípio da proibição do retrocesso social em matéria ambiental e o exercício da inovação
Carlos Alberto Molinaro 173

O princípio da vedação do retrocesso em matéria labor-ambiental e a pessoa com deficiência
Tereza Aparecida Asta Gemignani e Daniel Gemignani 187

As novas dimensões do princípio da reparação integral dos danos ambientais
José Rubens Morato Leite e Patryck de Araujo Ayala 207

Rediscutindo o princípio do poluidor-pagador: uma questão de eficiência econômico-ambiental
Luis Antonio Gomes de Souza Monteiro de Brito 221

Responsabilidade civil ambiental e meio ambiente do trabalho
Annelise Monteiro Steigleder 237

Aplicação do princípio da prevenção no meio ambiente do trabalho
Raimundo Simão de Melo 255

Princípio da precaução
Gabriel Wedy 263

O princípio da precaução no meio ambiente do trabalho: como lidar com os novos riscos labor-ambientais
Paulo Roberto Lemgruber Ebert 281

O estado da arte do princípio jusambiental da cooperação
Carlos Eduardo Silva e Souza 301

O princípio da cooperação e sua incidência no meio ambiente do trabalho
Carla Reita Faria Leal e Gabriela de Andrade Nogueira Gonçalves 313

Princípio da participação (ou princípio democrático)
Paulo de Bessa Antunes 331

O princípio da participação ambiental no direito do trabalho brasileiro
Rúbia Zanotelli de Alvarenga e Fabrício Milhomens da Neiva 337

Seção 4
Temas específicos em foco

As revoluções industriais e o meio ambiente do trabalho: reflexões, análises, comparações e os fundamentos do Direito do Trabalho
Cláudio Jannotti da Rocha, Lorena Vasconcelos Porto e Rúbia Zanotelli de Alvarenga 349

NANOTECNOLOGIA E MEIO AMBIENTE DO TRABALHO: AINDA A TUTELA JUSFUNDAMENTAL DO TRABALHADOR EM HORIZONTES DE INCERTEZA
Guilherme Guimarães Feliciano 359

O 'MEDICAL MONITORING' COMO ESPÉCIE DE RESPONSABILIDADE CIVIL POR RISCO NAS RELAÇÕES JURÍDICAS TRABALHISTAS: UMA ANÁLISE A PARTIR DA TEORIA DO DANO AMBIENTAL FUTURO
Délton Winter de Carvalho e Gustavo Vinícius Ben 367

FIXAÇÃO DE METAS E ASSÉDIO MORAL
Flávio da Costa Higa 383

O ACIDENTE AMBIENTAL TRABALHISTA E A RESPONSABILIDADE CIVIL OBJETIVA AGRAVADA DO EMPREGADOR
André Araújo Molina 395

A IDEIA JUSAMBIENTAL DE SOLIDARIEDADE INTERGERACIONAL APLICADA AO MEIO AMBIENTE DO TRABALHO — REFLEXÕES E POSSIBILIDADES
Ney Maranhão e Omar Conde Aleixo Martins 407

SUSTENTABILIDADE E EMPREGOS VERDES
Georgenor de Sousa Franco Filho 417

MEIO AMBIENTE DO TRABALHO E TRANSFORMAÇÃO SOCIAL: UMA ANÁLISE DO TELETRABALHO SOB O VIÉS DA PROTEÇÃO JUSLABORAL
Andréia Chiquini Bugalho, Camila Martinelli Sabongi e Jair Aparecido Cardoso 421

MEIO AMBIENTE DO TRABALHO E O ARTIGO 611-A, III, DA CLT, ALGUMAS CONSIDERAÇÕES
Francisco Alberto da Motta Peixoto Giordani 435

O MEIO AMBIENTE DE TRABALHO DOS PORTUÁRIOS E DOS MARÍTIMOS
Paulo Roberto Lemgruber Ebert 447

PROTEÇÃO JURÍDICA CONTRA DANOS AMBIENTAIS FUTUROS PARA O CASO CONCRETO. O CASO DO RECANTO DOS PÁSSAROS OU SHELL/BASF
Claudirene Andrade Ribeiro 463

A PRESCRIÇÃO NO ACIDENTE DE TRABALHO E NA DOENÇA OCUPACIONAL
Rodolfo Pamplona Filho e Leandro Fernandez 479

O GRITO DE BRUMADINHO: O ROMPIMENTO DA BARRAGEM DO CÓRREGO DO FEIJÃO E SUAS IMPLICAÇÕES NA PERSPECTIVA DO MEIO AMBIENTE DO TRABALHO
André Augusto Malcher Meira, Fernanda Antunes Marques Junqueira e Ney Maranhão 491

GREVE AMBIENTAL TRABALHISTA: INSTRUMENTO DE EFETIVAÇÃO DA DIGNIDADE HUMANA DO TRABALHADOR
Georgenor de Sousa Franco Filho e Perlla Barbosa Pereira Maués 507

LEGITIMIDADE ATIVA PARA A TUTELA PROCESSUAL DO EQUILÍBRIO DO MEIO AMBIENTE DO TRABALHO
Carlos Henrique Bezerra Leite e Laís Durval Leite 521

TUTELAS PROVISÓRIAS NO DIREITO AMBIENTAL DO TRABALHO
Vitor Salino de Moura Eça 537

PARTICIPAÇÃO PELA VIA JUDICIAL NA PROTEÇÃO DO MEIO AMBIENTE E A EXPANSÃO DA FUNÇÃO JURISDICIONAL
Álvaro Luiz Valery Mirra 549

APRESENTAÇÃO

BUSCANDO A UBIQUIDADE EM TEMPOS DE CRASSA LINEARIDADE

Neste quinto volume da coleção *"Direito Ambiental do Trabalho: Lineamentos para uma teoria geral"*, optamos por uma abordagem algo diversa daquela utilizada nos volumes anteriores, que distribuíram os textos de acordo com identidades temáticas ou com os já tradicionais sete eixos semânticos desta nossa Teoria Geral do Direito Ambiental do Trabalho (dimensões propedêutica, jusfundamental, preventiva, repressiva, reparatória, instrumental e transversal). Decidimos apresentar ao leitor a convergência fundamental que dá sentido à disciplina desta série, organizando textos selecionados dos mais relevantes autores do Direito Ambiental e, na contrapartida trabalhista, reflexões de autores que têm se dedicado especialmente a redesenhar, de modo consistente, novos parâmetros para as questões de saúde e segurança do trabalho, exatamente a partir do paradigma jurídico-ambiental.

A *transversalidade,* com efeito, é um dos mais notáveis predicamentos do Direito Ambiental. Por esse predicamento — também identificado como princípio da transversalidade ou da ubiquidade —, a variável ambiental deve ser considerada em qualquer processo decisório relacionado ao desenvolvimento humano, uma vez que *"a questão ambiental está presente em qualquer agenda política, seja de ordem agrícola, cultural, industrial, urbanística etc."* (FARIAS, Talden. COUTINHO, Francisco Seráphico da N. MELO, Geórgia Karênia R. M. M. *Direito Ambiental.* 4ª ed. Salvador: JusPodivm, 2016. p. 46). Acresça-se textualmente, por nossa iniciativa, também a agenda *trabalhista.* Eis a razão primeira pela qual é possível tratar, aqui, de um *Direito Ambiental do Trabalho* (como, de resto, cuida-se alhures de um Direito Penal Ambiental, de um Direito Constitucional Ambiental, de um Direito Internacional do Meio Ambiente etc.). É também a razão pela qual lograremos fazê-lo sempre, recorrendo às normas, aos institutos e à própria discursividade do Direito Ambiental, sem descurar da principiologia e do arcabouço positivo próprios do Direito do Trabalho. Eis o que lhe apresentamos neste volume.

Deram-nos a honra de cerrar fileira para o novo desafio os professores Ingo Wolfgang Sarlet e Tiago Fernsterseifer, que assinam conosco a coordenação deste volume. A eles, o nosso mais profundo respeito acadêmico e a nossa perene gratidão. No desenvolvimento dos temas, para além de Sarlet e Fernsterseifer, contamos com as lavras de Edis Milaré, Paulo Affonso Leme Machado, Nelson Rosenvald, Talden Farias, Luciana Costa da Fonseca e Felipe Peixoto Braga Netto — nomes altamente consagrados na atual literatura brasileira —, para a propedêutica jurídico-ambiental. Para o debate da jusfundamentalidade labor-ambiental, vieram conosco Gabriela Neves Delgado, Valéria de Oliveira Dias e José Antônio Ribeiro de Oliveira Silva. Na discussão dos princípios jurídico-ambientais *"per se"* e de suas aplicações aos problemas de saúde e segurança do trabalho, discorrem ninguém menos que Paulo de Bessa Antunes, Raimundo Simão de Melo, Gabriel Wedy, Sandro Nahmias Melo, Carlos Alberto Molinaro, Tereza Aparecida Asta Gemignani, Daniel Gemignani, José Rubens Morato Leite, Patryck de Araujo Ayala, Luis Antonio Gomes de Souza Monteiro de Brito, Annelise Monteiro Steigleder, Paulo Roberto Lemgruber Ebert, Carlos Eduardo Silva e Souza, Carla Reita Faria Leal, Gabriela de Andrade Nogueira Gonçalves, Paulo de Bessa Antunes, Rúbia Zanotelli de Alvarenga e Fabrício Milhomens da Neiva. Por fim, tratando de temas específicos do Direito Ambiental do Trabalho, doutrinam Georgenor de Sousa Franco Filho, Rodolfo Pamplona Filho, Carlos Henrique Bezerra Leite, Jair Aparecido Cardoso, Cláudio Jannotti da Rocha, Lorena Vasconcelos Porto, Rúbia Zanotelli de Alvarenga, Délton Winter de Carvalho, Gustavo Vinícius Bem, Flávio da Costa Higa, André Araújo Molina, Omar Conde Aleixo Martins, Andréia Chiquini Bugalho, Camila Martinelli Sabongi, Francisco Alberto da Motta Peixoto Giordani, Paulo Roberto Lemgruber Ebert, Claudirene Andrade Ribeiro, Leandro Fernandez, André Augusto Malcher Meira, Fernanda Antunes Marques Junqueira, Perlla Barbosa Pereira Maués, Laís Durval Leite e Álvaro Luiz Valery Mirra. E entre os melhores, para a nossa distinção, também nós, subscritores desta Apresentação.

O repto do direito ao meio ambiente humano ecologicamente equilibrado, radicado no art. 225, *caput,* da Constituição, exige muito mais do que boas intenções e retóricas eruditas. Exige tenacidade, engajamento, esforços contínuos de conscientização, investimentos em políticas públicas, saberes articulados. Para esse último propósito, na zona crítica de intersecção entre o Direito Ambiental e o Direito do Trabalho — que se estriba no campo semântico aberto pelo art. 200, VII, da Carta —, contribuirá a presente coletânea.

Seguindo Fontaine,

> L'environnement comme les droits fondamentaux fait partie de ces domaines de la vie sociale qui font naître une demande d'éthique. Cette demande se traduit par une pression de l'opinion publique et par la fixation progressive de valeurs destinées à être relayées par les normes juridiques. En ce sens l'évolution du fond du droit suit son processus habituel d'intégration plus ou moins homogène de la société qu'il régit. Pourtant, **le droit produit sa propre axiologie normative.** Pour cela il est souvent amené à puiser dans le réservoir de la morale, elle-même en constante évolution. Et **à mesure que le droit saisit les choses, il fait émerger ses propres modèles de conduite.** [...]

> L'ensemble de ces transformations ne semblent avoir — assez banalement mais fort heureusement — qu'un seul leitmotiv: quel droit pour un meilleur environnement ? Parce que **le droit de l'environnement est un droit «concret, situationniste, finaliste»,** et pas seulement abstrait et formel, il emprunte des voies spécifiques. Toutefois, il s'agit toujours de faire du neuf avec du vieux : la nature du droit ne change pas véritablement. Au moins l'analyse d'un phénomène qui est en mouvement ne permet-elle pas de l'affirmer. En regard de cette considération, on n'oubliera pas que «les synthèses ne sont jamais que provisoires, entraînées à leur tour dans une interrogation plus vaste».

> (FONTAINE, Lauréline. *"Les sources nouvelles en droit de l'environnement".* In: *Le droit et le environnement: Journées nationales.* Paris: Dalloz, 2010. p. 33-83 [p. 33-34/83] — *g.n.*)

Eis, para nós, um bom começo: reconhecer a axiologia normativa que a abordagem jurídico-ambiental tem agregado ao Direito do Trabalho, na expectativa de que as futuras legislações a incorporem. E acima de tudo, no campo laboral, abrir interrogações mais abrangentes na busca de respostas jurídicas mais concretas. As bases estão lançadas.

São Paulo, inverno de 2019.

Guilherme Guimarães Feliciano
Ney Stany Morais Maranhão

PREFÁCIO

O Direito Ambiental do Trabalho ou mesmo o Direito ao Meio Ambiente do Trabalho é um ramo ascendente dentro da constelação temática que habita o espectro do Direito Ambiental. É, para nós, motivo de grande alegria poder aceitar o convite que nos foi formulado pelos ilustres juristas e amigos Guilherme Feliciano e Ney Maranhão para fazer a apresentação desta obra e poder contribuir para, à luz dos textos dos prestigiados organizadores, lançar um olhar acadêmico-científico sobre a edificação de uma Teoria Geral dessa nova disciplina que começa a cada vez mais lançar-se de forma autônoma no universo da ciência jurídica, conjugando elementos teóricos e conceituais das disciplinas do Direito do Trabalho e do Direito Ambiental, com a profundidade, seriedade e especialização que o tema merece ser tratado.

Como dois planos conectados, o dano ambiental operado no espaço das relações do trabalho (ou seja, no "meio ambiente do trabalho") alcança o meio ambiente como um todo (na sua projeção como interesse ou direito difuso), como algumas tragédias ecológicas de grande envergadura não nos permitem olvidar, a exemplo do ocorrido em Cubatão na Década de 1980. E, mais recentemente, Mariana (2015) e Brumadinho (2019) colocaram de forma definitiva a temática do Meio Ambiente do Trabalho no epicentro tanto da agenda política nacional quanto da proteção judicial dos direitos trabalhistas e do meio ambiente sadio e equilibrado (art. 225 da CF/1988) no âmbito do nosso Sistema de Justiça. A proteção do trabalhador e a proteção da sociedade estão entrelaçadas no regime jurídico do Direito Ambiental do Trabalho. Como já tivemos oportunidade de afirmar em obra conjunta, o conceito amplo de "meio ambiente" e de "poluição" adotados pelo ordenamento jurídico brasileiro (art. 3º, I e III, da Lei n. 6.938/81) reconhece o "meio ambiente do trabalho" como uma das dimensões fundantes do *bem jurídico ambiental ou ecológico*. [1]

O processo de industrialização levado a efeito de forma mais acentuada nos dois últimos séculos, reproduziu não só um cenário de degradação ecológica, do ponto de vista do meio ambiente natural, mas também impôs ao ser humano um cenário degradante no contexto do seu meio ambiente de trabalho. Os altos índices de poluição de determinadas áreas industriais, como bem destacou o sociólogo alemão Ulrich Beck em sua obra clássica acerca da *sociedade de risco*[2], atinge não só a qualidade e integridade ambiental tomada na perspectiva do interesse toda a coletividade, mas também, de forma direta, afeta a qualidade de vida do trabalhador inserido em tal contexto.

A luta pelos direitos trabalhistas também se insere na perspectiva de assegurar ao trabalhador um meio ambiente de trabalho saudável, equilibrado e seguro. A questão da salubridade e dos riscos inerentes ou mesmo mais acentuados em determinadas atividades laborais interessam sim à proteção ecológica como um todo, considerando, em particular, que geralmente as pessoas afetadas por condições de trabalho em cenários de poluição e degradação ecológica são os trabalhadores de menor renda, num cenário que agrega privação de direitos sociais com violação a direitos ecológicos. A proteção da saúde do trabalhador e tutela do meio ambiente do trabalho congregam esforços na perspectiva de assegurar um meio ambiente de trabalho em patamares dignos, com segurança, integridade e qualidade ambiental. Aí reside a importância de vincular o Direito Ambiental e Direito do Trabalho, como, aliás, a Constituição Federal de 1988 fez questão de consignar expressamente no seu art. 200, VIII, de modo a justificar a conformação da nova disciplina do Direito Ambiental do Trabalho.

---

(1) SARLET, Ingo Wolfgang; FENSTERSEIFER, Tiago. *Direito ambiental*: introdução, fundamentos e teoria geral. São Paulo: Saraiva, 2014. Mais recentemente, ver também pelo prisma constitucional, SARLET, Ingo Wolfgang; FENSTERSEIFER, Tiago. *Direito constitucional ecológico*. 6. ed. São Paulo: Revista dos Tribunais, 2019.

(2) BECK, Ulrich. *Risokogesellschaft* : auf dem Weg in eine andere Moderne. Frankfurt am Main: Suhrkamp, 1986.

Por fim, só nos resta, mais uma vez, agradecer a honrosa parceria com os distintos amigos Guilherme Feliciano e Ney Maranhão ora concretizada na presente obra, indicando-a com entusiasmo ao público leitor com a certeza de que o seu lugar de destaque no universo acadêmico-científico, inclusive pela ótica da construção uma cada vez mais sólida *Teoria Geral do Direito Ambiental do Trabalho.*

Campinas/Porto Alegre, inverno de 2019.

Ingo Wolfgang Sarlet
Tiago Fensterseifer

SEÇÃO 1

PROPEDÊUTICA JURÍDICO-AMBIENTAL

ESTADO SOCIOAMBIENTAL E MÍNIMO EXISTENCIAL (ECOLÓGICO?): ALGUMAS APROXIMAÇÕES

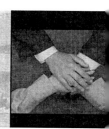

Ingo Wolfgang Sarlet(*)
Tiago Fensterseifer(**)

1 CONSIDERAÇÕES INICIAIS

"Existem problemas novos convivendo com antigos — a persistência da pobreza e de necessidades essenciais não satisfeitas, fomes coletivas (...) e ameaças cada vez mais graves ao nosso meio ambiente e à sustentabilidade de nossa vida econômica e social".[1]

O presente ensaio aborda a temática da proteção ambiental a partir das lentes da *teoria dos direitos fundamentais*, identificando uma *dimensão ecológica* (juntamente com as dimensões social, histórico-cultural etc.) que conforma o conteúdo do princípio da dignidade da pessoa humana. A degradação ambiental e todos os demais riscos ecológicos

---

(*) Doutor em Direito pela Universidade de Munique. Estudos em Nível de Pós-Doutorado nas Universidades de Munique (bolsista DAAD), Georgetown e junto ao Instituto Max-Planck de Direito Social Estrangeiro e Internacional (Munique), como bolsista do Instituto, onde também atua como representante brasileiro e correspondente científico. Pesquisador visitante na Harvard Law School (2008). Professor Visitante (bolsista do Programa *Erasmus Mundus*) da Universidade Católica Portuguesa (Lisboa, 2009) e Faculdade de Direito da Universidade de Lisboa (2012); Pesquisador Visitante como bolsista do STIAS-Stellenbosch Institute for Advanced Studies, África do Sul (2011). Pesquisador Visitante (como bolsista) do Instituto Max-Planck de Direito Privado Estrangeiro e Internacional de Hamburgo (2017) e em 2018 com recursos do DAAD. Coordenador do Programa de Pós-Graduação em Direito da PUC/RS. Professor Titular nos cursos de Graduação, Mestrado e Doutorado da PUC/RS e Professor de Direito Constitucional da Escola Superior da Magistratura do RS (AJURIS). Autor, entre outras, das obras: *A Eficácia dos Direitos Fundamentais* (13. ed. Porto Alegre: Livraria do Advogado, 2018), *Dignidade da Pessoa Humana e Direitos Fundamentais na Constituição Federal de 1988* (10. ed. Porto Alegre: Livraria do Advogado, 2015) e *Curso de Direito Constitucional* (8. ed. São Paulo: Saraiva, 2019), esta última em coautoria com Luiz Guilherme Marinoni e Daniel Mitidiero.

(**) Doutor e Mestre em Direito Público pela PUC/RS (Ex-Bolsista do CNPq), com pesquisa de doutorado-sanduíche junto ao Instituto Max-Planck de Direito Social e Política Social (MPISOC) de Munique, na Alemanha (Bolsista da CAPES), atualmente realizando estudos em nível de pós-doutorado na mesma instituição (2018-2019). Associado do Instituto O Direito por um Planeta Verde e da Associação dos Professores de Direito Ambiental do Brasil (APRODAB). Membro do Núcleo de Estudos e Pesquisa sobre Direitos Fundamentais da PUC/RS (CNPq). Autor das obras *Direitos Fundamentais e Proteção do Ambiente* (Porto Alegre: Livraria do Advogado, 2008), *Defensoria Pública, Direitos Fundamentais e Ação Civil Pública* (São Paulo: Saraiva, 2015) e *Defensoria Pública na Constituição Federal* (Rio de Janeiro: GEN/Forense, 2017); coautor, juntamente com Ingo Wolfgang Sarlet, das obras *Direito Constitucional Ambiental* (6. ed. São Paulo: Revista dos Tribunais, 2019, no prelo), *Direito Ambiental: Introdução, Fundamentos e Teoria Geral* (São Paulo: Saraiva, 2014), obra finalista do Prêmio Jabuti na Categoria Direito em 2015, e *Princípios do Direito Ambiental* (2. ed. São Paulo: Saraiva, 2017); coautor, juntamente com Ingo Wolfgang Sarlet e Paulo Affonso Leme Machado da obra *Constituição e Legislação Ambiental Comentadas* (São Paulo: Saraiva, 2015); e organizador, juntamente com Carlos A. Molinaro, Fernanda L. F. de Medeiros e Ingo W. Sarlet, da obra *A Dignidade da Vida e os Direitos Fundamentais para Além dos Humanos: uma Discussão Necessária* (Belo Horizonte: Fórum, 2008). Defensor Público do Estado de São Paulo.

(1) SEN, Amartya. *Desenvolvimento como liberdade*. São Paulo: Companhia das Letras, 2000. p. 9.

(como, por exemplo, a contaminação química e o aquecimento global) que operam no âmbito das relações sociais (agora socioambientais!) contemporâneas comprometem significativamente o bem-estar individual e coletivo. De tal sorte, objetiva-se, ao longo do presente estudo, enfrentar tais questões, inserindo, de forma definitiva, a proteção do ambiente na teia normativa construída a partir dos direitos (e deveres) fundamentais e do princípio da dignidade humana. Para além de um bem-estar individual e social, as construções jurídico-constitucionais caminham hoje no sentido de garantir ao indivíduo e à comunidade como um todo o desfrute de um *bem-estar ambiental*, ou seja, de uma vida saudável com qualidade ambiental, o que se apresenta como indispensável ao pleno desenvolvimento da pessoa.

Na última quadra do século XX, várias Constituições pelo mundo afora[2], influenciadas pelo ordenamento internacional que formatou convenções e declarações sobre a proteção ambiental[3] e pela emergência da cultura ambientalista e dos valores ecológicos no espaço político-jurídico contemporâneo, consagraram o direito ao ambiente como direito fundamental da pessoa humana, reconhecendo o caráter vital da qualidade ambiental para o desenvolvimento humano em níveis compatíveis com a dignidade que lhe é inerente. Dessa compreensão, pode-se conceber a exigência de um patamar mínimo de qualidade ambiental para a concretização da vida humana em níveis dignos, para aquém do qual a dignidade humana estaria sendo violada no seu núcleo essencial. A *qualidade ambiental*, a partir da perspectiva da *teoria dos direitos fundamentais*, deve ser reconhecida como elemento integrante do conteúdo normativo do princípio da dignidade da pessoa humana, especialmente em razão da sua imprescindibilidade à manutenção e à existência da vida, sendo, portanto, fundamental ao desenvolvimento de todo o potencial humano num quadrante de completo *bem-estar existencial*.

Trata-se, em verdade, de agregar num mesmo projeto político-jurídico de desenvolvimento para a comunidade estatal tanto as conquistas do Estado Liberal (direitos liberais) e do Estado Social (direitos sociais) como os novos valores e direitos ecológicos que formatam o *Estado Socioambiental* de Direito contemporâneo.[4] A adoção do *marco jurídico-constitucional socioambiental* resulta, como se verá ao longo do presente estudo, da convergência necessária da tutela dos direitos sociais e dos direitos ambientais num mesmo projeto jurídico-político para o desenvolvimento humano em padrões sustentáveis, inclusive sob a perspectiva do surgimento do conceito de *direitos socioambientais* ou *DESCA — direitos econômicos, sociais, culturais e ambientais —*, de modo a agregar a proteção ambiental aos já consagrados *DESC — direitos econômicos, sociais e culturais*. O enfrentamento dos problemas ambientais e a opção por um *desenvolvimento sustentável* passam necessariamente pela correção do quadro alarmante de desigualdade social e da falta de acesso, por parte expressiva da população brasileira, aos seus direitos sociais básicos, o que, é importante destacar, também é causa potencializadora da degradação ambiental. Em vista de tais considerações, é possível destacar o surgimento de um *constitucionalismo socioambiental* ou *ecológico*, assim como outrora se fez (e, em grande medida, ainda se faz!) presente a necessidade de um *constitucionalismo social* para corrigir o quadro de desigualdade e degradação humana em termos de acesso às condições mínimas de bem-estar.

No ordenamento jurídico brasileiro, a proteção ambiental foi "constitucionalizada" em capítulo próprio, inserido no Título da assim designada "Ordem Social" da Constituição (art. 225), além de a nossa atual Lei Fundamental contar com diversos outros dispositivos em matéria de proteção ambiental, relacionando a tutela ecológica com inúmeros outros temas constitucionais de alta relevância.[5] A Constituição brasileira (art. 225, *caput*, e art. 5º, § 2º) atribuiu ao direito ao ambiente o *status* de direito fundamental do indivíduo e da coletividade, bem como consagrou a proteção ambiental como um dos objetivos ou tarefas fundamentais do Estado — Socioambiental — de Direito brasileiro. Há, portanto, o reconhecimento, pela ordem constitucional, da *dupla funcionalidade* da proteção ambiental no ordenamento jurídico brasileiro, a qual toma a forma simultaneamente de um *objetivo e tarefa estatal* e de um *direito (e dever) fundamental* do indivíduo e da coletividade, implicando todo um complexo de direitos e deveres fundamentais de cunho ecológico, muito embora a controvérsia em torno da existência de um *direito subjetivo*.

---

(2) Como é o caso, por exemplo, das Constituições portuguesa (1976) e espanhola (1978). Mais recentemente, merece destaque a nova Constituição do Equador (2008).

(3) Cfr., especialmente, a Declaração de Estocolmo das Nações Unidas sobre Meio Ambiente Humano (1972), a Declaração do Rio de Janeiro sobre Meio Ambiente e Desenvolvimento (1992), a Convenção-Quadro das Nações Unidas sobre Mudança do Clima (1992), a Convenção sobre Diversidade Biológica (1992) e a Declaração e Programa de Ação de Viena, promulgada na 2ª Conferência Mundial sobre Direitos Humanos (1993).

(4) Sobre os contornos normativos do *Estado Socioambiental de Direito*, cfr. *Direitos fundamentais e proteção do ambiente*: a dimensão ecológica da dignidade humana no marco jurídico-constitucional do Estado Socioambiental de Direito. Porto Alegre: Livraria do Advogado, 2008. p. 93-142.

(5) Quanto aos dispositivos constitucionais que relacionam a temática ambiental com outros temas e direitos fundamentais, pode-se destacar, de forma exemplificativa: arts. 7º, XXII, e 200, VIII, (direito do trabalho); art. 170, VI (ordem econômica e livre-iniciativa); art. 186, II (direito de propriedade); art. 200, VIII (direito à saúde); art. 216, V (direitos culturais); art. 220 § 3º, II (comunicação social); art. 225, § 1º, VI (direito à educação); e art. 231, § 1º (direitos indígenas).

Na linha de um *constitucionalismo ecológico*, ajustado ao tratamento conferido pela nossa Lei Fundamental à proteção do ambiente e sob o marco do Estado Socioambiental de Direito, tem-se por objetivo traçar uma primeira reflexão sobre o direito fundamental ao *mínimo existencial ecológico* (ou *socioambiental*), demarcando as suas possibilidades conceituais e embasamento normativo, bem como a discussão em torno da sua "justiciabilidade". Para tanto, a argumentação que se desenvolverá adiante buscará identificar os pontos de contato normativo entre os direitos fundamentais sociais e o direito fundamental ao ambiente, de modo a conformar uma nova feição ao já consagrado conceito de mínimo existencial (de cunho social). Para além dos direitos já identificados doutrinariamente como "possíveis" integrantes do seu conteúdo — moradia digna, saúde básica, saneamento básico, educação fundamental, renda mínima, assistência social, alimentação adequada, acesso à justiça etc. —, procura-se enquadrar também em tal rol fundamental a *qualidade ambiental*, objetivando a concretização de uma *existência humana digna e saudável* ajustada aos novos valores e direitos constitucionais de matriz ecológica. Trata-se, nesse sentido, de construir a ideia de um bem-estar existencial que tome em conta também a qualidade ambiental.

2 ESTADO SOCIOAMBIENTAL DE DIREITO: A PROTEÇÃO AMBIENTAL COMO TAREFA OU FIM DO ESTADO DE DIREITO CONTEMPORÂNEO

2.1 Do Estado Liberal ao Estado Socioambiental de Direito

O Relatório *Nosso Futuro Comum* (ou Relatório Bruntdland), datado de 1987, da Comissão Mundial sobre Meio Ambiente e Desenvolvimento da Organização das Nações Unidas, na ante-sala da Conferência das Nações Unidas sobre Meio Ambiente e Desenvolvimento (1992), reconheceu a nossa dependência existencial em face da biosfera e destacou o quadro de desigualdade social na base do projeto de desenvolvimento econômico e social levado a cabo até então no cenário mundial, revelando que uns poucos países e comunidades no mundo consomem e esgotam boa parte dos recursos naturais, ao passo que outros, em um número muito maior, consomem muito pouco e vivem na perspectiva da fome, da miséria, da doença e da morte prematura.[6] De lá para cá, tanto a degradação do ambiente quanto a desigualdade social apenas foram agravadas. O enfrentamento dos problemas ambientais e a opção por um *desenvolvimento sustentável* passam, portanto, necessariamente, pela correção do quadro alarmante de desigualdade social e da falta de acesso da população pobre aos seus direitos sociais básicos, o que, diga-se de passagem, também é causa potencializadora da degradação ambiental. O projeto da modernidade ainda está em curso. A realização dos direitos sociais não foi concluída, além de ter sido agregado um novo desafio existencial ao projeto: a proteção do ambiente. No contexto dos novos desafios postos no mundo contemporâneo para a sociedade, o Estado e o Direito, BENJAMIN destaca que o surgimento do direito ambiental está justamente vinculado às dificuldades do Estado (e dos cidadãos de um modo geral) de enfrentar uma nova e complexa situação posta no seio da sociedade industrial: a degradação ambiental.[7]

Já nas primeiras linhas traçadas para fundamentar o novo modelo de *Estado de Direito* que aponta no horizonte jurídico-constitucional contemporâneo impõe-se a justificativa acerca da preferência dos autores pela expressão *socioambiental*, registrando-se a existência de inúmeros e diferentes termos para denominar o novo projeto político-jurídico da comunidade estatal, entre eles: *Estado Pós-social*[8], *Estado Constitucional Ecológico*[9], *Estado de Direito Ambiental*[10], *Estado do Ambiente*[11], *Estado Ambiental de Direito*[12] e *Estado de Bem-*

---

(6) *Nosso Futuro Comum/Comissão Mundial sobre Meio Ambiente e Desenvolvimento.* 2. ed. São Paulo: Editora da Fundação Getúlio Vargas, 1991. p. 29.

(7) BENJAMIN, Antônio Herman. "Função ambiental". In: BENJAMIN, Antônio Herman (Coord.). *Dano ambiental:* prevenção, reparação e repressão. São Paulo: Revista dos Tribunais, 1993. p. 15.

(8) Cfr., adotando a expressão *Estado Pós-Social*, PEREIRA DA SILVA, Vasco. *Verde cor de direito:* lições de Direito do Ambiente. Coimbra: Almedina, 2002. p. 24; PUREZA, José Manuel. *Tribunais, natureza e sociedade:* o direito do ambiente em Portugal. Lisboa: Cadernos do Centro de Estudos Judiciários, 1996. p. 27; e SARMENTO, Daniel. "Os direitos fundamentais nos paradigmas Liberal, Social e Pós-Social (Pós-modernidade constitucional?)". In: SAMPAIO, José Adércio Leite (Coord.). *Crise e desafios da Constituição:* perspectivas críticas da teoria e das práticas constitucionais brasileiras. Belo Horizonte: Del Rey, 2003. p. 375-414.

(9) CANOTILHO, José Joaquim Gomes. "Estado Constitucional Ecológico e democracia sustentada". In: SARLET, Ingo Wolfgang (Org.). *Direitos fundamentais sociais:* estudos de direito constitucional, internacional e comparado. Rio de Janeiro/São Paulo: Renovar, 2003. p. 493-508.

(10) MORATO LEITE, José Rubens. *Dano ambiental:* do individual ao coletivo extrapatrimonial. São Paulo: Revista dos Tribunais, 2000. p. 33-45; e MORATO LEITE, José Rubens. "Estado de Direito do Ambiente: uma difícil tarefa". In: MORATO LEITE, José Rubens (Org.). *Inovações em direito ambiental.* Florianópolis: Fundação Boiteux, 2000. p. 13-40.

(11) HÄBERLE, Peter. "A dignidade humana como fundamento da comunidade estatal". In: SARLET, Ingo Wolfgang (Org.). *Dimensões da dignidade:* ensaios de filosofia do direito e direito constitucional. Porto Alegre: Livraria do Advogado, 2005. p. 128.

(12) NUNES JUNIOR, Amandino Teixeira. "Estado ambiental de Direito". In: *Jus Navigandi,* n. 589, fevereiro/2005. Disponível em: <http://www1.jus.com.br/doutrina/texto.asp?id=6340>. Acesso em: 22 fev. 2005.

-*Estar Ambiental*[13]. A preferência pela expressão *socioambiental* resulta, como se verá ao longo do presente estudo, da necessária convergência das "agendas" social e ambiental num mesmo projeto jurídico-político para o desenvolvimento humano. O objetivo do Estado contemporâneo não é "pós-social", em razão de o projeto de realização dos direitos fundamentais sociais (de segunda dimensão) não ter se completado, remanescendo a maior parte da população mundial (o que se apresenta de forma ainda mais acentuada na realidade brasileira e dos países em desenvolvimento de um modo geral) até os dias atuais desprovida do acesso a tais direitos (e, inclusive, da garantia constitucional do *mínimo existencial* indispensável a uma vida digna). Há, portanto, um percurso político-jurídico não concluído pelo Estado Social, ao qual se acrescenta hoje a proteção do ambiente.

A partir de tal premissa, deve-se ter em conta a existência tanto de uma *dimensão social* quanto de uma *dimensão ecológica* como elementos integrantes do núcleo essencial do princípio da dignidade da pessoa humana, sendo que somente um projeto jurídico-político que contemple conjuntamente tais objetivos constitucionais atingirá um quadro compatível com a condição existencial humana tutelada na nossa Lei Fundamental. De igual modo, HÄBERLE afirma que os objetivos estatais do Estado Ambiental, assim como do Estado Social, são, em seu conteúdo fundamental, consequências do dever jurídico-estatal de respeito e proteção da dignidade humana, no sentido de uma "atualização viva do princípio", em constante adaptação à luz dos novos valores humanos que são incorporados ao seu conteúdo normativo, o que acaba por exigir uma medida mínima de proteção ambiental.[14]

Diante de tais considerações, a proteção ambiental projeta-se como um dos valores constitucionais mais importantes a serem incorporados como tarefa ou objetivo do Estado de Direito neste início do século XXI, porquanto, diante dos novos desafios impostos pela *sociedade de risco* diagnosticada por BECK[15], diz respeito diretamente à concretização de uma existência humana digna e saudável e marca paradigmaticamente a nova ordem de direitos transindividuais que caracterizam as relações jurídicas cada vez mais massificadas do mundo contemporâneo. O processo histórico, cultural, econômico, político e social gestado ao longo dos séculos XIX e XX determinou o momento que se vivencia hoje no plano jurídico-constitucional, marcando a passagem do Estado Liberal ao Estado Social e chegando-se ao Estado Socioambiental (também Constitucional e Democrático), em vista do surgimento de direitos de natureza transindividual e universal que têm na proteção do ambiente o seu exemplo mais expressivo.

Na configuração do Estado Socioambiental de Direito, a questão da *segurança ambiental* toma um papel central, assumindo o ente estatal a função de resguardar os cidadãos ante as novas violações da sua dignidade e dos seus direitos fundamentais em razão dos riscos ambientais produzidos pela *sociedade de risco* (pós-industrial) contemporânea.[16] Em vista do atual contexto de desenvolvimento tecnológico e industrial das sociedades contemporâneas, o sociólogo alemão ULRICH BECK publicou, em 1986, a sua obra sobre a *sociedade de risco (Risikogeselshaft)*[17], diagnosticando o contexto dos riscos existenciais e ambientais enfrentados pela humanidade em vista do enorme poder destrutivo das "novas" tecnologias desenvolvidas pela ciência (pós) moderna. BECK construiu a teoria da "sociedade de risco" a partir da perspectiva das ciências sociais, inserindo a degradação ambiental no centro da teoria social. Entre os perigos ecológicos referidos por BECK em sua obra, podem-se destacar os acidentes nucleares, a liberação de substâncias químicas em grande escala, a alteração e manipulação da composição genética da flora e da fauna do planeta, os quais colocam até mesmo a possibilidade de autodestruição das sociedades humanas.[18]

Nesse sentido, GOLDBLAT, a partir da análise que faz da obra de BECK, afirma a incapacidade da forma de Estado de Direito que se tem hoje de enfrentar os riscos ambientais gerados pela sociedade de risco contemporânea, uma vez que a esfera pública convencional do Estado democrático representativo tornou-se incapaz de lutar adequadamente contra a escalada de riscos e incertezas com que é confrontada, ao mesmo tempo em que o projeto do Estado Providência teria esgotado as suas energias utópicas.[19] O Estado de Direito, a fim de promover a tutela da dignidade

---

(13) PORTANOVA, Rogério. "Direitos humanos e meio ambiente: uma revolução de paradigma para o Século XXI". In: BENJAMIN, Antônio Herman (Org.). *Anais do 6º Congresso Internacional de Direito Ambiental* (10 anos da ECO-92: o Direito e o desenvolvimento sustentável). São Paulo: Instituto O Direito por um Planeta Verde/Imprensa Oficial, 2002. p. 681-694.

(14) HÄBERLE, *"A dignidade humana como fundamento..."*. p. 130.

(15) BECK, Ulrich. *La sociedad del riesgo*: hacia una nueva modernidad. Barcelona: Paidós, 2001.

(16) Com tal foco, BODIN DE MORAES destaca que "as novas questões, postas pelas manipulações genéticas, pela reprodução assistida, pela energia nuclear, pelas agressões ao meio ambiente, pelo desenvolvimento da cibernética, configuram 'situações-problema' cujos limites não poderão ser decididos internamente, estabelecidos pelos próprios biólogos, físicos ou médicos, mas deverão ser resultantes de escolhas ético-político-jurídicas da sociedade". BODIN DE MORAES, Maria Celina. *Danos à pessoa humana*: uma leitura Civil-Constitucional dos danos morais. Rio de Janeiro/São Paulo: Renovar, 2003. p. 61.

(17) Sobre o conceito de *sociedade de risco*, cfr. BECK, Ulrich. *La sociedad del riesgo*: hacia una nueva modernidad. Barcelona: Paidós, 2001; BECK, Ulrich; GIDDENS, Anthony; LASH, Scott. *Modernização reflexiva*: política, tradição e estética na ordem social moderna. São Paulo: Editora UNESP, 1997.

(18) GOLDBLAT, David. *Teoria social e ambiente*. Lisboa: Instituto Piaget, 1996. p. 232.

(19) GOLDBLAT, *"Teoria social e ambiente..."*. p. 237.

humana frente aos novos riscos ambientais e insegurança gerados pela *sociedade tecnológica* contemporânea, deve ser capaz de conjugar os valores fundamentais que emergem das relações sociais e, através das suas instituições democráticas, garantir aos cidadãos a segurança necessária à manutenção e proteção da vida com qualidade ambiental, vislumbrando, inclusive, as consequências futuras resultantes da adoção de determinadas tecnologias.

Com efeito, à luz especialmente dos seus *deveres de proteção*[20] em relação aos direitos fundamentais e à dignidade humana, o Estado contemporâneo deve ajustar-se (e, se necessário, remodelar-se) a cada novo passo histórico no sentido de enfrentar como tarefa estatal as novas ameaças e riscos ecológicos que fragilizam a existência humana, tendo em vista, como refere HÄBERLE, um "processo dialético posto em marcha"[21], que se renova constantemente no horizonte do projeto político-jurídico da comunidade estatal. Nessa perspectiva, é certeira a afirmação de HÄBERLE sobre a necessidade de um desenvolvimento mais reforçado de deveres e obrigações decorrentes da dignidade humana em vista do futuro humano, o que se justifica especialmente nas dimensões comunitária e ecológica da dignidade humana. Como refere o constitucionalista alemão, tal afirmativa já foi contemplada no âmbito constitucional alemão (art. 20a da Lei Fundamental), que, reconhecendo os "limites do crescimento" do Estado Social de Direito, tornou necessária a proteção do ambiente, enquanto um reforço da proteção da dignidade humana.[22] Tal perspectiva também está contemplada na ordem constitucional brasileira, conforme se pode apreender dos artigos 170 (*caput* e inciso VI), 186 (inciso II) e 225, delineando um modelo jurídico-econômico ajustado ao *princípio do desenvolvimento sustentável*.

No sentido de combater a hipertrofia do indivíduo e a base axiológica marcadamente patrimonialista do modelo do *Estado Liberal*, o "novo" Estado de Direito projeta como seu estandarte axiológico o terceiro (e quase esquecido!) lema da Revolução Francesa, qual seja, a *solidariedade* (ou fraternidade), de cunho eminentemente existencial, comunitário e universalista. A fim de reparar o débito social do projeto burguês do Estado Liberal e agregar a dimensão coletiva da condição humana alçada pelo *Estado Social*[23], projeta-se, hoje, no horizonte jurídico da comunidade estatal o modelo de *Estado Socioambiental*, que, conjugando as conquistas positivas (em termos de tutela da dignidade humana) dos modelos de Estado de Direito que o antecederam, possa incorporar a tutela dos novos direitos transindividuais e, num paradigma de solidariedade (nas dimensões nacional, supranacional e mesmo intergeracional), projetar a comunidade humana num patamar mais evoluído de efetivação de direitos fundamentais (especialmente dos novos direitos de terceira dimensão[24]) e de concretização de um maior nível de bem-estar — e, portanto, de uma vida humana digna e saudável — a todos os seus membros. O ideário da Revolução Francesa — liberdade, igualdade (material) e fraternidade (ou solidariedade) —, adaptado a uma leitura contemporânea substanciosa e constitucional, ainda serve de bandeira a ser erguida e proclamada nos dias atuais.

A edificação do *Estado Socioambiental de Direito*, é importante consignar, não representa um marco "ahistórico" (ou "marco zero") na construção da comunidade político-jurídica estatal, mas apenas mais um passo num caminhar contínuo iniciado sob o marco do Estado Liberal, não obstante a importância das formulações jurídico-políticas de organização societária que o antecederam. O novo modelo de Estado de Direito objetiva uma salvaguarda cada vez maior da dignidade humana e de todos os direitos fundamentais (de todas as dimensões), em vista de uma construção histórica permanente dos seus conteúdos normativos, já que, como refere HÄBERLE, ao destacar a importância histórica da Revolução Francesa, em 1789, há uma eterna peregrinação, constituída de inúmeras etapas, em direção ao Estado Constitucional.[25] PUREZA, nessa linha, refere que o modelo de Estado de Direito Ambiental revela o ganho

---

(20) Sobre o tema dos deveres de proteção (ou imperativos de tutela) para com os direitos fundamentais depositados pela ordem constitucional na figura do Estado, à luz da jurisprudência do Tribunal Constitucional Federal alemão, DIMOULIS e MARTINS afirmam que esses foram identificados na hipótese do dever conferido ao ente estatal de tomar medidas no sentido de controlar os riscos e perigos derivados do desenvolvimento tecnológico, em razão do comprometimento dos direitos fundamentais à vida, à saúde e ao equilíbrio ambiental. Há, na hipótese, um dever estatal de garantia da segurança ou de prevenção de riscos. DIMOULIS, Dimitri; MARTINS, Leonardo. *Teoria geral dos direitos fundamentais*. São Paulo: Revista dos Tribunais, 2007. p. 123.

(21) HÄBERLE, Peter. *Libertad, igualdad, fraternidad*: 1789 como historia, actualidad y futuro del Estado constitucional. Madrid: Editorial Trotta, 1998. p. 53.

(22) HÄBERLE, "*A dignidade humana como fundamento...*". p. 102.

(23) Conforme destaca SHULTE, à luz da Lei Fundamental alemã, o atributo "social" caracteriza um Estado que "assegura a cada pessoa uma existência humanamente digna, assiste ao fraco, oferece a cada pessoa possibilidades de desenvolvimento, concedendo-lhe em ampla medida oportunidades iguais e garantindo-lhe a sua quota-parte (*Teilhabe*) nos bens econômicos segundos critérios de justiça". SHULTE, Bernd. "Direitos fundamentais, segurança social e proibição de retrocesso". In: SARLET, Ingo Wolfgang. *Direitos fundamentais sociais*: estudos de direito constitucional, internacional e comparado. Rio de Janeiro/São Paulo: Renovar, 2003. p. 306.

(24) Nesse prisma, PEREIRA DA SILVA destaca que "o Estado Pós-Social em que vivemos, no quadro de uma lógica constitutiva e infra-estrutural dirigida para a criação de condições para a colaboração de entidades públicas e privadas, está associado a uma terceira geração de direitos humanos em novos domínios da vida da sociedade, como é o caso do ambiente e da qualidade de vida, da proteção individual relativamente à informática e às novas tecnologias, da tutela da vida e da personalidade em face da genética, sendo ainda de incluir nesta categoria as garantias individuais de procedimento (o qual é entendido não apenas como instrumento de legitimação do poder, mas também como modo de realização da proteção jurídica subjetiva)". PEREIRA DA SILVA, "*Verde cor de direito...*". p. 23.

(25) HÄBERLE, "*Libertad, igualdad, fraternidad...*". p. 58.

de uma nova dimensão para completar o elenco presente dos fins fundamentais do Estado de Direito contemporâneo (qual seja: o imperativo da proteção do ambiente), a qual se articula dialeticamente com as outras dimensões já plenamente consagradas ao longo do percurso histórico do Estado de Direito (proteção dos direitos fundamentais, realização de uma democracia política participativa, disciplina da atividade econômica pelo poder político democrático e realização de objetivos de justiça social).[26]

Tal perspectiva ajusta-se à tese da indivisibilidade e interdependência dos direitos fundamentais[27] de todas as diferentes dimensões, defendida ao longo do presente estudo. As dimensões de direitos fundamentais, na sua essência, materializam os diferentes conteúdos integrantes do *princípio da dignidade da pessoa humana*, o qual se apresenta como o pilar central da arquitetura constitucional e objetivo maior a ser perseguido no âmbito do Estado Socioambiental.[28] A harmonia do sistema de tutela da dignidade humana delineada pela tese referida, não obstante a inevitável ocorrência de conflitos ou colisões entre direitos fundamentais, que se dá pela própria complexidade das relações sociais, é medida indispensável a uma tutela integral e efetiva da pessoa. Nesse caminhar, CANÇADO TRINDADE, ao formular sua crítica à concepção de "gerações de direitos humanos", com o que estamos de pleno acordo, destaca a "natureza complementar" de todos os direitos humanos. O eminente internacionalista pontua que, por trás da perspectiva "fantasiosa" das gerações, está uma visão fragmentária dos direitos humanos, a qual tem operado a postergação da realização de alguns dos direitos humanos, como ocorre com os direitos econômicos, sociais e culturais.[29] Contra tal mal, a tese da unidade e indivisibilidade dos direitos humanos (e o mesmo ocorre com os direitos fundamentais) é o melhor antídoto, rompendo com qualquer hierarquização ou priorização da realização de direitos humanos em razão da sua precedência geracional.

O Estado de Direito contemporâneo, para CANOTILHO, apresenta as seguintes dimensões fundamentais: juridicidade, democracia, sociabilidade e sustentabilidade ambiental.[30] A sequência das dimensões apresentada pelo constitucionalista português traça a evolução histórica de conquista e reconhecimento dos seus valores e princípios fundamentais. Desde a sua formulação "primitiva", o Estado de Direito vem passando por um processo evolutivo contínuo e dialético, reconhecendo e agregando novas dimensões político-jurídicas no seu horizonte constitutivo: o Estado Constitucional, o Estado Democrático, o Estado Social e o Estado Socioambiental. Da mesma forma como ocorre com a evolução dos direitos fundamentais, as dimensões do Estado de Direito se agregam e se somam para formar o arcabouço de princípios e valores consagrados pela sociedade em um processo histórico permanente e cumulativo. No transcorrer do processo civilizatório, muitas foram as faces e etapas tomadas pelo Estado de Direito até evoluir para o que se entende hoje como a sua forma mais adequada à tutela da dignidade humana, especialmente em face dos novos desafios existenciais postos contemporaneamente pela degradação dos recursos naturais.

Nesse sentido, CANOTILHO pontua que "a forma que na nossa contemporaneidade se revela como uma das mais adequadas para colher esses princípios e valores de um Estado subordinado ao direito é o *Estado constitucional de Direito democrático e social ambientalmente sustentado*."[31] O constitucionalista português assevera, por sua vez, que a qualificação de um Estado como Estado Ambiental traduz-se em duas dimensões jurídico-políticas relevantes: a) a obrigação do Estado, em cooperação com outros Estados e cidadãos ou grupos da sociedade civil, de promover políticas públicas (econômicas, educativas, de ordenamento) pautadas pelas exigências da sustentabilidade ecológica; e b) o dever de adoção de comportamentos públicos e privados amigos do ambiente de forma a dar expressão concreta à assunção da responsabilidade dos poderes públicos perante as gerações futuras.[32]

---

(26) PUREZA, "*Tribunais, natureza e sociedade...*". p. 27.

(27) Nesse prisma, merece destaque a Declaração e Programa de Ação de Viena (1993), promulgada na 2ª Conferência Mundial sobre Direitos Humanos, a qual estabeleceu no seu art. 5º que "todos os direitos humanos são universais, indivisíveis, interdependentes e inter-relacionados", reconhecendo que as diferentes dimensões de direitos humanos conformam um sistema integrado de tutela da dignidade humana. Sobre o tema, cfr. WEIS, Carlos. *Direitos humanos contemporâneos*. São Paulo: Malheiros, 2006, 117-121; e SCHÄFER, Jairo. *Classificação dos direitos fundamentais*: do sistema geracional ao sistema unitário. Porto Alegre: Livraria do Advogado, 2005.

(28) Com o olhar voltado para tal perspectiva, diante de possíveis conflitos entre os direitos fundamentais de diferentes dimensões, PEREIRA DA SILVA alerta para que "os valores ético-jurídicos da defesa do ambiente não esgotam todos os princípios e valores do ordenamento jurídico, pelo que a realização do Estado de Direito Ambiental vai obrigar à conciliação dos direitos fundamentais em matéria de ambiente com as demais posições jurídicas subjetivas constitucionais fundadas, quer se trate de direitos da primeira geração, como a liberdade e a propriedade, quer se trate de direitos fundamentais da segunda geração, como os direitos econômicos e sociais (o que, entre outras coisas, tem também como consequência que a preservação da natureza não significa pôr em causa o desenvolvimento econômico ou, ironizando, não implica o 'retorno à Idade da Pedra')".PEREIRA DA SILVA, "*Verde cor de direito...*". p. 28.

(29) CANÇADO TRINDADE, Antônio Augusto. *Tratado de direito internacional dos direitos humanos*. Volume I. 2. ed. Porto Alegre: SAFE, 2003. p. 43.

(30) CANOTILHO, José Joaquim Gomes. *Estado de Direito*. Cadernos Democráticos, n. 7. Fundação Mário Soares. Lisboa: Gradiva, 1998. p. 23.

(31) CANOTILHO, *op. cit.*, p. 21.

(32) CANOTILHO, *op. cit.*, p. 44.

As lutas travadas pelo movimento ambientalista a partir da década de 60[33] — e que se estendem até os dias atuais — são materializadas na ordem constitucional e na formatação do Estado Socioambiental de Direito. A legitimidade da causa ambiental, e o seu posterior reconhecimento pela ordem constitucional, inclusive com *status* direito fundamental, está justamente na movimentação da sociedade no sentido de reivindicar os valores de matriz ecológica e de posicionar-se contra a degradação ambiental. Nesse compasso, como já sinalizado por CANOTILHO acima, há um perfil de atuação compartilhada entre o Estado e os atores privados na consecução do objetivo constitucional de tutela do ambiente. Esse é o conteúdo da norma constitucional expressa no art. 225, *caput*, da nossa Lei Fundamental.

2.2 Capitalismo socioambiental: rumo ao desenvolvimento sustentável

Tanto as ideologias liberais quanto as ideologias socialistas, como acentua MORATO LEITE, não souberam lidar com, e nem mesmo contemplaram no seu projeto político, a crise ambiental, considerando que ambos, respectivamente, o capitalismo industrialista e o coletivismo industrialista, colocaram em operação um modelo industrial agressivo aos valores ambientais da comunidade.[34] O quadro contemporâneo de degradação e crise ambiental é fruto, portanto, dos modelos econômicos experimentados no passado, não se tendo cumprido a promessa de bem--estar para todos como decorrência da revolução industrial, mas um contexto de devastação ambiental planetária e indiscriminada.[35] No mesmo sentido, PEREIRA DA SILVA destaca que o Estado Social "desconhecera em absoluto" a problemática ambiental, por estar imbuído de uma "ideologia otimista" do crescimento econômico, como "milagre" criador do progresso e de qualidade de vida.[36] Somente com a crise do modelo de Estado Social ou de Providência, surgida no final dos anos 60 e cujos sintomas mais agudos só foram sentidos nos anos 70, com a denominada "crise do petróleo", que se obrigou a uma tomada generalizada de consciência acerca dos limites do crescimento econômico e da esgotabilidade dos recursos naturais. Também data desse período os relatórios do Clube de Roma sobre os limites do crescimento econômico.[37]

O modelo do Estado Socioambiental difere substancialmente do Estado Liberal, já que, como refere CANOTILHO, "o 'Estado do Ambiente' não é um Estado liberal, no sentido de um Estado de polícia, limitado a assegurar a existência de uma ordem jurídica de paz e confiando que também o livre jogo entre particulares — isto é, uma 'mão invisível' — solucione os problemas do ambiente".[38] Ao contrário, o Estado Socioambiental tem um papel ativo e promocional dos direitos fundamentais, especialmente no que tange à tutela ambiental. TEIXEIRA propõe, à luz do conteúdo normativo expresso na Constituição Federal (art. 225), que o Estado deve levar em conta a crise ambiental e posicionar-se diante da sua tarefa de defesa do ambiente, cumprindo um papel intervencionista e implementador de novas políticas públicas para tal mister.[39] O Estado Socioambiental aponta para a compatibilidade da atividade econômica com a ideia de desenvolvimento (e não apenas crescimento!) sustentável, de modo que a "mão invisível" do mercado seja substituída necessariamente pela "mão visível" do Direito, já que, como salienta LÓPEZ PINA, em prólogo à obra de HÄBERLE (*Liberdade, Igualdade e Fraternidade*),

> *el mercado no es un fin en si mismo, un espacio libre del Derecho extramuros del Estado y de la ética. La economía solo tiene servicio al servicio del Hombre, debiendo encontrar en ella su lugar no menos la "visible hand" del Derecho Constitucional que la "invisible hand" del mercado.*[40]

Há uma tensão dialética permanente entre a proteção ambiental e o desenvolvimento econômico. Em face do forte conteúdo econômico inerente à utilização dos recursos naturais, e, consequentemente, das pressões de natu-

---

(33) Cfr, acerca do movimento ambientalista, na literatura européia, a coletânea de artigos da ex-parlamentar do partido verde alemão KELLY, Petra K. *Por un futuro alternativo*: el testimonio de una de las principales pensadoras-activistas de nuestra época. Barcelona: Paidós, 1997; e, no âmbito brasileiro, TAVOLARO, Sergio Barreira de Faria. *Movimento ambientalista e modernidade*: sociabilidade, risco e moral. São Paulo: Annablume/Fapesp, 2001, e LUTZEMBERGER, José. A. *Fim do futuro?* Manifesto Ecológico Brasileiro. Porto Alegre: Movimento/UFRGS, 1980.

(34) MORATO LEITE, *"Dano ambiental..."*. p. 22.

(35) MORATO LEITE, *op. cit.*, p. 22.

(36) PEREIRA DA SILVA, *"Verde cor de direito..."*. p. 18.

(37) PEREIRA DA SILVA, *op. cit.*, p. 17-18.

(38) CANOTILHO, José Joaquim Gomes. "Privatismo, associacionismo e publicismo no direito do ambiente: ou o rio da minha terra e as incertezas do direito público". In: *Textos "Ambiente e Consumo"*, Volume I. Lisboa: Centro de Estudos Jurídicos, 1996. p. 156.

(39) TEIXEIRA, Orci Paulino Bretanha. *O direito ao meio ambiente ecologicamente equilibrado como direito fundamental*. Porto Alegre: Livraria do Advogado, 2006. p. 104.

(40) PINA, Antonio López. Prólogo à obra de HÄBERLE, *Libertad, igualdad, fraternidad..."*. p. 15.

reza político-econômicas que permeiam, na grande maioria das vezes, as medidas protetivas do ambiente, BESSA ANTUNES pontua que não se pode entender a natureza econômica da proteção jurídica do ambiente como um tipo de relação jurídica que privilegie a atividade produtiva em detrimento de um padrão de vida mínimo que deve ser assegurado aos seres humanos, mas que a preservação e a utilização sustentável e racional dos recursos ambientais devem ser encaradas de modo a assegurar um padrão constante de elevação da qualidade de vida, sendo, portanto, o fator econômico encarado como desenvolvimento, e não como crescimento.[41] O conceito de desenvolvimento transcende, substancialmente, a ideia limitada de crescimento econômico. Nesse sentido, a Declaração sobre Direito ao Desenvolvimento, da qual o Brasil é signatário, no § 1º do seu art. 1º, dispõe que "o direito ao desenvolvimento é um direito humano inalienável, em virtude do qual toda pessoa e todos os povos estão habilitados a participar do desenvolvimento econômico, social, cultural e político, a ele contribuir e dele desfrutar, no qual todos os direitos humanos e liberdades fundamentais possam ser plenamente realizados". Tal entendimento também está presente no pensamento de AMARTYA SEM, quando o Prêmio Nobel de Economia identifica o desenvolvimento como expressão da própria liberdade do indivíduo, de tal sorte que o desenvolvimento deve necessariamente eliminar a privação de liberdades substantivas (leia-se: bens sociais básicos, como, por exemplo, alimentação, tratamento médico, educação, água trata ou saneamento básico).[42] A tal rol de liberdades substantivas deve-se acrescentar a qualidade do ambiente.

O Estado *Socioambiental* de Direito, longe de ser um Estado "Mínimo", é um Estado regulador da atividade econômica, capaz de dirigi-la e ajustá-la aos valores e princípios constitucionais, objetivando o desenvolvimento humano e social de forma ambientalmente sustentável. O princípio do desenvolvimento sustentável expresso no art. 170 (inciso VI) da Constituição Federal, confrontado com o direito de propriedade privada e a livre-iniciativa (*caput* e inciso II do art. 170), também se presta a desmistificar a perspectiva de um capitalismo liberal-individualista em favor da sua leitura à luz dos valores e princípios constitucionais socioambientais. Com relação à pedra estruturante do sistema capitalista, ou seja, a propriedade privada, os interesses do seu titular devem ajustar-se aos interesses da sociedade e do Estado, na esteira das funções social e ecológica que lhe são inerentes. A ordem econômica constitucionalizada no art. 170 da Carta da República, com base também nos demais fundamentos constitucionais que lhe constituem e informam, expressa um *capitalismo socioambiental*, capaz de compatibilizar a livre-iniciativa, a autonomia privada e a propriedade privada com a proteção ambiental e a justiça ambiental (e também social), tendo como o seu norte normativo "nada menos" do que a realização de uma vida humana digna e saudável (e, portanto, com qualidade ambiental) a todos os membros da comunidade estatal.[43]

O *estudo prévio de impacto ambiental* (art. 225, § 1º, IV, da CF) exigido para a instalação de obra ou atividade causadora ou potencialmente causadora de significativa degradação ambiental é um mecanismo jurídico de ajuste e regulação da atividade econômica, bem como constitui um *dever fundamental* que limita o direito de propriedade e a livre-iniciativa dos atores econômicos privados, conformando o *princípio constitucional do desenvolvimento sustentável*. Nesse prisma, DERANI pontua que o "espírito" da avaliação de impacto ambiental incorpora um processo de planejamento para a "sustentabilidade" das atividades econômicas, integrado por um conjunto de ações estratégicas em vista de uma melhoria (e também melhor distribuição) da qualidade de vida.[44] TEIXEIRA também aponta para o poder de polícia como um instrumento conferido ao Estado viabilizador da sua intervenção na economia, de modo a fiscalizar e regulamentar as atividades poluidoras ou potencialmente poluidoras.[45] A ideia central do desenvolvimento sustentável, como preceitua o princípio do poluidor-pagador, orienta no sentido de se incluírem sempre os custos ambientais (da mesma forma que os custos sociais) no "cálculo" da atividade produtiva, tendo em vista desestimular (e, em algumas situações, até mesmo proibir) práticas econômicas incompatíveis com a proteção ambiental e a qualidade de vida.

---

(41) ANTUNES, Paulo de Bessa. *Direito ambiental*. 7. ed. Rio de Janeiro: Lúmen Júris, 2005. p. 23.

(42) SEN, Amartya. *Desenvolvimento como liberdade*. São Paulo: Companhia das Letras, 2000. p. 18.

(43) Em sintonia com o marco jurídico-constitucional do desenvolvimento sustentável, o Supremo Tribunal Federal, no julgamento da ADPF 101, ocorrido em 24.06.2009, a respeito da importação de pneus usados, no voto da Relatora Ministra Cármen Lúcia Antunes Rocha, fez consignar que "o argumento (...) de que haveria afronta ao princípio da livre concorrência e da livre-iniciativa por igual não se sustenta, porque, ao se ponderarem todos os argumentos expostos, conclui-se que, se fosse possível atribuir peso ou valor jurídico a tais princípios relativamente ao da saúde e do meio ambiente ecologicamente equilibrado preponderaria a proteção desses, cuja cobertura, de resto, atinge não apenas a atual, mas também as futuras gerações". Na decisão do Plenário do Supremo Tribunal Federal, reconheceu-se a constitucionalidade da legislação que proíbe a importação de pneus usados, na mesma medida em que, na via transversa, se entendeu que a importação de pneus usados viola a proteção constitucional conferida ao ambiente.

(44) DERANI, Cristiane. *Direito ambiental econômico*. 3. ed. São Paulo: Saraiva, 2008. p. 158.

(45) TEIXEIRA, "*O direito ao meio ambiente...*". p. 92.

PUREZA articula a ideia de que a incorporação da proteção ambiental como objetivo fundamental do Estado não é pacífica, em razão de transportar consigo, acima de tudo, uma reorientação radical das funções econômicas e sociais do Estado. Diferentemente da lógica limitativa que estava em jogo entre Estado Liberal e o Estado Social, a questão decisiva para o Estado de Direito Ambiental não é a intensidade da intervenção econômica do Estado, mas sim o primado do princípio do destino universal dos bens ambientais, o que impõe como tarefa fundamental o controle jurídico do uso racional do patrimônio natural. [46] PUREZA refere ainda que o Estado Ambiental assume abertamente o patrimônio natural e o ambiente como bens públicos, objeto de utilização racional (controlada, por exemplo, através de instrumentos fiscais ou administrativos), impondo balizas jurídicas que orientem toda a atividade econômica para um horizonte de solidariedade substancial.[47] O art. 225, *caput*, da Lei Fundamental brasileira é partidário de tal compreensão, na medida em que dispõe ser o ambiente "bem de uso comum do povo".

À luz de tal perspectiva, MATEO assevera que o conceito de *desenvolvimento sustentável* vai mais além de uma mera harmonização entre a economia e a ecologia, incluindo valores morais relacionados à solidariedade[48], o que contempla uma nova ordem de valores que devem conduzir a ordem econômica rumo a uma produção social e ambientalmente compatível com a dignidade de todos os integrantes do tecido social. O desenvolvimento econômico deve estar vinculado à ideia de uma melhoria substancial e qualitativa (e não apenas quantitativa em termos de crescimento econômico) da qualidade de vida. Com a mesma ideia de solidariedade, inclusive considerando a dimensão intergeracional desta, MILARÉ alerta para a relação entre "direito" e "dever" consubstanciada no princípio do desenvolvimento sustentável[49], na medida em que tal comando constitucional impulsiona, para além do direito individual e coletivo de viver e desenvolver-se em um ambiente ecologicamente equilibrado, a ideia de responsabilidade e dever das gerações humanas presentes em preservar e garantir condições ambientais favoráveis para o desenvolvimento adequado da vida das futuras gerações.

Os princípios que regem o desenvolvimento ambiental e socialmente sustentável devem orientar e vincular as condutas públicas e privadas no seu trânsito pela órbita econômica. Na linha defendida por DERANI, consideradas as prescrições constitucionais operantes sobre a ordem econômica, em razão da vinculação da garantia da propriedade privada ao desempenho de uma função social (arts. 5º, XXIII, e 170, III), estaríamos diante de um *capitalismo social*[50], ao passo que o desenvolvimento econômico encontra limites no interesse coletivo, devendo servir apenas como meio (e não um fim em si mesmo) de realização dos valores fundamentais do Estado de Direito contemporâneo. Com razão, PEREZ LUÑO aponta para a opção constitucional espanhola de tutela ambiental, objetivando um modelo de desenvolvimento econômico e humano de resgate do "ser" (qualitativo) em detrimento de um modelo predatório do "ter" (quantitativo), o que se ajusta perfeitamente ao modelo de desenvolvimento econômico traçado pela Constituição brasileira, comprometido com a proteção ambiental e, acima de tudo, com a dignidade da pessoa humana, ampliada necessariamente para todos os membros da nossa comunidade política. [51]

Toda prática econômica desajustada aos valores ambientais e sociais no seu processo produtivo estará agindo de forma contrária aos ditames constitucionais, já que, como pontua ANTUNES ROCHA, a Constituição Federal traz o bem-estar social e a qualidade de vida como "princípios-base" da ordem econômica, sendo que a ordem social (aí também incluída a proteção ambiental), que era relegada a um plano secundário antes de 1988, ganhou "foro e título próprios" no novo texto constitucional.[52] Pode-se dizer, portanto, que o constituinte brasileiro delineou no texto constitucional, para além de um capitalismo social, um *capitalismo socioambiental* (ou *ecológico*), consagrando a proteção ambiental como princípio-base da ordem econômica (art. 170, VI, da Lei Fundamental).[53] Nesse perspec-

---

(46) PUREZA, "*Tribunais, natureza e sociedade...*". p. 27.

(47) PUREZA, *op. cit.,* p. 28.

(48) MATEO, Ramón Martín. *Manual de derecho ambiental.* 3. ed. Navarra: Editorial Thomson/Aranzadi, 2003. p. 38.

(49) MILARÉ, Édis. "Princípios fundamentais do direito do ambiente". In: *Revista dos Tribunais*, São Paulo: RT, n. 756, 1998. p. 64.

(50) DERANI, "*Direito ambiental econômico...*". p. 09.

(51) À luz do texto constitucional espanhol, PEREZ LUÑO pontua ainda que "con la protección de 'un medio ambiente adecuado para el desarrollo de la persona' se hace eco de la inquietud contemporánea por ofrecer una alternativa al modelo, de signo puramente cuantitativo, del desarrollo económico y humano. La opción constitucional representa un expreso rechazo de la lógica del 'tener', centrada en la acumulación exclusiva y excluyente de los productos de una explotación ilimitada de los recursos humanos y naturales; a favor del modelo del 'ser', que exige el goce compartido (o inclusivo) de los frutos de un progreso selectivo y equilibrado. De que tal propósito no sea traicionado, o relegado al limbo de las buenas intenciones, depende el inmediato futuro de nuestra calidad de vida". PÉREZ LUÑO, Antonio Enrique. *Derechos humanos, Estado de Derecho y Constitución.* 5. ed. Madrid: Editorial Tecnos, 1995. p. 478.

(52) ANTUNES ROCHA, Cármen Lúcia. "Constituição e ordem econômica". In: FIOCCA, Demian; GRAU, Eros Roberto (Orgs.). *Debate sobre a Constituição de 1988.* São Paulo: Paz e Terra, 2001. p. 12.

(53) "Art. 170 (...) VI — a defesa do meio ambiente, inclusive mediante tratamento diferenciado conforme o impacto ambiental dos produtos e serviços e de seus processos de elaboração e prestação."

tiva, há a consagração da tutela constitucional dos *DESCA* (para além dos *DESC*), ou seja, dos *direitos fundamentais econômicos, sociais, culturais e ambientais*, de modo a contemplar uma tutela ampla e qualificada da dignidade da pessoa humana, tanto sob a perspectiva individual quanto coletiva — e até mesmo planetária. Assim, a própria noção de sustentabilidade deve ser tomada a partir dos *eixos econômico, social e ambiental*. Tais eixos devem ser tratados, sob a perspectiva jurídico-política, de forma equânime e equilibrada, de modo que sobre eles não incida qualquer hierarquização, já que se prestam, em última instância, à afirmação existencial e tutela da pessoa.

3 FUNDAMENTOS JURÍDICO-CONSTITUCIONAIS DO DIREITO FUNDAMENTAL AO MÍNIMO EXISTENCIAL ECOLÓGICO: A TUTELA INTEGRADA DO AMBIENTE E DOS DIREITOS SOCIAIS COMO PREMISSA AO ALCANCE DO MARCO NORMATIVO-CONSTITUCIONAL DO DESENVOLVIMENTO SUSTENTÁVEL

Após lançados os alicerces do Estado Socioambiental de Direito, é possível identificar uma *dimensão ecológica* incorporada ao conteúdo do princípio da dignidade humana. O reconhecimento da *jusfundamentalidade* do direito ao ambiente ecologicamente equilibrado, nesse quadrante, opera no sentido de conformar o conteúdo do mínimo existencial social, abrindo caminho para a compreensão do direito fundamental ao mínimo existencial ecológico no cenário jurídico-político armado pelo Estado *Socioambiental* de Direito. A preocupação doutrinária de se conceituar e definir, em termos normativos, um padrão mínimo em termos ambientais para a concretização da dignidade humana justifica-se na importância essencial que a qualidade ambiental guarda para o desenvolvimento da vida humana em toda a sua potencialidade. Com efeito, para HÄBERLE, assim como o Estado de Direito se desenvolveu, a serviço da dignidade humana, na forma de Estado Social de Direito, é possível afirmar que a expressão cultural do Estado constitucional contemporâneo, também fundamentado na dignidade humana, projeta uma medida de proteção ambiental mínima.[54] No mundo contemporâneo, a pessoa encontra-se exposta a riscos existenciais provocados pela degradação ambiental, com relação aos quais a ordem jurídica deve estar aberta, disponibilizando mecanismos jurídicos capazes de salvaguardar a vida e a dignidade humana de tais ameaças existenciais. Nessa perspectiva, MOLINARO afirma que o "contrato político" formulado pela Lei Fundamental brasileira elege como "foco central" o direito fundamental à vida e a manutenção das bases materiais que a sustentam, o que só pode se dar no gozo de um ambiente equilibrado e saudável. Tal entendimento, como formula o autor com maestria, conduz à ideia de um "mínimo de bem-estar ecológico" como premissa à concretização de uma vida digna. [55]

A Comissão Mundial sobre Meio Ambiente e Desenvolvimento das Nações Unidas, em seu relatório Nosso Futuro Comum (*Our common future*), datado de 1987, cunhou o conceito de *desenvolvimento sustentável*, que seria "aquele que atende às necessidades do presente sem comprometer a possibilidade de as gerações futuras atenderem a suas próprias necessidades. Ele contém dois conceitos-chave: o conceito de 'necessidades', sobretudo as necessidades essenciais dos pobres do mundo, que devem receber a máxima prioridade; a noção das limitações que o estágio da tecnologia e da organização social impõe ao meio ambiente, impedindo-o de atender às necessidades presentes e futuras".[56] No conceito de desenvolvimento sustentável elaborado pela Comissão Brundtland, verifica-se, de forma evidente, o conteúdo social de tal compreensão, na medida em que há uma preocupação em atender às necessidades vitais das gerações humanas presentes e futuras em sintonia com a eliminação da pobreza. Na explicitação dos seus conceitos-chave, resulta caracterizada a vinculação entre a qualidade ambiental e a concretização das necessidades humanas elementares (ou seja, do acesso aos direitos fundamentais — liberais, sociais e ecológicos), bem como a referência ao atual estágio de desenvolvimento tecnológico (com o esgotamento e contaminação dos recursos naturais) como um elemento limitativo e impeditivo para a satisfação de tais necessidades.[57]

Também a Declaração do Rio sobre Meio Ambiente e Desenvolvimento (1992), no seu Princípio 5, refere que "todos os Estados e todos os indivíduos, como requisito indispensável para o desenvolvimento sustentável, irão cooperar na tarefa essencial de erradicar a pobreza, a fim de reduzir as disparidades de padrões de vida e melhor atender

---

(54) HÄBERLE, Peter. "A dignidade humana como fundamento da comunidade estatal". In: SARLET, Ingo Wolfgang (Org.). *Dimensões da Dignidade*: ensaios de Filosofia do Direito e Direito Constitucional. Porto Alegre: Livraria do Advogado, 2005. p. 130.

(55) MOLINARO, Carlos Alberto. *Direito ambiental*: proibição de retrocesso. Porto Alegre: Livraria do Advogado, 2007. p. 113.

(56) *Nosso Futuro Comum/Comissão Mundial sobre Meio Ambiente e Desenvolvimento*. 2. ed. Rio de Janeiro: Editora Fundação Getúlio Vargas, 1991. p. 43.

(57) À luz da mesma perspectiva, a Lei n. 6.938/81 (Arts. 1º a 4º) coloca como o principal objetivo da Política Nacional do Meio Ambiente "a compatibilização do desenvolvimento econômico-social com a preservação da qualidade do meio ambiente e do equilíbrio ecológico", o que estabelece o necessário respeito à preservação ambiental para a composição do desenvolvimento econômico e social.

às necessidades da maioria da população do mundo". Além de traçar o objetivo (também constitucional, vide art. 3º, I e III, da Lei Fundamental brasileira) de erradicar a pobreza, reduzir as desigualdades sociais e atender às necessidades da maioria da população mundial e colocar nas mãos conjuntamente da sociedade e do Estado tal missão, o diploma internacional, ao traçar o conceito de desenvolvimento sustentável, evidencia a relação direta e interdependente entre os direitos sociais e a proteção do ambiente (ou a qualidade ambiental), sendo a tutela de tais direitos fundamentais um objetivo necessariamente comum, enquanto projeto político-jurídico para as comunidades nacionais — e a humanidade como um todo. Nessa linha, outro aspecto que está consubstanciado no marco normativo do desenvolvimento sustentável é justamente a questão da distribuição de riquezas (ou da *justiça distributiva*), o que passa necessariamente pela garantia dos direitos sociais e de um nível de vida minimamente digno (e, portanto, com qualidade ambiental) para todos os membros da comunidade estatal.

Da compreensão de *necessidades humanas vitais* (das presentes e futuras gerações), coloca-se a reflexão acerca da exigência um *patamar mínimo de qualidade ambiental*, sem o qual a dignidade humana estaria sendo violada no seu núcleo essencial. O âmbito de proteção do direito à vida, diante do quadro de riscos ambientais contemporâneos, para atender ao padrão de dignidade (e também salubridade) assegurado constitucionalmente, deve ser ampliado no sentido de abarcar a dimensão ambiental no seu quadrante normativo. Registra-se que a vida é condição elementar para o exercício da dignidade humana, embora essa não se limite àquela, uma vez que a dignidade não se resume a questões existenciais de natureza meramente biológica ou física, mas exige a proteção da existência humana de forma mais abrangente (em termos físico, psíquico, social, cultural, ecológico etc.). De tal sorte, impõe-se constitucionalmente a conjugação dos *direitos sociais* e dos *direitos ambientais* — ou seja, dos denominados *direitos socioambientais* ou *DESCA (direitos econômicos, sociais, culturais e ambientais)* — na formatação do núcleo mínimo de tutela da dignidade humana, em vista, especialmente, de tal garantia constitucional envolver desde o desenvolvimento de todo o potencial da vida humana até a sua própria sobrevivência como espécie (em razão do potencial destrutivo de algumas tecnologias desenvolvidas pela mão humana e mesmo do alto nível de poluição de determinadas áreas do Planeta).

Em regra, a miséria e a pobreza (como projeções da falta de acesso aos direitos sociais básicos, como saúde, saneamento básico, educação, moradia, alimentação, renda mínima etc.) caminham juntas com a degradação e poluição ambiental, expondo a vida das populações de baixa renda e violando sob duas vias distintas a sua dignidade. Aí está a importância de uma tutela compartilhada e integrada dos direitos sociais e dos direitos ecológicos, na forma de *direitos fundamentais socioambientais*, em vista de criar um núcleo mínimo para a preservação da qualidade de vida, aquém do qual poderá ainda haver vida, mas essa não será digna de ser vivida. No sentido de ampliar o núcleo de direitos sociais, de modo a acompanhar as novas exigências postas historicamente para atender aos padrões de uma vida digna, especialmente em razão da "nova" questão ambiental, DIAS assevera que, por direitos sociais básicos, devemos compreender tanto os direitos relacionados à educação, formação profissional, trabalho etc. como o direito à alimentação, moradia, assistência médica e a tudo aquilo que, no decorrer do tempo, puder ser reconhecido como parte integrante da nossa concepção de vida digna, o que é o caso, nos últimos anos, dos direitos que concernem à demanda por um meio ambiente saudável.[58]

Assim como há a imprescindibilidade de determinadas condições materiais em termos sociais (saúde, educação, alimentação, moradia etc.), sem as quais o pleno desenvolvimento da personalidade humana e mesmo a inserção política do indivíduo em determinada comunidade estatal são inviabilizadas, também na seara ecológica há um conjunto mínimo de condições materiais em termos de qualidade ambiental, sem o qual o desenvolvimento da vida humana (e mesmo a integridade física do indivíduo em alguns casos) também se encontra fulminado, em descompasso com o comando constitucional que impõe ao Estado o dever de tutelar a vida (art. 5º, *caput*) e a dignidade humana (art. 1º, III) contra quaisquer ameaças existenciais. Infelizmente, o "retrato" de degradação ambiental está presente de forma significativa nos grandes centros urbanos brasileiros (e também, por vezes, nas áreas rurais), onde uma parcela expressiva da população carente é comprimida a viver próxima a áreas poluídas e degradadas (ex. lixões, polos industriais, rios e córregos poluídos, encostas de morros sujeitas a desabamentos etc.). Diante desse quadro, o reconhecimento dos *direitos fundamentais socioambientais* tem importância central para resguardar uma existência digna aos indivíduos e comunidades humanas, servindo, portanto, de fundamento normativo para a configuração do direito fundamental ao *mínimo existencial ecológico* (ou *socioambiental*).

---

(58) DIAS, Maria Clara. *Os direitos sociais básicos*: uma investigação filosófica da questão dos direitos humanos. Coleção Filosofia, n. 177. Porto Alegre: EDIPU-CRS, 2004. p. 93-94.

O respeito e a proteção à dignidade humana, como acentua HÄBERLE, necessitam do engajamento material do Estado, na medida em que a garantia da dignidade humana pressupõe uma pretensão jurídica prestacional do indivíduo ao mínimo existencial material.[59] Pode-se dizer, inclusive, que tais condições materiais elementares constituem-se de premissas ao próprio exercício dos demais direitos (fundamentais ou não), resultando, em razão da sua essencialidade ao quadro existencial humano, em um "direito a ter e exercer os demais direitos".[60] Sem o acesso a tais condições existenciais mínimas, o que inclui necessariamente um padrão mínimo de qualidade ambiental, não há que se falar em *liberdade real ou fática*, quanto menos em um padrão de vida compatível com a dignidade humana. A garantia do mínimo existencial ecológico constitui-se, em verdade, de uma premissa ao próprio exercício dos demais direitos fundamentais, sejam eles direitos de liberdade, direitos sociais ou mesmo direitos de solidariedade, como é o caso do próprio direito ao ambiente. Por trás da garantia constitucional do mínimo existencial ecológico, subjaz a ideia de respeito e consideração, por parte da sociedade e do Estado, pela vida de cada indivíduo, que, desde o imperativo categórico de KANT, deve ser sempre tomada como um *fim em si mesmo*, em sintonia com a dignidade (e sua *dimensão ecológica*) inerente a cada ser humano.[61]

O conteúdo normativo do direito fundamental do mínimo existencial é modulado à luz das circunstâncias históricas e culturais concretas da comunidade estatal, tendo em conta sempre os novos valores que são incorporados constantemente ao conteúdo do princípio da dignidade da pessoa humana a cada avanço civilizatório. Para a conformação contemporânea do conteúdo do princípio da dignidade humana, deve-se tomar a ideia consubstanciada na abertura material do rol dos direitos fundamentais, a qual transporta o *princípio constitucional da historicidade dos direitos fundamentais*, ou seja, de que a humanidade caminha permanentemente na direção da ampliação do universo de direitos fundamentais, de modo a contemplar cada vez mais um maior bem-estar a todos os indivíduos e a comunidade estatal como um todo, a ponto de concretizar e elevar ao máximo o *espírito humano*. E, conforme apontado no presente estudo, tal processo histórico de afirmação de direitos fundamentais e proteção da pessoa resultou na inserção da proteção ambiental no catálogo dos direitos fundamentais. Nessa perspectiva, o conteúdo do direito fundamental ao mínimo existencial deve ser modulado (para além dos direitos sociais!) em face da consagração dos novos direitos fundamentais de terceira dimensão, como é o caso da proteção do ambiente, chegando-se, com base em tal raciocínio, na consagração do *mínimo existencial ecológico*.

Da mesma forma como ocorre com o conteúdo da dignidade humana, que não se limita ao direito à vida em sentido estrito, o conceito de mínimo existencial não pode ser limitado ao direito à mera sobrevivência na sua dimensão estritamente natural ou biológica, mas deve ser concebido de forma mais ampla, já que objetiva justamente a realização da vida em níveis compatíveis com a dignidade humana, considerando, nesse aspecto, a incorporação da qualidade ambiental como novo conteúdo do seu núcleo protetivo. Com tal premissa, o conteúdo do mínimo existencial não pode ser confundido com o que se poderia denominar de um "mínimo vital" ou "mínimo de sobrevivência", na medida em que este último diz respeito à garantia da vida humana, sem necessariamente abranger as condições para uma sobrevivência física em condições dignas, portanto, de uma vida com certa qualidade. Não deixar alguém sucumbir à fome certamente é o primeiro passo em termos da garantia de um mínimo existencial, mas não é o suficiente para garantir uma existência digna[62], ainda mais em vista dos novos riscos existenciais postos pela degradação ambiental e mesmo pelo uso de determinadas tecnologias.

Com o intuito de alcançar a fundamentação do mínimo existencial ecológico, adota-se uma compreensão ampliada do conceito de mínimo existencial (social), a fim de abarcar a ideia de uma *vida com qualidade ambiental* (e, por óbvio, com dignidade), em que pese a sobrevivência humana (e, portanto, o mínimo vital) também se encontrar muitas vezes ameaçada pela degradação ambiental. A dignidade da pessoa humana, por sua vez, somente estará assegurada — em termos de condições básicas a serem garantidas pelo Estado e pela sociedade — onde a todos e a qualquer um estiver assegurada nem mais nem menos do que uma vida saudável[63], o que passa necessariamente pela

---

(59) HÄBERLE, "*A dignidade humana como fundamento...*". p. 138.

(60) A corroborar com tal ideia, a comparação feita por TORRES entre a garantia constitucional do mínimo existencial e o estado de necessidade, tanto conceitualmente quanto em face das suas consequências jurídicas, uma vez que a própria sobrevivência do indivíduo, por vezes, está em jogo. TORRES, Ricardo Lobo Torres. *Tratado de direito constitucional, financeiro e tributário*, Vol. II, Valores e princípios constitucionais tributários. Rio de Janeiro/São Paulo/Recife, 2005. p. 144 e ss.

(61) KANT, Immanuel. *Crítica da razão pura e outros textos filosóficos*. Coleção Os Pensadores. Tradução de Paulo Quintela. São Paulo: Abril Cultural, 1974. p. 229

(62) SARLET, Ingo Wolfgang. "Direitos fundamentais sociais, 'mínimo existencial' e direito privado: breves notas sobre alguns aspectos da possível eficácia dos direitos sociais nas relações entre particulares". In: GALDINO, Flávio; SARMENTO, Daniel (Orgs.). *Direitos Fundamentais — Estudos em homenagem a Ricardo Lobo Torres*. Rio de Janeiro: Renovar, 2006. p. 567.

(63) Cfr. SARLET, "*Direitos fundamentais sociais, 'mínimo existencial'...*". p. 572. Na medida em que fundamenta o mínimo existencial na liberdade efetiva (real) — e não meramente formal -, TORRES também é contrário ao tratamento do seu conteúdo apenas como um mínimo vital ou um mínimo para a sobrevivência.

qualidade e equilíbrio do ambiente onde a vida humana está sediada. A ideia motora do presente estudo, portanto, é ampliar o horizonte conceitual e material do direito fundamental ao mínimo existencial para além das suas feições liberal e social, situando o seu enquadramento diante das novas demandas e desafios existenciais de matriz ecológica.

O conteúdo conceitual e normativo do princípio da dignidade da pessoa humana está intrinsecamente relacionado à qualidade do ambiente (onde o ser humano vive, mora, trabalha, estuda, pratica lazer etc.). A vida e a saúde humanas (ou como refere o *caput* do artigo 225 da Constituição Federal, conjugando tais valores, a *sadia qualidade de vida*) só são possíveis, dentro dos padrões mínimos exigidos constitucionalmente para o desenvolvimento pleno da personalidade humana, num ambiente natural com qualidade ambiental. O ambiente está presente nas questões mais vitais e elementares da condição humana, além de ser essencial à sobrevivência do ser humano como espécie natural. A Organização Mundial da Saúde estabelece como parâmetro para determinar uma vida saudável "um completo bem-estar físico, mental e social", o que coloca indiretamente a qualidade ambiental como elemento fundamental para o "completo bem-estar" caracterizador de uma vida saudável. Seguindo tal orientação, a Lei n. 8.080/90, que dispõe sobre as condições para a promoção, proteção e recuperação da saúde, a organização e o funcionamento dos serviços correspondentes, regulamentando o dispositivo constitucional, dispõe sobre o direito à saúde através da garantia a condições de bem-estar físico, mental e social (art. 3º, parágrafo único), bem como registra o meio ambiente como fator determinante e condicionante à saúde humana (art. 3º, *caput*). Em sintonia com tal perspectiva, o art. 2º da Lei da Política Nacional do Meio Ambiente (Lei 6.938/81) estabelece o objetivo de "preservação, melhoria e recuperação da qualidade ambiental propícia à vida, com o intuito de assegurar a proteção da dignidade da pessoa humana". A consagração do direito ao ambiente ecologicamente equilibrado como direito fundamental acarreta, como referem BIRNIE e BOYLE, no reconhecimento do "caráter vital do ambiente como condição básica para a vida, indispensável à promoção da dignidade e do bem-estar humanos, e para a concretização do conteúdo de outros direitos humanos".[64]

Com base na dimensão ambiental ou ecológica do mínimo existencial, STEIGLEDER salienta que o reconhecimento de tal garantia constitucional permite "lograr uma existência digna, ou seja, de um direito, por parte da sociedade, à obtenção de prestações públicas de condições mínimas de subsistência na seara ambiental, as quais, acaso desatendidas, venham a criar riscos graves para a vida e a saúde da população, ou riscos de dano irreparável", tendo, como exemplo, a deposição de lixo urbano a céu aberto, a ponto de criar perigos para a saúde da população circundante e riscos ambientais de contaminação de corpos hídricos que sejam vitais para o abastecimento público; ou, ainda, a contaminação do ar com poluentes prejudiciais à saúde humana.[65] Os exemplos trazidos pela autora são bem contundentes no sentido de desnudar o vínculo elementar entre a degradação ou poluição ambiental e os direitos sociais (no caso referido, especialmente o direito à saúde[66]), tendo justamente na configuração do direito fundamental ao mínimo existencial ecológico um mecanismo para contemplar ambas as demandas sociais básicas, sempre com o objetivo constitucional maior de assegurar uma existência humana digna (e saudável) a todos os integrantes da comunidade estatal, o que só é possível com a garantia de um padrão mínimo de qualidade ambiental. Com tal perspectiva, FIORILLO pontua que a Constituição, com base no seu art. 6º, estabelece um *piso mínimo vital* de direitos que deve ser assegurado pelo Estado a todos os indivíduos, dentre os quais se ressalta o direito à saúde, para cujo exercício é imprescindível um ambiente equilibrado e dotado de higidez.[67]

Ao articular a ideia de vinculação entre direitos sociais e proteção do ambiente, FERREIRA aponta para a importância do diálogo entre o movimento ambientalista e os movimentos por direitos sociais, já que, como acentua, a compatibilização da qualidade ambiental ao bem-estar social seria o próximo baluarte a ser conquistado na constru-

---

("*A metamorfose dos direitos sociais...*". p. 11-46). Tal interpretação (qualificada ou ampliada) do conteúdo do mínimo existencial, como um conjunto de garantias materiais para uma vida condigna, é a que tem prevalecido tanto na Alemanha, quanto na doutrina e jurisprudência constitucional comparada (notadamente no plano europeu), como ilustra a recente decisão do Tribunal Constitucional de Portugal na matéria (Acórdão n. 509 de 2002, versando sobre o rendimento social de inserção), "ao reconhecer tanto um direito negativo quanto um direito positivo a um mínimo de sobrevivência condigna, como algo que o Estado não apenas não pode subtrair ao indivíduo, mas também como algo que o Estado deve positivamente assegurar, mediante prestações de natureza material". SARLET, *op. cit.*, p. 567-568.

(64) BIRNIE, Patrícia; BOYLE, Alan. *International law and the environment*. 2. ed. Oxford/New York: Oxford University Press, 2002. p. 255.

(65) STEIGLEDER, Annelise Monteiro. "Discricionariedade administrativa e dever de proteção do ambiente". In: *Revista do Ministério Público do Estado do Rio Grande do Sul*, n. 48, 2002. p. 280. Não obstante a autora referir o termo "mínimo vital", o qual, conforme referido anteriormente, se rejeita por remeter à ideia de tutela apenas de um mínimo de sobrevivência, é possível extrair do seu texto que tal conceito está colocado de forma mais ampla (e não limitada à mera sobrevivência física), indo na mesma linha da formulação conceitual que é defendida no presente estudo para o mínimo existencial (e não apenas vital) ecológico.

(66) Para certificar a conexão elementar entre saúde humana e proteção do ambiente, BENJAMIN pontua que "há aspectos da proteção ambiental que dizem respeito, de maneira direta, à proteção sanitária. Assim é com o controle de substâncias perigosas e tóxicas, como os agrotóxicos, e com a preocupação sobre a potabilidade da água e a respirabilidade do ar". BENJAMIN, Antônio Herman. "Constitucionalização do ambiente e ecologização da Constituição brasileira". In: CANOTILHO, José Joaquim Gomes; MORATO LEITE, José Rubens (Orgs.). *Direito constitucional ambiental brasileiro*. São Paulo: Saraiva, 2007. p. 91.

(67) FIORILLO, Celso Antônio Pacheco. *Curso de direito ambiental brasileiro*. 10. ed. São Paulo: Saraiva, 2009. p. 13.

ção da cidadania.[68] A autora destaca que os desafios das condutas políticas voltadas à qualidade ambiental residem "na dinâmica mais ampla de uma sociedade cuja expressão pública de novos direitos convive com a negação cotidiana do universo da cidadania, através da institucionalização de práticas excludentes, violentas e arbitrárias".[69] Em outras palavras, a socióloga da UNICAMP evidencia que qualquer institucionalização das demandas ecológicas deve passar necessariamente pelo enfrentamento dos direitos sociais, como premissas para uma condição cidadã, conciliando tais mundos e afirmando a própria dimensão integrativa e interdependente de tais direitos na conformação de uma tutela integral da dignidade da pessoa humana no horizonte político-jurídico de um *socioambientalismo*.[70]

A compreensão integrada e interdependente dos direitos sociais e da proteção do ambiente, através da formatação dos *direitos fundamentais socioambientais*, é um dos objetivos centrais do conceito de *desenvolvimento sustentável* no horizonte constituído pelo *Estado Socioambiental de Direito*. Nesse sentido, SILVA afirma que o desenvolvimento sustentável tem como seu requisito indispensável um crescimento econômico que envolva equitativa redistribuição dos resultados do processo produtivo e a erradicação da pobreza, de forma a reduzir as disparidades nos padrões de vida da população. O constitucionalista afirma ainda que se o desenvolvimento não elimina a pobreza absoluta, não propicia um nível de vida que satisfaça as necessidades essenciais da população em geral, consequentemente, não pode ser qualificado de sustentável.[71] A proteção ambiental, portanto, está diretamente relacionada à garantia dos direitos sociais, já que o gozo desses últimos é dependente de condições ambientais favoráveis, como, por exemplo, o acesso à água potável[72] (através de saneamento básico, que também é direito fundamental social integrante do conteúdo do mínimo existencial[73]), à alimentação sem contaminação química (por exemplo, de agrotóxicos e poluentes orgânicos persistentes[74]), a moradia em área que não apresente poluição atmosférica, hídrica ou contaminação do solo (como, por exemplo, na cercania de áreas industriais) ou mesmo riscos de desabamento (como ocorre no topo de morros desmatados e margens de rios assoreados). Nesse contexto, CHAGAS PINTO aponta para o saneamento ambiental como um campo de atuação adequado ao combate simultâneo da pobreza e da degradação do ambiente, de modo que a efetividade dos serviços de abastecimento de água e de esgotamento sanitário integra, direta ou indiretamente, o âmbito normativo de diversos direitos fundamentais (mas especialmente dos direitos sociais), como o direito à saúde, o direito à habitação decente, o direito ao ambiente, o "emergente" direito à água (essencial à dignidade humana), bem como, em casos mais extremos, também o direito à vida. [75]

A hipótese do *saneamento básico* delineia uma ponte normativa entre o mínimo existencial social e a proteção ambiental. A partir de tal exemplo, é possível visualizar, de forma paradigmática, a caracterização dos direitos fundamentais socioambientais, de modo a integrar a tutela dos direitos sociais (especialmente saúde, alimentação, água potável e moradia) e do ambiente, conjugando seus conteúdos normativos para a realização de uma vida humana

---

(68) FERREIRA, Lúcia da Costa. "Os ambientalismos, os direitos sociais e o universo da cidadania". In: FERREIRA, Leila da Costa; VIOLA, Eduardo (Orgs.). *Incertezas de Sustentabilidade na Globalização*. Campinas: Editora da UNICAMP, 1996. p. 254-255.

(69) FERREIRA, "*Os ambientalismos, os direitos sociais...*". p. 250.

(70) Nesse sentido, VIOLA e LEIS apontam para o surgimento do *socioambientalismo*, o qual abrangeria um grande número de organizações não-governamentais, movimentos sociais e sindicatos, que têm incorporado a questão ambiental como uma dimensão importante de sua atuação, incluindo no seu conjunto: 1) movimento dos seringueiros; 2) movimentos indígenas; 3) movimento dos trabalhadores rurais sem-terra; 4) movimento dos atingidos por barragens; 5) setores dos movimentos dos moradores e comunidades de bairro; 6) movimentos pela saúde ocupacional, composto por ativistas sindicais e médicos sanitaristas; 7) setores do movimento estudantil; 8) movimentos de defesa do consumidor; 9) movimentos pacifistas; 10) grupos para o desenvolvimento do potencial humano (homeopatia, ioga, escolas alternativas etc.); 11) setores do movimento feminista; 11) movimentos e sindicatos dos trabalhadores urbanos; 13) um setor cada vez mais importante das organizações não-governamentais de desenvolvimento social e apoio aos movimentos sociais. VIOLA, Eduardo J.; LEIS, Hector R. "A evolução das políticas ambientais no Brasil, 1971-1991: do bissetorialismo preservacionista para o multissetorialismo orientado para o desenvolvimento sustentável". In: HOGAN, Daniel Joseph; VIEIRA, Paulo Freire (Orgs.). *Dilemas socioambientais e desenvolvimento sustentável*. 2. ed. Campinas: Editora da Unicamp, 1995. p. 88-89.

(71) SILVA, José Afonso. *Direito ambiental constitucional*. 4. ed. São Paulo: Malheiros, 2003. p. 26-27.

(72) Com efeito, PETRELLA registra que a saúde humana está intimamente ligada ao "acesso básico e seguro à água", tendo em conta o fato de que os problemas relacionados com a quantidade ou a qualidade da água à base de 85% das doenças humanas nos países pobres. PETRELLA, Ricardo. *O Manifesto da Água*: argumentos para um contrato mundial. Petrópolis/RJ: Vozes, 2002. p. 88. A reforçar tal entendimento, o Desembargador COSTA TELLES do Tribunal de Justiça do Estado de São Paulo, em julgado que determinou o restabelecimento do fornecimento de água pela concessionária a consumidor devedor, que demonstrou carência econômica, no corpo do seu voto, afirmou que ao se entender "que os serviços essenciais são contínuos, independente de contraprestação, dá-se eficácia plena às disposições constitucionais que afirmam o direito do cidadão a uma vida sadia, com dignidade e meio ambiente equilibrado, situação impensável sem o fornecimento de água" (TJSP, Apel. Cível n. 7.127.196-4, Seção de Direito Privado, 15ª Câmara de Direito Privado, Rel. Des. José Araldo da Costa Telles, julgado em 06.11.2007).

(73) Nesse sentido, cfr. BARCELLOS, Ana Paula de. *A eficácia jurídica dos princípios constitucionais*: o princípio da dignidade da pessoa humana. 2. ed. Rio de Janeiro/São Paulo/Recife: Renovar, 2008. p. 317-320.

(74) Cfr., sobre o tema da contaminação química, a obra de ALBUQUERQUE, Letícia. *Poluentes orgânicos persistentes*: uma análise da Convenção de Estocolmo. Curitiba: Juruá, 2006.

(75) CHAGAS PINTO, Bibiana Graeff. "Saneamento básico e direitos fundamentais: questões referentes aos serviços públicos de água e esgotamento sanitário no direito brasileiro e no direito francês". In: BENJAMIN, Antonio Herman (Org.). *Anais do 10º Congresso Internacional de Direito Ambiental* (Direitos humanos e meio ambiente). São Paulo: Imprensa Oficial do Estado de São Paulo, 2006. p. 408.

digna e saudável. O saneamento básico diz respeito ao serviço de água e saneamento prestado pelo Estado ou empresa concessionária do serviço público aos integrantes de determinada comunidade, especialmente no que tange ao "abastecimento de água potável", ao "esgotamento sanitário", à "limpeza urbana e manejo de resíduos sólidos" e à "drenagem e manejo das águas pluviais urbanas".[76] Sobre o tema, destaca-se a novel Lei n. 11.445, de 5 de janeiro de 2007, que estabelece as diretrizes nacionais para o saneamento básico. O novo diploma legislativo traz, entre os princípios fundamentais dos serviços públicos de saneamento básico, a articulação das políticas públicas de habitação, de combate e erradicação da pobreza, de promoção da saúde e de proteção ambiental, revelando justamente uma visão integrada para a tutela dos direitos sociais básicos e da proteção ambiental. O Estatuto da Cidade (Lei n. 10.257/01) também veicula o direito ao *saneamento ambiental*, quando estabelece o conteúdo do *direito à cidade sustentável*, que também inclui os direitos à moradia, à infra-estrutura urbana, ao transporte e aos serviços públicos, ao trabalho, ao lazer, para as presentes e futuras gerações (art. 2º, I).

Com tal perspectiva, BARCELLOS[77] afirma que a prestação do serviço de saneamento (consubstanciada nos arts. 23, IX, 198, II, e 200, IV e VIII, da Lei Fundamental brasileira), como desmembramento do direito à saúde, integra a garantia do mínimo existencial, ou seja, do núcleo mínimo de prestações sociais a serem exigidas do Estado para a assegurar o desfrute de uma vida dignidade. Em relação ao saneamento básico, o comprometimento da saúde humana está diretamente associado à contaminação e poluição das águas que servem de abastecimento para as populações, o que ocorre, paradigmaticamente, nas regiões marginalizadas dos grandes centros urbanos brasileiros. De tal sorte, é possível identificar o saneamento básico como um direito fundamental que apresenta uma feição socioambiental. Na mesma linha, CHAGAS PINTO afirma ser possível o reconhecimento, no âmbito do ordenamento jurídico brasileiro, de um direito fundamental ao saneamento básico, através de uma interpretação extensiva do direito fundamental à saúde, mas, principalmente, do direito fundamental ao ambiente ecologicamente equilibrado.[78] Após as linhas aqui vertidas, resulta evidente, à luz do exemplo do saneamento básico, a indivisibilidade e interdependência entre os direitos sociais e a proteção ambiental na garantia de prestações materiais mínimas indispensáveis a uma vida digna.

A inclusão da proteção ambiental no rol dos direitos fundamentais do ser humano está alinhada ao ideal constitucional da solidariedade, como marco jurídico-constitucional dos direitos fundamentais de terceira dimensão e do Estado Socioambiental de Direito. Ajustado a tal ideia, TORRES extrai da solidariedade (ou fraternidade), com base na natureza difusa e coletiva dos direitos fundamentais de terceira dimensão, o suporte axiológico para fundamentar o seu conceito de mínimo existencial ecológico.[79] Com efeito, o *princípio constitucional da solidariedade* aparece como o marco axiológico-normativo do Estado *Socioambiental* de Direito, tensionando a liberdade e a igualdade (substancial) no sentido de concretizar a dignidade em (e com) todos os seres humanos. Diante de tal compromisso constitucional, os "deveres" (fundamentais) ressurgem com força nunca vista anteriormente, superando a hipertrofia dos "direitos" do Estado Liberal para vincularem Estado e particulares à realização de uma vida digna e saudável para todos os integrantes da comunidade política. Na mesma direção, MIRANDA afirma a natureza relacional e solidarista da dignidade humana, já que essa se realiza, para além da sua dimensão individualista, na dignidade de todos. O constitucionalista destaca que "cada pessoa tem, contudo, de ser compreendida em relação com as demais", já que a dignidade de cada pessoa pressupõe a dignidade de todos[80], caracterizando o princípio constitucional da solidariedade. No contexto das relações jurídicas que se travam no âmbito ambiental, pode-se até mesmo alçar a dignidade das

---

(76) O novo marco regulatório do saneamento básico estabelecido na Lei n. 11.445/07 delineia o conceito de saneamento básico (art. 3º, I) como o conjunto de serviços, infra-estruturas e instalações operacionais de: a) *abastecimento de água potável*, constituído pelas atividades, infra-estruturas e instalações necessárias ao abastecimento público de água potável, desde a captação até as ligações prediais e respectivos instrumentos de mediação; b) *esgotamento sanitário*, constituído pelas atividades, infra-estruturas e instalações operacionais de coleta, transporte, tratamento disposição final adequados dos esgotos sanitários, desde as ligações prediais até o seu lançamento final no me o ambiente; c) *limpeza urbana e manejo de resíduos sólidos*, como conjunto de atividades, infra-estruturas e instalações operacionais de coleta, transporte, transbordo, tratamento e destino final do lixo doméstico e do lixo originário da varrição e limpeza de logradouros e vias públicas; d) *drenagem e manejo das águas pluviais urbanas*, como conjunto de atividades, infra-estruturas e instalações operacionais de drenagem urbana de águas pluviais, de transporte, detenção ou retenção para o amortecimento de vazões de cheias, tratamento e disposição final das águas pluviais drenadas nas áreas urbanas.

(77) A autora aponta como desmembramentos do direito fundamental à saúde, além do serviço de saneamento (art. 23, IX, 198, II, e 200, IV, o atendimento materno-infantil (art. 227, I), as ações de medicina preventiva (art. 198, II) e as ações de prevenção epidemiológica (art. 200, II). BARCELLOS, "*A eficácia jurídica dos princípios...*". p. 313.

(78) CHAGAS PINTO, "*Saneamento básico e direitos fundamentais...*". p. 406.

(79) A expressão "mínimo existencial ecológico" (Ökologisches Existenzminimum) foi cunhada por KERSTEN HEINZ ("Eigenrecht der Natur". *Der Staat* 29 "3": 415-439, 1990.), encontrando o seu fundamento nos arts. 2º, 1 e 2, e 14 da Constituição de Bonn, que garantem os direitos ao livre desenvolvimento da personalidade, à vida, à segurança corporal e à propriedade. *Apud* TORRES, Ricardo Lobo. *O direito ao mínimo existencial*. Rio de Janeiro: Renovar, 2009. p. 146. Nesse contexto, é possível acrescentar também, entre os fundamentos para o mínimo existencial ecológico constantes da Lei Fundamental alemã, o art. 20a, incluído em reforma do referido texto constitucional (2002).

(80) MIRANDA, Jorge. "A Constituição portuguesa e a dignidade da pessoa humana". In: *Revista de Direito Constitucional e Internacional*, Ano 11, Vol. 45, Out--Dez, 2003. São Paulo: Revista dos Tribunais. p. 86.

gerações futuras, que como refere o Mestre português é "composta por homens e mulheres com a mesma dignidade dos de hoje".[81] Há também que se colocar em pauta a garantia de um mínimo em termos de qualidade ambiental na perspectiva das gerações humanas futuras, a partir da tutela constitucional que lhes foi conferida pelo art. 225, *caput*, da Lei Fundamental brasileira. Tal preservação de um patamar mínimo de qualidade ambiental deve ser atribuída, tanto na forma de deveres de proteção do Estado como na forma de deveres fundamentais dos atores privados, às gerações humanas presentes, de modo a preservar as bases naturais mínimas para o desenvolvimento da vida das gerações futuras.

Para além dos direitos liberais e sociais já clássicos, é chegado o momento histórico de tomarmos a sério também os direitos ambientais (ou socioambientais!), reforçando o seu tratamento normativo, o que se dá com a consagração do *direito fundamental ao mínimo existencial ecológico*. Trata-se de um direito fundamental implícito extraído do sistema constitucional de proteção da dignidade da pessoa humana e do conteúdo de outros direitos fundamentais (especialmente dos direitos sociais e do direito ao meio ambiente ecologicamente equilibrado), com base na abertura do catálogo de direitos fundamentais prevista no art. 5º, § 2º, da nossa Lei Fundamental. E é justamente o princípio da dignidade da pessoa humana que assume o papel de delimitador da fronteira do patamar mínimo na esfera dos direitos sociais[82], o que, à luz dos novos contornos constitucionais conferidos ao âmbito de proteção da dignidade humana e do reconhecimento da sua dimensão ecológica, especialmente em face das ameaças existenciais impostos pela degradação ambiental, determina a ampliação da fronteira normativa do conteúdo da garantia do mínimo existencial para abarcar também a qualidade ambiental no seu núcleo protetivo.

3.1 Mínimo existencial ecológico, democracia e justiça ambiental

A ideia de *justiça ambiental*[83] também perpassa a abordagem da concepção de um Estado *Socioambiental* de Direito, na medida em que esse, à luz de uma justiça distributiva e solidária, toma como fundamento a proteção das minorias (que, por vezes, vale frisar, tomam a forma de maiorias, como no caso brasileiro) expostas de forma desigual à degradação ambiental. CANOTILHO, sob a mesma perspectiva, destaca a ideia de um *Estado de Justiça Ambiental*, o que conduz à proibição de práticas discriminatórias que tenham a questão ambiental de fundo, como decisão, seleção, prática administrativa ou atividade material referente à tutela do ambiente ou à transformação do território que onere injustamente indivíduos, grupos ou comunidade pertencentes a minorias populacionais em virtude de raça, situação econômica ou localização geográfica.[84] A *injustiça ambiental* se revela de diversas formas, mas, assim como a *injustiça social*, afeta de forma mais intensa os cidadãos vulneráveis em termos socioeconômicos, os quais já possuem um acesso mais restrito aos seus direitos sociais básicos (água, saneamento básico, educação, saúde, alimentação etc.), bem como dispõem de um acesso muito mais limitado à informação de natureza ambiental, o que acaba por comprimir a sua autonomia e liberdade de escolha, impedindo que evitem determinados riscos ambientais por absoluta (ou mesmo parcial) falta de informação e conhecimento.

Para reforçar tal entendimento, BECK, ao formular sua teoria sobre a *sociedade de risco* contemporânea, refere que determinados grupos sociais, em razão do seu baixo poder aquisitivo, encontram-se mais vulneráveis a certos aspectos da degradação ambiental, em que pese existir, de certa forma, uma dimensão "democrática" da degradação ou poluição ambiental, que atinge a todos de forma igual (como, por exemplo, a poluição atmosférica, o aquecimento global etc.), rompendo com a concepção tradicional de classes sociais.[85] Sensível a tal contexto, BECK afirma que os riscos se acumulam abaixo, na medida em que as riquezas se acumulam acima. Com tal perspectiva, o sociólogo alemão destaca que as classes sociais privilegiadas conseguem, em certa medida, evitar ou ao menos minimizar significativamente a sua exposição a determinados riscos, já que, por exemplo, são as zonas residenciais mais baratas — acessíveis às populações mais carentes — que se encontram perto dos centros de produção industrial, as quais são afetadas permanentemente por diversas substâncias nocivas presentes no ar, na água e no solo.[86] Em sintonia com tal assertiva, basta voltar o olhar para a realidade dos grandes centros urbanos brasileiros onde as populações caren-

---

(81) MIRANDA, "*A Constituição portuguesa e a dignidade...*". p. 89.

(82) SARLET, Ingo Wolfgang. *A eficácia dos direitos fundamentais*. 7. ed. Porto Alegre: Livraria do Advogado, 2007. p. 353.

(83) Também sobre a ideia de *justiça ambiental* e de um *Estado de Justiça Ambiental*, conferir a obra de MORATO LEITE, José Rubens; AYALA, Patryck de Araújo. *Direito ambiental na sociedade de risco*. São Paulo: Forense Universitária, 2002. p. 28-39.

(84) CANOTILHO, José Joaquim Gomes. "Privatismo, associacionismo e publicismo no direito do ambiente: ou o rio da minha terra e as incertezas do direito público". In: *Textos "Ambiente e Consumo"*, Volume I. Lisboa: Centro de Estudos Jurídicos, 1996. p. 157-158.

(85) BECK, "*La sociedad del riesgo...*". p. 40-41.

(86) BECK, "*La sociedad del riesgo...*". p. 40-41.

tes são comprimidas a viver nas áreas mais degradadas do ambiente urbano (consequentemente, menos disputadas pela especulação imobiliária), geralmente próximas a lixões[87], recursos hídricos contaminados, áreas industriais, bem como em áreas de proteção ambiental (como, por exemplo, áreas de preservação permanente[88] e unidades de conservação[89]). Diante de tais situações, os grupos sociais mais pobres têm os seus direitos fundamentais violados duplamente, ou seja, tanto sob a perspectiva dos seus direitos sociais como também em relação ao seu direito a viver em um ambiente sadio e equilibrado.

Há, por certo, uma profunda injustiça na distribuição não só dos bens sociais no âmbito da nossa comunidade política, mas também na distribuição e acesso aos recursos naturais, de modo que a população necessitada acaba por ter não só os seus direitos sociais violados como também o seu direito a viver em um ambiente sadio. A falta de um acesso equânime aos recursos ambientais compromete inevitavelmente o respeito pela vida e dignidade da população carente. O fortalecimento da luta por justiça ambiental no Brasil[90] transporta justamente essa mensagem, ou seja, de que, assim como os custos sociais do desenvolvimento recaem de modo desproporcional sobre a população carente, também os custos ambientais desse mesmo processo oneram de forma injusta a vida da população carente.

Portanto, assim como quando se fala em mínimo existencial a ideia de *justiça social* permeia a discussão (na sua feição distributiva), no sentido de garantir um acesso igualitário aos direitos sociais básicos, da mesma maneira, quando se discute os fundamentos do mínimo existencial ecológico, a *justiça ambiental* deve estar presente, balizando tanto as relações entre os Estados nacionais no plano internacional (especialmente, diante das relações Norte-Sul), quanto as relações entre poluidor/degradador (Estado ou particular) e cidadão titular do direito fundamental ao ambiente no âmbito interno dos Estados nacionais. A justiça ambiental deve reforçar a relação entre *direitos* e *deveres* ambientais, objetivando uma redistribuição de bens sociais e ambientais que possa rumar para uma equalização de direitos entre ricos e pobres — e entre os países do Norte e países do Sul na ordem internacional —, sendo que todos são, em maior ou menor medida, reféns das condições ambientais. O direito fundamental ao ambiente carrega consigo, portanto, uma dimensão democrática e redistributiva. A consagração do ambiente como um bem comum a todos (*caput* do art. 225 da Lei Fundamental brasileira) estabelece, de certa forma, o acesso de todos de forma igualitária ao desfrute de uma qualidade de vida compatível com o pleno desenvolvimento da sua personalidade e dignidade, considerando ainda que tal determinação constitucional também alcança os interesses das futuras gerações humanas.

3.2 *Deveres de proteção do Estado e eficácia normativa do mínimo existencial ecológico nas relações entre particulares (eficácia horizontal): a vinculação dos poderes públicos e privados ao mínimo existencial ecológico (nas suas dimensões defensiva e prestacional)*

No plano da efetivação do mínimo existencial social (o que se aplica também ao mínimo existencial ecológico), destaca-se a *vinculação dos poderes públicos* à realização da dignidade da pessoa humana na forma de *dever de proteção* do Estado, ressaltando que, ao ente estatal, não é apenas vedada a possibilidade de tirar a vida (daí, por exemplo, a proibição da pena de morte), mas também se impõe ao mesmo o "dever de proteger ativamente a vida humana, já que esta constitui a própria razão de ser do Estado, além de pressuposto para o exercício de qualquer direito (fundamental, ou não)"[91]. O mesmo raciocínio conduz à vinculação do Estado ao mínimo existencial ecológico, tendo em conta a missão constitucional conferida aos poderes públicos de proteger a vida e a dignidade humana contra todas as suas ameaças existenciais, incluída aí a degradação ambiental e todos os demais riscos ecológicos postos contemporaneamente (vide, por exemplo, o caso do aquecimento global). Nesse ponto, CANOTILHO refere que cumpre ao Estado e aos poderes públicos, como fim ou tarefa estatal, assegurar que a proteção do ambiente tenha, ao menos, um nível de proteção garantidor de um mínimo de existência ecológica.[92]

---

(87) O premiado documentário *Ilha das Flores* do cineasta gaúcho Jorge Furtado registrou de forma contundente a realidade degradante das comunidades humanas que se alimentam dos lixos na proximidade da Capital gaúcha.

(88) O art. 1º, § 2º, II, da Lei n. 4.771/65 (Código Florestal) conceitua área de preservação permanente como sendo a "área coberta ou não por vegetação nativa, com função ambiental de preservar os recursos hídricos, a paisagem, a estabilidade geológica, a biodiversidade, o fluxo gênico de fauna e flora, proteger o solo e assegurar o bem-estar das populações humanas".

(89) A Lei n. 9.985/2000, que regulamenta o art. 225, § 1º, inciso III, da Constituição, estabeleceu o Sistema Nacional de Unidades de Conservação.

(90) Conforme apontam ACSELRAD, HERCULANO e PÁDUA, "o tema da *justiça ambiental* — que indica a necessidade de trabalhar a questão do ambiente não apenas em termos de preservação, mas também de distribuição e justiça — representa o marco conceitual necessário para aproximar em uma mesma dinâmica as lutas populares pelos direitos sociais e humanos e pela qualidade coletiva de vida e sustentabilidade ambiental". ACSELRAD, Henri; HERCULANO, Selene; PÁDUA, José Augusto (Orgs.). *Justiça ambiental e cidadania*. 2. ed. Rio de Janeiro: Relume Dumará, 2004. p. 16.

(91) SARLET, *A eficácia dos direitos fundamentais...*". p. 352.

(92) CANOTILHO, José Joaquim Gomes. "O direito ao ambiente como direito subjetivo". In: CANOTILHO, José Joaquim Gomes. *Estudos sobre direitos fundamentais*. Coimbra: Coimbra Editora, 2004. p. 182.

Os *deveres de proteção do Estado* para com os direitos fundamentais colocam como imperativo para os entes estatais o objetivo e tarefa constitucional de promover a tutela do direito fundamental ao ambiente (como, por exemplo, combatendo a degradação ou poluição ambiental), tanto na forma de uma postura negativa de não interferência no seu âmbito de proteção, quanto através de medidas prestacionais ou positivas no sentido de promover o direito em si ou protegê-lo contra a ingerência de terceiros, ou mesmo de outros Estados. A partir de tal tarefa constitucional do Estado, que é extraída do *caput* e do § 1º do art. 225 da Lei Fundamental brasileira, há uma vinculação expressa de proteção ambiental conferida aos poderes Legislativo, Executivo e Judiciário, bem como às instituições públicas depositárias da função de salvaguardar tais direitos, como é o caso do Ministério Público e da Defensoria Pública.

Sob a perspectiva da tutela da ambiente, CANOTILHO afirma que, ao lado do "direito ao ambiente", situa-se um "direito à proteção do ambiente", que toma forma de deveres de proteção (*Schutzpflichten*) do Estado, expressando-se nos deveres atribuídos ao ente estatal de: a) combater os perigos (concretos) incidentes sobre o ambiente, a fim de garantir e proteger outros direitos fundamentais imbricados com o ambiente (direito à vida, à integridade física, à saúde etc.); b) proteger os cidadãos (particulares) de agressões ao ambiente e qualidade de vida perpetradas por outros cidadãos (particulares).[93] FERREIRA MENDES destaca também que o dever de proteção do Estado toma a forma de dever de evitar riscos (*Risikopflicht*), autorizando o Poder Público a atuar em defesa do cidadão mediante a adoção de medidas de proteção ou de prevenção, especialmente em relação ao desenvolvimento técnico ou tecnológico[94], o que é de fundamental importância na tutela do ambiente, já que algumas das maiores ameaças ao ambiente provêm do uso de determinadas técnicas com elevado poder destrutivo ou de contaminação do ambiente. CANÇADO TRINDADE, por sua vez, aponta para o dever e a obrigação do Estado de evitar riscos ambientais sérios à vida, inclusive com a adoção de "sistemas de monitoramento e alerta imediato" para detectar tais riscos ambientais sérios e "sistemas de ação urgente" para lidar com tais ameaças.[95]

A consagração constitucional da proteção ambiental como tarefa estatal, como pontua GARCIA, traduz a imposição de deveres de proteção ao Estado que lhe retiram a sua "capacidade de decidir sobre a oportunidade do agir", obrigando-o também a uma adequação permanente das medidas às situações que carecem de proteção, bem como a uma especial responsabilidade de coerência na auto-regulação social.[96] Em outras palavras, pode-se dizer que os deveres de proteção ambiental conferidos ao Estado vinculam os poderes estatais de tal modo a limitar a sua liberdade de conformação na adoção de medidas atinentes à tutela do ambiente. No caso especialmente do Poder Executivo, há uma clara limitação ao seu poder-dever de discricionariedade, de modo a restringir a sua margem de liberdade na escolha nas medidas protetivas do ambiente, sempre no intuito de garantir a maior eficácia possível do direito fundamental ao ambiente. Na mesma vereda, BENJAMIN identifica a redução da discricionariedade da Administração Pública como benefício da "constitucionalização" da tutela ambiental, pois as normas constitucionais impõem e, portanto, vinculam a atuação administrativa no sentido de um permanente dever de levar em conta o meio ambiente e de, direta e positivamente, protegê-lo, bem como exigir o seu respeito pelos demais membros da comunidade estatal.[97] Em outras palavras, pode-se dizer que não há "margem" para o Estado "não atuar" ou mesmo "atuar de forma insuficiente" (à luz do princípio da proporcionalidade) na proteção do ambiente, pois tal atitude estatal resultaria em prática inconstitucional.

A força normativa do direito fundamental ao mínimo existencial ecológico, embora recaia com maior intensidade sobre o Estado (na forma dos *deveres de proteção* já assinalados), também incide no âmbito das relações entre particulares[98], especialmente em razão da natureza de *direito-dever* inerente ao direito fundamental ao ambiente, que tem como característica uma *dimensão objetiva* reforçada, não obstante, no nosso entender, também possuir uma *dimensão subjetiva*.[99] Assim como ocorre com a dignidade da pessoa humana e com os direitos fundamentais de um modo geral, também com relação ao mínimo existencial (e aqui se pretende defender tal entendimento à luz do mínimo existencial ecológico) corresponde, além de uma dimensão jurídico-objetiva que vincula todos os órgãos estatais

---

(93) CANOTILHO, *"O direito ao ambiente como direito subjetivo..."*. p. 188.

(94) MENDES, Gilmar Ferreira. *Direitos fundamentais e controle de constitucionalidade*. 3. ed. São Paulo: Saraiva, 2004. p. 12.

(95) CANÇADO TRINDADE, Antônio Augusto. *Direitos humanos e meio ambiente*: paralelo dos sistemas de proteção internacional. Porto Alegre: SAFE, 1993. p. 75.

(96) GARCIA, Maria da Glória F. P. D. *O lugar do direito na proteção do ambiente*. Coimbra: Almedina, 2007. p. 481.

(97) BENJAMIN, Antônio Herman. "Constitucionalização do ambiente e ecologização da Constituição brasileira". In: CANOTILHO, José Joaquim Gomes; MORATO LEITE, José Rubens (Orgs.). *Direito constitucional ambiental brasileiro*. São Paulo: Saraiva, 2007. p. 75.

(98) Nesse sentido, o primeiro autor, em artigo pioneiro sobre a matéria, explora a incidência normativa do mínimo existencial e dos direitos fundamentais sociais no âmbito das relações entre particulares. SARLET, *"Direitos fundamentais sociais, 'mínimo existencial'..."*. p. 551-602.

(99) A respeito das dimensões *objetiva* e *subjetiva* do direito fundamental ao ambiente, cfr. FENSTERSEIFER, Tiago...

(impondo, por exemplo, deveres gerais e específicos de proteção), todo um complexo heterogêneo de *posições subjetivas defensivas* e *prestacionais* (expressas e/ou implícitas) que precisam ser devidamente consideradas, notadamente naquilo que se estiver a discutir a proteção e promoção do mínimo existencial por parte do — mas também contra o — Estado e da sociedade.[100] Em que pese entendimento na doutrina contrário a tal vinculação[101], é possível sustentar a vinculação dos particulares, em termos negativos e mesmo prestacionais, ao mínimo existencial ecológico[102], a ressaltar o marco constitucional do Estado Socioambiental expresso no *princípio da solidariedade*, bem como os *deveres fundamentais* de tutela ambiental conferidos pelo texto constitucional (art. 225, *caput*) aos entes privados.[103] Nesse sentido, vale destacar que a maior parte das violações ao direito fundamental ao ambiente e ao mínimo existencial ecológico provém de práticas impetradas por particulares detentores de grande poder econômico, técnico, político, social etc, o que leva também à conclusão de que a vinculação dos particulares se resume na medida mais adequada para a tutela da dignidade humana. O mínimo existencial ecológico, portanto, dá origem a posições jurídicas subjetivas "justiciáveis" configuradoras tanto de um *direito à prestação* como de um *direito de defesa* (ou *de resistência*) em face do Estado, bem como diante de poderes privados[104]. Destaca-se, apenas, que tal vinculação em face de particulares se dá com menor intensidade do que aquela atribuída ao Estado (na forma de *dever de proteção*).

3.3 *Mínimo existencial ecológico e controle judicial de políticas públicas ambientais: superando a barreira da separação dos poderes e da reserva do possível em prol de uma vida digna e saudável do indivíduo e da comunidade*

O mínimo existencial ecológico caracteriza-se por ser direito fundamental originário (definitivo), identificável à luz do caso concreto e passível de ser postulado perante o Poder Judiciário, independentemente de intermediação legislativa da norma constitucional e da viabilidade orçamentária, a confirmar a força normativa da Constituição e dos direitos fundamentais. Tal formulação está alicerçada justamente na sua caracterização como uma regra jurídico-constitucional extraída do princípio da dignidade da pessoa humana a partir de um processo de ponderação com os demais princípios que lhe fazem frente, como, por exemplo, a separação dos poderes e o legislador democrático. De acordo com o modelo de ALEXY, que toma por base a ponderação dos princípios em colisão, o indivíduo tem um direito definitivo à prestação quando o princípio da liberdade fática (no nosso entender, o princípio da dignidade da pessoa humana desempenha tal papel) tenha um peso maior do que os princípios formais e materiais tomados em seu conjunto (em especial, o *princípio democrático* e o *princípio da separação de poderes*), o que ocorre no caso dos direitos sociais mínimos (ou seja, do mínimo existencial)[105], tornando o direito exigível ou "justiciável" em face do Estado. No caso do mínimo existencial ecológico, opera a mesma argumentação, já que por trás de ambos está a tutela da dignidade humana fazendo peso na balança. Assim, o direito fundamental ao mínimo existencial ecológico dá forma a *posições jurídicas originárias*, detentoras de jusfundamentalidade e sindicalidade, não dependendo de intermediação do legislador infraconstitucional para se tornar exigível. Tal entendimento reforça a ideia de uma *democracia substancial*, de tal sorte que o ideal democrático deve ser encarado como muito mais do que uma "regra majoritária", estando visceralmente vinculado ao conteúdo dos direitos fundamentais sedimentados na Lei Fundamental.

---

(100) SARLET, "*Direitos fundamentais sociais, 'mínimo existencial'...*". p. 572.

(101) Nesse sentido, destaca-se o posicionamento divergente de KLOEPFER, que, no âmbito do direito alemão, entende que o mínimo existencial ecológico e o direito ao meio ambiente não vinculam a atuação de particulares. KLOEPFER, Michael. "*A caminho do Estado Ambiental*: a transformação do sistema político e econômico da República Federal da Alemanha através da proteção ambiental, especialmente desde a perspectiva esclarecedora da ciência jurídica", no prelo. p. 9.

(102) Com tal perspectiva, merece destaque a recente decisão do Tribunal de Justiça do Estado do Rio Grande do Sul, em ação civil pública ajuizada pelo Ministério Público gaúcho (TJRS, AI 70015155523, 3ª Câmara Cível, Rel. Des. Rogério Gesta Leal, 10.08.2006), que determinou a inversão do ônus da prova, reconhecendo a incidência normativa dos princípios do direito ambiental, como a precaução e o poluidor pagador, no caso concreto, incumbindo, de forma solidária, o Município e a empresa privada empreendedora de atividade potencialmente lesiva ao ambiente de comprovarem a regularidade do sistema de recepção do esgoto do empreendimento levada a cabo pela ré bem como que ele não gera degradação ambiental. O tema toca de forma direta no direito ao saneamento ambiental, podendo ser tomado também como uma projeção normativa da eficácia nas relações entre particulares da garantia do mínimo existencial ecológico, já que foi imposto à empresa privada empreendedora o dever de informar e comprovar a inexistência de degradação ambiental na sua atividade econômica.

(103) Registra-se, como um campo fértil para a sua aplicação, a eficácia da garantia do mínimo existencial ecológico entre particulares no âmbito das relações de trabalho, na medida em que deve ser assegurado ao trabalhador um ambiente de trabalho condizente com a sua dignidade, o que passa pela qualidade ambiental onde a atividade laboral se desenvolve. Sobre o tema da proteção ambiental e o direito dos trabalhadores, cfr. PURVIN DE FIGUEIREDO, Guilherme José. *Direito ambiental e a saúde dos trabalhadores*. 2. ed. São Paulo: LTr, 2007.

(104) Já por esta razão, mas não apenas em virtude dos deveres fundamentais em matéria socioambiental, não há como refutar, por mais que se possam discutir aspectos relevantes do tema, em especial no que diz com o seu *modus operandi*, uma eficácia dos direitos fundamentais socioambientais na esfera das relações privadas. Entre nós, desenvolvendo precisamente este tema, v., por todos, o contributo de BELLO FILHO, Ney de Barros "A eficácia horizontal do direito fundamental ao ambiente". In: SCHÄFER, Jairo (Org.). *Temas polêmicos do constitucionalismo contemporâneo*. Florianópolis: Conceito Editorial, 2007. p. 361-399.

(105) ALEXY, Robert. *Teoría de los derechos fundamentales*. Tradução de Carlos Bernal Pulido. 2. ed. Madrid: Centro de Estudios Políticos y Constitucionales, 2007. p. 459; ALEXY, Robert. *Teoria dos direitos fundamentais*. Tradução de Virgílio Afonso da Silva. São Paulo: Malheiros, 2008. p. 517.

A partir do reconhecimento da sua "justiciabilidade", o direito fundamental ao mínimo existencial ecológico pode ser reivindicado em juízo, dando forma a uma *posição jurídica subjetiva*. No caso de omissão estatal em relação ao combate da degradação ambiental, como acentua STEIGLEDER, "com vistas a garantir o mínimo de qualidade ambiental necessária à dignidade da vida humana, parece-nos cabível a intervenção judicial, a fim de suprir as omissões estatais lesivas à qualidade ambiental", não se caracterizando a invasão, por parte do Poder Judiciário, de competências exclusivas do Executivo, com violação do princípio da separação dos poderes.[106] A autora afirma ainda que, diante de tal situação, o Judiciário não estaria por criar "uma obrigação ou política pública ambiental", mas apenas determinando o cumprimento e a execução de obrigações públicas já previstas na legislação ambiental, na medida em que, através do controle judicial, objetiva suprimir uma omissão estatal lesiva à garantia do mínimo existencial em matéria de salubridade ambiental.[107]

No mesmo tom argumentativo, ECHAVARRÍA destaca a dimensão prestacional do direito ao ambiente exigível em face do Poder Público, de modo a garantir as condições ambientais mínimas necessárias ao desenvolvimento adequado da pessoa, em consonância com a ideia aqui defendida em torno do mínimo existencial ecológico.[108] E mais, o entendimento expresso pelo autor também conduz à ideia de o mínimo existencial ecológico se configurar como premissa ao exercício dos demais direitos fundamentais, o que, em geral, também já foi defendido no presente ensaio e é sustentado pela doutrina para fundamentar também o direito fundamental ao mínimo existencial social. Assim, o acesso ao mínimo existencial ecológico — da mesma forma como ocorre com o acesso ao mínimo existencial social — estaria incluído no percurso político-jurídico necessário para a inclusão do indivíduo no pacto constitucional arquitetado pela nossa Lei Fundamental e para que o mesmo possa tomar parte — de forma livre e autônoma — no cenário político do Estado Socioambiental de Direito contemporâneo. Por outro lado, a falta de acesso ao mínimo existencial ecológico implicaria a negativa de uma condição cidadã ao indivíduo, bem como de todo o sistema de direitos fundamentais asseguradores de uma vida digna.

Ao se entender como exigíveis em face do Estado prestações materiais na área ambiental, especialmente em razão da conformação do direito fundamental ao mínimo existencial ecológico, um enfrentamento que se coloca diz respeito à *reserva do possível*, ou seja, as condições financeiras e previsão orçamentária do Estado para contemplar tais medidas, já que representam gasto de dinheiro público. Com entendimento diverso do sustentado no presente ensaio, STEIGLEDER destaca que, em que pese a aplicabilidade imediata do art. 225, por força da consagração do equilíbrio ambiental como direito fundamental e a possibilidade de exigir do Poder Público prestações efetivas para a proteção ambiental, há sempre que se considerar o limite da reserva do possível, sob pena de cair-se "no irrealismo de ignorar a dimensão economicamente relevante da incumbência do Poder Público" de proteção ambiental. A autora destaca que, quando o dever do Estado implica prestações específicas tais como investimento em saneamento básico, pavimentação de ruas, implantações de estações de tratamento de esgoto etc., essas medidas tornam-se inviáveis na falta de recursos econômicos, o que as torna dependente, em última análise, da conjuntura econômica.[109]

No entanto, à luz da tese aqui defendida, no tocante aos direitos fundamentais (liberais, sociais e ecológicos) integrantes do conteúdo do mínimo existencial (social e ecológico), o óbice da reserva do possível não pode fazer frente, pois tal garantia mínima de direitos consubstancia o núcleo irredutível da dignidade humana, e, sob nenhum pretexto, o Estado, e mesmo a sociedade (mas com menor intensidade), pode se abster de garantir o desfrute individual e coletivo de tal patamar existencial mínimo. No âmbito do mínimo existencial ecológico, da mesma forma como verificado no caso do mínimo existencial social, a previsão orçamentária não deve servir de barreira a impedir prestações (ou mesmo medidas de feição defensiva) de natureza ambiental quando incluídas no conteúdo do direito fundamental em questão, possibilitando, dessa forma, a sua postulação (direta e imediata) em face do Poder Judiciário. Apenas as medidas prestacionais ambientais não incluídas no conteúdo do *mínimo existencial ecológico* ou do *núcleo essencial*

---

(106) STEIGLEDER, Annelise Monteiro. "Discricionariedade administrativa e dever de proteção do ambiente". In: *Revista do Ministério Público do Estado do Rio Grande do Sul*, n. 48, Jul-Set, 2002. p. 295.

(107) STEIGLEDER, *"Discricionariedade administrativa e dever..."*. p. 298.

(108) "Sin duda, en el caso del derecho al ambiente, estamos ante un derecho prestacional que asegura una intervención preventiva, mantenedora o restablecedora de los poderes públicos, frente a una actuación perturbadora de determinadas condiciones de vida ambientales necesarias para el desarrollo de la persona. Lo que el derecho protege, el ámbito vital a que se refiere, es la garantía de unas determinadas condiciones ambientales que posibilitan un desarrollo conveniente de la persona: así lo protegido no dejan de ser los supuestos ambientales del disfrute de los demás derechos, esto es, lo que permite hablar, como vimos, de un cierto contenido ambiental de otros derechos fundamentales". ECHAVARRÍA, Juan José Solozábal. "El derecho al medio ambiente como derecho público subjetivo". In: *A tutela jurídica do meio ambiente (presente e futuro) — Boletim da Faculdade de Direito da Universidade de Coimbra* (STVDIA IVRIDICA, n. 81). Coimbra: Editora Coimbra, 2005. p. 41.

(109) STEIGLEDER, *"Discricionariedade administrativa e dever..."*. p. 279.

do direito fundamental ao ambiente estarão subordinadas ao princípio orçamentário da reserva do possível.[110] Caso contrário, tratando-se de medida necessária a salvaguardar o mínimo existencial ecológico ou o núcleo essencial do direito fundamental ao ambiente, a eficácia normativa da regra constitucional em questão é extraída, de forma direta e imediata, a partir do comando constitucional consubstanciado nos arts. 1º, III, 6º, *caput*, e 225, *caput*, o que autoriza o Poder Judiciário a fazer valer tais direitos desde logo, independentemente da viabilidade orçamentária e da mediação legislativa. Nesse sentido, KRELL destaca que, não obstante as atividades concretas da administração dependerem de dotações orçamentárias prévias e do programa de prioridades estabelecidas pelo governante, o argumento da reserva do possível não é capaz de obstruir a efetivação judicial de normas constitucionais[111], ainda mais quando a norma constitucional conforma direito fundamental e conteúdo da dignidade humana, como é o caso do direito fundamental ao mínimo existencial ecológico.

Com base em tais considerações, o argumento da *reserva do possível* não tem peso constitucional suficiente para preponderar em face da garantia do mínimo existencial ecológico, o qual é veiculado mediante regras constitucionais extraídas diretamente do fundamento da República brasileira expresso pela dignidade humana (art. 1º, III). Não se pode opor à efetivação de tal garantia existencial mínima limitações jurídicas (dependência de normas infraconstitucionais) ou mesmo fáticas (o argumento da reserva do possível). Tal consideração, à luz do art. 5º, § 1º, da Constituição Federal, também encontra suporte na *força normativa* e *eficácia direta e imediata dos direitos fundamentais* que compõem o núcleo protetivo da dignidade humana, e que resultam especialmente representados nos direitos sociais básicos (saúde básica, educação fundamental, assistência social, moradia digna, acesso à justiça etc.), e agora também no direito ao ambiente ecologicamente equilibrado.

Com relação à suposta "invasão" do Poder Judiciário no âmbito das funções constitucionais conferidas ao Poder Legislativo e ao Poder Executivo, em desrespeito ao princípio da separação dos poderes, é importante destacar que a atuação jurisdicional só deve se dar de maneira excepcional e subsidiária, já que cabe, precipuamente, ao legislador o mapeamento legislativo de políticas públicas e, posteriormente, ao administrador a execução dessas, tanto na seara social como na seara ecológica, ou mesmo em ambas integradas, como ocorre no caso do saneamento básico.[112] A discricionariedade administrativa e legislativa, assim como a jurisdicional, encontra-se sujeita sempre a controle com base nos princípios e regras constitucionais. Assim, diante da omissão e descaso do órgão legiferante ou do órgão administrativo em cumprir com o seu mister constitucional, há espaço legitimado constitucionalmente para a atuação do Poder Judiciário no intuito de coibir, à luz do caso concreto, violações àqueles direitos integrantes do conteúdo do mínimo existencial (social ou ecológico), já que haverá, no caso, o dever estatal de proteção do valor maior de todo o sistema constitucional, expresso na dignidade da pessoa humana. Na esteira da doutrina dominante e de acordo com a posição aqui defendida, ao menos na esfera das condições existenciais mínimas, encontramos um claro limite à liberdade de conformação do legislador.[113]

A intervenção do Poder Judiciário deve, por certo, ser sempre limitada e ajustada aos parâmetros delineados pelo sistema constitucional de freios e contrapesos que rege a relação entre os três poderes republicanos, sem que este princípio possa ser utilizado como fundamento para justificar a impossibilidade de intervenção por parte do Judiciário na esfera dos outros poderes, especialmente quando em causa a necessidade de tutela do mínimo existencial ecológico. Diante da falha perpetrada pela Administração no processo político de implementação de uma política pública, "o Judiciário tem não somente o poder, mas o *dever* de intervir"[114], no intuito de arrostar a violação a direitos fundamentais. Há que se ter em conta o papel de "guardião" dos direitos fundamentais (e, portanto, da dignidade humana) conferido ao Estado[115], distribuído de forma harmônica entre as funções estatais executiva, legislativa e judiciária.

---

(110) Registra-se aqui que não é somente da hipótese do mínimo existencial ecológico que se originam posições jurídicas subjetivas justiciáveis configuradoras de um direito à prestação ou de um direito de defesa em face do Estado, podendo tal situação também ser vislumbrada em outras manifestações normativas do direito fundamental ao ambiente, uma vez que não há correspondência exata entre o mínimo existencial ecológico e o núcleo essencial do direito fundamental ao ambiente. Ambos têm âmbitos de proteção autônomos, em que pese haver identidade entre algumas das posições jurídicas subjetivas e objetivas deles decorrentes. Dessa forma, assim como o princípio da separação de poderes e o princípio da viabilidade orçamentária estão subjugados ao mínimo existencial ecológico no caso de colisão, também no caso do núcleo essencial do direito fundamental ao ambiente o mesmo resultado normativo também poderá ser obtido na ponderação dos princípios, considerando, no entanto, as particularidades de cada caso concreto.

(111) KRELL, Andréas J. *Discricionariedade administrativa e proteção ambiental*. Porto Alegre: Livraria do Advogado, 2004. p. 83.

(112) Nesse ponto, merece registro a "denúncia" feita por KRELL ao tratar do controle judicial de omissões administrativas na área do saneamento ambiental, no sentido de que, "especialmente na área do saneamento básico, o desempenho do Poder Público tem sido insuficiente, o que se deve aos altos custos das obras e a sua baixa visibilidade política". KRELL, "*Discricionariedade administrativa...*". p. 81.

(113) Cfr. SARLET, "*A eficácia dos direitos fundamentais...*". p. 352-353.

(114) KRELL, "*Discricionariedade administrativa...*". p. 85.

(115) Sobre o papel de guardião dos direitos fundamentais, cfr. VIEIRA DE ANDRADE...

Assim, quando um dos poderes do Estado deixar de atuar ou atuar de forma insuficiente (violando a proibição de insuficiência) para com a tutela dos direitos fundamentais, há legitimidade constitucional para um dos demais poderes atuar de modo a corrigir tal conduta e harmonizar o sistema constitucional de tutela da pessoa. Deve-se considerar a análise dos deveres de proteção do Estado a partir das duas faces do princípio da proporcionalidade (proibição de excesso e proibição de insuficiência), resultando em medida inconstitucional o desrespeito a tal comando normativo. Com a violação ao princípio da proporcionalidade (por omissão ou restrição excessiva em relação a direitos fundamentais), surge a legitimidade constitucional do Poder Judiciário para operar a correção de tal quadro violador da dignidade humana. Acima de tudo, devem Juízes e Tribunais levar a sério os deveres de proteção em matéria de *direitos socioambientais*, exercendo um controle rigoroso também da legislação em matéria processual e zelando pelo aperfeiçoamento, ainda que isto ocorra por uma interpretação corretiva, dos procedimentos e das técnicas de tutela dos direitos fundamentais[116].

Tal perspectiva também está atrelada ao novo papel do Juiz e dos Tribunais assumido no âmbito das relações processuais, especialmente quando estiver em causa processo de natureza coletiva, como ocorre nas ações civis públicas ambientais, projetando um novo "agir proativo e protetivo" do órgão jurisdicional para com o direito material em questão, especialmente quando considerarmos a sua vinculação aos direitos fundamentais, como é o caso do direito a viver em um ambiente sadio e equilibrado. Nesse sentido, MOREIRA destaca justamente que as questões ambientais desafiam a atuação de Juízes e Tribunais, os quais se situam entre um "paradigma liberal" e conservador, de matriz individualista e positivista, privilegiando a preservação da independência das funções estatais e da presunção de legitimidade dos atos administrativos, onde o órgão jurisdicional reservaria para si apenas um lugar de neutralidade e inércia processual; e, de outro, que o autor denomina de "paradigma de sistêmico", o qual reconhece a legitimidade constitucional do controle judicial da discricionariedade administrativa, em termos de políticas públicas[117], privilegiando a força normativa dos princípios constitucionais, bem como a atuação do Juiz como agente político vinculado à realização da ordem de princípios e valores constitucionais fundamentais. Na mesma linha, JUCOVSKY acentua que, no âmbito das ações civis públicas ambientais, o Juiz assume uma "tarefa de participação ativa e mais singular quanto ao princípio do impulso oficial", em virtude da relevância social do tema, bem como de se tratar de direito indisponível,[118] o que repercute, inclusive, na produção de provas, haja vista até mesmo a possibilidade de inversão do ônus probatório em tais pleitos, de modo a privilegiar a "paridade de armas" e uma relação equânime entre as partes, já que muitas vezes se verifica um grande desequilíbrio técnico e econômico entre as mesmas. Tal seria o caso na hipótese de uma ação popular movida pelo cidadão ou de uma ação civil pública ajuizada por uma associação de proteção do ambiente em face de empresa multinacional poluidora. Tal intervenção judicial trata-se, em verdade, não de um poder, mas sim de um dever constitucional do agente político investido do papel de prestar a jurisdição, haja vista o seu compromisso com a efetividade do processo e a tutela do direito fundamental ao ambiente. Da mesma forma, sem que se possa também aqui avançar com a análise, há de se enfatizar o dever dos órgãos judiciais no sentido de interpretar o processo e as técnicas processuais no sentido de sua adequação à tutela ambiental eficaz constitucionalmente exigida[119].

O controle judicial de *políticas púbicas ambientais* deve ser visto também como um mecanismo conferido ao cidadão, individual ou coletivamente considerado, de controle sobre a atividade do administrador, bem como, na hipótese em que a ausência de legislação infraconstitucional impeça o desfrute do direito fundamental ao mínimo existencial ecológico, do legislador. Tal afirmação encontra fundamento constitucional no próprio *caput* do art. 225, já que tal dispositivo encarrega não apenas o poder público do dever de proteger o ambiente para as presentes e futuras gerações, mas também os atores privados, dando uma feição nitidamente democrático-participativa para o papel do

---

(116) Cfr., sobre a vinculação dos tribunais e juízes aos direitos fundamentais, SARLET, "*A eficácia dos direitos fundamentais...*". p. 396-399.

(117) MOREIRA, João Batista Gomes. "Poder Judiciário e meio ambiente: um balanço". In: *Revista Interesse Público*, n. 45, set/out, 2007. Belo Horizonte: Editora Fórum. p. 27.

(118) JUCOVSKY, Vera Lucia R. S. "O papel do Judiciário na proteção do ambiente". In: MILARÉ, Édis (Coord.) *A ação civil pública após 20 anos*: efetividade e desafios. São Paulo: Revista dos Tribunais, 2005. p. 579-580. Conforme destaca a autora, "o Judiciário tem missão peculiar nessa seara, eis que a sociedade nele deposita grande expectativa na solução dos conflitos ambientais, por meio do acesso cada dia mais alargado a essa função estatal, para pleitear a almejada tutela jurisdicional, que necessita ser efetiva e célere, de forma preventiva e/ou reparatória, principalmente para evitar a realização de danos ambientais muitas vezes irreparáveis (p. 589)".

(119) Com efeito, tendo em conta que dentre os meios de o Estado cumprir com os seus deveres de proteção está o de criar procedimentos e técnicas adequadas à tutela eficiente dos direitos, cabendo ao Poder Judiciário, o papel de interpretar a legislação processual de um modo compatível com as exigências da proteção suficiente, mediante o recurso, dentre outros, à técnica da interpretação conforme a Constituição, ou mesmo declarando a inconstitucionalidade da legislação processual, crescem, neste contexto, os poderes (mas também a responsabilidade!) dos Juízes. Sobre o tema, v. especialmente MARINONI, Luiz Guilherme. *Teoria geral do processo*. São Paulo, Revista dos Tribunais, 2006. p. 414-416.

indivíduo e da sociedade na consecução de tal objetivo constitucional. Tal se faz possível especialmente no caso da tutela ambiental, já que há instrumentos processuais que se prestam perfeitamente para canalizar tal fiscalização democrática, como é o caso, por exemplo, da ação civil pública, da ação popular e das ações decorrentes dos direitos de vizinhança, disponibilizados ao indivíduo (nos dois últimos casos) e às associações civis de proteção ambiental (no primeiro caso).[120] Nesse aspecto, merece registro a lição de MARINONI que, a partir de uma leitura do processo civil com base na teoria dos direitos fundamentais, afirma que a participação através da ação judicial (e o mesmo raciocínio se aplica aos procedimentos administrativos) justifica-se também numa perspectiva democrática, já que essa "não mais se funda ou pode se fundar o sistema representativo tradicional".[121] As ações judiciais conformam o *direito à participação* inerente aos direitos fundamentais, permitindo a democratização do poder através da participação popular, que, conforme pontua MARINONI, se dá, no caso da ação judicial, de forma direta.[122] Assim, a ação judicial deve ser vista também como um instrumento de atuação política, na esteira de uma democracia direta e participativa.[123] As omissões ou ações violadoras dos direitos ecológicos impetradas pelo Poder Público não podem esquivar-se de tal controle do cidadão, perfeitamente legítimo no marco jurídico-constitucional de um Estado subordinado ao Direito.

Por trás da ideia de "poder" conferido ao Estado há que se ter em conta também um "dever" ou "poder-dever"[124], que deve necessariamente ser compatível com os valores fundamentais do sistema constitucional, ainda mais quando se tem em vista os deveres de proteção dos direitos fundamentais conferidos ao Estado. Tal constatação tem em conta o enfrentamento de possíveis arbitrariedades estatais, bem como a redução da margem de discricionariedade do Executivo, amarrando a sua atuação à realização dos direitos fundamentais dos cidadãos, e não apenas ao interesse estatal. Nesse prisma, MIRRA assevera que o princípio da separação de poderes representa uma garantia destinada a assegurar a proteção dos direitos fundamentais contra o arbítrio do Estado, sendo, no mínimo, contraditório que tal princípio seja invocado pelo governante justamente para negar a concretização de um direito fundamental (no caso, do direito ao ambiente)[125] e impedir o controle judicial da omissão estatal no cumprimento de um dever constitucional de proteção. Na mesma direção, MORATO LEITE e AYALA assinalam o entendimento de que o controle judicial dos atos administrativos não se restringe apenas à avaliação da legalidade do ato impugnado, da sua conformação lei, mas precipuamente à sua conformação com os objetivos constitucionais, de modo a vincular a conduta do administrador público.[126] Não obstante, como assevera KRELL, o controle judicial deve restringir-se à questão da escolha entre "agir ou não agir" (por exemplo, construir uma estação de tratamento), e não acerca do "como agir" (por exemplo, determinar a tecnologia a ser adotada, localização etc.)[127], o que deve permanecer na margem de discricionariedade da Administração. Há, portanto, limites ao controle judicial de políticas públicas.

No entanto, diante da ocorrência de omissão ou insuficiência na atuação estatal para com o seu dever constitucional de assegurar o exercício do direito fundamental ao mínimo existencial ecológico, estará autorizado o Poder Judiciário a corrigir tal descumprimento do comando constitucional. Com tal premissa, poderá ser imposta à Administração a adoção de medidas negativas[128] ou mesmo prestacionais para garantir o exercício do direito fundamental ao mínimo existencial ecológico. Nesse sentido, STEIGLEDER acentua que, no caso de omissão estatal quanto ao combate da degradação ambiental, a fim de assegurar o patamar mínimo de qualidade ambiental exigido pela dignidade

---

(120) Alinhado à dimensão democrático-participativa do controle judicial de políticas públicas instrumentalizado pela ação civil pública, inclusive sob a ótica especificamente da proteção do ambiente, ROBERTO GOMES assevera que "a ação civil pública é o instrumento processual da cidadania com maior adequação e eficácia para o controle jurisdicional da omissão ilícita da Administração Pública, mediante a participação popular do titular do poder político, através do ente legitimado, na pretensão de exigir a concretização de prestações estatais positivas por meio do fazer ou do não-fazer, forte na efetividade do processo, no amplo acesso à ordem jurídica justa e na luta pela realização das aspirações sociais". ROBERTO GOMES, Luís. *O Ministério Público e o controle da omissão administrativa*: o controle da omissão estatal no Direito Ambiental. Rio de Janeiro: Forense Universitária, 2003. p. 265.

(121) MARINONI, Luiz Guilherme. *Teoria geral do processo*. São Paulo: Revista dos Tribunais, 2006. p. 196.

(122) MARINONI, "*Teoria geral do processo...*". p. 198.

(123) Sobre o conceito de *democracia participativa*, cfr. a obra clássica de BONAVIDES, Paulo. *Teoria constitucional da democracia participativa*: por um direito constitucional de luta e resistência, por uma nova hermenêutica, por uma repolitização da legitimidade. São Paulo: Malheiros, 2001.

(124) Cfr. BANDEIRA DE MELLO, "*Discricionariedade e controle jurisdicional...*". p. 15.

(125) MIRRA, Álvaro Valery. *Ação civil pública e a reparação do dano ao meio ambiente*. São Paulo: Editora Juarez de Oliveira, 2002. p. 380.

(126) MORATO LEITE, José Rubens; AYALA, Patryck de Araújo. *Direito ambiental na sociedade de risco*. São Paulo: Forense Universitária, 2002. p. 217.

(127) KRELL, "*Discricionariedade administrativa...*". p. 84.

(128) Na doutrina brasileira, TORRES aponta para a *dimensão negativa* da garantia constitucional do mínimo existencial ecológico, a qual pode tomar a forma de imunidade tributária, inclusive, como denomina o autor, com a consagração do princípio da imunidade do mínimo existencial ecológico. TORRES, Ricardo Lobo. "Valores e princípios no direito tributário ambiental". In: TÔRRES, Heleno Taveira (Org.). *Direito tributário ambiental*. São Paulo: Malheiros, 2005. p. 25. "Com a aproximação entre ética e direito procura-se ancorar a capacidade contributiva nas ideias de solidariedade ou fraternidade. A solidariedade entre os cidadãos deve fazer com que a carga tributária recaia sobre os mais ricos, aliviando-se a incidência sobre os mais pobres e dela dispensando os que estão abaixo do nível mínimo de sobrevivência; é um valor moral juridicizável que fundamenta a capacidade contributiva e que sinaliza para a necessidade da correlação entre direitos e deveres fiscais" (p. 47).

humana, parece cabível a intervenção judicial, sem que se caracterize a invasão por parte do Poder Judiciário de competências exclusivas do Executivo, com violação do princípio da separação de poderes.[129] Da mesma forma, MIRRA traduz entendimento de que sempre que a Administração não atuar de modo satisfatório na defesa do ambiente, na medida em que se omite no seu dever de agir para assegurar a proteção da qualidade ambiental, violando normas constitucionais e infraconstitucionais que lhe impuseram a obrigatoriedade de atuar, caberá à coletividade, por intermédio de seus representantes legitimados, provocar a intervenção do Poder Judiciário para instituir o estabelecimento da "boa gestão ambiental".[130] Quanto aos entes estatais legitimados constitucionalmente para corrigir tais situações perante o Poder Judiciário, destaca-se o papel constitucional da Defensoria Pública[131] (além, é claro, do Ministério Público), já que, na grande maioria das vezes, quando da violação à garantia do mínimo existencial ecológico, as pessoas atingidas certamente comporão o quadro pobre e marginalizado da população brasileira.

3.4 O mínimo existencial ecológico na jurisprudência brasileira

A partir de agora, é oportuno lançar o olhar sobre a jurisprudência das nossas Cortes para tentar identificar a possível recepção da matéria versada no presente ensaio. Nesse sentido, o Superior Tribunal de Justiça, de modo a reformar entendimento mais restritivo do controle judicial dos atos administrativos em matéria ambiental esboçado em julgados anteriores[132], tem sinalizado entendimento jurisdicional no sentido de admitir cada vez mais a "sindicalidade" da esfera de discricionariedade da Administração Pública em tais situações. Assim, no julgamento, em 11.11.2003, do Recurso Especial n. 429.570-GO, a 2ª Turma do Superior Tribunal de Justiça, com relatoria da Ministra ELIANA CALMON, entendeu-se, em ação civil pública ajuizada pelo Ministério Público, ser possível a imposição à Administração de obra de recuperação do solo imprescindível à proteção ambiental, destacando a possibilidade do controle judicial sobre a conveniência e oportunidade do ato administrativo discricionário, já que suas razões devem observar critérios de moralidade e razoabilidade, além de guardarem sintonia com os parâmetros materiais estabelecidos pelos princípios e regras constitucionais.[133]

No mesmo sentido, sob a perspectiva do saneamento ambiental, a 1ª Turma do Superior Tribunal de Justiça, no julgamento, em 07.10.2004, do Recurso Especial n. 575.998-MG, de relatoria do Ministro LUIZ FUX[134], manifestou entendimento, em sede de ação civil pública, sobre a possibilidade de controle judicial em razão da prestação descontinuada de coleta de lixo (serviço essencial) levada a cabo pela Administração. No julgado, entendeu-se que tal omissão administrativa acarretou prejuízo ao direito fundamental à saúde, ao direito fundamental ao ambiente e à dignidade humana, bem como que "não há discricionariedade do administrador frente aos direitos consagrados constitucionalmente", sendo, portanto, possível o controle judicial da discricionariedade administrativa em face do descumprimento de um dever de proteção do Estado estampado na Constituição. Conforme sugerido no julgado do STJ, há que se transpor os direitos fundamentais do plano das "promessas constitucionais" para o "mundo da vida", considerando a dimensão normativa subjetiva dos direitos em questão, e não apenas a sua condição de normas programáticas. Assim, quando em jogo conteúdo do mínimo existencial ecológico, para onde parece indicar o caso do referido julgado, emerge uma posição jurídica subjetiva para os titulares do direito ou mesmo para as instituições privadas e estatais legitimadas a tutelar tais direitos (associações civis de defesa do ambiente, Defensoria Pública e Ministério Público) atuarem em sua defesa. Tal se dá em decorrência de uma carga normativa forte consubstanciada na garantia constitucional do mínimo existencial ecológico, perfeitamente "sindicável" em face do Estado, já que diz respeito ao núcleo material intangível da dignidade humana.

Seguindo o mesmo entendimento, o Tribunal de Justiça do Estado do Rio Grande do Sul aponta com clareza solar para a configuração de um núcleo protetivo mínimo comum entre os direitos fundamentais sociais (no caso em

---

(129) STEIGLEDER, "Discricionariedade administrativa e dever...". p. 295.

(130) MIRRA, "Ação civil pública e a reparação...". p. 374.

(131) Sobre a atuação da Defensoria Pública, de forma individual e coletiva, na seara da proteção ambiental atrelada à saúde pública, inclusive em vista de uma abordagem social das questões ecológicas contemporâneas, cfr. o artigo de SEGUIN, Elida. "Defensoria Pública e tutela do meio ambiente". In: SOUSA, José Augusto Garcia de (Coord.). A Defensoria Pública e os processos coletivos: comemorando a Lei Federal n. 11.448, de 15 de janeiro de 2007. Rio de Janeiro: Lumen Juris, 2008. p. 147-160.

(132) STJ, AGA 138901/GO, DJ de 17.11.97. p. 59456, 1ª Turma, Rel. Min. José Delgado, j. 15.09.97; e STJ, Resp 169876-SP, 1ª Turma, Rel Min. José Delgado, julgado em 16.06.98.

(133) STJ, REsp n. 88.776-GO, Rel. Min. Ari Pargendler, 2ª Turma, julgado em 19.05.1997.

(134) STJ, Resp n. 575.998-MG, Rel. Min. Luiz Fux, 1ª Turma, julgado em 07.10.2004.

questão, mais especificamente o direito à saúde) e a proteção do ambiente, em vista, é claro, como registra o julgado, da tutela da dignidade humana.[135] Mesmo sem que o julgador tenha apontado formalmente para o conceito de mínimo existencial ecológico, materialmente ele está consubstanciado na decisão. Na decisão em tela, o Município resultou obrigado judicialmente a implementar rede de tratamento de esgoto. E, em vista de tal situação, há a obrigatoriedade de tutela por parte do Estado, afastando tal situação violadora de direitos fundamentais, contra o que a cláusula da reserva do possível, em vista de previsão orçamentária e condições financeiras do ente público, não pode fazer frente.

Avaliando-se criticamente a evolução da atuação do Poder Judiciário no que tange especialmente ao controle judicial de políticas públicas (ajustada à ideia de governança ambiental) na seara ecológica, tanto no que diz com a atuação quanto no concernente às omissões por parte dos demais órgãos estatais e mesmo de particulares, verifica-se claramente que apesar de uma série de exemplos que indicam uma forte intervenção em favor da tutela ambiental, ainda há muito por fazer, até mesmo por não faltarem exemplos de decisões no mínimo polêmicas por parte de Juízes e Tribunais, além de uma série de situações que apontam para um evidente descaso com a tutela ambiental. A atuação do Poder Judiciário, que sempre atua mediante intervenção de algum outro agente estatal ou ator privado, em termos gerais ainda se encontra muito vinculada a uma tradição de tutela de direitos subjetivos individuais, a despeito do crescente uso e aceitação dos instrumentos de tutela coletiva e difusa, após um período de considerável resistência, especialmente no que diz com o reconhecimento gradativo de ampla legitimidade ativa por parte do Ministério Público e outros atores estatais (ex. Defensoria Pública e IBAMA) e sociais (indivíduos e associações de defesa do ambiente). De outra parte, é preciso distinguir as hipóteses de controle das políticas públicas propriamente ditas, das hipóteses onde se está discutindo em primeira linha a violação por parte de ações ou omissões determinadas de aspectos ligados à proteção ambiental e garantia da qualidade de vida. Da mesma forma, diversos os desafios, ainda que presentes aspectos comuns, quando se considera a dupla dimensão negativa e positiva dos direitos fundamentais socioambientais. Com efeito, uma coisa é atuar na tutela preventiva ou inibitória no sentido negativo, buscando a proteção dos bens ambientais contra determinadas agressões aos bens socioambientais ou ameaças de lesão. Situação diversa é, sem dúvida, a de impor ao Estado e mesmo a particulares obrigações de fazer no campo fático ou normativo, onde acabam sendo potencializados os conflitos com os outros órgãos estatais e mais evidentes os limites à própria efetividade das decisões judiciais.

Por fim, repudiando uma postura fundamentalista e afastando posicionamentos incompatíveis com a complexidade dos problemas enfrentados contemporaneamente, ainda mais quando se objetiva compatibilizar a tutela dos direitos sociais e dos direitos ambientais, assume destaque, como diretriz para a solução dos casos concretos, o princípio da proporcionalidade, o que, somado a uma interpretação adequada (proporcional e razoável) dos princípios e deveres de precaução e prevenção, se revela essencial para uma atuação correta do Poder Judiciário no campo da tutela do ambiente. Nessa perspectiva, há que partir da premissa de que deve prevalecer a proteção ambiental quando a ação degradadora combatida comprometa ou coloque em risco o âmbito de proteção da dignidade humana e as bases naturais indispensáveis para o equilíbrio ecológico em geral. Note-se que a proporcionalidade e a correlata noção de razoabilidade, devem ser consideradas tanto no que diz com a vedação de excessos na intervenção em bens fundamentais quando no que diz com a proibição de medidas de proteção e promoção manifestamente insuficientes (deficientes), tendo como norte a otimização da tutela ambiental no contexto mais amplo dos direitos fundamentais[136]. Nesse contexto, é de suma importância que seja sempre considerada a responsabilidade para com as existências humanas

---

(135) "DIREITO PÚBLICO NÃO ESPECIFICADO. AÇÃO CIVIL PÚBLICA. LOTEAMENTO IRREGULAR. PARQUE PINHEIRO MACHADO. REDE DE ESGOTO. RESPONSABILIDADE. O dever de garantir infra-estrutura digna aos moradores do loteamento Parque Pinheiro Machado é do Município de Santa Maria, pois deixou de providenciar a rede de esgoto cloacal no local, circunstância que afetou o meio ambiente, comprometeu a saúde pública e violou a dignidade da pessoa humana. Implantação da rede de esgoto e recuperação ambiental corretamente impostas ao apelante, que teve prazo razoável — dois anos — para a execução da obra. Questões orçamentárias que não podem servir para eximir o Município de tarefa tão essencial à dignidade de seus habitantes. Prazo para conclusão da obra e fixação de multa bem dimensionados na origem. Precedentes desta Corte. Apelação improvida". (TJRS, Ap. Cível 70011759842, 3ª Câm. Cível. Rel. Des. Nelson Antônio Monteiro Pacheco, julgado em 01.12.2005). Sobre o tema, cfr. também decisão do Tribunal de Justiça do Estado de São Paulo: "Ação civil pública. Rede de esgoto local a lançar efluentes em cursos d'água sem prévio tratamento. Ofensa ao direito fundamental ao meio ambiente ecologicamente equilibrado (Constituição Federal, art. 225, *caput*). Infração ao disposto na Constituição Estadual (art. 208). Alegada ofensa à discricionariedade da Administração sem força para afastar a intervenção do Poder Judiciário, uma vez provocado (Constituição Federal, art. 5º, n. XXXV). Condenação do Município a providenciar estação de tratamento mantida. Prazo considerado razoável, sobretudo ante desprezo da Administração para com longo tempo com que busca se subtrair ao cumprimento de um dever. Apelação não acolhida" (TJSP, Apel. Cível n. 363.851.5/0, Seção de Direito Público, Câmara Especial de Meio Ambiente, Rel. Des. José Geraldo de Jacobina Rabello, julgado em 12.07.2007).

(136) A respeito da importância do princípio da proporcionalidade nesta dupla via de proibição de exceções e de proibição de proteção insuficiente ou deficiente, v., no Brasil, especialmente SARLET, Ingo Wolfgang. "Constituição e proporcionalidade: o direito penal e os direitos fundamentais entre proibição de excesso e proibição de insuficiência". In: *Revista Brasileira de Ciências Criminais*, n. 47, Mar-Abr, 2004. p. 60-122; e STRECK, Lênio Luiz. "A dupla face do princípio da proporcionalidade e o cabimento de mandado de segurança em matéria criminal: superando o ideário liberal-individualista-clássico". In: *Revista do Ministério*

(e mesmo não humanas!) futuras, conforme dispõe a Constituição Brasileira (art. 225) e o sistema internacional dos direitos humanos,[137] razão pela qual com razão já se apontou para a importância de se "tomar a sério os interesses das futuras gerações".[138]

Público do Estado do Rio Grande do Sul, n. 53, Maio-Set, 2004. p. 223-251. No campo do direito ambiental, ver FREITAS, Juarez. "Princípio da precaução: vedação de excesso e de inoperância". In: *Separata Especial de Direito Ambiental da Revista Interesse Público*, n. 35, 2006. p. 33-48.

(137) Nesse sentido, a Declaração do Rio de Janeiro sobre Meio Ambiente e Desenvolvimento (1992), de modo a reafirmar a ordem de princípios da Declaração de Estocolmo sobre o Meio Ambiente Humano (1972), consagra no seu Princípio 3 que o direito humano ao desenvolvimento "deverá ser exercido de modo a atender equitativamente às necessidades, em termos de desenvolvimento e proteção ambiental, das gerações atuais e futuras".

(138) CANOTILHO, José Joaquim Gomes. "Direito constitucional ambiental português: tentativa de compreensão de 30 anos das gerações ambientais no direito constitucional português". In: CANOTILHO, José Joaquim Gomes; MORATO LEITE, José Rubens (Orgs.). *Direito Constitucional Ambiental Brasileiro*. São Paulo: Saraiva, 2007. p. 2.

SUSTENTABILIDADE: O ESTADO DA ARTE

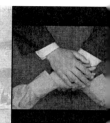

Édis Milaré (*)

1 ABRINDO AS CORTINAS DO CENÁRIO AMBIENTAL

Já ingressamos num período da história da humanidade profundamente marcado de incertezas. Isto vale igualmente para a história do planeta Terra em sua totalidade ontológica, como advertem as ciências humanas e as ciências da Terra. Não se trata apenas das incertezas que acontecem na vida do *homo sapiens*, no dia a dia do indivíduo e no da espécie, deixando-o perplexo ante alternativas, descaminhos e becos sem saída que o inquietam, até mesmo em coisas as mais comezinhas. Situação análoga se encontra na aventura do Planeta pelo espaço, sob a pressão das leis cósmicas, rumo a um destino desconhecido. Porém, o mais assustador é a desagregação que se verifica no conjunto dos seres vivos e não vivos que compõem a sua estrutura, como se torna patente na investigação da biosfera e nos vários tipos de desequilíbrios existentes nos mais importantes biomas e ecossistemas que dão sustento à vida.

A Terra torna-se progressivamente insustentável, o que não é mera força de expressão ou forma literária de mau gosto. Ao cabo de dois séculos de civilização industrial — 200 anos de expectativas crescentes em face de desenvolvimento tecnológico assombroso —, parece-nos, paradoxalmente, ter chegado ao prólogo de um apocalipse inevitável. O globo em sua estrutura geológica, as águas, os recursos naturais vivos e inorgânicos entram em colapsos frequentes. Esse mesmo mundo natural que recebemos de gerações milenares, com a incumbência implícita de passá-lo saudável às gerações do futuro, de um momento para outro tornou-se insustentável.

O fato de essa conjuntura planetária haver-se acelerado desde os fins do século XVIII (quando também começou o brilho do Direito Moderno) só agrava a nossa história real de hoje. A *insustentabilidade* veio sendo urdida e levada adiante à medida que os preceitos da *sustentabilidade* eram obliterados e postos à margem do crescimento econômico.

E força dizer, portanto, que, na atualidade que protagonizamos, grande parte da problemática global do Meio Ambiente — senão toda ela — gira em torno da sustentabilidade. Esse tema é item obrigatório de inúmeras conversas, desde os debates científicos até as discussões jornalísticas, do âmbito das escolas ao fórum dos movimentos sociais, dos saraus eruditos às conversas de botequim. Evidentemente, nesses diferentes meios, a sustentabilidade é abordada

---

(*) Procurador de Justiça aposentado, foi o criador e primeiro Coordenador das Promotorias de Justiça do Meio Ambiente e Secretário do Meio Ambiente do Estado de São Paulo. Mestre e Doutor em Direitos Difusos e Coletivos, concentração em Direito Ambiental, pela PUC/SP. Advogado fundador de Milaré Advogados. Professor de Direito Ambiental e Consultor Jurídico. [milare@milare.adv.br].

com o respectivo viés. Dos lares mais modestos, e passando pelos mais diferentes ambientes sociais e de trabalho, e pelos gabinetes onde se tomam decisões acerca do destino das famílias e das cidades, até as complexas decisões concernentes ao destino da "casa comum" — o Planeta em que existimos, vivemos e atuamos —, a pergunta é a mesma: como será possível sobreviver e sustentar-se? Em que bases e com que meios será possível continuar mantendo-se e, ao mesmo tempo, contribuir para o desenvolvimento da família humana? Haverá recursos e condições para que todos os nossos melhores projetos possam concretizar-se? Muitas questões poderiam ser suscitadas, porém, a resposta básica é: a era das certezas se encerrou.

Nessa atmosfera nebulosa, cabe-nos repassar o cenário existente, com seus principais personagens, e entrever os caminhos a serem trilhados para encaminhar as ações necessárias ao ambicioso programa da sustentabilidade, do recurso das famílias ao plano das decisões internacionais. Em nossa posição de espectadores e estudiosos da Questão Ambiental como ela se apresenta hoje, antes que se abram as cortinas do cenário mundial, podemos levantar duas hipóteses para alcançar uma visão razoável da realidade. *Uma:* o mundo é plano e linear, e o meio ambiente, que procuramos abranger, tem 360 graus; não poderemos vê-lo de um relance, será preciso dividir essa circunferência em ângulos menores e girar à volta, ao alcance de nossos olhos: será, sempre, uma visão fragmentada. *Outra:* o mundo é esférico, tridimensional, e com maior razão não poderemos contemplá-lo, porque muitas das suas faces, nas latitudes e longitudes do globo terrestre, nos estarão invisíveis, inatingíveis, e a fragmentação é, da mesma forma, inevitável. Conclusão: é impossível vermos, contemplarmos, abarcarmos a Questão Ambiental em todas as suas dimensões, de maneira plena e satisfatória. Quem pode abarcar os seres e as relações que configuram o planeta Terra? Quem pode desvendar o seu ordenamento?

Nossa visão de meio ambiente é setorial, parcial e, muitas vezes, distorcida. Por isso, mesmo com as cortinas do palco abertas e a ribalta iluminada, não alcançaremos ver tudo ao mesmo tempo e o tempo todo. Os cenários mudarão continuamente e os bastidores esconderão elementos valiosos para a compreensão do drama ambiental, que se desenvolve ante nossos olhos em imagens sucessivas, num processo de mutações aceleradas. Mesmo assim, manietados pela complexidade da vida no planeta Terra e atordoados pelas mudanças contínuas de cenários, elementos e atores, nós nos veremos presos ao chão e impossibilitados de participar da ação em andamento, nem sequer poderemos acompanhá-la em suas evoluções.

Não importa. Nosso conhecimento não é intuitivo, direto e abrangente, menos ainda conhecimento infuso, com o qual já nasceríamos. Ele procede pela percepção das realidades parciais, por meio dos sentidos, pela elaboração de juízos e pela concatenação de raciocínios. Ele é lento, discursivo e parcial. Nada obstante, cabe-nos utilizá-lo, desenvolvê-lo, ampliá-lo com o auxílio da interdisciplinaridade, com a busca de nexo entre causas e efeitos, com o exercício de correlações existentes entre os seres que constituem o ecossistema planetário.

Assim, o meio ambiente é tudo o que nos envolve e com o que interagimos. É um universo, de certa forma, inatingível. Uma visão de 360 graus à nossa volta seria já uma superação de nós mesmos, se pudéssemos alcançá-la. E convém lembrar que o conhecimento é um processo discursivo e acumulativo para o qual necessitamos de atualização, ajuda e complementação. Por isso, nós nos associamos uns aos outros como átomos do saber, na tentativa de compreender o mundo que nos cerca. De algum modo, aquele que conhece (sujeito) tem de identificar-se com o que é conhecido (objeto). É preciso que nos identifiquemos com o ambiente e como parte dele.

Entrementes, a realidade ambiental é mutante, cambiante, evolutiva. Qualquer que seja a abordagem da Questão Ambiental, ela sempre apresentará desafios, instigando-nos interesse e determinação para que a mantenhamos bem focada. E, também, para que, a um só tempo, tenhamos uma percepção ágil e capaz de oferecer resposta às indagações do cotidiano.

Definida a nossa área de interesse — que é o Direito do Ambiente —, damo-nos conta de que a primeira necessidade (metodológica e operacional) é conhecer a realidade sobre a qual, supostamente, vamos atuar. Mas é preciso lembrar que, para além do interesse dito profissional, há outros interesses antecedentes: o de seres humanos, o de cidadãos, o de homens de ciência e de fé.

Não é concebível que os cultores do Direito do Ambiente — braço do Direito Positivo e ciência normativa — não se ocupem, desde logo, com o quadro real em que as normas jurídicas serão insculpidas para dar sentido às suas ações concretas. Direito e Ética Ambientais estão comprometidos com os fatos naturais e os feitos humanos, sem poder ignorá-los, da mesma forma que o nosso mundo humano real tem compromisso com aquelas ciências normativas, sem poder ignorá-las. É indispensável o encontro do objetivo com o subjetivo e vice-versa, porquanto somos parte integrante do meio ambiente e do mundo que analisamos, com o intuito de administrá-lo.

Preocupamo-nos com nossa "casa comum", que amamos e procuramos desvendar. Por outro lado, estamos cientes de nossas limitações epistemológicas, científicas e técnicas, ao mesmo tempo em que experimentamos o peso das nossas tendências individuais e coletivas que, com frequência, nos impedem voos maiores e nos desviam do caminho certo, essas mesmas tendências que nos levam a maltratar nosso entorno e, desde aí, o próprio ecossistema terrestre.

Essas reflexões, que soam como afinação de instrumentos na abertura de concerto ou como expectativa de ações dramáticas, contribuem para que reconheçamos, ao mesmo tempo, os limites humanos naturais que nos circunscrevem e o anseio que temos de superá-los. Não se trata de mero sentimento romântico: trata-se, antes, de uma atitude intelectualmente correta para iniciarmos a abordagem complexa de uma realidade complexa de um mundo que não é plano, porém esférico, cheio de mistérios que têm escapado às nossas investigações e rejeitado muitos dos nossos pressupostos.

Semelhante desafio do mundo natural e da nossa própria estrutura psicológica não nos deixará inoperantes ou de braços cruzados. Há, sim, um estímulo forte para empreendermos um avanço progressivo: a sobrevivência planetária. Nesta oportunidade, com a ajuda de referências básicas, será possível formar um esboço, um contorno de rápidas pinceladas que nos mostre, panoramicamente, a situação do Planeta, seus riscos e oportunidades, elementos indispensáveis a uma estratégia mínima de ação para os agentes ambientais. Haverá dados que, desde já, podem ser repensados. Outros há que manifestam tendências históricas ou científicas que devem ser pensadas ou repensadas, em função de uma sábia administração planetária. É nessa teia de complexidade que o Direito do Ambiente entrará com suas intervenções. Cada leitor, à própria moda, saberá posicionar-se diante disso. A boa curiosidade é a mãe da investigação, como o interesse é a mola do avanço.

Vem a calhar um pensamento de Al Gore, estadista e ambientalista norte-americano sobejamente conhecido, a respeito dos riscos que corre a nossa Terra, com seu ambiente em polvorosa. Ele diz: "A ameaça mais perigosa ao meio ambiente de nosso planeta talvez não seja representada pelas ameaças estratégicas propriamente ditas, mas por nossa percepção dessas ameaças, pois a maioria ainda não aceita o fato de que a crise que enfrentamos é extremamente grave. Naturalmente, sempre existe um certo grau de incerteza sobre assuntos complexos, e são sempre necessários estudos cuidadosos, porém é muito fácil exagerar essas incertezas e estudar o problema em demasia — há quem faça exatamente isso —, a fim de evitar uma conclusão que incomoda. Contudo, existem pessoas que estão genuinamente preocupadas com o fato de que, embora saibamos muito a respeito da crise do meio ambiente, ainda há muito que desconhecemos".[1]

A sociedade humana, por meio da sociedade das nações, entrou, nos últimos tempos, numa fase árdua de grandes transformações, que, à evidência, não podem ser desconsideradas pelos espíritos preocupados com o "futuro do meio ambiente". Evoluções tecnológicas aceleradas, atitudes agressivas no comércio internacional, a crise financeira global que eclodiu em fins de 2008 e promete atravessar ainda alguns anos, são parte dos fatores ponderáveis e, simultaneamente, imponderáveis, que nos cerceiam caminhos ou baralham rumos. O avanço do efeito estufa e do aquecimento global é inegável, como também o é a crescente perda da biodiversidade. E a depleção de recursos, assim como o cansaço e a exaustão do Planeta, está presente e de má catadura. Esse conjunto de males deixa evidente (mais do que insinuado) que é indispensável a mudança de estilo de civilização.

Entre os fatores socioambientais, o fosso ampliado entre nações ricas e pobres, as doenças causadas por distúrbios no equilíbrio ecológico, o consumismo ensandecido *versus* penúria crescente das classes e nações desfavorecidas (senão relegadas...) — esses fatores são perceptíveis para os olhos que queiram ver sem ideias preconcebidas.

Em outra linha dos acontecimentos, a Conferência das Partes que intenta pôr em prática as Convenções do Clima e da Diversidade Biológica — fatos presentes e comentados na imprensa mundial — tem marcado o início de uma nova etapa nas relações entre os países e com o planeta Terra. Nesse quadro, em que figuram várias situações graves, ficou evidenciada a brusca mudança de rumos na política ambiental, prejudicada pela crise econômico--financeira. Cabe-nos, então, esperar por alterações significativas na condução dos interesses ambientais no plano internacional, e que não sejam para afrouxar o rigor das providências que se fazem indispensáveis para assegurar a sobrevivência da Terra.

---

(1) GORE, Al. *A Terra em balanço*: ecologia e o espírito humano. 2. ed. São Paulo: Gaia, 2008. p. 45.

Mas, dentre os elementos favoráveis e os desfavoráveis, quais prevalecerão? Grandes mudanças podem decorrer de pequenas intervenções, da mesma forma que árvores gigantescas podem nascer de uma semente pequenina. Talvez tenhamos condições de agir, bem e oportunamente, nessa conjuntura. As incisões do Direito do Ambiente têm de ser perfeitas e as medicações da Ética Ambiental devem ter uma bandagem apropriada e eficaz.

É o que pretendemos levar a efeito a partir de agora.

1.1 Riscos ambientais para o planeta Terra e à família humana

A questão ambiental, que, dia após dia, ganha espaço nas preocupações da sociedade e na agenda dos segmentos mais esclarecidos, coloca-nos, sempre, perguntas inquietantes, porém instigantes. Vamos a uma delas: qual é o destino próximo do ecossistema planetário e da espécie humana?

É importante admitir que, nessa crise que vivenciamos, a única resposta cabível, e ainda assim provisória, é que a espécie humana e a Terra encontram-se num determinado estágio de evolução impossível de ser precisado. Com relação a esse estágio, dispomos de razoáveis informações retrospectivas sobre o caminho percorrido; porém, no que se refere a um futuro incerto e de horizonte curtíssimo, contamos apenas com meras hipóteses, porque nem as mais rigorosas ciências podem oferecer-nos prospectivas seguras. Essa não é uma questão teórica e abstrata: ela é real, concreta e prática, porque nos interessa saber do nosso destino coletivo e do nosso dia a dia já em curto prazo.

Com a reconstituição dos fatos, ocorridos há milhões de anos até nossos dias, podemos falar de *tempos geológicos* (a Terra em formação), *tempos biológicos* (a evolução da vida anterior ao homem) e *tempos históricos* (a evolução da espécie humana e sua interferência transformadora no Planeta). Sobre a previsibilidade da evolução, há falência de dados seguros e, em contrapartida, pesa sobre nós uma sombra inquietante: quais os caminhos a serem percorridos conjuntamente pelo homem e pelo Planeta?

Com efeito, os tempos geológicos foram primordiais, longuíssimos e com poucos registros que nos permitam hoje tirar conclusões definitivas sobre as origens e as etapas de formação do nosso Planeta. A expressão "bilhões de anos" não nos comove nem nos esclarece suficientemente. Os tempos geológicos "perdem-se na noite dos tempos".

Os tempos biológicos, com os registros da vida, já não são assim tão remotos... dezenas ou centenas de milhões de anos! Essa expressão, igualmente, não nos abala nem esclarece a contento; mas ao menos sabemos que o fenômeno da vida marcou a Terra e, de alguma forma, selou a sua sorte. Os ecossistemas vieram se formando e se alterando, lenta e continuamente, à mercê das leis físicas. Espécies vivas, vegetais e animais, apareceram e desapareceram, sem que nos seja possível, ainda, explicar como e por quê. Entretanto, a evolução seguia seu caminho e o *habitat* planetário vinha sendo preparado para outros saltos significativos.

Os tempos históricos começaram a ser contados a partir da identificação e da presença da espécie humana nos ecossistemas naturais. São milhões de anos decorridos e, ainda hoje, os cientistas procuram registros convincentes sobre nossa idade neste Planeta e sobre as inúmeras transformações que produzimos ao longo da evolução. Algo é certo: os tempos históricos atestam a presença e as atividades do Homem, assim como a ocupação do espaço. Mais do que isso, testemunham as alterações por ele impostas ao ecossistema terrestre: dessa vez, não são apenas as causas físicas naturais; aparecem, também, as mudanças intencionais produzidas pelo *homo sapiens*. Os tempos históricos, estes sim, são os mais recentes e manifestam uma aceleração progressiva da evolução por que passa a Terra.

Num prazo muito curto — e que se torna sempre mais curto — são dilapidados pela humanidade os patrimônios formados lentamente no decorrer dos tempos geológicos e biológicos, cujos processos não voltarão mais. Os recursos consumidos e esgotados não se recriarão. Por isso, o desequilíbrio ecológico acentua-se a cada dia que passa.

E assim chegamos ao estado atual, em que nossas ações chocam-se contra nossos deveres e direitos, comprometendo nosso próprio destino. O renomado historiador H. G. Wells registrou: "A história humana é cada vez mais uma corrida entre a educação e o desastre".[2] Esse é o paradoxo existente nas relações do homem com a Terra, relações de amor e de ódio. As raízes da Questão Ambiental ficam expostas e interpelam a responsabilidade dos seres humanos, que é inequívoca e intransferível. Todo o saber científico contido nas Geociências, nas Biociências e nas Ciências Humanas, fala da fragilidade do mundo natural e da agressividade da "espécie" dominante. O Direito também conhece

---

(2) *Apud* PENNA, Carlos Gabaglia. *O estado do Planeta*: sociedade de consumo e degradação ambiental. Rio de Janeiro: Record, 1999. p. 15.

essa responsabilidade e essa complexa realidade, em que se joga com o porvir incerto da *oikos* e de todos os seus moradores, ou seja, da Terra e de tudo quanto nela se encontra.

Esse é o palco em que se desenrola o drama da vida sobre o Planeta. A questão ambiental está desenhada indelevelmente nos cenários da humanidade e manifesta-se por meio de ações e seus efeitos visíveis, que podem, facilmente, ser constatados; porém, se pretendemos acudir a Terra, não nos é possível ignorar o que se passa nos bastidores, nas ações ocultas e no jogo de interesses camuflados que não vêm à cena. A vigilância ambiental, inclusive a consciência jurídico-ecológica, deve estar atenta ao que é patente e ao que está latente, tanto aos riscos e delitos existentes e reais como àqueles potenciais e futuros.

Assim, a cada momento, por onde quer que observemos, deparamo-nos com inúmeros e variados problemas ambientais à nossa volta. De fato, a problemática ambiental está na ordem do dia. Basta atentar para as fontes de informação e ver que as agressões ao ambiente desfilam, diuturnamente, nos noticiários, muitas vezes escandalizando a sociedade, mas nem sempre sensibilizando os seus dirigentes.

Tudo decorre de um fenômeno correntio, segundo o qual os homens, para satisfação de suas novas e múltiplas necessidades, que são ilimitadas, disputam os bens da natureza, por definição limitados. E é essa equação, tão simples quanto importante e pouco avaliada, que está na raiz de grande parte dos conflitos que se estabelecem no seio das comunidades locais e se expandem para a sociedade global.

Os conflitos — sob os mais diversos pretextos — não passam de dissensões entre países ou nações na busca do controle sobre os bens essenciais e estratégicos da natureza[3]. Durante muito tempo, e ainda nos dias que correm, a questão ideológica nada mais tem sido do que um biombo a esconder essa verdade tão clara.

De outro lado, o processo de desenvolvimento dos países se realiza, basicamente, à custa dos recursos naturais vitais, provocando a deterioração das condições ambientais em ritmo e escala ainda desconhecidos. A paisagem natural da Terra está cada vez mais ameaçada pelas mudanças do clima, pelos riscos nucleares, pelo lixo atômico, pelos dejetos orgânicos, pela "chuva ácida", pelo estresse hídrico, pelas indústrias e pelo lixo químico. Por conta disso, em todo o mundo — e o Brasil não é nenhuma exceção —, o lençol freático se abaixa e se contamina, a água escasseia, a área florestal diminui, o clima sofre profundas e quiçá irreversíveis alterações, o ar se torna irrespirável, o patrimônio genético se desgasta, abreviando os anos que o homem tem para viver sobre o Planeta. Isto é, "do ponto de vista ambiental o planeta chegou quase ao ponto de não retorno. Se fosse uma empresa estaria à beira da falência, pois dilapida seu capital, que são os recursos naturais, como se eles fossem eternos. O poder de autopurificação do meio ambiente está chegando ao limite".[4] Realmente, estamos abusando dos recursos da Terra. "Estamos nos alimentando de porções que pertencem às gerações ainda não nascidas. Os filhos de nossos filhos correm o risco de entrar neste mundo já carregando o peso da dívida criada por seus antepassados".[5]

Não há dúvida, pois, de que a questão ambiental, por esse prisma, é uma questão de vida ou morte, não apenas de animais e plantas, mas do próprio homem e do Planeta que o abriga, pois a Terra também é considerada um organismo vivo *sui generis* e corre perigo de morte.

É certo que o Planeta e a família humana estão sob sérias ameaças. Nesse impasse, a conjugação do Direito do Ambiente e da Ética Ambiental poderá aliar-se aos esforços da Ciência para mudar os rumos da História Contemporânea, desviando-a da fatalidade para a esperança.

A oportunidade trazida pela conscientização de que a desordem ecológica talvez não produza vencedores pode representar o início de uma nova era de cooperação entre as nações, em ordem a combinar de forma nova as regras da convivência nesse condomínio maravilhoso que o Criador pôs à nossa disposição.

---

(3) No Oriente Médio, por exemplo, a água é produto raro, mais importante que o petróleo. É, também, fator determinante de situações de guerra e paz. Foi a água o principal motivo que fez os israelenses se recusarem durante muito tempo a deixar os territórios ocupados. Hoje, mais de dois terços da água consumida em Israel saem de lençóis subterrâneos além das fronteiras anteriores a 1967: parte na Cisjordânia e parte no Golan (Jornal da Tarde. 09.08.1995. p. 10-B). Na África, os mais recentes massacres de refugiados recolocam em evidência os dramas da região do Zaire, Ruanda, Burundi e Uganda, onde o rótulo "conflitos raciais" mascara muitos problemas, principalmente uma disputa feroz por recursos naturais escassos, água em especial (NOVAES, Washington. A nova diáspora da Terra. *O Estado de S. Paulo*, 02.01.1998 p. A-2). Nessa linha de preocupação, o relatório denominado "Tendências Globais", em que os serviços de inteligência dos EUA apontaram as questões ambientais como um dos pontos centrais da problemática e dos conflitos globais em futuro próximo. Disponibilidade de água e alimentos, mudanças climáticas, desastres "naturais" e disseminação de doenças, segundo o relatório, são fatores que afetarão profundamente a segurança dos EUA. E, se é assim, pode-se supor que condicionarão as políticas daquele país, afetando o mundo, o Brasil incluído (NOVAES, Washington. Estratégia para tempos novos. *O Estado de S. Paulo*, 02.02.2001. p. A-2).

(4) STRONG, Maurice. Secretário-Geral da Rio 92. Revista *Veja*, São Paulo, 29.05.1991. p. 9.

(5) CARDOSO, Fernando Henrique; MBEKI, Thabo; PERSSON; Goran. Podemos trabalhar juntos. *Folha de S. Paulo*, 01.09.2002. p. A-3.

De fato, a natureza morta não serve ao homem. A utilização dos recursos naturais, inteligentemente realizada, deve subordinar-se aos princípios ecológicos e aos cânones maiores de uma vida digna para todos, em que o interesse econômico cego de minorias ambiciosas não prevaleça sobre o interesse comum da sobrevivência da humanidade e do próprio Planeta.

Não pode haver dúvida de que o Planeta está gravemente enfermo e com suas veias abertas. Se a doença se chama degradação ambiental, é preciso concluir que ela não é apenas superficial: os males são profundos e atingem as entranhas mesmas da Terra. Essa doença é, ao mesmo tempo, epidêmica, na medida em que se alastra por toda parte; e é endêmica, porquanto está como que enraizada no modelo de civilização em voga, na sociedade de consumo e na enorme demanda que exercemos sobre os sistemas vivos, ameaçados de exaustão.

O panorama mundial no momento é esse, sem dúvida e sem exageros, conforme bem apontam cientistas, administradores, sociólogos, economistas, cosmólogos, políticos, líderes religiosos. Não é emoção, nem invenção do homem da rua. O que se impõe agora é um exame de consciência coletivo, uma prestação de contas à racionalidade.

Vemos hoje a questão ambiental presente na ciência e na tecnologia, na economia, na cultura e na política. Se ela denota a desordem existente nas relações do homem com o ecossistema planetário, assim como nas relações que regulam a sociedade humana, é inadiável rever todas essas relações para colocá-las em acordo com as leis da natureza — leis que não podem ser revogadas pelo simples arbítrio humano.

Aí entra, como um dos mediadores, o Direito do Ambiente, voltado que é para o reordenamento das relações da família humana com o mundo natural.

1.2 Noção de sustentabilidade

Melhor do que falar em desenvolvimento sustentável — que é um processo —, é preferível insistir na "sustentabilidade", que é um atributo necessário no tratamento dos recursos ambientais, em especial dos recursos naturais.

O tema sofre, por enquanto, de imprecisões conceituais ou, às vezes, de uma visão excessivamente econômica. Os Professores Francisco P. de Melo Neto e César Froes oferecem uma síntese valiosa para as abordagens gerenciais e ecológicas da sustentabilidade, expondo com clareza elementos lúcidos e práticos para conceituar, também, o desenvolvimento sustentável. Discorrem os autores: "Neira Alva, arquiteto e urbanista, ex-diretor da Comissão Econômica para a América Latina- CEPAL, assim define o conceito de sustentabilidade: 'A sustentabilidade pode ser entendida como um *conceito ecológico* — isto é, como a capacidade que tem um ecossistema de atender às necessidades das populações que nele vivem — ou como um *conceito político* que limita o crescimento em função da dotação de recursos naturais, da tecnologia aplicada no uso desses recursos e do nível efetivo de bem-estar da coletividade'. Do ponto de vista ecológico, sustentabilidade refere-se aos recursos naturais existentes numa sociedade que, segundo Neira Alva, representam 'a capacidade natural de suporte' às ações empreendedoras locais. A sustentabilidade inerente aos próprios recursos da natureza prende-se às cadeias ecossistêmicas, nas quais a existência e perpetuação de alguns desses recursos dependem naturalmente de outros recursos. Sem essa sustentabilidade haveria o comprometimento da própria biodiversidade, com a aceleração da sua perda, culminando em riscos ao ecossistema planetário. Como se pode ver, a sustentabilidade vai mais além dos destinos da espécie humana: ela alcança a perpetuação da vida e o valor intrínseco da criação ou do mundo natural. Sob a ótica política, a sustentabilidade representa a capacidade de a sociedade organizar-se por si mesma. É o que o autor denomina de 'capacidade de sustentação'. Portanto, existem duas precondições para o desenvolvimento da sustentabilidade: a capacidade natural de suporte (recursos naturais existentes) e a capacidade de sustentação (atividades sociais, políticas e econômicas geradas pela própria sociedade em seu próprio benefício). A capacidade natural de suporte compreende os ecossistemas, os biomas e todos os tipos de recursos naturais existentes nas comunidades e sociedade, objeto das ações de empreendedorismo social. São os elementos que integram a ecologia local e regional".[6]

Vamos mais a fundo: onde, ou em que elementos, se encontra a noção de sustentabilidade? Como uma característica acessória do processo de desenvolvimento? Em outros termos, estaria a sustentabilidade ligada apenas aos processos econômicos de produção e consumo, ou seria inerente aos próprios recursos naturais?

A questão é vital porque, a depender do ângulo sob o qual é examinada, ela induzirá respostas diferentes, que, por seu turno, determinarão ações práticas e políticas também diferentes. Se se trata de sustentabilidade nos processos

---

(6) MELO NETO, Francisco P. de; FROES, César. *Empreendedorismo social:* a transição para a sociedade sustentável. Rio de Janeiro: Qualitymark, 2002. p. 105.

econômicos (produção e consumo), a resposta restringir-se-á à sociedade humana, que é o principal agente desse processo. Se está em causa a qualidade inerente aos recursos naturais, sem dúvida envolverá, entre outros itens, novas concepções de tecnologia e manejo, voltadas para os recursos e serviços que nos prestam os ecossistemas. Os ecossistemas têm valor intrínseco e, assim, merecem respeito e cuidado — eles compendiam a vida sob os mais variados aspectos — independentemente do valor de uso que possamos atribuir-lhes. E, independentemente de pragmatismos e do uso que as gerações atuais fariam desses recursos e serviços, o meio natural deve ser ajudado em sua sustentabilidade, porque está subordinado à Lei maior da vida. É claro, portanto, que, nesse contexto, dissentimos do materialismo histórico e entendemos que o mundo natural não pode ser simplesmente coisificado.

A propósito, anota o Prof. José Carlos Barbieri, da Fundação Getúlio Vargas de São Paulo: "Considerando que o conceito de desenvolvimento sustentável sugere um legado permanente de uma geração a outra, para que todas possam prover suas necessidades, *a sustentabilidade, ou seja, a qualidade daquilo que é sustentável, passa a incorporar o significado de manutenção e conservação* ad aeternum *dos recursos naturais*. Isso exige avanços científicos e tecnológicos que ampliem permanentemente a capacidade de utilizar, recuperar e conservar esses recursos, bem como novos conceitos de necessidades humanas para aliviar as pressões da sociedade sobre eles".[7] Por outro lado, "é importante considerar que a pobreza, o subconsumo forçado, é algo intolerável que deve ser eliminado como uma das tarefas mais urgentes da humanidade. A pobreza, a exclusão social e o desemprego devem ser tratados como problemas planetários, tanto quanto a chuva ácida, o efeito estufa, a depleção da camada de ozônio e o entulho espacial que se acumula ano a ano. Questões como essas estão no cerne das novas concepções de sustentabilidade".[8]

Numa fórmula sintética, aduz Juarez Freitas, a sustentabilidade "consiste em assegurar, ao máximo possível, o bem-estar físico, psíquico e espiritual no presente, sem empobrecer ou inviabilizar o bem-estar no amanhã, donde segue o abandono dos conceitos protelatórios de praxe".[9]

Espera-se que essas concepções resultem numa política clara e abrangente, que envolva a atuação conjunta de Governo, empresários e comunidade, com o intuito de coibir as agressões inconsequentes e continuadas ao meio ambiente. Numa palavra: é imprescindível deslocar o tema ambiental da periferia para o centro das decisões. Se não for assim, a conta que passaremos aos nossos filhos pode ser impossível de pagar.

1.3 Natureza multidimensional da sustentabilidade

No ecossistema terrestre encontramos várias dimensões palpáveis, e também simbólicas. Esse ecossistema global não deve ser entendido no conceito apertado de Tansley[10], para quem essa noção se aplicaria apenas às formações estritamente naturais: minerais, vegetais e animais. É necessário entendê-lo como bem mais abrangente: todo aquele espaço onde há fluxo de matéria, energia e informações genéticas — tal é o caso do espaço em que vive e atua a família humana que, aliás, é parte integrante desse mesmo ecossistema.

Como decorrência, a presença e a atuação do homem imprimem marca característica em todo o ecossistema planetário e, assim, conferem à Terra a característica de morada comum — a casa, a "oikos". Nesse grande contexto, os minerais, vegetais e animais assumem também o papel de "recursos" que devem ser administrados pela família humana. Quando entra o homem, os fluxos de matéria, energia e informação ampliam-se com sentidos novos que não existiriam se não fosse nossa presença na Terra. Daí as dimensões aplicáveis ao nosso mundo terrestre: a *dimensão natural* ou *ecológica*, que retrata a configuração dos seres naturais e suas relações; a *econômica*, que se refere aos "recursos" disponíveis para que a sociedade humana proveja às suas muitas necessidades de sobrevivência e desenvolvimento; e a *social*, que contempla uma das marcas essenciais de uma família que vive em casa comum e assume obrigações próprias, não apenas em relação a seus membros como, também, em relação à própria casa, que é preciso manter em perfeita ordem para uso das gerações futuras. Essa dimensão social tem um caráter finalista.

Em síntese, o ecossistema terrestre é caracterizado pelas dimensões ecológica, econômica e social — sabendo-se que a dimensão ecológica é a fundamental e indisponível para que a vida planetária se preserve e se perpetue. E quando se fala de dimensões, estas não são necessariamente medidas aritméticas, matemáticas ou geométricas: são

---

(7) *Desenvolvimento e meio ambiente*: as estratégias de mudanças da Agenda 21. 3. ed. Petrópolis: Vozes, 2000. p. 31.
(8) BARBIERI, José Carlos. Ob. cit., p.32.
(9) FREITAS, Juarez. *Sustentabilidade: direito ao futuro*. Belo Horizonte: Fórum, 2011. p. 16.
(10) Arthur George Tansley foi um pioneiro da ecologia na Grã-Bretanha. Uma das suas maiores contribuições foi a formulação, em 1935, do conceito de *ecossistema* (do grego *oikos* = casa e *systhema* = disposição conjunta, organização).

simbólicas, porém reais, sem serem quantitativas. Não são lineares, nem quadradas, nem cúbicas: são abrangentes e totais, também qualitativas.

A Constituição Federal de 1988 refere-se explicitamente à qualidade do meio ambiente a ser incrementada. Todavia, a qualidade pressupõe o equilíbrio entre os componentes (partes) para que se possa falar de equilíbrio do todo — o ecossistema denominado Planeta Terra. Nesse contexto, a gestão do ambiente que tenha olhos para a sustentabilidade terá de lidar com fatores quantitativos e qualitativos. Um simples exemplo: a perda da biodiversidade (quantitativo) influi na qualidade dos ecossistemas (qualitativo). Outro exemplo: o excesso de população (quantitativo) é um fator social que afeta e reduz os recursos do ecossistema terrestre e agrava a qualidade do meio ambiente e a qualidade de vida (qualitativo). Destarte, é necessário o equilíbrio entre quantidade e qualidade. Esse equilíbrio é uma das maiores responsabilidades da intervenção econômica.

Assim é o ecossistema terrestre, assim são os ecossistemas nele contidos, assim é o espaço humano habitado: tridimensional. Por consequência, todas as intervenções humanas que se produzirem sobre o mundo natural e o humano devem levar em consideração essa realidade tridimensional: a natureza, a economia e a sociedade[11].

O que se busca, conscientemente ou não, é um novo paradigma ou modelo de sustentabilidade, que supõe estratégias bem diferentes daquelas que têm sido adotadas no processo de desenvolvimento, sob a égide de ideologias reinantes desde o início da Revolução Industrial, estratégias essas que são responsáveis pela insustentabilidade do mundo de hoje, tanto no que se refere ao planeta Terra quanto no que interessa à família humana em particular.

1.4 Em torno do desenvolvimento (in)sustentável

O desenvolvimento é sustentável?

Respondendo à incômoda indagação, Torres de Carvalho, da 1ª Câmara Reservada ao Meio Ambiente do Tribunal de Justiça de SP, obtempera: "No fundo, no fundo, é complicado imaginar que o desenvolvimento possa ser sustentável, pois as suas três facetas (ambiental, social e econômica) implicam sempre no sacrifício de uma em benefício da outra. Há quem o represente como três colunas paralelas ou um tripé; mas é mais correto representá-lo como um triângulo que se assenta sobre o lado que prevalece a cada momento: o ambiental, ou o social, ou o econômico, conforme a preocupação ou a atividade que se pretende realizar. Há uma percepção de prevalência, hoje, dos aspectos econômicos e sociais em prejuízo do ambiental[12], a exigir especial cuidado do aplicador da lei para que o desenvolvimento econômico e social não implique na extinção de áreas protegidas, na ampliação desmesurada das áreas urbanas, na regularização fundiária nas áreas de preservação".[13]

Com idêntica preocupação, Eduardo Felipe Matias aduz que já fomos todos "nocauteados" pela insustentabilidade do momento atual. Ele não hesita em falar que a crise ambiental que vivenciamos aponta para uma "tragédia do bem comum", na qual extrapolamos os limites do Planeta, de sorte que uma mudança ambiental abrupta ou irreversível não pode ser descartada, desembocando na acidificação dos oceanos, na ruptura da camada de ozônio, na contaminação por produtos químicos, no acúmulo de aerossóis, na interferência humana nos ciclos globais do fósforo e do nitrogênio — tudo isso e muito mais, sem mencionar o gravíssimo fenômeno das mudanças climáticas[14].

Deveras, o mero crescimento econômico, calcado na mutilação do mundo natural e na imprevisão das suas funestas consequências — dada a falta de doutrina filosófica e ordenamento jurídico capazes de direcionar corretamente os rumos desse mesmo crescimento —, acabou por criar um antagonismo artificial e totalmente dispensável entre o legítimo desenvolvimento socioeconômico e a preservação da qualidade ambiental.

A exploração desastrada do ecossistema terrestre, de um lado, e a ampliação da consciência ecológica e dos níveis de conhecimento científico, de outro lado, produziram mudanças de natureza técnica e comportamental que, embora ainda tímidas, vêm concorrendo para superar a falsa antinomia "proteção ao meio ambiente *vs.* crescimento econômico".

---

(11) No ponto, concordamos com Juarez Freitas, quando aduz que, para além do consagrado tripé *ambiental*, *econômico* e *social*, a sustentabilidade precisa ser assimilada em sua complexidade poliédrica, para compreender outras dimensões, como a de natureza *ética* e a *jurídico-política*, pelo menos, entrelaçadas todas como galhos da mesma árvore (*Sustentabilidade...*cit.. p. 54 e 55).

(12) Como, por exemplo, no espetacular sucesso da agroindústria no Brasil, hoje o segundo maior exportador mundial de alimentos, que atende à vertente econômica, cobrando um preço alto ao ambiente.

(13) CARVALHO, Ricardo Cintra Torres de. O desenvolvimento é sustentável? Disponível em: <https://www.conjur.com.br/2019-abr-13/desenvolvimento-sustentavel>. Acesso em: 13 maio 2019.

(14) MATIAS, Eduardo Felipe P. *A humanidade contra as cordas*: a luta da sociedade global pela sustentabilidade. Rio de Janeiro/São Paulo: Paz e Terra; Planeta, 2014. p. 17, 22-24, 53 e 88.

Esse novo tipo de relação sociedade-meio ambiente já estava expresso, parcialmente, na Resolução n. 44/228, de 22.12.1989, da Assembleia Geral das Nações Unidas, quando foi convocada a Conferência sobre Meio Ambiente e Desenvolvimento de 1992. Nessa Conferência, o desenvolvimento sustentável foi adotado na Declaração do Rio[15] e na Agenda 21,[16] como meta a ser buscada e respeitada por todos os países.

O desenvolvimento sustentável é definido pela Comissão Mundial sobre Meio Ambiente e Desenvolvimento como "aquele que atende às necessidades do presente sem comprometer a possibilidade de as gerações futuras atenderem a suas próprias necessidades",[17] podendo, também, ser empregado com o significado de "melhorar a qualidade de vida humana dentro dos limites da capacidade de suporte dos ecossistemas".[18] No sentir de Roberto Campos, ex-Ministro do Planejamento do Governo brasileiro, seria aquele compatível com a exploração não predatória de recursos não renováveis, a renovação de recursos renováveis e o controle da poluição[19]. Fritjof Capra e Ugo Mattei, a seu turno, identificam-no como "característica de uma comunidade concebida de tal modo que seu estilo de vida não estorva a capacidade inerente da natureza de sustentar a vida".[20]

Já se tem percebido que o adjetivo "sustentável" acompanha muitos substantivos (como: prática, processo, recurso, construção, empreendimento, empresa, agricultura, desenvolvimento e outros). De onde vem essa carga adjetiva tão recorrente? A que se refere ela? Qual o seu fundamento? É, precisamente, o que deve ser pensado e aprofundado no discurso moderno.

O economista e professor da Universidade de São Paulo, José Eli da Veiga, ao referir-se à figura da Esfinge no limiar do deserto, parte da mitologia para o enigma ao mesmo tempo econômico, social e político do desenvolvimento sustentável, e conclui: "Pois bem, o 'desenvolvimento sustentável' também é um enigma à espera de seu Édipo. Esta é a tese central desta exposição. Em vez de aumentar a lista dos contorcionismos já tão banalizados nas diversas tentativas de promover um suposto 'conceito' de desenvolvimento sustentável, este livro prefere sugerir que, por enquanto, ele é uma espécie de quadratura do círculo".[21] Mas, ele prefere concluir com um alento necessário à prossecução das buscas e dos esforços no caminho de realização para um ambicioso paradigma de renovação da economia planetária, averbando: "Nada disso significa, portanto, que a noção tenha pouca utilidade. Ao contrário, deve ser entendida como um dos mais generosos ideais surgidos no século passado, só comparável talvez à bem mais antiga ideia de 'justiça social'. Ambos são valores fundamentais de nossa época por exprimirem desejos coletivos enunciados pela humanidade, ao lado da paz, da democracia, da liberdade e da igualdade. Ao mesmo tempo, nada assegura que possam ser, de fato, possíveis e realizáveis. São partes imprescindíveis da utopia, no melhor sentido desta palavra. Isto é, compõem a visão do futuro sobre a qual a civilização contemporânea necessita alicerçar suas esperanças".[22]

É lícito, em tal contexto, concluir que dependerá de governos, empreendedores, sociedade civil, ambientalistas, cidadãos de boa vontade prosseguir em debates produtivos e experiências que logrem o êxito esperado, ainda que sujeitos a uma ou outra frustração. A soma de pequenos e grandes resultados impulsionará o processo. Importante é que esse não se estanque.

1.5 A sustentabilidade possível

Como *atributo*, a sustentabilidade dos recursos está associada à sua durabilidade, ou seja, um bem ou recurso é sustentável na medida em que pode — ou deve — durar para atender às necessidades dos ecossistemas naturais e às demandas dos ecossistemas sociais (em particular, nos processos de produção e consumo). Nesse ponto, surge uma

---

(15) Princípio 4: "Para alcançar o desenvolvimento sustentável, a proteção ambiental constituirá parte integrante do processo de desenvolvimento e não pode ser considerada isoladamente deste".

(16) Segundo consta do preâmbulo desse documento, "A humanidade se encontra em um momento de definição histórica. Defrontamo-nos com a perpetuação das disparidades existentes entre as nações e no interior delas, o agravamento da pobreza, da fome, das doenças e do analfabetismo, e com a deterioração contínua dos ecossistemas de que depende nosso bem-estar. Não obstante, caso se integrem as preocupações relativas a meio ambiente e desenvolvimento e a elas se dedique mais atenção, será possível satisfazer às necessidades básicas, elevar o nível da vida de todos, obter ecossistemas melhor protegidos e gerenciados e construir um futuro mais próspero e seguro. São metas que nação alguma pode atingir sozinha; juntos, porém, podemos — em uma associação mundial em prol do desenvolvimento sustentável".

(17) Comissão Mundial sobre Meio Ambiente e Desenvolvimento. *Nosso futuro comum*. 2. ed. Rio de Janeiro: Fundação Getúlio Vargas, 1991. p. 46.

(18) *Cuidando do Planeta Terra — Uma estratégia para o futuro da vida*. São Paulo: UICN — União Internacional para a Conservação da Natureza, PNUMA — Programa das Nações Unidas para o Meio Ambiente e WWF — Fundo Mundial para a Natureza (Governo do Estado de São Paulo/SP, ECO 92), 1991. p. 10.

(19) Viajantes na nave planetária. *O Estado de S. Paulo*, 12.01.1992. p. 2.

(20) *A revolução ecojurídica*: o direito sistêmico em sintonia com a natureza e a comunidade; Trad. Jeferson Luiz Camargo. São Paulo: Cultrix, 2018. p. 280.

(21) *Desenvolvimento sustentável, o desafio do século XXI*. 3. ed. Rio de Janeiro: Garamond. p. 13.

(22) *Idem, ibidem*. p. 14.

constatação importante que abala as teorias e as práticas simplistas: a sustentabilidade dos recursos naturais não é absoluta, é relativa: depende de sua disponibilidade real e do quanto e do como eles são explorados, transformados e utilizados, até serem reduzidos à condição última de rejeitos finais. Enfatize-se que a sustentabilidade dos recursos naturais não pode ser considerada fora do quadro das suas diferentes condições de recursos renováveis e recursos não renováveis. Ainda assim, é preciso ter em conta que nem todos os recursos ditos renováveis são, na prática, efetivamente renováveis: isso depende muito da quantidade em que são demandados e, talvez ainda mais, do modo como são manipulados e utilizados. Um exemplo dos mais conhecidos é o da água: apesar de o ciclo hidrológico ser "fechado" e, por isso, a quantidade de água ser sempre a mesma no Planeta, ela vem se tornando dia a dia mais escassa na proporção em que cresce a sua demanda para usos múltiplos, e a qualidade dos recursos hídricos torna-se, sempre, pior (agravada com a exigência de tratamentos cada vez mais caros). A esse propósito, bem se manifesta o Prof. Aldo Rebouças, da USP, conhecido especialista em águas subterrâneas, quando assere: "Os países hoje em dia são avaliados pela forma como sabem usar a água, e não pelo que têm de água. Porque é mais importante saber usar a água do que ostentar a abundância".[23]

Na realidade, trata-se de um ideal de natureza utópica: hoje, é praticamente impossível reparar os estragos já perpetrados — e aqueles ainda em curso — pelo *homo praedator*, tendo-se em conta as incomensuráveis dificuldades cotidianas para cercear o mal. A consciência ecológica e a responsabilidade socioambiental, infelizmente, estão bem longe de alcançar o estágio mínimo ideal. Em muitos empreendimentos, uma vez obtida a licença de operação, é comum verificar-se que os empreendedores se limitam ao estritamente necessário sob o ponto de vista de exigências legais, sem qualquer pequena ambição de contribuir para a perenidade da Terra. E muitos assim o fazem em razão das demandas do mercado (e de seus acionistas) de perseguir o menor custo na maior velocidade possível. Note-se, enfim, que exigências nem sempre são cumpridas, e nem sempre são suficientes para a salvaguarda da qualidade ambiental. Por outro lado, a legislação sem o necessário complemento das exigências éticas é um instrumento prejudicado. O que fazer com as áreas ocupadas por moradias de uma população de mais de 1 milhão de pessoas, de baixa renda, que não tem para onde ir, como ocorre, p. ex., no entorno das represas Billings e Guarapiranga, em São Paulo/Brasil? Como administrar os incontáveis parcelamentos do solo, licenciados e registrados há muitos anos, que ostentem cursos d´água com margens ocupadas por avenidas ou moradias? Como lidar com as áreas sensíveis, tomadas por empreendimentos acoimados de baixo impacto, de interesse social ou de utilidade pública? Como evitar o exaurimento dos recursos não renováveis?

A frequente insistência em invocar apenas formalmente o desenvolvimento sustentável, acrescida da leniência de órgãos ambientais licenciadores e fiscalizadores (que, conscientes ou não, às vezes acabam por ceder a pressões políticas ou econômicas), compõem um quadro preocupante. Nesses casos, *desenvolvimento sustentável* é uma falácia, um engodo ambiental. Ou, como pondera Enrique Leff, "um simulacro a fim de negar os limites do crescimento, e, com isso, acelerar a corrida desenfreada do processo econômico para a morte entrópica".[24] Em tal contexto, toda precaução é necessária para não se dar ouvido a sofismas ou enganos, pois um simples enunciado convencional não quer dizer intenção explícita ou implícita de levar a sério um compromisso com o meio ambiente.

Por certo, esse contexto extremamente desfavorável em que nos vemos enredados não exime nossa sociedade de envidar todos os esforços para alcançar, ao menos, a *sustentabilidade possível*. Note-se, tais esforços responsabilizam desde os Governos até o cidadão comum, passando pelos empreendedores e gestores ambientais. Daí a certeira asserção de que "o desenvolvimento dificilmente é sustentável; mas para que minimamente o seja, precisamos dar um rumo diferente à nossa sociedade, às nossas expectativas e desejos, à construção do futuro que deixaremos para nossos filhos e netos, e eles para os filhos e netos deles".[25]

2 POR UMA ORDEM SUSTENTÁVEL

2.1 *Da contrassustentabilidade aos princípios da sustentabilidade*

Antes de abordarmos os princípios da vida sustentável, é interessante atentar para o que tem vindo à contramão desses mesmos princípios, os quais se tornaram patentes e bem formulados apenas no decorrer das últimas décadas.

---

(23) REBOUÇAS, Aldo. *Apud* TRIGUEIRO, André. *Mundo sustentável*. São Paulo: Globo, 2005. p. 144.

(24) LEFF, Enrique. *Saber ambiental*: sustentabilidade, racionalidade, complexidade, poder. Trad. Lúcia Mathilde Endlich Orth. 8. ed. Petrópolis: Vozes, 2011. p. 23.

(25) CARVALHO, Ricardo Cintra Torres de. O desenvolvimento é sustentável? Disponível em: <https://www.conjur.com.br/2019-abr-13/desenvolvimento-sustentavel>. Acesso em: 13 maio 2019.

O cientista social Nelson Mello e Souza, em decorrência das suas experiências internacionais, oferece uma síntese dos processos econômicos, sociais e políticos que têm acelerado a contrassustentabilidade. No seu entender, apenas em torno da década de 1960 do século XX "surge a compreensão do problema em sua inteireza complexa, exibindo a vinculação estrutural entre quatro variáveis relacionadas entre si, funcionando, como máquina diabólica, para gerar a velocidade autossustentada dos avanços destrutivos".[26]

O autor discorre sucintamente sobre essas quatro variáveis:

"a) modelo aceito de desenvolvimento com base no uso intensivo e extensivo da natureza, entendida como um ser existente bruto, infinita em sua generosa oferta de energia e matérias-primas, além de espaços para escoadouro das centenas de milhares de toneladas/ano de lixo químico, hospitalar, industrial e orgânico;

b) sistema desejado de vida, sem caráter classista, absorvido como orientador de demandas até mesmo pelas massas, orientado para o consumo crescente e para novas comodidades acumuladas, à custa do desgaste da biosfera, da camada protetora de ozônio, da qualidade do ar e da água, da disponibilidade da terra, da existência de outras espécies;

c) constelação de valores dominantes, a legitimar este sistema devido à evidência de avanços dos níveis de vida e dos recursos técnicos postos à disposição da sociedade, cada vez mais fascinantes em sua perspectiva de gerar ampliação infinita dos espaços de liberdade comunicativa, transporte, produção, lazer e consumo, anestesiando a consciência do dano por formar utopias tecnológicas quanto ao futuro;

d) desatenção coletiva para com os aspectos negativos, devido ao fascínio da massa pelo positivo". Naturalmente, um "positivo" ilusório. E conclui: "São os quatro cavaleiros do desastre. Podem gerar o apocalipse, o verdadeiro 'fim da história' (...). O que estaria diante da perspectiva de nossos netos e bisnetos seria um fim real, conduzido, ironicamente, pelas mãos que são as nossas, as que cegamente tecem a teia de nossa perdição".[27]

São palavras candentes, sem dúvida; porém, esmeram-se no realismo e na análise fria da realidade sociocultural, política e econômica que caracteriza as massas inconscientes do mundo contemporâneo e, pior ainda, a mentalidade e a cobiça das classes e pessoas responsáveis, de maneira especial nos chamados países emergentes, sôfregos para alcançar o consumo pleno e sem limites. É uma contradição, porque as corridas gananciosas engrossam sempre mais.

Em confronto com esse quadro negativo, esboça-se uma síntese capaz de projetar no cenário escuro alguma luz para indicar rumos a seguir. Essa luz não emana tão somente de princípios filosóficos e ativos; ela provém, com certeza, de espécies inúmeras que se têm verificado ao redor do globo terrestre, também entre nações ricas situadas na civilização da abundância.

Viver de forma sustentável implica aceitar a imprescindível busca de harmonia com as outras pessoas e com a natureza, no contexto do Direito Natural e do próprio Direito Positivo, como sabemos.

A construção de uma sociedade sustentável deve assentar-se numa clara estratégia mundial que pode, resumidamente, ser exposta por meio dos seguintes princípios[28]:

1º) *Respeitar a comunidade dos seres vivos e cuidar dela*: trata-se de um renovado princípio ético, que reflete o dever de nos preocuparmos com as outras pessoas e outras formas de vida. Embora nossa sobrevivência dependa do uso de outras espécies, não precisamos e não devemos usá-las perdulariamente, menos ainda com diferentes formas de crueldade. O modelo para esse respeito são os próprios ecossistemas naturais que se autorregulam de maneira admirável.

2º) *Melhorar a qualidade da vida humana*: o objetivo do desenvolvimento sustentável é melhorar a qualidade da vida humana, permitindo que as pessoas realizem o seu potencial e vivam com dignidade, com acesso à educação e liberdade política, com garantia de direitos humanos e ausência de violência. O desenvolvimento só é real se o padrão de vida melhorar em todos esses aspectos. Simples crescimento econômico e aumento de

---

(26) *Educação ambiental*: dilemas da prática contemporânea. Rio de Janeiro: Thex, 2000. p. 85.
(27) *Idem*. p. 85 e 86.
(28) *Cuidando do Planeta Terra...* cit.

riquezas não querem dizer desenvolvimento harmonizado. Além disso, convém relembrar que *qualidade* de vida não significa *status* nem padrões socioeconômicos privilegiados.

3º) *Conservar a vitalidade e a diversidade do planeta Terra*: o desenvolvimento baseado na conservação deve incluir providências no sentido de proteger a estrutura, as funções e a diversidade dos sistemas naturais do Planeta, em relação aos quais nos encontramos em absoluta dependência. Para tanto, precisamos:

— conservar sistemas de sustentação da vida, isto é, os processos ecológicos que tornam o Planeta apropriado para a vida. Eles definem o clima, limpam o ar e a água, regulam o fluxo das águas, reciclam elementos essenciais, criam e regeneram o solo e permitem que os ecossistemas se renovem sozinhos;

— conservar a biodiversidade, que compreende não só todas as espécies de plantas, animais e outros organismos, como também a variedade de tipos genéticos dentro de cada espécie e a variedade de ecossistemas;

— assegurar o uso sustentável dos recursos renováveis, que englobam o solo, os organismos selvagens e domesticados, as florestas, campos e terras cultivadas e os ecossistemas marinhos e fluviais que sustentam a pesca. O uso é considerado sustentável se for delimitado pela capacidade de regeneração do recurso.

4º) *Minimizar o esgotamento de recursos não renováveis*: minérios em geral, petróleo, gás e carvão são recursos não renováveis. Ao contrário das plantas, peixes ou solo, que se reproduzem e se renovam, eles não podem ser usados de forma sustentável, porque, fatalmente, se esgotam ou desaparecem. Todavia, sua disponibilidade pode ser prolongada por meio de reciclagem, por exemplo, ou pela utilização de menor quantidade de um recurso para fabricar um determinado produto ou pela substituição por outros recursos renováveis, quando possível. A ampla adoção dessas práticas é essencial para que o Planeta seja capaz de sustentar os bilhões adicionais de seres humanos no futuro e de proporcionar uma boa qualidade de vida.

5º) *Permanecer nos limites da capacidade de suporte do planeta Terra*: a capacidade de suporte dos ecossistemas da Terra tem limites; são limitados os impactos que eles e a biosfera em geral podem suportar, sem chegar a uma perigosa deterioração. Esses limites variam de região para região, e os impactos dependem da quantidade de pessoas, alimento, água, energia e matéria-prima que cada pessoa usa e desperdiça. Políticas que equilibrem os números e os modos de vida humanos com a capacidade de suporte da Terra devem ser complementadas por tecnologias que melhorem e respeitem essa capacidade por meio de cuidadoso controle.

6º) *Modificar atitudes e práticas pessoais*: para adotar a ética de vida sustentável, as pessoas têm de reexaminar seus valores e alterar seu comportamento. A sociedade deve promover valores que apoiem essa ética, desencorajando aqueles que são incompatíveis com um modo de vida sustentável. Deve-se disseminar informação mediante educação formal e informal, de modo que as atitudes necessárias sejam amplamente compreendidas e conscientemente adotadas.

7º) *Permitir que as comunidades cuidem de seu próprio meio ambiente*: a ação comunitária no cuidado com o meio ambiente deve ser favorecida e incentivada. As comunidades e grupos locais constituem os melhores canais para as pessoas expressarem suas preocupações e tomarem atitudes relativas à criação de bases sólidas para sociedades sustentáveis. No entanto, essas comunidades precisam de autoridade, poder e conhecimento para agir. As pessoas que se organizam para trabalhar pela sustentabilidade em suas próprias comunidades podem constituir uma força efetiva, seja a sua comunidade rica ou pobre, urbana, suburbana ou rural.

8º) *Gerar uma estrutura nacional para a integração de desenvolvimento e conservação*: todas as sociedades precisam de um alicerce de informação e conhecimento, de uma estrutura de leis e instituições e de políticas econômicas e sociais sólidas para poder progredir de forma racional. Qualquer programa de sustentabilidade precisa abranger todos os interesses e procurar identificar possíveis problemas, prevenindo-os e evitando-os antes que eles surjam. Deve ser adaptável, redirecionando, continuamente, o seu curso, em resposta à experiência e às novas necessidades que surgem ou se afirmam no dia a dia.

A ação em âmbito nacional deve compreender quatro exigências:

(i) haver instituições capazes de uma abordagem integrada, intersetorial e dirigida para o futuro comum, no tocante a decisões;

(ii) todos os países terão seus sistemas de leis ambientais abrangentes que salvaguardem os direitos humanos, os interesses das gerações futuras, a produtividade e a diversidade do planeta Terra, assim como os seus limites impostos pela própria natureza;

(iii) uma política econômica e melhoria de tecnologia para aumentar os benefícios dos recursos disponíveis e, ao mesmo tempo, manter a riqueza natural; e

(iv) o conhecimento, baseado em pesquisa e controle. Sem isso, os planos de ação para a sustentabilidade ficarão sem fundamento e credibilidade. É preciso agir na manutenção e no fortalecimento da capacidade de pesquisa nacional, mantendo um sistema abrangente de monitoração. Afinal, para gerenciar eficazmente a casa é preciso conhecê-la bem e, além disso, ter sempre em vista o princípio da sustentabilidade, que nunca poderá se apagar na tela e no monitor das nossas ações.

9º) *Constituir uma aliança global*: a sustentabilidade global vai depender de uma firme aliança entre todos os países. Ora, como os níveis de desenvolvimento do mundo são desiguais, os países de menor renda devem ser ajudados a se desenvolver de maneira sustentável e a proteger seu meio ambiente. Os recursos globais e comuns a todos, especialmente a atmosfera, os oceanos e ecossistemas coletivos, só podem ser controlados com base em propósitos e resoluções coletivas. A ética de cuidados se aplica tanto na esfera internacional como nas esferas nacional, local e individual. Nenhuma nação é autossuficiente. Todos lucrarão com a sustentabilidade mundial e todos estarão ameaçados se não conseguirem atingi-la.

Uma aliança global exige que todas as nações aceitem suas responsabilidades e atuem na medida em que seus recursos permitam. Isso tornou-se de uma evidência sem sombras agora, quando as mudanças climáticas ameaçam a sobrevivência dos ecossistemas, e, por conseguinte, a da própria espécie humana.

Esses princípios, que estão longe de ser novos, são inter-relacionados e se apoiam mutuamente. Refletem, em última análise, declarações a respeito de uma equidade mundial de desenvolvimento sustentável e de conservação da natureza, como um direito dela própria e como fator essencial para a sustentação da vida humana.

A bem ver, esses princípios jurídicos encontram muitos fundamentos em diferentes documentos oficiais das Nações Unidas e em outros textos oficiais e não oficiais, de natureza científica e técnica, política e social.

2.2 Sociedade sustentável

"O nosso planeta está sitiado"!

É a frase inaugural do relatório *"O ambiente mundial 1972-1992: duas décadas de desafios"*, divulgado pelo Programa de Meio Ambiente das Nações Unidas, em novembro de 1992.[29] Será que esse cerco ao planeta Terra é fantasia ou apenas problemática de interesse exclusivo dos ambientalistas? Vejamos.

Um dos escopos do desenvolvimento socioeconômico (e, mais ainda, do mero crescimento econômico) é a produção de bens e serviços à procura de um mercado consumidor. Tanto é verdade que os investimentos são planejados em função do número de consumidores e usuários potenciais, e não de seres humanos. Não é uma estratégia incorreta ou intrinsecamente má; antes, o nível de vida digno e satisfatório que se deseja estender a toda a população supõe aumento de consumo e ampliação de mercado (notadamente o mercado interno), para que se possa atender à demanda de bens e serviços necessários ao desenvolvimento humano. O que preocupa, e, ao mesmo tempo, constitui aberração do desenvolvimento harmonioso, é o culto ao consumismo[30] e a criação de necessidades desnecessárias, impingidos por um *marketing* distorcido e pela ação massificante da mídia, em particular a televisão.

Existe, obviamente, uma diferença abissal entre consumo e consumismo, como existe entre o necessário indispensável e o supérfluo perdulário, entre a dignidade e a vaidade.

---

(29) *The United Nations Environment Program. The world environment 1972-1992*: two decades of challenge. TOLBA, Mostafa K.; EL-KHOLY, Osama A; EL-HINNAWI, E.; HOLDGATE, M. W.; MCMICHAEL, D. F.; MUNN, R. E. London: Chapman & Hall, 1992. p. VII.

(30) "A Terra é suficiente para todos, mas não para a voracidade dos consumistas", já dizia Gandhi (*Apud* BOFF, Leonardo. *Ecologia*: grito da Terra, grito dos pobres. São Paulo: Ática, 1995. p. 17).

As distorções do consumo, em diferentes graus e modalidades, têm gerado sérios problemas até chegar ao consumismo, que consiste numa mentalidade arraigada e em hábitos mórbidos, mais ou menos compulsivos, que embotam a consciência do cidadão consumista, impedindo-o de fazer sequer a menor autocrítica. Por isso, essa forma de degeneração deve ser analisada sob os pontos de vista cultural, social, econômico e psicológico. O consumista é uma espécie de pessoa mistificada, iludida e autoiludida. Somados, os milhões e milhões de consumistas existentes na população mundial representam uma ameaça global para o meio ambiente, tanto mais que essa mesma população cresce em taxas ainda assustadoras, sobretudo nos países pobres ou em vias de desenvolvimento. É importante notar que consumista não é apenas aquele que efetivamente consome, mas, ainda, o que sonha com esse tipo desviado de consumo e sacrifica bens e valores essenciais simplesmente para atingi-lo. A ascensão das classes populares a um nível de vida melhor — o que é uma situação fundamental e desejável — pode desembocar numa ânsia compulsiva de consumo, o que é temerário. Como alcançar um bem necessário sem desembocar num excesso perigoso?

O crescente consumo universal avança, sempre, em linhas tortuosas no seio das sociedades, desestabilizando o equilíbrio econômico-social porventura existente e — o que é pior — ampliando a desigualdade entre regiões e países, assim como entre regiões e classes sociais de um mesmo país. Há certa forma de universalização de estilos de vida que obedecem a um comando externo, e isso agrava a dificuldade de equacionar as relações produção-consumo-produção dentro dos limites do planeta Terra.

Uma pergunta necessária: como discernir esse comando externo e neutralizá-lo?

O alastramento desse modelo (espúrio, diga-se) de sociedade, de classe social ou mesmo de indivíduos coloca em risco o equilíbrio e a harmonia, não só de um determinado país ou de uma região como, ainda mais grave, o equilíbrio do ecossistema terrestre, como um todo.

Daí as advertências repetidas na Agenda 21, Capítulo 4, com vistas a mudanças indispensáveis nos padrões de consumo e, implícita ou explicitamente, nos "padrões" ou modelos de produção. É importante ressaltar, desde logo, que há um nexo, uma espécie de "causação circular cumulativa", entre produção e consumo, que se estimulam reciprocamente, em forma de espiral ascendente.

No que tange aos modelos de produção, o postulado básico se resume no desenvolvimento e emprego de tecnologias limpas que implicam menos consumo de matéria e energia, menor produção de resíduos com maior capacidade de seu reaproveitamento e com menor volume para sua disposição final. Isso sem se falar no risco onipresente das mudanças climáticas.

Essa problemática vem lembrada na Declaração do Rio, cujo Princípio 8 dispõe: "Para alcançar o desenvolvimento sustentável e uma qualidade de vida mais elevada para todos, os Estados devem reduzir e eliminar os padrões insustentáveis de produção e consumo, e promover políticas demográficas adequadas".

Desde essa época, os padrões sustentáveis de produção e consumo têm sido tema constante nas reuniões anuais da Comissão das Nações Unidas sobre Desenvolvimento Sustentável. Se se for implementar o princípio de que os países ricos deverão reduzir a um décimo o índice *per capita* de uso de recursos e geração de poluição (como preconiza a reunião de Oslo de 1995), surgirão imensas dificuldades econômicas, sociais e políticas nos países afetados pela medida. Sem embargo, ela é necessária para que as nações ricas e as elites dos países pobres moderem seu apetite de consumo e reorientem sua produção. Utopia?

2.2.1 *Produção (in)sustentável*

A satisfação das necessidades humanas, necessidades de várias ordens, é um imperativo natural, decorrência de mandamento inicial insculpido no Gênesis: "Crescei, multiplicai-vos e dominai a Terra". Tal mandamento, que assumiu feições muito características na civilização ocidental, herdeira das tradições judaico-cristãs, foi mal-entendido e é de extrema complexidade. Todavia, satisfazer as legítimas necessidades da espécie humana, por força do contexto em que se insere o mandamento bíblico, não pode ser dissociado do atendimento concomitante às necessidades do Planeta. Essas necessidades, além de se explicarem sob o ponto de vista técnico-científico, são reforçadas pelo ponto de vista econômico, pois a fonte de todos os recursos é uma só, a nossa casa Terra. As necessidades do ecossistema terrestre podem, hoje em dia, ser consideradas, mais do que legítimas, absolutamente essenciais, reforçadas pela Ética e asseguradas pelo Direito Positivo em explicitação do Direito Natural.

Produção — para efeito deste nosso estudo — vem a ser o processo de extrair do mundo natural, por meio de técnicas e métodos adequados, bens de consumo direto (por exemplo, alimentos) e matéria-prima a ser elaborada ou transformada, com vistas à fabricação de outros bens, por procedimentos, quer artesanais, quer industriais. À produção de bens acrescentem-se a produção ou a oferta de serviços que, quase sempre, demandam o concurso de energia e outros recursos naturais.

É oportuno recordar que os recursos limitados e finitos da natureza não podem atender à demanda de necessidades ilimitadas e infinitas, tanto as sentidas naturalmente e requeridas pela sadia qualidade de vida, quanto aquelas geradas artificialmente pela sociedade humana em sua evolução histórica. A preocupação malthusiana não só sobrevive há mais de dois séculos como, ainda, vem sendo reforçada pelo crescimento demográfico e pelo desenvolvimento socioeconômico, indo muito além das simples carências alimentares.

A composição das legítimas necessidades da espécie humana com as legítimas necessidades do Planeta Terra efetiva-se no âmago do processo de desenvolvimento sustentável. Este, por sua vez, tem como pressupostos (e, de certo modo, corolários) a produção sustentável e o consumo sustentável. Em outras palavras, não se atingirá o desenvolvimento sustentável se não se proceder a uma radical modificação dos processos produtivos, assim como do aspecto quantitativo e do aspecto qualitativo do consumo. Por isso, o conceito e a prática do desenvolvimento sustentável, uma vez desencadeado, facilitará processos de produção e critérios de consumo adequados à composição dos legítimos interesses da coletividade humana e do ecossistema global.

Essas preocupações vêm sendo formuladas de diferentes maneiras, e nos mais variados foros, o que manifesta sua abrangência e a sua complexidade intrínseca. Limitando-nos a uma posição assaz representativa, citamos mais uma vez o relatório conclusivo da Comissão Mundial para o Meio Ambiente e Desenvolvimento, *Nosso Futuro Comum*. Esse documento, lúcido e extenso, resume as colocações que vinham sendo elaboradas a respeito do assunto; assim, serviu ele de base para a temática da Conferência das Nações Unidas sobre Meio Ambiente e Desenvolvimento — CNUMAD, a conhecida ECO 92 ou Rio 92, realizada no Rio de Janeiro. E, mais recentemente, as controvérsias desencadeadas pelo efeito estufa, que envolvem uma escolha quase dramática entre a necessidade de crescer e a igual necessidade de não destruir as bases e a capacidade de suporte dos ecossistemas[31].

Mas, nessa altura das nossas considerações, a grande controvérsia reside nos padrões sustentáveis de produção e consumo, fatores estes, aliás, estreitamente inter-relacionados. Consome-se o que se produz, produz-se o que é demandado para consumir. Não obstante, justifica-se a distinção entre ambos porque, *in se*, são fenômenos socioeconômicos distintos, embora interdependentes, e, da mesma forma, porque são objetos distintos de conhecimento e de tratamento econômico, social e jurídico. Destarte, detenhamo-nos, primeiramente, na consideração da produção sustentável, sobre a qual se tem manifestado com frequência a Comissão das Nações Unidas sobre o Desenvolvimento Sustentável.

O caminho a percorrer é longo e árduo, visto que estão em jogo o sistema econômico, os estilos de vida e os modelos de civilização. Deixando de lado as muitas disputas a respeito, poderíamos resumir a questão no uso racional de energia e matéria-prima, assim como na conservação dos recursos naturais dentro das características essenciais dos ecossistemas, de modo que a demanda sobre eles se contenha dentro dos limites da capacidade dos mesmos ecossistemas para se regenerarem e autorregularem. O processo produtivo não tem outra fonte de insumos, de tal sorte que, valendo-nos de uma expressão popular, o meio ambiente é como a "galinha dos ovos de ouro" e, por isso, não pode ser morta, sob pena de também matar o sistema econômico, os estilos de vida e os modelos de civilização antes referidos.

E isso leva a outro paradoxo: "na hipótese de se decidir por continuar explorando os recursos da natureza nos moldes atuais, será inevitável a destruição do meio ambiente, o que também significará a destruição do sistema econômico".[32]

As preocupações com a produção sustentável não têm sido meramente emocionais ou estéreis. Entre as muitas iniciativas tomadas em referência ao tema, deve-se mencionar a normatização internacional elaborada e proposta pela ISO- *International Organization for Standardization*, compendiada na série ISO 14.000. Essa organização internacional, sediada em Genebra, vem atuando dentro dos seus fins societários específicos, desde 1947. No decorrer das últimas décadas, ela tem editado normas para assegurar a qualidade dos produtos industriais, a série ISO 9.000.

---

(31) Esse embate dramático é melhor explicitado na Política Nacional sobre Mudança do Clima, instituída pela Lei n. 12.187, de 29.12.2009.

(32) ARTIGAS, Priscila Santos. *Medidas compensatórias no direito ambiental:* uma análise a partir da compensação ambiental da Lei do SNUC. Rio de Janeiro: Lumen Juris, 2017. p. 121.

As normas da série ISO 14.000 visam a resguardar, sob o aspecto da qualidade ambiental, não apenas os produtos como também os processos produtivos[33].

A ISO foi um grande passo no caminho da produção sustentável. Há, porém, uma limitação, que não parece insuperável. Como organização técnico-científica não governamental, a ISO não pode, evidentemente, legislar. Suas normas são de caráter suasório, sem força jurídica, a menos que o Poder Público lhes confira tal virtude, adotando-as no bojo de instrumentos legais. Contudo, a seriedade das normas ISO, elaboradas com critérios insuspeitos de valores técnico e científico reconhecidos universalmente, confere a ela uma autoridade incontestável. Embora não sejam, na teoria, obrigatórias, acabam por se impor, na prática, tornando-se referência necessária. Até porque, como se diz popularmente, "as leis do mercado são mais eficazes do que as leis do Diário Oficial".

O Brasil é associado à ISO por intermédio da ABNT- Associação Brasileira de Normas Técnicas. A ABNT, pois, representa oficialmente o Brasil junto à ISO, assim como representa essa organização internacional junto às autoridades brasileiras. Em semelhante contexto, e na medida em que o Poder Público brasileiro endossa as normas da ABNT, tais normas se revestem de um caráter especial quanto à sua aplicabilidade, ou seja, transformam-se em instrumentos paralegais ou assumem uma força parajurídica.

Em síntese, as normas ISO passam a ter sua aplicabilidade revigorada, se não por força de lei, ao menos por força da autoridade que elas possuem, consoante o dito latino *peritis in arte credendum est*: deve-se dar crédito aos peritos no assunto. De fato, a verdadeira autoridade técnica e científica situa-se num contexto de veracidade que contribui para a seleção das melhores alternativas e para a decisão a ser tomada no assunto em questão. Essa é a vantagem, a prerrogativa da credibilidade.

2.2.2 *Consumo (in)sustentável*[34]

Não é somente a produção não sustentável que causa a degradação ambiental. O consumo não sustentável também está na origem de muitos dos nossos males ambientais.

Um retrato do consumo mundial, estampado no Relatório Planeta Vivo 2018, da WWF, mostra que, nos últimos cinquenta anos, nossa pegada ecológica[35] aumentou cerca de 190%.[36]

Dito às secas e às claras: estamos levando o planeta à beira do abismo. Com efeito, o consumo imprudente e impudente está exaurindo o capital natural do mundo e colocando em risco nossa prosperidade futura. Uma analogia com a descuidada utilização do cheque especial bem explica a inquietação: ele permite gastar mais dinheiro do que se tem no banco, mas depois pagam-se juros escorchantes. No caso do planeta, esses juros incidem em forma de envenenamento dos oceanos e da atmosfera pelo CO^2, extinção de espécies, diminuição das reservas de água potável e, num futuro próximo, esgotamento das reservas de petróleo, carvão e gás natural, os principais combustíveis da civilização[37].

Tal situação que, de há muito, a todos preocupa, mostra que a humanidade, já com mais de 7,5 bilhões de almas[38], está fazendo um saque a descoberto sobre os recursos naturais da Terra, consumindo, hoje, cerca de 64% além da sua capacidade de suporte e reposição[39].

---

(33) A Associação Brasileira de Normas Técnicas- ABNT representa o Brasil junto à *International Organization for Standardization*, oficializando, para uso corrente no País, as Normas ISO, que passam a chamar-se NBR ISO. Assim, já temos editadas pela ABNT várias normas da série ISO 14.000, entre as quais a principal é a norma certificadora NBR ISO 14.001. Além desta, podem ser lembradas também as normas de auditoria, de desempenho ambiental, de rotulagem ambiental e de avaliação do ciclo de vida.

(34) Para o direito brasileiro, consumo sustentável vem a ser "o uso dos recursos naturais de forma a proporcionar qualidade de vida para a geração presente sem comprometer as necessidades das gerações futuras". (Par. único do art. 1º da Lei n. 13.186/2015, que instituiu a Política de Educação para o Consumo Sustentável).

(35) "A noção de pegada ecológica, que é amplamente difundida pela ONG WWF desde a Conferência de Joanesburgo, em 2002, foi proposta pelo canadense William Rees no início dos anos 1990. Esse indicador é considerado como um meio de comunicação destinado ao grande público [...]. Trata-se de um indicador de pressão exercido sobre o meio ambiente. A pegada ecológica mede a carga que determinada sociedade impõe à natureza. Essa carga é definida como 'a superfície terrestre e aquática biologicamente produtiva necessária à produção dos recursos consumidos e à assimilação dos resíduos produzidos por essa população, independentemente da localização dessa superfície'. É um indicador estatístico que permite avaliar a carga ecológica de uma atividade industrial, de um modo de vida. O WWF define como unidade de medida da pegada ecológica o hectare global" (*Dicionário do meio ambiente*. VEYRET, Yvette (Org.); BAGNO, Marcos (Trad.). São Paulo: Senac, 2012. p. 251.

(36) WWF. 2018. Relatório Planeta Vivo — 2018: uma ambição maior. GROOTEN, M.; ALMOND, R. E. A. (Eds.). WWF, Gland, Suíça.

(37) Revista *Veja*. O limite está no horizonte, 02.11.2011. p. 132.

(38) Em 31.10.2011 o Planeta atingiu a marca de 7 bilhões de habitantes, segundo o relatório "Pessoas e possibilidades em um mundo de 7 bilhões", divulgado pelo Fundo da População das Nações Unidas — UNFPA simultaneamente em cem países (*O Estado de S. Paulo*, 27.10.2011. p. A24.). Estima-se que a população global chegou a 7,7 bilhões, em abril de 2019 (Disponível em: <https://pt.wikipedia.org/wiki/Popula%C3%A7%C3%A3o_mundial>. Acesso em: 17 maio 2019).

(39) NOVAES, Washington. A pegada humana e os riscos para a Terra. Em *O Estado de S. Paulo*, Espaço aberto, 14.04.2017. p. A2.

A seguir por esses caminhos, deduz-se que até 2030 precisaremos de uma capacidade produtiva equivalente a dois planetas para satisfazer os níveis atuais da nossa demanda. Pior: se todos os habitantes da Terra buscassem o mesmo estilo de vida dos que vivem hoje no Kwait, no Catar, na Dinamarca, nos Estados Unidos ou nos Emirados Árabes Unidos, p. ex., seriam necessários os recursos de 4,5 planetas como o nosso. A conta ecológica não fecha!

Não pode haver dúvida de que o Planeta está gravemente enfermo e com suas veias abertas. Se a doença se chama degradação ambiental, é preciso concluir que ela não é apenas superficial: os males são profundos e atingem as entranhas mesmas da Terra. Essa doença é, ao mesmo tempo, epidêmica, enquanto se alastra por toda parte; e é endêmica, porquanto está como que enraizada no modelo de civilização em uso, na sociedade de consumo e na enorme demanda que exercemos sobre os sistemas vivos, ameaçados de exaustão.

Neste sentido, a equação "demandas da humanidade" *versus* "saúde do planeta" vai, por certo, permear a dimensão política do mundo no século XXI, pois à ética da solidariedade repugna deixarmos para as gerações que ainda virão depois de nós apenas os ossos do banquete da vida.

De qualquer forma, uma verdade que incomoda não pode passar despercebida: quase todos os grandes problemas ambientais estão relacionados, direta ou indiretamente, com a apropriação e uso de bens, produtos e serviços, suportes da vida e das atividades da nossa sociedade moderna. Alguns exemplos:

(i) A poluição do ar, especialmente a poluição urbana por monóxido de carbono, que é, em grande parte, causada por emissões decorrentes da utilização de um bilhão de veículos que foram licenciados no mundo até 2008.[40] Tal quantidade de veículos deu origem a novos problemas de poluição, como a emissão de óxido de enxofre, particulados e outros responsáveis pela degradação da qualidade do ar nas cidades, além do aquecimento global, resultado inevitável da queima de combustíveis fósseis derivados do petróleo, como gasolina e óleo diesel. Ou seja, os consumidores desses bens duráveis são diretamente responsáveis pelos impactos causados à atmosfera. Segundo estudos do GEMS/AIR[41] da ONU, aproximadamente 900 milhões de pessoas estão expostos a níveis prejudiciais de óxidos sulfúricos, e mais de um bilhão é afetado por níveis desaconselháveis de partículas, pondo em risco suas vidas.

Será que os consumidores em geral não contribuem, também, e decisivamente, para níveis tão elevados? Como e quanto seria essa participação?

(ii) O buraco da camada de ozônio tem na utilização de CFCs — clorofluorcarbono uma de suas causas mais importantes. Medidas de controle de suas emissões, como o Protocolo de Montreal, em vigor desde 1989, já mudaram o quadro e continuam a ter um impacto tremendo nos padrões de consumo de milhões de consumidores em todo o mundo.

(iii) A água doce, que representa apenas 2,59% de todos os recursos hídricos do Planeta, é, a um só tempo, um recurso de consumo e um importante recurso ambiental. Aqui, também, um risco ecológico que se avizinha terá implicações profundas no cotidiano do consumidor, principalmente quando consideramos que o consumo *per capita* de água potável vem aumentando em todo o mundo. Relatório divulgado pelas Nações Unidas por ocasião da Cúpula Mundial para o Desenvolvimento Sustentável, realizada em Joanesburgo, na África do Sul, em 2002, prevê que, no ano 2025, cerca de 4 bilhões de seres humanos (metade da população projetada) sofrerão com a escassez de água[42]. A questão da água, embora premente, não é a única pressão ambiental. Para alimentar a população crescente, tem ocorrido a ampliação das áreas agricultáveis, o que implica mais desflorestamento e maiores gastos de água doce (70% da água consumida vai para a irrigação)[43].

---

(40) O mundo já tem mais de 1,2 bilhão de veículos (<https://www.noticiasautomotivas.com.br/o-mundo-ja-tem-mais-de-1-bilhao-de-veiculos/>). Acesso em: 22 maio 2019). Segundo Bill Ford, presidente do Conselho Mundial da Ford, a expectativa, até meados do século, é de uma frota de 4 bilhões de veículos. No Brasil, por exemplo, nem mesmo a crise econômica dos últimos anos foi capaz de frear a quantidade de carros circulando pelas já congestionadas ruas do país. Um estudo realizado, em 2017, pelo Observatório das Metrópoles, ligado ao Instituto Nacional de Ciência e Tecnologia, mostra que a frota brasileira já ultrapassa 61 milhões de veículos, o que representa quase duas vezes e meia a quantidade existente em 2001 (Um Brasil cada vez mais motorizado. Em *O Estado de S. Paulo*, especial, 11.12.2017. p. H4).

(41) A OMS — Organização Mundial de Saúde, da ONU, entre outros organismos, mantém dois programas que interessam à qualidade ambiental: GEMS/AIR e GEMS/WATER — *Global Environmental Monitoring System* (Sistema de monitoramento ambiental global, ar e água).

(42) Reportagem publicada pela ONU BR em 23.05.2013 menciona que 1,8 bilhão de pessoas estarão vivendo em países ou regiões com escassez absoluta de água em 2025. (ONU BR. *Alertando para escassez de água doce, ONU pede esforços globais para proteger recursos naturais*. Disponível em: <www.onu.org.br/alertando-para-escassez-de-agua-doce-onu-pede-esforcos-globais-para-proteger-recursos-naturais/>. Acesso em: 22 maio 2019.

(43) *Folha de S. Paulo*, 17.08.2002. p. A-2.

(iv) A produção mundial de pescado, em torno de 19 milhões de toneladas anuais, na década de 70, já atingiu 154 milhões de toneladas, das quais 131 milhões foram destinadas ao consumo humano[44], provocando o esgotamento e a sobre-exploração do estoque em níveis preocupantes.

(v) A erosão não só afeta as necessidades crescentes dos consumidores de alimentos, como é afetada, igualmente, por essas mesmas necessidades. Al Gore, ex-vice-presidente dos Estados Unidos da América e notável ambientalista, chama-nos a atenção para as sequelas negativas que a tecnologia inadequada acarreta para a sustentabilidade do mundo natural na produção de alimentos e na de outros bens. Diz o estadista norte-americano: "Não raro, quando procuramos aumentar artificialmente nossa capacidade de obter o que precisamos da Terra, fazemos isso em prejuízo de sua capacidade de prover naturalmente o que estamos buscando. Por exemplo, quando aumentamos a produção agrícola com o uso de tecnologias que contribuem para a erosão das terras aráveis, diminuímos a capacidade do solo de produzir mais alimentos no futuro[45].

(vi) A produção de lixo, tóxico ou não, que cresce na proporção do consumo de bens ou produtos e serviços, fatores estes que tendem a aumentar de maneira imprevisível, particularmente nas regiões metropolitanas e nos grandes centros urbanos.

Carlos Gabaglia Penna, em uma obra notável, que é verdadeiro libelo contra o consumismo inconsequente, assevera com precisão: "O desenvolvimento sustentável exige da sociedade que suas necessidades sejam satisfeitas pelo aumento da produtividade e pela criação de oportunidades políticas, econômicas e sociais iguais para todos. Ele não deve pôr em risco a atmosfera, a água, o solo e os ecossistemas, fundamentais à vida na Terra. O desenvolvimento sustentável é um processo de mudança no qual o uso dos recursos, as políticas econômicas, a dinâmica populacional e as estruturas institucionais estão em harmonia e reforçam o potencial atual e futuro para o progresso humano. Apesar de reconhecer que as atividades econômicas devem caber à iniciativa privada, a busca do desenvolvimento sustentável exigirá, sempre que necessário, a intervenção dos governos nos campos social, ambiental, econômico, de justiça e de ordem pública, de modo a garantir democraticamente um mínimo de qualidade de vida para todos".[46]

Mesmo decorridos muitos anos de discussão sobre o tema, ainda estamos longe do consenso enquanto os problemas se avolumam. A propósito, bem adverte o autor: "Contudo, o desenvolvimento sustentável, por enquanto, é apenas um conceito, uma formulação de objetivos, e tem sido incluído, cada vez mais, na retórica desenvolvimentista, nos discursos dos que pregam o crescimento econômico constante. É um novo instrumento de propaganda para velhos e danosos modelos de desenvolvimento. Por isso, o desenvolvimento sustentável corre o risco de tornar-se uma quimera".[47]

Ainda segundo Carlos Gabaglia Penna, são inúmeros e muito variados os fatores que provocam a compulsão do consumo para além das necessidades reais, numa atitude de verdadeira afronta ao bom senso e, o que é pior, ao planeta Terra e às multidões de pessoas carentes do mínimo essencial. Conclui ele: "Como alguém já observou, comentando sobre a cultura do consumo, as pessoas gastam um dinheiro que não possuem, para comprar coisas de que não necessitam, para impressionar pessoas que não conhecem".[48]

Com efeito, as necessidades de consumo, tanto as reais quanto as chamadas suntuárias ou de consumo conspícuo, nunca pararam de crescer. Por certo, pela paroxística propaganda da economia dita "moderna", criam-se, sempre, novas necessidades sob os mais variados pretextos. Daí a assertiva de que recursos finitos não podem atender a demandas infinitas. A propósito, o cientista e ambientalista francês Michel Lamy, da Universidade de Bordéus, escreveu um interessante livro sobre essa infinidade de demandas que acabam por incorporar-se ao ser humano, como extensão do seu organismo[49].

Neste ponto, e no que interessa à situação do planeta, de cuja higidez depende a saúde da coletividade humana, a avaliação do papel do Estado deve ser o de limitar os hábitos individuais acessórios, ligados ao arbítrio ou a "decisões meramente individuais" sobre o livre consumo de produtos desnecessários ou suntuários — isso para salvaguardar

---

(44) Portal Brasil. *Consumo de pescado no Brasil aumenta 23,7% em dois anos*. Disponível em: <www.brasil.gov.br/economia-e-emprego/2013/10/consumo-de-pescado-no-brasil-aumenta-23-7-em-dois-anos>. Acesso em: 17 jul. 2018.

(45) Ob. cit., p. 182.

(46) *O estado do Planeta*: sociedade de consumo e degradação ambiental. Rio de Janeiro: Record, 1999. p. 140.

(47) *Idem, ibidem.*

(48) Ob. cit., p. 52.

(49) *As camadas ecológicas do homem.* Lisboa: Instituto Piaget, 1996.

a produção de bens essenciais ou necessários. No entanto, por ora, devemos colocar esse princípio no plano teórico e especulativo do papel moderador do Estado, visto que o neoliberalismo impregna as concepções de poder político e econômico, de acordo com o *laissez-faire, laissez-passer*. Ninguém sabe até quando o ecossistema da Terra pode atender a tantas demandas de produção e consumo, mas uma previsão é certa: a carestia aumenta progressivamente e, num futuro (talvez não muito remoto) o poder do Estado seja invocado para contornar crises extremas. Vê-se, então, a importância de atitudes proativas, tanto da parte da sociedade quanto do Estado.

De todo o dito, vem uma indagação: terá o consumidor, pelo simples fato de ser consumidor, um vínculo com o meio ambiente e a sustentabilidade?

Não há dúvida de que esse vínculo existe e pode facilmente ser identificado no bojo dos processos de produção--consumo e consumo-produção. Nesses processos encontram-se ações e reações em cadeia, com grande significação nas interações homem-mundo natural ou, se se preferir, nas relações sociedade-meio ambiente.

3 SUSTENTABILIDADE NA ESFERA INSTITUCIONAL

3.1 No âmbito internacional

A tomada de consciência sobre a importância do consumo mundial, como fator de peso na sustentabilidade da Terra, levou as Nações Unidas a organizarem a Cúpula Mundial sobre Desenvolvimento Sustentável, realizada na cidade de Joanesburgo (África do Sul), em 2002, dez anos após a Rio 92. Havia a clara intenção de estudar o tema juntamente com o fenômeno da famigerada globalização. Eram evidentes os problemas agravados naquela última década: persistência do aumento demográfico, incremento da concentração de renda, exacerbação da desigualdade social, excessivo consumo supérfluo das classes abonadas, aumento do fosso entre os países desenvolvidos e os demais países. Tais fatores manifestaram o distanciamento entre os Hemisférios Norte e Sul. Evidentemente, a situação do Planeta se agravara com a intensificação do consumo, muito além da capacidade de suporte dos ecossistemas para prestarem serviços e absorverem os resíduos.

Anteriormente à Conferência de Joanesburgo, o Programa das Nações Unidas para o Desenvolvimento — PNUD havia publicado dois interessantes textos: *Beyond the year 2000: the transition to sustainable consumption* e *Elements for policies for sustainable consumption*, relacionados com a Agenda 21.[50]

Pergunta-se: o que, na realidade estrutural e conjuntural do Planeta, significa o PIB, o índice percentual do crescimento interno dos países (3%, 5% ou 9%), que constitui a aspiração e a ufania de tantos governos? Até que ponto, em que moldes, as economias nacionais e a economia mundial podem crescer?

Já se vê que os fóruns internacionais, as agências e bancos da ONU e, na sua alçada, as grandes ONGs internacionais devem ocupar-se dessa questão com urgência e prioridade. Na atual conjuntura, é sentida e lamentada a inexistência de uma autoridade supranacional ou, ao menos, de um Tribunal que possa julgar e condenar os excessos nacionais, em nome dos interesses supranacionais do planeta Terra.

3.1.1 A Agenda 21 global

A Agenda 21 resultou da "Cúpula dos Povos", representação da sociedade civil e das ONGs ambientalistas, que se reuniu paralelamente à Conferência da ONU durante a Rio 92. O texto foi amplamente discutido antes da Conferência, em diversos países, de modo que o seu conteúdo chegou àquele evento já em redação semifinal. A oportunidade do encontro possibilitou o seu aperfeiçoamento. Por isso, a Agenda 21 tornou-se de grande utilidade para a doutrina do Direito do Ambiente.

O ordenamento jurídico do ambiente leva em consideração, precipuamente, as elaborações legais e as diferentes fontes do Direito. Impõe-se considerar, também, a valia e a oportunidade de outras formulações científicas e técnicas, que muito têm contribuído para o aprimoramento dessa ordem jurídica, particularmente na regulamentação das leis e na normatização técnica.

---

(50) A Secretaria do Meio Ambiente do Estado de São Paulo traduziu e publicou esses textos, reunidos num mesmo volume: *Consumo sustentável*, 1998. O Instituto Brasileiro de Defesa do Consumidor — IDEC coeditou.

Há, realmente, documentos que, se não possuem autoridade jurídica *stricto sensu*, revestem-se de uma autoridade de outra natureza e adquirem peso específico no próprio ordenamento jurídico. É o que se passa, por exemplo, com textos oficiais da Organização das Nações Unidas — ONU e de suas agências (OMS, OIT, UNESCO e outras). Em muitos casos, eles se relacionam com o Direito Internacional; em outros, abordam questões de interesse específico de grupos de países ou de setores da comunidade internacional, como acontece com assuntos referentes ao desenvolvimento dos povos e às relações Norte-Sul.

É sabido, outrossim, que há documentos, como convenções e tratados, que implicam determinado grau de obrigatoriedade, na medida em que são formalmente subscritos por governos. Podemos lembrar a Convenção das Nações Unidas sobre o Direito do Mar; a Convenção Marco das Nações Unidas sobre Mudanças Climáticas; a Convenção das Nações Unidas sobre a Biodiversidade etc.

Há documentos que têm o nítido caráter de diretrizes, como as Diretrizes de Montreal para Proteção do Meio Ambiente Marinho de Fontes Provenientes da Terra; a Estratégia Global de Abrigo para Todos até o Ano 2000; o Protocolo de Montreal sobre a camada de ozônio e os CFCs; o Código de Práticas para o Movimento Internacional Transfronteiriço de Lixo Radioativo, da Agência Internacional de Energia Atômica; os documentos da UNESCO sobre Educação Ambiental; o controvertido Protocolo de Kyoto sobre o efeito estufa e as cotas de carbono etc.

Nesse extenso panorama documental, encontramos a Agenda 21, peça de natureza programática, que, como dito, foi oficializada por ocasião da "Cúpula dos Povos", quando se reuniu a Conferência das Nações Unidas sobre Meio Ambiente e Desenvolvimento. Trata-se de um texto assumido oficialmente pelos países representados naquele encontro mundial e, simultaneamente, pelo Fórum das Organizações Não Governamentais. Foi uma auspiciosa posição consensual que marcou a gênese e a edição da Agenda 21.

É natural que, em meio a tantos documentos oficiais e paraoficiais que surgem em todo tempo e lugar, haja uma indagação a respeito das suas propostas.

Seu próprio preâmbulo afirma que ela tem como objetivo preparar o mundo para os desafios do século XXI. Se, de um lado, preconiza mudanças, de outro ela se apresenta com um caráter aglutinador, um marco referencial, seja na abordagem dos problemas, seja no seu equacionamento. Para tanto, deve ser considerada a sua condição de documento consensual que se liga diretamente a interesses internacionais e supranacionais. Vale reforçar que, na sua linguagem, as considerações ambientais abrem caminho para o tratamento de questões socioeconômicas estruturais, e vice-versa.

Seu conteúdo é um conjunto amplo e diversificado de diretrizes que, no suceder-se dos vários capítulos, recorre, frequentemente, a outros textos das Nações Unidas, como os anteriormente citados.

É oportuno recordar que os documentos das Nações Unidas, mesmo aqueles mais empenhativos, somente gozam de obrigatoriedade após serem convertidos — no todo ou em partes — em instrumentos legais nacionais com toda a força do Direito. Isto só se viabiliza por meio da competente legislação de cada país. No caso do Brasil, país federativo, os Estados e Municípios poderão adotar políticas e legislar a partir das recomendações da Agenda 21, seguindo a União e prevalecendo a legislação mais restritiva, como se sabe.

Em seu conteúdo, a Agenda 21 resultou de relatórios, experiências e posicionamentos anteriores das Nações Unidas (tais são, por exemplo, o Relatório *Dag Hamarskjold* — "Por um outro desenvolvimento" — e o Relatório *Brundtland*, conhecido como Nosso Futuro Comum), enriquecidos por documentos e posições de ONGs do Meio Ambiente. Se, de um lado, é um texto de diretrizes, por vezes normativo, de cunho otimista e com uma abrangência até então pouco vista em textos congêneres, de outro lado ressente-se de generalidades — o que não é de estranhar em um documento tão amplo e consensual, dirigido a todos os povos, governos e nações.

Nela, são tratadas, em grandes grupos temáticos, questões relativas ao desenvolvimento econômico-social e suas dimensões, à conservação e administração de recursos para o desenvolvimento, ao papel dos grandes grupos sociais que atuam nesse processo. São apontados, enfim, meios de implementação de planos, programas e projetos que visem ao desenvolvimento sustentável, ressaltando-se sempre os aspectos ligados aos recursos naturais e à qualidade ambiental. Aliás, não faz mal repetir, a Agenda 21 é considerada a cartilha básica do desenvolvimento sustentável[51].

---

(51) A Agenda 21 é um documento extenso e alentado. Para dela se ter uma ideia básica, há textos resumidos, como o publicado pela Secretaria do Meio Ambiente do Estado de São Paulo. Todavia, para um conhecimento dos principais temas nela votados, pode ser consultada a obra já referida de BARBIERI, José Carlos. *Desenvolvimento e meio ambiente*: as estratégias de mudanças da Agenda 21. 3. ed. Petrópolis: Vozes, 2000.

Entre as abordagens que merecem destaque encontram-se: estímulo à cooperação, seja internacional, seja dentro dos países; ênfase na gestão ambiental descentralizada e participativa; valorização e incremento do poder local; multiplicação de parcerias para o desenvolvimento sustentável; mudança de padrões de consumo e nos processos produtivos.

Quando trata dos meios de implementação, a Agenda 21 ressalta a promoção da consciência ambiental e o fortalecimento das instituições para o desenvolvimento sustentável, dando evidência a instrumentos e mecanismos legais internacionais.

Como não poderia deixar de fazer, apela fortemente para a consciência dos Poderes Públicos e da sociedade, no sentido de criarem ou aperfeiçoarem o ordenamento jurídico necessário à gestão ambiental num cenário de desenvolvimento sustentável.

A erradicação da pobreza, a proteção da saúde humana, a promoção de assentamentos humanos sustentáveis, surgem como objetivos sociais de transcendental importância.

Mesmo restrita ao papel de diretrizes e a seu caráter suasório, a Agenda 21 é mais do que mero "código de boas intenções". É referencial importante para podermos aferir dois aspectos essenciais de nossa gestão ambiental: (i) ter uma pedra-de-toque para certificar-nos de que nossos esforços em prol do desenvolvimento socioeconômico, com a característica de sustentável, obedecem às salvaguardas impostas pela qualidade do meio ambiente, inspiradoras do Direito Ambiental; (ii) saber que nossas ações ambientais estão em sintonia com o que se procura realizar — e, efetivamente se realiza — em outras partes do mundo, concluindo que não estamos isolados como se fôssemos franco-atiradores.

Colocada nesses termos, a implementação da Agenda 21 tem subsidiado legislações locais, estaduais, nacionais e, oportunamente, subsidiará um ordenamento jurídico internacional. Não se pode pensar reduzido e pequeno quando os problemas ambientais se colocam em escala planetária.

Para que tanto ideal não viesse a cair no vazio, previu-se uma avaliação dos resultados da Agenda 21, em 1997, a cargo da Assembleia Geral da ONU. O Conselho Econômico e Social — ECOSOC ajudaria a Assembleia Geral na implementação desse documento supranacional, supervisionando a coordenação de todo o sistema por meio da Comissão para o Desenvolvimento Sustentável.

Houve, efetivamente, tentativas de vulto para avaliar os resultados da Agenda 21. No Rio de Janeiro, em março de 1997, realizou-se a Reunião Rio+5, cinco anos após a Rio 92, organizada pela sociedade civil. Sob os auspícios da ONU, reuniu-se em Nova York a "Cúpula da Terra". A Conferência de Joanesburgo (Rio+10) ocupou-se, particularmente, do desenvolvimento sustentável, com certo desalento depois da euforia da Rio 92. Por fim, a Rio+20, realizada entre os dias 13 e 22.06.2012, cuidando, também especificamente, do tema, enfrentou preocupante frieza no cenário internacional, decorrente das crises financeiras e econômicas que avassalaram o mundo desde 2008. Nesses encontros de cúpula, foram repassados os avanços nas proposições da Agenda, restritos, porém, à posição dos países como tais, nada se aferindo dos poderes locais e seus compromissos com a efetivação das ações propostas.

A amplitude da Agenda 21 (ou seja, todo o planeta Terra) e a complexidade da problemática por ela tratada deixavam antever elevado grau de inadimplência. Em relação aos objetivos mensuráveis, foi possível detectar o não realizado. No que interessava a itens não quantificáveis, como diretrizes e ações políticas gerais, a avaliação foi, também, genérica e de metodologia complexa. Não obstante, houve avanços, mesmo que os mais céticos não queiram reconhecê-los.

Sem dúvida, no Brasil e em outros países, há experiências bem-sucedidas. Mas a eficácia da Agenda 21 continua a depender do seu conhecimento e de sua penetração na opinião pública e nos programas de Governo, em todos os níveis. Há de incorporar letra e espírito das propostas em políticas e em instrumentos legais, de modo que a correção de desvios e defasagens na realidade social, assim como o incremento da qualidade ambiental e da qualidade de vida das populações, tornem-se possíveis dentro do que a Lei Maior do Brasil quer garantir para os seus cidadãos mediante o exercício de direitos e deveres.

A natureza mesma da Agenda 21, como documento programático e consensual de ampla abrangência, deixa claro que ela não se imiscui em questões jurídicas ou legais. Seu objetivo é subsidiar ações do Poder Público e da sociedade em prol do desenvolvimento sustentável.

Nesse sentido, entre os meios de implementação da Seção IV, o Capítulo 39 contempla a necessidade de instrumentos e mecanismos legais internacionais. Na verdade, suas propostas focalizam tanto o aperfeiçoamento da capacidade legislativa dos países em desenvolvimento em vista da eficácia dos atuais acordos internacionais, quanto o estabelecimento de prioridades para o futuro.

Na esfera interna dos países signatários de acordos internacionais, como na daqueles que a subscreveram, se uma legislação adequada não der suporte à implementação dos acordos, ou se não houver respaldo legal para políticas nacionais (políticas governamentais e políticas públicas) que visem ao desenvolvimento sustentável, todas as boas intenções se reduzirão ao pó das letras mortas. Nenhuma política ambiental poderá subsistir sem o suporte de uma legislação atual e eficaz.

No âmbito internacional, há necessidade de instrumentação legal suficiente, ao menos para implementação de medidas indispensáveis a uma gestão ambiental em escala planetária, de caráter supranacional, mas com raízes no âmago das sociedades comprometidas ou interessadas. As instâncias supranacionais, ainda mais que as instâncias internacionais, carecem de definição e de bases sólidas, inclusive da vontade política dos países membros da ONU ou de blocos regionais.

Cabe ressaltar que não só os países em via de desenvolvimento carecem de instrumentos e mecanismos legais. Também os países desenvolvidos precisam curvar-se a essa carência, pois, do contrário, as relações Norte-Sul não se ajustarão, nem mesmo ante a ameaça de catástrofes planetárias.

Evidencia-se, assim, a necessidade mais ampla de foros de debates e discussão, sob o ponto de vista de legislação, para que se viabilize a elaboração de normas — principalmente, no âmbito do Direito Internacional — visando à efetiva implantação de uma gestão ambiental na escala da Terra. Em outras palavras, o esforço legislativo eficaz contemplará o interior dos Estados-nações e a sua organização dentro de uma comunidade jurídica mundial. O que não faz mais sentido é a globalização da indiferença.

Por derradeiro, não obstante sua característica de documento voltado para a ordem internacional, a Agenda 21 só terá sentido na medida da sua efetivação por parte das agendas nacionais, e estas, por sua vez, supõem a elaboração das agendas locais. Afirma o documento que "cada autoridade local deve iniciar um diálogo com seus cidadãos, organizações locais e empresas privadas e aprovar uma Agenda 21 local".[52] Por isso, a Agenda 21 local é um pressuposto, um requisito, uma necessidade. Mas semelhante constatação praticamente nos leva ao campo da utopia, consideradas as condições reais e dificuldades do País para dar a resposta devida aos variados itens que o documento contempla, sugere e inculca. Advirta-se, porém, que as utopias são necessárias para o avanço gradativo da sociedade, devendo ser levadas em conta como uma aproximação do ideal.

Dadas as inúmeras situações tão discrepantes que traduzem as diferenças geográficas, étnicas, culturais, econômicas, sociais e políticas existentes em todo o globo terrestre, a Agenda 21 deve revestir-se das características e das utopias dos países, das regiões, e até das localidades[53]. Nem mesmo a estrutura básica do documento primeiro pode ser aproveitada plenamente — importa é o conteúdo a ser transmitido, como apelo universal, às sociedades nacionais e locais. Essa é uma das formas, quiçá a melhor, de se pôr em prática o refrão já bastante divulgado: "Pensar globalmente, agir localmente". Em outras palavras, "da Agenda global para a Agenda local".

3.1.2   *A Agenda 2030 para o desenvolvimento sustentável*

Em setembro de 2015, 193 Estados-membros da ONU, entre os quais está o Brasil, reuniram-se na sede da instituição em Nova Iorque e acordaram tomar medidas transformadoras para colocar o mundo em um caminho sustentável. Adotaram uma nova agenda global comprometida com as pessoas, o planeta, a promoção da paz, da prosperidade e de parcerias: a *Agenda 2030 para o Desenvolvimento Sustentável.*

A Agenda 2030, a ser implementada no período entre 2016 e 2030, engloba 17 Objetivos de Desenvolvimento Sustentável, os chamados ODS, os quais, por sua vez, listam 169 metas, todas orientadas a traçar uma visão universal, integrada e transformadora para um mundo melhor. Os ODS foram construídos, de forma participativa, tendo como base a bem-sucedida experiência dos Objetivos de Desenvolvimento do Milênio — ODM, responsável por grandes avanços na promoção do desenvolvimento humano entre 2000 e 2015.[54]

---

(52) Capítulo 28, item 28.3.

(53) Há casos de ramificação da Agenda 21 até mesmo em escolas e segmentos da sociedade e setores de uma cidade (bairros, quarteirões etc.): Aparecem até em uma pequena publicação, a "Agenda 21 do Pedaço".

(54) Pela Declaração do Milênio das Nações Unidas de 2000, o mínimo concreto para a humanidade e para o planeta seria a consecução dos oito Objetivos Gerais do Milênio: *(i)* erradicar a extrema pobreza e a fome; *(ii)* atingir o ensino básico universal; *(iii)* promover a igualdade de gênero e a autonomia das mulheres;

Como esclarece o Documento, buscar-se-á, por meio de parcerias, "mobilizar os meios necessários para implementar esta Agenda por meio de uma Parceria Global para o Desenvolvimento Sustentável revitalizada, com base num espírito de solidariedade global reforçada, concentrada em especial nas necessidades dos mais pobres e mais vulneráveis e com a participação de todos os países, todas as partes interessadas e todas as pessoas. Os vínculos e a natureza integrada dos Objetivos de Desenvolvimento Sustentável são de importância crucial para assegurar que o propósito da nova Agenda seja realizado. Se realizarmos as nossas ambições em toda a extensão da Agenda, a vida de todos será profundamente melhorada e nosso mundo será transformado para melhor".[55]

A Agenda 2030 é, em essência, um plano de ação que servirá de estratégia para o desenvolvimento econômico, social e ambiental, o que, por sua vez, evidencia a interdependência e a necessidade de equilíbrio entre essas três dimensões no exercício do planejamento e da implementação de políticas públicas no mundo.

Os Objetivos do Desenvolvimento Sustentável encerram, portanto, uma nova reação da comunidade internacional, visando a melhor equacionar a familiaridade entre as necessidades atuais e futuras de todos e as potencialidades do planeta. Assim se acham enunciados:

Objetivo 1: Acabar com a pobreza em todas as suas formas, em todos os lugares;

Objetivo 2: Acabar com a fome, alcançar a segurança alimentar e melhoria da nutrição e promover a agricultura sustentável;

Objetivo 3: Assegurar uma vida saudável e promover o bem-estar para todos, em todas as idades;

Objetivo 4: Assegurar a educação inclusiva e equitativa de qualidade, e promover oportunidades de aprendizagem ao longo da vida para todos;

Objetivo 5: Alcançar a igualdade de gênero e empoderar todas as mulheres e meninas;

Objetivo 6: Assegurar a disponibilidade e gestão sustentável da água e o saneamento para todos;

Objetivo 7: Assegurar a todos o acesso confiável, sustentável, moderno e a preço acessível à energia;

Objetivo 8: Promover o crescimento econômico sustentado, inclusivo e sustentável, emprego pleno e produtivo e trabalho decente para todos;

Objetivo 9: Construir infraestruturas resilientes, promover a industrialização inclusiva e sustentável e fomentar a inovação;

Objetivo 10: Reduzir a desigualdade dentro dos países e entre eles;

Objetivo 11: Tornar as cidades e os assentamentos humanos inclusivos, seguros, resilientes e sustentáveis;

Objetivo 12: Assegurar padrões de produção e de consumo sustentáveis;

Objetivo 13: Tomar medidas urgentes para combater a mudança do clima e os seus impactos;

Objetivo 14: Conservar e usar sustentavelmente os oceanos, os mares e os recursos marinhos para o desenvolvimento sustentável;

Objetivo 15: Proteger, recuperar e promover o uso sustentável dos ecossistemas terrestres, gerir de forma sustentável as florestas, combater a desertificação, deter e reverter a degradação da terra e deter a perda de biodiversidade;

Objetivo 16: Promover sociedades pacíficas e inclusivas para o desenvolvimento sustentável, proporcionar o acesso à justiça para todos e construir instituições eficazes, responsáveis e inclusivas em todos os níveis;

Objetivo 17: Fortalecer os meios de implementação e revitalizar a parceria global para o desenvolvimento sustentável.

Os ODS e respectivas metas "são integrados e indivisíveis, de natureza global e universalmente aplicáveis, tendo em conta as diferentes realidades, capacidades e níveis de desenvolvimento nacionais e respeitando as políticas e prio-

---

(iv) reduzir a mortalidade infantil; *(v)* melhorar a saúde materna; *(vi)* combater o HIV/Aids, a malária e outras doenças graves; *(vii)* garantir a sustentabilidade ambiental; e *(viii)* estabelecer uma parceria mundial para o desenvolvimento.

(55) Disponível em: <https://nacoesunidas.org/wp-content/uploads/2015/10/agenda2030-pt-br.pdf>. Acesso em: 20 maio 2019.

ridades nacionais. As metas são definidas como aspiracionais e globais, com cada governo definindo suas próprias metas nacionais, guiados pelo nível global de ambição, mas levando em conta as circunstâncias nacionais. Cada governo também vai decidir como essas metas aspiracionais e globais devem ser incorporadas nos processos, políticas e estratégias nacionais de planejamento. É importante reconhecer o vínculo entre o desenvolvimento sustentável e outros processos relevantes em curso nos campos econômico, social e ambiental".[56]

Forte em tais comandos, denota-se que "a principal característica desse abrangente catálogo de tópicos enunciado pelo Documento aprovado pela Assembleia Geral consiste na manifesta essência humanista. O fundamento e a síntese do texto desvelam o propósito que a comunidade internacional resolveu tomar a peito como dever a ser cumprido integralmente por todos".[57]

Por sua particular eloquência, o texto poderia provocar no espírito a sensação de sonho ou utopia. Mas não é disso que se trata. O simples fato de o Documento ser qualificado como "Agenda", em vez de "Declaração" ou coisa do gênero, demonstra referir-se a um planejamento realista e pragmático a ser implementado por todos os povos civilizados do planeta — em razão do compromisso assumido pelos chefes de Estado e de governo e altos representantes[58] —, em ordem a tomar as medidas ousadas e transformadoras que são urgentemente necessárias para direcionar o mundo rumo a um caminho sustentável e resiliente. Nunca antes os líderes mundiais comprometeram-se a uma ação comum e a um esforço tão significativos, via uma agenda política tão ampla e universal.

Em 2020, o mundo analisará seu progresso no desenvolvimento sustentável por meio dos ODS, do Acordo de Paris e da Convenção sobre Diversidade Biológica, quando se espera tenha efetivamente abraçado um novo Acordo Global para a natureza e as pessoas.

O Brasil, que já tinha sido um exemplo de sucesso durante a vigência dos ODM antes de 2015, está, agora, em situação de vantagem por ter apresentado, já em 2017, seu primeiro Relatório Nacional Voluntário ao Fórum Político de Alto Nível (HLPF), a mostrar seus esforços para o cumprimento dos ODS até o ano de 2030[59] e a demonstrar o caminho que estamos escolhendo para o planeta.

Nada acontecerá e a Agenda 2030 será mais uma peça de retórica se não houver um esforço global em torno da necessidade vital da realização de cada um dos ODS.

3.2 *No contexto nacional*

Em nosso ordenamento jurídico, a noção de sustentabilidade apareceu primeiramente por ocasião do estabelecimento de diretrizes básicas para o zoneamento industrial nas áreas críticas de poluição pela Lei n. 6.803, de 02.07.1980. A preocupação com o desenvolvimento sustentável exsurge clara logo no art. 1º desse diploma, que reza: "Nas áreas críticas de poluição (...), as zonas destinadas à instalação de indústrias serão definidas em esquema de zoneamento urbano, aprovado por lei, que compatibilize as atividades industriais com a proteção ambiental".

Mais tarde, atendendo às preocupações dessa nova ordem, o conceito já aprimorado veio a ser instrumentalizado sob a forma de uma Política Nacional do Meio Ambiente, que elegeu, primordialmente, a avaliação dos impactos ambientais como meio de preservar os processos ecológicos essenciais[60]. E não se pode desconhecer que, subjacente ou explícito, ele se encontra com frequência em textos paralegais de normas e diretrizes de Governo.

À falta de espaço, e atentos ao escopo deste estudo, apontaremos, aqui, dois documentos que, direta ou indiretamente, tratam de *desenvolvimento* e *sustentabilidade*, binômio que encampa uma proposta extremamente complexa e de árdua concretização, que nunca deveremos perder de vista.

---

(56) Disponível em: <https://nacoesunidas.org/wp-content/uploads/2015/10/agenda2030-pt-br.pdf>. Acesso em: 20 maio 2019.

(57) BALERA, Wagner. Disponível em: <https://editorialjurua.com/revistaconsinter/es/revistas/ano-ii-volume-iii/parte-1-direito-e-sustentabilidade/desenvolvimento-sustentavel-o-novo-nome-da-paz/>. Acesso em: 20 maio 2019.

(58) SAYEG, Ricardo Hasson. Objetivo de Desenvolvimento Sustentável 17 — ODS 17 — parcerias pelas metas. *Revista de Doutrina da 4ª Região*, Porto Alegre, n. 81, dez. 2017. Disponível em: <http://revistadoutrina.trf4.jus.br/artigos/edicao081/Ricardo_Hasson_Sayeg.html>. Acesso em: 17 maio 2019.

(59) Relatório Nacional Voluntário sobre os Objetivos de Desenvolvimento Sustentável: Brasil 2017 / Secretaria de Governo da Presidência da República, Ministério do Planejamento, Desenvolvimento e Gestão. — Brasília: Presidência da República, 2017.
Como principal mecanismo institucional para a implementação da Agenda 2030, o Brasil criou a Comissão Nacional para os Objetivos do Desenvolvimento Sustentável, por meio do Decreto n. 8.892, de 27.10.2016. Com a finalidade de internalizar, difundir e dar transparência à implementação da Agenda 2030, a Comissão Nacional — composta por 16 membros representantes dos Governos Federal, Estaduais, Distrital e Municipais e da sociedade civil — é uma instância colegiada paritária, de natureza consultiva, responsável por conduzir o processo de articulação, mobilização e diálogo com os entes federativos e a coletividade.

(60) Art. 9º, III, da Lei n. 6.938/81.

3.2.1 *Processo coletivo e sustentabilidade*

O primeiro marco indutor da sustentabilidade em nosso País pode, sem medo de errar, ser encontrado no minissistema brasileiro de processos coletivos, formado pela Lei n. 7.347/1985 — a denominada Lei da Ação Civil Pública — e pela Lei n. 8.078/1990 — conhecida como Código de Defesa do Consumidor —, que colocou o Brasil numa posição de vanguarda na tutela dos chamados direitos ou interesses transindividuais, dentre os quais o meio ambiente desponta com singular importância.

Essas inovações legislativas encontram sua explicação causal em fatores peculiares à realidade social brasileira, e trouxeram, com sua implementação, mudanças concretas bastante significativas no jogo de forças dos conflitos vinculados à gestão do meio ambiente.

Deveras, a existência secular, no direito pátrio, de normas de proteção ao ambiente não se constituiu historicamente em óbice à escalada de degradação do nosso patrimônio ambiental. O desrespeito a essa legislação era compreensível em razão de dois fatores básicos: a ausência de uma consciência social quanto aos problemas ecológicos e a falta de imperatividade do comando legal, decorrente sobretudo da conhecida ineficácia dos aparelhos de fiscalização do Estado.

A partir da mobilização social a que se assistiu no Brasil na década de 1980, principalmente com o surgimento do movimento ambientalista, criou-se um clima favorável à transposição daquela realidade. A incapacidade do Estado, em face dessa mudança, de responder com uma mobilização de recursos humanos e materiais para melhor estruturação dos órgãos de controle e gestão, e as mencionadas inovações legislativas transferiram para a esfera judicial a parte mais relevante da tarefa de firmar na consciência da sociedade o poder coercitivo das normas ambientais para o fortalecimento da governança em prol da sustentabilidade.

Um novo horizonte começou então a se descortinar na luta contra a danosidade ambiental, fruto da força irradiada de um instrumento processual inovador — a ação civil pública —, que passou a dar as bases para um trabalho capaz de sacudir velhas estruturas judiciais e retirar o arcabouço normativo ambiental do limbo da teoria para a vida real.

Com efeito, por intermédio da ação civil pública, questões do maior interesse social, antes relegadas, passaram a ser levadas à apreciação do Poder Judiciário, superando-se, ao menos em parte, o tormentoso problema do acesso à justiça. Sim, porque, por meio dela, em casos de danos coletivos, a atomização de ações, própria do processo tradicional, de partes individuais, cedeu lugar à molecularização de ações, de partes coletivas ou ideais, característica do novo processo.

Dois casos da época podem ilustrar e tornar o assunto mais claro:

(i) Em 1984, um ano *antes da lei*, segundo relato de Walter Ceneviva[61], foi detectado que a safra gaúcha de morangos estava contaminada com produtos cancerígenos. Ciente do fato, declarou o Governador do Estado que nada poderia fazer para impedir o consumo do produto, atribuindo-o à cautela dos consumidores. Ocorre que o dano causado a cada indivíduo era tão fragmentado e normalmente tão pequeno que dificilmente seria apreciado ou determinado isoladamente. Demais, não havia instrumento processual adequado à composição do possível dano coletivo, obrigando a que cada prejudicado, se quisesse, procurasse seu direito pela parcela do dano global (difuso) que sofreu. Verdadeira quimera, capaz de gerar aquilo que Kazuo Watanabe chamou de *litigiosidade contida*, fenômeno extremamente perigoso para a paz, pois é um ingrediente a mais na "panela de pressão" social, uma vez que, impotentes para reverter tal quadro, as pessoas guardam dentro de si todos esses anseios, angústias e insatisfações[62].

(ii) Em 1986, um ano *depois da lei*, nova e terrível ocorrência: em face da carência de leite para consumo da população do País, grande quantidade desse produto foi importada do continente europeu, onde, a 26 de abril, havia se dado o acidente nuclear na usina termonuclear de Tchernobyl, da antiga URSS — União das Repúblicas Socialistas Soviéticas. Milhares, centenas de milhares e mesmo milhões de pessoas estavam sujeitas a ser atingidas pela utilização do produto, que trazia em si uma elevada dose de perigo à saúde. Aqui o fato encontrou as portas do Judiciário já entreabertas ao clamor da comunidade, certo que no ano anterior havia sido editada a Lei n. 7.347/1985, que, disciplinando a ação civil pública, possibilitou, mediante uma única medida judicial, a suspensão da comercialização do produto condenado[63].

---

(61) Sociedade desprotegida. *Folha de S. Paulo*, 02.09.1984. p. 11.
(62) *Juizado Especial de Pequenas Causas*. São Paulo: RT, 1985. p. 2.
(63) Trata-se da ação civil pública proposta, em 18.11.1986, pelo Ministério Público do Estado de São Paulo e pelo Ministério Público Federal, perante a 4ª Vara da Justiça Federal em São Paulo, em face de SEAP- Secretaria Especial de Abastecimento e Preços; INTERBRÁS- Comércio Internacional S.A.; e COBAL- Companhia

A seguir, com a propositura de milhares de ações, quase todas por iniciativa do Ministério Público[64], pode-se verificar que a tutela jurisdicional do meio ambiente deixou de ser questão meramente acadêmica para converter-se em realidade de inegável alcance social.

O incremento numérico de casos foi acompanhado de uma diversificação qualitativa. As ações dessa nova fase passaram a se preocupar não apenas com a proteção de uma única árvore, mas também com a salvação de todo um bioma ameaçado[65]; com a proteção tanto de um único animal quanto com a de milhares de indivíduos da avifauna[66]; desde a circunscrita poluição gerada por uma pequena indústria até a que afeta uma cidade inteira, uma região ou o próprio País[67]; não só a contaminação de um pequeno curso de água por esgotos, como igualmente a reparação dos danos causados por gigantescos derrames de petróleo no mar[68].

Daí o novo olhar sobre este notável instrumento processual, hoje não mais visto com finalidades meramente reparatórias, mas, também, com uma abordagem pedagógica e orientadora de comportamentos voltados à busca da sustentabilidade no território pátrio.

3.2.2 A Agenda 21 brasileira

Esse valioso documento trilhou caminhos árduos e longos, até ser promulgado e entregue à Nação em 2002. Seu texto final resultou de ampla consulta nacional e passou pelo crivo de inúmeras discussões, nas quais se envolveram os mais diversos segmentos da sociedade[69].

Na apresentação das Ações Prioritárias, averbou o então Presidente Fernando Henrique Cardoso: "O maior desafio da Agenda 21 brasileira é internalizar nas políticas públicas do País os valores e princípios do desenvolvimento sustentável. Esta é uma meta a ser atingida no mais breve prazo possível. A chave do sucesso da Agenda 21 brasileira reside na corresponsabilidade, solidariedade e integração desenvolvidas por toda a sociedade ao longo de sua construção. O próximo desafio é implementá-la, para que o Brasil alcance novo padrão civilizatório em um contexto mundial de profundas transformações".[70]

A seu turno, o especialista em comunicação social e em sustentabilidade André Trigueiro assim se expressou: "O atual Governo (2005) não precisa encomendar estudos ou designar comissões para verificar os caminhos da sustentabilidade na agenda do desenvolvimento. Um amplo diagnóstico, sem precedentes na história do País, mobilizou 40 mil pessoas em todos os Estados, representando diversos setores da sociedade civil. Depois de três anos de trabalho, esse movimento — o mais amplo processo de participação popular para definir políticas públicas do Brasil — produziu um documento chamado Agenda 21 brasileira, que se divide em seis temas básicos: Agricultura Sustentável; Cidades

---

Brasileira de Alimentos, visando a absterem-se de importar, vender, comercializar, expor à venda ou, de qualquer outra forma, possibilitar o consumo de leite ou qualquer outro produto dele derivado e importado, que contivesse quaisquer indícios de contaminação radioativa, exceto os naturais (Cf. MILARÉ, Édis. *A ação civil pública na nova ordem constitucional*. São Paulo: Saraiva, 1990. p. 134-143).

(64) Só no Estado de São Paulo, segundo dados da Corregedoria Geral do Ministério Público, encontravam-se em andamento, até março de 2010, 13.456 inquéritos civis e 5.641 ações civis públicas envolvendo, exclusivamente, matéria ambiental.

(65) Como, por exemplo, as 21 demandas ajuizadas pelo Ministério Público Federal do estado do Pará, em coautoria com o IBAMA, questionando a forma pela qual a atividade pecuária vem sendo conduzida naquele Estado, com base num modelo, no seu entender, responsável por 80% das florestas desmatadas da Amazônia Legal. Além desse questionamento, os autores também chamaram à responsabilidade os frigoríficos, redes de supermercados e demais empresas adquirentes de gado criado nas fazendas desmatadas, visando, com isso, a implementar um controle rígido sobre a cadeia produtiva, em evidente atendimento aos ditames da responsabilidade socioambiental. Neste sentido, foram colocados no polo passivo das ações proprietários e arrendatários de 21 fazendas e de 13 frigoríficos e curtumes da região, deles se pleiteando indenizações que totalizam 2,10 bilhões de reais pelos danos causados pela devastação de quase 160 mil hectares de florestas (dados extraídos em 06.05.2010 do *site* da Procuradoria da República do estado do Pará <www.prpa.mpf.gov.br/noticias>).

(66) Como, por exemplo, no conhecido caso da "passarinhada do Embu", ação civil pública por nós ajuizada contra um prefeito paulista que deu a seus correligionários um churrasco de passarinhos, no qual foram consumidos mais de 5.000 aves da fauna silvestre, entre rolinhas, tico-ticos e sabiás (Cf. MILARÉ, Édis. *Curadoria do meio ambiente*. São Paulo: APMP, 1988. p. 106-126).

(67) Exemplos: *(i)* a ação proposta, nos idos de 1986, em Cubatão/SP, visando à reparação dos danos causados à Serra do Mar, à Mata Atlântica e à saúde dos habitantes da região pelas 24 empresas do polo químico-siderúrgico instaladas no Vale do Rio Mogi, julgada inteiramente procedente em 2018 (Cf. MILARÉ, Édis. *Curadoria do meio ambiente*, cit.. p. 162-166); *(ii)* Ações visando a composição de danos por conta do rompimento, no dia 05.11.2015, da Barragem de Fundão, em Mariana/MG, que deixou 19 mortos e um rastro de destruição na bacia do Rio Doce; *(iii)* Ações reparatórias de danos provocados pelo rompimento da Barragem I da Mina Córrego do Feijão, em Brumadinho/MG, no dia 25.01.2019, que deixou mais de 300 mortos. Cerca 12,7 milhões de m³ de rejeitos tóxicos de minério atingiram a bacia hidrográfica do Rio Paraopeba e região, com efeitos intensos na biodiversidade.

(68) Como, por exemplo, no desastre ecológico verificado na madrugada de 18.01.2000, quando aproximadamente 1.300.000 litros de óleo cru provenientes da Refinaria Duque de Caxias, da Petrobras, foram lançados nas águas da Baía de Guanabara, Rio de Janeiro/RJ, causando contaminação da água, com prejuízos à fauna e flora marinhas, e afetando também a pesca e o turismo, em detrimento de pessoas que viviam dessas atividades (TJRJ, AC 2002.001.15693, 12ª Câm. Cív., Rel. Des. Francisco de Assis Pessanha, j. 10.12.2002).

(69) *A Agenda 21 brasileira* compreende dois volumes: *1. Agenda 21 brasileira — Resultado da Consulta Nacional; 2. Agenda 21 brasileira — Ações Prioritárias.* Brasília, DF: MMA/PNUD, 2002.

(70) *Em Agenda 21 brasileira — Ações Prioritárias*, cit., abertura.

Sustentáveis; Infraestrutura e Integração Regional; Gestão e Recursos Naturais; Redução das Desigualdades Sociais; e Ciência e Tecnologia para o Desenvolvimento. Esse imenso estoque de informações (os documentos podem ser acessados no site do Ministério do Meio Ambiente: www.mma.gov.br) deveria inspirar as discussões do Plano Plurianual, os programas de desenvolvimento do BNDES, os critérios para a liberação de crédito para indústria, agricultura e construção civil, as compras governamentais e, principalmente, os esforços no sentido de emprestar a essas ações um caráter interministerial, ou transversal, como prefere chamar a ministra do Meio Ambiente, Marina Silva."[71]

Por sua vez, a Comissão de Políticas de Desenvolvimento Sustentável e da Agenda 21 Nacional — CPDS, antevendo naturais dificuldades na implementação da proposta e das Ações Prioritárias, antecipou-se às objeções prováveis a respeito da objetividade do documento, assinalando:

"A Agenda 21 Brasileira é uma proposta realista e exequível de desenvolvimento sustentável, desde que se levem em consideração as restrições econômicas, político-institucionais e culturais que limitam sua implementação. Para que essas propostas estratégicas possam ser executadas com maior eficácia e velocidade será indispensável que:

— o nível de consciência ambiental e de educação para a sustentabilidade avance;

— o conjunto do empresariado se posicione de forma proativa quanto às suas responsabilidades sociais e ambientais;

— a sociedade seja mais participativa e que tome maior número de iniciativas próprias em favor da sustentabilidade;

— a estrutura do sistema político nacional apresente maior grau de abertura para as políticas de redução das desigualdades e de eliminação da pobreza absoluta;

— o sistema de planejamento governamental disponha de recursos humanos qualificados, com capacidade gerencial, distribuídos de modo adequado nas diversas instituições públicas responsáveis;

— as fontes possíveis de recursos financeiros sejam identificadas em favor de programas inovadores estruturantes e de alta visibilidade.

As ações prioritárias da Agenda 21 brasileira ressaltam o seu caráter afirmativo, condizente com a legitimidade que adquiriu em virtude de ampla consulta e participação nacional. Esse compromisso político com os conceitos e as estratégias propostas poderá contribuir, de forma significativa, para que sejam mais facilmente superadas as restrições à sua implantação".[72]

Num momento da vida nacional, caracterizado pela premência de se buscar um novo pacto social, buscou-se, também, um instrumento adequado para alcançar o objetivo maior, aliás preconizado pela nossa Carta Magna em seus Princípios Fundamentais[73]. É o que se pode conferir na advertência da CPDS, que coroa a Introdução: "Por fim, é preciso ressaltar, uma vez mais, que a Agenda 21 brasileira não é um plano de Governo, mas um compromisso da sociedade em termos de escolha de cenários futuros. Praticar a Agenda 21 pressupõe a tomada de consciência individual dos cidadãos sobre o papel ambiental, econômico, social e político que desempenham em sua comunidade. Exige, portanto, a integração de toda a sociedade na construção desse futuro que desejamos ver realizado. Uma nova parceria, que induz a sociedade a compartilhar responsabilidades e decisões junto com os governos, permite maior sinergia em torno de um projeto nacional de desenvolvimento sustentável".[74]

A Agenda 21 brasileira foi precedida de muitas outras tentativas e experiências, seja no âmbito de alguns Estados, seja em escalas locais dos Municípios. Não tem sido possível aferir se essas Agendas lograram resultados práticos e efetivos ou se, lamentavelmente, ficaram reduzidas a papéis sem maior significação e sem alma.

---

(71) Ob. cit., p. 81 e 82.

(72) *Idem.* p. 4.

(73) "Art. 3º. Constituem objetivos fundamentais da República Federativa do Brasil: I — construir uma sociedade livre, justa e solidária; II — garantir o desenvolvimento nacional; III — erradicar a pobreza e a marginalização e reduzir as desigualdades sociais e regionais; IV — promover o bem de todos, sem preconceitos de origem, raça, sexo, cor, idade e quaisquer outras formas de discriminação".

(74) *Agenda 21 brasileira — Ações Prioritárias*, cit., p. 5.

Alguns requisitos são essenciais para o seu êxito: adequação às respectivas realidades, objetividade das propostas, disponibilidade de recursos, participação da sociedade mediante seus segmentos representativos e, sem sombra de dúvida, vontade política.

Muito acertadamente, avisa a Comissão de Políticas de Desenvolvimento Sustentável:

"A Agenda 21 brasileira sugere que, para tornar realidade tantos e diversos objetivos, sejam ampliados os instrumentos de intervenção, por meio de negociação entre as instituições públicas e privadas, ou de mecanismos efetivos de mercado, ou ainda com as conhecidas estruturas regulatórias de comando e controle. Entretanto, é preciso entender que esta Agenda não se resume a um conjunto de políticas imediatas, de curto prazo. Ela deve introduzir, em relação às questões mais delicadas, compromissos graduais de médio ou de longo prazos, com tempo e condições para que as empresas e os agentes sociais se adaptem à nova realidade e sejam capazes de superar, paulatinamente, os obstáculos à sua execução".[75]

Em termos de rigor metodológico, as Agendas 21 estaduais e locais deveriam partir da Agenda Nacional, ou em sua elaboração ou em sua revisão. Isso garantiria maior sintonia e coesão às ações propostas pelos entes federativos e facilitaria seu acompanhamento e avaliação. No entanto, os acontecimentos atropelam métodos e prazos; assim, a Agenda 21 brasileira chegou com lamentável atraso, dez anos depois da Agenda 21 Global de 1992.

Nesse passo, importa elencar as Ações Prioritárias da Agenda 21 brasileira, em número de 21, distribuídas em cinco blocos, tal como apresentadas no texto oficial[76]:

(I) A economia da poupança na sociedade do conhecimento

Objetivo 1: Produção e consumo sustentáveis contra a cultura do desperdício;

Objetivo 2: Ecoeficiência e responsabilidade social das empresas;

Objetivo 3: Retomada do planejamento estratégico, infraestrutura e integração regional;

Objetivo 4: Energia renovável e a biomassa;

Objetivo 5: Informação e conhecimento para o desenvolvimento sustentável;

(II) Inclusão social para uma sociedade solidária

Objetivo 6: Educação permanente para o trabalho e a vida;

Objetivo 7: Promover a saúde e evitar a doença, democratizando o SUS;

Objetivo 8: Inclusão social e distribuição de renda;

Objetivo 9: Universalizar o saneamento ambiental, protegendo o ambiente e a saúde;

(III) Estratégia para a sustentabilidade urbana e rural

Objetivo 10: Gestão do espaço urbano e a autoridade metropolitana;

Objetivo 11: Desenvolvimento sustentável do Brasil rural;

Objetivo 12: Promoção da agricultura sustentável;

Objetivo 13: Promover a Agenda 21 Local e o desenvolvimento integrado e sustentável;

Objetivo 14: Implantar o transporte de massa e a mobilidade sustentável;

(IV) Recursos naturais estratégicos: água, biodiversidade e florestas

Objetivo 15: Preservar a quantidade e melhorar a qualidade da água nas bacias hidrográficas;

Objetivo 16: Política florestal, controle do desmatamento e corredores de biodiversidade;

---

(75) *Idem, ibidem.*
(76) *Idem*, sumário.

(V) Governança e ética para a promoção da sustentabilidade

Objetivo 17: Descentralização e o pacto federativo: parcerias, consórcios e o poder local;

Objetivo 18: Modernização do Estado: gestão ambiental e instrumentos econômicos;

Objetivo 19: Relações internacionais e governança global para o desenvolvimento sustentável;

Objetivo 20: Cultura cívica e novas identidades na sociedade da comunicação;

Objetivo 21: Pedagogia da sustentabilidade: ética e solidariedade.

Duas observações finais se impõem:

(i) A simples existência de uma Agenda 21 não assegura a sua efetividade e eficácia. O que importa são as ações concretas. Por isso, podemos inferir que há documentos estéreis, por uma parte, ao passo que há muitas realizações efetivas, por outra parte, ações estas que vêm sendo realizadas no espírito da Agenda 21, mesmo que seus agentes não tenham tido notícia prévia dos respectivos documentos. Este é um dado importante a considerar quando cidadãos, ambientalistas e gestores do meio ambiente e da coisa pública se interrogam sobre o destino da Agenda 21. Seria pessimismo injustificável pensar que tudo caiu no vazio ou no torvelinho das palavras.

A nossa Agenda 21 não teve a acolhida e a repercussão que lhes eram devidas. Talvez, porque no tempo se distanciou muito da Agenda 21 Global. Pode parecer um papel morto, porém não é verdade. Os que acompanham a política ambiental brasileira sabem que houve empenho em sua conscientização. O festejado movimento da Agenda ficou muito para trás e seu espírito impregnou muitas áreas e autores da gestão ambiental.

Essa Agenda Nacional partiu da Agenda Global e as realizações acumuladas desde os tempos do ecodesenvolvimento incorporou programas, projetos e ações que foram postos em prática por gestores ambientais e militantes ambientalistas, no decorrer das últimas décadas. Em verdade, o seu espírito continua vivo;

(ii) O texto da Agenda 21 brasileira que, na antevisão do terceiro milênio e do nascimento do novo século, sintetizou as aspirações nacionais em 21 objetivos, quis dar uma estrutura pedagógica e uma fisionomia própria ao que poderíamos chamar de "Carta Magna do Desenvolvimento Nacional", assim como a Agenda 21 global pode ser considerada como a "Cartilha do Desenvolvimento Sustentável". Cabe aos cidadãos conscientes, à militância ambientalista esclarecida, aos gestores ambientais ativos e, por fim, ao Poder Público responsável nela e por ela conduzirem as suas ações.

Mesmo que o Poder Público tenha se omitido ou venha a se omitir, forças vivas da sociedade mantêm aceso o ideal e impulsionam para frente essa mesma sociedade. Em última análise, é isso o que conta.

4   RUMO À ECONOMIA VERDE

A década de 1960, época em que começaram a desfazer-se os impérios coloniais da África e da Ásia, representou o despertar, ainda que tímido, da consciência do limite dos recursos do planeta Terra, inclusive no âmbito da Organização das Nações Unidas — ONU. A emancipação das colônias levou as potências ocidentais a reverem suas economias e a investigar alternativas para a ordem geoeconômica, complicada pelas novas relações econômicas e pelo surpreendente acréscimo de população, particularmente no então chamado "Terceiro Mundo", a saber: as jovens nações africanas somadas aos países do Norte da África, a grande maioria dos países asiáticos e a América Latina. O "Primeiro Mundo" era constituído pelos Estados Unidos, a Europa Ocidental e o Japão, ao passo que o "Segundo Mundo" compreendia a União Soviética — URSS e os seus satélites europeus.

Naquelas décadas a polarização se dava entre Leste e Oeste, ou seja, no âmbito dos Mundos Primeiro e Segundo, enquanto o Terceiro Mundo tinha um movimento pendular, ora para um lado (EUA), ora para outro (URSS). O fenômeno geopolítico mais notório foi a "Guerra Fria", que perdurou até a queda do Muro de Berlim (1989). Já nos anos de 1960, a consciência da enorme desigualdade socioeconômica entre desenvolvidos e subdesenvolvidos se avolumou, dando ensejo a muitas guerras e agitações políticas e sociais que deixaram espaço para infindáveis contendas entre nações.

À parte os aspectos geopolíticos, foram muitos os aspectos geoeconômicos e geossociais envolvidos, como a "sociedade da abundância" e extensas regiões da fome. As políticas de desenvolvimento fixaram-se na produção de bens de consumo e na elevação do nível de vida, escancarando as portas para o consumismo, estando aí compreendidas muitas indústrias, inclusive a indústria automobilística. O incentivo ao consumo não levou em devida conta os aspectos culturais, éticos e políticos. Quanto à economia, foi possível descobrir que os recursos naturais necessários para atender a tantas demandas crescentes não podiam preencher os muitos apetites de consumo. E algo bem pior: o impressionante aumento do consumo não eliminou nem a fome nem a pobreza — ao contrário, acentuou-as, agravando as diferenças abissais entre ricos e pobres.

Vozes houve, esclarecidas e oportunas, que levantaram a questão, como o notável Secretário-Geral da ONU Dag Hammarskjöld[77], que já preconizava "um novo tipo de civilização". Formou-se, em torno da ONU, um grupo de consultores que, desde aqueles anos, se debruçaram incansavelmente sobre uma proposta de desenvolvimento e civilização. Um desses arautos, bem conhecido no Brasil, é Iganacy Sachs, criador de escola e mentor de muitas cabeças, desde a sua proposta do "Ecodesenvolvimento" até nossos dias[78].

Em outra esfera, a da ciência e da cultura, deve ser lembrada a bióloga, zoóloga e escritora norte-americana Rachel Carson (1907-1963) que, com seu livro "Silent Spring", emocionou milhões de pessoas, inclusive o que chamaríamos hoje de "líderes ambientalistas".[79]

Foi, precisamente, todo esse movimento desencadeado que culminou na Conferência das Nações Unidas sobre o Desenvolvimento Humano, reunida em Estocolmo (Suécia), em junho de 1972. De lá para cá, tem sido fácil acompanhar os vários processos de ação política, econômica, social e cultural, sem esquecer os grandes avanços nas áreas científicas. A Conferência das Nações Unidas sobre Desenvolvimento e Meio Ambiente, reunida no Rio de Janeiro, em junho de 1992 (Rio 92), as muitas outras que se seguiram até a Rio + 20, assim como a infinidade de reuniões ambientais que se celebram em todos os continentes, atestam a permanente busca de soluções para o conflituoso desenvolvimento dos mais frágeis, que constitui o sonho, uma espécie de Eldorado, que se procura em toda parte.

É importante observar que a tônica da finitude dos recursos do ecossistema terrestre, da necessidade de eliminar a pobreza e a fome, de não se esgotar os recursos naturais, de se preservar a biodiversidade, de se pensar em riscos globais (por exemplo, o crescimento acelerado da população do mundo; as mudanças climáticas) é sempre crescente, dando origem a várias propostas. Essas propostas se sucedem e se complementam, são etapas experimentais sempre renovadas, à busca de uma síntese de política e de ação. Não podemos estar seguros de que essa almejada síntese possa ser alcançada em curto prazo.

Não há dúvida de que o fator sustentabilidade é o alvo último do equilíbrio e eixo da questão ambiental. Talvez tenhamos chegado ao núcleo das preocupações, ao *leitmotiv* de todas as buscas. Resta-nos, agora, saber como lidar com ele, como eliminar os fatores adversos, como torná-lo efetivo e, assim, redirecionar a evolução da sociedade em um mundo pós-moderno — o nosso mundo que vai assegurar a sobrevivência da Terra, nossa casa comum.

É nesse contexto, e em decorrência dele, que, no presente, nos deparamos com a proposta de se transitar urgentemente para uma sociedade neutra em carbono, sob os auspícios do que se convencionou chamar de *Economia Verde*[80], capaz de induzir a sustentabilidade do planeta e da família humana. Tem por foco, a bem ver, o crescimento inclusivo, a utilização racional dos recursos naturais renováveis, a valorização da biodiversidade e dos serviços ecossistêmicos, a redução das emissões de poluentes controlados e a ampliação da eficiência energética.

Um "reverdecimento" do meio empresarial ajudará, por certo, a transformar os processos de produção e moldará o perfil dos líderes empresariais que conduzem a economia do século XXI.

Com efeito, o mundo está mudando dramaticamente e, nesse novo contexto, segundo o abalizado entendimento de Robert Costanza[81] e Joshua Farley[82], "somos obrigados a repensar o conceito do que é a economia e qual a sua

---

(77) Dag Hammarskjöld (1905-1961), sueco, foi secretário-geral da ONU de 1953 a 1961, quando morreu em acidente aéreo na África, em cumprimento da sua missão. O Presidente Kennedy o considerou o maior estadista do século. Foi contemplado, após sua morte, com o Prêmio Nobel da Paz.

(78) *A terceira margem:* em busca do ecodesenvolvimento. São Paulo: Companhia das Letras, 2009.

(79) Existe a tradução brasileira: *Primavera silenciosa*. São Paulo: Gaia, 2010.

(80) A economia verde é definida pelo PNUMA como "uma economia que resulta em melhoria do bem-estar da humanidade e igualdade social, ao mesmo tempo que reduz os riscos ambientais e a escassez ecológica" (*Towards a Green Economy: Pathways to Sustainable Development and Poverty Eradication — UNEP*, 2011).

(81) Primeiro economista a atribuir um valor monetário a toda a biodiversidade da Terra, é diretor do Instituto de Soluções Sustentáveis- ISS, da Universidade *Portland State*.

(82) É professor do Instituto *Gund* para a Economia Ecológica, da Universidade de Vermont/USA.

utilidade. O objetivo da economia deve ser melhorar o bem-estar humano e a qualidade de vida. Nesse sentido, o consumo material e o PIB são apenas meios, e não fins em si. Como já alertavam os antigos, o consumo material além das necessidades reais pode diminuir o nosso bem-estar. Temos de reconhecer as contribuições dos capitais natural e social, hoje fatores restritivos ao bem-estar humano em muitos países. Por isso, torna-se imperativo distinguir entre riqueza real e renda monetária (...). Um modelo de desenvolvimento consistente com esse novo mundo deveria se basear na meta de bem-estar humano e reconhecer a importância da sustentabilidade ecológica, da justiça social e da eficiência econômica real. A sustentabilidade ecológica implica o reconhecimento de que o capital humano e o capital construído não substituem indefinidamente o capital natural. Há um limite biofísico real para a expansão da economia de mercado, sendo as alterações climáticas o exemplo mais dramático disso".[83]

Deveras, ainda que prescindindo de qualquer juízo de valor, ninguém desconhece que, no mundo contemporâneo, a economia é o motor das nações. Basta ver as sucessivas crises econômicas e financeiras, o monopólio na exploração de determinados recursos naturais refratário a qualquer acordo, as pelejas no âmbito da Organização Mundial do Comércio. O quadro é extenso e patente. A causa mais profunda é a escassez crescente de recursos que são finitos para atender à progressiva demanda, que é infinita.

Para essa abordagem, valemo-nos de instigante estudo da lavra de Ricardo Abramovay, professor da Universidade de São Paulo e na Universidade de Paris, que, de forma didática, mostra que os mercados são estruturas sociais que podem e precisam incorporar no seu cotidiano também os valores ambientais e éticos.

Em sua explanação, o Autor apresenta quatro focos a partir do seu observatório: *o primeiro* procura mostrar que a abundância material das sociedades contemporâneas nem de longe produz o bem-estar que dela se poderia esperar, discutindo o que são as necessidades básicas dos seres humanos e a distância entre o funcionamento da vida econômica e seu preenchimento; *o segundo* mostra que, apesar dos ganhos ligados à ampliação da ecoeficiência nos processos produtivos, as pressões que ameaçam a preservação dos serviços ecossistêmicos dos quais dependem as sociedades humanas continuam se ampliando. Além de limitado na produção de bem-estar, o sistema econômico mundial apoia-se em modos de uso e, sobretudo, de distribuição social dos recursos, incompatíveis com o combate à pobreza e a satisfação das necessidades básicas; *o terceiro* explora aquilo que muitos não hesitam em caracterizar como quadratura do círculo, ou seja, a possibilidade de que, no âmbito de uma economia descentralizada e no qual os mercados desempenham papel decisivo, as empresas privadas respondam a objetivos socioambientais pautados não de forma difusa pelo sistema de preços, e sim por pressões e participações sociais diretas; *o quarto* expõe um dos mais importantes fatores de esperança no processo de transição em direção a uma nova economia: o avanço impressionante da cooperação, marca decisiva da sociedade da informação em rede[84].

Nesse cenário, importa trazer à lume uma nova revolução verde que se levanta na agricultura, radicada em uma economia fundada na inovação de produtos e processos baseados nas ciências biológicas — a *bioeconomia*, orientada, à sua vez, pelos princípios da sustentabilidade ecológica, envolvendo três elementos centrais: (i) o conhecimento biotecnológico, (ii) a biomassa renovável e (iii) a integração entre as cadeias produtivas. É conceituada, na Comissão Europeia, como "a produção de recursos biológicos renováveis e a conversão de tais recursos e seus respectivos resíduos, em produtos com valor agregado".[85] Por ser uma alternativa ao processo *"take, make and dispose"*, pode ser o caminho real para a economia circular e a escassez de recursos.

Este é, portanto, o momento propício para procurarmos, à exaustão, os rumos de uma *Economia Verde*[86]. Oxalá essa onda sirva como alerta às lideranças do setor, e aos governos, que atropelar o meio ambiente é estultícia desmedida.

5   À GUISA DE CONCLUSÃO

Grande parte da problemática global do Meio Ambiente — senão toda ela — gira em torno da sustentabilidade.

Nas palavras da Agenda 2030, "Encontramo-nos num momento de enormes desafios para o desenvolvimento sustentável. Bilhões de cidadãos continuam a viver na pobreza e a eles é negada uma vida digna. Há crescentes desi-

---

(83) Sustentabilidade ou colapso. Em *Revista Veja*. Ed. especial. Ano 43 (Veja 2.196), dez. 2010. p. 80 e 81.

(84) *Muito além da economia verde*. São Paulo: Abril/Planeta Sustentável, 2012. p. 29.

(85) <http://www.bio-step.eu/background/what-is-bioeconomy>.

(86) Aliás, nada utópico. Nesta hora, muitos estudos e cálculos começam a ser apresentados. O PNUMA, por exemplo, pensa que é necessário US$ 1,3 trilhão anual (cerca de 2% do PIB mundial) para transformar a economia global em uma "economia verde" — com baixos níveis de poluição e perda de recursos naturais; investindo em energias renováveis (US$ 350 bilhões/ano), transporte não poluente, construção sustentável, agricultura não agressora do meio ambiente etc. Não seria tanto, quando se lembra que os subsídios para o petróleo hoje vão a cerca de US$ 600 bilhões anuais (Reinventar o mundo, a tarefa do Rio + 20. Em *O Estado de S. Paulo*, 04.03.2011. p. A2).

gualdades dentro dos e entre os países. Há enormes disparidades de oportunidades, riqueza e poder. A desigualdade de gênero continua a ser um desafio fundamental. O desemprego, particularmente entre os jovens, é uma grande preocupação. Ameaças globais de saúde, desastres naturais mais frequentes e intensos, conflitos em ascensão, o extremismo violento, o terrorismo e as crises humanitárias relacionadas e o deslocamento forçado de pessoas ameaçam reverter grande parte do progresso do desenvolvimento feito nas últimas décadas. O esgotamento dos recursos naturais e os impactos negativos da degradação ambiental, incluindo a desertificação, secas, a degradação dos solos, a escassez de água doce e a perda de biodiversidade acrescentam e exacerbam a lista de desafios que a humanidade enfrenta. A mudança climática é um dos maiores desafios do nosso tempo e seus efeitos negativos minam a capacidade de todos os países de alcançar o desenvolvimento sustentável. Os aumentos na temperatura global, o aumento do nível do mar, a acidificação dos oceanos e outros impactos das mudanças climáticas estão afetando seriamente as zonas costeiras e os países costeiros de baixa altitude, incluindo muitos países menos desenvolvidos e os pequenos Estados insulares em desenvolvimento. A sobrevivência de muitas sociedades, bem como dos sistemas biológicos do planeta, está em risco".[87]

No sobrevoo que encetamos sobre a questão, foi ela analisada em sua trajetória — afetada pela sociedade industrial —, seguida de considerações sobre o delineamento de novas ideias e posturas na sociedade e, principalmente, no meio empresarial, próprias de uma economia sustentável, ou limpa, como queiram. Evidentemente, nos diferentes meios, a sustentabilidade é abordada com o respectivo viés. Dos lares mais modestos, e passando pelos mais diferentes ambientes sociais e de trabalho, e pelos gabinetes onde se tomam decisões acerca do destino das famílias e das cidades, até as complexas decisões concernentes ao destino da "casa comum", a pergunta é a mesma: o desenvolvimento é sustentável? Como será possível sobreviver e sustentar-se? Em que bases e com que meios será possível continuar mantendo-se e, ao mesmo tempo, contribuir para o desenvolvimento da família humana? Haverá recursos e condições para que todos os nossos melhores projetos possam concretizar-se? Foram essas as questões que o trabalho buscou enfrentar, rematando que a frequente insistência em invocar apenas *formalmente* o desenvolvimento sustentável, acrescida da leniência de órgãos ambientais licenciadores e fiscalizadores — que, conscientes ou não, às vezes acabam por ceder a pressões políticas ou econômicas —, compõem um quadro crítico. Nesses casos, *desenvolvimento sustentável* é uma falácia, um engodo ambiental. Todavia, esse contexto extremamente desfavorável em que nos vemos enredados não exime nossa sociedade de envidar o máximo de esforços para alcançar, ao menos, a *sustentabilidade possível*.

Ao lume disso e da complexidade do fenômeno, impõe-se uma verdadeira revolução ética-jurídica-científica-política pela sustentabilidade do planeta Terra — nossa casa comum. Ela não se fará com franco-atiradores. É tarefa ingente da sociedade como um todo, que precisa desenvolver-se harmoniosamente num espaço comum (a biosfera), em que as redes da vida são partilhadas. A manutenção do ambiente saudável é fator integrante do processo de desenvolvimento sustentável. Mas esse processo, que tem na sociedade um grande contingente de atores e de agentes ambientais, depende do dinamismo das próprias comunidades para desencadear-se e prosseguir. Desenvolvimento sustentável e sociedade sustentável fundem-se, na prática cotidiana, como efeito e causa que se entrelaçam: não haverá um desses fatores sem o outro.

Por razões geopolíticas altamente favoráveis, diz Juarez Freitas, "o Brasil tem tudo para se converter numa das grandes lideranças mundiais, no paradigma da sustentabilidade. Para isso, mais do que de reformas cosméticas, carece simultaneamente de *inovação pessoal e institucional*, na abertura de campos promissores para empreendimentos ligados à economia 'verde', sem o engano de supor que o desenvolvimento sustentável precise gerar inevitavelmente decréscimo recessivo[88]. Bem ao contrário. Oportunidades brilhantes estão à frente".[89]

Este é o sentido maior da formação de cabeças pensantes. A obra coletiva para a qual se destina este texto é, sem dúvida, estímulo à elaboração de uma doutrina sólida e cientificamente embasada, apta a frutificar num ordenamento jurídico, social, econômico e de mobilização (de pessoas e instituições) em função da sobrevivência comum. Não poderá haver qualquer outro tipo de sustentabilidade se a Terra mesma for insustentável.

Com erros e acertos a humanidade chegou até aqui, e nós, como parte dela, chegamos a um ponto de não-retorno. É forçoso seguir adiante na busca de soluções para a insaciabilidade patológica de nossa sociedade. Muitos focos luminosos se formam e se ajuntam ao longo da estrada: por sorte, não caminharemos mais às cegas.

---

(87) Disponível em: <https://nacoesunidas.org/wp-content/uploads/2015/10/agenda2030-pt-br.pdf>. Acesso em: 20 maio 2019.

(88) O autor chama a atenção para o pacto ecológico de Edgar Morin — considerado um dos principais pensadores e teóricos contemporâneos do campo de estudos da complexidade —, rejeitando o preconceito de que o desenvolvimento sustentável possa ser sinônimo de recessão (MORIN, Edgar; HULOT, Nicolas. *El año I de la era ecológica*. Barcelona: Paidós, 2008. p. 135).

(89) *Sustentabilidade...*cit.. p. 29.

6 REFERÊNCIAS

ABRAMOVAY, Ricardo. *Muito além da economia verde.* São Paulo: Abril/Planeta Sustentável, 2012.

ARTIGAS, Priscila Santos. *Medidas compensatórias no direito ambiental:* uma análise a partir da compensação ambiental da Lei do SNUC. Rio de Janeiro: Lumen Juris, 2017.

BALERA, Wagner. *Desenvolvimento sustentável:* o novo nome da paz. Disponível em: <https://editorialjurua.com/revistaconsinter/es/revistas/ano-ii-volume-iii/parte-direito-e-sustentabilidade/desenvolvimento-sustentavel-o-novo-nome-da-paz/>.

BARBIERI, José Carlos. *Desenvolvimento e meio ambiente:* as estratégias de mudanças da Agenda 21. 3. ed. Petrópolis: Vozes, 2000.

BOFF, Leonardo. *Ecologia:* grito da Terra, grito dos pobres. São Paulo: Ática, 1995.

CAMPOS, Roberto. Viajantes na nave planetária. *O Estado de S. Paulo,* 12.01.1992.

CAPRA, Fritjof; MATTEI, Ugo. *A revolução ecojurídica:* o direito sistêmico em sintonia com a natureza e a comunidade; trad. Jeferson Luiz Camargo. São Paulo: Cultrix, 2018.

CARDOSO, Fernando Henrique; MBEKI, Thabo; PERSSON; Goran. Podemos trabalhar juntos. *Folha de S. Paulo,* 01.09.2002.

CARSON, Rachel. *Primavera silenciosa.* São Paulo: Ed. Gaia, 2010.

CARVALHO, Ricardo Cintra Torres de. O desenvolvimento é sustentável? Disponível em: <https://www.conjur.com.br/2019-abr-13/desenvolvimento-sustentavel>.

CENEVIVA, Walter. Sociedade desprotegida. *Folha de S. Paulo,* 02.09.1984.

COSTANZA, Robert; FARLEY, Joshua. Sustentabilidade ou colapso. Em Revista *Veja.* Ed. especial. Ano 43 (Veja 2.196), dez. 2010.

FREITAS, Juarez. *Sustentabilidade:* direito ao futuro. Belo Horizonte: Fórum, 2011.

GORE, Al. *A Terra em balanço:* ecologia e o espírito humano. 2. ed. São Paulo: Gaia, 2008.

LAMY, Michel. *As camadas ecológicas do homem.* Lisboa: Instituto Piaget, 1996.

LEFF, Enrique. *Saber ambiental:* sustentabilidade, racionalidade, complexidade, poder. Trad. Lúcia Mathilde Endlich Orth. 8. ed. Petrópolis: Vozes, 2011.

LIPOVETSKY, Gilles. O crepúsculo do dever: a ética indolor dos novos tempos democráticos. Trad. Fátima Gaspar e Carlos Gaspar. Lisboa: Publicações Dom Quixote, 1994.

MATIAS, Eduardo Felipe P. *A humanidade contra as cordas:* a luta da sociedade global pela sustentabilidade. Rio de Janeiro/São Paulo: Paz e Terra; Planeta, 2014.

MAWHINNEY, Mark. *Desenvolvimento sustentável:* uma introdução ao debate ecológico. São Paulo: Edições Loyola, 2005.

MELO NETO, Francisco P. de; FROES, César. *Empreendedorismo social:* a transição para a sociedade sustentável. Rio de Janeiro: Qualitymark, 2002.

MILARÉ, Édis. *Direito do ambiente.* 11. ed. São Paulo: Thomson Reuters Brasil, 2018.

_____ . *A ação civil pública na nova ordem constitucional.* São Paulo: Saraiva, 1990.

_____ . *Curadoria do meio ambiente.* São Paulo: APMP, 1988.

MORIN, Edgar; HULOT, Nicolas. *El año I de la era ecológica.* Barcelona: Paidós, 2008.

NOVAES, Washington. A pegada humana e os riscos para a Terra. Em *O Estado de S. Paulo,* Espaço aberto, 14.04.2017.

_____ . Estratégia para tempos novos. *O Estado de S. Paulo,* 02.02.2001.

_____ . A nova diáspora da Terra. *O Estado de S. Paulo,* 02.01.1998.

PENNA, Carlos Gabaglia. *O estado do planeta:* sociedade de consumo e degradação ambiental. Rio de Janeiro: Record, 1999.

SACHS, Ignacy. *A terceira margem:* em busca do ecodesenvolvimento. São Paulo: Companhia das Letras, 2009.

SAYEG, Ricardo Hasson. Objetivo de Desenvolvimento Sustentável 17 — ODS 17 — parcerias pelas metas. Revista de Doutrina da 4ª Região, Porto Alegre, n. 81, dez. 2017. <http://revistadoutrina.trf4.jus.br/artigos/edicao081/Ricardo_Hasson_Sayeg.html>.

SOUZA, Nelson Mello e. *Educação ambiental:* dilemas da prática contemporânea. Rio de Janeiro: Thex, 2000.

STRONG, Maurice. Revista *Veja,* São Paulo, 29.05.1991.

TELLES JÚNIOR, Goffredo. *A Constituição, a Assembleia Constituinte e o Congresso Nacional.* São Paulo: Saraiva, 1986.

TRIGUEIRO, André. (Coord.). Meio ambiente/consumismo. *O meio ambiente no século 21:* 21 especialistas falam da questão ambiental nas suas áreas de conhecimento. Rio de Janeiro: Sextante, 2003.

TOLBA, Mostafa K.; EL-KHOLY, Osama A; EL-HINNAWI, E.; HOLDGATE, M. W.; MCMICHAEL, D. F.; MUNN, R. E. *The United Nations Environment Program. The world environment 1972-1992: two decades of challenge.* London: Chapman & Hall, 1992.

VEIGA, José Eli da. *Desenvolvimento sustentável, o desafio do século XXI.* 3. ed. Rio de Janeiro: Garamond, 2008.

VEYRET, Yvette (Org.); BAGNO, Marcos (Trad.). *Dicionário do meio ambiente.* São Paulo: Senac, 2012.

WATANABE, Kazuo. *Juizado Especial de Pequenas Causas.* São Paulo: RT, 1985.

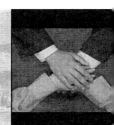

DESENVOLVIMENTO E MEIO AMBIENTE

Talden Farias[*]

O problema do modelo econômico tradicional é o fato de não considerar o meio ambiente, baseando-se apenas em ganhos com a produtividade e ignorando que nenhuma atividade econômica não se viabilizará se a natureza fornecedora dos recursos materiais e energéticos estiver comprometida. Contudo, o crescimento econômico não pode sensatamente ser considerado um fim em si mesmo, tendo de estar relacionado sobretudo com a melhoria da qualidade de vida e da própria vida, afinal a vida é o maior de todos os valores.

Por isso Eros Roberto Grau[1] afirma que não pode existir proteção constitucional à ordem econômica que sacrifique o meio ambiente. Fez-se necessário a criação de instrumentos capazes de aliar o desenvolvimento econômico à defesa do meio ambiente e à justiça social, o que implica na busca por um desenvolvimento sustentável — modelo que coaduna os aspectos ambiental, econômico e social e que considera em seu planejamento tanto a qualidade de vida das gerações presentes quanto a das futuras.

De fato, a única porta de saída para a crise ambiental é a economia, que deve ser rediscutida e redesenhada no intuito de levar em consideração o meio ambiente e suas complexas relações. A despeito de uma ou outra análise pontual, o fato é que por muito tempo a Economia ignorou a ecologia, como se esta não fosse esse o pano de fundo daquela. Um bom exemplo disso é o Produto Interno Bruto — PIB, que, além de ignorar a dimensão ambiental, pode considerar a degradação como algo positivo[2].

A busca por outros critérios de desenvolvimento tem feito surgir outros referenciais de aferição, a exemplo do Índice de Desenvolvimento Humano (IDH), o qual passou a ser utilizado pelo Programa das Nações Unidas para o Desenvolvimento (PNUD) e pelo Relatório de Desenvolvimento Humano (RDH) desde 1993. Cuida-se de uma avaliação do desenvolvimento das sociedades a partir de critérios mais amplos, o que envolveria a expectativa de vida ao

---

(*) Advogado, consultor jurídico e professor da UFPB. Doutor em Direito da Cidade pela UERJ, doutor em recursos naturais pela UFCG e mestre em Ciências Jurídicas pela UFPB.

(1) GRAU, Eros Roberto. Proteção do meio ambiente (Caso do Parque do Povo). *Revista dos Tribunais*, n. 702. São Paulo: Revista dos Tribunais, 1992. p. 251.

(2) "Passamos à outra vaca sagrada dos economistas: O Produto Interno Bruto (PIB). Esse conceito ambíguo, amálgama considerável de definições mais ou menos arbitrárias, transformou-se em algo tão real para o homem da rua como o foi o mistério da Santíssima Trindade para os camponeses da Idade Média no Europa. Mais ambíguo ainda é o conceito de taxa de crescimento do PIB. Por que ignorar na medição do PIB, o custo para a coletividade da destruição dos recursos naturais não renováveis, e o dos solos e florestas (dificilmente renováveis)? Por que ignorar a poluição das águas e a destruição total dos peixes nos rios em que as usinas despejam os seus resíduos? Se o aumento da taxa de crescimento do PIB é acompanhado de baixa do salário real e esse salário está no nível de subsistência fisiológica, é de admitir que estará havendo um desgaste humano" (FURTADO, Celso. *O mito do desenvolvimento econômico*. 2. ed. Rio de Janeiro: Paz e Terra, 1974. p. 114-116).

nascer, a educação e o Produto Interno Bruto (PIB) *per capita*, e não mais a partir de uma ótica meramente econômica. Existe também o Índice de Bem-Estar Humano (IBEU), que foi criado pelo INCT Observatório das Metrópoles com o objetivo de ponderar os indicadores urbanos, como mobilidade, meio ambiente, habitação, lazer, prestação de serviços coletivos e infraestrutura em grandes aglomerados urbanos, como no caso das metrópoles brasileiras[3].

Por outro lado, o processo produtivo costuma repassar à sociedade determinado ônus a que se convencionou chamar de externalidades, a exemplo da poluição atmosférica ou hídrica[4]. Era como se o empresário socializasse os prejuízos com a coletividade, embora mantendo o viés capitalista com relação aos lucros. Isso indica que é preciso uma mudança de paradigma para que o sistema econômico possa se tornar viável sob o ponto de vista ecológico[5].

Na verdade, a preocupação em compatibilizar a proteção do meio ambiente com o desenvolvimento econômico não é tão recente. Na 1ª Conferencia da ONU sobre o meio ambiente, que ocorreu em Estocolmo, na Suécia, foi aprovada a Declaração Universal sobre o Meio Ambiente que já fazia referencia ao assunto[6]. Depois, com a segunda Conferência Mundial sobre o Meio Ambiente e o Desenvolvimento, que ocorreu em 1992 no Rio de Janeiro e que é conhecida como Eco-92, o desenvolvimento sustentável se consagrou em definitivo na esfera internacional por causa da Declaração do Rio de Janeiro sobre Meio Ambiente e Desenvolvimento, cujo Principio n. 3 consagra que "O Direito ao desenvolvimento deve ser exercido de modo a permitir que sejam atendidas equitativamente as necessidades de gerações presentes e futuras".

A formulação do conceito de desenvolvimento sustentável implica no reconhecimento de que as forças de mercado abandonadas à sua livre dinâmica não garantem a manutenção do meio ambiente, impondo um paradigma novo ao modelo de produção e consumo do ocidente. O desenvolvimento sustentável coloca na berlinda o modelo de produção e consumo do ocidente, que ameaça o equilíbrio planetário.

Além disso, se preocupa com os problemas do futuro, enquanto o atual modelo de desenvolvimento fundado em uma lógica puramente econômica se centra exclusivamente no presente. O termo, que foi utilizado pela primeira vez em 1980 por um organismo privado de pesquisa, a Aliança Mundial para a Natureza (UICN), foi consagrado em 1987 quando a ex-ministra norueguesa Gro Harlem Brundtland o utilizou em um informe feito para a ONU, em que dizia da imprescindibilidade de um novo modelo de desenvolvimento econômico.

O desenvolvimento sustentável é o modelo que procura coadunar os aspectos ambiental, econômico e social, buscando um ponto de equilíbrio entre a utilização dos recursos naturais, o crescimento econômico e a equidade social. Esse modelo de desenvolvimento considera em seu planejamento tanto a qualidade de vida das gerações presentes quanto a das futuras, diferentemente dos modelos tradicionais que costumam se focar na geração presente ou, no máximo, na geração imediatamente posterior.

---

(3) RIBEIRO, Luiz Cesar de Queiroz; RIBEIRO, Marcelo Gomes. *Ibeu*: índice de bem-estar urbano. Rio de Janeiro: Letra Capital, 2013.

(4) "Com efeito, a poluição e a degradação da qualidade ambiental constituem, inegavelmente, alguns dos principais efeitos externos negativos da atividade produtiva. Como o sistema econômico é aberto a três processos básicos — extração de recursos, transformação e consumo — ele envolve necessariamente, em função do inafastável processo de degradação entrópica, a geração de rejeitos que acabam sendo lançados no ambiente: ar, água ou solo. E, sendo alguns recursos ambientais de livre acesso (*open acess*), os agentes econômicos tendem a impor aos demais usuários um custo externo representado por uma perda incompensada em seu bem-estar (danos à saúde, aumento da mortalidade, diminuição das oportunidades de lazer etc.)" (CARNEIRO, Ricardo. *Direito ambiental*: uma abordagem econômica. Rio de Janeiro: Forense, 2003. p. 65).

(5) "Ora, não há mais dúvida de que as questões ligadas a organização econômica guardam estreita e determinada ligação com a dimensão ambiental. Afinal, o condicionamento ecológico, representada pela finitude dos fluxos de matéria e energia da Terra, regula tudo que ser humano faz e pode fazer para a satisfação de suas variadas necessidades. O sistema econômico, assim, deve ser rigorosamente compreendido como um subsistema integrante do sistema ecológico, dele dependendo visceralmente como fonte de suprimento de recursos naturais e como depósito para os residuais resultantes da produção e do consumo, o que evidencia a constatação de que o processo econômico tende a esbarrar irreversivelmente em restrições ambientais" (CARNEIRO, Ricardo. *Direito ambiental*: uma abordagem econômica. Rio de Janeiro: Forense, 2003. p. 2). "A resolução dos problemas ambientais, assim como a possibilidade de incorporar condições ecológicas e bases de sustentabilidade aos processos econômicos — de internalizar as externalidades ambientais na racionalidade econômica e nos mecanismos do mercado — e para construir uma racionalidade ambiental e um estilo alternativo de desenvolvimento, implica a ativação de um conjunto de processos sociais; a incorporação dos valores do ambiente na ética individual, nos direitos humanos e nas normas jurídicas que orientam e sancionam o comportamento dos atores econômicos e sociais; a socialização do acesso e a apropriação da natureza; a democratização dos processos produtivos e do poder político; as reformas do Estado que lhe permitam medir a resolução de conflitos de interesse em torno da propriedade e aproveitamento dos recursos e que favoreçam a gestão participativa e descentralizada dos recursos naturais; as transformações institucionais que permitam uma administração transversal do desenvolvimento; a integração interdisciplinar do conhecimento e da formação profissional e a abertura de um diálogo entre ciências e saberes não científicos" (LEFF, Enrique. *Racionalidade ambiental*. Rio de Janeiro: Civilização Brasileira, 2006. p. 241-242).

(6) "O homem que tem o Direito fundamental à liberdade, à igualdade e ao desfrute de condições de vida adequadas, em um meio ambiente de qualidade tal que lhe permita levar uma vida digna, gozar de bem-estar e é portador solene de obrigação de proteger e melhorar o meio ambiente, para as gerações presentes e futuras. [...] Deve ser mantida e, sempre que possível, restaurada e melhorada a capacidade da Terra de produzir recursos renováveis vitais. O homem tem a responsabilidade especial de preservar e administrar judiciosamente o patrimônio representado pela flora e fauna silvestres, bem assim o seu habitat, que se encontram atualmente em grave perigo, por uma combinação de fatores adversos. Em consequência, ao planificar o desenvolvimento econômico, deve ser atribuída importância à conservação da natureza, incluídas a flora e a fauna silvestres" (ONU. Conferência das Nações Unidas sobre o Meio Ambiente Humano. Declaração de Estocolmo. Estocolmo, Suécia: 1972. Disponível em: <http://www.onu.org.br/rio20/img/2012/01/estocolmo1972.pdf>. Acesso em 15 jan. 2019).

Devem ser apreciadas as necessidades de cada região, seja na zona urbana ou na zona rural, e as peculiaridades culturais. A Constituição Federal de 1988 consagrou o desenvolvimento sustentável ao afirmar no art. 225 que "Todos têm direito ao meio ambiente ecologicamente equilibrado, bem de uso comum do povo e essencial à sadia qualidade de vida, impondo-se ao Poder Público e à coletividade o dever de defendê-lo e de preservá-lo para as presentes e futuras gerações". O mesmo ocorre com a Lei n. 6.938/81, que dispõe no inciso I do art. 4º que a Política Nacional do Meio Ambiente visará à compatibilização do desenvolvimento econômico-social com a preservação da qualidade do meio ambiente e do equilíbrio ecológico". O meio ambiente é tão importante que foi transformado pelo inciso VI do art. 170 da Constituição Federal em um princípio da ordem econômica, passando a se sujeitar a ele os princípios da livre-iniciativa e da livre concorrência.

É um reconhecimento de que não se pode tratar a problemática econômica sem lidar com a questão ambiental, pois se o Estado tem a obrigação de promover o desenvolvimento, esse desenvolvimento tem a obrigação de ser ecologicamente correto[7]. Luís Paulo Sirvinskas[8] destaca que o desenvolvimento sustentável é o objetivo da Política Nacional do Meio Ambiente, na medida em que se procura conciliar a proteção do meio ambiente e a garantia do desenvolvimento socioeconômico, de outro, visando assegurar condições necessárias ao progresso industrial, aos interesses da segurança nacional e à proteção da dignidade da vida humana.

O problema é que a noção de desenvolvimento sustentável é considerada contraditória, face à amplidão semântica do conceito. Com efeito, se parece que todos os atores políticos concordam em aceitá-lo, não é menor verdade que cada um deles tem a sua própria ideia sobre o assunto[9]. Embora a sua ampla aceitação tenha sido importante para a institucionalização da questão ambiental, a falta de consenso acerca do seu conteúdo impede que os avanços estruturais possam ocorrer. Cuida-se, realmente, de uma conceituação movediça, dado à dificuldade conceitual intrínseca[10].

A despeito de sua importância histórica, a ideia de desenvolvimento sustentável atualmente não contribui mais para o amadurecimento das discussões e das instituições[11]. Há que se ir além, portanto, já que no dizer de Marcos Nobre ele "se tornou, seja um instrumento subalterno de uma maquinaria econômica, seja uma bandeira de luta utópica"[12].

Isso não deixa de remontar ao conceito de sustentabilidade forte defendido por Konrad Ott[13], segundo o qual os limites da natureza devem ser o parâmetro para qualquer modelo desenvolvimentista. É nesse sentido a linha de pensamento de Belinda Pereira da Cunha:

> Encontra-se, assim, o conceito de sustentabilidade inserido na relação entre as atividades humanas e sua dinâmica e a biosfera, com suas dinâmicas, geralmente mais lentas. Essas relações devem permitir a continuidade

---

(7) "A noção e o conceito de desenvolvimento, formados num Estado de concepção liberal, alteram-se, porquanto não mais encontravam guarida na sociedade moderna. Passou-se a reclamar um papel ativo do Estado no socorro dos valores ambientais, conferindo outra noção ao conceito de desenvolvimento" (FIORILLO, Celso Antônio Pacheco. *Curso de direito ambiental brasileiro*. 7. ed. São Paulo: Saraiva, 2006. p. 28).

(8) SIRVINSKAS, Luís Paulo. Política nacional do meio ambiente (Lei n. 6.938, de 31 de agosto de 1981). MORAES, Rodrigo Jorge; AZEVÊDO, Mariangela Garcia de Lacerda e; DELMANTO, Fabio Machado de Almeida (coords). *As leis federais mais importantes de proteção ao meio ambiente comentadas*. Rio de Janeiro: Renovar, 2005. p. 93.

(9) "Qualquer um que se proponha a entender a noção de "desenvolvimento sustentável" (DS) encontrará de saída os seguintes elementos característicos fundamentais: a) a aceitação universal do conceito; b) a dificuldade em saber exatamente o que é DS, ou seja, o problema da sua definição e operacionalização. Estas duas marcas características da noção de DS são, à primeira vista, contraditórias e até mesmo inconciliáveis. Afinal, como todos podem ser a favor de algo que não se pode explicitar sem que surja o conflito?" (NOBRE, Marcos; AMAZONAS, Maurício de Carvalho. Prefácio. *Desenvolvimento sustentável*: a institucionalização de um conceito. NOBRE, Marcos; AMAZONAS, Maurício de Carvalho. BRASÍLIA: IBAMA, 2002. p. 7).

(10) "Sendo uma questão primordialmente ética, só se pode louvar o fato da ideia de sustentabilidade ter adquirido tanta importância nos últimos vinte anos, mesmo que ela não possa ser entendida como um conceito científico. A sustentabilidade não é, nunca será, uma noção de natureza precisa, discreta, analítica ou aritmética, como qualquer positivista gostaria que fosse. Tanto quanto a ideia de democracia — entre muitas outras ideias tão fundamentais para a evolução da humanidade, na sempre será contraditória, pois nunca poderá ser encontrada em estado puro" (VEIGA, José Eli da. *Desenvolvimento sustentável*: o desafio do século XXI. Rio de Janeiro: Garamond, 2010, p.165).

(11) "Como já vimos, o conceito de DS está numa encruzilhada: ou bem se assume como simples subproduto da teoria do crescimento (e, com isso, reduz a problemática ambiental a uma operação de internalização de custos), ou induz a uma mudança rumo a um paradigma baseado na ecologia em que a economia não tem a primazia (caso em que se torna de difícil operacionalização e tem implicações duvidosas no que diz respeito a problemas distributivos). Beckerman formula esse impasse da seguinte maneira: "desenvolvimento sustentável foi definido de tal maneira que ou é moralmente repugnante ou logicamente redundante" (NOBRE, Marcos. Desenvolvimento sustentável: origens e significado atual. NOBRE, Marcos; AMAZONAS, Maurício de Carvalho. *Desenvolvimento sustentável*: a institucionalização de um conceito. BRASÍLIA: IBAMA, 2002. p. 87).

(12) "Como já vimos, o conceito de DS está numa encruzilhada: ou bem se assume como simples subproduto da teoria do crescimento (e, com isso, reduz a problemática ambiental a uma operação de internalização de custos), ou induz a uma mudança rumo a um paradigma baseado na ecologia em que a economia não tem a primazia (caso em que se torna de difícil operacionalização e tem implicações duvidosas no que diz respeito a problemas distributivos). Beckerman formula esse impasse da seguinte maneira: "desenvolvimento sustentável foi definido de tal maneira que ou é moralmente repugnante ou logicamente redundante" (NOBRE, Marcos. Desenvolvimento sustentável: origens e significado atual. NOBRE, Marcos; AMAZONAS, Maurício de Carvalho. *Desenvolvimento sustentável*: a institucionalização de um conceito. BRASÍLIA: IBAMA, 2002. p. 93).

(13) OTT, Konrad. The case of strong sustentability. In: OTT, Konrad; TRAPA, Phillip (orgs). *Greinfswald's environmental ethics*. Greifswald: Steinbecker Verlag Ulrich House, 2003. p. 63/65.

da vida humana, para que possam os indivíduos satisfazer suas necessidades com o desenvolvimento das diversas culturas humanas, de modo tal que as variações provocadas à natureza das atividades humanas estejam entre certos limites, de maneira a não destruírem o contexto biofísico global[14].

Na sustentabilidade fraca o meio ambiente apenas compõe a equação econômica, dado que as soluções mais simples e de curto prazo são buscadas[15], ao passo que na sustentabilidade forte a questão ambiental é o foco. A sustentabilidade forte faz justiça à criação do conceito de desenvolvimento sustentável, cujo contexto político e cuja razão de ser é essencialmente ambiental.

O fato é que hodiernamente a discussão sobre o desenvolvimento leva em consideração vários aspectos, além da mera questão ambiental ou econômica propriamente ditas. É preciso rediscutir e redesenhar não apenas a Economia, mas o Direito e a política, de forma a imprimir fortes mudanças nas instituições e nas relações sociais em geral. É nesse sentido o discurso de José Eli da Veiga:

> Em primeiro lugar, uma sustentabilidade maior, se puder ser alcançada, significaria uma estabilização da população, globalmente e na maioria das regiões. Em segundo, práticas econômicas que encorajem a cobrança de custos reais, crescimento em qualidade em vez de quantidade, e a vida a partir dos dividendos da natureza e não do seu capital. Terceiro, uma tecnologia que tenha comparativamente um baixo impacto ambiental. Quarto, é preciso que a riqueza seja de alguma forma mais equitativamente distribuída, especialmente para que a pobreza deixe de ser comum. Em quinto, são imprescindíveis instituições globais e transnacionais mais fortes para lidar com os problemas globais urgentes. Sexto, é fundamental um público mais bem informado sobre os desafios múltiplos e interligados do futuro. E sétimo — e talvez o mais importante e mais difícil de tudo — o predomínio de atitudes que favoreçam a unidade na diversidade, isto é, cooperação e competição não violenta entre tradições culturais diferentes e nações-Estados, assim como a coexistência com os organismos que compartilham a biosfera com os seres humanos[16].

Nesse diapasão, vale destacar a visão de Amartya Sen[17], que apontar um método diferente para a compreensão, avaliação e aperfeiçoamento do desenvolvimento, que é compreendido "como um processo de expansão das liberdades reais que as pessoas desfrutam"[18]. Nesse sentido o autor trabalha os dois conceitos chave da obra a que o título

---

(14) CUNHA, Belinda Pereira da. Desenvolvimento sustentável e dignidade: considerações sobre os acidentes ambientais no Brasil. *Verba Juris* (UFPB), João Pessoa, v. 4, n.1, 2005. p. 11.

(15) "A sustentabilidade forte se atrela à concepção de preservação dos recursos naturais, registrando que a própria mantença da atividade econômica se atrela às questões de preservação. É a chamada ecologia profunda (*deep ecology*), pois para tal escola o bem ambiental, por ser insubstituível, deve ser efetivamente preservado93. Dentro de tal concepção, a redução de determinado recurso natural fatalmente repercutirá na redução da atividade econômica. /A concepção de sustentabilidade fraca, com subsídios da economia neoclássica, compreende que os recursos naturais e o capital produzido pelo homem são substituíveis, logo mantendo o nível socioeconômico, não há que se preocupar com o patamar dos recursos naturais. Por essa perspectiva, a minoração do recurso natural é compreensível, desde que ele se converta em uma renda sustentável, no caso em investimentos" (ALVES, Victor Rafael Fernandes. *Desenvolvimento, sustentabilidade e aplicação de receitas petrolíferas*: proposições para regulação e controle no estado do Rio Grande do Norte. Tese de doutorado em Direito, UFPB, João Pessoa, 2015. p. 42). "Como a biosfera (embora objetivamente flexível a certa medida) não pode refletir nela própria e no seu relacionamento com os humanos, e como o conceito dos três pilares é imprudente e descompromissado, ele leva facilmente a compromissos simulados. Sacrifícios da natureza, utilizados para o destaque na economia a curto prazo ou para interesses sociais, podem tornar-se destrutivos para a própria economia e sociedade, a longo prazo" (WINTER, Gerd. Um fundamento e dois pilares: o conceito de desenvolvimento sustentável 20 anos após o Relatório Brundtland. MACHADO, Paulo Affonso Leme; KISHI, Sandra Akemi Shimada (orgs). *Desenvolvimento sustentável, OGM e responsabilidade civil na União Européia*. Campinas: Millennium, 2009. p. 5).

(16) VEIGA, José Eli da. *Desenvolvimento sustentável*: o desafio do século XXI. Rio de Janeiro: Garamond, 2010. p. 169.

(17) Nascido na Índia em 1933 e criado em Bangladesh, Amartya Sen é um economista, escritor e pensador consagrado internacionalmente pelas reflexões a respeitos dos mais variados temas, como desenvolvimento, globalização, justiça, liberalismo econômico, pobreza e desigualdade de gênero. Seus contributos à teoria da decisão social e do *welfare state* o levaram a receber o Prêmio Nobel de Economia de 1998. Ao lado de Mahbub ul Haq formulou em 1990 o Índice de Desenvolvimento Humano (IDH), o qual passou a ser utilizado pelo Programa das Nações Unidas para o Desenvolvimento (PNUD) e pelo Relatório de Desenvolvimento Humano (RDH) desde 1993. Cuida-se de uma avaliação do desenvolvimento das sociedades a partir de critérios mais amplos, o que envolveria a expectativa de vida ao nascer, a educação e o Produto Interno Bruto (PIB) per capita, e não mais a partir de uma ótica meramente econômica. /A repercussão dos seus estudos foi enorme e abrangeu várias áreas do conhecimento científico além da Economia, a exemplo da Administração, da Ciência Política, do Direito, da Filosofia, da Sociologia etc. Prova disso é que seus livros foram traduzidos para diversos idiomas e publicados em inúmeros países, sendo possível destacar "Sobre ética e economia", "Desenvolvimento como liberdade", "A ideia de justiça" e "As pessoas em primeiro lugar". É possível afirmar que o maior legado de obra de Amartya Sen foi relacionar o desenvolvimento ao acesso às oportunidades de realização de escolhas, de maneira que a cidadania é mais do que o objetivo, é um exercício e um aprendizado constantes. Por conta da contribuição aos órgãos internacionais e aos países no que diz respeito às políticas de combate à pobreza e de promoção do desenvolvimento, as ideias dele ganharam tamanho espaço fora do universo meramente acadêmico a ponto de ele ser considerado um intelectual engajado. SEN, Amartya. *Desenvolvimento como liberdade*. 2. ed. São Paulo: Companhia das Letras, 2010.

(18) "(...) o crescimento econômico não pode sensatamente ser considerado um fim em si mesmo. O desenvolvimento tem de estar relacionado sobretudo com a melhoria da vida que levamos e da liberdade que desfrutamos. Expandir as liberdades que temos razão para valorizar não só torna nossa vida mais rica e mais desimpedida, mas também permite que sejamos seres sociais mais completos, pondo em prática nossas valiações, interagindo com o mundo em que vivemos e influenciando esse mundo" (SEN, Amartya. *Desenvolvimento como liberdade*. 2. ed. São Paulo: Companhia das Letras, 2010. p. 46).

da obra faz referência, que são as ideias de desenvolvimento e de liberdade, para dar especial destaque à relação entre ambos. É claro que ele segue uma linha de pensamento bastante própria, de forma que se faz necessário esclarecer o significado que ele atribui a tais conceituações. De qualquer forma, impende dizer que no pensamento dele o desenvolvimento estaria tão vinculado à liberdade, assim como o contrário, que os dois termos poderiam ser tratados como interdependentes.

De um lado, é verdade que a tradicional visão economicista segundo a qual todos os fatos sociais ou ecológicos seriam fenômenos econômicos não traduz a concepção de Sen. Apesar de reconhecer a importância da avaliação do aumento de rendas pessoais, da industrialização ou do PIB, metodologias convencionais de aferição do desenvolvimento, ele entende que o fenômeno é mais complexo e requer uma leitura mais aprofundada. É evidente que Sen também trabalha com as variáveis sociais, como a expectativa de vida e o acesso à educação e à saúde. A prova disso é a sua contribuição para a construção do conceito de IDH, hoje adotado pelo PNUD e pelo RDH.

Contudo, a sua compreensão parte de um enfoque mais profundo do que a mera discussão sobre o acesso formal e material aos direitos sociais, uma vez que as questões de gênero e de raça e de participação e averiguação nos processos e procedimentos de interesse público também são levadas em consideração. Isso significa que o protagonismo do indivíduo em matéria de exercício da cidadania é um aspecto de grande relevância[19]. O caráter holístico se revela não apenas pelo grande número de facetas de que se compõe o conceito de desenvolvimento, mas pela interdependência de cada uma dessas facetas entre si. Por isso Amartya Sen afirma que "O que as pessoas conseguem realizar é influenciado por oportunidades econômicas, liberdades políticas, poderes sociais e por condições habilitadoras, como boa saúde, educação básica e incentivo e aperfeiçoamento de iniciativas"[20].

Enfim, faz-se necessário uma visão holística e multidimensional, que contemple as várias dimensões do ser humano e do planeta e que contribua para a construção de uma nova racionalidade[21]. O conceito de justiça ambiental desponta como uma alternativa, ou pelo menos uma complementação, ao debate sobre desenvolvimento sustentável, pois o viés social não pode ser apartado do ambiental. Não fosse assim, aliás, o legislador constituinte originário não teria inserido o Capítulo VI, que trata do meio ambiente, no Título VIII, que trata da ordem social.

1 REFERÊNCIAS

ALVES, Victor Rafael Fernandes. *Desenvolvimento, sustentabilidade e aplicação de receitas petrolíferas*: proposições para regulação e controle no estado do Rio Grande do Norte. Tese de doutorado em Direito, UFPB, João Pessoa, 2015.

BERCOVICI, Gilberto. *Desigualdades regionais, estado e Constituição*. São Paulo: Max Limonad, 2003.

CARNEIRO, Ricardo. *Direito ambiental*: uma abordagem econômica. Rio de Janeiro: Forense, 2003.

FIORILLO, Celso Antônio Pacheco. *Curso de direito ambiental brasileiro*. 7. ed. São Paulo: Saraiva, 2006.

FREITAS, Juarez. *Sustentabilidade*: direito ao futuro. 2. ed. Belo Horizonte: Fórum, 2012

SACHS, Ignacy. *Em busca de novas estratégias de desenvolvimento*. Estud. av., São Paulo, v. 9, n. 25, Dez. 1995.

FURTADO, Celso. *O mito do desenvolvimento econômico*. 2. ed. Rio de Janeiro: Paz e Terra, 1974.

GRAU, Eros Roberto. Proteção do meio ambiente (Caso do Parque do Povo). Revista dos Tribunais, n. 702. São Paulo: *Revista dos Tribunais*, 1992.

LEFF, Enrique. *Racionalidade ambiental*. Rio de Janeiro: Civilização Brasileira, 2006.

ONU. Conferência das Nações Unidas sobre o Meio Ambiente Humano. Declaração de Estocolmo. Estocolmo, Suécia: 1972. Disponível em: <http://www.onu.org.br/rio20/img/2012/01/estocolmo1972.pdf>. Acesso em: 15 jan. 2019.

---

(19) Em igual sentido: "Ao considerarmos a democracia como condição do desenvolvimento, podemos também analisá-lo com enfoque nos direitos fundamentais. O objeto do desenvolvimento, assim, é bem mais amplo do que o simples crescimento do PIB, pois também leva em conta fatores sociais e políticos. O desenvolvimento deixa de ser um fim em si mesmo, mas seus fins e meios adquirem crucial importância, tendo como principal meio e fim do desenvolvimento a expansão da liberdade humana" (BERCOVICI, Gilberto. Desigualdades regionais, estado e Constituição. São Paulo: Max Limonad, 2003. p. 39).

(20) SEN, Amartya. *Desenvolvimento como liberdade*. 2. ed. São Paulo: Companhia das Letras, 2010. p. 18.

(21) "As grandes questões ambientais do nosso tempo (a saber, o aquecimento global, a poluição letal do ar e das águas, a insegurança alimentar, o exaurimento nítido dos recursos naturais, o desmatamento criminoso e a degradação disseminada do solo, só para citar algumas) devem ser entendidas como questões naturais, sociais e econômicas, simultaneamente, motivo pelo qual só podem ser equacionadas mediante uma abordagem integrada, objetiva, fortemente empírica e, numa palavra, sistemática" (FREITAS, Juarez. *Sustentabilidade*: direito ao futuro. 2. ed. Belo Horizonte: Fórum, 2012. p. 31). "O desenvolvimento aparece assim como um conceito pluridimensional, evidenciado pelo uso abusivo de uma série de adjetivos que o acompanham: econômico, social, político, cultural, durável, viável e finalmente, humano, e não cite todos. Está mais do que na hora de deixar de lado tais qualificativos para nos concentrarmos na definição do conteúdo da palavra desenvolvimento, partindo da hierarquização proposta: o social no comando, o ecológico enquanto restrição assumida e o econômico recolocado em seu papel instrumental" (SACHS, Ignacy. *Em busca de novas estratégias de desenvolvimento*. Estud. av., São Paulo, v. 9, n. 25, Dez. 1995).

NOBRE, Marcos. Desenvolvimento sustentável: origens e significado atual. NOBRE, Marcos; AMAZONAS, Maurício de Carvalho. *Desenvolvimento sustentável*: a institucionalização de um conceito. Brasília: IBAMA, 2002.

OTT, Konrad. The case of strong sustentability. In: OTT, Konrad; TRAPA, Phillip (orgs.). *Greinfswald's environmental ethics*. Greifswald: Steinbecker Verlag Ulrich House, 2003.

RIBEIRO, Luiz Cesar de Queiroz; RIBEIRO, Marcelo Gomes. *Ibeu*: índice de bem-estar urbano. Rio de Janeiro: Letra Capital, 2013.

SEN, Amartya. *Desenvolvimento como liberdade*. 2. ed. São Paulo: Companhia das Letras, 2010.

SIRVINSKAS, Luís Paulo. Política nacional do meio ambiente (Lei n. 6.938, de 31 de agosto de 1981). MORAES, Rodrigo Jorge; AZEVÊDO, Mariangela Garcia de Lacerda e; DELMANTO, Fabio Machado de Almeida (coords.). *As leis federais mais importantes de proteção ao meio ambiente comentadas*. Rio de Janeiro: Renovar, 2005.

VEIGA, José Eli da. *Desenvolvimento sustentável*: o desafio do século XXI. Rio de Janeiro: Garamond, 2010.

WINTER, Gerd. Um fundamento e dois pilares: o conceito de desenvolvimento sustentável 20 anos após o Relatório Brundtland. MACHADO, Paulo Affonso Leme; KISHI, Sandra Akemi Shimada (orgs.). *Desenvolvimento sustentável, OGM e responsabilidade civil na União Européia*. Campinas: Millennium, 2009.

MEIO AMBIENTE NA CONSTITUIÇÃO DA REPÚBLICA FEDERATIVA DO BRASIL DE 1988

Luciana Costa da Fonseca[*]

1 INTRODUÇÃO

A proteção do meio ambiente é um desafio mundial, objeto de intenso debate internacional em busca de alternativas para efetivação do desenvolvimento sustentável, com destaque para as Conferências das Nações Unidas sobre Meio Ambiente, desde a Conferência de Estocolmo de 1972, a Conferência do Rio em 1992, a Conferência da Rio+10, em Joanesburgo em 2002, a Conferência da Rio+20 no Rio de Janeiro em 2012, até a Cúpula de Desenvolvimento Sustentável de 2015, em Nova York, quando foram eleitos os novos Objetivos de Desenvolvimento Sustentável- ODS, foi lançada a Agenda 2030 e as partes comprometeram-se a trabalhar para implementação da ação global nos próximos quinze anos.

O Brasil tem papel determinante neste desafio, considerando sua extensão territorial, com área total de 8.515.767,049 km[(1)] (IBGE, 2012) e extraordinária sociobiodiversidade, composta de pelo menos seis biomas continentais, segundo os dados do mapa de biomas[(2)] publicado em 2004 pelo IBGE: Bioma Amazônia (ocupa 49,3% do território), Bioma Cerrado (ocupa 23% do território), Bioma Mata Atlântica (ocupa 13% do território), Bioma Caatinga (ocupa 9,9% do território), Bioma Pampa (ocupa 2,1% do território) e Bioma Pantanal (que ocupa 1,7% do território) (IBGE, 2004).

A proteção dessa diversidade de biomas é ainda mais complexa considerando o histórico e a situação atual do uso e ocupação do solo urbano e rural, com as características econômicas, sociais e culturais próprias de cada região.

Constituição da República Federativa do Brasil — CRFB de 1988 enfrentou esse desafio de forma expressa e tratou da proteção do meio ambiente por meio de um sofisticado sistema de direitos e deveres da coletividade e competências e deveres do poder público.

---

[*] Doutora e Mestre em Direito das Relações Sociais, Sub-área Direitos Difusos e Coletivos pela Pontifícia Universidade Católica de São Paulo — PUC/SP. Especialista em Direito Sanitário pela Faculdade de Direito e pela Faculdade de Saúde Pública da USP. Professora da Universidade Federal do Pará — UFPA e do Centro Universitário do Pará — CESUPA.

(1) A área territorial do Brasil foi alterada em 2012, quando houve um aumento de 0,01% sobre o valor da área territorial anterior (8.514.876,59 km). A alteração decorreu do redimensionamento próprio da evolução tecnológica para mensuração, da dinâmica de divisão territorial e refinamento cartográfico. (IBGE. 2012)

(2) Para a pesquisa do IBGE Bioma é conceituado como um conjunto de vida (vegetal e animal) constituído pelo agrupamento de tipos de vegetação contíguos e identificáveis em escala regional, com condições geoclimáticas similares e história compartilhada de mudanças, o que resulta em uma diversidade biológica própria.

Esse sistema precisa ser analisado diante da proposta constitucional de participação democrática e integração das políticas econômicas, sociais, ambientais, culturais e sanitárias.

Objetivo deste texto é apresentar uma análise do sistema de proteção ambiental, partindo da noção de meio ambiente como um direito fundamental, , incluindo a proteção dos diversos aspectos do meio ambiente, sua relação com o desenvolvimento e a ordem econômica, em especial a compatibilização entre o exercício da propriedade privada, e a análise da técnica de repartição de competências constitucionais em matéria ambiental.

2 O DIREITO FUNDAMENTAL AO MEIO AMBIENTE NO SISTEMA CONSTITUCIONAL

Falar de direitos fundamentais já remete a uma profusão de conceitos utilizados, ora de forma sinônima, ora com significações distintas, como: Direitos do Homem, Direitos Humanos, Direitos Fundamentais, Liberdades Públicas. Os doutrinadores anglo-americanos e latinos preferem a expressão 'Direitos Humanos' e a expressão 'Direitos Fundamentais' é preferida pelos autores alemães, para os quais, os direitos fundamentais são os direitos humanos positivados em normas constitucionais, logo, de identificação mais precisa, uma vez que reconhecidos e garantidos pelo direito positivo dos Estados. (COMPARATO, 1999, p. 14)

Ingo Sarlet (2018) destaca a distinção, de cunho predominantemente didático, entre as expressões: "direitos do homem", como sendo direitos naturais ainda não positivados; "direitos humanos", como direitos positivados na esfera do Direito internacional; e, "direitos fundamentais", como direitos reconhecidos ou outorgados e protegidos pelo Direito constitucional interno de cada Estado. Assim, não há uma identidade necessária entre o rol dos direitos humanos e o rol dos direitos fundamentais, posto que nem todos os Estados reconhecem a totalidade de direitos humanos, consagrados nas Declarações de Direitos Humanos.

Os direitos fundamentais assumiram uma importância vital para o constitucionalismo. Como afirma Perez Luno (2005, p. 19) há um estreito nexo de interdependência genética e funcional entre o Estado de Direito e os direitos fundamentais, uma vez que Estado de Direito exige e implica na garantia dos direitos fundamentais para ser reconhecido como tal e, por outro lado, para realização dos direitos fundamentais é necessário o Estado de Direito. Ressalta a dupla função dos direitos fundamentais: no plano subjetivo, os direitos fundamentais atuam como garantia da liberdade individual; e, no plano objetivo, assumiram uma dimensão institucional, a partir da qual seu conteúdo deve funcionalizar-se para consecução dos fins e valores constitucionalmente proclamados.

O modelo de Estado como o brasileiro, tem como atribuição não só a garantia dos chamados direitos de defesa, caracterizados pela não-intervenção na esfera de liberdade individual; como o dever de implementar prestações de natureza jurídica e material, necessárias ao exercício dos direitos fundamentais.

A concepção moderna do direito fundamental à vida, reconhecido como o mais fundamental de todos os direitos, foi ampliada para alcançar a *vida digna*. Ou seja, são as condições de vida que permitem a dignidade do ser humano e que determinam a concretização do direito à vida. Não há a satisfação plena desse direito em função apenas da sobrevivência. E as condições de vida são determinadas por outros direitos fundamentais, incluindo os direitos econômicos, sociais e culturais.

Sobre este aspecto, Cançado Trindade chama atenção para relação entre o direito humano ao meio ambiente sadio e o direito ao desenvolvimento (TRINDADE, 1993, p 165):

> Dificilmente se pode abordar o direito ao meio ambiente sadio em isolamento. Tem ele encontrado expressão no universo conceitual dos direitos humanos. Não se pode considera-los sem referência a outro direito do gênero, a saber, o direito ao desenvolvimento como um direito humano. Pode bem ocorrer que o princípio do desenvolvimento sustentável — que, no ponto de vista da Comissão Brundtland, requer se atenda a necessidades e aspirações do presente sem comprometer a habilidade de as gerações seguintes atenderem a suas próprias necessidades — forneça possível vínculo entre o direito ao desenvolvimento e o direito a um meio ambiente sadio.

Michel Prier (2014, p. 297) também trata do direito ao desenvolvimento sustentável como um direito do homem, em particular o direito do homem ao meio ambiente e critica a divisão do direito ao meio ambiente em duas partes: direito material e direito processual. Recusa essa dicotomia porque o direito ao meio ambiente forma um todo indissociável e o direito processual se constitui na verdade na aplicação dos princípios substanciais.

A Constituição da República, em seu art. 5º dispõe sobre os direitos e garantias individuais, com destaque para inviolabilidade do direito à vida, à liberdade, à igualdade, à segurança e à propriedade e o art. 6º, consagra os direitos sociais como: a educação, a saúde, o trabalho, o lazer, a moradia, a segurança, a previdência social, a proteção à maternidade e à infância, a assistência aos desamparados. O direito ao meio ambiente ecologicamente equilibrado possui um capítulo específico no texto constitucional no art. 225 e foi tratado como condição para sadia qualidade de vida, compondo a noção de dignidade da pessoa humana.

A proposta constitucional visa a proteção de tudo o que for essencial para a vida digna, possibilitando inclusive a inclusão de direitos ainda não expressos no texto constitucional. O art. 5º, § 2º, determina que os direitos e garantias expressos na Constituição não excluem outros, decorrentes do regime e dos princípios por ela adotados, e dos tratados internacionais, dos quais o Brasil faça parte.

2.1 A noção de meio ambiente na CRFB

A noção jurídica de meio ambiente está definida no art. 225 da CRFB, que dispõe sobre o direito de todos ao meio ambiente ecologicamente equilibrado e fixa os aspectos fundamentais do conceito de meio ambiente: a) é um bem de uso comum do povo; b) é um bem essencial à sadia qualidade de vida; e c) é necessário garanti-lo para as presentes e futuras gerações.

A expressão "sadia qualidade de vida" conduz a uma ampla identificação do bem ambiental. O preceito constitucional pretende proteger todos os meios necessários à dignidade humana e à existência saudável. A expressão envolve o próprio bem-estar que, embora possa ser compreendido como um termo indeterminado envolve os aspectos físicos, biológicos e psicológicos, informados com enorme carga do fator cultural, envolvendo, além disso, a saúde, o lazer, a higiene e o trabalho, em condições adequadas ao favorecimento da dignidade humana.

A relação entre saúde e meio ambiente disposta no texto constitucional merece destaque. Inicialmente duas correntes defendiam visões distintas acerca de saúde. Estudiosos como Hipócrates (século IV a.C.), Paracelso (século XVI), Engels (século XIX), vislumbravam a influência do meio na saúde do homem. Outra corrente liderada por Descartes (século XVII) vislumbrava a saúde como a ausência de doenças e associava o corpo humano a uma máquina. O debate teve fim após a consagração do conceito de saúde no preâmbulo da Constituição da Organização Mundial de Saúde, em 1948, que afirma a saúde como "o completo bem-estar físico, mental e social e não apenas a ausência de doença". Segundo Dallari (1988, p. 57): "Observa-se, então, o reconhecimento da essencialidade do equilíbrio interno e do homem com o meio ambiente (bem-estar físico, mental e social) para a conceituação de saúde, recuperando os trabalhos de Hipócrates, Paracelso e Engels".

Se a evolução do conceito permite envolver todos os aspectos da saúde humana, por meio da noção de bem-estar, também parece claro que dificilmente poderá ser alcançado. O completo bem-estar físico, mental e social de uma pessoa necessita de tantos fatores condicionantes, quanto diversos são os seres humanos entre si e a realidade social que os condiciona. O conceito sofreu críticas severas no sentido de propor algo de difícil alcance ou mesmo inatingível,

Analisando o tema, Germano Schwatz afirma a saúde como um sistema social inserido no sistema maior que é a vida, e propõe um conceito dinâmico de saúde como um sistema dentro da ótica da teoria de Luhmann, definindo saúde como (SCHWATZ 2001, p. 30):

> um processo sistêmico que objetiva a prevenção e cura de doenças, ao mesmo tempo em que visa a melhor qualidade de vida possível, tendo como instrumento de aferição a realidade de cada indivíduo e pressuposto de efetivação a possibilidade de esse mesmo indivíduo ter acesso aos meios indispensáveis ao seu particular estado de bem-estar.

A amplitude do conceito de saúde envolve, assim, as condições necessárias para o desenvolvimento do ser humano com dignidade, de forma que possa utilizar recursos para alcançar o seu bem-estar. Nesse sentido é fundamental o acesso aos serviços de saúde, trabalho, habitação, alimentação, lazer e um meio ambiente equilibrado.

A segunda parte do art. 225 impõe ao Poder Público e à coletividade *"o dever de defender o meio ambiente e preservá-lo para as presentes e futuras gerações".* Tal dever constitucional possui extrema importância no sentido de localizar o Poder Público não apenas na situação de órgão fiscalizador, mas principalmente como detentor do dever de agir visando a proteção ambiental. Esta disposição implica na atuação da coletividade na proteção e preservação do meio ambiente, e se constitui não em um aconselhamento, mas em um dever da coletividade, na medida em que será ela a suportar os malefícios causados ao meio ambiente de forma imediata. A participação da coletividade está condicionada à efetividade do direito à informação e educação ambiental.

2.2 A proteção do meio ambiente em todas as suas dimensões

A classificação tradicional de meio ambiente proposta por José Afonso da Silva (2013) apresenta ao menos quatro aspectos principais: meio ambiente natural, artificial, cultural e do trabalho.

O meio ambiente natural, essencial para sadia qualidade e vida, é aquele constituído pelo solo, água, ar atmosférico, flora e fauna. A CRFB trata especificamente deste aspecto do meio ambiente no art. 225 e seus parágrafos, quando garante o direito ao meio ambiente ecologicamente equilibrado e incumbe ao poder público o dever de preservar e restaurar os processos ecológicos essenciais e prover o manejo ecológico das espécies e ecossistemas (art. 225, § 1º, I), preservar a diversidade e a integridade do patrimônio genético do País e fiscalizar as entidades dedicadas à pesquisa e manipulação de material genético (art. 225, § 1º, II), definir, em todas as unidades da Federação, espaços territoriais e seus componentes a serem especialmente protegidos, sendo a alteração e a supressão permitidas somente através de lei, vedada qualquer utilização que comprometa a integridade dos atributos que justifiquem sua proteção (art. 225, § 1º, III), proteger a fauna e a flora, vedadas, na forma da lei, as práticas que coloquem em risco sua função ecológica, provoquem a extinção de espécies ou submetam os animais a crueldade. (art. 225, § 1º, VII).

O texto constitucional dedica proteção especial a Floresta Amazônica brasileira, a Mata Atlântica, a Serra do Mar, o Pantanal Mato-Grossense e a Zona Costeira, quando os elege como patrimônio nacional, devendo ser utilizados dentro de condições que assegurem a preservação do meio ambiente, inclusive quanto ao uso dos recursos naturais (art. 225, § 4º).

O meio ambiente cultural é composto pelo patrimônio histórico, artístico, paisagístico e turístico e também protegido expressamente na CRFB, em especial nos arts. 215 e 216, que determinam que o Estado garanta a todos o pleno exercício dos direitos culturais e acesso às fontes da cultura nacional, e apoie e incentive a valorização e a difusão das manifestações culturais, incluindo as manifestações das culturas populares, indígenas e afro-brasileiras, e das de outros grupos participantes do processo civilizatório nacional.

A CRFB elegeu como patrimônio cultural brasileiro os bens de natureza material e imaterial, tomados individualmente ou em conjunto, portadores de referência à identidade, à ação, à memória dos diferentes grupos formadores da sociedade brasileira, nos quais se incluem: as formas de expressão; os modos de criar, fazer e viver; as criações científicas, artísticas e tecnológicas; as obras, objetos, documentos, edificações e demais espaços destinados às manifestações artístico-culturais e os conjuntos urbanos e sítios de valor histórico, paisagístico, artístico, arqueológico, paleontológico, ecológico e científico.

Em muitas situações é possível identificar uma tensão entre a proteção do meio ambiente em seu aspecto natural e cultural, com destaque para manifestações culturais que utilizam animais. A Emenda Constitucional n. 96, de 2017 incluiu o § 7º no art. 225 para determinar que não se consideram cruéis as práticas desportivas que utilizem animais, desde que sejam manifestações culturais, registradas como bem de natureza imaterial integrante do patrimônio cultural brasileiro, devendo ser regulamentadas por lei específica que assegure o bem-estar dos animais envolvidos.

O meio ambiente artificial é aquele constituído pelo espaço urbano construído, consubstanciado no conjunto de edificações (espaço urbano fechado) e dos equipamentos públicos (espaço urbano aberto), do que se depreende uma íntima relação com o conceito de cidade. A noção de cidades sustentáveis indica a capacidade de oferecer a população o atendimento de necessidades básica para uma vida digna.

Os espaços urbanos têm como desafio proporcionar o direito à habitação, saneamento ambiental, que envolve o saneamento básico (distribuição e tratamento de água, coleta e tratamento de esgoto, coleta e tratamento e adequado despejo de resíduos sólidos e drenagem urbana), o saneamento de corpos hídricos (medidas de combate à poluição das águas), saneamento do solo (medidas de combate à poluição do solo), saneamento do ar (medidas de combate de poluição do ar). A ausência de saneamento básico nas cidades acarreta graves danos à saúde pública, ao meio ambiente e à organização da cidade como um todo, além de riscos referentes à segurança pública.

O planejamento de vias de circulação no espaço urbano, assim como o sistema de transporte são determinantes não apenas para o exercício do direito do ir e vir, como gera reflexos econômicos importantes relacionados ao custo do processo produtivo e distribuição de mercadorias e prestação de serviços.

Os espaços de lazer e contemplação no meio urbano são necessidades diretamente relacionadas ao conforto e bem-estar dos seus habitantes e usuários. Neste aspecto é que ganha maior importância a boa conservação de áreas verdes para manutenção do equilíbrio ecológico, assim como para próprio exercício do direito à paisagem.

A proteção do patrimônio cultural é outro desafio em virtude das dificuldades geradas por um desenvolvimento desordenado e sem marcos definidos que acarretaram em muitos espaços urbanos o desprezo e destruição de obras e prédios de grande importância para a identidade cultural de uma época e de uma sociedade. Reflete o respeito à própria história vivida, assim como o respeito aos personagens dessa história.

A definição de marcos jurídicos sobre o uso, parcelamento e ocupação do solo urbano envolvem complexas negociações entre os setores econômicos e políticos e por vezes acabam sendo estabelecidos em detrimento dos interesses sociais e da garantia da qualidade de vida da população.

Essas questões ganham diferentes leituras quando analisamos as cidades que compõem regiões ainda não atingidas pelo chamado "boom de desenvolvimento", como as cidades ribeirinhas da região amazônica, desprovidas de equipamentos públicos básicos e saneamento.

Especificamente em relação ao desenvolvimento urbano o texto constitucional apresenta contornos ainda mais definidos quando dispõe sobre a Política Urbana (arts. 182 e 183) tem por objetivo ordenar o pleno desenvolvimento das funções sociais da cidade, mas não apenas isso, o texto constitucional vai além e determina como objetivo da política urbana garantir o bem-estar de seus habitantes.

Dessa forma, a leitura do tratamento constitucional sobre o desenvolvimento urbano deve envolver a possibilidade de exercício de direitos fundamentais neste espaço, em especial o exercício do direito ao meio ambiente ecologicamente equilibrado (art. 225), direito à saúde (art. 196), ao saneamento básico (art. 23, IX), à moradia (art. 6º), direito de ir e vir (art. 5º), a propriedade privada e a função social da propriedade (art. 5º, XXII, e XXIII), a proteção ao patrimônio cultural (art. 215 e 216), assim como os princípios da ordem econômica (art. 170), revelando que espécie de desenvolvimento nacional este país tem como objetivo.

ACRFB também protege expressamente o meio ambiente do trabalho, quando expressamente determina a competência do Sistema Único de Saúde para colaborar na proteção do meio ambiente, nele compreendido o do trabalho (art. 200, VIII).

O meio ambiente do trabalho é objeto de diversas propostas conceituais. Para José Afonso da Silva (2013) envolve o complexo de bens móveis e imóveis além de direitos invioláveis à saúde e à integridade física dos trabalhadores, que podem ser agredidos por fontes poluidoras internas ou externas. Essa noção de meio ambiente do trabalho como local de trabalho vem sendo atualizada e ampliada pela doutrina, com destaque para tese de Ney Maranhão (2016) que compreende que o local da prestação dos serviços sempre representará apenas e tão somente uma parcela da realidade labor-ambiental.

Maranhão (2016, p. 83) destaca três elementos essenciais na noção de meio ambiente do trabalho: o ambiente, a técnica e o homem e ressalta que apenas quando presente a figura humana investida no papel social de trabalhador haverá meio ambiente de trabalho, ou seja, somente a conjugação dos elementos ambientais e técnicos com a ação humana laborativa é capaz de fazer nascer o meio ambiente do trabalho. Analisa a superação das três linhas conceituais restritivas de meio ambiente do trabalho (como local de trabalho, como foco de interações labor-ambientais exclusivamente naturais e como dado da realidade adstrito ao cenário laboral empregatício) para propor uma nova conceituação.

O que propõe Maranhão (2016, p. 113) é que, juridicamente, meio ambiente do trabalho é a resultante da interação sistêmica de fatores naturais, técnicos e psicológicos ligados às condições de trabalho, à organização do trabalho e às relações interpessoais que condiciona a segurança e a saúde física e mental do ser humano exposto a qualquer contexto jurídico-laborativo. Essa proposta conceitual tem os seguintes fundamentos teóricos: a) descreve não o ambiente, mas o meio ambiente, desconectando-se de qualquer viés físico-geográfico; b) expressa um foco sistêmico do ente ambiental, incorporando a dinamicidade que lhe é inerente; c) conjuga fatores naturais e humanos, apartando-se de tônicas exclusivamente ecológicas; d) expõe com clareza todos os fatores de risco labor-ambientais (condições de trabalho, organização do trabalho e relações interpessoais); e) centra sua estruturação em perspectiva humanista, f) alcança o ser humano em qualquer condição jurídico-laborativa; g) açambarca a legítima proteção jurídica da qualidade da vida humana situada no entorno do ambiente de trabalho.

Assim, a CRFB protege o direito fundamental ao meio ambiente em todas as suas dimensões, determinando a integração das políticas públicas ambientais, sociais, culturais e sanitárias.

2.3 *A noção de meio ambiente e os princípios de direito ambiental*

O direito ao meio ambiente é garantido pela CRFB em todas as dimensões e reflete os valores a serem defendidos como princípios de direito. Alerta Riccardo Guastini (2005) que os princípios de direito emanam uma série de significações distintas que não permitem nem mesmo a construção de uma categoria simples e unitária, Os princípios têm distintas funções no ordenamento jurídico, uma vez que podem ser aplicados na produção, na interpretação e na integração do Direito. A função dos princípios na produção do direito diz com a delimitação, a competência normativa de uma "fonte" subordinada, do âmbito material ou substancial, funcionando como um parâmetro de legitimidade da fonte subordinada. A aplicação dos princípios na interpretação justifica a interpretação "conforme" que adapta o significado de uma disposição ao de um princípio previamente identificado. Por fim, a aplicação na integração ocorre em uma situação de lacuna, cujo preenchimento é realizado por meio de um princípio particular (*analogia legis*) ou de um princípio geral (*analogia júris*) (GUASTINI, 2005).

Os princípios traduzem os valores e objetivos fundamentais da sociedade reconhecidos constitucionalmente e, ao mesmo tempo, fixam os fins que essa sociedade deve alcançar, inclusive, por meio do Estado.

Um aspecto a observar é a questão da normatividade desses princípios. Embora seja um fenômeno recente, atualmente não há mais espaço para o questionamento acerca da normatividade, tanto dos princípios expressos no texto constitucional, quanto de outros princípios deles decorrentes, chamados princípios implícitos.

Os princípios expressos podem estar assim denominados na linguagem constitucional ou podem ser deixados à valoração do intérprete. Os princípios não-expressos estão latentes no discurso constitucional, de forma implícita e, deduzidos a partir, tanto de normas singulares, quanto de um conjunto de normas ou de todo o sistema jurídico (GUASTINI, 2005).

A doutrina brasileira reconhece mais de trinta princípios de direito ambiental. Alguns deles possuem mesmo conteúdo jurídico, mas são batizados com nomes distintos pela Doutrina. Como exemplo cita-se a classificação de princípios de direito ambiental dos doutrinadores a seguir: Paulo Affonso Leme Machado (2017) reconhece o princípio do direito ao meio ambiente equilibrado, à sadia qualidade de vida, da sustentabilidade, do acesso equitativo aos recursos naturais, do poluidor-pagador e usuário pagador, da prevenção e precaução, da reparação, da informação e participação, da obrigatoriedade da intervenção do poder público e da não regressão ambiental. Edis Milaré (2018) reconhece o princípio do meio ambiente ecologicamente equilibrado, da solidariedade intergeracional, da natureza pública da proteção ambiental, da prevenção e da precaução, da consideração da variável ambiental no processo decisório de políticas de desenvolvimento, do controle do poluidor pelo poder público, do poluidor e usuário pagador, da função socioambiental da propriedade, da participação comunitária e da cooperação entre os povos. Celso Fiorillo (2017) reconhece o princípio do desenvolvimento sustentável, poluidor-pagador, prevenção, participação e ubiquidade. Marcelo Abelha Rodrigues (2017) reconhece o princípio da ubiquidade: cooperação dos povos, do desenvolvimento sustentável, da participação, do poluidor e usuário pagador, prevenção, precaução e função social da propriedade e responsabilidade ambiental.

A CRFB de 1988 acolheu os princípios ambientais consagrados nas Declarações de Direito de forma louvável, e mais que isso, adotou o modelo econômico capitalista e fixou os parâmetros acerca da relação entre a propriedade privada, a atividade econômica e a preservação ambiental.

3 DESENVOLVIMENTO, MEIO AMBIENTE E ORDEM ECONÔMICA NA CRFB

O Direito ao Desenvolvimento é avaliado segundo a dimensão social, econômica, política e ecológica, considerado como uma decorrência dos demais direitos humanos, pois a sua realização seria uma síntese dos demais. De toda forma, o desenvolvimento é um processo realizado através de políticas públicas e programas de governo, no âmbito econômico, ecológico, social e político.

O desenvolvimento é tão desejado e necessário, quanto a afirmação do direito à saúde e ao meio ambiente, e estão profundamente relacionados. Como bem ressalta Amartya Sen a condição de agente dos indivíduos está diretamente restrita e limitada pelas oportunidades sociais, políticas e econômicas que dispõem, reconhecendo a força das influências sociais sobre o grau e o alcance da liberdade individual (Sen 2005, p. 10)

> O desenvolvimento consiste na eliminação de privações de liberdade que limitam as escolhas e oportunidades das pessoas de exercer preponderantemente sua condição de agente. A eliminação de privações de liberdades substanciais, argumenta-se aqui, é constitutiva do desenvolvimento.

A noção de desenvolvimento sustentável mais difundida no Brasil foi proposta por Ignacy Sachs. Inicialmente Sachs afasta a noção amesquinhada de desenvolvimento como sinônimo de crescimento econômico e propõem uma teoria que envolve a dimensão da sustentabilidade social e ambiental, baseada oito pilares da sustentabilidade: social, cultural, ecológica, ambiental, territorial, econômica, política nacional e política internacional. (SACHS, 2002).

A dimensão social é apontada por Sachs com prioridade diante da possibilidade do colapso social chegar antes que a catástrofe ambiental e por ser a própria finalidade do desenvolvimento a melhoria da qualidade de vida das pessoas, o exercício dos direitos fundamentais, como viver com qualidade de vida, distribuição justa de renda, igualdade de acesso à educação, saúde, alimentação, trabalho, moradia, transporte, lazer, a segurança. A dimensão cultural referente ao equilíbrio entre respeito à tradição e inovação, capacidade de elaboração de projeto nacional integrado e endógeno em oposição aos modelos alienígenas. A dimensão ecológica baseada na preservação do potencial do capital natural na sua produção dos recursos renováveis e na limitação do uso dos recursos não renováveis. A dimensão ambiental é referente ao respeito a capacidade de autodepuração dos ecossistemas naturais. A dimensão territorial busca configurações urbanas e rurais balanceadas. A dimensão econômica envolve o desenvolvimento econômico intersetorial equilibrado, com segurança alimentar, capacidade de modernização dos instrumentos de produção. A dimensão política nacional está baseada na democracia e apropriação universal dos direitos humanos e política internacional baseada na eficácia da prevenção de guerras e garantia da paz (SACHS, 2002, p. 85 a 88).

O sistema jurídico estabelecido pela Carta de 1988 adota todas as dimensões de desenvolvimento sustentável proposto por Sachs, quando expressamente exige a compatibilização das políticas sociais, econômicas, ambientais e culturais para promoção do desenvolvimento, que é um dos objetivos da República (art. 3º, II da CRFB), cujo conteúdo jurídico envolve a proteção do meio ambiente nos seus diversos aspectos: natural, artificial, cultural e do trabalho (arts 225, 182, 215, 216 e 200, VIII da CRFB), a ordem econômica (art. 170 da CRFB), a propriedade privada e função social da propriedade (art. 5º, XXII e XIII, 182 e 186 da CRFB).

3.1 Meio Ambiente e ordem econômica na CRFB

A noção de desenvolvimento definida no texto constitucional alcança o crescimento econômico e a melhoria da qualidade de vida, baseado em uma ordem econômica, fundada na valorização do trabalho humano e na livre-iniciativa, visando assegurar a todos existência digna, justiça social, observados princípios como a propriedade privada e sua função social, livre concorrência, defesa do consumidor e do meio ambiente, redução das desigualdades regionais e sociais e busca do pleno emprego (art. 170 da CRFB).

Assim, embora fundado na propriedade privada, livre-iniciativa e livre concorrência, o exercício da atividade econômica exige a compatibilização com os demais direitos fundamentais, com destaque para o direito ambiental.

O texto constitucional consagra a defesa do meio ambiente como princípio da ordem econômica (art. 170, VI), e após Emenda Constitucional n. 42/2003, expressamente permite tratamento diferenciado conforme o impacto ambiental dos produtos e serviços e de seus processos de elaboração e prestação.

Os princípios traduzem os valores e objetivos fundamentais da sociedade reconhecidos constitucionalmente e, ao mesmo tempo, fixam os fins que essa sociedade deve alcançar, inclusive, por meio do Estado.

Um aspecto a observar é a questão da normatividade desses princípios. Não há mais espaço para o questionamento acerca da normatividade, tanto dos princípios expressos no texto constitucional, quanto de outros princípios deles decorrentes, chamados princípios implícitos.

O disposto no art. 174, § 1º exige a fixação de diretrizes e bases do planejamento do desenvolvimento nacional equilibrado, que deve incorporar e compatibilizar os planos nacionais e regionais de desenvolvimento. Sem dúvida, é esse o grande desafio brasileiro: a elaboração e execução de políticas proteção ambiental e desenvolvimento econômico estruturadas de forma compatível com os objetivos da República e os planos de desenvolvimento regionais e locais, visando à maximização dos resultados.

Na lição de Cristiane Derani (2008, p 70):

> São indissociáveis os fundamentos econômicos de uma política ambiental consequente e exequível. E uma política econômica consequente não ignora a necessidade de uma política de proteção dos recursos naturais. Para isto, a economia deve voltar aos seus pressupostos sociais e abandonar qualquer pretensão por ciência exata. Pois, o que está em jogo não é só a otimização do uso privado de recursos, mas as 'externalidades' decorrentes e modo de como esses recursos são apropriados.

O Desenvolvimento Sustentável refere-se ao desenvolvimento com dignidade e sadia qualidade de vida, porém sem comprometer o desenvolvimento das gerações futuras. O modelo de desenvolvimento econômico adotado pelo Brasil deve compatibilizar as soluções para a questão ambiental relacionada à poluição, escassez e extinção de recursos naturais, e as soluções para as questões sociais relacionadas à pobreza.

O desenvolvimento exige a concretização dos direitos e garantias fundamentais expressos na CRFB e os demais decorrentes do regime e dos princípios e tratados internacionais em que a República seja parte.

3.1.1 *A propriedade privada e função social da propriedade*

A propriedade privada e a função social da propriedade também são princípios da ordem econômica, determinantes no modelo capitalista, que estão diretamente relacionados com a proteção ambiental. A expressão "propriedade" é utilizada para designar diferentes relações e bens no sistema jurídico brasileiro. A CRFB dispõe sobre a propriedade de diversos sentidos: a) *direito à proteção da relação jurídica de propriedade*: o art. 5º *caput* e inciso XXII, dispõe sobre os direitos e deveres individuais e coletivos e garante aos brasileiros e aos estrangeiros residentes no País a inviolabilidade do direito à propriedade; b) *propriedade como um princípio jurídico*: o art. 170, II, a CRFB elege a propriedade privada como um princípio da ordem econômica, c) *propriedade como bem*: no art. 5º incisos XIII e XXV, arts. 182 e 186 tratam a propriedade como um bem que deve atender a sua função social e poderá ser usada em caso de iminente perigo público e d) *propriedade como bem específico*: no art. 5º incisos XXVI trata da propriedade como um bem específico, dotada de características próprias, quando dispõe sobre a pequena propriedade rural, assim definida em lei, desde que trabalhada pela família, não será objeto de penhora para pagamento de débitos decorrentes de sua atividade produtiva.

A doutrina brasileira e a própria CRFB usam a expressão propriedade de forma ambígua, empregando ora como para designar uma relação entre o sujeito e o objeto, ora para determinar o objeto da relação, ora como princípio jurídico e como bem específico.

Sobre o direito à proteção da relação jurídica de propriedade, é necessário fazer a ressalva bem esclarecida por Derani (2002, p. 58):

> Propriedade traduz uma relação, sobre a qual recai uma proteção jurídica. Não é a propriedade um direito. Direito é sua proteção. Assim direito de propriedade é o direito à proteção da relação de um sujeito sobre um objeto. Somente aquela relação que preenche requisitos determinados pelo direito é passível de ser protegida.

Sobre o segundo sentido destacado no texto constitucional: propriedade privada como princípio jurídico, é necessário analisar a relevância do princípio para interpretação e aplicação das normas jurídicas. Os princípios constitucionais devem buscar a concretização dos objetivos da República, eleitos no art. 3º da CRFB

A propriedade indica uma relação entre um indivíduo e um objeto e também indica uma oposição entre o sujeito dessa relação e a universalidade de sujeitos que também poderiam pretender participar da relação, mas que estão excluídos em razão dos fundamentos do direito. (FIGUEIREDO 2008, p. 50).

A função social da propriedade cria um ônus do proprietário privado perante a sociedade, que recai sobre o desenvolvimento da relação de poder entre sujeito e objeto, que configura propriedade. O ônus significa que sua atuação deve trazer um resultado vantajoso para a sociedade, com consequência jurídica para garantia do direito (DERANI, 2002, p. 62):

> Em consequência, da mesma forma que é conferido um direito subjetivo individual para o proprietário reclamar a garantia da relação de propriedade, é atribuído ao Estado e à coletividade o direito subjetivo público para exigir do sujeito proprietário a realização de determinadas ações, a fim de que a relação de propriedade mantenha sua validade no mundo jurídico. O direito de propriedade deixa de ser, então, exclusivamente um direito-garantia do proprietário e se torna um direito-garantia da sociedade.

O art. 186 do texto constitucional determina que a função social é cumprida quando a propriedade rural atende requisitos econômicos, sociais e ambientais assim especificados: I — aproveitamento racional e adequado; II — utilização adequada dos recursos naturais disponíveis e preservação do meio ambiente; III — observância das disposições que regulam as relações de trabalho; IV — exploração que favoreça o bem-estar dos proprietários e dos trabalhadores.

Deve-se observar que o imóvel rural que não esteja cumprindo sua função social está suscetível de desapropriação para fins de reforma agrária, mediante prévia e justa indenização em títulos da dívida agrária, com cláusula de preservação do valor real, resgatáveis no prazo de até vinte anos, a partir do segundo ano de sua emissão, (art. 184 da CRFB), também chamada de desapropriação sanção, porém o próprio texto constitucional trouxe uma questão complexa quando dispõe no art. 185, II, que é insuscetível de desapropriação para fins de reforma agrária a propriedade produtiva.

A propriedade urbana cumpre sua função social quando atende às exigências fundamentais de ordenação da cidade expressas no plano diretor, que dependendo das condições constitucionais e legais, são passíveis de desapropriação com pagamento mediante títulos da dívida pública de emissão previamente aprovada pelo Senado Federal, com prazo de resgate de até dez anos, em parcelas anuais, iguais e sucessivas, assegurados o valor real da indenização e os juros legais.

Assim, o desenvolvimento nacional, objetivo da República, tem como pressuposto a garantia de direitos fundamentais e os princípios da ordem econômica, em especial a proteção ao meio ambiente em todos os seus aspectos e a função social da propriedade.

A CRFB atribui a todos os entes da federação o poder dever de proteger e defender o meio ambiente, por meio de competências constitucionais.

4 A REPARTIÇÃO DE COMPETÊNCIAS SOBRE MEIO AMBIENTE

É a Constituição da República que determina a competência de cada ente da Federação, bem como a forma de repartição de rendas, buscando evitar a eventual dependência entre as unidades federadas, que venha a prejudicar as suas respectivas autonomias. A autonomia se revela por competências próprias, possibilidade de auto-organização e escolha de seus governantes e dos membros do Poder Legislativo, que terão competência para legislar sobre as matérias fixadas no texto constitucional. Implica na descentralização política, administrativa e financeira do poder.

No que concerne à repartição de competências no Estado Federal, Dalmo Dallari (1986, p. 19) aponta alguns pontos fundamentais: a) é indispensável que não se estabeleça a supremacia da União, devendo haver equilíbrio que assegure a autonomia dos centros de poder; b) como regra, devem ser atribuídas ao poder central as competências de interesse geral, que importam ao conjunto federativo, ficando com as unidades federadas a competência para tratar de assuntos de interesse local; e, c) a enumeração das competências deve ser estabelecida na própria Constituição, prevendo-se, inclusive, no âmbito constitucional, o titular da competência residual ou remanescente.

As competências constitucionais estão expressas, principalmente, nos arts. 21, 22, 23, 24, 25 e 30. Entretanto, em diversos outros dispositivos constitucionais, existem matérias cuja competência é conferida a determinados entes da Federação, muito embora a maioria delas reflita desdobramentos das competências referidas nos artigos apontados.

A Constituição da República utilizou técnicas distintas para determinar a divisão de competências materiais, legislativas e tributárias. A competência material, também chamada administrativa ou "de execução", estabelece tarefas aos entes da Federação que deverão ser implementadas por meio de sua atuação administrativa. A competência legislativa confere a atribuição para produzir normas sobre matérias determinadas expressa ou implicitamente. A competência tributária refere-se ao poder atribuído às Unidades Federadas de instituir tributos nos limites constitucionalmente fixados.

Para Tércio Sampaio Ferraz Junior (1990) as normas de competências, são apenas as competências legislativas, uma vez que as competências chamadas materiais se adequam à outra espécie de normas, que seriam as normas de conduta. Afirma que competência é "uma forma de poder jurídico", e enquanto poder jurídico pode ser entendido como capacidade juridicamente estabelecida de criar normas jurídicas (ou efeitos jurídicos) por meio e de acordo com certos enunciados.

As normas que estabelecem competências são chamadas normas de competência, em oposição às chamadas normas de conduta. A diferença fundamental entre as duas estaria na consequência de sua violação. As normas de *conduta* estabelecem relações de coordenação e sua violação implica responsabilidade. As normas de competência estabelecem relações de subordinação e sua violação lhe afeta a eficácia. Ou seja, a violação das normas de competência importa em nulidade ou anulação dos atos. (FERRAZ Jr. 1990)

Ao estabelecer essa forma de poder jurídico, a norma de competência enuncia também as condições necessárias para o seu exercício, que usualmente se dividem em três grupos: a) as que delimitam qual sujeito está qualificado para realizar o ato criador da norma, que chama de *competência pessoal;* b) as que delimitam o procedimento a seguir, chamadas de *competência procedimental;* c) as que delimitam o alcance da norma criada com relação aos sujeitos passivos desta, à situação e ao seu tema, chamadas de *competência material* (FERRAZ Jr. 1990, p. 158)

Fora dos limites traçados pelas próprias normas, os atos de exercício são nulos e a norma criada por força deles é inválida, uma vez que as normas de competência estabelecem relações de subordinação, cujos correlatos são, de um lado, a competência e, de outro, a sujeição, e negativamente de um lado a incompetência e de outro a imunidade.

A classificação das competências constitucionais tradicional proposta por José Afonso da Silva (2016) diferencia as competências quanto à extensão em cinco grupos: a) exclusivas, b) privativas, c) comuns, cumulativas ou paralelas, d) concorrente, e) suplementar.

A **competência exclusiva** é atribuída a apenas uma entidade, com exclusão das demais. A União e os Municípios (art. 21 e art. 30, I) possuem competências exclusivas que lhes foram atribuídas expressamente, além das competências implícitas delas decorrentes, que também podem ser consideradas exclusivas. A competência exclusiva dos Estados é chamada de residual, uma vez que se refere a todas as atribuições que não foram vedadas pela CRFB, o que implica não terem sido designadas a nenhuma outra unidade da Federação (art. 25, § 1º) além das competências expressamente previstas nos §§ 2º e 3º do art. 225.

O art. 21 do texto constitucional determina competência exclusiva da União para elaborar e executar planos nacionais e regionais de ordenação do território e desenvolvimento econômico e social (art. 21, IX), explorar os serviços e instalações nucleares de qualquer natureza e exercer monopólio estatal sobre a pesquisa, a lavra, o enriquecimento e reprocessamento, a industrialização e o comércio e minérios nucleares e seus derivados (art. 21, XXIII), estabelecer as áreas e as condições para o exercício da atividade de garimpagem, em forma associativa (art. 21, XXV).

A *competência privativa* é aquela enumerada como própria de uma entidade, mas com possibilidade de delegação. O art. 22 da CRFB confere à União competência privativa para legislar sobre determinados assuntos. Entretanto em seu parágrafo único faculta ao legislador federal a concessão de autorização para os Estados legislarem sobre questões específicas relacionadas com o dispositivo constitucional, por meio de lei complementar. É a chamada delegação de competências.

Destaca-se a competência da União para legislar sobre águas, energia, informática, telecomunicações e radiodifusão (art. 22, IV); jazidas, minas, outros recursos minerais e metalurgia (art. 22, XII) e sobre atividades nucleares de qualquer natureza (art. 22, XXVI).

Para disciplinar a competência concorrente, existem duas técnicas conhecidas: a **cumulativa**, através da qual os entes podem avançar na disciplina das matérias desde que o ente originalmente competente não o faça; e a **não--cumulativa**, em que previamente as matérias são delimitadas em sua extensão.

O *caput* do art. 24 da CRFB estabelece a repartição de competência concorrente não-cumulativa, uma vez que estabelece a competência concorrente entre União, Estados e Distrito Federal, para legislar sobre determinados assuntos. No âmbito da competência concorrente à União cabe disciplinar as normas gerais e aos Estados cabe legislar sobre as normas específicas. Os §§ 3º e 4º estabelecem a repartição cumulativa, uma vez que criam a possibilidade de a lei estadual suprir a inexistência de lei federal, e determina a prevalência de norma geral superveniente da União, em face da norma geral contida em lei estadual.

Questão de extrema relevância quando tratamos de competência concorrente é identificar o que são "normas gerais". Tércio Sampaio Ferraz Jr. afirma que é necessário partir da distinção entre normas gerais e particulares. Do ponto de vista da lógica jurídica, as normas podem ser: gerais, particulares e individuais. Sendo esta distinção vista quanto ao conteúdo e quanto aos destinatários das normas. Quanto aos destinatários, a norma será geral quando se aplicar à universalidade deles, sem distinções (normas universais). Será particular quando se destina a uma coletividade ou categoria de destinatários (norma especial). Será individual quando se destina a um único endereçado. Quanto ao conteúdo, a norma será geral quando a matéria prescrita diz respeito a toda e qualquer ocorrência da espécie. Será particular quando assinala apenas um grupo ou parte da espécie. Será individual quando se limita a um único caso.

Quando o Texto Constitucional atribui competência para legislar sobre normas gerais, a linguagem constitucional pode estar tratando de normas gerais quanto ao conteúdo ou quanto ao destinatário. Somente a lógica não resolve o problema, a expressão exige também uma hermenêutica teleológica.

Toda matéria que extravasa o interesse circunscrito a uma unidade constitui matéria de norma geral. Ou seja, todos aqueles objetivos que não puderem ser alcançados por um dos entes individualmente, será matéria objeto do interesse de todos os entes federados.

O art. 24, que fixa a competência concorrente para legislar sobre florestas, caça, pesca fauna, conservação da natureza, defesa do solo e dos recursos naturais, proteção do meio ambiente e controle da poluição (art. 24, VI), proteção ao patrimônio histórico, cultural, artístico, turístico e paisagístico (art. 24, VII), responsabilidade por dano ao meio ambiente (art. 24, VIII), produção e consumo (art. 24, V).

A CRFB concede aos Estados e Distrito Federal a titularidade da competência complementar e supletiva. O § 2º, do art. 24 trata da competência complementar, pois os Estados e o Distrito Federal poderão promover a especificação das normas gerais e estabelecer condições de aplicação. O § 3º, do art. 24 estabelece a competência supletiva, pois na ausência de normas gerais da União, os Estados e o Distrito Federal poderão suprir a falta, legislando para atender as suas peculiaridades.

Caso especial é a competência supletiva conferida aos Municípios, por força do art. 30, II, da CRFB. Parte da doutrina entende que os Municípios apenas têm competência para regulamentar as normas legislativas federais e estaduais, para ajustar a sua execução às peculiaridades locais, como observa Tércio Sampaio Ferraz Jr. (1994). No mesmo sentido que Fernanda Almeida (2013), entende-se que os Municípios podem legislar suplementarmente, estabelecendo normas específicas sobre matérias objeto de normas gerais e, se for o caso, podem editar normas gerais sempre que necessário ao exercício das competências materiais comuns ou privativas dos Municípios.

Assim, a repartição concorrente estabelece que a regulamentação geral acerca da matéria é competência da União, cabendo aos Estados desenvolverem a legislação específica. Além disso, a Constituição faculta aos Estados regularem a matéria integralmente diante da inércia da União. E mais, diante da competência suplementar conferida pelo art. 30, II, da CRFB, aos Municípios, estes também são competentes para desdobrar a legislação estadual, consoante os assuntos de interesse local, bem como na falta de legislação federal e estadual, legislar integralmente, visando atender assuntos de interesse local.

As matérias atribuídas como competência comum a todos os entes da Federação são aquelas que exigem esforços conjuntos para que possam alcançar seus objetivos. Essa modalidade de repartição de competências é, na prática, de difícil implementação, uma vez que exige um alto índice de organização legislativa e administrativa. O próprio art. 23, em seu parágrafo único, estabelece que lei complementar deverá fixar normas para cooperação entre União, Estados, Distrito Federal e Municípios, visando ao equilíbrio do desenvolvimento e do bem-estar em âmbito nacional.

O art. 23 da CRFB estabelece as matérias cuja competência é comum a todos os entes da Federação, referentes ao meio ambiente e à mineração: a) competência comum para proteção do meio ambiente e do combate à poluição em todas as suas formas (art. 23, VI), proteger as florestas, a fauna e a flora (art. 23, VII), registrar e fiscalizar as concessões de direitos de pesquisa e exploração dos recursos hídricos e minerais em seus territórios (art. 24, XI) e combater as causas de pobreza e os fatores de marginalização, promovendo a integração social dos setores desfavorecidos.

As competências materiais são normas de conduta, segundo as lições de Tércio Ferraz Jr., e sua não observância implica em responsabilidade do gestor público. A compatibilização das políticas públicas deve ocorrer tanto no momento da elaboração e idealização dos objetivos e metas, quanto na execução eficiente e transparente.

5 CONCLUSÃO

A noção jurídica de meio ambiente está definida no art. 225 da CRFB, que dispõe sobre o direito de todos ao meio ambiente ecologicamente equilibrado e fixa os aspectos fundamentais do conceito de meio ambiente: a) é um bem de uso comum do povo; b) é um bem essencial à sadia qualidade de vida; e c) é necessário garanti-lo para as presentes e futuras gerações.

A análise destes aspectos revela a relação entre meio ambiente ecologicamente equilibrado em diversas dimensões: social, ecológica, econômica e cultural; e em todos os seus aspectos como meio ambiente natural (art. 225, § 1º da CRFB), artificial (art. 182 da CRFB), cultural (arts. 215 e 216) e do trabalho (art. 220, VII).

A CRFB de 1988 consagrou o meio ambiente como um direito fundamental e acolheu os princípios ambientais consagrados nas Declarações de Direito de forma louvável, e mais que isso, adotou o modelo econômico capitalista e fixou os parâmetros acerca da relação entre a propriedade privada, a atividade econômica e a preservação ambiental.

A noção de desenvolvimento sustentável mais difundida no Brasil foi proposta por Ignacy Sachs. Inicialmente Sachs afasta a noção amesquinhada de desenvolvimento como sinônimo de crescimento econômico e propõem uma teoria que envolve a dimensão da sustentabilidade social e ambiental, baseada em oito dimensões da sustentabilidade: social, cultural, ecológica, ambiental, territorial, econômica, política nacional e política internacional. (SACHS, 2002).

O sistema jurídico estabelecido pela Carta de 1988 adota todas as dimensões de desenvolvimento sustentável proposto por Sachs, quando expressamente exige a compatibilização das políticas sociais, econômicas, ambientais e culturais para promoção do desenvolvimento, que é um dos objetivos da República (art. 3º, II da CRFB), cujo conteúdo jurídico envolve a proteção do meio ambiente nos seus diversos aspectos: natural, artificial, cultural e do trabalho (arts 225, 182, 215, 216 e 200, VIII da CRFB), a ordem econômica (art. 170 da CRFB), a propriedade privada e função social da propriedade (art. 5º, XXII e XIII, 182 e 186 da CRFB).

ACRFB atribui a todos os entes da federação o poder dever de proteger e defender o meio ambiente, por meio de competências constitucionais. A classificação tradicional proposta por José Afonso da Silva (2016) diferencia as competências quanto à extensão em cindo grupos: a) exclusivas, b) privativas, c) comuns, cumulativas ou paralelas, d) concorrente, e) suplementar.

A concentração das competências constitucionais em matéria ambiental está prevista na técnica de repartição de competências legislativas concorrente (art. 24) e competência administrativa comum (art. 23).

O *caput* do art. 24 da CRFB estabelece a repartição de competência concorrente não-cumulativa, uma vez que estabelece a competência concorrente entre União, Estados e Distrito Federal, para legislar sobre determinados assuntos. No âmbito da competência concorrente à União cabe disciplinar as normas gerais e aos Estados cabe legislar sobre as normas específicas. Os §§ 3º e 4º estabelecem a repartição cumulativa, uma vez que criam a possibilidade de a lei estadual suprir a inexistência de lei federal, e determina a prevalência de norma geral superveniente da União, em face da norma geral contida em lei estadual.

O art. 24, que fixa a competência concorrente para legislar sobre florestas, caça, pesca fauna, conservação da natureza, defesa do solo e dos recursos naturais, proteção do meio ambiente e controle da poluição (art. 24, VI), proteção ao patrimônio histórico, cultural, artístico, turístico e paisagístico (art. 24, VII); responsabilidade por dano ao meio ambiente (art. 24, VIII), produção e consumo (art. 24, V).

A repartição concorrente estabelece que a regulamentação geral acerca da matéria é competência da União, cabendo aos Estados desenvolverem a legislação específica. Além disso, a CRFB faculta aos Estados regularem a matéria integralmente diante da inércia da União. E mais, diante da competência suplementar conferida pelo art. 30, II, da CRFB, aos Municípios, estes também são competentes para desdobrar a legislação estadual, consoante os assuntos de interesse local, bem como na falta de legislação federal e estadual, legislar integralmente, visando atender assuntos de interesse local.

As matérias atribuídas como competência comum a todos os entes da Federação são aquelas que exigem esforços conjuntos para que possam alcançar seus objetivos. Essa modalidade de repartição de competências é, na prática, de difícil implementação, uma vez que exige um alto índice de organização legislativa e administrativa. O próprio art. 23, em seu parágrafo único, estabelece que lei complementar deverá fixar normas para cooperação entre União, Estados, Distrito Federal e Municípios, visando ao equilíbrio do desenvolvimento e do bem-estar em âmbito nacional.

O art. 23 da CRFB estabelece as matérias cuja competência é comum a todos os entes da Federação, referentes ao meio ambiente: a) competência comum para proteção do meio ambiente e do combate à poluição em todas as suas formas (art. 23, VI); proteger as florestas, a fauna e a flora (art. 23, VII), registrar e fiscalizar as concessões de direitos de pesquisa e exploração dos recursos hídricos e minerais em seus territórios (art. 24, XI) e combater as causas de pobreza e os fatores de marginalização, promovendo a integração social dos setores desfavorecidos.

As competências materiais são normas de conduta, segundo as lições de Tércio Ferraz Jr., e sua não observância implica em responsabilidade do gestor público. A compatibilização das políticas públicas deve ocorrer tanto no momento da elaboração e idealização dos objetivos e metas, quanto na execução eficiente e transparente.

6 REFERÊNCIAS

COMPARATO, Fábio Konder. *Direitos humanos conquistas e desafios*. 2. ed. Brasília: Letraviva, 1999.

DALLARI, Dalmo. *O Estado Federal*. São Paulo: Ática. 1986.

DALLARI, Sueli. Direito à saúde. *Rev. Saúde Pública*, fev. 1988, Vol. 22, n. 1.

DERANI, Cristiane. *Direito ambiental econômico*. 3. ed. São Paulo: Max Limonad, 2008.

_____ . A propriedade na Constituição de 1988 e o conteúdo da "função social". In: *Revista de Direito Ambiental*. n. 27, ano 7 (julho-setembro de 2002).

FERRAZ JR. Tércio. Normas gerais e competência concorrente. In: *Revista Trimestral de Direito Público*. 7/94.

_____ . Competência tributária municipal. *Revista de Direito Tributário*, n. 54, São Paulo: RT, 1990.

FIGUEIREDO, Guilherme José Purvin de. *A propriedade no direito ambiental*. 3. ed. São Paulo: Revista dos Tribunais, 2008.

FIORILLO, Celso Antônio Pacheco. *Curso de Direito Ambiental Brasileiro*. 10. ed. São Paulo: Saraiva, 2017.

GUASTINI, Riccardo. *Das fontes às normas*. Trad. Edson Bini. São Paulo: Quartier Latin. 2005.

IBGE, Instituto Brasileiro de Geografia e Estatística. *Brasil em Síntese*, Brasília: IBGE, 2012.

_____ . *Mapa de Biomas do Brasil e o Mapa de Vegetação do Brasil*, Brasília: IBGE, 2004.

LUNO, Perez. *Los Derechos Fundamentales*. 8. ed. Madrid: Editorial Tecnos, 2005.

MACHADO, Paulo Affonso Leme *Direito ambiental brasileiro*. 25. ed. São Paulo: Malheiros, 2017

MARANHÃO, Ney. Meio ambiente do trabalho: descrição jurídico-conceitual. In: *Revista Direitos, trabalho e Política Social*. V. 2, n. 3, Jul/dez, 2016.

MILARÉ, Edis. *Direito do ambiente*. 11. ed. São Paulo: Revista dos Tribunais, 2018.

PRIEUR. Michel. *Droit de l'environnement, droit durable*. Bruxelles: Bruylant, 2014.

RODRIGUES, Marcelo Abelha. *Direto ambiental esquematizado*. 4. ed. São Paulo: Saraiva, 2017.

SACHS, Ignacy. *Caminhos para o desenvolvimento sustentável*. 2. ed. Rio de Janeiro: Garamond. 2002.

SARLET, Ingo Wolfgang. *A eficácia dos direitos fundamentais*. 13. ed. Porto Alegre. Livraria do Advogado. 2018.

SCHWATZ, Germano. Direito à saúde: abordagem sistêmica, risco e democracia. In: *Revista de Direito Sanitário*. Vol. 2, n. 1, março de 2001.

SEN, Armatya. *Desenvolvimento como liberdade*. Trad. Laura Teixeira. São Paulo. Companhia das Letras, 2005.

SILVA, José Afonso da. *Curso de direito constitucional positivo*. 39. ed. São Paulo: Malheiros 2016.

_____ . *Direito ambiental constitucional*. 10. ed. São Paulo. Malheiros, 2013.

TRINDADE, Antônio Augusto Cançado. *Direitos humanos e meio ambiente. Paralelo dos sistemas de proteção internacional*. Porto Alegre: Sergio Fabris Editor. 1993

A RESPONSABILIDADE CIVIL AMBIENTAL NA SOCIEDADE DE RISCO

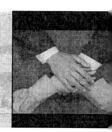

Nelson Rosenvald[*]
Felipe Peixoto Braga Netto[**]

1 NOTAS INTRODUTÓRIAS

Com verniz introdutório, buscamos fornecer — numa espécie de mosaico conceitual — uma visão ampla e breve do dano ambiental, suas especificidades e características. Para tanto, sumulamos, em frases sínteses, aquilo que imaginamos ser suas notas mais representativas.

Vejamos, pois, em mosaico conceitual, em frases sínteses:

(a) são, em regra, anônimos, sem autoria claramente configurada (pensemos, por exemplo, nas emissões de poluentes nas grandes cidades); (b) são, frequentemente, irreversíveis, não há como retornar ao estado de coisas anterior; (c) são, em regra, difusos, o que torna as vítimas socialmente dispersas no tecido social; (d) são danos cujas vítimas podem se protrair no tempo (nesse sentido, as vítimas dos danos ambientais, muitas vezes estão dispersas não só no tecido social espacial, mas também no tecido espacial temporal, simbolizando as futuras gerações); (e) ainda que se trate de um dano ambiental patrimonial, ele traz notas de extrapatrimonialidade (mesmo na proteção tradicional conferida ao microbem ambiental, haverá, reflexamente, uma proteção ao bem de uso comum, àquilo que é funcionalmente de todos); (f) a licitude da atividade é dado absolutamente irrelevante (isso significa, na prática, entre outras coisas, que a emissão de poluentes no limite da norma administrativa, por exemplo, não imuniza contra a indenização, ainda que seja um dado hermeneuticamente relevante); (g) os limites de tolerabilidade são analisados no caso concreto, de modo contextualizado (lembrando que a natureza apresenta não um equilíbrio estático, mas dinâmico); (h) trata-se de dano cuja quantificação é particularmente difícil (como, por exemplo, quantificar e ressarcir a extinção de certa espécie da fauna?); (i) as chamadas externalidades ambientais negativas não compreendem apenas o ambiente natural, mas também o cultural, o artificial e, segundo alguns, até o do trabalho (isto é, não só a cachoeira é protegida, mas também a igreja modelada pelo gênio de Aleijadinho, o prédio de Niemeyer etc.); (j) abandona-se, aqui, em muitos aspectos, a certeza do dano clássico, passando a operar com o conceito de probabilidade; (k) aceita-se, mais generosamente, inversões probatórias (mesmo sem base legal imediata, valendo-se do diálogo das

---

[*] Professor dos cursos de Doutorado e Mestrado do IDP/DF. Pós-Doutor em Direito Civil pela Universidade Roma Tre (IT). Pós-Doutor em Direito Societário pela Universidade de Coimbra (PO). Doutor e Mestre pela PUC/SP. Procurador de Justiça do Ministério Público de Minas Gerais.

[**] Doutor em Direito Civil pela PUC/RJ. Mestre em Direito Civil pela Universidade Federal de Pernambuco; Procurador da República do Estado de Minas Gerais.

fontes); (l) aceita-se, de igual modo, flexibilizações ou até presunções do nexo de causalidade (por exemplo, como comprovar o nexo causal na chamada poluição histórica, que resulta na acumulação, sucessiva e progressiva, de dejetos? Alude-se, por isso, ao "império da dispersão do nexo causal"); (m) alguns advogam, em relação ao nexo causal na área ambiental, o abandono das teorias normalmente aceitas, passando-se a adotar outras, mais próprias às especificidades do dano ambiental (como, por exemplo, a causalidade alternativa, quando há dois ou mais fatores que poderiam, isoladamente, causar o dano, mas não se sabe quem foi o real causador. Segundo a teoria mencionada, aceita-se a responsabilização do grupo); (n) o conceito de risco assume tons mais fortes no dano ambiental, abarcando perigos que, embora prováveis, não são certos (não por acaso, praticamente todos os autores fazem menção à sociedade de risco no direito ambiental); (o) os princípios da prevenção e da precaução autorizam a imposição de medidas preventivas e precaucionais mesmo sem danos consumados (o conceito de abuso de direito, previsto no art. 187 do CC, pode ser hermeneuticamente útil, já que não exige dano); (p) alguns autores mencionam (embora não concordemos) que aplica-se, no direito ambiental, a teoria do risco integral (trata-se, no entanto, de particularidade extremamente relevante do debate, por isso merece um tópico próprio); (q) aceita-se, de modo mais intenso, a responsabilidade solidária do ofensor indireto (já se decidiu que responde civilmente "quem faz, que não faz quando deveria fazer, quem deixa de fazer, quem não se importa que façam, quem financia para que façam, e quem se beneficia quando outros fazem" (STJ, REsp n. 650.728, rel. Min. Herman Benjamin); (r) ao contrário do comum dos danos, o dano ambiental traz, segundo a jurisprudência, a nota da imprescritibilidade (tratando-se de direito eminentemente difuso, não faria sentido punir a sociedade pela inércia de alguns, como apregoa a filosofia de feição individualística); (s) embora o direito de danos do século XXI tenha nítida preocupação preventiva, essa preocupação é ainda mais forte no direito ambiental (à luz, sobretudo, do princípio da precaução); (t) o bem ambiental — a natureza — passou por curiosa evolução conceitual: de *res nullius* para *res communis omnium* (de coisa sem dono, desprezível, para coisa de uso comum); (u) o conceito de dano ambiental não é utilitarista, ou seja, independe da utilidade *humana* do bem (há dano ambiental na extinção de uma espécie da fauna ou flora, mesmo que não haja nenhum prejuízo para a humanidade nessa extinção); (v) são danos potencialmente transnacionais, que não respeitam fronteiras geográficas ou conhecem limites de competência entre países; (w) em conexão conceitual com o item anterior, são danos que exigem uma abordagem transdisciplinar e holística, ou seja, é conceitualmente incorreto e operacionalmente inadequado abordá-los sem o amparo do conhecimento de outras ciências que estudam, sob outras perspectivas, o meio ambiente (para ficar num único exemplo, lembremos que seria impossível realizar um Estudo de Impacto Ambiental com estritos conhecimentos jurídicos).

De todos os pontos acima selecionados, separamos para o debate a sociedade de risco no direito ambiental, pois o conceito de risco assume tons mais fortes no dano ambiental, abarcando perigos que, embora prováveis, não são certos.

2 SINGULARIDADES, PRESSUPOSTOS E NOVAS FUNÇÕES

Vivemos entre riscos. Em boa medida, nossa sociedade é definida por eles.[1] A responsabilidade civil, nesse contexto, é continuamente chamada a assumir novas funções, algumas inéditas para os padrões clássicos. O instituto renova-se com as mudanças sociais, dialogando, permanentemente, com os princípios constitucionais e com as cláusulas gerais inseridas nos códigos e nas leis. Cada vez mais se preocupa em valorizar o ser humano concretamente considerado, em processo que se convencionou chamar de "repersonalização", ao contrário do que havia nos séculos passados, permeados por intenso patrimonialismo individualista. Seja como for, há sempre um delicado equilíbrio a ser buscado entre o desenvolvimento tecnológico e a proteção dos direitos fundamentais — permanentemente ameaçados nas sociedades de risco contemporâneas.

A responsabilidade civil afasta-se de sua função puramente repressiva e ganha uma cor preventiva. Passa a lidar continuamente com a noção de risco.[2] O dano não é mais aquele individualizado e cercado de absoluta certeza, mas abrange os perigos que, embora prováveis, não são certos (princípio da precaução).[3] Há, também, o dever de

---

(1) A referência teórica mais consistente, a propósito, é Ulrich Beck, que argumenta haver a globalização dos riscos civilizacionais, e que a concretude do risco não respeita fronteiras nacionais (BECK, Ulrich. *Sociedade de risco — rumo a uma outra modernidade*. 2. ed. Trad. Sebastião Nascimento. São Paulo: Editora 34, 2011).
(2) Conferir: CARVALHO, Délton Winter de. A tutela constitucional do risco ambiental. In: LEITE, José Rubens Morato; FERREIRA, Heline Sivini; BORATTI, Larissa Verri (Org.). *Estado de direito ambiental*: tendências. Rio de Janeiro: Forense Universitária, 2010. p. 262-282.
(3) As primeiras referências à ideia de precaução parecem ter surgido por volta de 1970, a partir dos escritos de Hans Jonas (ver, por exemplo, *El principio de responsabilidad*: ensayo de una ética para la civilización tecnológica. Barcelona: Herder, 1995). Só, porém, mais tarde — em torno da década de 1990 —, é que o princípio passa a receber maior atenção, sendo previsto e consagrado em tratados internacionais, e incorporado, aos poucos, às legislações de diversos países. O princípio busca, de certo modo, impor uma "responsabilidade pelo futuro", porém não pode ser confundido com um princípio de medo ou irracionalidade. Cf.: ARAGÃO, Maria Alexandra de Sousa. Princípio da precaução: manual de instruções. *Revista do Centro de Estudos de Direito do Ordenamento, do Urbanismo e do Ambiente (RevCEDOUA), n.* 22, Coimbra: Faculdade de Direito da Universidade de Coimbra, 2008. p. 9-57.

internalizar externalidades ambientais negativas (princípio do poluidor-pagador). Ele atua não só impondo o dever de reparar os danos causados, mas sobretudo impondo aos poluidores o dever de incorporar às suas sistemáticas produtivas os custos com a prevenção de impactos ambientais.[4] Não podemos, em absoluto, vislumbrar no princípio do poluidor-pagador uma espécie de autorização para poluir (algo como: basta pagar que se pode poluir). Ele tem, ao contrário, nítida feição preventiva. Ademais, o diálogo, por assim dizer, entre as gerações fortalece a ideia de equidade. Cria-se um dever, para as atuais gerações, de conservar as opções e oportunidades para as gerações que nos sucedam.[5]

Conforme já pontuamos, a responsabilidade civil, no século XXI, é chamada a assumir novas funções.[6] Na seara ambiental, isso se põe de modo particularmente forte, já que muitas e variadas são as particularidades que o dano ambiental agrega (além das dificuldades próprias do nexo causal e dos ofensores e vítimas igualmente difusos). A responsabilidade civil clássica — com sua feição individualística, com danos precisos e delimitados — dificilmente se mostraria suficiente na matéria. Outro ponto é o seguinte: não cabe — hoje sabemos claramente — uma proteção puramente repressiva, *post factum*, que desconsidere a dimensão preventiva. Sem falar que não nos satisfaz, como sociedade, que percamos irreversivelmente riquezas ambientais e tenhamos em contrapartida indenizações pecuniárias.[7] Nesse sentido, argumenta-se que "a responsabilização civil, em sua forma tradicional, tem como meta um *post fato*, pois se trabalha com o dano já ocorrido. Há necessidade de adaptação do sistema de responsabilidade civil, reexaminado o nexo de causalidade, tolerabilidade, aceitabilidade, exclusão de responsabilidade e tratar da complexidade da lesividade ambiental: são elementos imprescindíveis às novas necessidades do modelo de responsabilidade por dano ambiental".[8]

A responsabilidade civil dos nossos dias mudou a direção do olhar. Não mais a culpa como fundamento exclusivo. Exigir a culpa como requisito genérico de responsabilização seria, atualmente, equivocado, não nos atenderia socialmente. Lidamos continuamente com o conceito de risco. Social e juridicamente, lidamos com o conceito de risco. Não por acaso, nossa sociedade é chamada sociedade de risco, por muitas e óbvias razões. Na seara ambiental, há quem defenda que vivemos uma situação de irresponsabilidade organizada, representada por uma multiplicidade de normas ambientais com forte efeito simbólico, mas de diminuta efetividade prática.[9]

A responsabilidade civil no direito ambiental é objetiva, no Brasil, mesmo antes da Constituição de 1988. Desde 1981, com a Lei da Política Nacional do Meio Ambiente (Lei n. 6.938/81, art. 14, § 1º), o dever de indenizar, na matéria, prescinde do elemento culpa, exigindo apenas o dano e o nexo causal. A lei mencionada consignou que poluidor é a pessoa física ou jurídica, de direito público ou privado, responsável, direta ou indiretamente, por atividade causadora de degradação ambiental (art. 3º, IV). Em matéria ambiental, é irrelevante a licitude ou ilicitude da atividade que causou o dano (na verdade, ilicitude não se confunde com responsabilidade civil. Tanto a responsabilidade civil pode resultar de atos lícitos, como nem sempre a eficácia da ilicitude se espelha no dever de indenizar. Não há, portanto, equivalência conceitual entre ilicitude e responsabilidade civil). Particularmente, na seara ambiental, isso se mostra praticamente pacífico entre os doutrinadores. Desse modo, "no direito brasileiro, a licitude da atividade não constitui causa de exclusão da responsabilidade civil. Assim, mesmo que atendido o *standard* legal para determinado poluente, se sobrevier o dano ambiental, haverá o dever de repará-lo".[10]

Podemos portanto dizer que a responsabilidade civil ambiental, entre nós, começou a ganhar maior densidade normativa a partir da Lei de Política Ambiental (Lei n. 6.938), em 1981, tendo adquirido singular força a partir das disposições da Carta de 1988, que tão generosa foi com o meio ambiente, dedicando-lhe um capítulo próprio.

---

(4) Assim, na proteção do meio ambiente, "o instituto vê suas finalidades básicas mantidas, mas certamente redesenhadas, passando a prevenção (e, pelas mesmas razões, até o caráter expiatório) a uma posição de relevo, *pari passo com a reparação*" (BENJAMIN, Herman V. Responsabilidade civil pelo dano ambiental. *Revista de Direito Ambiental*, São Paulo, v. 3, n. 9. p. 5-52, jan./mar. 1998. p. 15).

(5) Ver, a propósito: KISS, Alexandre. Os direitos e interesses das gerações futuras e o princípio da precaução. In: VARELLA, Marcelo Dias; PLATIAU, Ana Flávia Barros (Org.). *Princípio da precaução*. Belo Horizonte: Del Rey, 2004. p. 1-12.

(6) Para um aprofundamento da discussão, pedimos licença para remeter a: ROSENVALD, Nelson. *As funções da responsabilidade civil*. São Paulo: Atlas, 2013.

(7) O que não significa, porém, em absoluto, que devamos menosprezar a responsabilidade civil em matéria ambiental. Como anotou, em paráfrase feliz, Herman Benjamin, a responsabilidade civil é a pior resposta que o Direito Privado pode dar às vítimas da degradação ambiental, até considerarmos as alternativas. (BENJAMIN, Herman V. Responsabilidade civil pelo dano ambiental. *Revista de Direito Ambiental*, São Paulo, v. 3, n. 9. p. 5-52, jan./mar. 1998).

(8) LEITE, José Rubens Morato; MOREIRA, Danielle de Andrade. Sociedade de risco, danos ambientais extrapatrimoniais (morais) e a jurisprudência brasileira. *Revista OABRJ*, Rio de Janeiro, v. 26, n. 1. p. 104-144, jan./jun. 2010.

(9) Nesse contexto, "o Direito Ambiental, especialmente o sistema jurídico da responsabilidade civil, acaba por exercer uma função meramente figurativa na sociedade de risco, operando de forma simbólica diante da necessidade de uma efetiva proteção do meio ambiente" (LEITE, José Rubens Morato; MOREIRA, Danielle de Andrade. Sociedade de risco, danos ambientais extrapatrimoniais (morais) e a jurisprudência brasileira. *Revista OABRJ*, Rio de Janeiro, v. 26, n. 1. p. 104-144, jan./jun. 2010).

(10) STEIGLEDER, Annelise Monteiro. *Responsabilidade civil ambiental*. Porto Alegre: Livraria do Advogado, 2011. p. 113.

Anteriormente à Lei n. 6.938/81 deve ser mencionado o Decreto n. 79.347/77, que promulgou a Convenção Internacional sobre responsabilidade civil por poluição do mar por óleo, e a Lei n. 6.453/77, que estatuiu a responsabilidade objetiva nos casos de danos nucleares. Mais recentemente — na mesma linha da responsabilidade sem culpa que já faz parte de nossa tradição legislativa em relação à matéria —, temos a Lei de Biossegurança (Lei n. 11.105/05, art. 20) e a Lei sobre rejeitos radioativos (Lei n. 10.308/01, art. 19).

Convém mencionar, ainda, nesse contexto, a Lei de Crimes Ambientais (Lei n. 9.605/98). Embora voltada aos aspectos penais, trouxe dispositivo relativo à responsabilidade civil (art. 5º), que foi vetado. Não obstante isso, há reflexos incidentais na reparação do dano em vários institutos dessa lei. Por exemplo, a transação somente poderá ser formulada diante da prévia composição do dano ambiental (art. 27); na suspensão condicional do processo, a declaração de extinção de punibilidade dependerá de laudo de constatação de reparação do dano ambiental (art. 28); do mesmo modo no que toca à execução (art. 17); na imposição de penas restritivas de direito, a reparação do dano também é fator relevante a ser considerado pelo juiz (arts. 9º e 12). Há, ainda, a possibilidade da imposição do dever de indenizar na própria sentença penal condenatória (art. 20).

Costuma-se apontar a solidariedade — ao lado do caráter objetivo, não culposo — como nota peculiar da responsabilidade civil em matéria ambiental. Não há, porém, muita singularidade no ponto. A solidariedade é a regra na reparação civil no Brasil há cerca de um século. Desde o Código Civil de 1916, sempre que a ofensa tiver mais de um causador, todos respondem solidariamente. O que nos parece particularmente severo no direito ambiental — e talvez aí esteja a nota singular — é que amplia-se, significativamente, em certos casos, a importância da participação indireta, como na conhecida hipótese de responsabilizar o novo proprietário pela degradação promovida pelo antigo dono. Isso, de fato, é algo forte (à luz do nexo causal), digamos assim. Em se tratando de dano ambiental, a "continuidade delitiva é motivo bastante para a condenação atual da indústria poluente, não obstante tenha o dano sido provocado também por algum antecessor no tempo. É nisso que reside a indenização por responsabilidade objetiva solidária dos danos causados ao meio ambiente".[11]

Convém lembrar — conforme já frisamos nesta obra — que na apuração do nexo de causalidade no âmbito da responsabilidade civil solidária, não se discute percentagem, nem maior ou menor participação da conduta do agente no resultado do dano (STJ, REsp n. 1.236.863). Do contrário, de pouco ou nada valeria a imposição da solidariedade, pois o instituto busca, essencialmente, facilitar a indenização das vítimas. Elucidativo, nesse sentido, são os verbos usados em julgado que busca caracterizar quem são os responsáveis pelo dano ambiental: "quem faz, que não faz quando deveria fazer, quem deixa de fazer, quem não se importa que façam, quem financia para que façam, e que se beneficia quando outros fazem" (STJ, REsp 650.728). Temos, portanto, de modo amplo, a responsabilidade civil não só de poluidores diretos, mas também indiretos. Em outras palavras, perde relevância, no direito ambiental, a distinção entre causa principal e causa secundária do dano. Causas isoladas ou concorrentes, principais ou secundárias, simultâneas ou passadas, todas podem, de algum modo, ter relevância no mecanismo da responsabilidade ambiental.

Nessa ordem de ideias, tem-se aceito, inclusive, que as instituições financeiras respondam por danos relacionados aos empreendimentos que financiam. Observe-se que a única conduta da instituição financeira foi conceder o empréstimo. Ainda assim, responderá pelo dano, mesmo que tenha exigido, no momento da celebração do negócio jurídico, os documentos autorizantes (como alvarás, licenças ambientais etc.). Trata-se, sem dúvida, de postura hermenêutica que potencializa a figura do poluidor indireto e prestigia a causa (ou uma delas) secundária do dano.[12]

Sob o prisma processual, a regra, no dano ambiental, é o litisconsórcio facultativo (STJ, AgRg no AREsp n. 432.409; AgRg no AREsp n. 224.572). Se a responsabilidade civil dos degradadores ambientais é solidária, abran-

---

(11) NERY JR., Nelson; NERY, Rosa Maria B. de Andrade. Responsabilidade civil, meio ambiente e ação coletiva ambiental. In: BENJAMIN, Herman (Org.). *Dano ambiental*: prevenção, reparação e repressão. São Paulo: Revista dos Tribunais, 1993. p. 284. Podemos dizer que o direito da responsabilidade civil se transforma para englobar os novos riscos, que não podem ser subestimados (Cf.: OST, François. *A natureza à margem da lei*: a ecologia à prova do direito. Lisboa: Instituto Piaget, 1998. p. 118).

(12) No sentido de uma ampla responsabilização das instituições financeiras na hipótese: GRIZZI, Ana; BERGAMO, Cintia; HUNGRIA, Cynthia; CHEN, Josephine. *Responsabilidade civil ambiental dos financiadores*. Rio de Janeiro: Lumen Juris, 2003. Também: RASLAN, Alexandre Lima. *Responsabilidade civil ambiental do financiador*. Porto Alegre: Livraria do Advogado, 2012. Steiglder chega a dizer que mesmo que o "explorador da atividade tenha licenciamento ambiental e esteja cumprindo as condicionantes, se a atividade se revelar em concreto lesiva ao meio ambiente, responderão, solidariamente, pelos danos a instituição financeira e o empreendedor" (STEIGLDER, Annelise Monteiro. Responsabilidade civil das instituições financeiras ambientais. *Revista Jurídica do Ministério Público do Estado de Mato Grosso*, n. 2, Cuiabá: Entrelinhas, jan./jul. 2007. p. 114). Não só nas análises monográficas, mas também em obras mais amplas, encontram-se posições semelhantes, como se nota nos cursos de Paulo Affonso Leme Machado e Paulo de Bessa Antunes. Já Édis Milaré — depois de corretamente citar as posições contrárias à sua — adota postura um pouco diversa. Entende possível a responsabilização solidária da instituição financeira apenas quando não tiver havido uma adequada análise da documentação relativa à regularidade ambiental. Nos demais casos, sustenta, não haveria responsabilidade, pois inexistiria nexo causal.

gendo poluidores diretos e indiretos, causas principais e secundárias, o autor da ação pode escolher contra quem litigar (um, mais de um, ou todos). Há, porém, situações em que o STJ exige o litisconsórcio necessário (como, por exemplo, entre o loteador e o adquirente se este, por mão própria, altera a situação física ou realiza obras no lote que, ao final, precisarão ser demolidas ou removidas: REsp n. 901.422; Resp n. 1.194.236; REsp n. 405.706).

Aponta-se ainda a imprescritibilidade como algo a caracterizar os danos ambientais. O argumento é que, tratando-se de direito eminentemente difuso, não faria sentido punir a sociedade pela inércia de alguns. Não caberia, desse modo, transpor a filosofia de feição individualística para a transindividualidade que caracteriza um macrobem da coletividade. Esse ponto também tem reflexos na análise das excludentes de responsabilidade civil. Não faria sentido, por exemplo, sequer em tese, mencionar a culpa exclusiva da vítima, já que a vítima é difusa, é a própria coletividade.

Decidiu-se, nesse sentido, que a "ação de reparação ou recuperação ambiental é imprescritível" (STJ, REsp n. 647.493). Posteriormente argumentou-se que "no conflito entre estabelecer um prazo prescricional em favor do causador do dano ambiental, a fim de lhe atribuir segurança jurídica e estabilidade, com natureza eminentemente privada, e tutelar de forma mais benéfica bem jurídico coletivo, indisponível, fundamental, que antecede todos os demais direitos — pois sem ele não há vida, nem saúde, nem trabalho, nem lazer —, este último prevalece, por óbvio, concluindo pela imprescritibilidade do direito à reparação do dano ambiental" (STJ, REsp n. 1.120.117). Os direitos difusos, de índole transindividual, exigem modelos de pensamento diversos daqueles formulados para os direitos clássicos, moldados a partir do perfil da propriedade. Outro aspecto argumentativo relevante, na espécie, é que os danos ambientais não raro apresentam-se diferidos no tempo, isto é, nem sempre são constatáveis, em todos os seus contornos, no momento em que as lesões estão correndo. Alguns até cortam gerações, em silenciosa (e perigosa) cumulatividade.

Cremos, porém, que a imprescritibilidade só se aplica aos danos difusos, relativos ao macrobem ambiental. Quando estivermos diante de uma lesão individual, ao microbem ambiental, incidem as regras de prescrição do direito de danos (CC, art. 206, § 3º, V). A própria argumentação para defender a imprescritibilidade leva a essa conclusão. Alude-se, como fundamento argumentativo para afastar a prescrição, o caráter difuso, transindividual, do bem. No Brasil, conforme já pontuamos, o dano ambiental raramente é alegado em juízo como prejuízo próprio, individual, de determinado cidadão. Quase sempre estamos diante de relevantes demandas coletivas.

Cabe algo a dizer — embora o tema já tenha sido vastamente analisado nesta obra —, neste tópico, acerca das novas funções da responsabilidade civil. Cresce a percepção — aliás, um tanto óbvia — de que mais importante do que imputar reparações é preservar o bem jurídico que, violado, quase sempre não aceita a adequada recomposição (sobretudo em casos de direitos fundamentais). Desse modo, "a responsabilidade civil pode ser melhor utilizada em suas funções preventiva, precaucional, pedagógica e inibitória do dano ambiental futuro ou em face do risco ambiental, pois havendo dano estaremos trabalhando com uma degradação de difícil reparação".[13]

Existem, segundo ANDRÉ TUNC, duas concepções de prevenção para a teoria moderna da responsabilidade civil. Em uma delas, a mais tradicional, a prevenção se dá mediante ameaça de uma sanção imposta a determinada atividade ou conduta. A outra função, denominada genérica, busca impedir, mediante regulação, que o risco irrazoável se realize (se ele, porém, ocorrer, deverá haver indenização). CAITLIN MULHOLLAND lembra que o "que determina em última instância esta obrigação reparatória é, em grande medida, a capacidade de dada sociedade de suportar os custos sociais dos riscos criados pela atividade desenvolvida: quanto mais desenvolvida uma sociedade, menor é sua tolerância para os danos causados em consequência dos riscos gerados pela atividade".[14] Sendim, a seu turno, faz menção à vocação preventiva da responsabilidade civil, argumentando que além da segurança jurídica que vem da certeza da imputação (fazendo com que o eventual poluidor evite o dano), há ainda a conscientização da necessidade da preservação.

3 DE QUE DIREITO CIVIL ESTAMOS FALANDO? AJUSTANDO A ESCALA DE COMPARAÇÃO

Ao percorrermos a — excelente — literatura brasileira jurídico-ambiental, notamos um fato curioso (em muitos, talvez na maioria dos autores) Alude-se, frequentemente, à responsabilidade civil ambiental para diferenciá-la da

---

(13) LEITE, José Rubens Morato; AYALA, Patryck de Araújo. *Dano ambiental*: do individual ao coletivo extrapatrimonial. São Paulo: Revista dos Tribunais, 2011. p. 20-21. Em outra passagem, mais adiante (p. 139), os autores citados dizem que podemos falar, inclusive, em um "efeito difuso da prevenção", ou "efeito preventivo indireto", já que os efeitos da condenação do degradador à reparação do dano estimulam atitudes por parte daqueles envolvidos em situações semelhantes, no sentido de tomar certas medidas para evitar que outros danos ambientais sejam causados.

(14) Cf.: MULHOLLAND, Caitlin Sampaio. *A responsabilidade civil por presunção de causalidade*. Rio de Janeiro: GZ, 2010. p. 294.

responsabilidade civil dita tradicional (do direito civil). E ao se mencionar esta — como algo a ser superado, invariavelmente — mencionam-se características e exemplos que talvez fossem apropriados para o direito civil vivido e aplicado nos séculos passados, porém não neste.

Talvez a oposição — com as cores fortes em que é feita — fosse exata se estivéssemos comparando o direito ambiental de hoje com o direito civil do século XIX, ou talvez de parte do século XX. Não, porém, em relação ao direito civil brasileiro de hoje — dos livros, da academia ou dos tribunais (em especial, do STJ). Para ficarmos numa única cláusula geral (poderíamos falar da boa-fé objetiva e suas múltiplas funções, do abuso de direito, dentre tantas outras), citemos a teoria do risco (CC, art. 927, parágrafo único). É a cláusula geral da responsabilidade objetiva no Código Civil. A teoria do risco, tão relevante e de tantas potencialidades hermenêuticas no direito ambiental, tem — como se sabe — consagração legislativa no Código Civil.

Sejamos — ou tentemos ser — um pouco mais claros.

Não se nega, em absoluto, que a responsabilidade civil ambiental traga notas particulares. Nem tampouco seríamos levianos em afirmar que as características geralmente relacionadas à responsabilidade civil ambiental são falsas. Em absoluto, são verdadeiras e muito adequadas. O único ponto que merece (ligeira) correção é o seguinte: alude-se ao direito civil como se estivéssemos falando do direito civil dos pandectistas. O direito civil talvez seja o setor — ou um deles — que mais se reformulou nas últimas décadas, que mais se arejou com os benfazejos ventos constitucionais. As mudanças, podemos assegurar, são profundas e imensas. Nem tanto legislativas, mas conceituais, hermenêuticas (que são as verdadeiramente profundas). Sente-se que os ambientalistas aludem a algo que existiu, mas talvez não exista mais (pelo menos não como se pensa que existe).

Enfim, a oposição que se faz — da forma como se faz — é esquemática e talvez cientificamente imprecisa. Falta, talvez, conhecimento um pouco mais exato de um dos polos da comparação (o direito civil; por exemplo, a responsabilidade civil objetiva, hoje, no direito privado, tem mais casos e hipóteses que a subjetiva). A responsabilidade civil, enfim, que tanto elogiamos neste livro por suas características iconoclastas e velozes, não apresenta essa face *apenas* no direito ambiental. A sua verdadeira face, hoje, é essa, esteja ela no campo temático em que estiver. Aliás, a dignidade humana e a solidariedade social não conhecem campos ou setores imunes às suas luzes. Ou seja: as especificidades da responsabilidade civil ambiental existem, mas o padrão de comparação tem sido, em muitos casos, equivocado, não corresponde à realidade atualmente existente.

4 ANTIGAS ESTRUTURAS E NOVAS FUNÇÕES: UM NOVO OLHAR PARA O NEXO CAUSAL

A refuncionalização que a responsabilidade civil atual experimenta evidencia-se, com muita clareza, no direito ambiental. Não são poucos nem fáceis os desafios que o direito dos danos trilhará por aqui. Não convém, em absoluto — como advertiu HERMAN BENJAMIN —, menosprezar a responsabilidade civil nesse campo.[15] Aliás, a responsabilidade civil talvez seja o instituto que mais se renova a partir de mudanças sociais. Houve, nas últimas décadas, intensa produção jurisprudencial a respeito do tema — o que permitiu renovar, criativamente, boa parte dos postulados teóricos aplicáveis à disciplina. Após a Segunda Guerra, muitos juristas europeus, sobretudo alemães e italianos, voltaram suas atenções teóricas para a jurisprudência, afastando-se da redoma conceitual de abstração e conceitualismo puro que por muito tempo marcou os estudos jurídicos, sobretudo na literatura civilística.

Podemos dizer que a responsabilidade civil, em boa medida, está sendo recriada pela doutrina e pela jurisprudência. Novas funções surgem, novos campos recebem as luzes da sua atuação. Não exageraríamos, aliás, se afirmássemos, em retrospecto histórico, que boa parte das conquistas teóricas (e funcionais) da responsabilidade civil ocorreram não a partir do literalismo legal, mas a partir de construções em certo sentido rebeldes às disposições normativas (foi assim com a teoria do risco, na Europa, nos séculos passados). Evoluímos socialmente não só incor-

---

(15) Herman Benjamin lembra que desprezar a responsabilidade civil em nada ajudaria o meio ambiente, mandando ao mercado e a todos os cidadãos uma mensagem de desequiparação jurídica: ao causador dos chamados danos comuns, toda a força da responsabilidade civil; ao grande e multifacetário degradador ambiental, o perdão ilimitado e generoso do ordenamento. O autor alude ao *"(re)aparecimento da responsabilidade civil, como ingerência jurídica de certo modo atrasada no movimento de proteção ambiental. Antes tarde do que nunca, dir-se-ia"*. No mesmo sentido, mais adiante, consigna que *"a valorização recente da responsabilidade civil no universo da proteção do meio ambiente não se dá pela transposição automática e integral de sua formulação passada, mas pela constituição, sobre bases convencionais, de um modelo jurídico profundamente repensado, com características bastante peculiares e cujo traçado mais preciso só recentemente passou a ser desenhado"* (BENJAMIN, Herman V. Responsabilidade civil pelo dano ambiental. *Revista de Direito Ambiental*, São Paulo, v. 3, n. 9. p. 5-52, jan./mar. 1998).

porando novos conhecimentos, mas incorporando, sobretudo, novos modos de percepção. Aliás, sabedoria não é o mero conhecimento, mas o uso ético dele.

Particularmente, na responsabilidade civil ambiental, as dificuldades são muitas. Há, em certo sentido, um conflito entre antigas estruturas e inéditas funções (anotemos de modo lateral: não deixa de ser sedutor trabalhar num edifício em construção, em algo cujas respostas não estão prontas, estão sendo construídas). Em relação ao nexo causal, por exemplo, percebe-se a insuficiência dos critérios clássicos para atender às especificidades da danosidade ambiental. Caminhamos — não só no direito ambiental, mas na responsabilidade civil objetiva como um todo — para uma análise cada vez mais severa das excludentes de responsabilidade civil, não as aceitando como aptas a romper o nexo causal entre o dano e a ação ou omissão relacionadas. O nexo causal, nessa perspectiva, torna-se menos naturalístico e mais ligado a nexos de imputação juridicamente construídos. A inversão do ônus da prova e as presunções são progressivamente utilizadas na responsabilidade civil ambiental.

O direito ambiental conta com sujeitos difusos, que se espraiam não só geográfica, mas também temporalmente (as gerações futuras). As vítimas dos danos são, nesse sentido, difusas, muitas vezes sequer nascidas. O direito ambiental sugere ou impõe uma visão menos individualista, menos centrada no sujeito e no seu patrimônio. Os ofensores, por vezes, também são difusos, nem sempre facilmente identificáveis. Aliás, o direito do século XXI se timbra, em boa medida, pelo pluralismo (pluralismo das concepções de mundo, dos sujeitos protegidos pelas normas, das próprias normas, oriundas de fontes diversas, dos interesses tutelados e da própria filosofia, fundada no diálogo, na razão argumentativa). O direito ambiental, de índole eminentemente difusa, não opera na lógica do *um-contra-um*.

Os danos, no campo ambiental, colorem-se de especificidades. Também aqui o direito ambiental manifesta seu pendor iconoclasta. Altera notas do direito por assim dizer clássico. Estamos diante de danos complexos que não têm um foco de emissão claro e linear. Para ficarmos num único exemplo, lembremos da chamada poluição histórica, que resulta da acumulação, sucessiva e progressiva, de dejetos de ordem variada recebidos pelo meio ambiente natural. Sem falar que as lesões ambientais são tão complexas que nem sempre se situam no domínio das causas visíveis. Lida-se não mais com a certeza do dano clássico, mas com a probabilidade.[16] Não mais (apenas) o dano atual, mas também o dano futuro. Seja atual ou futuro, a quantificação, em quase todos os casos, é dificílima, reveste-se de complexas variáveis. Como, por exemplo, quantificar e ressarcir a extinção de certa espécie da fauna? Ou mesmo a contaminação de lençóis freáticos?

A responsabilidade civil atual, ademais, orienta-se por uma maior preocupação com a vítima do dano e também por uma maior atenção ao bem jurídico tutelado. Na seara ambiental, a relevância do bem jurídico tutelado — um macrobem, bem de uso comum do povo, na dicção constitucional — ilumina as respostas hermenêuticas às complexas questões que se põem (cabendo, nesse sentido, uma filtragem ética para distinguir bens patrimoniais de bens extrapatrimoniais). Por ser um bem comum de todos, de titularidade difusa, que abrange até mesmo as futuras gerações, não se trata de algo puramente patrimonial, ainda que traga notas de patrimonialidade. Nesse contexto, as lesões ambientais não são apenas patrimoniais, mas também extrapatrimoniais. A extrapatrimonialidade, nesse caso, assume sobretudo — mas não exclusivamente — a nota da perda da qualidade de vida. A perda da qualidade de vida é indenizável, e pode compreender, até mesmo, o período em que a coletividade fica sem determinado bem (destruição de vegetação nativa; mesmo que tenha havido o replantio, anos ou décadas possivelmente se passarão até que o dano seja recomposto).

Em relação ao nexo causal, conforme pontuamos, as dificuldades atingem seu ponto máximo. A doutrina reconhece, há tempos, que o nexo causal é dos mais difíceis e desafiadores temas da responsabilidade civil. Ainda mais difícil e desafiador se torna em matéria ambiental.[17] Podemos, por exemplo, responsabilizar o fabricante pela destinação final indevida pós-consumo? Há, nesse caso, em alguma medida, nexo causal? Afinal, a adoção de medidas de prevenção, em casos semelhantes, depende também de terceiros. Os fatores causais, no cenário ambiental, são com frequência múltiplos e dispersos. Não por acaso HERMAN BENJAMIN menciona o "império da dispersão do nexo causal". As teorias clássicas acerca da causalidade têm sua pertinência questionada e há quem sustente que talvez

---

(16) Georges Wiederkehr, à luz da realidade europeia, alude ao "convite feito ao juiz de não ser muito exigente acerca da prova da causalidade e de não querer mais do que a probabilidade" (MACHADO, Paulo Affonso Leme. *Direito ambiental brasileiro.* p. 357).

(17) ITURRASPE, Jorge Mosset. *Daño ambiental.* Buenos Aires: Bubinzal Culzoni, 1999. t. II. p. 109; MOREIRA, Danielle de Andrade. Responsabilidade civil por danos ambientais no direito brasileiro. In: AHMED, Flávio; COUTINHO, Ronaldo (Coord.). *Curso de direito ambiental.* Rio de Janeiro: Lumen Juris, 2001. p. 238.

devêssemos abandoná-las em matéria de responsabilidade civil ambiental.[18] Seja como for, é certo que as perplexidades são grandes, derivadas, em boa medida, de uma "atuação em rede" de múltiplas causas. Para evitar que certos danos fiquem sem indenização, advoga-se a flexibilização do nexo causal[19] e um uso mais generoso das presunções (além da inversão do ônus da prova em certos casos). A chamada causalidade alternativa pode desempenhar função relevante.[20]

Raramente o dano ambiental segue uma lógica linear. É, ao contrário, com frequência, complexo, difuso, com causas dispersas no tempo e no espaço, desafiando o padrão mental convencional. Quando o foco emissor do dano é um só, é simples identificá-lo. Porém, "se houver multiplicidade de focos, já é mais difícil, mas é precisamente por isso que se justifica a regra da atenuação do relevo do nexo causal, bastando que a atividade do agente seja potencialmente degradante para sua implicação nas malhas da responsabilidade".[21] Propõe-se, aqui, uma maior elasticidade na análise do nexo causal.

Em sentido semelhante, problematiza HERMAN BENJAMIN: "No direito tradicional, a atuação da responsabilidade civil fazia-se contra um causador ou, quando muito, contra alguns causadores. Outra é a realidade trazida pelo Direito Ambiental, onde o dano, com frequência, é resultado de riscos agregados criados por várias empresas independentes entre si. E mais, frequentemente o risco de uma simples fonte é, em verdade, insignificante ou incapaz de causar, sozinho, o prejuízo sofrido pela vítima ou vítimas. Daí que, também na perspectiva dos seus causadores, o dano ambiental é, essencialmente, coletivo".[22]

Se, por exemplo, o dano tiver sido causado por um ofensor indeterminado, porém dentro de um grupo determinado, tem-se aceito a possibilidade de responsabilizar qualquer um dos potenciais ofensores. Isso ocorre, com frequência, nos chamados distritos industriais, com a poluição histórica resultando de uma pluralidade de causas inter-relacionadas e simultâneas. Enfim, se lidamos, na matéria, com causas concorrentes, simultâneas e sucessivas, é certo que teremos dificuldades enormes em delinear o nexo causal. Argutamente analisa HERMAN BENJAMIN: "A responsabilidade civil, é curial, só pode dar aquilo que tem. Dela não se pode esperar mais do que isso: uma técnica na eterna dependência da *identificação* do autor do dano e da *solvência* deste, o que nem sempre é possível, principalmente nos chamados *danos anônimos* (emissões de veículos, nas grandes cidades, p. ex.), e da *poluição marginal* (garimpagem irregular, p. ex.)".[23] A propósito, cabe lembrar que causalidade é diferente de responsabilidade.[24] O direito constrói seus nexos de imputação, nem sempre equivalentes à causalidade naturalística. No direito ambiental, em particular, os nexos de causalidade normativamente construídos mostram-se, por vezes, particularmente severos, diante da singular relevância do bem jurídico tutelado, um macrobem de titularidade difusa.

À vista do que dissemos, pode-se afirmar, em relação ao nexo causal, que cada vez menos ele é enxergado como elemento inderrogável da responsabilidade civil. Trata-se de verdadeira mudança de paradigmas em relação

---

(18) CARVALHO, Délton Winter de. *Dano ambiental futuro*. Rio de Janeiro: Forense Universitária. p. 115. Conferir também: STEIGLEDER, Annelise Monteiro. Considerações sobre o nexo de causalidade na responsabilidade civil por dano ao meio ambiente. *Revista de Direito Ambiental*, v. 32, São Paulo: Revista dos Tribunais, 2003. Há quem mencione ainda *"a ampliação dos poderes do magistrado em relação à avaliação jurídica do nexo de causalidade em matéria de direito ambiental em detrimento da utilização das teorias clássicas do nexo causal"* (MORATO, José Rubens Leite; CARVALHO, Délton Winter de. O nexo de causalidade na responsabilidade civil por danos ambientais. *Revista de Direito Ambiental*, v. 47, São Paulo: Revista dos Tribunais, 2007. p. 76-95).

(19) Sérgio Ferraz, em artigo precursor, já em 1979 defendia ideias semelhantes (FERRAZ, Sérgio. Responsabilidade civil por dano ecológico. *Revista de Direito Público*, n. 40/50, São Paulo: Revista dos Tribunais, jan./jun. 1979. p. 34-41).

(20) Vale lembrar que a causalidade alternativa não se confunde com a concausa. Nesta, vários agentes produzem o dano, porém, sozinho, nenhum deles o teria produzido. Já na causalidade alternativa, um dos agentes provocou, sozinho, o dano, embora não se saiba qual, saiba-se apenas o grupo a que ele pertence. Nessa ordem de ideias, "para as hipóteses de danos de causação coletiva ou plural, onde apareça envolvido, como possível agente, um grupo de empresas, tornando-se impossível para as vítimas determinar a autoria, deve-se admitir a teoria da causalidade alternativa do dano coletivo, consagrando a responsabilidade solidária dos intervenientes" (ITURRASPE, Jorge Mosset. Daño ambiental — ponencia del — Recomendaciones. *Congreso Internacional de Direito Ambiental. 5 anos após Eco-92*. 1997. São Paulo. Anais. São Paulo: IMESP, 1997). Conferir também, a respeito da causalidade alternativa: CORDEIRO, Antonio Menezes. Tutela do ambiente e direito civil. In: AMARAL, Diogo Freitas. *Direito do ambiente*. Oeiras: INA, 1994. p. 390.

(21) SILVA, José Afonso da. *Direito ambiental constitucional*. São Paulo: Malheiros, 1995. p. 217. Não por acaso, a jurisprudência brasileira tem usado verbos incisivos para traçar o quadro conceitual dessa responsabilidade. Decidiu-se, por exemplo, que *"para o fim de apuração do nexo de causalidade no dano urbanístico-ambiental e de eventual solidariedade passiva, equiparam-se quem faz, quem não faz quando deveria fazer, quem não se importa que façam, quem cala quando lhe cabe denunciar, quem financia para que façam e quem se beneficia quando outros fazem"* (STJ, REsp 1.071.741). O STJ, em praticamente todos os julgados, exige o nexo causal nos danos ambientais. Há, porém, excepcionalmente, casos em que ele pode ser afastado. Assim, o *"acórdão paradigma concluiu que a comprovação do nexo causal é prescindível para se responsabilizar o proprietário de área em reserva ambiental, com restrições impostas por lei, quanto aos danos sofridos pelo meio ambiente"* (STJ, EREsp 620.872). Assim, na perspectiva mencionada pelo julgado, uma peculiaridade dispensaria o nexo causal: a localização do imóvel em área de reserva ambiental. Trata-se, de todo modo, de questão discutível, que demanda aprofundamento.

(22) BENJAMIN, Herman V. Responsabilidade civil pelo dano ambiental. *Revista de Direito Ambiental*, São Paulo, v. 3, n. 9. p. 5-52, jan./mar. 1998. O autor menciona ainda, nesse contexto, que o nexo causal é considerado o calcanhar de Aquiles da responsabilidade civil pelo dano ambiental.

(23) BENJAMIN, Herman V. Responsabilidade civil pelo dano ambiental. *Revista de Direito Ambiental*, São Paulo, v. 3, n. 9. p. 5-52, jan./mar. 1998.

(24) PONTES DE MIRANDA. *Tratado de direito privado*. Rio de Janeiro: Borsoi, 1972. t. 54. p. 162.

à construção conceitual da responsabilidade civil que recebemos dos séculos passados. Podemos, nesse sentido, em certos casos, relativizar o nexo causal, sobretudo para realizar o princípio da proteção prioritária da vítima do dano (ou, no caso da tutela ambiental, da proteção ao meio ambiente). Em minucioso trabalho de pesquisa, propõe-se, em doutrina, "que em determinadas situações danosas — como algumas decorrentes de atividades de risco; as geradas por conta de causalidade alternativa; e as geradoras de danos de massa — seja concedida ao magistrado a faculdade de considerar a configuração de um dever reparatório independentemente da prova estrita da existência de um nexo de causalidade ligando o dano à conduta ou atividade desenvolvida. Haveria assim, e verdadeiramente, um juízo de probabilidade a ser realizado pelo magistrado, admitido em consideração aos princípios informadores do direito de danos atual, decorrentes de princípios constitucionais e objetivando a plena reparação do dano injusto".[25]

Aliás, no que diz respeito ao nexo de causalidade, pode-se mencionar o exemplo do legislador português que, de modo explícito, avançou ao cuidar da matéria à luz dos critérios de verossimilhança e da probabilidade. Também na Alemanha há exemplos que podem ser citados: "A Lei Federal de Responsabilidade Civil Ambiental (*Umwelthaftungsgesetz*) da Alemanha de 1990 tem por objetivo melhorar a situação jurídica de pessoas que sofreram um dano individual em virtude de poluição ambiental. A lei introduziu uma responsabilidade objetiva, baseada no *risco criado*, de determinadas fontes poluidoras (sobretudo instalações industriais) para danos nos meios ecológicos: ar, solo e água. A lei estabelece uma *presunção de causalidade*, entre determinadas atividades poluidoras e o dano, o direito de informação do indivíduo afetado perante o dono da instalação e os órgãos públicos para mudar a notória situação de inferioridade dos prejudicados e os seus problemas de comprovação do nexo causal".[26] É preciso, porém, perceber que a lei alemã — ao contrário do que ocorre no Brasil, por exemplo — esclarece que a presunção de causalidade não se aplica se a instalação está sendo explorada "de forma regular" (§§ 2º e 3º).[27] A licitude da atividade é dado irrelevante entre nós para a imposição do dever de indenizar.

Nas sociedades de risco, há uma constante reavaliação daqueles riscos que são socialmente aceitáveis. Assim, "à medida que a ciência avança, novas descobertas são reveladas, tornando potencialmente nocivas práticas antigas já permitidas".[28] Os autores comentam julgado do STJ (REsp n. 769.753) que determinou a demolição de hotel situado em terreno marinho (Porto Belo-SC) devido à lesividade ao meio ambiente. Consignou-se ser "interessante destacar que o fato de o hotel estar ou não em atividade, gerar ou não empregos e desenvolvimento econômico e turístico para a região, foi irrelevante para o julgado". Lembrando que os raciocínios acerca do nexo causal carregam consigo, ainda que nem sempre de modo explícito, juízos de valores subjacentes.

Convém ainda lembrar a importância — à luz do nexo causal — do responsável indireto no direito ambiental. Por exemplo, "existe a responsabilidade solidária entre o agente financeiro, o construtor de imóvel e o incorporador, por empreendimentos construídos sobre terrenos contaminados ou em áreas que, por força de lei ou outro ato normativo, sejam considerados como *non aedificandi*".[29] A jurisprudência já decidiu que "quem se beneficia da degradação ambiental alheia, a agrava ou lhe dá continuidade não é menos degradador. Por isso, o legislador se encarrega de responsabilizar o novo proprietário pela cura do malfeito do seu antecessor. Isso vale para o desmatamento, para a poluição das águas e a erosão do solo" (STJ, REsp n. 948.921, rel. Min. Herman Benjamin). Também se reconheceu que o conceito de poluidor, no direito ambiental brasileiro, é amplíssimo (STJ, REsp n. 1.071.741). Podemos falar, nesse contexto, de concepção maximalista do poluidor indireto (cujo espectro de abrangência, segundo a jurisprudência, é bastante amplo). Não só isso. Tem-se defendido que a responsabilidade civil ambiental se caracteriza por incidir sobre

---

(25) MULHOLLAND, Caitlin Sampaio. *A responsabilidade civil por presunção de causalidade*. Rio de Janeiro: GZ, 2010. p. 282-283. A autora, mais adiante, esclarece que "*diferentemente da concepção condicionalística que estabelece que todas as condições de um dano são sua causa (ligação natural de causa e efeito), a concepção probabilística da responsabilidade civil é baseada na ideia de que a análise jurídica da imputação deve revelar-se por meio da classificação da atividade ou conduta como sendo estatisticamente e tipicamente associada ao dano sofrido*" (obra citada. p. 289). Convém também registrar que "*a facilitação da carga probatória do nexo de causalidade também é a orientação apresentada pelo art. 10 da Convenção de Lugano, cujo conteúdo institui a caracterização do nexo causal a partir da demonstração de sua verossimilhança, sempre que a atividade seja perigosa e arriscada (potencialmente poluidora) e que tenha sido demonstrada a probabilidade desta ter ocasionado um dano ambiental*" (LEITE, José Rubens Morato; AYALA, Patryck de Araújo. *Dano ambiental*: do individual ao coletivo extrapatrimonial. São Paulo: Revista dos Tribunais, 2011. p. 191).

(26) KRELL, Andreas Joachim. Concretização do dano ambiental — algumas objeções à teoria do "risco integral". *Revista de Informação Legislativa*, Brasília, ano 35, n. 139, jul./set. 1998. p. 27.

(27) Cf.: WINTER, Gerd. *German environmental law*: basic texts, an introduction. Dordrecht: Martins Nijhol, 1994. p. 352.

(28) LEITE, José Rubens Morato; BELCHIOR, Germana Parente Neiva. Dano ambiental na sociedade de risco: uma visão introdutória. In: LEITE, José Rubens Morato (Coord.); FERREIRA, Heline Silvini; FERREIRA, Maria Leonor (Org.). *Dano ambiental na sociedade de risco*. São Paulo: Saraiva, 2012. p. 13-54.

(29) ANTUNES, Paulo de Bessa. *Direito ambiental*. Rio de Janeiro: Lumen Juris, 2007. p. 211-212.

aquele que é mais capaz de suportar os ônus decorrentes da ação prejudicial ao meio ambiente. Trata-se da doutrina do *deep pocket doctrine* (doutrina do bolso profundo).[30]

5 CONSIDERAÇÕES FINAIS

A responsabilidade civil — e seus ciclos evolutivos — em certos contextos se funcionaliza como um instrumento jurídico que se contrapõe à ideia de que o progresso se faz à custa das pessoas socialmente mais vulneráveis. Que os danos do progresso podem e devem ser suportados por elas. Foi a responsabilidade civil, convém não esquecer, que na passagem do século XIX para o XX se insurgiu contra esse estado de coisas — através, sobretudo, das obras de JOSSERAND e SALEILLES. O crescimento dos riscos — e a nossa percepção acerca deles — possibilitou que tivéssemos, aos poucos, a mudança no fundamento da responsabilidade civil: da culpa ao risco (não por acaso, título de obra clássica de ALVINO LIMA). Os códigos civis surgidos no final do século XIX e início do século XX traziam, ainda, em tons fortes, a tinta subjetiva.[31] A legislação esparsa, porém, surgida aqui e ali em vários países, ao longo do século XX, começou a criar fraturas, por assim dizer, no sistema subjetivista. A doutrina, com notável força, passou a postular se não a exclusividade do sistema objetivista, pelo menos o dualismo: responsabilidade subjetiva e objetiva deveriam conviver, cada uma com seu campo próprio, eventualmente dialogando.

Mudamos, no século passado, a direção do olhar. Olhávamos, antes, apenas a culpa. Exigir só a culpa, hoje, como requisito de responsabilização civil, seria equivocado, não nos satisfaria como sociedade. Demos passos — o plural é importante — em direção à responsabilidade objetiva, e trabalhamos crescentemente com o conceito de risco. Não por acaso, nossa sociedade é chamada sociedade de risco, por muitas e óbvias razões. Assim, se vivemos numa sociedade marcada pela instantaneidade na transmissão das informações, vivemos também numa sociedade de risco. Marcada por perigos variados e constantes. A própria percepção dos riscos muda, o andar dos séculos acrescenta novos temores àqueles antigos que já tínhamos.

Talvez não seja exagero afirmar que a responsabilidade civil é um dos mais importantes e sedutores fenômenos sociojurídicos desse século. A discussão acerca de suas funções e possibilidades está renascendo. Se, no século passado, JOSSERAND já a chamava de a "grande vedete do direito civil", hoje ela assume dimensões funcionais variadas e ultrapassa, em muito, os limites temáticos — cada dia mais imprecisos — do direito civil. Aliás, parece que todos os que lidam com a matéria percebem que o direito civil está se redescobrindo. Não mais apenas estruturas conceituais abstratas, mas a revalorização das situações concretas e das opções decisórias que prestigiem o ser humano. Pode-se dizer, com alguma certeza, que a responsabilidade civil foi um dos institutos que mais se enriqueceu com esse renascimento, por assim dizer, do direito civil.

ÁLVARO LINS, o grande crítico literário pernambucano — considerado por DRUMMOND o imperador da crítica brasileira —, costumava dizer que toda obra de arte traz mais perguntas do que respostas. Não será diferente com um artigo que pretenda discutir as questões da responsabilidade civil ambiental no século XXI. Tentamos fazer as perguntas certas e mostrar o caminho que nos parece mais razoável e mais constitucionalmente consistente.

6 BIBLIOGRAFIA

ARAGÃO, Maria Alexandra de Sousa. Princípio da precaução: manual de instruções. *Revista do Centro de Estudos de Direito do Ordenamento, do Urbanismo e do Ambiente* (RevCEDOUA), n. 22, Coimbra: Faculdade de Direito da Universidade de Coimbra, 2008.

---

(30) Nesse sentido: "Veja-se, por exemplo, a chamada responsabilidade pós-consumo. Em tal modalidade de responsabilidade, por exemplo, os fabricantes de pilhas e baterias são os responsáveis pelo seu destino final; igualmente, os fabricantes de PET, ou de latas de alumínio, começam a ser responsabilizados pela destinação final de tais produtos. O raciocínio subjacente é o de que as empresas em questão são as maiores beneficiárias econômicas da comercialização dos produtos. Existe, ainda, a óbvia questão de que é impossível a responsabilização de milhares e milhares de pessoas que descartam PET e pilhas em qualquer lugar" (ANTUNES, Paulo de Bessa. *Direito ambiental*. Rio de Janeiro: Lumen Juris, 2007. p. 208). A jurisprudência brasileira, aliás, já tem se posicionado nesse sentido, admitindo a chamada responsabilidade pós-consumo em relação a produtos com alto poder poluente, fazendo com que os beneficiários econômicos da atividade respondam pela degradação ambiental resultante (STJ, Resp n. 684.753, rel. Min. Carlos Ferreira, *DJ* 18.8.2014).

(31) Pontes de Miranda, a respeito das origens de culpa, avalia: "Na mentalidade primitiva, tudo tem o seu criador, o causador, o que fez cair (*casus, causa, culpa*). Só posteriormente se baixou à psique humana, em seus processos interiores, para se apurar a culpa de cada um, a respeito de cada caso. O tratarem-se diferentemente o causador culpado e o causador não culpado já atendeu a sutileza psicológica, a que não chegara o direito primitivo. As sociedades mais desenvolvidas criaram tipos de homens em que a conduta seriam padrão; por esse padrão haviam-se de julgar os homens concretos. A negligência é o desvio em relação ao tipo normal, abstrato, que se procurou definir em termos de referência a homens concretos; o dolo, o desvio maior" (PONTES DE MIRANDA. *Tratado de direito privado*. Rio de Janeiro: Borsoi, 1954. t. II. p. 247).

BECK, Ulrich. *Sociedade de risco* — rumo a uma outra modernidade. 2. ed. Trad. Sebastião Nascimento. São Paulo: Editora 34, 2011.

BENJAMIM, Herman. Responsabilidade civil pelo dano ambiental. *Revista de Direito Ambiental*, São Paulo, v. 3, n. 9, p. 5-52, jan./mar. 1998.

CARVALHO, Délton Winter de. *Dano ambiental futuro*. Porto Alegre: Livraria do Advogado, 2011.

CORDEIRO, Antonio Menezes. Tutela do ambiente e direito civil. In: AMARAL, Diogo Freitas. *Direito do ambiente*. Oeiras: INA, 1994.

FERRAZ, Sérgio. Responsabilidade civil por dano ecológico. *Revista de Direito Público*, n. 40/50, São Paulo: Revista dos Tribunais, jan./jun. 1979, p. 34-41.

GRIZZI, Ana; BERGAMO, Cintia; HUNGRIA, Cynthia; CHEN, Josephine. *Responsabilidade civil ambiental dos financiadores*. Rio de Janeiro: Lumen Juris, 2003.

KRELL, Andreas Joachim. Concretização do dano ambiental — algumas objeções à teoria do "risco integral". *Revista de Informação Legislativa*, Brasília, ano 35, n. 139, jul./set. 1998.

ITURRASPE, Jorge Mosset. *Daño ambiental*. Buenos Aires: Bubinzal Culzoni, 1999. t. II.

KISS, Alexandre. Os direitos e interesses das gerações futuras e o princípio da precaução. In: VARELLA, Marcelo Dias; PLATIAU, Ana Flávia Barros (Org.). *Princípio da precaução*. Belo Horizonte: Del Rey, 2004.

LEITE, José Rubens Morato; MOREIRA, Danielle de Andrade. Sociedade de risco, danos ambientais extrapatrimoniais (morais) e a jurisprudência brasileira. *Revista OABRJ*, Rio de Janeiro, v. 26, n. 1, p. 104-144, jan./jun. 2010.

_____ ; AYALA, Patryck de Araújo. *Dano ambiental*: do individual ao coletivo extrapatrimonial. São Paulo: Revista dos Tribunais, 2011.

MACHADO, Paulo Affonso Leme. *Direito ambiental brasileiro*. São Paulo: Malheiros, 2007.

MULHOLLAND, Caitlin Sampaio. *A responsabilidade civil por presunção de causalidade*. Rio de Janeiro: GZ, 2010.

NERY JÚNIOR, Nelson. Responsabilidade civil, meio ambiente e ação coletiva ambiental. In: BENJAMIN, Herman (Org.). *Dano ambiental*: prevenção, reparação e repressão. São Paulo: Revista dos Tribunais, 1993.

PONTES DE MIRANDA, Francisco Cavalcante. *Tratado de direito privado*. Rio de Janeiro: Borsoi, 1972. t. LIV.

ROSENVALD, Nelson. *As funções da responsabilidade civil*. São Paulo: Atlas, 2013.

SILVA, José Afonso. *Direito ambiental constitucional*. São Paulo: Malheiros, 1995.

STEIGLEDER, Annelise Monteiro. *Responsabilidade civil ambiental*. Porto Alegre: Livraria do Advogado, 2011.

_____ . Responsabilidade civil das instituições financeiras ambientais. *Revista Jurídica do Ministério Público do Estado de Mato Grosso*, n. 2, Cuiabá: Entrelinhas, jan./jul. 2007.

WINTER, Gerd. *German environmental law*: basic texts, an introduction. Dordrecht: Martins Nijhol, 1994.

ACESSO À JUSTIÇA EM QUESTÕES AMBIENTAIS NO ACORDO DE ESCAZÚ

Paulo Affonso Leme Machado[*]

1 ANTECEDENTES DO ACORDO DE ESCAZÚ

"O Acordo Regional sobre Acesso à Informação, Participação Pública e Acesso à Justiça em Assuntos Ambientais na América Latina e no Caribe teve origem "na Conferência das Nações Unidas sobre Desenvolvimento Sustentável (Rio+20) e fundamentado no Princípio 10 da Declaração do Rio sobre Meio Ambiente e Desenvolvimento de 1992"[1].

A Comissão Econômica para a América Latina e o Caribe — CEPAL — atuou como Secretária Executiva das nove reuniões presenciais no sentido de elaborar o texto do Acordo. A negociação do Acordo foi concluída na cidade de Escazú, na Costa Rica, aos 4 de março de 2018. O Brasil assinou o Acordo, em Nova York, na Sede das Nações Unidas, à margem da 73ª Assembleia Geral das Nações Unidas, em 27 de setembro de 2018[2].

As reuniões presenciais foram as seguintes: primeira reunião: Santiago/Chile, 5-7 de maio de 2015; segunda reunião: Cidade do Panamá/Panamá, 27-20 de outubro de 2015; terceira reunião: Montevidéu/ Uruguai, 5-8 de abril de 2016; quarta reunião: Santo Domingo/ República Dominicana, 9-12 de agosto de 2016; quinta reunião: Santiago/Chile, 21-25 de novembro de 2016; sexta reunião: Brasília/Brasil, 20-24 de março de 2017[3]; sétima reunião: Buenos Aires/Argentina, 31 de julho — 04 de agosto de 2017; oitava reunião: Santiago/Chile, 27 de novembro — 1 de dezembro de 2017 e, finalmente, a nona reunião: 28 de fevereiro — 04 de março de 2018.

(*) Professor na Universidade Metodista de Piracicaba. Doutor em Direito pela PUC-SP. Advogado. Doutor *Honoris Causa* pela Universidade Estadual Paulista — UNESP (Brasil), pela Vermont Law School (Estados Unidos), pela Universidade de Buenos Aires (Argentina) e pela Universidade Federal da Paraíba (Brasil). Mestre em Direito Ambiental pela Universidade Robert Schuman/Strasbourg (França). Prêmio de Direito Ambiental Elizabeth Haub (Alemanha/Bélgica). Professor Convidado na Universidade de Limoges (1986-2004). Professor na Universidade Estadual Paulista — UNESP (1980-2004). Promotor de Justiça/SP (aposentado). Conselheiro do Conselho Nacional do Meio Ambiente — CONAMA (1984-1986). Conselheiro do Conselho do Patrimônio Cultural — IPHAN (2004-2008). Autor do livro *Direito Ambiental Brasileiro*, 26ª ed. Chevalier de La Légion d´Honneur (França).
(1) BARCENA, Alicia. *Acordo Regional sobre Acesso à Informação, Participação Pública e Acesso à Justiça em Assuntos Ambientais na América Latina e no Caribe*. Prefácio. Santiago: Nações Unidas. p. 7, 2018.
(2) <http://www.itamaraty.gov.br>. (nota 334). Acesso em: 27 nov. 2018.
(3) Realizou-se um Seminário Preparatório em Brasília, na Escola Fazendária, em 14 de março de 2017. Proferi palestra sobre o tema: Direitos de acesso à informação, à participação e à justiça em meio ambiente e o Acordo Regional/CEPAL.

2 PREÂMBULO DO ACORDO DE ESCAZÚ

Em quatorze parágrafos, os Países signatários do Acordo Regional de Escazú estabelecem os fundamentos estruturadores dos posicionamentos constantes do corpo do texto internacional. São trinta e três países da América Latina e do Caribe que chegaram a um posicionamento único sobre instrumentos viabilizadores da proteção do meio ambiente.

O parágrafo 3 do preâmbulo afirma: "Destacando que os direitos de acesso estão relacionados entre si e são interdependentes, motivo pelo qual todos e cada um deles devem ser promovidos e aplicados de forma integral e equilibrada" [4]. A interdependência dos três elementos — informação-participação-acesso à justiça — deve levar a um prosseguimento da aplicação no tempo e no espaço, de forma integrada e equilibrada.

Os parágrafos 4 e 11 integram-se e completam-se ao dizerem as Partes: "Convencidas de que os direitos de acesso contribuem para o fortalecimento da democracia, do desenvolvimento sustentável e dos direitos humanos, entre outros aspectos" e "Reconhecendo também a importância do trabalho e das contribuições fundamentais do público e dos defensores dos direitos humanos em questões ambientais para o fortalecimento da democracia, dos direitos de acesso e do desenvolvimento sustentável". Coloca-se em relevo, já no Preâmbulo, pessoas consideradas *defensores dos direitos humanos em questões ambientais*, matéria que é objeto específico do artigo 9. Em suma, a democracia é fortalecida pelo exercício dos direitos de acesso, e, ao mesmo tempo, os direitos de acesso tornam realidade a própria democracia.

"Reafirmando o Princípio 10 da Declaração do Rio sobre Meio Ambiente e Desenvolvimento de 1992, que estabelece o seguinte:

> "a melhor maneira de tratar as questões ambientais é assegurar a participação, no nível apropriado, de todos os cidadãos interessados. No nível nacional, cada indivíduo terá acesso adequado às informações relativas ao meio ambiente de que disponham as autoridades públicas, inclusive informações acerca de materiais e atividades perigosas em suas comunidades, bem como a oportunidade de participar dos processos decisórios. Os Estados irão facilitar e estimular a conscientização e a participação popular, colocando as informações à disposição de todos. Será proporcionado o acesso efetivo a mecanismos judiciais e administrativos, inclusive no que se refere à compensação e à reparação de danos".

O mencionado Princípio 10 da Declaração Rio/92, mesmo não tendo a força obrigatória de uma convenção — ratificada e promulgada — desempenhou o papel de farol condutor das discussões e decisões dos Países integrantes do Acordo Regional.

3 DIREITO DE VIVER EM UM AMBIENTE SADIO E A NECESSIDADE DE INCLUIR A EXPRESSÃO "MEIO AMBIENTE SADIO E EQUILIBRADO"

3.1 O Acordo de Escazú

"O objetivo do presente Acordo é garantir a implementação plena e efetiva, na América Latina e no Caribe, dos direitos de acesso à informação ambiental, participação pública nos processos de tomada de decisões ambientais e acesso à justiça em questões ambientais, bem como a criação e o fortalecimento das capacidades e cooperação, contribuindo para a proteção do direito de cada pessoa, das gerações presentes e futuras, a viver em um meio ambiente saudável e a um desenvolvimento sustentável". (Artigo 1º).[5]

O texto mencionado toma um posicionamento que, na sua maior parte, já constava da maioria dos textos constitucionais e infra-constitucionais dos diversos países. O texto acima referido é semelhante ao da Convenção de Aarhus,

---
(4) Publicação das Nações Unidas. CEPAL. LC/PUB Santiago: 2018/8
(5) Texto da versão em português. Publicação das Nações Unidas LC/PUB.2018/8 Distr.: Geral Original: Inglês Copyright © Nações Unidas, 2018 Todos os direitos reservados Impresso nas Nações Unidas, Santiago S.18-00493.

de 1998, em seu artigo 1º.[6] Decorridos vinte anos, com o advento de novas Constituições na América Latina e no Caribe, é justo pretender que se inclua o conceito *de direito a um meio ambiente equilibrado*. Dessa forma, a redação do artigo 1º, em sua parte final, passará a ser: "contribuindo para a proteção do direito de cada pessoa, das gerações presentes e futuras, a viver em um meio ambiente saudável *e equilibrado*, e a um desenvolvimento sustentável".

Faço a citação, em espanhol, do Documento preliminar da Primeira Reunião, realizada em Santiago (Chile), de 5 a 7 de maio de 2015:

"A fin de contribuir al desarrollo sostenible, las Partes asegurarán el pleno goce del derecho de toda persona a vivir en un medio ambiente sano y sostenible que le permita garantizar su salud y su bienestar y el goce efectivo de los derechos humanos en armonía con la naturaleza".

A redação do art. 1º do Acordo Regional se desviou da redação do Documento Preliminar da Primeira Reunião. O fato de haver mudança é normal, quando a alteração visa o progresso do texto (princípio da progressividade). Lamentavelmente, o que ocorreu foi a regressão do texto, prejudicando as conquistas constitucionais e legais no campo do Direito Ambiental.

Para evitar um contraste de enfoques — direito à tutela ambiental e tutela da saúde humana — "na União Europeia foi feita uma integração, uma "polarização bifocal", a função da proteção da saúde humana com a tutela do meio ambiente, com a finalidade de fornecer aos Estados membros instrumentos técnicos jurídicos de salvaguarda ambiental mais eficiente e abrangente".[7]

"Impõe-se ao legislador valorizar a unicidade do meio ambiente (o meio ambiente visto não tanto como os fatores singulares ou componentes a tutelar, um independente do outro, mas como um conjunto harmônico das condições físicas, químicas, biológicas estreitamente inter-relacionadas entre si, das quais se forma precioso equilíbrio, que representa o verdadeiro objetivo da tutela ambiental").[8]

3.2 Proposta de inserção do princípio do meio ambiente equilibrado

"Equilibrio ecológico: La relación de interdependencia entre los elementos que conforman el ambiente, que hace posible la existencia, transformación y desarrollo del hombre y demás seres vivos" (Ley General del Equilibrio Ecológico y la Protección al Ambiente de Mexico[9]).

Equilíbrio ecológico. 1. Em sentido lato, o conceito de estabilidade intrínseca à maioria de ecossistemas. É um meta-equilíbrio, onde os fatores e condições podem evoluir, porém mantendo sempre uma relação harmônica entre seus componentes. Dessa forma, os organismos num ecossistema estão adaptados uns aos outros. Os recursos consumidos por alguns organismos são repostos por outros, e os rejeitos de uma espécie são reutilizados por outra. A atividade humana, de um tipo ou de outro interfere, contudo, com esta estabilidade[10].

A procura da conservação do equilíbrio ecológico, através de medidas legais, visa a manutenção de harmonia ambiental no planeta Terra. Equilíbrio ecológico não significa imobilidade do meio ambiente.

Aliás, "um retorno ao "equilíbrio natural" parece impossível, pois mesmo sem intervenção humana, a terra treme, movimenta-se; os vulcões deformam muito as paisagens; as águas dos oceanos e dos lagos causam erosão nos relevos, de forma lenta ou brutal, segundo as épocas". "A instabilidade torna-se condição da diversidade biológica: o comportamento metaestável dos sistemas naturais, a adaptabilidade diferente das espécies às perturbações, as diferentes trajetórias dos diferentes ecossistemas, tudo isto torna-se objeto de estudos da nova ecologia.""[11].

---

(6) «Art. 1 Objet Afin de contribuer à protéger le droit de chacun, dans les générations présentes et futures, de vivre dans un environnement propre à assurer sa santé et son bien-être, chaque Partie garan it les droits d'accès à l'information sur l'environnement, de participation du public au processus décisionnel et d'accès à la justice en matière d'environnement conformément aux dispositions de la présente Convention ».

(7) Paolo Dell'Anno. *Manuale di Diritto Ambientale*. 4. ed. Padova: CEDAM. p. 9, 2003. (minha tradução).

(8) Stefano Grassi. Prezentazione . Marcello Cecchetti. *Principi costituzionali per la tutela dell´ambiente*. Milano: Giuffrè Editore. p. VI, 2000.

(9) Mexico, ultima reforma DOF 09.01.2015.

(10) *Dicionário brasileiro de ciências ambientais*/ Pedro Paulo de Lima e Silva...[et. al.] — 2. ed. Rio de Janeiro: Thex ed, 2002.

(11) Équilibres et déséquilibres écologiques. <http://www.leconflit.com/article-equilibres-et-desequilibres-ecologiques-85523238.html>. Acesso em: 7 jul. 2018.

É importante mencionarem-se as Constituições da América Latina que, em seus textos, preveem a proteção do meio ambiente:

Argentina: Art. 41.Todos los habitantes gozan del derecho a un ambiente sano, *equilibrado*, apto para el desarrollo humano y para que las atividades productivas satisfagan las necesidades presentes sin comprometer las de las generaciones futuras; y tien el dever de preservarlo. El daño ambiental generará prioritariamente la obligación de recomponer, según lo estabeleza la ley.

Bolívia: Artículo 33 Las personas tienen derecho a un medio ambiente saludable, protegido y *equilibrado*. El ejercicio de este derecho debe permitir a los individuos y colectividades de las presentes y futuras generaciones, además de otros seres vivos, desarrollarse de manera normal y permanente.

Brasil: Art. 225. Todos têm direito ao meio ambiente ecologicamente *equilibrado*, bem de uso comum do povo e essencial à sadia qualidade de vida, impondo-se ao Poder Público e à coletividade o dever de defendê-lo e preservá-lo para as presentes e futuras gerações.

Chile: Art. 19. La Constitución asegura a todas las personas:

8º.- El derecho a vivir en un medio ambiente libre de contaminación. Es deber del Estado velar para que este derecho no sea afectado y tutelar la preservación de la naturaleza.La ley podrá establecer restricciones específicas al ejercicio de determinados derechos o libertades para proteger el medio ambiente;

Colômbia: Art.79. Todas las personas tienen derecho a gozar de un ambiente sano. La ley garantizará la participación de la comunidad en las decisiones que puedan afectarlo. Es deber del Estado proteger la diversidad e integridad del ambiente, conservar las áreas de especial importancia ecológica y fomentar la educación para el logro de estos fines

Costa Rica: art. 50. Toda persona tiene derecho a un ambiente sano y ecologicamente *equilibrado*. Por ello está legitimada para denunciar los actos que infrinjan ese derecho y para reclamar la reparación del daño causado.

Cuba: Art. 27- El Estado protege el medio ambiente y los recursos naturales del país. Reconoce su estrecha vinculación con el desarrollo económico y social sostenible para hacer más racional la vida humana y asegurar la supervivencia, el bienestar y la seguridad de las generaciones actuales y futuras. Corresponde a los órganos competentes aplicar esta política.

El Salvador: Art. 117.- Es deber del Estado proteger los recursos naturales, así como la diversidad e integridad del medio ambiente, para garantizar el desarrollo sostenible.

Guatemala: Art.97.El Estado, las municipalidades y los habitantes del territorio nacional están obligados a propiciar el desarrollo social, económico y tecnológico que prevenga la contaminación del ambiente y mantenga el *equilibrio* ecológico. Se dictarán todas las normas necesarias para garantizar que la utilización y el aprovechamiento de la fauna, de la flora, de la tierra y del agua, se realicen racionalmente, evitando su depredación.

Guyana: Art. 25. Every citzen has a duty to participate in activities designed to improve the environment and protect the health of the nation.

Haiti: Article 253. L´environnnement étant le cadre naturel de vie de la population, les pratiques susceptibles de perturber l´équilibre écologique sont formellement interdites.

Honduras: Art. 340. Se declara de utilidade y necesidad pública la explotación técnica y racional de los recursos naturales de la Nación. La reforestación del país y la conservación de bosques se declara de conveniencia nacional i de interés colectivo.

Jamaica: Chapter III, 13, (3) "l": The right to enjoy a healthy ad productive environment free from the threat of injury or damage fron environmental abuse and degradationof the ecological heritage.

México: Art. 4. Toda persona tiene derecho a un medio ambiente sano para su desarrollo y bienestar. El Estado garantizará el respeto a este derecho. El daño y deterioro ambiental generará responsabilidad para quien lo provoque en términos de lo dispuesto por la ley.

Nicaragua: Art. 60. [Derecho al ambiente saludable] Los nicaraguenses tienen derecho de habitar en un ambiente saludable. Es obligación del Estado la preservación, conservación y rescate del medio ambiente y de los recursos naturales.

Panamá: Art. 119. El Estado y todos los habitantes del territorio nacional tienen el deber de propiciar un desarrollo social y económico que prevenga la contaminación del ambiente, mantenga el *equilibrio* ecológico y evite la destrucción de los ecosistemas.

Paraguay: Art. 7. Toda persona tiene derecho a habitar en un ambiente saludable y ecologicamente *equilibrado*.

Perú: Art. 67. El Estado determina la política nacional del ambiente. Promueve el uso sostenible de sus recursos naturales. Art. 68. El Estado está obligado a promover la conservación de la diversidade biológica y de las áreas naturales protegidas.

Suriname: Chapter III: art. 6. The social objetives of the State shall aim at: g. Creating and improving the necessary conditions for the protection of nature and the preservation on the *ecological balance*.

Uruguay: Art. 47. La protección del medio ambiente es de interés general. Las personas deberán abstenerse de cualquier acto que cause depredación, destrucción o contaminación graves al medio ambiente. <u>La ley reglamentará</u> esta disposición y podrá prever sanciones para los transgresores.

Venezuela: Artículo 127. Es un derecho y un deber de cada generación proteger y mantener el ambiente en beneficio de sí misma y del mundo futuro. Toda persona tiene derecho individual y colectivamente a disfrutar de una vida y de un ambiente seguro, sano y ecológicamente *equilibrado*.

Vinte e um países, do total de trinta e três países aderentes ao Acordo Regional de Escazú, têm regras inseridas em suas Constituições sobre o meio ambiente. É realmente um fato de alto valor político, pois mostra que os Poderes Legislativos desses países se sensibilizaram com o tema.

Os termos "equilíbrio" ou "meio ambiente equilibrado" estão presentes nas Constituições da Argentina, Bolívia, Brasil, Costa Rica, Guatemala, Haiti, Panamá, Paraguai, Suriname e Venezuela. Parece-me expressiva essa nomenclatura — equilíbrio ecológico — para que venha constar dos objetivos do Acordo Regional, pois ficaria demasiadamente antropocêntrico que somente se cuidasse do ambiente saudável e do desenvolvimento sustentável. É preciso buscar-se o equilíbrio ecológico, para que o desenvolvimento não esteja só a serviço de um capitalismo duro e insensível, conseguindo-se, realmente, a sustentabilidade ambiental no desenvolvimento.

4 DIREITO DE ACESSO À JUSTIÇA EM QUESTÕES AMBIENTAIS NO ACORDO DE ESCAZÚ

4.1 Introdução

"Cada Parte garantirá o direito de acesso à justiça em questões ambientais de acordo com as garantias do devido processo". (art. 8º, 1)

As garantias do devido processo se inserem nas Constituições Nacionais dos Estados Parte do Acordo de Escazú, que passo a mencionar, a título de exemplo. No Brasil, "a lei não excluirá da apreciação do Poder Judiciário lesão ou ameaça a direito (art. 5º, XXXV); ninguém será processado nem sentenciado senão pela autoridade competente (art. 5º, LIII); ninguém será privado da liberdade ou de seus bens sem o devido processo legal" (art. 5º, LIV). "Na República Argentina está previsto: "Toda persona puede interponer acción expedita y rápida de amparo, siempre que no exista otro medio judicial mas idóneo, contra todo acto u omisión de autoridades publicas o de particulares, que en forma actual o inminente lesione, restrinja, altere o amenace, con arbitrariedad o ilegalidad manifiesta, derechos y garantías reconocidos por esta Constitución, un tratado o una ley. (Artículo 43º).

Nos Estados Unidos Mexicanos a Constituição determina: "Siempre que no se afecte la igualdad entre las partes, el debido proceso u otros derechos en los juicios o procedimientos seguidos en forma de juicio, las autoridades deberán privilegiar la solución del conflicto sobre los formalismos procedimentales".[12]

---

(12) ("Adicionado mediante Decreto publicado en el Diario Oficial de la Federación el 15 de septiembre de 2017). Articulo 17, tercero parágrafo".

O Acordo filia-se à concepção de que o direito de acesso à justiça em questões ambientais deva ocorrer respeitando-se as garantias do devido processo. Por mais importante que seja um processo ambiental ou outro processo que envolva os direitos à vida, à qualidade de vida e à sobrevivência não só dos seres humanos, como dos seres vivos não humanos, esse processo não deve basear-se em regras de exceção ou que fujam da normalidade processual.

4.2 Direito de impugnação e de recursos judiciais e administrativos

"2. Cada Parte assegurará, no âmbito de sua legislação nacional, o acesso a instâncias judiciais e administrativas para impugnar e recorrer, quanto ao mérito e procedimento:

a) qualquer decisão, ação ou omissão relacionada com o acesso à informação ambiental;

b) qualquer decisão, ação ou omissão relacionada com a participação pública em processos de tomada de decisões ambientais; e

c) qualquer outra decisão, ação ou omissão que afete ou possa afetar de maneira adversa o meio ambiente ou infringir normas jurídicas relacionadas ao meio ambiente". (art. 8, 2).

Os Países integrantes do Acordo de Escazú deverão assegurar o acesso a instâncias judiciais e administrativas para as ações que visem a impugnação ou o a interposição de recurso sobre decisões, ações ou omissões relacionadas com o acesso à informação ambiental ou com a participação em processos de tomada de decisões ambientais.

O Acordo na alínea "c" do art. 8, 2 abre a oportunidade de um outro fundamento para a legitimação de agir: "outra decisão, ação ou omissão que afete ou possa afetar de maneira adversa o meio" ou ação ou omissão que infrinja norma jurídica relacionada com o meio ambiente.

4.3 Possíveis elementos garantidores do direito de acesso à justiça

"Para garantir o direito de acesso à justiça em questões ambientais, cada Parte, considerando suas circunstâncias, contará com:

a) órgãos estatais competentes com acesso a conhecimentos especializados em matéria ambiental;

b) procedimentos efetivos, oportunos, públicos, transparentes, imparciais e sem custos proibitivos;

c) legitimação ativa ampla em defesa do meio ambiente, em conformidade com a legislação nacional;

d) a possibilidade de dispor medidas cautelares e provisórias para, entre outros fins, prevenir, fazer cessar, mitigar ou recompor danos ao meio ambiente;

e) medidas para facilitar a produção da prova do dano ambiental, conforme o caso e se for aplicável, como a inversão do ônus da prova e a carga dinâmica da prova;

f) mecanismos de execução e de cumprimento oportuno das decisões judiciais e administrativas correspondentes; e

g) mecanismos de reparação, conforme o caso, tais como a restituição ao estado anterior ao dano, a restauração, a compensação ou a imposição de uma sanção econômica, a satisfação, as garantias de não repetição, a atenção às pessoas afetadas e os instrumentos financeiros para apoiar a reparação". (art. 8º, 3)

4.3.1 Noções gerais sobre os elementos garantidores do direito de acesso à justiça

O artigo 8, no enunciado de seu parágrafo 3, afirma que para garantir o direito de acesso à justiça em questões ambientais, cada Parte, considerando suas circunstâncias, contará com os diversos elementos que constam de sete alíneas. Vê-se aí que os Países que elaboraram o Acordo não pretenderam impor comportamentos rígidos para normatizar o direito de acesso à justiça. Cada País irá examinar as próprias circunstâncias sociais, históricas, ecológicas, econômicas, geográficas e outras para implantar ou não as sugestões legais propostas. Há de ser sopesado o maior ou menor avanço do direito ambiental de cada Estado Parte e os direitos afins — principalmente os direitos civil e processual nacionais.

A garantia do direito de acesso à justiça precisa encontrar seu alicerce em órgãos estatais ambientais que tenham em sua estrutura conhecimentos especializados em matéria ambiental. Se os órgãos estatais forem desprovidos de um saber especializado de natureza ambiental as ações judiciais terão dificuldades em analisar e decidir sobre questões complexas de natureza técnica.

A efetividade, a ação no tempo adequado, a publicidade, a transparência, a imparcialidade e os custos judiciais moderados são elementos essenciais para a garantia do direito de acesso à justiça em matéria ambiental.

É uma garantia do direito de acesso à justiça em questões ambientais a legitimação ampla para agir judicialmente na defesa do meio ambiente O Acordo utiliza a expressão "legitimação ativa ampla" porque não é só o morador vizinho de indústria poluidora que poderá processá-la. A legitimação ativa ampla enseja que os atingidos diretos e indiretamente possam intentar uma ação judicial preventiva ou reparadora. Por ser o meio ambiente um direito difuso e um direito coletivo, quaisquer cidadão, as associações e instituições, têm sido legitimadas pelas Constituições de grande número de Estados Parte do Acordo para agir em juízo.[13]

O Acordo valoriza a utilização de medidas judiciais cautelares e provisórias. Elas são essenciais para evitar o chamado fato consumado, em que uma atividade poluidora se instala e começa a funcionar, empregando pessoas. O Judiciário terá dificuldade emocional de ordenar o desmantelamento dessa empresa processada.

A medida cautelar ou de urgência precisa ter evidentemente motivação na legislação, para não ser arbitrária. Mas há de se convir que raramente se entra com uma ação judicial ambiental diante de uma lesão insignificante. A eficácia do acesso à justiça em questões ambientais dependerá muitíssimo da sensibilidade social e ambiental dos juízes. É um fenômeno mundial o acúmulo de serviço dos juízes e, diante disso, é preciso colocar a questão ambiental, como, também a questão da saúde e da educação, como absolutamente prioritárias. A Justiça tardia prejudica o meio ambiente, pois, em muitos casos, a continuidade dos efeitos da poluição ou da predação ambiental são irreversíveis.

As medidas para facilitar a produção da prova do dano ambiental, conforme o caso e se for aplicável, como a inversão do ônus da prova e a carga dinâmica da prova, serão tratadas no próximo item.

Os mecanismos de execução e de cumprimento oportuno das decisões judiciais e administrativas em todos os Estados Parte do Acordo devem tender a ser legislados e implementados de forma a dar plena efetividade às decisões judiciais tomadas.

O Acordo preconiza, na última alínea do art. $8^{\underline{o}}$, 3, para a escolha dos Estados Parte, diversos mecanismos de reparação ambiental que poderão ser cogitados no curso da ação judicial, na sentença final ou em fase de conciliação. Os mecanismos são: a restituição ao estado anterior ao dano, a restauração, a compensação ou a imposição de uma sanção econômica, a satisfação as garantias de não repetição, a atenção às pessoas afetadas e os instrumentos financeiros para apoiar a reparação.

4.3.2 O ônus da prova e a carga dinâmica da prova: o direito brasileiro e o Acordo de Escazú (art. $8^{\underline{o}}$, 3)

Para garantir o direito de acesso à justiça em assuntos ambientais, cada Parte, considerando suas circunstâncias, contará com medidas para facilitar a produção da prova do dano ambiental, conforme o caso e se for aplicável, a

---

(13) *Brasil* (Constituição/1988): " qualquer cidadão é parte legítima para propor ação popular que vise a anular ato lesivo ao patrimônio público ou de entidade de que o Estado participe, à moralidade administrativa, ao meio ambiente e ao patrimônio histórico e cultural, ficando o autor, salvo comprovada má-fé, isento de custas judiciais e do ônus da sucumbência". (art. $5^{\underline{o}}$, LXXIII). " São funções institucionais do Ministério Público: III — promover o inquérito civil e a ação civil pública, para a proteção do patrimônio público e social, do meio ambiente e de outros interesses difusos e coletivos". (art. 129). *Argentina* (Constituição/1994): "Podrán interponer esta acción contra cualquier forma de discriminación y en lo relativo a los derechos que protegen al ambiente, a la competencia, al usuario y al consumidor, así como a los derechos de incidencia colectiva en general, el afectado, el defensor del pueblo y las asociaciones que propendan a esos fines, registradas conforme a la ley, la que determinará los requisitos y formas de su organización" (art. 43). *Bolívia* (Constituição/2009): "Cualquier persona, a título individual o en representación de una colectividad, esta facultada para ejercitar las acciones legales en defensa del derecho al medio ambiente, sin perjuicio de la obligación de las instituciones públicas de actuar de oficio frente a los atentados contra el medio ambiente" (art. 34). *Chile* (Constituição/2005): "El derecho a vivir en un medio ambiente libre de contaminación. Es deber del Estado velar para que este derecho no sea afectado y tutelar la preservación de la naturaleza. La ley podrá establecer restricciones específicas al ejercicio de determinados derechos o libertades para proteger el medio ambiente" (art. 19, 8). *Colômbia* (Constituição/1991) "La ley regulará las acciones populares para la protección de los derechos e intereses colectivos, relacionados con el patrimonio, el espacio, la seguridad y la salubridad públicos, la moral administrativa, el ambiente, la libre competencia económica y otros de similar naturaleza que se definen en ella. También regulará las acciones originadas en los daños ocasionados a un número plural de personas, sin perjuicio de las correspondientes acciones particulares. Así mismo, definirá los casos de responsabilidad civil objetiva por el daño inferido a los derechos e intereses colectivos" (art. 88). *Costa Rica* (Constituição 1949, com a reforma de 1994): "Toda persona tiene derecho a un ambiente sano y ecologicamente *equilibrado*. Por ello está legitimada para denunciar los actos que infrinjan ese derecho y para reclamar la reparación del daño causado"(art. 50). *Paraguai*: (Constituição/1992): "Toda persona tiene derecho, individual o colectivamente, a reclamar a las autoridades públicas medidas para la defensa del ambiente, de la integridad del hábitat, de la salubridad pública, del acervo cultural nacional, de los intereses del consumidor y de otros que, por su naturaleza jurídica, pertenezcan a la comunidad y hagan relación con la calidad de vida y con el patrimonio colectivo" (art. 38).

inversão do ônus da prova e a carga dinâmica da prova. Cada País terá a sua legislação processual civil e seu posicionamento sobre a matéria.

O Código de Processo Civil brasileiro — Lei n. 13.105, de 16 de março de 2015, determina em seu art. 373:

"O ônus da prova incumbe:

I — ao autor, quanto ao fato constitutivo de seu direito;

II — ao réu, quanto à existência de fato impeditivo, modificativo ou extintivo do direito do autor".

O art. 373 do CPC/2015 repete o que estava previsto no art. 333 do Código de Processo Civil de 1973. O art. 373, no seu *caput*, apresenta o chamado ônus da prova estático, ao passo que os §§ 1º ao 4º tratam do ônus dinâmico da prova.

"Quando o réu contesta apenas negando o fato em que se baseia a pretensão do autor, todo o ônus probatório recai sobre este. Mesmo sem nenhuma iniciativa de prova, o réu ganhará a causa, se o autor não demonstrar a veracidade do fato constitutivo do seu pretenso direito".[14]

A aplicação do art. 373, incisos I e II do Código Civil Brasileiro nem sempre possibilita a apresentação do fato constitutivo do direito do autor. Se não tivessem sido acrescentados os quatro parágrafos do art. 373 do Código de Processo Civil, muitas vezes, estar-se-ia diante de situação em que não se produziria a prova adequada, suficiente e justa.

Art. 373:

§ 1º Nos casos previstos em lei ou diante de peculiaridades da causa relacionadas à impossibilidade ou à excessiva dificuldade de cumprir o encargo nos termos do *caput* ou à maior facilidade de obtenção da prova do fato contrário, poderá o juiz atribuir o ônus da prova de modo diverso, desde que o faça por decisão fundamentada, caso em que deverá dar à parte a oportunidade de se desincumbir do ônus que lhe foi atribuído.

§ 2º A decisão prevista no § 1º deste artigo não pode gerar situação em que a desincumbência do encargo pela parte seja impossível ou excessivamente difícil.

§ 3º A distribuição diversa do ônus da prova também pode ocorrer por convenção das partes, salvo quando:

I — recair sobre direito indisponível da parte;

II — tornar excessivamente difícil a uma parte o exercício do direito.

§ 4º A convenção de que trata o § 3º pode ser celebrada antes ou durante o processo.

O § 1º do art. 373 dá poderes ao juiz de atribuir o ônus da prova de forma diverso do que está previsto no *caput* desse mesmo artigo. Entendo que a produção da prova em ações civis ambientais pode apresentar um aspecto de peculiaridade, quando se encontra dificuldade excessiva para o autor de trazer, por si mesmo, toda a prova do "fato constitutivo de seu direito". Nesse caso poderia operar-se a inversão do ônus da prova. Segundo o próprio § 1º, do art. 373 do CPC, essa inversão não se opera de forma automática ou massificada, dependendo, em cada caso, de "decisão fundamentada" do juiz.

"Em qualquer dessas situações o juiz deverá estar atento a não transferir de uma parte à outa uma dessas dificuldades de provar, mediante a imposição dos rigores de uma *probatio diabólica*.[15]

"El desplazamiento atípico del *onus probandi* que importa la aplicación de la doctrina de las cargas probatorias dinámicas, funciona, de ordinario, respecto de determinados hechos o circunstancias y no de todo el material fáctico. Ello implica que tal aplicación no acarreta un desplazamiento completo de la carga probatoria, sino tan sólo parcial; conservándose en cabeza de la otra parte la imposición de ciertos esfuerzos probatorios. Sobre el particular, se ha dicho lo siguiente: "De ello se colige que la inversión del "onus probandi" provocada por la directriz en estudio, es sólo parcial. La parte actora, en los casos citados, continúa soportando un tras-

---

(14) Humberto Theodoro Júnior. *Curso de Direito Processual Civil*. 56. ed. Rio de Janeiro: Forense, v. I., 2015. p. 880.

(15) DINAMARCO, Cândido Rangel. *Instituições de Direito Processual Civil*. 7. ed. São Paulo: Malheiros Editores, v. III, 2017. p. 88.

cendental papel orientado a la averiguación de la verdad jurídica objetiva, debiendo aportar las pruebas que se encuentren a su alcance. Es así como, en el caso de la responsabilidad médica por mala praxis, el damnificado deberá acreditar, cuanto menos, la existencia de la prestación médica, el daño sufrido y el nexo causal".[16]

"A orientação seguida pelo legislador ao estender a possibilidade de dinamização à hipótese em que uma das partes tiver maior facilidade na produção da prova deverá ser interpretada com critério e prudência para evitar que o subjetivismo do juiz acarrete indiscriminada aplicação da regra"[17].

5 CONSIDERAÇÕES FINAIS

O Acordo Regional sobre o Acesso à Informação, Participação Pública e Acesso à Justiça em Assuntos Ambientais na América Latina e no Caribe, assinado em Escazú, Costa Rica, foi objeto de cuidadosa preparação e de ampla discussão entre os Países signatários. Esse Acordo, na sua maior parte, não altera as legislações nacionais, pois os Estados Parte já praticam majoritariamente muitas das normas propostas.

Antônio Guterres, Secretário Geral das Nações Unidas, expressou incisivamente sua opinião sobre o Acordo:

"É um instrumento poderoso para prevenir conflitos, conseguir que as decisões sejam adotadas de maneira informada, participativa e inclusiva e melhorar a prestação de contas, a transparência e a boa governança".[18]

O grande mérito desse documento internacional, coordenado pela CEPAL/ONU, é de possibilitar um entendimento e um comportamento harmonioso no sentido de assegurar a sanidade ambiental com desenvolvimento sustentável, propiciando-se a integração de práticas regionais indutoras da diminuição das desigualdades sociais, econômicas e ambientais. Há de buscar-se a agilização dos procedimentos de ratificação pelos Parlamentos Nacionais, para que o Acordo de Escazú entre em vigor.

6 REFERÊNCIAS

BARCENA, Alicia. *Acordo Regional sobre Acesso à Informação, Participação Pública e Acesso à Justiça em Assuntos Ambientais na América Latina e no Caribe.* Prefácio. Santiago: Nações Unidas, 2018.

DELL' ANNO, Paolo. *Manuale di Diritto Ambientale.* 4. ed. Padova: CEDAM, p. 9, 2003.

DINAMARCO, Cândido Rangel. *Instituições de Direito Processual Civil.* 7. ed. São Paulo: Malheiros Editores, v. III, 2017.

GRASSI, Stefano. Prezentazione. Marcello Cecchetti. *Principi costituzionali per la tutela dell'ambiente.* Milano: Giuffrè Editore, 2000.

GUTIERRES, Antônio. *Prólogo.* Texto da versão em português. Publicação das Nações Unidas LC/PUB.2018/8 Distr.: Geral Original: Inglês Copyright © Nações Unidas, 2018.

LIMA E SILVA, Pedro Paulo ...[et. al.] de *Dicionário brasileiro de ciências ambientais.* 2. ed. Rio de Janeiro: Thex ed, 2002.

LOPES, João Batista. Cargas dinâmicas da prova no novo CPC. *Cadernos Jurídicos da Escola Paulista da Magistratura,* São Paulo, ano 16, n. 41, p. 33-41, Julho-Setembro/2015.

PEYRANO, Jorge. La Carga de la Prueba. Escritos sobre diversos temas de derecho procesal. <file:///D:/Documents/CARGA%20 DE%20LA%20PRUEBA%2038jorge-w-peyrano.pdf>. Acesso em: 7 jul. 2019.

THEODORO JÚNIOR, Humberto. *Curso de Direito Processual Civil.* 56. ed. Rio de Janeiro: Forense, v. I., 2015.

---

(16) PEYRANO, Jorge. *La Carga de la Prueba.* Escritos sobre diversos temas de derecho procesal. <file:///D:/Documents/CARGA%20DE%20LA%20PRUEBA%20 38jorge-w-peyrano.pdf> (O deslocamento atípico do *onus probandi,* que acarreta a aplicação da doutrina das cargas probatórias dinâmicas, funciona, de ordinário, a respeito de determinados fatos ou circunstâncias e não em todo o material fático. Isso implica que tal aplicação não acarreta um deslocamento completo da carga probatória, mas somente de forma parcial; conservando-se na "cabeça" da outra parte a imposição de certos esforços probatórios. Sobre o caso particular, foi dito o seguinte: "Disso se traz que a inversão do *onus probandi* provocada pela diretriz em estudo, é somente parcial. A parte autora nos casos citados, continua suportando um transcendental papel orientado para a averiguação jurídica objetiva, devendo trazer as provas que se encontrem em seu alcance. É assim no caso da responsabilidade médica por má prática, quem se declara prejudicado deverá aportar, pelo menos, a existência da prestação médica, o dano sofrido e o nexo causal."(minha tradução).

(17) LOPES, João Batista. Cargas dinâmicas da prova no novo CPC. *Cadernos Jurídicos da Escola Paulista da Magistratura,* São Paulo, ano 16, n. 41. p. 33-41, Julho-Setembro/2015.

(18) Prólogo. Texto da versão em português. Publicação das Nações Unidas LC/PUB.2018/8 Distr.: Geral Original: Inglês Copyright © Nações Unidas, 2018.

SEÇÃO 2

JUSFUNDAMENTALIDADE DA QUESTÃO DO MEIO AMBIENTE DO TRABALHO

DIREITO FUNDAMENTAL AO EQUILÍBRIO DO MEIO AMBIENTE DO TRABALHO(*)

Ney Maranhão(**)

1. INTRODUÇÃO

O mundo do trabalho comporta inúmeras discussões. Por conseguinte, quase sempre movimenta uma ampla variedade de ramos jurídicos. Isso se dá, basicamente, em razão dos predicados especiais encontradiços nas relações trabalhistas, a envolver, a um só tempo, questões patrimoniais e existenciais, em interrelação assaz dinâmica e complexa. Já por isso, para além das problemáticas tendencialmente contratuais regidas pelo direito do trabalho, pululam no fervilhar do caldeirão da realidade laboral discussões materiais outras cuja resolução demanda acionamento constante do direito constitucional, direito civil, direito administrativo, direito previdenciário e mais um bom leque de ramos jurídicos outros. Domínio interdisciplinar, portanto, constitui requisito imprescindível para todo aquele que se debruça frente às relações jurídico-laborativas.

Neste texto, à luz do *direito ambiental*, trabalharemos algo da regulação jurídica incidente sobre a dimensão *ambiental* da relação de trabalho, mais precisamente para procurar expor, criticamente, o núcleo do direito fundamental ao equilíbrio do meio ambiente do trabalho.

2. O DIREITO FUNDAMENTAL AO EQUILÍBRIO DO MEIO AMBIENTE DO TRABALHO

Nosso arcabouço jurídico-constitucional enfatiza a promoção da dignidade humana (art. 1º, III) e o bem de todos (art. 3º, IV), com resguardo da vida, saúde e segurança (arts. 5º, *caput*, e 6º) e necessário equilíbrio em qualquer contexto ambiental (arts. 23, VI, e 225, *caput*). Afigura-se inteiramente coerente, portanto, que significativa parte da

---

(*) Parte das ideias deste texto foi exposta em: MARANHÃO, Ney. Comentários art. 7º, inciso XXII, da Constituição do Brasil. In: CANOTILHO, J. J. Gomes; MENDES, Gilmar Ferreira; SARLET, Ingo Wolfgang; STRECK, Lenio Luiz (coordenadores científicos). *Comentários à Constituição do Brasil*. 2. ed. São Paulo: Saraiva, 2018. p. 845-850. Para este escrito, promoveu-se expansão argumentativo-bibliográfica.

(**) Doutor em Direito do Trabalho pela Universidade de São Paulo (USP), com estágio de Doutorado-Sanduíche junto à Universidade de Massachusetts (Boston/EUA). Mestre em Direitos Humanos pela Universidade Federal do Pará (UFPA). Especialista em Direito Material e Processual do Trabalho pela Universidade de Roma — La Sapienza (Itália). Professor de Direito do Trabalho da Universidade Federal do Pará (UFPA). Professor Permanente do Programa de Pós-Graduação *Stricto Sensu* em Direito (Mestrado e Doutorado) da Universidade Federal do Pará (UFPA). Coordenador do Grupo de Pesquisa "Contemporaneidade e Trabalho" — GPCONTRAB (UFPA/CNPQ). Professor convidado em diversas Escolas Judiciais de Tribunais Regionais do Trabalho. Juiz Titular da 2ª Vara do Trabalho de Macapá (AP) (TRT da 8ª Região/PA-AP). E-mail: ney.maranhao@gmail.com / Facebook: Ney Maranhão II / Instagram: @neymaranhao

população que diuturnamente exerce o papel social de trabalhador também faça jus a tais direitos fundamentais quando imersa no específico **microcosmo labor-ambiental**[1], máxime quando a própria Carta Maior também reconhece, inequivocamente, que o meio ambiente do trabalho integra o meio ambiente em geral (art. 200, VIII)[2]. Deveras, a pactuação de uma relação de trabalho, seja ela de que natureza jurídica for, por certo não implica renúncia a qualquer daqueles direitos, porquanto inerentes à dignidade humana, impondo-se, assim, incontornável **eficácia horizontal dos direitos fundamentais**, de maneira a também atingir relações jurídicas firmadas entre particulares (CRFB/88, art. 5º, § 1º)[3].

Enfatize-se, já por isso, desde logo, que, ao conferir aos trabalhadores o direito fundamental à contínua redução dos riscos inerentes ao trabalho, por meio de normas de saúde, higiene e segurança, nossa Carta Constitucional está assegurando, em essência, a cada trabalhador, um direito de matiz **jusambiental**, qual seja, a garantia de um meio ambiente do trabalho sadio, em íntima conexão axiológica com o art. 225 da mesma Carta Maior[4]. O principal efeito jurídico desse reconhecimento está, basicamente, na possibilidade de canalização de todo o portentoso estuário jurídico-protetivo do **Direito Ambiental** também em benefício do equilíbrio do meio ambiente laboral, especialmente sua extensa e alvissareira malha principiológica (desenvolvimento sustentável, prevenção, precaução, correção na fonte, poluidor-pagador, usuário-pagador, educação, participação, cooperação, proibição de retrocesso socioambiental etc.), dando azo ao exsurgir de um assim denominado **Direito Ambiental do Trabalho**[5] e, com isso, contribuindo para a **melhoria da condição socioambiental da classe trabalhadora** (CRFB/88, arts. 7º, *caput*, 200, VIII, e 225, *caput*)[6].

Frise-se, ademais, que a nova ordem constitucional instaurada em 1988 inovou ao se valer da palavra **saúde** quando do arrolamento de direitos da classe trabalhadora. De fato, a referência à *saúde* no inciso XXII do art. 7º da Carta Constitucional, empregada em contexto de anunciação de direitos dos trabalhadores, aliada à previsão do meio ambiente do trabalho especificamente quando da referência a atribuições do Sistema Único de Saúde (art. 200, VIII), deixam a nu a circunstância de que a integração do meio ambiente do trabalho ao bem jurídico ambiental também decorre do reconhecimento constitucional acerca da fortíssima ligação havida entre *trabalho, meio ambiente e saúde pública*, a reforçar o incontornável foco publicista que deve nortear esse tipo de assunto, tendo-o, acertadamente, como matéria de genuíno **interesse público primário**[7].

Com isso, nosso legislador constituinte originário pontuou, de forma categórica, a importância da qualidade labor-ambiental não só para a proteção mais eficaz e direta de uma específica parcela da população que diariamente se sujeita a exposições deletérias à sua saúde e segurança (**classe trabalhadora**), mas também para a própria sociedade como um todo, em especial quando essa qualidade é percebida enquanto fator inibidor de focos de poluição ambiental

---

(1) AMORÓS, Francisco Pérez. Derecho del trabajo y medio ambiente: unas notas introductorias. *Revista Gaceta Laboral*, vol. 16, n. 1, 2010. p. 107.

(2) O direito ao meio ambiente equilibrado, inclusive na esfera labor-ambiental, é genuíno direito fundamental, "em virtude de estar inserido, indiscutivelmente, ante a sua importância de índole existencial para o ser humano, no núcleo protetivo do direito à vida humana digna e saudável" (FENSTERSEIFER, Tiago. *Direitos fundamentais e proteção do ambiente*: a dimensão ecológica da dignidade humana no marco jurídico-constitucional do Estado Socioambiental de Direito. Porto Alegre: Livraria do Advogado Editora, 2008. p. 169).

(3) A respeito, confira-se, entre outros: CANARIS, Claus-Wilhelm. *Direitos fundamentais e direito privado*. Coimbra: Almedina, 2012; SARMENTO, Daniel. *Direitos fundamentais e relações privadas*. 2. ed. Rio de Janeiro: Editora Lumen Juris, 2006; SARLET, Ingo Wolfgang. *A eficácia dos direitos fundamentais*. 8. ed. Porto Alegre: Livraria do Advogado Ed., 2007.

(4) Afinal, "os problemas ambientais suscitados pela atual sociedade de risco global não se limitam às agressões e degradação sistemática do meio ambiente natural, mas atingem o ser humano em todos os seus ambientes artificialmente construídos, desde o espaço urbano das cidades até o espaço laboral das atividades produtivas" (PADILHA, Norma Sueli. *Fundamentos constitucionais do direito ambiental brasileiro*. Rio de Janeiro: Elsevier, 2010. p. 374).

(5) Definimos *Direito Ambiental do Trabalho* como "o segmento do Direito Ambiental composto por regras, valores e princípios voltados à tutela da segurança e da saúde (física e mental) do ser humano exposto a qualquer contexto laborativo, imprimindo contínua sustentabilidade ao meio ambiente do trabalho". Fonte: MARANHÃO, Ney. Verbete "Direito Ambiental do Trabalho". In: MENDES, René (Coord.). *Dicionário de saúde e segurança do trabalhador*: conceitos — definições — história — cultura. Novo Hamburgo: Proteção Publicações, 2018. p. 368.

(6) A respeito do Direito Ambiental do Trabalho, confira-se, entre outros: MARANHÃO, Ney. *Poluição labor-ambiental*: abordagem conceitual da degradação das condições de trabalho, da organização do trabalho e das relações interpessoais travadas no contexto laborativo. Rio de Janeiro: Lumen Juris, 2017; MARANHÃO, Ney. Comentários art. 7º, inciso XXII, da Constituição do Brasil. In: CANOTILHO, J. J. Gomes; MENDES, Gilmar Ferreira; SARLET, Ingo Wolfgang; STRECK, Lenio Luiz (coordenadores científicos). *Comentários à Constituição do Brasil*. 2. ed. São Paulo: Saraiva, 2018. p. 845-850; FELICIANO, Guilherme Guimarães; URIAS, João; (Coord.). *Direito ambiental do trabalho*: apontamentos para uma teoria geral. São Paulo: LTr, 2013. v. 1; FELICIANO, Guilherme Guimarães; URIAS, João; MARANHÃO, Ney; SEVERO, Valdete Souto (Coord.). *Direito ambiental do trabalho*: apontamentos para uma teoria geral. São Paulo: LTr, 2015. v. 2; FELICIANO, Guilherme Guimarães; URIAS, João; MARANHÃO, Ney; (Coord.). *Direito ambiental do trabalho*: apontamentos para uma teoria geral. São Paulo: LTr, 2017. v. 3; FELICIANO, Guilherme Guimarães; EBERT, Paulo Roberto Lemgruber; (Coord.). *Direito ambiental do trabalho*: apontamentos para uma teoria geral. São Paulo: LTr, 2018. v. 4; FELICIANO, Guilherme Guimarães; SARLET, Ingo Wolfgang; MARANHÃO, Ney; FENSTERSEIFER, Tiago (Coord.). *Direito ambiental do trabalho*: apontamentos para uma teoria geral. São Paulo: LTr, v. 5 (no prelo).

(7) Conforme Celso Antônio Bandeira de Mello, interesses públicos ou interesses *primários* "são interesses da coletividade como um todo", ao passo que interesses *secundários* são aqueles "que o Estado (pelo só fato de ser sujeito de direitos) poderia ter como qualquer outra pessoa" (MELLO, Celso Antônio Bandeira de. *Curso de direito administrativo*. 16. ed. São Paulo: Malheiros Editores, 2003. p. 63).

(**comunidade**)[8]. De fato, todas as vezes que um documento ambiental, preocupado em combater a poluição, reportar, por exemplo, à produção, ao manuseio, à conservação, ao transporte ou ao descarte de produtos químicos, bem como à simples reparação e limpeza de equipamentos e recipientes utilizados para a manutenção de produtos químicos, estar-se-á referindo, invariavelmente, ao meio ambiente do trabalho, já que todas essas atividades envolvem labor humano consubstanciado em obrigação de fazer, sujeito ou não ao controle hierárquico de alguém, constituindo-se como incontornáveis focos de vulnerabilidade ambiental. Nesse prisma, o tema da qualidade e higidez do meio ambiente do trabalho, decididamente, itere-se, fortalece-se como autêntica **matéria de ordem pública**, na medida em que condizente com os interesses diretos não apenas do ser humano que trabalha, mas, igualmente, da própria comunidade local e do meio ambiente como um todo[9].

É certo, portanto, que a proteção e promoção da saúde humana constituem pontos nevrálgicos em sede labor-ambiental. Não sem razão, o citado art. 200, VIII, da Carta Constitucional está inserido em seu Título VIII ("Da Ordem Social"), mais precisamente na Seção II de seu Capítulo II ("Da Seguridade Social"), que contém a epígrafe "Da Saúde", um direito de todos e dever do Estado (art. 196, *caput*), resguardado em um panorama em que o *bem-estar* (equivalente jurídico de "sadia qualidade de vida") figura entre os alicerces da ordem social (art. 193) e a *existência digna* (outro sinônimo de "sadia qualidade de vida") ressoa como um dos fundamentos da ordem econômica (art. 170, *caput*), que, de sua parte, também tem como um de seus princípios a "defesa do meio ambiente" (art. 170, VI) e a "função social da propriedade" (art. 170, III) .

Nossa Constituição Federal também aduz que essa função social, no âmbito da propriedade rural, só é cumprida se houver aproveitamento "racional e adequado" (art. 186, I), "utilização adequada dos recursos naturais disponíveis e preservação do meio ambiente" (art. 186, II), "observância das disposições que regulam as relações de trabalho" (art. 186, III) e "exploração que favoreça o bem-estar dos proprietários e dos trabalhadores" (art. 186, IV). Perceba-se, desse modo, aqui, na enunciação prática do vetor axiológico da **função socioambiental da propriedade**, o elevado destaque conferido pela Suprema Carta à dimensão labor-ambiental das relações trabalhistas praticadas no âmbito rural, exemplo de construção jusambiental que decerto serve de excelente referência de **sustentabilidade** para todas as demais relações laborais.

A propósito, diante do quanto já exposto, importante deixar registrada nossa posição no sentido da fragilidade de qualquer construção teórica ligada à ideia de **desenvolvimento sustentável** que não confira seriedade, em sua justificação e propósitos, à histórica relação havida entre saúde-trabalho-ambiente. A insistente invisibilidade conferida à categoria *meio ambiente do trabalho* no discurso científico-político relacionado à *sustentabilidade ambiental* constitui, a nosso ver, falha grosseira de análise do assunto, dada a sua realidade de fator complexo comumente gerador de graves riscos humanos e ambientais. Uma crítica de desenvolvimento sem uma crítica das formas de organização do trabalho, por exemplo, representará uma tomada de posição bastante superficial no debate, sobretudo porque incapaz de dar sustentação segura à vida em todas as suas circunstâncias e concreções fenomênicas[10].

Importa também consignar que o meio ambiente laboral, de acordo com o pensamento científico contemporâneo, é realidade resultante de uma complexa interação de fatores naturais, técnicos e psicológicos que condiciona, direta ou indiretamente, a qualidade de vida daquele que presta qualquer modalidade de trabalho, valendo lembrar, ademais, que a ideia de *saúde*, no âmbito do mundo do trabalho, também abarca a dimensão *mental* (Convenção n. 155 da OIT, art. 3º, alínea "e", e Decreto n. 1.254/1994). Assim, revela-se sobremodo insuficiente a clássica construção conceitual que vê o meio ambiente do trabalho como simples "local da prestação de serviço". De fato, não importa o contexto, o local da execução do trabalho sempre representará apenas e tão somente uma parcela da realidade labor-ambiental — quiçá a sua expressão mais visível e tangível, mas que, certamente, a ela não se resume.

Nesse diapasão, o meio ambiente do trabalho deixa de ser compreendido somente como uma realidade estático-espacial ligada a fatores exclusivamente físico-naturalísticos, condizentes com os tradicionais riscos físicos, químicos

---

(8) A respeito da comunhão de interesses ambientais entre trabalhadores e comunidade, confira-se: OBACH, Brian K. *Labor and the environmental movement*. Cambridge: MIT Press, 2004; ZOLLER, Heather. The social construction of occupational health and safety: barriers to environmental-labor health coalitions. *New Solutions*, vol. 19, n. 3, 2009. p. 289-314.

(9) Basta recordar os recentes desastres ambientais ocorridos em solo brasileiro e refletir sobre suas possíveis causalidades labor-ambientais. A respeito, entre outros, confira-se: MEIRA, André Augusto Malcher; JUNQUEIRA, Fernanda Antunes Marques; MARANHÃO, Ney. O grito de brumadinho: o rompimento da barragem do córrego do feijão e suas implicações na perspectiva do meio ambiente do trabalho. *Revista do Tribunal Regional do Trabalho da 9ª Região (PR)*. v. 8, n. 76, março/2019. p. 102-123.

(10) VASCONCELOS, Luiz Carlos Fadel de Relações saúde-trabalho fora de foco: o desenvolvimento insustentável. In: VASCONCELOS, Luiz Carlos Fadel de; OLIVEIRA, Maria Helena Barros de (org.). *Saúde, trabalho e direito*: uma trajetória crítica e a crítica de uma trajetória. Rio de Janeiro: Educam, 2011. p. 495.

e biológicos, e passa a ser encarado como produto de um sistema dinâmico e genuinamente social, abarcador não apenas das condições físico-estruturais havidas no ambiente de trabalho (**condições de trabalho** — interação *homem/ambiente*), mas também do arranjo técnico-organizacional estabelecido para a execução do trabalho (**organização do trabalho** — interação *homem/técnica*) e da própria qualidade das interações socioprofissionais travadas no cotidiano do trabalho (**relações interpessoais** — interação *homem/homem*), passando a admitir, assim, outras modalidades de risco, como os *ergonômicos* e *psicossociais*. Nessa luz, o *meio ambiente do trabalho* revela-se como realidade resultante da interação sistêmica de fatores naturais, técnicos e psicológicos ligados às condições de trabalho, à organização do trabalho e às relações interpessoais que condiciona a segurança e a saúde física e mental do ser humano exposto a qualquer contexto jurídico-laborativo[11].

Trata-se, como se vê, de construção conceitual erigida à luz não do *trabalho*, com descrição detalhada do específico espaço onde ocorre a prestação do serviço, mas, sim, do *trabalhador*, já que sensível à miríade de fatores materiais e imateriais que influenciam a qualidade de vida daquele que labora, com a adoção de uma visão holística do ser humano (saúde física e mental). Com isso, deixamos, enfim, de pôr ênfase na descrição física do específico local onde se presta serviço, para passar a realçar a complexa interação de fatores que, ao fim e ao cabo, beneficia ou prejudica a qualidade de vida do ser humano investido no papel de trabalhador, imprimindo autêntico **giro humanístico** na conceituação jurídica do próprio meio ambiente do trabalho.

É dizer: a linha conceitual clássica de meio ambiente do trabalho sempre se confundiu com a ideia do *local* da prestação de serviço, com ênfase no aspecto *físico* da questão. Entretanto, a vereda que melhor se coaduna com nossa densa plataforma jurídico-constitucional aponta para direção diversa: toma como referência a *pessoa* do prestador de serviço, com ênfase no aspecto *humano* da questão. Um conceito de meio ambiente laboral, portanto, mais verdadeiramente alinhado com o primoroso referencial ético-jurídico da **dignidade humana** (CRFB/88, art. 1º, III). E, na medida em que atado à importante ideia de *dignidade humana* e uma vez expressando foco *publicista*, o conceito acima formulado — e seus naturais desdobramentos — há de ser aplicado a **qualquer realidade laboral** (pública ou privada, autônoma ou subordinada, onerosa ou voluntária etc.).

Por corolário, **meio ambiente laboral equilibrado** (ou *sadio*) pode ser tido como a realidade labor-ambiental que acomoda condições de trabalho, organizações de trabalho e relações interpessoais continuamente seguras, saudáveis e respeitosas, com a adoção de uma visão protetiva integral do ser humano (saúde física e mental). De sua parte, **poluição labor-ambiental** se apresenta como o desequilíbrio sistêmico no arranjo das condições de trabalho, da organização do trabalho ou das relações interpessoais havidas no âmbito do meio ambiente laboral que, propiciado pela ingerência humana, gera riscos intoleráveis à segurança e à saúde (física e mental) do ser humano exposto a qualquer contexto laborativo[12].

Importa ainda asseverar que nossa Constituição Federal admite, expressamente, que todo trabalho envolve algum grau de risco, motivo pelo qual fala em **riscos inerentes ao trabalho**. Em razão disso, o texto constitucional é explícito ao referir não à *eliminação*, mas à simples ideia de *redução* dos riscos labor-ambientais, proposta bem mais aderente à realidade dos fatos. Essa redução dos riscos, entretanto, caso tecnicamente possível, haverá de sempre tender à *anulação* plena ou mesmo à sua *eliminação* total. Isso se dá porque o propósito último da disposição constitucional é que todo trabalhador trabalhe em ambientes laborais cada vez mais seguros e sadios, à luz da ideia de **atual estado da técnica** (OIT, Convenção n. 115, item 3.1, e Convenção n. 148, item 8.3), pouco importando se esse nível de exposição está, ou não, dentro dos parâmetros técnicos oficiais. A propósito, por envolver discussão imantada de ordem pública, certamente a aplicação dessas Convenções deve ser geral, não se prendendo à esfera das radiações ionizantes ou da contaminação do ar, ruído e vibrações. Exegese que se articula exatamente com o art. 7º, XXII, da Carta da República, que revela o já descortinado **direito fundamental à contínua redução dos riscos inerentes ao trabalho**.

Por essa linha de raciocínio, percebe-se de maneira mais nítida a ausência de antinomia entre o dispositivo constitucional em foco e aquele que aduz ser também direito dos trabalhadores urbanos e rurais "adicional de remuneração para as atividades penosas, insalubres ou perigosas, na forma da lei" (inciso XXIII). O que pretende o legislador constituinte é, antes de tudo, a mantença de um meio ambiente do trabalho seguro e sadio, de preferência sem pagamento de adicionais. Entretanto, *enquanto essa perene redução dos riscos labor-ambientais não atingir padrões oficiais de tolerân-*

---

(11) MARANHÃO, Ney. *Poluição labor-ambiental*: abordagem conceitual da degradação das condições de trabalho, da organização do trabalho e das relações interpessoais travadas no contexto laborativo. Rio de Janeiro: Lumen Juris, 2017. p. 251.

(12) MARANHÃO, Ney. *Poluição labor-ambiental*: abordagem conceitual da degradação das condições de trabalho, da organização do trabalho e das relações interpessoais travadas no contexto laborativo. Rio de Janeiro: Lumen Juris, 2017. p. 254-255.

cia, cumpre transigir com a realidade, impondo-se o pagamento das referidas verbas pela sujeição a um *habitat* laboral hostil. Noutras palavras: em linha de princípio, teoricamente, longe de fomentar uma odiosa lógica de **monetização da saúde e da vida**, nossa Carta Constitucional em verdade a repele com veemência — opção política que, vale dizer, bem se percebe na própria topologia dos regramentos, já que a disposição constitucional que visa a resguardar a redução dos riscos inerentes ao trabalho *precede* aquela que legitima o pagamento de adicionais legais. Infelizmente, porém, na prática, o pagamento de adicionais acabou servindo como fator de desestímulo patronal à constante redução dos riscos ambientais trabalhistas, invertendo-se a lógica das coisas.

De todo modo, o fato é que dispõe o art. 4º da Convenção n. 155 da Organização Internacional do Trabalho (diploma internacional sobre direitos humanos incorporado ao ordenamento jurídico pátrio pelo Decreto n. 1.254/1994) que o Brasil deverá "formular, por em prática e reexaminar periodicamente uma política nacional coerente em matéria de segurança e saúde dos trabalhadores e o meio ambiente de trabalho" (art. 4º, item 1), cuidando para que essa política tenha por objetivo "prevenir os acidentes e os danos à saúde que forem consequência do trabalho, tenham relação com a atividade de trabalho, ou se apresentarem durante o trabalho, reduzindo ao mínimo, na medida que for razoável e possível, as causas dos riscos inerentes ao meio ambiente de trabalho" (art. 4º, item 2 — grifamos).

Igualmente, preceitua a Convenção n. 155 da Organização Internacional do Trabalho que "deverá ser exigido dos empregadores que, na medida que for razoável e possível, garantam que os locais de trabalho, o maquinário, os equipamentos e as operações e processos que estiverem sob seu controle são seguros e não envolvem risco algum para a segurança e a saúde dos trabalhadores" (art. 16, item 1 — grifamos). Da mesma forma, cabe às empresas garantir que os trabalhadores "recebam treinamento apropriado no âmbito da segurança e da higiene do trabalho", bem como assegurar que trabalhadores ou seus representantes "estejam habilitados, de conformidade com a legislação e a prática nacionais, para examinarem todos os aspectos da segurança e da saúde relacionados com seu trabalho, e sejam consultados nesse sentido pelo empregador" (art. 19, alíneas "d" e "e" — grifamos), sendo certo, ainda, que "as medidas de segurança e higiene do trabalho não deverão implicar nenhum ônus financeiro para os trabalhadores" (art. 21 — grifamos), impondo-se análise contínua de riscos, porquanto "a situação em matéria de segurança e saúde dos trabalhadores e meio ambiente de trabalho deverá ser examinada, em intervalos adequados, globalmente ou com relação a setores determinados, com a finalidade de se identificar os principais problemas, elaborar meios eficazes para resolvê-los, definir a ordem de prioridade das medidas que for necessário adotar, e avaliar os resultados" (art. 21 — grifamos).

Anote-se, também, que nossa específica Política Nacional de Segurança e Saúde no Trabalho, implantada através do Decreto n. 7.602/2011, é taxativa ao firmar que se deve fomentar a estruturação da "atenção integral à saúde dos trabalhadores, envolvendo a promoção de ambientes e processos de trabalho saudáveis", incluindo a dimensão "física e psicossocial" (item VII, "a" — grifamos), havendo de se registrar, por oportuno, que o termo "saúde", com relação ao trabalho, "abrange não só a ausência de afecções ou de doenças, mas também os elementos físicos e mentais que afetam a saúde e estão diretamente relacionados com a segurança e a higiene no trabalho" (OIT/Convenção n. 155, art. 3, item "e" — grifamos).

De mais a mais, tratando-se de temática ambiental (*equilíbrio do meio ambiente do trabalho*), a discussão deverá ser sempre **interdisciplinar**[13], a envolver abalizados argumentos técnico-científicos relacionadas à saúde humana, especialmente os oriundos da Medicina e Psicologia. Não por outro motivo, o texto constitucional reporta não só ao propósito de redução dos riscos labor-ambientais, mas também à exigência de que tal redução deva ser instrumentalizada "por meio de normas de saúde, higiene e segurança", ou seja, através de **debate cientificamente sério e reconhecido**. A questão ganha maior complexidade técnica quando, novamente, recordamos que a palavra "saúde", em acepção jurídica, no Brasil, deve abarcar tanto a **saúde física** quanto a **saúde mental**, ou seja, os riscos ambientais trabalhistas a serem firmemente enfrentados — dominados e reduzidos — abarcam não apenas os clássicos riscos *físicos*, *químicos* e *biológicos*, mas também os igualmente perigosos riscos *ergonômicos* e *psicossociais* (OIT/Convenção n. 155, art. 3º, item "e")[14].

---

(13) "Em matéria de Direito Ambiental, as fronteiras entre os diversos segmentos do conhecimento humano tornam-se cada vez menores. (...) Decorre daí a necessidade de que o jurista, ao tratar de questões ambientais, tenha conhecimento de disciplinas que não são a sua, ou que busque tal conhecimento onde ele se encontre disponível" (ANTUNES, Paulo de Bessa. *Direito ambiental*. 14. ed. São Paulo: Atlas, 2012. p. 60).

(14) Como destacado por Robert Karasek e Töres Theorell, em relação ao meio ambiente do trabalho, cumpre, de fato, adotar-se um conceito largo de *saúde*, apto a abarcar, pelo menos, no tocante ao trabalhador, fatores relacionados à autonomia decisória, exigências psicológicas, estressores físicos e interações sociais. Fonte: KARASEK, Robert; THEORELL, Töres. *Healthy work*: stress, productivity, and the reconstruction of working life. BasicBooks, 1990. p. 40.

Na esteira de todos esses fundamentos e em especial diante do sumo vetor axiológico da **prevenção**, ideia-força do Direito Ambiental[15], bem assim sem a pretensão de gizar posição exauriente a respeito do assunto — que, vale dizer, comporta múltiplas e polêmicas discussões, cuja apreciação foge aos limites deste brevíssimo escrito —, parece-nos ser possível trabalhar com "subprincípios" labor-ambientais, extraídos da principiologia geral jusambiental e que bem poderiam ser sumariados, em rol não exaustivo, como a seguir: i) **princípio da indisponibilidade da saúde do trabalhador** (*v.g.*, em combate à implementação de lógicas tendentes à monetização da saúde e promovendo forte inibição a manifestações de vontade, individuais ou coletivas, nitidamente ofensivas ao núcleo do direito fundamental à saúde); ii) **princípio da contínua melhoria ambiental ou do risco mínimo regressivo**[16] (insistência na busca de se reduzir a zero os riscos labor-ambientais, com franca prioridade a medidas *coletivas* de proteção[17]); iii) **princípio da adaptação do trabalho ao trabalhador** (implantação de condições labor-ambientais favoráveis às caraterísticas psico-fisiológicas e/ou antropométricas dos trabalhadores, gerando bem-estar, conforto e eficiência); iv) **princípio do não improviso**[18] (fomentando verdadeira mudança de cultura, de modo a se substituir técnicas de improviso por técnicas de planejamento responsável); v) **princípio do *in dubio pro ambiente*/trabalhador** (consubstanciando hermenêutica maximamente protetiva do vulnerável — prevenção/precaução); vi) **princípio da primazia da análise contextual de causalidades** (fomento à adoção de análise multidimensional na apuração de causas da acidentalidade laboral [*lato sensu*], com especial atenção a fatores organizacionais e influências concausais[19]). Perceba-se que o desiderato maior de toda essa construção não está apenas em resguardar uma ambiência laboral não agressiva (dimensão *negativa*), mas, sobretudo, também assegurar um "bioma" trabalhista *continuamente propiciador* do pleno desenvolvimento da personalidade de seus partícipes (dimensão *positiva*). Ou seja, mais que um meio ambiente do trabalho *seguro*, almeja-se um meio ambiente do trabalho *sadio*.

Ainda palmilhando pelo esplendoroso ramo jusambiental e suas implicações no labor-ambiente, cumpre registrar, mesmo que sinteticamente, determinadas características da responsabilidade civil ambiental (*in casu*, suscitada por desarranjo sistêmico antrópico e intolerável de fatores labor-ambientais de risco — CRFB/88, art. 225, § 3º, e Lei n. 6.938/81, art. 14, § 1º [**poluição**]), revelando alguma diferenciação em contraponto à regência jurídica da responsabilidade civil objetiva pelo risco da atividade (suscitada por causalidade sistêmica tolerável ligada a risco acentuado inerente — CC, art. 927, parágrafo único [**risco implicado**]) e, claro, da clássica responsabilidade civil subjetiva (suscitada por causalidade [tópica ou sistêmica] intolerável decorrente de fator culposo — CRFB/88, art. 7º, XXVIII [**culpa**]). Deveras, confira-se, quanto à chamada **responsabilidade civil ambiental**, por exemplo: **i)** seu forte viés jurídico da causalidade (não causalidade físico-newtoniana, mas causalidade jurídico-normativa, admitindo, inclusive, fixações presuntivas e probabilísticas [vide, *v.g.*, o Nexo Técnico Epidemiológico Previdenciário — NTEP]); **ii)** sua forte tendência de relativização das excludentes de responsabilidade (para alguns, inclusive com acentuada inclinação à teoria do risco integral); **iii)** seu forte viés pedagógico-punitivo (a influir no *quantum* indenizatório); **iv)** seu forte enlaçamento da cadeia de envolvidos (profundo vínculo de solidariedade, a incluir poluidores indiretos)[20].

Aliás, por conta dessa última característica e da especialidade do regramento jusambiental, a rigor, danos ligados a uma poluição labor-ambiental atraem responsabilidade direta de todos os envolvidos, em caráter *objetivo* e *solidário* (CRFB/88, art. 225, § 3º, e Lei n. 6.938/81, art. 14, § 1º), o que envolveria, por exemplo, até mesmo o dono da obra e a

---

(15) A respeito da principiologia nuclear do Direito Ambiental, entre outros, confira-se: SADELEER, Nicolas de. *Environmental principles*: from political slogans to legal rules. Translated by Susan Leubusher. New York: Oxford University Press, 2002; SARLET, Ingo Wolfgang; FENSTERSEIFER, Tiago. *Princípios do direito ambiental*. São Paulo: Saraiva, 2014.

(16) "A primeira atuação do empregador deve ter como objetivo eliminar totalmente os riscos à vida ou à saúde do trabalhador. Mas, quando isso não for viável tecnicamente, a redução deverá ser a máxima possível e exequível, de acordo com os conhecimentos de época. Dizendo de outra forma: a exposição aos agentes nocivos deverá ser a mínima possível e, mesmo assim, deverá reduzir progressivamente na direção do risco zero. A redução, portanto, deverá ser cada vez mais acentuada levando-se em conta os avanços tecnológicos, de modo que, o risco que hoje é considerado tolerável, no futuro poderá ser enquadrado como risco que deveria ser controlado ou eliminado, em razão dos novos conhecimentos. Daí a qualificação de princípio do risco mínimo regressivo" (OLIVEIRA, Sebastião Geraldo de. *Proteção jurídica à saúde do trabalhador*. 5. ed. São Paulo: LTr, 2010. p. 124). A respeito, confira-se o conteúdo do Enunciado n. 03 aprovado no Seminário "Prevenção de Acidentes do Trabalho", promovido pela Escola Judicial do TRT da 8ª Região (PA-AP) entre os dias 8 e 11 de outubro de 2012, na cidade de Belém (PA): "*Aplicação do princípio do risco mínimo regressivo. Princípio da precaução. Medidas de proteção. Ônus do empregador*. Incumbe ao gestor do empreendimento econômico adotar todos os meios necessários para reduzir os riscos inerentes ao trabalho por meio da efetiva implementação das normas de saúde, higiene e segurança no meio ambiente de trabalho (princípio do risco mínimo regressivo — art. 7º, XXII, da CRFB/88)".

(17) No âmbito do meio ambiente do trabalho, como bem acentua Guilherme Guimarães Feliciano, "priorizam-se, pois, as *medidas coletivas de proteção*, aptas a neutralizar os riscos ambientais, por atenderem melhor à natureza metaindividual do direito a um meio ambiente do trabalho sadio e equilibrado" (FELICIANO, Guilherme Guimarães. *Tópicos avançados de direito material do trabalho*: atualidades forenses. v. 1. São Paulo: Damásio de Jesus, 2006. p. 148).

(18) A respeito, confira-se: AMORIM JUNIOR, Cléber Nilson. *Segurança e saúde no trabalho*: princípios norteadores. São Paulo: LTr, 2013. p. 128-154.

(19) Com isso, propõe-se uma abordagem sistêmica, algo bem diferente da insistente unilateralidade que campeia o pensamento ocidental, de regra desprezando o contexto. A respeito, confira-se, entre outros: LORENZETTI, Ricardo Luis. *Teoría del derecho ambiental*. Avellaneda: Aranzadi, 2010. p. 16.

(20) Sobre o tema da responsabilidade civil-ambiental objetiva do empregador, confira-se, entre outros: MOLINA, André Araújo. O acidente ambiental trabalhista e a responsabilidade civil objetiva agravada do empregador. *Revista Síntese* (trabalhista e previdenciária). Ano XXIX, n. 355, janeiro de 2019. p. 64-87.

empresa tomadora de serviços terceirizados. Por corolário, nessa específica hipótese de danos aflorados por força de degradação labor-ambiental, tornar-se-iam inaplicáveis ao caso concreto clássicas e restritivas diretrizes jurisprudenciais que, para aquelas figuras, a luz do Direito Civil, atribuem responsabilidade meramente subjetiva e subsidiária.

Para boa compreensão desta breve reflexão, tenha-se, ainda, por oportuno, que: **a)** a responsabilidade civil objetiva pelo risco da atividade também decorre de causalidade sistêmica, porém *tolerável*, porque ligada a um nível de risco socialmente aceitável (perceba-se que o "tolerável", aqui, diz com a *causalidade* e não com a *danosidade* dela decorrente); **b)** a responsabilidade civil subjetiva nem sempre decorre de falha humana episódica, mas também pode advir de falha empresarial de conotação sistêmico-ambiental (*v. g.*, decisão de não fornecer equipamentos de proteção individual ou coletiva ou aplicação de metas claramente abusivas); **c)** tais fatores de indução do dever de reparar (culpa, risco implicado e poluição) não se excluem; antes, complementam-se. Nada obsta, portanto, a depender das circunstâncias do caso concreto, que mereçam **gradativa incidência cumulativa**, propiciando, assim, rede jurídica protetiva bem mais densa e firme em favor da vítima.

3 CONSIDERAÇÕES FINAIS

Como vimos, o núcleo do direito fundamental ao equilíbrio do meio ambiente do trabalho se exprime na garantia de uma realidade labor-ambiental que acomode condições de trabalho, organizações de trabalho e relações interpessoais continuamente seguras, saudáveis e respeitosas, com a adoção de uma visão protetiva integral do ser humano (saúde física e mental). Dimana dessa estruturação uma gama de repercussões jurídicas benéficas não apenas ao ser humano que trabalha, mas, igualmente, à comunidade local e ao meio ambiente como um todo.

Como bem se percebe, a adoção dessa perspectiva holística é capaz de lançar novos olhares à faceta *existencial* das relações de trabalho, máxime por fazer canalizar, em proveito do meio ambiente do trabalho, toda a rica **normatividade jusambiental**, auxiliando para que o bioma laboral se desprenda do histórico "estigma de ser *locus* de sacrifício, expiação ou enfado e se transforme em experiência que enleve o espírito e permita a inserção intelectual, familiar e social do homem e da mulher que laboram"[21].

Lançadas essas considerações estritamente jurídicas, impende finalizar este breve texto com uma assertiva mais ampla, embora não menos importante. É que a garantia do equilíbrio do meio ambiente do trabalho traduz também medida intimamente relacionada com a ideia mais basilar de **vida civilizada**. Com efeito, a ambiência laboral não pode ser fonte de medo, terror e descontentamento. Não pode ser foco de fragilização, adoecimento e morte. Em última instância, exercitar forte respeito para com o ser humano que trabalha, deixando de enxergá-lo como simples engrenagem do processo produtivo, implica valorizar sua vida, priorizar seu bem-estar e considerar suas necessidades, itens existenciais que, seguramente, também devem ser levados em conta na formulação de políticas públicas e na tomada de decisões empresariais alusivas ao meio ambiente do trabalho.

Afinal, na vivência de uma "boa sociedade" — o que quer que ela signifique —, certamente haverá de estar inclusa a óbvia percepção de que nossas vidas, mesmo quando inseridas no contexto laborativo, são por demais valiosas e têm propósitos relevantes, individual e coletivamente[22].

4 REFERÊNCIAS

AMORIM JUNIOR, Cléber Nilson. *Segurança e saúde no trabalho*: princípios norteadores. São Paulo: LTr, 2013.

AMORÓS, Francisco Pérez. Derecho del trabajo y medio ambiente: unas notas introductorias. *Revista Gaceta Laboral*, vol. 16, n. 1, 2010.

ANTUNES, Paulo de Bessa. *Direito ambiental*. 14. ed. São Paulo: Atlas, 2012.

CANARIS, Claus-Wilhelm. *Direitos fundamentais e direito privado*. Coimbra: Almedina, 2012.

CARVALHO, Augusto César Leite de. *Direito do trabalho*: curso e discurso. São Paulo: LTr, 2016.

FELICIANO, Guilherme Guimarães *Tópicos avançados de direito material do trabalho*: atualidades forenses. v. 1. São Paulo: Damásio de Jesus, 2006.

---

(21) CARVALHO, Augusto César Leite de. *Direito do trabalho*: curso e discurso. São Paulo: LTr, 2016. p. 294.

(22) SCHNALL, Peter L.; DOBSON, Marnie ROSSKAM, Ellen; LANDSBERGIS, Paul. Conclusion: curing unhealthy work. In: SCHNALL, Peter L.; DOBSON, Marnie; ROSSKAM, Ellen (Ed.). *Unhealthy work*: causes, consequences, cures. Amityville, New York: Baywood Publishing Company, 2009. p. 341.

FELICIANO, Guilherme Guimarães; URIAS, João; (Coord.). *Direito ambiental do trabalho*: apontamentos para uma teoria geral. São Paulo: LTr, 2013. v. 1.

FELICIANO, Guilherme Guimarães; URIAS, João; MARANHÃO, Ney; SEVERO, Valdete Souto (Coord.). *Direito ambiental do trabalho*: apontamentos para uma teoria geral. São Paulo: LTr, 2015. v. 2.

FELICIANO, Guilherme Guimarães; URIAS, João; MARANHÃO, Ney; (Coord.). *Direito ambiental do trabalho*: apontamentos para uma teoria geral. São Paulo: LTr, 2017. v. 3.

FELICIANO, Guilherme Guimarães; EBERT, Paulo Roberto Lemgruber; (Coord.). *Direito ambiental do trabalho*: apontamentos para uma teoria geral. São Paulo: LTr, 2018. v. 4.

FELICIANO, Guilherme Guimarães; SARLET, Ingo Wolfgang; MARANHÃO, Ney; FENSTERSEIFER, Tiago (Coord.). *Direito ambiental do trabalho*: apontamentos para uma teoria geral. São Paulo: LTr, v. 5 (no prelo).

FENSTERSEIFER, Tiago. *Direitos fundamentais e proteção do ambiente*: a dimensão ecológica da dignidade humana no marco jurídico-constitucional do Estado Socioambiental de Direito. Porto Alegre: Livraria do Advogado Editora, 2008.

KARASEK, Robert; THEORELL, Töres. *Healthy work*: stress, productivity, and the reconstruction of working life. BasicBooks, 1990.

LORENZETTI, Ricardo Luis. *Teoría del derecho ambiental*. Avellaneda: Aranzadi, 2010.

MARANHÃO, Ney. *Poluição labor-ambiental*: abordagem conceitual da degradação das condições de trabalho, da organização do trabalho e das relações interpessoais travadas no contexto laboratório. Rio de Janeiro: Lumen Juris, 2017.

_____ . Comentários art. 7º, inciso XXII, da Constituição do Brasil. In: CANOTILHO, J. J. Gomes; MENDES, Gilmar Ferreira; SARLET, Ingo Wolfgang; STRECK, Lenio Luiz (coordenadores científicos). *Comentários à Constituição do Brasil*. 2. ed. São Paulo: Saraiva, 2018.

_____ . Verbete "Direito Ambiental do Trabalho". In: MENDES, René (Coord.). *Dicionário de saúde e segurança do trabalhador*: conceitos — definições — história — cultura. Novo Hamburgo: Proteção Publicações, 2018.

MEIRA, André Augusto Malcher; JUNQUEIRA, Fernanda Antunes Marques; MARANHÃO, Ney. O grito de brumadinho: o rompimento da barragem do córrego do feijão e suas implicações na perspectiva do meio ambiente do trabalho. *Revista do Tribunal Regional do Trabalho da 9ª Região (PR)*. v. 8, n. 76, março/2019.

MELO, Raimundo Simão de. *Direito ambiental do trabalho e a saúde do trabalhador*. 5. ed. São Paulo: LTr, 2013.

MELLO, Celso Antônio Bandeira de. *Curso de direito administrativo*. 16. ed. São Paulo: Malheiros Editores, 2003.

MOLINA, André Araújo. O acidente ambiental trabalhista e a responsabilidade civil objetiva agravada do empregador. *Revista Síntese* (trabalhista e previdenciária). Ano XXIX, n. 355, janeiro de 2019.

OBACH, Brian K. *Labor and the environmental movement*. Cambridge: MIT Press, 2004.

OLIVEIRA, Sebastião Geraldo de. *Proteção jurídica à saúde do trabalhador*. 5. ed. São Paulo: LTr, 2010.

PADILHA, Norma Sueli. *Fundamentos constitucionais do direito ambiental brasileiro*. Rio de Janeiro: Elsevier, 2010.

SADELEER, Nicolas de. *Environmental principles*: from political slogans to legal rules. Translated by Susan Leubusher. New York: Oxford University Press, 2002.

SARLET, Ingo Wolfgang. *A eficácia dos direitos fundamentais*. 8. ed. Porto Alegre: Livraria do Advogado Ed., 2007.

SARLET, Ingo Wolfgang; FENSTERSEIFER, Tiago. *Princípios do direito ambiental*. São Paulo: Saraiva, 2014.

SARMENTO, Daniel. *Direitos fundamentais e relações privadas*. 2. ed. Rio de Janeiro: Editora Lumen Juris, 2006.

SCHNALL, Peter L.; DOBSON, Marnie; ROSSKAM, Ellen; LANDSBERGIS, Paul. Conclusion: curing unhealthy work. In: SCHNALL, Peter L.; DOBSON, Marnie; ROSSKAM, Ellen (Ed.). *Unhealthy work*: causes, consequences, cures. Amityville, New York: Baywood Publishing Company, 2009.

VASCONCELOS, Luiz Carlos Fadel de. Relações saúde-trabalho fora de foco: o desenvolvimento insustentável. In: VASCONCELOS, Luiz Carlos Fadel de; OLIVEIRA, Maria Helena Barros de (org.). *Saúde, trabalho e direito*: uma trajetória crítica e a crítica de uma trajetória. Rio de Janeiro: Educam, 2011, p. 495.

ZOLLER, Heather. The social construction of occupational health and safety: barriers to environmental-labor health coalitions. *New Solutions*, vol. 19, n. 3, 2009.

A INCOLUMIDADE PSICOFÍSICA DO TRABALHADOR COMO DIREITO FUNDAMENTAL

José Antônio Ribeiro de Oliveira Silva(*)

1 INTRODUÇÃO

Dentre os direitos sociais que foram reconhecidos à pessoa humana e há um século estão catalogados nas Constituições contemporâneas como direitos fundamentais[1], o direito à saúde assume especial relevância, porquanto de pouca valia os direitos de liberdade se a pessoa não tem uma vida saudável que lhe permita fazer suas escolhas. Basta lembrar que, estando doente, a pessoa não pode trabalhar e, se desempregada, não terá forças para exercer o seu direito ao trabalho, outro direito humano fundamental. Ademais, conforme a doença que lhe tenha acometido, não poderá exercer determinadas atividades profissionais, diminuindo o seu leque de escolha quando da procura de trabalho, pouca valia tendo nesses casos a liberdade preconizada no inciso XIII do art. 5º da Constituição Federal.

Destas breves considerações se pode dessumir que *a saúde do trabalhador*, como espécie da saúde em geral, é um direito humano fundamental e, como tal, é inviolável, devendo ser observado rigorosamente tanto pelo empregador quanto pelo Estado em sua atividade regulatória e de fiscalização. E que quaisquer violações a esse direito fundamental, principalmente se resultado de acidente do trabalho, devem encontrar uma resposta satisfatória do sistema jurídico, pela voz interpretativa da doutrina e da jurisprudência.

Neste pequeno artigo pretende-se desenvolver um estudo dessa temática, apresentando, primeiro, uma noção de direitos humanos, entendidos como os valores fundamentais de todo e qualquer sistema jurídico, com alicerce no *princípio da dignidade da pessoa humana*. Buscar os seus fundamentos também é preciso, para se encontrar, ao lado de seu fundamento ético-político, um de ordem moral — a ideia de dignidade do ser humano. Com base nestas reflexões, será possível sustentar que a saúde do trabalhador também se trata de um direito humano, compreendida no catálogo de necessidades básicas das pessoas, na *teoria do mínimo existencial*, em respeito à sua dignidade ontológica.

Posteriormente, pretende-se fornecer uma noção do direito à saúde, em geral, bem como do direito à saúde do trabalhador, como espécie, a fim de se ter caminho seguro na busca do conteúdo essencial deste direito, na prevenção

---

(*) Juiz Titular da 6ª Vara do Trabalho de Ribeirão Preto (SP); Doutor em Direito do Trabalho e da Seguridade Social pela Universidade de Castilla-La Mancha (UCLM), na Espanha — Título revalidado pela Universidade de São Paulo (USP); Mestre em Direito Obrigacional Público e Privado pela UNESP; Professor Contratado do Departamento de Direito Privado da USP de Ribeirão Preto e da Escola Judicial do TRT-15.

(1) Os direitos sociais foram erigidos em norma constitucional pela primeira vez em 1917, com a Constituição do México, e logo em seguida com a Constituição de Weimar, na Alemanha, em 1919. A Constituição brasileira de 1988 traz um rol de direitos sociais em seu art. 6º, destacando-se, ali, os direitos à educação, à saúde, ao trabalho e à previdência social.

e na recuperação da saúde. E no campo da saúde do trabalhador há *dois aspectos essenciais* que devem ser analisados: *o direito à abstenção e o direito a inúmeras prestações*, da parte do Estado e do empregador, consubstanciando *o direito de prevenção*, no seu conteúdo essencial.

O mais importante de toda essa análise é que haja efetividade na proteção à saúde do trabalhador, em respeito ao direito fundamental a uma vida digna, fundamento último de qualquer sistema jurídico. Esta é a grande preocupação que permeia o breve artigo que segue.

2 NOÇÃO DE DIREITOS HUMANOS E DE DIREITOS FUNDAMENTAIS

Antônio Augusto Cançado Trindade[2] observa que a ideia de direitos humanos é tão antiga como a própria história das civilizações, tendo se manifestado em culturas distintas e em momentos históricos sucessivos, na afirmação da dignidade da pessoa humana. Com efeito, pode-se mesmo afirmar que os direitos humanos são uma *conquista histórica*. Por isso Celso Lafer[3] preconiza que esses direitos tiveram reconhecimento em cada época, representando, assim, uma conquista histórica e política. São uma construção, uma invenção da humanidade, ligada à organização da comunidade política[4].

O postulado ético de Immanuel Kant[5] está no princípio de toda explanação sobre os direitos humanos, no momento em que aquele filósofo enunciou que *o homem não pode ser empregado como um meio* para a realização de um fim, *pois é um fim em si mesmo*, haja vista que, apesar do caráter profano de cada indivíduo, ele é sagrado, *porquanto na sua pessoa pulsa a humanidade*. Este postulado conduz à dignidade da pessoa humana. Daí decorre que toda pessoa:

> [...] tem *dignidade* e não um *preço*, como as coisas. A humanidade como espécie, e cada ser humano em sua individualidade, é propriamente insubstituível: não tem equivalente, não pode ser trocado por coisa alguma[6] (destaques no original).

Por isso Miguel Reale[7], o maior jusfilósofo brasileiro, afirmou que o valor da pessoa humana é mesmo um *valor-fonte*, o fundamento último da ordem jurídica, na medida em que *o ser humano é o valor fundamental*, algo que vale por si mesmo, identificando-se seu ser com sua valia.

Os direitos humanos são, portanto, *valores fundamentais de todo e qualquer sistema jurídico*, pelo menos num Estado democrático de Direito. Repousam sobre o valor maior da *dignidade da pessoa humana*, um princípio praticamente absoluto para o mundo do direito.

José Afonso da Silva[8] anota que a *dignidade da pessoa humana* é um valor supremo, que atrai o conteúdo de todos os direitos fundamentais do homem, desde o direito à vida.

Norberto Bobbio[9] sustenta que os direitos humanos são direitos históricos, nascidos em certas circunstâncias, na luta em defesa de novas liberdades contra velhos poderes, e nascidos de modo gradual. Afirma que os direitos não nascem todos de uma vez e nem de uma vez por todas, tendo em vista que surgem como proteção diante das ameaças à liberdade da pessoa ou como remédios para suprir as indigências humanas, ou seja, como *exigências*, sendo que estas só nascem quando surgem determinados carecimentos. As exigências dos direitos são apenas estas duas: *impedir os malefícios do poder ou dele obter benefícios*.

---

(2) CANÇADO TRINDADE, Antônio Augusto. *Tratado de Direito Internacional dos Direitos Humanos*. V. I. Porto Alegre: Sergio Antonio Fabris Editor, 1997. p. 17.

(3) LAFER, Celso. *A reconstrução dos direitos humanos:* um diálogo com o pensamento de Hannah Arendt. São Paulo: Companhia das Letras. p. 124.

(4) *Ibidem*. p. 134.

(5) O postulado ético de Kant foi exposto em sua obra *Fundamentação da Metafísica dos Costumes*, uma introdução à *Crítica da Razão Prática*. Para Immanuel Kant, "o homem — e, de uma maneira geral, todo o ser racional — existe como fim em si mesmo, e não apenas como meio para o uso arbitrário desta ou daquela vontade. [...] Os seres, cuja existência não assenta em nossa vontade, mas na natureza, têm, contudo, se são seres irracionais, um valor meramente relativo, como meios, e por isso denominam-se *coisas*, ao passo que os seres racionais denominam-se *pessoas*, porque a sua natureza os distingue já como fins em si mesmos, ou seja, como algo que não pode ser empregado como simples meio e que, portanto, nessa medida, limita todo o arbítrio (e é um objeto de respeito)". KANT, Immanuel. *Fundamentação da Metafísica dos Costumes*. Tradução de Leopoldo Holzbach. São Paulo: Martin Claret, 2006. p. 58-59.

(6) COMPARATO, Fábio Konder. *A afirmação histórica dos direitos humanos*. 3. ed. rev. e atual. São Paulo: Saraiva, 2003. p. 21-22.

(7) REALE, MIGUEL. *Filosofia do direito*. 14. ed. atual. São Paulo: Saraiva, 1991. p. 210.

(8) SILVA, José Afonso da. *Curso de direito constitucional positivo*. 27. ed., rev. e atual. até a Emenda Constitucional n. 52, de 8.3.2006. São Paulo: Malheiros, 2006. p. 105.

(9) BOBBIO, Norberto. *A era dos direitos*. Tradução de Carlos Nelson Coutinho. Rio de Janeiro: Campus, 1992. p. 5-7.

Segundo Pérez Luño[10], jusfilósofo espanhol, os direitos humanos são verdades demonstradas por meio dos ditames da reta razão, expressando um conjunto de faculdades jurídicas e políticas próprias de todos os seres humanos e em todos os tempos.

Com efeito, não é a positivação, tampouco sua constitucionalização, que os torna dignos dessa adjetivação: *humanos*. São direitos humanos porque indissociáveis da pessoa humana, ou de sua dignidade. Vale dizer, *a dignidade da pessoa somente estará assegurada quando respeitados esses direitos*. De tal modo que a positivação, conquanto valiosíssima para a exigibilidade dos direitos humanos, não tem o condão de lhes conferir esse rótulo, ainda que se mude a nomenclatura para direitos *fundamentais*.

Entretanto, de se reconhecer que a expressão direitos *fundamentais* é a preferida pelos constitucionalistas e até mesmo pelos doutrinadores de direito do trabalho. Ademais, quando se está a falar de direitos humanos positivados na Constituição, nada obsta que a eles se dê a adjetivação de direitos *fundamentais*. Penso que *a distinção essencial* entre direitos humanos e direitos fundamentais assenta na ideia de que *aqueles têm como titulares apenas a pessoa humana, obra de Deus,* ao passo que os direitos fundamentais também têm como titulares as pessoas jurídicas, criação do ser humano.

De tal modo que, a título de conclusão e sem qualquer pretensão de esgotar tão ampla matéria, pode-se fornecer (apenas) uma *noção geral de direitos humanos*. Penso que direitos humanos são *um conjunto de direitos, garantias, faculdades*, positivados ou não no sistema jurídico, *sem os quais a dignidade da pessoa humana estará seriamente ameaçada*, açambarcando toda uma gama de liberdades essenciais, bem como *direitos mínimos* à afirmação da pessoa para a concretização do ideal de igualdade. Sem os direitos sociais mínimos, *a igualdade será meramente retórica*. Sem as liberdades, *a igualdade não se justifica*.

3   FUNDAMENTO DOS DIREITOS HUMANOS — A DIGNIDADE HUMANA

Conquanto Norberto Bobbio[11] enuncie que o fundamento dos direitos humanos é um problema mal formulado, afirmando ser ilusória a busca de um fundamento absoluto desses direitos, o problema da fundamentação dos referidos direitos é ainda atual. Em obra publicada na Espanha no ano de 2006, apontou-se o equívoco de Bobbio, ao afirmar que o problema dos fundamentos dos direitos humanos teve sua solução na Declaração Universal dos Direitos do Homem, aprovada pela Assembléia-Geral das Nações Unidas, em 10 de dezembro de 1948. Isso porque a locução "direitos humanos" revela certa ambiguidade, encontrando-se referência a direitos naturais, direitos fundamentais, direitos subjetivos, direitos morais, liberdades públicas etc. "Não parece possível implementar eficazmente os direitos humanos se não sabemos previamente em que consistem"[12], *de tal modo que se deve buscar o seu fundamento*.

Gregório Robles[13] também critica o posicionamento de Bobbio, asseverando que não "se pode separar o fundamento do fundamentado, já que o primeiro determina o conteúdo do segundo". Este autor sustenta que, além do fundamento político (ou de ética política) — o consenso em torno da DUDH —, "está o fundamento moral, que é o fundamento absoluto dos direitos. Este fundamento é, em minha opinião, a ideia de dignidade da pessoa humana. Ou, para ser mais exato, a ideia de dignidade do *ser humano*" (destaque no original), haja vista que o ser humano "é um fim em si mesmo. É um valor em si mesmo, e não uma 'coisa' ou uma 'utilidade' ao serviço de outras realidades".

Ángela Aparisi[14], ainda na obra coletiva objeto de análise, após refutar a tese de Bobbio, aponta que várias são as razões pelas quais se pode afirmar que o estudo do fundamento dos direitos humanos não é uma questão meramente supérflua ou inútil, destacando-se seu aporte de que é precisamente a constante violação de tais direitos que põe a descoberto a falta de fundamentos sólidos e a ausência de convicções geralmente compartilhadas, demonstrando a necessidade da justificação e fundamentação dos direitos humanos.

A justificação última dos direitos humanos é, pois, a *dignidade da pessoa natural*, em tudo aquilo que se mostra imprescindível à sua existência.

---

(10) PÉREZ LUÑO, A. E. *La tercera generación de derechos humanos*. Navarra: Editorial Aranzadi, 2006. p. 13.

(11) BOBBIO, Norberto. *A era dos direitos*. p. 5.

(12) PUERTO, Manuel J. Rodríguez. ¿Qué son los derechos humanos? In: QUIRÓS, José Justo Megías (Coord.). *Manual de derechos humanos*: los derechos humanos en el siglo XXI. Navarra: Editorial Aranzadi, 2006. p. 14-15.

(13) ROBLES, Gregório. La olvidada complementariedad entre deberes y derechos. *Manual de derechos humanos*: los derechos humanos en el siglo XXI. p. 39-41.

(14) APARISI, Ángela. Fundamento y justificación de los derechos humanos. *Manual de derechos humanos*: los derechos humanos en el siglo XXI. p. 163-164.

O objetivo dos direitos humanos é *possibilitar o pleno desenvolvimento da personalidade, para cada pessoa*, ou, de outro modo, oferecer-lhe as condições materiais e morais para que possa alcançar o máximo desenvolvimento possível, de acordo com sua vontade. Fala-se, então, em "bens humanos básicos", como a vida, *a saúde*, a segurança social, *o trabalho*, a alimentação, a habitação, o vestuário, a liberdade de consciência, a educação.

Daí se verifica que *a referência a alguns valores é constante*, como a vida, a liberdade, a igualdade, bem como a educação, *a saúde, o trabalho*, a moradia, a segurança, a alimentação e o vestuário, direitos preconizados nos arts. 5º, 6º e 7º da Constituição Federal brasileira.

Vieira de Andrade[15] foi o primeiro a procurar estabelecer a estreita correlação entre os direitos humanos e o princípio da dignidade da pessoa humana. Ele distingue os direitos fundamentais, em seu conjunto, dos demais, por terem uma estrutura, uma função e uma intenção próprias. Assevera que a consagração de um conjunto de direitos fundamentais tem uma *intenção* específica:

> [...] explicitar uma ideia de Homem, decantada pela consciência universal ao longo dos tempos, enraizada na cultura dos homens que formam cada sociedade e recebida, por essa via, na constituição de cada Estado concreto. Idéia de Homem que no âmbito da nossa cultura se manifesta juridicamente num princípio de valor, que é o primeiro da Constituição portuguesa: o *princípio da dignidade da pessoa humana* (destaque no original).

Percebe-se, assim, a referência constante ao *princípio-guia*: o da dignidade da pessoa humana — o fundamento dos direitos humanos. Nesse princípio se pode identificar, portanto, todos os direitos, onde quer que estejam previstos, ou ainda que não positivados — normalmente nascidos da criação jurisprudencial —, merecedores da adjetivação *humanos* ou *fundamentais*. Na definição do conteúdo essencial dos direitos humanos está a preocupação com a esfera de liberdades e de direitos materiais sem a qual não há asserção da pessoa humana enquanto tal. Por isso a referência constante, conforme a ideologia de cada doutrinador, a *alguns valores humanos básicos*, como a vida (princípio de tudo), a liberdade (toda a gama de liberdades difundida na disciplina dos direitos individuais) e a igualdade, aqui entendida como *igualdade real*, para cuja realização se torna imprescindível a satisfação de direitos sociais básicos, como a educação, *a saúde, o trabalho*, a moradia, a segurança social, a alimentação e o vestuário.

O DIREITO À SAÚDE DO TRABALHADOR NO CONTEXTO DAS GERAÇÕES OU DIMENSÕES DE DIREITOS HUMANOS

Os valores humanos básicos identificam a categoria de direitos humanos *da época contemporânea*, cujo reconhecimento foi gradativo, numa evolução histórica que acompanhou o evoluir da própria humanidade. Assim é que houve primeiramente a positivação dos direitos de liberdade, posteriormente dos direitos sociais e no estágio atual estão sendo positivados os direitos de solidariedade. A doutrina clássica concebe, para explicar didaticamente essa evolução, as denominadas gerações de direitos humanos[16], falando em direitos de primeira geração, dentre os quais as liberdades de religião e de pensamento, ao lado do direito à vida e à propriedade; de segunda geração, compreendendo os direitos sociais dos trabalhadores e alguns direitos de ordem econômica e cultural, como o direito à saúde e à educação; por fim, os de terceira geração, a partir da Declaração Universal dos Direitos Humanos de 1948, como o direito à paz, ao meio ambiente, ao desenvolvimento etc.

Atribui-se a Karel Vasak, Diretor do Departamento Jurídico da UNESCO, a concepção geracional dos direitos humanos, quando ministrou, em 2 de julho de 1979, a Aula Inaugural da Décima Sessão do Instituto Internacional de Direitos Humanos de Estrasburgo, defendendo a ideia de "direitos humanos de terceira geração". Ele colocou ênfase nos direitos humanos de terceira geração, que completariam as liberdades civis e políticas da primeira, bem como os direitos econômicos, sociais e culturais da segunda[17].

Quanto aos direitos humanos de primeira dimensão (geração), também chamados de direitos de liberdade, praticamente todos os doutrinadores enfatizam que foram os grandes movimentos revolucionários do séc. XVIII que

---
(15) VIEIRA DE ANDRADE, J. C. *Os Direitos Fundamentais na Constituição Portuguesa de 1976*. Coimbra: Livraria Almedina, 1983. p. 84-85.
(16) A referência às gerações de direitos humanos tem aqui a exclusiva finalidade de explicar didaticamente a evolução história dos mencionados direitos, a única serventia que pode ter a tal teoria. Além do mais, atualmente se fala em dimensões de direitos humanos, pois o termo "geração" apresenta a falsa ideia de que uma geração iria sucedendo e suplantando a anterior, o que seria inconcebível, pois todos esses direitos são imprescindíveis à pessoa humana.
(17) PÉREZ LUÑO, A. E. *La tercera generación de derechos humanos*. p. 15.

resultaram no reconhecimento em caráter mais abrangente (dito universal) dos direitos humanos denominados de *liberdades públicas*. A Declaração de Direitos da Virgínia, de 12 de junho de 1776, a Declaração de Independência dos Estados Unidos da América do Norte, de 4 de julho de 1776, e a Revolução Francesa, com sua Declaração dos Direitos do Homem e do Cidadão, de 26 de agosto de 1789, foram *o marco histórico da afirmação dos direitos de liberdade, de igualdade formal e de propriedade* (um direito inviolável e sagrado — art. 17 da Declaração dos Direitos do Homem e do Cidadão — exigência dos revolucionários burgueses).

Em suma, os direitos à vida, à liberdade e à propriedade constituem a *essência dos direitos denominados de primeira geração*, ou a clássica tríade do pensamento individualista, cujo desenvolvimento levou ao reconhecimento de inúmeros direitos civis e políticos nos séc. XIX e XX, "não havendo Constituição digna desse nome que os não reconheça em toda a extensão"[18] no estágio atual da civilização, neste terceiro milênio.

No que concerne aos *direitos sociais*, enquanto *direitos de igualdade material*, passaram à ordem do dia apenas no final do segundo quartel do séc. XIX, surgindo posteriormente a chamada *segunda dimensão de direitos humanos*. A liberdade de mercado, maior aspiração da ascendente burguesia, propiciou o desenvolvimento do regime capitalista de produção nos sécs. XVIII e XIX. Porém, na busca frenética por produtividade e majoração do lucro, deu-se a *exploração desumana* dos seres humanos trabalhadores, espoliados em seus direitos mais fundamentais, dentre os quais a saúde e a própria vida, em muitos casos.

As péssimas condições de trabalho a que foram submetidos os trabalhadores, incluindo mulheres e crianças, deixavam expostas as chagas do sistema capitalista. Por isso se conta somente a "primeira história" da época das revoluções, de sucesso e progresso fantástico, advindo da revolução científica e tecnológica, que propiciou o aumento da produção e da produtividade, ao lado da consolidação da democracia moderna e da abolição dos privilégios nobiliárquicos[19]. Não a "segunda história", do pauperismo da classe trabalhadora, de sua absoluta miséria[20].

Foi essa situação de miséria, de aviltamento da condição humana dos trabalhadores pelos capitalistas, que levou às lutas por direitos sociais. As duríssimas e muitas vezes desumanas condições de vida e de trabalho do proletariado, resultantes da Revolução Industrial, fez com que se tomasse consciência de que a salvaguarda da dignidade humana exige libertar o ser humano não só do medo, da opressão e da tirania, mas também da necessidade econômica, da fome, da miséria, da falta de cultura[21]. Paulo Bonavides[22] pontifica que os direitos de segunda geração ou dimensão "nasceram abraçados ao princípio da igualdade, do qual não se podem separar, pois fazê-lo equivaleria a desmembrá-los da razão de ser que os ampara e estimula".

A segunda dimensão de direitos humanos surge, assim, em decorrência da deplorável situação da população pobre das cidades industrializadas da Europa Ocidental, que era constituída, basicamente, por trabalhadores expulsos do campo, processo que teve origem nos cercamentos levados a efeito naquele continente, com o objetivo de criar mão-de-obra disponível para a indústria, pois os camponeses, expulsos do campo, tornaram-se muitas vezes mendigos nas cidades[23].

De outra mirada, a exploração da classe trabalhadora, decorrente da industrialização, propiciou *a conscientização dos operários e as lutas por melhores condições de trabalho*. O resultado dessa ação coletiva dos trabalhadores foi a resposta dada pelo Estado, ainda no séc. XIX, seja mediante políticas sociais, seja pela edição de leis protetivas dos trabalhadores, dando início ao intervencionismo estatal nas relações jurídicas entre empregados e empregadores. Esse intervencionismo deu origem ao denominado constitucionalismo social. Primeiro, exigiram-se prestações positivas por parte do Estado (serviços públicos); posteriormente, houve a positivação dos direitos sociais, incluindo-se os direitos específicos dos trabalhadores, nas Cartas políticas do séc. XX.

---

(18) BONAVIDES, Paulo. *Curso de Direito Constitucional*. 19. ed. atual., São Paulo: Malheiros, 2006. p. 563.

(19) MEDEIROS, João Leonardo Gomes. *A economia diante do horror econômico*. 2004. 204 f. Tese (Doutorado em Economia). Instituto de Economia, Universidade Federal do Rio de Janeiro, Rio de Janeiro, 2004. p. 23.

(20) O Capítulo VIII da obra *O Capital*, de Marx, é consulta obrigatória para quem pretende compreender a situação de miséria e doenças que levaram às lutas pelo reconhecimento dos direitos sociais e por que devem ser assegurados de fato. São estarrecedores os relatórios oficiais de saúde pública inglesa, destacando-se o de 1863. MARX, Karl. *O Capital*: crítica da economia política. Livro I. Tradução de Reginaldo Sant'Anna. 22. ed. Rio de Janeiro: Civilização Brasileira, 2004.

(21) FERNANDEZ, Maria Encarnación. Los derechos económicos, sociales y culturales. In: *Manual de Derechos Humanos*: los derechos humanos en el siglo XXI. p. 103-104.

(22) BONAVIDES, Paulo. *Curso de Direito Constitucional*. p. 564.

(23) Cf. KARL Marx sobre a forma de acumulação primitiva, o ponto de partida do modo de produção capitalista. *O Capital*: crítica da economia política. Vol. I, Livro Primeiro, Tomo 2, Capítulo XXIV. Apresentação de Jacob Gorender; coord. e rev. de Paul Singer; tradução de Regis Barbosa e Flávio R. Kothe. São Paulo: Abril Cultural, 1984. p. 261-275.

Dessa explanação se percebe que somente no séc. XX, em 5 de fevereiro de 1917, com a promulgação da (nova) Constituição do México, *mais de 127 anos após a Revolução Francesa*, é que verdadeiramente se deu reconhecimento histórico aos direitos sociais, como o direito ao trabalho, à saúde, à educação e à previdência social, na Lei Fundamental de um país. E por isso são denominados direitos humanos de segunda geração. Foi a Constituição mexicana de 1917 "a primeira a atribuir aos direitos trabalhistas a qualidade de direitos fundamentais, juntamente com as liberdades individuais e os direitos políticos"[24], nos seus arts. 5º e 123, contendo um *rol de direitos mínimos do trabalhador* (art. 123). E mais, foi a primeira a instituir a função social da propriedade (art. 27), bem como a criar a responsabilidade dos empregadores por acidentes do trabalho, lançando, "de modo geral, as bases para a construção do moderno Estado Social de Direito"[25].

Entretanto, a Constituição de Weimar — aprovada em 31 de julho de 1919, pouco depois da ratificação do Tratado de Versalhes pela Alemanha, ocorrida em 9 de julho daquele ano — é, com certeza, *a fonte mais conhecida de reconhecimento dos direitos sociais*, sobretudo do direito ao trabalho, à educação e à seguridade social.

Assim, estavam *reconhecidos os direitos sociais mais importantes*, quais sejam: os direitos ao trabalho, à saúde, à educação e à previdência social. Inaugurava-se, portanto, o chamado *Estado social de Direito*, o *Welfare State*.

Sem embargo, a turbulência socioeconômica iniciada no final da década de 1960 fez com que a partir daí ganhasse novamente força o *laissez faire*, culminando no triunfo do capitalismo liberal no final do século XX, *colocando em xeque o Estado social de Direito* e, por via de consequência, os próprios direitos sociais, cujo reconhecimento foi fruto de árduas lutas iniciadas ainda no séc. XIX[26].

5 A SAÚDE DO TRABALHADOR COMO UM DIREITO HUMANO E SUA CONFORMAÇÃO

Por tudo o que já visto, é possível afirmar que a saúde do trabalhador, como conteúdo do continente saúde em geral, *trata-se de um direito humano*. Como tal é inalienável, imprescritível e irrenunciável. E é *um direito natural* de todos os trabalhadores, em todos os tempos e lugares, ainda que sua positivação tenha ocorrido tardiamente, como se viu. Se a saúde do trabalhador é algo a ele inerente, imanente, em respeito à sua dignidade essencial e até mesmo para uma boa prestação de serviços ao empregador, *trata-se de um direito natural*, no sentido de intrínseco à conformação de sua personalidade e de seu desenvolvimento enquanto pessoa. É um direito imprescindível para o ser humano. De tal forma que assim se insere no continente maior dos direitos humanos, como conteúdo destes, vale dizer, como um dos *valores fundamentais do sistema jurídico*, sem o qual a dignidade da pessoa humana estará seriamente ameaçada.

Esse direito é dotado de um *conteúdo essencial*, identificado nas condições mínimas que devem ser atendidas para a sua satisfação, já que componente do rol de necessidades básicas do ser humano. O direito à saúde do trabalhador tem um conteúdo essencial bastante extenso, configurando um *direito individual subjetivo* à sua proteção. Na complementaridade entre os direitos à vida (com suas projeções exteriores — a integridade físico-funcional e moral), à saúde em sentido estrito e ao meio ambiente equilibrado, é que se identifica o conteúdo essencial do direito em questão. Nessa conformação teve papel decisivo a Organização Internacional do Trabalho, adotando convenções e recomendações para a proteção à saúde do trabalhador.

Ademais, as normas de proteção à saúde do trabalhador são de *ordem pública*. De maneira que a saúde do trabalhador, como direito básico, *fundamental*, tem de ser atendida em quaisquer circunstâncias, em nome do princípio-guia do sistema jurídico brasileiro, qual seja, o da *dignidade da pessoa humana*, indissociável do próprio direito à vida, o fundamento último de todo Estado de Direito. Essa complementaridade entre os direitos à vida (integridade físico-funcional e moral), à saúde do trabalhador e ao meio ambiente do trabalho também pode ser extraída de uma interpretação sistemática da nossa Constituição Federal (arts. 1º, 5º, 6º, 7º, 200 e 225), na qual se encontra, portanto, um *fundamento máximo* àquele direito. Nestes dispositivos se encontra, então, a nítida interdependência entre os referidos direitos — vida, saúde do trabalhador e meio ambiente do trabalho equilibrado —, interpretação levada a efeito com base no princípio ontológico da *dignidade da pessoa humana*, um valor praticamente absoluto no sistema jurídico nacional.

---

(24) COMPARATO, Fábio Konder. *A afirmação histórica dos direitos humanos*. p. 174.

(25) *Ibidem*. p. 177.

(26) Em virtude de se tratar apenas de um artigo sobre a saúde do trabalhador, não serão analisados aqui os chamados direitos humanos de terceira geração.

O princípio da dignidade da pessoa humana é o ápice da construção jusfilosófica na evolução cultural da humanidade, encontrando-se bem conformado na doutrina atual. Ingo W. Sarlet[27] observa que a ordem constitucional em vigor, que consagra a ideia da dignidade da pessoa humana, parte do pressuposto de que a pessoa, tão-somente em virtude de sua condição humana, é titular de direitos que devem ser reconhecidos e respeitados pelos outros e pelo Estado, remanescendo aí uma *fundamentação metafísica* da mencionada dignidade, derivada do pensamento cristão e humanista.

O referido princípio significa, em uma *síntese* muito apertada, que *a pessoa humana é dotada de direitos essenciais sem cuja realização não terá forças suficientes para a conformação de sua personalidade e o seu pleno desenvolvimento enquanto pessoa*. Vale dizer, não será respeitada como pessoa, enquanto tal. Há *direitos inatos*, indissociáveis da condição de pessoa humana, *pessoa que merece o maior respeito possível, simplesmente por ser, por existir*. Esses direitos consubstanciam o que se tem convencionado chamar de *mínimo existencial*.

Isso significa que o Estado passa a reduzir seu tamanho como prestador de serviços públicos, dedicando-se apenas *ao mínimo que dele se pode exigir* — a doutrina neoliberal do *Estado mínimo*. Por isso agora a doutrina jurídica se põe a encontrar qual é o *catálogo mínimo de direitos fundamentais* que compõe o conteúdo essencial da dignidade da pessoa humana, na perspectiva de que os demais podem esperar por satisfação.

Conquanto não se possa concordar com essa tarefa reducionista de direitos, mormente na área dos direitos sociais, a nova dogmática pode ser utilizada no sentido inverso, para se conferir *efetividade material aos chamados direitos sociais mínimos*, situação longe de ser alcançada em países periféricos como o Brasil, no qual nunca houve, *de fato*, a implantação de um verdadeiro Estado social de Direito. E pode a Justiça do Trabalho desenvolver uma jurisprudência criativa muito importante nesse contexto. Basta ver que recentemente a PGR, na ADI n. 5.766, questionando a constitucionalidade dos arts. 790-B, § 4º, 791-A, § 4º, e 844, § 2º, da CLT, introduzidos pela Lei n. 13.467/2017, invocou, como um dos principais argumentos, a teoria do mínimo existencial, pois "compensar" salários e verbas rescisórias, assim como outras verbas trabalhistas de natureza alimentar, para o pagamento de honorários periciais e de sucumbência, ou até de custas processuais, seria um *atentado ao mínimo existencial dos trabalhadores*.

Com efeito, os doutrinadores procuram identificar o chamado mínimo existencial social, inclusive fazendo referência às *necessidades básicas* do ser humano. Agora, o que se entende por *necessidades básicas*? O mais importante é definir, *concretamente*, quais as necessidades básicas, inadiáveis, que compõem o mínimo existencial proposto pela doutrina.

A satisfação dos direitos sociais mínimos, na implantação de um *autêntico* Estado social de Direito, é o caminho mais seguro para *a concretude da teoria do mínimo existencial*. Pelo menos a satisfação dos direitos básicos dos trabalhadores, empregados ou não — aí incluídos os benefícios previdenciários, o *direito à saúde laboral* e o direito à educação gratuita, pelo menos no nível fundamental. Sem a realização dos direitos sociais que configuram o chamado *patamar civilizatório mínimo*, na feliz expressão de Mauricio Godinho Delgado[28], não há falar em direitos humanos "sociais" ou de "segunda geração".

Em suma, pode-se afirmar que *a Constituição Federal brasileira definiu muito bem o referido mínimo existencial social*, quando no seu art. 6º consagrou os direitos sociais à educação, à saúde, *ao trabalho*, à moradia[29], ao lazer, à segurança, à previdência social, à proteção da maternidade e da infância, e à assistência social aos desamparados. Mais rigorosa, ainda, quando elencou as *necessidades vitais básicas* dos trabalhadores, urbanos e rurais, e de sua família, no inciso IV do seu art. 7º, as quais são identificadas como sendo a moradia, a alimentação, a educação, *a saúde*, o lazer, o vestuário, a higiene, o transporte e a previdência social, razão pela qual o salário mínimo fixado por lei *deveria* atender todas estas necessidades, simplesmente porque *vitais*.

De tal modo que a saúde do trabalhador, como espécie do gênero ou conteúdo do continente, compõe, ineludivelmente, o chamado *conteúdo essencial da dignidade da pessoa humana*, não podendo, jamais, ser postergada sua proteção e, em caso de doença, o tratamento mais adequado deve ser o mais breve possível.

---

(27) SARLET, Ingo. *Dignidade da pessoa humana e direitos fundamentais na Constituição Federal de 1988.* 4. ed. rev. e atual. Porto Alegre: Livraria do Advogado, 2006. p. 38-41.

(28) DELGADO, Mauricio Godinho. *Curso de direito do trabalho.* 4. ed. São Paulo: LTr, 2005. p. 1321.

(29) O direito à moradia foi introduzido no catálogo do art. 6º pela Emenda Constitucional n. 26, de 14 de fevereiro de 2000.

6 A INCOLUMIDADE PSICOFÍSICA DO TRABALHADOR COMO DIREITO FUNDAMENTAL

Por certo que o direito à saúde laboral compreende a proteção do Estado e do empregador à saúde física e mental ou psíquica do trabalhador. E, por isso, pode-se afirmar que o trabalhador tem *direito fundamental a sua incolumidade psicofísica* no ambiente laboral. Contudo, mister colacionar uma noção do que é o direito à saúde enquanto gênero ou continente, primeiramente, para que se possa bem compreender a dimensão da incolumidade psicofísica do trabalhador, em todos os seus aspectos de proteção.

Pois bem, por longo espaço de tempo a saúde foi entendida simplesmente como o estado de quem se encontra sadio, sem doença[30]. Entrementes, a partir de 1946, com a criação da OMS (Organização Mundial da Saúde) — cuja existência oficial começou em 7 de abril de 1948, quando da ratificação de sua constituição por vinte e seis países[31] —, houve um passo à frente na definição da saúde, haja vista que aquela agência especializada da ONU forneceu um *conceito positivo* do direito, em sua carta de fundação, qual seja: "a saúde é um estado de completo bem-estar físico, mental e social, e não somente a ausência de afecções ou enfermidades"[32].

Em seguida a Declaração Universal dos Direitos Humanos, proclamada pela Assembleia Geral das Nações Unidas, em 10 de dezembro de 1948, assegurou como um *direito humano a saúde e o bem-estar*, em seu art. XXV, n. 1, sendo que o Pacto Internacional sobre Direitos Econômicos, Sociais e Culturais, aprovado na XXI Sessão da Assembléia Geral das Nações Unidas, em Nova York, no dia 19 de dezembro de 1966, reconheceu em seu art. 12, n. 1, *o direito de toda pessoa a desfrutar o mais elevado nível possível de saúde física e mental.*

A saúde, portanto, é o mais completo *bem-estar físico e funcional* da pessoa, sendo que, dentre as diversas funções do organismo, encontram-se as do encéfalo, ou do cérebro, se se preferir. Pois bem, a função mental ou psíquica do organismo humano é apenas uma dentre tantas funções, razão pela qual a menção constante a saúde física *e mental* na área jurídica, na psicologia e em outras áreas do conhecimento humano mostra-se incompleta. A *anatomia* do corpo humano diz respeito ao seu aspecto físico: cabeça, tronco, membros (superiores e inferiores), órgãos (olhos, ouvidos, nariz, boca, coração, cérebro etc.), aparelhos (digestivo, respiratório, circulatório, reprodutor, encéfalo etc.), sistemas (nervoso, muscular, arterial, ósseo, dentário etc.). E a *fisiologia* é o estudo da funcionalidade do corpo humano, ou seja, de suas funções, do funcionamento dos órgãos. Quem diz órgão diz função e vice-versa.

> O Órgão é a parte do corpo que serve para sensações e funções do homem, por exemplo, os olhos, ouvidos, pele etc. Por meio dos órgãos, no organismo, operam-se as funções especiais e distintas, e, ao contrário, vários órgãos podem destinar-se a uma só função[33].

A saúde ou incolumidade do corpo humano abrange todos os seus tecidos, órgãos e também as *infinitas funções* destes órgãos, pois função "é o mecanismo de atuação de órgãos, aparelhos e sistemas". Dentre as funções podem ser citadas as seguintes: respiratória, circulatória, digestiva, excretora, reprodutora, locomotora, sensitiva (visão, audição, olfato, paladar e tato), *psíquica*, mastigatória, função de preensão etc. E a saúde mental, relacionada à *atividade funcional do encéfalo*, abrange a consciência, a atenção, a concentração, a orientação, a percepção, a memória, a afetividade, a inteligência, a vontade, a linguagem, nas palavras do Prof. João Bosco Penna[34]. Destarte, o mais adequado seria sempre mencionar saúde física *e funcional* (inclusive mental ou psíquica). Contudo, como já se tornou recorrente o emprego da locução *saúde ou incolumidade psicofísica*, neste trabalho se optou por essa nomenclatura.

Enfim, é pacífico que o conceito atual de saúde compreende os seus *aspectos negativo e positivo*. Por isso Canotilho e Vital Moreira[35] afirmam que o direito à proteção da saúde, como os direitos sociais em geral, comporta duas vertentes:

---

(30) Segundo os léxicos, a expressão saúde provém do latim *salute*, que significa salvação, conservação da vida. Por isso sempre foi tida como o estado da pessoa cujas funções orgânicas, físicas e mentais se acham em situação normal, ou como o estado do que é sadio ou são. FERREIRA, Aurélio Buarque de Holanda. *Novo dicionário da língua portuguesa*. 2. ed., rev. e aum., 23ª impr. Rio de Janeiro: Nova Fronteira, 1986. p. 1556.

(31) Rosen, George. *Uma história da saúde pública*. Tradução de Marcos Fernandes da Silva Moreira, com a colaboração de José Ruben de Alcântara Bonfim. São Paulo: Hucitec: Ed. da Universidade Estadual Paulista, 1994. p. 344-345. A OMS assumiu os poderes e os deveres da Organização de Saúde da Liga das Nações, que havia sido criada em 1923.

(32) *Constitución de la Organización Mundial de la Salud*. Disponível em: <http://www.who.int/gb/bd/S/S_documents.htm>. Acesso em: 16 mar. 2007.

(33) Penna, João Bosco. *Lesões corporais*: caracterização clínica e médico legal. Leme-SP: LED Editora de Direito, 1996. p. 148-149.

(34) *Ibidem*. p. 124 e 169.

(35) GOMES CANOTILHO; J. J.; MOREIRA, Vital. *Constituição da República Portuguesa Anotada*. 2. ed. rev. e ampl. V.1. Coimbra: Coimbra Ed., 1984. p. 342-343.

[...] uma, de natureza negativa, que consiste no direito a exigir do Estado (ou de terceiros) que se abstenham de qualquer acto que prejudique a saúde; outra, de natureza positiva, que significa o direito às medidas e prestações estaduais visando a prevenção das doenças e o tratamento delas.

Afirma-se que a função negativa identifica a saúde como um direito de defesa, ao passo que a função positiva do direito o qualifica como um direito prestacional. E essas funções precisam estar bem delimitadas no sistema jurídico de cada país.

No sistema jurídico brasileiro, observa-se que somente na Constituição Federal de 1988 é que a saúde foi positivada como um direito fundamental, em seu art. 6º. A CF/88 criou um título específico para a Ordem Social (Título VIII) e neste assegurou o direito à saúde como um *direito de seguridade social*, mais precisamente como um "direito de todos e dever do Estado, garantido mediante políticas sociais e econômicas que visem à redução do risco de doença e de outros agravos e ao acesso igualitário às ações e serviços para sua promoção, proteção e recuperação", nos termos de seu art. 196. Cuidou como de relevância pública as ações e serviços de saúde (art. 197), que, segundo o art. 198, constituem um sistema único (SUS). Dentre as atribuições do SUS, arroladas no art. 200, destaca-se a de colaborar na *proteção do meio ambiente, nele compreendido o do trabalho* (inciso VIII).

Quanto às leis infraconstitucionais, a mais importante é a Lei n. 8.080, de 19.9.90 — Lei Orgânica da Saúde —, que regulamenta o Serviço Único de Saúde, dispondo seu art. 3º que:

A saúde tem como fatores determinantes e condicionantes, entre outros, a alimentação, a moradia, o saneamento básico, o meio ambiente, o trabalho, a renda, a educação, o transporte, o lazer e o acesso aos bens e serviços essenciais; os níveis de saúde da população expressam a organização social e econômica do País.

Há, induvidosamente, uma estreita relação entre o direito à saúde e o direito à vida. O que se protege na tutela da saúde é, em última instância, o direito humano à vida e à incolumidade física e funcional (inclusive mental ou psíquica). A interpretação sistemática da Constituição Federal brasileira isso revela, encontrando-se nela, pois, um *fundamento máximo* à mencionada proteção, como já se afirmou.

É importante ter a consciência de que o direito à vida digna é a matriz de todos os demais direitos fundamentais da pessoa humana. O direito à vida

[...] é um fator preponderante, que há de estar acima de quaisquer outras considerações como as de desenvolvimento, como as de respeito ao direito de propriedade, como as da iniciativa privada. Também estes são garantidos no texto constitucional, mas, a toda evidência, não podem primar sobre o direito fundamental à vida, que está em jogo quando se discute a tutela da qualidade do meio ambiente. É que a tutela da qualidade do meio ambiente é instrumental no sentido de que, através dela, o que se protege é um valor maior: *a qualidade da vida*[36].

Em suma, pode-se afirmar que o direito à vida e suas projeções exteriores, as referidas integridades física e moral (mental ou psíquica), convergem com o direito à saúde, para se tornar um só.

Pois bem, se a saúde é o mais completo bem-estar físico, mental e social que o Estado deve proporcionar às pessoas, porquanto o ser humano tem um direito fundamental ao gozo do grau máximo de saúde que se pode alcançar em determinado tempo e lugar; se o direito à proteção da saúde comporta duas vertentes, uma de natureza negativa e outra de natureza positiva, *também o direito à saúde do trabalhador deve ser examinado nessa perspectiva,* por ser uma espécie daquela.

A assertiva de que a saúde do trabalhador é espécie da saúde em geral, ou que se trata de conteúdo deste continente, pode ser extraída da interpretação das normas destinadas à disciplina da matéria, em nível constitucional e principalmente na legislação infraconstitucional.

A Constituição de 1988, de forma inédita, positivou a saúde como um direito fundamental, posto como um direito social (arts. 6º e 196 a 200) Relativamente à saúde do trabalhador, além da disciplina mais avançada do que nas

---

(36) SILVA, José Afonso da. *Direito ambiental constitucional*. 5. ed. São Paulo: Malheiros, 2004. p. 70.

Constituições anteriores (art. 7º, incisos XXII e XXVIII[37]), a Constituição atual contém um capítulo específico sobre a *proteção do meio ambiente* (art. 225), um dos fatores fundamentais à garantia da saúde, quiçá o mais importante, preconizando que *no meio ambiente geral está compreendido o meio ambiente do trabalho* (art. 200, inciso VIII — artigo que versa sobre o Sistema Único de Saúde).

Também na legislação infraconstitucional brasileira verifica-se a confluência do direito à saúde do trabalhador com o direito à saúde em geral, pelo exame da Lei Orgânica da Saúde (Lei n. 8.080/90). O art. 3º da indigitada lei é de extrema relevância, ao conformar o núcleo essencial do direito, positivando os fatores determinantes e condicionantes do direito à saúde, dentre os quais *o meio ambiente e o trabalho*.

A saúde do trabalhador é, assim, uma espécie da saúde em geral, tanto que o SUS tem de prover, dentre suas atividades, as predispostas à proteção e recuperação dessa saúde (art. 6º, I, *c*, e § 3º — o qual elenca tais atividades).

7   O MEIO AMBIENTE DO TRABALHO E O PRINCÍPIO DA PREVENÇÃO

O meio ambiente do trabalho deve ser cuidado para a proteção à incolumidade psicofísica do trabalhador, como se verá com precisão mais adiante.

Contudo, de saída convém assinalar que o direito à proteção do meio ambiente é muito recente, tanto que compreendido na chamada terceira dimensão de direitos fundamentais. A internacionalização da luta por um meio ambiente equilibrado entrou em cena apenas na década de 1970. No ano de 1972 a Conferência das Nações Unidas sobre o Meio Ambiente Humano, reunida em Estocolmo de 5 a 16 de junho daquele ano, proclamou relevantíssima Declaração, com vistas à proteção e ao melhoramento do meio ambiente humano.

José Afonso da Silva[38] anota que a Declaração de Estocolmo abriu caminho para que as Constituições posteriores reconhecessem o meio ambiente ecologicamente equilibrado como um direito fundamental, dentre os direitos sociais, com sua característica de "*direitos a serem realizados* e *direitos a não serem perturbados*" (destaques no original).

Quanto ao meio ambiente em geral, foi promulgada no Brasil, em 1981, a Lei n. 6.938, de 31 de agosto daquele ano, cujo art. 3º, inciso I, define o meio ambiente como "o conjunto de condições, leis, influências e interações de ordem física, química e biológica, que permite, abriga e rege a vida em todas as suas formas".

Raimundo Simão de Melo[39] observa que o legislador fez opção por um *conceito jurídico aberto*, a fim de criar um espaço positivo de incidência da norma legal, lembrando que essa lei está em plena harmonia com a Constituição Federal de 1988, cujo art. 225, *caput,* buscou tutelar todos os aspectos do meio ambiente (natural, artificial, cultural e do trabalho).

No que concerne ao *meio ambiente do trabalho*, Celso Antônio Pacheco Fiorillo[40] o define como

> [...] o local onde as pessoas desempenham suas atividades laborais, sejam remuneradas ou não, cujo equilíbrio está baseado na salubridade do meio e na ausência de agentes que comprometam a incolumidade físico--psíquica dos trabalhadores, independentemente da condição que ostentem (homens ou mulheres, maiores ou menores de idade, celetistas, servidores públicos, autônomos etc.).

A preocupação com o ambiente do trabalho é antiga no direito laboral. Por certo que não havia a compreensão completa e generalizada que hoje se tem sobre o meio ambiente em geral e, em particular, o do trabalho, o que se alcançou na década de 1970, como já referido.

A evolução das legislações nacionais e da normatização internacional pela OIT revelam a crescente preocupação com o ambiente do trabalho, *culminando nas Convenções ns. 148, 155 e 161*, nas quais se acentuou o campo de proteção

---

(37) Estes dispositivos asseguram o direito social dos trabalhadores urbanos e rurais à redução dos riscos inerentes ao trabalho, por meio de normas de saúde, higiene e segurança (art. 7º, XXII), bem como o direito ao seguro contra acidentes do trabalho e à reparação dos danos por parte do empregador (inciso XXVIII).

(38) SILVA, José Afonso da. *Direito ambiental constitucional.* p. 69-70.

(39) MELO, Raimundo Simão de. *Direito ambiental do trabalho e a saúde do trabalhador:* responsabilidades legais, dano material, dano moral, dano estético. São Paulo: LTr, 2004. p. 27.

(40) FIORILLO, Celso Antônio Pacheco. *Curso de direito ambiental brasileiro.* São Paulo: Saraiva, 2000. p. 21.

à saúde do trabalhador e se lhe conferiu um *caráter abrangente*, para todos os trabalhadores, e de todos os setores da atividade econômica. E mais recentemente foi aprovada a Convenção n. 187, que ainda não foi objeto de ratificação pelo Brasil.

A *Convenção n. 148* disciplina que a legislação nacional do Estado-Membro que ratificar a Convenção deve dispor sobre a adoção de medidas preventivas e limitativas dos riscos profissionais no local de trabalho devidos àqueles agentes (art. 4º). Tratando das medidas de prevenção e de proteção, disciplina o art. 8º que a autoridade competente deve fixar os *limites de exposição* àqueles agentes, o que foi cumprido pelo Brasil, por meio da NR-15, norma que fixa os limites de exposição a todos os agentes insalubres. No art. 9º se prescreveu que, "na medida do possível, dever-se-á eliminar todo o risco devido à contaminação do ar, ao ruído e às vibrações no local de trabalho". Apenas quando as medidas referidas no art. 9º não forem suficientes para reduzir os agentes agressivos a limites de exposição aceitáveis, é que "o empregador deverá proporcionar e conservar em bom estado o equipamento de proteção pessoal apropriado" (art. 10). De tal modo que, *em primeiro lugar se deve buscar a eliminação do risco* e, somente quando isso não seja possível, num segundo momento se deve providenciar a *neutralização* do agente agressivo, mediante o fornecimento de equipamento de proteção.

Entrementes, foi a *Convenção n. 155 da OIT o grande marco internacional* na proteção à saúde dos trabalhadores, tendo em vista que a referida Convenção, conforme seu art. 1º, "aplica-se a todas as áreas de atividade econômica". De acordo com o art. 3º, letra "b", desta Convenção, *o termo "trabalhadores" abrange todas as pessoas empregadas, inclusive os funcionários públicos*. Seu art. 4º obriga todos os Estados-Membros a formularem, colocarem em prática e *reexaminarem periodicamente* uma "política nacional coerente em matéria de segurança e saúde dos trabalhadores e o meio ambiente de trabalho"; esta política deve ter como objetivo prevenir os acidentes e os danos à saúde derivados do trabalho, tendo ainda como meta a ser alcançada a *redução ao mínimo, na medida em que for razoável e possível*, das causas dos riscos inerentes ao meio ambiente do trabalho. A preocupação com a *efetividade da política nacional de proteção* foi tanta que se estipulou a obrigação de os Estados-Membros, dentre outras tarefas, elaborar *estatísticas anuais sobre acidentes do trabalho e doenças ocupacionais*, bem como realizar sindicâncias toda vez que um acidente do trabalho, um caso de doença ocupacional ou qualquer outro dano à saúde indique uma situação grave, sendo obrigatória, ainda, a *publicação anual de informações sobre as medidas adotadas para a aplicação da política nacional* referida (art. 11, letras "c", "d" e "e")[41].

Mais tarde a Conferência Internacional do Trabalho, na reunião de 1985, aprovou a *Convenção n. 161*, que tornou obrigatória a criação de "Serviços de saúde no trabalho". De acordo com ela, os empregadores têm a obrigação de criar "Serviços de saúde no trabalho", com funções essencialmente preventivas e encarregados de aconselhar tanto eles (empregadores) quanto os trabalhadores e seus representantes na empresa, especialmente sobre: 1º) os requisitos necessários para estabelecer e manter um ambiente de trabalho seguro e salubre, de modo a favorecer uma *saúde física e mental ótima* em relação ao trabalho; e 2º) a adaptação do trabalho às capacidades dos trabalhadores, levando em conta seu *estado de saúde física e mental* (art. 1º da referida Convenção).

E mais recentemente, *reconhecendo a magnitude, em nível mundial,* das lesões, doenças e mortes ocasionadas pelo trabalho, bem como a necessidade de prosseguir a ação destinada a reduzir o índice de acidentes e doenças ocupacionais, a Conferência Geral da Organização Internacional do Trabalho, em sua 95ª reunião, adotou, com data de 15 de junho de 2006, a *Convenção n. 187*. Segundo estimativas da OIT morrem todos os dias mais de 6.000 trabalhadores vítimas de doenças ou acidentes relacionados com o trabalho.

O *objetivo da mencionada Convenção*, de acordo com o seu art. 2º, é o de que todo Estado-Membro que a ratifique promova a *melhoria contínua da segurança e da saúde no trabalho*, com o fim de prevenir as lesões, as doenças e as mortes provocadas por acidentes mediante o desenvolvimento de uma política, um sistema e um programa nacionais, com consulta às organizações mais representativas de empregadores e de trabalhadores. A respeito da *política nacional*, o art. 3º estipula que os trabalhadores têm direito a um meio ambiente do trabalho seguro e saudável, razão pela qual a política destinada a esse fim deve ter como *princípios básicos* os seguintes: a) avaliação dos riscos ou perigos no local de trabalho; b) o combate, em sua origem, a estes riscos ou perigos; c) o desenvolvimento de uma cultura nacional de prevenção em matéria de segurança e saúde que inclua informação, consultas e formação profissional. Dentre as inúmeras exigências que devem ser cumpridas pelo *sistema nacional de proteção à saúde do trabalhador*, arroladas no art. 4º, destacam-se as de se estabelecer mecanismos para garantir a observância da legislação nacional, aí incluídos

---

(41) Por isso a Previdência Social publica anualmente estatísticas sobre acidentes do trabalho e doenças ocupacionais, em seu banco de dados (DATAPREV).

os sistemas de inspeção, bem como mecanismos de apoio para a melhora progressiva das condições de segurança e saúde no trabalho, "nas microempresas, nas pequenas e médias empresas, e na economia informal". No que diz respeito ao *programa nacional,* deverá promover o desenvolvimento de uma cultura nacional de prevenção, contribuir para a eliminação dos perigos e riscos do ambiente de trabalho, ou sua redução ao mínimo possível, razoável e factível, assim como incluir objetivos, metas e indicadores de progresso (art. 5º).

A Conferência Geral da OIT adotou, para complementar esta Convenção, também em 15 de junho de 2006, a *Recomendação n. 197.* Na Recomendação se preconiza que o sistema nacional de proteção observe as convenções e recomendações catalogadas no seu Anexo, por serem de extrema importância para o mencionado "marco promocional", mormente *a Convenção n. 155 (sobre segurança e saúde dos trabalhadores) de 1981, a Convenção n. 81 (sobre a inspeção do trabalho) de 1947 e a Convenção n. 129 (sobre a inspeção do trabalho na agricultura) de 1969*[42].

O que se verifica nessa breve explanação sobre a Convenção n. 187 e sua respectiva recomendação é uma intensa preocupação da OIT com os acidentes e doenças ocupacionais ocorridos nas micro, pequenas e médias empresas, preocupando-se ainda com os trabalhadores da economia informal, temas que devem ser bem disciplinados no programa nacional a ser desenvolvido para que se estabeleça, *de fato,* o marco promocional da segurança e saúde no trabalho. Essa disciplina, embora deva considerar as limitações das pequenas empresas, não pode, em absoluto, olvidar-se do *princípio da dignidade da pessoa humana* e de que *a saúde laboral é um direito humano de todos os trabalhadores,* independentemente do tamanho da empresa.

8   O CONTEÚDO ESSENCIAL DO DIREITO À SAÚDE DO TRABALHADOR

Como já verificado, a saúde do trabalhador é um direito humano fundamental de natureza negativa e positiva, que exige tanto do empregador quanto do Estado não somente a abstenção de práticas que ocasionem a doença física e mental ou psíquica do trabalhador, mas também uma positividade, isto é, a adoção de medidas preventivas de tal doença. Eis aí *os dois aspectos essenciais* do mencionado direito: a) *o direito à abstenção;* b) e *o direito à prestação,* por sua vez subdividido em direito à prevenção e direito à reparação.

Se para a garantia do direito à saúde o Estado tem de cumprir algumas obrigações básicas, *também no campo da saúde do trabalhador ele tem de cumprir estas mesmas obrigações,* porquanto se trata de espécie da saúde em geral. Por isso o SUS tem diversas atribuições relacionadas à saúde laboral, de acordo com o art. 6º, § 3º, da Lei n. 8.080/90.

No que se refere às obrigações básicas do empregador, para a garantia do direito à saúde do trabalhador, ele tem de cumprir todas as prescrições normativas sobre o tema, estejam elas na Constituição, nas leis infraconstitucionais, nas regulamentações, nas chamadas normas "coletivas", ou nas disposições de caráter internacional, como os tratados, convenções e recomendações. Porém, é melhor identificar as normas aí contidas com aqueles dois aspectos dantes mencionados, do direito à abstenção e à prestação, incluindo neste o direito à prevenção, para que a abrangência dessa proteção reste pelo menos mais didática.

No tocante ao primeiro aspecto, tem o trabalhador o *direito de abstenção* do empregador *quanto ao fator tempo de trabalho:* a) não-exigência de prestação de horas extras habituais (art. 7º, XIII e XIV, da CF); b) não-exigência de labor nos intervalos intra e entrejornadas; c) não-exigência de trabalho nos dias de repouso semanal e feriados, tampouco nos períodos de férias (art. 7º, XV e XVII); d) não-exigência de trabalho da mulher durante o período de licença-maternidade (art. 7º, XVIII); e) não-exigência de trabalho noturno, perigoso ou insalubre a menores de 18 anos (art. 7º, XXXIII). E também *direito à abstenção quanto ao fator saúde mental ou psíquica,* sendo que o direito de não-agressão a essa saúde compreende: a) o não-tratamento rigoroso, vexatório, quando das ordens e fiscalização do serviço; e b) a não-exigência de produtividade superior às forças físicas e mentais do trabalhador.

Quanto às *prestações* a que está obrigado o empregador, trata-se de um imenso caudal de normas, envolvendo: a) a obrigação de prevenção; e b) a obrigação de reparação. Esta envolve a responsabilidade do empregador pelos danos de natureza física ou funcional (inclusive mental) causados ao empregado, em decorrência de acidente do trabalho ou doença ocupacional, matéria que foge aos estreitos limites deste artigo.

---

(42) A Convenção n. 129 ainda não foi ratificada pelo Brasil, que tem, no entanto, um dos setores agrícolas mais produtivos do mundo, empregando, em consequência, inúmeros trabalhadores rurais.

Relativamente à prevenção, o Brasil possui uma das mais avançadas e extensas legislações de proteção à saúde do trabalhador, especialmente no que se relaciona ao meio ambiente do trabalho. E a principal obrigação do Estado quanto a esta matéria é a de *fiscalizar o cumprimento das normas de proteção* por parte do empregador.

Quanto a estas normas, de se recordar que em 1977 a Lei n. 6.514 deu nova redação ao Capítulo V do Título II da CLT — capítulo não alterado pela Lei n. 13.467/2017 —, o qual disciplina sobre a *Segurança e Medicina do Trabalho*, sendo que em 1978 a Portaria n. 3.214, do (extinto) Ministério do Trabalho, aprovou as NRs (Normas Regulamentadoras) do referido capítulo, normas que foram *recepcionadas* pela Constituição de 1988. Atualmente são 37 (trinta e sete) normas regulamentadoras. No que se relaciona à prevenção, podem ser destacadas as seguintes NRs:

a) NR-3 — a qual regulamenta o art. 161 da CLT, tratando da possibilidade de embargo e interdição, na medida em que o Gerente Regional do Trabalho, diante de laudo técnico do serviço competente que demonstre grave e iminente risco para o trabalhador, poderá interditar estabelecimento, setor de serviço, máquina ou equipamento, ou ainda embargar obra, "indicando na decisão tomada, com a brevidade que a ocorrência exigir, as providências que deverão ser adotadas para prevenção de acidentes do trabalho e doenças profissionais" (item "3.1");

b) NR-4 — prevê a obrigatoriedade de que as empresas públicas e privadas que possuam empregados regidos pela CLT mantenham Serviços Especializados em Engenharia de Segurança e em Medicina do Trabalho — SESMT, "com a finalidade de promover a saúde e proteger a integridade do trabalhador no local de trabalho" (item "4.1"), conforme o risco da sua atividade principal e a quantidade de empregados (Quadros I e II);

c) NR-5 — dispõe sobre a obrigatoriedade de que as empresas organizem e mantenham funcionando em seus estabelecimentos uma CIPA — Comissão Interna de Prevenção de Acidentes, cujo objetivo está descrito no item "5.1";

d) NR-6 — torna obrigatório o fornecimento gratuito de equipamento de proteção individual — EPI, adequado ao risco e em perfeito estado de conservação e funcionamento (item "6.2");

e) NR-7 — a qual estabelece a obrigatoriedade de elaboração e implementação, por parte dos empregadores, do Programa de Controle Médico de Saúde Ocupacional — PCMSO, com o objetivo de promoção e preservação da saúde do conjunto dos seus trabalhadores (item "7.1.1");

f) NR-9 — que estabelece a obrigatoriedade de elaboração e implementação, por parte de todos os empregadores e instituições que admitam trabalhadores como empregados, do PPRA — Programa de Prevenção de Riscos Ambientais, o qual tem como finalidade a preservação da saúde e da integridade dos trabalhadores, "através da antecipação, reconhecimento, avaliação e consequente controle da ocorrência de riscos ambientais existentes ou que venham a existir no ambiente de trabalho, tendo em consideração a proteção do meio ambiente e dos recursos naturais" (item "9.1.1");

g) NR-17 — importante regulamentação sobre ergonomia, que estabeleceu parâmetros a fim de permitir "a adaptação das condições de trabalho às características psico-fisiológicas dos trabalhadores, de modo a proporcionar um máximo de conforto, segurança e desempenho eficiente" (item "17.1"), estipulando que as condições de trabalho "incluem aspectos relacionados ao levantamento, transporte e descarga de materiais, ao mobiliário, aos equipamentos e às condições ambientais do posto de trabalho e à própria organização do trabalho" (item "17.1.1"), tratando desses aspectos nos itens "17.2" a "17.6";

h) NR-31 — instituída pela Portaria MTE n. 86, de 3.3.2005[43] — esta NR tem por objetivo estabelecer os preceitos a serem observados na organização e no ambiente de trabalho, "de forma a tornar compatível o planejamento e o desenvolvimento das atividades da agricultura, pecuária, silvicultura, exploração florestal e aquicultura, com a segurança e saúde e meio ambiente do trabalho" (item "31.1.1").

Em conclusão, *o conteúdo essencial do direito à saúde do trabalhador* abrange os seguintes aspectos:

1º) direito à abstenção: a) *do Estado* — a não-interferência no exercício do direito; b) *do empregador — quanto ao fator tempo de trabalho*, a abstenção de exigir trabalho em horas extras habituais, nos intervalos intra e

---

(43) Esta Portaria revogou a Portaria MTb n. 3.067, de 12.4.1988, a qual tinha, com quinze anos de atraso, regulamentado as condições de labor do trabalhador rural, tendo em vista que já o art. 13 da Lei n. 5.889/73 (Estatuto do Trabalho Rural) havia delegado competência para que o então Ministro do Trabalho elaborasse as normas preventivas de segurança e saúde no trabalho rural. GONÇALVES, Edwar Abreu. *Manual de segurança e saúde no trabalho*. 3. ed. São Paulo: LTr, 2006. p. 917.

entrejornadas, nos dias de repouso semanal e feriados, nos períodos de férias, assim como de exigir trabalho da mulher durante a licença-maternidade e dos menores de 18 anos trabalho noturno, perigoso ou insalubre; *quanto ao fator saúde mental*, a abstenção de tratamento rigoroso quando das ordens e fiscalização do serviço, bem como de exigir produtividade superior às forças físicas do trabalhador;

2º) direito de prevenção: a) *do Estado* — as prestações atribuídas ao SUS (na forma do § 3º do art. 6º da Lei n. 8.080/90), a obrigação de editar normas de saúde, higiene e segurança para a redução dos riscos inerentes ao trabalho, bem como de proteger o meio ambiente em geral e principalmente de fiscalizar o cumprimento das normas de ordem pública por parte do empregador; b) *do empregador* — a obrigação de cumprir tais normas, especialmente as NRs, para a proteção do meio ambiente do trabalho e da saúde do trabalhador, assim como de contratar seguro contra acidentes do trabalho.

9 CONCLUSÃO

O objetivo principal deste artigo é o de demonstrar que a saúde do trabalhador, em seus aspectos físico e psíquico, trata-se de um *direito humano fundamental,* em atenção ao princípio ontológico da dignidade da pessoa humana, fundamento maior do Estado Democrático (eSocial) de Direito em que se consubstancia a República Federativa do Brasil.

Os direitos humanos são *valores fundamentais de todo e qualquer sistema jurídico,* cujo fundamento último é o da *dignidade da pessoa humana,* um princípio praticamente absoluto no mundo jurídico.

Quando se discorre sobre direitos humanos há sempre referência a *alguns valores básicos ou fundamentais,* como a vida, a liberdade, a igualdade, bem como a educação, *a saúde, o trabalho,* a moradia, a segurança, a alimentação e o vestuário, direitos fundamentais previstos nos arts. 5º, 6º e 7º da Constituição brasileira.

O princípio da dignidade da pessoa humana, ápice da construção jusfilosófica na evolução cultural da humanidade, é o mais profundo alicerce dessa temática. Tal princípio significa, em síntese, que *a pessoa humana é dotada de direitos essenciais sem cuja realização não terá forças suficientes para a conformação de sua personalidade e seu pleno desenvolvimento.* Tais direitos consubstanciam o que se tem convencionado chamar de *mínimo existencial,* sendo possível falar em um núcleo essencial da dignidade humana.

Com efeito, pode-se afirmar que a Constituição brasileira definiu muito bem o referido mínimo existencial social, em seu art. 6º, definindo ainda com mais rigor as *necessidades vitais básicas* dos trabalhadores no inciso IV do seu art. 7º. De tal modo que a saúde do trabalhador, como espécie do gênero ou conteúdo do continente saúde em geral, compõe, seguramente, o chamado *conteúdo essencial da dignidade da pessoa humana.*

E *a saúde,* com efeito, deve ser considerada como o *bem-estar físico-funcional da pessoa,* sendo incompleta a alusão à saúde mental, porquanto há diversas funções do organismo humano, sendo uma delas a função mental ou psíquica, de modo que a saúde abrange o bem-estar *anatômico* do corpo humano, quanto ao seu aspecto físico, bem como o seu bem-estar *fisiológico,* ou seja, de todas as funções, de todos os órgãos do referido corpo. Por certo que a função mental ou psíquica é a mais destacada no aspecto fisiológico da saúde, e por isso tratei da *incolumidade psicofísica do trabalhador como um direito fundamental,* pois além de imprescindível ao ser humano que trabalha, está positivado em todo o nosso sistema jurídico.

O mais importante nessa temática, no entanto, é a concepção de que o conceito de saúde compreende os seus *aspectos negativo e positivo,* tendo as pessoas direito a uma abstenção de práticas que a violem, assim como direito a prestações destinadas a sua efetivação. *Também a saúde do trabalhador,* como espécie, dever ser compreendida como um direito humano fundamental de natureza negativa e positiva.

Na positividade da Constituição brasileira de 1988 se verifica que a mesma proteção dada à saúde em geral é também destinada à saúde do trabalhador, numa interpretação sistemática dos arts. 6º, 7º, XXII e XXVIII, 196 a 200 e 225. De igual modo, a Lei Orgânica da Saúde, tratando do SUS, especifica as ações para a proteção da saúde do trabalhador, mais especificamente no § 3º do seu art. 6º. Também o meio ambiente do trabalho encontra a mesma proteção disposta para o meio ambiente em geral, em face do *princípio da prevenção,* em cumprimento às *Convenções ns. 148, 155, 161 e 187 da OIT.*

Por fim, o *conteúdo essencial do direito à saúde do trabalhador* tem dois aspectos essenciais, quais sejam:

1º) o direito à abstenção: a) *do Estado* — a não-interferência no exercício do direito; b) *do empregador* — b.1) *quanto ao fator tempo de trabalho*, a abstenção de exigir trabalho em horas extras habituais, nos intervalos intra e entrejornadas, nos dias de repouso semanal e feriados, nos períodos de férias, assim como de exigir trabalho da mulher durante a licença-maternidade e dos menores de 18 anos trabalho noturno, perigoso ou insalubre; b.2) *quanto ao fator saúde mental*, a abstenção de tratamento rigoroso quando das ordens e fiscalização do serviço, bem como de exigir produtividade superior às forças físicas e mentais do trabalhador;

2º) o direito de prevenção: a) *do Estado* — as prestações atribuídas ao SUS (na forma do § 3º do art. 6º da Lei n. 8.080/90), a obrigação de editar normas de saúde, higiene e segurança para a redução dos riscos inerentes ao trabalho, bem como de proteger o meio ambiente em geral e de fiscalizar o cumprimento das normas de ordem pública por parte do empregador; b) *do empregador* — a obrigação de cumprir referidas normas, especialmente as NRs, para a proteção do meio ambiente do trabalho e da saúde do trabalhador, assim como de contratar seguro contra acidentes do trabalho.

Do exposto, conclui-se que há um *farto manancial legislativo e de normas internacionais para a proteção da saúde do trabalhador*, em seus igualmente importantes *aspectos físico e psíquico*, como um dos bens mais relevantes de todo o sistema jurídico, já que consubstancia uma vertente primordial dos direitos humanos. É necessário, pois, que os atores jurídicos utilizem as normas postas e, na falta destas, tenham a criatividade para oferecer a devida proteção a esse bem essencial, *a incolumidade psicofísica do trabalhador*, à luz do *princípio ontológico* da dignidade da pessoa humana.

10 REFERÊNCIAS

APARISI, Ángela. Fundamento y justificación de los derechos humanos. In: QUIRÓS, J. J. M. (Coord.). *Manual de derechos humanos:* los derechos humanos en el siglo XXI. Navarra: Editorial Aranzadi, 2006.

BOBBIO, Norberto. *A era dos direitos*. Trad. Carlos Nelson Coutinho. Rio de Janeiro: Campus, 1992.

BONAVIDES, Paulo. *Curso de Direito Constitucional*. 19. ed. atual. São Paulo: Malheiros, 2006.

CANÇADO TRINDADE, Antonio Augusto. *Tratado de Direito Internacional dos Direitos Humanos*. V. 1. Porto Alegre: Sergio Antonio Fabris Editor, 1997.

COMPARATO, Fábio Konder. *A afirmação histórica dos direitos humanos*. 3. ed. rev. e ampl. São Paulo: Saraiva, 2003.

DELGADO, Mauricio Godinho. *Curso de direito do trabalho*. 4. ed. São Paulo: LTr, 2005.

FERNANDEZ, Maria Encarnación. Los derechos económicos, sociales y culturales. In: QUIRÓS, J. J. M. (Coord.). *Manual de derechos humanos:* los derechos humanos en el siglo XXI. Navarra: Editorial Aranzadi, 2006.

FERREIRA, Aurélio Buarque de Holanda. *Novo dicionário da língua portuguesa*. 2. ed., rev. e aum., 23. impr. Rio de Janeiro: Nova Fronteira, 1986.

FIORILLO, Celso Antônio Pacheco. *Curso de direito ambiental brasileiro*. São Paulo: Saraiva, 2000.

GOMES CANOTILHO, J. J.; MOREIRA, Vital. *Constituição da República Portuguesa anotada*. 2. ed. rev. e ampl. V.1. Coimbra: Coimbra Ed., 1984.

GONÇALVES, Edwar Abreu. *Manual de segurança e saúde no trabalho*. 3. ed. São Paulo: LTr, 2006.

KANT, Immanuel. *Fundamentação da metafísica dos costumes*. Tradução de Leopoldo Holzbach. São Paulo: Martin Claret, 2006.

LAFER, Celso. *A reconstrução dos direitos humanos*: um diálogo com o pensamento de Hannah Arendt. São Paulo: Companhia das Letras, 1988.

MARX, Karl. *O capital:* crítica da economia política. V. 1, *Livro Primeiro, Tomo 2 (Capítulos XIII a XXV)*. Apresentação de Jacob Gorender; Coord. e rev. de Paul Singer; tradução de Regis Barbosa e Flávio R. Kothe. São Paulo: Abril Cultural, 1984.

_____ . *O capital:* crítica da economia política. Livro I. Tradução de Reginaldo Sant'Anna. 22. ed. Rio de Janeiro: Civilização Brasileira, 2004.

MEDEIROS, João Leonardo Gomes. *A economia diante do horror econômico*. 2004. 204 f. Tese (Doutorado em Economia). Instituto de Economia, Universidade Federal do Rio de Janeiro, Rio de Janeiro, 2004.

MELO, Raimundo Simão de. *Direito ambiental do trabalho e a saúde do trabalhador:* responsabilidades legais, dano material, dano moral, dano estético. São Paulo: LTr, 2004.

PENNA, João Bosco. *Lesões corporais:* caracterização clínica e médico legal. Leme-SP: LED Editora de Direito, 1996.

PÉREZ LUÑO, Antonio-Enrique. *La tercera generación de derechos humanos.* Navarra: Editorial Aranzadi, 2006.

PUERTO, Manuel J. Rodríguez. ¿Qué son los derechos humanos? In: QUIRÓS, J. J. M. (Coord.) *Manual de derechos humanos:* los derechos humanos en el siglo XXI. Navarra: Editorial Aranzadi, 2006.

REALE, Miguel. *Filosofia do direito.* 14. ed. atual. São Paulo: Saraiva, 1991.

ROBLES, Gregório. La olvidada complementariedad entre deberes y derechos. In: QUIRÓS, J. J. M. (Coord.) *Manual de derechos humanos:* los derechos humanos en el siglo XXI. Navarra: Editorial Aranzadi, 2006.

ROSEN, George. *Uma história da saúde pública.* Tradução de Marcos Fernandes da Silva Moreira, com a colaboração de José Ruben de Alcântara Bonfim. São Paulo: Hucitec: Ed. da UNESP, 1994.

SARLET, Ingo Wolfgang. *Dignidade da pessoa humana e direitos fundamentais na Constituição Federal de 1988.* 4. ed. rev. e atual. Porto Alegre: Livraria do Advogado, 2006.

SILVA, José Afonso da. *Direito ambiental constitucional.* 5. ed. São Paulo: Malheiros, 2004.

_____ . *Curso de direito constitucional positivo.* 27. ed., rev. e atual até a Emenda Constitucional n. 52, de 8.3.2006. São Paulo: Malheiros, 2006.

VIEIRA DE ANDRADE, J. C. *Os Direitos Fundamentais na Constituição Portuguesa de 1976.* Coimbra: Livraria Almedina, 1983.

DIREITO FUNDAMENTAL AO TRABALHO DIGNO E MEIO AMBIENTE DE TRABALHO SAUDÁVEL: UMA ANÁLISE SOB A PERSPECTIVA DO ASSÉDIO ORGANIZACIONAL

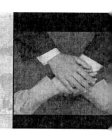

Gabriela Neves Delgado[*]
Valéria de Oliveira Dias[**]

1 INTRODUÇÃO

Na perspectiva do Direito do Trabalho constitucionalizado, o direito fundamental ao trabalho digno se apresenta como o giro hermenêutico necessário para a tutela integral do trabalho humano no Estado Democrático de Direito. A efetivação desse relevante direito fundamental requer, todavia, a imprescindível interpretação do Direito do Trabalho alicerçada na normatividade da Constituição de 1988, a exigir do intérprete uma releitura de todo o ordenamento justrabalhista a partir das lentes constitucionais.

A Constituição Federal de 1988 alçou tanto o sujeito trabalhador quanto o valor social do trabalho ao centro de convergência de proteção jurídica, de modo que, no prisma constitucional, a fruição do direito fundamental ao trabalho digno é assegurada mediante a garantia de um patamar civilizatório mínimos de direitos fundamentais previstos nos eixos de proteção imanentes aos planos jurídicos internacional, constitucional e infraconstitucional.

Por certo que existem direitos fundamentais inerentes à dimensão constitucional do direito fundamental ao trabalho digno que necessitam de proteção diferenciada, sobretudo se considerados os desafios postos ao Estado Democrático de Direito decorrentes do avanço da desregulação dos direitos sociais e dos impactos do modelo de gestão toyotista, especialmente com a utilização do assédio organizacional como estratégia do gerenciamento do trabalho humano sobre a saúde física e mental dos trabalhadores. Tais direitos são aqueles que se destinam à tutela da saúde do trabalhador e da qualidade do meio ambiente do trabalho.

Sob essa perspectiva, o objetivo deste artigo é demonstrar que, dada a dimensão socioambiental do direito fundamental ao trabalho digno, os direitos fundamentais à saúde física e mental e ao meio ambiente ecologicamente

---

[*] Professora Associada de Direito do Trabalho dos Programas de Graduação e Pós-Graduação da Faculdade de Direito da UnB. Pós-Doutora em Sociologia do Trabalho pela UNICAMP. Doutora em Filosofia do Direito pela UFMG. Mestre em Direito do Trabalho pela PUC Minas. Coordenadora do Grupo de Pesquisa "Trabalho, Constituição e Cidadania" (UnB/CNPq). Advogada.

[**] Mestra em Direito, área de concentração Direito, Estado e Constituição pela Universidade de Brasília — UnB. Integrante do Grupo de Pesquisa "Trabalho, Constituição e Cidadania" (UnB/CNPq). Especialista em Direito Constitucional do Trabalho pela UnB e em Direito do Trabalho pelo Instituto Processus. Bacharel em Direito pelo Centro Universitário de Brasília — UniCEUB e Bacharel em Administração pela UnB. Servidora da Justiça do Trabalho.

equilibrado se apresentam como categorias-chave para a regulação do trabalho no marco do Estado Democrático de Direito[1].

Para tanto, este artigo se estrutura em quatro capítulos. Respeitado o referencial teórico do conceito de "direito fundamental ao trabalho digno"[2], destacar-se-á, no primeiro capítulo, os pressupostos axiológicos relativos à dignidade da pessoa humana e ao valor social do trabalho insertos no Texto Constitucional de 1988. No segundo capítulo, apresentar-se-á a dimensão socioambiental do direito fundamental ao trabalho digno e os deveres de proteção à saúde psicofísica e à qualidade ambiental no trabalho. No terceiro capítulo, a partir dos pressupostos teóricos da Psicodinâmica do Trabalho, demonstrar-se-á que o trabalho ocupa lugar central na vida humana quando se trata de construção da saúde, especialmente da saúde mental. Finalmente, no quarto capítulo, tratar-se-á da violência psicológica na forma de assédio organizacional como estratégia gerencial no trabalho e sua repercussão na saúde do sujeito trabalhador.

2 O DIREITO FUNDAMENTAL AO TRABALHO DIGNO NO ESTADO DEMOCRÁTICO DE DIREITO

A Constituição Federal de 1988, a par da perspectiva humanista, progressista e civilizatória de proteção integral do ser humano trabalhador inerente ao constitucionalismo contemporâneo, além de elevar a dignidade humana a princípio fundamental, fundamento da República e objetivo da ordem econômica — uma vez que a ordem econômica é "fundada na valorização do trabalho humano e na livre-iniciativa" e se destina a "assegurar a todos existência digna, conforme os ditames da justiça social" —, elevou igualmente o trabalho ao patamar de valor fundamental da República Federativa do Brasil. Além desse avanço civilizatório, a ordem social, cuja base é o primado do trabalho, foi vinculada ao bem-estar, à justiça social e ao *meio ambiente ecologicamente equilibrado*, no qual se inclui o meio ambiente do trabalho (arts. 1º, III; e 170, *caput*; 193; 200, II e VIII; e 225, CF)[3].

Vale dizer que, no Texto Constitucional brasileiro, o trabalho humano superou o critério valorativo próprio da economia capitalista concernente à utilidade, para incorporar o *status* de valor, quando exercido como meio de afirmação econômica, social e individual e de possível superação de desigualdades sociais[4].

Nessa medida, no prisma constitucional, o referencial axiológico da dignidade humana e o trabalho humano estão intrinsecamente relacionados ao conceito de "direito fundamental ao trabalho digno"[5].

O trabalho digno é aquele que tem, como patamar mínimo, os direitos fundamentais destinados à proteção da dignidade do trabalhador, ou seja, o trabalho será considerado digno, sob a perspectiva jurídica, quando o trabalhador, no exercício do trabalho, tiver acesso a direitos fundamentais[6].

Essa perspectiva revela que os deveres de proteção ao trabalho humano se concretizam mediante a garantia de um patamar civilizatório mínimo de direitos fundamentais previstos nos eixos de proteção imanentes aos planos jurídico internacional, constitucional e infraconstitucional[7].

O primeiro eixo de proteção abrange os instrumentos internacionais de proteção aos Direitos Humanos, com destaque, sob a perspectiva justrabalhista, às Convenções da Organização Internacional do Trabalho (OIT) incorporadas ao ordenamento jurídico pátrio. Tais instrumentos internacionais realçam um patamar mínimo de direitos universais para a pessoa humana trabalhadora ao afirmar o direito de qualquer sujeito[8] de usufruir de condições de trabalho justas, favoráveis e compatíveis com uma vida digna[9].

---

(1) Este artigo sintetiza, em parte, as reflexões assentadas na dissertação de mestrado de Valéria de Oliveira Dias, intitulada *A Dimensão Socioambiental do Direito Fundamental ao Trabalho Digno: uma análise a partir do assédio organizacional nos bancos do Distrito Federal*, orientada pela Professora Dra. Gabriela Neves Delgado e defendida com louvor no Programa de Pós-Graduação da Faculdade de Direito da Universidade de Brasília, em 22 de março de 2019.

(2) DELGADO, Gabriela Neves. *Direito fundamental ao trabalho digno*. São Paulo: LTr, 2006. p. 13.

(3) DELGADO, Gabriela Neves. *Direito fundamental ao trabalho digno*. São Paulo: LTr, 2006. p. 27-28.

(4) DELGADO, Mauricio Godinho; DELGADO, Gabriela Neves. *Constituição da República e Direitos Fundamentais*: dignidade da pessoa humana, justiça social e direito do trabalho. 3. ed. São Paulo: LTr, 2015. p. 150.

(5) DELGADO, Gabriela Neves. *op. cit.*, p. 182.

(6) *Ibid.*, p. 182-184.

(7) DELGADO, Gabriela Neves. *loc. cit.*

(8) A designação "sujeito" adotada no presente artigo tem suas bases na teoria psicanalítica, segundo a qual *sujeito* "é aquele que se constitui na relação com o Outro através da linguagem". De acordo com Lacan, "ao nascer, o homem é inserido em uma ordem humana que lhe é anterior, uma ordem social na qual ele adentra através da linguagem e da família". Consultar: TOREZAN, Zeila C. Facci; AGUIAR, Fernando. O sujeito da psicanálise: particularidades na contemporaneidade. *Revista Mal-Estar e Subjetividade*. Fortaleza, v. 11, n. 2. p. 525-554, 2011. p. 533 e 535. Do mesmo modo, o conceito de sujeito da psicanálise é utilizado pela psicodinâmica do trabalho. "O sujeito da psicodinâmica é o sujeito do sofrimento, da falta, do desejo, da ação, do afeto", que se constitui no trabalho, "pelo espaço da palavra, na linguagem", ao realizar o encontro com o real, o que possibilita o questionamento da ordem institucional, social e do conhecimento. Consultar: MENDES, Ana Magnólia; VIEIRA, Fernando de Oliveira. Diálogos entre a psicodinâmica e clínica do trabalho e os estudos sobre coletivos de trabalho e práticas organizacionais. *Farol — Revista de Estudos Organizacionais e Sociedade*, Belo Horizonte, v. 1, n. 1. p. 161-213, jun. 2014. p. 198-199.

(9) DELGADO, Gabriela Neves. *Direito fundamental ao trabalho digno*. São Paulo: LTr, 2006. p. 189.

No plano internacional dos Direitos Humanos, considerando-se as declarações e os instrumentos incorporados ao ordenamento jurídico pátrio[10], tem-se que a pessoa humana, a dignidade e o trabalho humano estabelecem uma relação de interdependência a elevá-los ao centro convergente de proteção jurídica.

A Declaração Relativa aos Fins e Objetivos da Organização Internacional do Trabalho (Declaração de Filadélfia, de 1944)[11] estabelece, como princípio fundamental, o fato de o trabalho não ser uma mercadoria. Afirma que "todos os seres humanos, (...), têm o direito de efetuar o seu progresso material e o seu desenvolvimento espiritual em liberdade e com dignidade, com segurança econômica e com oportunidades iguais" a fim de alcançar a paz duradoura com base na justiça social (II, *a*). Ademais, ao tratar das diretrizes a serem observadas pelas diferentes nações do mundo, enuncia ser essencial a "proteção adequada da vida e da saúde dos trabalhadores em todas as ocupações" (III, *g*).

A Declaração Universal dos Direitos Humanos[12], aprovada em 1948 pela Assembleia Geral da ONU, ao delinear os direitos humanos básicos, reconhece, no Preâmbulo, que a "dignidade é inerente a todos os membros da família humana" e que o "fundamento da liberdade, da justiça e da paz do mundo" são os "direitos iguais e inalienáveis" de cada ser humano. No artigo primeiro, enfatiza que "todos os homens nascem livres e iguais em dignidade e direitos" e são "dotados de razão e consciência" e, portanto, "devem agir em relação uns aos outros com espírito de fraternidade". No artigo III, assinala que "todo ser humano tem direito à vida, à liberdade e à segurança pessoal". Já no artigo XXII, 3, reconhece a vinculação entre dignidade humana e trabalho, ao dispor que "todo ser humano que trabalha tem direito a uma remuneração justa e satisfatória, que lhe assegure, assim como à sua família, uma existência compatível com a dignidade humana (...)", assentando, ainda, a premissa de que "todo ser humano tem deveres para com a comunidade, na qual o livre e pleno desenvolvimento de sua personalidade é possível" (artigo XXIX, 1).

O Pacto dos Direitos Econômicos, Sociais e Culturais (PIDESC)[13], aprovado pela Assembleia Geral da ONU, em 1966, e incorporado ao ordenamento jurídico brasileiro desde 1992, reconhece o direito ao trabalho, compreendido sob o prisma de a pessoa humana ter a possibilidade de ganhar a vida mediante um trabalho livremente escolhido ou aceito, num ambiente de pleno emprego produtivo em condições que salvaguardem aos sujeitos o gozo das liberdades políticas e econômicas fundamentais (art. 6º), gozando, igualmente, de condições de trabalho justas e favoráveis que assegurem meios de materialização da dignidade humana — existência decente, segurança e higiene no trabalho, não discriminação e tempo de não trabalho remunerado (art. 7º). Afirma, ainda, a proteção da dignidade humana no trabalho, ao reconhecer que toda pessoa tem o direito de desfrutar do mais elevado nível possível de *saúde física e mental*, inclusive por meio da melhoria de todos os aspectos de higiene do trabalho e do meio ambiente (art. 12, 1, 2, b).

Verifica-se, portanto, que, no plano jurídico internacional, as referidas Declarações, lidas sob o prisma justrabalhista, afirmam a necessária vinculação entre dignidade e trabalho humano e apontam, juntamente com PIDESC e as demais ferramentas normativas internacionais integrantes da Carta Internacional de Direitos Humanos Trabalhistas, para a proteção dos sujeitos trabalhadores e do trabalho humano, alçando-os a patamares de relevante dignidade no contexto social em nível mundial[14].

---

(10) Mauricio Godinho Delgado, Ricardo José Macêdo de Britto Pereira, Flávia Piovesan, Gabriela Neves Delgado e Ana Carolina Paranhos de Campos encampam a tese de que, além dos Tratados e Convenções Internacionais ratificados pelo Brasil, as Declarações Internacionais apresentam natureza normativa, de modo que na existência de eventual conflito entre o Direito interno e o Direito Internacional dos Direitos Humanos, deve ser adotado o critério da "prevalência da norma mais favorável à vítima". Esse critério se coaduna com a concepção contemporânea de Direitos Humanos, que estabelece a "idêntica natureza e clara paridade" entre os direitos civis, políticos, sociais, econômicos e culturais e a afirmação dos direitos individuais e sociais trabalhistas como Direitos Humanos sociais, econômicos e culturais. In: DELGADO, Mauricio Godinho, *Curso de Direito do Trabalho*. 17. ed. São Paulo: LTr, 2018. p. 181-182. Consultar ainda: PEREIRA, Ricardo José Macêdo de Britto. A eficácia da Declaração de Princípios e Direito Fundamental no Trabalho da Organização do Trabalho de 1998. In: ROCHA, Cláudio Jannotti da; et al. (coord.). *Direito Internacional do Trabalho*: aplicabilidade e eficácia dos instrumentos internacionais de proteção ao trabalhador. São Paulo: LTr, 2018. PIOVESAN, Flávia. *Direitos Humanos e o Direito Constitucional Internacional*. 16. ed. São Paulo: Saraiva, 2016; DELGADO, Gabriela Neves; RIBEIRO, Ana Carolina Paranhos de Campos. Os direitos sociotrabalhistas como dimensão dos direitos humanos. *Revista do Tribunal Superior do Trabalho*. v. 79. Brasília: TST. p. 199-219, 2013; DELGADO, Mauricio Godinho; DELGADO, Gabriela Neves. *A reforma trabalhista no Brasil*: com os comentários à Lei n. 13.467/2017. 2. ed. rev., atual. e ampl. São Paulo: LTr, 2018.

(11) ORGANIZAÇÃO INTERNACIONAL DO TRABALHO. Constituição da Organização Internacional do Trabalho (OIT) e seu Anexo (Declaração de Filadélfia). Disponível em: <https://www.ilo.org/wcmsp5/groups/public/---americas/---ro-lima/---ilo-brasilia/documents/genericdocument/wcms_336957.pdf>. Acesso em: 15 jan. 2019.

(12) ORGANIZAÇÃO INTERNACIONAL DO TRABALHO. Declaração Universal dos Direitos Humanos. Disponível em: https://nacoesunidas.org/direitoshumanos/declaracao/. Acesso em: 15 jan. 2019.

(13) BRASIL. Decreto n. 591, de 6 de julho de 1992. Atos Internacionais. Pacto Internacional sobre Direitos Econômicos, Sociais e Culturais. Promulgação. Disponível em: <http://www.planalto.gov.br/ccivil_03/decreto/1990-1994/d0591.htm>. Acesso em: 15 dez. 2019.

(14) Sobre a abrangência dos Direitos Humanos dos Trabalhadores e a existência de uma *Carta de Direitos Humanos dos Trabalhadores*, integrada por Declarações e Pactos Internacionais voltados à sistemática proteção do sujeito trabalhador e do trabalho humano, consultar as seguintes referências: DELGADO, Gabriela Neves. Direitos Humanos dos Trabalhadores: perspectiva de análise a partir dos princípios internacionais do Direito do Trabalho e do Direito Previdenciário. In: DELGADO, Mauricio Godinho; DELGADO, Gabriela Neves. *Constituição da República e Direitos Fundamentais*: dignidade da pessoa humana, justiça social e direito

O segundo eixo de proteção ao trabalho humano está assentado na Constituição de 1988 que alçou a pessoa humana e sua dignidade ao patamar de fundamento do Estado Democrático de Direito, incorporando os direitos constitucionais trabalhistas ao seu núcleo principiológico humanístico e social[15].

Ingo Wolfgang Sarlet salienta que a dignidade da pessoa humana é um princípio geral estruturante e constitucionalmente conformador da ordem jurídico-constitucional — que também apresenta a condição de norma e valor fundamental norteador do ordenamento jurídico —, que se tornou indissociável dos direitos humanos e fundamentais reconhecidos e protegidos nos âmbitos do direito internacional e do direito constitucional, assim como inerente à própria democracia[16].

Essas ilações são extraídas do próprio Texto Constitucional de 1988 que, ao alçar a pessoa humana e sua dignidade ao patamar de fundamento do Estado Democrático de Direito (art. 1º, III), reconheceu que o Estado e suas instituições existem para a pessoa humana e, por essa razão, eles mesmos devem se incumbir da tutela integral da dignidade da pessoa humana, considerada individual ou coletivamente[17], de modo a possibilitar o pleno desenvolvimento da personalidade e do potencial humanos, inclusive por meio do pleno exercício da cidadania.

É exatamente em razão do dever de tutela integral do ser humano e de sua dignidade que o Estado Democrático de Direito igualmente se estrutura nos direitos fundamentais da pessoa humana, os quais são "inerentes ao universo de sua personalidade e de seu patrimônio moral, ao lado daqueles que são imprescindíveis para garantir um patamar civilizatório mínimo inerente à centralidade da pessoa humana na vida socioeconômica e na ordem jurídica"[18].

Logo, democracia, dignidade da pessoa humana e direitos humanos fundamentais guardam estreita relação com o Estado Democrático de Direito e o ideal de existência digna dos seres humanos em uma sociedade livre, justa e solidária, permeada por justiça social (arts. 3º, I, e 170, *caput*, CF).

Daí porque a dimensão constitucional da dignidade implica compreender que a pessoa humana não pode ser instrumentalizada pelo outro, reduzida à condição de objeto[19], e, para tanto, emerge o dever estatal de proteção da dignidade de todos contra o próprio Estado e contra ações de atores privados[20].

O dever de tutela integral da dignidade humana, por sua vez, se concretiza mediante a garantia de efetividade da comunidade de princípios humanísticos e sociais e dos direitos humanos e fundamentais que, ao lado do Estado Democrático de Direito, compõem os eixos estruturais da Constituição da República. Aliás, conforme salienta Ricardo José Macêdo de Britto Pereira, "não há como se referir aos direitos fundamentais e à dignidade da pessoa humana sem conceber os mecanismos que imprimam as transformações necessárias para a sua observância"[21].

Ao tratar do núcleo principiológico humanístico e social da Constituição de 1988, Mauricio Godinho Delgado e Gabriela Neves Delgado evidenciam a constitucionalização de princípios gerais que produzem efeitos normativos em diversos campos jurídicos, além da constitucionalização de princípios outros, típicos do Direito do Trabalho: os *princípios constitucionais do trabalho*[22]. São eles:

1) princípio da dignidade da pessoa humana; 2) princípio da centralidade da pessoa humana na vida socioeconômica e na ordem jurídica; 3) princípio da valorização do trabalho e do emprego; 4) princípio da inviolabili-

---

do trabalho. 3. ed. São Paulo: LTr, 2015 e DELGADO, Gabriela Neves; RIBEIRO, Ana Carolina Paranhos Campos. Os direitos sociotrabalhistas como dimensão dos direitos humanos. *Revista do Tribunal Superior do Trabalho*, v. 79, Brasília: TST. p. 199-219, 2013.

(15) DELGADO, Gabriela Neves. *Direito fundamental ao trabalho digno*. São Paulo: LTr, 2006. p. 189.

(16) SARLET, Ingo Wolfgang; MARINONI, Luiz Guilherme; MITIERO, Daniel. *Curso de direito constitucional*. 7. ed. São Paulo: Saraiva Educação, 2018. p. 275.

(17) *Ibid.*, p. 276-280.

(18) DELGADO, Mauricio Godinho; DELGADO, Gabriela Neves. *A reforma trabalhista no Brasil*: com os comentários à Lei n. 13.467/2017. 2. ed. rev., atual. e ampl. São Paulo: LTr, 2018. p. 33.

(19) Ingo Wolfgang Sarlet, reportando-se a Ronald Dworkin, salienta que a dignidade humana remete à concepção kantiana de que o ser humano não é instrumento para realização dos objetivos alheios, constituindo, portanto, um fim em si mesmo. Essa perspectiva enfatiza que o sujeito não pode ser tratado de "forma que se venha a negar a importância distintiva de suas próprias vidas". Essa abordagem revela que as interações sociais em geral devem se conformar a uma "recíproca sujeição", o que revela que o critério decisivo para se apurar a existência de violação da dignidade se ampara na conduta destinada à coisificação do outro. In: *Dignidade da pessoa humana e direitos fundamentais na Constituição Federal de 1988*. 9. ed. rev. atual. 2. tir. Porto Alegre: Livraria do Advogado, 2012.

(20) SARLET, Ingo Wolfgang; MARINONI, Luiz Guilherme; MITIERO, Daniel. *op. cit.*, p. 280-283.

(21) PEREIRA, Ricardo José Macêdo de Britto. A eficácia da Declaração de Princípios e Direito Fundamentais no Trabalho da Organização do Trabalho de 1998. In: ROCHA, Cláudio Jannotti da; *et al.* (coord.). *Direito Internacional do Trabalho*: aplicabilidade e eficácia dos instrumentos internacionais de proteção ao trabalhador. São Paulo: LTr, 2018. p. 339.

(22) Para aprofundar o estudo relativo aos princípios constitucionais do trabalho, consultar: DELGADO, Mauricio Godinho. *Princípios Constitucionais do Trabalho e Princípios de Direito Individual e Coletivo do Trabalho*. 5. ed. São Paulo: LTr, 2017.

dade do direito à vida; 5) princípio do bem-estar individual e social; 6) princípio da justiça social; 7) princípio da submissão da propriedade à sua função socioambiental; 8) princípio da não discriminação; 9) princípio da igualdade em sentido material; 10) princípio da segurança; 11) princípio da proporcionalidade e razoabilidade; 12) princípio da vedação do retrocesso social. [23]

A hermenêutica coerente com os pressupostos estruturantes do Estado Democrático de Direito relativa à conformação dos princípios constitucionais do trabalho conduz à ilação de que não apenas a pessoa humana e sua inerente dignidade, mas também o trabalho humano, ambos ocupam posição central no contexto socioeconômico e na ordem jurídica constitucional brasileira.

A dignidade humana apresenta um espectro de afirmação no campo social que está intimamente imbrincado com o trabalho humano. Isso porque, além de, por meio do trabalho, ser possível estabelecer um feixe de condições concretas para a garantia de uma existência digna numa sociedade capitalista, o trabalho exerce papel fundamental na estruturação da identidade da pessoa humana, tanto no plano individual, quanto no coletivo, por possibilitar o pleno desenvolvimento das capacidades e potencialidades humanas por meio da construção da identidade e da saúde do sujeito no trabalhar, bem como das relações de solidariedade que geram o sentimento de pertencimento social, possibilitando, assim, o exercício da cidadania e o aprendizado da democracia nos espaços de trabalho.

Enfim, o terceiro eixo de proteção ao trabalho humano diz respeito às normas infraconstitucionais, nas quais se incluem, por exemplo, a Consolidação das Leis do Trabalho (CLT), que estabelece padrões mínimos de proteção ao trabalho digno[24].

Evidentemente que para efetivar a proteção ao trabalho digno é imprescindível a interpretação do Direito do Trabalho alicerçada na comunidade de princípios constituída na Constituição de 1988, a exigir do intérprete uma releitura de todo o ordenamento justrabalhista a partir das lentes principiológicas constitucionais[25].

Na perspectiva do Estado Democrático de Direito, o Direito do Trabalho destina-se à concretização da justiça social no trabalho e tem por diretrizes cardeais a dignidade humana da pessoa trabalhadora e o valor social do trabalho, de modo que a tutela integral do trabalho digno atrai, inevitavelmente, o plexo de garantias e de direitos humanos e fundamentais destinados à garantia do mesmo patamar de dignidade para todos.

Nessa linha, tem-se que a *dimensão constitucional do direito fundamental ao trabalho digno* não comporta a prestação de trabalho servil ou assemelhado ao escravo ou, ainda, aquela que instrumentaliza a pessoa trabalhadora e mercantiliza o trabalho humano, desconsiderando a essencialidade do trabalho para a afirmação da dignidade, para o pleno desenvolvimento da personalidade e para a participação cidadã nas dinâmicas social e coletiva[26].

Em suma, o Texto Constitucional, ao incorporar o valor social do trabalho ao conteúdo jurídico da dignidade humana, revelou a existência do *direito fundamental ao trabalho digno*, que se reveste de dever fundamental universal de todo tomador de serviços[27] no tocante à efetivação dos direitos fundamentais de valorização da pessoa humana e do trabalho, e se destina, em última análise, à integração social e à efetivação do ideal de justiça social.

3 CATEGORIA-CHAVE PARA A REGULAÇÃO DO TRABALHO NO MARCO DO ESTADO DEMOCRÁTICO DE DIREITO: A DIMENSÃO SOCIOAMBIENTAL DO DIREITO FUNDAMENTAL AO TRABALHO DIGNO

No Texto Constitucional de 1988, o direito fundamental à saúde, em sentido material, decorre do próprio direito à vida, de modo a evidenciar que *vida tutelada na ordem constitucional contemporânea é a vida saudável, com dignidade e qualidade preservadas*. Não é por outra razão que, no sentido formal, esse direito fundamental ocupa o ápice do ordenamento jurídico — do mesmo modo que os demais direitos fundamentais, inclusive os sociotrabalhistas — e,

---
(23) DELGADO, Mauricio Godinho; DELGADO, Gabriela Neves. *A reforma trabalhista no Brasil*: com os comentários à Lei n. 13.467/2017. 2. ed. rev., atual. e ampl. São Paulo: LTr, 2018. p. 31.
(24) DELGADO, Gabriela Neves. *loc. cit.*
(25) *Ibid.*, p. 13.
(26) DELGADO, Gabriela Neves. *Direito fundamental ao trabalho digno*. São Paulo: LTr, 2006. p. 28-29.
(27) DELGADO, Gabriela Neves. *loc. cit.*

portanto, trata-se de norma de "superior hierarquia axiológica", diretamente aplicável de forma vinculada em relação ao Estado e nas relações entre particulares[28].

O dever fundamental inerente à promoção e proteção da saúde, individual e coletivamente considerado, é imposto ao Estado e, em face do princípio da solidariedade social, se espraia alcançando as empresas e a sociedade. Esse dever, todavia, somente se efetiva se interconectado com a efetividade de outros direitos fundamentais, entre os quais se destaca *o direito ao meio ambiente de trabalho saudável.*

Nessa linha, Augusto César Leite de Carvalho salienta que o Texto Constitucional, ao assegurar o direito fundamental à saúde, o integra à proteção ao meio ambiente do trabalho, o que significa que a proteção da saúde no trabalho se concretiza a partir de direitos que abarquem, inclusive, "as condições de tempo e de modo do trabalho"[29].

A OIT, diante do compromisso firmado com a promoção da saúde, segurança do trabalhador e sua proteção contra acidentes e adoecimento no trabalho, estabeleceu que o meio ambiente do trabalho equilibrado e seguro se reveste da qualidade de direito humano, associando a ele a dimensão do desenvolvimento sustentável para assegurar a proteção da qualidade de vida do trabalhador.

Existem ao menos 22 Convenções da OIT que tratam direta ou indiretamente da proteção jurídica à saúde no trabalho[30], entre as quais se destacam as Convenções ns. 155 e 161.

A Convenção n. 155 da OIT, que versa sobre segurança e saúde dos trabalhadores empregados que se ativam em todas as atividades econômicas, inclusive na Administração Pública, e o meio ambiente do trabalho, foi adotada pelo OIT em 1981, ratificada pelo Brasil em 1992 e passou a vigorar no plano interno em 1993[31].

Seu texto enfatiza que a saúde, com relação ao trabalho, "abrange não só a ausência de afecções ou de doenças, mas também os elementos físicos e mentais que afetam a saúde e estão diretamente relacionados com a segurança e a higiene no trabalho", *a denotar que a proteção à saúde abrange expressamente a proteção jurídica à saúde mental do trabalhador e ao meio ambiente do trabalho equilibrado e que o empregador tem o dever jurídico de prevenir eventuais danos à saúde mental dos trabalhadores* (art. 3º, e)[32].

Ademais, ao estabelecer o princípio de uma política nacional coerente em matéria de segurança e saúde dos trabalhadores e do meio ambiente de trabalho, determina:

> Essa política terá como objetivo prevenir os acidentes e os danos à saúde que forem consequência do trabalho, tenham relação com a atividade de trabalho, ou se apresentarem durante o trabalho, reduzindo ao mínimo, na medida que for razoável e possível, as causas dos riscos inerentes ao meio ambiente de trabalho (art. 4º, 2).[33]

Para tornar efetiva tal política nacional, o Brasil se comprometeu a determinar que a autoridade competente garanta a realização progressiva de tarefas, entre as quais se menciona "a realização de sindicâncias cada vez que um

---

(28) SARLET, Ingo Wolfgang; FIGUEIREDO, Mariana Filchtiner. Algumas considerações sobre o direito fundamental à promoção e proteção da saúde aos 20 anos da Constituição Federal de 1988. *Revista de Direito do Consumidor: RDC*, v. 17, n. 67. p. 125-172, jul./set. 2008. p. 129-130.

(29) CARVALHO, Augusto César Leite de. *Direito do Trabalho:* curso e discurso. São Paulo: LTr, 2016. p. 292.

(30) Entre elas, citam-se as seguintes convenções ratificadas pelo Brasil: Convenção n. 103 — Amparo à maternidade; Convenção n. 115 — Proteção contra as radiações; Convenção n. 121 — Política de emprego; Convenção n. 127 — Peso máximo das cargas; Convenção n. 134 — Prevenção de acidentes do trabalho dos marítimos; Convenção n. 136 — Proteção contra os riscos da intoxicação pelo benzeno; Convenção n. 139 — Prevenção e controle de riscos profissionais causados pelas substâncias ou agentes cancerígenos; Convenção n. 148 — Contaminação do Ar, Ruído e Vibrações; Convenção n. 152 — Segurança e higiene nos trabalhos portuários; Convenção n. 155 — Segurança e saúde dos trabalhadores; Convenção n. 159 — Reabilitação profissional e emprego de pessoas deficientes; Convenção n. 161 — Serviços de saúde no trabalho; Convenção n. 162 — Utilização do amianto com segurança; Convenção n. 163 — Bem-estar dos trabalhadores marítimos no mar e no porto; Convenção n. 167 — Sobre segurança e saúde na construção; Convenção n. 170 — Segurança no trabalho com produtos químicos; Convenção n. 171 — Trabalho noturno; Convenção n. 174 — Sobre a prevenção dos acidentes industriais maiores; Convenção n. 176 — Sobre segurança e saúde nas minas; Convenção n. 182 — Sobre a proibição das piores formas de trabalho infantil e a ação imediata para sua eliminação. A Convenção n. 184, sobre a segurança e a saúde na agricultura, e a Convenção n. 187, sobre o marco promocional para a segurança e saúde no trabalho, não foram ratificadas pelo Brasil.

(31) BRASIL. Decreto n. 1.254, de 29 de setembro de 1994. Promulga a Convenção número 155, da Organização Internacional do Trabalho, sobre Segurança e Saúde dos Trabalhadores e o Meio Ambiente de Trabalho, concluída em Genebra, em 22 de junho de 1981. Disponível em: <http://www.planalto.gov.br/ccivil_03/decreto/1990-1994/D1254.htm>. Acesso em: 15 jan. 2019.

(32) BRASIL. Decreto n. 1.254, de 29 de setembro de 1994. Promulga a Convenção número 155, da Organização Internacional do Trabalho, sobre Segurança e Saúde dos Trabalhadores e o Meio Ambiente de Trabalho, concluída em Genebra, em 22 de junho de 1981. Disponível em: <http://www.planalto.gov.br/ccivil_03/decreto/1990-1994/D1254.htm>. Acesso em: 15 jan. 2019.

(33) BRASIL. Decreto n. 1.254, de 29 de setembro de 1994. Promulga a Convenção número 155, da Organização Internacional do Trabalho, sobre Segurança e Saúde dos Trabalhadores e o Meio Ambiente de Trabalho, concluída em Genebra, em 22 de junho de 1981. Disponível em: <http://www.planalto.gov.br/ccivil_03/decreto/1990-1994/D1254.htm>. Acesso em: 15 jan. 2019.

acidente do trabalho, um caso de doença profissional ou qualquer outro dano à saúde ocorrido durante o trabalho ou com relação com o mesmo possa indicar uma situação grave" (art. 11, *d*).

A Convenção n. 161 da OIT[34], adotada pelo OIT em 1985, ratificada pelo Brasil em 1990 com vigência nacional em 1991, ao tratar dos princípios de uma política nacional coerente com relação aos serviços de saúde no trabalho, enfatiza ser necessária a adoção de medidas essencialmente preventivas, que envolvam os trabalhadores, para estabelecer e manter o meio ambiente laboral seguro e salubre, de modo a "favorecer uma saúde física e mental ótima em relação com o trabalho", e para que se efetive "a adaptação do trabalho às capacidades dos trabalhadores levando em conta seu estado de sanidade física e mental" — e não a adaptação do trabalhador ao trabalho (PARTE I, art. 1º, *a*, I e II).

Ademais, além de identificar e avaliar os riscos para a saúde, presentes nos locais de trabalho, os serviços de saúde nas empresas devem "vigiar os fatores do meio de trabalho e as práticas de trabalho que possam afetar a saúde dos trabalhadores, inclusive as instalações sanitárias, as cantinas e as áreas de habitação, sempre que esses equipamentos sejam fornecidos pelo empregador", "acompanhar a saúde dos trabalhadores em relação com o trabalho" e "promover a adaptação do trabalho aos trabalhadores" (PARTE II, art. 5º, *a, b, f* e *g*). [35]

Os dispositivos destacados de ambas as convenções da OIT denotam o reconhecimento no plano internacional — incorporado ao ordenamento jurídico brasileiro — de que a saúde é um direito humano do trabalhador que abarca tanto a integridade física quanto mental do sujeito a ser tutelado no meio ambiente de trabalho.

Em suma, o direito fundamental à saúde é um direito humano que decorre do próprio direito à vida, o que revela que *a vida tutelada na ordem constitucional contemporânea é a vida saudável*, com dignidade, qualidade e bem-estar preservados[36]. Não em vão que o Supremo Tribunal Federal enfatizou que *o direito fundamental à saúde, em suas múltiplas dimensões, tem seu núcleo essencial afeto à dignidade da pessoa humana*[37].

O equilíbrio do meio ambiente, por sua vez, é vital para que o ser humano tenha uma vida com saúde e qualidade. Daí porque a Constituição de 1988 reconhece a relação direta entre a sadia qualidade de vida e o meio ambiente ecologicamente equilibrado (art. 225) e, portanto, entre o direito fundamental à saúde física e mental e o direito à proteção ao meio ambiente. *Tal perspectiva conduz à ilação de que a qualidade do meio ambiente também é um dos elementos constitutivos da dignidade humana.*[38]

Na medida em que o Texto Constitucional reconhece o meio ambiente de trabalho como uma das dimensões do meio ambiente social (arts. 200, VIII, e 225), tem-se que o direito fundamental à saúde e o direito à proteção ao meio ambiente são direitos humanos constitucionalizados interdependentes e essenciais, tanto sob o ponto de vista do meio ambiente natural quanto do meio ambiente de trabalho, uma vez que *a qualidade do ambiente de trabalho é imprescindível para a construção global de um trabalho saudável.*

A qualidade do meio ambiente de trabalho é direito fundamental intrinsecamente relacionado à sadia qualidade de vida do trabalhador. Tal conexão revela o dever jurídico do empregador de observar o conjunto de deveres econômicos, sociais, culturais e ambientais relativos à proteção à saúde do trabalhador. Revela, ainda, segundo o eixo econômico do dever de sustentabilidade[39], o compromisso de assegurar a todos existência digna, fundada na justiça social,

---

(34) BRASIL. Decreto n. 127, de 22 de maio de 1991. Promulga a Convenção n. 161, da Organização Internacional do Trabalho — OIT, relativa aos Serviços de Saúde do Trabalho. Disponível em: <http://www.planalto.gov.br/ccivil_03/decreto/1990-1994/D0127.htm>. Acesso em: 15 jan. 2019.

(35) BRASIL. Decreto n. 127, de 22 de maio de 1991. Promulga a Convenção n. 161, da Organização Internacional do Trabalho — OIT, relativa aos Serviços de Saúde do Trabalho. Disponível em: <http://www.planalto.gov.br/ccivil_03/decreto/1990-1994/D0127.htm>. Acesso em: 15 jan. 2019.

(36) SARLET, Ingo Wolfgang; FIGUEIREDO, Mariana Filchtiner. Algumas considerações sobre o direito fundamental à promoção e proteção da saúde aos 20 anos da Constituição Federal de 1988. *Revista de Direito do Consumidor: RDC*, v. 17, n. 67. p. 125-172, jul./set. 2008. p. 129-130.

(37) BRASIL. Supremo Tribunal Federal. Medida Cautelar na Arguição de Descumprimento de Preceito Fundamental MCADPF 532 MC / DF. Relator Ministro Celso de Mello, 1º de agosto de 2018. Disponível em: <http://portal.stf.jus.br/processos/downloadPeca.asp?id=314926270&ext=.pdf>. Acesso em: 15 fev. 2019.

(38) SARLET, Ingo Wolfgang; FENSTERSEIFER, Tiago. Direito à saúde e proteção do ambiente na perspectiva de uma tutela jurídico-constitucional integrada dos direitos fundamentais socioambientais (DESCA). *BIS, Bol. Inst. Saúde* (Impr.). São Paulo, v. 12, n. 3, 2010. p. 250.

(39) Ingo Wolfgang Sarlet afirma que os eixos ambiental, social e econômico, que integram o dever de sustentabilidade, devem conviver de forma harmônica e equilibrada, apesar de toda complexidade que os envolve, com vista a propiciar, no meio ambiente de trabalho, a proteção da dignidade e do livre desenvolvimento da personalidade do trabalhador, mediante a concretização dos direitos humanos fundamentais conexos — a exemplo do direito à saúde —, num contexto de progresso econômico que garanta justiça social. In: SARLET, Ingo Wolfgang. O direito fundamental ao meio ambiente do trabalho equilibrado. *Revista do TST*, Brasília, vol. 80, n. 1, jan./mar., 2014. p. 25 e 26. Denise Schmitt Siqueira Garcia salienta, ainda, que o dever de sustentabilidade na perspectiva ambiental refere-se ao compromisso de proteção do meio ambiente a fim de garantir, como finalidade básica, "a sobrevivência do planeta mediante a preservação e a melhora dos elementos físicos e químicos que a fazem possível, tudo em função de uma melhor qualidade de vida". Na perspectiva social, conforme já enfatizado, a sustentabilidade perpassa pela garantia do mínimo existencial destinado à proteção da dignidade humana por meio de prestações relacionadas à melhoria da qualidade de vida da pessoa, individual e coletivamente considerada, e à garantia de existência minimamente digna, intrinsecamente relacionada com a efetivação dos direitos sociais. Já a perspectiva econômica do dever de sustentabilidade refere-se ao desenvolvimento do mercado econômico comprometido em gerar melhor qualidade de vida

considerando, também, as condições ambientais favoráveis para o desenvolvimento das gerações humanas presentes e futuras.

A qualidade do meio ambiente de trabalho aliada ao princípio da solidariedade e aos deveres relativos ao desenvolvimento sustentável a ele inerente, no marco do Estado Democrático de Direito, atuam conjuntamente com os demais princípios e valores que compõem a ordem jurídica, especialmente com a dignidade humana, a igualdade substancial e a justiça social[40], evidenciando, no plano jurídico, a *dimensão socioambiental da dignidade humana*.

Na perspectiva do Direito do Trabalho constitucionalizado, reconhecer a qualidade ambiental como pressuposto de vida digna e saudável, cujo dever de defesa e proteção vincula o Estado e os particulares (art. 225 da Constituição de 1988), significa afirmar que a ordem econômica e seu mercado capitalista igualmente possuem os deveres de mútuo respeito entre particulares e de solidariedade social (art. 170, *caput*, III e IV, da Constituição de 1988).

Nessa medida, a plena eficácia ao dever fundamental de proteção ao trabalho digno tem como pressuposto basilar a promoção da saúde e a proteção da integridade psicofísica do sujeito trabalhador no meio ambiente do trabalho.

Partindo de tais premissas, tem-se que *a efetiva tutela do direito fundamental ao trabalho digno se concretiza na medida em que se considera sua dimensão socioambiental e se confere proteção jurídica às três categorias a ele imanentes — a pessoa humana trabalhadora, o valor social do trabalho e o meio ambiente de trabalho — de forma simultânea*[41].

O mundo do trabalho contemporâneo, todavia, revela a dissonância existente entre a realidade do trabalho e o primado constitucional pautado na valorização e proteção do trabalho humano e no dever fundamental de proteção integral do sujeito trabalhador e sua dignidade, pois a organização do trabalho, elemento que compõe o meio ambiente laboral, tornou-se, não raramente, a causa principal de ofensa à saúde do trabalhador, por utilizar a violência e o assédio como instrumentos de gestão[42].

As empresas com gestão toyotista, caracterizadas por um sistema de qualidade total, estruturadas em avaliações individuais de desempenho e remuneração vinculada à produtividade, banalizam o uso da violência psicológica na forma de *assédio organizacional*, o que afeta profundamente a qualidade ambiental no trabalho e a saúde mental dos sujeitos trabalhadores.

Nesse quadro em que a precarização tem se tornado a regra condutora das relações de trabalho e de emprego e das relações intersubjetivas no ambiente de trabalho, os estudos sobre a relação existente entre trabalho e saúde, os quais apontam para a *centralidade do trabalho para a construção da saúde*, ganham especial relevo para a ciência do Direito com a finalidade de lançar luz à efetiva tutela do direito à saúde no meio ambiente de trabalho em face do assédio organizacional.

4 TRABALHO E SAÚDE: A ABORDAGEM DA PSICODINÂMICA DO TRABALHO

A qualidade ambiental e a saúde mental dos trabalhadores são afetadas profundamente pelo modelo toyotista de organização e gestão da produção e do trabalho humano.

A Psicodinâmica do Trabalho demonstra que, dada a centralidade do trabalho para a construção da saúde, o modelo de gestão toyotista e a concepção gerencialista que o norteia afetam a saúde mental do sujeito trabalhador por conduzi-lo a vivências de sofrimento patogênico, o que pode desencadear transtornos mentais e comportamentais e, ainda, patologias sociais relacionadas ao trabalho, tais como a indiferença e a violência.

A Psicodinâmica do Trabalho é uma disciplina clínica descritiva, desenvolvida por Christophe Dejours, que, a partir da tese da centralidade do trabalho para a construção da saúde, investiga a relação entre trabalho e saúde mental.

---

para as pessoas, num quadro de menor impacto ambiental possível. In: GARCIA, Denise Schmitt Siqueira. Dimensão econômica da sustentabilidade: uma análise com base na economia verde e a teoria do decrescimento. *Veredas do Direito*, Belo Horizonte, v.13, n.25, p.133-153, Janeiro/Abril de 2016.

(40) FENSTERSEIFER, Tiago. Estado socioambiental de direito e o princípio da solidariedade como seu marco jurídico-constitucional. Direitos Fundamentais e Justiça, n. 2, jan./mar. 2008. p. 151.

(41) DIAS, Valéria de Oliveira. *A dimensão socioambiental do direito fundamental ao trabalho digno: uma análise a partir do assédio organizacional nos bancos do Distrito Federal*. Dissertação de Mestrado. Faculdade de Direito da Universidade de Brasília, em 22 de março de 2019.

(42) DIAS, Valéria de Oliveira. O conteúdo essencial do direito fundamental à integridade psíquica no meio ambiente de trabalho na perspectiva do assédio moral organizacional. In: DELGADO, Gabriela Neves, (*et. al.*) *Direito Constitucional do Trabalho*: Princípios e Jurisdição Constitucional. São Paulo: LTr, 2015. p. 193-208.

A Psicodinâmica do Trabalho é, ainda, uma disciplina teórica que se apoia na teoria do sujeito[43] reconhecido na Psicanálise e na Teoria Social[44].

Os estudos da Psicodinâmica do Trabalho centram-se na análise da organização do trabalho e de seus efeitos na construção da identidade do trabalhador, na dinâmica do reconhecimento e nas vivências de prazer-sofrimento no trabalho, com ênfase nos processos de subjetivação — o que inclui as estratégias de ação para mediar contradições da organização do trabalho — e sua relação com a saúde, o adoecimento e as patologias sociais[45].

A investigação da relação entre trabalho e saúde mental, todavia, não se circunscreve apenas aos efeitos deletérios da organização do trabalho sobre a saúde; inclui também "compreender porque e como o mesmo trabalho, em função de sua organização, pode inscrever-se em uma dinâmica de destruição, ou ao contrário, de construção da saúde"[46].

Ana Magnólia Mendes destaca que o objeto da Psicodinâmica do Trabalho é "o estudo das relações dinâmicas entre organização do trabalho e processos de subjetivação, que se manifestam nas vivências de prazer-sofrimento, nas estratégias de ação para mediar contradições da organização do trabalho, nas patologias sociais, na saúde e no adoecimento"[47].

A organização do trabalho refere-se à divisão formal do trabalho, ao conteúdo da tarefa e às relações de poder que a permeia. A realidade imposta pela organização do trabalho, por meio do trabalho prescrito, nem sempre possibilita o alcance dos objetivos com a qualidade proposta, de modo que o trabalhar, efetivamente, é preencher a lacuna existente entre o trabalho prescrito, quase sempre inatingível, e o real do trabalho[48].

A lacuna entre o trabalho prescrito e o real do trabalho aparece para o trabalhador quando ele se confronta com o fracasso, o que gera sofrimento. Essa dinâmica denota o modo afetivo como o real do trabalho se apresenta ao sujeito — por meio do sofrimento — unindo, assim, a subjetividade ao trabalho[49].

O sofrimento é inerente à vida humana e, no trabalho, ele não é apenas o resultado do confronto do trabalho prescrito com o real do trabalho e "processo que une a subjetividade ao trabalho"[50]; o sofrimento é, sobretudo, uma potência que mobiliza a inteligência do corpo[51], desvendando as potencialidades humanas para a transformação do mundo real. Esse "trabalho de si sobre si"[52] não apenas transforma a própria subjetividade, engrandecendo-a e revelando-a, como também protege a saúde mental do trabalhador[53].

Nesse passo, o trabalho não se limita à produção, à relação de contraprestação pecuniária; trabalhar é envolver-se, implicando, "do ponto de vista humano, o fato de trabalhar: gestos, o saber-fazer, um engajamento do corpo, a mobilização da inteligência, a capacidade de refletir, de interpretar e de reagir às situações; é o poder de sentir, de pensar e de inventar etc." [54].

---

(43) Lacan explica que, "ao nascer, o homem é inserido em uma ordem humana que lhe é anterior, uma ordem social na qual ele adentra através da linguagem e da família". Assim, "o sujeito, para a psicanálise, é aquele que se constitui na relação com o Outro através da linguagem". TOREZAN, Zeila C. Facci; AGUIAR, Fernando. O sujeito da psicanálise: particularidades na contemporaneidade. *Revista Mal-Estar e Subjetividade*. Fortaleza, v. 11, n. 2. p. 525-554, 2011. p. 533 e 535. "O sujeito da psicodinâmica é o sujeito do sofrimento, da falta, do desejo, da ação, do afeto", que se constitui no trabalho, "pelo espaço da palavra, na linguagem", ao realizar o encontro com o real, o que possibilita o questionamento da ordem institucional, social e do conhecimento. MENDES, Ana Magnólia; VIEIRA, Fernando de Oliveira. Diálogos entre a psicodinâmica e clínica do trabalho e os estudos sobre coletivos de trabalho e práticas organizacionais. *Farol — Revista de Estudos Organizacionais e Sociedade*, Belo Horizonte, v. 1, n. 1. p. 161-213, jun. 2014. p. 198-199.

(44) DEJOURS, Christophe. Subjetividade, trabalho e ação. *Revista Produção*, v. 14, n. 3. p. 27-34, set./dez, 2004. p. 28.

(45) DEJOURS, Christophe. A psicodinâmica do trabalho na pós-modernidade. *In*. MENDES, Ana Magnólia; LIMA, Suzana Canez da Cruz; FACAS, Emílio Peres (orgs). *Diálogos em Psicodinâmica do Trabalho*. Brasília: Paralelo 15, 2007. p. 16.

(46) DEJOURS, Christophe. *loc. cit.*

(47) MENDES, Ana Magnólia (org.). Da psicodinâmica à psicopatologia do trabalho. *In Psicodinâmica do trabalho*: teoria, método e pesquisas. São Paulo: Casa do Psicólogo, 2007. p. 30.

(48) DEJOURS, Christopher. *op. cit.,* p. 28.

(49) DEJOURS, Christophe. A psicodinâmica do trabalho na pós-modernidade. *In*. MENDES, Ana Magnólia; LIMA, Suzana Canez da Cruz; FACAS, Emílio Peres (orgs). *Diálogos em Psicodinâmica do Trabalho*. Brasília: Paralelo 15, 2007. p. 28.

(50) *Ibid.*. p. 28 e 29.

(51) Christopher Dejours afirma que a inteligência do corpo "se forma no e pelo trabalho; ela não é inata, mas adquirida no exercício da atividade". Esse corpo não é, portanto, o corpo biológico, é um "corpo subjetivo que se constitui a partir do corpo biológico" e que é resultante "da experiência mais íntima de si e da relação com o outro que é convocado no trabalhar". DEJOURS, Christophe. Subjetividade, trabalho e ação. *Revista Produção*, v. 14, n. 3. p. 27-34, set./dez, 2004. p. 29.

(52) A centralidade do trabalho para a construção da saúde. Entrevista com Christophe Dejours, por Juliana de Oliveira Barro e Selma Lancman. *Revista de Terapia Ocupacional da Universidade de São Paulo*, 2016 maio/ago.; 27(2):228-35. p. 231.

(53) DEJOURS, Christopher. *Op. cit.,* p. 29.

(54) DEJOURS, Christopher. Subjetividade, trabalho e ação. *Revista Produção*, v. 14, n. 3. p. 27-34, set./dez, 2004. p. 28.

Assim, para a Psicodinâmica do Trabalho,

> "o trabalho sempre coloca à prova a subjetividade, da qual esta última sai acrescentada, enaltecida, ou ao contrário, diminuída, mortificada. Trabalhar constitui, para a subjetividade, uma provação que a transforma. Trabalhar não é somente produzir; é, também, transformar a si mesmo e, no melhor dos casos, é uma ocasião oferecida à subjetividade para se testar, até mesmo para se realizar."[55]

O trabalho, portanto, na perspectiva da Psicodinâmica, é vivo, individual e subjetivo[56] e possibilita vivências tanto de prazer quanto de sofrimento psíquico para o sujeito, de modo que trabalho e saúde mental são indissociáveis.

As vivências de prazer no trabalho são possíveis quando a organização do trabalho é suficientemente flexível para permitir que o trabalhador, frente às contradições entre o trabalho prescrito e o real do trabalho, mobilize sua inteligência prática para o alcance da produtividade e da qualidade almejadas. O resultado dessa mobilização subjetiva do trabalhador, por sua vez, "precisa passar por uma validação social, que pressupõe o reconhecimento da hierarquia através do julgamento de utilidade e o reconhecimento pelos pares mediante o julgamento da beleza", possibilitando, assim, um espaço público da fala e da cooperação[57].

O envolvimento no trabalho pressupõe, obviamente, uma retribuição material — salário, gratificações etc. —, mas a retribuição simbólica — o reconhecimento pela contribuição no trabalho, pelo engajamento da subjetividade e da inteligência — se reveste de maior importância para o trabalhador, na medida em que o reconhecimento no trabalho é o espaço de construção da identidade e, por conseguinte, da saúde mental[58].

Christophe Dejours afirma que para a maioria das pessoas a identidade não é construída a partir do eu, mas pelo olhar do outro. Isso porque

> "a identidade precisa da confirmação do olhar do outro, ela se fortalece graças ao olhar do outro. Ninguém pode escapar completamente a essa questão da identidade, porque a identidade é a armadura da saúde mental. Toda descompensação psicopatológica é centrada por uma crise de identidade, e nossa identidade não é invulnerável. Qualquer um de nós pode um dia ter uma crise de identidade e ficar doente. É evidente que o reconhecimento de que podemos beneficiar-nos graças ao trabalho inscreve-se muito precisamente na dinâmica da construção e de estabilização da identidade. *Graças ao reconhecimento, o trabalho pode inscrever-se na dinâmica da realização do eu* (no campo social)."[59] (grifos acrescidos)

O reconhecimento do coletivo de trabalhadores acerca da qualidade da contribuição individual confere ao trabalhador prazer e realização pessoal, além de senso de pertencimento, tornando o ato de cooperar essencial à sociabilização e à integração à comunidade, bem como constitui a base das relações de solidariedade[60].

As condições sociais propiciadas pela gestão do trabalho humano que facilitam a dinâmica do reconhecimento convergem para a proteção da saúde mental do trabalhador, pois é por meio do reconhecimento que o sofrimento inerente ao trabalhar pode ser transformado em prazer no trabalho[61].

Ana Magnólia Mendes acentua que

> "o reconhecimento implica uma mobilização política e as condições para construir e modificar a realidade, resultado da negociação diante da multiplicidade de divergências e interesses inerentes ao trabalho. *Relaciona-se de*

---

(55) *Ibid.*, p. 30.

(56) A centralidade do trabalho para a construção da saúde. Entrevista com Christophe Dejours, por Juliana de Oliveira Barro e Selma Lancman. *Revista de Terapia Ocupacional da Universidade de São Paulo*, 2016 mai./ago.; 27(2):228-35. p. 229.

(57) MENDES, Ana Magnólia. Novas formas de organização do trabalho, ação dos trabalhadores e patologias sociais. In: MENDES, Ana Magnólia (org.). *Psicodinâmica do Trabalho*: teoria, método e pesquisas. São Paulo: Casa do Psicólogo, 2007. p. 51-52.

(58) MENDES, Ana Magnólia. Da psicodinâmica à psicopatologia do trabalho. In: MENDES, Ana Magnólia (org.). *Psicodinâmica do Trabalho*: teoria, método e pesquisas. São Paulo: Casa do Psicólogo, 2007. p. 42.

(59) MENDES, Ana Magnólia; LIMA, Suzana Canez da Cruz; FACAS, Emílio Peres (orgs.). Psicodinâmica do trabalho na pós-modernidade. In: *Diálogos em Psicodinâmica do Trabalho*. Brasília: Paralelo 15, 2007. p. 20.

(60) DEJOURS, Christopher. Subjetividade, trabalho e ação. *Revista Produção*, v. 14, n. 3. p. 27-34, set./dez, 2004. p. 33.

(61) MENDES, Ana Magnólia; LIMA, Suzana Canez da Cruz; FACAS, Emílio Peres (orgs). *Op. cit.*, p. 21.

modo direto com o poder do trabalhador, compreendido como a capacidade de negociar e de influir no coletivo de trabalho."[62] (grifos acrescidos)

Por outro lado, quando a gestão da organização do trabalho é enrijecida e utiliza mecanismos que não permitem ao trabalhador mobilizar sua subjetividade, utilizando-se de sua inteligência prática e do coletivo de trabalho para superar situações que causam sofrimento — esvaziando, por conseguinte, a dinâmica do reconhecimento —, o sofrimento deixa de ser mobilizado como potência criativa e fonte de prazer, tornando-se potencialmente patológico[63].

Para a Psicodinâmica do Trabalho, o sofrimento patogênico surge quando se torna inviável o ajuste entre o desejo do trabalhador e o desejo da organização do trabalho, de modo a eliminar qualquer relação subjetiva com a organização. No contexto em que se afia, inevitavelmente, a pressão exercida pela organização do trabalho, os trabalhadores desenvolvem estratégias de defesa para evitar o adoecimento[64].

Christophe Dejours afirma que as estratégias defensivas são construídas pelo coletivo de trabalhadores, especialmente frente à precarização do trabalho, e podem ser de proteção, de adaptação e de exploração[65].

As defesas de proteção se estabelecem quando o trabalhador consegue racionalizar as situações que geram sofrimento, alienando-se e não intervindo na organização do trabalho. Essa estratégia pode perdurar no tempo, mas tende a esvaziar-se diante do aumento da precarização do trabalho, intensificando o sofrimento e a possibilidade de adoecimento[66].

Já as defesas de adaptação e de exploração têm como base a negação, muitas vezes inconsciente, do sofrimento e a submissão pessoal às exigências, ainda que desarrazoadas, da organização do trabalho, o que leva o trabalhador a manter a produção exigida. Para ilustrar o uso dessas defesas, Ana Magnólia Mendes aponta estudo conduzido com bancários onde se identificou que o sofrimento era "decorrente do descontentamento com o trabalho, em virtude da sobrecarga e do estresse gerados pela sua atividade" e que as estratégias defensivas utilizadas eram a "de proteção, como a racionalização, e de adaptação, como o controle excessivo"[67].

Ao mesmo tempo em que as estratégias defensivas são importantes para a proteção da saúde mental do trabalho, quando essas defesas são instrumentalizadas pela organização do trabalho, tornando-se ideologias defensivas, culminam em armadilhas que geram alienação das causas do sofrimento, inviabilizando quaisquer mudanças nas relações deletérias de trabalho[68].

O excesso de defesas e sua instrumentalização possuem o potencial de gerar a "incapacidade de pensar, implicando a banalização das injustiças no ambiente de trabalho e a aceitação, por parte dos trabalhadores, de práticas contrárias a valores éticos e que infringem sofrimento ao outro", o que torna a banalização do mal e das injustiças sociais a tônica desses contextos de trabalho[69].

Christophe Dejours aponta ainda, que o uso desmedido e frequente das estratégias de defesa pode ocasionar patologias sociais. Ana Magnólia Mendes, embasada nas reflexões do pesquisador, propõe a existência de três *patologias sociais relacionados ao trabalho*: a patologia da sobrecarga, a da servidão voluntária e a da violência[70].

A *patologia da sobrecarga* relaciona-se ao trabalho prescrito pela organização do trabalho e se articula com o sentido do trabalho para o sujeito. Quando o sentido do trabalho é a subsistência num contexto de precarização dos contratos de trabalho e desemprego estrutural ligado à manutenção de reserva de desempregados, o trabalhador pode desenvolver essa patologia com a finalidade de manter seu posto de trabalho. Noutro viés, a necessidade do trabalha-

---

(62) MENDES, Ana Magnólia. Da psicodinâmica à psicopatologia do trabalho. *In.* MENDES, Ana Magnólia (org.). *Psicodinâmica do trabalho*: teoria, método e pesquisas. São Paulo: Casa do Psicólogo, 2007. p. 44.

(63) *Ibid.*, p. 37.

(64) MENDES, Ana Magnólia; ARAUJO, Luciane Kozicz Reis. *Clínica Psicodinâmica do Trabalho*: o sujeito em ação. Curitiba: Juruá, 2012. p. 113-114.

(65) MENDES, Ana Magnólia. Da psicodinâmica à psicopatologia do trabalho. *In.* MENDES, Ana Magnólia (org.). *Psicodinâmica do Trabalho*: teoria, método e pesquisas. São Paulo: Casa do Psicólogo, 2007. p. 38.

(66) Id.

(67) MENDES, Ana Magnólia. *op. cit.*, p. 40-41.

(68) *Ibid.*, p. 41-42.

(69) MENDES, Ana Magnólia. Novas formas de organização do trabalho, ação dos trabalhadores e patologias sociais. In: MENDES, Ana Magnólia (org.). *Psicodinâmica do Trabalho*: teoria, método e pesquisas. São Paulo: Casa do Psicólogo, 2007. p. 54.

(70) *Ibid.*, p. 55.

dor de reconhecimento — a possibilitar a construção de sua identidade e emancipação — pode levá-lo à condição de anuência da exploração do seu trabalho para além de suas condições psicofísicas e sociais[71].

A *servidão voluntária*, por sua vez, vincula-se "às necessidades de emprego e conforto na vida. Pode ocorrer, por exemplo, com trabalhadores que têm um *status* social modesto e começam a trabalhar em uma organização" na condição de 'colaboradores', bem como em organizações do trabalho pautadas na exploração da vulnerabilidade do trabalhador, na cultura do desempenho e do produtivismo e na instrumentalização do outro para a ascensão profissional, o que desmantela os laços de solidariedade, a confiança e o coletivo de trabalho[72].

A servidão voluntária é uma patologia

> "que demonstra a radicalização dos modos de organização do trabalho, baseado nos princípios da racionalidade econômica, da flexibilização do capital, o que pressupõe a *submissão consentida e legitimada pela naturalização e banalização do sofrimento, das injustiças e do mal, como modo de garantir a produtividade da organização do trabalho*".[73] (grifos acrescidos)

A *patologia da violência* ocorre com a perda do sentido do trabalho e consequente exacerbação do sofrimento ocasionado pelo desfazimento dos laços de solidariedade e imposição de situações estressoras no trabalho; tem suas bases na solidão afetiva, no abandono e na desolação provocados pela desestruturação dos coletivos de trabalho; e caracteriza-se pelo uso da violência contra si, contra o outro e contra o patrimônio, expressando-se pelo uso de práticas desleais no trabalho, além de vandalismo, sabotagem, assédio moral e tentativas e/ou suicídios[74].

Essa patologia é também denominada de "patologia da solidão", pois a violência no contexto laboral tem como decorrência a utilização de defesas focadas no individualismo e nas condutas destituídas de ética no trabalho, o que reforça o isolamento afetivo do trabalhador.

Em síntese, a centralidade do trabalho no que se refere à saúde pode ser constatada pelas estreitas relações existentes entre trabalho, identidade e saúde. Desse modo, com fundamento na Psicodinâmica do Trabalho, é possível concluir que "a tese da centralidade do trabalho implica que não existe fatalidade nos efeitos deletérios da organização do trabalho"[75].

5 A VIOLÊNCIA COMO ESTRATÉGIA GERENCIAL NO TRABALHO: A PATOLOGIA DA SOLIDÃO E O ASSÉDIO ORGANIZACIONAL

O modelo de gestão toyotista, introduzido a partir da década de 1970 na Europa Ocidental e, no Brasil, a partir de 1990, fundado na política neoliberal de desregulamentação e competitividade desmedida[76], tornou os postos de trabalho flexíveis, os vínculos de emprego precários e as técnicas de gestão do trabalho humano instrumentos de dominação psicológica e de difusão da violência no trabalho, com destaque para o assédio organizacional[77].

Ana Magnólia Mendes adverte que, ao mesmo tempo em que "o reconhecimento é um dos modos de fortalecimento da estruturação psíquica e da saúde, pode ser modo de captura dos trabalhadores nas armadilhas da dominação"[78]. Significa dizer que a condição de centralidade do trabalho, como promessa de auto-realização, pode ser utilizada pela organização do trabalho com a "captura da subjetividade"[79] para o engajamento do trabalhador nas políticas e metas gerenciais.

---

(71) *Ibid.*, p. 55-56.
(72) *Ibid.*, p. 56.
(73) *Ibid.*, p. 56-57.
(74) MENDES, Ana Magnólia. Novas formas de organização do trabalho, ação dos trabalhadores e patologias sociais. In: MENDES, Ana Magnólia (org.). *Psicodinâmica do Trabalho*: teoria, método e pesquisas. São Paulo: Casa do Psicólogo, 2007. p. 56 e 57.
(75) MENDES, Ana Magnólia; LIMA, Suzana Canez da Cruz; FACAS, Emílio Peres (orgs). Psicodinâmica do trabalho na pós-modernidade. *In. Diálogos em Psicodinâmica do Trabalho*. Brasília: Paralelo 15, 2007. p. 20.
(76) DELGADO, Gabriela Neves. *Direito fundamental ao trabalho digno*. São Paulo: LTr, 2006. p. 241.
(77) HELOANI, Roberto. *Gestão e organização do capitalismo globalizado: história da manipulação psicológica no mundo do trabalho*. 1. ed. São Paulo: Atlas, 2011.
(78) MENDES, Ana Magnólia. Da psicodinâmica à psicopatologia do trabalho. In: MENDES, Ana Magnólia (org.). *Psicodinâmica do Trabalho*: teoria, método e pesquisas. São Paulo: Casa do Psicólogo, 2007. p. 45.
(79) A expressão é de Giovanni Alves.

No sistema toyotista, há exigência de envolvimento do trabalhador com as políticas e metas gerenciais, como se ele fosse o responsável pelo sucesso do empreendimento. Também se espera que o trabalhador seja qualificado e competitivo; que adote posturas individualistas no trabalhar; que tenha vigor para atingir metas, ainda que inalcançáveis; que estimule e controle a produtividade de seus pares[80]; e, acima de tudo, que não demonstre descontentamento, cansaço, estresse e, sobretudo, sofrimento[81], tampouco reconheça o sofrimento do outro, num crescente processo de indiferença social no trabalho, campo fértil para a patologia da solidão.

O controle, a submissão dos empregados e, consequentemente, o aumento da produtividade e a redução dos custos do trabalho, além da exclusão de trabalhadores indesejados, podem ser obtidos mediante a *instrumentalização do medo* da perda do emprego ou da perda do cargo, manifestada por ameaças, às vezes implícitas na política organizacional; pelo *estímulo à competitividade sem limites*, cobranças frequentes, prazos inadequados para as metas estabelecidas; e pelo *uso do autoritarismo e desrespeito* que constrange e humilha. Esses métodos de gestão, conhecidos, nessa ordem, como gestão por medo, por estresse e por injúria, desarticulam os laços de solidariedade e a mobilização coletiva diante das injustiças e sofrimentos do outro, degradam o clima organizacional, estimulam práticas assediantes entre os trabalhadores — assédio moral interpessoal — e acarretam sofrimento psíquico no ambiente de trabalho[82].

É exatamente nesse contexto de utilização da violência psicológica como estratégia gerencial inerente à política institucional que se concretiza o *assédio organizacional*.

"O assédio organizacional é a violência institucionalizada e naturalizada na estratégia de gestão, cuja função é advertir o trabalhador acerca da necessidade de dedicação ilimitada e de sujeição pessoal à organização empresarial, sob pena de exclusão"[83]. As práticas inerentes à violência institucionalizada ofendem a dignidade do trabalhador e podem causar sofrimento e comprometer sua integridade psicofísica.

Essa tipologia de assédio se manifesta no limiar existente entre o poder empregatício e a subordinação jurídica, dado que a violência muitas vezes se revela de forma sutil e naturalizada no ambiente de trabalho.

Evidentemente que o estabelecimento de metas de produtividade com o intuito de maximizar os resultados organizacionais por si só pode não representar uma prática de violência no ambiente de trabalho. Todavia, o uso de pressão e de constrangimentos permanentes na cobrança de metas de produtividade — muitas vezes estipuladas de forma irrealista e com prazos inadequados que desconsideram as condições e os riscos psicossociais envoltos no exercício do trabalho —, pode extrapolar os limites imanentes do poder empregatício e da subordinação jurídica, configurando assédio organizacional.

O assédio organizacional "independe da intenção deliberada do agente de degradar as condições de trabalho ou atingir o empregado" e "orienta-se a alvos que não são específicos, embora sejam determináveis". É uma opção da organização do trabalho por uma estratégia baseada na violência e/ou pressão para exercer domínio e sujeição; tem por objetivo imediato alcançar determinados resultados ou metas da organização. É o assédio como instrumento de gerenciamento do trabalho e controle dos trabalhadores[84].

Por se tratar de processo organizacional oriundo de interações humanas, não é possível especificar todos os comportamentos que ensejam na prática de assédio organizacional. Todavia, os estudos empreendidos em nível nacional e internacional[85] apontam que essa tipologia de assédio pode se configurar pela *adoção de políticas e práticas organizacionais que impõem volume e ritmo de trabalho que desconsideram os limites psicofísicos dos trabalhadores, utilizando-se*

---

(80) DRUCK, Graça; FRANCO, Tânia; SELINGMANN-SILVA, Edith. As novas relações de trabalho, o desgaste mental do trabalhador e os transtornos mentais no trabalho precarizado. *Revista Brasileira de Saúde Ocupacional*, 2010. p. 237-238.

(81) ALKIMIN, Maria Aparecida. *Assédio moral na relação de trabalho*. 3. ed. Curitiba: Juruá, 2013. p. 68-70.

(82) CREMASCO, M. V. F.; EBERLE, A. D.; SOBOLL, L. A. Compreensões sobre o assédio moral no trabalho a partir da psicodinâmica do trabalho. *In Assédio moral interpessoal e organizacional*: um enfoque multidisciplinar. SOBOLL, Lis Andrea; GOSDAL, Thereza Cristina. (org.). São Paulo: LTr, 2009. p. 115. Consultar ainda: GOSDAL, Thereza Cristina. et al. Assédio moral organizacional: esclarecimentos conceituais e repercussões. *In Assédio moral interpessoal e organizacional*: um enfoque multidisciplinar. SOBOLL, Lis Andrea; GOSDAL, Thereza Cristina. (org.). São Paulo: LTr, 2009. p. 21-22.

(83) DIAS, Valéria de Oliveira. *A Dimensão Socioambiental do Direito Fundamental ao Trabalho Digno: uma análise a partir do assédio organizacional nos bancos do Distrito Federal*. Dissertação (Mestrado em Direito) — Faculdade de Direito, Universidade de Brasília, Brasília, 2019.

(84) GOSDAL, Thereza Cristina. et al. Assédio moral organizacional: esclarecimentos conceituais e repercussões. *In Assédio moral interpessoal e organizacional*: um enfoque multidisciplinar. SOBOLL, Lis Andrea; GOSDAL, Thereza Cristina. (org.). São Paulo: LTr, 2009. p. 21-22.

(85) A título de exemplo, mencione-se os estudos empreendidos pela OIT com a finalidade de compreender a violência e o assédio no mundo do trabalho e subsidiar os trabalhos da OIT na 107ª Sessão da Conferência Internacional do Trabalho. Sobre o tema, consultar os Relatórios V(1) e V(2) da OIT disponíveis em: <https://www.ilo.org/ilc/ILCSessions/107/reports/reports-to-the-conference/WCMS_630695/lang-en/index.htm> e <https://www.ilo.org/wcmsp5/groups/public/---ed_norm/---relconf/documents/meetingdocument/wcms_630697.pdf>.

da instrumentalização do medo da dispensa ou do medo da perda de gratificação de função, com o intuito de controlar os trabalhadores e maximizar a exploração do trabalho humano.

Essa tipologia de assédio é direcionada essencialmente à coletividade e é percebida pelos trabalhadores como inerente à política institucional, como uma característica da empresa. Essa prática degrada o clima organizacional, estimula práticas de assédio moral entre os colegas de trabalho, mina a autoconfiança do trabalhador, desarticula a solidariedade diante do sofrimento do outro e a mobilização coletiva, gerando um estado de banalização da injustiça social[86]. O resultado é o sofrimento psíquico no ambiente de trabalho e o desencadeamento ou agravamento de transtornos mentais e comportamentais e de patologias sociais relacionadas ao trabalho.

Os danos à integridade psicofísica do trabalhador inserido na organização do trabalho pautada no assédio organizacional se manifestam por doenças psicossomáticas, depressão, transtornos de estresse e ansiedade, distúrbios do sono, problemas digestórios e circulatórios, além de esgotamento profissional, dependência de bebidas alcoólicas e drogas, risco de suicídio e suicídios consumados[87].

O sujeito busca no trabalho sua realização no campo social e o fortalecimento de sua identidade, inclusive como cidadão. Em um contexto de assédio organizacional como estratégia de gerenciamento do trabalho humano, o sujeito trabalhador, capturado e alienado pela dinâmica perversa presente na organização do trabalho, torna-se potencialmente descartável quando não mais alcança as metas de produtividade empresarial.

A violência sob a forma do assédio organizacional desarticula o coletivo do trabalho ao propagar a indiferença, o individualismo e a competitividade desmedida, incentiva práticas desleais com todos os atores envolvidos no trabalhar — colegas, chefes, clientes etc. — e esfacela os laços de solidariedade no trabalho. A violência dessa dinâmica e a solidão ocasionada pelo sofrimento e pelo esvaziamento da dinâmica do reconhecimento vão fragilizando a estrutura mental do sujeito, que perde paulatinamente seus recursos para a promoção da saúde.

Nesse contexto, o trabalho humano deixa de ser o eixo fundamental de estabilização e fortalecimento da identidade do sujeito, sua fonte de prazer e afirmação de cidadania, esvaziando-se de valor e utilidade, para tornar-se fonte de sofrimento patogênico, adoecimento e exclusão social. A organização do trabalho, ao mobilizar a subjetividade para o produtivismo, esvaziando os laços de solidariedade, torna o trabalho sem sentido e aliena o trabalhador, reduzindo sua existência à produção. O trabalho humano torna-se mercadoria e o trabalhador objeto descartável.

Além de o sofrimento do trabalhador ser inestimável, a violência no ambiente laboral apresenta custos que repercutem na empresa, em face dos afastamentos para tratamento da saúde e da produtividade perdida; na família, porque a desestabiliza; e na sociedade, devido às despesas públicas com concessão de benefícios previdenciários, aposentadorias precoces e processos judiciais.

Nessa medida, diante do mal-estar contemporâneo instituído pelos modelos de gestão do trabalho humano pautados na violência sob a forma de assédio organizacional, capazes de estabelecer um sistema de "poluição labor-ambiental"[88], mediante "desequilíbrio sistêmico no arranjo das condições de trabalho, da organização do trabalho ou das relações interpessoais havidas no âmbito do meio ambiente laboral"[89], o direito fundamental à saúde física e mental ganha especial relevo no contexto sociotrabalhista por se revestir da qualidade de direito humano e fundamental do sujeito trabalhador.

6 CONCLUSÃO

A qualidade do meio ambiente de trabalho é direito fundamental intrinsecamente relacionado à sadia qualidade de vida do trabalhador. Tal conexão revela o dever jurídico do Estado e do empregador de observar o conjunto de deveres econômicos, sociais, culturais e ambientais relativos à proteção à saúde do trabalhador.

---

(86) O conceito de banalização da injustiça social foi desenvolvido por Christophe Dejours, inspirando-se nas reflexões de Hannah Arendt acerca da banalidade do mal. In: DEJOURS, Christophe. *A banalização da injustiça social.* 7. ed. ampliada. Rio de Janeiro: Editora FGV, 2007.

(87) DRUCK, Graça; FRANCO, Tânia; SELINGMANN-SILVA, Edith. As novas relações de trabalho, o desgaste mental do trabalhador e os transtornos mentais no trabalho precarizado. *Revista Brasileira de Saúde Ocupacional,* 2010. p. 237-238.

(88) Segundo Ney Maranhão, poluição labor-ambiental é "o desequilíbrio sistêmico no arranjo das condições de trabalho, da organização do trabalho ou das relações interpessoais havidas no âmbito do meio ambiente laboral que, tendo base antrópica, gera riscos intoleráveis à segurança e à saúde física e mental do ser humano exposto a qualquer contexto jurídico-laborativo — arrostando-lhe, assim, a sadia qualidade de vida (CF, art. 225, *caput*)". In: MARANHÃO, Ney. Poluição Labor-Ambiental: Aportes Jurídicos Gerais. *Revista Magister de Direito Ambiental e Urbanístico,* Porto Alegre. p. 25-40, Ano XII — n. 70, fev./mar., 2017. p. 38-40.

(89) MARANHÃO, Ney. Poluição Labor-Ambiental: Aportes Jurídicos Gerais. *Revista Magister de Direito Ambiental e Urbanístico,* Porto Alegre. p. 25-40, Ano XII — n. 70, fev./mar., 2017. p. 38-40.

O comprometimento com o constitucionalismo e com o Estado Democrático de Direito deve, portanto, conduzir à proteção os direitos fundamentais e garantir ao trabalhador o direito fundamental à saúde física e mental e o direito fundamental ao meio ambiente de trabalho ecologicamente equilibrado no exercício do que lhe é caro e protegido constitucionalmente: o trabalho.

Assim, naturalizar, práticas de gestão do trabalho humano pautadas no assédio organizacional, comumente utilizadas na gestão toyotista, é convalidar a mercantilização do trabalho humano, o que tende a gerar degradação social. Mercantilizar o sujeito trabalhador equivale ao esvaziamento de sua característica mais cara — sua própria humanidade —, o que, por conseguinte, esvazia de sentido a própria Constituição Federal de 1988, edificada em fundamentos de proteção à pessoa humana em sua condição de dignidade e no valor social do trabalho.

Nesse passo, a *dimensão socioambiental do direito fundamental ao trabalho digno* se revela, no Estado Democrático de Direito, como categoria-chave para a regulação do trabalho humano por evidenciar o dever do Estado e da ordem econômica de proteção jurídica concomitante do sujeito trabalhador em sua condição de dignidade, do valor social do trabalho e do meio ambiente de trabalho, o que se efetiva pela tutela integrada do direito fundamental à saúde física e mental e do direito fundamental ao meio ambiente de trabalho ecologicamente equilibrado.

7   REFERÊNCIAS

ALKIMIN, Maria Aparecida. *Assédio moral na relação de trabalho*. 3. ed. Curitiba: Juruá, 2013.

CARVALHO, Augusto César Leite de. *Direito do Trabalho*: curso e discurso. São Paulo: LTr, 2016.

CREMASCO, M. V. F.; EBERLE, A. D.; SOBOLL, L. A. Compreensões sobre o assédio moral no trabalho a partir da psicodinâmica do trabalho. In: *Assédio moral interpessoal e organizacional*: um enfoque multidisciplinar. SOBOLL, Lis Andrea; GOSDAL, Thereza Cristina. (org.). São Paulo: LTr, 2009

DEJOURS, Christopher. Subjetividade, trabalho e ação. *Revista Produção*, v. 14, n. 3, p. 27-34, set./dez, 2004.

_____ . *A banalização da injustiça social*. 7. ed. ampliada. Rio de Janeiro: Editora FGV, 2007.

_____ . A psicodinâmica do trabalho na pós-modernidade. *In*: MENDES, Ana Magnólia; LIMA, Suzana Canez da Cruz; FACAS, Emílio Peres (orgs). *Diálogos em Psicodinâmica do Trabalho*. Brasília: Paralelo 15, 2007.

DEJOURS, Christopher; BARROS, Juliana de Oliveira; LANCMAN, Selma. A centralidade do trabalho para a construção da saúde. *Revista de Terapia Ocupacional da Universidade de São Paulo*, v. 27, n. 2, p. 228-235, 17 ago. 2016.

DELGADO, Mauricio Godinho. *Curso de Direito do Trabalho*. 17. ed. São Paulo: LTr, 2018.

_____ . *Princípios Constitucionais do Trabalho e Princípios de Direito Individual e Coletivo do Trabalho*. 5. ed. São Paulo: LTr, 2017.

DELGADO, Mauricio Godinho; DELGADO, Gabriela Neves. *A reforma trabalhista no Brasil*: com os comentários à Lei n. 13.467/2017. 2. ed. rev., atual. e ampl. São Paulo: LTr, 2018

_____ . *Constituição da República e Direitos Fundamentais*: dignidade da pessoa humana, justiça social e direito do trabalho. 3. ed. São Paulo: LTr, 2015.

DELGADO, Gabriela Neves. *Direito fundamental ao trabalho digno*. São Paulo: LTr, 2006.

_____ ; RIBEIRO, Ana Carolina Paranhos de Campos. Os direitos sociotrabalhistas como dimensão dos direitos humanos. *Revista do Tribunal Superior do Trabalho*. v. 79. Brasília: TST, p. 199-219, 2013.

DIAS, Valéria de Oliveira. A dimensão socioambiental do direito fundamental ao trabalho digno: uma análise a partir do assédio organizacional nos bancos do Distrito Federal. Dissertação (Mestrado em Direito) — Faculdade de Direito, Universidade de Brasília, Brasília, 2019.

_____ . O conteúdo essencial do direito fundamental à integridade psíquica no meio ambiente de trabalho na perspectiva do assédio moral organizacional. In: DELGADO, Gabriela Neves, (et. al.) *Direito Constitucional do Trabalho*: Princípios e Jurisdição Constitucional. São Paulo: LTr, 2015.

DRUCK, Graça; FRANCO, Tânia; SELINGMANN-SILVA, Edith. As novas relações de trabalho, o desgaste mental do trabalhador e os transtornos mentais no trabalho precarizado. *Revista Brasileira de Saúde Ocupacional*, 2010.

FENSTERSEIFER, Tiago. Estado socioambiental de direito e o princípio da solidariedade como seu marco jurídico-constitucional. *Direitos Fundamentais e Justiça*, n. 2, jan./mar. 2008.

GARCIA, Denise Schmitt Siqueira. Dimensão econômica da sustentabilidade: uma análise com base na economia verde e a teoria do decrescimento. *Veredas do Direito*, Belo Horizonte, v. 13, n. 25, p. 133-153, jan./abr. 2016.

GOSDAL, Thereza Cristina. *et al.* Assédio moral organizacional: esclarecimentos conceituais e repercussões. In: *Assédio moral interpessoal e organizacional*: um enfoque multidisciplinar. SOBOLL, Lis Andrea; GOSDAL, Thereza Cristina. (org.). São Paulo: LTr, 2009.

HELOANI, R. *Gestão e organização do capitalismo globalizado*: história da manipulação psicológica no mundo do trabalho. 1. ed. São Paulo: Atlas, 2011.

MARANHÃO, Ney. Poluição labor-ambiental: aportes jurídicos gerais. *Revista Magister de Direito Ambiental e Urbanístico*. Porto Alegre, p. 25-40, Ano XII —n. 70, fev./mar., 2017.

MENDES, Ana Magnólia. Da psicodinâmica à psicopatologia do trabalho. In: MENDES, Ana Magnólia (org.). *Psicodinâmica do Trabalho*: teoria, método e pesquisas. São Paulo: Casa do Psicólogo, 2007.

_____ . Novas formas de organização do trabalho, ação dos trabalhadores e patologias sociais. In: MENDES, Ana Magnólia (org.). *Psicodinâmica do trabalho*: teoria, método e pesquisas. São Paulo: Casa do Psicólogo, 2007.

MENDES, Ana Magnólia; LIMA, Suzana Canez da Cruz; FACAS, Emílio Peres (orgs). Psicodinâmica do trabalho na pós-modernidade. In: *Diálogos em psicodinâmica do trabalho*. Brasília: Paralelo 15, 2007.

_____ ; ARAUJO, Luciane Kozicz Reis. *Clínica psicodinâmica do trabalho*: o sujeito em ação. Curitiba: Juruá, 2012.

PEREIRA, Ricardo José Macêdo de Britto. A eficácia da Declaração de Princípios e Direito Fundamentais no Trabalho da Organização do Trabalho de 1998. In: ROCHA, Cláudio Jannotti da; *et al.* (coord.). *Direito Internacional do Trabalho*: aplicabilidade e eficácia dos instrumentos internacionais de proteção ao trabalhador. São Paulo: LTr, 2018.

PIOVESAN, Flávia. Direitos Humanos e o Direito Constitucional Internacional. 16. ed. São Paulo: Saraiva, 2016.

SANTOS, Marcelo Augusto Finazzi. *Patologia da solidão*: o suicídio de bancários no contexto da nova organização do trabalho. Dissertação (Mestrado em Administração) — Faculdade de Economia, Administração, Contabilidade e Ciência da Informação e Documentação — FACE, Universidade de Brasília, Brasília, 2009.

SARLET, Ingo Wolfgang. O direito fundamental ao meio ambiente do trabalho equilibrado. *Revista do TST*, Brasília, vol. 80, n. 1, jan./mar., 2014.

_____ . *Dignidade da pessoa humana e direitos fundamentais na Constituição Federal de 1988*. 9. ed. rev. atual. 2. tir. Porto Alegre: Livraria do Advogado, 2012.

_____ ; MARINONI, Luiz Guilherme; MITIERO, Daniel. *Curso de direito constitucional*. 7. ed. São Paulo: Saraiva Educação, 2018.

_____ ; FIGUEIREDO, Mariana Filchtiner. Algumas considerações sobre o direito fundamental à promoção e proteção da saúde aos 20 anos da Constituição Federal de 1988. *Revista de Direito do Consumidor: RDC*, v. 17, n. 67, p. 125-172, jul./set. 2008.

_____ ; FENSTERSEIFER, Tiago. Direito à saúde e proteção do ambiente na perspectiva de uma tutela jurídico-constitucional integrada dos direitos fundamentais socioambientais (DESCA). *BIS, Bol. Inst. Saúde* (Impr.). São Paulo, v. 12, n. 3, 2010.

TOREZAN, Zeila C. Facci; AGUIAR, Fernando. O sujeito da psicanálise: particularidades na contemporaneidade. *Revista Mal-Estar e Subjetividade*. Fortaleza, v. 11, n. 2, p. 525-554, 2011.

SEÇÃO 3

PRINCIPIOLOGIA JURÍDICO-AMBIENTAL E CONCREÇÕES NO MEIO AMBIENTE DO TRABALHO

PRINCÍPIO DO DESENVOLVIMENTO SUSTENTÁVEL E O MEIO AMBIENTE DO TRABALHO

Sandro Nahmias Melo[*]

A fim de alcançar o *desenvolvimento sustentável*, a proteção do ambiente deverá constituir-se como parte integrante do processo de desenvolvimento e não poderá ser considerada de forma isolada (Princípio 4 da Declaração do Rio de 1992)

1 A QUESTÃO AMBIENTAL

Até a virada deste milênio eram raros os trabalhos jurídicos no Brasil que discorressem sobre o tema meio ambiente do trabalho e, em particular, sobre o que se convencionou denominar **direito ambiental do trabalho**[1] — cerca de dois[2] apenas. Atualmente, apesar do aumento significativo do número de obras a tratar do assunto[3], estas, em sua maioria, não enfrentam uma questão complexa: **o meio ambiente do trabalho está vinculado, em sua estrutura científica, ao direito do trabalho ou ao direito ambiental?** Em inúmeras obras, o meio ambiente do trabalho tem sido tratado como um **subtema de direito do trabalho**. A questão, obviamente, não é tão simples.

(*) Juiz do Trabalho Titular (11ª Região). Mestre e Doutor em Direito pela PUC-SP. Professor Adjunto da Universidade do Estado do Amazonas — UEA. Membro da Academia Brasileira de Direito do Trabalho.

(1) Cf. FIGUEIREDO, Guilherme José Purvin de. *Direito ambiental e a saúde dos trabalhadores* 2. ed. São Paulo: LTr, 2007 e ROCHA, Júlio César Sá da. *Direito ambiental do trabalho*. São Paulo: LTr, 2002. FELICIANO, Guilherme Guimarães de. URIAS, João (coord.). *Direito Ambiental do Trabalho v. 1*: Apontamentos para uma teoria geral: saúde, ambiente e trabalho: novos rumos de regulamentação jurídica do trabalho. São Paulo: LTr, 2013.

(2) Cf. Julio Cesar de Sá da Rocha. *Direito ambiental e meio ambiente do trabalho*. São Paulo: LTr, 1997. Sidnei Machado. *O direito à proteção ao meio ambiente de trabalho no Brasil*. São Paulo: LTr, 2001.

(3) Ver obras de Sandro Nahmias Melo (Meio Ambiente do Trabalho: Direito Fundamental. São Paulo: LTr, 2001); Sandro Nahmias Melo e Karen Rosendo de Almeida Leite (Direito à Desconexão no Meio Ambiente do Trabalho. Com análise crítica da Reforma Trabalhista — Lei n. 13.467/2017 — Teletrabalho, Novas tecnologias e Dano Existencial. São Paulo: LTr, 2018); Sandro Nahmias Melo e Thaísa Rodrigues Lustosa de Camargo (Princípios de Direito Ambiental do Trabalho. São Paulo: LTr, 2013); Julio Cesar de Sá da Rocha (Direito ambiental e meio ambiente do trabalho. São Paulo: LTr, 1997 e Direito ambiental do trabalho. São Paulo: LTr, 2002); Guilherme José Purvin de Figueiredo (Direito ambiental e a saúde dos trabalhadores. 2. ed. São Paulo: LTr, 2007); João José Sady (Direito do meio ambiente do trabalho. São Paulo: LTr, 2000); Liliana Allodi Rossit (O meio ambiente de trabalho no direito ambiental brasileiro. São Paulo: LTr, 2001); Sidnei Machado (O direito à proteção ao meio ambiente de trabalho no Brasil. São Paulo: LTr, 2001); Associação Nacional dos Procuradores do Trabalho (Meio ambiente do trabalho. São Paulo: LTr, 2002); Norma Sueli Padilha (Do meio ambiente do trabalho equilibrado. São Paulo: LTr, 2002); Raimundo Simão de Melo (Direito ambiental do trabalho e a saúde do trabalhador. São Paulo: LTr, 2004); Gustavo Filipe Babosa Garcia (Meio ambiente do trabalho: direito, segurança e medicina do trabalho. São Paulo: Método, 2006); Fábio Fernandes (Meio ambiente geral e meio ambiente do trabalho: uma visão sistêmica. São Paulo: LTr, 2009) Fabio Freitas Minardi (Meio ambiente do trabalho: proteção jurídica à saúde mental. Curitiba: Juruá, 2010);

Paulo de Bessa Antunes[4], após suscitar o mesmo questionamento supra, afirma que não se pode enquadrar o direito ambiental dentro de um modelo "quadrado", que o reparte em departamentos estanques, definindo campos para a incidência desta ou daquela norma.

A relevância desta discussão cresce quando considerado que renomados juristas do direito ambiental sequer entendem como cientificamente adequado o estudo do meio ambiente em **"aspectos"**, notadamente: o meio ambiente **natural, o artificial, cultural e do trabalho**, conforme pontificado por José Afonso da Silva.[5]

Neste sentido Cristiane Derani[6] observa que "na medida em que o homem integra a natureza e, dentro do seu meio social, transforma-a, não há como referir-se à atividade humana sem englobar a natureza, cultura, consequentemente sociedade. Toda relação humana é uma relação natural, toda relação com a natureza é uma relação social".

Guilherme José Purvin de Figueiredo[7], por seu turno, defende que não faz sentido a dicotomia meio ambiente natural x artificial quando se trata de meio ambiente do trabalho, afirmando que "é necessário realizar a conjunção do elemento espacial (local de trabalho) com o fator ato de trabalhar. Dentro dos estreitos limites daquela dicotomia, este novo elemento diferenciador não encontra exclusividade em qualquer das duas áreas".

Apesar destes entendimentos, cumpre destacar que é a própria Constituição Federal que estabelece a tutela **específica** e/ou **expressa** de aspectos do meio ambiente geral (**art. 225, *caput*, e § 1º inc I e VII; art. 182; art. 216; art. 200, inc. VIII**). Este, inclusive, é o entendimento, de renomados doutrinadores do direito ambiental, entre eles Luís Paulo Sirvinskas que assevera, com autoridade, "que o conceito legal de meio ambiente é amplo e *relacional*, permitindo-se ao direito ambiental brasileiro a aplicação mais extensa que aqueles de outros países", e arremata declarando que "para o campo de estudo em análise, adotar-se-á a classificação de meio ambiente: **natural, cultural, artificial e do trabalho. Trata-se de uma classificação didática e útil para a compreensão de seus elementos**"[8] (grifou-se).

Reitere-se, o conceito de meio ambiente é **amplo** e **abrangente**. Não corresponde, como já exposto, exclusivamente aos **elementos ambientais naturais** (águas, flora, fauna, recursos genéticos etc.), incorporando também **elementos ambientais humanos**, fruto de ação antrópica[9]. Assim, considerando que o **meio ambiente do trabalho está indissociavelmente ligado ao meio ambiente geral**, é forçosa a conclusão no sentido de ser "impossível qualidade de vida sem ter qualidade de trabalho, nem se pode atingir meio ambiente equilibrado e sustentável, ignorando o meio ambiente do trabalho"[10].

Aqui um registro se faz necessário. É inapropriada a apresentação do meio ambiente em **espécies** ou **classes**, como fazem alguns[11], sob pena de esvaziar-se toda a principiologia de **unidade** e **indivisibilidade** do meio ambiente. O **aspecto** refere-se à parte indissociável de alguma coisa, **a um ponto de vista**[12], enquanto uma **espécie** remete a ideia de partes autônomas, de **subdivisão do gênero, de conjunto de indivíduos**[13]. Ora, o meio ambiente, como se sabe, não possui elementos estanques, sendo a sua indivisibilidade pedra angular do direito ambiental.

Neste sentido sustenta Fábio Fernandes:

> É como se a divisão dos aspectos que compõem o meio ambiente deixasse de ser, como aludimos acima, apenas uma estratégia de facilitação de estudo, para a melhor compreensão do fenômeno, e passasse a ter 'vida própria',

---

(4) Meio ambiente do trabalho. *Revista de Direitos Difusos*. set/out 2002. p. 1977.

(5) "I — *meio ambiente artificial*, constituído pelo espaço urbano construído, consubstanciado no conjunto de edificações (espaço urbano fechado) e dos equipamentos públicos (ruas, praças, áreas verdes, espaços livres em geral: espaço urbano aberto); II — *meio ambiente cultural*, integrado pelo patrimônio histórico, artístico, arqueológico, paisagístico, turístico, que, embora artificial, em regra, como obra do homem, difere do anterior (que também é cultural) pelo sentido de valor especial que adquiriu ou se impregnou; III — *meio ambiente natural*, ou físico, constituído pelo solo, a água, o ar atmosférico, a flora, enfim, pela interação dos seres vivos e seu meio, onde se dá a correlação recíproca entre as espécies e as relações destas com o ambiente físico que ocupam". (SILVA, José Afonso da. *Direito ambiental constitucional*. 7. ed. São Paulo: Malheiros, 2009. p. 21).

(6) *Direito ambiental econômico*. São Paulo: Max Limonad, 1997. p. 149-50.

(7) *Direito ambiental e a saúde dos trabalhadores*, 2. ed. São Paulo: LTr, 2007. p. 42.

(8) *Tutela constitucional do meio ambiente: interpretação e aplicação das normas constitucionais ambientais no âmbito dos direitos e garantias fundamentais*, p. 24.

(9) Cf. Julio Cesar de Sá da Rocha. *Direito ambiental do trabalho*. p. 127.

(10) Sebastião Geraldo de Oliveira. *Proteção Jurídica à saúde do trabalhador*. p. 127.

(11) Cf. GARCIA, Gustavo Filipe Barbosa. Meio ambiente do trabalho e direitos fundamentais: responsabilidade civil do empregador por acidentes do trabalho, doenças ocupacionais e danos ambientais. In: *Revista O Trabalho*, n. 153, nov/2009, p. 5285.

(12) "*Cada um dos diversos modos com que um fenômeno, uma coisa, um assunto etc., pode ser visto, observado ou considerado; lado, face ângulo*" Aurélio Buarque de Holanda Ferreira, *Novo Dicionário da Língua Portuguesa*, 2. ed. Rio de Janeiro: Nova Fronteira, 1996.

(13) "*Conjunto de indivíduos muito semelhantes entre si e aos ancestrais, e que se entrecruzam. A espécie é a unidade biológica fundamental. Várias espécies constituem um gênero*" Aurélio Buarque de Holanda Ferreira, *op. cit.*

com um distanciamento cada vez maior da parte em relação ao todo, atingindo, dessa forma, uma dimensão que não se coaduna com o seu propósito inicial de cunho meramente didático-elucidativo. Observe-se que a própria denominação 'aspectos' está a revelar peculiaridades dentro do uno.[14]

Ressalta-se, uma vez mais, que o meio ambiente, em todas as suas nuanças, é uno e indivisível, não admitindo compartimentação. Não se sustenta, portanto, a divisão do meio ambiente em subespécies ou classes, sob pena de admitir-se que as ações humanas, de qualquer natureza, incidentes sobre determinado aspecto do meio ambiente, não tenham, necessariamente, qualquer repercussão sobre os demais aspectos do mesmo.

O estudo do meio ambiente em aspectos facilita a visualização do bem imediatamente tutelado, tal como acontece **com uma parte do corpo humano (membros, ossos, órgãos etc.) sob um microscópio**. O estudo daquela parte integrante de um todo, como se faz na medicina, tornar-se-á mais claro e didático. Os problemas daquela área em estudo ficarão evidenciados, o que não quer dizer que a mesma deixou de ter ligação direta com as demais áreas do corpo, em uma verdadeira e contínua troca de energias.

Entende-se, portanto, quando tratamos de meio ambiente do trabalho, que o direito ambiental e do direito do trabalho não só **se interceptam** como comportam, com relação ao seu destinatário final (o homem), objetivos símiles. Buscam ambos a melhoria do bem-estar do homem-trabalhador e a estabilidade do processo produtivo. O que os diferencia é a abordagem dos diferentes textos normativos que os integram.

Feitas estas considerações é inexorável a seguinte **lógica silogística**: Se o meio ambiente geral **é uno e indivisível**, devem ser aplicáveis a todos os seus aspectos os princípios que regem o direito ambiental, **inclusive ao meio ambiente do trabalho**. Neste particular, destacam-se os **princípios estruturantes** do direito ambiental, entre eles o **princípio do desenvolvimento sustentável**, objeto do presente estudo, com análise dos reflexos de sua incidência sobre o meio ambiente do trabalho.

Note-se que a aplicação — em lógica de silogismo — dos princípios estruturantes do direito ambiental ao meio ambiente do trabalho não exclui a aplicação de normas e princípios próprios do **direito ambiental do trabalho**, tal qual ocorre, a título de exemplo, no direito urbanístico (meio ambiente artificial). Da **intersecção** entre o direito do trabalho e o direito ambiental, no que tange às normas relativas à sadia qualidade de vida do homem-trabalhador, temos a base normativa do novel direito ambiental do trabalho, como já defendido na obra "Princípios de direito ambiental do trabalho"[15]

2 | MEIO AMBIENTE DO TRABALHO: AMPLITUDE CONCEITUAL

Como já exposto alhures, o meio ambiente do trabalho está indissociavelmente ligado ao meio ambiente geral — aí considerados todos os seus aspectos. O conceito de meio ambiente do trabalho também é amplo e abrangente. Assim, uma premissa é determinante para a construção deste conceito: **o meio ambiente do trabalho não está limitado a um espaço específico, a um lugar fixo onde o trabalhador exerce suas atividades (uma sala, um prédio, edificações de um estabelecimento)**. É evidente que muitos trabalhadores exercem suas atividades em local distinto das edificações de uma empresa (ônibus, metrô, trem, aviões). Atualmente, inclusive, o **teletrabalho** pode ser realizado em qualquer lugar (em domicílio, em vias públicas) e por um número ilimitado de pessoas que, por seu turno, podem fazer parte de determinada empresa sem que, necessariamente, tenham acesso às dependências físicas da mesma ou mesmo contato pessoal com colegas de trabalho.

O conceito de meio ambiente do trabalho compreende todos os elementos que compõem as condições (materiais e imateriais, físicas ou psíquicas) de trabalho de uma pessoa.

A ideia — anacrônica — de associar o conceito de meio ambiente do trabalho tão somente ao cumprimento de normas regulamentadoras de **conforto de ambiente físico** está em descompasso com o conceito de saúde defendido pela Organização Mundial de Saúde, como "**um estado de completo bem-estar físico, mental e social e não somente**

---

(14) FERNANDES, Fábio. *Meio Ambiente Geral e Meio Ambiente do Trabalho:* Uma visão sistêmica. p. 20.

(15) MELO, Sandro Nahmias; CAMARGO, Thaísa Rodrigues Lustosa de. *Princípios de Direito Ambiental do Trabalho.* São Paulo: LTr, 2013.

ausência de doenças ou enfermidades"[16]. O direito fundamental à sadia qualidade de vida, para ser plenamente exercido, demanda a consideração de todos os **elementos materiais e imateriais** que envolvam uma relação de trabalho.

A mera observância de normas de ergonomia, luminosidade, duração de jornada de trabalho, previstas em lei, não autoriza — por si só — a conclusão por higidez no meio ambiente do trabalho. Um trabalho realizado em condições extremas, **estressantes** poderá ser tão ou mais danoso ao meio ambiente do trabalho que o labor realizado em condições de potencial perigo físico. **O dano à saúde psíquica** — por suas peculiaridades — dificilmente tem seu perigo imediato identificado o que, todavia, não subtrai o direito do empregado a ter saúde no meio ambiente do trabalho[17].

Arion Sayão Romita[18] observa, com acuidade:

> Importante é a conceituação de meio ambiente do trabalho apta a recolher o resultado das transformações ocorridas nos últimos tempos nos métodos de organização do trabalho e nos processos produtivos, que acarretam a desconcentração dos contingentes de trabalhadores, não mais limitados ao espaço interno da fábrica ou empresa. Por força das inovações tecnológicas, desenvolvem-se novas modalidades de prestação de serviços, como trabalho em domicílio e teletrabalho, de sorte que o conceito de meio ambiente do trabalho se elastece, passando a abranger também a moradia e o espaço urbano.

Inúmeros podem ser os componentes que permeiam um determinado meio ambiente de trabalho. No dizer de Julio Cesar de Sá da Rocha[19]:

> (...) há que se perceber o caráter relativo e profundamente diferenciado de prestação da relação de trabalho e do espaço onde se estabelecem essas relações. Com efeito, a tamanha diversidade das atividades implica uma variedade de ambientes de trabalho. A referência acerca do meio ambiente de trabalho assume, assim, conteúdo poliforme, dependendo de que atividade está a ser prestada, e como os 'componentes' e o 'pano de fundo' reagem efetivamente.

Ressalte-se, ainda, que o conceito de trabalho humano ou de trabalhador, para fins da definição do meio ambiente do trabalho, não está atrelado necessariamente a uma relação de emprego subjacente e sim a uma atividade produtiva. Todos aqueles que prestam trabalho nestes termos têm o direito fundamental de realizá-lo em um local seguro e saudável, nos termos do art. 200, VIII, c/c art. 225 da CR, tanto o empregado clássico quanto os trabalhadores autônomos, terceirizados, informais, eventuais e outros. Todos, enfim, que disponibilizam sua energia física e mental para o benefício de outrem, inseridos em uma dinâmica produtiva. O conceito de meio ambiente do trabalho deve abranger, sobretudo, as relações interpessoais — relações subjetivas — especialmente as hierárquicas e subordinativas, pois a defesa desse bem ambiental espraia-se, em primeiro plano, na totalidade de reflexos na saúde física e mental do trabalhador[20].

Percebe-se, pela exposição conceitual, que há uma relação de simbiose entre os elementos integrantes da totalidade meio ambiente. Uma relação de interdependência, na qual uma das partes não pode alcançar o perfeito equilíbrio sem que as demais também estejam em idêntico patamar. Uma unidade não pode apresentar partes em desnível. Um local de trabalho saudável e seguro depende de um ambiente equilibrado integralmente — tanto no lugar da prestação de serviço, quanto no entorno. E o meio ambiente ecologicamente sadio e com qualidade necessita de uma ambiência de trabalho em perfeitas condições de conforto, higiene e segurança. Trata-se de uma relação circular, de uma situação de retroalimentação entre partes de igual valor de um todo.

Reitera-se, após as digressões supra, que o conceito de **meio ambiente do trabalho é constituído por todos os elementos que compõem as condições (materiais e imateriais, físicas ou psíquicas) de trabalho de uma pessoa,**

---

(16) Conceito de Saúde estabelecido pela Organização Mundial de Saúde — OMS. Cf. Comissão Nacional de Reforma Sanitária. Relatório final da 8ª Conferência Nacional de Saúde de 1986. Documento I. p. 13.

(17) O direito à sadia qualidade de vida insculpido no art. 225 da Constituição da República não está limitado ao aspecto da saúde física. Segundo o conceito estabelecido pela Organização Mundial de Saúde-OMS (1986. p. 13), a saúde é "um estado completo de bem-estar físico, mental e social, e não somente a ausência de doença ou enfermidade", sendo essa a verdadeira concepção tutelada pela Carta Política de 1988.

(18) ROMITA, Arion Sayão. *Direitos fundamentais nas relações de trabalho.* São Paulo: LTr, 2005. p. 383, *Apud* Fabio Freitas Minardi, *Meio ambiente do trabalho: proteção jurídica à saúde mental.* p. 39.

(19) ROCHA, Julio Cesar de Sá da. *Direito ambiental do trabalho.* p. 254.

(20) MELO, Sandro Nahmias; CASTILHO, Rodrigo Barbosa de. *O estudo prévio de impacto ambiental e o meio ambiente do trabalho,* p. 5-20.

relacionadas à sua sadia qualidade de vida. Neste viés, caso não assegurado o direito à higidez no meio ambiente do trabalho — com lesões à saúde do trabalhador — teremos, necessariamente, lesão aquele meio e, considerada a visão sistêmica defendida no presente estudo, ao meio ambiente geral.

A unidade ambiental não pode apresentar partes em desnível. Um local de trabalho saudável e seguro depende de um ambiente equilibrado integralmente — tanto no lugar da prestação de serviço, quanto no entorno. E o meio ambiente ecologicamente sadio e com qualidade necessita de uma ambiência de trabalho em perfeitas condições de conforto, higiene e segurança. Trata-se de uma relação circular, de uma situação de retroalimentação entre partes de igual valor de um todo. Entende-se, por essa razão, que a **prevenção, a proteção** e o **desenvolvimento sustentável** do meio ambiente deve ser integral, totalizante, abrangendo, sincreticamente, o meio ambiente natural, cultural, artificial e **do trabalho.** Aqui cabe uma indagação: como conciliar do direito ao desenvolvimento econômico e o direito ao meio ambiente equilibrado ecologicamente? Mais ainda, como conciliar este desenvolvimento com o direito à sadia qualidade de vida do homem-trabalhador. A resposta, como se verá, tem lugar na resolução de uma antinomia aparente de direitos.

3   PRINCÍPIO DO DESENVOLVIMENTO SUSTENTÁVEL

A construção de uma principiologia própria para o direito ambiental teve início na conferência da ONU, ocorrida em Estocolmo em 1972, ganhando força na conferência Rio 92, onde foram estabelecidas as bases que instituíram os seus princípios internacionais, a serem adaptados a realidade de cada país.

Reitere-se, em coerência com o ideário da unidade do meio ambiente, entende-se que os princípios aplicáveis ao meio ambiente geral também têm incidência sobre o aspecto do meio ambiente do trabalho. E isto não é pouco relevante. Há o potencial de mudança de paradigma na seara trabalhista. Se não, vejamos nós. A título de exemplo, a incidência de princípios do direito ambiental em temas de meio ambiente do trabalho têm repercussões práticas as mais variadas, como a aplicação processual do **princípio da inversão do ônus da prova**; como a aplicação, em caso de dano infligido ao meio ambiente do trabalho, **da teoria do risco integral**, entre outras.

É certo que os princípios apresentam diferentes graus de importância e de concretização dentro do ordenamento jurídico. Os princípios que compõem a base, a estrutura do ordenamento, constituindo-se em fundamentos de interpretação e aplicação do direito positivo, foram denominados por Canotilho[21] — ao dispor sobre a ordem constitucional portuguesa — como **princípios estruturantes**. Neste particular, o princípio do desenvolvimento sustentável é, por sua conexão direta com todos os demais princípios ambientais, **princípio estruturante** do direito ambiental. Ora, a própria ideia de **sustentabilidade** é pedra angular do direito ambiental moderno. Importa, portanto, analisar os meandros deste princípio no que se refere às suas repercussões sobre o meio ambiente do trabalho.

Ressalte-se que a noção de desenvolvimento sustentável corresponde a ideia de **limites**. Limite ou finitude de bens ambientais e limite imposto ao paradigma econômico antrópico radical. Nesse sentido, o desenvolvimento sustentável não é sinônimo de preservação ambiental ou **preservacionismo**, de **intocabilidade**, vez que aquele exige um progresso em várias frentes, demandando uma verdadeira alteração do paradigma econômico, com mudanças no modo de produção, padrões de consumo e afins, sem impedir o desenvolvimento econômico.

Historicamente, o conceito de desenvolvimento sustentável foi cunhado no âmbito da Comissão Mundial sobre o Meio Ambiente e Desenvolvimento das Nações Unidas, especificamente por meio do Relatório do **Nosso Futuro Comum** ou Relatório **Brundtland,** lançado em 1987, estabelecendo que a noção de desenvolvimento sustentável corresponderia àquela "**que atende às necessidades do presente sem comprometer a possibilidade de as gerações futuras atenderem suas próprias necessidades**".[22] A ideia de desenvolvimento sustentável, portanto, possui dois conceitos chave: "o conceito de 'necessidades', sobretudo as necessidades essenciais dos pobres do mundo, que devem receber a máxima prioridade; **a noção de limitações** que o estágio da tecnologia e da organização social impõe no meio ambiente, impedindo-o de atender as necessidades presentes e futuras"[23] (grifou-se).

---

(21) CANOTILHO, J. J. Gomes. *Direito constitucional e teoria da constituição.* 7. ed. Coimbra: Almedina, 2003.

(22) Comissão Mundial sobre Meio Ambiente e Desenvolvimento, 1991. p. 46.

(23) *Idem*, p. 46.

O propósito do princípio do desenvolvimento sustentável é, em síntese, conciliar as exigências de proteção ambiental e do desenvolvimento econômico. Este propósito estabelece um certo grau de relativismo ao antropocentrismo (radical), modificando as condições do desenvolvimento econômico.

> O princípio do desenvolvimento sustentável conduz, portanto, os Estados a adotarem uma visão holística, da interdependência da biosfera, das relações entre os seres humanos e destes com o meio ambiente, quer dizer, integrar as políticas de desenvolvimento e meio ambiente. Além disso, há a necessidade de promover a equidade intergeracional e intrageracional. (...) Enfim, o princípio do desenvolvimento sustentável conduz os Estados a adotarem políticas e medidas para prevenir os danos ambientais, como também aquelas que considerem a incerteza científica e estejam assim pautadas no princípio da precaução.[24]

Comumente mencionado como princípio do equilíbrio, o desenvolvimento sustentável encontra fundamento no *caput* do art. 225 da Constituição Federal e, como já exposto, propõe o equilíbrio entre crescimento econômico e o meio ambiente, como garantia de manutenção de recursos (bens) ambientais para as presentes e futuras gerações.

O desenvolvimento sustentável, conforme Derani[25], visa obter um desenvolvimento harmônico da economia com a ecologia, onde o máximo econômico reflita igualmente um máximo ecológico, impondo limites à poluição, dentro dos quais a economia possa se desenvolver, proporcionando um aumento do bem-estar social.

Esse princípio orienta que os gestores de políticas públicas e normas ambientais meçam as consequências da adoção de medidas potencialmente degradantes do meio ambiente, de forma que sejam úteis à comunidade e não importem em danos excessivos ao ecossistema e à sadia qualidade da vida humana. E aqui temos o nó górdio em relação à incidência deste princípio sobre meio ambiente do trabalho: é juridicamente admissível a relativização do direito à sadia qualidade de vida no meio ambiente do trabalho como meio de permitir o exercício do direito ao **desenvolvimento econômico**? Note-se que o bem ambiental imediato tutelado pelo meio ambiente do trabalho é o homem-trabalhador, recaindo sobre este, sobre a saúde deste, qualquer eventual dano ambiental trabalhista. O nó górdio apresentado só é desfeito, cortado, pela lâmina interpretativa da norma constitucional.

Ora, a própria Constituição da República admite a relativização do direito à sadia qualidade de vida no meio ambiente do trabalho ao prever, no seu art. 7º, inc. XXIII, o pagamento de "adicional de remuneração para as **atividades penosas, insalubres** ou **perigosas**, na forma da lei;". Ponto. A questão relevante passa a ser a seguinte: **até que ponto deve ser considerada sustentável a relativização da saúde no meio ambiente do trabalho?** A resposta para essa questão demanda a análise da dimensão de dois direitos igualmente fundamentais: **o direito ao desenvolvimento** (art. 170 da CF/88) e o **direito ao meio ambiente do trabalhado saudável** (art. 225 c/c 200, VIII, da CF/88).

A aplicação do princípio do desenvolvimento sustentável é uma constante na resolução da antinomia aparente entre normas constitucionais ligadas ao desenvolvimento e às normas garantidoras da higidez no ambiente de trabalho. Mostra-se necessário adequar a inclusão de novas tecnologias ao ambiente laboral de maneira que estas não prejudiquem o bem-estar físico e psicológico do trabalhador. É importante garantir que o desenvolvimento — tecnológico e econômico — venha a fortalecer os sistemas produtivos sem prejudicar o ser humano que se insere no contexto laboral, com geração de trabalhos decentes e não nocivos à saúde (física e mental) dos trabalhadores. Esta também é uma diretriz constitucional preconizada no art. 7º, inc. XXII, da CF/88 ao determinar a "**redução dos riscos inerentes ao trabalho, por meio de normas de saúde, higiene e segurança;**"

4 DESENVOLVIMENTO E MEIO AMBIENTE

O desenvolvimento, assim como o avanço tecnológico, é inexorável. A velocidade deste, em especial, tem crescido em progressão geométrica. Quanto à possibilidade de acesso ao conhecimento, o **futuro chegou**.

Segundo uma pesquisa da Arthur Andersen, o desenvolvimento do conhecimento humano está crescendo em uma velocidade impressionante: dobrando a cada três anos e, com perspectivas de, a partir de 2020, dobrar a cada 73 dias. A velocidade do desenvolvimento tecnológico, em comparativo com exemplos recentes, sem dúvida, aumentou.

---

(24) SILVA, Solange Teles da. *O Direito ambiental internacional*. Belo Horizonte. Del Rey, 2009. p. 105.
(25) DERANI, Cristiane. *Direito Ambiental Econômico*. São Paulo: Saraiva, 2007.

Note-se que para atingir 50 milhões de usuários: as telefônicas precisaram de 74 anos; as emissoras de rádio precisaram de 38 anos; a indústria de computadores pessoais precisou de 16 anos; as emissoras de televisão precisaram de 13 anos; e os provedores de acesso à Internet apenas de 4 anos.[26]

Além de constituir um fato, com reflexos os mais variados, importa reiterar que o **desenvolvimento é um direito constitucionalmente tutelado (preâmbulo; inc. II, art. 3º; art. 170 da CR)**. Mas, assim como qualquer outro direito fundamental, o mesmo não representa um **direito absoluto**. Seus contornos, considerada a discussão central do presente estudo, demandam análise cuidadosa. Em síntese, o direito ao desenvolvimento tem que ser harmonizado com o exercício do direito à saúde, aqui considerado o meio ambiente de trabalho. **Estamos diante da aplicação do princípio do desenvolvimento sustentável.**

No entender de Santos da Silva[27], os direitos fundamentais do desenvolvimento econômico e da proteção ao meio ambiente devem coexistir de forma equilibrada, sendo que a conciliação de tais valores passou a ser uma necessidade moderna advinda da constatação de que os recursos naturais são limitados e que esta limitação constrói obstáculos ao próprio desenvolvimento econômico. Isso por que o capitalismo pressupõe matéria-prima inesgotável e, em contrapartida, os recursos naturais são esgotáveis e, por isso, tutelados juridicamente.

Desta forma, Santos da Silva[28] assevera:

> O desenvolvimento econômico concebido, tão simplesmente, pela viabilização do acúmulo de capital, do avanço tecnológico a qualquer custo e mediante a ilusória pretensão de que tais recursos tecnológicos impediriam que a humanidade, um dia, viesse a padecer em razão de um colapso dos recursos que a natureza é capaz de ofertar, cedeu espaço ao ideal do desenvolvimento sustentável.

Assim segundo esta autora, implementar o desenvolvimento sustentável é uma questão que supera o campo teórico, implicando na internalização de valores. A Constituição Federal prevê uma série de limites à iniciativa privada, condicionando o desenvolvimento ao respeito a valores ambientais, alcançando inclusive os ciclos econômicos, através do estabelecimento de custos para utilização de recursos naturais, de tributos ambientais, licenças negociáveis e caução ambiental. O desenvolvimento, portanto, deve considerar os limites impostos pelos valores essenciais de proteção do meio ambiente, **nele compreendido o do trabalho**.

Romita[29] destaca que os direitos fundamentais são direitos e com isso designam prerrogativas exigíveis por quem for lesado, **esses direitos subjetivos dependem das circunstâncias históricas em dado lugar**.

Objetivamente, o que em determinada geografia — e recorte temporal — é considerado fundamental pode não sê-lo considerado outra geografia ou época diversa. A título de exemplo, temos os direitos civis negados aos negros norte-americanos mesmo após a abolição da escravatura. Note-se que até a década de 1960 nos Estados Unidos da América a segregação racial era legal e entendida como constitucional.

No conflito aparente de direitos fundamentais é necessário enfatizar que o adjetivo fundamental não é sinônimo de absoluto. Um direito fundamental não se sobrepõe a outro, pois não é absoluto, mas limitado para o seu exercício. Tem que ser.

No conflito de princípios, quando dois ou mais tipos normativos válidos incidirem no mesmo caso, porém incompatíveis em sua totalidade, aplica-se a dimensão de peso. O intérprete deverá ponderar a prevalência de um princípio sobre o outro em determinado caso concreto, sem significar a inaplicabilidade do princípio sucumbente.

Importa mencionar que, para Alexy[30], restrições a direitos fundamentais devem ser compatíveis com a máxima da proporcionalidade decomposta em três facetas: adequação ou conformidade, necessidade e ponderação ou proporcionalidade em sentido estrito.

---

(26) Cenários do futuro. Leila Navarro. Em 23.08.2012. Disponível em: <http://www.dicasprofissionais.com.br/cenarios-do-futuro/>. Acesso em: 28 jan. 2019.

(27) SILVA. Márcia Santos da. O desenvolvimento econômico versus meio ambiente: um conflito insustentável. Hiléia: *Revista do Direito Ambiental da Amazônia*. N. 16/jan-jun/2011. P. 143-157.

(28) SILVA. Márcia Santos da. O desenvolvimento econômico versus meio ambiente: um conflito insustentável. Hiléia: *Revista do Direito Ambiental da Amazônia*. N. 16/jan-jun/2011. P. 150.

(29) ROMITA. Arion Sayão. *Direitos Fundamentais nas relações de Trabalho*. São Paulo: LTr, 2009, p. 36.

(30) ALEXY, Robert. *Teoria dos Direitos Fundamentais*. Trad. Virgílio Afonso da Silva. São Paulo: Malheiros Editores Ltda., 2015. p 112.

Com relação ao meio ambiente do trabalho, a garantia de sadia qualidade de vida nas condições de trabalho, consignada na Constituição de 1998, inverte uma ordem de prioridade histórica, colocando o homem como valor primeiro a ser preservado, em função do qual trabalham os meios de produção. Esta dignidade prevista no art. 1º, inc. III, da Constituição Federal, tendo como enfoque o ser humano-trabalhador, é essencial, assim como as condições de trabalho saudáveis, para alcançar-se o equilíbrio no meio ambiente de trabalho. Note-se, ainda, que o próprio art. 170 da Constituição, que trata sobre a ordem econômica, deixa clara a prevalência do homem sobre os meios de produção, na medida em que preconiza "a valorização do trabalho humano".

Repita-se, não há que se confundir, no que concerne ao meio ambiente do trabalho, o conceito de **direito fundamental** com o de **direito absoluto**. Neste particular, abstraída a questão, já pacificada na doutrina quanto à inexistência de direito absoluto, caso assim fosse reconhecido o exercício do direito ao meio ambiente de trabalho hígido — como absoluto — **estaria o trabalhador exonerado legitimamente da prestação de serviços em toda e qualquer atividade que oferecesse risco, por menor que fosse, à sua saúde ou incolumidade física.** Desapareceriam, assim, serviços e profissões essenciais à coletividade, tais como: eletricitários; petroleiros; bombeiros; médicos; entre tantas outras. **Aqui materializada a necessidade de ponderação, própria do princípio do desenvolvimento sustentável.**

Em suma, todo trabalhador tem o direito a prestar seus serviços em condições de higiene e segurança que não venham a comprometer sua saúde. Todavia, o exercício deste direito deve ser analisado, sistematicamente, com outros princípios e direitos contidos na Constituição Federal, reguladores das necessidades da vida em sociedade, justamente para que não haja supressão destes em nome da proteção daquele.

5 A GARANTIA DO NÚCLEO ESSENCIAL DO DIREITO AO MEIO AMBIENTE DO TRABALHO SAUDÁVEL

Concluímos até o presente momento que: 1 — o meio ambiente de trabalho equilibrado é aspecto indissociável do meio ambiente geral; 2 — o direito ao meio ambiente equilibrado é materialmente fundamental; 3 — apesar de fundamental, o direito ao meio ambiente de trabalho saudável deve ser relativizado quando conflitar ou inviabilizar o exercício de outros direitos igualmente fundamentais, em incidência do princípio do desenvolvimento sustentável.

Tais constatações tornam imperiosa, uma vez mais, a indagação razoável: Há limite para esta relativização ou limitação dos direitos fundamentais? Parece-nos afirmativa a resposta.

Como já observado na obra **Meio ambiente do trabalho: direito fundamental**[31], o conteúdo essencial dos direitos fundamentais assinala uma fronteira que o legislador não pode ultrapassar, delimitando um terreno que a lei que pretende limitar, regular o exercício de um direito não pode invadir sem incorrer em inconstitucionalidade.

O núcleo essencial constitui um **conteúdo mínimo** de um direito insuscetível de ser violado, sob pena de aniquilar-se o próprio direito. Destaque-se que o legislador de forma alguma pode ultrapassar o limite do conteúdo essencial mesmo que justificado pela proteção de outro bem constitucional.

Desta forma, resta claro que o direito fundamental ao ambiente de trabalho hígido pode ser relativizado caso entre em conflito com outros direitos fundamentais, **desde que resguardado seu núcleo essencial.**

As normas que veiculam o direito fundamental ao meio ambiente saudável impõem ao legislador um dever claro de dar expressão a essa proteção, se apresentando ao mesmo tempo como direito subjetivo que o trabalhador pode pleitear em defesa contra atos lesivos ao ambiente laboral e um elemento de ordem objetiva[32].

Para Adelson Santos[33] o trabalhador tem direito ao meio ambiente do trabalho saudável diante do Estado, em sentido de direito à proteção, devendo o mesmo normatizar condutas e atividades lesivas como infrações impondo as respectivas sanções. Importa destacar que os trabalhadores — de todos os tipos — têm direito ao ambiente de trabalho equilibrado, não somente diante do Estado, mas perante tomadores de serviço e empregadores.

Importa destacar que existem diferentes teorias acerca do conteúdo essencial dos direitos fundamentais. Em síntese, a teoria relativa estabelece que o núcleo essencial não versa sobre matéria fixa e preestabelecida, não configurando

---

(31) MELO, Sandro Nahmias. *Meio Ambiente do Trabalho:* Direito Fundamental. São Paulo: LTr, 2001.
(32) ALEXY, Robert. *Teoria dos Direitos Fundamentais.* Tradução de Virgílio Afonso da Silva. São Paulo: Malheiros Editores Ltda, 2015. p. 186.
(33) SANTOS. Adelson Silva dos. *Fundamentos do Direito Ambiental do Trabalho.* 1. ed. São Paulo: LTr, 2010. p. 89.

elemento estável, sendo configurado caso a caso, tendo em vista a finalidade perseguida na norma restritiva. A outra teoria, a absoluta, propõe que há um núcleo duro no direito fundamental, uma esfera permanente, esse núcleo duro não pode ser afetado nem violado, ainda que se mostre proporcional[34].

Em termos pragmáticos, para fins do presente estudo, entende-se como núcleo essencial do direito fundamental ao meio ambiente de trabalho equilibrado a proteção contra dano irreversível à saúde e à integridade física e psíquica do trabalhador. Esclareça-se. Para garantir o exercício de outro direito fundamental (desenvolvimento, vida), por elementos inerentes à profissão ou ao trabalho, há a necessidade de labor em condições insalubres, penosas ou em horário noturno por longo período, entre outras. Nestes casos, o conforto e a saúde do trabalhador já estão sendo afetados — relativizados — o que não implica, entretanto, necessariamente, em dano irreversível à saúde, tal qual quando ocorre em caso de doença profissional ou do trabalho. Se estas forem caracterizadas, o limite da relativização terá sido ultrapassado. Estará afetado o núcleo essencial do direito ao meio ambiente do trabalho equilibrado, uma vez que o mesmo — em sua extensão mínima — deixou de ser exercido.

Reitere-se, o eventual conflito aparente de normas entre o direito ao desenvolvimento e o direito a saúde do trabalhador deve ser ponderado para que não reste fulminado o mínimo que é a garantia da saúde e da integridade física do obreiro.

O conteúdo essencial do direito ao meio ambiente de trabalho hígido não pode ter seu exercício inviabilizado se confrontado com o direito ao desenvolvimento, porque o próprio núcleo daquele não é compatível com o dano irreversível à saúde do trabalhador.

Desta feita, o intérprete, ao versar sobre um caso concreto, ou o legislador ao estabelecer o regramento mínimo protetivo ao ambiente laboral frente aos avanços tecnológicos precisam compatibilizar o desenvolvimento econômico com o ambiente laboral hígido, assegurando a saúde e a integridade física do trabalhador, que é o núcleo essencial do direito fundamental ao meio ambiente laboral sadio. **Estamos diante da aplicação do princípio do desenvolvimento sustentável.** Como já afirmamos em outra oportunidade[35]:

> A aplicação do desenvolvimento sustentável implica na prevenção e precaução do dano ambiental e sua aplicação no meio ambiente do trabalho pressupõe emprego decente e includente, uso da melhor tecnologia disponível, ambientes de trabalho hígidos, jornada de trabalho limitada, redução dos acidentes de trabalho (típicos e doenças ocupacionais), não discriminação do trabalho por sexo; em síntese, a qualidade de vida do trabalhador.

6 CONSIDERAÇÕES FINAIS

Diante de todo o exposto, parece-nos autorizado concluir que o meio ambiente de trabalho, parte indissociável do meio ambiente geral, impõe análise sob a ótica do Direito Ambiental. E, dentro desta ótica, dada à natureza interdisciplinar do Direito Ambiental — considerado o objeto imediatamente tutelado (homem-trabalhador) — torna-se imprescindível a **intersecção** com as normas de Direito do Trabalho. Da **intersecção** destes dois conjuntos normativos (Direito Ambiental e Direito do Trabalho) surge o conjunto normativo inicial do **Direito Ambiental do Trabalho.**

Nesse contexto, é inexorável a seguinte **lógica silogística:** Se o meio ambiente geral **é uno e indivisível,** devem ser aplicáveis a todos os seus aspectos os princípios que regem o direito ambiental, **inclusive ao meio ambiente do trabalho.** Neste particular, destacam-se os **princípios estruturantes** do direito ambiental, entre eles o **princípio do desenvolvimento sustentável.** Note-se que a aplicação — em lógica de silogismo — dos princípios estruturantes do direito ambiental ao meio ambiente do trabalho não exclui a aplicação de normas e princípios próprios do **direito ambiental do trabalho,** tal qual ocorre, a título de exemplo, no direito urbanístico (meio ambiente artificial).

O propósito do princípio do desenvolvimento sustentável é, em síntese, conciliar as exigências de proteção ambiental e do desenvolvimento econômico. Neste contexto, a aplicação do princípio do desenvolvimento sustentável é uma constante na resolução da antinomia aparente entre normas constitucionais ligadas ao desenvolvimento e às nor-

---

(34) Cf. MELO, Sandro Nahmias. A garantia do conteúdo essencial dos direitos fundamentais. *Revista de Direito Constitucional e Internacional,* São Paulo, v. 43. p. 82-97, 2003.

(35) *Id., ibid.*

mas garantidoras da higidez no ambiente de trabalho. Mostra-se necessário adequar a inclusão de novas tecnologias ao ambiente laboral de maneira que estas não prejudiquem o bem estar físico e psicológico do trabalhador. É importante garantir que o desenvolvimento — tecnológico e econômico — venha a fortalecer os sistemas produtivos sem prejudicar o ser humano que se insere no contexto laboral, com geração de trabalhos decentes e não nocivos à saúde (física e mental) dos trabalhadores. Esta também é uma diretriz constitucional preconizada no art. 7º, inc. XXII, da CF/88 ao determinar a "**redução dos riscos inerentes ao trabalho, por meio de normas de saúde, higiene e segurança;**"

O desenvolvimento, além de um fato inexorável, constitui um direito constitucionalmente tutelado (preâmbulo; inc. II, art. 3º; art. 170 da CR). Mas, assim como qualquer outro direito fundamental, o mesmo não representa um **direito absoluto**. Seus contornos, considerada a discussão central do presente estudo, demandam análise cuidadosa. Em síntese, o direito ao desenvolvimento tem que ser harmonizado com o exercício do direito à saúde, aqui considerado o meio ambiente de trabalho. **Estamos diante da aplicação do princípio do desenvolvimento sustentável.**

A garantia de sadia qualidade de vida nas condições de trabalho, consignada na Constituição de 1998, inverte uma ordem de prioridade histórica, colocando o homem como valor primeiro a ser preservado, em função do qual trabalham os meios de produção. Esta dignidade prevista no art. 1º, inc. III, da Constituição Federal, tendo como enfoque o ser humano-trabalhador, é essencial, assim como as condições de trabalho saudáveis, para alcançar-se o equilíbrio no meio ambiente de trabalho (art. 200, inc VIII da CF/88). Estamos diante de um direito materialmente fundamental.

Não há que se confundir, entretanto, no que concerne ao meio ambiente do trabalho, o conceito de **direito fundamental** com o de **direito absoluto**. Neste particular, abstraída a questão, já pacificada na doutrina quanto à inexistência de direito absoluto, caso assim fosse reconhecido o exercício do direito ao meio ambiente de trabalho hígido — como absoluto — **estaria o trabalhador exonerado legitimamente da prestação de serviços em toda e qualquer atividade que oferecesse risco, por menor que fosse, à sua saúde ou incolumidade física.** Desapareceriam, assim, serviços e profissões essenciais à coletividade, tais como: eletricitários; petroleiros; bombeiros; médicos; entre tantas outras. **Aqui materializada a necessidade de ponderação, própria do princípio do desenvolvimento sustentável.**

Em suma, todo trabalhador tem o direito a prestar seus serviços em condições de higiene e segurança que não venham a comprometer sua saúde. Todavia, o exercício deste direito deve ser analisado, sistematicamente, com outros princípios e direitos contidos na Constituição Federal, reguladores das necessidades da vida em sociedade, justamente para que não haja supressão destes em nome da proteção daquele.

Há, entretanto, um limite para a relativização de um direito fundamental, uma fronteira a ser observada. É o núcleo essencial do direito.

O núcleo essencial constitui um **conteúdo mínimo** de um direito insuscetível de ser violado, sob pena de aniquilar-se o próprio direito. Destaque-se que o legislador de forma alguma pode ultrapassar o limite do conteúdo essencial mesmo que justificado pela proteção de outro bem constitucional.

Desta forma, resta claro que o direito fundamental ao ambiente de trabalho hígido pode ser relativizado caso entre em conflito com outros direitos fundamentais, **desde que resguardado seu núcleo essencial.**

Entende-se como núcleo essencial do direito fundamental ao meio ambiente de trabalho equilibrado a proteção contra dano irreversível à saúde e à integridade física e psíquica do trabalhador. Esclareça-se. Para garantir o exercício de outro direito fundamental (desenvolvimento, vida), por elementos inerentes à profissão ou ao trabalho, há a necessidade de labor em condições insalubres, penosas ou em horário noturno por longo período, entre outras. Nestes casos, o conforto e a saúde do trabalhador já estão sendo afetados — relativizados — o que não implica, entretanto, necessariamente, em dano irreversível à saúde, tal qual quando ocorre em caso de doença profissional ou do trabalho. Se estas forem caracterizadas, o limite da relativização terá sido ultrapassado. Estará afetado o **núcleo essencial do direito** ao meio ambiente do trabalho equilibrado, uma vez que o mesmo — em sua extensão mínima — deixou de ser exercido.

Por fim, o intérprete, ao versar sobre um caso concreto, ou o legislador ao estabelecer o regramento mínimo protetivo ao ambiente laboral frente aos avanços tecnológicos, precisam compatibilizar o desenvolvimento econômico com o ambiente laboral hígido, assegurando a saúde e a integridade física do trabalhador, que é o núcleo essencial do direito fundamental ao meio ambiente laboral sadio. **Estamos diante da aplicação do princípio do desenvolvimento sustentável.**

7 REFERÊNCIAS

ALEXY, Robert. *Teoria dos Direitos Fundamentais*. Trad. Virgílio Afonso da Silva. São Paulo: Malheiros Editores Ltda., 2015.

ANTUNES, Paulo de Bessa. *Direito Ambiental*. 2. ed. Rio de Janeiro: Lumen Juris, 1998.

_____ . Meio ambiente do trabalho. In *Revista de Direitos Difusos*. São Paulo, v. 3, n. 15, p. 1971-1979, set./out. 2002.

ARAGÃO, Alexandra. Direito Constitucional do ambiente da União Europeia. In: CANOTILHO, José Joaquim Gomes; MORATO LEITE, José Rubens (Orgs.). *Direito constitucional ambiental brasileiro*. 2. ed. São Paulo, 2008, p. 12-56.

BAPTISTA, Luiz Olavo; FERRAZ JUNIOR, Tercio Sampaio. *Novos Caminhos do Século XXI* — Direito Internacional, Filosofia Jurídica e Política, Dogmática Jurídica e Direitos Fundamentais — Uma Homenagem a Celso Lafer. 2. ed. rev. atual. São Paulo: Juruá, 2013.

BARROS, Cássio Mesquita. Responsabilidade civil do sindicato na greve. In: *Revista Síntese Trabalhista*, n. 98, agosto/97.

BENJAMIN, Antônio Herman. Direito constitucional ambiental brasileiro. In: CANOTILHO, José Joaquim Gomes; MORATO LEITE, José Rubens (Orgs.). *Direito constitucional ambiental brasileiro*. 2. ed. São Paulo, 2008, p. 109.

BOBBIO, Noberto. *A era dos direitos*. 7. ed. Rio de Janeiro. Elsevier, 2004.

_____ . *O positivismo jurídico:* Lições de filosofia do direito. São Paulo: Icone, 1995.

CANOTILHO, J. J. Gomes. *Direito constitucional e teoria da constituição*. 7. ed. Coimbra: Almedina, 2003.

_____ . *Direito Constitucional*. 5. ed. Coimbra: Almedina, 1993.

_____ . Direito constitucional ambiental português e da União Europeia. In: CANOTILHO, José Joaquim Gomes; MORATO LEITE, José Rubens (Orgs.). *Direito constitucional ambiental brasileiro*. 2. ed. São Paulo, 2008. p. 1-11.

DERANI, Cristiane. *Direito Ambiental Econômico*. São Paulo: Saraiva, 2007.

_____ . Meio ambiente ecologicamente equilibrado: Direito fundamental e princípio da atividade econômica. In: FIGUEIREDO, Guilherme José Purvin de (coord). *Temas de Direito Ambiental e Urbanístico*. São Paulo: Advocacia Pública & Sociedade, Ano II, n. 3, 1998.

FELICIANO, Guilherme Guimarães. O meio ambiente do trabalho e a responsabilidade civil patronal: reconhecendo a danosidade sistêmica. Direito ambiental do trabalho; v. 1: Apontamentos para uma teoria geral: saúde, ambiente e trabalho: novos rumos da regulamentação jurídica do trabalho. Guilherme Guimarães Feliciano, João Urias (coord.) São Paulo: LTr, 2013.

FIGUEIREDO, Guilherme José Purvin de. *Direito ambiental e a saúde dos trabalhadores*. 2. ed. São Paulo: LTr, 2007.

FIORILLO, Celso Antonio Pacheco. Curso de Direito Ambiental Brasileiro. 8. ed. São Paulo: Saraiva, 2007.

FERNANDES, Fábio. *Meio Ambiente Geral e Meio Ambiente do Trabalho:* Uma visão sistêmica. São Paulo: LTr, 2009

FERREIRA, Aurélio Buarque de Holanda. *Novo Dicionário da Língua Portuguesa*. 2. ed. Rio de Janeiro: Nova Fronteira, 1996.

GARCIA, Gustavo Filipe Barbosa. Meio ambiente do trabalho e direitos fundamentais: responsabilidade civil do empregador por acidentes do trabalho, doenças ocupacionais e danos ambientais. In: *Revista O Trabalho*, n. 153, nov/2009, p. 5285-5289.

LEITE, Carlos Henrique Bezerra. *A Greve como direito fundamental*. Curitiba: Juruá. 2000.

MACHADO, Paulo Affonso Leme. Direito ambiental Brasileiro. 10. ed. São Paulo: Malheiros, 2002.

MELO, Raimundo Simão de. *A Greve no Direito Brasileiro*. 2. ed. São Paulo: LTr, 2009.

_____ . *Direito ambiental do trabalho e a saúde do trabalhador*. 4. ed. São Paulo: LTr, 2010.

MELO, Sandro Nahmias. A garantia do conteúdo essencial dos direitos fundamentais. *Revista de Direito Constitucional e Internacional*, São Paulo, v. 43, p. 82-97, 2003.

_____ . Greve ambiental: Direito de exercício coletivo. *Revista LTr. Legislação do Trabalho*, v. 79, p. 1450-1458, 2015

_____ . *Meio Ambiente do Trabalho:* Direito Fundamental. São Paulo: LTr, 2001.

_____ . *O direito ao trabalho da pessoa portadora de deficiência:* ação afirmativa. São Paulo. LTr, 2004.

_____ . O Direito Ambiental do Trabalho e o Princípio da Precaução. In: Alexandre Rossi; Silvio Crestana e Elisabete Gabriela Castellano (editores técnicos). (Org.). *Direitos Fundamentais e o Direito Ambiental*. 1. ed. BRASÍLIA: EMBRAPA, 2015, v. 2, p. 961-973.

_____ ; CASTILHO, Rodrigo Barbosa de. *O estudo prévio de impacto ambiental e o meio ambiente do trabalho*. Editora Decisório Trabalhista, Decisório Trabalhista: repositório de jurisprudência, STF, STJ, TST, TRT´s, v. 198, p. 5-20, 2011.

_____ ; RODRIGUES, Karen Rosendo de Almeida Leite. Direito à Desconexão no Meio Ambiente do Trabalho. Com análise crítica da Reforma Trabalhista (Lei n. 13.467/2017). *Teletrabalho, Novas tecnologias e Dano Existencial*. São Paulo: LTr, 2018.

_____ ; CAMARGO, Thaísa Lustosa de. *Princípios de direito ambiental do trabalho*. São Paulo: LTr, 2013.

NASCIMENTO, Amauri Mascaro. *Curso de Direito Processual do Trabalho*. 22. ed. rev. e atual. São Paulo: Saraiva, 2007.

_____ . A defesa processual do meio ambiente do trabalho. *Revista LTr,* São Paulo: LTr, vol. 63, n. 05, p. 584, Maio 1999.

_____ . *Comentários à Lei de Greve.* São Paulo: LTr, 1989.

_____ . *Direito Contemporâneo do Trabalho.* São Paulo: Saraiva. 2011

_____ . *Direito do Trabalho na Constituição de 1988.* São Paulo, Saraiva, 1989.

OLIVEIRA, Sebastião Geraldo de Oliveira. *Proteção Jurídica à Saúde do Trabalhador.* 6. ed. São Paulo: Saraiva, 2011.

_____ . *Indenizações por acidente do trabalho ou doença ocupacional.* 5. ed. São: Paulo, LTr, 2009.

PAULA, Jônatas Luiz Moreira de [coord.]. *Direito Ambiental e cidadania.* Leme: JH Mizuno, 2007.

ROMITA, Arion Sayão. *Direitos fundamentais nas relações de trabalho.* 3. ed. São Paulo: LTr, 2009.

ROCHA, Júlio César Sá da. *Direito ambiental do trabalho.* São Paulo: LTr, 2002.

SADY, João José. A tutela do meio ambiente de trabalho em face da terceirização, *Revista de Direitos Difusos,* ano III — vol. 15, 2002.

SANTOS. Adelson Silva dos. *Fundamentos do Direito Ambiental do Trabalho.* 1. ed. São Paulo: LTr, 2010.

SANTOS, Enoque Ribeiro dos & SILVA, Juliana Araújo Lemos da. *Direito de greve do servidor público como norma de eficácia contida. Revista LTr,* São Paulo, ano 69, n. 5, maio/2005, p. 598 e ss.

SARLET, Ingo Wolfgang; FENSTERSEIFER, Tiago. *Direito constitucional ambiental.* 3. ed. São Paulo: Revista dos Tribunais, 2013.

SIRVINKAS , Luís Paulo. *Manual de direito ambiental.* 11. ed. São Paulo: Saraiva. 2013.

SIQUEIRA NETO, José Francisco. *Direito do trabalho & democracia.* São Paulo: LTr, 1996.

SILVA, José Afonso. *Comentário Contextual à Constituição.* 4. ed. São Paulo: Malheiros, 2007.

_____ . *Curso de direito constitucional positivo.* 24. ed. São Paulo: Malheiros, 2005.

_____ . *Direito ambiental constitucional.* 3. ed. São Paulo: Malheiros, 2007.

SILVA. Márcia Santos da. O desenvolvimento econômico *versus* meio ambiente: um conflito insustentável. Hiléia: *Revista do Direito Ambiental da Amazônia.* n. 16/jan-jun/2011. p. 143-157.

SÜSSEKIND, Arnaldo. *Direito constitucional do trabalho.* Rio de Janeiro: Renovar, 1999.

PRINCÍPIO DA PROIBIÇÃO DO RETROCESSO SOCIAL EM MATÉRIA AMBIENTAL E O EXERCÍCIO DA INOVAÇÃO

Carlos Alberto Molinaro[*]

Somos um. Do verme cego nas profundezas do oceano até a infinda arena da Galáxia, um mesmo ser luta e corre perigo — nós próprios. E em nosso pequeno peito terreno, um mesmo ser luta e corre perigo — o Universo.

Nikos Kazantzákis[1]

1 CONSIDERAÇÕES INICIAIS

Em sede ambiental — qualquer seja a natureza do ambiente — denominamos o princípio de proibição de retrocesso social como "*vedação da retrogradação ambiental*". Assim o fazemos por acreditar que retrogradar expressa melhor a ideia de retroceder, *de ir para trás*, no tempo e no espaço. Ainda mais, o que o direito ambiental tem por objeto é proteger, promover e evitar é a degradação do ambiente, portanto, intensamente deve coibir a retrogradação que representa uma violação dos direitos humanos, e uma transgressão a direitos fundamentais.

Lembremos que, *ao atingir-se um estado superior não se deve retornar a estágios inferiores*, expressa a máxima central do primado da evolução dos seres e das coisas.

Faz algum tempo, em ensaio de clareza exemplar, Sarlet já tratou do tema da proibição de retrocesso[2] — no âmbito dos direitos fundamentais sociais — sistematicamente. Sua exposição é abrangente e se insere no discurso jurídico com rigor acadêmico. Não ousaríamos acrescentar mais[3]. Contudo, aditaremos algumas breves considerações suportadas em duas proposições significativas: mínimo existencial ecológico e proibição de retrocesso ambiental; essas proposições não foram destacadas por acaso. Quando nos referimos a direitos e deveres fundamentais ambientais, o que buscamos é a identificação de um conjunto normativo que atenda um compromisso antrópico viabilizador da existência do ser humano, defendendo antes de tudo a sua dignidade; de outro modo, dirigimo-nos a manutenção, pelo menos, de um estágio mínimo para o ambiente consistente na manutenção de suas condições atuais, vedando-se a retrogradação.

(*) Doutor em Direito. Professor na Graduação e Pós-Graduação (Mestrado e Doutorado) da Escola de Direito da PUCRS.
(1) *Ascese — Os Salvadores de Deus*. Trad. José P. Paes São Paulo: Ática, 1997. p. 117
(2) SARLET, I. W., *Direitos fundamentais sociais e proibição de retrocesso: algumas notas sobre o desafio da sobrevivência dos direitos sociais num contexto de crise*, in, VV. AA., (Neo)Constitucionalismo — ontem, os Códigos hoje, as Constituições, *Rev. do Inst. de Hermenêutica Jurídica*, v. I, n. 2, Porto Alegre: 2004. p. 121-168
(3) Cf., Os direitos fundamentais sociais na ordem constitucional brasileira, in, VV. AA., Em busca dos direitos perdidos, *Revista do Instituto de Hermenêutica Jurídica*, n. 1, Porto Alegre, 2003

Sabemos, da cotidiana a violação dos direitos humanos (e dos direitos fundamentais por consequência), daí a necessidade de luta permanente pela dignidade humana, despertando-nos dos sonhos de um universalismo metafísico que envolve esses direitos, e plantando uma pequena semente para ver crescer um novo e possível universalismo que poderíamos denominar de *convergência*, vale dizer, uma comunhão plural dos interesses das sociedades, construindo um mundo mais digno; esse pequeno rizoma pode muito bem estar, nacionalmente, na formação de uma *ecocidadania* lúcida e apta a encarar os novos desafios que vão confrontá-la.

Um universalismo de convergência deve servir a nossa consciência para refletir que mais de cinquenta por cento dos recursos e serviços que brindam os ecossistemas do planeta estão degradados, e as consequências desta destruição, pode agravar-se de maneira significativa nos próximos anos. A contaminação ou degradação da água doce, da pesca industrial e do ar e da água, dos climas regionais, que geram as catástrofes naturais e as pestes, são os recursos e serviços naturais mais ameaçados.

Lembremos que a degradação dos sistemas aumenta a probabilidade de mudanças abruptas que podem afetar gravemente o bem-estar humano, com o surgimento de novas enfermidades, deterioração na qualidade da água, o colapso de reservas de pesca e mudanças na climatologia regional. Ademais, a concentração de dióxido de carbono na atmosfera aumentou muitíssimo, elevando os níveis de contaminação para patamares perigosos para o ecossistema global. De outro modo, tenhamos presente que a degradação dos ecossistemas afeta aos mais pobres e, em alguns casos, é a principal causa da pobreza. Atente-se, ainda que os países ricos não podem isolar-se dessa degradação, não há fronteiras, *e.g.*, para a contaminação do ar.

Algumas mudanças nas políticas, internacionais e nacionais, poderiam reduzir o dano causado pela pressão sobre os ecossistemas. Contudo, se tratam de grandes transformações, não inteiramente possíveis atualmente, *e.g.*, a melhora da governança local e o ensaio de uma governança global; incentivos fiscais locais e internacionais; mudanças no modelo de consumo e de desenvolvimento; novas tecnologias não predadoras e não incentivadoras de dominação econômica; e, mais qualificada investigação para administrar melhor os ecossistemas. Enfim necessitamos de inovação (!). Entretanto, não podemos esquecer que nenhum progresso, até a erradicação da pobreza e da fome, a melhora da saúde e a proteção ambiental será sustentável, se a maioria dos recursos e serviços dos ecossistemas seguirem degradando-se.

Muito da destruição dos recursos naturais é devida pela liberalização do comércio, especialmente do comércio internacional. A liberalização negocial submete a muitos países, em especial aos pequenos países pobres, que sofrem um enorme constrangimento para que abram seus mercados. O mais grave é que esses países não podem resistir à constrição de grandes empresas transnacionais, o que permite que estas os sigam explorando.

Esse é um discurso político? Certamente sim, em política ambiental. É um discurso jurídico? Certamente sim, em direito ambiental.

Mas é mais,

> *é uma perspectiva estética pela preservação da dignidade humana que não poderá sobreviver por muito tempo a tal estado de coisas.*

É também uma narração porque envolve fatos, descritos (por qualquer meio e modo) de acontecimentos reais e preocupantes. Esta é uma narração, que de modo inverso, afirma que o ambiente é um valor que deve ser preservado mais do que consumido, deve ser mais respeitado do que degradado, especialmente àqueles recursos denominados de *não-renováveis* e aqueles *não-incondicionalmente renováveis*.

Esta narração é a base que funda o interesse do Estado na defesa, promoção e manutenção ambiental, chegando-se afirmar a já existência de um Estado pós-social, de um Estado de Ambiente, de um Umweltstaat[4]. De outro lado, há aqueles que clamam pela demissão do Estado, sua retirada parcial da cena ambiental; esses arautos da autonomia privada a qualquer custo se erguem como defensores da *desregulamentação*. O que podemos fazer? Que renúncia nos será exigida? Em que medida? São perguntas que todos deveremos responder se pretendemos atribuir dignidade ao humano.

---

(4) Cf., Michael KLOEPFER, *Auf dem Weg zum Umweltstaat? Die Umgestaltung des politischen und wirtschaftlichen Systems der Bundesrepublik Deutschland durch den Umweltschutz insbesondere aus rechtswissenschaftlicher Sicht.*

O legislador constitucional brasileiro de 1988 já se esforçou para responder algumas dessas perguntas, pois elevou o direito ao ambiente ecologicamente equilibrado à qualidade de direito fundamental à vida, mais ainda, elevou-o à qualidade de um direito fundamental acrônico, vale dizer, que não está submetido ao tempo linear, qualificando-o como um direito fundamental kairológico, isto é, que sobrevive no tempo memorial, transmitido entre gerações.

Hoje, nos preocupam fenômenos como: *chuva ácida, as alterações climáticas globais, o efeito estufa, o buraco na camada de ozônio*, e tantos outros resultados da contaminação ou violação do equilíbrio ambiental. As respostas internacionais foram e têm sido significativas, veja-se como exemplo, a *Conferência de Estocolmo* e sua *Declaração/72*, a *Conferência das Nações Unidas sobre o Meio Ambiente e Desenvolvimento do Rio de Janeiro* e sua *Declaração Rio/92*, a *Rio+5* em Nova Iorque, e depois a *Rio+10* em Joanesburgo, o *Protocolo de Kioto/97*, toda a pesquisa e literatura produzida pela ONU, através do Intergovernmental Panel on Climate Change (IPCC), culminando com o mais recente Acordo de Paris no âmbito da Convenção-Quadro das Nações Unidas sobre as Alterações Climáticas (Paris Agreement under the United Nations Framework Convention on Climate Change) assinado em 12 de dezembro de 2015, e efetivo a partir de 4 de novembro de 2016, e tantas outras manifestações através de convenções, tratados, normas, princípios e regras que, em muitos casos, foram recepcionados pelos sistemas jurídicos nacionais.

O direito a um ambiente sadio e ecologicamente equilibrado, como direito humano e como direito fundamental, está orientado, desde uma perspectiva fraterna, na cooperação e na responsabilidade da comunidade internacional e nacional, assim como lança bases para uma futura e provável nova ordem econômica. O legislador constitucional brasileiro de 1988 elevou o direito a um ambiente ecologicamente equilibrado, a categoria de um direito fundamental à vida. Sabemos que um direito à vida exige para ser viabilizado, de condições abióticas, bióticas, condições biológicas, culturais, jurídicas e econômicas que garantam a sua existência, portanto, não há em tese, limites para este direito. O indispensável para viabilizá-lo está em que os seres necessitam de um ambiente adequado e de condições de subsistência que são providas por este mesmo ambiente, por isso não podemos separar as condições bióticas das abióticas, assim são de considerar que as condições físicas, psicológicas e sociais estão conectadas com a pessoa e o entorno.

O direito fundamental ambiental está informado por muitos princípios que a doutrina vem afirmando com grande insistência, cuja revelação a ciência jurídica e os pretórios vêm aperfeiçoando.

Todos esses princípios são decorrentes do primado da dignidade humana, e se apresentam como: o princípio da legalidade; da supremacia do interesse público em matéria ambiental e da indisponibilidade desse interesse; da obrigatoriedade de proteção; da prevenção ou precaução; da compulsoriedade da avaliação prévia de riscos em obras potencialmente danosas; da publicidade; da reparabilidade; da participação da coletividade; da ampla informação ambiental; da função social dos contratos e da propriedade; do poluidor-pagador; da compensação; da responsabilidade; do desenvolvimento sustentável; da educação ambiental; da cooperação internacional e o princípio da soberania dos Estados em política ambiental. Todos esses, em sua maioria, decorrentes da amplitude do tipo contido no artigo 225, incisos e parágrafos da Constituição de 1988, combinados com outras normas (princípios e regras) insertas na mesma carta, e em tratados e convenções, por ela recepcionados, e aqueles decorrentes da legislação infraconstitucional.

Princípio — dos mais relevantes — tema desta reflexão é o denominado de *proibição de retrocesso ambiental*, que preferimos denominar de *vedação da retrogradação*, ou proibição de regressividade, ele está diretamente subsumido no entrelaçamento dos princípios matrizes dignidade da pessoa humana/segurança jurídica, ele é condição essencial das condições de responsabilidade ambiental informada pela fraternidade que deve estar impressa em todas as relações com o ambiente. De outro modo, atente-se que esse princípio deve ser percebido e mantido em cenários que incluam a inovação. Inovação de propósitos e de práticas, inclusive a inovação que eventualmente afaste a proibição de regressividade no entorno ambiental.

Compreendemos que o direito de cada um ao ambiente ecologicamente equilibrado não constitui *per se* um direito subjetivo susceptível de apropriação. A atribuição que aí está, é de *permissão* que exige um dever fundamental consubstanciado na utilização racional desde uma perspectiva de fraternidade, seja na atualidade, seja com as gerações *por vir*. Este dever é de todos, e de cada um individualmente, inclusive e constitucionalmente expresso do Estado.

Seja observado que o tipo constitucional contido no art. 225 encerra um objetivo composto: ambiente equilibrado e bem de uso comum, essencial para a qualidade de vida e deveres recíprocos do Estado e da coletividade. Nada aí configura um direito subjetivo, mas confirma um direito-dever de preservação para a atualidade e para o porvir. Revelando-se, então, um direito-dever fundamental acrônico, onde seu núcleo duro somente pode estar na vedação da retrogradação, ou na máxima da proibição de retrocesso ambiental na terminologia tradicional de proteção dos direitos sociais (entre eles os ambientais), sob pena de defraudar-se o conceito. É certo que, em parte, a doutrina já se inclinou pela atribuição de um direito subjetivo negativo. Com todo o respeito, não pensamos assim, entendemos o ambiente como um bem da coletividade, aí reside seu núcleo central. Portanto, não pode servir a uma perspectiva individualista, sua própria matriz fraterna o informa como direito-dever de todos ao ambiente ecologicamente equilibrado, com o imperativo de defendê-lo e preservá-lo.

A mais de ser um *direito-dever* ele é diretamente derivado do princípio do Estado social e democrático de direito. E, um Estado assim alcunhado, está firmemente ancorado na manutenção da segurança jurídica, o que implica na proibição de retrocesso das conquistas da coletividade envolvida na relação *natureza/cultura* e suas adjetivações: *natural* e *cultural*; não o tivesse, far-se-ia tábula rasa à conferida *dignidade humana*.

2 PRINCÍPIOS E REGRAS

Na teoria jurídica, as normas legais foram divididas em regras e princípios, dependendo do impacto da norma. Mais precisamente, deve-se falar sobre o impacto que a norma tem em uma situação individual de aplicação: a mesma norma pode, em alguns casos, operar como regra, enquanto em outros casos ela funcionaria como um princípio.

Alexy fez distinção entre regras legais e princípios, observando que, com as regras, geralmente é necessário optar por aplicar ou não a regra, ao passo que os princípios legais operam mais como "requisitos de otimização" que precisam ser equilibrados com outros princípios aplicáveis em situações de colisão. Equilibrando os princípios, pode-se então ver qual deles deve ter o efeito mais forte naquele caso em particular.[5]

Os princípios são, independentemente de sua aplicação ou não aplicação a casos particulares, sempre em vigor e parte integrante do sistema legal. Que tipo de impacto o princípio da vedação da retrogradação pode ter em situações individuais de aplicação? Prima facie parece que o princípio da não-retrogradação opera, de fato, meramente como um princípio.

O princípio da não-retrogradação não foi expressamente incorporado a nenhuma provisão, e o conteúdo específico da mesma permanece relativamente vago. Além disso, é difícil imaginar um caso em que um tribunal deve decidir se aplica ou não o princípio da não regressão, como geralmente é o legislador quem deve tomar essas decisões. Nesse sentido, o princípio parece funcionar como um princípio, cuja relevância se dá principalmente no trabalho da legislatura. Com isto dito, há alguns argumentos que valem a pena mencionar que sugerem que o princípio poderia, em certas situações, operar também como regra. Como observado, a proibição de retrocesso é, devido à sua natureza, principalmente relevante no trabalho do legislativo.

Se olharmos para a proibição do retrocesso, é exatamente assim que o princípio deve funcionar. Por exemplo, se o legislativo escolher entre dois projetos, para cumprir a proibição de retrocesso, deve escolher aquele que tenha menos impacto nos grupos vulneráveis. Em particular, em situações em que o conteúdo central mínimo dos direitos seria violado, a proibição de retrocesso funciona como uma regra absoluta. Nesse sentido, pode-se argumentar que a proibição de retrocesso pode, em situações individuais de aplicação, operar como uma regra e não como um princípio. Mas não é aqui o lugar para tratar do tema, por isso ante de mais nada, vale o estabelecimento de um acordo semântico prévio.

3 ACORDO SEMÂNTICO PRÉVIO

O princípio de vedação da retrogradação ambiental tem limites bem definidos. Para estudá-los torna-se necessário previamente precisar, para melhor entendimento de nossa reflexão, os termos que o compõe. São eles: (a) *princípio*(s); (b) *vedação*; (c) *retrogradação*; e, (d) *ambiental*.

O primeiro destes conceitos (a) refere-se ao substantivo princípio. Utilizamo-lo desde sua pureza etimológica: *arché* (αρχή), que é o que está na origem. O substantivo *princípio* revela-se em toda a proposição fundamental ordenadora do conhecimento. Todo princípio está adiante radicalmente, isto é, está na raiz de todas as coisas como ponto de

---

(5) Cf., Alexy, Robert. *A Theory of Constitutional Rights 1st Edition*. New York: Oxford University Press, 2010. p. 47 e ss.

partida, ou como suporte do raciocínio. Os princípios estão orientados por valores. Aqui tomamos valores no sentido que lhes atribuiu Nietzsche[6], vale dizer, *vitais*, valores fundados no homem, melhor ainda, no modo de ser do homem.

Os princípios ocupam um *tópos* de *fundamentalidade*, estão em primeiro lugar e o ocupa. Dele deriva a realidade cognoscitiva, valorada desde a percepção que dele deduzimos como resultado (de nossas preferências) do objeto investigado. Princípio é mais que *postulado* ou *axioma*, aliás, esses dois últimos substantivos, são, modernamente, tidos como sinônimos e inconfundíveis com o primeiro.

Um princípio incorpora valor (ἀξία), e valor refere-se à utilidade emprestada aos bens, ou a dignidade prestada aos seres. Portanto, todo valor, mais que um ser é um *dever-ser* (sollen), nasce da afirmação da vida, por isso vital, esse *dever-ser* está radicado *no modo de ser do homem*, sua autêntica possibilidade de escolha, isto já estava em Weber, que acreditava no embate constante de diferentes valores à escolha dos homens. Note-se que Weber, fazia uma distinção lógica entre ser e dever-ser para acreditar seu postulado da *Wertfreiheit* ("neutralidade valorativa"[7]), mas não rechaçava os valores nem o fenômeno mesmo dos valores, negando apenas o seu caráter absoluto e universal[8].

Os princípios abrigam valores em conexão com uma situação dada. Aliás, Frondizi insistia na ênfase que se deve dar a tal conexão, pois concebia o valor como uma *qualidade estrutural* que tem existência e sentido em situações concretas; assim, se apoia duplamente na realidade, pois a estrutura valiosa surge de qualidades empíricas e o bem a que se incorpora se dá em *situações reais*, todavia, advertia que o valor não se esgota em suas realizações concretas, senão que deixa aberta uma larga via à atividade criadora do homem[9].

Os princípios, desde seu nódulo valorativo, substancialmente, pavimentam esta larga via da atividade criadora do homem. Pontes de Miranda, com a profundidade costumeira, dizia,

> [...] *Qualquer espírito pode formular concepções com os materiais abstratos das imagens, das ideias e demais elementos formadores dos pensamentos; os princípios somente com elementos objetivos podem ser formulados. Ninguém deve improvisar princípios jurídicos, como ninguém pode fazer regras econômicas, políticas ou morais. É com tijolo que se constroem casas, e não com palavras. É das relações sociais que se tiram os princípios, de modo que entre as leis e eles pode haver paralelismo e a ineficácia daquelas será proporcional à discordância entre uns e outros. Na vida, toda a aplicação tenderá para reduzir as leis aos princípios e a perfectibilidade está em formulá-las o mais próximas deles que for possível. Todos os princípios têm conteúdo especial (ético, político, econômico etc.), ou geral (social), e seria preciso modificar a substância social para modificar, ou para suprimi-los. É pela indução que, das soluções mostradas nas relações que se observam, pode tirar-se o princípio; depois, pela dedução, aplicar-se-á aos casos análogos[10].*

Logo, para os efeitos de nossa reflexão, atribuímos aos princípios uma concepção não muito delimitada: *são proposições empíricas geradas pelas relações psicossociais, reveladas e reconstruídas no espaço e tempo onde essas se dão e das quais derivam, conformando um conjunto de poderes deônticos reconhecidos no círculo social relacionado*. Desde seu reconhecimento incorpora-se em normas cujo núcleo duro está preenchido por valores induzidos pela experiência comum. Esses valores são valores jurídicos, vale dizer, preferências coloridas pelo direito.

Os princípios jurídicos são informados ademais, por valores advindos de outros processos de adaptação e corrigenda das relações inter-humanas (religião, estética, ética, política, economia, ciência); além do mais, eles compõem uma metodologia da *praxis* social cujo objeto é a indagação objetiva que pode dar-nos a realidade[11].

Em (b), *vedar* e *proibir* guardam sinonímia. Contudo, no imaginário social, vedar é mais que proibir, veda-se para não "escorrer" qualquer fluido, para não se perder qualquer substância. Vedar é obstruir, impedir algum processo ou ação, o substantivo vedação reveste esse impedimento. Proibir é vedar também, mas *posterius*, pois está em

---

(6) NIETZSCHE, F. *La genealogía de la moral.* Trad. A. Sánchez Pascual. Madrid: Alianza, 1998.

(7) Como isenção, liberdade ou autonomia valorativa.

(8) Cf. FARIÑAS DULCE, M. J. *La sociología del derecho de Max Weber*. Madrid: Civitas, 1991. p. 122-128, esp. 128.

(9) Cf. FRONDIZI, R., ¿*Qué son los valores? Introducción a la* axiología. 3. ed., 15a reimp. México: Fondo de Cultura Económica, 1999. p. 220-221. Frondizi afirmava que, frente aos objetos do mundo físico podemos ser indiferentes. Contudo, tão pronto se incorpora a eles um valor, a indiferença não é possível; nossa reação — e o valor correspondente — serão positivos ou negativos, de aproximação ou rechaço. Não há obra de arte que seja neutra, nem pessoa que se mantenha indiferente ao escutar uma sinfonia, ler um poema ou ver um quadro (*op. cit.*, p. 20).

(10) PONTES DE MIRANDA, F. C., *Sistema de Ciência Positiva do direito*. 2. ed., vol. IV. Rio de Janeiro: Editor Borsoi, 1972. p. 221-222.

(11) Cf. PONTES DE MIRANDA, F. C., *Sistema...*, vol. II. p. 164.

alguém que ordena, interdita ou desautoriza, vedar é *prius*. Utilizamos o substantivo vedação em lugar de proibição, pois queremos acentuar esse *prius*. Com *vedação da retrogradação*, nos afastamos do ato externo da *proibição*; vedação é interior, é uma *proposição empírica* de imediatividade, mais aproximada do "princípio" está nele mesmo. A razão de sua eleição está fundada num sentido epistêmico inclusivo: princípio de vedação de diferentes graus deônticos: os princípios de vedação e os princípios de proibição; os primeiros são endógenos as relações psicossociais, os segundos exógenos. Os primeiros, mais instintivos e emocionais, os segundos mais intelectivos e racionais. Os primeiros estão mais aproximados da *estética*, e conformam-se na *ética*; os segundos, mais aproximados do *religioso*, e conformam-se no jurídico. Ademais, com a infirmação da proibição em favor da vedação intentamos nos afastar de eventuais conteúdos ideológicos presentes nos princípios de proibição. Ambos, no entanto, implicam uma *disposição* imperativa que resulta em *posições* conformadas ao máximo proveito comum, sendo que na vedação podemos mais facilmente abrir espaço para a inovação.

De outra parte, impende esclarecer o sentido que damos a (c), isto é, ao substantivo *retrogradação* para os nossos efeitos. Atrás referimos que preferimos denominar retrogradação para designar retrocesso. Não se trata de mero capricho linguístico. Antes, de precisar uma concepção peculiar ao direito ambiental.

Na sua razão etimológica o verbo retrogradar é expressivo. Composto pelo prefixo *retro* —, do latim *re* —, com a ideia de movimento para trás, retroativo, e *gradar*, do latim, pospositivo — *grado* ou antepositivo *grad* —, com o sentido de avançar passo a passo; assim, o verbo retrogradar, expressa a ação de ir para trás, retroceder — passo a passo —, induzindo o substantivo retrogradação no sentido de um movimento de retroceder no tempo e no espaço. O substantivo foi apropriado pela astronomia para indicar o sentido retrógrado dos astros, conformando uma nova imagem sideral. Para nosso uso, apropriamos o sentido de retrogradação para significar a involução de um estado atual (ou o declínio de um estado melhor para um pior) ainda que este esteja já degradado, conformando uma imagem ambiental deteriorada.

Finalmente, em (d), o substantivo *ambiente*, com a aposição do sufixo *-al* formando-se o adjetivo *ambiental*, isto é, *relativo ao ambiente* qualificando-o como "*um lugar de encontro*", vale dizer um espaço físico apropriado para o exercício das atividades humanas, exsurgindo um conjunto complexo de condições sociais, morais, naturais e culturais que cercam os seres vivos e neles podem influir decisivamente. Ambiente, para nós, é um "lugar de encontro", um *locus loquens* onde se reúnem as condições bióticas e abióticas propiciadoras da existência dos seres e das coisas.

Portanto, quando referimos o princípio de vedação da retrogradação ambiental, queremos afirmar uma proposição empírica, que através de uma eleição valiosa de nossa existência e de uma avaliação intergeracional, não permite ou impede que se retrocedam às condições ambientais prévias àquelas que desfrutamos no atual.

O princípio de vedação da retrogradação ambiental, assim concebido, é um importante preceito normativo cujo objetivo é impedir que as condições ambientais que desfrutamos retornem *in statu quo ante*. Contudo, como veremos, esse princípio precisa ser contextualizado e relativizado para que não se torne um obstáculo para aquisições ulteriores de maior qualidade de vida, consistindo mesmo em um obstáculo para a inovação.

4   LIMITES DO PRINCÍPIO DE VEDAÇÃO DA RETROGRADAÇÃO AMBIENTAL

Não há ação que não esteja limitada no tempo e no espaço. Toda a atividade humana, física ou psíquica, está limitada em extensão, conformando fronteiras que não podem ser ultrapassadas impunemente.

O que tem limites está *determinado*, isto é, está demarcado, e o que está demarcado tem utilidade *scilicet* àquilo que é conveniente ou valioso.

A língua teutônica tem duas expressões muito significativas: *Grenzbegriff* e *Grenzwert*; a primeira delas, expressa em nosso léxico a categoria "conceito-limite"; a outra, "valor-limite". Em ambas, o que vemos é *determinação* e *utilidade*. Ambos os termos identificam o *limite* seja em relação à capacidade de aquisição do conhecimento, seja em relação à qualidade desta aquisição. Um *conceito-limite*, fugindo do kantismo, é um conceito cuja extensão está contida no próprio objeto que identifica, e um *valor-limite* qualifica a grandeza deste.

Os princípios têm limites. Estão demarcados em sua extensão e proveito. São frutos relacionais, cujo reconhecimento está contido na experiência comum. Os limites dos princípios são os limites da experiência comum.

O princípio de vedação da retrogradação ambiental também tem seus limites. Sua extensão e proveito devem servir aos seres relacionados e não se servir deles. Toda imobilidade é gravosa quando travestida de imobilismo, vale dizer, quando repudia novas conquistas, apegando-se ao passado, ou fixando-se ao presente não deixa espaço para a *inovação criativa*. Por isso, não se pode imobilizar o progresso, e até mesmo, o regresso quando este se impõe, com a razão do princípio de vedação da retrogradação ambiental.

Há condições especiais que exigem um "voltar atrás", um retorno a situações passadas (gravosas ou não) que são necessárias para a existência.

De outro modo, há momentos em que retroceder é uma conquista (!).

Muitos são os exemplos possíveis, *v. g.*, a transformação de áreas degradadas (atuais, portanto) em reservas reflorestadas, ou reconversão com planejamento industrial ou outro tipo de exploração sustentada.

Aí, em nada se ofende o princípio de vedação da retrogradação ambiental. Não há retrocesso. O estado atual (degradado) não é valioso, a reconversão sim. Os limites, portanto, nos dão as condições em que se encontram os bens protegidos pelo princípio.

De outro modo, mesmo em situações ambientais não degradadas, o estado atual pode ser objeto de retrocesso, quando as condições de existência o exigem, *v.g.*, técnicas de cultivo contaminadoras, exclusivas em determinadas situações, para atender imediatamente bens mais relevantes, ou a reversão parcial de reservas naturais para atividades culturais preciosas. Esses motivos, que afastam a incidência do princípio de vedação da retrogradação, devem ser objeto de cuidadoso tratamento de conceptualização de sua eleição. Avultam aí, outros princípios que devem ser sopesados: o princípio da dignidade humana, da segurança jurídica, o da supremacia do interesse público em matéria ambiental, o da proporcionalidade e o da inovação.

5 PRINCÍPIO DE VEDAÇÃO DA RETROGRADAÇÃO AMBIENTAL E TEMPO

Tempus regit actum, é o célebre brocardo, embora muito utilizado no campo "civilista", muito apropriado para a *máxima* da vedação da retrogradação.

Já no *Eclesiastes* constava:

> *Para tudo há um tempo, para cada coisa há um momento debaixo dos céus* (3,1): (...) *tempo para plantar e tempo, e tempo para arrancar, o que foi plantado* (3,2); (...) *tempo para demolir, e tempo para construir* (3,3).

O tempo está incorporado aos princípios, numa existência autêntica que conduz a uma antecipação, a uma prolepse: vivemos no presente o futuro o imaginado. Nesse "lugar de encontro", no ambiente, o tempo revela-se como duração e como *continuum*, fixando um "estar" ou "permanecer". Tempo é experiência, podemos percebê-lo e concebê-lo. Tempo é história, podemos descrevê-la e explicá-la. No ambiente o mesmo se dá.

Da relação substantiva natureza/cultura, sua derivação adjetiva natural/cultural impõe uma temporalidade complexa: há um tempo histórico e biológico; há um tempo tecnológico; e há um tempo cosmológico. O tempo histórico é percebido pelo biológico através das aquisições e desenvolvimento da vida no longo percurso da evolução. O tempo tecnológico apropria-se da vida e passa a dominá-la. O tempo cosmológico enreda a todos e se esconde no mistério...

Chrónos (Χρόνος) e *Kairós* (Καιρός) disputam a primazia.

O primeiro, lineal, devorador é um tempo de espera, um tempo onde o retorno não é possível e, no presente, antecipa-se todo o futuro. O segundo, cíclico, é o tempo da memória, é o tempo onde todo retorno é possível, é o tempo do *acontecimento*, das utopias, do imaginário. É um tempo que não apropria e permanece. Passado e presente convivem numa memória exemplar, e o futuro está no presente que se prolonga. Com o ambiente o mesmo se dá. O ambiente é *Kairós*, a ação do homem sobre o ambiente é *Chrónos*. O natural é *Kairós*, o cultural é *Chrónos*.

Não permitir a retrogradação do ambiente é intervir na disputa entre *Kairós* e *Chrónos*.

Contudo, essa contenda não tem vencedor, só vencidos. O princípio de vedação da retrogradação só pode atenuar o embate, estabelecer uma paz relativa, como relativo é todo o tempo; por isso, não permite o imobilismo absoluto, pois sabe que o futuro como representação se incorpora ao presente e induz à inovação.

Nesse *lugar de encontro* há um tempo para tudo. Permanecer nele é o mais importante. Impedir que a sua degradação se revela como um dever *prima facie*, mesmo que esse *lugar* já não seja o dos nossos sonhos...

Atente-se, que é desde o espaço, que o tempo passa a existir. Esse primeiro átimo temporal inaugura o *lugar* em que ocorreu. Uma só dimensão: a extensão. Assim, o tempo é o espaço percorrido pelas transformações: a mesma flor, que era botão e agora está aberta, a despeito da *identidade*, mudou; a folha que era verde ficou amarela[12]. *O tempo é algo que permite a variação do idêntico*[13]. Portanto, não se pode absolutizar a vedação da retrogradação, pois se impediria a transformação. Contudo não se deve cair num relativismo irresponsável, onde o que é indistinto marca a sua presença, sim, reconhecer a pluralidade e a heterogeneidade das relações naturais/culturais que se desenvolvem nesse *lugar de encontro*, no ambiente.

O tempo de plantar é diferente do tempo de colher, mas para colher, por vezes, é necessário destruir o que foi plantado. A reconstrução é sempre sobre o que foi construído. Todo o retroceder é um ensaio para o novo, para o inovador.

O problema está na qualidade deste *novo*.

O ato retrocessivo em si não causa dano. O dano está no *efeito* que possa o ato causar. Portanto, a prudência é o farol guia de todo princípio. A ponderação, que é peso, portanto *força* é seu instrumento.

Tempus regit actum, adquire assim uma nova feição, passa a ser um *tempus loquendi*, onde o falar marca o ritmo, a fruição ou o gozo de estar ou permanecer. Mudar para melhorar, não para piorar. Contudo, por vezes, o pior pode vestir-se como o melhor. Tudo isso está nuclearmente contido no princípio de vedação da retrogradação ambiental. O tempo é seu mais forte aliado, e a conquista da manutenção do princípio revela-se como um *direito-dever* de todos indistintamente.

6 PRINCÍPIO DE VEDAÇÃO DA RETROGRADAÇÃO AMBIENTAL E ESPAÇO

Não vai nos interessar, neste momento, o debate entre o *nominalismo* e o *realismo*, relativamente ao conceito de espaço, aqui não é o lugar apropriado para fazê-lo, ademais de não termos a habilidade operativa para tanto.

Assim, o que nos interessa é construir uma concepção de *espaço*, útil para os nossos propósitos. O próprio *princípio de vedação da retrogradação ambiental* ocupa um espaço. Um espaço psíquico, intelectual num primeiro momento, depois, um espaço moral, político, jurídico, social, econômico... Mais ainda, um espaço corporal o próprio "meio": cósmico, físico, biológico... É desta conformação espacial que vamos tratar.

Espaço é *lugar*, já estava em Aristóteles na sua *Física*, como *o limite (i)móvel que abraça um corpo*[14]. Todavia, não é só *lugar*, é ainda o que *contém*; um conceptáculo, isto é, o *locus* da concepção de algo e o recipiente que vai abrigar a sua multidimensionalidade, conformando um *campo*. Mais além da concepção *natural* do espaço, há a concepção *cultural* que radica na (a)percepção de sua *realidade*. Aí muitas *posições* são possíveis. Uma delas se revela na *teologia*. O espaço do sagrado, a "substancialidade" do mítico, a distinção do *céu* e da *terra* intermediada pelo demiurgo. Outra está diretamente vinculada a *posição* subjetiva de conceber o *espaço*, neste sentido, ainda atual o pensamento de Leibniz, que o entendia como uma narração expressiva das relações das coisas entre si[15].

Para nosso proveito, pode interessar uma concepção de espaço, não puramente kantiana, nem puramente empirista humeniana; mas, uma concepção que atenda a uma representação *a priori* enquanto *intuição*, ou uma experiência corpórea enquanto *percepção relacional*; a primeira é contemplativa; a segunda é compreensiva. Portanto, uma concepção desse matiz entende o espaço de modo não antropocêntrico, pois não podemos fundar o espaço em nossas *sensações*, logo, não podemos concebê-lo como infinito e contínuo[16], antes como relações corpóreas singulares ou plurais, finitas, contínuas e descontínuas interpenetradamente. O espaço é onde essas relações se dão, portanto, *não temos no mundo um só espaço, e sim muitos*[17].

O princípio de vedação da retrogradação ambiental, objetiva proteger as condições *atuais* da coexistência dos espaços ambientais contra eventuais agressões que possam implicar em sua regressão. A regressão positiva, *scilicet*,

---

(12) O exemplo é de Felix AUERBACH, *Das Wesen der Materie*, Leipzig, 1918, 9., *apud*, PONTES DE MIRANDA, F. C., *Sistema...*, vol I. p. 157.

(13) PONTES DE MIRANDA, *Sistema...*, vol. I. p. 157.

(14) Cf. ARISTÓTELES, *Física*, Lib. IV, 212a, *in*, *Obras Completas*, Madrid: Aguilar, 1967. p. 618-620.

(15) Cf., LEIBNIZ, G. W., *Novos ensaios sobre o entendimento humano*. Trad. L. J. Baraúna, São Paulo: Abril Cultural, 1974. p. 297; especialmente, Cf. LEIBNIZ, G. W., *Correspondência com Clarke*. Trad. C. L. De Mattos. São Paulo: Abril Cultural, 1974. p. 413 s.

(16) Cf. PONTES DE MIRANDA, F. C. *Introducção á Sociologia Geral*. Rio de Janeiro: Pimenta de Mello & C., 1926. p. 92-101, especialmente p. 94-95.

(17) PONTES DE MIRANDA, F. C., *Introducção....* p. 95.

aquela que beneficia, por óbvio, não é alcançada pela vedação. Seu tempo, portanto, não se mede por *atualidade*, antes se revela por uma dialética de permanência/impermanência.

7 — O TEMPO E O ESPAÇO AMBIENTAL — PERMANÊNCIA, CONSERVAÇÃO E MANUTENÇÃO

O espaço e o tempo são relativos. E aí, nada obstante o *tempo* que os distancia, Leibniz e Einstein de algum modo coincidem. Pois, dizia Leibniz que o espaço é algo meramente relativo, o mesmo que o tempo. Sustentava que o espaço se podia conceber como uma ordem de *coexistências*, assim como o tempo, podia ele ser concebido como uma ordem de *sucessões*. Porque, dizia Leibniz, a noção de espaço denota, em termos de *possibilidade*, uma ordem de coisas que existem ao mesmo tempo, isto é, consideradas como existindo juntas, sem inquirir sobre o seu modo de existir. E, quando vemos várias coisas juntas, percebe-se essa ordem de coisas entre as mesmas. Dizia Leibniz, que duas coisas existentes, A e B, estão em uma relação de situação, pois, em verdade, todas as coisas coexistentes estão em relações de situação. Ademais, se consideramos, simplesmente como coexistindo, isto é, como estando em relações mútuas de situação, temos a ideia de espaço como ideia de uma ordem de coexistência. E se não dirigimos a atenção a nenhuma coisa realmente existente, mas simplesmente concebemos a ordem de possíveis relações de situação, temos a ideia abstrata de espaço.

O espaço abstrato, pois, não é nada real: **é simplesmente de uma ordem relacional possível**. Também o tempo é relacional, dizia Leibniz, pois se dois acontecimentos, A e B, não são simultâneos, mas sucessivos, há entre eles certa relação que expressamos dizendo que A é antes que B, e B depois que A. E se concebemos a ordem de relações possíveis dessa espécie temos a ideia abstrata de tempo. O tempo abstrato não é mais real do que o é o espaço abstrato. Não há nenhum espaço abstrato real no qual as coisas estejam situadas, nem há um tempo real abstrato e homogêneo em que se deem. O tempo abstrato não é mais real do que o é o espaço abstrato. Não há nenhum espaço abstrato real em que as coisas estejam situadas, não há um tempo real abstrato e homogêneo em que se deem as sucessões[18].

Em outro lugar, escrevemos:

> [...] *Espacio, como campo, en el sentido del lugar donde se dan la totalidad de los eventos posibles, reside el primer concepto de espacio de Einstein, que prevalece en la física contemporánea. Einstein, concluyó que aquello que percibimos como espacio y tiempo, son aspectos de una impar realidad subyacente que él llamó de "continuum espacio-temporal". Así, percibimos el continuum como una cantidad particular de espacio –longitud, anchura y altura– y una cantidad particular de tiempo; las proporciones reales dependen de la velocidad del observador. Esa visión lleva al entendimiento que la noción de campo implica un nuevo modo de ver la materia (ponderable o imponderable — tangible y intangible), y el espacio, según un cálculo entre densidad de materia y variaciones de energía, en una dimensión temporal que incluso aleja la noción del vacío imponiendo el continuum-discontinuum, en un ciclo dialéctico de permanencia y no-permanencia*[19].

De outro modo, se concebemos o espaço como continente, nos aproximamos da ideia de espaço vazio. Demócrito já expressava a ideia de que os átomos se moviam no espaço vazio, e que este espaço é infinito (?). O vazio que contém todas as coisas explica à filosofia oriental sunyata, a vacuidade está para esse pensamento, em que o *ego* se prende a chamada realidade das coisas. O *desa* que é para o Vedanda, *o princípio de localização espacial*, é também um campo de noções contraditórias. O espaço é a inspiração básica de nossa lógica habitual de juízos mutuamente excludentes que sustenta a paixão ou o frenesi do pensamento puro, o poder ilimitado do *sattva*; há sempre um "aqui" e um "não aqui", um "neste lugar" e um "mais além"[20].

Desse breve esboço, a conclusão leibniziana no sentido que o espaço pode ser concebido como uma *ordem de coexistência* que o situa em um *campo* (Einstein), influi decisivamente na concepção de que o espaço é um campo aberto de relações. Portanto, sua *permanência, conservação e manutenção exigem* a apercepção dessa realidade, sua

---

(18) Cf. LEIBNIZ, *Correspondencia....* p. 413 e s., 419 e s., 434 e s., especialmente 436-437, 439 e s., 443, 450

(19) MOLINARO, C. A., *Los deberes humanos ante la perspectiva del diamante ético de Joaquín Herrera Flores*, 2ª versión. Sevilla: UPO, 2002. p. 85

(20) Cfr. Zimmer, H., *Filosofias da Índia*. São Paulo: Ed. Pala Athena, 1991. p. 305, 337, 359, 376-377.

imediatividade e concreção relacional. Pontes de Miranda, com sua acuidade costumeira já afirmava: *só existe espaço social onde há matéria, onde há energia social; portanto, só existe espaço social onde há relações sociais*[21].

A permanência, conservação e manutenção do espaço ambiental onde se dão as relações ambientais revela-se como o "teleológico" do princípio de proibição da retrogradação ambiental.

Conservar é manter íntegro, respeitar o que aí está; a substantivação do verbo deu como resultado *conservação*, revelando o efeito que se quer perseguir, vale dizer, uma metódica prática que objetiva à utilização dos *recursos naturais*, com o escopo da preservação e renovação sempre que possível. A conservação traz consigo a permanência, que é subsistir e implica a manutenção; cuidemos que a manutenção descobre *aquilo que se mantém com a mão*, isto é, a ação de manter para perdurar, aí se inclui tudo: a espaciotemporalidade física, psíquica, social, cósmica...

8   A IMPORTÂNCIA DA MANUTENÇÃO DA PROIBIÇÃO DE RETROCESSO

Ainda que advoguemos uma postura egocêntrica, não tem sentido falar-se do princípio de vedação da retrogradação ambiental, ou proibição da regressividade, sem referir à humanidade.

Só há ambiente protegido desde uma razão humana. O espaço ambiental sem o homem é apenas espaço relacional, compósito possível de coexistência, e ainda não adjetivado pelo cultural. É com a sua ocupação, pelo ser humano relacionado, que adquire relevo, isto é, passa a ter prioridade à existência. Passa a ser objeto dos diversos *processos adaptativos das relações inter-humanas*: religião, estética, ética, política, direito, economia, ciência...

Passam a ser "espaço social", mesmo aqueles "lugares" ainda não explorados ou habitados pelo homem, pois estão lá, ao alcance do humano, e já constituem objeto de seu conhecimento; ainda, o espaço estelar, cósmico, já é objeto da apreensão humana visto ser cognoscível, passível, portanto, de apropriação. Vê-se, pois, a enorme importância da vedação da degradação que baliza, e bem, a atividade humana na utilização destes espaços, com a imposição dos deveres de conservação e manutenção de suas condições para a coexistência dos relacionados. Isto é assim, pois a humanidade se *faz* com o ambiente, sua produção está com ele correlacionada imediatamente, e é responsável pela geração do "ambiente humano", num *oíkos* (οίκος) conformado pela totalidade de suas conquistas *naturais/culturais*.

Por isso, toda a realidade se dá como realidade interpretada pelo agir humano, organizada por um normativo dialético produzido em uma relação de subjetividade/objetividade, desvelando uma complexa fronteira intercultural, onde muitas ciências concorrem para delimitar as condições do humano e dos outros seres. É desde esta fronteira que avulta a responsabilidade e a demanda ética dos seres humanos para com o ambiente.

Ingo W. Sarlet, com acerto, concluiu que *"a proibição de retrocesso assume a condição de um dos mecanismos para a afirmação efetiva de um direito constitucional inclusivo, solidário e altruísta"*[22], um *"mecanismo afirmativo"* deste tipo tem de levar em consideração que a natureza não pode ser separada da cultura, e que precisamos pensar "transversalmente" as interações entre os diversos campos do saber (mesmo no *interior* de um deles: o direito; e, seu mandamento positivo maior: a Constituição); as interações entre os ecossistemas, *"mecanosfera e Universos de referência sociais e individuais"*[23].

9   PRINCÍPIO DA VEDAÇÃO DA RETROGRADAÇÃO AMBIENTAL E INOVAÇÃO

Antes de entrar no tema, vale tecer algumas considerações. No direito das obrigações conhecemos o instituto da "novação". Forma especial de extinção das obrigações, A novação é um meio de pagamento que importa na extinção

---

(21) PONTES DE MIRANDA, F. C., *Introducção....* p. 98; *Sistema...*, I. p. 151-152. Pontes de Miranda acrescentava: "onde há espaço social há direito". Onde dois ou mais homens conseguem insular-se da ação social do Estado ou pela diversidade dos fins de um e do outro meio (Estado e Igreja, Estado e maçonaria etc.), ou pelas impossibilidades físicas de aplicação do direito de qualquer sociedade constituída, começa a germinar e acaba por nascer novo direito, que se apresenta sob a forma rudimentar e primitiva de regras inconscientes e costumeiras ou soluções violentas da nova comunidade. Se quisermos concretizar o pensamento, basta trazer-se para o mundo social, para a vida comum, a afirmação concernente ao mundo atmosférico: onde há espaço social há direito, como onde há espaço atmosférico há corpos sólidos, líquidos ou fluidos que o ocupem. O vácuo é criação do artifício humano e por isso mesmo imperfeito. Aonde não vai a dilatabilidade de um direito surge a do outro que preenche o trato de espaço aberto à vida de relação. E no mundo jurídico, — como no físico, com a expansão dos gases, — é incompatível a pureza química do ambiente. Todos os sistemas jurídicos são heterogêneos como o ar atmosférico (*Sistema...*, tomo I. p. 77).

(22) SARLET, I. W., *Direitos Fundamentais...*, *loc. cit.*, p. 163.

(23) GUATTARI, F. *As três ecologias.* Trad. M. C. F. Bittencourt. São Paulo: Papirus, 1990. p. 25.

da obrigação primitiva pelo nascimento de uma nova. É, em síntese, a extinção da obrigação originária substituída por uma nova. Daí, que age sobre um duplo conteúdo: um extintivo; outro gerador, relativo à obrigação nova. Tem natureza contratual, opera-se por ato de vontade dos interessados, jamais por força de lei.

Todavia, no direito público, temos de operar com outro conceito, de significado expressivo: INOVAÇÃO, atribuindo-lhe o adjetivo legal (ainda que a INOVAÇÃO possa ser exercida no âmbito do direito privado, como o é, até mesmo por disposição legal promocional e protetiva).

No âmbito epistemológico inovação tem significado preciso: novidade, qualidade do que é novo. As raízes etimológicas de novação e de inovação são as mesmas, do latim *novus*, o que é novo, tornar novo, restaurar e por aí vai... A característica semântica de inovação está na imposição deste "i" ao novo, isto é, do verbo latino *eo*, ir, passar de um estado a outro, e assim por diante...

Portanto, inovação, ao contrário de novação, dirige-se ao futuro, não para apagar o passado (extinguir e gerar sobre outras bases o que estava no pretérito), mas para construir algo novo no presente e para o futuro, para inovar, para introduzir novidade, isto é, fazer algo como não era feito antes.

Neste sentido, inovação, apresenta-se como um procedimento para a produção e introdução do novo, da novidade, nos mais amplos ambientes do conhecimento e da ação, estrutura-se em um conjunto de intervenções, de decisões com certo grau de intencionalidade e sistematização, que objetivam transformar condutas, costumes, ideias, conteúdos, modelos e práticas, éticas, políticas, econômicas, jurídicas, administrativas, sociais, culturais e tecnocientífica.

No âmbito do Direito, o sistema jurídico brasileiro previu, seguindo o mandamento constitucional disposto nos arts. 218 e 219 da Carta de 1988, a promoção e o incentivo do desenvolvimento científico, da pesquisa e da capacitação tecnológica, o que resultou na edição da Lei n. 10.973, de 02.12.2004 regulamentada pelo Decreto n. 5.563, de 11.10.2005, que acabou por dispor expressamente no inciso IV do art. 2º o conceito de inovação como a introdução de novidade ou aperfeiçoamento no ambiente produtivo ou social que resulte em novos produtos, processos ou serviços.

E, aqui começa propriamente a nossa perspectiva de conformar condições de regresso do *status quo* com o imperativo da inovação.

Observe-se que o art. 219 da Carta/1988, de modo claro e incisivo dispôs que o mercado interno integra o patrimônio nacional (c/c art. 216, I, II, III). Aliás, nada mais fez do que reafirmar a simetria entre o capital e o trabalho já prevista como fundamento da República brasileira (art. 1º, IV) o mercado é o *locus* das relações tensionadas entre capital/trabalho, bem como da integridade dos mandamentos constitucionais previstos para a ordem econômica e financeira (Título VII da Carta/1988), expressões dos objetivos da República como afirmados no art. 3º da Carta Maior. Tal característica leva o mercado para o âmbito dos direitos sociais (um direito cultural — art. 215/219 da CF), mas aqui não é o lugar para desenvolver o tema.

Dito isto, vale pensar agora, em relâmpago, o mercado. Mercado é um substantivo polissêmico, daqueles inscritos na "babel dos significados". Nem os economistas lograram êxito na sua definição, muito menos na sua tipologia. Portanto, aqui não trataremos da sua definição e contextualização, no entanto, para tornar compreensível o discurso, vamos entendê-lo como o conjunto de transações socioeconômicas havidas no interior do país ou entre países. Neste sentido, o mercado interno — o que nos interessa neste momento — revela esse conjunto de transações socioeconômicas geopoliticamente localizadas e identificadas pela feição estatal, reunindo as forças da sociedade (na expressão máxima da cidadania), do mundo coorporativo e financeiro e as do Estado. Do mercado externo não vamos tratar.

Temos conceituado ambiente — como um "Lugar de Encontro". *Um especial lugar de encontro de condições bióticas e abióticas que possibilitam a existência* (com este conceito, intentamos simplificar a leitura dos art. 225 da CF/1988 c/c o inciso I do art. 3º da Lei n. 6.938, de 31.8.1981)[24]. É neste "lugar de encontro" que o mercado ocupa especial relevância, pois aparece como elemento de interação entre o biótico e o abiótico, isto é, entre o físico e o biológico, apropriando, dispondo, regulando e retroalimentando os seus processos.

Também, no mercado, por força das transações socioeconômicas são produzidas e reproduzidas causas que, promovem ou que de alguma forma agridem este especial "lugar de encontro": o ambiente, este macrobem (na acepção do Min. Antônio Benjamin) de uso comum e essencial à sadia qualidade de vida; ou é nele que vemos também surgir condições que cooperam para a melhor qualidade de vida.

---

(24) Cf., MOLINARO, Carlos Alberto. *Direito ambiental: proibição de retrocesso*. Porto Alegre: Livraria do Advogado, 2007, *passim*.

Esse deus Jano, que ora mira para a destruição, ora para a edificação, reclama especial atenção, atenção despida de preconceitos e de paixões.

Aqui um parêntese:

> Como estamos falando de direito ambiental, mais especificamente de proteção ambiental e de Jano, vale lembrar o Nobel de Química de 1918, o Dr. Fritz Haber, químico responsável pela *inovação no processo de produção de amônia para fertilizantes*, o que resultou na amplificada oferta de alimentos (note-se que sem os fertilizantes nitrogenados, atualmente não disporíamos da metade dos alimentos postos no mercado). Pois bem, esse mesmo Fritz Haber foi o responsável pela *inovação de armas para a guerra*, pois ele inventou a guerra química, utilizando o gás cloro contra os inimigos, na Batalha de Ypres, na Bélgica, em 22 de abril de 1915, dando início de uma crônica de extermínio, que só na Primeira Guerra Mundial, registra a morte de mais de cem mil soldados.

> Trágicas escolhas em nossas ações. (Fechamos parênteses).

Frente às agressões ambientais, imperioso obter respostas para repor ou compensar o agravo. Neste caso afigura-me necessário o recurso à inovação. A inovação legal, onde a inovação é coadjuvante com o princípio de vedação da retrogradação. Mas, frente aos benefícios (e, também, malefícios) socioambientais, também produzidos pelo mercado, necessária a inovação legal na observação de incentivos, econômicos, fiscais e parafiscais para este mercado.

Na Alemanha, grandes juristas vêm dispensando atenção ao tema: Wolfgang Hoffman-Riem e Jens-Peter Schneider[25], Weert Canzler e Meinolf Dierkes[26], entre outros. Mas aqui, infelizmente não poderemos aprofundar o estudo destes autores.

No Brasil, ainda são tímidas as incursões no tema, especialmente em estudos sobre propedêutica jurídica. A lei brasileira sobre inovações é cristalina ao afirmar: introdução de novidade ou aperfeiçoamento no ambiente produtivo ou social que resulte em novos produtos, processos ou serviços. A inovação legal — em direito ambiental —, tem por objetivo um modo novo de criar, pensar, interpretar e aplicar o direito, mediante novos instrumentos legislativos, um revitalizado diálogo das fontes do direito, uma postura proativa na interpretação do direito posto, uma releitura dos cânones da responsabilidade, um incentivo para tornar concreto o direito à segurança frente a outro tipo de inovação: a inovação tecnológica; enfim, a introdução de novos métodos de organização e procedimento com o objetivo de promover o mercado interno (patrimônio nacional) — e corrigir eventuais distorções — de modo que este interfira o mínimo possível nas condições socioambientais, ou o faça de modo sustentado, mediante compensações tendentes a restaurar o equilíbrio dos sistemas políticos, econômicos, socioculturais e ecológicos.

Para tanto, devem ser pensados alguns critérios, adiante vou expor três deles, o que demanda também alguma prudência intelectual.

Inovar na lei, mas também interpretar e aplicar a lei frente à inovação implica densa complexidade e um enorme esforço da jurisdição, da administração e do parlamento, pois o mundo real tem por predicado uma sucessão de simetrias e assimetrias. Elas permeiam a vida, e refletir sobre esse mundo real (das facticidades) revela necessário conhecer pelo menos três condições do agir: (a) como os agentes políticos e econômicos decidem em face das incertezas; (b) como decidem frente aos riscos; (c) como os equívocos do passado podem influenciar as antevisões para o futuro.

Em um mundo onde as condições planetárias encontram-se nos limites do colapso.

Veja-se:

- 1,3 bilhões de pessoas (mais de um terço da população dos países em desenvolvimento que corresponde a 1/5 da população mundial) sobrevivem com menos de 1 dólar por dia (linha de pobreza absoluta).
- A fome mata 18 milhões de pessoas por ano sendo que 1.500 crianças morrem a cada hora vítimas dela.

---

(25) Cf., W. HOFFMANN-RIEM, e J. P. SCHNEIDER (Hg.), Rechtswissenschaftliche Innovationsforschung. Grundlagen, Forschungsansätze, Gegenstandsbereiche, Baden-Baden: Nomos, 1998.

(26) CANZLER, W.; DIERKES, M. Innovationsforschung als Gegenstand der Technikgeneseforschung, em: Wolfgang Hoffmann-Riem, e Jens-Peter Schneider (Hg.), Rechtswissenschaftliche Innovationsforschung. Grundlagen, Forschungsansätze, Gegenstandsbereiche, Baden-Baden: Nomos, 1998

- A desnutrição atinge mais de 800 milhões de pessoas com seu cortejo de doenças, desabrigo, insalubridade etc., sendo que a cada dia aumenta em 220 mil bocas a serem alimentadas.
- Sede: 35% da humanidade carece de água potável sendo que nos países em desenvolvimento essa cifra chega a 60%.
- Hoje 18% da população mundial não tem acesso a água limpa. Mais da metade da população mundial pode não ter acesso à água potável, em 2032.
- Elite de grande consumo: 20% da população mundial consome 80% dos recursos naturais do planeta (energia e matéria).
- Patrimônio das 359 pessoas mais ricas equivale à renda dos 2,4 bilhões de pessoas mais pobres (40% da humanidade).
- A população mundial é da ordem de 7 bilhões com provavelmente 8 bilhões em 2025, não estabilizando antes dos 12 bilhões.
- Uma área equivalente a Portugal ou Hungria é perdida anualmente em função dos fatores corrosivos.
- A desertificação aumenta anualmente à proporção do território da Grã-Bretanha.
- Um quarto da água doce do planeta está inaproveitável.
- As florestas tropicais sofrem uma perda anual do tamanho da Áustria.
- A metade das florestas da Europa Central, China e América do Norte está desaparecendo devido à poluição do ar e à chuva ácida.
- Existe cerca de 400 usinas nucleares no planeta, cada uma produzindo lixo radioativo com meia vida de até 24 mil anos.
- O acúmulo de gases resultantes do uso de combustíveis fósseis gera o efeito estufa que aumenta a temperatura do planeta e causa a elevação do nível dos oceanos.

Pensar a proteção ambiental e os mecanismos indispensáveis para a sustentabilidade da vida no planeta reclama inovação, mesmo frente a eventual proibição de regressividade.

Não mais satisfaz apenas o direito posto, e tampouco os meios pelos quais buscamos a sua concretização, especialmente, e ainda, nos estritos limites da ciência processual e, mesmo, do direito constitucional de marca distintiva nacional. A degradação, a contaminação ambiental não obedece a fronteiras geopolíticas. Bem como os incentivos ao mercado, nas práticas sustentáveis devem remanescer globalizados.

A proteção ambiental necessita internacionalização, pois o colapso ambiental irá repercutir em todos os países, ademais, o direito ao ambiente sadio e equilibrado, antes de ser um direito fundamental, e em alguns Estados, objetivo ou meta estatal, é um direito humano internacionalmente reconhecido e promovido pela comunidade de nações.

Portanto, entre outros, o primeiro critério para a inovação legal diz com o consenso internacional na formulação de proposições normativas cogentes para toda comunidade de nações. O direito dos tratados, assim, deveria ter prevalência sobre o direito da comunidade de nações.

Segundo critério, essas normas — típicas normas de sobredireito — devem acolher as indispensáveis reservas legais que viabilizem as suas incidências em particulares condições socioculturais de cada país.

Terceiro critério, essas normas devem ter como pressuposto o direito à segurança e a prevenção de riscos. Contudo, não devem servir para constranger a liberdade individual e a autonomia da livre-iniciativa — inerente ao mercado —, sim para incentivar a prática de ações e a reflexão sobre decisões em processos sustentáveis. A ausência de conhecimento de eventuais riscos dessas práticas não deve conduzir a uma regulação que cristalize o desenvolvimento e a criatividade. Por isso mesmo esse conjunto normativo deverá ser permanente reavaliado quanto a sua eficiência e oportunidade.

Esses três critérios — básicos — suscintamente expostos, não esgotam o tema, mas induzem a percepção de que o princípio de proibição do retrocesso social (pensado no âmbito dos direitos sociais) e o princípio de vedação da retrogradação ambiental (no âmbito da proteção ambiental, seja natural ou criado) devem conformar um sistema que coloque um lugar de destaque para a inovação na proteção do meio ambiente em todas as suas modalidades.

Para finalizar estas reflexões preambuladas por Kazantzákis, vale relembrar Pontes de Miranda, quando afirmava que a apropriação intelectual do saber se faz sempre desde uma imparcialidade objetiva do estudo da ciência, o que possibilita a certeza que os resultados futuros de nossas ações nos vão transcender, pois

[...] o universo passa a estar dentro de nós, e nós, cada vez mais, mais dentro do universo[27].

---

(27) PONTES DE MIRANDA, *Sistema...*, I. p. 100.

O PRINCÍPIO DA VEDAÇÃO DO RETROCESSO EM MATÉRIA LABOR-AMBIENTAL E A PESSOA COM DEFICIÊNCIA

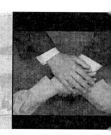

Tereza Aparecida Asta Gemignani[*]
Daniel Gemignani[**]

"... os deveres de proteção têm natureza de princípio; eles exigem uma proteção a mais ampla possível, dentro das possibilidades fáticas e jurídicas existentes"

Robert Alexy.

"A dignidade é indivisível"
Ronald Dworkin.

1 INTRODUÇÃO

O princípio da vedação do retrocesso se apresenta como um dos pilares de sustentação do direito trabalhista.

Em matéria labor-ambiental, sua importância se reveste de especial significado por estar atrelada ao escopo de garantir saúde e segurança no local de trabalho. Tais valores assumem maior relevância quando se trata de garantir condições de acesso ao trabalho decente à pessoa com deficiência, notadamente ante as novas condições jurídicas estabelecidas pela Lei n. 13.467/2017.

Ao promover a Reforma Trabalhista, a Lei n. 13.467/2017 trouxe modificações significativas ao ordenamento jurídico laboral, que vêm provocando diversas controvérsias, especialmente quando se trata de interpretar a extensão do art. 611-A da CLT.

Entre as discussões decorrentes da interpretação deste dispositivo legal, toma corpo a que se refere à possibilidade de negociação coletiva sobre critérios para a caracterização de pessoas com deficiência e reabilitados pelo Institu-

---

[*] Desembargadora do TRT 15. Doutora em Direito do Trabalho pela Universidade de São Paulo (USP). Membro da Academia Brasileira de Direito do Trabalho (ANDT), cadeira n. 70.

[**] Procurador do Ministério Público do Trabalho. Especialista em Auditoria Fiscal em Saúde e Segurança no Trabalho pela Universidade Federal do Rio Grande do Sul — UFRGS e bacharel em Direito pela Pontifícia Universidade Católica de São Paulo — PUCSP.

to Nacional do Seguro Social (INSS), assim como a base de cálculo do sistema de cotas, sob o argumento de que o art. 611-A da CLT teria elencado apenas um rol exemplificativo.

Este artigo se propõe a analisar a matéria tendo como norte o princípio da vedação do retrocesso em matéria labor-ambiental, que impede a negociação coletiva sobre aspectos essenciais da política de inclusão das pessoas com deficiência[1], assim como respalda a imposição de medidas voltadas à adoção de postura inclusiva por parte dos empregadores.

2 A IMPOSSIBILIDADE DE NEGOCIAR COLETIVAMENTE ASPECTOS ESSENCIAIS DA INCLUSÃO EFETIVA DAS PESSOAS COM DEFICIÊNCIA

2.1 A caracterização da deficiência

A Constituição Federal estabelece como fundamentos do Estado Democrático de Direito a cidadania, a dignidade da pessoa e os valores sociais do trabalho em correlação com a livre-iniciativa (art. 1º, incisos II a IV), assim balizando a formatação do princípio da vedação do retrocesso, que respalda o combate a todas as formas de discriminação, como objetivos da República Brasileira (art. 3º, incisos III e IV).

Lastreado nesta matriz principiológica, o inciso XXXI do art. 7º da Constituição Federal vedou expressamente "qualquer discriminação no tocante a salário e critérios de admissão do trabalhador portador de deficiência", preceito que deve ser interpretado em conjunto com o disposto no inciso XXII do mesmo artigo, ao determinar a "redução dos riscos inerentes ao trabalho por meio de normas de saúde, higiene e segurança, o que implica em garantir as necessárias condições labor-ambientais à pessoa com deficiência.

Na seara internacional, a *Declaração dos Direitos das Pessoas Deficientes*[2] *(ONU — 1975)* chamou atenção para a importância da proteção. Em relação a este trabalho, merecem destaque, também, as normas da *Organização Internacional do Trabalho (OIT)*, em especial a *Convenção n. 159* aprovado pelo Brasil por meio do Decreto Legislativo n. 51/1989, e promulgada por meio do Decreto n. 129/1991, assim como a *Recomendação n. 168*, que vieram assegurar às pessoas com deficiência o direito de não sofrer discriminação, abrindo caminhos para a inclusão.

A União Europeia seguiu esta senda em seus atos normativos, tendo a Diretiva n. 2000/78 estabelecido expressamente a igualdade no que se refere ao trabalho, combate à discriminação por idade, sexo, religião e deficiência, em questões que envolvem formação e educação profissional, assim como acesso, manutenção e proteção ao emprego.[3]

Importante acrescentar que, pelo Decreto Legislativo n. 186/2008, o Brasil aprovou, com quórum qualificado, a *Convenção Internacional sobre os Direitos das Pessoas com Deficiência (CDPD)*, assinada em Nova Iorque, em 30 de março de 2007, assim conferindo-lhe *status* de Emenda Constitucional nos termos do art. 5º, §3º, da Constituição Federal. Referida Convenção foi promulgada pelo Decreto n. 6.949/2009.

Dentre suas disposições, releva-se a contida no art. 4º, item 4, que fixa de forma clara a necessária progressividade dos direitos sociais:

"Artigo 4

Obrigações gerais

1. Os Estados Partes se comprometem a assegurar e promover o pleno exercício de todos os direitos humanos e liberdades fundamentais por todas as pessoas com deficiência, sem qualquer tipo de discriminação por causa de sua deficiência. Para tanto, os Estados Partes se comprometem a: (...)

4. Nenhum dispositivo da presente Convenção afetará quaisquer disposições mais propícias à realização dos direitos das pessoas com deficiência, as quais possam estar contidas na legislação do Estado Parte ou no direito internacional em vigor para esse

---

(1) Ressalte-se, aqui, a edição do Protocolo de Ação Conjunta 001/2018, celebrado entre o Ministério Público do Trabalho e o Ministério do Trabalho, no sentido de que "ambos os órgãos [assumem o compromisso] de combater, cada qual em sua área de atuação, a alteração da base de cálculo da cota de aprendizes e de pessoas com deficiência ou reabilitadas por meio de instrumentos de negociação coletiva.", disponível em: <http://portal.mpt.mp.br/wps/wcm/connect/portal_mpt/9fc89c44-687c-416b-ab66-83a13613e960/PROTOCOLO_MT_MPT.pdf?MOD=AJPERES&CVID=mdGCyin>. Acesso em: 14 jul. 2018.

(2) <www.un.org/fr/rights/overview/themes/handicap.shtml>.

(3) UNIÃO EUROPEIA. Manual sobre a legislação europeia antidiscriminação. Luxemburgo: Serviço das publicações da União Europeia, 2011. p. 28/29. Disponível em: <http://fra.europa.eu/sites/default/files/fra_uploads/1510-FRA_CASE_LAW_HANDBOOK_PT.pdf>. Acesso em: 20 jul. 2018.

Estado. Não haverá nenhuma restrição ou derrogação de qualquer dos direitos humanos e liberdades fundamentais reconhecidos ou vigentes em qualquer Estado Parte da presente Convenção, em conformidade com leis, convenções, regulamentos ou costumes, sob a alegação de que a presente Convenção não reconhece tais direitos e liberdades ou que os reconhece em menor grau." (marcas nossas)

Referida disposição vem ao encontro do quanto disposto no art. 19, item 8, da *Constituição da Organização Internacional do Trabalho (OIT)*, bem como com o contido no item 2, alínea "d", de sua *Declaração de Princípios e Direitos Fundamentais no Trabalho*:

"8. Em caso algum, a adoção, pela Conferência, de uma convenção ou recomendação, ou a ratificação, por um Estado-Membro, de uma convenção, deverão ser consideradas como afetando qualquer lei, sentença, costumes ou acordos que assegurem aos trabalhadores interessados condições mais favoráveis que as previstas pela convenção ou recomendação." (marcas nossas)

"2. Declara que todos os Membros, ainda que não tenham ratificado as convenções aludidas, têm um compromisso derivado do fato de pertencer à Organização de respeitar, promover e tornar realidade, de boa-fé e de conformidade com a Constituição, os princípios relativos aos direitos fundamentais que são objeto dessas convenções, isto é:

(...)

d) *a eliminação da discriminação em matéria de emprego e ocupação."* (marcas nossas)

Vê-se, assim, que existe, em nosso ordenamento jurídico, amplo estuário normativo a sustentar a adequada proteção das pessoas com deficiência, não havendo, portanto, questionamentos com relação a essa orientação.

Contudo, dúvidas começam a surgir quando passamos a analisar como deve ser identificada a pessoa com deficiência e como deve se dar essa proteção.

Até então, era utilizado exclusivamente o critério médico para identificar a pessoa com deficiência. Como exemplo, pode-se citar a caracterização de pessoas com visão monocular como deficientes, conforme se denota da Súmula n. 377 do Superior Tribunal de Justiça (STJ), que dispõe:

"Súmula n. 377 — O portador de visão monocular tem direito de concorrer, em concurso público, às vagas reservadas aos deficientes. (Súmula n. 377, TERCEIRA SEÇÃO, julgado em 22.04.2009, DJe 05.05.2009)"

Porém, a Convenção Internacional sobre os Direitos das Pessoas com Deficiência (CDPD) adotou outros parâmetros de aferição, ao estabelecer:

"Artigo 1º

Propósito

O propósito da presente Convenção é promover, proteger e assegurar o exercício pleno e eqüitativo de todos os direitos humanos e liberdades fundamentais por todas as pessoas com deficiência e promover o respeito pela sua dignidade inerente.

Pessoas com deficiência são aquelas que têm impedimentos de longo prazo de natureza física, mental, intelectual ou sensorial, os quais, em interação com diversas barreiras, podem obstruir sua participação plena e efetiva na sociedade em igualdades de condições com as demais pessoas." (marcas nossas)

Explica Ricardo Tadeu Marques da Fonseca[4] que o direito ao trabalho das pessoas com deficiência está disciplinado no art. 27 desta Convenção, o qual assegura:

"a liberdade de escolha de trabalho, adaptação física e atitudinal dos locais de trabalho, formação profissional, justo salário em condição de igualdade com qualquer outro cidadão, condições seguras e saudáveis de trabalho, sindicalização, garantia de livre-iniciativa no trabalho autônomo, empresarial ou cooperativado, ações afirmativas de promoção de acesso ao emprego privado ou público, garantia de progressão profissional e preservação do emprego, habilitação e reabilitação profissional".

---

(4) FONSECA, Ricardo Tadeu Marques. *Os efeitos da 8ª Convenção Internacional da ONU e o acesso ao mercado de trabalho para as pessoas com deficiência.* São Paulo: RT. Revista de Direito do Trabalho | vol. 128/2007 | p. 390-396 | out. — Dez./2007.

Com efeito, as normas postas pela referida Convenção Internacional abriram perspectivas mais amplas, ao considerar que as limitações da pessoa com deficiência devem ser avaliadas em interação com o meio ambiente laboral em que atua, superando, assim, o entendimento anterior de que a deficiência seria um fator *portado* pela pessoa, e que, por isso, poderia conferir-lhe a qualificação de incapaz.

A fim de evitar uma proteção que se revelava insuficiente, a nova diretriz formatou o conceito de que a pessoa com deficiência não tem incapacidade ou limitação *de per si*, intrínseca, mas sofre restrições à plenitude de sua vida quando exposta às limitações de um meio ambiente hostil e inadaptado, que dificulta sua interação social e seu acesso ao trabalho, necessários para garantir não só sua subsistência física, mas também sua atuação como cidadão.

Em um regime republicano, o exercício da cidadania está atrelado ao princípio da igualdade, o que implica assegurar ampla inclusão social da pessoa com deficiência, levando à superação do entendimento[5] que restringia o princípio da igualdade apenas à órbita da 2ª geração / dimensão dos direitos humanos, para reconhecer que integra a espinha dorsal do sistema e, assim, permeia todas as dimensões dos direitos fundamentais.

Como bem pondera Dworkin[6], em uma "comunidade verdadeiramente democrática, cada cidadão é um parceiro em igualdade de condições, o que vai muito além de seu voto valer o mesmo que os outros. Significa que ele tem a mesma voz e igual interesse nos resultados.".

Nesta esteira, Carmen Lúcia Antunes Rocha[7] chama atenção para a conotação substantiva conferida pela Constituição ao princípio da igualdade, ao asseverar que "deixou de ser diretriz exclusiva destinada ao legislador, deixou de ser limite negativo de atuação do poder público; antes tornou-se uma obrigação positiva do governante em face do indivíduo (...) uma obrigação que vincula (...) no sentido de igualar, por uma ficção jurídica, as condições de vida para que cada qual possa buscar o seu desenvolvimento pessoal em consonância com suas peculiaridades, a sua forma singular, única e distinta de ser.".

Por isso, ressalta Robert Alexy[8], o modelo de solução deve levar "em consideração tanto a igualdade jurídica quanto a fática", deixando espaço "para um amplo espectro de distintas concepções."

Neste cenário, a ampliação das perspectivas se revela crucial para conferir efetividade ao princípio da vedação do retrocesso, a fim de evitar o que a doutrina internacional denomina "efeito *backlash*"[9], que pode ocorrer em relação às questões de alta complexidade.

Assim, sob o pressuposto da igualdade operou-se a necessária mudança na forma de caracterização da pessoa com deficiência, encetada pela Convenção de Nova Iorque, que ampara a substituição do denominado *critério médico*, que vislumbrava de forma estática a deficiência como uma limitação do indivíduo, pelo *critério biopsicossocial*, que propõe uma caracterização funcional da deficiência, em que as limitações decorrem de barreiras ambientais, o que confere importância relevante à aplicação do princípio da vedação do retrocesso em matéria labor-ambiental.

Esta nova perspectiva confere respaldo às políticas públicas destinadas a garantir igualdade de oportunidades às pessoas com deficiência, por considerar que o respeito à sua dignidade e à sua igualdade implicam, e pressupõe, garantir seu direito à autonomia, ou seja, sem precisar depender dos "favores" de outrem.

De outra banda, a existência de uma política pública inclusiva não se restringe apenas à pessoa com deficiência, uma vez que a verdadeira inclusão envolve a participação de todos aqueles que com ela interagem. Tal perspectiva — isto é, daqueles que irão interagir com as pessoas com deficiência —, traz consigo a oportunidade de um convívio com as diferenças, próprio de uma sociedade plural.

Sob tal conceito foi o "critério biopsicossocial" incorporado pelo ordenamento infraconstitucional, passando a ser adotado pela Lei Brasileira de Inclusão da Pessoa com Deficiência, Lei n. 13.146/2015 (Estatuto da Pessoa com Deficiência), ao estabelecer em seu art. 2º:

"Art. 2º Considera-se pessoa com deficiência aquela que tem impedimento de longo prazo de natureza física, mental, intelectual ou sensorial, o qual, em interação com uma ou mais barreiras, pode obstruir sua participação plena e efetiva na sociedade em igualdade de condições com as demais pessoas.

---

(5) BONAVIDES, Paulo. *Curso de Direito Constitucional*. 8. ed. São Paulo: Malheiros, 1999. p. 525.

(6) DWORKIN, Ronald. *A raposa e o porco-espinho: justiça e valor*. Trad. Marcelo Brandão Cipolla. São Paulo: WMF Martins Fontes, 2014. p. 9.

(7) ROCHA, Carmen Lúcia Antunes. *Ação afirmativa*: o conteúdo democrático do princípio da igualdade jurídica. São Paulo: Malheiros, 1996. p. 13-14.

(8) ALEXY, Robert. *Teoria dos Direitos Fundamentais*. Trad. Virgílio Afonso da Silva. 2. ed. 4ª tiragem. São Paulo: Malheiros Editores. p. 421.

(9) KLARMAN, Michael. *Courts, Social changes, and Political Backlash*. in Hart Lecture at Georgetown Law Center, march 31,2011- Speaker's notes. <http://tinyurl.com/bz4ewqk->. Acesso em: 20 abr. 2019.

§ 1º *A avaliação da deficiência, quando necessária, será biopsicossocial, realizada por equipe multiprofissional e interdisciplinar* e considerará:

I — os impedimentos nas funções e nas estruturas do corpo;

II — os fatores socioambientais, psicológicos e pessoais;

III — a limitação no desempenho de atividades; e

IV — a restrição de participação.

§ 2º O Poder Executivo criará instrumentos para avaliação da deficiência." (marcas nossas)

Importante ressaltar que esta lei também alterou o Código Civil, ao excluir a pessoa com deficiência do rol constante do art. 3º, restringindo a incapacidade absoluta apenas aos menores de 16 anos, além de alterar o art. 1.767 do mesmo Código que, ao tratar da curatela, passou a reconhecer que a deficiência, por si só, não configura incapacidade e, portanto, não tira a autonomia da pessoa dirigir sua própria vida.

Ocorre, contudo, que passados anos desde a sanção da Lei Brasileira de Inclusão da Pessoa com Deficiência, não foi editado pelo Poder Executivo qualquer regramento específico para a avaliação da deficiência sob o *critério biopsicossocial*[10], em claro descumprimento ao disposto nos arts. 2º, § 2º, e 124[11], de referida Lei.

Assim, ainda remanesce em nosso ordenamento jurídico as disposições contidas no Decreto n. 3.298/1999, que não disciplinam a caracterização da deficiência com base no critério biopsicossocial, mas apenas no critério médico.

A existência de uma lei que estabelece determinado critério para a caracterização da pessoa como deficiente (critério biopsicossocial), e de um decreto regulamentador que se refere a critério diverso (critério médico), não pode significar a possibilidade de que, pela via da negociação coletiva, se busque solução restritiva, que possa provocar efeitos discriminatórios, pois nosso ordenamento constitucional adotou de forma clara e expressa a inclusão das pessoas com deficiência como direito fundamental.

Assim, a caracterização da pessoa com deficiência é matéria alheia à autonomia da vontade coletiva, pois está pautada por critérios constitucionais traçados por uma tônica inclusiva.

Portanto, diversamente da corrente que admite, na esteira do art. 611-A da CLT, a possibilidade de negociação coletiva sobre tal matéria, imperioso recordar que existem no ordenamento jurídico laboral princípios fundamentais, que não se submetem à autonomia da vontade coletiva, não só por consolidarem uma verdadeira política de Estado, mas principalmente por terem sido estabelecidos como vigas de sustentação da República brasileira, assim formatados pela Carta de 1988.

2.2 A estipulação de cotas

Aspecto central na identificação do quanto desenvolvida é uma sociedade encontra-se na maneira como ela reconhece a dignidade daqueles que integram grupos sociais mais vulneráveis, sob as perspectivas histórica, cultural, social e econômica.

---

(10) Importantes, pois, as observações de GUGEL, Maria Aparecida. O mundo do trabalho e as pessoas com deficiência. *In*, Ministério público, sociedade e a lei brasileira de inclusão da pessoa com deficiência / André de Carvalho Ramos [*et al.*]; Eugênia Augusta Gonzaga, Jorge Luiz Ribeiro de Medeiros (organizadores). — Brasília: ESMPU, 2018. p. 288-289: *"Para a composição da reserva de cargos concorrem todas as naturezas de deficiência já conhecidas* como a física, a sensorial (cegos e surdos) e a intelectual (relacionada ao déficit cognitivo), acrescida da deficiência mental, associada à saúde mental. *A avaliação da deficiência, necessária para a reserva de cargos, para não gerar desigualdade entre as pessoas com deficiência, será biopsicossocial e feita por equipe multiprofissional. A avaliação será baseada em instrumento de avaliação nos moldes e parâmetros da Classificação Internacional de Funcionalidade, Incapacidade e Saúde (CIF)* conforme a classificação indicada nos itens I-IV, parágrafo 1º, do art. 2º da LEI, isto é, os impedimentos nas funções e nas estruturas do corpo; os fatores socioambientais, psicológicos e pessoais; a limitação no desempenho de atividades e a restrição de participação. Para tanto, deverão ser criados instrumentos específicos que, espera-se, sejam uniformes para todas áreas que necessitem adotá-los como a previdência, a assistência social, a saúde e a reabilitação, o trabalho, entre outros. *Daí porque afirmar-se que a designação das deficiências, baseada no padrão médico dos Decretos n. 3.298/1999 e n. 5.296/2004, está revogada. No entanto, até a edição do instrumento de avaliação a que se refere o art. 2º, parágrafo 2º, da LBI e diante da lacuna legal, entende-se que as designações dos referidos decretos servem somente como balizas* para identificar as naturezas das deficiências a serem aplicadas em conjunto com os parâmetros de avaliação levados a efeito pelo Ministério do Desenvolvimento Social e Combate à Fome para a concessão do benefício da prestação continuada e que resultou na Avaliação Médico-Pericial e Social da Incapacidade para Vida Independente e para o Trabalho (AMES/BPC), além daqueles concernentes à concessão da aposentadoria especial da Previdência Social previstos no Decreto n. 8.145/2013, visto que ambos foram concebidos seguindo o conceito de pessoa com deficiência da CDPD e algumas das regras da Classificação Internacional de Funcionalidade (CIF)." (marcas nossas).

(11) "Art. 124. O § 1º do art. 2º desta Lei deverá entrar em vigor em até 2 (dois) anos, contados da entrada em vigor desta Lei.".

A partir deste pressuposto é que vamos analisar o caso das pessoas com deficiência, que são desafiadas, diuturnamente, pelas limitações biopsicossociais que encontram no caminho.

Como bem ressalta Luiz Alberto David Araújo[12], neste caso as limitações "formam um conjunto de dificuldades, que desafiam toda a sociedade, exigindo, de toda a comunidade, uma postura de inclusão, colaborando, nos termos do artigo terceiro da Constituição Federal, para sua integração social. Um portador de deficiência não integrado socialmente é a constatação da existência de baixo grau de democracia de um país.".

Tal constatação enseja a necessidade de políticas públicas permanentes, além da implementação de instrumentos legais concretos e efetivos de inclusão, pois configuram conquistas civilizatórias em relação às quais a Constituição Federal não só estabeleceu a vedação de retrocesso (ou proibição de proteção insuficiente), como abriu caminhos para ampliar a inclusão das pessoas com deficiência, assim garantindo o direito das minorias, naquilo que se pode ter como uma progressiva proteção.

A importância dessas conquistas, notadamente na seara labor-ambiental, é patente quando se constata que as pessoas com deficiência enfrentam todos os dias, e por toda a sua vida, reiterados desestímulos à inclusão social e laboral, sob o equivocado argumento que as adaptações exigidas implicam em custos.

Trata-se de afirmação baseada em falsas premissas, pois os valores despendidos para as adaptações na realidade constituem investimento, necessário para impulsionar o desenvolvimento sustentável do país, ao possibilitar que pessoas com deficiência atuem como cidadãos produtivos e participativos, ao invés de apenas aguardar por "benefícios" sociais.

Neste sentido as percucientes reflexões de Amartya Sen, ao ressaltar que o respeito à diversidade possibilita a expansão da liberdade, como o principal fim e o principal meio de assegurar o desenvolvimento de uma sociedade[13]:

"O desenvolvimento consiste na eliminação de privações de liberdade que limitam as escolhas e as oportunidades das pessoas de exercer preponderantemente sua condição de agente (...). Indivíduos concebidos como agentes ativos das mudanças e não meros recebedores passivos de benefícios."

Portanto, o verdadeiro desafio consiste em promover mudanças culturais e de mentalidade para fazer valer o direito fundamental a não-discriminação e a função social da propriedade, conforme disposto nos artigos 3º, incisos III e IV, 5º, *caput* e incisos XIII, XLI, XXIII e 7º, inciso XXXI, todos da Constituição Federal, ao estabelecerem:

"Art. 3º Constituem objetivos fundamentais da República Federativa do Brasil:

III — erradicar a pobreza e a marginalização e reduzir as desigualdades sociais e regionais;

IV — promover o bem de todos, sem preconceitos de origem, raça, sexo, cor, idade e quaisquer outras formas de discriminação.

Art. 5º *Todos são iguais perante a lei, sem distinção de qualquer natureza*, garantindo-se aos brasileiros e aos estrangeiros residentes no País a inviolabilidade do direito à vida, à liberdade, à igualdade, à segurança e à propriedade, nos termos seguintes:

XIII — é livre o exercício de qualquer trabalho, ofício ou profissão, *atendidas as qualificações profissionais que a lei estabelecer;*

XLI — *a lei punirá qualquer discriminação atentatória dos direitos e liberdades fundamentais;*

XXIII — a propriedade atenderá a sua função social;

Art. 7º São direitos dos trabalhadores urbanos e rurais, além de outros que visem à melhoria de sua condição social:

XXXI — *proibição de qualquer discriminação no tocante a* salário *e critérios de admissão do trabalhador portador de deficiência;*" (marcas nossas)

Assim, estas diretrizes devem nortear as políticas públicas e a aplicação da lei que, no interesse de toda a sociedade, veda condutas (inclusive aquelas praticadas no exercício da autonomia privada coletiva) que impossibilitem a inclusão das pessoas com deficiência, resultando em inaceitável efeito discriminatório.

---

(12) ARAÚJO, Luiz Alberto David. *Temas relevantes de direito material e processual do trabalho*: estudos em homenagem ao Professor Pedro Paulo Teixeira Manus. São Paulo: LTr, 2000. p. 82.

(13) SEN, Amartya. *Desenvolvimento como liberdade*. Trad.: Laura Teixeira Motta. Rev. Tec. Ricardo Doninelli Mendes. São Paulo: Companhia das Letras, 2010. p. 10.

Em nosso sistema jurídico, um dos critérios concretizadores desta política de inclusão foi a instituição de um sistema de cotas, nos termos do art. 93 da Lei n. 8.213/1991, que assim dispõe:

"Art. 93. *A empresa com 100 (cem) ou mais empregados* está obrigada a preencher de 2% (dois por cento) a 5% (cinco por cento) dos seus cargos com beneficiários reabilitados ou pessoas portadoras de deficiência, habilitadas, na seguinte proporção:

I — até 200 empregados........ .... 2%;

II — de 201 a 500................... .... 3%;

III — de 501 a 1.000 .... 4%;

IV — de 1.001 em diante....... .... 5%.

V — (vetado)[14]" (marcas nossas)

Imperioso destacar, ainda que a Lei n. 8.213/1991 expressamente protege de forma integral o regime de cotas, tendo o § 1º do art. 93 previsto que:

"A dispensa de pessoa com deficiência ou de beneficiário reabilitado da Previdência social ao final de contrato por prazo determinado de mais de 90 (noventa) dias e a dispensa imotivada em contrato por prazo indeterminado somente poderão ocorrer após a contratação de outro trabalhador com deficiência ou beneficiário reabilitado da Previdência Social".

Vê-se, assim, a existência de preceito expresso que imputa aos empregadores o dever de contratar pessoas com deficiência e reabilitados pelo INSS[15]. Prevê, ainda, critérios bem claros para estipulação da cota, devendo para tanto ser considerado: (i) o total de empregados, independentemente de função ou posição na empresa; e (ii) o total de empregados na empresa, ou seja, o total de empregados em todos os estabelecimentos da empresa.

A interpretação do texto legal deve se pautar por uma tônica inclusiva, de verdadeira promoção da efetiva inserção das pessoas com deficiência no ambiente laboral.

Assim, pode-se concluir que, por se tratar de política pública, com fundamento constitucional, não só a caracterização da pessoa com deficiência, como a existência de cota para a sua contratação, não se mostra sujeita à autonomia da vontade coletiva, vez que não é dado aos atores privados da relação laboral dispor sobre questão que, ao fim e ao cabo, não lhes compete negociar.

2.3 A observância do princípio da vedação do retrocesso em matéria labor-ambiental em relação ao aprendiz com deficiência

A observância do princípio da vedação do retrocesso, em matéria labor-ambiental, também deve focar a situação do aprendiz com deficiência.

---

(14) Vale a observação de que o dispositivo do Estatuto da Pessoa com Deficiência (Lei n. 13.146/2015), que previa a reformulação do art. 93 da Lei n. 8.213/1991, foi vetado, conforme Mensagem n. 246: "*O Ministério do Desenvolvimento, Indústria e Comércio Exterior solicitou veto aos dispositivos a seguir transcritos:*
Caput, incisos e § 4º do art. 93 da Lei n. 8.213, de 24 de julho de 1991, alterados pelo art. 101 do projeto de lei
"Art. 93. As empresas com 50 (cinquenta) ou mais empregados são obrigadas a preencher seus cargos com pessoas com deficiência e com beneficiários reabilitados da Previdência Social, na seguinte proporção:
I — de 50 (cinquenta) a 99 (noventa e nove) empregados, 1 (um) empregado;
II — de 100 (cem) a 200 (duzentos) empregados, 2% (dois por cento) do total de empregados;
III — de 201 (duzentos e um) a 500 (quinhentos) empregados, 3% (três por cento) do total de empregados;
IV — de 501 (quinhentos e um) a 1.000 (mil) empregados, 4% (quatro por cento) do total de empregados;
V — mais de 1.000 (mil) empregados, 5% (cinco por cento) do total de empregados."
"§4º O cumprimento da reserva de cargos nas empresas entre 50 (cinquenta) e 99 (noventa e nove) empregados passará a ser fiscalizado no prazo de 3 (três) anos."
Razões dos vetos
'*Apesar do mérito da proposta, a medida poderia gerar impacto relevante no setor produtivo, especialmente para empresas de mão-de-obra intensiva de pequeno e médio porte, acarretando dificuldades no seu cumprimento e aplicação de multas que podem inviabilizar empreendimentos de ampla relevância social.*'" (marcas nossas).
(15) GUGEL, Maria Aparecida. O mundo do trabalho e as pessoas com deficiência. In: Ministério público, sociedade e a lei brasileira de inclusão da pessoa com deficiência/André de Carvalho Ramos [et al.]; Eugênia Augusta Gonzaga, Jorge Luiz Ribeiro de Medeiros (organizadores). — Brasília : ESMPU, 2018. p. 227: "Não se iluda, no mundo do trabalho, não fosse a lei de ordem pública (Lei n. 8.213/1991) obrigando ao cumprimento de reserva de postos de trabalho para trabalhadores com deficiência em empresas com cem ou mais empregados, não haveria lugar nem vez para trabalhadores com deficiência, seja por preconceito explícito em relação às suas capacidades laborativas, seja em relação aos argumentos de eventuais custos a serem arcados pelo empregador para tornar o ambiente de trabalho acessível."

Ao tratar da aprendizagem, o art. 428 da CLT veio caracterizá-la como:

"Art. 428. Contrato de trabalho especial, ajustado por escrito e por prazo determinado, em que o empregador se compromete a assegurar ao maior de 14 (quatorze) e menor de 24 (vinte e quatro) anos inscrito em programa de aprendizagem formação técnico-profissional metódica, compatível com o seu desenvolvimento físico, moral e psicológico, e o aprendiz, a executar com zelo e diligência as tarefas necessárias a essa formação".[16]

Importante ressaltar que, ao assegurar trabalho protegido ao adolescente com deficiência, o art. 66 do ECA (Lei n. 8.069/1990) "o faz com acerto, posto que duplas são as peculiaridades do adolescente portador de deficiência, as quais suscitam necessidade mais intensa de proteção, para que se lhes possibilite a integração adequada na sociedade, afastando-o da política de caridade meramente assistencial, que o impelirá inexoravelmente à marginalidade", como observou com maestria Ricardo Tadeu Marques da Fonseca[17], tendo a Lei n. 11.180/2005 ampliado a proteção ao alterar o § 5º do art. 428 da CLT, para estabelecer que a idade máxima prevista no *caput* não se aplica ao aprendiz com deficiência.

A Lei n. 13.146/2015 também conferiu nova redação ao §6º do art. 428 da CLT, prevendo que "para os fins do contrato de aprendizagem, a comprovação da escolaridade do aprendiz com deficiência deve considerar, sobretudo, as habilidades e competências relacionadas com a profissionalização"[18], ou seja, não se deve exigir, singelamente, comprovação de escolaridade do aprendiz com deficiência, mas sim, aferir se ele possui disposição para a atividade que irá desenvolver.

Isto porque, é notório que as pessoas com deficiência enfrentam diversas dificuldades para sua formação, em especial no que se refere ao acesso à escola[19][20] — existência de transporte adequado, salas de aula inclusiva, material didático adaptado, compreensão e aptidão do corpo docente e técnico para lidar com uma pessoa com deficiência, a reiterada subestimação das capacidades e prática constante de desestímulo aos deficientes. Assim, desde de tenra idade, é o deficiente desestimulado à inserção social. Não pode, pois, ser essa prática reproduzida como mais um fator a impedir o acesso do deficiente, desta feita, à aprendizagem.

Destarte, basta que o aprendiz com deficiência demonstre interesse no desempenho da atividade, para que possa desenvolver de forma adequada suas habilidades e competências.

Essa postura inclusiva está respaldada por outros preceitos do ordenamento jurídico. Cabe ressaltar, nesse contexto, que o § 2º do art. 21-A, da Lei n. 8.742/1993 (LOAS — Lei Orgânica da Assistência Social), inserido pela Lei

---

(16) Diversas são as possibilidades para o cumprimento da cota de aprendizes. Pode-se, pois, empregar e matricular o aprendiz, seja em programas oferecidos pelo Sistema "S", seja em Escolas Técnicas de Educação ou em entidades sem fins lucrativos, que tenham por objetivo a assistência ao adolescente e à educação profissional, registradas no Conselho Municipal dos Direitos da Criança e do Adolescente, ou em entidades de prática desportiva das diversas modalidades filiadas ao Sistema Nacional do Desporto e aos Sistemas de Desporto dos Estados, do Distrito Federal e dos Municípios.

Pode, ademais, realizar as aulas práticas exclusivamente nas entidades qualificadas em formação técnico profissional (ambiente simulado) ou cumprir a cota em entidade concedente da experiência prática do aprendiz — como órgãos públicos, organizações da sociedade civil, nos termos do art. 2º da Lei n. 13.019, de 31 de julho de 2014 e unidades do Sistema Nacional de Atendimento Socioeducativo — Sinase (cota social).

Por fim, pode-se cumprir a cota através das entidades mencionadas nos incisos II e III do art. 430, ou seja, por meio de entidades sem fins lucrativos, que tenham por objetivo a assistência ao adolescente e à educação profissional, registradas no Conselho Municipal dos Direitos da Criança e do Adolescente ou de entidades de prática desportiva das diversas modalidades filiadas ao Sistema Nacional do Desporto e aos Sistemas de Desporto dos Estados, do Distrito Federal e dos Municípios.

(17) FONSECA, Ricardo Tadeu Marques. *O trabalho protegido do portador de deficiência*. São Bernardo do Campo: Revista da Faculdade de Direito de São Bernardo do Campo. 2001. p. 267 a 275.

(18) Nesse sentido, é o novel artigo 45, parágrafo único, do Decreto n. 9.579/2018, que estabelece: "Art. 45. Contrato de aprendizagem é o contrato de trabalho especial, ajustado por escrito e por prazo determinado não superior a dois anos, em que o empregador se compromete a assegurar ao aprendiz, inscrito em programa de aprendizagem, formação técnico-profissional metódica compatível com o seu desenvolvimento físico, moral e psicológico, e o aprendiz se compromete a executar, com zelo e diligência, as tarefas necessárias a essa formação.

Parágrafo único. *A comprovação da escolaridade de aprendiz com deficiência psicossocial deverá considerar, sobretudo, as habilidades e as competências relacionadas com a profissionalização*." (marcas nossas)

(19) Como bem observa Ricardo Tadeu Marques da Fonseca "a escola que não aceita as crianças e os jovens surdos, cegos ou com deficiências mentais nega cidadania não só a eles, mas a todos os seus alunos, que perdem assim, a oportunidade de aprender com as diferenças". FONSECA, Ricardo Tadeu Marques da. *Lapidação dos direitos humanos: o direito do trabalho, uma ação afirmativa*. São Paulo: LTr, 2007. p. 154.

(20) MENDES, Rodrigo Hübner. Ciladas da dicotomia entre inclusão e aprendizagem. *In*, Ministério público, sociedade e a lei brasileira de inclusão da pessoa com deficiência / André de Carvalho Ramos [*et al.*]; Eugênia Augusta Gonzaga, Jorge Luiz Ribeiro de Medeiros (organizadores). — Brasília: ESMPU, 2018. p. 231: "Não há dúvida de que a construção de redes de ensino inclusivas é extremamente desafiadora. Entre outras coisas, demanda comprometimento e disposição para mudanças estruturais. Contudo, escolas como a *Clarisse Fecury* e a *Henderson School* transcendem a teoria e oferecem respostas objetivas ao cômodo discurso do despreparo. É bom lembrar que a exclusão das pessoas com deficiência do mercado de trabalho é, quase sempre, fruto de uma baixa escolaridade e da inexperiência de convívio da maioria da população com esse segmento.

Não bastasse ser um direito, a educação inclusiva é uma resposta mais inteligente às demandas do mundo contemporâneo. Incentiva uma pedagogia não homogeneizadora e desenvolve competências interpessoais. A sala de aula deveria espelhar a diversidade humana, não escondê-la. Claro que isso gera novas tensões e conflitos, mas também estimula as habilidades morais para a convivência democrática. O resultado final é uma educação melhor para todos.".

n. 12.470/2011, dispõe que a contratação de aprendiz com deficiência não ensejará, de imediato, a interrupção ou suspensão no pagamento do Benefício de Prestação Continuada (BPC)[21]:

"A contratação de pessoa com deficiência como aprendiz não acarreta a suspensão do benefício de prestação continuada, limitado a 2 (dois) anos o recebimento concomitante da remuneração e do benefício".

Tal disposição legislativa visa evitar que o aprendiz carente, com deficiência — que percebe benefício assistencial —, tenha o pagamento do Benefício de Prestação Continuada (BPC) interrompido ou suspenso caso inicie atividade remunerada, de modo a incentivar sua inserção social e desenvolvimento como pessoa capaz de promover sua própria subsistência.

Ademais, não raro são os aprendizes carentes, com deficiência, verdadeiros provedores de sua família, sendo o Benefício de Prestação Continuada (BPC) responsável por assegurar um mínimo de renda para essas pessoas.

A emancipação que se busca com a inserção das pessoas carentes, com deficiência, no mercado de trabalho, encontra incentivo na manutenção desse benefício, visando não só estimular a formação profissional, mas também desatrelar o conceito de deficiência da ideia de incapacidade, assim possibilitando que a pessoa com deficiência atue na sociedade como cidadão produtivo, capaz de prover sua subsistência com a realização de um trabalho digno e decente.

Ao discorrer sobre o tema, Romeu Kazumi Sassaki[22] ressalta a importância desta nova mentalidade, que conceitua a inclusão social como um "processo pelo qual a sociedade se adapta para poder incluir, em seus sistemas sociais gerais, pessoas com necessidades especiais e, simultaneamente, estas se preparam para assumir seus papéis na sociedade.".

Além disso, não é incomum a constatação de que a inclusão da pessoa com deficiência melhora muito o relacionamento no ambiente de trabalho, por demonstrar que o convívio com o diferente é enriquecedor e estimula maior empenho e comprometimento de todos. Destarte, a observância do princípio da vedação do retrocesso produz efeitos muito mais amplos, desencadeando uma sinergia em benefício de toda a sociedade.

2.4 A sobreposição de cotas

Outra questão importante que tem suscitado muitos debates, se refere à sobreposição de cotas, pois as situações jurídicas são distintas[23].

---

(21) Outros incentivos também constam do ordenamento jurídico, conforme GUGEL, Maria Aparecida. O mundo do trabalho e as pessoas com deficiência. In: Ministério público, sociedade e a lei brasileira de inclusão da pessoa com deficiência/André de Carvalho Ramos [et al.]; Eugênia Augusta Gonzaga, Jorge Luiz Ribeiro de Medeiros (organizadores). — Brasília: ESMPU, 2018. p. 292-2933: "O art. 40 da LBI assegura à pessoa com deficiência que não possua meios para prover sua subsistência nem de tê-la provida por sua família o benefício mensal de um salário-mínimo, nos termos da Lei n. 8.742/1993 (LOAS), o que significa afirmar que não mais prevalecem as concepções de incapacidade para o trabalho para o recebimento do benefício assistencial. Essa nova proposição está mais consentânea com as alterações ocorridas na LOAS por força da Lei n. 12.470/2011, ou seja, a possibilidade de o jovem aprendiz acumular o benefício da prestação continuada (BPC) com a remuneração do contrato de aprendizagem pelo período de dois anos (arts. 20, § 9º, e 21-A, § 2º). Igualmente quanto à possibilidade de a pessoa com deficiência ter seu benefício suspenso se exercer atividade remunerada, inclusive na condição de microempreendedor individual (art. 21-A), e poder retornar à condição de beneficiário da assistência social. (...).

Outro critério inovador trazido pela LBI no art. 94 é o direito ao auxílio-inclusão para pessoas com deficiência moderada ou grave que recebem o BPC, ou o tenham recebido nos últimos cinco anos, e escolhem passar a exercer uma atividade remunerada, em qualquer modalidade (contrato de trabalho, microempreendedor, trabalhador autônomo, por exemplo), e desde que sejam enquadradas como segurados obrigatórios do Regime Geral da Previdência Social. Nesse caso, segue-se a regra da suspensão do BPC. Enquanto a pessoa com deficiência "moderada ou grave" permanecer na atividade remunerada, poderá acumular o salário com o auxílio-inclusão (salário + auxílio-inclusão). Essa acumulação, em vista dos atributos dos regimes assistenciais e do celetista, só é possível se o auxílio-inclusão não for considerado benefício assistencial.

A natureza desse auxílio-inclusão é retributiva e pretende-se que funcione como um incentivo, um estímulo, um prêmio pago à pessoa com deficiência que ingresse no mundo do trabalho. Espera-se a regulamentação do auxílio-inclusão da pessoa com deficiência o mais breve possível, visto que seu objetivo principal é incentivar a pessoa com deficiência moderada ou grave a se lançar no mundo do trabalho, mantendo o recebimento do valor do auxílio-inclusão para as despesas decorrentes de manutenção e necessidades da natureza da deficiência. Com isso, o receio (justo) de perda do BPC é compensado pelo auxílio-inclusão, acrescido da remuneração decorrente do contrato de trabalho, o que irá contribuir para a sua plena participação da vida em sociedade.".

(22) SASSAKI, Romeu Kazumi. Inclusão: construindo uma sociedade para todos. Rio de janeiro: WVA, 1997. p. 39.

(23) Observa-se, aqui, a existência da Instrução Normativa n. 98/2012, da Secretaria e Inspeção do Trabalho do Ministério do Trabalho (SIT/MTb), que, em seus arts. 16 e 17: "Art. 16. Constatados motivos relevantes que impossibilitam ou dificultam o cumprimento da reserva legal de cargos para pessoas com deficiência ou reabilitadas, poderá ser instaurado o procedimento especial para ação fiscal, por empresa ou setor econômico, previsto no art. 627-A da CLT e nos arts. 27 a 29 do Decreto n. 4.552, de 27 de dezembro de 2002, observadas as disposições desta Instrução Normativa e da Instrução Normativa n. 23, de 23 de maio de 2001.

Parágrafo único. O procedimento especial para a ação fiscal da inclusão de pessoa com deficiência ou reabilitada será instaurado pelo AFT, com anuência do coordenador do Projeto e da chefia imediata.

Art. 17. O procedimento especial para a ação fiscal poderá resultar na lavratura de termo de compromisso, no qual serão estipuladas as obrigações assumidas pelas empresas ou setores econômicos compromissados e os prazos para seu cumprimento.

Com efeito, enquanto a aprendizagem tem por objetivo a capacitação, a fixação de cota para a pessoa com deficiência tem por escopo vedar a discriminação e assegurar a inclusão destes trabalhadores, o que afasta a possibilidade de sobreposição, conforme critério expressamente fixado pelo § 3º do art. 93 da Lei n. 8.213/1991, ao estabelecer que:

"Para a reserva de cargos será considerada somente a contratação direta de pessoa com deficiência, excluído o aprendiz com deficiência de que trata a Consolidação das Leis do Trabalho (CLT), aprovada pelo Decreto-Lei n. 5.452, de 1º de maio de 1943."

Conclui-se, aqui também, pela impossibilidade de negociar a forma de contratação de pessoas com deficiência, seja com a utilização da cota de contratação de aprendizes para tanto, seja através da fixação de parâmetros outros, que não aqueles já fixados pelo ordenamento jurídico, que asseguram a implementação efetiva da inclusão.

3 A INCLUSÃO DA PESSOA COM DEFICIÊNCIA E AS QUESTÕES LABOR-AMBIENTAIS: O DEVER ATIVO DE VERDADEIRAMENTE INCLUIR

A contraface da vedação da adoção de critérios limitativos e, até mesmo discriminatórios, para a contratação de pessoas com deficiência, é o dever de promover medidas voltadas à inclusão[24], num ambiente de trabalho decente, em que tenham condições de desenvolver suas habilidades e competências

É o que se busca com a concretização da Convenção Internacional sobre os Direitos das Pessoas com Deficiência e seu Protocolo Facultativo — assim como com o Estatuto da Pessoa com Deficiência (Lei n. 13.146/2015) e diversos Decretos regulamentadores —, ao se buscar eliminar qualquer barreira, entrave, "obstáculo, atitude ou comportamento que limite ou impeça a participação social da pessoa, bem como o gozo, a fruição e o exercício de seus direitos à acessibilidade, à liberdade de movimento e de expressão, à comunicação, ao acesso à informação e compreensão às novas tecnologias, à circulação com segurança", "(...) a fim de assegurar que a pessoa com deficiência possa gozar ou exercer, em igualdade de condições e oportunidades com as demais pessoas, todos os direitos e liberdades fundamentais;".

---

§ 1º Nas reuniões concernentes ao processo de discussão e elaboração do termo de compromisso é permitida a participação de entidades e instituições atuantes na inclusão das pessoas com deficiência, bem como entidades representativas das categorias dos segmentos econômicos e profissionais.

§ 2º O termo de compromisso deve conter, no mínimo, as seguintes obrigações por parte dos compromissados:

I — proibição de discriminação baseada na deficiência, com respeito às questões relacionadas com as formas de emprego, de acordo com o especificado no art. 11;

II — identificação das barreiras porventura existentes e promoção da acessibilidade em suas diversas formas, respeitadas as necessidades de cada pessoa;

III — promoção de campanhas internas de valorização da diversidade humana e de combate à discriminação e ao assédio;

IV — promoção de qualificação profissional da pessoa com deficiência ou reabilitada, preferencialmente na modalidade de aprendizagem; e

V — impossibilidade de dispensa de trabalhador reabilitado ou com deficiência, sem a prévia contratação de substituto de condição semelhante, na hipótese de término de contrato por prazo determinado de mais de noventa dias, ou dispensa imotivada em contrato por prazo indeterminado.

§ 3º O prazo máximo do termo de compromisso será de doze meses, excetuado o caso em que o cumprimento da reserva legal esteja condicionado ao desenvolvimento de programas de aprendizagem profissional de pessoas com deficiência, nos termos do art. 429 da CLT, caso em que o prazo máximo será de vinte e quatro meses.

§ 4º Em caráter excepcional, e em face de projetos específicos de inclusão e qualificação profissional ou dificuldades comprovadamente justificadas, os prazos estipulados no § 3º poderão ser ampliados, com observância aos procedimentos estabelecidos pelas normas de regência.

§ 5º O termo de compromisso deve estabelecer metas e cronogramas para o cumprimento da reserva legal de forma gradativa, devendo a empresa, a cada etapa estipulada, apresentar variação positiva do percentual de preenchimento e, ao final do prazo, comprovar o cumprimento integral da reserva legal estipulada no art. 93 da Lei n. 8.213, de 1991, e dos demais compromissos assumidos.

§ 6º Durante o prazo fixado no termo de compromisso, devem ser feitas fiscalizações nas empresas, a fim de ser verificado o seu cumprimento, sem prejuízo da ação fiscal relativa a atributos não contemplados no referido termo.

§ 7º Frustrado o procedimento especial para a ação em face de não atendimento da convocação, recusa de firmar termo de compromisso, descumprimento de qualquer cláusula compromissada, devem ser lavrados, de imediato, os respectivos autos de infração, e poderá ser encaminhado relatório circunstanciado ao Ministério Público do Trabalho e demais órgãos competentes." (marcas nossas).

(24) A despeito de toda a sistemática legal inclusive, vale o registro do veto a dispositivo do Estatuto da Pessoa com Deficiência (Lei n. 13.146/2015), que assim previa, conforme Mensagem de Veto n 246: "O Ministério das Cidades manifestou-se pelo veto aos seguintes dispositivos:

Inciso II do art. 32

"II — definição de projetos e adoção de tipologias construtivas que considerem os princípios do desenho universal;"

Razões do veto

'Da forma ampla como prevista, *a medida poderia resultar em aumento significativo dos custos de unidades habitacionais do Programa Minha Casa, Minha Vida*, além de inviabilizar alguns empreendimentos, sem levar em conta as reais necessidades da população beneficiada pelo Programa. Além disso, no âmbito do próprio Minha Casa, Minha Vida, é previsto mecanismo para garantia da acessibilidade das unidades habitacionais, inclusive com as devidas adaptações ao uso por pessoas com deficiência.'" (marcas nossas)

Neste contexto, em se tratando de questões labor-ambientais cabe registrar o Decreto n. 9.405/2018, regulamentador do art. 122 da Lei n. 13.146/2015, ao consignar que para transpor obstáculos e barreiras, à pessoa com deficiência devem ser asseguradas condições de acessibilidade, adaptação razoável e tecnologia assistiva no local de trabalho, nos seguintes termos:

"— acessibilidade — possibilidade e condição de alcance para utilização, com segurança e autonomia, de espaços, mobiliários, equipamentos urbanos, edificações, transportes, informação e comunicação, inclusive seus sistemas e tecnologias, e outros serviços e instalações abertos ao público, de uso público ou privado de uso coletivo, tanto na zona urbana como na rural, por pessoa com deficiência ou com mobilidade reduzida;

— adaptações razoáveis — adaptações, modificações e ajustes necessários e adequados que não acarretem ônus desproporcional e indevido, quando requeridos em cada caso, a fim de assegurar que a pessoa com deficiência possa gozar ou exercer, em igualdade de condições e oportunidades com as demais pessoas, todos os direitos e liberdades fundamentais.

— tecnologia assistiva — produtos, equipamentos, dispositivos, recursos, metodologias, estratégias, práticas e serviços que objetivem promover a funcionalidade, relacionada à atividade e à participação da pessoa com deficiência ou com mobilidade reduzida, visando à autonomia, à independência, à qualidade de vida e à inclusão social."

Esta diretriz é reforçada pelo constante do inciso I do art. 433 da CLT, ao prever a impossibilidade de rescisão antecipada do contrato de aprendizagem quando a pessoa com deficiência estiver desprovida "de recursos de acessibilidade, de tecnologias assistivas e de apoio necessário ao desempenho de suas atividades".

Ainda, vale menção ao disposto no capítulo 9 do Anexo II da Norma Regulamentadora n. 17 do Ministério do Trabalho, que trata de ergonomia:

"9. PESSOAS COM DEFICIÊNCIA

9.1. Para as pessoas com deficiência e aquelas cujas medidas antropométricas não sejam atendidas pelas especificações deste Anexo, o mobiliário dos postos de trabalho deve ser adaptado para atender às suas necessidades, e devem estar disponíveis ajudas técnicas necessárias em seu respectivo posto de trabalho para facilitar sua integração ao trabalho, levando em consideração as repercussões sobre a saúde destes trabalhadores.

9.2. As condições de trabalho, incluindo o acesso às instalações, mobiliário, equipamentos, condições ambientais, organização do trabalho, capacitação, condições sanitárias, programas de prevenção e cuidados para segurança pessoal devem levar em conta as necessidades dos trabalhadores com deficiência." (marcas nossas)

Tais critérios de proteção constituem preceitos de ordem pública, que visam a evitar a supressão ou a redução dos direitos das pessoas com deficiência e que o ordenamento jurídico trabalhista reconhece como fundamentais.

 A VEDAÇÃO DA ADOÇÃO DE CRITÉRIOS DISCRIMINATÓRIOS À CONTRATAÇÃO DE PESSOAS COM DEFICIÊNCIA

A Convenção n. 111 da OIT[25], que trata da discriminação em matéria de emprego e profissão, ratificada pelo Brasil por meio do Decreto Legislativo n. 104/1964 e promulgada pelo Decreto n. 62.150/1968, estabeleceu em seus artigos 1º, item 3, 2º e 3º, alínea "a", que:

"ARTIGO 1º

3. Para os fins da presente convenção as palavras 'emprego' e 'profissão' *incluem o acesso à formação profissional, ao emprego e às diferentes profissões, bem como as condições de emprego.*

---

(25) A Convenção n. 111 da OIT trata da "discriminação em matéria de emprêgo e profissão", tendo sido aprovada pelo Decreto Legislativo n. 104/1964 e promulgada pelo Decreto n. 62.150/1968.

ARTIGO 2º

Qualquer Membro para o qual a presente convenção se encontre em vigor compromete-se a formular e aplicar uma política nacional que tenha por fim promover, por métodos adequados às circunstâncias e aos usos nacionais, *a igualdade de oportunidade e de tratamento em matéria de emprego e profissão, com objetivo de eliminar toda discriminação nessa matéria.*

ARTIGO 3º

Qualquer Membro para o qual a presente convenção se encontre em vigor deve, por métodos adequados às circunstâncias e os usos nacionais:

a) Esforçar-se por obter a colaboração das organizações de empregadores e Trabalhadores e de outros organismos apropriados, com o fim de favorecer a aceitação e aplicação desta política;" (marcas nossas)

A Convenção Internacional sobre os Direitos das Pessoas com Deficiência e seu Protocolo Facultativo, assinados em Nova Iorque em 30 de março de 2007, e internalizados pelo Brasil como emenda constitucional, ampliaram esta proteção ao preconizar em seus arts. 5º e 27:

"Artigo 5º — Igualdade e não-discriminação

1. Os Estados Partes reconhecem que todas as pessoas são iguais perante e sob a lei e que fazem jus, sem qualquer discriminação, a igual proteção e igual benefício da lei.

2. Os Estados Partes *proibirão qualquer discriminação baseada na deficiência e garantirão às pessoas com deficiência igual e efetiva proteção legal contra a discriminação por qualquer motivo. (...)*

Artigo 27 — Trabalho e emprego

1. Os Estados Parte *reconhecem o direito das pessoas com deficiência ao trabalho, em igualdade de oportunidades com as demais pessoas.* Esse direito abrange o direito à *oportunidade de se manter com um trabalho de sua livre escolha ou aceitação no mercado laboral, em ambiente de trabalho que seja aberto, inclusivo e acessível a pessoas com deficiência.* Os Estados Partes salvaguardarão e promoverão a realização do direito ao trabalho, inclusive daqueles que tiverem adquirido uma deficiência no emprego, adotando medidas apropriadas, *incluídas na legislação,* com o fim de, entre outros:

h) *Promover o emprego de pessoas com deficiência no setor privado, mediante políticas e medidas apropriadas, que poderão incluir programas de ação afirmativa, incentivos e outras medidas.*" (marcas nossas)

As disposições acima transcritas, que ingressaram no ordenamento jurídico com *status* de norma supralegal, conforme o paradigmático Acórdão proferido pelo Supremo Tribunal Federal (STF) quando do julgamento do Recurso Extraordinário (RE) n. 466.343[26], ou com força de emenda constitucional, quando observado o disposto no § 3º do art. 5º da Constituição Federal, devem ser interpretadas conjuntamente com outros preceitos, visto que há um verdadeiro sistema normativo constitucional estabelecendo uma rede de proteção às pessoas com deficiência, em conformidade com o princípio da vedação do retrocesso.

Nesse sentido tem-se o inciso XIV do art. 24, o inciso IV do art. 203, o inciso III do art. 208 e o art. 227 da Constituição Federal, *in verbis*:

"Art. 24. Compete à União, aos Estados e ao Distrito Federal legislar concorrentemente sobre:

XIV — proteção e integração social das pessoas portadoras de deficiência;

Art. 203. A assistência social será prestada a quem dela necessitar, independentemente de contribuição à seguridade social, e tem por objetivos:

IV — *a habilitação e reabilitação das pessoas portadoras de deficiência e a promoção de sua integração à vida comunitária;*

---

(26) Referida posição vem sendo reafirmada pelo E. STF, conforme se nota da seguinte decisão: "*Esse caráter supralegal do tratado devidamente ratificado e internalizado na ordem jurídica brasileira — porém não submetido ao processo legislativo estipulado pelo art. 5º, § 3º, da Constituição Federal* — foi reafirmado pela edição da Súmula Vinculante n. 25, segundo a qual 'é ilícita a prisão civil de depositário infiel, qualquer que seja a modalidade do depósito'. Tal verbete sumular consolidou o entendimento deste tribunal de que o art. 7º, item 7, da Convenção Americana de Direitos Humanos teria ingressado no sistema jurídico nacional com *status* supralegal, inferior à Constituição Federal, mas superior à legislação interna, a qual não mais produziria qualquer efeito naquilo que conflitasse com a sua disposição de vedar a prisão civil do depositário infiel. *Tratados e convenções internacionais com conteúdo de direitos humanos, uma vez ratificados e internalizados, ao mesmo passo em que criam diretamente direitos para os indivíduos, operam a supressão de efeitos de outros atos estatais infraconstitucionais que se contrapõem à sua plena efetivação.* (ADI n. 5.240, Relator Ministro Luiz Fux, Tribunal Pleno, julgamento em 20.8.2015, DJe de 1.2.2016)" (marcas nossas), <http://www.stf.jus.br/portal/jurisprudencia/menuSumario.asp?sumula=1268>, consulta realizada em: 12 jul. 2018.

Art. 208. O dever do Estado com a educação será efetivado mediante a garantia de:

III — atendimento educacional especializado aos portadores de deficiência, preferencialmente na rede regular de ensino;

Art. 227. É dever da família, da sociedade e do Estado assegurar à criança, ao adolescente e ao jovem, com absoluta prioridade, o direito à vida, à saúde, à alimentação, à educação, ao lazer, à profissionalização, à cultura, à dignidade, ao respeito, à liberdade e à convivência familiar e comunitária, além de colocá-los a salvo de toda forma de negligência, discriminação, exploração, violência, crueldade e opressão.

II — criação de programas de prevenção e atendimento especializado para as pessoas portadoras de deficiência física, sensorial ou mental, bem como de integração social do adolescente e do jovem portador de deficiência, mediante o treinamento para o trabalho e a convivência, e a facilitação do acesso aos bens e serviços coletivos, com a eliminação de obstáculos arquitetônicos e de todas as formas de discriminação." (marcas nossas)

Em consonância com este sistema protetivo, o inciso XXXI do art. 7º da Constituição Federal prevê:

"Art. 7º São direitos dos trabalhadores urbanos e rurais, além de outros que visem à melhoria de sua condição social:

XXXI — *proibição de qualquer discriminação no tocante a salário e critérios de admissão do trabalhador portador de deficiência;"* (marcas nossas)

Neste contexto, oportuno trazer à colação o disposto no art. 170 da Constituição Federal, ao prever que a "ordem econômica, fundada na valorização do trabalho humano e na livre-iniciativa, tem por fim assegurar a todos existência digna, conforme os ditames da justiça social.

Destarte, tem-se mandamento constitucional a indicar vedação à proteção insuficiente, com determinação clara para que os particulares adotem postura ativa, no sentido de promover a inclusão das pessoas com deficiência, evitando que possam utilizar meios para deixar de cumprir esta obrigação.

Acrescente-se ter a Lei n. 13.146/2015 alterado o art. 1º da Lei n. 9.029/1995 para constar, expressamente, a proibição de "adoção de qualquer prática discriminatória e limitativa" por motivo de deficiência não só para acesso, mas também para efeito de manutenção da relação de trabalho.

Ademais, a Lei n. 13.146/2015 prescreve de forma clara, em seus arts. 34, § 3º, e 35, que:

"*Art. 34. A pessoa com deficiência tem direito ao trabalho de sua livre escolha e aceitação, em ambiente acessível e inclusivo, em igualdade de oportunidades com as demais pessoas.*

§ 1º As pessoas jurídicas de direito público, privado ou de qualquer natureza são obrigadas a garantir ambientes de trabalho acessíveis e inclusivos.

§ 2º A pessoa com deficiência tem direito, em igualdade de oportunidades com as demais pessoas, a condições justas e favoráveis de trabalho, incluindo igual remuneração por trabalho de igual valor.

§ 3º *É vedada restrição ao trabalho da pessoa com deficiência e qualquer discriminação em razão de sua condição, inclusive nas etapas de recrutamento, seleção, contratação, admissão, exames admissional e periódico, permanência no emprego, ascensão profissional e reabilitação profissional, bem como exigência de aptidão plena.*

§ 4º A pessoa com deficiência tem direito à participação e ao acesso a cursos, treinamentos, educação continuada, planos de carreira, promoções, bonificações e incentivos profissionais oferecidos pelo empregador, em igualdade de oportunidades com os demais empregados.

§ 5º É garantida aos trabalhadores com deficiência acessibilidade em cursos de formação e de capacitação.

Art. 35. É finalidade primordial das políticas públicas de trabalho e emprego promover e garantir condições de acesso e de permanência da pessoa com deficiência no campo de trabalho.

Parágrafo único. Os programas de estímulo ao empreendedorismo e ao trabalho autônomo, incluídos o cooperativismo e o associativismo, devem prever a participação da pessoa com deficiência e a disponibilização de linhas de crédito, quando necessárias." (marcas nossas)

Com efeito, não se trata de conceder um favor, mas respeitar o direito fundamental da pessoa com deficiência ter a possibilidade de garantir sua subsistência pelo trabalho.

Portanto, a adoção de critérios não inclusivos poderá ensejar a caracterização de conduta discriminatória, a atrair a aplicação das cominações legais respectivas.

Entre as condutas que podem ser tipificadas como discriminatórias, estão as que fragilizam a inserção das pessoas com deficiência no mercado de trabalho, vício que não é afastado pelo simples fato de terem sido assim previstas em cláusula convencionada, pois o art. 611-A da CLT não respalda esta interpretação, notadamente ante o disposto no art. 611-B, que eiva de ilicitude a cláusula que possibilita a discriminação, ou viola norma de saúde, higiene e segurança no trabalho, prevista em lei ou preceito regulamentar, assim assegurando a observância do princípio de vedação do retrocesso nas questões labor-ambientais da pessoa com deficiência.

Portanto, a negociação de critérios excludentes, sem amparo em fator de *discrimen*[27] legítimo e legalmente admitido, caracteriza a discriminação ilícita, vez que amparada em razões ilegais — mera exclusão de deficientes do mercado de trabalho —, o que enseja, por isso, a aplicação das sanções previstas no ordenamento jurídico.

5 AS SANÇÕES PREVISTAS EM LEI

Como bem pondera José Afonso da Silva[28] os "valores sociais do trabalho estão precisamente na função de criar riquezas, de prover a sociedade de bens e serviços e, enquanto atividade social, fornecer à pessoa humana bases de sua autonomia e condições de vida digna.".

A fim de conferir efetividade a este sistema protetivo, de matriz constitucional, a Lei n. 13.146, de 2015, alterou a Lei n. 9.029/1995, proibindo expressamente a prática de atos discriminatórios, assim considerados nos seguintes termos:

"Art. 1º É proibida a adoção de qualquer prática discriminatória e limitativa para efeito de acesso à relação de trabalho, ou de sua manutenção, por motivo de sexo, origem, raça, cor, estado civil, situação familiar, *deficiência*, reabilitação profissional, idade, entre outros, ressalvadas, nesse caso, as hipóteses de proteção à criança e ao adolescente previstas no inciso XXXIII do art. 7º da Constituição Federal." (marcas nossas)

Neste passo, alterou também o art. 3º para constar que, além da tipificação criminal das condutas lesivas, "resultantes de preconceito de etnia, raça, cor ou deficiência", as infrações ao disposto na referida lei acarretarão:

"II — *proibição de obter empréstimo ou financiamento junto a instituições financeiras oficiais*." (marcas nossas)

Trata-se de sanção louvável, destinada a compelir o empregador a cumprir o mandamento constitucional que lhe atribui o cumprimento de função social, bem como de punir aqueles que, utilizando-se de um suposto permissivo legal conferido pelo art. 611-A da CLT, buscam fragilizar política pública de inclusão de pessoas com deficiência no mercado de trabalho.

Assim, para além da punição que pode ser impingida ao empregador que atua de forma discriminatória, tem-se a possibilidade de que os entes sindicais também possam responder por sua conduta, ainda que no exercício de sua autonomia da vontade coletiva, quando esta se mostrar discriminatória.

Nestes termos, abre-se a possibilidade da imputação de sanção aos entes sindicais que, atuando de forma discriminatória, negociam para excluir determinada categoria econômica do cumprimento da responsabilidade legal de inclusão.

---

(27) MELLO, Celso Antônio Bandeira de. *O conteúdo jurídico do princípio da igualdade*. 3. ed., 21ª tiragem. São Paulo: Malheiros editores, 2012. p. 37: "30. O *ponto nodular para exame da correção de uma regra em face do princípio isonômico reside na existência ou não de correlação lógica entre o fator erigido em critério de discrímen e a discriminação legal decidida em função dele.*", e continua, na p. 38, "32. Então, no que atina ao ponto central da matéria abordada procede afirmar: é agredida a igualdade quando o fator diferencial adotado para qualificar os atingidos pela regra não guarda relação de pertinência lógica com a inclusão ou exclusão no benefício deferido ou com a inserção ou arredamento do gravame imposto.", e, na p. 39, "34. Por derradeiro cumpre fazer uma importante averbação. A correlação lógica a que se aludiu, nem sempre é absoluta, 'pura', a dizer, isenta da penetração de ingredientes próprios das concepções da época, absorvidos na intelecção da época.". Por fim, na p. 46, tem-se importante observação: "41. Por último, registre-se que o respeito ao princípio da igualdade reclama do exegeta uma vigilante cautela, a saber: Não se podem interpretar como desigualdades legalmente certas situações, quando a lei não haja 'assumido' o fato tido como desequiparador. Isto é, circunstâncias ocasionais, que proponham fortuitas, acidentais, cerebrinas ou sutis distinções entre categorias de pessoas não são de considerar." (marcas nossas).
(28) SILVA, José Afonso da. *Comentário contextual à Constituição*. São Paulo: Malheiros, 2005. p. 39.

6 — A NEGOCIAÇÃO COLETIVA SOBRE QUESTÕES ENVOLVENDO PESSOAS COM DEFICIÊNCIA: VEDAÇÃO CONSTITUCIONAL E LIMITES LEGAIS

Ao proceder a Reforma Trabalhista, a Lei n. 13.467/2017 inseriu o art. 611-A na CLT, que estabelece a prevalência das cláusulas convencionadas sobre a lei. Neste contexto, questiona-se: o rol exemplificativo, que elencou em seus incisos diversos temas passíveis de acordo coletivo ou convenção coletiva, permitiria a negociação em relação às normas protetivas e critérios legais previstos no sistema de cotas da pessoa com deficiência?

A questão se reveste de preocupante gravidade, porque o interesse demonstrado por alguns entes privados — sindicatos e empregadores — em negociar a redução da base de cálculo ou a restrição dos critérios caracterizadores das pessoas com deficiência, na verdade, traz consigo a tentativa de utilizar a autonomia privada coletiva para afastar política pública fundamental, submetendo o interesse público de toda sociedade aos interesses privados dos entes negociantes, em colisão direta com o balizamento traçado pelo *caput* do art. 8º da CLT, ao preconizar que:

"Art. 8º As autoridades administrativas e a Justiça do Trabalho, na falta de disposições legais ou contratuais, decidirão, conforme o caso, pela jurisprudência, por analogia, por equidade e outros princípios e normas gerais de direito, principalmente do direito do trabalho, e, ainda, de acordo com os usos e costumes, o direito comparado, *mas sempre de maneira que nenhum interesse de classe ou particular prevaleça sobre o interesse público.*" (marcas nossas)

Restringir, em cláusula negociada, o acesso ao trabalho da pessoa com deficiência, viola todo o ordenamento jurídico que assegura uma série de proteções, assim como colide com o preceituado no art. 611-B, inserido na CLT pela Lei n. 13.467/2017 que, ao tratar do tema, seguiu diretriz constitucional ao estabelecer expressamente que:

"Art. 611-B. *Constituem objeto ilícito* de convenção coletiva ou de acordo coletivo de trabalho, exclusivamente, *a supressão ou a redução dos seguintes direitos:*

XXII — *proibição de qualquer discriminação no tocante a salário e critérios de admissão do trabalhador com deficiência;*" (marcas nossas)

Tal preceito indica que aos participantes de uma negociação coletiva não é dado restringir a inclusão das pessoas com deficiência no mercado de trabalho, cabendo-lhes, na realidade, função diametralmente oposta, consubstanciada em conferir efetividade ao dever constitucional de inclusão, vez que erigido como direito fundamental a ser oposto não só de forma vertical em face do Estado, mas também entre particulares, assim traçando limites ao exercício da autonomia privada coletiva (eficácia horizontal dos direitos fundamentais).

Ao discorrer sobre a eficácia dos direitos fundamentais nas relações entre particulares, Daniel Sarmento e Fábio Rodrigues Gomes[29] ressaltam que nossa "Constituição consagra um modelo de Estado Social, voltado para a promoção da igualdade substantiva" e, por isso, "a eficácia dos direitos fundamentais na esfera privada é direta e imediata". Neste contexto, a "incidência dos direitos fundamentais nas relações de trabalho é essencial para tornar estas relações mais humanizadas e justas, considerando o cenário de desigualdade e assimetria que as caracteriza.".

Portanto, qualquer cláusula que vise suprimir ou reduzir os direitos, que impedem a discriminação e a exclusão da pessoa com deficiência, está eivada de nulidade, vez que ilegal e inconstitucional, assim ensejando o ajuizamento de ações anulatórias e ações civis públicas, por afronta ao inciso XXXI do art. 7º da Constituição Federal[30].

Destarte, inafastável a conclusão de que em nosso ordenamento jurídico o exercício da autonomia privada não pode violar os direitos fundamentais da pessoa com deficiência, garantidos expressamente pela Constituição Federal não só em face do Estado, mas também nas relações entre particulares, inclusive em âmbito coletivo, como acordos e convenções coletivas de trabalho.

---

(29) SARMENTO, Daniel; GOMES, Fábio Rodrigues. A eficácia dos direitos fundamentais nas relações entre particulares: o caso das relações de trabalho. São Paulo: Lex Magister. *Revista TST.* vol. 77, n. 4, out/dez 2011. p. 82, 84 e 101.

(30) TRT/SP — SDC 0297200500002001 — Ação anulatória. Artigo 93 da Lei n. 8.213/1991.

7 AS POSSIBILIDADES DE IMPUGNAÇÃO DE ACORDOS COLETIVOS E CONVENÇÕES COLETIVAS: AÇÃO CIVIL PÚBLICA E AÇÃO ANULATÓRIA. MUDANÇAS NA DOUTRINA E NA JURISPRUDÊNCIA

As mudanças profundas, empreendidas pela Reforma Trabalhista, vêm suscitando novas discussões quanto ao cabimento da ação anulatória e da ação civil pública em relação à matéria ora em estudo.

A CLT não disciplina a ação anulatória no processo trabalhista, o que atrai a aplicação subsidiária do regramento previsto no § 4º do art. 966 do Código de Processo Civil (CPC/2015), *in verbis*:

"§ 4º Os atos de disposição de direitos, praticados pelas partes ou por outros participantes do processo e homologados pelo juízo, bem como os atos homologatórios praticados no curso da execução, estão sujeitos à anulação, nos termos da lei."

As ações anulatórias, que podem ser ajuizadas nos Tribunais Regionais do Trabalho ou do Tribunal Superior do Trabalho, visam desconstituir cláusulas previstas em acordos e convenções coletivas e provocam efeitos que ultrapassam a órbita das partes convenentes.

Entretanto, se o pleito não tiver como objeto a decretação de nulidade, mas referir-se tão somente ao afastamento da aplicação de determinada cláusula convencionada a um contrato individual de trabalho específico, a matéria pode ser apreciada de forma incidental em uma reclamação trabalhista. Com efeito, se o Juízo de 1º grau pode, em controle difuso, afastar a aplicação de lei que repute inconstitucional, nada impede que, de forma incidental, proceda ao controle da legalidade/convencionalidade/constitucionalidade da cláusula negociada, para afastar sua aplicação àquele contrato de trabalho, notadamente quando configurada violação aos direitos fundamentais trabalhistas, expressamente albergados no art. 7º da Constituição Federal, que em seu inciso XXXI proíbe expressamente qualquer discriminação ao trabalhador com deficiência.

A mesma lógica aplica-se às ações civis públicas, nas quais são admitidas pretensões lastreadas no reconhecimento incidental da inconstitucionalidade de leis e atos normativos.

Com fundamento no inciso IV do art. 83 da Lei Complementar n. 75/1993, entende-se que o Ministério Público do Trabalho[31] tem legitimidade ativa e interesse processual para propor ação anulatória de cláusulas negociadas em acordos coletivos e convenções coletivas de trabalho, quando violarem normas que estabelecem a inclusão de pessoas com deficiência, podendo pleitear, também, e por meio da ação civil pública, a imposição das penalidades previstas na Lei n. 9.029/1995, além de eventual condenação em danos morais coletivos.

A possibilidade de o Ministério Público ajuizar tanto ação anulatória, quanto ação civil pública, em relação a tal matéria, até então era admitida pela doutrina que, embora distinguisse seus diferentes objetos e efeitos, procedia à interpretação ampliativa:

"O entendimento de que apenas a ação anulatória é cabível na hipótese, e não a ação civil pública, é extremamente restritivo, pois não reflete os princípios constitucionais de proteção ao trabalho, tampouco a lógica das ações coletivas, estabelecida no artigo 83 da Lei n. 8.078/1990, no sentido de que para a defesa dos interesses e direitos coletivos são admitidas todas as ações que propiciem sua adequada e efetiva tutela.

Como será visto em item próprio, a opção por uma ou outra possui reflexos na prática. Em termos de efetividade da decisão, a ação civil pública é bem mais apropriada. No tocante à amplitude da matéria a ser devolvida por ocasião da interposição de recurso para o Tribunal Superior do Trabalho, a ação anulatória se apresenta mais conveniente. Assim, é o Procurador que deverá avaliar, diante do caso concreto, qual é a ação mais adequada para impedir os efeitos da violação ao ordenamento jurídico trabalhista."[32]

A questão nestes termos já estava superada por Acórdão do próprio Supremo Tribunal Federal:

"*Ministério Público do Trabalho. Atribuições. Legitimação Ativa. Declaração de Nulidade de Contrato, Acordo Coletivo ou Convenção Coletiva. LC 75, de 20.05.1993, Art. 83, IV. CF, Arts. 128, § 5º, e 129, IX.* I. A atribuição conferida ao Ministério Público do Trabalho, no art. 83, IV, da LC 75/93 — propor as ações coletivas para a declaração de nulidade de cláusula de contrato,

---

(31) A legitimidade ativa e o interesse processual do *Parquet* constam, ainda, dos arts. 3º e 7º da Lei n. 7.853/1989.

(32) PEREIRA, Ricardo José Macedo de Britto. *Ação Civil Pública no Processo do Trabalho*. Salvador: JusPodivm, 2015. p. 200.

acordo coletivo ou convenção coletiva que viole as liberdades individuais ou coletivas ou os direitos individuais indisponíveis dos trabalhadores — compatibiliza-se com o que dispõe a CF no art. 128, § 5º, e art. 129, IX. II — Constitucionalidade do art. 83, IV, da LC n. 75, de 1993. ADIn julgada improcedente. STF — ADIn 1.852-1 — DF — TP — Rel. Min. Carlos Velloso — DJU 21.11.2003." ADIn 1.852-1 — DF — Rel. Min. Carlos Velloso — DJU 21.11.2003.

Entretanto, em recente alteração de entendimento, o Tribunal Superior do Trabalho (TST) rejeitou a possibilidade de o Ministério Público ajuizar ação civil pública em relação à matéria. Neste sentido a decisão proferida pela Seção de Dissídios Individuais (SDI) do TST, ao julgar embargos, tendo o Acórdão ressaltado as seguintes razões:

"*O Ministério Público sustenta que, ao contrário do entendimento do acórdão embargado, é a ação civil pública a apropriada para obter condenação de entes Sindicais de se absterem (obrigação de não fazer) de inserir determinadas cláusulas em futuros acordos e/ou convenções coletivas que vierem a celebrar, sob pena de multa.*

Salienta que a competência para o exame da ação esta diretamente vinculada ao ajuizamento de uma ou outra (ação civil pública ou ação anulatória). O pedido do MPT, portanto, é o de que os Sindicatos Réus se abstenham de inserir em acordos e/ou convenções coletivos que, no futuro, celebrem, cláusulas que contemplem excesso de jornada e que diluam ou reduzam o intervalo intrajornada.

Entende que a via estreita da Ação Anulatória, de caráter declaratório, não admite a tutela pretendida. Lembra que não pediu nulidade de cláusula já vigente, mas a condenação dos Réus a não mais inserirem cláusulas com o conteúdo discriminado na ACP em futuros instrumentos coletivos.

Pugna pela reforma do acórdão com base em dissenso de julgados. Transcreve arestos para o confronto de teses.

O aresto oriundo da 1ª Turma deste Tribunal, às fls. 417/418, que impulsionou o processamento do presente recurso carece de especificidade. Senão vejamos:

RECURSO DE REVISTA. AÇÃO CIVIL PÚBLICA. COMPETÊNCIA FUNCIONAL. LOCAL DO DANO. VARA DO TRABALHO. DECLARAÇÃO INCIDENTAL DE NULIDADE DE CLÁUSULA DE CONVENÇÃO COLETIVA DE TRABALHO. CONTRIBUIÇÃO ASSISTENCIAL DE FILIADOS E NÃO FILIADOS AO SINDICATO. OBRIGAÇÃO DE FAZER E NÃO FAZER. ADEQUAÇÃO. I — A ação civil pública poderá ter por objeto a condenação em dinheiro ou o cumprimento de obrigação de fazer ou não fazer, e será proposta no foro do local onde ocorrer o dano, cujo juízo terá competência funcional para processar e julgar a causa (n. 7.347/1985, arts. 2º e 3º; CDC, art. 93). Na Justiça do Trabalho, a delimitação da competência territorial da Vara do Trabalho é disciplinada pela Orientação Jurisprudencial n. 130 da SBDI-2 deste Tribunal, cuja *ratio decidendi* deixou de ser aplicada, na espécie. *II — É firme a jurisprudência no sentido de que a ilegalidade de determinada lei (formal ou material, caso da norma coletiva autônoma peculiar ao Direito Coletivo do Trabalho) pode ser alegada em ação civil pública, desde que a título de causa de pedir* e, nesta hipótese, o controle de legalidade terá caráter incidental, sem efeito *erga omnes* (art. 16 da Lei n. 7.347/1985). *III — Na ação anulatória de cláusula coletiva não é possível cumulação do pedido de condenação em dinheiro e o de cumprimento de obrigação de fazer ou não fazer (tutela inibitória), dada a sua natureza jurídica declaratória.* Recurso de revista conhecido e provido." (RR-800385-67.2005.5.12.0037, Relator Ministro Walmir Oliveira da Costa, 1ª Turma, DEJT de 29.05.2015).

Com efeito, como se pode observar da transcrição acima, o referido paradigma oriundo da 1ª Turma deste Tribunal, às fls. 417/418, acima transcrito, revela-se inespecífico, nos moldes da Súmula n. 296, I, desta Corte, pois não trata da hipótese destes autos, *em que a egrégia Turma considerou que o pedido formulado em ação civil pública — de que os requeridos se abstenham de fazer constar nos instrumentos coletivos futuros que celebrarem um com o outro, ou com quaisquer outras entidades sindicais e empregadores cláusulas que exorbitem o limite máximo de labor* de dez horas diárias, conforme preconiza o art. 59, § 2º, da CLT ou que dilua ou reduza o intervalo intrajornada abaixo do mínimo fixado no art. 71 da CLT, exceto se houver prévia autorização do Ministério do Trabalho e Emprego — *equivale, de forma oblíqua, à declaração de nulidade das cláusulas coletivas que amparam as condutas da empresa em detrimento da legislação vigente, que desafia o ajuizamento de ação anulatória perante o Tribunal Regional.*

Incide, portanto, na espécie o óbice contido na Súmula n. 296, I, deste Tribunal.

Os outros dois arestos, transcritos às fls. 419/423, não se prestam ao fim pretendido, porque oriundo da SDC, órgão cujas decisões não está elencado no art. 894, II, da CLT, como capaz de propiciar o confronto de teses para estabelecer o dissenso jurisprudencial."

Processo: E-RR — 198000-54.2009.5.03.0152. Data de Julgamento: 22.02.2018, Relator Ministro: Cláudio Mascarenhas Brandão, Subseção I Especializada em Dissídios Individuais, Data de Publicação: DEJT 02.03.2018".[33]

---

(33) No mesmo sentido, pode-se citar: "*AGRAVO. RECURSO DE EMBARGOS. INTERPOSIÇÃO SOB A ÉGIDE DA LEI N. 13.015/2014. AÇÃO CIVIL PÚBLICA. NULIDADE DE CLÁUSULA DE CONVENÇÃO COLETIVA. NÃO CABIMENTO.* Ante a demonstração de divergência jurisprudencial, merece ser admitido o recurso de embargos.

Agravo conhecido e provido.

Ao abrir um amplo leque de novas possibilidades de negociação coletiva no art. 611-A da CLT, conferindo-lhe prevalência sobre a norma estatal, a Lei n. 13.467/2017 certamente provocará mudanças, não só quanto à ampliação das hipóteses de cabimento da ação civil pública, mas também no que se refere à necessidade de conferir maior abrangência à ação anulatória, cada qual com seus efeitos próprios, que passam a revestir-se de notória relevância.

Nesse sentido, há respaldo para admitir o manejo da ação civil pública, quando a impugnação à cláusula vigente estiver voltada à concessão de tutela inibitória, (obrigação de fazer / não fazer)[34], com escopo não só de obter a recomposição da lesão causada, mas também de evitar que, em futuros acordos coletivos ou convenções coletivas, sejam inseridas cláusulas que violem direitos fundamentais da pessoa com deficiência. A pretensão busca garantir a integridade do ordenamento jurídico, ao recompor os efeitos da lesão ocorrida e impedir que o ilícito se repita, muitas vezes com efeitos irreversíveis.

Além disso, a valorização da negociação coletiva vai exigir uma nova configuração da ação anulatória que, além de declaratória, passa a ter também natureza cominatória, ante a previsão contida nos §§ 4º e 5º do art. 611-A da CLT, abrindo a possibilidade da imposição da obrigação de fazer/não fazer (tutela inibitória) em relação a determinada cláusula que está em vigor, tendo por escopo impedir a violação do ordenamento jurídico trabalhista, assim garantindo a atividade satisfativa da jurisdição, com a solução efetiva do conflito.

Esta vertente ampliativa da ação anulatória já fora sinalizada por Carreira Alvim[35], ao prever a possibilidade do autor pleitear, com espeque no art. 303 do CPC, a concessão de "tutela antecipada em caráter antecedente, para invocar em seu favor uma tutela liminar, quando a urgência for contemporânea ao exercício da ação", questão que se reveste de notória importância na seara trabalhista, quando se tornar imperioso fazer cessar de imediato os efeitos nefastos, provocados por cláusula negociada ilegal, que viole direitos fundamentais.

Destarte, imperioso reconhecer que a Lei n. 13.467/2017 (Reforma Trabalhista) abriu novos debates, o que certamente provocará a revisitação de conceitos, tanto no que se refere à ação civil pública ajuizada com o escopo de inibir a inserção de cláusulas ilegais em negociações futuras, quanto à ampliação do objeto e efeitos da ação anulatória de cláusulas inseridas em acordos coletivos e convenções coletivas, a fim de evitar que a valorização da negociação coletiva seja utilizada de forma abusiva, em afronta à ordem jurídica justa e efetiva, posta pelo ordenamento constitucional, cenário em que a atuação fiscalizatória do Ministério Público se reveste de significativa importância[36], notadamente quando se trata de questão afeta à inclusão das pessoas com deficiência.

RECURSO DE EMBARGOS. INTERPOSIÇÃO SOB A ÉGIDE DA LEI 13.015/2014. AÇÃO CIVIL PÚBLICA. NULIDADE DE CLÁUSULA DE CONVENÇÃO COLETIVA. EFICÁCIA ULTRA PARTES. NÃO CABIMENTO. 1. Hipótese em que a e. Turma entendeu pelo cabimento da ação civil pública, ao fundamento de que "quando o pedido de anulação de cláusula coletiva detiver caráter incidental, com a cumulação de pedido de condenação, é cabível a ação civil pública". 2. Entretanto, a teor do que prescreve o art. 3º da Lei n. 7.347/85, a Ação Civil Pública ostenta natureza eminentemente cominatória — ou seja, visa à imposição de condenação pecuniária ou ao cumprimento de uma obrigação de fazer ou de não-fazer. Assim, na esteira de precedentes desta Corte, A Ação Civil Pública, *com eficácia ultra partes*, não constitui meio adequado para veicular a pretensão do *Parquet* de ver declarada a nulidade de cláusula de norma coletiva, que desafia o ajuizamento de ação própria perante o juízo competente. Precedentes." (marcas nossas). Processo: E-RR — 281-80.2014.5.01.0302. Data de Julgamento: 23.11.2017, Relator Ministro: Hugo Carlos Scheuermann, Subseção I Especializada em Dissídios Individuais, Data de Publicação: DEJT 01.12.2017.

(34) ACP 0000206-54.2019.5.09.0072 ajuizada em Pato Branco — PR, pelo Procurador do Trabalho Daniel Gemignani, tendo por objeto anulação de cláusula convencionada, que contraria critérios constitucionais e legais de inclusão das pessoas com deficiência e profissionalização de aprendizes, visando recompor a lesão causada e fixar critérios obstativos e restritivos para impedir que cláusula com o mesmo teor possa ser inserida em futuros acordos e convenções coletivas.

(35) ALVIM, J. E. *Carreira. Desvendando uma incógnita:* a tutela antecipada antecedente e sua estabilização no novo Código de Processo Civil. São Paulo: Revista de Processo MP/SP. n. 41. vol.259/ set. 2016. p. 177-207

(36) Sustentando posição ampliativa das pretensões deduzidas em Ação Civil Pública, cita-se OLIVEIRA NETO, Alberto Emiliano de. Boletim Científico ESMPU, Brasília, a. 12 — n. 40. p. 11-30 — jan./jun. 2013. p. 26: "Em regra, não se presta a ação anulatória à obtenção de tutela inibitória destinada a impedir a repetição da conduta contrária ao ordenamento jurídico. Quer dizer, a procedência da ação anulatória materializada mediante a supressão dos efeitos de cláusulas ilícitas inseridas em acordos e convenções coletivas de trabalho não impede que as entidades sindicais e empregadores signatários repitam redação idêntica em instrumentos normativos futuros. Para essa hipótese, tão somente a ação civil pública, cujo objeto é a obrigação de fazer ou não fazer, poderá obstar efetivamente a conduta contrária à ordem jurídica.

A ação civil pública representa o instrumento processual mais efetivo no combate a cláusulas inseridas em acordos e convenções coletivas de trabalho, cuja redação contrarie direitos fundamentais sociais dos trabalhadores. Somente a tutela inibitória concedida pela autoridade judicial será capaz de efetivamente preservar os interesses dos trabalhadores em face da conduta sindical que, inexplicavelmente, segue em rumo oposto. (...).

Buscando-se a efetiva tutela do bem jurídico violado, defende-se a possibilidade de cumulação da tutela inibitória (decisão condenatória) acrescida de provimento jurisdicional constitutivo negativo, com fundamento na amplitude de objeto da ação civil pública (Lei n. 8.078/1990, art. 83), para fins de supressão do mundo jurídico da cláusula inserida em acordo ou convenção coletiva de trabalho que seja atentatória aos direitos fundamentais sociais dos trabalhadores.

Propõe-se, portanto, a cumulação de pedido condenatório, veiculado mediante tutela inibitória destinada a impedir a repetição da cláusula impugnada em instrumentos normativos coletivos futuros, com pedido constitutivo negativo, próprio das ações anulatórias, para fins de afastar do mundo jurídico os efeitos jurídicos da cláusula normativa impugnada.".

8 CONCLUSÃO

Conferir efetividade ao princípio da vedação do retrocesso em matéria labor-ambiental, à pessoa com deficiência, implica em assegurar-lhe condições de trabalho decente, conferindo-lhe maior grau de proteção para ter acesso à inclusão social e autonomia para prover sua subsistência com o produto de seu trabalho, assim preservando sua dignidade.

As alterações promovidas pela Lei n. 13.467/2017, ao inserir o art. 611-A na CLT estabelecendo a prevalência do acordo/ convenção coletiva de trabalho sobre a lei, devem ser interpretadas sob as balizas traçadas pelo sistema protetivo garantido pela Constituição Federal, assim observadas pelos incisos XVII e XXII do art. 611-B da CLT, que vedam a adoção, por negociação coletiva, de qualquer postura discriminatória no tocante a salário e critérios de admissão do trabalhador com deficiência, bem como impedem a violação das normas que garantem saúde, higiene e segurança no ambiente de trabalho, assim mantendo incólume o sistema de cotas e a vedação à proteção insuficiente.

O exercício da autonomia privada coletiva não pode violar os direitos fundamentais das pessoas com deficiência às condições labor-ambientais asseguradas pela Constituição Federal de 1988 não só em face do Estado, mas também nas relações entre particulares, mesmo de índole coletiva.

Isto porque, o estímulo à inserção da pessoa com deficiência não pode ser considerado apenas sob a perspectiva privada. Possibilitar sua atuação como cidadão produtivo e capaz de prover sua própria subsistência traz benefícios para a própria sociedade, atendendo inequívoco interesse público.

Ademais, equivocado o argumento dos que resistem à aplicação da lei sob a alegação de provocar custos, quando o cumprimento da norma legal representa um investimento, na medida em que otimiza o bom relacionamento no ambiente de trabalho e fortalece os laços de cidadania, lastreada no respeito às diferenças, o que resultará no reconhecimento e na boa imagem do empregador que cumpre sua função social.

Imperioso ressaltar que o sistema garantista de proteção milita não só em favor da solidez das instituições republicanas, mas também em prol do desenvolvimento sustentável do país, que deve ser lastreado em meio ambiente laboral saudável, o que necessariamente implica na observância do princípio da vedação do retrocesso, nas questões que envolvem o labor-ambiental das pessoas com deficiência.

9 REFERÊNCIAS

ALEXY, Robert. *Teoria dos Direitos Fundamentais.* Trad. Virgílio Afonso da Silva. 2. ed. 4ª tiragem. São Paulo: Malheiros Editores.

ARAÚJO, Luiz Alberto David. *Temas relevantes de direito material e processual do trabalho:* estudos em homenagem ao Professor Pedro Paulo Teixeira Manus. São Paulo: LTr, 2000.

ALVIM, J. E. Carreira. *Desvendando uma incógnita:* a tutela antecipada antecedente e sua estabilização no novo Código de Processo Civil. São Paulo: Revista de Processo MP/SP, ano 41. vol. 259, set. 2016.

BONAVIDES, Paulo. *Curso de Direito Constitucional.* 8. ed. São Paulo: Malheiros, 1999.

DWORKIN, Ronald. *A raposa e o porco-espinho:* justiça e valor. Trad. Marcelo Brandão Cipolla. São Paulo: WMF Martins Fontes, 2014.

FONSECA, Ricardo Tadeu Marques da. *Lapidação dos direitos humanos:* o direito do trabalho, uma ação afirmativa. São Paulo: LTr, 2007.

_____ . *O trabalho protegido do portador de deficiência.* São Bernardo do Campo: Revista da Faculdade de Direito de São Bernardo do Campo. 2001.

_____ . *Os efeitos da 8ª Convenção Internacional da ONU e o acesso ao mercado de trabalho para as pessoas com deficiência.* São Paulo: RT. Revista de Direito do Trabalho | vol. 128/2007 | p. 390 — 396 | Out-Dez/2007.

GUGEL, Maria Aparecida. O mundo do trabalho e as pessoas com deficiência. In: *Ministério público, sociedade e a lei brasileira de inclusão da pessoa com deficiência* / André de Carvalho Ramos [*et al.*]; Eugênia Augusta Gonzaga, Jorge Luiz Ribeiro de Medeiros (organizadores). — Brasília: ESMPU. 2018, p. 227-302.

KLARMAN, Michael. *Courts, Social changes, and Political Backlash.* In: *Hart Lecture at Georgetown Law Center,* march 31, 2011. Speaker's notes. <http://tinyurl.com/oz4ewqk>.

MELLO, Celso Antônio Bandeira de. *O conteúdo jurídico do princípio da igualdade.* 3. ed., 21ª tiragem. São Paulo: Malheiros editores, 2012.

MENDES, Rodrigo Hübner. Ciladas da dicotomia entre inclusão e aprendizagem. In: *Ministério público, sociedade e a lei brasileira de inclusão da pessoa com deficiência.* André de Carvalho Ramos [*et al.*]; Eugênia Augusta Gonzaga, Jorge Luiz Ribeiro de Medeiros (orgs.). Brasília: ESMPU, 2018. p. 221-234.

OLIVEIRA NETO, Alberto Emiliano de. *Boletim Científico ESMPU*, Brasília, a. 12, n. 40, p. 11-30, jan./jun. 2013.

PEREIRA, Ricardo José Macedo de Britto. Ação Civil Pública no Processo do Trabalho. Salvador: JusPodivm, 2015.

ROCHA, Carmen Lucia Antunes. *Ação afirmativa:* o conteúdo democrático do princípio da igualdade jurídica. São Paulo: Malheiros, 1996.

SARMENTO, Daniel; GOMES, Fábio Rodrigues. *A eficácia dos direitos fundamentais nas relações entre particulares*: o caso das relações de trabalho. São Paulo: Lex Magister. *Revista TST*. vol. 77, n. 4, out/dez 2011.

SASSAKI, Romeu Kazumi. *Inclusão:* construindo uma sociedade para todos. Rio de janeiro: WVA, 1997.

SEN, Amartya. *Desenvolvimento como liberdade*. Trad. Laura Teixeira Motta. Rev. Tec. Ricardo Doninelli Mendes. São Paulo: Companhia das Letras, 2010.

SILVA, José Afonso da. *Comentário contextual à Constituição*. São Paulo: Malheiros, 2005.

AS NOVAS DIMENSÕES DO PRINCÍPIO DA REPARAÇÃO INTEGRAL DOS DANOS AMBIENTAIS

José Rubens Morato Leite[*]
Patryck de Araujo Ayala[**]

1. INTRODUÇÃO

O reconhecimento pelos organismos científicos de que o ser humano contribui, com suas atividades de intervenção sobre os espaços e os recursos naturais, para as mudanças climáticas globais, a partir do 4º Relatório do Painel Intergovernamental sobre Mudanças Climáticas (IPCC)[1], e a consideração de que já se vive no contexto de uma nova época geológica, assim denominada como Antropoceno, suscita a consideração diferenciada das instituições e de seus atores, sobre como são regulados os efeitos negativos dessas ameaças.

Transpondo o paradigma do acidente — característico das sociedades pré-industriais — e perpassando a realidade dos riscos das sociedades industriais, a identidade dos riscos de sociedades globais sujeita a humanidade e todos os espaços e processos que sustentam o conjunto das formas de vida existentes, a consequências nocivas que desafiam a capacidade do Direito, suas instituições de segurança, e seus regimes de regulação.

No contexto de uma nova época geológica, a proteção da natureza (e também da condição humana) passam a se integrar no conjunto da maior parte dos catálogos de objetivos, tarefas e também de direitos fundamentais acolhidos

---

[*] Pós-doutor em Direito (Alicante, Macquarie, Florida). Doutor em Direito pela Universidade Federal de Santa Catarina (UFSC). Professor titular de Direito Ambiental nos cursos de Graduação, Mestrado e Doutorado em Direito da Universidade Federal de Santa Catarina (UFSC). Pesquisador do Conselho Nacional de Desenvolvimento Científico e Tecnológico (CNPQ). Bolsista de produtividade em pesquisa nível 1 C. Líder do Grupo de Pesquisa Direito Ambiental na Sociedade de Risco (GPDA). Vice-Presidente para a Região Sul, do Instituto "O Direito por um Planeta Verde". Membro do programa Harmony of Nature (United Nations), na condição de especialista independente. Autor e articulista em obras e periódicos nacionais e estrangeiros.

[**] Doutor em Direito pela Universidade Federal de Santa Catarina (UFSC). Professor nos cursos de Graduação e Mestrado em Direito da Universidade Federal de Mato Grosso (UFMT). Diretor do Instituto "O Direito por um Planeta Verde". Líder do Grupo de Pesquisas "Jus-Clima". Membro do programa Harmony of Nature (United Nations), na condição de especialista independente. Autor e articulista em obras e periódicos nacionais e estrangeiros. Procurador do Estado de Mato Grosso.

(1) UNEP. Intergovernmental Panel on Climate Change. *Climate Change 2007*. A Sinthesys Report. Sweeden: IPCC, 2008.

sob a forma de distintos modelos de Estados de direito e, embora o sejam, não é certo — dada a observação da continuidade da proliferação de danos de cada vez maior magnitude — que tais iniciativas sejam suficientes para se garantir a proteção das pessoas (e dos ecossistemas) perante comportamentos e condutas que já chegam a comprometer a continuidade da existência da vida, e dos processos que a sustentam.

Em um panorama como o que se encontra descrito, é conveniente considerar que a forma como as sociedades se relacionam com a cultura, com a diversidade, com a economia e com a própria natureza passa por abruptas transformações. Da mesma forma também se deve considerar conveniente admitir que o modo como são produzidas as normas, e o modo como o Direito se relaciona com a natureza, é influenciado por transformações semelhantes.

É a partir desse conjunto de premissas e no plano dos aspectos da realidade já descrita é que se propõe situar o problema da reparação dos danos ambientais por meio de um modelo de responsabilidade civil, como instrumento que, no Direito Brasileiro, passa e precisa passar por transformações para o fim de que se posicione adequadamente perante os desafios (no plano da proteção de padrões de justiça que incluem humanos e ecossistemas) do Antropoceno.

O objetivo deste capítulo propõe considerar que, ao lado de uma função compensatória que se encontra normalmente associada aos modelos de responsabilidade civil ambiental, deve-se poder ser capaz de justificar, também, e no plano da responsabilidade civil, uma função autônoma e complementar, de antecipação perante os danos, sustentando-se que, ambas, encontram-se igualmente compreendidas sob o âmbito de aplicação de um princípio de reparação integral dos danos, supondo-se que o dano atual e imediato, e já concretizado, não mais é (e não pode ser) acolhido como pressuposto indispensável para o fim de se justificar um dever de reparação de danos.

Para atingir a demonstração de semelhante objetivo, o plano de trabalho deste capítulo organiza-se ao longo de quatro seções.

A primeira se ocupa de apresentar os principais elementos que definem a identidade de um Estado de Direito que lida com ameaças e desafios no plano da proteção de seus objetivos, emergentes de uma nova época geológica assim denominada Antropoceno, aqui compreendido sob a forma de um Estado de Direito para a natureza.

Em seguida sustenta-se as limitações de um modelo de responsabilidade civil que priorize soluções compensatórias, e que admita como premissa a demonstração de danos para o efeito de sua reparação.

As duas últimas seções procuram demonstrar que, no contexto de uma época geológica dos humanos (Antropoceno), a proteção dos humanos e dos ecossistemas — se são partes integrantes de um mesmo objetivo, qual seja, proteger os processos que sustentam a vida — não consegue ser adequadamente suportada por meio de soluções reparatórias. Para tanto, sustenta-se na terceira seção, a possibilidade de se incluir objetivos precaucionais e preventivos no modelo de responsabilidade civil ambiental acolhido pelo Direito brasileiro — a exemplo de experiências estrangeiras relatadas na França e na Itália — além de enfatizar que compensar financeiramente os danos não pode ser a única função dos instrumentos de responsabilidade civil.

Por fim, pretende-se confirmar a proposição por meio da demonstração de sua aplicação pela atividade jurisprudencial do Superior Tribunal de Justiça (STJ), que reconhece esse alargamento das funções da responsabilidade civil — para incluir uma função precaucional/preventiva — como parte indissociável da afirmação de um princípio da reparação integral dos danos.

Nessa oportunidade também se propõe que a alternativa do alargamento dos danos reparáveis — decorrente da afirmação de um princípio de reparação integral dos danos — também decorre, no Brasil, e no âmbito da mesma jurisprudência do STJ, da consideração inédita no Direito comparado até o momento — ao menos para essa finalidade — de um princípio *in dubio pro natura*.

Nessa oportunidade demonstra-se pela análise do conjunto de decisões proferidas pelo tribunal, que o aludido princípio, para além de critério hermenêutico para solução de conflitos, tem se firmado como relevante padrão de justificação de soluções cada vez mais complexas para o fim de não se permitir que, no novo contexto de ameaças de uma época geológica expansiva em consequências negativas para o desenvolvimento da vida — danos possam remanescer sem a adequada consideração pelas normas jurídica, e de não se permitir a proliferação de danos cuja probabilidade não deva ser ignorada.

2   O ESTADO DE DIREITO AMBIENTAL E A PROTEÇÃO JURÍDICA DA NATUREZA NO ANTRO-POCENO

A proteção do meio ambiente tem recebido atenção crescente ao longo dos anos, em um movimento de expansão que tem sua maior visibilidade no contexto internacional e a partir da década de 1970, estando bem materializada por meio da Declaração da Conferência das Nações Unidas sobre o Meio Ambiente Humano. O documento foi preparado na Conferência de Estocolmo realizada na Suécia em 1972, em que os países reconheceram o direito de todos a um meio ambiente de qualidade, situando este objetivo como indispensável para uma vida digna.[2]

Entre as distintas manifestações posteriores, pode-se registrar a Conferência das Nações Unidas sobre Meio Ambiente e Desenvolvimento, promovida pelas Nações Unidas no Rio de Janeiro em 1992 (Rio/1992). Nessa Conferência, 156 países assinaram a Convenção da Biodiversidade, com regras para o uso e proteção da diversidade biológica, bem como o uso dos recursos naturais pelas nações signatárias, em torno de um objetivo de sustentabilidade, e mediante a proposição de uma definição de biodiversidade que se não se distancia de um sentido antropocêntrico, mitiga-o ao reconhecer valor intrínseco a esta, logo em seu preâmbulo.[3]

A esse respeito, verifica-se que a lei se apresenta como um instrumento fundamental no impulso de uma mudança de paradigma, servindo não apenas como mecanismo de solução de conflitos, mas se revelando um instrumento com poder efetivo na indução de comportamentos sociais.[4]

É nesse sentido que o processo de produção de normas não mais pode ignorar a necessidade da proteção de necessidades ecológicas, para além de demandas existenciais vinculadas instrumentalmente à condição humana. A proteção jurídica da natureza se posiciona no centro das necessidades de se conservar condições elementares para o desenvolvimento da vida, por meio do controle, da redução e da extinção dos riscos existenciais das sociedades contemporâneas. É sob semelhante cenário descritivo que se reconhece no interior de uma teoria do Estado — e de um Estado de Direito — a necessidade de que este também se apresente como um Estado ambiental, fórmula institucional que incorpora o ambiente como objetivo de suas decisões, o que, por sua vez, modifica os demais elementos da teoria clássica do Estado-nação moderno.[5]

Nas sociedades contemporâneas é possível descrever-se a crise ambiental como parte de um processo complexo (policrise)[6] que tem origem no modelo de vida humana que se apropria da natureza e provoca a degradação cada vez mais veloz dos recursos naturais não-renováveis, situando o homem, de forma inédita, como um fator de transformação geológica, ao lado de outros fatores que influenciaram épocas geológicas antecedentes.[7]

O homem faz muito mais do que simplesmente modificar a atmosfera terrestre e o clima. Ele também está transformações globais na biodiversidade, poluindo oceanos com químicos oriundos da agricultura, alterando os fluxos hídricos e transformando habitats naturais no mundo. Conforme explica Ellis, a transformação ambiental global antropogênica é um processo multimensional.[8]

Crutzen salienta que a principal causa da destruição dos ecossistemas e do esgotamento de recursos — e que já gerou como resultado a modificação da idade geológica — é a interferência humana de uma forma dominante na natureza.[9] Apesar do aumento da percepção do problema, comparado com o século XX, a modificação dos sistemas de produção e do comportamento humano não se materializou o suficiente para conter a devastação do planeta.[10]

---

(2) SOARES, Guido Fernando Silva. *Direito Internacional do Meio Ambiente*. Emergência, Obrigações e Responsabilidades. Rio de Janeiro: Atlas, 2001. p. 54-55.

(3) UNITED NATIONS. *Convention on Biological Diversity*. Disponível em: <https://www.cbd.int/doc/legal/cbd-en.pdf>. Acesso em: 2 abr. /2019. É importante ressaltar que o texto da Convenção não se ocupa, exclusivamente, da regulação do acesso aos recursos biológicos, senão de proteção à diversidade biológica, sendo distintos os conceitos na forma do que preceitua o art. 2º do instrumento convencional.

(4) ARAGÃO, Alexandra. O Estado de Direito Ecológico no Antropoceno e os limites do Planeta. In: *Estado de Direito Ecológico*: Conceito, Conteúdo e Novas Dimensões para a Proteção da Natureza. / Flávia França Dinnebier (Org.); José Rubens Morato (Org.); — São Paulo: Inst. O direito por um Planeta Verde, 2017. p. 20-37.

(5) KLOEPFER, Michael. *Umweltstaat*. Heidelberg: Springer-Verlag, 1988. p. 36-38.

(6) MORIN, Edgar. *A via para o futuro da humanidade*. Rio de Janeiro: Bertrand Brasil, 2013. p. 24-27.

(7) CRUTZEN, Paul. CRUTZEN, Paul. STEFFEN, Will; MACNEILL, John; GRINEVALD, Jacques. The Anthropocene: conceptual and Hisorical Perspectives. *Philosofical Transactions of the Royal Society*, vol. 369. p. 862, 2011.

(8) ELLIS, Erle C. *Anthropocene*. A Very Short Introduction. Oxford: Oxford University Press, 2018. p. 55.

(9) CRUTZTN, Paul. The Anthropocene: Are Humans Now Overwhelming the Great Forces of Nature? *Ambio*, vol. 36, n. 8. p. 618, Dec. 2007.

(10) WINTER, Gerd. Problemas jurídicos no antropoceno: da proteção ambiental à autolimitação. Trad. Paula Galbiatti Silveira. In: *Estado de Direito Ecológico*: Conceito, Conteúdo e Novas Dimensões para a Proteção da Natureza. / Flávia França Dinnebier (Org.); José Rubens Morato (Org.); — São Paulo: Inst. O direito por um Planeta Verde, 2017. p. 135-165.

A assim denominada época do Antropoceno, ou a época dos humanos, é o momento iniciado no final do século XVIII, em que a humanidade tem um grande impacto no sistema terrestre, influenciando de maneira a causar uma mudança na geologia do planeta.[11] A modificação verificada quanto à severidade e a extensão dos riscos e dos danos antropogênicos vem do acelerado desenvolvimento da ciência e da tecnologia, as quais aumentam o conhecimento humano sobre a natureza, promovendo assim uma maior capacidade de interferência nas transformações sofridas pelo planeta.

Winter esclarece que a chamada era (ou época) do Antropoceno é caracterizada pelo fato de que a humanidade alterou o sistema da Terra. Essa mudança ocorre tão intensamente que as barreiras de segurança (*Leitplanken*) são superadas, parte agora e parte em um futuro próximo, e que os pontos de inflexão (*Kipppunkte*) podem ser alcançados, acelerando o processo de destruição.[12]

O que faz do processo de produção de riscos um novo fenômeno na época do Antropoceno é sua abrangência global e seu grau de nocividade, já que a percepção de sua existência é diferenciada, e já não é mais possível perceber os danos promovidos apenas pelos sentidos humanos, chamando-os de *invisíveis* e *irreversíveis* ao seu grau de complexidade.[13] Como é observado por Beck, não é a quantidade de riscos que denota o problema do presente, mas a qualidade de tais riscos, bem como a incontrolabilidade de suas consequências.[14] Tais impactos da ação humana sobre o meio ambiente são facilmente verificados por meio dos efeitos da mudança climática, os quais já conduziram a mudanças que, para Beck, devem ser considerada como metamorfoses[15], não sendo possível ignorar, portanto, que tais metamorfoses não podem ser ignoradas pelas instituições e, sobretudo, por um modelo de Estado de Direito que lida, neste momento, com problemas ecológicos do Antropoceno.

Originada na Alemanha, a expressão *Estado Ambiental*, formulada da mesma forma que o estabelecido no Estado de Direito, surgiu por meio da definição dos objetivos estatais introduzidos no artigo 20 da Lei Fundamental Alemã.[16]

O Estado, como instituição, possui mecanismos de investimento em políticas ambientais de proteção ambiental, apesar de não ser o único responsável por sua efetividade. Entretanto, nota-se que a estrutura do Estado (e especialmente das Constituições) permanece antropocêntrica, não atendendo efetivamente aos objetivos de proteção propostos.[17]

Por meio da constitucionalização da proteção do meio ambiente, os Estados-nacionais buscaram garantir na norma sua proteção, criando diversos mecanismos legais. No entanto, em vista da notável desarmonia entre norma e realidade, em vista da continuidade da degradação e seu agravamento, verifica-se a mudança climática global e a passagem do planeta a uma nova idade geológica, provocada pela ação humana, não *tendo sido insuficientes as transformações normativas para conter a transformação geológica.*

A compreensão de que o Estado-nação tradicional não é suficiente para a proteção do meio ambiente e que por meio dele os riscos ambientais têm levado à mudança climática e a modificação da idade geológica — o Antropoceno — é uma justificativa encontrada nas origens de um assim denominado Estado Ambiental, que também é, um Estado de Direito[18].

---

(11) VEIGA, José Eli da. *O Antropoceno e a Ciência do Sistema Terra*. São Paulo: Editora 34, 2019. p. 57; CRUTZEN, Paul. CRUTZEN, Paul. STEFFEN, Will; MAC-NEILL, John; GRINEVALD, Jacques. The Anthropocene: conceptual and Hisorical Perspectives. *Philosofical Transactions of the Royal Society*, vol. 369. p. 847-849, 2011; CRUTZTN, Paul. The Anthropocene: Are Humans Now Overwhelming the Great Forces of Nature? *Ambio*, vol. 36, n. 8. p. 616, Dec. 2007; CRUTZEN, Paul. Human Impact On Climate Has Made This the "Anthropocene Age". *New Perspectives Quartely*, vol. 22, n. 2. p. 14, Mar. 2015. Salienta-se que a recente obra de José Eli da Veiga não se propõe confirmar a afirmação conclusiva de mudança de época geológica, especialmente diante do fato de que os debates ainda ocorrerão no Congresso Mundial de Geociências, em 2020.

(12) WINTER, Gerd. Problemas jurídicos no antropoceno: da proteção ambiental à autolimitação. Trad. Paula Galbiatti Silveira. In: *Estado de Direito Ecológico*: Conceito, Conteúdo e Novas Dimensões para a Proteção da Natureza. / Flávia França Dinnebier (Org.); José Rubens Morato (Org.); — São Paulo: Inst. O direito por um Planeta Verde, 2017. p. 135-165.

(13) LEITE, José Rubens Morato; GALBIATTI, Paula Silveira; BETTEGA, Belisa. O Estado de Direito para a Natureza: fundamentos e conceitos. In: *Estado de Direito Ecológico*: Conceito, Conteúdo e Novas Dimensões para a Proteção da Natureza. / Flávia França Dinnebier (Org.); José Rubens Morato (Org.); — São Paulo: Inst. O direito por um Planeta Verde, 2017. p. 57-87.

(14) BECK, Ulrich. *Ecological Politics in a Age of Risk*. Londres: Polity Publications, 1995. p. 54.

(15) BECK, Ulrich. A *metamorfose do mundo*. Como as alterações climáticas estão transformando a sociedade. Lisboa: Edições 70, 2017. p. 15-37.

(16) CALLIESS, Christian. *Rechtsstaat und Umweltstaat*: Zugleich ein Beitrag zur Grundrechtsdogmatik im Rahmen mehrpoliger Verfassung. Tübingen, DE: MohrSiebeck, 2001. p. 30.

(17) Cf. KOTZE, Louis. The Anthropocene's Global Environmental Constitutional Moment. *Yearbook of International Environmental Law*, vol. 25, n. 1. p. 24-60, 2015.

(18) CALLIES, Christian. *Rechtsstaat und Umweltstaat*: Zugleich ein Beitrag zur Grundrechtsdogmatik im Rahmen mehrpoliger Verfassung. Tübingen, DE: MohrSiebeck, 2001. p. 30.

Segundo Bugge, o Estado de Direito seria o valor social primário, uma vez que reúne os valores e funções mais elevados do direito e do sistema legal na sociedade. Em um sentido amplo, o Estado de Direito representaria o princípio da governança segundo o qual a lei é o fator supremo na relação entre autoridades e cidadãos e entre os próprios cidadãos em caso de conflitos de interesse. Desta forma, as pessoas, as instituições públicas e privadas, e o próprio Estado, estariam sujeitos à lei e teriam responsabilidade perante as instituições legais.[19]

O Estado Ambiental, portanto, pode ser compreendido como um modelo teórico-político que surgiu como uma crítica à realidade de degradação e às teorias tradicionais do Estado moderno, como uma nova ética institucional, incorporando ao Estado a responsabilidade com o meio ambiente e a proteção do Estado sobre todas as formas de vida.

Por sua vez, considerar que o Estado de Direito deve ser capaz de favorecer uma racionalidade que se distancie de tarefas antropocêntricas conduz à afirmação de uma forma diferenciada de organização política, sob a forma de um assim denominado Estado de Direito para a natureza[20], ou Estado Ecológico[21]. No âmbito de um Estado de Direito para a natureza ganham relevância um conjunto de normas, princípios e estratégias jurídicas necessárias para assegurar a preservação de um conjunto de condições de funcionamento do sistema terrestre, buscado-se tornar o Planeta Terra um espaço habitável e seguro para as gerações presentes e futuras[22]. Há, portanto, nesse paradigma político, a afirmação de uma racionalidade pela qual a proteção dos sistemas ecológicos é essencial para a redução dos riscos existenciais e para a garantia da qualidade de vida, vinculada à consciência do valor intrínseco da natureza e ao respeito a todas as formas de vida, independentemente de sua utilidade ou atribuição humana atribuída, na adoção de uma ética biocêntrica.

A fórmula estatal de um Estado de Direito para a natureza visa fortalecer seu caráter biocêntrico, incorporando e agregando novos objetivos advindos dos desafios da era antropocênica, complementando-a, modificando sua racionalidade e estrutura para incluir a biologia da vida e diminuir o impacto da ação humana nos processos ecológicos.[23]

A diferença entre as missões do Estado de Direito no Holoceno e o Estado de Direito Ecológico no Antropoceno é a força legal das obrigações impostas. No plano da racionalidade jurídica de um Estado de Direito, as obrigações legais de proteger o meio ambiente encontram-se reduzidas ao dever de envidar esforços para se evitar danos ambientais e, tanto quanto possível, para melhorar a qualidade do meio ambiente. Portanto, as ações de proteção ambiental encontram-se baseadas nas melhores técnicas disponíveis, boas práticas e diligência. Critérios como a proporcionalidade social e a razoabilidade também orientam a escolha das medidas a serem tomadas.

Por outro lado, a racionalidade de um Estado de Direito no Antropoceno vincula-se a uma obrigação de alcançar resultados. Resulta na prevenção efetiva de danos ambientais e melhoria real da qualidade do meio ambiente. Esse objetivo ambicioso requer a adoção de todas as medidas necessárias para produzir mudanças, respeitar prazos e atingir metas. Os critérios para escolher os meios apropriados para alcançar os objetivos são proporcionalidade ecológica com aceitabilidade e efetividade social, ou seja: a capacidade de encontrar soluções que atendam aos objetivos.[24]

Nesse contexto a próxima seção procura descrever sob que condições ainda seria possível confiar em instrumentos baseados na responsabilidade civil ambiental para o enfrentamento das ameaças do Antropoceno.

3 OS LIMITES DA RESPONSABILIDADE CIVIL AMBIENTAL

Conforme já foi referido na seção anterior, em uma época geológica dos humanos (Antropoceno), as medidas de proteção que priorizem as demandas dos humanos sem considerar a necessidade de se respeitar a integridade dos sis-

---

(19) BUGGE, Hans Christian. Twelve fundamental challenges in environmental law: an introduction to the concept of rule of law for nature. In: VOIGT, Christina (Ed.). *Rule of Law for Nature*: New dimensions and ideas in Environmental Law. [S.l.]. 1 ed. New York: Cambridge University Press, 2013. p. 23-24

(20) *Idem*.

(21) BOSSELMANN, Klaus. Okologische Grundrechte. Zum Verhältnis zwischen individueller Freiheit und Natur. Baden-Baden: Nomos Verlagsgesellschaft, 1998. p. 47-79.

(22) Sobre a definição de espaço operacional seguro, cf. ROCSTRÖM, Johan et al. Planetary Boundaries: Exploring the Safe Operating Space for Humanity. *Ecology and Society*, vol. 14, n. 2: 32, 2009.

(23) LEITE, José Rubens Morato; GALBIATTI, Paula Silveira; BETTEGA, Belisa. O Estado de Direito para a Natureza: fundamentos e conceitos. In: Estado de Direito Ecológico: Conceito, Conteúdo e Novas Dimensões para a Proteção da Natureza. / Flávia França Dinnebier (Org.); José Rubens Morato (Org.); — São Paulo: Inst. O direito por um Planeta Verde, 2017. p. 57-87.

(24) ARAGÃO, Alexandra. O Estado de Direito Ecológico no Antropoceno e os limites do Planeta. In: Estado de Direito Ecológico: Conceito, Conteúdo e Novas Dimensões para a Proteção da Natureza. / Flávia França Dinnebier (Org.); José Rubens Morato (Org.); São Paulo: Inst. O direito por um Planeta Verde, 2017. p. 20-37.

temas terrestres, são medidas limitadas e incapazes de assegurar a proteção necessária perante os riscos aos processos ecológicos que sustentam todas as formas de vida.

A constatação da realidade das ameaças dessa época geológica — afirmada por Crutzen[25] — influencia diretamente o modo como um dos principais instrumentos jurídicos que identifica aquela racionalidade antropocêntrica, deve se comportar em contextos onde imperativos ecológicos não mais podem ser ignorados pelas escolhas públicas e privadas.

É nesse sentido que a ideia-guia dos sistemas de responsabilização civil ambiental, baseada na consideração de um princípio de reparação integral, não pode ignorar a necessidade de se reinventar e de se transformar, visando atender ao novo conjunto valorativo que se destina proteger nas sociedades contemporâneas.

Na ordem jurídica nacional um princípio de reparação integral encontra-se consagrado pelo art. 225, § 3º da CRFB de 1988, por meio do qual todas as manifestações do dano ambiental devem ser objeto de reparação, não sendo possível que remanesça dano indene. Por meio do princípio, as manifestações penal, civil e administrativa do dano devem ser alcançadas pela ação estatal, e todas as manifestações (patrimoniais e extrapatrimoniais) também o devem ser.[26]

Ocorre que mesmo que se considere que todas as manifestações de danos estejam sob o alcance do modelo de responsabilidade civil ambiental acolhido pelo Direito brasileiro, não se pode ignorar que ainda que a realidade dos danos reparáveis não sugira necessariamente a prioridade para sua compensação financeira[27], acolher a reparação integral como objetivo da ação estatal não reflete uma aproximação do modelo com um sentido ecocêntrico de Direito[28], que priorize o compromisso com a proteção dos processos ecológicos essenciais.

A polissemia do sentido de compensação pode também compreender, normalmente, a noção de se neutralizar o efeito de algo com outro elemento que trabalhe em sentido oposto, estando compreendido em um desses sentidos, mensurar ou pôr em relação, o lucro obtido, com o dano sofrido.[29]

Entretanto, sob a perspectiva de se oferecer proteção integral que assegure a manutenção de um espaço operacional seguro — que respeite os limites planetários no interesse da condição humana, e dos processos ecológicos — não é possível considerar que referida proteção seja alcançada pelo juízo de equivalência financeira a ser proposto entre perdas e benefícios.

Se a prioridade para respostas compensatórias reflete limitações incapazes de oferecer alternativas de proteção jurídica viáveis para o meio ambiente em uma época do Antropoceno, a reparação integral do dano também não favorece, *necessariamente*, uma mitigação antropocêntrica do sistema de responsabilização civil.

As próximas seções procurarão demonstrar que para além de um princípio de reparação integral, um Direito de responsabilização que seja capaz de lidar com os desafios do Antropoceno, demanda a transformação sobre o conteúdo de princípios já conhecidos (como o da reparação integral, além da precaução e da prevenção), assim como a integração de novos princípios, destacando-se entre eles, um princípio *in dubio pro natura*.[30]

Por meio de ações de semelhante natureza propõe-se que seria possível exigir do aplicador da norma ambiental comportamento que favorecesse o melhor nível de proteção. Em semelhante realidade não seria possível que, diante da capacidade de proteção oferecida pela norma, um nível menor fosse proporcionado por seu aplicador.

---

(25) CRUTZEN, Paul; STEFFEN, Will; MACNEILL, John. The Anthropocene: Are Humans Now Overwhelming the Great Forces of Nature? Ambio, vol. 36, n. 8. p. 613-621, Dec. 2007; CRUTZEN, Paul. Human Impact On Climate Has Made This the "Anthropocene Age". New Perspectives Quartely, vol. 22, n. 2. p. 14-16, Mar. 2015; CRUTZEN, Paul. STEFFEN, Will; MACNEILL, John; GRINEVALD, Jacques. The Anthropocene: conceptual and Hisorical Perspectives. Philosofical Transactions of the Royal Society, vol. 369. p. 842-867, 2011.

(26) Cf. LEITE, José Rubens Morato; AYALA, Patryck de Araujo. *Dano ambiental*. Do individual ao coletivo extrapatrimonial. Teoria e Prática. 7. ed., São Paulo: RT, 2015. p. 372-383.

(27) Sobre o tema, cf. CRESPO, Mariano Medina. *La compensación del beneficio obtenido a partir del daño padecido*. Aplicación del principio <compensatio lucri cum damno> en el Derecho de daños. Barcelona: Bosch, 2015.

(28) Cf. MATEI, Ugo; CAPRA, Fritjof. *The Ecology of Law*. Toward a Legal System in Tune with Nature and Community. Oakland: Berret-Koehler, 2015. p. 131-148.

(29) CRESPO, Mariano Medina. *La compensación del beneficio obtenido a partir del daño padecido*. Aplicación del principio <compensatio lucri cum damno> en el Derecho de daños. Barcelona: Bosch, 2015. p. 22-23.

(30) Recomenda-se, sobre o tema, a leitura de importante trabalho oriundo de tese de doutorado defendido perante a Universidade de São Paulo, por meio da qual se propõe uma possível definição de responsabilidade resiliente. Cf. LEITÃO, Manuela Prado. *Desastres ambientais, resiliência e a responsabilidade civil*. Rio de Janeiro: Lumen Juris, 2018.

Desse modo, serão propostas nas próximas seções, alternativas que poderiam favorecer a identidade de um modelo de responsabilização civil que fosse ao mesmo tempo, adequado para lidar com os desafios do Antropoceno, e que pudesse acolher as premissas de um Direito de um Estado de Direito para a Natureza, comprometido, simultaneamente, com as demandas dos humanos, e as demandas da natureza, estas sinteticamente representadas pela consideração de um dever de se respeitar a integridade dos processos ecológicos.

4 O CAMINHO DA ANTECIPAÇÃO AO DANO COMO FUNÇÃO DA RESPONSABILIDADE CIVIL AMBIENTAL

O primeiro passo para a aproximação de um caminho de transformação para o modelo vigente de responsabilidade civil ambiental que fosse capaz de lidar com as ameaças do Antropoceno, passa pela consideração de princípios já conhecidos, agora integrados ao sistema de responsabilização, sendo este o caso dos princípios da prevenção e da precaução.

A influência de um princípio de prevenção ou de precaução na responsabilidade civil situaria uma dimensão alargada para a reparação de danos potenciais, por meio da antecipação da reparação de danos futuros, permitindo reconhecer um dever de reparação de danos ainda não confirmados no presente, mas sobre os quais existe elevada probabilidade de que se desenvolvam, em decorrência dos riscos de determinada atividade, processo ou produto.

Sua importância é ressaltada particularmente nos casos em que o conhecimento científico disponível não permite estabelecer uma conclusão sobre a periculosidade da atividade, processo ou produto, os quais, no futuro, poderão se revelar nocivos. Sua aplicação ganhou ênfase na apreciação de casos no domínio de riscos sanitário e médicos, envolvendo temas como a omissão estatal na regulação dos riscos da exposição de trabalhadores ao amianto, ou a responsabilidade pública pelo contágio decorrente da não adoção de medidas de controle adequadas na manipulação de sangue em estabelecimentos públicos.[31]

Nestes casos, a consideração de um princípio de precaução permite a mitigação de um dos filtros da responsabilidade civil[32], qual seja, o da prova do nexo de causalidade, colaborando para sua flexibilização sobre os danos potenciais e futuros submetidos à incerteza científica. Nos casos em que não fosse possível confirmar cientificamente a causalidade entre o dano e o risco criado, a magnitude dos danos, seu potencial de irreversibilidade e a probabilidade de sua ocorrência bastariam para estabelecer o nexo de causalidade necessário.[33]

Apesar das alternativas oferecidas pelo princípio da precaução para a facilitação da reparação dos danos, zonas de exclusão da responsabilização podem surgir perigosamente nos cenários regulados já referidos (saúde e meio ambiente). O problema se concentra na dificuldade em determinar qual seria o nível de comprometimento esperado no momento em que a ação precaucional era exigida, e como seria possível determinar se, mesmo minoritária, a informação científica disponível era suficientemente séria ao ponto de justificar um comportamento mais cauteloso, não permitindo a produção dos prejuízos.

Essa fragilidade constitui um problema relevante para um modelo de responsabilidade civil em que prepondera a função reparatória, fundada na culpa. Entretanto, a experiência nacional parece sugerir um quadro mais favorável, seja porque o regime objetivo e especial é definido pelo art. 927 do Código Civil e pelo art. 14, § 1º, da Lei n. 6.938/81, seja porque há uma tendência confirmada pela jurisprudência do Superior Tribunal de Justiça de afastar as excludentes nesse regime, nos termos da posição firmada, entre outros precedentes, no Resp n. 1.114.398/PR[34], relatado pelo ministro Sidnei Beneti, por meio da afirmação de uma teoria do risco integral.

Entretanto, a perspectiva referida não consegue expor de forma clara uma função preventiva autônoma que permita reconhecer a possibilidade de se obter tão somente a finalidade de prevenção ou precaução, independente

---

(31) HERMITTE, Marie-Angelè. *Le sang et e droit*. Essai sur la transfusion sanguine. Paris: Seuil, 1996. p. 329-336.

(32) SCREIBER, Anderson. *Novos paradigmas da responsabilidade civil*: Da Erosão dos Filtros da Reparação à Diluição dos Danos. 3. ed. Rio de Janeiro: Atlas, 2011. p. 11.

(33) BOUTONNET, Mathilde. *Le principe de précaution en droit de la responsabilité civile*. Paris: L.G.D.J, 2005. p. 154-156.

(34) BRASIL. Superior Tribunal de Justiça. Recurso Especial n. 1.114.398/PR, S. 2, rel. Min. Sidnei Beneti. Disponível em: <http://www.stj.jus.br>. Acesso em: 12 de janeiro de 2014. O tema foi objeto da tese n. 10 do STJ, oriunda de 26 precedentes, além de ter sido fixada no âmbito do julgamento de recursos repetitivos, estando igualmente consubstanciada sob o tema n. 957. Cf. BRASIL. Superior Tribunal de Justiça. Jurisprudência em Teses. Disponível em: <http://www.stj.jus.br/SCON/jt/toc.jsp>0. Acesso em: 04.04.2019.

da existência de danos, por meio da responsabilidade civil em matéria ambiental. Afirma Boutonnet que, se alguma inovação deveria ser proposta aos objetivos e finalidades de um modelo de responsabilidade civil, a precaução não deveria significar a facilitação da tarefa de reparação de danos, tendo como função impedir a sua concretização em contextos de incerteza científica.[35]

A consideração de uma função preventiva autônoma e independente da reparação, para além de se fazer o uso de um princípio de precaução para facilitar a prova dos danos e a prova da relação de causalidade, permitiria justificar proteção antecipada por meio da precaução, tal como decorre de sua definição por meio dos instrumentos convencionais internacionais.

Evitar o dano e não permitir que este se realize é diferente do que é oferecido pela pena privada ou sanções punitivas, as quais se limitam a atender a função preventiva da responsabilidade civil, conter a repetição e sua renovação, não sendo capaz de satisfazer a necessidade de se antecipar aos prejuízos, os quais, dado o seu potencial de irreversibilidade em matéria de distúrbios à diversidade biológica, não podem ser admitidas como soluções adequadas ou completas no contexto da emergência de riscos cada vez mais incertos.

Em substituição a categorias como a culpa, o dano certo, iminente ou provável, a antecipação de danos futuros e prováveis, e a certeza sobre o nexo de causalidade, sob uma lógica de reparação e de compensação de vítimas, um modelo de responsabilidade civil ambiental que pudesse oferecer respostas às ameaças de uma sociedade de riscos globais, deve dialogar com categorias outras como a do *risco de prejuízo* e a do *risco de causalidade*[36], a fim de proteger bens e valores que não admitem ameaças, distúrbios, danos ou prejuízos.

A responsabilidade civil ambiental exige a consideração de um compromisso prospectivo, cujo conteúdo seja, *também*, a *prevenção* de danos, evitando que eles ocorram. Nota-se que uma função preventiva no âmbito da responsabilidade civil não é estranha à experiência jurídica nacional, seja por meio de sua face mais conservadora (fixação de *astreintes* para impedir a repetição de novos danos, em realidade associada à pena privada), seja por meio da aplicação de um princípio de precaução para facilitar a imputação de danos prováveis e iminentes, e por fim, também na prevenção *per se*, por meio das ações inibitórias, cautelares e de conservação de bens e de coisas, além das ações coletivas que veiculem iguais pretensões.

De forma distinta do relatado na doutrina estrangeira, a ordem jurídica nacional prevê soluções normativas que oferecem respostas preventivas independente da demonstração de danos, sendo suficiente a ameaça de ilícitos, assegurando-se a proteção de bens ou de valores de especial relevância independente de vinculação ao estado ulterior de lesividade concreta.[37]

As consequências de tal abordagem não se restringem ao plano teórico, sendo favorecidas pela definição normativa de poluidor veiculada pelo art. 3º, inciso IV, da Lei n. 6.938/81. Em uma abordagem eminentemente reparatória, poluidor deve ser considerado todo aquele que, de forma direta ou indireta, contribua para a degradação do meio ambiente.

Se desejarmos propor o alargamento dos objetivos da responsabilidade civil para atender a uma finalidade eminentemente preventiva, poluidor também deveria ser considerado todo aquele que, direta ou indiretamente, possa, ou seja capaz de criar um risco que favoreça a perda de qualidade do meio ambiente. Esta proposição interage com melhor coerência em relação ao teor do art. 2º da Lei n. 7.347/85 e do art. 461 do Código de Processo Civil, normas estas que complementam o regime objetivo de reparação fixado pelo art. 14, § 1º da Lei n. 6.938/81 para que seja possível, de fato, alcançar uma função preventiva *per se*, por meio de ações ou medidas suportadas pelo poluidor, no âmbito da responsabilidade civil.

É desse modo, portanto, que se poderia justificar não apenas o risco de prejuízo, como também o risco de causalidade com pressupostos mais adaptados à justificação de deveres de proteção no âmbito da responsabilidade civil. Esta

---

(35) BOUTONNET, Mathilde. *Le principe de précaution en droit de la responsabilité civile*. Paris: L.G.D.J, 2005. p. 312.

(36) Ibidem. p. 513 e 554. Conforme salienta Boutonnet (p. 584), deve-se considerar o risco de causar um dano, e o risco de produzir uma relação de causalidade. A autora argumenta que: "À primeira vista, o nome de "risco de causalidade" como condição da ação de responsabilidade com base no princípio da precaução foi surpreendente. Por que não falar de um nexo de causalidade entre o evento e o risco de dano? Em expondo a definição do risco de causalidade, as coisas parecem mais claras. Causalidade jurídica tem uma especificidade e difere da causalidade material". Lê-se no original: "De prime abord, nommer le "risque de causalité" comme condition de l'action en responsabilité fondée sur le prínciple de précaution était surprenant. Porquoi ne pas parler de lien de causalité engtre le fait générateur et le risque de dommage? En exposant la définition du risque de causalité, les choses paraissent plus claires. La causalité juridique détient une spécificité et se distingue de la causalité matérielle."

(37) Conferir, sobre o conceito alargado de poluidor: BRASIL. Superior Tribunal de Justiça. Recurso Especial n. 650.728/SC, rel. min. Herman Benjamin. Disponível em: <http://www.stj.jus.br>. Acesso em: 12 jan. 2014.

postura parece ser sugerida nos autos do Recurso Especial n. 650.728/SC, relatado pelo ministro Herman Benjamin, para quem, na "[...] apuração do nexo de causalidade no dano ambiental, equiparam-se quem faz, quem não faz quando deveria fazer, quem deixa fazer quem não se importa que façam, quem financia para que façam, e quem se beneficia quando outros fazem."[38]

5 A REPARAÇÃO INTEGRAL DO DANO AMBIENTAL E O PRINCÍPIO *IN DUBIO PRO NATURA*

Mais do que oferecer alternativas para se justificar o alargamento das funções da responsabilidade civil em matéria ambiental, uma análise do conjunto de decisões proferidas pelo STJ sobre o tema é elucidativa ao oferecer como resultado o de que essa abertura esteve associada em 11 oportunidades à consideração direta de um princípio *in dubio pro natura*, para afirmar-se o reconhecimento de que, sob o ângulo de se assegurar a *reparação integral dos danos*, todas as suas manifestações, inclusive as intersticiais, as interinas e as futuras, também teriam de ser alcançadas (e poderiam ser justificadas) na ordem jurídica nacional.

Inicialmente afirmado pelo art. 395.4 do texto vigente da Constituição do Equador, o princípio *in dubio pro natura* preceitua que "[...] no caso de dúvida sobre o alcance das disposições legais em matéria ambiental, estas serão aplicadas no sentido mais favorável à proteção da natureza."[39]

Esse sentido é expressamente acolhido pelo STJ, tendo-o sido especialmente nos autos do RESp n. e do RESP n. , ocasião em que foi para o fim de favorecer a aplicação do conteúdo ambiental das normas jurídicas — obstando sentidos que fossem incompatíveis com semelhante finalidade — muito embora não seja possível afirmar que sempre se estivesse concretamente em contexto de dúvida ou de conflito que exigisse o uso da norma principiológica como instrumento determinante para a decisão[40].

Por outro lado, o tribunal também acolhe sentido mais específico, que se aproxima do fortalecimento do princípio de reparação integral dos danos.

É assim que o tribunal fixou seu uso para o fim de justificar que os assim denominados danos interinos, intersticiais e futuros, também não poderiam deixar de ser incluídos sob o alcance das medidas de reparação de danos associadas ao regime de responsabilização civil definido pela ordem jurídica nacional[41]. Da mesma forma, também justificou sob o ângulo do mesmo princípio, a possibilidade de acumulação das obrigações de reparação e de recomposição *in natura*, bem como, da reparação dos danos extrapatrimoniais coletivos[42] (ambas já reconhecidas pelo tribunal em ocasiões anteriores, sob fundamentos distintos[43]), ou ainda, da inversão do ônus da prova como manifestação de um princípio da precaução.[44]

---

(38) BRASIL. Superior Tribunal de Justiça. Recurso Especial n. 650.728/SC, rel. min. Herman Benjamin. Disponível em: <http://www.stj.jus.br>. Acesso em: 12 jan. 2014.

(39) ECUADOR. Assamblaya Constituyente. Constitución del Ecuador. Disponível em: <https://www.oas.org/juridico/mla/sp/ecu/sp_ecu-int-text-const.pdf.>. Acesso em: 4 abr. 2019. Lê-se no original: "En caso de duda sobre el alcance de las disposiciones legales en materia ambiental, éstas se aplicarán en el sentido más favorable a la protección de la naturaleza."

(40) BRASIL. Superior Tribunal de Justiça. Recurso Especial n. 1.668.652/PA. Relator: Min. Herman Benjamin. Disponível em: <http://www.stj.jus.br>. Acesso em: 2 abr. 2019; BRASIL. Superior Tribunal de Justiça. Recurso Especial n. 1.356.207/SP. Min. Paulo Tarso Sanseverino. Disponível em: <http://www.stj.jus.br>. Acesso em: 2 abr. 2019; BRASIL. Superior Tribunal de Justiça. Recurso Especial n. 1.462.208/SC. Relator: Min. Humberto Martins. Disponível em: <http://www.stj.jus.br>. Acesso em: 2 abr. 2019.

(41) BRASIL. Superior Tribunal de Justiça . Recurso Especial n. 1.669.185/RS. Relator: Min. Herman Benjamin. Disponível em: <http://www.stj.jus.br>. Acesso em: 2 abr. 2019; BRASIL. Superior Tribunal de Justiça . Recurso Especial n. 1.255.127/MG. Relator: Min. Herman Benjamin. Disponível em: <http://www.stj.jus.br>. Acesso em: 2 abr. 2019; BRASIL. Superior Tribunal de Justiça. Recurso Especial n. 1.328.753/MG. Relator: Min. Herman Benjamin. Disponível em: http://www.stj.jus.br. Acesso em: 2 abr. 2019; BRASIL. Superior Tribunal de Justiça. Recurso Especial n. 1.198.727/MG. rel. Min. Herman Benjamin. Disponível em: <http://www.stj.jus.br>. Acesso em: 2 abr. 2019; BRASIL. Superior Tribunal de Justiça. Recurso Especial n. 1.145.083/MG. rel. Min. Herman Benjamin. Disponível em: <http://www.stj.jus.br>. Acesso em: 2 abr. 2019; BRASIL. Superior Tribunal de Justiça. Recurso Especial n. 1.180.078/MG. Relator: Min. Herman Benjamin. Disponível em: <http://www.stj.jus.br>. Acesso em: 2 abr. 2019; BRASIL. Superior Tribunal de Justiça. Recurso Especial n. 1.114.893/MG. Relator: Min. Herman Benjamin. Disponível em: <http://www.stj.jus.br>. Acesso em: 2 abr. 2019.

(42) BRASIL. Superior Tribunal de Justiça. Recurso Especial n. 1.269.494/MG. Relatora: Min. Eliana Calmon. Disponível em: <http://www.stj.jus.br>. Acesso em: 2 abr. 2019; BRASIL. Superior Tribunal de Justiça. Recurso Especial n. 1.367.923/RJ. Relator: Min. Humberto Martins. Disponível em: <http://www.stj.jus.br>. Acesso em: 2 abr. 2019.

(43) Sobre a possibilidade de acumulação das obrigações é conveniente salientar que o STJ confirmou a conclusão por meio da tese n. 1, vinculado ao julgamento de 74 precedentes. Cf. BRASIL. Superior Tribunal de Justiça. Jurisprudência em Teses. Disponível em: <http://www.stj.jus.br/SCON/jt/toc.jsp>. Acesso em: 4 abr. 2019.

(44) BRASIL. Superior Tribunal de Justiça. Recurso Especial n. 883.656/RS. Relator: Min. Herman Benjamin. Disponível em: http://www.stj.jus.br. Acesso em: 2 abr. 2019. A matéria também é objeto da tese de n. 4 do STJ, oriunda de 33 precedentes. Cf. BRASIL. Superior Tribunal de Justiça. Jurisprudência em Teses. Disponível em: <http://www.stj.jus.br/SCON/jt/toc.jsp>. Acesso em: 4 abr. 2019.

Considerar o conjunto de tais medidas sob o alcance da responsabilidade civil assegura, antes de tudo, a correção de distorções sobre sua função e seu significado quando utilizado em um modelo de reparação, ao mesmo tempo em que se contribui para a afirmação de uma dupla função que decorre de sua influência: a) facilitar a reparação e; b) impedir que sejam geradas as realidades motrizes de danos, sejam eles sérios, sensíveis e, sempre, irreversíveis.

No primeiro caso, a jurisprudência brasileira tem admitido que por meio da consideração do referido princípio, a causalidade pode ser flexibilizada, ou até mesmo presumida.[45] Nesse sentido é conveniente realizar o registro do acórdão proferido nos autos do Resp n. 1.310.471, relatado pelo ministro Herman Benjamin[46], estando relacionado ao assim denominado *caso dos acumuladores Ajax*, no âmbito do qual foi reconhecida a primazia do princípio da precaução em se tratando de lesões ambientais e à saúde humana causadas por substancias tóxicas.

Se o princípio da precaução já tem recebido na jurisprudência nacional idêntica consideração para o fim que lhe era reservado na prática francesa, por exemplo[47], facilitando a tarefa de reparação por meio da flexibilização de alguns de seus filtros, sua manutenção no âmbito da responsabilidade civil sugere a necessidade de manter seu significado e sua função dogmática, que não se amolda a objetivos prospectivos, senão a objetivos perspectivos.

É nesse cenário diferenciado que se pode reconhecer que na ordem jurídica nacional, muito além de uma construção abstrata, a Lei n. 6.938/81, a Lei n. 7.347/87 e o Código de Processo Civil permitem justificar que a aplicação de um princípio de precaução possa resultar, de forma autônoma, em finalidades preventivas.

Portanto, a consideração de um princípio de precaução no direito (ambiental) brasileiro, significa que: a) criar riscos implica, necessariamente, suportar seus resultados diretos, indiretos, iminentes, prováveis e futuros, independente da licitude de sua conduta[48]; b) que não prevenir riscos sérios, mesmo em contextos de divergência científica e dúvida, também implica suportar a mesma extensão dos resultados já descritos[49] e, enfim; c) que criar riscos implica, de forma autônoma e independente da existência de danos, suportar deveres de não se produzir danos e de não se ameaçar os bens ambientais. Estes deveres não deixam de expor custos financeiros, os quais são suportados por quem cria os riscos, o que não significa que esses custos veiculem reparação ou compensação das vítimas, senão prevenção *per se*.[50]

O primeiro cenário é o que parece ter sido alcançado pela orientação jurisprudencial do STJ associada ao reconhecimento dos danos intersticiais (representada, entre todos os casos já referidos neste capítulo, pelo julgamento do REsp n. 1.198.727/MG). Outro caso que estabelece relações com esse acórdão pode ser verificado por meio do julgamento do AgRg na Suspensão de Liminar e de Sentença n. 1.524/MA, originário da Corte Especial do Superior Tribunal de Justiça.[51] Ao enfatizar a importância de exigir que decisões públicas que possam expor o meio ambiente a impactos de elevada gravidade exijam processos de decisão que fixem todas as informações relevantes disponíveis, como decorrência de um princípio da precaução, visualiza-se no STJ um espaço favorável para o desenvolvimento do princípio da precaução. Semelhante contexto foi reproduzido pelo tribunal em ocasiões posteriores, nomeadamente por meio do julgamento do AgRg nos pedidos de suspensão de liminar e de sentença n. 1.564/MA e 1.552/BA.

---

(45) Sobre o tema, é relevante a orientação do STJ sobre a responsabilidade *propter rem* do proprietário no caso de danos ambientais. Conferir por todos os precedentes: Brasil. Superior Tribunal de Justiça. REsp 1.179.316. Rel. Min. Teori Zavascki. Disponível em: <http://www.stj.jus.br>. Acesso em: 2 fev. 2011. O tema também é objeto da tese n. 9, no mesmo STJ, oriunda de pelo menos 49 precedentes. Cf. BRASIL. Superior Tribunal de Justiça. Jurisprudência em Teses. Disponível em: <http://www.stj.jus.br/SCON/jt/toc.jsp>. Acesso em: 4 abr. 2019.

(46) BRASIL. Superior Tribunal de Justiça. Recurso Especial n. 1.310.471, rel. Min. Herman Benjamin. Disponível em: <http://www.stj.jus.br>. Acesso em: 12 jan. 2014.

(47) Conferir por todos os precedentes: BRASIL. Superior Tribunal de Justiça. Recurso Especial n. 1060753/SP, rel. Min. Eliana Calmon. Disponível em: <http://www.stj.jus.br>. Acesso em: 12 jan. 2014. Reconhecendo a relação entre os princípios da precaução e *in dubio pro natura*: BRASIL. Superior Tribunal de Justiça. Recurso Especial n. 883656/RS, rel. Min. Herman Benjamin. Disponível em: <http://www.stj.jus.br>. Acesso em: 12 jan. 2014. Os acórdãos veiculam o tema das presunções de causalidade e a inversão do ônus da prova, matérias consolidadas na jurisprudência do Superior Tribunal de Justiça sobre a responsabilidade civil ambiental em relação à função ambiental da propriedade e a obrigação *propter rem* de reparar e restaurar os danos, atribuída ao proprietário. Reconhecendo danos a áreas de preservação permanente do rio Ivinhema sem necessidade de prova técnica: BRASIL. Superior Tribunal de Justiça. Recurso Especial n. 1.245.149/MS, rel. Min. Herman Benjamin. Disponível em: <http://www.stj.jus.br>. Acesso em: 12 jan. 2014.

(48) A jurisprudência do STJ reconhece e confirma a reparação dos assim denominados danos intermediários ou interinos. Cf. BRASIL. Superior Tribunal de Justiça. Recurso Especial n. 1.180.078/MG, rel. Min. Herman Benjamin. Disponível em: <http://www.stj.jus.br>. Acesso em: 12 de janeiro de 2014; BRASIL. Superior Tribunal de Justiça. Recurso Especial n. 1.145.083/MG, rel. Min. Herman Benjamin. Disponível em: <http://www.stj.jus.br>. Acesso em: 12 de janeiro de 2014; BRASIL. Superior Tribunal de Justiça. Recurso Especial n. 1.114.893/MG , rel. Min. Herman Benjamin. Disponível em: <http://www.stj.jus.br>. Acesso em: 12 de janeiro de 2014; BRASIL. Superior Tribunal de Justiça. Recurso Especial n. 1.198.727/MG, rel. Min. Herman Benjamin. Disponível em: <http://www.stj.jus.br>. Acesso em: 12 de janeiro de 2014.

(49) Cf. BRASIL. Superior Tribunal de Justiça. Recurso Especial n. 1.071.741/SP, rel. Min. Herman Benjamin. Disponível em: <http://www.stj.jus.br>. Acesso em: 12 de janeiro de 2014.

(50) Sobre o interesse de agir em medidas inibitórias, por todos os precedentes, vale o registro de: BRASIL. Superior Tribunal de Justiça, AgRg na Suspensão de Liminar e de Sentença n. 1.524/MA, rel. min. presidente do STJ. Disponível em: <http://www.stj.jus.br>. Acesso em: 10 de janeiro de 2014.

(51) BRASIL. Superior Tribunal de Justiça, AgRg na Suspensão de Liminar e de Sentença n. 1.524/MA, r. min. presidente do STJ. Disponível em: <http://www.stj.jus.br>. Acesso em: 10 de janeiro de 2014.

Em reforço ao contexto descrito que diz respeito à ordem jurídica nacional, é possível também justificar a coerência deste modelo apresentado ao considerar que os processos de reparação no âmbito da Corte Interamericana de Direitos Humanos também veiculam, em conjunto com a reparação pecuniária, obrigações de fazer, sendo muitas de natureza prospectiva e de caráter preventivo.[52]

Por fim, vale registrar que em detrimento de um possível retorno à culpa em uma leitura sugerida de sua objetivação[53], que geralmente decorre do transplante da experiência francesa para a aplicação do princípio da precaução para outras ordens jurídicas, não parece possível ou factível que em um sistema de responsabilidade civil fundado em um regime objetivo, no qual prepondera a consideração dos riscos criados e da imputação de deveres àqueles que presumivelmente aufiram vantagens do exercício da atividade, ou do uso do processo ou do produto, justifique-se ou pretenda-se justificar uma função preventiva da responsabilidade civil por meio de semelhante abordagem.[54]

Não se quer afirmar que não se tenha espaço para o uso da precaução como medida de decisão para se mitigar os filtros da responsabilidade civil, mas não é possível que esta circunstância seja suficiente para transformar o sistema definido pela Lei n. 6.938/81. Este permanece sendo um regime objetivo de responsabilização, fortalecido agora pela afirmação de uma função preventiva, a qual é igualmente fortalecida pela integração de um princípio *in dubio pro natura*.

6 CONSIDERAÇÕES FINAIS

O trabalho adotou como premissa a de que as ameaças resultantes de uma nova época geológica denominada por Antropoceno — na qual o homem se encontra situado como um fator geológico — influenciam a forma pela qual são estabelecidas as relações entre o Direito e a natureza, bem como a forma por meio da qual serão produzidas respostas (jurídicas) que sejam capazes de regular adequadamente tais ameaças.

Tendo-se adotado como contexto o da responsabilidade civil — posicionada como uma possível alternativa para o enfrentamento dos novos riscos — considerou-se que na época geológica dos humanos, a prioridade para soluções compensatórias para danos ambientais que — não raras vezes não são seguráveis — afigurar-se-ia uma alternativa extremamente limitada.

Para o fim de se testar alternativas que pudessem colaborar para que respostas úteis ainda pudessem emergir de um sistema de responsabilidade civil, foi demonstrado que uma possibilidade viável poderia ser justificada a partir da consideração de um alargamento do alcance dos danos reparáveis.

Sendo assim, sustentou-se que, a exemplo de experiências jurídicas estrangeiras — como as reproduzidas no Direito francês e no Direito italiano — a ordem jurídica brasileira afirma por meio do art. 225, § 3º, da CRFB de 1988 um princípio de reparação integral, por meio do qual se faz possível justificar que todas as manifestações de danos devem ser objeto de reparação.

Entretanto, em uma época geológica dos humanos (Antropoceno), priorizar soluções que contemplem estritamente a realidade de danos ambientais não se apresenta como o modelo mais adequado ao fortalecimento da identidade de uma fórmula jurídico-política de Estado de Direito para a Natureza. Neste modelo, para além de se favorecer a tarefa fundamental de reduzir os riscos existenciais — permeada por obrigações de meio — prioriza-se a tarefa de se assegurar a integridade dos processos ecológicos que sustentam o desenvolvimento de todas as formas de vida, associadas a obrigações de resultado.

---

(52) Conferir por todos os precedentes o caso da comunidade Myagna, no âmbito do qual é possível constatar que a demanda de reparações também alcançou a atribuição dos custos de medidas de natureza preventiva. Cf. COSTA RICA. Corte Interamericana de Derechos Humanos. El caso de la comunidad Mayagna. Disponível em: <http://www.corteidh.or.cr/docs/casos/articulos/seriec_79_esp.pdf>. Acesso em: 5 dez. 2012. O tema também não é estranho à jurisprudência do Superior Tribunal de Justiça, tendo sido exposto por meio da interpretação do art. 3º da Lei n. 7.347/1985, por meio da acumulação das obrigações de fazer e de reparar.

(53) LOPEZ, Tereza Ancona. *O princípio da precaução e a evolução da responsabilidade civil*. São Paulo: Quartier Latin, 2010. 146-147.

(54) Cf. BRASIL. Tribunal de Justiça de São Paulo. Embargos Infringentes n. 0012042-68.2009.8.26.0066/50002, rel. des. Moreira Viegas. Disponível em: <http://www.tjspjus.br>. Acesso em: 10 de janeiro de 2014. O acórdão enfatiza a tese pela qual deve ser considerada uma mitigação do nexo de causal entre o dano e o fato, quando há sinais que esta ligação existe ou pode existir, como o caso das queimadas, que sugerem somente ser ocasionadas por quem possa ter interesse econômico nas consequências do ato. A decisão utilizou uma interessante forma de valoração do dano que remete, ainda que não tenha exposto referência expressa, à consideração de danos futuros reparáveis. A decisão reforça a incidência da teoria do risco integral, segundo a qual o dano deve ser reparado ou indenizado, não sendo possível a oposição de excludentes de responsabilidade. Também considera que atividades presumidamente perigosas podem produzir prejuízos morais, cuja reparação se dá de forma objetiva.

Situar um princípio de reparação integral dos danos em uma época geológica do Antropoceno implica considerar que um modelo de responsabilidade civil também deve favorecer a afirmação de uma segunda função prioritária, ao lado da compensatória, a saber, a preventiva/precaucional.

Demonstrou-se, por meio de uma investigação concreta sobre o conjunto de decisões proferidas pelo STJ, que é possível também justificar por meio de um princípio de reparação integral — para além da extensão do alcance sobre os danos reparáveis — a inclusão de uma segunda função no sistema de responsabilidade civil ambiental.

Conforme foi possível demonstrar, a ordem jurídica nacional contempla ambas as abordagens (compensatória e antecipatória) como manifestações complementares e indissociáveis de um sistema de proteção que se pretenda completo e integral.

Portanto, um princípio de precaução pode atuar, a um só tempo, como medida de decisão para o fim de facilitar a reparação dos danos — fortalecendo a função preventiva da responsabilidade civil — assim como também pode ultrapassar esta função, para externar função autônoma que decorre de seu significado, por meio do qual a prevenção, para além de atuar de forma acessória no interesse da reparação dos danos, pode se apresentar de forma independente, no interesse da prevenção de prejuízos e de ameaças existenciais.

Todas estas faces do princípio da precaução encontram-se justificadas pelo sistema normativo descrito anteriormente, além de contar com o reconhecimento da jurisprudência dos tribunais, especialmente a do Superior Tribunal de Justiça.

Por fim, também se demonstrou que também sob a perspectiva de justificação baseada em um alargamento dos danos reparáveis, a jurisprudência do STJ faz o uso de um relevante princípio para a formação de um Direito comprometido com os processos ecológicos essenciais, no âmbito da transformação dos modelos de responsabilidade civil ambiental.

Para tanto, o tribunal superior recorre a um princípio *in dubio pro natura*, para também justificar a extensão do conteúdo dos danos reparáveis, fortalecendo-se o potencial de proteção que seja oriundo da definição constitucional de reparação integral acolhida pelo Direito brasileiro.

No conjunto de treze oportunidades em que o STJ apreciou expressamente a consideração de um princípio *in dubio pro natura*, constatou-se que em apenas três dessas oportunidades se fez o uso do mesmo como recurso interpretativo de normas jurídicas visando oferecer resultados ambientais mais favoráveis. Em todas as demais ocasiões o principio foi considerado no contexto da afirmação de que, por meio dele, também se poderia justificar que todas as formas de danos ambientais deveriam ser objeto de reparação, remetendo, portanto, a um princípio de reparação integral.

É desse modo que se poderia afirmar, portanto, que o conteúdo de um princípio *in dubio pro natura* encontra-se edificado pela jurisprudência do STJ com o sentido de assegurar que fossem tomadas decisões que favorecessem resultados positivos para a proteção do meio ambiente.

Para além de um vetor interpretativo de facilitação ou de justificação de decisões, a mesma jurisprudência também confirmou que o princípio também é capaz de justificar a ampliação do alcance dos danos ambientais reparáveis, para alcançar, inclusive, danos intersticiais, futuros ou interinos. Esse resultado reforça, em síntese, a demonstração de que o regime de responsabilização civil ambiental no Antropoceno, não pode ignorar as demandas de se proteger, ao mesmo tempo, o espaço operacional seguro dos humanos, e a integridade dos processos ecológicos e dos sistemas terrestres.

7   REFERÊNCIAS

BRASIL. Superior Tribunal de Justiça. REsp n. 1.179.316. Rel. Min. Teori Zavascki. Disponível em: <http://www.stj.jus.br>. Acesso em: 2 abr. 2019.

_____. Recurso Especial n. 1.310.471, rel. Min. Herman Benjamin. Disponível em: <http://www.stj.jus.br>. Acesso em: 2 abr. 2019.

BRASIL. Superior Tribunal de Justiça. Recurso Especial n. 1.060.753/SP, rel. Min. Eliana Calmon. Disponível em: <http://www.stj.jus.br>. Acesso em: 2 abr. 2019.

_____. Recurso Especial n. 1.245.149/MS, rel. Min. Herman Benjamin. Disponível em: <http://www.stj.jus.br>. Acesso em: 2 abr. 2019.

_____ . Recurso Especial n. 1.180.078/MG, rel. Min. Herman Benjamin. Disponível em: <http://www.stj.jus.br>. Acesso em: 2 abr. 2019.

_____ . Recurso Especial n. 1.145.083/MG, rel. Min. Herman Benjamin. Disponível em: <http://www.stj.jus.br>. Acesso em: 2 abr. 2019.

_____ . Recurso Especial n. 1.114.893/MG , rel. Min. Herman Benjamin. Disponível em: <http://www.stj.jus.br>. Acesso em: 2 abr. 2019.

_____ . Recurso Especial n. 1.198.727/MG, rel. Min. Herman Benjamin. Disponível em: <http://www.stj.jus.br>. Acesso em: 2 abr. 2019.

_____ . Recurso Especial n. 1.071.741/SP, rel. Min. Herman Benjamin. Disponível em: <http://www.stj.jus.br>. Acesso em: 2 abr. 2019.

_____ . AgRg na Suspensão de Liminar e de Sentença n. 1.524/MA, rel. min. Presidente do STJ. Disponível em: <http://www.stj.jus.br>. Acesso em: 2 abr. 2019.

_____ . Recurso Especial n. 1.658.652 /PA. Relator: Min. Herman Benjamin. Disponível em: <http://www.stj.jus.br>. Acesso em: 2 abr. 2019.

_____ . Recurso Especial n. 1.669.185/RS. Relator: Min. Herman Benjamin. Disponível em: <http://www.stj.jus.br>. Acesso em: 2 abr. 2019.

_____ . Recurso Especial n. 1.255.127/MG. Relator: Min. Herman Benjamin. Disponível em: <http://www.stj.jus.br>. Acesso em: 2 abr. 2019.

_____ . Recurso Especial n. 1.356.207/SP. Relator: Min. Paulo Tarso Sanseverino. Disponível em: <http://www.stj.jus.br>. Acesso em: 2 abr. 2019. (interpretação de norma ambiental).

_____ . Recurso Especial n. 1.462.208/SC. Relator: Min. Humberto Martins. Disponível em: <http://www.stj.jus.br>. Acesso em: 2 abr. 2019. (interpretação de norma ambiental).

_____ . Recurso Especial n. 1.367.923/RJ. Relator: Min. Humberto Martins. Disponível em: <http://www.stj.jus.br>. Acesso em: 2 abr. 2019. (dano moral coletivo e *in dubio pro natura*).

_____ . Recurso Especial n. 1.328.753 /MG. Relator: Min. Herman Benjamin. Disponível em: <http://www.stj.jus.br>. Acesso em: 2 abr. 2019.

_____ . Recurso Especial n. 1.130.078/MG. Relator: Min. Herman Benjamin. Disponível em: <http://www.stj.jus.br>. Acesso em: 2 abr. 2019.

_____ . Recurso Especial n. 1.114.893/MG. Relator: Min. Herman Benjamin. Disponível em: <http://www.stj.jus.br>. Acesso em: 2 abr. 2019.

_____ . Recurso Especial n. 1.269.494. Relatora: Min. Eliana Calmon. Disponível em: <http://www.stj.jus.br>. Acesso em: 2 abr. 2019.

_____ . Recurso Especial n. 883.656/RS. Relator: Min. Herman Benjamin. Disponível em: <http://www.stj.jus.br>. Acesso em: 2 abr. 2019. (*in dubio pro natura* e inversão do ônus da prova).

BECK, Ulrich. *Sociedade de risco mundial*. Em busca da segurança perdida. Lisboa: Edições 70, 2015.

_____ . *A metamorfose do mundo*. Como as alterações climáticas estão transformando a sociedade. Lisboa: Edições 70, 2017.

BOUTONNET, Mathilde. *Le principe de précaution en droit de la responsabilité civile*. Paris: L.G.D.J., 2005.

BUGGE, Hans Christian. Twelve fundamental challenges in environmental law: an introduction to the concept of rule of law for nature. In: VOIGT, Chritina (Ed.). *Rule of Law for Nature*. New dimensions and Ideas in Environmental Law. Cambridge: Cambridge University Press, 2013. p. 3-26.

COSTA RICA. Corte Interamericana de Derechos Humanos. El caso de la comunidad Mayagna. Disponível em: <http://www.corteidh.or.cr/docs/casos/articulos/seriec_79_esp.pdf>. Acesso em: 5 dez. 2012.

CRESPO, Mariano Medina. *La compensación del beneficio obtenido a partir del daño padecido*. Aplicación del principio <*compensatio lucri cum damno*> en el Derecho de daños. Barcelona: Bosch, 2015.

CRUTZEN, Paul; STEFFEN, Will; MACNEILL, John. The Anthropocene: Are Humans Now Overwhelming the Great Forces of Nature? *Ambio*, vol. 36, n. 8, p. 613-521, Dec. 2007.

CRUTZEN, Paul. Human Impact On Climate Has Made This the "Anthropocene Age". *New Perspectivies Quartely*, vol. 22, n. 2, p. 14-16, Mar. 2015.

CRUTZEN, Paul. STEFFEN, Will; MACNEILL, John; GRINEVALD, Jacques. The Anthropocene: conceptual and Hisorical Perspectives. *Philosofical Transactions of the Royal Society*, vol. 369, p. 842-867, 2011.

ECUADOR. Assamblaya Constituyente. *Constitución del Ecuador*. Disponível em: <https://www.oas.org/juridico/mla/sp/ecu/sp_ecu-int-text-const.pdf>. Acesso em: 4 abr. 2019.

ELLIS, Erle C. *Anthropocene*. A Very Short Introduction. Oxford: Oxford University Press, 2018.

HERMITTE, Marie-Angelè. *Le sang et le droit*. Essai sur la transfusion sanguine. Paris: Seuil, 1996.

KLOEPFER, Michael. *Umweltstaat*. Heidelberg: Springer-Verlag, 1988.

LEITÃO, Manuela Prado. *Desastres ambientais, resiliência e a responsabilidade civil*. Rio de Janeiro: Lumen Juris, 2018.

LEITE, José Rubens Morato; AYALA, Patryck de Araujo. *Dano ambiental*. Do individual ao coletivo extrapatrimonial. Teoria e Prática. 7. ed. São Paulo: RT, 2015.

LOPEZ, Tereza Ancona. *O princípio da precaução e a evolução da responsabilidade civil*. São Paulo: Quartier Latin, 2010.

MATEI, Ugo; CAPRA, Fritjof. *The Ecology of Law*. Toward a Legal System in Tune with Nature and Community. Oakland: Berret-Koehler, 2015.

SOARES, Guido Fernando Silva. *Direito Internacional do Meio Ambiente. Emergência, Obrigações e Responsabilidades*. Rio de Janeiro: Atlas, 2001. p. 54-55.

SCREIBER, Anderson. *Novos paradigmas da responsabilidade civil*: Da Erosão dos Filtros da Reparação à Diluição dos Danos. 3. ed. Rio de Janeiro: Atlas, 2011.

UNITED NATIONS. *Convention on Biological Diversity*. Disponível em: <https://www.cbd.int/doc/legal/cbd-en.pdf>. Acesso em: 2 abr. 2019. VOIGT, Chritina (Ed.). *Rule of Law for Nature*. New dimensions and Ideas in Environmental Law. Cambridge: Cambridge University Press, 2013.

VEIGA, José Eli da. *O Antropoceno e a Ciência do Sistema Terra*. São Paulo: Editora 34, 2019.

REDISCUTINDO O PRINCÍPIO DO POLUIDOR-PAGADOR: UMA QUESTÃO DE EFICIÊNCIA ECONÔMICO-AMBIENTAL

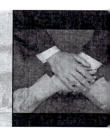

Luis Antonio Gomes de Souza Monteiro de Brito[*]

1 INTRODUÇÃO

Comumente referido como um dos fundamentos do direito ambiental, o princípio do poluidor-pagador até hoje suscita importantes discussões na academia, embora já tenha normatividade reconhecida pelo menos desde a década de 1970, quando foi originalmente conceituado pela Organização para a Cooperação e Desenvolvimento Econômico (OCDE).

Um dos principais debates sobre o princípio do poluidor-pagador se refere à sua amplitude. Por exemplo, há quem considere ser ele restrito a uma concepção preventiva, como orientador de desestímulo à realização de condutas reputadas como ambientalmente negativas. Por outro lado, há corrente que defende ser ele abrangente ao ponto de abarcar, por exemplo, a responsabilidade civil ambiental, instrumento jurídico marcadamente reativo.

Na mesma linha, discute-se se o princípio do poluidor-pagador se esgota nas condutas relacionadas à poluição propriamente dita ou se abrange comportamentos relevantes ao meio ambiente, sejam eles negativos, como o uso econômico privado dos recursos naturais, sejam eles positivos, como a realização de serviços ambientais.

Desse segundo debate, surgem as derivações modernas do poluidor-pagador, consubstanciadas nos princípios do usuário-pagador e do protetor-recebedor, que, apesar de não terem a mesma notoriedade, progressivamente têm tido reconhecimento por parte da doutrina e mesmo positivação legal, inclusive pelo ordenamento jurídico brasileiro.

Como grupo, essas três normas podem ser concebidas como "princípios econômico-ambientais", pois agem diretamente sobre a relação entre economia e meio ambiente, ou, como particularmente se considera mais preciso, como "princípios de eficiência econômico-ambiental", vez que direcionam para a otimização dos custos e benefícios decorrentes de uma relação privada através da sua internalização pelos sujeitos diretamente envolvidos na sua geração.

Tendo como panorama a relevância desses princípios para o direito ambiental, que tem viés essencialmente preventivo, bem como a relativa insegurança teórica acerca da matéria, pela sua imprecisão conceitual, pretende-se neste

---

[*] Advogado. Sócio do Monteiro de Brito & Oliveira Advogados. Doutorando em Direito pela Pontifícia Universidade Católica de São Paulo (PUC/SP). Mestre em Direito pela Universidade Federal do Pará (UFPA). Especialista em Direito Ambiental e Gestão Estratégica da Sustentabilidade pela PUC/SP. Coordenador da especialização em Direito Agroambiental e professor da Graduação em Direito do Centro Universitário do Pará (CESUPA). Presidente da Comissão de Meio Ambiente da OAB/PA. Membro da União Brasileira de Advocacia Ambiental. E-mail: luisantonio@mboadvogados.com.br

trabalho, com a brevidade que seus limites metodológicos e epistemológicos impõem, rediscutir essas normas e propor uma solução que delimite sua abrangência prescritiva, sem descaracterizar, evidentemente, a construção teórica que os formou.

Para tanto, será primeiro apresentada a noção econômica de externalidade, base extrajurídica na qual se estruturam os princípios de eficiência econômico-ambiental. Após, será realizada sua conceituação individual, na forma como abordada pela doutrina em geral. Por fim, será proposta uma solução teórico-conceitual que justifique de modo mais preciso no que consistem esses princípios e qual a relação entre eles.

Pretende-se que este trabalho contribua para a compreensão dessa importante classe de princípios de direito ambiental, que representam verdadeiros alicerces desse ramo jurídico, permitindo, assim, sua concretização adequada a partir de políticas públicas convergentes com sua orientação normativa.

2 AS EXTERNALIDADES: CONCEITO E ALTERNATIVAS PARA SUA ELIMINAÇÃO

Os princípios de eficiência econômico-ambiental derivam todos de uma concepção econômica conhecida como externalidade, que é considerada uma das principais deficiências do sistema de absoluta autonomia de mercado, mais precisamente uma falha de sinalização, caracterizando-se quando uma transação entre agentes gera um efeito externo que é percebido por um terceiro, não sendo contabilizado e compensado pelas partes da relação[1].

Originalmente, a ideia de externalidade remonta ao economista inglês Alfred Marshall, que — em 1890, data da primeira edição de seu trabalho — sem as vincular a uma falha de mercado, nomeou-as "economias externas", que, em seu entender, consistiriam nas atividades que dependessem de forças além daquelas despendidas pelos próprios empreendedores para prosperar, sendo externas ao processo produtivo, sendo mais relacionadas ao desenvolvimento industrial geral[2].

Modernamente, entende-se que "uma externalidade ocorre quando uma transação entre dois agentes não leva em consideração um benefício ou uma perda para um terceiro sujeito externo à relação de mercado"[3]. Seriam, portanto, falhas de mercado que afetam o equilíbrio econômico, pois impossibilitam que seja maximizado o benefício total para a sociedade como um todo, incluindo os agentes diretos e a coletividade afetada[4].

Segundo Maria Alexandra Aragão, duas são as características das externalidades: "a interdependência entre as decisões dos agentes econômicos, e a inexistência de compensações. Quem causa estorvos a outrem não os paga, quem cria benefícios a outrem não é compensado"[5].

A partir dessas considerações, pode-se definir, sinteticamente, que externalidade consiste em um custo ou benefício externo não contabilizado pelas partes da transação, não sendo por elas auferido, mas sim por um terceiro agente, em regra uma coletividade. A externalidade pode ser negativa, quando o impacto sobre o terceiro for adverso, ou positiva, quando lhe for benéfico.

As externalidades têm clara aplicação na seara ambiental, pois os recursos naturais não são exatamente apropriáveis, por serem essencialmente recursos comuns da sociedade, o que dificulta — ou mesmo impossibilita — sua precificação[6].

Nesse contexto, exemplo de externalidade ambiental negativa seria o lançamento de poluentes em um rio por uma indústria química, que causaria prejuízo à sociedade, restando ao empreendedor o lucro; já uma externalidade ambiental positiva poderia ser, ao revés, a fabricação e comercialização de carros elétricos, visto que, dessa forma, reduzir-se-ia a emissão de poluentes atmosféricos, gerando um benefício social não diretamente contabilizado pelo empreendedor.

---

(1) NUSDEO, Fábio. *Curso de economia*: introdução ao direito econômico. 9. ed. São Paulo: Revista dos Tribunais. 2015. p. 124.

(2) Cf. MARSHALL, Alfred. *Principles of economics*. 8. ed. Londres: Macmillan & Co. 1920.

(3) LÉVÊQUE, François. Externalities, public goods and the requirement of a state's intervention in pollution abatement. In: *Conference "Economics and Law of Voluntary Approaches in Environmental Policy"*. 1996. p. 3.

(4) MANKIW, Nicholas Gregory. *Introdução à economia*. São Paulo: Cengage Learning, 2005. p. 204.

(5) ARAGÃO, Maria Alexandra de Sousa. O princípio do poluidor pagador: pedra angular da política comunitária do ambiente. In: BENJAMIN, Antonio Herman; LEITE, José Rubens Morato. *Série Direito Ambiental para o Século XXI*. V. 1. São Paulo: O Direito por um Planeta Verde. 2014. p. 33.

(6) TUPIASSU, Lise. Fundamentos econômicos da tributação ambiental. In: TUPIASSU, Lise; MENDES NETO, João Paulo (Coords.). *Tributação, meio ambiente e desenvolvimento*. São Paulo: Forense. Belém: Editora CESUPA. 2016. p. 50.

O conceito de externalidade é importante porque o direito ambiental tem vocação redistributiva, inspirado na teoria econômica de que os custos e benefícios sociais externos à produção devem ser internalizados pelos agentes econômicos[7].

A forma como deve ser realizada essa internalização, porém, varia de acordo com pelo menos duas correntes, que, embora não sejam excludentes entre si, mas sim complementares, defendem, de modo diametralmente oposto, a solução pelo próprio mercado ou através da intervenção do Estado.

2.1 A solução privada para as externalidades: a expansão do mercado

Embora as externalidades sejam consideradas falhas de mercado, alguns estudiosos de viés mais liberal defendem que o próprio mercado seria capaz por si só de corrigir plenamente essas deseconomias, sem a intervenção estatal. Precisamente, esses pensadores consideram que a falha não seria exatamente a externalidade, mas sim o livre acesso aos recursos naturais[8].

De fato, recordando-se a tragédia dos comuns[9]-[10], o grande problema dos recursos naturais está no livre e gratuito acesso aos recursos naturais, que gera incentivo para aumentar a exploração, mas não para a reparação ou para o uso racional.

Logo, a solução seria conferir direitos de propriedade privada (ou ao menos direito de uso restrito) sobre os recursos naturais, pois, dessa forma, os agentes privados proprietários ou detentores do direito de uso tenderiam a otimizar a exploração dos recursos.

A solução para as externalidades estaria, então, em expandir o mercado para fazê-lo abranger direitos de propriedade privada em relação aos recursos ambientais, aliado à concepção de que há uma potencial reciprocidade entre efeitos externos positivos e negativos nas atividades que permitiria sua mútua anulação por compensação direta.

Ronald Coase, vencedor do prêmio Nobel de Economia em 1991 e certamente o mais proeminente defensor dessa corrente, sustenta que:

> The traditional approach has tended to obscure the nature of the choice that has to be made. The question is commonly thought of as one in which A inflicts harm on B and what has to be decided is: how should we restrain A? But this is wrong. We are dealing with a problem of a reciprocal nature. To avoid the harm to B would inflict harm on A. The real question that has to be decided is: should A be allowed to harm B or should B be allowed to harm A? The problem is to avoid the more serious harm[11].

Nota-se que essa linha de pensamento admite que certo nível de externalidades ambientais negativas pode ser tolerado quando otimamente equilibrado com o bem-estar social gerado pelas atividades econômicas impactantes do meio ambiente.

A solução para as externalidades seria, portanto, a prévia alocação dos direitos de propriedade sobre os recursos naturais ou mesmo o direito de uso sobre eles, desde que isso permitisse que os agentes privados resolvessem os conflitos entre si. Com efeito, a partir da negociação entre esses agentes, em um sistema global de direitos de proprie-

---

(7) MILARÉ, Édis. *Direito do ambiente*. 11. ed. São Paulo: Revista dos Tribunais. 2018. p. 271.

(8) TUPIASSU, Lise. *op. cit.,* p. 52.

(9) Em síntese, a "tragédia dos comuns" ocorreria como etapa final de um cenário de livre acesso a recursos limitados, no qual há incentivo à exploração, vez que não há custo de acesso, sem que, em contrapartida, haja estímulo para que os sujeitos individualmente assumam o ônus de preservação ou reparação dos bens utilizados. Para uma compreensão mais efetiva da teoria, cf. HARDIN, Garrett. The tragedy of the commons. *Science.* New Series. V. 162. N. 3859. 1968.

(10) Estudo semelhante foi empreendido em 1954 por H. Scott Gordon, que, abordando especificamente o setor pesqueiro, afirma que, enquanto o exercício da atividade for irrestrito, haverá incentivo para exercê-la, gerando uma tendência de esgotamento dos peixes, pois, apesar de serem renováveis (pois podem se reproduzir), a exploração excessiva geraria uma escassez acentuada que faria com que a própria atividade fosse inviabilizada, seja pela exauriência do recurso, seja porque sua baixa disponibilidade faria com que o custo de obtenção do peixe se equivalesse ao preço possível de venda (GORDON, H. Scott. The economic theory of a commom-property resource: the fishery. *The Journal of Political Economy.* v. 62. n. 2. 1954. p. 124-142).

(11) COASE, Ronald. The problem of social cost. *The Journal of Law & Economics.* 1960. p. 2. Em tradução livre: "A abordagem tradicional tem tendido a ocultar a natureza da escolha que deve ser realizada. A questão é comumente pensada como sendo uma em que A causa dano em B e o que é decidido é: como devemos impedir A? Mas isso está errado. Nós estamos enfrentando um problema de natureza recíproca. Evitar o dano a B causaria dano em A. A questão verdadeira que deve ser realizada é: deve A estar autorizado a causar dano a B ou deve B ser autorizado a causar dano a A? O problema é evitar o dano mais acentuado".

dade conferidos aos sujeitos privados, seria possível alcançar um acordo que garantisse eficiência na alocação dos recursos[12].

Para legitimar esse entendimento, formulou-se o chamado "Teorema de Coase", que, em resumo, sustenta que as partes sempre poderão chegar a um acordo que seja eficiente e positivo para todos, desde que possam livremente negociar[13].

Contudo, segundo Nicholas Gregory Mankiw, o Teorema de Coase só tem aplicabilidade quando essa negociação é efetiva, o que nem sempre é possível, por variados motivos, como, por exemplo, os custos de transação, que podem encarecer o acordo e impedir a correção das externalidades[14].

No caso específico dos bens ambientais, a dificuldade é ampliada em razão do interesse social difuso sobre eles, praticamente impossibilitando uma negociação privada[15], vez que, quando se trata do bem ambiental enquanto equilíbrio ecológico, toda a coletividade tem interesse na sua garantia, não sendo possível o fracionar para repartir entre os indivíduos.

Como consequência dessa dispersão dos interessados na defesa do equilíbrio ambiental, essa estratégia de controle de externalidades tem, no ordenamento jurídico brasileiro, uma aplicabilidade mais restrita a debates envolvendo impactos individuais reflexos a impactos ambientais propriamente ditos, restando ao Estado, no estágio atual, o papel de real controlador da proteção ambiental.

2.2 A eliminação das externalidades pela regulação estatal: a correção do mercado

Contrariamente à proposta liberal para eliminação das externalidades exposta acima, há corrente que entende não ser possível efetuar essa correção sem atuação do Estado, pois o mercado em si seria incapaz de solucionar esse problema, entendido por essa linha de pensamento, portanto, como verdadeira falha de mercado.

Tradicionalmente, a intervenção estatal para resolver a ineficiente alocação de recursos ambientais era baseada em duas alternativas: ou o próprio Estado internalizava as externalidades ou exercia seu poder de império para prevenir ou punir os agentes que causassem prejuízos sociais. Contemporaneamente, a tais medidas foi acrescida uma terceira via: a regulação através de instrumentos econômicos, financeiros e tributários[16].

O Estado internaliza as externalidades quando assume os custos para corrigir os prejuízos causados. Na esfera ambiental, essa atuação é identificada, por exemplo, quando o Estado age diretamente para despoluir um recurso degradado (como um rio poluído) ou custeia a saúde pública, mormente quando forem problemas causados por danos ambientais. Ou seja, compensam-se as externalidades negativas com a criação de externalidades positivas.

O principal elemento negativo dessa abordagem é que a sociedade é duplamente prejudicada. Primeiro pela externalidade ambiental negativa em si, que essencialmente causa o custo social. Segundo porque, se o Estado custeia a correção, em rigor é a própria sociedade que arcará com o prejuízo causado pelos agentes privados, através da arrecadação tributária custeadora da atividade estatal.

A outra alternativa tradicional de intervenção estatal para correção das externalidades é a regulamentação, realizada através de políticas de comando e controle (*command and control policies*), consistindo na determinação de condutas obrigatórias ou proibidas. Exemplificando, o Estado poderia fixar como proibido o corte de madeira em determinada região ou prever como obrigatória a instalação de filtros nos escapamentos dos veículos automotores.

A vantagem desse tipo de política é que ela permite a produção de efeitos imediatos, com normatização objetiva, com limites facilmente identificáveis e de funcionamento conhecido pelos agentes econômicos e pela sociedade[17].

Não obstante esse aspecto positivo, na prática a solução não é tão simples. Isto porque, como pondera Mankiw, seria impossível proibir todas as atividades geradoras de impactos ambientais, sendo necessário ponderar custos e benefícios desses impactos, de modo a definir os tipos e quantidades que se iria permitir[18].

---

(12) DERANI, Cristiane. *Direito ambiental econômico*. 3. ed. São Paulo: Saraiva. 2008. p. 92.

(13) MANKIW, Nicholas Gregory. *op. cit.*, p. 211.

(14) *Idem. Ibidem.* p. 211.

(15) TUPIASSU, Lise. *op. cit.*, p. 54.

(16) TUPIASSU, Lise. *op. cit.*, p. 56.

(17) SCHOUERI, Luís Eduardo. *Normas tributárias indutoras e intervenção econômica*. Rio de Janeiro: Forense. 2005. p. 46.

(18) MANKIW, Nicholas Gregory. *op. cit.*, p. 212.

Logo, para alcançar um resultado definitivo que seja positivo, seria preciso conhecer os detalhes das indústrias, das tecnologias alternativas, dos custos e dos benefícios, o que nem sempre é simples para o Estado, mormente em razão da assimetria informacional em relação aos agentes privados, que, conforme Mankiw, representa "uma diferença de acesso a um conhecimento relevante"[19], que, aqui se complementa, impede ou pelo menos dificulta a tomada decisória de forma ótima.

Ainda nessa linha, segundo Lévêque, a intervenção estatal na economia para corrigir externalidades ambientais somente faria sentido se:

> (i) os custos de transação forem positivos; (ii) custos administrativos de transação (que são os custos da intervenção pública na economia como um mecanismo de alocação de recursos) forem menores que os custos de transação do mercado privado; (iii) os custos administrativos de transação forem menores que os benefícios que a diminuição da poluição implicar[20].

Registra-se, pois, a complexidade de adoção de políticas de comando e controle adequadas do ponto de vista econômico, visto que a dificuldade na obtenção de informações exatas sobre as atividades econômicas e seus custos torna problemática uma tomada de decisão ótima, que não seja excessiva ou branda demais, distorcendo o mercado.

Detalhando o problema e elencando as causas da insuficiência das políticas de regulamentação, Lise Tupiassu acentua que o peso administrativo dos instrumentos de controle, seu elevado custo e seu caráter estático, combinados com a insuficiência fiscalizatória que contribui para um esvaziamento de autoridade do Estado e com a ineficiência econômica desse tipo de medida, pois não há incentivo para adotar meios menos poluentes para alcançar resultados semelhantes, representam elementos que reforçam a deficiência dessa espécie política para fins de controle ambiental[21].

E arremata afirmando categoricamente que "a internalização e a regulação diretas das externalidades ambientais por parte do Estado não se mostraram suficientes para responder às necessidades de otimização das políticas ecológicas"[22].

Particularmente, abstraindo-se a questão da eficiência e também a discussão acerca da restrição à liberdade, entende-se que, apesar dos problemas apresentados, as políticas de comando e controle podem ser aplicadas pelo Estado para definição de limites objetivos que impeçam usos absurdos, pois nem sempre é admissível a flexibilização da exploração, orientando-se para medidas proibitivas efetivas.

De todo modo, seguindo tendência contemporânea, tem avançado a realização da correção das externalidades ambientais através da regulação estatal pela utilização de instrumentos econômicos, financeiros e tributários.

Esses mecanismos são definidos como *Market-based Incentives* ("incentivos baseados no mercado", em tradução livre) e emergiram justamente a partir da conscientização de que as abordagens tradicionais eram comumente ineficientes, especialmente no âmbito do controle da poluição[23].

A base teórica para a compreensão dessa política regulatória é a teoria de Arthur Cecil Pigou, que, em seu *The Economics of Welfare*[24], assevera que o Estado deve intervir sobre as externalidades para corrigi-las, tanto estimulando a correção pelo próprio agente privado, quanto subsidiariamente assumindo os custos externos, tomando para si parte do que seria transmitido ao causador, nas hipóteses em que este não internalize o impacto.

O estímulo para que os próprios indivíduos efetuem a correção das externalidades, incorporando-as em seus custos em vez de repassá-las à sociedade, é feito através de instrumentos econômicos variados, tais como a tributação. Aliás, os tributos criados para corrigir externalidades são genericamente conhecidos como "impostos de Pigou"[25].

---

(19) *Idem. Ibidem.* p. 480.

(20) LÉVÊQUE, François. *op. cit.,* p. 9.

(21) TUPIASSU, Lise. *op. cit.,* p. 61.

(22) *Idem. Ibidem.* p. 62.

(23) JENKINS, Glenn Paul; LAMECH, Ranjit. *Green taxes and incentive policies*: an international perspective. San Francisco: International Center for Economic Growth & Harvard Institute for International Development. 1994. p. 1.

(24) Cf. PIGOU, Arthur Cecil. *The economics of welfare*. 4. ed. Londres: Macmillan & Co. 1932.

(25) MANKIW, Nicholas Gregory. *op. cit.,* p. 213.

Sinteticamente, os referidos impostos de Pigou conferem uma espécie de preço ao direito de poluir, fixado com base em uma abstração[26] e que tributaria de forma mais contundente as atividades ou produtos que mais ostensivamente causassem externalidades ambientais negativas à coletividade. Dessa forma, estar-se-ia impondo a internalização desse custo social pelo agente privado, caso este considerasse, após análise de custos, mais vantajoso continuar com a poluição/exploração, mesmo que onerado com os tributos.

Em contrapartida aos "tributos", temos os subsídios de Pigou, que consistiriam no instrumento hábil a internalizar no agente econômico os benefícios socioambientais externos que ele gerou a partir de sua conduta. Em princípio, exemplo seria uma isenção tributária na aquisição de maquinário antipoluente.

Essa espécie de instrumento é preferida por parte dos economistas em detrimento das políticas de comando e controle, pois as regulamentações não levam em consideração particularidades dos agentes econômicos que podem resultar em alocações inadequadas de recursos extremamente custosas, ao fixar limites que não são uniformes entre as atividades e nem mesmo entre os *players* nelas atuantes, enquanto que a tributação permite essa alocação de forma mais eficiente[27].

Exemplificando, imagine-se um tributo cobrado sobre metro cúbico de poluição atmosférica emitida: para um determinado agente pode ser que o custo de redução da poluição compense em comparação ao pagamento do tributo; para outro, seria justamente o contrário, mais valeria pagar o imposto do que arcar com os custos de diminuição da poluição. Assim os custos seriam mais adequadamente alocados do que meramente impondo limites objetivos.

A tributação também se mostra positiva porque confere liberdade (ainda que relativa) aos agentes, que estarão livres para explorar determinadas atividades, ressalvado que farão o pagamento dos tributos correspondentes.

Em outras palavras, o Estado atua para desestimular condutas valoradas como ambientalmente negativas, sem impedir peremptoriamente a realização de tais atividades. Ou, alternativamente, pode agir para incentivar atividades que sejam tidas como positivas, conferindo subsídios ou recompensas aos agentes.

É válido ressaltar que se fala em "tributação" para seguir a terminologia de Pigou, mas, na verdade, a expressão se refere de modo amplo aos diversos instrumentos que conferem incentivos ou desestímulos à realização de determinadas condutas, decorrentes de políticas baseadas no mercado. Obviamente, os tributos e subsídios fiscais são claros exemplos desses instrumentos, mas também é possível obter resultados semelhantes a partir da utilização, por exemplo, das tarifas cobradas por serviços públicos, fixadas por agências reguladoras.

Além disso, é importante registrar que, analisados apenas abstratamente, os instrumentos econômicos de certo modo representam risco de que os impactos ambientais sejam gerados, e não contidos, vez que dá liberdade ao indivíduo para realizar cálculo de custo-benefício para definir se pagar o "tributo" não é mais vantajoso que assumir a despesa para evitá-lo.

É justamente por isso que se defende que, na verdade, as políticas de controle de externalidades ambientais devem ser realizadas através de instrumentos diversos, sejam eles econômicos, sejam de comando e controle ou mesmo através da atribuição de *property rights* sobre recursos ambientais individualmente considerados, quando cabível.

De todo modo, a estratégia de controle das externalidades ambientais a partir de instrumentos econômicos é chave para esta pesquisa, pois os mecanismos práticos para sua realização são embasados juridicamente pelos princípios de eficiência econômico-ambiental que serão analisados na sequência e que representam o cerne deste artigo.

3   OS PRINCÍPIOS JURÍDICOS DE EFICIÊNCIA ECONÔMICA-AMBIENTAL

Como registrado no item anterior, o ordenamento jurídico brasileiro adota a regulação estatal como a estratégia prioritária para controle das externalidades ambientais, através da internalização direta, de políticas de comando e controle ou de instrumentos econômicos que sirvam justamente para evitar a geração dessas externalidades ou ao menos para estimular condutas que otimizem sua internalização.

---

(26) A "economia dos recursos naturais" pretende "monetarizar" tais recursos, de modo a mais eficientemente inseri-los no mercado. Contudo, essa precificação não é perfeita, haja vista a impossibilidade de valorar tais recursos, pelos mais diversos motivos. Por isso aqui se fala em "abstração", haja vista que a atribuição de preço ao direito de poluir é baseada em cálculos que tentam atribuir um valor objetivo aos recursos naturais, mas que sempre devem ter em consideração que essa monetarização é imperfeita.

(27) MANKIW, Nicholas Gregory. *op. cit.*, p. 213.

Pois bem, os princípios de eficiência econômico-ambiental[28] a serem estudados neste item representam, *grosso modo*, a base jurídica que orienta para a realização dessas internalizações na esfera ambiental, de modo que a política ambiental brasileira tem seus instrumentos embasados por essas normas, devendo com elas guardar compatibilidade para serem válidos.

Logo, a partir de uma sintética avaliação da visão doutrinária sobre a temática, na sequência serão definidos os conceitos desses princípios, para que no último item deste artigo seja possível apresentar sua estrutura jurídica matriz e a solução conceitual que os agrega.

Precisamente, serão expostos os princípios do poluidor-pagador e do usuário-pagador para análise da via negativa, que se entende como única, e o princípio do protetor-recebedor para exposição da via positiva de realização da política econômico-ambiental.

3.1 Os princípios do poluidor-pagador e do usuário-pagador: a eficiência pela via negativa

Primeiro passo para a compreensão efetiva dos princípios econômico-ambientais consiste em estudar sua via negativa, registrada nesta pesquisa através dos princípios do poluidor-pagador e do usuário-pagador.

Em suma, entende-se que esses dois princípios orientam para a internalização das externalidades ambientais negativas, bem como para o desestímulo a atividades e comportamentos que sejam capazes de gerar tais deseconomias externas.

Por isso, sustenta-se que o poluidor-pagador e o usuário-pagador são agrupados em torno da orientação de internalizar as deseconomias ambientais externas[29], variando conforme o fato gerador do custo social, respectivamente, a poluição ou o simples uso.

Por sua vez, antecipa-se, o princípio do protetor-recebedor é uma especificação da outra vertente dentre os princípios de eficiência econômico-ambiental, agora em seu prisma positivo, orientando a internalização de externalidades positivas.

Pois bem, para compreender os princípios que serão objeto deste artigo, repise-se que externalidade consiste no efeito externo percebido por terceiros gerado a partir de uma transação entre agentes, podendo ter natureza negativa ou positiva. Isto é, por ineficiência na transação econômica, sujeitos externos, usualmente a coletividade em si, percebem um prejuízo ou um benefício como derivação da relação privada entre agentes econômicos.

A geração de externalidades ambientais, mormente as negativas, ocorre de forma mais acentuada como decorrência do caráter de recurso comum típica dos recursos ambientais, vez que, nesse contexto, os agentes tendem a assumir os benefícios e negligenciar os prejuízos[30].

Assentam-se os princípios do poluidor-pagador e do usuário-pagador sobre esse conceito de externalidade, como vertentes do prisma negativo da eficiência econômica-ambiental, sendo que o primeiro intenciona garantir que o poluidor internalize os custos sociais causados por sua poluição e o segundo que o utilizador dos recursos naturais compense a coletividade por explorar tais bens em detrimento de todos os demais indivíduos.

Quanto ao princípio do poluidor-pagador, merece destaque a conceituação realizada na Recomendação C(72)128 da Organização para a Cooperação e Desenvolvimento Econômico (OCDE)[31], no ano de 1972, que, em síntese, definiu que o princípio, ainda concebido em nível estritamente econômico, orientaria para uma alocação dos custos de

---

(28) Consuelo Yoshida, José Valverde Machado Filho e Karla Harada adotam a expressão "princípios econômico-ambientais" para designar os princípios jurídicos que se relacionam com as externalidades ambientais (Cf. YOSHIDA, Consuelo Yatsuda Moromizato; MACHADO JÚNIOR, José Valverde. SOUZA, Karla Karolina Harada. A importância dos princípios e instrumentos econômicos na política nacional de resíduos sólidos. In: CAVALCANTE, Denise Lucena (coord.). *Tributação ambiental*: reflexos na política nacional de resíduos sólidos. Curitiba: CRV. 2014. p. 121). Não obstante o respaldo desse posicionamento, optou-se por utilizar uma designação diversa, ainda que mais extensa, para deixar evidenciado o foco na eficiência pressuposto pela norma através do direcionamento para a internalização das externalidades ambientais.

(29) Nesse linha, Consuelo Yoshida destaca que os princípios do poluidor-pagador e do usuário-pagador convergem justamente em torno da necessidade de internalizar as externalidades ambientais negativas (YOSHIDA, Consuelo Yatsuda Moromizato. *Tutela dos interesses difusos e coletivos*. 1. ed. 2 tiragem. rev. atual. São Paulo: Juarez de Oliveira, 2006. p. 86).

(30) Tratando do princípio do poluidor-pagador, Lise Tupiassu assevera que seu objetivo é encerrar a "gratuidade" dos recursos naturais (Cf. TUPIASSU, Lise. *op. cit.*, p. 63).

(31) OCDE. *Guiding principles concerning the international economic aspects of environmental policies.* Recommendation C(72)128. Paris. 1972.

prevenção e controle da poluição, além de impor uma harmonização entre as políticas ambientais dos diversos países para evitar o chamado *dumping* ecológico[32].

Essa concepção do princípio do poluidor-pagador foi reiterada na Declaração do Rio de Janeiro de 1992 (ECO-92), em seu Princípio 16, quando adentrou o plano jurídico, confira-se:

> Tendo em vista que o poluidor deve, em princípio, arcar com o custo decorrente da poluição, as autoridades nacionais devem promover a internalização dos custos ambientais e o uso de instrumentos econômicos, levando na devida conta o interesse público, sem distorcer o comércio e os investimentos internacionais.

Frisa-se que ao longo dos anos novas análises foram realizadas, inclusive pela própria OCDE[33], tendo o princípio se modificado e ganhado contornos mais nítidos e uma conformação jurídica mais sólida.

Contudo, não é intenção deste artigo pormenorizar o histórico do princípio do poluidor-pagador, mas sim identificar seu conteúdo jurídico e, principalmente, a base comum que o relaciona com os demais princípios econômico-ambientais.

De todo modo, é válido registrar que a concepção original, que possuía matriz essencialmente econômica, foi alterada até alcançar o perfil delineado pela doutrina contemporânea a partir da legislação brasileira atual, acoplando ao viés econômico os objetivos sociais e ambientais, todos parâmetros contidos no princípio jurídico.

Sobre o poluidor-pagador, leciona Cristiane Derani que este consiste na ordenação de que o indivíduo que causar, com suas atividades, poluição que gere prejuízos à sociedade deverá internalizar essa consequência negativa[34].

Em sentido semelhante, Ingo Wolfgang Sarlet e Tiago Fensterseifer sustentam que o princípio do poluidor-pagador orienta para a internalização nas práticas produtivas, em última instância no preço dos bens e serviços, dos custos ecológicos, de modo a evitar que a sociedade suporte indiscriminada e injustamente o ônus em substituição aos agentes econômicos[35].

Vale ressaltar que o poluidor-pagador não se limita à responsabilização do causador da poluição, haja vista que também o referido princípio tem escopo preventivo, para impedir a ocorrência ambiental negativa, sendo essa prevenção, em verdade, o seu verdadeiro escopo. Além disso, não se trata apenas de internalizar a simples poluição, mas também os custos de sua diminuição ou afastamento[36].

Aliás, há até mesmo quem desatrele desse princípio a função de responsabilização. Nesse sentido, Maria Alexandra Aragão descreve o poluidor-pagador como sendo princípio relacionado à precaução, à prevenção e à redistribuição dos custos da poluição, diferenciando-o do princípio da responsabilidade, que ordenaria a reparação dos danos causados[37], no que diverge de Cristiane Derani que considera os princípios em referência como sinônimos[38]-[39].

Ainda sobre o princípio do poluidor-pagador, válido apresentar a lição de Ramon Martín Mateo, que, tratando do "postulado funcional" do "pago", afirma:

> El principio <<el que contamina paga>> constituye una auténtica piedra angular del Derecho Ambiental. Su efectividad pretende eliminar las motivaciones económicas de la contaminación, aplicando a la por los imperativos de la ética distributiva. (...). La aplicación de este principio pretende evitar en primer lugar que se produzcan daños ambientales, es decir, imponiéndose que se pague para no contaminar, (...), y en el supuesto

---

(32) *Dumping* ecológico (ou ambiental) consiste na instituição de legislação ambiental menos protetiva por um país como forma de atração de investimentos, pelo menor custo com a adoção de procedimentos e equipamentos ambientalmente mais sustentáveis.

(33) A recomendação da OCDE denominada *"The implementation of the Polluter-Pays Principle"*, de 1974, a Recomendação C(74)223, é chave para este trabalho, pois elencou as limitações impostas pelo poluidor-pagador em face dos incentivos fiscais. A recomendação, contudo, será abordada apenas no capítulo 5, quando da análise das isenções fiscais verdes frente aos princípios orientadores da internalização das externalidades ambientais negativas.

(34) DERANI, Cristine. *op. cit.*, p. 142.

(35) SARLET, Ingo Wolfgang; FENSTERSEIFER, Tiago. *Princípios do direito ambiental.* São Paulo: Saraiva, 2014. p. 85.

(36) DERANI, Cristine. *op. cit.*, p. 142.

(37) ARAGÃO, Maria Alexandra de Sousa. *op. cit., passim.*

(38) DERANI, Cristiane. *op. cit.*, p. 142.

(39) Annelise Steigleder vai além e relaciona o princípio do poluidor-pagador como sendo um princípio informador da responsabilidade civil por danos ambientais (STEIGLEDER, Annelise Monteiro. *Responsabilidade civil ambiental.* 2. ed. Porto Alegre: Livraria do Advogado. 2011. ps. 168-170). Em sentido oposto, Ingo Sarlet e Tiago Fensterseifer entendem que o princípio do poluidor-pagador é uma consequência normativa do princípio da responsabilidade quando aplicado à matéria ambiental (SARLET, Ingo Wolfgang; FENSTERSEIFER, Tiago. *Princípios* cit. p. 85).

de que éstos hayan llegado a materializarse, que se remedien, o que se compensen, y que se sancione en su caso a los autores[40]-[41].

Particularmente, entende-se que o poluidor-pagador abrange tanto aspectos de precaução, prevenção e redistribuição dos custos da poluição, como também sustenta a responsabilização do agente poluidor, não se restringindo a um desses elementos apenas, podendo ser depreendido, dentre outros dispositivos, das disposições do artigo 225, § 3º, da Constituição de 1988[42] e do art. 4º, VII, da PNMA[43]-[44].

De todo modo, pode-se afirmar que o que se objetiva com o princípio do poluidor-pagador é a internalização da externalidade negativa causada à sociedade pela atividade particular poluente. O fundamento, portanto, é o resultado social danoso que decorre da poluição e que não é incluído pelo poluidor entre seus custos.

Alexandra Aragão detalha que a responsabilidade pelo pagamento deve recair sobre o "poluidor-que-deve-pagar", ou seja, sobre aquele que tem controle sobre as condições que geram a poluição, tendo poder para preveni-las[45]-[46]. Quanto ao que deve ser pago pelo poluidor, a autora portuguesa evidencia que são inclusos tanto os custos diretos (despesas com medidas de prevenção) quanto os indiretos (custos administrativos de realização de políticas públicas)[47], devendo ser incluídos também, entende-se, os custos de reparação de danos ambientais, por se considerar que o aspecto da responsabilidade civil é abarcado pelo princípio do poluidor-pagador.

Independentemente dessa discussão, reitera-se que se entende que o que orienta o princípio do poluidor-pagador é que o causador da poluição é quem tem condições e a obrigação de realizar as medidas preventivas e precaucionais para evitar ou pelo menos minimizar os riscos e prejuízos da poluição, devendo sobre ele recair o custo para implementação dessas medidas, sendo ainda seu o dever fazer o pagamento das reparações que sejam necessárias como decorrência da poluição causada.

Por isso, pode-se sintetizar que o princípio do poluidor-pagador tem como fato gerador a pretensão de (e a efetiva) realização de atividade poluidora, a potencial (e a efetiva) degradação ambiental qualificada dela decorrente, sendo seu pagamento caracterizado como uma assunção pelo poluidor de custos sociais que sejam consequência da poluição, a sua internalização, que inclui desde as medidas precaucionais até a responsabilidade civil por danos ambientais.

Já no que tange ao princípio do usuário-pagador, de início deve ser ressaltado que sua abordagem específica é muito menos difundida do que o princípio do poluidor-pagador. Ainda preliminarmente, frisa-se que se considera que ambos não se confundem, representando especificações distintas da via negativa da eficiência econômica-ambiental.

Não obstante, vale evidenciar a posição de Paulo Affonso Leme Machado, para quem o princípio do usuário-pagador abrange o poluidor-pagador, pois o primeiro representaria toda forma de uso dos recursos naturais, incluindo a utilização poluente, objeto do segundo[48].

Particularmente, entende-se que o usuário-pagador é especificamente direcionado ao usuário de recursos ambientais com finalidade econômica, conforme previsão da parte final do já citado inciso VII do art. 4º da Lei n. 6.938/81.

Tratando do princípio do usuário-pagador, Marcelo Abelha Rodrigues faz sua associação com a geração de custos ecológicos por parte daqueles que utilizam os bens ambientais quando não houver degradação do meio ambiente, espécie de pagamento de empréstimo[49].

---

(40) MARTÍN MATEO, Ramon. *Manual de derecho ambiental.* 3. ed., revisada, ampliada y puesta al día. Navarra: Thomson Aranzadi. 2003. p. 49.

(41) Em tradução livre: "O princípio do "poluidor-pagador" constitui uma autêntica pedra angular do Direito Ambiental. Sua efetividade pretende eliminar as motivações econômicas da contaminação, aplicando-a pelos imperativos da ética distributiva. (...). A aplicação deste princípio pretende evitar em primeiro lugar que se produzam danos ambientais, isto é, impondo-se que se pague para não contaminar, (...), e no suposto de que estes hajam chegado a se materializar, que sejam remediados ou que sejam compensados e que se sancione em seu caso aos autores".

(42) Art. 225, § 3º, da CF/1988. As condutas e atividades consideradas lesivas ao meio ambiente sujeitarão os infratores, pessoas físicas ou jurídicas, a sanções penais e administrativas, independentemente da obrigação de reparar os danos causados.

(43) Art. 4º, PNMA. A Política Nacional do Meio Ambiente visará: VII — à imposição, ao poluidor e ao predador, da obrigação de recuperar e/ou indenizar os danos causados e, ao usuário, da contribuição pela utilização de recursos ambientais com fins econômicos.

(44) Ingo Sarlet e Tiago Fensterseifer reforçam esse entendimento, afirmando que, embora os dispositivos não mencionem expressamente o "poluidor-pagador", o princípio está neles incutido (SARLET, Ingo Wolfgang; FENSTERSEIFER, Tiago. *Princípios* cit. p. 86).

(45) ARAGÃO, Maria Alexandra de Sousa. *op. cit.*, p. 132.

(46) Lise Tupiassu é precisa em identificar que, embora o dever de pagamento seja imputado ao fornecedor causador do dano ecológico e idealmente por ele seja assumido, na prática os custos tendem a ser repassados aos consumidores (TUPIASSU, Lise. *op. cit.*, p. 65).

(47) ARAGÃO, Maria Alexandra de Sousa. *op. cit.*, p. 149.

(48) MACHADO, Paulo Affonso Leme. *Direito ambiental brasileiro.* 21. ed. São Paulo: Malheiros. 2013. p. 94.

(49) RODRIGUES, Marcelo Abelha. Aspectos jurídicos da compensação ambiental do art. 36, § 1º, da Lei Brasileira das Unidades de Conservação (Lei n. 9.985/2000). *Revista de Direito Ambiental* v. 46. São Paulo: RT. 2007. ps. 144-145.

Observação pertinente também é a de Édis Milaré, que acentua que o usuário-pagador se funda na qualidade de bem de uso comum do povo dos bens ambientais, que ensejam interesse difuso da coletividade, mesmo que o particular tenha assumido titularidade de uso sobre tal recurso[50]-[51]. Ou seja, orienta-se que o agente usuário de recurso ambiental que gere custo ecológico pelo mero uso econômico também deve internalizar tal custo.

Além disso, sobre o prejuízo difuso decorrente da utilização dos recursos naturais, leciona Bruno Kono Ramos que:

> Caso não seja contabilizado como custo de produção, gera efeitos negativos para sociedade ou externalidades negativas, pois a coletividade é quem arcará com os ônus socioambientais e com os resultados da apropriação de um bem ambiental sem qualquer contraprestação[52].

É importante não confundir o "custo ambiental social" (externalidade negativa ambiental pelo consumo rival) com o "custo industrial" despendido para realização da atividade econômica. Em tese, a composição do preço do bem ou serviço que utiliza recursos ambientais no processo produtivo deve englobar ambos.

Diante dessas considerações, pode-se afirmar sinteticamente que o princípio do usuário-pagador se caracteriza por ter como fato gerador a utilização econômica de recursos naturais, mesmo que não poluente, pois a exploração do recurso por um indivíduo impede que os demais, que também dele são titulares em caráter difuso, usufruam, pelo caráter rival desse bem. O pagador, obviamente, deve ser o usuário do recurso natural com fins econômicos. Já o pagamento se caracteriza como uma compensação devida à coletividade por não mais poder utilizar um bem que também lhe pertencia, bem como uma retribuição pelos custos de medidas de controle dessa utilização.

Pois bem, tendo sido fixadas as bases conceituais dos princípios do poluidor-pagador e do usuário-pagador em termos distintivos, alguns pontos devem ser explicitados para a compreensão efetiva da temática.

Primeiro, reitera-se que poluidor-pagador e usuário-pagador são espécies de princípios de eficiência econômico--ambiental em sua via negativa. O primeiro é destinado ao poluidor, ao causador de degradação ambiental qualificada, e o segundo ao usuário dos recursos ambientais com finalidade econômica. Essencialmente, ambos têm por escopo a internalização das externalidades ambientais negativas, divergindo apenas sobre o fato gerador e o destinatário.

É justamente por essa base comum que se sustenta que poluidor-pagador e usuário-pagador, apesar de quando tomados dentro de suas especificidades não se confundirem, na verdade representam uma única norma que abrange a ambos.

E não apenas a eles.

Isto porque, apesar de ser possível, sim, a especificação em poluidor-pagador e usuário-pagador, o conteúdo do princípio que os abarca é muito mais abrangente. Com efeito, é possível extrair, do mesmo comando principiológico de internalização das externalidades ambientais negativas, a orientação pela assunção dos custos ambientais gerados, *v.g.*, pelo consumidor ou pelo explorador de recursos naturais. Seriam, quem sabe, os princípios do consumidor-pagador e do explorador-pagador.

Nessa linha, o consumidor seria aquele usuário que utiliza os recursos ambientais sem finalidade econômica, mas ainda assim impactante, como o indivíduo que usufrui de serviços de distribuição de água em sua residência. Nesse caso, a tarifa cobrado pelo fornecimento deve abranger o custo industrial de distribuição do recurso hídrico e também o custo ambiental de uso exclusivo de um bem comum em detrimento do restante da sociedade.

Já o explorador seria o sujeito que extrai recursos naturais não renováveis, como os minérios e o petróleo, vez que não se trata nem de mero usuário, vez que contribui para o exaurimento do bem, nem de poluidor, pois não necessariamente representa uma degradação ambiental qualificada.

---

(50) MILARÉ, Édis. *op. cit.*, p. 269.

(51) Em sentido semelhante é Érika Bechara, ao afirmar que o usuário-pagador serve para a otimização da utilização dos recursos porque: "(...) muitos recursos ambientais, como a água e os minerais, apesar de serem difusos (o próprio art. 225 da CF é categórico em afirmar que os bens ambientais são de uso comum do povo), sob a administração do Poder Público, são, por vezes, apropriados individualmente por pessoas e empresas, tanto para usos privados como para usos comerciais/industriais" (BECHARA, Erika. *Licenciamento Ambiental e Compensação Ambiental na Lei do Sistema Nacional de Unidades de Conservação (SNUC).* Atlas: São Paulo, 2009).

(52) RAMOS, Bruno Yoheiji Kono. Ensaio sobre a questão fundiária no Estado do Pará e seus efeitos sobre os empreendimentos minerários diante das perspectivas do novo marco regulatório da mineração. In: YOSHIDA, Consuelo Yatsuda Moromizato; REMÉDIO JÚNIOR, José Ângelo (org.). *Direito minerário e direito ambiental*: fundamentos e tendências. Rio de Janeiro: Lumen Juris. 2014. p. 36.

Rigorosamente, considera-se despiciendo e até mesmo contraproducente a "criação" de mais esses dois princípios ou quantos mais puderem ser extraídos da noção de "internalizar externalidades ambientais negativas", vez que, afastando a discussão terminológica clássica, é facilmente compreensível que todos esses "princípios" derivam de tal noção, pelo que é possível agrupá-los em torno de uma única norma.

Aliás, é relevante registrar que as designações conferidas são, certamente, uma das principais causas das celeumas envolvendo esses princípios, pois se mostram confusas como decorrência da limitação semântica dos termos empregados.

Com efeito, para compreendê-las é preciso definir "poluidor" e "usuário" (e "consumidor", e "explorador" etc.), além de ressalvar que não se trata simplesmente de "pagar para poluir" ou "pagar para usar" (ou "pagar para consumir" ou "pagar para explorar" etc.). Por isso, prefere-se uma nomenclatura mais abrangente que possa englobar todos esses feixes de realização.

De todo modo, como o que importa efetivamente é o conteúdo, não a terminologia — apesar da importância desta para o apuro técnico e para o conhecimento científico — não há prejuízo em adotar as designações tradicionais, desde que seja feita uma clara delimitação conceitual, para que se compreenda que o comando tem aplicação mais ampla do que seu nome aprioristicamente pode levar a entender.

3.2 O princípio do protetor-recebedor: a eficiência pela via positiva

Estudados os princípios do poluidor-pagador e do usuário-pagador, cujo enfoque se dá sobre condutas reputadas como negativas ao meio ambiente, passa-se a examinar a via positiva de realização dos princípios de eficiência econômico-ambiental, representada neste trabalho pelo princípio do protetor-recebedor.

Para a análise a ser realizada nesta oportunidade valem as mesmas considerações efetuadas no subitem anterior, ressaltando-se, porém, apesar da obviedade, que a orientação passa a ser no sentido de internalizar as externalidades ambientais positivas ou ao menos o estímulo a condutas que possam gerar esse efeito.

Nesse contexto, relembra-se que as externalidades ambientais positivas se caracterizam como benefícios que decorrem de transação entre agentes econômicos que não são internalizados por eles, sendo percebidos por terceiros externos à relação, usualmente a coletividade.

Como exemplos de condutas geradoras de externalidades positivas, pode-se citar, v.g., a preservação florestal acima dos parâmetros legais mínimos, a utilização de equipamentos antipoluentes na produção industrial e a adoção de processos que aumentem a eficiência na utilização de recursos ambientais.

Não obstante sua relevância, deve ser frisado que a análise do princípio do protetor-recebedor enfrenta uma razoável dificuldade: a considerável escassez doutrinária sobre a temática[53], no que difere do estudo dos princípios do poluidor-pagador e do usuário-pagador, para os quais o entrave mais acentuado é na falta de unidade conceitual, como se verificou acima.

Isto porque, no ordenamento jurídico brasileiro, em nível federal, a menção expressa inaugural ao princípio do protetor-recebedor foi realizada apenas em 2010, no art. 6º, II, da Lei n. 12.305/2010 (Lei da Política Nacional de Resíduos Sólidos)[54], pelo que é consideravelmente recente.

De todo modo, entende-se que o protetor-recebedor não se restringe ao âmbito da política de resíduos sólidos e pode ser depreendido claramente do sistema jurídico-ambiental brasileiro, não dependendo, portanto, da previsão da Lei n. 12.305/2010, visto que o ordenamento ambiental, mormente a regulação constitucional, confere ao Estado e à coletividade o dever de preservar o meio ambiente, de modo a garantir o desenvolvimento sustentável, recomendando-se que o façam de modo cooperativo, o que certamente inclui o incentivo estatal a condutas ambientalmente benéficas dos particulares.

Consequentemente, reconhece-se a possibilidade de utilização de instrumentos econômicos de valorização das condutas preservacionistas em detrimento daquelas que onerem as atividades impactantes. Com isso, tende-se a es-

---

(53) Inclusive, mesmo autores de referência na área ambiental não abordam diretamente o princípio do protetor-recebedor, a exemplo de Ingo Sarlet e Tiago Fensterseifer (SARLET, Ingo Wolfgang; FENSTERSEIFER, Tiago. *Princípios* cit.) e Paulo Affonso Leme Machado (MACHADO, Paulo Affonso Leme. *op. cit.*).

(54) Art. 6o, Lei n. 12.305/2010. São princípios da Política Nacional de Resíduos Sólidos: I — o poluidor-pagador e o protetor-recebedor.

timular comportamentos ambientalmente positivos sem que haja uma oneração do custo produtivo ou até mesmo propiciando certa desoneração.

Consuelo Yoshida, José Machado Valverde Filho e Karla Harada asseveram que essa linha de atuação favorece um viés interventivo ambiental mais atrativo, por meio de incentivos que estimulem condutas ecologicamente mais adequadas[55].

Especificamente sobre o princípio do protetor-recebedor, Ana Maria Nusdeo, que representa uma das principais referências teóricas sobre esse tema de escasso enfrentamento doutrinário, é direta ao afirmar que tal norma orienta que "aquele cujas práticas produzem externalidades positivas faz jus ao recebimento de uma remuneração como forma de internalizá-las" [56].

E prossegue afirmando que as cadeias produtivas tendem a remunerar apenas os agentes que agregam valor economicamente quantificável a determinado produto, o que, em regra, não abrange as condutas preservacionistas, pois estas não representam benefício econômico direto, mas apenas um custo não imediatamente repassável, pelo que o pagamento concedido ao protetor serviria como contrapartida aos custos de preservação não remunerados ou mesmo para permitir que haja lucro com a proteção ambiental[57].

Precisamente, em vez de impor a assunção de custos e de desestimular condutas tidas como geradoras de externalidades ambientais negativas, a via positiva dos princípios econômico-ambientais conduz à remuneração direta ou concessão de benefícios como contrapartida pelo comportamento ambientalmente positivo adotado ou à facilitação que estimule condutas que sejam benéficas para o meio ambiente.

Vale registrar que há quem defenda, como Édis Milaré[58], que o protetor-recebedor teria surgido como um corolário lógico do próprio poluidor-pagador e também do usuário-pagador, pela constatação de que, partindo de uma base comum, que é a internalização de externalidades ambientais, não deve haver atuação exclusiva sobre as negativas, mas também sobre as positivas, até mesmo por uma questão de justiça, visto que, se o gerador de prejuízos sociais deve assumir os custos gerados, então o criador de benefícios sociais também merece ser recompensado.

O que há, portanto, é uma atuação oposta à eficiência pela via negativa: em vez de coibir a criação e impor a internalização das externalidades negativas, adota-se postura promocional para estimular a produção de externalidades positivas[59].

Denota-se a partir dessa constatação da base comum entre os princípios o posicionamento adotado neste trabalho de que, rigorosamente, poluidor-pagador, usuário-pagador, protetor-recebedor e todos os demais possíveis princípios de eficiência econômico-ambiental que tenham como orientar a internalização das externalidades ambientais podem ser tomados como derivados um único macroprincípio que se optou por nomear como "princípio da eficiência econômica-ambiental", que, genericamente, sustenta essa pretensão de otimizar os custos e benefícios sociais de natureza ambiental.

Antes, porém, de detalhar esse princípio e justificar seu caráter de matriz dos demais, cumpre efetuar uma consideração final sobre o protetor-recebedor.

Precisamente, ressalta-se que, tal qual no âmbito dos princípios de eficiência econômico-ambiental negativos, também no âmbito positivo o subprincípio do protetor-recebedor é apenas uma faceta de realização. Com efeito, é possível imaginar outros cenários nos quais haja um agente gerador de externalidades ambientais positivas que mereça receber uma contrapartida pelo benefício social gerado, que não seja exatamente um "protetor".

Por exemplo, seria possível falar em "não poluidor-recebedor", que orientaria a premiação daquele agente que, em uma determinada atividade, assume um processo produtivo total ou proporcionalmente menos impactante ao meio ambiente em relação aos demais, apesar de mais caro, sendo justo que receba uma contrapartida por isso, seja para facilitar, seja para recompensar, de modo a preservar sua competividade frente a concorrentes que, por não adotarem o procedimento, têm menos custos.

---

(55) YOSHIDA, Consuelo Yatsuda Moromizato; MACHADO JÚNIOR, José Valverde. SOUZA, Karla Karolina Harada. A importância cit.p. 124.

(56) NUSDEO, Ana Maria. *Pagamento por serviços ambientais*: sustentabilidade e disciplina jurídica. São Paulo: Atlas. 2012. p. 137.

(57) *Idem. Ibidem.* p. 138.

(58) MILARÉ, Édis. *op. cit.,* p. 274.

(59) *Idem. Ibidem.* p. 271.

Com isso, sinalizar-se-ia para o mercado que é mais vantajoso adotar condutas menos poluentes, ou que utilizem menos recursos naturais, pois haverá recompensa ou ao menos uma facilitação para tanto. Confere-se competividade ao agente realizador de condutas vantajosas para o meio ambiente.

Frisa-se que, muito embora não seja objetivo deste artigo analisar propriamente a questão da eficácia, afigura-se, em princípio, mais efetivo favorecer as condutas positivas do que onerar ainda mais aquelas que são negativas. Tudo por uma questão básica de competitividade. Se for mais vantajoso comercial e financeiramente preservar, nesse caminho tendem a se direcionar os empreendedores.

Por fim, importa registrar, novamente, que a questão terminológica é meramente acidental, mais importando o conteúdo da norma. Em razão disso, não é problema utilizar o termo "protetor-recebedor", desde que se delimite a amplitude do conceito, ressalvando-se que também podem ser utilizados instrumentos de incentivo voltados a geradores de externalidades ambientais positivas que não exatamente a "protetores", mas a "não poluidores-recebedores", a "menos poluidores-recebedores", a "produtores eficientes-recebedores" entre outras possibilidades que eventualmente se identifiquem.

Particularmente, entende-se que o princípio do protetor-recebedor — assim como todos os demais princípios orientadores da internalização das externalidades ambientais positivas — representa apenas uma das formas de realização do princípio da eficiência econômica-ambiental, que se detalhará na sequência, de modo que orienta que sejam concedidos meios de facilitar os comportamentos ecologicamente benéficos, antes mesmo de sua realização, ou então recompensar aqueles que já tenham sido efetivados.

4 O PRINCÍPIO DA EFICIÊNCIA ECONÔMICA-AMBIENTAL COMO PRINCÍPIO-MATRIZ

Finalmente, após terem sido apresentadas as tradicionais noções doutrinárias acerca dos princípios jurídicos do poluidor-pagador, do usuário-pagador e do protetor-recebedor, justifica-se detidamente o entendimento, já antecipado brevemente ao longo dos tópicos anteriores, de que todos partem de uma base normativa comum, que se optou por nomear como sendo o "princípio da eficiência econômico-ambiental".

Em síntese, sustenta-se que esse macroprincípio orienta para que seja realizada a internalização das externalidades ambientais, tanto negativas quanto positivas, pelo que fundamenta a utilização de instrumentos que incentivem condutas geradoras de benefícios ambientais e também daqueles que desestimulem comportamentos causadores de prejuízos.

É, portanto, um princípio-matriz do qual derivam os diversos subprincípios econômico-ambientais usualmente estudados na doutrina, como os analisados poluidor-pagador, usuário-pagador e protetor-recebedor, que, entende-se, representam meros feixes de realização do macroprincípio em análise.

No âmbito semântico, justifica-se que a nomeação como "eficiência econômica-ambiental" decorreu da constatação de que o cerne dessa norma é a questão econômica da externalidade, falha de mercado que representa uma ineficiência na transação entre agentes, sendo sua correção, portanto, uma questão de eficiência econômica, porque envolve custos e benefícios externos, e também ambiental, pois analisada no âmbito dos efeitos gerados ao meio ambiente, fatos sociais que passaram a ser regulados pelo Direito a partir do macroprincípio em análise.

Reitera-se, não obstante, que a orientação pela eficiência não é meramente repressiva, ou seja, de correção dos efeitos já causados, mas sim, principalmente, preliminar, como facilitação das condutas geradoras de efeitos positivos e de desestímulo aos comportamentos negativos.

As externalidades não são abordadas diretamente pelo ordenamento jurídico brasileiro, mas são depreendidas de uma análise do sistema — em especial do art. 225 da Constituição e do art. 4º, VII, da Lei n. 6.938/81 (Política Nacional do Meio Ambiente) — construído em torno dos parâmetros de desenvolvimento sustentável discutidos internacionalmente, tendo consagrado o dever cooperativo entre Estado e coletividade em prol da promoção e da proteção do meio ambiente.

Ressalva muito importante a ser ressaltada é a de que não se está "criando" um novo princípio sem respaldo do direito positivo, até porque não serve a ciência jurídica para criação do Direito, ou mesmo depreendendo uma "nova norma" a partir de uma interpretação elástica do ordenamento jurídico brasileiro.

Pelo contrário, o princípio da eficiência econômica-ambiental é uma simples releitura científica de fenômeno jurídico já amplamente reconhecido doutrinária, jurisprudencial e, em especial, legalmente. Justamente por isso se optou por estudar primeiro os (sub)princípios tradicionalmente estudados, seguindo sua designação clássica, de modo a evidenciar que todos se assentam sobre uma mesma base normativa.

Aliás, é importante frisar que as disposições que formam os subprincípios são aquelas que justificam a existência de um macroprincípio, pois convergem na matriz: internalizar externalidades ambientais, desestimular condutas negativas e incentivar as positivas. A questão, por conseguinte, é muito mais de terminologia do que efetivamente de conteúdo, visto que este, como registrado, já é amplamente reconhecido, mas estudado a partir de designações diferentes.

Logo, em princípio, nada impediria que o princípio da eficiência econômica-ambiental recebesse uma designação distinta, mesmo que fosse uma das tradicionais.

Poderia, por exemplo, ser chamado simplesmente de princípio do poluidor-pagador, desde que fosse ressalvada a delimitação conceitual, para justificar que, apesar de chamar "poluidor-pagador", abrange outros aspectos do âmbito negativo e também do positivo da correção de externalidades.

Contudo, não parece ser essa a opção mais adequada, haja vista que, não obstante a coincidência de conteúdo, a utilização de uma designação específica restritiva para representar um gênero inevitavelmente mais amplo conduz a uma confusão conceitual, que, com efeito, verifica-se corriqueiramente, mormente na doutrina, como se registrou nos itens anteriores, nos quais se evidenciou a imprecisão em torno dos princípios jurídicos de eficiência econômica--ambiental.

Por isso, defende-se que a expressão "princípio da eficiência econômica-ambiental" é mais acertada para representar a norma jurídica brasileira orientadora da internalização das externalidades ambientais, preventiva e repressivamente, justamente porque ela é notadamente mais abrangente, sendo possível dela especificar os prismas negativos e positivos de realização e destes os subprincípios usualmente conhecidos.

Exemplificativamente, do princípio da eficiência econômica-ambiental é possível extrair o princípio do poluidor--pagador, este consistente, como já registrado, no subprincípio que orienta à internalização dos custos sociais gerados pela poluição, preventivos e repressivos, bem como ao desestímulo de condutas que conduzam a esses resultados, um prisma de realização do macroprincípio.

Dessa forma o subprincípio do poluidor-pagador é delimitado de modo suficiente, sem que se prescinda das demais possibilidades de internalização das externalidades ambientais. Isto é, serão ainda corolários da eficiência econômica-ambiental no âmbito negativo os usuários, os exploradores, os consumidores, entre outros, e no prisma positivo os protetores, os não poluidores, os produtores eficientes etc., todos, reitera-se, representando formas de internalizar externalidades ambientais.

É interessante notar que a conclusão esposada neste tópico é decorrente da conjugação das análises efetuadas ao longo deste artigo.

Com efeito, partindo-se da conceituação das externalidades ambientais, foi possível relacionar essa noção econômica com os princípios econômico-ambientais clássicos, para então demonstrar que todos eles — poluidor-pagador, usuário-pagador e protetor-recebedor — têm como objetivo essencial garantir eficiência econômica-ambiental através da internalização dos benefícios e custos socioambientais gerados por atividades humanas.

Dessa constatação, pode-se estruturar a proposta de solução conceitual efetuada neste tópico final, quando se indica que, se todos os princípios derivam de uma mesma matriz e que, além deles, outras noções semelhantes poderiam ser prescritas a depender da fonte da externalidade ambiental, então na verdade se está a tratar de um único princípio que tem diversas possíveis formas de realização.

O princípio da eficiência econômico-ambiental, portanto, nada mais é que o resultado de uma análise global dos princípios de eficiência econômico-ambiental e da identificação de sua origem comum. Nesse cenário, a terminologia proposta é o menos importante, vez que releva muito mais compreender o conteúdo e a base normativa dos (sub) princípios estudados neste artigo do que infirmar uma designação específica.

5 CONCLUSÃO

Demonstrou-se neste trabalho que todos os princípios econômico-ambientais representam meros feixes de realização de um macroprincípio que se optou por nomear como "princípio da eficiência econômico-ambiental", visto que todos têm como objetivo internalizar externalidades ambientais e fomentar comportamentos positivo ao meio ambiente e desestimular os negativos.

Para ser preciso, verificou-se que os princípios de eficiência econômico-ambiental classicamente estudados, em especial o princípio do poluidor-pagador, que usualmente é referido como a origem dos demais, têm a mesma finalidade de garantir eficiência na geração de custos e benefícios ambientais como consequência de transações privadas, ao impor sua incorporação pelos próprios criadores, e não pela sociedade.

Alinhando-se ao escopo preventivo do direito ambiental, o princípio da eficiência econômico-ambiental direciona para o desestímulo a condutas negativas e, mais que isso, ao incentivo a comportamentos positivos, para que os agentes privados e também o Estado adotem um perfil de atuação mais próxima ao desenvolvimento sustentável, na qual o uso dos recursos ambientais é realizada de modo equilibrada e com foco intergeracional.

Frise-se que não se está "criando" um novo princípio a partir da proposta do princípio da eficiência econômico--ambiental, mas sim efetuando uma releitura teórico-conceitual de normas já amplamente reconhecidas no ordenamento jurídico brasileiro, ao sugerir que seja adotada uma designação mais precisa, abrangente e unitária para todos os princípios que, no fundo, direcionam para a internalização de externalidades ambientais.

Mais que isso, com essa terminologia, abandona-se o perfil restritivo do poluidor-pagador, do usuário-pagador e do protetor-recebedor, para que sejam abarcadas todas as possíveis situações e sujeitos geradores de externalidades ambientais, sejam elas negativas ou positivas, como os "consumidores", os "exploradores", os "não-poluidores", os "utilizadores-eficientes", entre outras diversas variações imagináveis.

De todo modo, reitera-se, a designação, no fundo, é o menos relevante nessa análise, haja vista que importa muito mais compreender o conteúdo e a base normativa dos princípios de eficiência econômico-ambiental estudados neste artigo do que infirmar uma terminológica em específico.

Dessa forma, com a compreensão precisa dessa classe de princípios ambientais e a de sua matriz principiológica, pode-se concretizar de modo mais abrangente a política ambiental, definindo instrumentos que sejam adequados à noção mais ampla defendida neste trabalho e se afastando das concepções restritivas que reduzem em demasia o vasto campo de aplicação que essas importantes normas constituem.

6 REFERÊNCIAS

ARAGÃO, Maria Alexandra de Sousa. O princípio do poluidor pagador: pedra angular da política comunitária do ambiente. In: BENJAMIN, Antonio Herman; LEITE, José Rubens Morato. *Série Direito Ambiental para o Século XXI*. V. 1. São Paulo: O Direito por um Planeta Verde. 2014.

BECHARA, Erika. *Licenciamento Ambiental e Compensação Ambiental na Lei do Sistema Nacional de Unidades de Conservação (SNUC)*. Atlas: São Paulo, 2009.

COASE, Ronald. The problem of social cost. *The Journal of Law & Economics*. 1960.

DERANI, Cristiane. *Direito ambiental econômico*. 3. ed. São Paulo: Saraiva. 2008.

GORDON, H. Scott. The economic theory of a commom-property resource: the fishery. *The Journal of Political Economy*. v. 62. n. 2. 1954. p. 124-142.

HARDIN, Garrett. The tragedy of the commons. *Science*. New Series. V. 162. N. 3859. 1968.

JENKINS, Glenn Paul; LAMECH, Ranjit. *Green taxes and incentive policies*: an international perspective. San Francisco: International Center for Economic Growth & Harvard Institute for International Development. 1994.

LÉVÊQUE, François. Externalities, public goods and the requirement of a state's intervention in pollution abatement. In: *Conference "Economics and Law of Voluntary Approaches in Environmental Policy"*. 1996.

MACHADO, Paulo Affonso Leme. *Direito ambiental brasileiro*. 21. ed. São Paulo: Malheiros. 2013.

MANKIW, Nicholas Gregory. *Introdução à economia*. São Paulo: Cengage Learning, 2005.

MARSHALL, Alfred. *Principles of economics*. 8. ed. Londres: Macmillan & Co. 1920.

MARTÍN MATEO, Ramon. *Manual de derecho ambiental*. 3. ed., revisada, ampliada y puesta al día. Navarra: Thomson Aranzadi. 2003.

MILARÉ, Édis. *Direito do ambiente*. 11. ed. São Paulo: Revista dos Tribunais. 2018.

NUSDEO, Ana Maria. *Pagamento por serviços ambientais*: sustentabilidade e disciplina jurídica. São Paulo: Atlas. 2012.

NUSDEO, Fábio. *Curso de economia: introdução ao direito econômico.* 9. ed. São Paulo: Editora Revista dos Tribunais. 2015.

OCDE. G*uiding principles concerning the international economic aspects of environmental policies.* Recommendation C(72)128. Paris. 1972.

_____ . *The implementation of the polluter-pays principle.* Recommendation C(74)223. Paris, 1974.

PIGOU, Arthur Cecil. *The economics of welfare.* 4. ed. Londres: Macmillan & Co. 1932.

RAMOS, Bruno Yoheiji Kono. Ensaio sobre a questão fundiária no Estado do Pará e seus efeitos sobre os empreendimentos minerários diante das perspectivas do novo marco regulatório da mineração. In: YOSHIDA, Consuelo Yatsuda Moromizato; REMÉDIO JÚNIOR, José Ângelo (org.). *Direito minerário e direito ambiental*: fundamentos e tendências. Rio de Janeiro: Lumen Juris. 2014.

RODRIGUES, Marcelo Abelha. Aspectos jurídicos da compensação ambiental do art. 36, § 1º, da Lei Brasileira das Unidades de Conservação (Lei 9.985/2000). *Revista de Direito Ambiental.* v. 46. São Paulo: RT. 2007.

SARLET, Ingo Wolfgang; FENSTERSEIFER, Tiago. *Princípios do direito ambiental.* São Paulo: Saraiva, 2014.

SCHOUERI, Luís Eduardo. *Normas tributárias indutoras e intervenção econômica.* Rio de Janeiro: Forense. 2005.

STEIGLEDER, Annelise Monteiro. *Responsabilidade civil ambiental.* 2. ed. Porto Alegre: Livraria do Advogado. 2011.

TUPIASSU, Lise. Fundamentos econômicos da tributação ambiental. In: TUPIASSU, Lise; MENDES NETO, João Paulo (Coords.). *Tributação, meio ambiente e desenvolvimento.* São Paulo: Forense. Belém: Editora CESUPA. 2016.

YOSHIDA, Consuelo Yatsuda Moromizato. *Tutela dos interesses difusos e coletivos.* 1. ed. 2 tiragem. rev. atual. São Paulo: Juarez de Oliveira, 2006.

_____ ; MACHADO JÚNIOR, José Valverde. SOUZA, Karla Karolina Harada. A importância dos princípios e instrumentos econômicos na política nacional de resíduos sólidos. In: CAVALCANTE, Denise Lucena (coord.). *Tributação ambiental*: reflexos na política nacional de resíduos sólidos. Curitiba: CRV. 2014.

RESPONSABILIDADE CIVIL AMBIENTAL E MEIO AMBIENTE DO TRABALHO

Annelise Monteiro Steigleder(*)

1 INTRODUÇÃO

O presente artigo busca analisar o instituto da responsabilidade civil ambiental, aplicado ao ambiente do trabalho, procurando examinar se o trabalhador afetado em sua saúde pelo dano ambiental pode ser equiparado ao terceiro a que se refere o art. 14, § 1º, da Lei n. 6.938/81 (Lei da Política Nacional do Meio Ambiente) para o efeito de o regime de imputação da responsabilidade civil ser objetivo e fundado na teoria do risco integral, consoante orientação do Superior Tribunal de Justiça em reiterada jurisprudência[1].

A questão é de máxima relevância, não apenas em razão da controvérsia que ronda o art. 7º da Constituição Federal de 1988, inciso XXVIII, quanto ao regime de responsabilidade civil aplicável aos acidentes do trabalho[2], mas, sobretudo pela necessidade de promover uma interpretação coordenada das fontes do Direito, que assegure a coerência e a efetividade do sistema jurídico a partir do projeto constitucional e do sistema de valores que o informam[3].

A complexidade da sociedade contemporânea exige que o Direito opere a partir da percepção de que os riscos que atingem o ambiente externo das empresas estão conectados com os riscos internos que ameaçam a saúde do trabalhador, perfazendo um mesmo contexto fático em que decisões sobre a gestão dos riscos precisam ser planejadas e

---

(*) Mestre em Direito pela UFPR, Doutoranda em Planejamento Urbano e Regional pelo PROPUR/UFRGS e Promotora de Justiça no Estado do Rio Grande do Sul.

(1) Nesse sentido são os Enunciados 01 e 04 da Jurisprudência em Teses do Superior Tribunal de Justiça, publicado na Edição 119, de 22 de fevereiro de 2019, segundo o quais

"A responsabilidade por dano ambiental é objetiva, informada pela teoria do risco integral, sendo o nexo de causalidade o fator aglutinante que permite que o risco se integre na unidade do ato, sendo descabida a invocação, pela empresa responsável pelo dano ambiental, de excludentes de responsabilidade civil para afastar sua obrigação de indenizar" (Tese julgada sob o rito do art. 543-C do CPC/1973 — Tema 681 e 707, letra "a"); e "a alegação de culpa exclusiva de terceiro pelo acidente em causa, como excludente de responsabilidade, deve ser afastada, ante a incidência da teoria do risco integral e da responsabilidade objetiva ínsita ao dano ambiental (art. 225, §3º, da CF e art. 14, § 1º, da Lei n. 6.938/81), responsabilizando o degradador em decorrência do princípio do poluidor-pagador"). Esta mesma orientação já constava do Enunciado n. 10 da *Jurisprudência em Teses do STJ*, n. 30, Brasília, 18.03.2015. Disponível em: <http://www.stj.jus.br/internet_docs/jurisprudencia/jurisprudenciaemteses/Jurisprud%C3%AAncia%20em%20teses%2030%20-%20direito%20ambiental.pdf>. Acesso em: 1º abr. 2019.

(2) O art. 7º, inciso XXVIII, da Constituição Federal de 1988, afirma como direito do trabalhador "seguro contra acidentes de trabalho, a cargo do empregador, sem excluir a indenização a que este está obrigado quando incorrer em dolo ou culpa". Para Stürmer, este dispositivo constitucional, combinado com o disposto no art. 120 da Lei Federal n. 8.213/91, preceitua que a responsabilidade do empregador por acidentes do trabalho é subjetiva, salvo se a atividade laboral, por sua natureza, oferecer risco acentuado ao trabalhador (STÜRMER, Gilberto. *Direito constitucional do trabalho no Brasil*. São Paulo: Atlas, 2014. p. 83).

(3) BENJAMIN, Antonio Herman. Prefácio. In: MARQUES, Claudia Lima. *Diálogo das fontes*. Do conflito à coordenação de normas do direito brasileiro. São Paulo: Editora dos Tribunais, 2012. p. 05-07.

internalizadas no processo produtivo, como verdadeiros custos de produção, com o objetivo de evitar a externalização dos efeitos lesivos, com isso reduzindo-se os riscos para a saúde e para o meio ambiente, em consonância com os princípios da prevenção e do poluidor-pagador que orientam o art. 7º, inciso XXII, da Constituição Federal, segundo o qual é direito do trabalhador "a redução dos riscos inerentes ao trabalho, por meio de normas de saúde, higiene e segurança".

Este dispositivo constitucional alinha-se como o princípio do poluidor-pagador, que apregoa a necessidade de o empreendedor internalizar, como custos de produção, os custos de prevenção dos danos ambientais, o que significa arcar com os custos para reduzir e neutralizar os riscos. O princípio não se reconduz a um princípio de responsabilização civil, já que sua ênfase é preventiva e sua vocação é redistributiva[4], no entanto, no direito brasileiro, assim como no contexto da Diretiva 2004/35 do Parlamento Europeu e do Conselho[5], relativa à responsabilidade por danos ambientais, firmou-se a ideia de que os poluidores devem suportar, além dos custos de prevenção, todos os custos das medidas de reposição do ambiente degradado[6], de modo que a reparação integral dos danos, ainda que *ultima ratio* do princípio, encontra-se em seu escopo.

Defende-se no presente artigo que, em determinadas circunstâncias fáticas, os acidentes de trabalho e os danos ambientais podem estar inseridos em um mesmo suporte fático, o que demanda a harmonização das normas que incidirão no caso concreto para disciplinar riscos e canalizar responsabilidades associadas aos danos ambientais e aos danos à pessoa do trabalhador, de tal forma a evitar antinomias e inequidades no regime de imputação de responsabilidade civil aplicável aos trabalhadores vitimados e aos terceiros lesados. Os danos impostos aos terceiros também sujeitam-se à responsabilidade objetiva, consoante o art. 14, § 1º, da Lei n. 6.938/81, segundo o qual "sem obstar a aplicação das penalidades previstas neste artigo, é o poluidor obrigado, independentemente da existência de culpa a indenizar ou reparar os danos causados ao meio ambiente e a terceiros, afetados por sua atividade", que se alinha com o art. 225, § 3º, da Constituição Federal de 1988.

Nesse esforço de coordenação e de diálogo entre distintas fontes do Direito, as normas jusambientais, por corresponderem a um momento evolutivo do Direito mais afinado com os problemas sociais próprios da pós-modernidade, pois o direito ao ambiente ecologicamente equilibrado insere-se na terceira dimensão de direitos fundamentais, proporcionam uma fonte valorativa que se relaciona com a responsabilidade por acidentes do trabalho, produzindo alterações interpretativas capazes de enaltecer a defesa da dignidade da pessoa humana em seu ambiente laboral e, desta forma, concretizar a justiça corretiva de forma mais efetiva do que ocorreria através da interpretação literal do art. 7º, inciso XXVIII, segundo o qual a responsabilidade do empregador seria subjetiva.

Como consequência desse intercâmbio entre princípios e elaborações teóricas entre o Direito do Trabalho e o Direito Ambiental, quando o dano à saúde do trabalhador guardar relação causal com o dano ambiental, tipificando-se como um dano reflexo, o regime de responsabilidade civil será objetivo e fundado na teoria do risco integral, assim como se tem considerado em relação aos terceiros lesados, tais como pescadores atingidos pela contaminação de um rio ou vizinhos de uma indústria poluente. Também será objetiva a responsabilidade do empregador quando as doenças ocupacionais tiverem relação causal com a degradação do meio ambiente do trabalho. Passamos a elencar os motivos que nos conduzem a elaborar tais assertivas.

2 A SOCIEDADE DE RISCO E O MEIO AMBIENTE DO TRABALHO: O DEVER DE PREVENTIVIDADE E DE GESTÃO DE RISCOS

O mundo pós-moderno é um mundo mais perigoso do que aquele contemporâneo à Revolução Industrial[7]. Na atualidade, os riscos decorrentes dos processos avançados de modernização constituem o padrão de normalidade que

---

(4) ARAGÃO, Maria Alexandra Souza. *O princípio do poluidor-pagador:* pedra angular da política comunitária do ambiente. Coimbra: Universidade de Coimbra, Coimbra Editora, 1997. p. 118.

(5) Consta da Diretiva 2004/35 do Parlamento Europeu e do Conselho, de 21 de abril de 2004, dentre os considerandos que "a prevenção e a reparação de danos ambientais devem ser efetuadas mediante a aplicação do princípio do poluidor-pagador, previsto no Tratado e em consonância com o princípio do desenvolvimento sustentável. O princípio fundamental da presente diretiva deve portanto ser o da responsabilização financeira do operador cuja atividade tenha causado danos ambientais ou a ameaça iminente de tais danos, a fim de induzir os operadores a tomarem medidas e a desenvolverem práticas por forma a reduzir os riscos de danos ambientais".

(6) Sobre o tema, ver STEIGLEDER, Annelise Monteiro. *Responsabilidade civil ambiental.* As dimensões do dano ambiental no direito brasileiro. 3. ed. Porto Alegre: Livraria do Advogado, 2017. p. 170-173.

(7) BITTAR, Eduardo. *O direito na pós-modernidade.* 3. ed. São Paulo: Atlas, 2014. p. 85.

permite construir vínculos com o futuro e são a característica estruturante da sociedade de risco descrita por Beck[8], por se apresentarem onipresentes, ainda que em variadas escalas: da escala planetária à escala interpessoal. Além disso, essa onipresença dos riscos e a dificuldade de gerenciá-los com vistas a reduzir os impactos sobre a natureza e sobre a saúde humana evidenciam uma crise ética, representada pela indiferença pelo equilíbrio ambiental e pelo bem-estar do outro, em que a ânsia pelo lucro tende a menosprezar os riscos, a fim de que a adoção de medidas preventivas e precaucionais possa ser evitada ou ao menos adiada — em razão dos custos envolvidos —, ou justificar a possibilidade de pagar um adicional a quem se submete à exposição ao risco, em claro desvirtuamento do princípio do poluidor-pagador[9].

Como afirma Bauman, a ética exige uma determinada autolimitação, o "estar para o outro", independentemente da expectativa de aprovação ou de utilidade pessoal[10]. No entanto, em um mundo que tem o lucro como a meta a ser concretizada, em que a competitividade intersubjetiva pauta as relações humanas, o espaço para a preocupação efetiva com o bem-estar humano tende a se esfumaçar. Disso decorre a crise ética que está na base da crise ambiental, caracterizada por ser uma crise de percepção sobre a interdependência que existe entre a sobrevivência da espécie humana e o meio ambiente, e pelo descolamento entre o aumento exponencial dos riscos tecnológicos e a capacidade moral humana[11].

Esta crise manifesta-se, segundo nosso ponto de vista, ainda mais intensamente no ambiente laboral, pois a saúde física e emocional do trabalhador e de seus familiares é claramente ameaçada pela poluição e pela contaminação do ambiente do trabalho, em troca, na melhor das hipóteses, do pagamento de adicionais de periculosidade ou de insalubridade, à falta de mecanismos jurídicos capazes de estimular a efetiva redução dos níveis de exposição a risco, ainda que a Constituição Federal de 1988 contenha esse direcionamento, em seu art. 7º, inciso XXII. O trabalhador, na verdade, é o primeiro a ser exposto aos riscos que restarão por se consumar em danos ambientais no momento em que os efluentes, os resíduos, as emissões ou os particulados ultrapassarem os muros da empresa e atingirem o ambiente externo. Além disso, o processo de adoecimento e de sofrimento psíquico que se segue a um acidente é sistêmico e não se limita à pessoa do trabalhador. Muitas vezes o acidente produz consequências geracionais, como ocorreria, por exemplo, em uma contaminação por resíduos radioativos ou nucleares[12], ou por agrotóxicos[13], cujos danos afetam os filhos e netos dos trabalhadores, e graves desorganizações nas dinâmicas e na coesão familiar. Um exemplo recente é o desastre de Brumadinho, ocorrido no dia 25 de janeiro de 2019, em que a barragem da Mina Córrego do Feijão, contendo rejeitos da Mineradora Vale do Rio Doce, rompeu, ocasionando a morte de 217 pessoas e o desaparecimento de 87 pessoas. Desse número total, 128 vítimas eram funcionários da empresa que se encontravam no refeitório, dentro de um ônibus da empresa e nas imediações das barragens no momento do desastre[14]. É preciso perceber que, por trás de cada trabalhador que morre em um acidente de trabalho ou vítima de uma doença ocupacional, há uma família destroçada, que enfrentará inenarráveis dificuldades para se recompor estruturalmente, ainda que os sucessores recebam indenização.

Por este motivo, os riscos no ambiente do trabalho deveriam ser objeto de regulação e controle claramente comprometidos com a dignidade da pessoa humana e com os princípios da precaução, da prevenção e do poluidor-pagador, vedando-se, a partir de estudos empíricos fundados em evidências, a exposição do trabalhador aos riscos que atentam contra sua vida e contra sua saúde, e induzindo, por meio de incentivos, a internalização dos custos de prevenção dos

---

(8) BECK, Ulrich. *La sociedad del riesgo*. Hacia una nueva modernidad. Barcelona: Paidós, 1998. p. 29.

(9) GADELHA, Marina Motta Benevides. O princípio do poluidor-pagador e o meio ambiente do trabalho segundo as cortes trabalhistas. In *Revista Eletrônica OAB/RJ*, Edição Especial — Direito Ambiental. Disponível em: <http://revistaeletronica.oabrj.org.br/>. Acesso em: 1 abr. 2019.

(10) BAUMAN, Zygmunt. *O mal-estar da pós-modernidade*. Rio de Janeiro: Zahar Editora, 1998. p.67.

(11) BAUMAN, p. 70.

(12) O desastre de Chernobil, ocorrido em 25 de abril de 1986, na Ucrânia, foi o mais grave de todos os tempos em termos de perdas humanas e prejuízos causados. A usina localizava-se em Pripyat, uma cidade construída em 1970 para abrigar os trabalhadores da usina e suas famílias. Na sequência das explosões dos reatores, ocorreu a liberação de radiação em níveis no interior do prédio que seriam suficientes para matar uma pessoa desprotegida em 60 segundos. Dezenas de pessoas que trabalharam na usina durante o desastre morreram envenenadas semanas depois, dentre os quais vinte e seis bombeiros. Além desses efeitos imediatos, há evidências do aumento dos nascimentos de bebês com defeitos congênitos na Bielorrússia e na Ucrânia e informações de que, até os dias de hoje, filhos e netos das vítimas diretas vivenciam limitações motoras e cognitivas, que guardam relação causal com a exposição a altos níveis de radiação. Informações disponíveis em: <https://exame.abril.com.br/mundo/as-cicatrizes-nucleares-30-anos-apos-o-inferno-de-chernobil/>. Acesso em: 1 abr. 2019.

(13) Há pesquisas que evidenciam que resíduos de agrotóxicos estão presentes inclusive no leite materno; e que os EPIs são incapazes de proteger convenientemente os trabalhadores. Ver a respeito: <https://www.researchgate.net/publication/322719814_Residuos_de_agrotoxicos_no_leite_humano_e_seus_impactos_na_saude_materno-infantil_resultados_de_estudos_brasileiros>. Acesso em: 10 abr. 2019.

(14) A ruptura das três barragens de rejeitos da Vale do Rio Doce, na cidade de Brumadinho/MG é considerada o maior acidente de trabalho já registrado no Brasil. A respeito, ver <https://www.bbc.com/portuguese/brasil-47012091>. Acesso em: 1 abr. 2019. Ver ainda, <https://www.em.com.br/app/noticia/gerais/2019/02/08/interna_gerais,1028883/dos-316-desaparecidos-e-mortos-128-sao-funcionarios-da-vale.shtml>. Acesso em: 1 abr. 2019.

riscos laborais. Essa também é a interpretação de Gadelha, ao acentuar que o princípio do poluidor-pagador, aplicado ao meio ambiente do trabalho, significa

"tornar o espaço laboral um ambiente favorável à saúde do trabalhador, valendo-se de iluminação e ventilação apropriados — preferencialmente naturais —, utilizar máquinas e equipamentos seguros, com baixo nível de ruído, manter o ar do ambiente de trabalho em boas condições, além de fornecer e fiscalizar o uso dos equipamentos de proteção individual, quando a sua utilização for recomendável".[15]

Para a autora, o princípio do poluidor-pagador vem sendo mal interpretado pela Justiça do Trabalho, que dele se vale apenas para reforçar a incidência da responsabilidade civil objetiva em acidentes do trabalho, abstendo-se de aplicá-lo para exigir do empregador a internalização dos custos dos impactos ambientais negativos que a atividade causará[16]. A crítica de Gadelha é oportuna para demonstrar que a prevenção de acidentes de trabalho não tem sido a tônica das preocupações das políticas regulatórias quanto às medidas para neutralização e redução de riscos, que avancem em relação à mera exigência de EPIs. Corrobora essa argumentação a "teoria do iceberg", segundo a qual "para cada grande acidente declarado há perto de 300 casos de quase acidente"[17].

Ou seja, vive-se no limiar da ocorrência de acidentes de trabalho, muitos dos quais estão inseridos no contexto da produção de danos ao meio ambiente, pois as fontes poluidoras têm potencial concomitante de atingir os componentes bióticos e abióticos do ecossistema e, ainda, a saúde humana. A respeito, a observação de Maranhão é precisa ao assinalar que

"todas as vezes que um documento ambiental, preocupado em combater a poluição, reportar, por exemplo, à produção, ao manuseio, à conservação, ao transporte ou ao descarte de produtos químicos, bem como à simples reparação e limpeza de equipamentos e recipientes utilizados para a manutenção de produtos químicos, estar-se-á referindo, invariavelmente, ao meio ambiente do trabalho, já que todas essas atividades envolvem labor humano consubstanciado em obrigação de fazer, sujeito ou não controle hierárquico de alguém, constituindo-se como incontornáveis focos de vulnerabilidade ambiental"[18].

Por esse motivo, o Direito precisa dar conta de prevenir os riscos ambientais e à saúde humana, zelando incondicionalmente pela vida e pela saúde daqueles que, em primeiro lugar, serão expostos a substâncias tóxicas, carcinogênicas, mutagênicas etc. Esse ideal é operacionalizado através da exigência, no âmbito do licenciamento ambiental das atividades e das normas relativas à higiene e à segurança do trabalho, de que as empresas adotem a melhor tecnologia disponível para garantir um nível elevado de proteção ambiental[19], o que repercute no equilíbrio do meio ambiente interno e externo da empresa.

Sem prejuízo do pagamento de adicionais por insalubridade e periculosidade, consoante previsão constitucional[20], a neutralização e a redução dos riscos à saúde humana no ambiente de trabalho devem ser a prioridade[21] que decorre do reconhecimento de um "direito fundamental à contínua redução dos riscos inerentes ao trabalho"[22]. Nesse sentido, o art. 191 da CLT prevê que a eliminação ou a neutralização da insalubridade ocorrerá:

I — com a adoção de medidas que conservem o ambiente de trabalho dentro dos limites de tolerância;

II — com a utilização de equipamentos de proteção individual ao trabalhador, que diminuam a intensidade do agente agressivo a limites de tolerância.

---

(15) GADELHA. p. 29.

(16) GADELHA. p. 32.

(17) COMISSÃO EUROPEIA. *A segurança e saúde no trabalho diz respeito a todos*. Orientações práticas para os empregadores. União Europeia, 2016.

(18) MARANHÃO, Ney. Comentário ao art. 7º, inciso XXII. In: CANOTILHO, J.J. Gomes (*et. al*). *Comentários à Constituição do Brasil*. 2. ed. São Paulo: Saraiva Educação, 2018 (Série IDP). p. 647.

(19) Sobre a adoção das melhores técnicas disponíveis no âmbito do licenciamento ambiental, ver LOUBET, Luciano Furtado. *Licenciamento ambiental*. A obrigatoriedade da adoção das Melhores Técnicas Disponíveis (MTD). Belo Horizonte: Del Rey, 2014. p. 75.

(20) Art. 7º, inciso XXVIII, Constituição Federal de 1988.

(21) MARTINS, Antônio Wanderley. Insalubridade, o labor prestado na indústria do asbesto e da proteção ao meio ambiente. In: FREITAS, Vladimir Passos de (coord). *Direito ambiental em evolução*. Vol. 3, Curitiba: Juruá, 2003. p. 73-79.

(22) MARANHÃO, Ney. Comentários.... p. 648.

Corroboram o art. 191 da CLT as seguintes Convenções da Organização Internacional do Trabalho — OIT[23]:

- A Convenção n. 155 determina que se deve "reduzir ao mínimo, na medida que for razoável e possível, as causas dos riscos inerentes ao meio ambiente do trabalho".

- A Convenção n. 162 estabelece que "os limites de exposição ou outros critérios de exposição deverão ser fixados, revistos e atualizados periodicamente à luz do desenvolvimento tecnológico e do aumento do conhecimento técnico e científico" (art. 15.2.).

- A Convenção n. 148 prevê que "os critérios e limites de exposição deverão ser fixados, completados e revisados a intervalos regulares, de conformidade com os novos conhecimentos e dados nacionais e internacionais" (art. 8º, item 3).

No que diz respeito à interpretação do art. 191, inciso I, da CLT, é preciso enfatizar a necessidade de adoção das medidas técnicas e de engenharia adequadas à manutenção das emissões, ruídos etc., dentro dos limites de tolerância, a fim de que não ocorra a produção de danos à saúde humana. O guia orientativo produzido pela Comissão Europeia sobre a prevenção de acidentes no ambiente de trabalho aponta para a seguinte hierarquia nas providências para controle dos riscos de acidente:

Hierarquia nos controles

Eliminar ou Substituir
Controles de engenharia

Meios de sensibilização
Informação

EPI

As medidas de engenharia de natureza preventiva destinam-se a agir diretamente sobre as fontes de riscos, a fim de suprimir, reduzir ou substituir tais fontes; na sequência é necessário adotar medidas de gerenciamento dos riscos, que induzam a alteração dos comportamentos e das atitudes, de tal forma a promover uma cultura positiva de segurança. Além disso, as medidas preventivas devem ser complementadas com medidas de atenuação e proteção, que devem ser essencialmente coletivas e concebidas para "conter ou isolar o risco através, por exemplo, da utilização de barreiras físicas, medidas organizativas ou administrativas para diminuir a duração da exposição (rotação de postos de trabalho, calendarização do trabalho, sinalização de segurança etc.). Por fim, utilizam-se as medidas individuais, tais como o EPI, destinadas a proteger o trabalhador"[24], acompanhadas da adoção de medidas de atenuação de acidentes, que têm por objetivo reduzir a gravidade de eventuais danos em instalações e para os trabalhadores e o público. São exemplos: plano de emergência, plano de evacuação, sistemas de alerta (alarmes ou sinais luminosos), sistemas de treinamento em prevenção de incêndios e desastres)[25]. É necessário que a responsabilidade civil, que abrange não apenas a reparabilidade integral dos danos, mas sobretudo a alteração do *modus operandi* que dá causa ao dano, instrumentalize a prevenção eficiente dos acidentes de trabalho.

No Brasil, a Constituição Federal de 1988 não enfatiza a eliminação dos riscos, mas aponta para a sua redução no art. 7º, inciso XXII, e para o pagamento dos adicionais para as atividades penosas, insalubres ou perigosas no art. 7º,

---

(23) A Convenção foi incorporada ao ordenamento jurídico brasileiro pelo Decreto n. 1.254/94. As diretrizes da Convenção são expressas na Política Nacional de Segurança e Saúde no Trabalho, objeto do Decreto n. 7.602/2011.

(24) Comissão Europeia. *A segurança e saúde no trabalho diz respeito a todos*. Orientações práticas para os empregados. Luxemburgo: Serviço das Publicações da União Europeia, 2016. p. 10.

(25) *Idem*. p. 11.

inciso XXVIII[26]. A previsão legal do pagamento de adicionais destina-se a cumprir uma função compensatória dos trabalhadores que serão expostos, ainda que transitoriamente, a riscos intoleráveis, mas também uma função dissuasória dos empregadores de submeter os seus funcionários à exposição aos riscos, pois, em tese, o custo dos adicionais de insalubridade e de periculosidade seria evitado caso tecnologias para reduzir os riscos fossem implementadas. Por isso, um empregador interessado em reduzir custos, tenderia, no longo prazo, a reduzir ou neutralizar os riscos para evitar os pagamentos adicionais.

As atividades ou operações insalubres são definidas no art. 189 da CLT como "aquelas que, por sua natureza, condições ou métodos de trabalho, exponham os empregados a agentes nocivos à saúde, acima dos limites de tolerância fixados em razão da natureza e da intensidade do agente do tempo de exposição aos seus efeitos"[27]. Entende-se por "limite de tolerância" a concentração ou intensidade máxima ou mínima, relacionada com a natureza e o tempo de exposição ao agente, que não causará dano à saúde do trabalhador, durante a sua vida laboral (item 15.1.5 da NR 15).

Veja-se que a exposição do trabalhador a ambientes insalubres não pode causar-lhe danos, tanto o é que o pagamento de adicional de insalubridade ou de periculosidade não exclui a responsabilidade civil do empregador pelo ato ilícito associado à sua omissão na adoção das providências necessárias à neutralização e à redução dos riscos laborais, que incluem o fornecimento de EPIs adequados e certificados, fiscalização quanto ao uso, treinamentos dos empregados etc. Se o trabalhador adoecer ou se acidentar, deverá ser indenizado pelos danos materiais e morais decorrentes. Por este motivo, é necessário que sua saúde seja periodicamente monitorada, a fim de que os processos causais relacionados a possíveis adoecimentos possam ser detectados precocemente.

Nessa discussão, também é importante apontar que o conceito de "limite de tolerância" previsto no art. 189 da CLT, ainda que demande a interlocução com aspectos técnico-científicos oriundos do campo da medicina e da segurança do trabalho, possui conteúdo político vinculado à tolerância social diante do risco e à hegemonia econômica de determinados setores[28]. A ideia de tolerância social relaciona-se, por sua vez, a critérios de custo-benefício, reflexão esta pontuada por Sustein, quando assinala que a regulação do risco deve evitar os temores injustificados, que não tenham uma base empírica estatisticamente fundamentada, com o objetivo de evitar o aumento excessivo dos custos sociais e a produção de novos riscos (alta de preços, desemprego, baixos salários etc.)[29].

O limite de tolerância é um conceito relevante para a configuração jurídica do dano reparável, pois, em tese, uma vez respeitados os limites de tolerância cientificamente estabelecidos, não ocorrerá o dano. No entanto, justamente em função do conteúdo político que impregna o conceito de tolerância, é perfeitamente possível que os limites máximos ou mínimos estabelecidos normativamente sejam incompatíveis com os objetivos de uma proteção elevada do ambiente natural e da saúde humana, do que pode decorrer a efetiva produção de danos, ainda a empresa adote as medidas técnicas exigidas para atender aos limites de tolerância atinentes às emissões de ruídos, particulados, efluentes etc. Observe-se que esta preocupação consta das já citadas Convenções da Organização Internacional do Trabalho (148 e 162), que determinam a revisão e a atualização periódica dos limites de exposição a riscos, à luz do desenvolvimento tecnológico e do aumento do conhecimento técnico-científico. Em outra oportunidade, enfatizamos que a ideia de tolerância significa que o que deve ser suportado não é o dano, senão os meros incômodos[30]. O dano, por qualificar-se juridicamente como lesão a interesses protegidos pelo Direito, é ilícito, intolerável e, por isso, é integralmente indenizável.

Portanto, pode ocorrer de uma atividade formalmente lícita, porque atende aos limiares de poluição tolerados pela legislação, ser lesiva à saúde humana e ao meio ambiente, motivo pelo qual atrairá o regime objetivo de imputação da responsabilidade civil, porquanto se revelou perigosa para os bens fundamentais protegidos. De resto, o contexto fático em que ocorre a produção de danos ambientais e de danos à saúde do trabalhador associa-se a lógicas produtivas

---

(26) A respeito da interpretação do art. 7º, inciso XXII, da Constituição Federal de 1988, ver MARANHÃO, Ob. cit., p. 647.

(27) Por sua vez, o art. 190 da CLT remete ao Ministério do Trabalho a regulamentação do quadro de atividades e operações insalubres, e o art. 191 trata das possibilidades de eliminação ou neutralização da insalubridade, muito embora o fornecimento de aparelho de proteção não exima o empregador do pagamento do adicional de insalubridade. O TST entende que o trabalho executado em condições insalubres, em caráter intermitente, não afasta, só por essa circunstância, o direito à percepção do respectivo adicional (Súmula n. 47). Sobre o tema, ver STÜRMER, Gilberto. *Direito constitucional do trabalho no Brasil*. São Paulo: Atlas, 2014, p. 66. O autor colaciona diversas normas regulamentadoras previstas pela Portaria 3.214/78.

(28) Um exemplo alarmante a respeito relaciona-se aos limites toleráveis de concentração de resíduos de agrotóxicos na água. Enquanto a União Europeia limita a quantidade máxima de resíduos de glifosato na água potável em 0,1 miligramas por litro, o Brasil permite até 500 vezes mais, consoante observa a pesquisadora Larissa Mies Bombardi (BOMBARDI, Larissa Mies. *Geografia do uso de agrotóxicos no Brasil*. Faculdade de Geografia, USP. 2017).

(29) SUSTEIN, Cass R. *Riesgo y Razón*. Seguridad, Ley y Medioambiente. Buenos Aires: Katz Ediciones, 2006. p. 14-15.

(30) STEIGLEDER, Annelise Monteiro. *Responsabilidade civil ambiental*: As dimensões do dano ambiental no direito brasileiro. 3. ed. Porto Alegre: Livraria do Advogado, 2017. p. 113.

semelhantes. Como assinala Figueiredo, "a doença profissional e o acidente do trabalho decorrem de uma tecnologia de produção ou de serviços em desacordo com o necessário equilíbrio do meio ambiente. Doença, acidente e morte no trabalho constituem efeitos indesejados de um sistema de dominação sobre a classe trabalhadora que elegeu como valor maior a produtividade e o seu próprio crescimento em lugar do bem-estar social"[31].

Na mesma linha são as reflexões de Melo, ao defender a intensificação da defesa do ambiente do trabalho como requisito para a dignidade da pessoa do trabalhador, que adoece e se acidenta sempre que as condições laborais forem inadequadas[32]; e de Padilha, ao acentuar que o ambiente do trabalho vincula-se a um mercado econômico altamente agressivo, focado na obtenção de altas taxas de produtividade e de lucro, por meio de constantes inovações tecnológicas e de pressões sobre os direitos laborais, circunstância esta que também está presente na racionalidade que desencadeia os graves problemas ambientais da atualidade[33].

Para Padilha, "tanto a degradação da qualidade de vida e da saúde do trabalhador quanto da degradação do meio ambiente estão inseridas no mesmo contexto econômico social, entretanto, enquanto para o trabalhador essa degradação resulta em doenças ocupacionais e em acidentes do trabalho, para o meio ambiente natural, a degradação significa a perda irreparável do equilíbrio dos ecossistemas, a destruição de biomas, a poluição de águas, de solos férteis, a extinção de espécies"[34]. A autora considera que, apesar da distinção entre os bens jurídicos protegidos pelo Direito do Trabalho e pelo Direito Ambiental, não há fronteiras entre o ambiente interno, poluído, e o externo[35].

Como decorrência destas reflexões, é possível que aquilo é que visível na superfície, na forma de um dano ambiental externo, seja ainda mais agressivo e intenso no ambiente interno, ainda que adotadas "cautelas" recomendadas por programas de gestão ambiental e de saúde do trabalhador. Certamente, os fatores causais que resultam nos danos ao ambiente natural e à saúde dos trabalhadores e de todos os terceiros afetados são os mesmos, e essa constatação transparece no conceito de meio ambiente a que se refere o art. 3º, inciso I, da Lei n. 6.938/81, que inclui o meio ambiente do trabalho, por força do disposto no art. 200, inciso VIII, combinado com o art. 225, *caput*, ambos da Constituição Federal de 1988[36].

Para Melo, o conceito de "meio ambiente do trabalho" é amplo e deve abarcar não apenas o espaço onde se realiza o processo de produção e organização do trabalho, dentro dos muros e paredes da empresa, mas o ambiente externo, que "se estende para fora, invade e modela a vida do trabalhador e suas relações com seus familiares, amigos e vizinhos"[37]. Também defendem um conceito sistêmico de ambiente, de modo a abarcar o ambiente do trabalho, Padilha[38] e Maranhão[39], do que decorre a possibilidade jurídica de estender a principiologia do Direito Ambiental ao Direito do Trabalho.

Padilha define o meio ambiente do trabalho como "o habitat laboral onde o ser humano trabalhador passa a maior parte de sua vida produtiva, provendo o necessário para sua sobrevivência e desenvolvimento por meio do exercício de uma atividade laborativa, abrange a segurança e a saúde dos trabalhadores, protegendo-os contra todas as formas de degradação e/ou poluição geradas no ambiente de trabalho"[40].

Por sua vez, Maranhão esclarece que

"nossa Constituição Federal abraçou, inequivocamente, uma concepção ampla de meio ambiente, englobando elementos não apenas ecológicos, mas também sociais e culturais", do que decorre a possibilidade de sustentar

---

(31) FIGUEIREDO, Guilherme José Purvin de. *Direito ambiental e a saúde dos* trabalhadores. São Paulo: LTr, 2000. p. 27.

(32) MELO, Raimundo Simão de. *Direito ambiental do trabalho e a saúde do trabalhador*. 4. ed. São Paulo: LTr, 2010. p. 79.

(33) PADILHA, Norma Sueli. O equilíbrio do meio ambiente do trabalho: direito fundamental do trabalhador e de espaço interdisciplinar entre o direito do trabalho e o direito ambiental. In: *Revista do Tribunal Superior do Trabalho*, volume 77, n. 4, out/dez/2011, p. 231-258, p.232.

(34) PADILHA. p. 235.

(35) PADILHA. p. 245.

(36) Tais dispositivos são comentados por Maranhão e por Molina para sustentarem o entendimento de que "também o meio ambiente do trabalho deve receber tutela jurídica via Direito Ambiental com vistas a se manter devidamente equilibrado e sadio, em prol da melhoria de uma benfazeja condição socioambiental da classe trabalhadora (CF, arts. 7º, *caput* e XX I, c/c 200, VIII e 225, *caput*)". MOLINA, André Araújo e MARANHÃO, Ney. Dano moral coletivo nas relações trabalhistas. In: ROSENVALD, Nelson e TEIXEIRA NETO, Felipe. *Dano Moral Coletivo*. Indaiatuba: Foco, 2018. p. 239-258.

(37) *Idem*. p. 82.

(38) PADILHA, Norma Sueli. *Do Meio Ambiente do Trabalho Equilibrado*. São Paulo: LTr, 2002. p. 40.

(39) MARANHÃO, Ney. *Poluição labor-ambiental*. Abordagem conceitual da degradação das condições de trabalho, da organização do trabalho e das relações interpessoais travadas no contexto laborativo. Rio de Janeiro: Lumen Juris, 2018. p. 45.

(40) PADILHA, Norma Sueli. O equilíbrio do meio ambiente do trabalho: direito fundamental do trabalhador e espaço interdisciplinar entre o direito do trabalho e o direito ambiental. *Revista do Superior Tribunal do Trabalho*. Volume 77, n. 4, out/dez., 2011, p. 231-258. p. 232.

"a promoção da vida e da saúde humana, máxime no âmago da principal atividade socioeconômica desempenhada em sociedade (a relação de trabalho), mercê da inescapável referência ético-jurídica que repousa sobre o vetor da sadia qualidade de vida, que também ali há de incidir"[41].

Assim, uma primeira conclusão a ser ressaltada é a importância de os princípios da precaução, da prevenção e do poluidor serem realmente levados a sério no ambiente do trabalho, a fim de induzirem comportamentos eficientes do empregador, no que diz respeito à internalização das externalidades negativas, que degradam a qualidade do ambiente natural e do trabalho, adotando-se aqui uma concepção sistêmica e complexa, que considera entrelaçados os fatores de risco que impactam o ambiente do trabalho e o ambiente externo. Este é o direcionamento axiológico que se extrai do art. 225 da Constituição Federal de 1988, impondo-se ao Estado exigir das empresas, por meio da adequada gestão de riscos e do licenciamento ambiental, o controle do emprego de técnicas métodos e substâncias que comportem risco para a vida, a qualidade de vida e o meio ambiente (art. 225, §1º, inciso V), inclusive o meio ambiente do trabalho.

A concretização desta principiologia pressupõe, por seu turno, o constante planejamento de ações para eliminar e reduzir progressivamente os riscos no ambiente de trabalho, acompanhada de avaliação *ex post* para compreender se as ações planejadas foram e estão sendo efetivas, pois a responsabilidade civil ambiental tem, dentre suas finalidades, a alteração do *modus operandi* que tem o potencial de causar os danos. Nesse sentido, a Súmula n. 629 do Superior Tribunal de Justiça[42], ao acolher a possibilidade de cumulação de pedidos em ação civil pública, atribui à responsabilidade civil a função preventiva, consubstanciada na imposição de obrigações de fazer e de não fazer, voltadas à inibição e à remoção do ilícito, ao lado das obrigações voltadas à reparação integral. Referenda, outrossim, o Enunciado n. 01 da Jurisprudência em Teses do Superior Tribunal de Justiça, edição n. 30, publicado em 18 de março de 2015[43].

3 A RESPONSABILIDADE CIVIL NO AMBIENTE DE TRABALHO E O DIÁLOGO COM O DIREITO AMBIENTAL

Com amparo no método destinado à coordenação de normas desenvolvido pelo jurista Erik Jayme, denominado "Diálogo das Fontes", Marques salienta que as diversas fontes do Direito, tais como os direitos humanos, os direitos fundamentais e constitucionais, os tratados, as leis e os códigos, não mais se excluem, ou não mais se revogam mutuamente. Ao contrário, estas várias fontes conversam mutuamente "e os juízes são levados a coordenar estas fontes 'escutando' o que as fontes 'dizem'", o que significa, no âmbito do direito brasileiro, "a aplicação simultânea, coerente e coordenada das plúrimas fontes legislativas"[44].

O método hermenêutico proposto pelo Diálogo das Fontes parte da identificação de valores constitucionais comuns, que ressaltem a dignidade da pessoa humana, subjacentes às fontes, sob a premissa de que o Direito "tem uma função social a realizar, e, portanto, de uma forma realista, não pode ser concebido sem que se leve em conta a sociedade que ele deve reger"[45]. Trata-se, conforme Marques, de "uma mudança de paradigma: da retirada simples (revogação) de uma das normas em conflito do sistema jurídico (ou do 'monólogo' de uma só norma possível a 'comunicar' a solução justa) à convivência dessas normas, ao diálogo das normas para alcançar a sua *ratio*, e a finalidade 'narrada' ou 'comunicada' em ambas, sob a luz da Constituição, de seu sistema de valores e dos direitos humanos em geral"[46].

Há três tipos de diálogos possíveis: o diálogo de coerência, de subsidiariedade e de adaptação:

"A nova hierarquia, que é a coerência dada pelos valores constitucionais e a prevalência dos direitos humanos; a nova especialidade, que é a ideia de complementação ou aplicação subsidiária das normas especiais, entre elas, com tempo e ordem nesta aplicação, primeiro a mais valorativa, depois, no que couberem, as outras; e a nova anterioridade, que não vem do tempo de promulgação da lei, mas sim da necessidade de adaptar o sistema cada

---

(41) MARANHÃO. p. 57.

(42) Súmula n. 629: Quanto ao dano ambiental, é admitida a condenação do réu à obrigação de fazer ou de não fazer cumulada com a de indenizar.

(43) "1) Admite-se a condenação simultânea e cumulativa das obrigações de fazer, de não fazer e de indenizar na reparação integral do meio ambiente".

(44) MARQUES, Claudia Lima. O 'Diálogo das Fontes' como método da nova Teoria Geral do Direito: um tributo a Erik Jayme. In: MARQUES, Claudia Lima. *Diálogo das Fontes*: do conflito à coordenação de normas do direito brasileiro. São Paulo: Revista dos Tribunais, 2012. p. 17-66. p. 21.

(45) PERELMAN, Charles. *Logique* juridique, citado por MARQUES, *Idem.* p. 25.

(46) MARQUES. p. 29.

vez que uma nova lei nele é inserida pelo legislador. Influências recíprocas guiadas pelos valores constitucionais vão guiar este diálogo de adaptação sistemático"[47].

Desde essa perspectiva é que se deve interpretar a responsabilidade civil por acidentes no meio ambiente do trabalho, buscando-se a harmonização entre o art. 7º, inciso XXVIII, e os arts. 200, inciso VIII, e 225, § 3º, da Constituição Federal de 1988, e ainda o art. 927, parágrafo único, do Código Civil de 2002, e art. 14, §1º, da Lei n. 6.938/81, a partir da identificação dos bens jurídicos protegidos e do reconhecimento do princípio da dignidade da pessoa humana como um fio condutor que permite a integração do sistema jurídico.

No que diz respeito ao bem jurídico protegido, apesar de o meio ambiente do trabalho estar inserido no conceito unitário de meio ambiente a que se refere o art. 3º, inciso I, da Lei n. 6.938/81[48], a ênfase do Direito Ambiental é a proteção do equilíbrio ecológico, a ser assegurado através da proteção dos diversos componentes bióticos e abióticos que integram o ecossistema. Ainda que a dignidade da pessoa humana seja um valor essencial, pois a vida humana é impossível sem que as condições do ambiente natural sejam equilibradas, o Direito Ambiental tem avançado, ao menos no âmbito doutrinário, na direção do reconhecimento do valor de existência do próprio ambiente natural, da fauna e da flora, ainda que não proporcione qualquer utilidade humana, em um alinhamento à noção de Justiça Ecológica[49].

Schlosberg, ao teorizar sobre a Justiça Ecológica, esclarece que o conceito surgiu relacionado à injustiça na distribuição de riscos à saúde humana, associados à localização de comunidades negras em áreas contaminadas, nos Estados Unidos, problematizando a distribuição de riscos ambientais e questões de classe social e raça. No entanto, o conceito foi sendo ampliado para incluir o reconhecimento do valor intrínseco do meio ambiente e firmar uma ética na relação entre os seres humanos e os não-humanos, e para permitir que se abordassem a equidade na distribuição não apenas de riscos associados à localização de indústrias e à proteção de trabalhadores e de comunidades culturalmente diversas, mas também de bens ambientais, capazes de proporcionar o aumento da qualidade de vida, tais como áreas protegidas e espaços dotados destes bens[50].

No Direito Ambiental, o objeto imediato do dano ambiental é a biodiversidade e a delicada teia de inter-relações ecossistêmicas, em que se protege, concomitantemente, o espaço geográfico e os bens ambientais nele inseridos, em uma perspectiva relacional, o que não significa que não possam coexistir danos a pessoas, que tenham sido causados pela mesma fonte que resultou no dano ambiental. Reconhece-se que o dano ambiental ostenta dimensões materiais e imateriais, atingindo os componentes da natureza e o equilíbrio ecossistêmico. São exemplos da dimensão material do dano ambiental a contaminação das águas e do solo por óleos, resíduos, a contaminação do lençol freático por efluentes industriais, a contaminação do ar, a supressão da vegetação, a emissão de ruídos etc. Nestes casos, o objeto lesado é a própria qualidade dos bens ambientais, e pode ocorrer, neste contexto fático, de a qualidade do meio ambiente de trabalho também ser degradada.

Como a natureza é o suporte físico para diversos tipos de serviços ecossistêmicos, imprescindíveis à satisfação de necessidades humanas, pode acontecer de a mesma atividade que degradar o meio ambiente impactar negativamente as pessoas em sua incolumidade física, espiritual, emocional e patrimonial. Por vezes, essas pessoas, lesadas por intermédio do dano ambiental, que sofrem um "dano reflexo", podem estar vinculadas ao causador do dano por uma relação de trabalho, de tal forma que os danos sofridos serão caracterizados como "acidentes de trabalho" ou como "doenças ocupacionais". Por exemplo, quando da pulverização de agrotóxicos, concomitantemente são degradados o meio ambiente natural e o meio ambiente do trabalho, que, nesse caso, identificam-se; e existe um interesse transindividual na proteção desse ecossistema, que serve de suporte físico para múltiplas relações entre espécies humanas e não humanas.

Além disso, pode ocorrer de o ambiente do trabalho propriamente dito ser degradado, contaminado, ou exposto a riscos que têm o potencial que causar danos à saúde humana, pois, como esclarece Maranhão, cada ilícito ambiental detectado insere-se em um ambiente em que se travam relações de trabalho. Há pessoas envolvidas no manuseio de resíduos, de equipamentos perigosos, sujeitas a ruídos e a inalação de produtos químicos etc. Por isso, a qualidade de vida dessas pessoas depende da qualidade do ambiente de trabalho, que, por força do art. 200, inciso VIII, combinado

---

(47) MARQUES. p. 31.

(48) PADILHA, Norma Sueli. O equilíbrio do meio ambiente do trabalho: direito fundamental do trabalhador e de espaço interdisciplinar entre o direito do trabalho e o direito ambiental. In *Revista do Tribunal Superior do Trabalho*, volume 77, n. 4, out/dez/2011, p. 231-258, p. 232.

(49) BOSSELMANN, Klaus.*O princípio da sustentabilidade*. Transformando direito e governança. São Paulo: Revista dos Tribunais, 2015. p. 124-125; SCHLOSBERG, David. *Defining environmental justice*: theories, movements and nature. Oxford: University Press, 2017. p. 2010.

(50) SCHLOSBERG, Klaus. Theorising Environmental Justice: The expanding sphere of a discourse. In *Environmental Politics*, 2013, vol. 22, n. 1, p. 37-55, p. 42.

com o art. 225 da Constituição Federal, passa a ser protegido da mesma forma como se protegem o meio ambiente natural, o meio ambiente cultural e o meio ambiente urbano.

Como observa Padilha, o reconhecimento do direito fundamental ao ambiente ecologicamente equilibrado pelo art. 225 da Constituição Federal de 1988 ampliou a proteção jurídica dispensada à saúde e à qualidade de vida do trabalhador no ambiente do trabalho, projetando sobre essas relações os princípios que alicerçam o ordenamento jusambiental brasileiro, "na perspectiva da minimização e possível eliminação dos riscos à saúde, sob a ótica da precaução e não apenas de sua mera monetização, além de propiciar um amplo sistema de responsabilização do poluidor"[51].

No entanto, há distinção entre os bens jurídicos protegidos. Como acentua Padilha, o bem jurídico protegido pelo Direito do Trabalho é "a relação contratual privada mantida entre o empregado e o empregador, a qual, todavia, é pautada por normas de direito público que partem da premissa da vulnerabilidade do empregado. A proteção do meio ambiente do trabalho foca na saúde e na segurança do trabalhador, a fim de que este possa ter qualidade de vida"[52]. Essa distinção precisa ser ressaltada quanto ao foco da tutela jurídica: no Direito Ambiental, cada vez mais se busca assegurar a integridade ecológica, a proteção dos componentes bióticos e abióticos que proporcionam equilíbrio, bem estar e saúde para todas as espécies vivas, inclusive as não humanas. Já no Direito do Trabalho, o foco é a proteção da saúde do trabalhador, e a proteção da qualidade do meio ambiente do trabalho se dá em função da tutela da saúde e da vida humana.

A definição de poluição labor-ambiental de Maranhão permite identificar esta diferenciação:

> "Poluição labor-ambiental é o desequilíbrio sistêmico no arranjo das condições do trabalho, da organização do trabalho ou das relações interpessoais havidas no âmbito do meio ambiente laboral que, tendo base antrópica, gera riscos intoleráveis à segurança e à saúde física e mental do ser humano exposto a qualquer contexto jurídico-laborativo — arrostando-lhe, assim, a sadia qualidade de vida (CF, art. 225, *caput*)"[53].

Ocorre que, mesmo existindo diferenciações quanto ao bem jurídico tutelado pelo Direito Ambiental e pelo Direito do Trabalho, o fato é que houve uma equiparação constitucional da tutela jurídica incidente sobre o meio ambiente do trabalho e sobre o "meio ambiente em geral", o que sinaliza a importância do estabelecimento de um diálogo entre estes dois campos do Direito. Esse diálogo passa pela identificação de seus pontos convergentes, quais sejam: a concepção ética de alteridade e de solidariedade para com as presentes e futuras gerações, o viés preventivo e precaucional representado pela importância outorgada à redução de riscos, a centralidade dos direitos à saúde e à qualidade de vida, a preocupação com a vulnerabilidade daqueles que vivenciam condições adversas e que não conseguem resistir à força do mercado, e, sobretudo, a ênfase na defesa da dignidade da pessoa humana.

São aspectos que propiciam uma interpretação do acidente do trabalho e da doença ocupacional como elementos próprios de uma sociedade de risco que tem sido indiferente aos vulneráveis, reduzindo-os à condição de mercadorias. No caso dos trabalhadores, pessoas que vendem a sua força de trabalho; no caso do meio ambiente natural, insumos ao processo produtivo ou corpo receptor de poluentes. Nessa perspectiva, é possível transpor a reflexão de Acselrad para o Direito do Trabalho, quando conceitua a injustiça ambiental como "imposição desproporcional dos riscos sobre populações menos dotadas de recursos financeiros, políticos e informacionais"[54]. É exatamente neste contexto em que se consumarão danos ambientais e danos materiais e morais ao trabalhador.

No campo das relações trabalhistas, o acidente de trabalho e a doença ocupacional surgem como um produto da injusta distribuição de riscos e da evitação quanto à internalização de externalidades negativas, aspectos estes que também estão presentes na origem da ocorrência dos danos ambientais. A definição de acidente de trabalho dos arts. 19 a 21 da Lei n. 8.213/91 permite que se enquadrem como tal situações fáticas que têm causa na degradação e na poluição ambiental, tal como descritas no art. 3º, II e III, alíneas "d" e "e", da Lei n. 6.938/81.

Consoante o art. 19 da Lei n. 8.213/91, o "acidente de trabalho é o que ocorre pelo exercício do trabalho a serviço da empresa ou pelo exercício do trabalho dos segurados nos referidos no inciso VII do art. 11 desta lei, provocando

---

(51) PADILHA, Norma Sueli. Agrotóxicos e a saúde do trabalhador: a responsabilidade por contaminação do meio ambiente do trabalho. O Futuro do trabalho no mundo globalizado. 22 e 23 de janeiro de 2018. In: *RJLB*, Ano 4 (2018), n. 6, 977-1006.

(52) PADILHA. p. 245.

(53) MARANHÃO. p. 234.

(54) ACSELRAD, Henri. Liberalização da economia e flexibilização das leis. O meio ambiente entre o mercado e a justiça. In: *Revista da Educação, Ciências e Matemática*, Volume 3, n. 3, set./dez., 2013, p. 62-68. p. 63.

lesão corporal ou perturbação funcional que cause a morte ou a perda ou redução, permanente ou temporária, da capacidade de trabalho". Um exemplo de incidência desse dispositivo, em que haveria a correlação entre dano ambiental e o acidente do trabalho, é a hipótese de pulverização aérea de agrotóxicos que venha a causar a intoxicação aguda dos trabalhadores.

O art. 20 considera acidente do trabalho, nos termos do art. 19, as seguintes entidades mórbidas:

I — doença profissional, assim entendida a produzida ou desencadeada pelo exercício do trabalho peculiar a determinada atividade e constante da respectiva relação elaborada pelo Ministério do Trabalho e da previdência Social;

II — doença do trabalho, assim entendida a adquirida ou desencadeada em função de condições especiais em que o trabalho é realizado e com ele se relacione diretamente[55].

No primeiro caso, se poderia cogitar dos trabalhadores encarregados de operar máquinas extremamente ruidosas, que viessem a sofrer perda auditiva; e, no segundo caso, se poderia aventar situação em que o trabalhador desenvolve um câncer pela exposição continuada a um ambiente insalubre ou perigoso. Um exemplo dessa segunda hipótese foi a contaminação crônica do meio ambiente causado pela indústria de agrotóxicos Shell/BASF, localizada no Bairro Recanto dos Pássaros, em Paulínia/SP, do que resultou a contaminação do solo, do lençol freático, da fauna, da flora, da saúde da população do entorno, e, sobretudo, dos trabalhadores da referida empresa, envolvidos na produção dos agrotóxicos. A empresa, instalada na cidade em 1975, efetuou, ao longo de décadas, descarte de resíduos perigosos em uma extensa área, o que produziu um passivo ambiental permanente no ambiente natural e na saúde da população do entorno. Ao mesmo tempo, os trabalhadores da indústria "adoeceram lenta e progressivamente, chegando alguns até a perder a vida, em decorrência da 'herança' cumulativa da contaminação química"[56]. A ação civil pública, movida pelo Ministério Público do Trabalho diante da 2ª Vara do Trabalho de Paulínia, ensejou a condenação das empresas Shell e Basf, impondo-se-lhes o dever de reparação integral dos danos materiais e morais sofridos pelos trabalhadores e seus familiares, assim como aos prestadores de serviços nas propriedades vizinhas, e da reparação do dano moral coletivo, com amparo na teoria do risco, refutando-se as teses de que a responsabilidade civil do empregador dependeria de dolo ou culpa de que haveria prescrição das pretensões indenizatórias.

Por fim, o art. 21, ao equiparar diversas situações a acidente do trabalho, elege, em seu inciso III, "a doença proveniente de contaminação acidental do empregado no exercício de sua atividade".

Também interessa explorar o conceito de poluição da Lei n. 6.938/81 (Lei da Política Nacional do Meio Ambiente) para identificar circunstâncias lesivas à saúde do trabalhador, exercício este feito com maestria por Maranhão, quando colaciona diversos precedentes jurisprudenciais que exemplificam a correlação entre a degradação do meio ambiente do trabalho e a doença dos trabalhadores, dentre as quais nos chama a atenção o caso da tentativa de suicídio associada a transtorno mental decorrente da contaminação do trabalhador por benzeno e por hidrocarbonetos derivados de

---

(55) Conforme o art. 20, § 1º, da Lei n. 8.213/91, não são considerados como doença do trabalho a doença degenerativa; a inerente a grupo etário; a que não produza incapacidade laborativa; a doença endêmica adquirida por segurado habitante de região em que ela se desenvolva, salvo comprovação de que é resultante de exposição ou contato direto determinado pela natureza do trabalho. O § 2º afirma que "em caso excepcional, constatando-se que a doença não incluída na relação previstas nos incisos I e II do art. 20 resultou em condições especiais em que o trabalho é executado e com ele se relaciona diretamente, a Previdência Social deve considerá-la acidente do trabalho.

(56) PADILHA, Agrotóxicos....p. 980. A autora discorre sobre a sentença proferida nos autos da ação civil pública n. 0022200-28-2007.5.15.1225, da 2ª Vara do Trabalho de Paulínia , da lavra da Juíza do Trabalho Dra. Maria Inês Correa de Cerqueira César Targa. Na instrução do feito, restou confirmado que os inseticidas organoclorados sintéticos, compostos por carbono e cloro, produzem rápida absorção pelo organismo e deposição no tecido adiposo, produzindo, dentre outros sintomas, convulsões, hiperexcitabilidade e tremores. Embora os produtos não sejam classificados como carcinogênicos, são muito perigosos para a saúde humana e para o ambiente. Após um longo histórico de infrações ambientais e de contaminação de toda a área do entorno da fábrica e do rio Atibaia, em 2003, a empresa foi interditada por iniciativa do Ministério do Trabalho. Na época, os moradores do entorno, também contaminados, foram obrigados a evacuar suas terras e receberam a garantia de direito a acesso à avaliação e a tratamento de saúde gratuito, concedido pela Prefeitura. No entanto, aos ex-trabalhadores não foi concedido o mesmo direito e, desde a interdição da empresa, passaram a lutar pela sua responsabilização, o que somente ocorreu com a prolação da sentença nos autos da ação civil pública referida. O pedido formulado na ação civil pública movida pelo Ministério Público do Trabalho foi julgado procedente para a finalidade de condenar, solidariamente, a Shell e a BASF ao pagamento de indenização por danos morais coletivos no valor de R$ 622.200.000,00, montante equivalente a 3% do lucro líquido obtido pelas empresas no ano de 2006, a ser revertida para o Fundo de Amparo ao Trabalhador; a condenação das rés a custear tratamento de saúde para todos os ex-trabalhadores que lhes prestaram serviços no polo industrial de Paulínia, seus familiares, e para todos os trabalhadores que prestaram serviços nas chácaras do entorno, bem como aos filhos. A condenação ainda fixou o pagamento de indenização substitutiva da obrigação de fazer no montante de R$ 64.500,00 para cada trabalhador e a cada dependente nascido no curso da prestação dos serviços ou em período posterior, bem como a reparação por dano moral arbitrada em R$ 20.000,00 reais por ano trabalhado, ou fração superior a seis meses, valor a ser corrigido e acrescido de juros de mora a partir da data da sentença. O valor total da condenação alcançou 1,1 bilhão de reais (p. 987-993). A sentença foi confirmada pela 4ª Câmara do TRT da 15ª Região, seguindo-se a celebração de um acordo, em abril de 2013, que alcançou a quantia de R$ 400 milhões de reais. A competência da Justiça do Trabalho foi firmada com amparo na Emenda Constitucional 45/2004 e na Súmula n. 736 do STF.

petróleo[57]. Ainda Melo aponta para os exemplos de doenças ocupacionais causadas por danos ao meio ambiente do trabalho, como ocorre com as doenças auditivas provocadas por ruído ocupacional e com as doenças provocadas pela exposição a benzeno, chumbo, mercúrio etc.[58]. Estes exemplos retirados da jurisprudência trabalhista estão abrigados pelo art. 3º, inciso III, da Lei n. 6.938/81, em especial as alíneas "b", "d" e "e" que, respectivamente, consideram poluição "a degradação da qualidade ambiental resultante de atividade que, direta ou indiretamente, "criem condições adversas às atividades sociais e econômicas"; "afetem as condições estéticas ou sanitárias do meio ambiente" ou "lancem matéria ou energia em desacordo com os padrões ambientais estabelecidos". O art. 200, inciso VIII, combinado com o art. 225, *caput*, da Constituição Federal de 1988, atualizam a interpretação da Lei n. 6.938/81, de tal modo a conceber hipóteses de degradação da qualidade do meio ambiente do trabalho, com impactos negativos em suas condições sanitárias e nas condições às atividades sociais e econômicas, incluídas, por evidente, as laborais.

Todos esses exemplos têm em comum a fato de que as externalidades ambientais negativas, responsáveis pela exposição da saúde dos trabalhadores a riscos, não foram internalizadas pelo empregador, com clara violação do princípio do poluidor-pagador. Ou seja, o direito do trabalhador à redução dos riscos, a que se refere o art. 7º, inciso XXII, consubstanciado através de normas relativas à saúde, higiene e segurança não foi respeitado, e por este motivo, o regime de responsabilidade civil deverá ser objetivo e fundado no disposto no art. 14, § 1º, da Lei n. 6.938/81, pois o trabalhador equipara-se ao terceiro a que se refere tal dispositivo legal, ao afirmar que "sem obstar a aplicação das penalidades previstas neste artigo, é o poluidor obrigado, independentemente da existência de culpa, a indenizar ou reparar os danos causados ao meio ambiente e a terceiros, afetados por sua atividade".

A extensão do regime de responsabilidade civil objetivo e solidário previsto na Lei n. 6.938/81 justifica-se não apenas em virtude do tratamento jurídico outorgado ao meio ambiente do trabalho pela Constituição Federal, mas especialmente pelo princípio da isonomia, a fim de que haja equidade nos critérios de imputação de responsabilidade civil por danos causados pelas mesmas fontes lesivas. Melo observa que

"as lesões sofridas pelos trabalhadores em decorrência dos danos ambientais laborais normalmente são mais graves do que os prejuízos sofridos pelos terceiros pelos danos ao ambiente natural", em virtude de atingirem em cheio a integridade física, a saúde e a vida dos trabalhadores, o que "justifica, numa interpretação teleológica e sistemática, o reconhecimento da responsabilidade objetiva, também em respeito à dignidade da pessoa humana e ao valor social do trabalho como primados do Estado Democrático de Direito"[59].

Portanto, consideramos que tanto o dano à saúde do trabalhador, que tem a mesma causa do dano ambiental, e que é considerado como um "dano em ricochete", como aquele que se origina de uma degradação ou poluição do meio ambiente do trabalho, acarretarão que a responsabilidade civil seja imputada objetivamente ao empregador, com amparo nos arts. 14, § 1º, da Lei n. 6.938/81, combinados com os arts. 200, inciso VIII, e 225, *caput*, e § 3º, da Constituição Federal de 1988[60]. E diga-se mais, por uma questão de coerência com a jurisprudência firme do Superior Tribunal de Justiça, em matéria de responsabilidade civil ambiental, a imputação da responsabilidade civil deve se dar com amparo na teoria do risco integral, refutando-se as excludentes de caso fortuito, força maior, fato da vítima ou de terceiro. Assim, por exemplo, se deu no precedente que envolveu a poluição do mar por vazamento de Nafta, causando danos materiais e morais a pescadores, que foram considerados parte legítima para demandar indenização com amparo no art. 225, § 3º, da Constituição Federal de 1988, combinado com o art. 14, § 1º, da Lei n. 6.938/81. O acórdão entendeu pela

"Inviabilidade de alegação de culpa exclusiva de terceiro, ante a responsabilidade objetiva — A alegação de culpa exclusiva de terceiro pelo acidente em causa, como excludente de responsabilidade, deve ser afastada, ante a incidência da teoria do risco integral e da responsabilidade objetiva ínsita ao dano ambiental (art. 225,

---

(57) MARANHÃO, Ney. *Poluição labor-ambiental*. Abordagem conceitual da degradação das condições de trabalho, da organização do trabalho e das relações interpessoais travadas no contexto laborativo. 3ª Tir. Rio de Janeiro: Lumen Juris, 2018. O autor aponta para o acórdão do Tribunal Regional do Trabalho da 9ª Região, 2ª Turma, RO 07714.2008.664.09.00.3, Relator Ricardo Tadeu Marques da Fonseca (p. 195).

(58) MELO, Raimundo Simão. *Direito ambiental do trabalho e a saúde dos trabalhadores*. 4. ed. São Paulo: LTr, 2010. p. 332.

(59) MELO, Raimundo...., *Direito ambiental....*, p. 332.

(60) Nesse sentido, ver: DOENÇA OCUPACIONAL. LESÃO AO MEIO AMBIENTE DO TRABALHO. RESPONSABILIDADE OBJETIVA. A responsabilidade da empresa pelos prejuízos causados à saúde do trabalhador, na hipótese de doenças ocupacionais (doença do trabalho e doença profissional), decorrentes de danos ou desequilíbrios ao meio ambiente do trabalho, é objetiva, com fundamento no § 3º do art. 225 da Constituição Federal e art. 14, § 1º, da Lei n. 6.938/81, sem que tal situação importe em afronta ao inciso XXVIII do art. 7º da Constituição Federal. (TRT-PR-05272-2007-664-09-00-0-ACO-38580-2008 — 4ª Turma, Rel. Luiz Celso Napp, p. DJPR em 07.11.2008).

§ 3º, da CF e do art. 14, § 1º, da Lei n. 6.938/81), responsabilizando o degradador em decorrência do princípio do poluidor-pagador. (...) d) Configuração de dano moral.- Patente o sofrimento intenso de pescador profissional artesanal, causado pela privação das condições de trabalho, em consequência do dano ambiental, é também devida a indenização por dano moral, fixada, por equidade, em valor equivalente a um salário-mínimo. e) termo inicial de incicência dos juros moratórios na data do evento danoso[61].

Cumpre observar que a discussão sobre a teoria do risco integral tem se mantido adstrita ao Direito Ambiental, pois, no Direito do Trabalho, tem se invocado reiteradamente a teoria do risco da atividade e a teoria do risco proveito. Assim, por exemplo, o Enunciado n. 38 da 1ª. Jornada do Trabalho e do Tribunal Superior do Trabalho da ANAMATRA afirma que:

ENUNCIADO N. 38 — "RESPONSABILIDADE CIVIL. DOENÇAS OCUPACIONAIS DECORRENTES DOS DANOS AO MEIO AMBIENTE DO TRABALHO. Nas doenças ocupacionais decorrentes dos danos ao meio ambiente do trabalho, a responsabilidade do empregador é objetiva. Interpretação sistemática dos arts. 7º, XXVIII, 200, VIII e 225, § 3º, da Constituição Federal e do art. 14, § 1º, da Lei n. 6.938/1981".

Um precedente importante a ser colacionado, especificamente porque se vale da argumentação fundada no Diálogo das Fontes, é oriundo do Tribunal Regional do Trabalho da 9ª Região:

MEIO AMBIENTE DO TRABALHO. Artigo 225 da Constituição Federal. Diálogo das Fontes. Proteção *pro homine*. No atual contexto pós-positivista em que se situa o Direito, tem-se entendido cada vez mais que se tratando de lide que versa sobre o meio ambiente do trabalho, não basta a subsunção dos fatos aos artigos 192, 194 e 195 da CLT e tampouco às normas regulamentadoras. Há dispositivos na Lei Fundamental que devem dialogar ativamente com os preceitos legais citados, sobretudo os artigos 7º, XII, e artigo 225 da CF. Assim, há necessidade da busca da legalidade substancial que tem em mira a concretização dos princípios constitucionais e, em essência, a valorização da dignidade da pessoa humana no caso *sub judice*. (...) Hodiernamente, há um notável conjunto de normas protetivas do meio ambiente do trabalho que não foram observadas: Convenções ns. 155 e 161 da OIT, bem como os artigos 7º, XXII e XXVIII, e 200 da CF e Lei n. 6.938/81 e art. 19, § 1º, da Lei n. 8.213/91 e artigo 157 da CLT. Poluição trabalhista. Crise ambiental físico-ergonômica. A poluição trabalhista é caracterizada pelo desequilíbrio do meio ambiente laboral e que conspurca contra a saúde do trabalhador, gerando consequência importante na aplicação da responsabilidade objetiva do empregador poluidor, nos termos do artigo 14, § 1º, da Lei n. 6.938/81"[62].

Molina considera que a imputação da responsabilidade por acidente de trabalho, ainda que associada à ocorrência de um dano ecológico puro, é por risco criado e incide mesmo que o empregador tenha fornecido Equipamento de Proteção Individual e seguido todas as normas ambientais e de segurança do trabalho[63]. O autor exemplifica os seguintes casos de acidente ambiental de trabalho:

"Considera-se acidente ambiental do trabalho a doença que acometeu motorista profissional de ônibus em razão de sua submissão às vibrações, por adequação à Convenção n. 148 da OIT, como também é acidente ambiental o causado pela explosão de uma caldeira de frigorífico por adequação na NR-13; e a morte do operário pela descarga de energia elétrica de alta-tensão, por enquadrar-se na Lei n. 7.369/85, incidindo-se o microssistema de responsabilidade objetiva do empregador nesses casos, ajustando-se à figura do poluidor".

Para Molina, haverá responsabilidade objetiva por risco integral apenas quando estabelecido em contrato, ou quando a legislação vedar a possibilidade de invocação de excludentes, o que ocorre na legislação previdenciária (Lei n. 8.213/91) e nos casos de seguro obrigatório de veículos automotores (Lei n. 6.194/74 e Lei n. 8.441/92), que não se aplicam às relações trabalhistas[64]

---

(61) Superior Tribunal de Justiça, REsp 1114398/PR, Rel. Ministro Sidnei Beneti, Segunda Seção, julgado em 08.02.2012, DJe 16.02.2012.

(62) Paraná, Tribunal Regional do Trabalho da 9ª Região, 2ª Turma, RO 01802-2010-670-09-00-8, Relatora Desembargadora Ana Carolina Zaina, publicado em 20 de agosto de 2013. Citado por MARANHÃO. p. 197.

(63) MOLINA, André Araújo. Sistemas de responsabilidade objetiva e os acidentes de trabalho. In: *Rev. TST*, Brasília, vol. 79, no 2, abr/jun 2013, p. 70-117. Disponível em: <https://juslaboris.tst.jus.br/bitstream/handle/20.500.12178/39810/004_molina.pdf?sequence=1>.

(64) MOLINA, André Araújo. O acidente ambiental trabalhista e a responsabilidade civil objetiva agravada do empregador. In Revista Nova Hileia, vol. 02, n. 1, jan-jun, 2017.

Também no Direito Ambiental a discussão sobre o fundamento teórico da responsabilidade civil objetiva é objeto de grande controvérsia doutrinária, pois o art. 14, § 1º, da Lei n. 6.938/81, não explicita a inadmissibilidade das excludentes de causalidade[65]. A adoção da teoria do risco integral é fruto de construção doutrinária e, sobretudo, jurisprudencial, diante do reconhecimento de que, na sociedade de riscos, o ônus de provar a causa adequada do dano ambiental, em contextos de pluricausalidade e de sinergia entre diversos fatores poluentes, conduz para a "irresponsabilidade organizada"[66]. Portanto, a responsabilidade civil deve ser capaz de enfrentar "o império da dispersão do nexo causal, com o dano podendo ser atribuído a uma multiplicidade de causas, fontes e comportamentos, procurando normalmente o degradador lucrar com o fato de terceiros ou mesmo da vítima, com isso exonerando-se"[67]. Nessa linha de entendimento, o Superior Tribunal de Justiça acatou o entendimento da incidência da teoria do risco integral, a partir do momento em que considerou que qualquer condição que concorresse para o dano ambiental poderia ser equiparado à sua causa. O precedente-paradigma, em que figura como relator o Ministro Herman Benjamin, afirmou, com amparo no conceito de poluidor a que se refere o art. 3º, inciso IV, da Lei n. 6.938/81, que "para o fim de apuração do nexo de causalidade no dano ambiental, equiparam-se quem faz, quem não faz quando deveria fazer, quem deixa fazer, quem não se importa que façam, quem financia para que façam e quem se beneficia quando outros fazem".

Essa construção é muito oportuna para o Direito do Trabalho, pois evita intermináveis questões probatórias relacionadas à predisposição do trabalhador para desenvolver determinadas doenças, como o câncer. Além disso, permite a responsabilização de cadeias produtivas, em que há vários elos corresponsáveis pela escravização de trabalhadores, assim como se dá nos casos em que diversos agentes concorrem, ainda que indiretamente, para o dano ambiental[68]. Este tema foi objeto do Enunciado n. 8 do XIX CONAMAT, nos seguintes termos:[69]

> 8 — Cadeia de fornecimento e responsabilidade civil objetiva do poder economicamente relevante por violações aos direitos fundamentais da pessoa do trabalhador. Devida diligência para a promoção de trabalho decente. Obrigação de reparar os danos experimentados pelo trabalhador, independentemente de culpa.

Após a reflexão tecida até aqui, a dúvida que certamente remanesce diz com a compatibilização do microssistema da responsabilidade civil ambiental com o disposto no art. 7º, inciso XXVIII, da Constituição Federal de 1988, segundo o qual o trabalhador tem direito ao "seguro contra acidentes de trabalho, a cargo do empregador, sem excluir a indenização a que este está obrigado, quando incorrer em dolo ou culpa". Quando a responsabilidade do empregador será subjetiva?

A responsabilidade civil por acidentes de trabalho foi estruturada no texto constitucional brasileiro a partir da ideia de socialização dos riscos, mediante a imposição ao empregador do dever de recolher o seguro contra acidentes de trabalho, de tal forma que, quando da ocorrência do acidente, fosse possível acionar imediatamente o INSS, independentemente de qualquer discussão. Cuida-se do entendimento de que "os riscos criados não se consideram mais simples riscos individuais. São riscos sociais e não é justo que os homens respondam por eles individualmente"[70]. No entanto, se o acidente estiver associado a um ato ilícito do empregador, por culpa ou dolo, a responsabilidade pela indenização será do empregador, nos termos da Súmula n. 229 do Supremo Tribunal Federal e da jurisprudência do Superior Tribunal de Justiça, segundo a qual "a contribuição ao SAT não exime o empregador da sua responsabilização por culpa em acidente de trabalho, conforme art. 120 da Lei n. 8.213/1991"[71].

---

(65) Para uma ampla revisão bibliográfica a respeito, ver STEIGLEDER, Annelise Monteiro. *Responsabilidade civil ambiental. As dimensões do dano ambiental no direito brasileiro*. 3. ed. Porto Alegre: Livraria do Advogado, 2017. p. 173-186.

(66) A expressão é de Ulrich Beck e é utilizada para descrever as situações em que, apesar da existência de farta legislação, ninguém é, na prática, responsabilizado diante dos diversos requisitos que vão sendo colocados para a efetiva responsabilização. Dentre estes requisitos impeditivos da maior efetividade da responsabilidade civil situam-se a culpa, o dano, a causalidade adequada, a prova de um dano certo e atual. *La sociedad del risgo*. Hacia una nueva modernidad. Barcelona: Paidós. 1998.

(67) BENJAMIN, Antonio Herman. Responsabilidade civil pelo dano ambiental. *Revista de Direito Ambiental*. São Paulo, v. 9, ano 3, p. 5-2. p. 44.

(68) O pioneiro trabalho de Daniel Azeredo, em um caso que ficou conhecido como "Bois do Desmatamento", em que também se verificava a ocorrência de trabalho escravo, consta descrito em STEIGLEDER. p. 190.

(69) Reforma Trabalhista. Horizontes para a Magistratura: Justiça, Trabalho e Previdência. Enunciados Aprovados. 2ª Jornada de Direito Material e Processual do Trabalho. XIX CONAMAT. Congresso Nacional dos Magistrados da Justiça do Trabalho, 02 a 05 de maio de 2018, Belo Horizonte. Disponível em: <https://www.anamatra.org.br/attachments/article/27175/livreto_RT_Jornada_19_Conamat_site.pdf>. Acesso em: 14 abr. 2019.

(70) LOPEZ, Teresa Ancona. *Princípio da precaução e evolução da responsabilidade civil*. São Paulo: Quartier Latin, 2010. p. 51.

(71) Precedentes: AgInt no REsp n. 1.677.388/RS, Rel. Ministro Benedito Gonçalves, Primeira Turma, julgado em 7.6.2018, DJe 20.6.2018; e REsp n. 1.666.241/RS, Rel. Ministro Herman Benjamin, Segunda Turma, julgado em 27.6.2017, DJe 30.6.2017. Ver, ainda, o teor do art. 121 da Lei n. 8.212/91, onde consta que "o pagamento, pela Previdência Social, das prestações por acidente do trabalho não exclui a responsabilidade civil da empresa ou de outrem".

O ilícito associado à conduta culposa ou dolosa do empregador é o elemento que permite ao INSS ingressar com ação regressiva contra o empregador, a fim de obter o ressarcimento do que pagou a título de benefícios previdenciários ao acidentado, nos termos do art. 120 da Lei n. 8.213/91, onde consta que "nos casos de negligência quanto às normas padrão de segurança e higiene do trabalho indicados para a proteção individual e coletiva, a Previdência Social proporá ação regressiva contra os responsáveis".

A respeito da responsabilidade civil do empregador, o Superior Tribunal de Justiça tem afirmado que se trata de responsabilidade subjetiva, com culpa presumida, tocando ao empregador o ônus de provar quanto à existência de alguma causa excludente de responsabilidade civil, assim como comprovar que tomou todas as medidas necessárias à preservação da incolumidade física e psicológica do empregado em seu ambiente do trabalho, respeitando as normas de segurança e medicina do trabalho[72]. Observe-se que este precedente não se relaciona a hipóteses de degradação ambiental ou a hipótese de degradação do meio ambiente do trabalho, pelo que atrai outro tratamento jurídico. O suporte fático é distinto daquele que atrairá a incidência do art. 14, § 1º, da Lei n. 6.938/81, combinado com o art. 225, § 3º, da Constituição Federal de 1988.

Consideramos que, por força do art. 927, parágrafo único, do Código Civil de 2002, nos casos em que se tratar de atividade de risco, também haverá imputação objetiva da responsabilidade civil ao empregador. Esse também é o entendimento de Melo, ao esclarecer que o regime subjetivo de responsabilidade a que se refere o art. 7º, inciso XXVIII, somente incide em relação aos acidentes que não decorram da degradação ambiental, ressalvados os eventos decorrentes das atividades de risco, que atrairão a regra do art. 927, parágrafo único, do Código Civil, e os acidentes que envolvam os servidores públicos, em virtude da responsabilidade objetiva do Estado.[73]

Ao abordar o aparente confronto da Lei n. 6.938/81 com o art. 7º, XXVIII, Padilha esclarece que tais dispositivos aplicam-se a diferentes tipos e causas de acidente de trabalho. O acidente de trabalho referido na Constituição é aquele decorrente de danos a direitos de natureza individual, em que a responsabilidade é subjetiva, causados por fatores não relacionados à degradação ao meio ambiente do trabalho. Portanto, não está excluída, na hipótese de danos à saúde do trabalhador, decorrente de poluição do ambiente do trabalho, a aplicação da responsabilidade civil objetiva a que se referem o art. 225, § 3º, da Constituição[74].

Cumpre observar, por fim, que a sistematização proposta neste breve estudo não é encontrada na jurisprudência trabalhista, que tende a aplicar o art. 14, § 1º, da Lei n. 6.938/81, para diversas tipologias de acidentes de trabalho, mesmo que não tenham relação causal com danos ambientais ou com a degradação da qualidade do meio ambiente do trabalho. Assim, por exemplo, o precedente do Tribunal Regional do Trabalho da 4ª Região, em que uma cozinheira sofreu queimaduras de terceiro grau com óleo quente e teve o seu direito à indenização por acidente de trabalho reconhecido com base na teoria do risco proveito e na referência aos arts. 927, parágrafo único, combinado com o art. 14, § 1º, da Lei n. 6.938/81, e com o art. 225, § 3º, da Constituição Federal de 1988[75]. Consideramos equivocado o enquadramento jurídico dos fatos nesse acórdão, pois bastaria apontar para o art. 927, parágrafo único, do Código Civil, caso se entendesse a atividade da cozinheira como de risco, pois a queimadura não decorreu da poluição/degradação do meio ambiente do trabalho ou de um dano ambiental.

É interessante ressaltar que, embora mencionados os dispositivos que fundamentam a responsabilidade civil ambiental, estes precedentes expressamente reconhecem excludentes de responsabilidade civil, tais como "culpa exclusiva da vítima (não relacionada ao labor), fato fortuito ou força maior", pelo que, nesse aspecto, se afastam da orientação do Superior Tribunal de Justiça no que diz respeito ao nexo de imputação, elaborado por aquele tribunal com amparo na teoria do risco integral, nos termos dos Enunciados da Jurisprudência em Teses citados na introdução deste artigo, criando uma antinomia que enfraquece o regime de imputação aplicável aos danos ambientais, pois abre espaço para infindáveis discussões sobre concausas e excludentes, o que favorece a irresponsabilidade organizada.

Por fim, embora não tenha sido o foco deste estudo, não se pode perder a oportunidade de frisar que a responsabilidade civil ambiental é norteada pelo princípio da reparação integral do dano, amparada no reconhecimento da

---

(72) Superior Tribunal de Justiça, (AgInt no AREsp 85.987/SP, Rel. Ministro Raul Araújo, Quarta Turma, julgado em 05.02.2019, DJe 12.02.2019).

(73) MELO, Raimundo Simão de. *Responsabilidade Civil nas Relações de Trabalho*: Danos ao Meio Ambiente e à Saúde do Trabalhador. Lex Magister. Disponível em: <http://www.lex.com.br/doutrina_25429225_RESPONSABILIDADE_CIVIL_NAS_RELACOES_DE_TRABALHO_DANOS_AO_MEIO_AMBIENTE_E_A_SAUDE_DO_TRABALHADOR>. Acesso em: 1º abr. 2019.

(74) PADILHA. p. 253.

(75) Tribunal Regional do Trabalho da 4ª Região, Processo n. 0020673-98.2016.5.04.007 (RO), Relator Desembargador Marcelo José Ferlin D'Ambrosio, julgado em 18 de setembro de 2018.

centralidade do valor outorgado ao princípio da dignidade da pessoa humana, e compreende a imposição de medidas preventivas para evitar o dano ou a sua repetição, a obrigação de restaurar o ambiente lesado e de pagar indenização por danos materiais irreversíveis e por danos extrapatrimoniais. Esta questão foi expressamente abordada pelos Enunciados ns. 18 e 20, aprovados no XIX CONAMAT, que rechaçam a tarifação do dano extrapatrimonial e afirmando a inconstitucionalidade do art. 223-A da CLT:[76]

18. DANO EXTRAPATRIMONIAL: EXCLUSIVIDADE DE CRITÉRIOS. Aplicação exclusiva dos novos dispositivos do título II-A da CLT à reparação de danos extrapatrimoniais decorrentes das relações de trabalho: inconstitucionalidade. A esfera moral das pessoas humanas é conteúdo do valor dignidade humana (art. 1º, III, da CF) e, como tal, não pode sofrer restrição à reparação ampla e integral quando violada, sendo dever do Estado a respectiva tutela na ocorrência de ilicitudes causadoras de danos extrapatrimoniais nas relações laborais. Devem ser aplicadas todas as normas existentes no ordenamento jurídico que possam imprimir, no caso concreto, a máxima efetividade constitucional ao princípio da dignidade da pessoa humana (art. 5º, V e X, da CF). A interpretação literal do art. 223-A da CLT resultaria em tratamento discriminatório injusto às pessoas inseridas na relação laboral, com inconstitucionalidade por ofensa aos arts. 1º, III; 3º, IV; 5º, *caput* e incisos v e x e 7º, *caput*, todas da Constituição Federal.

20. DANO EXTRAPATRIMONIAL: LIMITES E OUTROS ASPECTOS. Danos extrapatrimoniais. O artigo 223-B da CLT, inserido pela Lei n. 13.467, não exclui a reparação de danos sofridos por terceiros (danos em ricochete), bem como a de danos extrapatrimoniais ou morais coletivos, aplicando-se, quanto a estes, as disposições previstas na Lei n. 7.437/1985 e no título III do Código de Defesa do Consumidor.

Portanto, os danos impostos aos trabalhadores em sua saúde física e emocional devem ser integralmente reparados, tocando ao juiz arbitrar os danos extrapatrimoniais conforme critérios de equidade, que considere a gravidade dos fatos, as condições econômicas das partes e, em especial, a função dissuasória que a indenização por dano moral deve desempenhar.

4 CONCLUSÕES

O acidente de trabalho e as doenças ocupacionais podem ter o mesmo suporte fático dos danos ambientais, pois as deficiências na gestão de riscos, que atingem o meio ambiente natural também projetam suas consequências perniciosas sobre a saúde dos trabalhadores, em regra os primeiros a serem afetados em sua incolumidade física, mental e emocional. O dano ambiental é a ponta do iceberg que sinaliza um *modus operandi* que, com certeza, tem o potencial de atingir em cheio a saúde das pessoas que vivenciam o meio ambiente do trabalho. Por este motivo, é fundamental que a responsabilidade civil aplicada ao meio ambiente do trabalho, com amparo no princípio do poluidor-pagador, seja um instrumento para promover a internalização das externalidades labor-ambientais negativas, o que significa impor ao empregador o dever de continuada e progressiva redução dos riscos à saúde do trabalhador.

No que tange ao regime de imputação da responsabilidade civil, em razão deste caráter complexo e sistêmico que envolve a produção concomitante de danos ambientais e danos à saúde humana, propõe-se que a responsabilidade civil do empregador, quando da ocorrência de um dano a trabalhadores, que tenha sido causado por danos ambientais ou que decorra da degradação/poluição do meio ambiente do trabalho, seja objetiva e fundada em risco integral, de tal forma a conferir tratamento isonômico aos trabalhadores lesados e aos terceiros a que se refere o art. 14, § 1º, da Lei n. 6.938/81, com isso contribuindo-se positivamente para o diálogo entre o Direito Ambiental e o Direito do Trabalho, em torno da proteção mais eficiente do meio ambiente e da dignidade da pessoa humana, e reforçando-se a jurisprudência do Superior Tribunal de Justiça.

Nos casos em que o acidente de trabalho ocorrer em virtude de atividades que, por sua natureza, ofereçam risco à saúde dos trabalhadores, a responsabilidade será imputada objetivamente com amparo no art. 927, parágrafo único, do Código Civil de 2002. Nas demais situações, a responsabilidade do empregador é subjetiva, com culpa presumida, nos termos do art. 7º, inciso XXXVIII, da Constituição Federal de 1988.

---

(76) O art. 223-A da CLT é objeto de Ação Direta de Inconstitucionalidade movida pela OAB. Os Enunciados constam do: *Reforma Trabalhista*. Horizontes para a Magistratura: Justiça, Trabalho e Previdência. Enunciados Aprovados. 2ª Jornada de Direito Material e Processual do Trabalho. XIX CONAMAT. Congresso Nacional dos Magistrados da Justiça do Trabalho, 02 a 05 de maio de 2018, Belo Horizonte. Disponível em: <https://www.anamatra.org.br/attachments/article/27175/livreto_RT_Jornada_19_Conamat_site.pdf>. Acesso em: 14 abr. 2019.

5 REFERÊNCIAS

ACSELRAD, Henri. Liberalização da economia e flexibilização das leis. O meio ambiente entre o mercado e a justiça. In: *Revista da Educação, Ciências e Matemática*, Volume 3, n. 3, set./dez., 2013, p. 62-68.

ARAGÃO, Maria Alexandra Souza. *O princípio do poluidor-pagador:* pedra angular da política comunitária do ambiente. Coimbra: Universidade de Coimbra, Coimbra Editora, 1997.

BAUMAN, Zygmunt.*O mal-estar da pós-modernidade*. Rio de Janeiro: Zahar Editora, 1998.

BECK, Ulrich. *La sociedad del riesgo*. Hacia una nueva modernidad. Barcelona: Paidós, 1998.

BENJAMIN, Antonio Herman. Responsabilidade civil pelo dano ambiental. *Revista de Direito Ambiental*. São Paulo, v. 9, ano 3, p. 5.

_____ . Prefácio. In: MARQUES, Claudia Lima. *Diálogo das fontes*. Do conflito à coordenação de normas do direito brasileiro. São Paulo: Editora dos Tribunais, 2012.

BITTAR, Eduardo. *O direito na pós-modernidade*. 3. ed. São Paulo: Atlas, 2014.

BOSSELMANN, Klaus.*O princípio da sustentabilidade*. Transformando direito e governança. São Paulo: Revista dos Tribunais, 2015, p. 124-125; SCHLOSBERG, David. *Defining environmental justice*: theories, movements and nature. Oxford: University Press, 2017. p. 2010.

COMISSÃO EUROPEIA. *A segurança e saúde no trabalho diz respeito a todos*. Orientações práticas para os empregadores. União Europeia, 2016.

FIGUEIREDO, Guilherme José Purvin de. *Direito ambiental e a saúde dos* trabalhadores. São Paulo: LTr, 2000.

GADELHA, Marina Motta Benevices. O princípio do poluidor-pagador e o meio ambiente do trabalho segundo as cortes trabalhistas. In *Revista Eletrônica OAB/RJ*, Edição Especial — Direito Ambiental. Disponível em: <*http://revistaeletronica.oabrj.org.br/*>. Acesso em: 1 abr. 2019.

LOPEZ, Teresa Ancona. *Princípio da precaução e evolução da responsabilidade civil*. São Paulo: Quartier Latin, 2010.

LOUBET, Luciano Furtado. *Licenciamento ambiental*. A obrigatoriedade da adoção das Melhores Técnicas Disponíveis (MTD). Belo Horizonte: Del Rey, 2014.

MARANHÃO, Ney. *Poluição labor-ambiental*. Abordagem conceitual da degradação das condições de trabalho, da organização do trabalho e das relações interpessoais travadas no contexto laborativo. Rio de Janeiro: Lumen Juris, 2017.

MARANHÃO, Ney. Comentário ao art. 7º, inciso XXII. In CANOTILHO, J.J. Gomes (et. al). *Comentários à Constituição do Brasil*. 2. ed. São Paulo: Saraiva Educação, 2018 (Série IDP).

MARQUES, Claudia Lima. O 'Diálogo das Fontes' como método da nova Teoria Geral do Direito: um tributo a Erik Jayme. In: MARQUES, Claudia Lima.*Diálogo das Fontes*: do conflito à coordenação de normas do direito brasileiro. São Paulo: Editora Revista dos Tribunais, 2012. p. 17-66.

MARTINS, Antônio Wanderley. Insalubridade, o labor prestado na indústria do asbesto e da proteção ao meio ambiente. In FREITAS, Vladimir Passos de (coord). *Direito ambiental em evolução*. Vol. 3, Curitiba: Juruá, 2003.

MELO, Raimundo Simão de. *Direito ambiental do trabalho e a saúde do trabalhador*. 4. ed. São Paulo: LTr, 2010.

_____ . *Responsabilidade Civil nas Relações de Trabalho*: Danos ao Meio Ambiente e à Saúde do Trabalhador. Lex Magister. Disponível em: <*http://www.lex.com.br/doutrina_25429225_RESPONSABILIDADE_CIVIL_NAS_RELACOES_DE_TRABALHO_ DANOS_AO_MEIO_AMBIENTE_E_A_SAUDE_DO_TRABALHADOR*>. Acesso em: 1º abr. 2019.

MOLINA, André Araújo. Sistemas de responsabilidade objetiva e os acidentes de trabalho. In: *Rev. TST*, Brasília, vol. 79, n. 2, abr./jun. 2013, p. 70-117. Disponível em: <*https://juslaboris.tst.jus.br/bitstream/handle/20.500.12178/39810/004_molina.pdf?sequence=1*>.

_____ .O acidente ambiental trabalhista e a responsabilidade civil objetiva agravada do empregador. In: *Revista Nova Hileia*, vol. 02, n. 1, jan-jun, 2017.

_____ ; MARANHÃO, Ney. Dano moral coletivo nas relações trabalhistas. In: ROSENVALD, Nelson e TEIXEIRA NETO, Felipe. *Dano Moral Coletivo*. Indaiatuba: Foco, 2018.

PADILHA, Norma Sueli. O equilíbrio do meio ambiente do trabalho: direito fundamental do trabalhador e de espaço interdisciplinar entre o direito do trabalho e o direito ambiental. In: *Revista do Tribunal Superior do Trabalho*, volume 77, n. 4, out./dez./2011, p. 231-258.

_____ . *Do Meio Ambiente do Trabalho Equilibrado*. São Paulo: LTr, 2002.

_____ . Agrotóxicos e a saúde do trabalhador: a responsabilidade por contaminação do meio ambiente do trabalho. O futuro do trabalho no mundo globalizado. 22 e 23 de janeiro de 2018. In: *RJLB*, Ano 4 (2018), n. 6, 977-1006.

Reforma Trabalhista. *Horizontes para a Magistratura: Justiça, Trabalho e Previdência*. Enunciados Aprovados. 2ª Jornada de Direito Material e Processual do Trabalho. XIX CONAMAT. Congresso Nacional dos Magistrados da Justiça do Trabalho, 02 a 05 de maio de 2018, Belo Horizonte. Disponível em: <*https://www.anamatra.org.br/attachments/article/27175/livreto_RT_Jornada_19_Conamat_site.pdf*>. Acesso em: 14 abr. 2019.

SCHLOSBERG, Klaus. Theorising Environmental Justice: The expanding sphere of a discourse. In: *Environmental Politics*, 2013, vol. 22, n. 1, p. 37-55.

STEIGLEDER, Annelise Monteiro. *Responsabilidade civil ambiental*. As dimensões do dano ambiental no direito brasileiro. 3. ed. Porto Alegre: Livraria do Advogado, 2017.

STÜRMER, Gilberto. *Direito constitucional do trabalho no Brasil*. São Paulo: Atlas, 2014.

SUSTEIN, Cass R. *Riesgo y Razón*. Seguridad, Ley y Medioambiente. Buenos Aires: Katz Ediciones, 2006. p. 14-15.

APLICAÇÃO DO PRINCÍPIO DA PREVENÇÃO NO MEIO AMBIENTE DO TRABALHO

Raimundo Simão de Melo[*]

1 INTRODUÇÃO

O objeto deste breve trabalho é fazer algumas reflexões sobre o princípio da prevenção e a necessidade premente da sua aplicação no meio ambiente do trabalho no Brasil e examinar algumas normas de proteção à saúde dos trabalhadores na busca da prevenção dos riscos ambientais. Por conta das alarmantes estatísticas dos acidentes e doenças do trabalho no Brasil será demonstrada a necessidade urgente de se aplicar políticas de prevenção na busca da proteção do meio ambiente laboral adequado e seguro e da saúde dos trabalhadores.

2 DEFINIÇÃO DE MEIO AMBIENTE

Meio ambiente é o conjunto de condições, leis, influências e interações de ordem física, química e biológica, que permite, abriga e rege a vida em todas as suas formas (Lei n. 6.938/81, art. 3º, inciso I).

Essa definição constante da Lei de Política Nacional do Meio Ambiente é ampla, como se vê do seu conteúdo. O legislador inscreveu um conceito jurídico aberto, a fim de criar espaço positivo de incidência da norma legal, que hoje está em harmonia com a Constituição Federal de 1988, a qual, no *caput* do art. 225 tutela todos os aspectos do meio ambiente (natural, artificial, cultural e **do trabalho**), quando afirma que "todos têm direito ao meio ambiente ecologicamente equilibrado, bem de uso comum do povo e essencial à sadia qualidade de vida". Desse conceito decorrem os objetos de tutela ambiental acolhidos pela Carta Maior: um, *imediato* — a qualidade do meio ambiente em todos os seus aspectos — e outro, *mediato* — a saúde, segurança e bem-estar do cidadão, expresso nos conceitos *vida em todas as suas formas* (Lei n. 6.938/81, art. 3º, inc. I) e *qualidade de vida* (CF, art. 225, *caput*).

(*) Doutor em Direito das relações sociais pela PUC/SP. Professor Titular do Centro Universitário UDF/Mestrado em Direito e Relações Sociais e Trabalhistas. Membro da Academia Brasileira de Direito do Trabalho. Consultor Jurídico e Advogado. Procurador Regional do Trabalho aposentado. Autor de livros jurídicos, entre outros, "Direito ambiental do trabalho e a saúde do trabalhador".

3 CLASSIFICAÇÃO DO MEIO AMBIENTE

O meio ambiente é regido por princípios, diretrizes e objetivos específicos, como decorre da Política Nacional do Meio Ambiente, sendo seu objeto maior a tutela da vida em todas as suas formas, destacando a vida humana, como valor fundamental. Embora seja unitário o conceito de meio ambiente, a doutrina o tem classificado em quatro aspectos a fim de facilitar didaticamente seu estudo: meio ambiente *natural, artificial, cultural* e *do trabalho*. Essa classificação visa identificar o aspecto do meio ambiente, em que valores maiores foram ou estão sendo aviltados.

Enquanto o meio ambiente natural diz respeito ao solo, água, ar, flora e fauna, o artificial ao espaço urbano construído, o cultural à formação e cultura de um povo, o meio ambiente do trabalho está relacionado de forma direta e imediata com o ser humano trabalhador por conta da atividade laboral que exerce em proveito de outrem.

O meio ambiente do trabalho está envolto por características e peculiaridades que o diferencia bastante dos outros aspectos ambientais, uma vez que se refere ao local onde as pessoas desempenham suas atividades laborais, cujo equilíbrio está baseado na salubridade do meio e na ausência de agentes que comprometam a incolumidade física e psíquica dos trabalhadores. O meio ambiente do trabalho não se limita ao trabalhador classicamente conhecido como aquele que ostenta uma carteira de trabalho assinada, abarcando todo cidadão que coloca sua força de trabalho em benefício de outrem, porque todos têm direito à proteção constitucional de um ambiente de trabalho adequado e seguro, necessário à sadia qualidade de vida.

O meio ambiente do trabalho não se restringe ao local de trabalho estrito do trabalhador, porquanto abrange o local de trabalho, os instrumentos de trabalho, o modo da execução das tarefas e a maneira como o trabalhador é tratado pelo tomador de serviço e pelos próprios colegas de trabalho, sendo exemplo atual o assédio moral no trabalho, que atinge o meio ambiente do trabalho e a saúde dos trabalhadores maltratados, humilhados, perseguidos, ridicularizados, submetidos a exigências de tarefas abaixo ou acima da sua qualificação profissional, de tarefas inúteis ou ao cumprimento de metas impossíveis de atingimento, o que deteriora as condições de trabalho com extensão muitas vezes até para o ambiente familiar do trabalhador.

4 MEIO AMBIENTE DO TRABALHO ADEQUADO

O meio ambiente do trabalho adequado e seguro é um direito fundamental dos trabalhadores, o qual, se desrespeitado, provoca agressão à sociedade como um todo, pelas consequências sociais, humanas e financeiras decorrentes.

Conforme estatísticas oficiais, cujos dados sequer são reais, os números de acidentes do trabalho e de doenças ocupacionais — profissionais e do trabalho — ainda são preocupantes no nosso país, com mais de 700 mil por ano, destacando-se as Lesões por Esforços Repetitivos e as doenças mentais, que decorrem dos novos métodos de trabalho e da forma como são tratados os trabalhadores, o que reclama com ênfase prevenção para melhoria dos ambientes de trabalho.

Com a Constituição de 1988, que priorizou e incentivou a prevenção dos acidentes de trabalho (art. 7º, XXII — é direito do trabalhador urbano e rural a redução dos riscos inerentes ao trabalho por meio de normas de saúde, higiene e segurança) são necessárias ações com o objetivo de obrigar os tomadores de serviço a cumprirem as normas de segurança, higiene e saúde e prevenirem efetivamente o meio ambiente do trabalho dos riscos para a saúde dos trabalhadores, priorizando a prevenção em detrimento das reparações de caráter individual, que, por mais vantajosas que sejam, jamais ressarcirão os prejuízos decorrentes dos acidentes de trabalho que, inexoravelmente, atingem os trabalhadores nos aspectos humanos, sociais e econômicos, mas também as empresas financeiramente, e o Estado.

Assim, é necessário e urgente que se crie uma cultura e conscientização gerais voltadas à prevenção dos riscos ambientais no trabalho.

5 PRINCÍPIOS AMBIENTAIS NA CONSTITUIÇÃO FEDERAL BRASILEIRA

Princípio significa um começo, um ponto de partida. No sentido jurídico é o conjunto de regras e preceitos de base para todas as espécies de ação jurídica, traçando a conduta a ser seguida em toda e qualquer operação jurídica.

Princípio jurídico é o ponto básico de partida que indica o alicerce do Direito, compreendendo os fundamentos jurídicos instituídos e todo o axioma derivado da cultura jurídica universal.

Nessa linha de raciocínio o ponto de partida para elaboração de uma principiologia própria no campo ambiental teve início com a Conferência de Estocolmo na Suécia, em 1972, ampliada na ECO-92, no Rio de Janeiro/Brasil. Foram essas duas Conferências que criaram importantes princípios globais, adaptáveis às realidades culturais e sociais locais pelas legislações de cada país.

Os princípios que informam o direito ambiental têm como objetivo fundamental proteger o meio ambiente em todos os seus aspectos e garantir melhor qualidade de vida para as coletividades.

Os princípios ambientais são o alicerce do direito ambiental, os quais contribuem para o entendimento da disciplina e orientam a aplicação das normas relativas à proteção do meio ambiente.

Dando autonomia à ciência do Direito Ambiental nossa Constituição Federal de 1988 estabeleceu princípios próprios no art. 225, parágrafos e incisos, dizendo que "todos têm direito ao meio ambiente ecologicamente equilibrado, bem de uso comum do povo e essencial à sadia qualidade de vida, impondo-se ao Poder Público e à coletividade o dever de defendê-lo e preservá-lo para as presentes e futuras gerações".

São princípios ambientais, entre outros: prevenção, precaução, desenvolvimento sustentável, poluidor-pagador, participação, ubiquidade/transversalidade, função socioambiental da propriedade e solidariedade intergeracional.

Neste breve artigo tratarei do **princípio da prevenção** voltado especialmente para o aspecto do meio ambiente do trabalho.

6 O PRINCÍPIO DA PREVENÇÃO E SUA APLICAÇÃO NO MEIO AMBIENTE DO TRABALHO

O princípio da prevenção é o mais importante princípio ambiental, cujo objetivo fundamental é impor medidas para evitar danos. Este princípio se aplica às situações de perigo concreto que pode levar a um dano se não forem adotadas providências, pelo que, não se pode esperar que o dano aconteça. Ele se diferencia do princípio da precaução, porque este se aplica a situações de perigo abstrato, quando não há certeza científica da ocorrência de danos.

Por isso, prevenir significa adotar medidas tendentes a evitar riscos ao meio ambiente e ao ser humano.

O princípio da prevenção é considerado um megaprincípio ambiental, o qual ilumina os demais princípios ambientais. É o princípio-mãe da ciência ambiental e tem fundamento no princípio n. 15 da Declaração do Rio de Janeiro de 1992 sobre meio ambiente e desenvolvimento.

O princípio da prevenção está consagrado no *caput* do art. 225 da Constituição Federal brasileira, quando diz que incumbe ao Poder Público e à coletividade o dever de defender e preservar o meio ambiente equilibrado para as presentes e futuras gerações. No aspecto natural, por exemplo, a degradação do meio ambiente pode atingir direta ou indiretamente o ser humano, enquanto que no meio ambiente do trabalho é o homem trabalhador atingido direta e imediatamente pelos danos ambientais, razão porque no âmbito trabalhista se deve levar à risca este princípio fundamental, expressamente previsto na CF (art. 7º, inc. XXII), que estabelece como direito do trabalhador urbano e rural a redução dos riscos inerentes ao trabalho por meio de normas de saúde, higiene e segurança.

Na aplicação deste princípio no âmbito trabalhista, deve-se levar em conta a educação ambiental a cargo do Estado, mas também das empresas, nos locais de trabalho, as quais têm o dever e obrigação legal de orientar os trabalhadores sobre os riscos a que se expõem no dia a dia. Também é dever das empresas prestar informações pormenorizadas aos trabalhadores sobre os riscos existentes nos ambientes de trabalho, bem como lhes fornecer os equipamentos adequados de proteção, como menciona a CLT no art. 157, podendo, inclusive, depois de bem orientar os trabalhadores sobre os riscos ambientais, puni-los pela recusa em observarem as normas de segurança e medicina do trabalho (art. 158 da CLT).

7 IMPORTÂNCIA DA APLICAÇÃO DO PRINCÍPIO DA PREVENÇÃO NO MEIO AMBIENTE DO TRABALHO

A prevenção é importante e necessária em qualquer ramo ambiental, destacando-se a sua necessidade no meio ambiente do trabalho, porque como consagrado em declarações internacionais, o primeiro e mais importante direito fundamental do homem é o direito à vida, suporte para existência e gozo dos demais direitos. Para assegurar seus pilares básicos de sustentação no meio ambiente do trabalho, é preciso proteger o trabalho e a saúde, não qualquer trabalho, mas um trabalho digno, seguro e sadio em condições que não degradem a integridade física e psíquica dos trabalhadores.

Como estabelece o art. 1º da Constituição Federal, a República Federativa do Brasil constitui-se em Estado Democrático de Direito e tem como fundamentos, entre outros, a cidadania, a dignidade da pessoa humana e os valores sociais do trabalho. O art. 170 da Constituição brasileira diz que a ordem econômica funda-se na valorização do trabalho humano e na livre-iniciativa e tem por fim assegurar a todos existência digna, conforme os ditames da justiça social, observados a defesa do meio ambiente e o pleno emprego.

O art. 6º da Constituição do Brasil elenca como direitos sociais a educação, a **saúde**, o **trabalho**, o lazer, a segurança, a previdência social, a proteção à maternidade e à infância, e a assistência aos desamparados, na forma desta Constituição.

Quanto ao meio ambiente no geral, de forma ímpar e contundente o art. 225 da Carta Magna brasileira estabelece que todos têm direito ao meio ambiente ecologicamente equilibrado, bem de uso comum do povo e essencial à sadia qualidade de vida, impondo-se ao Poder Público e à coletividade, o dever de defendê-lo e preservá-lo para as presentes e futuras gerações. Para assegurar a efetividade desse direito incumbe ao Poder Público (§ 1º) promover a educação ambiental em todos os níveis de ensino e a conscientização pública para a preservação do meio ambiente (inc. VI), sendo que as condutas e atividades consideradas lesivas ao meio ambiente sujeitarão os infratores, pessoas físicas ou jurídicas, a sanções penais e administrativas, independentemente da obrigação de reparar os danos causados (§ 3º).

O art. 196 da mesma Carta Maior diz que a saúde é direito de todos e dever do Estado, garantido mediante políticas sociais e econômicas que visem à redução do risco de doença e de outros agravos para o ser humano, o que é complementado pelo art. 200 do diploma constitucional, que atribui ao Sistema Único de Saúde (SUS) competência para, além de outras atribuições, nos termos da lei, executar as ações de vigilância sanitária e epidemiológica, bem como as de **saúde do trabalhador** e colaborar na proteção do meio ambiente, nele compreendido o do trabalho.

Quer dizer, meio ambiente do trabalho também é meio ambiente e está submetido aos princípios e regras que norteiam o Direito Ambiental brasileiro, o que atrai com ênfase o princípio da prevenção, porque aqui o que se previne é a vida do trabalhador em todos os seus aspectos. É oportuno lembrar que os danos ao meio ambiente ecológico, como regra, atingem indiretamente o ser humano, enquanto que os danos ao meio ambiente do trabalho, também como regra, **atingem diretamente o ser humano trabalhador**, de maneira que a importância deste aspecto do meio ambiente deve ser enaltecido na busca da prevenção dos danos para os trabalhadores.

Quanto ao meio ambiente do trabalho, nos aspectos preventivos e reparatórios, o art. 7º da Constituição Federal estabelece que são direitos dos trabalhadores urbanos e rurais, além de outros que visem à melhoria de sua condição social, em primeiro lugar, a **redução dos riscos inerentes ao trabalho**, por meio de normas de saúde, higiene e segurança (XXII) e em segundo, mas não menos importante, o inc. XXVIII sobre o seguro contra acidentes de trabalho, a cargo do empregador, sem excluir a indenização a que este está obrigado, quando incorrer em dolo ou culpa.

As Constituições estaduais brasileiras também se preocuparam com a tutela e prevenção do meio ambiente do trabalho e da saúde dos trabalhadores, sendo exemplo a do Estado de São Paulo, que no art. 229 preconiza que:

"Compete à autoridade estadual, de ofício ou mediante denúncia de risco à saúde, **proceder à avaliação das fontes de risco no ambiente de trabalho** e determinar a adoção das devidas providências para que cessem os motivos que lhe deram causa" (grifados).

§ 2º "Em condições de **risco grave ou iminente** no local de trabalho, será lícito ao empregado interromper suas atividades, sem prejuízo de quaisquer direitos, até a eliminação do risco" (grifados).

§ 3º "O **Estado atuará para garantir a saúde e a segurança dos empregados** nos ambientes de trabalho" (grifados).

Recepcionada pela Constituição Federal temos a Consolidação das Leis do Trabalho (CLT), que no capítulo V trata da segurança e medicina do trabalho, além da Portaria n. 3.214/77, do Ministério do Trabalho, que por meio de várias Normas Regulamentadoras (NRs) cuida da proteção e prevenção do meio ambiente do trabalho, visando proteger a integridade física e psíquica dos trabalhadores.

Na CLT existem artigos de extrema importância para a defesa e prevenção do meio ambiente do trabalho e da saúde dos trabalhadores, como o art. 160, que reza:

"**Nenhum estabelecimento poderá iniciar suas atividades sem prévia inspeção** e aprovação das respectivas instalações pela autoridade regional competente em matéria de segurança e medicina do trabalho (grifados).

Esse dispositivo está em perfeita consonância com a Constituição Federal, que no art. 225, § 1º, IV estabelece:

"exigir, na forma da lei, para instalação de obra ou atividade potencialmente causadora de significativa degradação do meio ambiente, **estudo prévio de impacto ambiental**, a que se dará publicidade (grifados).

O que se vê é que já tínhamos na área do trabalho um Estudo Prévio de Impacto Ambiental, embora seja letra morta em termos de aplicação.

O art. 156 da CLT tem cunho absolutamente preventivo, quando estabelece que:

"Compete especialmente às **Delegacias Regionais do Trabalho**, nos limites de sua jurisdição (grifados):

I — promover a **fiscalização** do cumprimento das normas de segurança e medicina do trabalho (grifados);

II — adotar as **medidas** que se tornem exigíveis, em virtude das disposições deste Capítulo, determinando as obras e reparos que, em qualquer local de trabalho, se façam necessárias (grifados);

III — impor as **penalidades** cabíveis por descumprimento das normas constantes deste Capítulo, nos termos do artigo 201" (grifados).

O art. 157, por sua vez, buscando a prevenção dos riscos ambientais no trabalho, diz que:

"**Cabe às empresas** (grifados):

I — **cumprir** e fazer cumprir **as normas** de segurança e medicina do trabalho (grifados);

II — **instruir os empregados**, através de ordens de serviço, quanto às precauções a tomar no sentido de evitar acidentes do trabalho ou doenças ocupacionais (grifados);

III — **adotar as medidas** que lhes sejam determinadas pelo órgão regional competente (grifados);

IV — **facilitar** o exercício da **fiscalização** pela autoridade competente" (grifados).

Arremata o art. 158 da CLT, buscando a prevenção dos riscos ambientais, que:

"**Cabe aos empregados**:

I — **observar as normas** de segurança e medicina do trabalho, inclusive as instruções de que trata o item II do artigo anterior (grifados);

II — **colaborar com a empresa** na aplicação dos dispositivos deste Capítulo (grifados).

Parágrafo único. **Constitui ato faltoso** do empregado **a recusa** injustificada (grifados):

a) à observância das instruções expedidas pelo empregador na forma do item II do artigo anterior (grifados);

b) ao uso dos equipamentos de proteção individual fornecidos pela empresa".

O art. 161 da CLT, sem dúvida alguma, retrata um dos mais efetivos instrumentos de prevenção e proteção da saúde dos trabalhadores, estabelecendo que:

"O Delegado Regional do Trabalho, à vista do laudo técnico do serviço competente que demonstre **grave e iminente risco** para o trabalhador, poderá interditar estabelecimento, setor de serviço, máquina ou equipamento, ou embargar obra, indicando na decisão, tomada com a brevidade que a ocorrência exigir, as providências que deverão ser adotadas para prevenção de infortúnios de trabalho" (grifados).

Ademais disso, a lei previdenciária achou por bem incluir normas de prevenção e proteção da saúde dos trabalhadores, como se vê do art. 19 da Lei n. 8.213/91, *in verbis*:

"Acidente do trabalho é o que ocorre pelo exercício do trabalho a serviço da empresa ou pelo exercício do trabalho dos segurados referidos no inciso VII do art. 11 desta Lei, provocando lesão corporal ou perturbação funcional que cause a morte ou a perda ou redução, permanente ou temporária, da capacidade para o trabalho".

§ 1º "**A empresa é responsável pela adoção e uso das medidas coletivas** e **individuais** de proteção e segurança da saúde do trabalhador" (grifados).

§ 2º "Constitui **contravenção penal**, punível com multa, **deixar a empresa de cumprir as normas de segurança e higiene do trabalho**" (grifados).

§ 3º "É dever da empresa prestar informações pormenorizadas sobre os riscos da operação a executar e do produto a manipular" (grifados).

A Lei n. 8.213/91 determina que o empregador **adote medidas coletivas e individuais de prevenção e proteção dos riscos nos ambientes de trabalho** e que **preste informações** aos trabalhadores sobre os riscos das atividades que desenvolvem. Não agindo o empregador desta forma, resta caracterizada a culpa patronal pelos agravos à saúde dos trabalhadores, não bastando, para se isentar desta responsabilidade, o fornecimento de EPIs, uma vez que estes visam proteger dos riscos, mas não preveni-los. A prevenção se dá com medias coletivas, servindo os EPIs como instrumentos complementares, especialmente em determinadas atividades em que os riscos estão sempre presentes, independentemente das medidas coletivas adotadas (por exemplo, eletricidade).

Cabe lembrar que a obrigação preventiva dos tomadores de serviços com a adoção de medidas coletivas e individuais aplica-se em relação aos seus empregados diretos e, igualmente, aos terceirizados e temporários, porque neste aspecto a responsabilidade do prestador e do tomador de serviços é solidária.

Ainda no aspecto legal existem várias normas internacionais promulgadas pelo Brasil, que se incorporaram ao nosso sistema jurídico, as quais visam à prevenção e proteção do meio ambiente do trabalho e da saúde dos trabalhadores, como, por exemplo, a Convenção de n. 155 da Organização Internacional do Trabalho (OIT), que cuida da "Segurança e saúde do trabalhador e do meio ambiente do trabalho em geral, em todas as áreas de atividade econômica", ratificada pelo Brasil em 1993, e a Convenção de Quadro, sobre o controle do tabaco.

Finalmente, na esfera penal temos o art. 132 do Código Penal, de cunho preventivo, que criminaliza a exposição dos trabalhadores a perigo. O art. 132 do CP foi feito em 1940 como cópia do Código Penal Suíço, para prevenir os acidentes de trabalho na construção civil.

Ainda podem e devem ser aplicados na busca da prevenção dos riscos ambientais no trabalho a Lei dos Crimes Ambientais (Lei n. 9.605/98) e a Lei dos Agrotóxicos (Lei n. 7.802/89).

A aplicação do princípio da prevenção no meio ambiente do trabalho visa a tutela da saúde e qualidade de vida dos trabalhadores, o que é de grande importância porque a realidade prática sobre os acidentes e doenças do trabalho no Brasil ainda é muito preocupante, pois os índices acidentários continuam altos, conforme estatísticas oficiais, que registram mais de 700 mil acidentes de trabalho por ano no Brasil, muitas mortes e inúmeros trabalhadores que são mutilados e ficam incapacitados total ou parcial, provisória ou permanentemente para o trabalho. Enquanto isso, o gasto da Previdência Social com os acidentes de trabalho atinge cerca de 5% do Produto Interno Bruto (PIB) do Brasil, além dos enormes gastos a cargo das empresas com horas perdidas de trabalho, indenizações por danos material, moral, estético e pela perda de uma chance, das ações regressivas da Previdência Social contra as empresa que agem com culpa e das indenizações coletivas buscadas nas ações ajuizadas pelo Ministério Público do Trabalho e pelos sindicatos.

A prevenção é importante e necessária em qualquer ramo ambiental, destacando-se a sua necessidade no meio ambiente do trabalho, visando proteger direito fundamental do homem, o direito à vida, suporte para existência e gozo dos demais direitos. Para assegurar os seus pilares básicos de sustentação no meio ambiente do trabalho, é preciso proteger o trabalho e a saúde, não qualquer trabalho, mas um trabalho digno, seguro e sadio em condições que não degradem a integridade física e psíquica do trabalhador.

Com efeito e por fim, decorre do princípio da prevenção a necessidade de punição adequada do poluidor nos aspectos administrativos, penais, civis e trabalhistas, observando-se o poder econômico da empresa. Mas também não se pode perder de vista a necessidade de alteração da legislação para se conceder incentivos fiscais e outros às atividades em que os empreendedores levem em conta a prevenção do meio ambiente do trabalho, como, por exemplo, a diminuição das contribuições do Seguro de Acidente de Trabalho — SAT, previstas na Lei n. 8.212/91 (art. 22 — II), como assegura a Lei.

Assim, as alíquotas constantes do SAT serão reduzidas em até 50% (cinquenta por cento) ou aumentadas em até 100% (cem por cento), em razão do desempenho da empresa em relação à sua respectiva atividade, prevenindo ou não os riscos ambientais, o que é aferido pelo Fator Acidentário de Prevenção — FAP.

Nesse sentido a Lei n. 10.666 (art. 10) manda reduzir, em até cinquenta por cento, ou aumentar, em até cem por cento, os valores dessas contribuições, conforme o desempenho das empresas quanto à prevenção dos riscos ambientais do trabalho.

Quem previne riscos ambientais no trabalho deve mesmo receber incentivos fiscais, porque isso significa importante parceria com o meio ambiente do trabalho e a preservação da vida humana. Ao contrário, quem não previne tais riscos deve pagar mais pela sua incúria.

8 CONCLUSÃO

Se em quaisquer dos aspectos do meio ambiente o princípio da prevenção é importante e necessário, uma vez que os danos ao meio ambiente, em regra, atingem indiretamente as pessoas, no meio ambiente do trabalho a sua aplicação é mais candente e imperiosa, uma vez que, como regra, os danos decorrentes dos riscos ambientais atingem as pessoas, os trabalhadores diretamente, ceifando suas vidas ou deixando-os incapacitados total ou parcial, provisória ou permanentemente para o trabalho e, em determinados casos, até mesmo para os atos mais simples da vida civil.

9 REFERÊNCIAS

BARRETO, Margarida. *Violência, saúde, trabalho:* uma jornada de humilhações. São Paulo: EDUC — FAPESP, 2003.

BRANDÃO, Cláudio. *Acidente do trabalho e responsabilidade civil do empregador.* 4. ed. São Paulo: LTr, 2015.

CAMARGO, Duílio Antero Magalhães; CAETANO, Dorgival & GUIMARÃES, Liliana Andolpho Magalhães (Organizadores). *Psiquiatria ocupacional.* São Paulo: Atheneu, 2010.

CATALDI, Maria José Giannella. *O stress no meio ambiente de trabalho.* 3. ed. São Paulo: LTr, 2015.

DELGADO, Mauricio Godinho. *Curso de direito do trabalho.* 17. ed. São Paulo: LTr, 2018.

FELICIANO, G. G. (Org.); URIAS J. (Org.); MARANHÃO, Ney (Org.); SEVERO, V. S. (Org.). Direito Ambiental do Trabalho — Apontamentos para uma Teoria Geral — Volume 3. 1. ed. São Paulo: LTr, 2016, v. 3 (no prelo).

FIGUEIREDO, Guilherme José Purvin de. *Direito ambiental e a saúde dos trabalhadores.* 2. ed. São Paulo: LTr, 2007.

FIORILLO, Celso Antonio Pacheco. *Curso de direito ambiental brasileiro.* 17. ed. São Paulo: Saraiva, 2017.

GARCIA, Gustavo Felipe Barbosa. *Acidentes do trabalho, doenças ocupacionais e nexo técnico epidemiológico.* 5. ed. São Paulo: Método, 2013.

GLINA, Débora Miriam Raab & ROCHA, Lys Esther (Organizadores). *Saúde mental no trabalho — da teoria à prática.* São Paulo: Gen — ROCA, 2014.

GUEDES, Márcia Novaes. Terror Psicológico no Trabalho. 3. ed. São Paulo: LTr, 2008.

LEITE, José Rubens Morato. *Dano ambiental: do individual ao coletivo extrapatrimonial.* 7. ed. São Paulo: RT, 2015.

MACHADO, Paulo Afonso Leme. *Direito ambiental brasileiro.* 24. ed. São Paulo: Malheiros, 2016.

MARANHÃO, Ney. Dignidade humana e assédio moral: a delicada questão da saúde mental do trabalhador. *Revista Fórum Trabalhista* — RFT, v. 3, p. 57-70, 2014.

MARANHÃO, Ney; Francisco Milton Araujo Junior. Responsabilidade civil e violência urbana. Considerações sobre a responsabilização objetiva e solidária do Estado por danos decorrentes de acidentes laborais diretamente vinculados à insegurança urbana. *Jus Navigandi,* v. 16, 2010.

MARQUES, Christiani. *A proteção ao trabalho penoso.* São Paulo: LTr, 2007.

MARTINS, João Vianey Nogueira. *O dano moral e as lesões por esforços repetitivos.* São Paulo: LTr, 2003.

MELO, Raimundo Simão de. Meio ambiente do trabalho e atividades de risco: prevenção e responsabilidades. In: GUNTHER, Luiz Eduardo; ALVARENGA, Rúbia Zanotelli; BUSNARDO, Juliana Cristina; BACELLAR, Regina Maria Bueno (Orgs.). Direitos humanos e meio ambiente do trabalho. São Paulo/SP: LTr, 2016, p. 145-152.

_____ . A tutela do meio ambiente do trabalho e da saúde do trabalhador na Constituição Federal. In: Rúbia Zanotelli de Alvarenga. (Org.). *Direito Constitucional do Trabalho.* São Paulo/SP: LTr, 2015, p. 185-200.

_____ . *Direito ambiental do trabalho e a saúde do trabalhador — responsabilidades.* 5. ed. São Paulo: LTr, 2013.

MICHEL, Oswaldo. *Acidentes do trabalho e doenças ocupacionais.* 3. ed. São Paulo: LTr, 2008.

OLIVEIRA, Sebastião Geraldo de. *Proteção jurídica à saúde do trabalhador.* 6. ed. LTr. São Paulo, 2011.

PARREIRA, Ana. *Assédio moral. Um manual de sobrevivência.* 2. ed. Campinas/SP: Russel, 2010.

PRINCÍPIO DA PRECAUÇÃO

Gabriel Wedy[(*)]

1 PRINCÍPIO DA PRECAUÇÃO: BREVE INTRODUÇÃO

É motivo de grande orgulho e satisfação fazer algumas modestas considerações sobre o princípio constitucional da precaução na obra Direito Ambiental do Trabalho, em seu volume V, coordenada pelos juristas Ingo Sarlet, Ney Maranhão e Guilherme Feliciano.

Referido princípio possui como fontes o direito internacional e nacional, seja no âmbito constitucional ou infraconstitucional. É de todo aplicável no direito ambiental, como consagrado em remansosa doutrina e jurisprudência e, evidentemente, com potencial para ter a sua concretização expandida no Brasil pelo Estado-Legislador e Estado-Juiz, com o intuito, também, de salvaguardar o trabalhador de riscos no meio ambiente do trabalho, *a fortiori* nesta Era das mudanças climáticas e de preocupante aquecimento global.

1.1 O princípio da precaução no plano legislativo internacional

No plano legislativo internacional, o princípio da precaução encontra a sua justificação inicial em um conjunto de diplomas legais, que embora não o definam exatamente, enfocam um conceito de precaução. A Declaração Universal dos Direitos do Homem da Organização das Nações Unidas, de 1948, dispõe em seu art. 3º que "todo homem tem direito à vida, à liberdade e à segurança pessoal."

O direito à vida e à segurança pessoal estão relacionados com um dever do Estado de proteger a vida dos seres humanos e a sua incolumidade física. O Estado neste caso é o destinatário da norma que tutela um direito fundamental de primeira geração. Os indivíduos, todavia, também estão obrigados a respeitar a vida e a segurança pessoal dos seus semelhantes e, tal qual o Estado, têm o dever de precaução e de não-violação desses direitos fundamentais.

O Pacto Internacional dos Direitos Econômicos, Sociais e Culturais da ONU, datado de 1966, já se preocupava com a vida humana e sua preservação pela sociedade e pelo Estado.[(1)] O respeito, no plano internacional, à vida do ser

---

(*) Juiz Federal. Doutor e Mestre em Direito. *Visiting Scholar* pela Columbia Law School (Sabin Center for Climate Change Law). Professor Coordenador da disciplina de Direito Ambiental da Escola Superior da Magistratura Federal — Esmafe. Diretor do *Instituto O Direito Por um Planeta Verde*. Autor de livros e artigos jurídicos na área do direito ambiental e do direito e desenvolvimento no Brasil e no exterior. Pesquisador bolsista Capes-Cnpq. Ex-Presidente da Associação dos Juízes Federais do Brasil — Ajufe.

(1) Art. 6º O direito à vida é inerente à pessoa humana. Este direito deverá ser protegido. Ninguém poderá ser arbitrariamente privado de sua vida. BRASIL. *Constituição*. Brasília: Senado Federal, 1988. Art. 23. A família é o elemento natural e fundamental da sociedade e terá o direito a ser protegida pela sociedade e pelo Estado. BRASIL. *Constituição*. Brasília: Senado Federal, 1988.

humano e à integridade da família, a ser observado por toda sociedade e pelo Estado, deve estar presente no momento em que a iniciativa privada realiza, e o Estado autoriza, empreendimentos potencialmente lesivos.

O respeito a este direito de proteção à vida humana e à família deve ser observado, principalmente nas economias planificadas, quando o Estado assume diretamente atividades empreendedoras, seja diretamente, por ele próprio e por suas autarquias, seja indiretamente, pelas empresas públicas ou privadas concessionárias e permissionárias.

Também é importante diploma legal no plano internacional a Declaração de Estocolmo, de 1972, sobre o Meio Ambiente Humano.[2] Na Alemanha o gesto positivo da Administração Pública mais característico da implantação do princípio da precaução foi a Lei do Ar Limpo, de 1974. Nessa Lei, estipula-se que o possuidor de uma planta técnica é obrigado a tomar medidas de precaução, para evitar o dano ambiental, com a ajuda de instrumentos ou mecanismos que correspondam às técnicas avançadas disponíveis para a limitação da emissão de poluentes.[3]

Em 1976, a Convenção de Barcelona, sobre a proteção do mar marinho do nordeste do Atlântico, previu que "as partes apliquem o princípio da precaução". No ano de 1979, o princípio foi consagrado a fim de combater a poluição atmosférica na Convenção sobre Poluição Atmosférica de Longa Distância, realizada em Genebra, pela Comissão Econômica das Nações Unidas para a Europa. Sadeleer refere que "o segundo protocolo dessa convenção reconhece explicitamente o princípio da precaução". [4]

No ano de 1982, o princípio da precaução restou expresso na Comunidade Europeia pela Carta Mundial da Natureza, no sentido de que "as atividades que podem trazer um risco significativo à natureza não deveriam continuar quando os efeitos adversos e potenciais não são completamente compreendidos". [5] A Convenção de Viena, de 1985, e o Protocolo de Montreal, em 1987, referem que "devem ser adotadas medidas de precaução quando da emissão de poluentes que possam afetar a camada de ozônio". [6]

Em 1987, a Comissão Brundtland divulgou relatório denominado "Nosso Futuro Comum" e conceituou a base do desenvolvimento sustentável como sendo "[...] a capacidade de satisfazer as necessidades do presente, sem comprometer os estoques ambientais para as futuras gerações". Posteriormente, pode-se registrar a Declaração Ministerial da Segunda Conferência do Mar do Norte (*London Declaration,* 1987). No art. 7º da referida Conferência, consta que, de modo a proteger o Mar do Norte de efeitos possivelmente danosos das substâncias mais perigosas, é necessária uma abordagem precautória "o que pode requerer o controle da entrada de tais substâncias mesmo antes de uma relação causal ter sido estabelecida por evidências científicas absolutamente claras".[7]

O princípio da precaução também foi previsto na Conferência Internacional do Conselho Nórdico sobre Poluição dos Mares, no ano de 1989, e deve ser aplicado para salvaguardar o ecossistema marinho mediante a eliminação e a prevenção de emissões de poluição, quando houver razão para acreditar que os danos ou efeitos prejudiciais sejam prováveis de serem causados, mesmo que haja evidência científica inadequada ou inconclusiva,

---

(2) Art. 2º A proteção e o melhoramento do meio ambiente humano é uma questão fundamental que afeta o bem-estar do homem e o desenvolvimento econômico do mundo inteiro, um desejo urgente dos povos de todo o mundo e de todos os governos. Princípio 1 — O homem tem o direito fundamental à liberdade, à igualdade e ao desfrute de coisas da vida adequadas em um meio ambiente de qualidade tal que lhe permita levar uma vida saudável e gozar de bem-estar, tendo a solene obrigação de proteger o meio ambiente para as gerações presentes e futuras. A este respeito, as políticas que promovem ou perpetuam o *apartheid*, a desagregação social, a discriminação, a opressão colonial e outras formas de opressão e de dominação estrangeira são condenadas e devem ser eliminadas. [...] Princípio 6 — Deve-se por fim à descarga de substâncias tóxicas ou de outros materiais que gerem calor, em quantidades ou concentrações tais que o meio ambiente não possa neutralizá-los, de forma que não causem danos graves e irreparáveis aos ecossistemas. Deve-se apoiar a justa luta dos povos de todos os países contra a poluição. Princípio 7 — Os Estados deverão tomar todas as medidas possíveis para impedir a poluição do mar por substâncias que possam pôr em perigo a saúde do homem, os recursos vivos e a vida marinha sem menosprezar as possibilidades de derramamento ou impedir outras utilizações ilegítimas do mar. Disponível em: <http://www.greenpeace.org.br/toxicos/?conteudo_id=1183&sub_campanha=0-27k>. Acesso em: 20 fev.2017.

(3) HEY, Elen. The precautionary concept in environmental policy and law: Institutionalizing caution. *Georgetown International Enmviromental Law Review*. Washington, n. 4. p. 303-12, 1992.

(4) SADELEER, Nicolas de. O estatuto do princípio da precaução no Direito Internacional. In: PLATIAU, Ana Flávia Barros; VARELLA, Marcelo Dias (orgs). *Princípio da precaução*. Belo Horizonte: Del Rey, 2004. p. 53.

(5) Organização das Nações Unidas. Resolução n. 37/7 de 28 out. 1986. Segundo Sunstein "In the 1982, the United Nations World Charter for Nature apparently gave the first international recognition to the principle, suggesting that when potential adverse effects are not fully understood, the activities should not proceed". SUNSTEIN, Cass. *Laws of fear: Beyond the precautionary principle*. New York: Cambridge Press, 2005. p. 17.

(6) SADELEER, Nicolas de. O estatuto do princípio da precaução no Direito Internacional. In: PLATIAU, Ana Flávia Barros; VARELLA, Marcelo Dias (orgs). *Princípio da precaução*. Belo Horizonte: Del Rey, 2004. p. 53.

(7) Disponível em: <http://www.dep.no/md/nsc/declaration/022001-990245/index-dok000-b-na.html>. Acesso em: 7 nov. 2006. Disponível também em: <http://www.dep.no/md/nsc/declaration/022001-990245/index-dok000-b-na.html>. Acesso em: 7 nov. 2017.

para provar uma relação causal entre emissões e efeitos nocivos.[8] Ainda, em 1989, o princípio foi consagrado pelo Conselho Executivo das Nações Unidas para o Meio Ambiente (PNUMA).[9]

O princípio foi reconhecido em Addis-Abeba, em 1990, pelo Conselho dos Ministros da Organização da Unidade Africana (OUA) e, também, pela Comissão Econômica e Social para a Ásia e Pacífico (ESCAP)[10] e pelo Conselho dos Ministros da Organização para a Cooperação e Desenvolvimento Econômico (OCDE). Neste ano se pode citar a Convenção de Londres sobre a poluição causada por hidrocarburetos.[11] A Declaração Ministerial de Bergen sobre o Desenvolvimento Sustentável da Região da Comunidade Européia (1990) foi o primeiro instrumento internacional que considerou o princípio como de aplicação geral, ligado ao desenvolvimento sustentável. Nestes termos:

A fim de obter o desenvolvimento sustentável, as políticas devem ser baseadas no princípio da precaução. Medidas ambientais devem antecipar, impedir e atacar as causas de degradação ambiental. Onde existirem ameaças de danos sérios ou irreversíveis, a falta de total certeza científica não deve ser usada como razão para retardar a tomada de medidas que visam a impedir a degradação ambiental.[12]

O princípio da precaução também veio definido na Convenção de Bamako, de 1991, para controle do transporte e do manejo de resíduos perigosos na África. Consequentemente, cada grupo deve se esforçar para adotar e implementar a abordagem preventiva e precautória para os problemas de poluição que implica, *inter alia*, prevenir a liberação no meio ambiente de substâncias que podem causar danos a seres humanos ou ao ambiente, sem esperar por provas científicas sobre esses danos.[13]

O princípio da precaução, tal como é entendido hoje, tem como marco no Direito Ambiental a Conferência sobre o Meio Ambiente e o Desenvolvimento, a chamada Rio/92. O princípio 15 desta ficou estabelecido de maneira a afastar aquela máxima utilizada pelos grandes grupos empresariais de que os fatos e atividades que não forem cabalmente demonstradas como nocivas ao meio ambiente devem ser permitidas.

Está previsto no princípio 15 que:

Com o fim de proteger o meio ambiente, o princípio da precaução deve ser amplamente observado pelos Estados, de acordo com suas capacidades. Quando houver ameaça de danos graves ou irreversíveis, a ausência de certeza científica absoluta não será utilizada como razão para o adiamento de medidas economicamente viáveis para prevenir a degradação ambiental.[14]

A Declaração da Rio/92 é citada como a mais importante expressão legislativa do princípio da precaução no artigo *"The Precautinary Principle in Action"* de autoria de Tikner, Raffensperger e Myers.[15] Como referido por Sadeleer, o princípio da precaução, tal como conceituado na Declaração da Rio/92, foi consagrado como princípio de direito consuetudinário pela Corte Internacional de Justiça no caso Gabcikovo — Nagymaros.[16]

No ano de 1992, ainda ocorreu a Convenção-Quadro das Nações Unidas sobre a Mudança do Clima, em Nova York, em que foi acordado, no art. 3º, que os países signatários deveriam adotar "medidas de precaução para prever, evitar ou minimizar as causas de mudanças climáticas quando surgirem ameaças de danos sérios ou irreversíveis" e que "a falta de plena certeza científica não deve ser usada como razão para postergar essas medidas", levando em conta

---

(8) White paper on the precautionary approach to safety *American Plastics Council*. Disponível em: <http://www.plasticsinfo.org/riskassessment/white_paper.html#1f>. Acesso em: 2 abr. 2017.

(9) Organização das Nações Unidas. Progra na das Nações Unidas pelo Meio Ambiente. Decisão do Conselho Executivo do Programa das Nações Unidas para o Meio Ambiente 15/27, 1989. Esse document o trata sobre abordagem de precaução em matéria de poluição marinha. Disponível em: <http://www.sia.cv/documentos/perfil_ccd.pdf> . Acesso em: 20 fev. 2017.

(10) Declaração de Bangcoc de 1990 sobre o meio ambiente e desenvolvimento sustentável na Ásia e Pacífico.

(11) Segunda consideração da Convenção de Londres.

(12) NORUEGA. Declaração Ministerial BERGEN. *Declaração Ministerial de Bergen sobre o Desenvolvimento Sustentável da Região da Comunidade Européia.* parágrafo 7; I.P.E. 16 de maio de 1990.

(13) Disponível em: <http://www.ban.org/Library/bamako_treaty.html>. Acesso em: 5 set. 2017.

(14) Disponível em: <http://www.un.org/documents/ga/conf151/aconfl5126-1 annex1.htm>. Acesso em: 2 mar. 2017.

(15) One of the most important expressions of the precautionary principle internationally is the Rio Declaration from the 1992 United Nations Conference on Environment and Development, also known as Agenda 21. The declaration stated: "In order to protect the environment, the precautionary approach shall be widely applied by States according to their capabilities.Where there are threats of serious or irreversible damage, lack of full scientific certainty shall not be used as a reason for postponing cost-effective measures to prevent environmental degradation". Disponível em: <http://www.biotech-info.net/handbook.pdf>. Acesso em: 20 fev.2017.

(16) SADELEER de, Nicolas. O estatuto do princípio da precaução no Direito Internacional. In: PLATIAU, Ana Flávia Barros; VARELLA, Marcelo Dias (orgs). *Princípio da precaução.* Belo Horizonte: Del Rey, 2004, p.47.

que as políticas e medidas adotadas para enfrentar a mudança do clima devem ser eficazes em função dos custos, de modo a assegurar benefícios mundiais ao menor custo possível.[17]

Nesse ano de 1992, também se pode mencionar, entre os documentos internacionais que previram expressamente o princípio da precaução: a Convenção de Paris sobre a proteção do meio ambiente marinho do Atlântico;[18] a Convenção de Helsinque sobre a proteção e a utilização de cursos de água transfronteiriços e de lagos internacionais e a Convenção de Helsinque sobre a proteção do meio marinho na zona do mar báltico.[19]

Em 1994, o Protocolo de Oslo, na Convenção sobre a poluição atmosférica de longa distância, relativo a uma nova redução de emissões de enxofre, trouxe em seu preâmbulo o princípio da precaução. No mesmo ano é possível citar a Convenção de Sofia, sobre a Cooperação para a proteção sustentável do Rio Danúbio que fez constar em seu texto o princípio da precaução.[20] E, no mesmo sentido: a Convenção CITES de Forte Lauderdale;[21] a Convenção de Charleville-Mezière, sobre a proteção do rio Escaut e do rio Meuse[22] e a Convenção sobre Conservação e Gestão dos Recursos de Bering que, embasada no princípio da precaução, decidiu que "os Estados-parte se encontrarão anualmente para decidir os níveis de pesca permissíveis e estabelecer quotas".[23]

No ano de 1995, o princípio da precaução também constou no Protocolo de Barcelona.[24] Sadeleer refere que "o Protocolo Adicional de Montreal foi emendado várias vezes para, numa preocupação de precaução, suprimir totalmente o uso de gases CFC, em 1995".[25] Nesse ano, realizou-se o Tratado de Haia, acerca da Convenção sobre Pássaros Aquáticos e Migratórios Africanos, em que o princípio também foi previsto.[26]

O Tratado de Maastricht emendou o art. 130 r (2) do Tratado da Comunidade Europeia, de modo que a ação da Comunidade, no meio ambiente, fosse "baseada no princípio da precaução", e o Tratado de Amsterdã, de 1997, posteriormente, emendou o Tratado da Comunidade Europeia para aplicar o princípio à política da Comunidade no meio ambiente. A Comissão Europeia publicou um comunicado sobre o princípio da precaução que resume o enfoque da Comissão a respeito do uso do princípio, estabelece normas de procedimento para sua aplicação e tem como propósito desenvolver a compreensão sobre levantamentos, avaliação e manejo de risco quando não há certeza científica. [27]

No mesmo sentido, a Declaração de Wingspread, de 1998, nos Estados Unidos da América, consagrou o princípio da precaução. [28] Essa Declaração [29] definiu o princípio da precaução nos seguintes termos:

> Portanto, faz-se necessário implantar o Princípio da Precaução quando uma atividade representa ameaças de danos à saúde humana ou ao meio ambiente, medidas de precaução devem ser tomadas, mesmo se as relações de causa e efeito não forem plenamente estabelecidas cientificamente [...]. Neste contexto, ao proponente de uma atividade, e não ao público, deve caber o ônus da prova [...]. O processo de aplicação do Princípio da Precaução deve ser aberto, informado e democrático, com a participação das partes potencialmente afetadas. Deve também promover um exame de todo o espectro de alternativas, inclusive a da não-ação. [30]

---

(17) Disponível em: <http://www.mct.gov.br/clima/convenção/texto3.htm.>. Acesso em: 5 jun. 2006.

(18) Artigo ponto 2, a.

(19) Artigo 3, alínea 2.

(20) Artigo 2.4.

(21) SADELEER, Nicolas de. O estatuto do princípio da precaução no Direito Internacional. In: PLATIAU, Ana Flávia Barros; VARELLA, Marcelo Dias (orgs). *Princípio da precaução*. Belo Horizonte: Del Rey, 2004, p. 54.

(22) Artigos 2, a e 3,2 a.

(23) A este respeito, ver: FREESTONE, D. e MAKUCH, Z. The New International Environmental Law of Fisheries: The 1995 United Nations Straddling Stocks Agreement. Yearbook of International Environmental Law, v. 7. p. 30, 1996.

(24) Preâmbulo do Protocolo de Barcelona. Disponível em:
<http://eur-lex.europa.eu/LexUriServ/LexUriServ.do?uri=CELEX:31999D0800:PT:NOT>. Acesso em: 20 fev. 2017.

(25) SADELEER, Nicolas de. O estatuto do princípio da precaução no Direito Internacional. In: PLATIAU, Ana Flávia Barros; VARELLA, Marcelo Dias (orgs). *Princípio da precaução*. Belo Horizonte: Del Rey, 2004, p.53.

(26) Art. 2, alínea 2, e) Tratado de Haia.

(27) SANDS, Philippe. O princípio da precaução. In: PLATIAU, Ana Flávia Barros; VARELLA, Marcelo Dias (orgs) *Princípio da precaução*. Belo Horizonte: Del Rey, 2004, p.35. Ver também: COM (1), 2 de fevereiro de 2000. Disponível em: <http://www.Europa.eu.int/comm/dgs/health_consumer/library/pub/pub07_en.pdf>. Acesso em: 20 de fev. 2017.

(28) "When an activity raises threats of harm to human health or the environment, precautionary measures should be taken even if some cause-and-effect relationships are not fully established scientifically." Disponível em: <http://www.fgaia.org.br/texts/t-precau.html>. Acesso em: 20 de fev. 2017.

(29) Segundo Cezar e Abrantes, a Declaração de Wingspread comporta quatro elementos: I — ameaça de dano; II — inversão do ônus da prova; III — incerteza científica e IV — medidas de precaução. CEZAR, Frederico Gonçalves; ABRANTES, Paulo César Coelho. Princípio da precaução: considerações epistemológicas sobre o princípio e sua relação com o processo de análise de risco. *Cadernos de Ciência e Tecnologia*, v. 20, n. 2, Brasília. p. 225-62, maio-ago. 2003.

(30) Disponível em: <http://www.acpo.org.br/princ_precaucao.htm>. Acesso em: 20 fev. 2017.

Esse texto traz uma importante característica do princípio da precaução ao determinar que ao proponente da atividade potencialmente lesiva é que cabe o ônus de provar que sua atividade não causará danos ao meio ambiente. Traz, ainda, a necessidade de participação democrática e informada no processo de aplicação do princípio da precaução.

Com efeito, o ônus da prova deve caber sempre a quem propõe a atividade de risco que, na maioria das vezes, é quem obtém benefícios pecuniários decorrentes da implementação dessa atividade em detrimento da coletividade. A informação da coletividade acerca da atividade de risco e a possibilidade de sua participação na gestão dos riscos é fundamental para que danos possam ser evitados, e a atividade proposta seja executada com maior grau de segurança.[31]

Em 1998, foi celebrada na Comunidade Europeia a "Convenção sobre a proteção do ambiente marinho no nordeste do Atlântico" (OSPAR). De acordo com Rocha, diferentemente da Declaração do Rio, a OSPAR não exige a ameaça de dano grave e irreversível. Segundo o referido autor, enquanto a Declaração do Rio faz referência à ausência de certeza científica, a definição adotada na OSPAR centra-se na ausência de evidência conclusiva sobre a relação de causalidade. Assim, os requisitos para a aplicação do princípio da precaução no âmbito europeu parecem menos restritivos do que aqueles enunciados na Rio-92. Nesse ano, ainda, o princípio da precaução constou na Convenção de Roterdã, sobre a proteção do rio Reno.[32]

Em 1999, o princípio da precaução veio previsto no art. 10 do Protocolo de Cartagena sobre Biossegurança.[33] No ano 2000, foi realizada a Convenção sobre Diversidade Biológica no Brasil, restando assente que, "quando existir ameaça de sensível redução ou perda da diversidade biológica, a falta de certeza científica não deve ser usada como razão para postergar medidas para evitar ou minimizar essa atividade".[34]

No ano de 2004, passou a vigorar a "Convenção de Estocolmo sobre Poluentes Orgânicos Persistentes" em que ficou estabelecido, já em seu art. 1º, que a ideia de precaução é o fundamento das preocupações de todos os países participantes no intuito de proteger a saúde humana e o meio ambiente dos poluentes orgânicos persistentes. O princípio da precaução vem previsto, também, no art. 5º da *La Charte de L`Environment*, redigida na França, no ano de 2005.[35]

Observa-se que, nessas declarações, tratados e convenções, restou bem delimitado que a incerteza científica é motivo para a aplicação do princípio da precaução sempre que a atividade a ser exercida puder gerar riscos de danos à saúde pública e ao meio ambiente. Infere-se, portanto, que o princípio está voltado para a sua aplicação, no plano internacional, na área da proteção à saúde e ao meio ambiente que são sempre sensíveis à ação humana e quando atingidos levam a consequências graves que atingem interesses coletivos, individuais e individuais homogêneos,[36] que não estão limitados às fronteiras nacionais.[37]

A importância de se antecipar ao dano, evitando as suas consequências muitas vezes irreversíveis foi bem percebida pela comunidade internacional e traduzida nos referidos documentos que consagram o princípio da precaução. Um exemplo claro é que o princípio da precaução foi eleito pelo New York Times Magazine, como uma das ideias mais importantes de 2001.[38] Beck, por sua vez, refere que os problemas do meio ambiente somente poderão resolver-se mediante discussões e acordos internacionais, e o caminho que leva a isso são as reuniões e pactos entre as nações.[39] Neste sentido, de precaver-se contra o risco de dano ao meio ambiente e à saúde pública, mediante a adoção do princípio da precaução, é que está posicionada firmemente a comunidade internacional.

---

(31) A respeito da relação da quantidade de informação suficiente para o exercício seguro do princípio da precaução. DURNIL, Gordon K. How Much Information Do We Need Before Exercising Precaution? In: RAFFENSPERGER Carolyn; TICKNER, Joel (orgs.). *Protecting public health and the environment: implementing the precautionary principle.* Washington: Island Press, 1999. p. 266-76.

(32) Artigo 4º da Convenção de Roterdã.

(33) ROCHA, João Carlos de Oliveira. *Os organismos geneticamente modificados e a proteção constitucional do meio ambiente.* Porto Alegre: PUCRS, 2007. Dissertação (Mestrado em Direito), Faculdade de Direito, Pontifícia Universidade Católica do Rio Grande do Sul, 2007. p. 194.

(34) Convenção sobre diversidade ecológica, 2000, Brasília. Disponível em: <http://www.mma.gov.br/biodiversidade/doc/cdbport.pdf>. Acesso em: 5 jun. 2017.

(35) Art. 5º *Lorsque la réalisation d'un dommage, bien qu'incertaine en l'état des connaissances scientifiques, pourrait affecter de manière grave et irréversible l'environnement, les autorités publiques veillent, par application du principe de précaution et dans leurs domaines d'attribution, à la mise en œuvre de procédures d'évaluation des risques et à l'adoption de mesures provisoires et proportionnées afin de parer à la realization du dommage.* Disponível em: <http://www.yonne.lautre.net/article.php3?id_article=2375>. Acesso em: 20 fev. 2017.

(36) Acerca do conceito e distinção entre direitos coletivos, difusos e individuais homogêneos, v. ZAVASCKI, Teori Albino. *Processo Coletivo*: tutela de direitos coletivos e tutela coletiva de direitos. São Paulo: Revista dos Tribunais, 2006.

(37) A respeito do tema, ver: PASSOS DE FREITAS, Vladimir. Mercosul e meio ambiente. In: PASSOS DE FREITAS, Vladimir (org). *Direito Ambiental em evolução.* Curitiba: Juruá, 2002, p. 357-67. v. 3.

(38) POLLAN, Michael. The Year in Ideas: A to Z. *New York Times*, Nova York, dez. 2001.

(39) BECK, Ulrich. *La sociedad del riesgo: hacia una nueva modernidad.* Barcelona: Surcos, 2006. p. 67.

1.2 *O princípio da precaução na Constituição Federal de 1988 e no plano infraconstitucional*

Na Constituição Federal de 1988, não existe uma disposição explícita acerca do princípio da precaução, até mesmo em face do precário desenvolvimento doutrinário do princípio, em nosso país, naquela época. Todavia pode-se extrair o referido princípio pela interpretação do texto constitucional, principalmente quando se observa no Poder Constituinte Originário a intenção de proteger a saúde pública e o meio ambiente de eventuais danos e de impedir a violação dos direitos da criança e do adolescente.

A Carta Magna prevê, em seu art. 196, que a saúde é direito de todos e dever do Estado, "garantido mediante políticas sociais que visem à redução do risco de doença e de outros agravos e ao acesso universal e igualitário às ações e serviços para sua promoção, proteção e recuperação".

Tendo o Estado e toda a sociedade que assegurar a todos os indivíduos o direito à saúde, mediante a redução dos riscos de doença, o princípio da precaução deve sempre ser observado nas políticas sociais. Ou seja, é evidente que a precaução do Estado e da sociedade deve ser levada em conta em projetos e empreendimentos privados potencialmente lesivos à saúde pública. O dano causado à saúde pública pode ser evitado com a adoção de medidas de precaução que norteiem a Administração Pública, as ações empresariais dos entes privados e públicos e todo e qualquer empreendimento gerador de riscos evidentes.

Em relação ao meio ambiente a nossa Carta Política prevê:

Art. 225. Todos têm direito ao meio ambiente ecologicamente equilibrado, bem de uso comum do povo e essencial à sadia qualidade de vida, impondo-se ao Poder Público e à coletividade o dever de defendê-lo e preservá-lo para as presentes e futuras gerações.

[...]

V — controlar a produção, a comercialização e o emprego de técnicas, métodos e substâncias que comportem risco para a vida, a qualidade de vida e o meio ambiente.

É de se observar, no Direito Constitucional, que o dever do Poder Público e de toda a sociedade em preservar o meio ambiente para os dias atuais e para o futuro, a fim de proteger as gerações atuais e futuras, está estritamente ligado à precaução contra atos que possam causar o desequilíbrio do meio ambiente que, consequentemente, podem gerar riscos à vida humana. É dever não apenas do Estado, mas do cidadão, portanto, por meio de medidas de precaução positivas ou omissivas, defender e preservar o meio ambiente de empreendimentos lucrativos, ou até mesmo não lucrativos, lesivos e potencialmente lesivos aos bens naturais que, por força de expressa disposição constitucional, são de uso comum do povo.

No plano infraconstitucional, a Lei n. 6.938/81, que dispõe sobre a "Política Nacional do Meio Ambiente", adotou a seguinte definição de meio ambiente, em seu art. 1º, inc. I: "o conjunto de condições, leis, influências e interações, de ordem física, química e biológica, que permite, abriga e rege a vida em todas as suas formas." A referida legislação ainda definiu o meio ambiente como patrimônio público a ser necessariamente assegurado e protegido, tendo em vista o uso coletivo (art. 2º, inc. I). A Política Nacional do Meio Ambiente está sistematizada no sentido de precaver a sociedade contra possíveis danos que possam ser causados ao meio ambiente e tem como objetivo a preservação e a recuperação da qualidade ambiental propícia à vida.

O princípio da precaução acabou inserido expressamente no ordenamento jurídico infraconstitucional brasileiro pela Conferência sobre Mudanças do Clima, acordada pelo Brasil, no âmbito da Organização das Nações Unidas, por ocasião da Eco/92 e, posteriormente, ratificada pelo Congresso Nacional, pelo Decreto Legislativo n. 1, de 03.02.1994.[40] O Decreto n. 99.280/90 promulgou a Convenção de Viena para a Proteção da Camada de Ozônio e o Protocolo de Montreal sobre as substâncias que destroem a camada de ozônio. O Decreto n. 2.652/98 promulgou a Convenção — Quadro das Nações Unidas sobre Mudanças Climáticas. E, por fim, o Decreto n 2.519/98 promulgou

---

(40) Art. 3º. [...] 3: As partes devem adotar medidas de precaução para prever, evitar ou minimizar as causas da mudança do clima e mitigar os seus efeitos negativos. Quando surgirem ameaças de danos sérios ou irreversíveis, a falta de plena certeza científica não deve ser usada como razão para postergar essas medidas, levando em conta que as políticas e medidas adotadas para enfrentar a mudança do clima devem ser eficazes em função dos custos, de modo a assegurar benefícios mundiais ao menor custo possível".

a Convenção sobre Diversidade Biológica. Todos esses decretos trouxeram em seu bojo o princípio da precaução como corolário integrando-o ao direito infraconstitucional pátrio.

A Lei de Crimes Ambientais, na seara criminal, também prevê pena privativa de liberdade e multa às pessoas físicas ou jurídicas que com suas ações ou omissões causarem poluição de qualquer natureza em níveis tais que resultem ou possam resultar em riscos à vida humana, ou que provoquem a mortandade de animais ou a destruição significativa da flora (art. 54, da Lei n. 9.605/98). No § 3º, a referida legislação prevê como crime a violação a deveres de precaução ao dispor:

§ 3º Incorre nas mesmas penas previstas no parágrafo anterior quem deixar de adotar, quando assim determinar a autoridade competente, medidas de precaução em caso de risco de dano ambiental grave ou irreversível.

O sentido da lei penal é que, quando a autoridade competente determinar por uma resolução, portaria ou qualquer outra determinação alguma medida de precaução em caso de risco de dano ambiental grave ou irreversível, será crime a não observância desse dever de precaução. Em complementação, Leme Machado refere que "a conceituação de medidas de precaução não e dada pela lei penal, devendo-se procurá-la nos entendimentos referidos nos textos internacionais...e na doutrina".[41] Observa-se que o próprio legislador de nossas leis penais adota o princípio da precaução a fim de tutelar o meio ambiente como bem de uso comum do povo e direito socioambiental.

A violação ao princípio da precaução também pode ocasionar uma infração administrativa. O art. 70 da Lei n. 9.605/98 prevê: "Considera-se infração administrativa ambiental toda ação ou omissão que violar normas jurídicas de uso, gozo, promoção, proteção e recuperação do meio ambiente".

Assim, se uma norma jurídica previr expressamente algum dever de precaução, a fim de proteger o meio ambiente, e for violada, estará configurada uma infração administrativa. Ou seja, se uma pessoa física ou jurídica agir sem observar uma regra de precaução estará cometendo infração administrativa ambiental.

Mais recentemente, a Lei n. 11.105, de 24.03.2005, que se refere à Biossegurança; a Lei n. 11.428, de 22.12.2006, que dispõe sobre a utilização e proteção da vegetação nativa do Bioma Mata Atlântica; a Lei n. 12.187, de 29.12.2009, que institui a Política Nacional sobre o Meio Ambiente e Mudança Climática; a Lei n. 11.934 de 2009, sobre exposição humana a campos elétricos, magnéticos e eletromagnéticos; e a Lei n. 12.305, de 02.08.2010, que institui a Política Nacional de Resíduos Sólidos adotaram o princípio da precaução.

O princípio, outrossim, já foi reconhecido expressamente e aplicado pelo egrégio Supremo Tribunal Federal em Ação de Descumprimento de Preceito Fundamental no caso da vedação da importação de pneus remodelados.[42] O egrégio Superior Tribunal de Justiça tem adotado uma posição extremamente progressista em matéria de direito ambiental, não é diferente em relação ao princípio da precaução que tem sido aplicado em diversas decisões no sentido de tutelar o meio ambiente e a saúde pública. Assim a Corte tem adotado o que há de mais moderno na doutrina internacional sobre o tema e se aproxima de uma visão ecocentrista de meio ambiente. Como no caso de inversão do ônus da prova contra usina hidrelétrica em relação a riscos de danos causados a fauna, a flora e à saúde pública.[43] Também

---

(41) MACHADO, Paulo Afonso Leme. O princípio da precaução e o Direito Ambiental. *Revista de Direitos Difusos. Organismos Geneticamente Modificados,* São Paulo, v. 8. p. 1092, ago. 2001.

(42) BRASIL. Supremo Tribunal Federal. Ação de descumprimento de preceito fundamental n. 101/DF. Relatora: Ministra Carmen Lúcia. *Diário da Justiça da União*, Brasília, DF, 04 jun. 2009. Disponível em: <http://stf.jusbrasil.com.br/jurisprudencia/14771646/arguicao-de-descumprimento-de-preceito-fundamental--adpf-101-df-stf>. Acesso em: 02 nov. 2017.

(43) Ementa: PROCESSUAL CIVIL. AÇÃO CIVIL PÚBLICA. USINA HIDRELÉTRICA. LICENCIAMENTO. REFLEXOS SÓCIO-AMBIENTAIS. DIREITOS INDIVIDUAIS HOMOGÊNEOS. DEFESA DO MEIO AMBIENTE. LEGITIMIDADE ATIVA DO MINISTÉRIO PÚBLICO FEDERAL. OFENSA AO ART. 535 DO CPC NÃO CONFIGURADA. JULGAMENTO *EXTRA PETITA* NÃO CONFIGURADO. MATÉRIA FÁTICO-PROBATÓRIA. INCIDÊNCIA DA SÚMULA 7/STJ 1. Hipótese em que o Tribunal local consignou: "há um pedido específico, na alínea "c", às fls. 16, colocado como pedido principal, no sentido de condenar-se o Ibama, que tem o dever legal de fiscalizar a realização do estudo prévio de impacto ambiental, para que exija do empreendedor a correta mitigação dos impactos provocados pelo empreendimento com o cálculo da indenização, sem qualquer tipo de depreciação e a inclusão de danos morais. Este pedido é específico no sentido de exigir a fiscalização do Ibama na realização do estudo prévio de impacto ambiental, o que entendo se tratar de um pedido dentro da perfeita linha do princípio da precaução, para que o Ibama possa, assim, compreender que não se trata apenas de impactos da flora e da fauna, mas, sobretudo, como quer a Constituição, o meio ambiente ecologicamente equilibrado, e assim também o diz a Lei 6.938/81, que há de se voltar, sobretudo, para a sadia qualidade de vida das pessoas, das presentes e futuras gerações. Então, essa me parece a dimensão desse pedido específico do Ministério Público. E depois a condenação da ENERPEIXE S/A, que é a empreendedora, em reavaliar todos os imóveis, incluindo prédios, benfeitorias e as cessões, sem qualquer depreciação, e a pagar os danos morais suportados pelos impactados, com mudança de residência em valor equivalente a 50% do total fixado para os danos patrimoniais, inclusive de todos os imóveis e perdas impactadas já indenizadas.

Então, são dois pedidos, um de natureza específica e outro de natureza condenatória" e "isso é exatamente o que quer o Ministério Público nesta demanda, que o Ibama fiscalize e avalie se, efetivamente, esses acordos estão atendendo às exigências da legislação ambiental e da Constituição Federal" (fls. 1.471-1.472, e-STJ).

no caso da aplicação do princípio da precaução com a determinação da inversão do ônus da prova contra o potencial poluidor para se constatar possíveis danos ao meio ambiente e à saúde dos habitantes da região que poderiam ser afetados pela construção da linha de transmissão de energia elétrica no trecho Fortaleza/Pici. Segundo estudos acostados pelo MPF nos autos do referido processo, os danos provenientes dos campos eletromagnéticos na saúde da população poderiam ocasionar doenças como leucemia, câncer no cérebro e alterações no potencial genético. Tais danos, portanto, se de fato viessem a ocorrer, seriam de cunho irreversível.[44] Relevante a aplicação do princípio da precaução contra concessionária que estava a explorar hidrelétrica no sentido de necessitar provar, em sede de ação civil pública, que a sua atividade não estava a causar danos ao meio ambiente e a comunidade de pescadores local,[45] em um clássico caso de possível dano ricochete.[46]

---

2. Não se configura a ofensa ao art. 535 do Código de Processo Civil, uma vez que o Tribunal de origem julgou integralmente a lide e solucionou a controvérsia, tal como lhe foi apresentada.

3. Não configurou julgamento *extra petita* a decisão do Tribunal de origem que apreciou o pleito inicial interpretado em consonância com a pretensão deduzida na exordial como um todo. Sendo assim, não ocorre julgamento *ultra petita* se o Tribunal local decide questão que é reflexo do pedido na Inicial.

4. A jurisprudência do Superior Tribunal de Justiça é uníssona no sentido de que o Ministério Público tem legitimidade para atuar em causas que tratem de danos causados ao meio ambiente, conforme consignado pelo Tribunal a quo. Nesse sentido: REsp 1.479.316/SE, Rel. Ministro Humberto Martins, Segunda Turma, DJe 1º.9.2015; AgRg nos EDcl no REsp 1.186.995/SP, Rel. Ministro Benedito Gonçalves, Primeira Turma, DJe 10.12.2014; AgRg no AREsp 139.216/SP, Rel. Ministro Og Fernandes, Segunda Turma, DJe 25.11.2013; REsp 1.197.654/MG, Rel. Ministro Herman Benjamin, Segunda Turma, DJe 8.3.2012; AgRg no Ag 1.309.313/SP, Rel. Ministra Eliana Calmon, Segunda Turma, DJe 26.8.2010.

5. A jurisprudência do STF e do STJ assinala que, quando se trata de interesses individuais homogêneos, a legitimidade do Ministério Público para propor Ação Coletiva é reconhecida se evidenciado relevante interesse social do bem jurídico tutelado, atrelado à finalidade da instituição, mesmo em se tratando de interesses individuais homogêneos disponíveis. Nesse sentido: AgRg no REsp 1.301.154/RJ, Rel. Ministro Og Fernandes, Segunda Turma, DJe 19.11.2015; AgRg no REsp 1.381.661/PA, Rel. Ministro Mauro Campbell Marques, Segunda Turma, DJe 16.10.2015; REsp 1.480.250/RS, Rel. Ministro Herman Benjamin, Segunda Turma, DJe 8.9.2015; AgRg no AREsp 681.111 MS, Rel. Ministra Maria Isabel Gallotti, Quarta Turma, DJe 13.8.2015.

6. É evidente que, para modificar o entendimento firmado no acórdão recorrido, acerca da existência de relevância social apta a concretizar a legitimidade do Ministério Público, seria necessário exceder as razões colacionadas no acórdão vergastado, o que demanda incursão no contexto fático-probatório dos autos, vedada em Recurso Especial, conforme Súmula 7 do Superior Tribunal de Justiça.

7. Agravo Regimental não provido. (AgRg no REsp 1356449/TO, Rel. Ministro Herman Benjamin, Segunda Turma, julgado em 03.05.2016, DJe 25.05.2016)

(44) Ementa: PROCESSUAL CIVIL E AMBIENTAL. AÇÃO CIVIL PÚBLICA. CHESF. CONSTRUÇÃO DE LINHAS DE TRANSMISSÃO DE ENERGIA ELÉTRICA NO TRECHO FORTALEZA/PICI. VIOLAÇÃO DO ART. 535, II, DO CPC. DEFICIÊNCIA NA FUNDAMENTAÇÃO. SÚMULA 284/STF. ART. 267, IV E VI, DO CÓDIGO DE PROCESSO CIVIL. ART. 15 DA LEI 11.934/2009. AUSÊNCIA DE PREQUESTIONAMENTO. SÚMULA 211/STJ. EFEITOS NOCIVOS DOS CAMPOS ELETROMAGNÉTICOS AO MEIO AMBIENTE E À SAÚDE DA POPULAÇÃO. PRINCÍPIO DA PRECAUÇÃO. NECESSIDADE DE REALIZAÇÃO DE PERÍCIA. REVISÃO DE TAL ENTENDIMENTO. INCIDÊNCIA DA SÚMULA 7/STJ.

Trata-se, na origem, de Ação Civil Pública proposta pelo Ministério Público Federal contra Companhia Hidroelétrica do São Francisco — CHESF, com o objetivo de condenar a ré a não construir a Linha de Transmissão de 230Kv correspondente ao trecho Fortaleza/Pici, que perpassa bairros habitacionais, salvo se respeitada a distância mínima supracitada entre as linhas elétricas e as residências.

Não se conhece de Recurso Especial em relação a ofensa ao art. 535, II, do Código de Processo Civil quando a parte não aponta, de forma clara, o vício em que teria incorrido o acórdão impugnado.

Incidência, por analogia, da Súmula n. 284/STF.

A alegação de afronta ao art. 267, IV e VI, do Código de Processo Civil e ao art. 15 da Lei 11.934/2009, a despeito da oposição de Embargos Declaratórios, não foi apreciada pelo Tribunal *a quo*.

Incide a Súmula n. 211/STJ porque, para que se tenha por atendido o requisito do prequestionamento, é indispensável também a emissão de juízo de valor sobre a matéria.

O Tribunal de origem, com base no conjunto probatório dos autos, consignou que "no caso em análise, a aplicação do princípio da precaução sustenta-se pelos possíveis danos ao meio ambiente e à saúde dos habitantes da região que poderão ser causados pela construção da linha de transmissão de energia elétrica no trecho Fortaleza/Pici. Segundo estudos acostados pelo MPF nos autos, os danos provenientes dos campos eletromagnéticos na saúde da população poderiam ocasionar doenças como leucemia, câncer no cérebro e alterações no potencial genético. Tais danos, portanto, se de fato vierem a ocorrer, são de cunho irreversível. Por todas essas razões, norteado pelo princípio da precaução, entendo pela necessidade de realização de perícia técnica a respeito dos campos eletromagnéticos formados pela construção dos referidos 'linhões', confrontando-se com os limites de exposição humana e determinando-se a distância mínima segura entre as linhas e as residências dos habitantes da região" (fls. 1.427-1.428, e-STJ). A revisão desse entendimento implica reexame de matéria fático-probatória, o que atrai o óbice da Súmula 7/STJ. Precedente: AgRg no AREsp 515.088/CE, Rel. Ministro Humberto Martins, Segunda Turma, DJe 13.8.2014; e AgRg no REsp 1.367.251/SC, Rel. Ministro Mauro Campbell Marques, Segunda Turma, DJe 19.5.2014.

Recurso Especial não conhecido. (REsp 1437979/CE, Rel. Ministro HERMAN BENJAMIN, SEGUNDA TURMA, julgado em 10.11.2015, DJe 18.05.2016)

(45) Ementa: AGRAVO REGIMENTAL NO AGRAVO EM RECURSO ESPECIAL. DIREITO CIVIL E DIREITO AMBIENTAL. USINA HIDRELÉTRICA. CONSTRUÇÃO. PRODUÇÃO PESQUEIRA. REDUÇÃO. RESPONSABILIDADE OBJETIVA. DANO INCONTESTE. NEXO CAUSAL. PRINCÍPIO DA PRECAUÇÃO. INVERSÃO DO ÔNUS DA PROVA. CABIMENTO. PRECEDENTES. INOVAÇÃO EM RECURSO ESPECIAL. NÃO OCORRÊNCIA.

1. A Lei n. 6.938/1981 adotou a sistemática da responsabilidade objetiva, que foi integralmente recepcionada pela ordem jurídica atual, de sorte que é irrelevante, na espécie, a discussão da conduta do agente (culpa ou dolo) para atribuição do dever de reparação do dano causado que, no caso, é inconteste.

2. O princípio da precaução, aplicável à hipótese, pressupõe a inversão do ônus probatório, transferindo para a concessionária o encargo de provar que sua conduta não ensejou riscos para o meio ambiente e, por consequência, para os pescadores da região.

3. Não há inovação em recurso especial se, ainda que sucintamente, a matéria foi debatida no tribunal de origem.

4. Agravo regimental não provido. (AgRg no AREsp 183.202/SP, Rel. Ministro Ricardo Villas Bôas Cueva, Terceira Turma, julgado em 10.11.2015, DJe 13.11.2015)

(46) Para uma análise mais aprofundada de um caso específico julgado pelo Superior Tribunal de Justiça, ver: WEDY, Gabriel. Princípio da precaução, comentário ao AgRg na SLS 1.552-BA (Rel. Ministro Ary Pargendler). *Revista do Superior Tribunal de Justiça*, Brasília, DF, ano 27, n. 237. p. 352-359, 2015.

Importante, de outra banda, com prudência e viés crítico, importar para o direito brasileiro a ideia da análise do custo-benefício nas decisões regulatórias ambientais: legislativas, judiciais ou administrativas. Ou seja, adota-se o princípio da precaução desde que os custos inerentes a esta aplicação não superem os benefícios sociais, econômicos e ambientais almejados com a intervenção precautória do Estado. É de se grifar que a importação desavisada de alhures da aplicação da análise do custo-benefício na antiga moldura desenvolvimentista construída pelo Banco Mundial, nos anos 1970 e 1980, no modelo do *one size fit all,* não serve à realidade brasileira, em que as políticas públicas ambientais carecem de recursos financeiros, humanos, científicos e de maior transparência e democratização. Outra dificuldade para se proceder a análise do custo-benefício é a falta de dados e números para que se possa avaliar quantitativamente custos e benefícios em matéria ambiental no Brasil, ao contrário do que ocorre em vários países desenvolvidos. A Suprema Corte Norte-Americana já reconheceu a necessidade da análise do custo-benefício em matéria de direito ambiental por parte da *EPA — Environmental Protection Agency* em *Administration of Environmental Protection Agency v. Eme Homer City Generation.*

A maior dificuldade, contudo, que precisa ser superada, é que ainda com dados suficientes existem direitos fundamentais que não possuem valoração econômica — em que pese a grita utilitarista pós-moderna — como a vida, a saúde, o meio ambiente equilibrado e a própria dignidade da pessoa humana. Afastada a abordagem utilitária, estes valores não podem ser quantificados pecuniariamente. Neste sentido está presente no direito norte-americano a figura do *cost-oblivious* nos casos em que a proteção ao ambiente é tão importante que a regulação é realizada sem considerar o custo de sua implementação.

Feitas as críticas à análise do custo-benefício em matéria ambiental, não é nos dado o direito de ignorá-la sob pena de tomarmos decisões enviesadas ou "prol ambiente" ou "prol desenvolvimento econômico" que por certo fogem da definição de desenvolvimento sustentável construída, para além dos diplomas internacionais, pelo próprio Poder Constituinte de 1988, nos arts. 170 e 225. Importante que o Estado, talvez via Ministérios do Meio Ambiente, da Fazenda, IBGE, IPEA e porque não do CNJ [quando a regulação depender de decisões judiciais], com participação da sociedade civil, faça a apuração destes números e os três Poderes passem a contar com dados ambientais e econômicos robustos para um processo de tomada decisão mais seguro e, acima de tudo, sustentável. Este, talvez, seja o grande desafio para o futuro, preparar agentes públicos e juízes para a realização de uma análise do custo-benefício ambientalmente responsável e que respeite os direitos fundamentais no processo decisório.

Não resta dúvida que a legislação constitucional e infraconstitucional brasileira adotou o princípio da precaução como instrumento de tutela à saúde pública e ao meio ambiente acompanhando uma tendência internacional de implementação do princípio.

1.3 *Conceito*

O princípio da precaução teve o seu nascedouro no final da década de 1960 na Suécia, com a Lei de Proteção Ambiental,[47] e na República Federal Alemã,[48] no início dos anos 1970 (século XX) já denominado com o nome de *Vorsorgeprinzip,*[49] depois se espraiando pelo Direito anglo-saxônico como *Precautionary Principle,* pelo Direito francês como *Príncipe de Précaution* e, no Direito espanhol, como *Principio de Precaución.* O referido princípio é um instrumento para a gestão de riscos e é proposto no sentido de se evitarem danos à saúde e ao meio ambiente não como mera *soft law* — simples recomendação programática de conduta, adotado entre nações no plano internacional por uma conferência ou convenção — mas como princípio imperativo e cogente.

---

(47) Segundo Sunstein "In law, the first use of a general Precautionary Principle appears to be the Swedish Environmental Protection Act of 1969". SUNSTEIN, Cass. *Laws of fear: Beyond the precautionary principle.* New York: Cambridge Press, 2005. p. 16.

(48) Segundo Carla Amado Gomes "[...] este princípio ter-se-ia gerado, ao nível interno, na Alemanha, na Bundes-Imissionsschutzgesetz de 1974 (art. 5, parágrafos 1 e 2) e no plano internacional, as suas aparições datam de 1987 — no Protocolo de Montreal à Convenção de Viena para a proteção da camada de ozônio, e na declaração de Londres (Declaração proferida na 2ª Conferência Ministerial do Mar do Norte)" . GOMES, Carla Amado. Dar o duvidoso pelo (in)certo? In: JORNADA LUSO-BRASILEIRA DE DIREITO DO AMBIENTE, 1., 2002, Lisboa, *Anais. Lisboa.* p. 281. Todavia o entendimento mais aceitável da evolução do princípio da precaução no plano internacional entende-se ser o exposto neste capítulo do trabalho, em face da pesquisa legislativa realizada.

(49) Segundo Rocha "A ideia básica do Vorsorgeprinzip é que a sociedade possa evitar danos ambientais a partir de planejamentos que evitem a instalação e propagação de atividades que potencialmente sejam causadoras de danos ao meio ambiente. Referido princípio inicialmente foi previsto como diretriz do Programa Ambiental do Governo Federal Alemão para 1971 (Umweltprogramm der Bundesregierung)". ROCHA, João Carlos de Oliveira. *Os organismos geneticamente modificados e a proteção constitucional do meio ambiente.* Porto Alegre: PUCRS, 2007. Dissertação (Mestrado em Direito), Faculdade de Direito, Pontifícia Universidade Católica do Rio Grande do Sul, 2007. p. 191.

Na obra, *A Sociedade de Risco*, Beck, ressalta que o modo de produção capitalista, baseado na apropriação de recursos naturais, tem utilizado práticas e comportamentos que cada vez mais expõem e submetem o meio ambiente a situações de risco. Dessa forma, se por um lado o avanço tecnológico trouxe ganhos para a sociedade, de outro, contribuiu para que as situações de risco aumentassem significativamente, tornassem-se mais complexas e muitas vezes não perceptíveis pela sociedade.[50]

Giddens, por sua vez, refere que as questões ecológicas devem ser incluídas na nova faixa de situações de risco, porque hoje o homem deve preocupar-se mais com que ele faz com a natureza e com as suas consequências, isso porque o homem criou riscos que nenhuma outra geração anterior teve de enfrentar.[51]

A análise do risco, sempre presente na abordagem do princípio da precaução, é atitude que deve acompanhar todo o processo de tomada de decisões, que, na maioria das vezes, é problemático. Acerca das decisões no mundo globalizado, Forrester refere que, por causa da cibernética e das tecnologias de ponta, a velocidade se confunde com o imediato em espaços sem interstícios. Dessa forma, a ubiquidade e a simultaneidade são leis. Assim os detentores da tecnologia não compartilham com o povo este espaço, o tempo e a velocidade.[52] No mesmo sentido, Beck refere que "na sociedade de risco, o Estado de urgência tende a tornar-se o estado normal".[53]

Galbraith, ao propor "A sociedade justa", refere que o conflito entre a motivação econômica básica e os efeitos ambientais contemporâneos, e a longo prazo, não podem ser negados. Esse conflito não pode ser resolvido, segundo ele, "com preces ou com a retórica pública, mas o governo deve no interesse da comunidade e para proteção futura dela regulamentar as atividades capazes de causarem efeitos ambientais".[54] Aí a necessidade premente de aplicação do princípio da precaução, pois os benefícios econômicos não podem prevalecer em função de riscos à saúde e ao meio ambiente.

Essas preocupações acerca da velocidade na tomada de decisões sem a análise do impacto sobre a saúde pública e o meio ambiente são, sem dúvida alguma, procedentes, pois muitas vezes o lucro e a acumulação de riquezas dentro de um raciocínio utilitarista falam mais alto do que o argumento da proteção de bens juridicamente relevantes. Dentro de um raciocínio a *contrario sensu,* também, não é possível um retardamento de ações importantes como a comercialização, por exemplo, de uma vacina contra a Aids, sem argumentos plausíveis e razoáveis de uma real incerteza científica. De outra banda, o Poder Público deve regulamentar as atividades capazes de causarem danos ao meio ambiente sem paralisá-las por completo. Eis o grande desafio dos governos modernos na implementação das políticas públicas.

Mcinttyre e Mosedale referem que o princípio da precaução é uma regra consuetudinária de Direito Internacional[55]. Pode-se concordar com o afirmado pelos referidos doutrinadores, pois o número de protocolos e de convenções se multiplicam no plano internacional invocando o referido princípio. Ademais, o direito interno dos países vem incorporando o referido princípio em seus ordenamentos e a doutrina cada vez mais se aprofunda no seu estudo. O princípio da precaução tem sido invocado, inclusive, ante a Corte Internacional de Justiça de Haia.[56] É uma demonstração de que o princípio é reconhecido amplamente, podendo ser considerado uma regra consuetudinária de Direito Internacional.

É de se referir, contudo, que a Corte Internacional de Justiça apreciou o pedido de aplicação do princípio da precaução no caso dos testes nucleares dos mísseis franceses de 1992[57] e no caso Gabcikovo-Nagymaros[58] e evitou manifestar-se claramente sobre a sua aplicação. No mesmo sentido, a OMC recusou-se a se pronunciar sobre o prin-

---

(50) Ver: BECK, Ulrich. *La sociedad del Riesgo:* hacia una nueva modernidad. Barcelona: Paidós, 1998.

(51) HUTTON, Will; GIDDENS, Anthony. *Global Capitalism.* New York : The New Press, 2001. p. 17-8.

(52) FORRESTER.Viviane. *L'horreur économique.* Paris: Librairie Arthème Fayard, 1996. p. 26.

(53) BECK, Ulrich. *Risk Society: Towards a new modernity.* London: Sage, 1997. p. 79.

(54) GALBRAITH, John Kenneth. *The good society.* New York: Houghton Mifflin Company, 1996. p. 98.

(55) MACINTYRE, Owen; MOSEDALE, Thomas. The precautionary principle as a norm of customary international law. *Journal of environmental law*, n. 9/2, p. 221, 1997.

(56) Segundo SADELEER: "o Estatuto da Corte Internacional de Justiça prevê que a mesma aplique, além das convenções internacionais e do costume internacional, os princípios gerais de direito reconhecidos pelas nações civilizadas. SADELEER, Nicolas de. O estatuto do princípio da precaução no Direito Internacional. In: PLATIAU, Ana Flávia Barros; VARELLA, Marcelo Dias (orgs). *Princípio da precaução.* Belo Horizonte: Del Rey, 2004, p. 59.

(57) HAIA. Corte Internacional de Justiça. Nova Zelândia vs França. 22 de setembro de 1995. Neste caso a Nova Zelândia invocou o princípio da precaução tendo em vista os riscos impostos pela França ao meio ambiente ao realizar testes nucleares no mar.

(58) HAIA. Corte Internacional de Justiça. Hungria vs Eslováquia. 25 de setembro de 1997. Neste caso a Hungria invocou o princípio da precaução para suspender uma obra realizada pela mesma, de construção de uma barragem sobre o rio Danúbio, na fronteira com a Eslováquia, tendo em vista a possibilidade de riscos de danos ao meio ambiente.

cípio na sua decisão sobre hormônios,[59] apenas referindo que existe a possibilidade de os membros da OMC adotarem medidas a título de precaução. As decisões tomadas pelo Tribunal Internacional do Direito do Mar, nos casos do atum[60] e da usina Mox,[61] também não definiram o que se entende por precaução. Segundo Sadeller "estas opiniões parecem indicar que as referidas Cortes trataram apenas de uma abordagem de precaução e não de um princípio".[62]

O princípio da precaução quando aplicado não será um instrumento de tutela de direitos aceitável, justo e principalmente suficiente se não direcionar a sua abrangência para além da diminuição ou redução da poluição e dos danos ambientais em geral. Esse princípio precisa combater os danos em seu nascedouro, ou seja, combater o simples risco de dano ao meio ambiente. O princípio da precaução visa proteger o bem ambiental[63] não apenas no presente, mas com uma visão de futuro. Advertem, em boa hora, Sarlet e Fensterseifer, sobre a importância da aplicação do princípio da precaução:

> ... que a ausência de conhecimento científico adequado para assimilar complexidade dos fenômenos ecológicos e os efeitos negativos de determinadas técnicas e substâncias empregadas pelo ser humano podem levar, muitas vezes, a extinção de espécies da fauna e da flora, além da degradação de ecossistemas inteiros.[64]

O Direito em regra cria normas de proteção contra perigos concretos — normas de proteção e restrição em face do exercício de atividades nucleares — mas, corriqueiramente, não produz legislações para mitigação de riscos. Não sendo vedada pelo ordenamento jurídico a diminuição do risco das atividades, o princípio da precaução pode ser aplicado para diminuí-lo.

Leme Machado, em frase clássica, refere que "a precaução age no presente para não se ter de chorar e lastimar no futuro". A precaução não só deve estar presente para impedir o prejuízo ambiental, mesmo incerto, que possa resultar das ações ou omissões humanas, como deve atuar para a prevenção oportuna desse prejuízo. Evita-se o dano ambiental, pela prevenção no tempo certo.[65]Com efeito, Prieur, ao abordar o trágico acidente nuclear de Chernobyl, de 1986, referiu que "é uma constante no Direito Ambiental a intervenção após uma catástrofe, quando já é muito tarde para evitá-la",[66]para justificar de forma crítica a edição de duas convenções adotadas de afogadilho pela comunidade internacional logo após o fato.

Sob a ótica do princípio da precaução, o meio ambiente está no coração do processo de globalização e conduz à necessidade de solidariedade, comprometendo os setores públicos e privados. A expressão da solidariedade, quanto ao princípio da precaução, encontra-se estampada justamente no dever gerado à sociedade de intervir, mesmo em caso de incerteza científica, em respeito às gerações futuras. A complexidade dos fenômenos naturais e o progresso tecnológico impõem que, na hipótese de dúvida científica, redobre-se a prudência. Assim, no sentir de Prieur, "cela implique l´ediction de régles juridiques nouvelles pour anticiper des catastrophes futures au nom de la prudence et de la santé des générations presentes et à venir." [67]

---

(59) SADELEER, Nicolas de. O estatuto do princípio da precaução no Direito Internacional. In: PLATIAU, Ana Flávia Barros; VARELLA, Marcelo Dias (orgs). *Princípio da precaução*. Belo Horizonte: Del Rey, 2004, p. 70; No caso envolvendo os hormônios a Comunidade Europeia invocou a aplicação do princípio da precaução em face da carne importada dos Estados Unidos e Canadá onde é permitida a utilização de hormônios para o aumento do peso do gado, ver: Relatório da OMC sobre a questão das medidas comunitárias no que concerne à carne e a seus produtos derivados, WT/DS26/ABR, 1998.

(60) No caso do atum, Nova Zelândia e Austrália invocaram o princípio da precaução ao Tribunal do Direito do Mar, contra o programa de pesca experimental liderado pelo Japão. Ver: SCHIFFMAN, Howard. The southern Bluefin Tuna Case: ITLOS Hears Its First Fishery Dispute. Journal of International Wildlife Law and Policy, n. 3, 1999. p. 318.

(61) No caso da Indústria MOX, a Irlanda invocou o princípio contra o Reino Unido para que fosse suspensa a autorização concedida à referida indústria, tendo em vista as consequências irreversíveis do risco de despejo de plutônio no mar. Ver: BEURIER J.P; C.NOIVILLE. *La convention sur les droits de la mer et la diversité biologique. Hommages à C. de Klemm*. Estrasburgo: Conselho da Europa, 2001. p. 107.

(62) SADELEER, Nicolas de. O estatuto do princípio da precaução no Direito Internacional. In: PLATIAU, Ana Flávia Barros; VARELLA, Marcelo Dias (orgs). *Princípio da precaução*. Belo Horizonte: Del Rey, 2004, p. 70.

(63) Existem autores que questionam a segurança dos bens naturais referindo que as substâncias naturais podem ser perigosas à saúde humana. Neste sentido COLLMAN, James P. *Naturally Dangerous: Surprising facts about food, health and environmental*. Sausalito: University Science Book, 2001. p. 29-33.

(64) SARLET, Ingo Wolfgang; FENSTERSEIFER, Tiago. *Princípios de direito ambiental*. São Paulo: Editora Saraiva, 2014. p. 164.

(65) MACHADO, Paulo Afonso Leme. O princípio da precaução e o Direito Ambiental. *Revista de Direitos Difusos. Organismos Geneticamente Modificados*, São Paulo, v. 8. p. 1081-84, ago. 2001.

(66) PRIEUR, Michel. A política nuclear francesa: aspectos jurídicos. In: Seminário Internacional: O Direito Ambiental e os rejeitos radioativos, 2002, Brasília. *Anais*. Brasília: Escola Superior do Ministério Público da União, 2002. p. 16-7.

(67) PRIEUR, Michel. Mondialisation et droit de l´environnement, publié dans "Le droit saisi par la mondialisation". In: MORAND, C.-A. (org.) *Colletion de droit international*. Bruxelles: De l´Université de Bruxelles, Helbing & Lichtenhahn, 2001.

É de se aceitar a máxima do princípio da precaução que "é melhor prevenir do que remediar" (*Better safe than sorry*). Deve haver a proteção do meio ambiente, apesar da incerteza científica, e o homem deve preservar os recursos ambientais, não só em nome das gerações presentes, como das futuras, em atenção ao princípio do desenvolvimento sustentável[68] e do princípio da solidariedade intergeracional. É sempre melhor antecipar-se aos danos que podem vir a se revelar irreversíveis.

A abrangência do conceito de princípio da precaução[69] e os efeitos de sua aplicação não atingem apenas o Estado como aplicador da lei no exercício de sua função jurisdicional, ou o Estado como executor na sua função executiva. Esses efeitos de aplicação do princípio atingem também o Estado na sua função de legislar, pois as normas devem ser editadas observando um dever de precaução do Estado legislador. Isso porque, ao se avaliar a possibilidade de edição de uma lei que permita uma determinada atividade de risco, ante uma incerteza científica acerca dos efeitos danosos deste empreendimento, o Estado legislador não pode editá-la sob pena de violação do referido princípio.

MacDonald faz a advertência de que o Estado é "legislador, administrador e julgador do princípio da precaução e é natural que o conteúdo deste princípio em gestação se molde ao sabor dos seus multifacetados interesses." [70] Todavia o comentário referido é deveras redundante e marcado por um verdadeiro truísmo, porque o Estado evidentemente possui tendências sociais, multiculturais e político-ideológicas que influenciam a aplicação e interpretação de todo e qualquer princípio de direito e não apenas do princípio da precaução.

O conceito de princípio da precaução que se pode colocar como mais aceitável consiste em um princípio pautado em atitudes estatais e não estatais — e também em não agir.[71] Quanto ao não agir, Prieur refere que na adoção do princípio da precaução muitas vezes o risco e a incerteza são tão grandes, que a decisão mais acertada é de nada fazer em nome do princípio da precaução.[72] O não agir, obviamente, sempre deve ter como finalidade evitar riscos de danos.

Não se pode concordar com aqueles que entendem que o princípio da precaução é passível de diversas definições e conceitos,[73] principalmente após a edição do princípio 15, na Conferência sobre o Meio Ambiente e o Desenvolvimento (RIO/ 92). A despeito disto, Stewart elabora quatro versões do princípio da precaução.[74] Por sua vez, Morris faz a distinção entre as concepções forte e fraca do princípio da precaução, identificando a concepção forte com o previsto na Declaração de Wingspread e a concepção fraca com o previsto no enunciado 15, da Declaração do Rio/92. Morris critica ambas as concepções, sendo mais duro em relação à Declaração de Wingspread que torna mais radical a aplicação do princípio da precaução, pois não permite a emissão de qualquer substância poluente antes que seja provada a sua faceta completamente inofensiva ao meio ambiente.[75]

Referidas diferenciações, entretanto, não se sustentam, pois todas "versões" do princípio visam impedir o risco de dano em caso de incerteza científica da atividade potencialmente lesiva ao meio ambiente ou à saúde pública. Não

---

(68) Sobre as imbricações entre o direito fundamental ao desenvolvimento sustentável e a Política Nacional de Mudança do Clima no Brasil, ver: WEDY, Gabriel. *Climate change and sustainable development in brazilian law*. New York: Columbia University, 2016. Disponível em: <https://web.law.columbia.edu/ sites/default/ files/microsites/climate-change/files/Publications/Collaborations-Visiting-Scholars/wedy_-_cc_sustainable_development_in_ brazilian_law.pdf>. Acesso em: 20 ago. 2017.

(69) Segundo Julian Morris existe uma definição forte e outra fraca acerca do princípio da precaução, a forte radicaliza na possibilidade de tomada de medidas precautórias. Ver: MORRIS, Julian. Defining the Precautionary Principle. In: Morris, Julian ed. *Rethinking Risk and the Precautionary Principle* . Oxford: Butterworth- -Heinemann, 2000. p. 1-19.

(70) Apud GOMES, Carla Amado. Dar o duvidoso pelo (in) certo? In: JORNADA LUSO-BRASILEIRA DE DIREITO DO AMBIENTE, 1, 2002, Lisboa, *Anais*. Lisboa. p. 284.

(71) Para Niklas Luhmann o não agir também consiste em uma ação. Ver: LUHMANN, Niklas. *Por uma teoria dos sistemas. Dialética e liberdade*. Petrópolis: Vozes/ UFGRS, 1993; Ver: LUHMANN, Niklas. *Sociologia do direito II*. Traduzido por Gustavo Bayer. Rio de Janeiro: Tempo Brasileiro, 1985.

(72) PRIEUR, Michel. A política nuclear francesa: aspectos jurídicos. In: Seminário Internacional: O Direito Ambiental e os rejeitos radioativos, 2002, Brasília. *Anais*. Brasília: Escola Superior do Ministério Público da União, 2002. p. 28.

(73) Wiener sustenta que não há uma única definição para o princípio da precaução e que as definições existentes são variadas e frequentemente vagas. Ver: WIENER, Jonathan B. Precaution in a Multirisk World. In: PAUSTENBACH. Dennis J.(ed). *Human and Ecological Risk Assesment 1509*. New York: John Wiley & Sons, 2002.

(74) Segundo Richard Stewart o princípio da precaução possui quarto versões: 1. Princípio da Precaução de Não Exclusão (Nonpreclusion Precatory Principle): A regulação não deve ser excluída em razão da ausência de incerteza científica sobre atividades que apresentam um risco substancial de dano; 2. Princípio da Precaução da Margem de Segurança (Margin of Safety Precautionary Principle): A regulação deve incluir uma margem de segurança, limitando atividades abaixo do nível ao qual efeitos adversos não tenham sido encontrados ou previstos; 3. Princípio da Precaução da Melhor Tecnologia Disponível (Best Available Technology Precautionary Principle). Deve ser imposta a exigência da melhor tecnologia disponível às atividades que oferecem um potencial incerto de criar um dano substancial, a menos que aqueles em favor daquelas atividades possam demonstrar que elas não apresentam risco estimável; 4. Princípio da Precaução Proibitivo (Prohibitory Precautionary Principle): Devem ser impostas proibições a atividades que têm um potencial incerto de imprimir dano substancial, a menos que aqueles em favor daquelas atividades possam demonstrar que elas não apresentam risco estimável. *Apud* SUNSTEIN, Cass R. Para além do princípio da precaução. *Interesse Público*, Sapucaia do Sul, v. 8, n 37. p. 119-71, maio-jun. 2006.

(75) MORRIS, Julian. Defining the Precautionary Principle. In: MORRIS, Julian (ed). *Rethinking Risk and the Precautionary Principle*. Oxford: Butterworth- -Heinemann, 2000. p. 3-4.

obstante, isso não significa conferir uma aplicação restritiva ao princípio, nem engessá-lo por meio de esquemas subsuntivos, tais como aqueles propostos pelo positivismo formal.

De fato, os princípios constitucionais configuram Direito <<dúctil>>, ou elástico, por natureza, demonstrando-se incisivos e flexíveis a um só tempo, demandando uma metodologia interpretativa não eminentemente dedutiva (como a subsunção, própria do positivismo), mas que se paute pela ponderação dos demais princípios e valores envolvidos.[76] Nesse sentido, pronunciam-se Gros e Deharbe[77] para quem o conceito do princípio da precaução se demonstra de natureza fluida.

Apesar dos atos normativos editados delimitarem textualmente o princípio em tela, conduzindo a doutrina a formular um conceito com base nessa delimitação legislativa, é preciso ter-se presente que, se, por um lado, invoca-se a aplicação das medidas proporcionais para prevenir um risco de dano grave e irreversível ao meio ambiente a um custo aceitável, por outro lado, a definição legislativa não fixa as medidas necessárias para aplicação do princípio. Aí, sim, se pode observar uma margem de discricionariedade na implementação do princípio, mas sempre levando em consideração os seus elementos básicos: risco de dano e incerteza científica da atividade proposta.

De outra banda, as próprias convenções internacionais referem que o princípio da precaução deve ser implementado ao menor custo possível[78] que deve compatibilizar-se com a busca das melhores técnicas disponíveis na sua implementação. Nesse sentido, Gore refere que, nos últimos anos, dezenas de empresas reduziram emissões de gases que retêm o calor da atmosfera e ao mesmo tempo economizaram dinheiro. Algumas das maiores empresas mundiais estão tratando de aproveitar as enormes oportunidades econômicas oferecidas por um futuro com energia mais limpa.[79]

O conceito de princípio da precaução não pode desconsiderar a relação dos custos envolvidos e da tecnologia empregada, que deve ser a melhor disponível. O Reino Unido tem adotado a abordagem "BAT" (*best available technology*) — (melhor tecnologia disponível) inserida na Lei de Proteção do Meio Ambiente (seção 7, parágrafo 4), se bem que balizada pelas considerações de custo (*best available technology not entailing excessive cost*). Como refere Wolfrun "a noção de melhor tecnologia disponível requer também que se tomem ações para a proteção ambiental, com o uso dinâmico da tecnologia protetora moderna".[80]

O custo excessivo, segundo Leme Machado, "deve ser ponderado de acordo com a realidade econômica de cada país, pois a realidade ambiental é comum a todos os países, mas diferenciada".[81] É evidente, nesse sentido, que os Estados Unidos, por exemplo, podem empregar maiores recursos na aplicação das medidas de precaução do que a Bolívia ou o Equador. O conceito de princípio da precaução, assim, deve observar o princípio constitucional da reserva do possível.[82]

A aplicação do princípio da precaução, portanto, deve ser feita no sentido de se proteger um bem constitucionalmente tutelado, sem que outro bem constitucionalmente seja sacrificado desproporcionalmente como, por exemplo, a propriedade privada e a livre-iniciativa. O princípio da precaução visa basicamente à proteção da coletividade contra riscos de danos ao meio ambiente e à saúde pública com o intuito, como afirma Kiss, "de preservar o meio ambiente para o futuro". [83]

2 MUDANÇAS CLIMÁTICAS E A APLICAÇÃO DO PRINCÍPIO DA PRECAUÇÃO NAS RELAÇÕES JURÍDICO-TRABALHISTAS

A temperatura média do planeta aumentou 0,74% desde o final de 1800. Em conformidade com recentíssima pesquisa realizada nos Estados Unidos pela *National Oceanic Atmospheric Administration*, a média da temperatura dos

---

(76) ZAGREBELSKY, Gustavo. *Il diritto mite*. Torino: Einaudi, 1992. p. 11 e 147-73.

(77) GROS, Manuel; DENARBE, Davis. Chronique administrative. *Revue du Droit Public*, Tome cent six-huit, n. 3. p. 821-45, maio-juin. 2002.

(78) Segundo o art. 3º da Convenção Quadro das Nações Unidas "Quando surgirem ameaças de danos sérios ou irreversíveis, a falta de certeza científica não deve ser usada como razão para postergar medidas regulatórias, levando em conta que as políticas públicas e medidas adotadas para enfrentar a mudança do clima devem ser eficazes em função dos custos, de modo a assegurar os benefícios mundiais ao menor custo possível". Ver: Convenção Quadro das Nações Unidas sobre Mudanças Climáticas, 9 de maio de 1992, art. 3º, princ. 3, S. Treaty Doc. N. 102-38, 1771 U.N.T.S. 108. Disponível em: <http://www.onu-brasil.org.br>. Acesso em: 20 fev. 2008.

(79) GORE, Albert. *An Inconvenient Truth*. Emmaus: Rodale Books, 2006, p.5.

(80) WOLFRUM, Rüdiger. O princípio da precaução. In: PLATIAU, Ana Flávia Barros; VARELLA, Marcelo Dias (orgs.). *Princípio da precaução*. Belo Horizonte: Del Rey, 2004, p.23.

(81) MACHADO, Paulo Afonso Leme. O princípio da precaução e o Direito Ambiental. *Revista de Direitos Difusos. Organismos Geneticamente Modificados*, São Paulo, v. 8. p. 1081-1084, ago. 2001.

(82) Sobre a origem e o conceito do princípio da precaução ver, WEDY, Gabriel. O princípio constitucional da precaução: origem, conceito e análise crítica. *Revista Direito Federal*, Brasília, DF, ano 26, n. 93. p. 223-270, 2013.

(83) KISS, Alexandre. Os direitos e interesses das gerações futuras e o princípio da precaução. In: PLATIAU, Ana Flávia Barros; VARELLA, Marcelo Dias (orgs.). *Princípio da precaução*. Belo Horizonte: Del Rey, 2004. p. 11.

382 meses que antecederam o ano de 2016 foi mais alta que a média do século XX, e o ano de 2016, foi o mais quente desde 1880, superando inclusive o ano de 2015, que registrava até então as temperaturas mais elevadas dos últimos 136 anos.[84] Importante grifar que os dez anos de maior calor no período analisado ocorreram posteriormente ao ano de 1997.[85] Em estudo independente, a NASA chegou à mesma conclusão.[86]

Previsões dos cientistas sobre o aumento de temperatura variam entre 1,8°C e 4°C até o ano de 2100. Ainda que as temperaturas aumentem apenas 1,8°C, essa elevação será superior a qualquer variação positiva da temperatura nos últimos 10.000 anos.

A industrialização pós-revolução industrial, baseada nos combustíveis fósseis como fonte de energia, no desmatamento e nos processos produtivos insustentáveis na agricultura, como monoculturas, são a causa principal das emissões de gases de efeito estufa, os quais, por sua vez, preservam o calor no nosso ambiente, já que absorvem parte da radiação infravermelha emanada do Sol e refletida na superfície da Terra, impedindo-a de regressar para o espaço. Esses gases são de fundamental importância, pois mantêm a temperatura própria para a vida no planeta. Sem eles, o clima seria extremamente frio e a temperatura na Terra seria cerca de 33°C mais baixa em média, o que comprometeria a vida. Excessos desses gases na atmosfera, por outro lado, são muito perigosos, visto que eles passam a reter cada vez mais a radiação infravermelha refletida na Terra e impedem-na de retornar ao espaço, o que torna o clima cada vez mais quente.[87]

Alterações do clima decorrentes das atividades humanas e os seus efeitos negativos são hoje praticamente um consenso científico. Dois estudos separados, usando diferentes metodologias, concluíram que aproximadamente 97% dos cientistas que pesquisam sobre o clima concordam que a Terra está aquecendo e que as emissões de gases de efeito estufa são a principal causa de tal fenômeno.[88] Existe um pequeno grupo composto de cientistas do clima e de outras áreas do conhecimento, além de leigos e céticos, que discordam de que as mudanças climáticas possuem causas humanas[89] e são uma realidade. A aceitação da realidade das mudanças climáticas e dos perigos que ela representa para a humanidade torna-se uma imposição do exercício consciente da cidadania global.

Entre os gases de efeito estufa emitidos em decorrência das atividades humanas e que causam o aquecimento global, o que mais necessita de regulação é o dióxido de carbono, pois ele é emitido em grandes quantidades. Entretanto, existem gases de efeito estufa mais potentes. O metano possui o potencial de aquecimento global (*Global Warming Potential*) de 21 GWP; o óxido nitroso de 310 GWP; os hidrofluorcarbonetos têm o GWP entre 140 e 11.700; os perfluorocarbonetos possuem o GWP de 6.500 a 9.200; e, por fim, os hexafluoretos têm 16.300 de GWP.[90] Mudanças climáticas causadas pela retenção desses gases na atmosfera causam impactos negativos sobre a saúde humana.[91]

Evidente impacto nefasto aos seres humanos é o aumento da frequência e da intensidade do calor, causador de mortes e doenças[92] gerador de vítimas e de prejuízos materiais bilionários para a saúde pública. Aliás, o meio ambiente natural e cultural igualmente está vulnerável e sofrendo os efeitos negativos das alterações climáticas,[93] assim como

---

(84) NATIONAL OCEANIC ATMOSPHERIC ADMINISTRATION. *Maps and time series*. Washington, 2016. Disponível em: <https://www.ncdc.noaa.gov/sotc/global/201506>. Acesso em: 01 jan. 2017.

(85) WEDY, Gabriel. Os sinais do clima e as mudanças climáticas. *Zero Hora*, Porto Alegre, 14 fev. 2015. Caderno de Opinião. p. 19.

(86) NATIONAL AERONAUTICS AND SPACE ADMINISTRATION. *NASA, NOAA find 2016 warmest year in modern record*. Washington, 2016. Disponível em: <http://www.nasa.gov/press/2016/january /nasa-determines-2014-warmest-year-in-modern-record>. Acesso em: 02 jan. 2017.

(87) Ver: GORE, Albert. *An incovenient truth*: the crisis of global warming. New York: Penguin Group, 2007; SACHS, Jeffrey. *The age of sustainable development*. New York: Columbia University Press, 2015.

(88) ANDEREGG, W.R.L. *et al.* Expert credibility in climate change. *Proc Natl Acad Sci*, Bethesd, v. 107, n. 27. p. 12107-9, June 21, 2010. Disponível em: <https://www.ncbi.nlm.nih.gov/pubmed/ 20566872>. Acesso em: 02 nov. 2014. COOK, John et al. Quantifying the consensus on anthropogenic global warming in the scientific literature. *Environmental Research Letters*, Bristol, v. 8, n. 2. p. 1-7, May 15, 2013. Disponível em: <http://iopscience.iop.org/article/10.1088/1748-9326/8/2/024024>. Acesso em: 02 nov. 2014. Ver também: GERRARD, Michael. Introduction and overview. In: GERRARD, Michael; FREEMAN, Jody (Ed.). *Global climate change and U.S law*. New York: American Bar Association, 2014. p. 5.

(89) Ver: ORESKES, Naomi; CONWAY, Erik. *Merchants of doubt*: how a handful of scientists obscured the truth on issues from tobacco smoke to global warming. New York: Bloomsbury Press, 2011.

(90) INTERGOVERNMENTAL PANEL ON CLIMATE CHANGE. *The science of climate change*: sumary for policymakers and technical summary of the working group I Report 22, Geneva, 1995.

(91) GERRARD, Michael. Introduction and overview. In: GERRARD, Michael; FREEMAN, Jody (Ed.). *Global climate change and U.S law*. New York: American Bar Association, 2014. p. 15-16.

(92) Ver: ORESKES, Naomi; CONWAY, Erik. *Merchants of doubt*: how a handful of scientists obscured the truth on issues from tobacco smoke to global warming. New York: Bloomsbury Press, 2011.

(93) Relatório divulgado pela UNESCO, pelo Programa das Nações Unidas para o Meio Ambiente (PNUMA) e pela União de Cientistas Preocupados (UCS, em inglês Union of Concerned Scientists) apontou que pelo menos 31 sítios do Patrimônio Mundial em 29 países em todo o mundo estão mais vulneráveis aos efeitos das mudanças climáticas. Os sítios são naturais ou culturais de acordo com o documento. Existem impactos climáticos em locais turísticos emblemáticos como

o meio ambiente do trabalho, ademais, no Brasil, em que o clima tropical predomina e os meses de verão apresentam temperaturas cada vez mais elevadas a castigar toda a classe trabalhadora.

2.1 *Normas constitucionais de tutela do trabalhador e a política nacional da mudança do clima*

O Poder Constituinte Originário de 1988 garantiu ao trabalhador brasileiro direitos fundamentais que o protegem de condições laborais de calor extremo e garantem remuneração especial ao mesmo na ocorrência desta situação. Disciplina a Constituição Federal:

Art. 7º São direitos dos trabalhadores urbanos e rurais, além de outros que visem à melhoria de sua condição social:

XXII — redução dos riscos inerentes ao trabalho, por meio de normas de saúde, higiene e segurança;

XXIII — adicional de remuneração para as atividades penosas, insalubres ou perigosas, na forma da lei;

Assim o meio ambiente do trabalho é protegido na Constituição Federal de 1988, onde se atribui ao Sistema Único de Saúde — SUS, a proteção do meio ambiente, nele compreendido o do trabalho, como se verifica no art. 200, VIII. Importante grifar que o meio ambiente e o trabalho na legislação infraconstitucional são fatores determinantes e condicionantes da saúde. Neste sentido a Lei n. 8.080, de 19 de setembro de 1990:

Art. 3º A saúde tem como fatores determinantes e condicionantes, entre outros, a alimentação, a moradia, o saneamento básico, o meio ambiente, o trabalho, a renda, a educação, o transporte, o lazer e o acesso aos bens e serviços essenciais; os níveis de saúde da população expressam a organização social e econômica do País.

Não parece haver dúvidas em específico, que temperaturas extremas no meio ambiente do trabalho são causadoras de riscos e normas de segurança precautórias — para além da NR 15, que regulamenta as atividades insalubres e os limites de tolerância para a exposição dos trabalhadores ao calor — devem reduzi-los. Para isso deve o Estado Legislador atualizar a legislação infraconstitucional trabalhista a esta Era das mudanças climáticas. Aliás, esta é uma imposição do princípio constitucional da precaução a ser considerada pelo Poder Legislativo para evitar riscos de dano a saúde do trabalhador em virtude das temperaturas extremas. O Estado-Juiz, por sua vez, deve interpretar e aplicar o princípio da precaução em suas decisões para evitar riscos à saúde dos trabalhadores decorrentes das altas temperaturas no meio ambiente do trabalho causadas por fatores antrópicos.

A Lei n. 12.187/2009, que institui a Política Nacional da Mudança do Clima, prevê expressamente o princípio da precaução como um dos seus princípios norteadores:

Art. 3º A PNMC e as ações dela decorrentes, executadas sob a responsabilidade dos entes políticos e dos órgãos da administração pública, observarão os princípios da precaução, da prevenção, da participação cidadã, do desenvolvimento sustentável e o das responsabilidades comuns, porém diferenciadas, este último no âmbito internacional, e, quanto às medidas a serem adotadas na sua execução, será considerado o seguinte:

I — todos têm o dever de atuar, em benefício das presentes e futuras gerações, para a redução dos impactos decorrentes das interferências antrópicas sobre o sistema climático;

II — serão tomadas medidas para prever, evitar ou minimizar as causas identificadas da mudança climática com origem antrópica no território nacional, sobre as quais haja razoável consenso por parte dos meios científicos e técnicos ocupados no estudo dos fenômenos envolvidos;

De fato, o Estado-Juiz[94] e o Estado-Legislador devem aplicar o princípio da precaução para a redução dos riscos no meio ambiente do trabalho quando o calor extremo ameaçar a saúde do trabalhador. Ademais, a Política Nacional

---

Veneza, Stonehenge e as Ilhas Galápagos, entre outros. UNESCO. *World heritage and tourism in a changing climate*. Paris, 2016. Disponível em: <http://www.ucsusa. org/global-warming/global-warming-impacts/world-heritage-tourism-sites-climate-change-risks#.V0hpWPkrJpi>. Acesso em: 18 set. 2016.

(94) A exposição do ser humano a fontes naturais de calor em excesso não é ignorada pelo Poder Judiciário. Na Justiça Federal, a Turma Nacional de Uniformização de Jurisprudência dos Juizados Especiais Federais (TNU) já reconheceu que o trabalho exposto a fonte natural de calor tem natureza especial. O órgão entendeu que depois do Decreto n. 2.172/97 se tornou possível o reconhecimento das condições especiais do trabalho exercido sob exposição ao calor proveniente de fontes naturais, de forma habitual e permanente. Disponível em: https://www.conjur.com.br/2017-set-05/trabalho-exposto-fonte-natural-calor-especial-decide-tnu. Acesso em: 01.12.2017. O Tribunal Superior do Trabalho, por sua vez, garantiu a cobrador de ônibus de Manaus adicional de insalubridade de 20% por exposição ao calor

da Mudança do Clima vincula legalmente o Estado e os particulares, precautoriamente, à adoção de medidas de adaptação que significam "iniciativas para reduzir a vulnerabilidade dos sistemas naturais e humanos frente aos efeitos atuais e esperados da mudança do clima" e também para afastar os efeitos da mudança do clima que significam "mudanças no meio físico ou biota resultantes da mudança do clima que tenham efeitos deletérios significativos sobre a composição, resiliência ou produtividade de ecossistemas naturais e manejados, sobre o funcionamento de sistemas socioeconômicos ou sobre a saúde e o bem-estar humanos (Art. 2º, incisos I e II)."

As políticas trabalhistas governamentais e a legislação laboral devem obrigatoriamente, por força da Lei n. 12.187/2009, considerar a Política Nacional da Mudança do clima:

Art. 11. Os princípios, objetivos, diretrizes e instrumentos das políticas públicas e programas governamentais deverão compatibilizar-se com os princípios, objetivos, diretrizes e instrumentos desta Política Nacional sobre Mudança do Clima.

Devem as normas internacionais, constitucionais e infraconstitucionais citadas e aqui expostas, como fontes do direito, dialogarem, por meio dos agentes estatais, no sentido de se espraiar a aplicação do princípio da precaução nas relações jurídico-laborais com a finalidade de se evitarem riscos à saúde do trabalhador decorrentes dos extremos climáticos, notadamente o calor no meio ambiente do trabalho.

3 CONCLUSÃO

O Estado nas suas funções legislativa e judiciária, considerando a Lei n. 12.187/2009, deve aplicar e ter como referência o princípio da precaução, com base na normativa internacional, constitucional e infraconstitucional, a fim de evitar riscos de danos à saúde do trabalhador que são uma consequência direta das altas temperaturas no meio ambiente do trabalho.

O fato das mudanças climáticas, causadas por fatores antrópicos, ser uma realidade e o território brasileiro estar exposto a altas temperaturas, em especial nas regiões norte e nordeste, e nos meses de verão, não pode ser ignorado pelo direito dentro de uma visão moderna e holística, típica de um Estado Socioambiental e Democrático de Direito. Cabe ao operador do direito aceitar os desafios impostos pelas mudanças do clima, também na esfera trabalhista, com a finalidade de assegurar condições de trabalho dignas ao trabalhador brasileiro. O princípio constitucional da precaução é um importante instrumento jurídico para promover a segura adaptação e resiliência do trabalhador brasileiro, em tempos de aquecimento global, no meio ambiente do trabalho.

4 REFERÊNCIAS

ANDEREGG, W.R.L. *et al.* Expert credibility in climate change. Proc Natl Acad Sci, Bethesd, v. 107, n. 27, p. 12107-9, June 21, 2010. Disponível em: <https://www.ncbi.nlm.nih.gov/pubmed/ 20566872>. Acesso em: 02 nov. 2014.

BECK, Ulrich. *Risk Society: Towards a new modernity.* London: Sage, 1997

BEURIER J.P; C.NOIVILLE. *La convention sur les droits de la mer et la diversité biologique. Hommages à C. de Klemm.* Estrasburgo: Conselho da Europa, 2001, p. 107-129.

CEZAR, Frederico Gonçalves; ABRANTES, Paulo César Coelho. Princípio da precaução: considerações epistemológicas sobre o princípio e sua relação com o processo de análise de risco. *Cadernos de Ciência e Tecnologia,* v. 20, n.2, Brasília, p. 225-62, mai.-ago. 2003.

COOK, John et al. Quantifying the consensus on anthropogenic global warming in the scientific literature. *Environmental Research Letters,* Bristol, v. 8, n. 2, p. 1-7, May 15, 2013. Disponível em: <http://iopscience.iop.org/article/10.1088/1748-9326/8/2/024024>. Acesso em: 02 nov. 2014.

COLLMAN, James P. *Naturally Dangerous: Surprising facts about food, health and environmental.* Sausalito: University Science Book, 2001, p. 29-33.

---

do sol durante o trabalho. De acordo com o relator do processo na 6ª Turma, desembargador convocado, Américo Bedê Freire, a Orientação Jurisprudencial 173 da Subseção 1 Especializada em Dissídios Individuais do TST, prevê o adicional aos trabalhadores que exercem atividades expostos ao calor acima dos limites de tolerância, inclusive em ambiente externo com carga solar. Disponível em: https://www.conjur.com.br/2015-set-13/cobrador-onibus-manaus-recebera-adicional-calor. Acesso em: 7.12.2017.

DURNIL, Gordon K. How Much Information Do We Need Before Exercising Precaution? In: RAFFENSPERGER Carolyn; TICKNER, Joel (orgs.). *Protecting public health and the environment: implementing the precautionary principle.* Washington: Island Press, 1999, p. 266-76.

FORRESTER.Viviane. *L'horreur économique.* Paris: Libraire Arthème Fayard, 1996.

FREESTONE, D. e MAKUCH, Z. The New International Environmental Law of Fisheries: The 1995 United Nations Straddling Stocks Agreement. Yearbook of International Environmental Law, v. 7, p. 30, 1996.

GALBRAITH, John Kenneth. *The good society.* New York: Houghton Mifflin Company, 1996.

GERRARD, Michael. Introduction and overview. In: GERRARD, Michael; FREEMAN, Jody (Ed.). *Global climate change and U.S law.* New York: American Bar Association, 2014. p. 5-25.

HEY, Elen. The precautionary concept in environmental policy and law: Institutionalizing caution. *Georgetown International Enmviromental Law Review.* Washington, n. 4, p. 303-12, 1992.

HUTTON, Will; GIDDENS, Anthony. *Global Capitalism.* New York : The New Press, 2001,

GOMES, Carla Amado. Dar o duvicoso pelo (in)certo? In: JORNADA LUSO-BRASILEIRA DE DIREITO DO AMBIENTE, 1., 2002, Lisboa, *Anais. Lisboa,* p. 281-295.

KISS, Alexandre. Os direitos e interesses das gerações futuras e o princípio da precaução. In: PLATIAU, Ana Flávia Barros; VARELLA, Marcelo Dias (orgs). *Princípio da precaução.* Belo Horizonte: Del Rey, 2004, p. 11-31.

LUHMANN, Niklas. *Por uma teoria dos sistemas. Dialética e liberdade.* Petrópolis: Vozes/UFGRS, 1993.

_____ . *Sociologia do direito II.* Traduzido por Gustavo Bayer. Rio de Janeiro: Tempo Brasileiro, 1985.

MACHADO, Paulo Afonso Leme. O princípio da precaução e o Direito Ambiental. *Revista de Direitos Difusos. Organismos Geneticamente Modificados,* São Paulo, v. 8, p. 1081-1084, ago. 2001.

MACINTYRE, Owen; MOSEDALE, Thomas. The precautionary principle as a norm of customary international law. *Journal of environmental law,* n.9/2, p. 221,1997.

MORRIS, Julian. Defining the Precautionary Principle. In: Morris, Julian ed. *Rethinking Risk and the Precautionary Principle* . Oxford: Butterworth-Heinemann, 2000, p. 1-19.

ORESKES, Naomi; CONWAY, Erik. *Merchants of doubt*: how a handful of scientists obscured the truth on issues from tobacco smoke to global warming. New York: Bloomsburry Press, 2011.

PASSOS DE FREITAS, Vladimir. Mercosul e meio ambiente. In: PASSOS DE FREITAS, Vladimir (org.). *Direito Ambiental em evolução.* Curitiba: Juruá, 2002, p.357-67. v.3.

GORE, Albert. *An Inconvenient Truth.* Emmaus: Rodale Books, 2006,

GROS, Manuel; DENARBE, Davis. Chronique administrative. *Revue du Droit Public,* Tome cent six-huit, n. 3, p. 821-45, mai-juin. 2002.

POLLAN, Michael. The Year in Ideas A to Z. *New York Times,* Nova York, dez. 2001.

PRIEUR, Michel. A política nuclear francesa: aspectos jurídicos. In: Seminário Internacional: O Direito Ambiental e os rejeitos radioativos, 2002, Brasília. *Anais.* Brasília: Escola Superior do Ministério Público da União, 2002, p. 16-7.

_____ . Mondialisation et droit de l'environnement, publié dans "Le droit saisi par la mondialisation". In: MORAND, C.-A. (org.) *Colletion de droit international.* Bruxelles: De l'Université de Bruxelles, Helbing & Lichtenhahn, 2001.

ROCHA, João Carlos de Oliveira. *Os organismos geneticamente modificados e a proteção constitucional do meio ambiente.* Porto Alegre: PUCRS, 2007. Dissertação (Mestrado em Direito), Faculdade de Direito, Pontifícia Universidade Católica do Rio Grande do Sul, 2007, p. 194.

SACHS, Jeffrey. *The age of sustainable development.* New York: Columbia University Press, 2015.

SADELEER, Nicolas de. O estatuto do princípio da precaução no Direito Internacional. In: PLATIAU, Ana Flávia Barros; VARELLA, Marcelo Dias (orgs). *Princípio da precaução.* Belo Horizonte: Del Rey, 2004.

SARLET, Ingo Wolfgang; FENSTERSEIFER, Tiago. *Princípios de direito ambiental.* São Paulo: Editora Saraiva, 2014.

SANDS, Philippe. O princípio da precaução. In: PLATIAU, Ana Flávia Barros; VARELLA, Marcelo Dias (orgs.). *Princípio da precaução.* Belo Horizonte: Del Rey, 2004.

SCHIFFMAN, Howard. The southern Bluefin Tuna Case: ITLOS Hears Its First Fishery Dispute. Journal of International Wildlife Law and Policy, n.3, 1999, p. 318.

SUNSTEIN, Cass. *Laws of fear: Beyond the precautionary principle.* New York: Cambridge Press, 2005.

ZAGREBELSKY, Gustavo. *Il diritto mite.* Torino: Einaudi, 1992.

ZAVASCKI, Teori Albino. *Processo Coletivo: tutela de direitos coletivos e tutela coletiva de direitos.* São Paulo: Revista dos Tribunais, 2006.

WEDY, Gabriel. Princípio da precaução, comentário ao AgRg na SLS 1.552-BA (Rel. Ministro Ary Pargendler). *Revista do Superior Tribunal de Justiça*, Brasília, DF, ano 27, n. 237, p. 352-359, 2015.

_____ . *Climate change and sustainable development in brazilian law*. New York: Columbia University, 2016. Disponível em: <https://web.law.columbia.edu/ sites/default/files/microsites/climate-change/files/Publications/Collaborations-Visiting-Scholars/ wedy_-_cc_sustainable_development_in_ brazilian_law.pdf>. Acesso em: 20 ago. 2017.

_____ . O princípio constitucional da precaução: origem, conceito e análise crítica. *Revista Direito Federal,* Brasília, DF, ano 26, n. 93, p. 223-270, 2013.

_____ . Os sinais do clima e as mudanças climáticas. *Zero Hora*, Porto Alegre, 14 fev. 2015. Caderno de Opinião, p. 19.

WIENER, Jonathan B. Precaution in a Multirisk World. In: PAUSTENBACH. Dennis J.(ed). *Human and Ecological Risk Assesment 1509*. New York: John Wiley & Sons, 2002.

WOLFRUM, Rüdiger. O princípio da precaução. In: PLATIAU, Ana Flávia Barros; VARELLA, Marcelo Dias (orgs). *Princípio da precaução*. Belo Horizonte: Del Rey, 2004, p. 23.

O PRINCÍPIO DA PRECAUÇÃO NO MEIO AMBIENTE DO TRABALHO: COMO LIDAR COM OS NOVOS RISCOS LABOR-AMBIENTAIS

Paulo Roberto Lemgruber Ebert[*]

1 INTRODUÇÃO

Muito antes da era industrial os indivíduos já conviviam empiricamente com os riscos. De fato, as possibilidades de acidentes, catástrofes naturais, epidemias, crises econômicas, conflagrações políticas, guerras, dentre outros, sempre fizeram parte do cotidiano das sociedades e a gestão de tais fatores sempre integrou, em maior ou menor medida, a agenda de preocupações das autoridades incumbidas da promoção do bem coletivo.

No entanto, muito embora alguns riscos já se fizessem presentes no cotidiano, sua configuração, sua dimensão e, principalmente, o grau de percepção de tais ameaças pelas coletividades eram significativamente reduzidas. A própria noção de *risco* como um perigo potencial passível de cálculo somente foi concebida a partir do momento em que os indivíduos e as sociedades passaram a se lançar em novos empreendimentos, conforme aponta Anthony Giddens ao relacionar a origem etimológica do termo às explorações marítimas dos séculos XVI e XVII por águas não cartografadas.[1]

De modo geral, em sociedades cujas economias se baseavam na agricultura e na manufatura de cariz artesanal e nas quais os processos produtivos, as comunicações e a mobilidade eram extremamente limitados, as ações humanas nem de longe atingiam o grau de nocividade que atualmente possuem, muito embora já tivessem, efetivamente, o condão de ocasionar desequilíbrios ambientais em certa medida. Nesse contexto, não havia espaço para que os riscos fossem percebidos como perigos potencialmente atribuídos às atividades então empreendidas.

Além disso, a própria letargia a caracterizar a dinâmica das inovações tecnológicas, somada ao equilíbrio existente na proporção (maior) de indivíduos vivendo no campo em relação (menor) àqueles que habitavam as cidades contri-

---

(*) Advogado. Professor universitário. Doutor em direito do trabalho e da seguridade social pela Universidade de São Paulo (USP). Pós-Graduado em direito constitucional pela Universidade de Brasília (UnB). Pós-Graduado em direito e processo do trabalho pelo Centro Universitário de Brasília (UniCEUB).

(1) Segundo o autor, a expressão *risco* teria sido formulada por navegadores portugueses e espanhóis com vistas a calcular o grau de incerteza atribuído à navegação por mares não mapeados.
No original:
"The word 'risk' seems to have come into English through Spanish or Portuguese, where it was used to refer to sailing into uncharted waters. (...) The notion of risk, i should point out, is unseparable of probability and uncertainty." GIDDENS. Anthony. *Runaway World. How globalization is reshaping our lives*. New York: Routledge, 2000. p. 39-40.

buía para que novos riscos de origem artificial, para além daqueles já conhecidos, não surgissem a todo o momento. Aliás, o próprio conhecimento científico, por ser deveras limitado, impossibilitava até mesmo que se pudesse correlacionar a ação humana com certos riscos já conhecidos que, uma vez convertidos em efetivos desastres, eram atribuídos ao acaso, à natureza ou até mesmo à intervenção sobrenatural.

A situação, contudo, foi radicalmente alterada a partir da propagação das ideias iluministas e da Revolução Industrial. No plano cognitivo, tal ideário culminou com o desenvolvimento de métodos científicos e de técnicas que dotaram os estudiosos do conhecimento acerca das causas para diversos fenômenos naturais até então ignorada. No plano produtivo, o movimento em apreço conduziu à substituição das técnicas artesanais pela fabricação e pelo oferecimento em massa de bens e de serviços, graças ao advento das máquinas e dos processos industriais.[2]

Tal vicissitude conferiu ao capitalismo uma nova dinâmica, conduzindo, por conseguinte, ao desenvolvimento de tecnologias que propiciaram o desempenho de atividades industriais e de serviços até então desconhecidas, voltados para o atendimento às novas demandas, tais como a produção de locomotivas, vagões, transatlânticos, telégrafos, ferrovias etc. [3]

Essa nova dinâmica praticamente extinguiu as manufaturas e teve considerável impacto nas atividades econômicas desempenhadas no meio rural, gerando, com isto, uma maior concentração dos fatores produtivos nas cidades e, naturalmente, um enorme êxodo de mão de obra em direção a estas últimas.

Com isto, a ação humana passou a ter um protagonismo até então inédito na criação dos riscos. A partir de agora, o funcionamento inadequado ou a gestão malsucedida dos engenhos e dos processos criados pelo homem passaram a ter o condão de ocasionar potenciais danos cuja dimensão só era alcançada pelos desastres de ordem natural. Com as ferrovias, automóveis e navios a vapor surgiram os riscos de acidentes letais, assim como a produção industrial trouxe consigo os riscos de lesões em massa até então desconhecidos, passíveis de afetar consumidores, trabalhadores e a população em geral.[4]

Paralelamente a isto, a dimensão adquirida pelas grandes cidades durante os séculos XIX e XX, capitaneada pela concentração industrial, pelo aumento populacional e pelo oferecimento de novos serviços destinados a atender a malha urbana, deu origem a novos riscos relacionados à poluição (atmosférica, sonora, aquática etc.), à proliferação de doenças, especialmente nas áreas de maior densidade demográfica, aos desastres decorrentes do mal funcionamento de instalações ou da ocupação territorial mal planejada (p. ex: explosões nas redes de gás, desmoronamento de encostas, desabamento de viadutos), dentre outros.

---

(2) SILVA. Wilson Melo da. *Responsabilidade sem culpa e socialização dos riscos*. Belo Horizonte: Editora Bernardo Álvares, 1962, p. 288-290.

(3) Conforme observado por Karl Marx:

"É da máquina-ferramenta que parte a revolução industrial do século XVIII. É mesmo a máquina-ferramenta que propicia o ponto de partida quando o ofício ou a exploração manufatureira se transforma em exploração mecânica.

Examinemos agora a máquina-ferramenta ou a verdadeira máquina de trabalho. Aí encontramos *in totum*, ainda que frequentemente sob uma forma bem modificada, ferramentas e instrumentos com os quais trabalham o artesão e o operário de manufatura: porém estes não são mais instrumentos do homem, mas ferramentas de um mecanismo, ferramentas mecânicas. (...) A máquina-ferramenta é então um organismo que, após ter recebido o movimento apropriado, faz as operações que o operário fazia antes com as ferramentas análogas.

(...)

A máquina-ferramenta, que serve de ponto de partida para a revolução industrial, substitui o operário, que maneja uma só ferramenta, por um mecanismo que opera numa só vez uma quantidade de ferramentas idênticas ou análogas e é posto em movimento por uma única força motriz, seja ela qual for.

(...)

A transformação no modo de produção da indústria e da agricultura tornou notadamente necessária uma transformação nos meios de comunicações e de transporte. Os meios de comunicações e transporte, legados pelo período manufatureiro, tornaram-se logo sérios embaraços à grande indústria, com sua rapidez vertiginosa de produção em alta escala, sua transferência contínua de capitais e de operários de uma esfera de produção para outra, seus constantes empregos no mercado mundial. Sem falar da transformação completa na construção de navios à vela, o sistema de transporte e de comunicações foi pouco a pouco adaptado ao modo de produção da grande indústria pela introdução de vapores fluviais, trens de ferro, transatlânticos, telégrafos. Mas as grandes quantidades de ferro que era preciso agora forjar, soldar, cortar, furar, modelar, exigiam, por seu turno, máquinas gigantescas que o trabalho manufatureiro era incapaz de construir. A grande indústria foi obrigada então a ocupar-se das máquinas, isto é, a produzir máquinas por meio de máquina." MARX. Karl. Trad: SCHMIDT. Ronaldo Alves. *O Capital. Edição resumida por Julian Borchardt*. 7. ed. Rio de Janeiro: LTC, 1982. p. 81-84.

(4) Conforme observado por Louis Josserand no final do século XIX:

"As máquinas quase em toda parte substituem o homem ou o cavalo, a produção e o tráfego atingem proporções inimagináveis e os acidentes se multiplicam; e não só eles se multiplicam, mas ainda, que é mais curioso e essencial, eles mudaram o seu caráter. Agora, na maioria das vezes, possuem uma origem obscura, uma causa incerta que não permite que as responsabilidades se apresentem de forma clara: tornando-se industrial e mecânico, o acidente tornou-se também anônimo."

No original:

« Les machines se substituant presque partout à l'homme ou au cheval, la production et la circulation se développant sans cesse dans des proportions innatendues, les accidents se multiplièrent ; et non seulement ils se multiplièrent mais encore, ce qui est plus curieux et plus essentiel, *ils changèrent de caractère* ; désormais ils eurent le plus souvent une origine obscure, une cause incertaine qui ne permirent pas aux responsabilités de dégager facilement : en devenant industriel et mécanique, l'accident devint aussi *anonyme*. » JOSSERAND. Louis. *De la responsabilité du fait des choses inanimés*. Paris: Arthur Rousseau Éditeur, 1897. p. 7.

No entanto, se até as primeiras décadas do século XX era possível contabilizar nas fábricas, nas oficinas, nos transportes de massa, na vida urbana e nas atividades socioeconômicas em geral certos e determinados riscos à integridade psicofísica dos indivíduos, tal possibilidade já não mais existe no atual estágio de integração e de desenvolvimento tecnológico e econômico, haja vista o aparecimento de um número incontável de riscos outrora desconhecidos que são capazes de afetar, ao mesmo tempo, grupamentos inteiros em seus aspectos coletivos e individuais.

Os riscos hodiernos não mais possuem um raio de alcance determinado e um contingente limitado de possíveis vítimas. Ao contrário, o dimensionamento em abstrato de sua dispersão temporal, espacial e subjetiva se mostra impossibilitada, porquanto a materialização dos danos decorrentes de tais riscos poderá surgir em momentos distintos no tempo e, além disso, os indivíduos e as comunidades a serem potencialmente atingidos se encontram, muitas vezes, territorialmente dispersos.[5]

Não é difícil vislumbrar, nesse sentido, situações concretas que ilustram com exatidão tal constatação. É o que ocorre, a propósito, com os riscos de desastres decorrentes do manuseio ou do armazenamento de determinados agentes ou rejeitos nocivos, com potencial para atingir não apenas os indivíduos que trabalham diretamente com aqueles elementos nos sítios onde eles se encontravam confinados, mas também vítimas situadas nas redondezas do local em referência e até mesmo populações residentes em localidades ou até mesmo em países distantes.[6]

Além disso, o advento de um novo produto, serviço ou processo produtivo tende, na atualidade, a preceder o pleno conhecimento científico acerca dos riscos a eles inerentes, de modo a ameaçar a integridade psicofísica de consumidores, trabalhadores e da população em geral. De fato, a dinâmica acelerada da evolução tecnológica, agregada à competição por mercados globais nas mais diversas áreas faz com que a disponibilização das inovações aconteça sem que a nocividade a elas inerentes estejam plenamente mapeadas. Tal como os navegadores ibéricos de outrora, novos mares são singrados sem que se tenha noção exata de sua cartografia, em nome de possíveis benefícios imediatos que compensariam a perigosa empreitada.[7]

São estes, portanto, os riscos com os quais convivemos hoje na condição de trabalhadores, consumidores e cidadãos. Para além dos potenciais perigos já conhecidos, a ação humana e o progresso tecnológico dela decorrente trouxeram uma série de ameaças que muito embora ainda não tenham sido desveladas em sua totalidade, estão presentes nos produtos, nos serviços e nos processos produtivos com que lidamos no cotidiano.

Para lidar com a miríade de riscos (conhecidos e desconhecidos) a nos circundar na contemporaneidade, o direito evoluiu no sentido de incorporar o *meio ambiente* em seu cabedal de bens tutelados e de buscar a orientação das condutas humanas com vistas a evitar a materialização dos danos decorrentes daquelas ameaças cada vez mais complexas. É exatamente nesse desiderato que foram concebidos os princípios da *prevenção* e da *precaução*.

---

(5) É justamente nesse sentido que Ulrich Beck se refere à *sociedade do risco global*. Segundo o autor:

"La creciente velocidad, intensidad e importancia de los procesos de interdependencia transnacional, así como el aumento de los discursos de ´globalización´ económica, cultural, política y social, no sólo sugere que las sociedades no occidentales deberían incluirse en cualquier análisis de los retos de la segunda modernidad, sino también que las refracciones y reflexiones específicas de lo global tendrían que examinarse en estas diversas localizaciones de la sociedad global emergente (...)

A medida que desvanece el mundo bipolar, pasamos de un mundo de enemigos a un mundo de peligros y riesgos. ¿Pero qué quiere decir riesgo? Riesgo es el enfoque moderno de la previsión y control de las consecuencias futuras de la acción humana, las diversas consecuencias no deseadas de la modernización radicalizada. Es um intento (institucionalizado) de colonizar el futuro, un mapa cognitivo. Toda sociedad, por supuesto, ha experimentado peligros. Pero el régimen de riesgo es una funcción de un orden nuevo: no s nacional, sino global. Está intimamente relacionado con el proceso administrativo y técnico de decisión. Anteriormente, esas decisiones se tomaban con normas fijas de calculabilidad, ligando médios y fines o causas y efectos. La ´sociedad del riesgo global´ ha invalidado precisamente esas normas." BECK. Ulrich. Trad.: REY. Jesús Alborés. *La sociedade del riesgo global*. Segunda Edición. Madrid: Siglo XXI, 2015. p. 4-5.

(6) É o que ocorreu, por exemplo, no acidente na planta nuclear de Chernobyl, na Ucrânia (então parte da extinta União Soviética). A nuvem de radioatividade ocasionada com a explosão atingiu uma série de países situados a oeste tendo sido detectada até mesmo no Reino Unido.

É possível mencionar também o episódio do rompimento das barragens de rejeitos de mineração de Mariana (2015) e Brumadinho (2019), no estado brasileiro de Minas Gerais, cujo conteúdo atingiu, respectivamente, os rios Doce e Paraopebas afetando a vida e o sustento de um número indeterminado de indivíduos dispersos pelas cidades situadas nas proximidades dos referidos cursos d´água.

(7) Nesse sentido, Teresa Ancona Lopez observa que:

"Quanto mais inovações, mais riscos. Todos queremos as facilidades das novas criações, das novas descobertas, mas não queremos ter de absorver a incerteza de danos que pesa sobre essas utilidades e facilidades. É o caso do telefone celular, que, como mostram pesquisas científicas recentes na Europa, pode afetar o cérebro se usado em demasia, recomendando-se que crianças não deveriam usá-lo.

O mesmo se diga dos novos medicamentos, dos novos tratamentos para doenças até agora incuráveis, das pesquisas que levam à criação de espécies geneticamente modificadas, das clonagens, frutos da biotecnologia avançada. Enfim, os maiores riscos atuais poderão ter origem na alta tecnologia e no progresso científico." LOPEZ. Teresa Ancona. *Princípio da precaução e evolução da responsabilidade civil*. São Paulo: Quartier Latin, 2010. p. 30.

2 — A PERCEPÇÃO DOS RISCOS E O CONCEITO DE MEIO AMBIENTE. DA PREVENÇÃO À PRECAUÇÃO

À medida que o progresso científico e tecnológico, aliado à industrialização, à produção e ao consumo em massa foram ganhando escala, percebeu-se que os recursos disponíveis no espaço comum em que a humanidade se encontra confinada — o Planeta Terra — são limitados e que os volumes disponíveis não dão vazão às pretensões dos indivíduos e das coletividades em torno do enriquecimento e do desenvolvimento social e econômico com base no modelo de exploração e de transformação adotado a partir da Revolução Industrial. [8]

Tal percepção gerou, para o Direito, a necessidade de se buscar a *"a adequação nas relações entre a sociedade e seu entorno natural"*, na dicção de José Luis Serrano, haja vista o risco factível de eliminação dos recursos naturais e da extinção da própria espécie humana. Com isto, os sistemas jurídicos incorporaram o conceito de *meio ambiente* compreendido, de modo geral, como o conjunto das condições que possibilitam a vida e o bem-estar dos indivíduos tanto em um determinado espaço, como na própria sociedade a que eles pertencem e, em escala última, no próprio planeta.[9]

E sendo o *meio ambiente* juridicamente tutelado exatamente o conjunto dos elementos naturais e artificiais que circundam os indivíduos e que condicionam sua própria existência e contribuem decisivamente para a sadia qualidade de vida, percebeu-se que ele (o meio ambiente) possui múltiplas dimensões, a variarem em função dos espaços em que a vida e as atividades humanas se desenvolvem. É justamente nesse sentido que se fala em *meio ambiente cultural, meio ambiente natural, meio ambiente do trabalho*, meio *ambiente urbano* etc.[10]

Pois bem. Se o meio ambiente é o bem tutelado pelo direito nessa acepção, é preciso identificar, em linguagem jurídica, as ameaças à sua integridade, ou seja, o resultado nocivo a se combater por intermédio da aplicação das referidas normas. Tal papel é desempenhado em tal enredo justamente pelos *riscos* que, uma vez materializados, resultarão na figura da *poluição,* conceituada, de seu turno, como a degradação das condições necessárias à manutenção da qualidade de vida dos indivíduos dispersos em uma determinada coletividade.[11]

---

(8) WEDY. Gabriel. *Desenvolvimento sustentável na era das mudanças climáticas. Um direito fundamental.* São Paulo: Saraiva, 2018. p. 25-31.

(9) Nas palavras do referido autor espanhol:

"Entre los sistemas funcionales de la sociedad que intervienen en la gestión ambiental, el sistema económico destaca por la crudeza de su selección y por el riesgo enorme de su contingencia. El código binario de la economía (tener/no tener) — tal vez a diferencia de otros (lícito/ilícito del derecho, verdad/no verdad de la ciencia, gobierno/oposición de la política...) — genera un riesgo/peligro de extinción de la sociedad cuando se le programa desde la forma dinero-capital. El capital, a diferencia de otras programaciones posibles de la economía, necesita la movilización continua y permanente de todos los recursos físicos naturales, porque sobre la base de una forma infinita (el dinero) trata de satisfacerse en una forma finita (la forma físico-natural); tal peligro produce riesgo/peligro de muerte por agotamiento de la forma finita y riesgo/peligro de muerte por proliferación de la infinita. El tener por tener no es una mera codificación/programación del tempo simbólico del sistema que no afecta el entorno natural. El tempo simbólico del sistema programado como si la entropía no existiese, como se hubiese algo infinito (el dinero), no se queda dentro del sistema económico, sino que salta y se dispara en la conquista de territorios del entorno para la economía, como se dispara el mecanismo del oncogén, con el único límite de la muerte del organismo donde crece." SERRANO. José Luis. *Principios de derecho ambiental y ecologia jurídica.* Madrid: Trotta, 2007. p. 19.

(10) Segundo a lição de Michel Prieur a respeito da abrangência do termo *meio ambiente (environnement)* e de sua correlação com a noção de *qualidade de vida*:

"Hoje estamos em vias de consolidar as reflexões formuladas há muito pelos naturalistas e ecologistas, no sentido de que o homem enquanto espécie viva faz parte de um sistema complexo de relações e de interações com seu meio natural. Disso resulta que toda ação humana tem o condão de acarretar efeitos diretos e indiretos. Sendo assim, o meio ambiente é o conjunto de fatores que exercem influência sobre o meio em que vive o homem.

Esse termo genérico carece, no entanto, de ser aperfeiçoado e complementado por uma série de outros vocábulos usualmente empregados em sentidos frequentemente próximos, a saber, *ecologia, natureza, qualidade de vida* e *lugar de vida.*

(...)

A expressão [*qualidade de vida*] tornou-se uma espécie de complemento necessário à própria definição de *meio ambiente.* Ela quer exprimir o desejo de se buscar os aspectos qualitativos da vida em detrimento dos aspectos quantitativos (nível de vida) e de exprimir, de modo claro, que o conceito de meio ambiente não diz respeito tão somente à *natureza,* mas também ao homem no que concerne às suas relações sociais, de trabalho e de lazer."

No original:

"Aujourd´hui éclate au grand jour ce qui résultait depuis fort longtemps des réflexions des naturalistes et écologues, à savoir que l´homme comme espèce vivante fait partie d´un système complexe de relations et d´interrelations avec son milieu naturel. Il en résulte que toute action humaine a des effets directs ou indirects insoupçonnés. De ce fait, l´environnement est l´ensemble des facteurs qui influent sur le milieu dans lequel l´homme vit.

Ce terme général mérite cependant d´être précisé et complété par une série d´autres vocables couramment utilisés dans sens souvent voisins : écologie, nature, qualité de la vie, cadre de vie.

(...)

La formule [qualité de la vie] est devenue une sorte de complément nécessaire à l´environnement. Elle veut exprimer la volonté d´une recherche du qualitatif après les déceptions du quantitatif (niveau de vie) et bien marquer que l´environnement concerne non seulement la nature mais aussi l´homme dans ses rapports sociaux, de travail, de loisirs." PRIEUR. Michel. *Droit de l´environnement.* 5e Édition. Paris: Dalloz, 2004. p. 1-4.

(11) DOUGLAS. Mary. *Purity and danger: an analysis of the concepts of pollution and taboo.* London: Ark Paperbacks, 1984. p. 35.

Para o sistema jurídico formatado segundo a linguagem do direito ambiental, os riscos passíveis de ocasionar o resultado final indesejado (qual seja, a *poluição*), são combatidos, ao lado da responsabilidade objetiva pelos danos decorrentes de tal degradação (princípio do *poluidor-pagador*), pelos conceitos de *prevenção* e *precaução*. Enquanto aquela primeira tem por escopo a reparação *post factum* dos danos ambientais, segundo a lógica tradicional da responsabilidade civil, estes últimos visam evitar a consolidação de tais lesões por intermédio da imposição legal de condutas objetivas de cautela aos potenciais poluidores.[12]

Nisso reside, exatamente, a maior contribuição evolutiva do direito ambiental para a teoria geral da responsabilidade civil. O *risco* propriamente dito — antes mesmo da materialização dos danos a ensejar a reparação *post factum* — configura de *per se* um dado fático moralmente reprovável a ser combatido pelos ordenamentos jurídicos e que impõe a implementação de medidas destinadas a prevenir de maneira eficaz e plena a concretização dos resultados lesivos a ele relacionados.[13]

Prevenção e *precaução*, contudo, possuem significados diversos no contexto jurídico-ambiental. Enquanto a primeira se relaciona ao controle dos riscos já conhecidos plenamente pela ciência, a última diz respeito à gestão das potenciais ameaças que muito embora já estejam presentes no meio ambiente, não tiveram seus efeitos e seus mecanismos plenamente decifrados. A *prevenção* é a ideia-matriz subjacente à Declaração de Estocolmo da ONU sobre o Meio Ambiente Humano, de 1972, ao passo que a *precaução* é o consectário evolutivo de tal ideia a emanar da Declaração do Rio de Janeiro da ONU sobre Meio Ambiente e Desenvolvimento, de 1992.

A ideia de *prevenção*, incorporada em grande parte dos ordenamentos jurídicos sob a forma de princípio dotado de conteúdo juridicamente vinculante, impõe ao Estado e aos particulares que, diante de um risco plenamente conhecido pela ciência cuja subsistência é a causa consabida de poluição ambiental, sejam adotadas medidas concretas no sentido de se evitar a materialização da referida lesão ao meio ambiente.[14]

No entanto, a pulsante evolução tecnológica vivenciada nas últimas décadas do século XX e neste início de século XXI vem transcorrendo em velocidade significativamente maior do que a marcha do conhecimento científico acerca dos riscos inerentes às novas atividades. Diante desse cenário, as diretrizes emanadas do princípio da *prevenção* não atendem a contento às demandas do meio ambiente por tutela diante das novas ameaças inerentes aos sucessivos avanços verificados nas áreas da telemática, da nanotecnologia, dos transgênicos, para citar alguns exemplos.[15]

O enfrentamento de tal situação inerente à própria insuficiência do conhecimento científico para lidar com as complexidades inerentes à evolução tecnológica encontra na ideia de *precaução* uma diretriz apta a lidar com os pro-

---

(12) LORENZETTI. Ricardo Luis. Trad: MOROSINI. Fábio Costa; BARBOSA. Fernanda Nunes. *Teoria geral do direito ambiental*. São Paulo: Revista dos Tribunais, 2010. p. 72-84.

(13) A analogia formulada por John Oberdiek a comparar os riscos a armadilhas bem explica a reprovabilidade daqueles primeiros para o direito ambiental, nos moldes ora expostos. Segundo o autor:

"Impor um risco é como armar uma armadilha nos seguintes termos. Tal como preparar uma armadilha, impor um risco, por si só, não causa danos a ninguém. No entanto, uma vez que a trilha segura a ser caminhada por alguém é restringida quando se apronta uma armadilha, do mesmo modo as opções seguras disponibilizadas às pessoas são mitigadas quando se lhes submete a um determinado risco. Uma vez que o risco é uma possibilidade de dano, o que é relevante sobre o risco aqui é a vinculação entre um e outro, no sentido de que ele também quer significar uma *possibilidade* de se ocasionar um dano. Apontar uma armadilha gera a possibilidade de que alguém será pego por ela, assim como impor um risco ocasiona a possibilidade de que alguém possa vir a experimentar um dano, uma vez que o dano é o próprio objeto do risco. As possibilidades de se ocasionar o dano nesses casos representam os caminhos ou as opções lesivas que poderiam ser escolhidos pelos indivíduos dispostos a fazê-lo. Em outras palavras, quando alguém está exposto a um risco, uma parte das escolhas que tal indivíduo poderia fazer (ou uma parte dos caminhos que ele poderia optar por percorrer) não estão mais disponíveis, na medida em que a imposição de tal risco os tornou potencialmente lesivos."

No original:

"Imposing risk is like laying a trap in the following way. Like laying a trap, imposing risk does not itself materially harm anyone. Instead, just as someone´s safe courses are winnowed down when one lay traps, so too another persons´s safe options are narrowed when one subject them to risk. While risk is a probability or harm, what is relevant about risk here is an entailment of this, namely, that a risk imposition also connotes the *possibility* of harm. Laying a trap creates the possibility that someone will become caught in it, just as imposing risk creates the possibility that someone will suffer a material harm, namely, whatever material harm is the object of the risk. The possibilities of material harm in these cases just are the courses or options that would be materially harmful were one to take or exercise them. When one is subject to risk, in other words, certain of the possible things that one might choose to do (or ways that one might choose to be) are no longer viable because the risk imposition renders them materially harmful." OBERDIEK. John. *Imposing risk. A normative framework*. Oxford: Oxford University Press, 2017. p. 86-87.

(14) De acordo com a definição formulada por Ingo Wolfgang Sarlet e Tiago Fensterseifer:

"O princípio da prevenção opera com o objetivo de antecipar a ocorrência do dano ambiental na sua *origem* (...), evitando-se, assim, que o mesmo venha a ocorrer. Isso em razão de as suas causas já serem conhecidas em termos científicos." SARLET. Ingo Wolfgang; FENSTERSEIFER. Tiago. *Princípios de direito ambiental*. São Paulo: Saraiva, 2014. p. 160.

(15) Conforme observado por Adriana Bestani:

"La gestión de riesgos se enfrenta con desafíos desconocidos en los siglos anteriores. Ahora los hechos son inciertos, las decisiones deben ser urgentes, los valores están controvertidos. No existe ya certeza científica; la investigación en ese campo sólo puede producir modelos matemáticos y simulaciones que son esencialmente inverificables. De este modo, tenemos informaciones científicas *soft* , que deben servir como indicaciones para decisiones políticas *hard* sobre los riesgos y los problemas ambientales y sanitarios." BESTANI. Adriana. *Principio de precaución*. Buenos Aires: Astrea, 2015. p. 104.

blemas advindos de sua dinâmica. O conceito insculpido no item 15 da Declaração do Rio sobre Meio Ambiente e Desenvolvimento, de 1992, bem sintetiza o conteúdo de tal princípio ao asseverar que na iminência de perigo de dano grave e irreversível "*a falta de certeza científica absoluta não deverá ser utilizada como razão para postergar a adoção de medidas eficazes em função dos custos para impedir a degradação do meio ambiente.*" [16]

Note-se, a propósito, que tal ideia subjaz à própria noção de *meio ambiente equilibrado* a constar do art. 225 da Constituição Federal, mais especificamente em seu § 1º, inciso V, cujo teor atribui ao Poder Público, no fito de assegurar a observância ao referido direito, o dever de "*controlar a produção, a comercialização e o emprego de técnicas, métodos e substâncias que comportem risco para a vida, a qualidade de vida e o meio ambiente.*"

Assim, diante de um risco não conhecido em sua plenitude, não é possível agir no sentido de impor uma determinada medida em concreto destinada a afastar a fonte da potencial ameaça ao meio ambiente, tal como determina o princípio da *prevenção*. Nesse contexto de parcial incerteza, o que o princípio da *precaução* impõe ao Estado e aos particulares é, em síntese, (i) a vedação quanto à plena liberação das atividades, dos produtos e dos processos produtivos potencialmente lesivos, sob o argumento de que a incerteza militaria a favor da inocuidade destes últimos; (ii) o resguardo de um limite razoável de segurança a ser observado no oferecimento de tais inovações ao público; (iii) o acompanhamento dos progressos científicos a respeito daqueles novos riscos; (iv) a adequação de normas e de procedimentos operacionais no sentido de acompanhar *pari passu* a evolução do conhecimento nesse particular e (v) a implementação em caráter imediato das providências necessárias ao combate de tais perigos, à medida que eles vierem a ser descobertos pela ciência.[17]

A implementação ou não de tais medidas por parte das autoridades governamentais e pelos particulares dependerá das características das atividades a serem colocadas em prática, bem como dos serviços e dos produtos a serem oferecidos ao público, aliadas, naturalmente, às circunstâncias pertinentes às situações concretas. Não obstante, os estudiosos dedicados à análise do conceito ambiental de *precaução* vêm se debruçando sobre a questão concernente à fixação de critérios objetivos com vistas a pautar a aplicação do referido princípio.[18]

---

(16) Anteriormente, contudo, o princípio da *precaução* já havia sido esquadrinhado na *Carta Mundial da Natureza,* da Organização das Nações Unidas, cujo princípio n. 11, "b", assim estabelece:

"11. As atividades que possam ocasionar impactos na natureza devem ser controladas e as melhores tecnologias disponíveis para minimizar os riscos à natureza ou outros efeitos adversos devem ser utilizados, em particular:

(...)

b) as atividades que possam causar um significativo risco ao meio ambiente devem ser precedidas de estudos exaustivos; os interessados devem demonstrar que os seus potenciais benefícios se sobrepõem aos potenciais danos ao meio ambiente, devendo ser paralisadas as atividades cujos potenciais efeitos adversos não forem completamente conhecidos."

No original:

"11. Activities which might have an impact on nature shall be controlled,

and the best available technologies that minimize significant risks to nature

or other adverse effects shall be used; in particular:

(…)

(b) Activities which are likely to pose a significant risk to nature shall be preceded by an exhaustive examination; their proponents shall demonstrate that expected benefits outweigh potential damage to nature, and where potential adverse effects are not fully understood, the activities should not proceed." Disponível em: <https://www.un.org/documents/ga/res/37/a37r007.htm>. Acesso em: 7 abr. 2019.

(17) Afinal, conforme preceitua José Luis Serrano:

"Los procesos de toma de deciosiones se desarrollan cada vez más en condiciones de incertidumbre. (…) Cuanto más conocemos los riesgos, mejor apreciamos la extensión de nuestra ignorancia; cuanto más hacemos por controlarlos, mayores son los riesgos generados en otra parte del sistema. Así que el saber hace crecer la ignorancia, y ante tanta ignorancia (que esconde sabiduría tecnológica), más vale la precaución. Es cierto que siempre ha decidido en condiciones de incertidumbre, pero lo nuevo es que se ha invertido la tendencia de la curva del conocimiento que decía que a mayor nivel científico menor incertidumbre. Ahora el desarrollo tecnológico produce riesgo y el riesgo pareciera que sólo produce riesgo." SERRANO. José Luis. *Principios de derecho ambiental y ecologia jurídica.* Madrid: Trotta, 2007. p. 119-120.

(18) A respeito de tal questão, Adriana Bestani observa que:

"En situaciones que son únicas, nuevas y urgentes (como son las situaciones que convocan el [principio de precaución], tanto los costos como los beneficios son altamente inciertos. Está el riesgo de actuar demasiado pronto con muy poca información y el riesgo de demorar tanto que es demasiado tarde. Pero acá no se está en condiciones de saber cuál riesgo es mayor; no hay ninguna base para decidir racionalmente si se debe correr el riesgo para adquirir o esperar adquirir tal o cual conocimiento. Dentro de la amplitud (rango que va desde lo mínimo que se espera para buscar información hasta lo máximo que se espera para obtenerla) hay indeterminación. Como no puedo esperar tomar una decisión óptima deberé arreglarme con una ´bastante buena´.

(…)

Por caracterizárselo como principio, [el principio de la precaución] supone un mandato de optimización, con lo que se trata, en todos los casos, de hacer lo mejor posible en cada circunstancia. No manda adoptar una decisión determinada; no dice cuándo, dónde, o cómo. Por lo demás, no todas las medidas del principio suponen casos extremos, como prohibición de actividades o retiro de productos del mercado." BESTANI. Adriana. *Principio de precaución.* Buenos Aires: Astrea, 2015. p. 118-124.

Nesse sentido, a Comissão Europeia chegou a editar, em 2000, uma *Comunicação relativa ao princípio da precaução*, listando 5 (cinco) critérios a serem observados quando da aplicação do princípio em referência, em situações nas quais os governos e os particulares se encontram diante da contingência de gerenciar riscos ainda parcialmente conhecidos pela ciência, quais sejam, a *proporcionalidade*, a *não-discriminação*, a *coerência*, a *mensuração da relação custo-benefício* e a *análise da evolução científica*.

Pelo critério da *proporcionalidade*, as restrições ao desempenho de certas atividades ou ao oferecimento de certos produtos e serviços que envolvem riscos ainda desconhecidos não devem ser exageradas em relação ao grau de proteção que se exige em concreto. Já a *não-discriminação* concretiza o ideal de igualdade para fins de aplicação do princípio da precaução, na medida em que os tratamentos distintos a serem conferidos em certas situações somente serão válidos quando baseados em critérios objetivos e justificáveis, sob pena de se configurar discriminação anti-isonômica.[19]

A *coerência*, de seu turno, exige que as medidas aplicadas anteriormente em casos idênticos ou similares sejam levadas em conta nas decisões a serem tomadas para a gestão de certo risco ainda não completamente conhecido, ao passo que a *mensuração da relação entre custos e benefícios*, como sugere a definição, impõe aos tomadores de decisões o sopesamento em concreto das possíveis consequências positivas e negativas de ordem ambiental, social e econômica decorrentes da assunção ou não de determinados riscos inerentes à realização de atividades ou ao oferecimento de produtos e serviços ao público.[20]

Por fim, o critério da *análise das condições científicas* impõe aos atores públicos e privados tanto o acompanhamento *pari passu* das pesquisas a respeito das novas tecnologias e dos riscos a elas inerentes, quanto a constante reavaliação das medidas de proteção tendo por base os avanços obtidos pela ciência no mapeamento de tais potenciais ameaças.[21]

Adverte-se, contudo, que os critérios sintetizados pela Comissão Europeia em hipótese alguma devem ser compreendidos como um roteiro ou uma fórmula matemática, a serem seguidos de maneira automática em todo e qualquer caso concreto a envolver a aplicação do princípio da *precaução*. São eles, no máximo, pontos de partida para a definição

---

(19) Na dicção do referido documento da Comissão Europeia:

"As medidas previstas devem permitir atingir o nível de protecção adequado. As medidas baseadas no princípio da precaução não deveriam ser desproporcionadas em relação ao nível de protecção pretendido e querer atingir um nível zero de risco, que raramente existe. Contudo, em certos casos, uma estimação incompleta dos riscos pode limitar consideravelmente o número de opções disponíveis para os gestores de riscos.

Em certos casos, uma proibição total pode não ser uma resposta proporcional a um risco potencial. Noutros casos, pode ser a única resposta possível a um determinado risco.

As medidas de redução dos riscos podem comportar alternativas menos restritivas para as trocas que permitam atingir um nível de protecção equivalente como, por exemplo, um tratamento adequado, uma redução da exposição, um reforço dos controlos, a fixação de limites provisórios, recomendações visando populações de risco etc. Seria igualmente necessário ter em conta as possibilidades de substituição dos produtos ou dos métodos em causa por outros produtos ou métodos com riscos menores.

(...)

O princípio da não-discriminação determina que situações comparáveis não sejam tratadas de forma diferente e que situações diferentes não sejam tratadas da mesma forma, a menos que esse tratamento seja justificado objectivamente.

As medidas tomadas a título da precaução deveriam ser aplicadas de forma a atingir um nível de protecção equivalente sem que a origem geográfica ou a natureza de uma produção possam ser invocadas para aplicar de forma arbitrária tratamentos diferentes.

A aplicação das medidas não deveria causar uma discriminação." Disponível em: <https://eur-lex.europa.eu/legal-content/PT/TXT/?uri=celex:52000DC0001>. Acesso em: 27 mar. 2019.

(20) De acordo com o documento em referência:

"As medidas deveriam ser coerentes com medidas já tomadas em situações semelhantes ou utilizando abordagens semelhantes. As avaliações de riscos comportam uma série de elementos a ter em conta para que a avaliação seja o mais completa possível. Estes elementos têm como objectivo identificar e caracterizar os perigos, nomeadamente ao estabelecer uma relação entre a dose e o efeito, apreciar a exposição da população em causa ou do ambiente.

(...)

Seria necessário estabelecer uma comparação entre as consequências positivas ou negativas mais prováveis da actuação prevista e as da inactuação em termos de custo global para a Comunidade, tanto a curto como a longo prazo. As medidas previstas deveriam estar em condições de trazer um benefício global em matéria de redução dos riscos para um nível aceitável.

A análise das vantagens e dos encargos não se pode reduzir apenas a uma análise económica custo/benefício. Tem um alcance mais vasto, integrando considerações não-económicas." Idem. Acesso em: 27.3.2019.

(21) Nas palavras utilizadas pela Comunicação da Comissão Europeia:

"As medidas devem manter-se enquanto os dados científicos permanecerem insuficientes, imprecisos ou inconclusivos e enquanto se considerar o risco suficientemente elevado para não aceitar fazê-lo suportar pela sociedade. Em caso de surgirem novos dados científicos, é possível que se devam alterar ou mesmo suprimir as medidas num prazo determinado. Contudo, este facto não está relacionado com o factor tempo mas antes com a evolução dos conhecimentos científicos.

Além disso, deve prosseguir a investigação científica, de modo a proceder a uma avaliação científica mais avançada ou mais completa. Neste contexto, importa também que as medidas sejam sujeitas a um acompanhamento científico regular, permitindo reavaliar estas medidas em relação a novas informações científicas." *Idem*. Acesso em: 27 mar. 2019.

acerca do sentido e do alcance das normas jurídicas que consagram a diretriz em referência nos casos concretos a serem analisados e resolvidos pelos gestores de riscos ainda não completamente conhecidos pela ciência.[22]

Nesse sentido, a atuação do gestor de riscos — seja ele público ou privado — deve ser pautada não pela inserção da situação concreta no enunciado dos cinco critérios acima descritos, mas sim pelo desvelamento do sentido e do alcance do princípio da *precaução* tendo por parâmetro as nuances do caso específico a ser por ele solucionado. Com isto, se propicia não apenas a vivificação do referido postulado por intermédio de seu contato com a realidade, como também a ampliação de seu conteúdo institucional por intermédio da agregação de novos significados.[23]

---

(22) Tanto isto é verdade que Ricardo Luis Lorenzetti estabelece em suas linhas dedicadas ao tema, um roteiro alternativo em relação àquele definido pela Comissão Europeia. Segundo o autor a aplicação do princípio da precaução deveria observar os seguintes critérios:

"*Redução da incerteza.*

O primeiro aspecto a considerar em um caso é se existe uma maneira de reduzir a incerteza.

Neste aspecto deve-se estabelecer uma categoria de situações de completa ignorância até aquelas onde as probabilidades podem ser estimadas a fim de esclarecer as opções.

(...)

Transferência do risco da dúvida

O princípio [da precaução] afirma que a falta de certeza científica não deve ser utilizada como argumento para postergar medidas eficazes em razão dos custos, [de modo que] quando se trata de um risco ambiental, transfere-se o risco da dúvida, recaindo sobre quem promove a iniciativa.

(...)

Transferência do risco do erro científico

(...)

O postulado tradicional nesta matéria é que se deve provar que haverá dano, incluindo o elemento científico, e frente à possibilidade de erro ou falsa predição, não se avança. O princípio da precaução transfere este risco à atividade e ressalta que é preferível equivocar-se regulando a não regulando. Deste modo os custos de uma regulação baseada em uma predição científica se transferem ao postulante.

(...)

Transferência no risco da demora

O princípio da precaução reconhece que postergar a ação até que exista uma completa evidência da ameaça muitas vezes significa que será muito custoso ou impossível evitá-la.

(...)

O princípio da precaução (...) argumenta que é sempre menos grave agir do que demorar em fazê-lo. Avançando sobre a dúvida e sem demoras, significa que os riscos da atuação precipitada incorrem ao postulante.

Transferência do risco probatório

(...)

Em virtude do princípio da precaução, o ônus probante se inverte.

Por essa razão, impõe-se a carga probatória a quem propõe a atividade potencialmente danosa, a quem se beneficia com ela, ou a quem tem tido acesso à informação.

Aplicação dinâmica e adaptativa

O princípio deve ser aplicado de modo dinâmico e adaptativo, o que significa que nunca há decisões definitivas. Se aprove ou não uma atividade, sempre haverá que submetê-la a um processo de monitoramento constante, dentro do qual as decisões tomadas podem ser revisadas total ou parcialmente.

(...)

Transferência do risco de desenvolvimento

(...)

No campo ambiental, se produz uma clara transferência dos riscos do desenvolvimento, o que significa que se a atividade ou produto autorizado causa um dano, é responsável. Também aqui se pode invocar o princípio da precaução para a fase posterior à aprovação da atividade, quando se detectam efeitos adversos não conhecidos com antecedência.

Equidade e não discriminação

(...)

Se devem identificar os riscos para os quais se adotam medidas e estas devem ser proporcionais considerando-se os custos econômicos e sociais: quem se beneficia e quem perde.

Também é relevante constatar que as medidas tenham uma relação direta com a tutela do meio ambiente, evitando que a falta de equidade permita invocar um tratamento discriminatório." LORENZETTI. Ricardo Luis. Trad: MOROSINI. Fábio Costa; BARBOSA. Fernanda Nunes. *Teoria geral do direito ambiental.* São Paulo: Revista dos Tribunais, 2010. p. 86-90.

(23) Pois afinal, segundo Gustavo Zagrebelsky:

"Los princípios (...) no imponen una acción conforme con el supuesto normativo, como ocurre con las reglas, sino una <<toma de posición>> conforme con su *ethos* en todas las no precisadas ni predecibles eventualidades concretas de la vida en las que se puede plantear, precisamente, una <<cuestión de principio>>. Los principios, por ello, no agotan en absoluto su eficacia como apoyo de las reglas jurídicas, sino que poseen una autónoma razón de ser frente a la realidad.

La realidad, al ponerse en contacto con el principio, se vivifica, por así decirlo, y adquiere valor. En lugar de presentarse como materia inerte, objeto meramente pasivo de la aplicación de las reglas, caso concreto a encuadrar en el supuesto de hecho normativo previsto en la regla — como razona el positivismo jurídico — , la realidad iluminada por los principios aparece revestida de cualidades jurídicas propias. El valor se incorpora al hecho e impone la adopción de <<tomas de posición>> jurídica conformes con él (al legislador, a la jurisprudencia, a la administración, a los particulares y, en general, a los intérpretes del derecho. El <<ser>> iluminado por el principio aún no contiene en sí el <<deber ser>>, la regla, pero sí indica al menos la dirección en la que debería colocarse la regla para no contravenir el valor contenido en el principio." ZAGREBELSKY. Gustavo. Trad: GASCÓN. Marina. *El derecho dúctil. Ley, derechos, justicia.* 6ª Edición. Madrid: Trotta, 2005. p. 118.

Independentemente dos roteiros a serem eventualmente seguidos pelos agentes públicos ou pelos particulares e das nuances dos casos reais, o que integra o princípio da precaução — e o que deve ser buscado em concreto, consequentemente — é, em síntese, a implementação das cautelas objetivas, razoáveis e necessárias para evitar (ou ao menos reduzir) a materialização de danos ambientais relacionados a riscos ainda não completamente decifrados pela ciência.

O conteúdo em referência que subjaz ao princípio da *precaução,* foi respaldado, no plano doméstico, pelo Supremo Tribunal Federal, quando este último analisou três casos paradigmáticos a envolver (i) as pesquisas com células-tronco embrionárias (ADI n. 3.510/DF); (ii) a importação e a reciclagem de pneus usados (ADPF n. 101/DF) e (iii) a exposição a campos eletromagnéticos de baixa frequência emanados das linhas de transmissão de energia elétrica (RE n. 627.189/SP).[24]

O princípio da *precaução,* assim compreendido, representa em linguagem jurídica o ponto mais avançado que a gestão dos riscos conseguiu alcançar no enfrentamento dos problemas relacionados à evolução tecnológica e ao desconhecimento das ameaças a ela inerentes. Suas diretrizes se espraiam em direção a todas as esferas que integram o meio ambiente, na medida em que tal complexidade afeta, atualmente, todas elas.

3 A PRECAUÇÃO NO MEIO AMBIENTE DO TRABALHO E OS NOVOS RISCOS LABOR-AMBIENTAIS

Assim como ocorre nas demais searas ambientais, a evolução tecnológica experimentada pelos processos fabris, pelas matérias-primas e pelos métodos de gestão dos fatores laborais traz consigo uma série de novos riscos para os trabalhadores que lidam cotidianamente com eles, cuja dimensão ainda não foi totalmente esclarecida pela ciência.

É importante recordar, nesse particular, que a elaboração e a disponibilização dos produtos e serviços a utilizarem novas tecnologias (p. ex: transgênicos, nanotecnologia, emanações eletromagnéticas etc.) submete os trabalhadores envolvidos em tais atividades a riscos significativamente maiores se comparados àqueles a que se expõem os consumidores e os demais indivíduos, na medida em que o contato daqueles primeiros com as fontes geradoras é constante, ao menos durante a duração das jornadas de trabalho.

Disso se infere que os riscos inerentes às novas tecnologias empregadas na produção e no oferecimento de serviços afetam e condicionam o *meio ambiente do trabalho,* formado pela totalidade dos elementos materiais e imateriais relacionados à organização do trabalho que têm o condão de afetar em menor ou maior medida a sadia qualidade de vida dos trabalhadores.[25]

Tais elementos materiais e imateriais que compreendem, justamente, (i) o local escolhido pelo empresário para a montagem de sua unidade produtiva, (ii) os insumos relacionados ao desempenho da atividade econômica (p. ex: maquinário, matérias-primas, mesas, bancadas, cadeiras etc.), (iii) a metodologia de produção e (iv) as políticas de gestão do pessoal trazem consigo riscos conhecidos e desconhecidos que, de seu turno, podem vir a desaguar na materialização de danos à integridade psicofísica dos trabalhadores gerando, com isto, os desequilíbrios no meio ambiente de trabalho compreendidos no conceito de *poluição.*[26]

---

(24)BRASIL: SUPREMO TRIBUNAL FEDERAL. AÇÃO DIRETA DE INCONSTITUCIONALIDADE N. 3.510/DF. RELATOR: Ministro Carlos Ayres Britto. Plenário. DJ: 28.5.2010;

BRASIL: SUPREMO TRIBUNAL FEDERAL. ARGUIÇÃO DE DESCUMPRIMENTO DE PRECEITO FUNDAMENTAL N. 101/DF. RELATORA: Ministra Cármen Lúcia Antunes Rocha. Plenário. DJ: 4.6.2012;

BRASIL: SUPREMO TRIBUNAL FEDERAL. RECURSO EXTRAORDINÁRIO N. 627.189/SP. RELATOR: Ministro Dias Toffoli. Plenário. DJ: 3.4.2017.

Nesse último julgado, o Ministro Dias Toffoli chegou mesmo a formular, em seu voto, um conceito para o princípio da *precaução,* nos seguintes termos:

"O princípio da precaução é um critério de gestão de risco a ser aplicado sempre que existirem incertezas científicas sobre a possibilidade de um produto, evento ou serviço desequilibrar o meio ambiente ou atingir a saúde dos cidadãos, o que exige que o Estado analise os riscos, avalie os custos das medidas de prevenção e, ao final, execute as ações necessárias, as quais serão decorrentes de decisões universais, não discriminatórias, motivadas, coerentes e proporcionais." Idem.

(25) Segundo Raimundo Simão de Melo:

"O meio ambiente do trabalho não se restringe ao local de trabalho estrito do trabalhador. Ele abrange o local de trabalho, os instrumentos de trabalho, o modo da execução das tarefas e a maneira como o trabalhador é tratado pelo empregador ou tomador de serviço e pelos próprios colegas de trabalho. Por exemplo, quando falamos em assédio moral no trabalho, nós estamos nos referindo ao meio ambiente do trabalho, pois em um ambiente onde os trabalhadores são maltratados, humilhados, perseguidos, ridicularizados, submetidos a exigências de tarefas abaixo ou acima de sua qualificação profissional, de tarefas inúteis ou ao cumprimento de metas impossíveis de atingimento, naturalmente haverá uma deterioração das condições de trabalho, com adoecimento do ambiente e dos trabalhadores, com extensão até para o ambiente familiar. Portanto, o conceito de meio ambiente do trabalho deve levar em conta a pessoa do trabalhador e tudo que o cerca." MELO. Raimundo Simão de. *Direito ambiental do trabalho e a saúde do trabalhador.* 5. edo. São Paulo: LTr, 2013. p. 29.

(26) Conforme conceitua Ney Maranhão:

"Poluição labor-ambiental é o desequilíbrio sistêmico no arranjo das condições de trabalho, da organização do trabalho ou das relações interpessoais havidas no âmbito do meio ambiente laboral que, tendo base antrópica, gera riscos intoleráveis à segurança e à saúde física e mental do ser humano exposto a qualquer contexto jurídico-laborativo — arrostando-lhe, assim, a sadia qualidade de vida." MARANHÃO. Ney. *Poluição labor-ambiental.* Rio de Janeiro: Lumen Juris, 2017. p. 234.

A dinâmica acelerada assumida pela evolução tecnológica, pela produção e pelas comunicações de massa ocasionou, para o meio ambiente laboral, mudanças substanciais nos elementos acima referidos que circundam os trabalhadores em seus locais de trabalho. Tais avanços viabilizaram a exploração de segmentos econômicos até então inalcançáveis pelos agentes do mercado e possibilitou o oferecimento de novos produtos e de serviços à sociedade, fazendo-se necessário, por via de consequência, a arregimentação de mão de obra para possibilitar o desempenho regular de tais atividades.

E uma vez que o fator primordial levado em consideração para o oferecimento desses novos produtos e serviços ao público em geral é a perspectiva de retorno financeiro imediato a decorrer da exploração de novos segmentos de mercado, os trabalhadores são ativados na produção, na disponibilização e na manutenção daqueles bens sem que os riscos para a saúde humana a eles inerentes sejam plenamente conhecidos pela ciência. Como exemplos facilmente identificáveis de tal processo é possível citar (i) a manipulação de agentes químicos e biológicos recentemente descobertos; (ii) a exposição a partículas e a ondas eletromagnéticas ainda pouco estudadas; (iii) o emprego de métodos de organização produtiva e de gestão de pessoas com impactos na saúde psíquica não conhecidos em sua integralidade, dentre outros.

A assimetria existente entre o avanço tecnológico na utilização de novos insumos e o conhecimento da ciência a respeito dos riscos a eles inerentes é plenamente constatável da listagem elaborada e atualizada periodicamente pelo *Institute of Advanced Research on Cancer* — IARC, vinculado à estrutura da Organização Mundial da Saúde. O elenco em referência é dividido entre os agentes *reconhecidamente cancerígenos*, *provavelmente cancerígenos*, *possivelmente cancerígenos* e *não-cancerígenos*.[27]

Das 1.013 (mil e treze) substâncias catalogadas pelo IARC até abril de 2019 (quando o presente artigo foi elaborado), apenas 120 (cento e vinte) haviam sido consideradas como efetivamente cancerígenas para humanos, ao passo que para outras 393 (trezentas e noventa e três), não se possuía um diagnóstico conclusivo a respeito da presença do risco carcinogênico para os sujeitos expostos a tais agentes. No plano doméstico, os dados compilados pelo IARC foram assimilados pela Portaria Interministerial n. 9, de 7.10.2014, que veicula a *Lista Nacional de Agentes Cancerígenos para Humanos*.[28]

No ensejo de lidar com estes novos riscos ainda parcialmente desconhecidos, o princípio ambiental da *precaução* se apresenta para os operadores do direito e para os agentes públicos e privados como um elemento normativo a orientar, concretamente, a coexistência dos bens jurídicos concernentes à *autonomia privada* e à *livre-iniciativa* empresarial, de um lado, e a *integridade psicofísica* dos trabalhadores e o *meio ambiente adequado*, de outro.[29]

De fato, partindo-se do pressuposto de que o desconhecimento científico a respeito dos riscos inerentes a certos insumos ou processos produtivos não autoriza os particulares a se valer das novas tecnologias sem o acompanhamento dos respectivos estudos a respeito dos perigos a elas inerentes e muito menos sem implementar medidas destinadas a eliminar ou, pelo menos, a atenuar a exposição a tais riscos, tem-se que os empresários estão jungidos, em tais hipóteses, ao dever concernente à observância de certas posturas indicadas pelas nuances dos casos concretos, tal como exige o enunciado do princípio da *precaução*.

Assim, por exemplo, no caso hipotético a envolver o manuseio ocupacional de substância química suspeita (com comprovação ainda incerta) de ocasionar câncer de laringe, o empresário não pode se valer do conhecimento apenas

---

(27) A listagem completa pode ser visualizada em: <https://monographs.iarc.fr/agents-classified-by-the-iarc/>. Acesso em: 1º abr. 2019.

(28) Referida portaria foi editada, à ocasião, pelos Ministérios da Saúde, do Trabalho e da Previdência Social. Sua íntegra está disponível em: <http://pesquisa.in.gov.br/imprensa/jsp/visualiza/index.jsp?data=08/10/2014&jornal=1&pagina=140&totalArquivos=164>. Acesso em: 1º abr. 2019.

(29) Pois afinal, conforme observa Luiz Edson Fachin:

"Na contemporaneidade, as esferas do interesse individual, do social e do estatal não mais são facilmente separadas, como antes ocorria, nos primórdios da modernidade. Há um complemento entre o interesse público e o privado, sendo difícil conceber um interesse privado que seja completamente autônomo, independente, isolado do interesse público.

(...)

Seja como for, às normas constitucionais, além do papel hermenêutico, destinou-se mesmo um efetivo caráter de direito substancial, com todas as críticas suscetíveis de serem dirigidas a essa expressão.

Na teoria contratual ocorre esse mesmo processo de releitura [pois] tanto no plano cível quanto no constitucional há direitos prestacionais originários diante de terceiros e que são merecedores de tutela.

(...)

Nessa ordem de ideias, tem-se com clareza que um contrato realizado pode possuir um sentido teleológico que extrapola em muito a relação entre os contratantes. Quando os contratos firmados não atendem à sua função social, violam princípios de *status* constitucional." FACHIN. Luiz Edson. *Direito civil. Sentidos, transformações e fim*. Rio de Janeiro: Renovar, 2015. p. 62-126.

parcial de tal vicissitude por parte da ciência (i) para deixar de implantar e de oferecer os equipamentos individuais e coletivos de proteção que sabidamente diminuiriam as chances de aspiração daquele agente nocivo, bem como (ii) para se omitir no tocante ao acompanhamento da evolução da técnica a respeito dos riscos relacionados a tal substâncias, das respectivas medidas de controle, dos procedimentos de segurança e dos limites de tolerância; (iii) para não partilhar com os trabalhadores as informações concernentes àqueles potenciais riscos e as orientações mais avançadas relacionadas à proteção contra tais ameaças.

É importante observar, nesse particular, que a evolução técnica a ser acompanhada pelo empresário que se dispõe a assumir um risco parcialmente desconhecido inerente à utilização de nova tecnologia é aquela verificada no plano global, a compreender as melhores e mais eficazes práticas implementadas no mundo com vistas a reduzir a exposição nociva a tais ameaças.

Com efeito, se o agente econômico se dispõe a explorar tal sorte de atividade potencialmente nociva, deve ser onerado, por via de consequência, com o dever de monitorar e de implementar no ambiente laboral por ele gerido as mais recentes melhorias obtidas pela ciência, até mesmo em decorrência do próprio direito fundamental à proteção da integridade psicofísica titularizado pelos trabalhadores e pela generalidade dos indivíduos.[30]

No ordenamento jurídico pátrio, tal obrigação empresarial não só é corolário da função social da empresa prevista no art. 170, *caput* e VI, da Constituição Federal e dos direitos fundamentais à saúde, à redução dos riscos laborais e ao meio ambiente do trabalho equilibrado, positivados nos arts. 6º, 7º, XXI, 193 e 225, da Carta Magna, como também integra o conteúdo do dever de antecipação dos potenciais riscos labor-ambientais *existentes e que venham a existir*, conforme exigido nos itens 9.1.1, 9.3.2 e 9.3.5 da NR-9, no tocante à elaboração do *Plano de Prevenção de Riscos Ambientais*.[31]

De modo ainda mais incisivo, as Convenções ns. 139 e 155 da OIT — ratificadas pelo Decreto n. 157, de 2.7.1991 e pelo Decreto n. 1.254, de 29.9.1994 — impõem às autoridades pátrias a atualização periódica das listagens de substâncias potencialmente cancerígenas e da relação dos processos produtivos potencialmente nocivos a serem proibidas ou controladas, bem como o acompanhamento *pari passu* dos conhecimentos técnicos necessários para elidir ou minimizar os riscos labor-ambientais em referência.[32]

---

(30) Pois, afinal, conforme observa Guilherme Guimarães Feliciano:

"[É] *obrigação fundamental do empregador* — com prelação sobre as próprias *obrigações pecuniárias*, (...) resguardar, de toda forma possível (inclusive com a *absorção de tecnologia*) (...), a vida e a integridade psicossomática dos trabalhadores ativados sob sua égide, *subordinados ou não*.

(...)

Se é obrigação do empregador adotar e executar as medidas adequadas de higiene e segurança para proteger a vida e a integridade dos trabalhadores (...), obriga-se, precisamente, a a) construir, adaptar, instalar e equipar os edifícios e locais de trabalho com condições ambientais e sanitárias adequadas; b) instalar, na exata medida da necessidade labor-ambiental, os equipamentos de proteção coletiva, atendendo à melhor técnica; c) disponibilizar, na exata medida da necessidade labor-ambiental, os equipamentos de proteção individual, atendendo à melhor técnica; d) monitorar as operações e processos de trabalho, prevendo contextos de inadequação ergonômica e/ou fadiga mental (...); e) oferecer gratuitamente os exames médicos (...); f) manter em bom estado de conservação, utilização e funcionamento máquinas, instalações e ferramentas de trabalho, instalações elétricas, sanitárias e serviços de água potável; g) instalar dispositivos necessários para o combate a incêndio ou outros sinistros (a depender do tipo de atividade) e para a renovação do ar e a eliminação de gases, vapores e demais impurezas produzidas pela atividade laboral (...); h) zelar para que não se acumulem dejetos e resíduos que constituam risco para a saúde, realizando limpeza e desinfecções periódicas; i) eliminar, isolar ou reduzir ruídos e/ou vibrações prejudiciais à saúde do trabalhador; j) depositar e armazenar substâncias perigosas com o cuidado necessário e em condições de segurança; l) dispor de meios adequados para a imediata prestação de socorro (...); m) providenciar e manter em locais visíveis os avisos que indiquem medidas de higiene ou segurança ou advirtam sobre a periculosidade de máquinas e instalações; n) promover a capacitação de pessoal em matéria de higiene e segurança do trabalho, particularmente quanto à prevenção dos riscos específicos de cada atividade; o) comunicar acidentes e enfermidades do trabalho." FELICIANO. Guilherme Guimarães. *Tópicos avançados de direito material do trabalho. Atualidades forenses*. Vol. 1. São Paulo: Damásio de Jesus, 2006. p. 159-160.

(31)32 "NR-9 — item 9.1.1 Esta Norma Regulamentadora — NR estabelece a obrigatoriedade da elaboração e implementação, por parte de todos os empregadores e instituições que admitam trabalhadores como empregados, do Programa de Prevenção de Riscos Ambientais — PPRA, visando à preservação da saúde e da integridade dos trabalhadores, através da antecipação, reconhecimento, avaliação e consequente controle da ocorrência de riscos ambientais existentes ou que venham a existir no ambiente de trabalho, tendo em consideração a proteção do meio ambiente e dos recursos naturais."

(...)

"9.3.2 A antecipação deverá envolver a análise de projetos de novas instalações, métodos ou processos de trabalho, ou de modificação dos já existentes, visando a identificar os riscos potenciais e introduzir medidas de proteção para sua redução ou eliminação.

(...)

9.3.5. Das medidas de controle

9.3.5.1. Deverão ser adotadas as medidas necessárias suficientes para a eliminação, a minimização ou o controle dos riscos ambientais sempre que forem verificadas uma ou mais das seguintes situações:

a) identificação, na fase de antecipação, de risco potencial à saúde."

(32)"CONVENÇÃO N. 139 — ARTIGO 1º

1 — Todo Membro que ratifique a presente Convenção deverá determinar periodicamente as substâncias e agentes cancerígenos aos quais estará proibida a exposição no trabalho, ou sujeita a autorização ou controle, e aqueles a que se devam aplicar outras disposições da presente Convenção.

2 — As exceções a esta proibição apenas poderão ser concedidas mediante autorização que especifique em cada caso as condições a serem cumpridas.

E no que diz respeito às obrigações impostas aos empresários, o art. 16 da Convenção n. 155 e o art. 13, "b" da Convenção n. 170, da OIT, estabelecem para os referidos agentes econômicos os deveres (i) de assegurar que o maquinário, os equipamentos, os insumos e os processos produtivos não envolverão risco algum (conhecido ou desconhecido) para a integridade psicofísica dos trabalhadores; (ii) de tomar as medidas adequadas para a elisão ou para a minimização de tais ameaças e (iii) de adotar a tecnologia disponível no mercado mais eficaz para tal desiderato.[33]

Há, portanto, no ordenamento jurídico pátrio, deveres para os agentes públicos e privados que emanam diretamente do princípio da *precaução* e que impõem às autoridades estatais e aos empresários condutas destinadas ao acompanhamento da evolução científica concernente ao conhecimento dos riscos potenciais a que estão expostos os trabalhadores e à implementação de medidas destinadas a controlar a exposição a tais vicissitudes.

A despeito da consagração de tais obrigações decorrentes do princípio da *precaução* no ordenamento internacional e na legislação doméstica, o fato é que os agentes públicos e privados não vêm zelando pelo acompanhamento dos novos riscos à integridade psicofísica dos trabalhadores no mesmo compasso em que estes se apresentam. As duas situações a serem descritas nos itens abaixo, a envolverem a universalização dos processos produtivos a se valerem dos recentes avanços nos campos da *nanotecnologia* e das *radiações eletromagnéticas*, bem ilustram o que ora se afirma.

3.1 Nanotecnologia

A expressão *nanotecnologia* contempla as atividades que envolvem a manipulação da matéria na escala de um bilionésimo de metro, ou seja, um nanômetro (1nm). Nesse patamar, os elementos são moldados em suas partículas constitutivas (átomos e moléculas) e a reprogramação das interações entre estas últimas é capaz de gerar novas tecnologias e novos produtos com vastíssimo potencial mercadológico.[34]

Justamente por envolver a reestruturação da matéria em seus níveis elementares, os processos de manipulação das nanopartículas, bem como as interações entre estas últimas, fazem com que os materiais passem a apresentar comportamentos diversos daqueles esperados em sua conformação natural. Por se tratar de tecnologia recente, a plena compreensão a respeito das reações entre as moléculas alteradas e dos riscos a elas inerentes demanda aprofundados estudos por parte da ciência sob os mais variados enfoques.[35]

---

3 — Ao determinar as substâncias e agentes a que se refere o parágrafo 1 do presente Artigo, deverão ser levados em consideração os dados mais recentes contidos nos repertórios de recomendações práticas ou guias que a Secretaria Internacional do Trabalho possa elaborar, assim como a informação proveniente de outros organismos competentes."

(...)

"CONVENÇÃO N. 155 — Artigo 7º

A situação em matéria de segurança e saúde dos trabalhadores e meio ambiente de trabalho deverá ser examinada, em intervalos adequados, globalmente ou com relação a setores determinados, com a finalização de se identificar os principais problemas, elaborar meios eficazes para resolvê-los, definir a ordem de prioridade das medidas que for necessário adotar, e avaliar os resultados."

(33) "CONVENÇÃO N. 155 — Artigo 16

1. Deverá ser exibido dos empregados que, na medida que for razoável e possível, garantam que os locais de trabalho, o maquinário, os equipamentos e as operações e processos que estiverem sob seu controle são seguros e não envolvem risco algum para a segurança e a saúde dos trabalhadores.

2. Deverá ser exigido dos empregadores que, na medida que for razoável e possível, garantam que os agentes e as substâncias químicas, físicas e biológicas que estiverem sob seu controle não envolvem riscos para a saúde quando são tomadas medidas de proteção adequadas.

3. Quando for necessário, os empregadores deverão fornecer roupas e equipamentos de proteção adequados a fim de prevenir, na medida que for razoável e possível, os riscos de acidentes ou de efeitos prejudiciais para a saúde."

(...)

"CONVENÇÃO N. 170 — Artigo 13 — CONTROLE OPERACIONAL

1. Os empregadores deverão avaliar os riscos dimanantes da utilização de produtos químicos no trabalho, e assegurar a proteção dos trabalhadores contra tais riscos pelos meios apropriados, e especialmente:

(...)

b) elegendo tecnologia que elimine ou reduza ao mínimo o grau de risco."

(34) Vide, a propósito:

AGÊNCIA BRASILEIRA DE DESENVOLVIMENTO INDUSTRIAL (ABDI). *Cartilha sobre nanotecnologia*. Brasília: ABDI, 2010. p. 19. Disponível em: <http://lqes.iqm.unicamp.br/images/publicacoes_teses_livros_resumo_cartilha_abdi.pdf>. Acesso em: 2 abr. 2019.

(35) A propósito, Monique Pyrrho e Fermin Roland Schramm observam que:

"Resultado da interação dos conhecimentos de física quântica, biologia molecular, eletrônica, química e engenharia de materiais, a nanotecnociência estuda e explora as propriedades dos materiais quando manipulados em nível atômico e molecular. Altera propriedades como cor, condutividade elétrica, resistência e dureza em relação às amostras macroscópicas3.

Essas novas propriedades são objeto de interesse de diversas áreas, como informática, aeronáutica, química, energia, indústria bélica e quase todos os ramos de indústrias de alta tecnologia atuais. Seu uso parece ser ainda mais promissor para as áreas biomédicas, nas quais se anuncia a possibilidade de cirurgias menos invasivas e mais eficazes, medicamentos com maior especificidade, tratamentos de doenças como câncer e até a melhora de processos cognitivos e da memória.

No entanto, em que pese o desconhecimento científico sobre a maior parcela dos riscos inerentes à nanotecnologia, o mercado já se encontra, há algum tempo, abarrotado de bens que possuem nanopartículas artificialmente modificadas em sua composição. Ao mesmo tempo, os ordenamentos jurídicos não possuem dispositivos voltados especificamente para a regulação do tema, seja sob a ótica preventiva, ou sob a perspectiva reparatória, o que acaba servindo como pretexto para a liberação generalizada da utilização fabril da referida técnica e da comercialização dos produtos dela derivados.[36]

Diante desse quadro, o controle dos riscos inerentes ao emprego da nanotecnologia e à exposição dos trabalhadores e dos consumidores aos insumos e aos produtos que a utilizam tem, nos cânones emanados do princípio da *precaução*, o marco normativo a orientar as condutas dos agentes públicos e privados no tocante ao tema. Nesse sentido, a implementação e a disponibilização de processos produtivos e de bens a utilizarem nanopartículas é condicionado não apenas ao acompanhamento dos avanços científicos a respeito da matéria por parte dos agentes públicos e privados, como também à observância das cautelas necessárias para evitar (ou ao menos reduzir) a materialização dos danos coletivos e individuais relacionados àquelas moléculas estruturais.[37]

Mais especificamente, os empresários se encontram vinculados, pelo princípio da *precaução* e pelos dispositivos do ordenamento jurídico acima mencionados, a antecipar tais ameaças nas suas diretrizes internas de gestão ambiental e sanitária (no caso brasileiro, representadas pelo PPRA, pelo PCMSO e pelo LTCAT) e, principalmente, a acompanhar a evolução concernente ao conhecimento científico dos riscos inerentes às nanopartículas por eles utilizadas.

Nesse mesmo sentido, as autoridades públicas se encontram, por imposição do art. 225, § 1º, V, da Constituição Federal e das Convenções ns. 139 e 155 da OIT, vinculadas ao dever de estabelecer mecanismos de controle dos riscos relacionados à nanotecnologia por intermédio da atualização dos quadros de substâncias proibidas ou limitadas em compasso com as novas descobertas científicas, bem assim da reformulação periódica da legislação concernente à saúde e à segurança do trabalho à medida o nexo entre nanopartículas e afecções for desvelado.

Na prática, contudo, as pressões comerciais fazem com que os agentes públicos e privados perpassem as diretrizes jurídicas emanadas do princípio da *precaução* em nome dos ganhos mercadológicos, econômicos e fiscais de natureza imediata relacionados à pronta disponibilização dos bens produzidos a partir da nanotecnologia ao público consumidor. Com isto, os trabalhadores responsáveis pela fabricação dos respectivos produtos, bem como aqueles que os utilizam em suas atividades laborais, acabam sendo fatalmente submetidos a riscos cujo potencial lesivo é desconhecido.

(...)

A toxicidade das nanopartículas e dos materiais nanoestruturados depende de uma interação complexa de fatores como tamanho, concentração, tempo de exposição, estado de saúde e características individuais do organismo exposto. No entanto, seria um erro afirmar que os mecanismos de toxicidade das nanopartículas são plenamente conhecidos. Isso se dá porque aquilo que faz a nanotecnologia parecer tão promissora — o comportamento diverso das nanopartículas em relação às formas brutas do mesmo material — é também aquilo que torna seus potenciais efeitos sobre a saúde e sobre o meio-ambiente imprevisíveis." PYRRHO. Monique; SCHRAMM. Fermin Roland. *A moralidade da nanotecnologia*. Disponível em: <http://www.scielo.br/scielo.php?script=sci_arttext&pid=S0102-311X2012001100002&lng=en&nrm=iso&tlng=en>. Acesso em: 2 abr. 2019.

(36) Nesse sentido, Isabel Cristina Porto Borjes, Taís Ferraz Gomes e Wilson Engelmann observam que:

"O Direito Brasileiro, como todos os países adeptos da *civil law*, depende da ocorrência de fatos reiterados em uma sociedade para que se passe a positivá-los; consequentemente, os direitos e os deveres gerados a partir das nanotecnologias também estão em processo de construção, uma vez que as hipóteses de Direito Preventivo no Brasil são esparsas, pois se espera a verificação efetiva de um dano para gerar o dever de indenizar.

(...)

A falta de respaldo jurídico a amparar as tecnologias impõe um desafio aos juristas que, em um futuro breve, estarão diante de situações decorrentes das nanotecnologias, até porque a presença destes produtos no mercado é uma realidade: secadores de cabelo, *shampoos*, lápis, palmilhas, esterilizadores de água, cosméticos, tecidos, cerâmicos, tintas, calçados, plásticos, fármacos, entre outros.

Dessa forma, como as nanotecnologias não estão positivadas e não há conhecimento no sentido de eventuais danos que possam causar e ter possivelmente causado, não se pode ficar à espreita de uma lei." BORJES. Isabel Cristina Porto; GOMES. Taís Ferraz; ENGELMANN. Wilson. *Responsabilidade civil e nanotecnologias*. São Paulo: Atlas, 2014. p. 14-15.

(37) Nas palavras de Guilherme Guimarães Feliciano:

"Por evidente, o princípio da precaução deve se aplicar, como baliza normativa e guia de regência, à impactação da nanotecnologia no meio ambiente do trabalho. Prestar-se-á, desde logo, a justificar, por exemplo, a tutela processual inibitória ou de remoção de ilícito em favor de trabalhadores expostos a riscos de danos graves, ainda que não mensurados no imo da indústria nanotecnológica.

Mas os mercados não percebem assim.

Produtos desenvolvidos com técnicas de nanotecnologia já estão nas prateleiras do comércio e os consumidores sequer têm conhecimento disso (...). Houvesse investimento bastante, a própria nanotecnologia poderia ser o remédio para seus próprios males: desenvolver-se-iam, com alguma dificuldade e gasto, nanoestruturas para reverter ou prevenir os danos causados por outras nanopartículas." FELICIANO. Guilherme Guimarães. *Nanotecnologia e meio ambiente do trabalho: sobre a tutela jusfundamental do trabalhador em horizonte de incerteza*. In: ROCHA. Cláudio Jannotti da et alii. *Proteção à saúde e segurança no trabalho*. São Paulo: LTr, 2018. p. 133.

Como exemplo de tais riscos, tome-se as partículas químicas artificialmente modificadas cuja interação com o organismo humano se desconhece ou foi pouco estudada. No ensejo de alterar a composição original de certos elementos (cores, texturas, cheiro, apresentação visual etc.) certas empresas vêm se dedicando à alteração destes últimos em seu nível estrutural, a fim de criar produtos com maior apelo comercial, sem implementar qualquer análise prévia a respeito das possíveis reações de tais partículas na saúde dos trabalhadores e dos consumidores.

Tal prática vem gerando uma casuística crescente de doenças relacionadas à exposição à nanotecnologia no ambiente de trabalho. Vide, nesse sentido, os casos de trabalhadores que se contaminaram em razão da manipulação ocupacional de nanopartículas de tungstênio que, uma vez aspiradas, ingressaram no organismo humano e ocasionaram doenças vasculares. De igual modo, os meios de comunicação noticiaram há alguns anos atrás o caso de sete operárias de uma fábrica de tintas à base de nanopartículas em Hong Kong que morreram em decorrência da aspiração destas últimas e de seu alojamento nos pulmões.[38]

Paralelamente a isto, vários nanomateriais vêm sendo objeto de estudos científicos no que diz respeito à sua nocividade, tal como ocorre com os nanotubos de carbono e com os óxidos metálicos manipulados na escala elementar. Há indícios a apontarem que as referidas partículas têm relação com o fibrosamento dos pulmões, bem como com doenças cardiovasculares e com o aparecimento de tumores.[39]

A postura adotada, no presente, pelos agentes públicos e privados diante da nanotecnologia reedita, nos dias de hoje, a inércia e a morosidade das autoridades responsáveis pela implementação de políticas de saúde pública, bem como dos empresários, no trato dos riscos inerentes ao amianto durante a maior parte do século XX. Desde os anos 1900 já se conhecia casos de trabalhadores expostos àquele mineral falecidos em decorrência de doenças pulmonares e, no entanto, o argumento acerca da aludida falta de certeza científica sobre o nexo de causalidade, amplamente difundido pelas empresas do ramo em todo o mundo, acabou por obstar a implementação das medidas necessárias a evitar ou, ao menos, minimizar, os terríveis efeitos inerentes à aspiração das fibras amiantíferas pelos indivíduos em seus locais de trabalho e no ambiente em geral.[40]

Tal situação acabou por resultar em uma verdadeira tragédia sanitária de impacto global que ceifou — e ainda extirpa — a vida de milhões de indivíduos, entre trabalhadores da mineração, dos estaleiros e da indústria da construção civil, passando por cidadãos que simplesmente adquiriram produtos a base de amianto para os mais variados usos (p. ex: placas de isolamento térmico, caixas d´água, telhas, freios automotivos, revestimento de caldeiras etc.) e acabaram contraindo doenças pulmonares de prognóstico mortal.

Tragédias como a do amianto contribuíram para a implementação de novas diretrizes de gestão de riscos com relação a produtos potencialmente perigosos, incluindo-se dentre tais medidas a própria elaboração do princípio da *precaução*, com sua especial atenção conferida ao problema do desconhecimento científico. No entanto, as dolorosas

---

(38) <http://www.protecao.com.br/noticias/geral/os_impactos_da_nanotecnologia_no_mundo_do_trabalho_vao_alem_dos_riscos_a_saude_do_trabalhador/JyyAAJjyA5/12622>. Acesso em: 3 abr. 2019;

<http://g1.globo.com/Noticias/Mundo/0,,MUL1272633-5602,00-NANOPARTICULAS+PODEM+CAUSAR+DOENCAS+PULMONARES+REVELA+ESTUDO.html>. Acesso em: 3 abr. 2019.

(39) Nesse sentido, William Waissmann observa que:

"Alguns materiais já são motivo de debate científico, com destaque para nanotubos de carbono, com potencial de causar síndrome similar ao asbesto, sem que se olvide menção aos óxidos metálicos, como dióxido de enxofre e vários outros grupos de nanomateriais. Descrições de aumento de risco cardiovascular, por trombofilia e distúrbios de resposta vascular; respiratório, por quadro inflamatório e potencial carcinogenético; de estímulo à produção de radicais livres em atividade citotóxica; de indução á autoimunidade e toxicidade endócrina invocaram estudos, em andamento, pela própria administração norte-americana e da comunidade europeia." WAISSMANN. William. *Nanomateriais. Nanotecnologia. Perspectiva de SST*. In: MENDES. René. *Dicionário de saúde e segurança do trabalhador*. Novo Hamburgo: Proteção, 2018. p. 793.

(40) Segundo Barry Castleman:

"O primeiro estudo epidemiológico a respeito da asbestose na indústria foi publicado no início da década de 1930 pelo Dr. E.R.A Merewether. Ele descobriu que a maior parcela dos trabalhadores empregados na manufatura de produtos à base de amianto poderia vir a desenvolver aquela doença potencialmente fatal caracterizada pelo enrijecimento dos pulmões e alertou sobre os perigos a que estavam submetidos os trabalhadores dos estaleiros a manusearem material de isolamento à base de amianto. O Dr. Merewether — que estava pessoalmente envolvido na elaboração da primeira legislação britânica a respeito da utilização industrial do amianto — relatou, à ocasião, que a faixa etária média em que se encontravam os trabalhadores a terem a asbestose como causa do óbito gravitava em torno dos quarenta e um anos. Ele concluiu em seu relatório que os perigos advindos do amianto seriam tão severos que a utilização industrial deste último deveria ser banida.

(...)

Os primeiros relatos científicos de câncer dentre os trabalhadores expostos ao amianto foram publicados nos anos subsequentes ao relatório elaborado por Merewether. (...). Nesse sentido, o caráter carcinogênico do amianto foi oficialmente reconhecido pelas autoridades previdenciárias alemãs por volta de 1939 e até mesmo pela literatura popular daquele país até meados da década de 1940. Os alemães atestaram que mesmo os casos menos graves de asbestose poderiam evoluir, no futuro, para neoplasias pulmonares letais." CASTLEMAN. Barry I. Trad: EBERT. Paulo Roberto Lemgruber. *As condutas criminosas da indústria do amianto. In:* FELICIANO. Guilherme Guimarães; EBERT. Paulo Roberto Lemgruber. *Direito ambiental do trabalho. Apontamentos para uma teoria geral.* Volume 4. São Paulo: LTr, 2018. p. 21-22.

lições decorrentes desse e de outros casos emblemáticos de nada adiantarão se seus ensinamentos não forem seguidos no presente. Lamentavelmente, com o tratamento que vem sendo conferido aos impactos da nanotecnologia na saúde humana e no meio ambiente corre-se o risco de se repetir, hoje, os mesmos erros do passado.

3.2 Campos eletromagnéticos (estações-base de telefonia celular)

O crescimento da telefonia celular nas últimas décadas foi tamanho que é impossível, na atualidade, imaginar a vida cotidiana sem tal tecnologia. Em um mundo onde os contatos e a transferência de dados e de informações acontecem em tempo real, seja no campo das relações pessoais ou das questões profissionais, os aparelhos (*smartphones*) são os meios pelos quais os indivíduos acessam o universo *just in time* das redes sociais, dos *sites* e dos aplicativos de comunicação instantânea.

Para manter a estrutura que dá vazão ao funcionamento da telefonia celular foi necessário implementar nos últimos trinta anos uma rede cada vez maior de antenas (estações-base) destinadas a cobrir áreas cada vez maiores. E assim, as cidades (grandes, médias ou pequenas) se encontram coalhadas de equipamentos dessa natureza instalados em torres, terrenos de particulares e até mesmo nos telhados de edifícios residenciais e comerciais.

Com a multiplicação das estações-base de telefonia celular, a exposição dos indivíduos aos campos eletromagnéticos gerados por tais instalações foi imensamente potencializada o que, já de início, chamou a atenção dos estudiosos que vinham se dedicando, há algum tempo, à análise dos impactos das radiações não-ionizantes geradas pelas redes elétricas de alta tensão na saúde humana, especialmente no tocante aos possíveis riscos de lesões no Sistema Nervoso Central e de aparecimento de câncer.[41]

E assim, proliferaram os estudos destinados a investigar a possível correlação entre a exposição aos campos eletromagnéticos gerados pelas estações-base de telefonia celular e o aparecimento de patologias, tanto no Brasil quanto no exterior. Os dados obtidos pelas pesquisas conduziram o IARC a classificar tal espécie de radiação não-ionizante como *"possivelmente cancerígena"* e o parlamento brasileiro, ao final da década de 2000, editou a Lei n. 11.934, de 5.4.2009 destinada a estabelecer *"limites à exposição humana a campos elétricos, magnéticos e eletromagnéticos, associados ao funcionamento de estações transmissoras de radiocomunicação, de terminais de usuário e de sistemas de energia elétrica (...) visando a garantir a proteção da saúde e do meio ambiente."*

A referida norma estabeleceu como limites pretensamente seguros a serem observados no Brasil os valores de referência para a exposição ambiental e ocupacional delimitados pela *Comissão Internacional de Proteção Contra Radiação Não Ionizante — ICNIRP*. É digno de nota que o diploma legal em apreço validará a observância a tais parâmetros até o momento em que a Organização Mundial da Saúde — OMS vier a estabelecer novos limites que passarão a vincular imediatamente as autoridades regulatórias nacionais e as concessionárias de telefonia celular, para além de determinar, em seu texto, a realização de estudos sobre a tolerância dos organismos humanos aos campos eletromagnéticos através de recursos oriundos do Fundo Nacional de Desenvolvimento Científico e Tecnológico — FNDCT.[42]

A despeito da notória consideração às diretrizes emanadas do princípio da *precaução* por parte da Lei n. 11.934/2009, o fato é que diversos estudos científicos vêm demonstrando a existência de riscos à saúde humana derivados da exposição a níveis de radiação não-ionizante situados em patamares significativamente inferiores aos limites estabelecidos no início da década de 1990 pela ICNIRP. Merece destaque, nesse sentido, as conclusões obtidas pela equipe da pesquisadora Adilza Dode em artigo publicado no ano de 2011, a apontarem para a existência de correlação

---

(41) Sobre o tema, Luiz Carlos de Miranda Júnior assim se manifesta:

"No caso da geração, transmissão e distribuição de energia elétrica, os [campos eletromagnéticos] são provenientes de ondas de campos de extra baixa frequência, por exemplo, 60 ciclos/s ou 60 Hz. Já quando se trata de telecomunicações, os [campos eletromagnéticos] são originados por fontes de altíssima frequências. Em ambas as situações, estamos diante das Radiações Não Ionizantes (RNI).

Para a saúde humana, há preocupação no que se refere à exposição a esse tipo de RNI, tanto para os efeitos a curto prazo, quanto para os de longo prazo. Exposições acidentais agudas a altos níveis de [campos eletromagnéticos] podem produzir estímulos aos nervos e músculos, e alterações na excitabilidade das células do Sistema Nervoso Central (SNC), principal efeito de curto prazo a ser considerado.

Já os efeitos de longo prazo estão associado, principalmente, à possibilidade do aparecimento de câncer." MIRANDA JÚNIOR. Luiz Carlos de. *Campos eletromagnéticos, campos magnáticos, campos eletromagnéticos. In:* MENDES. René. *Dicionário de saúde e segurança do trabalhador.* Novo Hamburgo: Proteção, 2018. p. 215.

(42) Sobre os parâmetros atualmente utilizados pela Comissão Internacional de Proteção Contra Radiação Não Ionizante — ICNIRP, vide a nota técnica divulgada pela ANATEL sob o título *"Diretrizes para limitação da exposição a campos elétricos, magnéticos e eletromagnéticos variáveis no tempo (até 300 GHz)".* Disponível em: <http://www.anatel.gov.br/Portal/verificaDocumentos/documento.asp?numeroPublicacao=12999&assuntoPublicacao=null&caminhoRel=null&filtro=1&documentoPath=biblioteca/publicacao/diretriz_radiacao.pdf>. Acesso em: 5 abr. 2019.

espacial entre as mortes por neoplasia maligna no período compreendido entre 1996 e 2006 e a localização das antenas na cidade de Belo Horizonte — MG.[43]

Diante dos indícios apontados pelos estudos ora mencionados, os fabricantes de aparelhos e as operadoras de telefonia móvel se valem da estratégia já consagrada no âmbito da iniciativa privada no sentido de colocar em dúvida a comprovação científica acerca da existência de riscos inerentes à exposição aos níveis de radiação não-ionizante situados abaixo dos parâmetros legais (no caso brasileiro, os valores de referência estabelecidos pelo ICNIRP há mais de duas décadas) e de se valer da aludida incerteza para dar continuidade às suas atividades econômicas.

Além disso, as empresas se valem do argumento estritamente legalista no sentido de que não poderiam ser obrigadas a observar parâmetros inferiores àqueles fixados na legislação sobre o tema, sob a ficção de que os limites de tolerância atualmente em vigor presumiriam em absoluto a inofensividade das radiações não-ionizantes caso elas permanecessem abaixo dos níveis estabelecidos pelo ICNIRP, de modo a prover os empresários da tão almejada *segurança jurídica*, a caracterizar os anseios do capitalismo desde o advento do liberalismo e da codificação do direito.[44]

No entanto, o princípio da *precaução* que é reconhecido pelo ordenamento jurídico pátrio e integra o conteúdo normativo dos princípios constitucionais da *proteção à saúde* (arts. 6º e 196), da *redução dos riscos inerentes ao trabalho* (artigo 7º, XXII), do *meio ambiente do trabalho adequado* (arts. 193 e 225) e do próprio inciso V do art. 225, § 1º, exige muito mais do que aguardar o estabelecimento de novas diretrizes por parte da OMS e de impor a realização de estudos custeados pelo Fundo Nacional para o Desenvolvimento da Ciência e da Tecnologia, nos termos preconizados pela Lei n. 11.934/2009.

Também exige o princípio da *precaução*, em função de sua própria definição conceitual, que os agentes públicos e privados busquem adotar, por iniciativa própria, as medidas necessárias no fito de evitar ou controlar os riscos inerentes à exposição dos trabalhadores e da população em geral às radiações não-ionizantes emanadas pelas estações-base de telefonia celular, sempre de acordo com a melhor técnica disponível e em linha com os avanços científicos obtidos sobre o tema.

Na seara do meio ambiente do trabalho, o principal foco da exposição ocupacional às referidas radiações não-ionizantes é constituído pelos funcionários das empresas concessionárias (operadoras) e das terceirizadas responsáveis

---

(43) As conclusões do estudo em referência foram assim formuladas:

"A pesquisa demonstrou a existência de uma correlação especial entre casos de morte por neoplasia e a localização das estações-base no município de Belo Horizonte entre 1996 e 2006.

As taxas de mortalidade e o risco relativo foram mais altos para aqueles que residem em um raio de 500 metros das estações-base, comparado com a taxa média de mortalidade de toda a cidade e um gradiente decrescente de dose-resposta foi observado para os indivíduos que residem em localidades mais distantes das estações-base. A maior concentração de antenas estava localizada no Centro-Sul da cidade, que também possuía a maior incidência acumulada de mortes por neoplasia (5,83 para cada 1.000 habitantes).

Os valores de frequências eletromagnéticas medidos em 2008 e em 2003 estavam substancialmente abaixo dos valores permitidos pela Lei Federal n. 11.934, de 5.5.2009. No entanto, os valores encontrados nesse estudo superaram os limites para a exposição humana adotados por vários outros países e cidades no mundo, incluindo-se a Itália ($10\mu W/cm^2$), a China ($6,6\,\mu W/cm^2$), a Suíça ($4,2\,\mu W/cm^2$), a cidade de Paris, na França ($1\,\mu W/cm^2$), a cidade de Salzburg, na Áustria ($0,1\,\mu W/cm^2$) e a cidade de Porto Alegre, no Brasil ($4,2\,\mu W/cm^2$).

No original;

"This research showed the existence of a spatial correlation between cases of death by neoplasia and the locations of the [base stations] in the Belo Horizonte municipality from 1996 to 2006.

The mortality rates and the relative risk were higher for the residents inside a radius of 500m from the [base stations], compared to the average mortality rate of the entire city, and a decreased dose-response gradient was observed for residents who lived farther away from the [base stations]. The major antenna concentration was located in the Central-Southern SD of the city, which also has the largest accumulated incidence (5.83/1000 inhabitants).

The measured values of the EMF, determined in 2008 and 2003 were substantially below the values allowed by the Brazilian federal law nr. 11934, May 5,2009. Nevertheless, the values encountered in this study surpassed the limits of human exposure adopted by many other countries and cities in the world, including Italy ($10\mu W/cm^2$); China ($6,6\,\mu W/cm^2$); Switzerland ($4,2\,\mu W/cm^2$); Paris, France ($1\,\mu W/cm^2$); Salzburg, Austria ($0,1\,\mu W/cm^2$); and Porto Alegre, Brazil ($4,2\,\mu W/cm^2$).

New epidemiological studies must explore this issue with more timely and appropriate methodology to provide evidence that may confirm the relationship between risk and hazard at an individual level. Meanwhile, we strongly suggest the adoption of the Precautionary Principle until the limits of human exposure, as stablished in Brazilian Federal Law, can be re-evaluated." DODE. Adilza C. *et alii. Mortality by neoplasia and cellular telephone base stations in the Belo Horizonte municipality, Minas Gerais state, Brazil. In:* Science of the Total Environment 409 (2011) 3649-3665. Amsterdam: Elsevier, 2011.

(44) Segundo a crítica formulada por Alysson Leandro Mascaro:

"Esse movimento de crescente planificação e tecnicidade do direito conforme o crescimento da atividade capitalista, atinge seu ápice com o fenômeno da positivação do direito que, majoritariamente a partir do século XIX, fez confundir o direito com normas positivadas pelo Estado. Nesse momento, pode-se dizer, o direito já tem condições de traçar uma teoria geral, na qual só seja compreendido a partir da norma jurídica.

(...)

O direito moderno é técnico porque se quer impessoal e sempre previsível; no fundo, o capitalismo se quer como lógica da reprodução econômica impessoal e previsível. O domínio, a exploração e a reprodução da natureza, que são a técnica moderna, são a fortuna dos nossos tempos, enquanto o acaso parecia ser a fortuna dos antigos. Lá, o direito era dádiva, aqui é técnica." MASCARO, Alysson Leandro. *Crítica da legalidade e do direito brasileiro.* 2. ed. São Paulo: Quartier Latin, 2008. p. 42-45.

pela instalação e pela manutenção das estações-base de telefonia celular e respectiva rede. Muito embora a inserção de tais obreiros nos campos eletromagnéticos das antenas seja frequente, os PPRAs, PCMSOs e LTCATs elaborados por suas empregadoras ou tomadoras de serviços se baseiam nos limites de tolerância estabelecidos pelo ICNIRP e não consideram como riscos a serem antecipados e prevenidos, na forma da NR-9, os níveis situados abaixo de tais valores de referência.

Há, todavia, outro foco de exposição a tais campos eletromagnéticos pouco estudado, mas igualmente relevante, que é constituído pelos trabalhadores das empresas que anuíram com a instalação de estações-base em suas respectivas propriedades e que, por tal razão, se encontram dentro do raio de alcance das radiações não-ionizantes emanadas por aqueles equipamentos. Tal situação tem se mostrado bastante comum especialmente nas grandes cidades, onde as operadoras de telefonia celular vêm travando intensa batalha por qualquer espaço disponível a fim de ampliar a emissão de seus sinais.

Em tais casos, contingentes de trabalhadores que nada têm a ver com a prestação do serviço de telefonia celular acabam sendo submetidos às radiações ionizantes emitidas das estações-base sem que sequer estejam minimamente cientes dos riscos a lhes espreitar e, o que é ainda pior, sem que seus empregadores — que obtêm vantagens financeiras com a instalação das antenas em suas propriedades — os alertem e os instruam sobre as potenciais ameaças decorrentes dos campos eletromagnéticos e sem que tal vicissitude conste dos respectivos planos de controle de riscos ambientais e sanitários (especialmente os PPRAs).

Tanto no primeiro caso, quanto no segundo, o Poder Público e os empregadores vêm negligenciando as diretrizes emanadas do princípio da *precaução,* de modo a submeter a integridade psicofísica dos indivíduos e a higidez dos ambientes de trabalho à zona de penumbra representada pelos potenciais riscos inerentes aos campos eletromagnéticos, mormente diante dos alertas que vêm sendo emitidos pelos sucessivos estudos concernentes ao tema e pelo próprio IARC a respeito do possível caráter carcinogênico de tais emanações.

Na era da comunicação instantânea pela via dos aplicativos, dos *sites* e das redes sociais, o potencial da telefonia celular instiga os fabricantes de equipamentos, bem assim as operadoras e os organismos de regulação, a expandir cada vez mais esse mercado e a enxergar a precaução, nos moldes ora descritos, como um obstáculo inconveniente a tal desiderato. No entanto, é preciso atentar para o fato de que a dimensão dos riscos nem um pouco desprezíveis a envolverem a tecnologia em apreço é proporcional à sua dispersão, o que exige, por si só, cautela e responsabilidade redobradas por parte do Poder Público e pelos agentes privados que atuam nessa seara.

4   CONCLUSÃO

Tão complexos quanto a economia globalizada, as sociedades e as relações interpessoais são os *riscos* na contemporaneidade. Tal complexidade não é aqui tratada com viés de crítica, mas como um fato indissociável do mundo presente, onde o conhecimento científico e a cognição estruturada em métodos e classificações não consegue acompanhar a evolução de seu entorno na mesma velocidade em que esta ocorre.

Com os *riscos* ao meio ambiente do trabalho ocorre o mesmo. Tamanha é a evolução experimentada pelos insumos, processos produtivos e métodos de organização dos fatores laborais fomentada pela competição em escala global que as disciplinas relacionadas à medicina, à segurança, à sociologia e ao direito do trabalho ciência não conseguem compreender, diagnosticar e catalogar as ameaças a ela inerentes seguindo o mesmo compasso.

É preciso, portanto, trabalhar com a incerteza científica em matéria labor-ambiental e a técnica disponível para tanto é o princípio da *precaução,* nos moldes descritos no presente artigo. Não se trata de uma proposta exatamente nova, na medida em que o conceito em referência encontra amplo respaldo, como visto, no direito internacional e na própria Constituição Federal, tendo sido objeto de diversas obras doutrinárias e até mesmo de profunda investigação por parte do Supremo Tribunal Federal em mais de uma oportunidade.

O déficit de efetividade do princípio da *precaução* no meio ambiente de trabalho, portanto, não reside em uma suposta carência de conteúdo jurídico-normativo dos dispositivos que o consagram, mas sim de implementação prática de suas diretrizes pelo Poder Público e pelos particulares.

É imprescindível ter em mente, nesse particular, que a diferença existente entre um *risco esclarecido* um *risco ainda obscurecido* reside unicamente no conhecimento de um e no desconhecimento do outro por parte da ciência. A par disso, ambos configuram, na dicção exata do termo, um *risco* e, como tal, trazem consigo o perigo (comprovado ou potencial) de ocasionar danos àqueles que se encontram expostos ao seu raio de alcance.

Apenas tal constatação é o bastante para se exigir do Poder Público a o controle da *"produção, da comercialização e do emprego de técnicas, métodos e substâncias que comportem risco para a vida, a qualidade de vida e o meio ambiente"* — aí incluídos, naturalmente, os locais de trabalho —, na forma constante do art. 225, § 4º, da Constituição Federal e dos empregadores o acompanhamento, a antecipação e o controle da exposição dos trabalhadores a tais potenciais ameaças, conforme lhes impõem os arts 16 da Convenção n. 155 e 13, "b" da Convenção n. 170, da OIT, bem assim a própria NR-9.

5 REFERÊNCIAS

AGÊNCIA BRASILEIRA DE DESENVOLVIMENTO INDUSTRIAL (ABDI). *Cartilha sobre nanotecnologia.* Brasília: ABDI, 2010, p. 19. Disponível em: <http://lqes.iqm.unicamp.br/images/publicacoes_teses_livros_resumo_cartilha_abdi.pdf>;

BECK, Ulrich. Trad: REY. Jesús Alborés. *La sociedade del riesgo global.* Segunda Edición. Madrid: Siglo XXI, 2015;

BESTANI, Adriana. *Principio de precaución.* Buenos Aires: Astrea, 2015;

BORJES, Isabel Cristina Porto; GOMES. Taís Ferraz; ENGELMANN. Wilson. *Responsabilidade civil e nanotecnologias.* São Paulo: Atlas, 2014;

BRASIL: SUPREMO TRIBUNAL FEDERAL. AÇÃO DIRETA DE INCONSTITUCIONALIDADE N. 3.510/DF. RELATOR: Ministro Carlos Ayres Britto. Plenário. DJ: 28.5.2010;

_____ : SUPREMO TRIBUNAL FEDERAL. ARGUIÇÃO DE DESCUMPRIMENTO DE PRECEITO FUNDAMENTAL N. 101/DF. RELATORA: Ministra Cármen Lúcia Antunes Rocha. Plenário. DJ: 4.6.2012;

_____ : SUPREMO TRIBUNAL FEDERAL. RECURSO EXTRAORDINÁRIO N. 627.189/SP. RELATOR: Ministro Dias Toffoli. Plenário. DJ: 3.4.2017;

CASTLEMAN, Barry I. Trad: EBERT, Paulo Roberto Lemgruber. *As condutas criminosas da indústria do amianto. In:* FELICIANO, Guilherme Guimarães; EBERT, Paulo Roberto Lemgruber. *Direito ambiental do trabalho. Apontamentos para uma teoria geral.* Volume 4. São Paulo: LTr, 2018;

DODE, Adilza C. *et alii.* Mortality by neoplasia and cellular telephone base stations in the Belo Horizonte municipality, Minas Gerais state, Brazil. In: *Science of the Total Environment 409* (2011) 3649-3665. Amsterdam: Elsevier, 2011;

DOUGLAS, Mary. *Purity and danger: an analysis of the concepts of pollution and taboo.* London: Ark Paperbacks, 1984;

FACHIN, Luiz Edson. *Direito civil. Sentidos, transformações e fim.* Rio de Janeiro: Renovar, 2015;

FELICIANO, Guilherme Guimarães. Nanotecnologia e meio ambiente do trabalho: sobre a tutela jusfundamental do trabalhador em horizonte de incerteza. In: ROCHA, Cláudio Jannotti da *et alii. Proteção à saúde e segurança no trabalho.* São Paulo: LTr, 2018;

_____ . *Tópicos avançados de direito material do trabalho. Atualidades forenses.* Vol. 1. São Paulo: Damásio de Jesus, 2006;

GIDDENS, Anthony. *Runaway World. How globalization is reshaping our lives.* New York: Routledge, 2000;

JOSSERAND, Louis. *De la responsabilité du fait des choses inanimés.* Paris: Arthur Rousseau Éditeur, 1897;

LOPEZ, Teresa Ancona. *Princípio da precaução e evolução da responsabilidade civil.* São Paulo: Quartier Latin, 2010;

LORENZETTI, Ricardo Luis. Trad: MOROSINI, Fábio Costa; BARBOSA, Fernanda Nunes. *Teoria geral do direito ambiental.* São Paulo: Revista dos Tribunais, 2010;

MARX, Karl. Trad: SCHMIDT, Ronaldo Alves. *O Capital. Edição resumida por Julian Borchardt.* 7. ed. Rio de Janeiro: LTC Editora, 1982;

MASCARO, Alysson Leandro. *Crítica da legalidade e do direito brasileiro.* 2. ed. São Paulo: Quartier Latin, 2008;

MELO, Raimundo Simão de. *Direito ambiental do trabalho e a saúde do trabalhador.* 5. ed. São Paulo: LTr, 2013;

MIRANDA JÚNIOR, Luiz Carlos de. Campos eletromagnéticos, campos magnéticos, campos eletromagnéticos. In: MENDES, René. *Dicionário de saúde e segurança do trabalhador.* Novo Hamburgo: Proteção, 2018;

OBERDIEK, John. *Imposing risk. A normative framework.* Oxford: Oxford University Press, 2017;

PRIEUR, Michel. *Droit de l'environnement.* 5e Édition. Paris: Dalloz, 2004;

PYRRHO, Monique; SCHRAMM. Fermin Roland. *A moralidade da nanotecnoligia.* Disponível em: <http://www.scielo.br/scielo.php?script=sci_arttext&pid=S0102-311X2012001100002&lng=en&nrm=iso&tlng=en>;

SARLET, Ingo Wolfgang; FENSTERSEIFER, Tiago. *Princípios de direito ambiental.* São Paulo: Saraiva, 2014;

SERRANO, José Luis. *Principios de derecho ambiental y ecologia jurídica.* Madrid: Trotta, 2007;

SILVA, Wilson Melo da. *Responsabilidade sem culpa e socialização dos riscos.* Belo Horizonte: Editora Bernardo Álvares, 1962;

WAISSMANN, William. Nanomateriais. Nanotecnologia. Perspectiva de SST. In: MENDES, René. *Dicionário de saúde e segurança do trabalhador.* Novo Hamburgo: Proteção, 2018;

WEDY, Gabriel. *Desenvolvimento sustentável na era das mudanças climáticas. Um direito fundamental.* São Paulo: Saraiva, 2018;

ZAGREBELSKY, Gustavo. Trad.: GASCÓN, Marina. *El derecho dúctil. Ley, derechos, justicia.* 6ª Edición. Madrid: Trotta, 2005.

O ESTADO DA ARTE DO PRINCÍPIO JUSAMBIENTAL DA COOPERAÇÃO

Carlos Eduardo Silva e Souza[(*)]

1 INTRODUÇÃO

O presente trabalho objetiva analisar o princípio da cooperação em matéria ambiental em seu estado da arte, isto é, objetiva analisar o seu posicionamento na ordem jurídica interna, no cenário internacional e, de igual forma, no âmbito das Cortes Superiores brasileiras.

A problemática central do trabalho, portanto, está direcionada para a seguinte inquietação: como está posicionado o princípio da cooperação, nos presentes dias, na ordem jurídica (interna e internacional) e qual o seu papel na proteção ambiental?

Com a perspectiva desse objetivo e da problemática ora apresentada, o trabalho é construído em 4 partes: a primeira é voltada para a compreensão do princípio da cooperação no âmbito do Direito Internacional. A segunda é dirigida para a sua compreensão no âmbito da ordem jurídica interna. A terceira destina-se a compreender, por critérios metodológicos, a posição do princípio jusambiental da cooperação no âmbito do Supremo Tribunal Federal. Por fim, a última parte é voltada, também com suporte em critérios metodológicos, para a compreensão do princípio da cooperação no âmbito do Superior Tribunal de Justiça.

A metodologia utilizada para a construção do presente trabalho foi alicerçada, sobretudo, na pesquisa documental e bibliográfica, por meio do método de abordagem qualitativo e dedutivo de análise de dados.

2 O PRINCÍPIO DA COOPERAÇÃO EM MATÉRIA AMBIENTAL NA PERSPECTIVA INTERNACIONAL

O desenvolvimento acentuado, a tecnologia inovadora e o modo de viver na contemporaneidade trouxe, ao mesmo tempo, benesses inerentes ao bem-estar da população, mas, em igual medida, tem apresentado situações com alto potencial de riscos e perigos.

(*) Doutor em Direito pela Faculdade de Direito Autônoma de Direito de São Paulo. Mestre em Direito Agroambiental pela Universidade Federal de Mato Grosso. Professor Adjunto dos Cursos de Graduação e Mestrado em Direito da Universidade Federal de Mato Grosso. Coordenador do Programa de Pós-Graduação em Direito — Nível Mestrado — da Universidade Federal de Mato Grosso. Líder do Grupo de Pesquisa de Direito Civil Contemporâneo da FD/UFMT. Coordenador do Laboratório de Direito Civil Contemporâneo da FD/UFMT. Membro do Núcleo de Pesquisa do IBEA — Instituto Brasileiro de Estudos de Agronegócio. Advogado.

Essa constatação tem permitido alcunhar a sociedade dos dias atuais como sendo de "riscos e perigos"[1], já que essa se encontra cercada de riscos abstratos ou concretos, que, em uma maior ou menor dimensão, encontram-se alastrados no cotidiano, podendo impactar negativamente na vida das presentes e futuras gerações.

A sociedade contemporânea também pode ser denominada como uma sociedade de massa[2], isso porque a produção em série, não somente de bens e produtos, mas também no próprio modo de viver atual encontra-se ligado à uma concretização de condutas e comportamentos em larga escala, inclusive no que diz respeito às circunstâncias lesivas.

Vale observar que os riscos e os perigos não são fruto da contemporaneidade, pois, ao longo da história, estes sempre se mostraram presentes no modo de viver da sociedade, mas certamente nunca estiveram tão presentes e em larga escala, como nos dias atuais, razão pela qual é possível se alcunhar a sociedade dos presentes dias como "de riscos e perigos" e de "massa".

Para se ter essa percepção não é preciso um grande esforço intelectual, pois, a exemplo dos episódios de desastres ambientais, como é o caso de Mariana e Brumadinho, ambos no Estado de Minas Gerais, evidenciam que empreendimentos econômicos significativos implicam numa elevada concentração de riscos e perigos, os quais se concretizam em lesões de larga escala e significativo impacto.

Aliás, com suporte nesses mesmos exemplos, é possível se verificar que os danos ambientais possuem características próprias em relação às circunstâncias lesivas, a exemplo do seu caráter global e transfronteiriço.

Justamente pelo considerável impacto negativo que a proteção ambiental ineficiente ou inexistente pode impactar seja numa perspectiva intermunicipal, interestadual, nacional e/ou internacional, a junção de esforços entre os diferentes atores incumbidos dessa tarefa inspira a concepção do que hoje se chama como princípio da cooperação.

Aliás, muito além da preocupação com o meio ambiente, a própria sobrevivência do planeta e de suas diferentes formas de vida merecem a atenção da comunidade global na necessidade de agir de forma cooperada.

As questões ambientais restaram internacionalizadas a partir dos anos 1960, sobretudo quando problemas internos[3] superaram os limites territoriais de um país para atingir países vizinhos e, de igual forma, começaram a demandar discussões internacionais e ações conjuntas e estruturadas por meio da cooperação.[4]

O processo de internacionalização dos sistemas de proteção ao meio ambiente teve seu marco inaugural com a Declaração de Estocolmo sobre Meio Ambiente de 1972[5], mas deve-se dizer que o surgimento do novo ramo que hoje se denomina como Direito Internacional do Meio Ambiente se concretiza com a Conferência das Nações Unidas sobre o Meio Ambiente e Desenvolvimento, realizada no Rio de Janeiro, em 1992.[6]

Como se vê, os momentos iniciais de internacionalização e globalização das questões ambientais internacionais revela-se a importância da atuação articulada, dialógica e cooperativa entre os diferentes atores internacionais.

A cooperação internacional poderia ser compreendida em duas perspectivas: a lato senso, que diria respeito "às ações conjuntas entre todos ou alguns Estados com vista à consecução de determinados fins"[7], e também a estrito

---

(1) Ulrich Beck denomina essa categoria como sociedade de risco. *Sociedade de risco*: rumo a uma outra modernidade. São Paulo: Editora 34, 2010. De igual assemelhada, é a mesma proposição de Niklas Luhumann (*Risk: a sociological theory*. Nova Jersey: Transaction Publishers, 2002). Entretanto, prefere-se a utilização adaptada dessa categoria como sendo uma "sociedade de riscos e perigos", pois contempla riscos abstratos e concretos.

(2) Sobre o assunto, vide: HUNTINGTON, Samuel P. *Political order in changing societies*. New Haven: London, 1968. passim.

(3) É o que se verifica, por exemplo, no caso *Trail Smelter*, que versa sobre solução arbitral, devidamente convencionada entre os Estados Unidos da América e o Canadá, em razão de poluição transfronteiriça imputada à empresa canadense que atingiria o território americano. Para maiores informações, sugere-se consulta: UNITED NATIONS. *Trail Smelte Case*. Disponível em: <http://legal.un.org/riaa/cases/vol_III/1905-1982.pdf>. Acesso em: 28 abr. 2019. *Vide* também: GALBIATTI, Paula Silveira. O princípio da cooperação no direito ambiental internacional e sua aplicação no Brasil. In: *Revista Jurídica Luso-Brasileira*. Ano 1, n. 4. Centro de Investigação de Direito Privado: Lisboa, 2015. p. 1308.

(4) *Ibidem*. p. 1307. Sobre a questão da internacionalização e globalização dos sistemas internacionais de proteção ao meio ambiente e de direitos humanos, bem como um diálogo entre estes, vide: SOUZA, Carlos Eduardo Silva e. Meio ambiente e direitos humanos: diálogo entre os sistemas internacionais de proteção. In: MAZZUOLI, Valerio de Oliveira. *O novo direito internacional do meio ambiente*. Curitiba: Juruá, 2011. p. 17.

(5) CANÇADO TRINDADE, Antônio Augusto. *Direitos humanos e meio ambiente: paralelo entre os sistemas de proteção internacional*. Porto Alegre: Sergio Antonio Fabris Editor, 1993. p. 39.

(6) SOUZA, Carlos Eduardo Silva e. Meio ambiente e direitos humanos: diálogo entre os sistemas internacionais de proteção, cit. p. 17.

(7) GALBIATTI, Paula Silveira. O princípio da cooperação no direito ambiental internacional e sua aplicação no Brasil, cit. p. 1313. Seria o caso de "cooperação político-militar, de integração econômica regional, cooperação interestatal propriamente dita ou outras formas que possam transferir recursos como Estados e/ou empresas. Sobre o assunto, vide também: SOARES, Guido Fernando Silva. *Direito internacional do meio ambiente*. 2. ed. São Paulo: Atlas. p. 493-494.

senso, que estaria associada às "ações de um ou mais Estados em caso de emergências, acidentes ou outro evento no qual haja normas escritas ou não escritas".[8]

São inúmeros os documentos internacionais, que versam sobre o princípio da cooperação, como é o caso da Carta das Nações Unidas (especificamente em seus arts. 1º, item 3, 55 e 56), Convenção de Palermo de Combate ao Crime Organizado Transnacional, a Convenção de Mérida de Combate à Corrupção e a Resolução n. 2.625, de 24 de outubro de 1970, das Nações Unidas, merecendo registro que, em relação a esse último documento, poder-se-ia afirmar na existência de um dever de cooperar.[9]

Mais especificamente em matéria ambiental, merecem destaque: o item 7 do princípio 24 da Declaração de Estocolmo, o preâmbulo e o princípio 27 da Declaração do Rio de 1992, a Agenda 21, a Convenção da ESPOO, o Tratado de Cooperação Amazônica[10].

Merece destaque também o Tratado Constitutivo da União das Nações Sul-Americanas, que tem como um de seus princípios a cooperação e, como um de seus objetivos específicos, "a proteção da biodiversidade, dos recursos hídricos e dos ecossistemas, assim como a cooperação na prevenção das catástrofes e na luta contra as causas e os efeitos da mudança climática"[11].

Como se vê, muito além de um norte condutor para uma reflexão, diálogo, debate e ação construída de forma articulada entre os diferentes atores internacionais, o princípio da cooperação[12] emana, com suporte no que se pode extrair os instrumentos internacionais, um dever de agir, orientando não somente uma possibilidade ou uma orientação, mas efetivamente uma conduta a ser observada.

3   O PRINCÍPIO DA COOPERAÇÃO EM MATÉRIA AMBIENTAL NA ORDEM JURÍDICA INTERNA

No cenário internacional, é possível se constatar que a cooperação, muito além de um norte condutor, deve ser visualizada como um dever de conduta na atuação dos diferentes atores no contexto global. Impera-se investigar como se encontra posicionada a matéria no âmbito da ordem jurídica interna. É o que se propõe na presente seção deste trabalho.

Necessariamente, a questão merece a análise inicialmente sob o prisma da Constituição da República Federativa do Brasil de 1988, a mais relevante norma posicionada no sistema jurídico nacional.

Logo no início, a Constituição da República Federativa do Brasil de 1988, nota-se que a cooperação entre os povos para o progresso da humanidade é um dos princípios norteadores da atuação do Brasil nas relações internacionais (CRFB, art. 4º, IX)[13].

A cooperação entre União, Estados, Distrito Federal e Município é submetida à regulamentação de Lei Complementar, pelo art. 23, parágrafo único da Constituição da República Federativa do Brasil de 1988, no que se refere à competência comum, onde está a temática ambiental, com o fito de se buscar o equilíbrio do desenvolvimento e do bem-estar em âmbito nacional.[14]

No que se refere ao aproveitamento econômico e social dos rios e das massas de água represadas ou represáveis nas regiões de baixa renda, sujeitas a secas periódicas, a Constituição da República Federativa do Brasil de 1988, em seu art. 43, § 3º preceitua o dever de cooperação da União "com os pequenos e médios proprietários rurais para o estabe-

---

(8) *Idem*. Sobre o assunto, vide também: SOARES, Guido Fernando Silva. *Direito internacional do meio ambiente*. 2. ed. São Paulo: Atlas. p. 495-496.

(9) *Ibidem*. p. 1316-1317 e 1329.

(10) *Ibidem*. p. 1317-1327.

(11) BRASIL. *Tratado Constitutivo da União de Nações Sul-Americanas*. Disponível em: <http://www.itamaraty.gov.br/images/ed_integracao/docs_UNASUL/TRAT_CONST_PORT.pdf>. Acesso em: 30 abr. 2019.

(12) José Joaquim Gomes Canotilho argumenta que uma "(...) posição particular, demonstrativa da nova ordem ambiental inspirada nas ideais de *global legal pluralism* e de *good governance* ambiental, é a que procura fugir aos códigos binários da forma jurídica (directividade/flexibilização) e aos códigos binários das éticas ou moralidades ecológicas-ambientais ("natureza como recurso"/"natureza como santuário") através da institucionalização de mecanismos internacionais de cooperação e controlo na prossecução das metas ambientais" (Direito constitucional ambiental português: tentativa de compreensão de 30 anos das gerações ambientais no direito constitucional português. In: CANOTILHO, José Joaquim Gomes & LEITE, José Rubens Morato. *Direito constitucional brasileiro*. 3. ed. rev. São Paulo: Saraiva, 2010. p. 23-24).

(13) BRASIL. *Constituição da República Federativa do Brasil de 1988*. Disponível em: <http://www.planalto.gov.br/ccivil_03/constituicao/constituicao.htm>. Acesso em: 28 out. 2019.

(14) *Idem*.

lecimento, em suas glebas, de fontes de água e de pequena irrigação"[15]. Esse dispositivo normativo chama a atenção, pois é possível começar a notar que a cooperação não está atrelada apenas à Administração Pública, mas também de que essa pode entrelaçar a atuação daquela e da iniciativa de particulares.

A cooperação também é estimulada na área cultural entre os entes federados, agentes públicos e privados, conforme prescreve o art. 216-A, § 1º, IV da Constituição da República Federativa do Brasil de 1988.[16]

De forma mais específica, no capítulo destinado ao meio ambiente, o art. 225 da Constituição da República Federativa do Brasil de 1988[17] impõe como dever do Poder Público e da coletividade o dever de defendê-lo e protegê-lo para as presentes e futuras gerações.

Logo, o espírito cooperativo entre o Poder Público e particulares, entre instituições públicas ou apenas entre particulares é medida que se impõe como dever de agir na proteção e defesa do meio ambiente na ordem constitucional brasileira, o que, aliás, guarda coerência quando se o Brasil se propõe, pelo mesmo documento normativo, a construir e ser uma sociedade fraterna e solidária (CRFB, preâmbulo e art. 3º, I)[18].

No âmbito infraconstitucional, vários instrumentos normativos também podem ser citados em relação ao princípio jusambiental da cooperação, como se demonstrará, nas próximas linhas, alguns bons exemplos.

O Sistema Nacional de Instrumentos de Conservação de Unidades da Conservação da Natureza, regulamentado pela Lei n. 9.985/2000, tem como uma de suas diretrizes, a busca pelo "apoio e a cooperação de organizações não-governamentais, de organizações privadas e pessoas físicas para o desenvolvimento de estudos, pesquisas científicas, práticas de educação ambiental, atividades de lazer e de turismo ecológico, monitoramento, manutenção e outras atividades de gestão das unidades de conservação".[19]

O Fundo Nacional para a Repartição de Benefícios — FNRB, regulamentado pela Lei n. 13.123/2015, cujo objetivo é "valorizar o patrimônio genético e os conhecimentos tradicionais associados e promover o seu uso de forma sustentável" tem a possibilidade de estabelecer, nos termos do artigo 32, § 3º, instrumentos de cooperação com os Estados, Distrito Federal e Municípios.[20]

A Política Nacional do Meio Ambiente, cuja sustentação reside na Lei n. 6.938/81, objetiva, conforme art. 4º, V, "à difusão de tecnologias de manejo do meio ambiente, à divulgação de dados e informações ambientais e à formação de uma consciência pública sobre a necessidade de preservação da qualidade ambiental e do equilíbrio ecológico", o que revela, em certa medida, o espírito cooperativo.[21]

A Lei n. 9.605/98[22], que regulamenta as sanções administrativas e penais em relação às condutas e atividades lesivas ao meio ambiente, traz importante contribuição no que toca ao princípio da cooperação, pois reserva um capítulo para tratar da temática, sobretudo no que diz respeito à sua faceta internacional.

A cooperação a outro país, nos termos da referida lei, desde que resguardadas a soberania nacional[23], a ordem pública e aos costumes, será sempre prestada pelo Brasil a outros países, sem qualquer ônus, especialmente quando assim for solicitado, especialmente para: "a produção de prova", o "exame de objeto e lugares", "informações sobre pessoas e coisas", "presença temporária da pessoa presa, cujas declarações tenham relevância para a decisão de uma causa", e "outras formas de assistência permitidas pela legislação em vigor ou pelos tratados de que o Brasil seja parte"[24].

---

(15) *Idem.*

(16) *Idem.*

(17) *Idem.*

(18) *Idem.*

(19) BRASIL. *Lei n. 9.985/2000.* Disponível em: <http://www.planalto.gov.br/ccivil_03/LEIS/L9985.htm>. Acesso em: 28 out. 2019.

(20) BRASIL. *Lei n. 13.123/2015.* Disponível em: <http://www.planalto.gov.br/ccivil_03/_ato2015-2018/2015/lei/l13123.htm>. Acesso em: 28 out. 2019.

(21) BRASIL. *Lei n. 6.938/1981.* Disponível em: <http://www.planalto.gov.br/ccivil_03/leis/l6938.htm>. Acesso em: 28 out. 2019.

(22) BRASIL. *Lei n. 9.605/1998.* Disponível em: <http://www.planalto.gov.br/ccivil_03/leis/l9605.htm>. Acesso em: 28 out. 2019.

(23) Márcia Dieguez Leuzinger e Sandra Cureau lembram que a aplicação do princípio da cooperação "não significa renúncia à soberania do Estado ou à autodeterminação dos povos, mas a necessidade de cooperação internacional, em especial entre países industrializados e países subdesenvolvidos, na medida em que o intercâmbio de tecnologias, informações ou conhecimentos científicos é essencial para que se possam buscar formas alternativas ao atual modo de produção e que vem gerando contínua e crescente depleção dos recursos naturais" (LEUZINGUER, Márcia Dieguez & CUREAU, Sandra. *Direito ambiental.* Rio de Janeiro: Elsevier, 2008. p. 17).

(24) *Idem.*

A Política Nacional de Proteção e Defesa Civil, cuja regulamentação encontra guarida na Lei n. 12.608/2012, tem como um de seus objetivos "atuação articulada entre a União, os Estados, o Distrito Federal e os Municípios para redução de desastres e apoio às comunidades atingidas" [25].

Como se observa do sistema jurídico interno brasileiro, a cooperação é comando principiológico que também merece a devida atenção como instrumento de proteção ambiental, colocando-se, não somente como um mecanismo de auxílio, mas como dever de conduta, que engloba diferentes deveres acessórios, como é o caso do auxílio de do dever de informação.

De igual forma, a cooperação, já pelo Texto Constitucional, deve ser vislumbrada não somente como um dever de atuação por parte do Poder Público, mas também de todos os demais atores, com maior ou menor protagonismo, integrantes da sociedade brasileira, públicos ou particulares, de forma mais individualizada ou coletiva[26].

4 — O PRINCÍPIO DA COOPERAÇÃO EM MATÉRIA AMBIENTAL NO ÂMBITO DO SUPREMO TRIBUNAL FEDERAL

Para uma análise do princípio da cooperação na jurisprudência, elegeu-se duas Cortes: o Supremo Tribunal Federal, por ser a Corte incumbida de ser guardiã a Constituição da República Federativa do Brasil, bem como o Superior Tribunal de Justiça, por ser a Corte a que se atribuiu a tutela da legislação infraconstitucional

Na presente seção, a análise será destinada a verificar o princípio da cooperação, em matéria ambiental, sob a ótica do Supremo Tribunal Federal. Na próxima seção, a análise, com o mesmo propósito, será destinada a apreciar a leitura do Superior Tribunal de Justiça.

No Supremo Tribunal Federal, buscou-se[27], no *site* daquele Tribunal, o campo destinado para a pesquisa jurisprudencial e, como argumento de pesquisa, as palavras "cooperação" e "ambiente".

Como medida inicial, não foi delimitado o lapso temporal da pesquisa para se ter uma ideia geral sobre o resultado que a busca jurisprudencial proporcionaria e, se necessário, delimitar-se-ia aquele critério, além de outros que pudessem otimizar a análise pretendida.

Entretanto, a pesquisa resultou apenas um resultado, qual seja: a Ação Direta de Inconstitucionalidade n. 4.348 — Roraima, cujo julgamento foi realizado no dia 10 de outubro de 2018[28].

O caso se referia a possível inconstitucionalidade dos arts. 26 e 28 da Lei Complementar n. 149/2009 do Estado de Roraima, que obrigava a necessidade de que termos de cooperação e similares firmados entre os componentes do Sistema Nacional de Meio Ambiente fossem submetidos à apreciação da Assembleia Legislativa.

De forma acertada, o Supremo Tribunal Federal, acolhendo a manifestação da Advocacia-Geral da União e da Procuradoria Geral da República, julgou procedente a ação para declarar a inconstitucionalidade dos referidos dispositivos normativos, já que a referida obrigatoriedade feriria o princípio da separação de poderes, não cabendo — na esfera fiscalizatória do Poder Legislativo — a invasão da competência privativa do Poder Executivo.

Em que pese a argumentação central do acórdão não ter se focado no princípio da cooperação, a decisão esteve nitidamente atrelada à relevância da cooperação no âmbito das políticas ambientais, merecendo registro o trecho que a preservação do meio ambiente diz respeito a participação de órgão e instituições de toda a federação, devendo ser

---

(25) BRASIL. *Lei n. 12.608/2012*. Disponível em: <http://www.planalto.gov.br/ccivil_03/_ato2011-2014/2012/lei/l12608.htm>. Acesso em: 30 out. 2019.

(26) Nesse ponto, é importante destacar a lição de Paulo Roberto Pereira de Souza, para quem o princípio da cooperação "expressa a necessidade de uma ação integrada, dentro de uma visão holística, da comunidade das nações, dos diversos níveis de poder dentro de um país; e, do mesmo modo, de uma ação integrada entre povo e governo, Estados e Municípios. O formato contemporâneo de Estado não prescinde de uma divisão de poder entre povo e governantes; antes, porém, pressupõe verdadeira integração de sociedade com os detentores de poder, para colaborar na formulação, no planejamento e na execução de políticas públicas" (SOUZA, Paulo Roberto Pereira de Souza. Os princípios de direito ambiental como instrumentos de efetivação da sustentabilidade do desenvolvimento econômico. In: *Veredas do Direito*. Belo Horizonte, v. 13, n. 26. Maio-Ago, 2016. p. 302). De igual forma, é que orienta Norma Sueli Padilha, cuja lição é a seguinte: "O princípio da cooperação deixa claro que a conquista da efetividade do direito ao meio ambiente ecologicamente equilibrado, enquanto uma árdua tarefa, necessita de uma rede solidária de ações proativas, coordenadas e conjuntas, a envolver desde os entes políticos estatais, no nível internacional e interno de cada país, bem como toda sociedade civil organizada e cada indivíduo isoladamente considerado" (PADILHA, Norma Sueli. *Fundamentos constitucionais do direito ambiental brasileiro*. Rio de Janeiro: Elsevier, 2010. p. 268).

(27) A pesquisa foi realizada no dia 10.04.2019.

(28) SUPREMO TRIBUNAL FEDERAL. *Ação Direta de Inconstitucionalidade 4.348/RR*. Disponível em: <http:www.stf.jus.br>. Acesso em: 30 abr. 2019.

compreendida como corriqueira e imprescindível a atuação dos referidos órgãos se concretize por meio de termos de cooperação ou ajustes similares.[29]

Ainda que coadjuvante no âmbito da referida decisão, o princípio da cooperação restou enaltecido como importante instrumento na atuação conjunta dos órgãos da federação e respectivas instituições na proteção do meio ambiente, o que permite afirmar a posição destacada do referido postulado principiológico.

5 O PRINCÍPIO DA COOPERAÇÃO EM MATÉRIA AMBIENTAL NO ÂMBITO DO SUPERIOR TRIBUNAL DE JUSTIÇA

Assim como realizado no âmbito do Supremo Tribunal Federal, a presente investigação cuidou de analisar a temática ora investigada, qual seja, o princípio da cooperação, sob a ótica do Superior Tribunal de Justiça[30], pois, como se disse anteriormente, trata-se da Corte vocacionada a apreciar os questionamentos inerentes à legislação federal infraconstitucional.

Para tanto, adotou-se como argumentos de pesquisa, no âmbito da pesquisa jurisprudencial do *site* do Superior Tribunal de Justiça, as palavras "cooperação" e "ambiente".

Tal como no âmbito do Supremo Tribunal Federal, inicialmente, não foi delimitado o lapso temporal da pesquisa para se ter uma ideia geral sobre o resultado que a busca jurisprudencial proporcionaria. Entretanto, caso fosse necessário, delimitar-se-ia aquele critério, além de outros que pudessem otimizar a análise pretendida.

A busca resultou 16 documentos nos acórdãos, 916 decisões monocráticas e 1 informativo de jurisprudência.[31] Optou-se pela análise dos acórdãos, por serem decisões colegiadas, e do informativo de jurisprudência, por ser notícia destacada pela própria Corte em questão.

Iniciando a análise retro delimitada, nota-se que o informativo de jurisprudência é o de número 390, referente ao período de 6 a 17 de abril de 2009[32]. O referido normativo faz referência ao Recurso Especial n. 1.109.333, cuja análise dizia respeito ao convênio celebrado entre o IBAMA e a Polícia Militar Ambiental do Estado de Santa Catarina, com o fito de executar, nos termos do art. 17-Q da Lei n. 6.938/81 ações fiscalizatórias com o foco de proteção e preservação do meio ambiente e dos recursos naturais renováveis.

No referido recurso era questionada a competência da Polícia Militar Ambiental daquele Estado para a lavratura de auto de infração ambiental, mas o recurso especial em questão foi desprovido em razão do reconhecimento da cooperação com o IBAMA e da competência comum das referidas Instituições para tal mister. Como se vê, a atividade fiscalizatória em espírito de cooperação também encontra significado de relevância na tarefa de proteção ao meio ambiente, de forma a revelar a importância do princípio ora analisado.

Já no tocante aos acórdãos, como registrado anteriormente, a pesquisa jurisprudencial, com os delineamentos já descritos, apresentou 16 resultados diferentes[33], quais sejam: a) Agravo Interno no Recurso Especial 1520135; b) Agravo Interno no Recurso Especial 1709147; c) Agravo Regimental no Recurso Especial 1492472; d) Recurso Especial 1713475; e) Recurso Especial 1716095; f) Recurso Especial 1615977; g) Recurso Especial 1615971; h) Recurso Especial 1480329; i) Agravo Regimental nos Embargos de Declaração no Agravo de Instrumento 1069275; j) Recurso Especial 1268252; k) Mandado de Segurança 16008; l) Recurso Ordinário em Mandado de Segurança 30634; m) Recurso Especial 883656; n) Recurso Especial 769753; o) Recurso Ordinário em Mandado de Segurança 27385; p) Recurso Especial 673765.

Desses resultados, 5 acórdãos foram descartados, uma vez que a decisão restou fundamentada no óbice inerente aos preceitos da Súmula n. 7 do Superior Tribunal de Justiça, isto é, os fundamentos da peça recursal não foram conhecidos, porque demandariam o reexame da matéria fática, o que é vedado em sede do Recurso Especial. É oportuno esclarecer que alguns desses acórdãos teriam a matéria de fundo relacionada, em maior ou menor grau, com o princípio jusambiental da cooperação, mas, diante do teor da orientação sumular, não chegaram a ser apreciados em razão

---

(29) *Idem.*
(30) A busca jurisprudencial foi realizada no dia 10.04.2019 e novamente realizada no dia 28.04.2019.
(31) SUPERIOR TRIBUNAL DE JUSTIÇA. *Jurisprudência.* Disponível em: <http://www.stj.jus.br/SCON/pesquisar.jsp>. Acesso em: 28 abr. 2019.
(32) SUPERIOR TRIBUNAL DE JUSTIÇA. *Informativo 390.* Disponível em: <http:www.stj.jus.br>. Acesso em: 28 abr. 2019.
(33) SUPERIOR TRIBUNAL DE JUSTIÇA. *Jurisprudência.* Disponível em: <http://www.stj.jus.br/SCON/pesquisar.jsp>. Acesso em: 28 abr. 2019.

da barreira recursal instransponível. Os referidos acórdãos são os seguintes: a) Agravo Interno no Recurso Especial 1520135[34]; b) Agravo Interno no Recurso Especial 1709147[35]; c) Recurso Especial 1480329[36]; d) Recurso Especial 1268252[37]; e e) Agravo Regimental no Embargos de Declaração no Agravo de Instrumento 1069275[38].

Outros 8 acórdãos também foram desconsiderados da análise em questão, pois não diziam diretamente ao princípio da cooperação em matéria ambiental, quais sejam:

a) Agravo Regimental no Recurso Especial 1492472 (que diz respeito a conduta criminosa tipificada no Estatuto da Criança e do Adolescente, além de questões inerentes ao processo penal)[39];

b) Recurso Especial 1615977[40] e Recurso Especial 1615971[41] (os quais, em que pese tratar de dano ambiental, a cooperação dizia respeito às questões contratuais entre um posto de gasolina e uma distribuidora de combustível no cometimento da lesividade ao meio ambiente);

c) Recurso Especial 1615971 (que trata de denúncia unilateral inerente a convênio para a capacitação de jovens em situação de risco social e a inserção desses no mercado de trabalho e a cooperação estaria voltada ao convênio administrativo)[42];

d) Recurso Especial 883655 (cuja tratativa versa sobre responsabilidade civil ambiental, entretanto o princípio da cooperação é tratado no âmbito do processo civil)[43];

e) Recurso Especial 1713475 (que versa sobre a prática de atos ímprobos inerentes ao Termo de Cooperação Mútua inerentes à utilização de dinheiro público utilizados para captura e manutenção dos peixes que iriam compor o Aquário do Pantanal)[44];

f) Recurso Especial 1716095 (que versa sobre a competência da Justiça Federal e a cooperação interinstitucional do Ministério Público Estadual do Estado do Rio de Janeiro e do Ministério Público Federal em ação civil pública ajuizada contra concessionária de serviço público)[45]; e

g) Mandado de Segurança 16008 (em que se reconheceu a ilegitimidade da autoridade tida como coatora em *writ* destinado a prorrogação de contratação temporária de pessoal para realização de atividades técnicas vinculadas ao Projeto de Cooperação Internacional intitulado "Apoio às Políticas Públicas na Área Ambiental". Nesse acórdão, em que pese versar sobre medida inerente à cooperação ambiental, a temática não é efetivamente enfrentada em razão de questão formal insuperável para o conhecimento da matéria de fundo da demanda)[46].

Nesse aspecto, considerando que o princípio da cooperação em matéria ambiental não é efetivamente apreciado nos acórdãos retrocitados, de tal forma a não colaborar com a análise pretendida no presente trabalho, estes não serão considerados para análise do referido comando principiológico no âmbito do Superior Tribunal de Justiça.

Restaram para análise, portanto, 3 acórdãos, os quais possuem relação direta ou indireta com o princípio jus-ambiental da cooperação, devendo-se alertar o leitor do presente trabalho que a análise aqui realizada centrará a sua atenção especificamente ao referido comando principiológico, desconsiderando outras matérias aventadas, em razão da delimitação do objeto de investigação aqui traçado.

Principia-se a análise pelo Recurso Especial 769753[47], cujo objeto versa sobre a competência para o licenciamento urbanístico-municipal. Os autos de origem versavam sobre ação civil pública ajuizada pela União em desfavor do

---

(34) SUPERIOR TRIBUNAL DE JUSTIÇA. *Agravo Interno no Recurso Especial 1520135*. Disponível em: <http:www.stj.jus.br>. Acesso em: 28 abr. 2019.

(35) SUPERIOR TRIBUNAL DE JUSTIÇA. *Agravo Interno no Recurso Especial 1709147*. Disponível em: <http:www.stj.jus.br>. Acesso em: 28 abr. 2019.

(36) SUPERIOR TRIBUNAL DE JUSTIÇA. *Recurso Especial 1480329*. Disponível em: <http:www.stj.jus.br>. Acesso em: 28 abr. 2019.

(37) SUPERIOR TRIBUNAL DE JUSTIÇA. *Recurso Especial 1268252*. Disponível em: <http:www.stj.jus.br>. Acesso em: 28 abr. 2019.

(38) SUPERIOR TRIBUNAL DE JUSTIÇA. *Agravo Regimental nos Embargos de Declaração no Agravo de Instrumento 1069275*. Disponível em: <http:www.stj.jus.br>. Acesso em: 28 abr. 2019.

(39) SUPERIOR TRIBUNAL DE JUSTIÇA. *Agravo Regimental no Recurso Especial 1492472*. Disponível em: <http:www.stj.jus.br>. Acesso em: 28 abr. 2019.

(40) SUPERIOR TRIBUNAL DE JUSTIÇA. *Recurso Especial 1615977*. Disponível em: <http:www.stj.jus.br>. Acesso em: 28 abr. 2019.

(41) SUPERIOR TRIBUNAL DE JUSTIÇA. *Recurso Especial 1615971*. Disponível em: <http:www.stj.jus.br>. Acesso em: 28 abr. 2019.

(42) SUPERIOR TRIBUNAL DE JUSTIÇA. *Recurso Especial 1615971*. Disponível em: <http:www.stj.jus.br>. Acesso em: 28 abr. 2019.

(43) SUPERIOR TRIBUNAL DE JUSTIÇA. *Recurso Especial 883656*. Disponível em: <http:www.stj.jus.br>. Acesso em: 28 abr. 2019.

(44) SUPERIOR TRIBUNAL DE JUSTIÇA. *Recurso Especial 1713475*. Disponível em: <http:www.stj.jus.br>. Acesso em: 28 abr. 2019.

(45) SUPERIOR TRIBUNAL DE JUSTIÇA. *Recurso Especial 1716095*. Disponível em: <http:www.stj.jus.br>. Acesso em: 28 abr. 2019.

(46) SUPERIOR TRIBUNAL DE JUSTIÇA. *Mandado de Segurança 16008*. Disponível em: <http:www.stj.jus.br>. Acesso em: 28 abr. 2019.

(47) SUPERIOR TRIBUNAL DE JUSTIÇA. *Recurso Especial 769753*. Disponível em: <http:www.stj.jus.br>. Acesso em: 28 abr. 2019.

Município de Porto Belo/SC e particular, que teria construído hotel de três pavimentos com cerca de 32 apartamentos em ocupação realizada em terreno da marinha e promontório[48], em área considerada zona de preservação permanente.

Entre as diversas matérias enfrentadas no referido recurso, merece destaque — entre os argumentos de fundamentação — o socorro ao Decreto Federal n. 5.300/2004, que regulamentou a Lei n. 7.661/1988, que tem, em seu objeto, a cooperação e a precaução como uns dos princípios fundamentais da gestão da Zona Costeira.

A cooperação, nesse ponto, é destacada como cada vez mais comum e indispensável no âmbito de licenciamento ambiental e concretizada por meio de consórcios e convênios entre União, Estados e Municípios.

No caso, infelizmente, o espírito cooperativo não foi verificado, pois, em que pese a concessão de duas licenças pela FATMA, órgão ambiental da esfera estadual do Governo de Santa Catarina, a autorização pelos órgãos federais competentes também se mostrava imprescindível, o que não aconteceu, pois estes sequer foram ouvidos e, por consequência, motivou o ajuizamento da ação civil pública.

Merece destaque a desconformidade da situação posta nos referidos autos com o que se deveria considerar ideal no plano jurídico em relação à competência de licenciamento, já que no caso se teve uma visão, como destacou o Ministro Relator, "monopolista-exclusivista" e "territorialista" para prática do referido ato administrativo.

Não se teve, como pretendia, portanto, reforma do julgado, o empreendimento foi considerado inadequado, devendo, inclusive, ser demolido e retornado o ambiente ao seu *status quo ante*.

Como se vê, o descompasso da proteção ambiental com o princípio da cooperação, inclusive no que se refere aos instrumentos administrativos ambientais, pode ocasionar a imputação do dever de responsabilização e falta de autorização para empreendimentos e atividades que impactam (negativamente e em descompasso com os dispositivos normativos vigentes) o meio ambiente.

O outro acórdão filtrado na pesquisa jurisprudencial aqui apresentada é o inerente ao Recurso Ordinário em Mandado de Segurança 27385[49], que versava sobre circunstância em que o Estado do Rio de Janeiro "publicou decretos expropriatórios com a finalidade de conter o crescimento da Favela da Rocinha"[50], com o fito de "reassentar moradores retirados de áreas de risco, permitir a construção de equipamentos de saúde e de atendimento às crianças e melhorar condições sanitárias"[51].

Em que pese ter sido reconhecida a inviabilidade do Mandado de Segurança para se apreciar a demanda em questão, em razão de dilação probatória, o caso em questão traz elementos considerados relevantes na análise do presente trabalho.

Isso porque, ainda que reconhecida a medida inerente a ordenação do solo seja de competência do Município, grifou-se que a tarefa de proteção ao meio ambiente, ao combate a poluição, a preservação das florestas, da flora e da fauna, a promoção da melhoria das condições habitacionais e de saneamento básico e o impulsionamento da integração dos setores favorecidos é de competência comum da União, dos Estados e Municípios, que podem atuar de forma isolada ou cooperação.

O caso, portanto, revela que a proteção ambiental, dado o tratamento jurídico-normativo, pode ser medida viabilizada pelo espírito cooperativo entre os diferentes entes da Federação, que revela importante orientação a ser adotada na execução dessa importante tarefa que interessa não somente a Administração Pública, mas sobretudo à sociedade em sua representatividade atual e também às futuras gerações.

Por fim, o último caso a ser analisado diz respeito ao acórdão proferido no âmbito do Recurso Especial 673765[52], cujo cerne da questão está diretamente relacionado com dano ambiental (decorrente de derramamento de óleo de embarcação de uma distribuidora de petróleo), imposição de sanção administrativa (multa) e ação anulatória de débito fiscal.

---

(48) Promontório significa "n.m. 1. Cabo que é constituído por rochas íngremes ou montanhas elevadas) (...)" (LEXICO. *Dicionário de português on-line*. Disponível em: <https://www.lexico.pt/promontorio/>. Acesso em: 03 maio 2019).

(49) SUPERIOR TRIBUNAL DE JUSTIÇA. *Recurso Ordinário em Mandado de Segurança*. Disponível em: <http:www.stj.jus.br>. Acesso em: 28 abr. 2019.

(50) *Idem*.

(51) *Idem*.

(52) SUPERIOR TRIBUNAL DE JUSTIÇA. *Recurso Especial 673765*. Disponível em: <http:www.stj.jus.br>. Acesso em: 28 abr. 2019.

O referido recurso especial foi parcialmente conhecido, pois parte das matérias aventadas na peça de insurgência esbarravam, em certa medida, na Súmula n. 07 do Superior Tribunal de Justiça, que veda o reexame de matéria probatória nessa via.

Especificamente em relação ao objeto de análise do presente trabalho, merece destaque que a fiscalização de dano ambiental incumbia, nos termos do art. 14, § 7º da Lei n. 6.938/81, à Capitania dos Portos, em estreita cooperação com diversos outros órgãos de proteção ao meio ambiente, como prescreve a Lei n. 5.357/67.

Com espeque nos referidos dispositivos normativos, o acórdão acaba por apresentar conclusão de que este comando legal não implica em nenhum tipo de exclusão de competência fiscalizatória e sancionatória dos órgãos de proteção ao meio ambiente, em razão da possibilidade de qualquer conduta lesiva ambiental ter natureza bifronte atingindo diversas unidades da federação.

Como se vê, a proteção ambiental, inclusive nas suas dimensões de atividades de fiscalização e sanção, podem e devem ser compartilhadas entre os diferentes órgãos incumbidos de tal mister, primeiramente, porque há previsão legal autorizando, segundo porque a atuação calca-se no princípio da cooperação, terceiro porque a tarefa em questão possui alta complexidade na sua execução, inclusive por poder interessar diferentes atores.

Nesse ponto do trabalho, é possível se afirmar — com suporte na pesquisa jurisprudencial realizada no Supremo Tribunal Federal e no Superior Tribunal de Justiça — que o princípio da cooperação resta enaltecido no âmbito dos acórdãos pesquisados, mas, ao mesmo tempo, percebe-se uma incipiência no seu enfrentamento nas mais altas Cortes de Justiça desse país[53].

6 CONCLUSÃO

O presente trabalho tem a sua problemática arquitetada em relação a investigação do estado da arte do princípio jusambiental da cooperação. Com suporte no texto aqui apresentado, pode-se afirmar, com certa tranquilidade, que o princípio da cooperação se encontra suficientemente estruturado na ordem jurídica internacional.

De igual forma, pode-se notar que, entre os diferentes atores da sociedade contemporânea, todos encontram-se incumbidos do dever de cooperação, podendo ser eles integrantes do Poder Público ou da iniciativa privada, em qualquer dimensão jurídica, de tal forma a pautar a proteção ambiental de forma dialógica, articulada e solidária.

Ademais, no cenário de uma sociedade de riscos e perigos, a crise ambiental pode ser potencializada diante da complexidade que as questões ambientais costumam se apresentar, ignorando fronteiras e revelando-se em dimensões globais, exigindo o esforço colaborativo e integrado dos diferentes agentes assim incumbidos no plano nacional ou na esfera internacional.

Pode-se notar também que a cooperação em matéria de proteção ao meio ambiente pode envolver múltiplas tarefas, dentre as quais merecem destaque o dever da participação e da informação.

Para uma análise do estado da arte do princípio da cooperação na jurisprudência, elegeu-se as mais altas Cortes brasileiras, isto é, o Supremo Tribunal Federal e o Superior Tribunal de Justiça, por serem, guardiãs, respectivamente, da Constituição da República Federativa do Brasil de 1988 e da legislação infraconstitucional.

Pode-se observar o manejo jurisprudencial adequado do princípio da cooperação em matéria ambiental nos casos selecionados, mas, ao mesmo tempo, pode-se notar um tímido enfrentamento dessa questão nas demandas judiciais, de forma a revelar uma inexpressiva gama de resultados na temática aqui proposta.

Importante consideração, a título de conclusão, é também de que não se pode esperar que o Poder Público adote todas as medidas esperadas, de tal forma que a coletividade precisa despertar a sua consciência ambiental e assumir os deveres também a ela impostos e, no sentido da análise aqui proposta, também prestar o seu espírito colaborativo na defesa e proteção do meio ambiente, seja com os ajustes de suas condutas para a regularidade e promoção dessa tarefa, seja se fazendo valer dos diferentes instrumentos jurídicos postos à sua disposição para colaborar com essa atividade.

---

(53) Não se pode afirmar a razão específica dessa incipiência. Várias razões poderiam ser suscitadas, mas não afirmadas, como, por exemplo: efetividade da cooperação na prática; poucas demandas inerentes que suscitam a discussão da cooperação; poucas demandas em que se questiona a cooperação no âmbito judicial; a subsidiariedade da cooperação nas demandas em que seria possivelmente discutida, entre tantas outras. Essa é uma questão que merece uma maior atenção e reflexão antes de possíveis conclusões.

7 REFERÊNCIAS

BECK, Ulrich Beck. *Sociedade de risco:* rumo a uma outra modernidade. São Paulo: Editora 34, 2010.

BRASIL. *Constituição da República Federativa do Brasil de 1988.* Disponível em: <http://www.planalto.gov.br/ccivil_03/constituicao/constituicao.htm>. Acesso em: 28 out. 2019.

BRASIL. *Lei 12.608/2012.* Disponível em: <http://www.planalto.gov.br/ccivil_03/_ato2011-2014/2012/lei/l12608.htm>. Acesso em: 30 out. 2019.

BRASIL. *Lei 13.123/2015.* Disponível em: <http://www.planalto.gov.br/ccivil_03/_ato2015-2018/2015/lei/l13123.htm>. Acesso em: 28 out. 2019.

BRASIL. *Lei 6.938/1981.* Disponível em: <http://www.planalto.gov.br/ccivil_03/leis/l6938.htm>. Acesso em: 28 out. 2019.

BRASIL. *Lei 9.605/1998.* Disponível em: <http://www.planalto.gov.br/ccivil_03/leis/l9605.htm>. Acesso em: 28 out. 2019.

BRASIL. *Lei 9.985/2000.* Disponível em: <http://www.planalto.gov.br/ccivil_03/LEIS/L9985.htm>. Acesso em: 28 out. 2019.

BRASIL. *Tratado Constitutivo da União de Nações Sul-Americanas.* Disponível em: <http://www.itamaraty.gov.br/images/ed_integracao/docs_UNASUL/TRAT_CONST_PORT.pdf>. Acesso em: 30 abr. 2019.

CANÇADO TRINDADE, Antônio Augusto. *Direitos humanos e meio ambiente:* paralelo entre os sistemas de proteção internacional. Porto Alegre: Sergio Antonio Fabris Editor, 1993.

CANOTILHO, José Joaquim Gomes. Direito constitucional ambiental português: tentativa de compreensão de 30 anos das gerações ambientais no direito constitucional português. In: CANOTILHO, José Joaquim Gomes & LEITE, José Rubens Morato. *Direito constitucional brasileiro.* 3. ed. rev. São Paulo: Saraiva, 2010.

GALBIATTI, Paula Silveira. O princípio da cooperação no direito ambiental internacional e sua aplicação no Brasil. In: *Revista Jurídica Luso-Brasileira.* Ano 1, n. 4. Centro de Investigação de Direito Privado: Lisboa, 2015.

HUNTINGTON, Samuel P. *Political order in changing societies.* New Haven: London, 1968.

LEUZINGUER, Márcia Dieguez & CUREAU, Sandra. *Direito ambiental.* Rio de Janeiro: Elsevier, 2008.

LEXICO. *Dicionário de português on line.* Disponível em: <https://www.lexico.pt/promontorio/>. Acesso em: 03 maio 2019.

LUHMANN, Niklas. *Risk: a sociological theory.* Nova Jersey: Transaction Publishers, 2002.

PADILHA, Norma Sueli. *Fundamentos constitucionais do direito ambiental brasileiro.* Rio de Janeiro: Elsevier, 2010.

SOARES, Guido Fernando Silva. *Direito internacional do meio ambiente.* 2. ed. São Paulo: Atlas, p. 493-494.

SOUZA, Carlos Eduardo Silva e. Meio ambiente e direitos humanos: diálogo entre os sistemas internacionais de proteção. In: MAZZUOLI, Valerio de Oliveira. *O novo direito internacional do meio ambiente.* Curitiba: Juruá, 2011.

SOUZA, Paulo Roberto Pereira de. Os princípios de direito ambiental como instrumentos de efetivação da sustentabilidade do desenvolvimento econômico. In: *Veredas do Direito.* Belo Horizonte, v. 13, n. 26. Maio-Ago, 2016.

SUPERIOR TRIBUNAL DE JUSTIÇA. *Agravo Interno no Recurso Especial 1520135.* Disponível em: <http:www.stj.jus.br>. Acesso em: 28 abr. 2019.

SUPERIOR TRIBUNAL DE JUSTIÇA. *Agravo Interno no Recurso Especial 1709147.* Disponível em: <http:www.stj.jus.br>. Acesso em: 28 abr. 2019.

SUPERIOR TRIBUNAL DE JUSTIÇA. *Agravo Regimental no Recurso Especial 1492472.* Disponível em: <http:www.stj.jus.br>. Acesso em: 28 abr. 2019.

SUPERIOR TRIBUNAL DE JUSTIÇA. *Agravo Regimental nos Embargos de Declaração no Agravo de Instrumento 1069275.* Disponível em: <http:www.stj.jus.br>. Acesso em: 28 abr. 2019.

SUPERIOR TRIBUNAL DE JUSTIÇA. *Informativo 390.* Disponível em: <http:www.stj.jus.br>. Acesso em: 28 abr. 2019.

SUPERIOR TRIBUNAL DE JUSTIÇA. *Jurisprudência.* Disponível em: <http://www.stj.jus.br/SCON/pesquisar.jsp>. Acesso em: 28 abr. 2019.

SUPERIOR TRIBUNAL DE JUSTIÇA. *Jurisprudência.* Disponível em: <http://www.stj.jus.br/SCON/pesquisar.jsp>. Acesso em: 28 abr. 2019.

SUPERIOR TRIBUNAL DE JUSTIÇA. *Mandado de Segurança 16008.* Disponível em: <http:www.stj.jus.br>. Acesso em: 28 abr. 2019.

SUPERIOR TRIBUNAL DE JUSTIÇA. *Recurso Especial 1268252.* Disponível em: <http:www.stj.jus.br>. Acesso em: 28 abr. 2019.

SUPERIOR TRIBUNAL DE JUSTIÇA. *Recurso Especial 1480329.* Disponível em: <http:www.stj.jus.br>. Acesso em: 28 abr. 2019.

SUPERIOR TRIBUNAL DE JUSTIÇA. *Recurso Especial 1615971.* Disponível em: <http:www.stj.jus.br>. Acesso em: 28 abr. 2019.

SUPERIOR TRIBUNAL DE JUSTIÇA. *Recurso Especial 1615971.* Disponível em: <http:www.stj.jus.br>. Acesso em: 28 abr. 2019.

SUPERIOR TRIBUNAL DE JUSTIÇA. *Recurso Especial 1615977*. Disponível em: <http:www.stj.jus.br>. Acesso em: 28 abr. 2019.

SUPERIOR TRIBUNAL DE JUSTIÇA. *Recurso Especial 1713475*. Disponível em: <http:www.stj.jus.br>. Acesso em: 28 abr. 2019.

SUPERIOR TRIBUNAL DE JUSTIÇA. *Recurso Especial 1716095*. Disponível em: <http:www.stj.jus.br>. Acesso em: 28 abr. 2019.

SUPERIOR TRIBUNAL DE JUSTIÇA. *Recurso Especial 673765*. Disponível em: <http:www.stj.jus.br>. Acesso em: 28 abr. 2019.

SUPERIOR TRIBUNAL DE JUSTIÇA. *Recurso Especial 769753*. Disponível em: <http:www.stj.jus.br>. Acesso em: 28 abr. 2019.

SUPERIOR TRIBUNAL DE JUSTIÇA. *Recurso Especial 883656*. Disponível em: <http:www.stj.jus.br>. Acesso em: 28 abr. 2019.

SUPERIOR TRIBUNAL DE JUSTIÇA. *Recurso Ordinário em Mandado de Segurança*. Disponível em: <http:www.stj.jus.br>. Acesso em: 28 abr. 2019.

SUPREMO TRIBUNAL FEDERAL. *Ação Direta de Inconstitucionalidade 4.348/RR*. Disponível em: <http:www.stf.jus.br>. Acesso em: 30 abr. 2019.

UNITED NATIONS. *Trail Smelte Case*. Disponível em: <http://legal.un.org/riaa/cases/vol_III/1905-1982.pdf>. Acesso em: 28 abr. 2019.

O PRINCÍPIO DA COOPERAÇÃO E SUA INCIDÊNCIA NO MEIO AMBIENTE DO TRABALHO

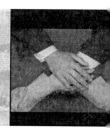

Carla Reita Faria Leal(*)
Gabriela de Andrade Nogueira Gonçalves(**)

1 INTRODUÇÃO

Vive-se em um mundo onde a integração entre os países é um fato. Independentemente da economia, da cultura e das diferentes formas de organização social desses Estados, eles estão interligados, fenômeno normalmente denominado de globalização. Essa dinâmica é fruto das diversas mudanças ocorridas em escala mundial ao longo dos últimos séculos, mas contribuiu para a potencialização do fenômeno os acontecimentos desencadeados nos últimos anos do século XX e nos anos já vividos do século XXI, podendo ser apontados, dentre eles, o surgimento de novas formas de comunicação, novas fontes energéticas, novas tecnologias e o incremento das relações entre os países, em especial as relações comerciais.

Esse fenômeno possui diversas facetas, entretanto, a que mais interessa ao presente estudo é aquela relativa à economia, tendo em vista que foi esse o aspecto responsável pela eclosão de um mercado cada vez mais global, caracterizado pela movimentação de trabalhadores entre as fronteiras nacionais, pela circulação de bens e capitais, mas, principalmente, pela atuação transnacional de empresas, quase sempre em busca de menores custos e maiores lucros, prática que impacta fortemente o modo de produção e as relações de trabalho nos países escolhidos para o desenvolvimento da atividade econômica, em geral, nações subdesenvolvidas ou em desenvolvimento.

Como consequência desse fenômeno, esses países se tornam vulneráveis ao sistema de capitalismo atualmente praticado, ocorrendo o enfraquecimento do ente estatal, que passa a se submeter às regras do capital globalizado para manter ou garantir que sejam versados recursos em seus territórios. Para tanto, essas nações, pouco a pouco, passam a

---

(*) Doutora e Mestre em Direito das Relações Sociais pela PUC-SP, subárea Direito do Trabalho. Professora nos cursos de graduação e mestrado em Direito da Universidade Federal de Mato Grosso-UFMT. Coordenadora Adjunta do Programa de Pós-Graduação em Direito da UFMT. Juíza do Trabalho aposentada. Líder do Projeto de Pesquisa "O meio ambiente do trabalho equilibrado como componente do trabalho decente". Coordenadora de área do Projeto Ação Integrada — PAI (MPT/SRTb/UFMT).
(**) Mestre em Direito Agroambiental pela Universidade Federal de Mato Grosso. Assessora jurídica na Procuradoria de Justiça Especializada em Defesa Ambiental e Ordem Urbanística do Ministério Público do Estado de Mato Grosso. Membro do grupo de pesquisa "O meio ambiente do trabalho equilibrado como componente do trabalho decente".

remover tudo que, porventura, possa afastar os investimentos[1] internacionais, sendo que, normalmente, os primeiros alvos são os trabalhadores e a legislação que lhes garante direitos[2], pois, na dinâmica capitalista, os direitos trabalhistas são vistos como custos para processo produtivo, de modo a provocarem a diminuição da competitividade dos produtos no contexto internacional.

Nesse cenário, os trabalhadores que vão em busca de oportunidade em locais carentes de mão de obra submetem-se a relações laborais desenvolvidas sob a égide das leis locais, que, em geral, não fornecem a proteção necessária para que o trabalho se desenvolva em condições que preservem a dignidade daqueles que ali exercem suas funções. São frequentes, nesses países, casos de uso de mão de obra infantil, trabalho em condições análogas à de escravo e o total desrespeito a patamares mínimos que preservem a saúde e a segurança no meio ambiente laboral.

Dessa forma, a despreocupação com os aspectos não econômicos neste processo de globalização faz com que as desigualdades sociais tornem-se mais agudas, a pobreza aumente em demasia e as condições de trabalho fiquem cada vez mais precárias, evidenciando, assim, a urgente necessidade de serem buscados mecanismos que garantam a todos os seres humanos o direito a exercerem suas funções laborais em condições dignas. Tal direito pode ser traduzido nos pilares eleitos pela Organização Internacional do Trabalho (OIT) para a configuração do trabalho decente[3], os quais, por sua vez, são inspirados no disposto no artigo XXIII da Declaração Universal dos Direitos Humanos[4].

Desta feita, o presente texto, utilizando-se do método dedutivo e de técnicas de pesquisa bibliográfica e documental, visa a perquirir se a aplicação do princípio da cooperação pode ser considerado como um dos mecanismos capazes de auxiliar na busca do equilíbrio entre capital e trabalho, na diminuição da desigualdade social e na garantia de condições dignas de trabalho, em especial, de um meio ambiente laboral equilibrado, em todos os Estados nacionais.

Para perseguir tal objetivo e resolver a problemática posta, este texto será estrategicamente fracionado em quatro etapas: inicialmente, evidenciar-se-á como o princípio da cooperação é reconhecido em diversos documentos internacionais; na sequência, buscar-se-á demonstrar a importância do princípio da cooperação e seu fundamento, que é a solidariedade; em um terceiro momento, analisar-se-á de forma mais detalhada documentos da Organização Internacional do Trabalho que preconizam a aplicação do princípio da cooperação na seara laboral e, por fim, serão apresentadas algumas experiências envolvendo a cooperação para a proteção do trabalhador, em especial, no que tange à implementação do trabalho decente.

2 O PRINCÍPIO DA COOPERAÇÃO E SUA PREVISÃO NA NORMATIVA INTERNACIONAL

Para melhor entendimento do significado da expressão "cooperação", convém destacar que o termo, originado do latim *cooperatio*, designa o auxílio para determinado fim em comum[5]. A cooperação, em âmbito internacional, é caracterizada pela interação entre os Estados, entre eles e os organismos internacionais e entre os próprios organismos internacionais, para que haja garantia de uma existência digna a todos os seres humanos, independentemente do ter-

---

(1) Neste sentido registra Zygmunt Bauman: "Por sua independência de movimento e irrestrita liberdade para perseguir seus objetivos, as finanças, comércio e indústria de informação globais dependem da fragmentação política — do *morcellement* [retalhamento] — do cenário mundial. Pode-se dizer que todos têm interesses adquiridos nos "Estados fracos"- isto é, nos Estados que são *fracos*, mas mesmo assim *continuam sendo Estados*. Deliberada ou inconscientemente esses interEstados, instituições supralocais que foram trazidas à luz e têm permissão de agir com o consentimento do capital mundial, exercem pressões coordenadas sobre todos os Estados membros ou independentes para sistematicamente destruírem tudo que possa deter ou limitar o livre movimento de capitais e restringir a liberdade de mercado." BAUMAN, Zygmunt. *Globalização*: as consequências humanas. Rio de Janeiro: Zahar, 1999. p. 75.

(2) Raquel Betty de Castro Pimenta sustenta: "O direito do trabalho vem sofrendo, paulatinamente, sua desconstrução na ordem interna dos Estados, que passam a competir entre si com o intuito de tornar seus ordenamentos jurídicos mais atrativos para os investimentos. Os trabalhadores e seus direitos passam a ser encarados como "custos" e, como tais, devem ser reduzidos para atender aos anseios do capital transnacional de aumento dos lucros." PIMENTA, Raquel Betty de Castro. *Cooperação judiciária internacional no combate à discriminação da mulher no trabalho*: Um diálogo Brasil e Itália. São Paulo: LTr, 2016. p. 25.

(3) Segundo conceito formalizado pela OIT em 1999, "trabalho decente sintetiza a sua missão histórica de promover oportunidades para que homens e mulheres obtenham um trabalho produtivo e de qualidade, em condições de liberdade, equidade, segurança e dignidade humanas, sendo considerado condição fundamental para a superação da pobreza, a redução das desigualdades sociais, a garantia da governabilidade democrática e o desenvolvimento sustentável". OIT. Trabalho decente. Disponível em: <https://www.ilo.org/brasilia/temas/trabalho-decente/lang--pt/index.htm>. Acesso em: 15 abr. 2019.

(4) É o texto do artigo XXIII da Declaração Universal dos Direitos Humanos: "1. Todo o homem tem direito ao trabalho, à livre escolha de emprego, a **condições justas e favoráveis de trabalho** e à proteção contra o desemprego. 2. Todo o homem, sem qualquer distinção, tem direito a igual remuneração por igual trabalho. 3. Todo o homem que trabalha tem direito a uma remuneração justa e satisfatória, que lhe assegure, assim como a sua família, uma existência compatível com a dignidade humana, e a que se acrescentarão, se necessário, outros meios de proteção social. 4. Todo o homem tem direito a organizar sindicatos e a neles ingressar para proteção de seus interesses". (grifo não pertencente ao original) ONU. Declaração Universal dos Direitos Humanos. Disponível em: <https://nacoesunidas.org/wp-content/uploads/2018/10/DUDH.pdf>. Acesso em: 10 abr. 2019.

(5) LATIN DICTIONARY. Disponível em: <http://latin-dictionary.net/definition/14128/cooperatio-cooperationis>. Acesso em: 09 mar. 2019.

ritório em que se encontrem. Assim, coopera-se para que haja melhoria dos variados cenários — econômico, social, ambiental, cultural, dentre outros — presentes nas diferentes nações.

A necessidade da cooperação é tratada em diversos documentos, como se verá a seguir, mas uma das primeiras e principais menções ao termo em um documento internacional encontra-se na Carta das Nações Unidas[6], quando destacou-se que um dos propósitos da Organização das Nações Unidas (ONU) seria resolver os problemas internacionais, de diferentes ordens, com o fito de garantir e promover mais respeito entre todos os povos, indistintamente, mediante cooperação em esfera global.

Destaca-se ainda que o documento em questão, em seu Capítulo IX, com o título Cooperação Econômica e Social Internacional, prevê, em seu art. 55[7], que as Nações Unidas favorecerão ações "com a finalidade de criar condições de estabilidade e bem-estar, necessárias às relações pacíficas e amistosas entre as Nações", as quais deverão ser implementadas por meio da cooperação entre os seus membros e a Organização, em conjunto ou separadamente.

Nesse sentido, ainda cumpre destacar que, entre as ações preconizadas no artigo 55 da Carta das Nações Unidas, estão a elevação dos níveis de vida, o trabalho efetivo, as condições de progresso e desenvolvimento econômico e social e o respeito aos Direitos Humanos; aspectos que interessarão sobremaneira mais adiante para a análise da incidência do princípio da cooperação na esfera do direito ambiental do trabalho.

Ainda na Declaração Universal dos Direitos Humanos, já em seu preâmbulo, há também o destaque à necessidade de os países cooperarem com as Nações Unidas. Esse ponto, mais adiante, especificamente em seu artigo XXII, é reforçado com menção específica de que toda pessoa tem o direito à segurança social e à efetivação dos direitos econômicos, sociais e culturais necessários para a garantia de sua dignidade e desenvolvimento de sua personalidade, que deve ser alcançado pelo esforço nacional e pela cooperação internacional.

Nessa perspectiva, o Pacto Internacional sobre Direitos Econômicos, Sociais e Culturais[8] (PIDESC), dando ainda mais concretude à previsão da Declaração Universal dos Direitos Humanos, traz, em seu art. 1º, § 2º, o dever dos signatários adotarem medidas para a implementação efetiva dos direitos nele previstos, seja de forma isolada, seja mediante os instrumentos da assistência e da cooperação internacional.

No mesmo sentido, preconiza a Carta da Organização dos Estados Americanos (OEA)[9], que, em vários momentos, menciona a cooperação entre os Estados membros como meio para promover o desenvolvimento econômico, social e cultural da região, visando ao bem-estar de todos, à justiça e à segurança social, sendo as duas últimas apontadas como bases de uma paz duradoura.

É relevante ainda dar destaque ao fato de que o documento em questão afirma que a cooperação entre os Estados americanos ocorrerá independentemente do sistema político adotado por cada um deles, bem como que todos são responsáveis pela erradicação da pobreza crítica, mais uma vez indicando a necessidade/dever de cooperação entre eles.

O art. 30, ainda da Carta da OEA, expressa o compromisso dos Estados membros, inspirados nos princípios da solidariedade e da cooperação, em unir forças para que impere a justiça social, a ser alcançada pelo desenvolvimento integral dos povos americanos, aí abrangidos os campos econômico, social, educacional, cultural, científico e tecnológico.

---

(6) É o texto de seu Artigo 1: "Artigo 1. Os propósitos das Nações unidas são: [...] 3. Conseguir uma cooperação internacional para resolver os problemas internacionais de caráter econômico, social, cultural ou humanitário, e para promover e estimular o respeito aos Direitos Humanos e às liberdades fundamentais para todos, sem distinção de raça, sexo, língua ou religião; e 4. Ser um centro destinado a harmonizar a ação das nações para a consecução desses objetivos comuns." ONU. Carta das Nações. Disponível em: <https://nacoesunidas.org/carta/>. Acesso em: 15 abr. 2019.

(7) No mesmo sentido importante destacar os arts. 55 e 56 do mesmo documento, os quais possuem o seguinte texto: "Artigo 55. Com o fim de criar condições de estabilidade e bem-estar, necessárias às relações pacíficas e amistosas entre as Nações, baseadas no respeito ao princípio da igualdade de direitos e da autodeterminação dos povos, as Nações Unidas favorecerão: a) *níveis mais altos de vida, trabalho efetivo e condições de progresso e desenvolvimento econômico e social*; b) a solução dos problemas internacionais econômicos, sociais, sanitários e conexos; a cooperação internacional, de caráter cultural e educacional; e c) o respeito universal e efetivo dos Direitos Humanos e das liberdades fundamentais para todos, sem distinção de raça, sexo, língua ou religião. Art. 56. Para a realização dos propósitos enumerados no art. 55, todos os *Membros da Organização se comprometem a agir em cooperação com esta, em conjunto ou separadamente*." (grifos não pertencentes ao original). *Idem*.

(8) ONU. Pacto Internacional sobre Direitos Econômicos, Sociais e Culturais. Disponível: <http://www.planalto.gov.br/ccivil_03/decreto/1990-1994/d0591.htm>. Acesso em: 20 maio 2019.

(9) OEA. Carta da Organização dos Estados Americanos. Disponível em: <http://www.oas.org/dil/port/tratados_A-41_Carta_da_Organiza%C3%A7%C3%A3o_dos_Estados_Americanos.htm>. Acesso em: 20 maio 2019.

No mesmo sentido, versam também a Convenção Interamericana de Direitos Humanos (Pacto de San José da Costa Rica)[10], em seu art. 26, e o Protocolo Adicional à Convenção Americana sobre Direitos Humanos em Matéria de Direitos Econômicos, Sociais e Culturais (Protocolo de San Salvador), em seu art. 1º[11].

Cabe ressaltar ainda que a Organização Internacional do Trabalho (OIT), sendo, sem dúvida, o organismo do sistema ONU com maior vocação para as questões sociais e trabalhistas — tendo em vista que um de seus principais objetivos é a construção da justiça social, que reconhece como fundamento da paz duradoura — também se utiliza da cooperação, tanto no âmbito global quanto nacional, como um dos caminhos para o alcance de seus objetivos.

A OIT, dessa forma, apresenta-se como catalizadora de ações que envolvam a cooperação no mundo do trabalho, não só entre países membros, mas também entre estes e a organização, assim como entre a organização e outros organismos, sendo inúmeros os seus documentos que demonstram esse movimento.

Como exemplo, cita-se a Constituição[12] da OIT, a Declaração referente aos Fins e Objetivos da Organização Internacional do Trabalho[13] de 1944 (Declaração de Filadélfia), anexa à Constituição da OIT, a Declaração sobre os Princípios e Direitos Fundamentais no Trabalho[14] de 1998, a Declaração da OIT sobre Justiça Social para uma Globalização Equitativa[15], o estudo intitulado "Por uma globalização justa: criar oportunidade para todos"[16] (2004) e as Convenções ns. 148[17], 155[18] e 161[19] da OIT, que tratam do meio ambiente do trabalho[20]. Outros marcos internacionais importantes também trouxeram a cooperação internacional em seu bojo, interessando ao presente estudo, em especial, aqueles que versam sobre matéria ambiental.

Neste particular, pode ser apontada como marco do reconhecimento do princípio da cooperação internacional a Declaração de Estocolmo, de 1972, documento com grande importância para a temática ambiental, a qual, por sua vez, também previu a cooperação entre os países, agora na tratativa de questões internacionais relativas à proteção e melhoria do meio, aí incluído o meio ambiente do trabalho. *In verbis*, o seu Princípio 24:

> Todos os países, grandes ou pequenos, devem empenhar-se com espírito de cooperação e em pé de igualdade na solução das questões internacionais relativas à proteção e melhoria do meio. É indispensável cooperar mediante acordos multilaterais e bilaterais e por outros meios apropriados, a fim de evitar, eliminar ou reduzir, e controlar eficazmente os efeitos prejudiciais que as atividades que se realizem em qualquer esfera possam acarretar para o meio, levando na devida conta a soberania e os interesses de todos os Estados[21].

A Declaração do Rio de Janeiro sobre Meio Ambiente e Desenvolvimento (Rio-92)[22], da mesma forma, versou sobre a cooperação quando, em seu Princípio 7, preconizou uma atuação conjunta das nações objetivando a manutenção do ecossistema terrestre[23].

---

(10) OEA. Convenção Interamericana de Direitos Humanos. Disponível em: <https://www.cidh.oas.org/basicos/portugues/c.convencao_americana.htm>. Acesso em: 20 maio 2019.

(11) OEA. Protocolo Adicional à Convenção Americana sobre Direitos Humanos em Matéria de Direitos Econômicos, Sociais e Culturais. Disponível em: <http://www.planalto.gov.br/ccivil_03/decreto/D3321.htm>. Acesso em: 20 maio 2019.

(12) SÜSSEKIND, Arnaldo. *Convenções da OIT*. 2. ed. São Paulo: LTr, 1998. p. 52-70.

(13) *Ibidem*. p. 70-72.

(14) OIT. Declaração sobre os princípios e direitos fundamentais no trabalho e seu seguimento. Disponível em: <https://www.ilo.org/public/english/standards/declaration/declaration_portuguese.pdf>. Acesso em: 15 abr. 2019.

(15) OIT. Declaração da OIT sobre Justiça Social para uma Globalização Equitativa. Disponível em: <https://www.ilo.org/wcmsp5/groups/public/---.../---ro.../wcms_336918.pdf.. Acesso em: 15 abr. 2019.

(16) OIT. Por uma globalización justa: crear oportunidades para todos. Disponível em: <www.ilo.org/public/spanish/wcsdg/docs/report.pdf>. Acesso em: 09 maio 2019.

(17) OIT. Convenção n. 148 — Contaminação do ar, ruído e vibrações. Disponível em: <https://www.ilo.org/brasilia/convencoes/WCMS_236121/lang--pt/index.htm>. Acesso em: 20 maio 2019.

(18) OIT. Convenção n. 155 — Segurança e saúde dos trabalhadores. Disponível em: <https://www.ilo.org/brasilia/convencoes/WCMS_236121/lang--pt/index.htm>. Acesso em: 20 maio 2019.

(19) OIT. Convenção n. 168 — Promoção do emprego e proteção contra o desemprego. Disponível em: <https://www.ilo.org/brasilia/convencoes/WCMS_236246/lang--pt/index.htm>. Acesso em: 20 maio 2019.

(20) Alguns desses documentos serão abordados em item mais adiante.

(21) Os princípios 22 e 24 preveem, de igual modo, uma atuação cooperativa dos Estados na precaução da degradação ambiental e, de igual modo, na responsabilização dos infratores, respectivamente. Cf. ONU. Declaração de Estocolmo. Disponível em: <http://www.direitoshumanos.usp.br/index.php/meio-ambiente/declaracao-de-estocolmo-sobre-o-ambiente-humano.html>. Acesso em: 09 mar. 2019.

(22) DECLARAÇÃO DO RIO SOBRE MEIO AMBIENTE. Disponível em: <http://www.meioambiente.pr.gov.br/arquivos/File/agenda21/Declaracao_Rio_Meio_Ambiente_Desenvolvimento.pdf>. Acesso em: 13 mar. 2019.

(23) Os princípios 5, 12, 13, 14 e 27 expressamente dispõem sobre uma colaboração internacional dos estados em prol do meio ambiente. Nesse sentido, Ingo Wolfgang Sarlet e Tiago Fensterseifer declaram ainda que os princípios 18 e 19 pressupõem uma atuação respaldada no referido princípio ambiental, visto que

Claramente influenciada por documentos internacionais, a Constituição brasileira de 1988 expressamente dispõe sobre a cooperação internacional, podendo ser citado o seu art. 4º, inciso IX, que prevê a colaboração entre os povos para o progresso da humanidade.

Ocorre, porém, que muito embora haja referida previsão constitucional, as normas infraconstitucionais pouco fazem menção ao princípio ora em análise, tanto o é que somente a Lei de Crimes Ambientais, n. 9.605/1998, traz no bojo dos arts. 77 e 78 a obrigação do Brasil em cooperar, quando solicitado por outro país.

Em que pese a inexpressiva previsão do princípio da cooperação internacional nas normas brasileiras como mencionado, compete destacar que o Brasil garante *status* constitucional aos tratados de Direitos Humanos dos quais se torna signatário. Valerio de Oliveira Mazzuoli dispõe sobre a temática quando aduz que

> [...] os tratados internacionais de direitos humanos ratificados pelo Brasil têm índole e nível constitucionais, além de aplicação imediata, não podendo ser revogados por lei ordinária posterior. De fato, se a Constituição estabelece que os direitos e garantias nela elencados "não excluem" outros provenientes dos tratados internacionais "em que a República Federativa do Brasil seja parte", é porque ela própria está a autorizar esses direitos e garantias internacionais constantes dos tratados de direitos humanos ratificados pelo Brasil "se incluem" no nosso ordenamento jurídico interno, passando a ser considerados como se escritos na Constituição estivessem[24].

Dessa forma, ao constatar-se que a Carta das Nações Unidas, a título exemplificativo, é considerada um tratado internacional ao qual este país aderiu, conclui-se, pautando-se no entendimento retromencionado, que a adoção de uma política cooperativa internacional é uma previsão que este país não pode ignorar.

Cumpre salientar ainda que os tratados internacionais traduzem-se em interesses globais, a partir daqueles sujeitos de direito internacional que os pactuam mediante assinatura de um documento que passa a produzir efeitos jurídicos em esfera mundial.

É preciso, por outro lado, notar que versar sobre uma temática específica em tratado internacional também mostra-se uma forma de cooperação entre as nações que, majoritariamente, nos ditos documentos, buscam prevenir, promover e/ou solucionar algo a partir do ato de firmar um compromisso universal, com previsão de adoção de medidas pelas partes signatárias para atingir determinado fim.

Fica evidente, destarte, que tanto a ONU, quanto a OIT e OEA, dentre outras organizações, reconhecem, em seus documentos, a cooperação internacional como mecanismo de melhoria das condições socioeconômicas dos seres humanos, buscando a paz social. Esse fato reflete nos direitos nacionais, com o reconhecimento da necessidade/dever de atuação conjunta entre as nações, entre as organizações internacionais, entre os organismos e os países, assim como entre particulares, para solucionar problemas comuns, oriundos, muitas vezes, de atividades que, quando realizadas em qualquer local do planeta, geram prejuízos que não podem ser admitidos, tais como, entre outros, a destruição de florestas nativas, a poluição de mares e rios e, principalmente, a violação do direito à vida e à dignidade dos sujeitos, o que equivale dizer, em outras palavras, violação dos Direitos Humanos.

Registra-se, por oportuno, que os dispositivos que tratam da cooperação, mencionados no presente item, carecem de meios coercitivos, ou seja, meios que obriguem os países a cooperar, já que, a despeito de constarem do direito internacional e do direito institucional, é apenas o dever moral e a solidariedade que impulsionam os países a assim agirem, como se verá a seguir.

3 A RELEVÂNCIA DO PRINCÍPIO DA COOPERAÇÃO INTERNACIONAL E SEU FUNDAMENTO: A SOLIDARIEDADE

O princípio da cooperação, como norteador jurídico das relações entre os países, gera reflexos em suas esferas sociais, políticas e econômicas a partir do momento em que esse auxílio mútuo busca sempre a evolução das nações mediante resolução de problemas que, em geral, mostram-se difíceis de serem solucionados sozinhos.

---

versam sobre esforços enviados à comunidade internacional para auxiliar em casos de desastres ambientais, bem como sobre o fornecimento de informações acerca de eventuais impactos transfronteiriços negativos. Cf. SARLET, Ingo Wolfgang; FENSTERSEIFER, Tiago. *Princípios do direito ambiental.* São Paulo: Saraiva, 2014. p. 171.

(24) MAZZUOLI. Valerio de Oliveira. *Curso de direitos humanos.* Rio de Janeiro: Forense; São Paulo: Método, 2014. p. 172.

Sobre tal questão, Guido Soares alerta que, se inicialmente a cooperação era um corolário das boas relações entre os Estados ou uma manifestação das virtudes de alguns Estados, no sentido de auxiliarem os mais necessitados, na atualidade, ela adquiriu novos contornos, apresentando-se no direito internacional com um caráter de dever e necessidade, em especial no tocante às ações destinadas à proteção da pessoas humana. Nesse sentido, o autor ressalta que:

> a cooperação tem sido 'construída' através de mandamentos expressos das normas internacionais, conquanto os valores humanos sejam tidos, intrinsecamente, como universais, mas nem sempre sejam assim reconhecidos pelos Estados, nos respectivos ordenamentos jurídicos internos[25].

As normas internacionais que reconhecem o dever de cooperação, muito embora não sejam vinculantes, estabelecem o dever, mesmo que moral, como já ressaltado, de que os países com maior desenvolvimento cooperem com aqueles menos desenvolvidos. É claro que tal prática ou dever não se sobrepõe à soberania dos Estados. Em verdade, é justamente esse fato que faz com que essas nações, em observância a sua independência, poder e autonomia, reconheçam a sua coexistência e, por conseguinte, a necessidade de interagirem solidariamente, tendo em vista que elas compartilham dos mesmos benefícios e malefícios transfronteiriços[26].

Guido Soares destaca ainda que essa caminhada do direito internacional, marcada pela cooperação, com intuito de balizar uma nova forma de relacionamento entre os Estados, é norteada pelo direito de solidariedade, como, aliás, também fica evidenciado nos textos das normas internacionais mencionadas no item anterior:

> O Direito Internacional, no século XX, adquiriu conotação diferenciada em relação aos séculos anteriores: transformou-se de um complexo de normas de autolimitação dos Estados (portanto, de natureza proibitiva quanto à atuação dos Estados nas relações internacionais), em um conjunto de normas que estabelecem deveres positivos aos principais atores da cena internacional. De normas que regulavam tão-só os confrontos entre Estados, o Direito Internacional ganhou o novo valor de, igualmente, regular a cooperação entre eles, estabelecida esta como um dever, de natureza impositiva, ou em outras palavras, transformou-se de um direito de autolimitação em um direito de solidariedade[27].

No mesmo sentido registra Ricardo Seitenfus:

> A cooperação é um novo paradigma pela importância que assume no pós-guerra. Num primeiro momento, até 1948, existe uma cooperação. A partir de então, até 1989, existe uma cooperação apenas intrabloco, a qual justamente por essa razão não é propriamente cooperação, mas alinhamento (aliança coletiva defensiva), sendo que via de regra o alinhado de um bloco não coopera com quem alinhou-se ao outro. Então, a cooperação só volta a ser possível a partir de 1989, mas não é a mesma cooperação de 45-48. Então, pergunta-se: que cooperação é essa? Para responder a esta pergunta, levanta-se a hipótese seguinte: a partir do final da bipolaridade — e consequentemente do fim da latência do CS, em 1991 — a cooperação pode ser entendida como solidariedade. Volta a ser possível uma verdadeira cooperação, e não mais uma limitada cooperação intrabloco (alinhamento)[28].

A ausência de uma autoridade supra estatal faz com que essa ação conjunta seja realizada por meio da observância tratados e de outros documentos internacionais, razão pela qual as organizações internacionais emergem como preconizadoras da cooperação, tal qual a ONU e a OIT, em âmbito global, aquelas de caráter regionalizadas e, de igual modo, as organizações não-governamentais (ONGs), já que a solidariedade entre os países deve ser exercida não apenas a nível global, mas também a nível regional.

---

(25) SOARES, Guido. O direito internacional sanitário e seus temas: apresentação de sua incômoda vizinhança. In: *Revista de direito sanitário*. São Paulo, vol. 1, n. 1, nov. 2000. p. 67.

(26) AYALA, Patryck de Araújo; SENN, Adriana V. Pommer. *Cooperação internacional em matéria ambiental: elementos do direito brasileiro e do direito internacional do meio ambiente.* p. 06. Disponível em: <http://www.publicadireito.com.br/publicacao/livro.php?gt=53>. Acesso em: 11 mar. 2019.

(27) SOARES, Guido. *Direito internacional do meio ambiente:* emergência, obrigações e responsabilidades. São Paulo: Atlas, 2001. p. 894.

(28) SEITENFUS, Ricardo. *Manual das organizações internacionais.* 4. ed. Porto Alegre: Livraria do Advogado, 2005. p. 173-174.

Nesse sentido, Patryck de Araújo Ayala e Adriana Pommer Senn[29] afirmam que tais obrigações atribuídas aos Estados tratam-se de deveres que abrangem tanto assuntos de interesse global, como os de ordem econômica, social, cultural, ambiental ou humanitária. Tais deveres são desempenhados pelas nações sem que haja uma afronta a sua soberania, apenas observando a finalidade da cooperação, que ocorre por meio da atuação solidária, da prevenção de atos que aviltem os mecanismos que promovam uma justiça social, da dignidade da pessoa humana, do meio ambiente ecologicamente equilibrado, dentre outros.

José Antonio Dias Toffoli e Virgínia Charpinel Junger Cestari destacam que:

> Na esteira do exposto, a cooperação internacional é essencial à medida que, proporcionando o estreitamento das relações entre países, por meio da intensificação da assinatura de tratados, convenções e protocolos, fundamentados na reciprocidade e auxílio mútuo, facilita o intercâmbio de soluções para problemas estatais quando o aparato judicial/administrativo de um determinado estado se mostra insuficiente à solução da controvérsia, necessitando recorrer ao auxílio que lhe possam prestar outras nações[30].

Sabe-se que muitos problemas não são mantidos nos limites territoriais de um Estado, mas transpõem fronteiras e atingem outros países, nem sempre apenas os vizinhos, mas, às vezes, o globo inteiro. A destruição da floresta amazônica no Brasil, por exemplo, gera efeitos negativos para o clima, pois diminui a taxa de captação de dióxido de carbono e, consequentemente, pouco influi na redução do aquecimento global. De igual modo, a retirada de suas árvores reduz a quantidade de chuva, e, por consequência, os rios que dela dependem secam.

Essas questões também podem ser verificadas com relação ao uso da mão de obra do trabalho escravo contemporâneo ou à submissão de trabalhadores a condições indignas de uma forma em geral. Além de violar Direitos Humanos e acometer a saúde e segurança do trabalhador, dentre todos os absurdos que permeiam esse tipo de circunstância, vale ressaltar, também, que, em inúmeras situações, essa prática provoca a competição econômica desigual entre empresas de um mesmo setor, diante do barateamento do produto a partir da redução de seus custos.

Na perspectiva acima exposta, Ingo Wolfgang Sarlet e Tiago Fensterseifer afirmam que:

> O efetivo enfrentamento dos problemas ambientais exige a atuação articulada e cooperativa de inúmeros atores públicos e privados, nos mais diferentes planos e instâncias políticas (local, regional, nacional, comunitária e internacional). Outros temas, como é o caso dos direitos humanos, também evocam tal amplitude de articulação e esforços comuns, inclusive em termos planetários, para o seu adequado enfrentamento[31].

A partir dessa visão da cooperação internacional, pode-se afirmar que esta possui a função de promover e garantir os Direitos Humanos internacionalmente e, no caso do foco do presente texto, o direito dos trabalhadores ao meio ambiente do trabalho equilibrado, que vai ao encontro da garantia de seu direito à saúde e segurança no ambiente laboral e, por fim, do direito a uma vida digna.

O interessante da cooperação, em especial em sua faceta jusambiental, é de que esse princípio, além de solucionar problemas, mostra-se como um orientador de conduta e, por via de consequência, obriga os Estados a atuarem em prol da comunidade, sempre de forma sustentável.

José Rubens Morato Leite e Patryck de Araújo Ayala acreditam que essa cooperação intercomunitária deve alçar adequações aos interesses de todos, constituindo desenvolvimentos duradouros que otimizem uma equidade ambiental intergeracional[32].

Fica evidente, dessa forma, que a cooperação pode ser um instrumento muito importante para a promoção da dignidade dos seres humanos, em especial nos casos que envolvam países em desenvolvimento, situados, em geral, no Hemisfério Sul do globo, e normalmente muito pobres, sem condições de enfrentarem sozinhos a difícil tarefa de efetivarem em seus territórios os Direitos Humanos que exijam a adoção de políticas públicas.

---

(29) AYALA, Patryck de Araújo. SENN, Adriana V. Pommer. *op. cit.,* p. 07.

(30) TOFFOLI, José Antonio Dias. CESTARI, Virgínia Charpinel Junger. *Mecanismos de cooperação jurídica internacional no Brasil.* Disponível em: <https://www.agu.gov.br/page/download/index/id/1070054>. Acesso em: 11 abr. 2019.

(31) SARLET, Ingo Wolfgang; FENSTERSEIFER, Tiago. *op. cit.,* p.170.

(32) LEITE, José Rubens Morato; AYALA, Patryck de Araújo. *Dano ambiental — do individual ao coletivo extrapatrimonial — teoria e prática.* São Paulo: Revista dos Tribunais, 2011. p. 58-59.

Acresce-se, contudo, que tal dever não fica adstrito tão somente aos Estados. Vislumbra-se, atualmente, a possibilidade de que a cooperação configure-se como um ato que também deva partir do particular, especialmente quando se fala em um meio ambiente laboral, que envolve empregadores, empregados e seus representantes nas relações ali desenvolvidas.

Por tal motivo, faz-se necessário difundir os princípios ambientais da informação e participação, tendo em vista que esse é o caminho para que se coloquem em prática os fundamentos preceituados no próprio art. 225 da Magna Carta, quando impõe-se "ao Poder Público e à coletividade o dever de defendê-lo e preservá-lo para as presentes e futuras gerações"[33], aspectos, porém, que não serão abordados no presente texto, a despeito de extremamente importantes, pois alargaria em demasia a abordagem e ultrapassaria o objetivo proposto.

4 A ORGANIZAÇÃO INTERNACIONAL DO TRABALHO E ALGUNS DE SEUS DOCUMENTOS QUE TRATAM DA COOPERAÇÃO INTERNACIONAL E ENTRE PARTICULARES

Ante a temática da aplicação da cooperação como um dos mecanismos de garantia de um meio ambiente do trabalho equilibrado, faz-se mister sublinhar a atuação da OIT como organismo de destaque mundial na promoção do trabalho decente[34], conceito que tem como um de seus componentes justamente a higidez em tal espaço. Ademais, é necessário ainda analisar alguns de seus muitos documentos que preconizam a cooperação como um dos instrumentos para o alcance de seus objetivos.

Antes disso, destaca-se também que meio ambiente do trabalho equilibrado implica em determinadas condições — sejam elas físicas, químicas, biológicas ou psicológicas — existentes no espaço em que se desempenha a atividade remunerada que não acometam a saúde e a segurança dos trabalhadores.

Sabe-se que o meio ambiente do trabalho é

> [...] resultante da interação sistêmica de fatores naturais, técnicos e psicológicos ligados às condições de trabalho, à organização do trabalho e às relações interpessoais que condiciona a segurança e a saúde física e mental do ser humano exposto a qualquer contexto jurídico-laborativo. [35]

À vista do exposto, depreende-se, então, o papel fundamental que o ambiente laboral exerce sobre as condições físicas e psíquicas do trabalhador. O Direito, como ferramenta de manutenção das relações sociais, mostra-se cada vez mais vital na tentativa de equilibrar as dissonâncias existentes, sejam elas econômicas, políticas ou sociais. No entanto, diante da internacionalização da vida atual, os preceitos normativos não podem ficar adstritos aos entendimentos nacionais.

Nesse sentido, é relevante destacar o papel desempenhado pela Conferência das Nações Unidas sobre Meio Ambiente e Desenvolvimento (Rio 92), que, dentre as diversas atuações, contribuiu significativamente para "a amplitude do conceito de meio ambiente do trabalho"[36], indo além daquela preocupação meramente voltada à segurança do local de trabalho, a fim de poder contemplar também a saúde do trabalhador como direito humano.

Ainda a respeito da OIT, conforme consabido, é válido ressaltar que ela foi instituída como uma agência especializada da entidade precursora da ONU, a Liga das Nações, em 1919, a partir da assinatura do Tratado de Versalhes, que formalizou o término da Primeira Grande Guerra.

---

(33) BRASIL. [Constituição (1988)]. Constituição da República Federativa do Brasil de 1998. Brasília, DF: Presidência da República, [2016]. Disponível em: <file:///C:/Users/andra/Downloads/NORMAS-ABNT-NBR-6023.2018---Referncias---ATUALIZADA.pdf>. Acesso em: 11 abr. 2019.
(34) Segundo José Claudio Monteiro de Brito Filho: "Trabalho decente, então, é um conjunto mínimo de direitos do trabalhador que corresponde: à existência de trabalho; à liberdade de trabalho; à igualdade no trabalho; ao trabalho em condições justas, incluindo a remuneração, e que preservem sua saúde e segurança; à proibição do trabalho infantil; à liberdade sindical; e a proteção contra os riscos sociais." BRITO FILHO, José Claudio Monteiro. *Trabalho decente: análise jurídica da exploração do trabalho — trabalho escravo e outras formas de trabalho indigno*. 2. ed. São Paulo: LTr, 2010. p. 52. Acrescenta Platon Teixeira de Azevedo Neto que acerca do trabalho decente é necessário serem observados dois aspectos: "1) positivo — o trabalho decente é a expressão da dignidade humana no trabalho, da garantia dos direitos fundamentais à liberdade e à igualdade, bem como à preservação da segurança e saúde no meio ambiente laboral (...); 2) negativo — o trabalho decente só pode alcançado se antes for erradicado o trabalho escravo e infantil, se for eliminada a discriminação no emprego e assegurada a liberdade sindical." AZEVEDO NETO, Platon Teixeira de. *O Trabalho decente como um direito humano*. São Paulo: LTr, 2015. p. 60-61.
(35) MARANHÃO. Ney Stany Morais. Meio ambiente do trabalho: descrição jurídico-conceitual. *Revista direitos, trabalho e política social*. Cuiabá: UFMT, vol. 2, n. 3. p. 80-117, jul./dez. 2016.
(36) PADILHA, Norma Sueli; ORTOLAN DI PIETRO, Josilene Hernandes. op. cit., p. 540.

À época, as ações da OIT eram voltadas para a "proteção dos trabalhadores contra as práticas abusivas na relação de trabalho"[37]. No entanto, especialmente no cenário pós Segunda Guerra Mundial, constatou-se uma ampliação no campo de atuação de tal organização, que passou a estar voltada, também, à promoção da justiça social a partir do labor, que deve ser realizado em condições que garantam a dignidade do ser humano ali inserido. A OIT, em outras palavras, passou a preocupar-se não apenas com as condições de trabalho, mas, a partir desse momento, também com a proteção dos Direitos Humanos, em especial, a dignidade daqueles que exercem o papel social de trabalhador[38].

A influência que a OIT exerce sob inúmeras nações do globo é inconteste, tendo em vista que, na contemporaneidade, houve a imersão de uma consciência oriunda de um cenário pós-guerras, bem como do fenômeno da globalização. Nesse contexto, foi possível constatar que, dentre outros pontos, as condições laborais ofertadas em cada nação refletem nas relações comerciais entre os países, mas, acima de tudo, o fato de o desenvolvimento estar intrinsicamente conectado à igualdade, ao progresso social e à erradicação da pobreza mundial, como destacado anteriormente.

Trata-se, portanto, de uma organização que ocupa um lugar de destaque e exerce papel de inspiração para os Estados membros. Nesse sentido, Norma Sueli Padilha e Josilene Hernandes Ortolan Di Pietro destacam:

> É incontestável a influência que os programas e normas da OIT têm exercido no contexto internacional, e principalmente na evolução da legislação e na adoção de políticas sociais nacionais no âmbito da jurisdição dos Estados-Membros, em prol dos direitos humanos do trabalhador, da melhoria de suas condições de trabalho, da proteção dos grupos mais vulneráveis, como mulheres, crianças e migrantes, e em defesa da qualidade de vida e segurança no trabalho, e não essencialmente no trabalhador subordinado, mas de todos os trabalhadores e em todas as relações de trabalho, na criação de um ambiente de trabalho decente e seguro[39].

À OIT, dentre outras atribuições, compete principalmente elaborar as normas internacionais, convenções e recomendações que vão compor o Direito Internacional do Trabalho, isto é, normas que expressam as diretrizes para que os países que as ratifiquem caminhem em direção à tão almejada justiça social. A OIT atua também, desde os seus primórdios, para a universalização de tais normas, que tratam não só da regulamentação das relações de trabalho, mas também das questões que envolvem a seguridade social e os temas conexos, indicando o padrão mínimo de proteção aos trabalhadores no mundo.

Nessa dinâmica, a própria organização, em seu sítio eletrônico, registra que "padrões internacionais do trabalho são primeiramente, e acima de tudo, sobre o desenvolvimento das pessoas como seres-humanos"[40]. Assim, complementa que "alcançar o objetivo do trabalho decente na economia globalizada requer ação a nível internacional"[41].

É importante destacar também que, desde sua criação, a OIT apresentou-se como uma inovação no direito internacional, principalmente por apresentar a avançada ideia da cooperação internacional, não só pela adoção na sua estrutura da composição tripartite em seus principais órgãos, com a participação de representantes dos governos, empregadores e trabalhadores, mas também pelos seus mecanismos de adoção, ratificação e controle de sua produção normativa.

Além disso, a OIT, já em sua Constituição, evidencia a adoção do mecanismo da cooperação, no caso, entre a organização e os Estados membros, isso quando, ao tratar das atribuições da Repartição Internacional do Trabalho (RIT), espécie de secretaria executiva, estabeleceu em seu art. 10, item 2, letra "b", que tal órgão, observando as diretrizes recebidas do Conselho de Administração, prestará, na medida de suas possibilidades e diante de pedido dos países, "todo auxílio adequado à elaboração de leis, consoante as decisões da Conferência, e, também, ao aperfeiçoamento da prática

---

(37) PADILHA, Norma Sueli; ORTOLAN DI PIETRO, Josilene Hernandes. A contribuição da OIT na construção da tutela internacional do direito ao meio ambiente do trabalho equilibrado. In: *Revista da Faculdade de Direito da Universidade Federal de Minas Gerais*, n. 70. p. 535, jan-jun 2017.

(38) Arnaldo Süssekind, sobre a ampliação do campo de atuação da OIT, em especial após a aprovação da Declaração referente aos fins e objetivos da Organização Internacional do Trabalho (Declaração de Filadélfia), registra: "É que a mencionada Declaração alargou consideravelmente o campo de atuação da OIT, a quem atribuiu expressamente competência para tratar de questões que visem à justiça social, no seu mais largo conceito, tendo em vista o progresso material e espiritual do ser humano, em condições de liberdade e dignidade, com segurança econômica e iguais oportunidades." SÜSSEKIND, Arnaldo. *op. cit.*, p. 26.

(39) PADILHA, Norma Sueli; ORTOLAN DI PIETRO, Josilene Hernandes. *op. cit.*, p. 531.

(40) OIT. *The benefits of International Labour Standarts.* Disponível em: <https://www.ilo.org/global/standards/introduction-to-international-labour-standards/the-benefits-of-international-labour-standards/lang--en/index.htm>. Acesso em: 05 abr. 2019. (Tradução nossa).

(41) *Idem.*

administrativa e dos sistemas de inspeção." Também no mesmo documento, em seu art. 12, item 1[42], é estabelecido o compromisso da OIT em cooperar com outros organismos internacionais.

Essa mesma determinação é vista na Declaração de Filadélfia, anexada à Constituição da OIT, que atribui à OIT, segundo Arnaldo Süssekind, "amplo mandato para cooperar com os Estados membros objetivando promover o progresso econômico e social"[43].

Neste sentido o art. III da Declaração de Filadélfia estabelece que a OIT tem obrigação de auxiliar as nações do mundo na execução de programas que visem alcançar inúmeros objetivos, dentre eles, o que interessa ao presente estudo, aquele previsto na letra "g", qual seja, "assegurar uma proteção adequada da vida e da saúde dos trabalhadores em todas as ocupações"[44].

Por fim, em seu art. IV, destaca que a Conferência, órgão da OIT que aprovou a Declaração em análise, compromete-se também a colaborar com os organismos internacionais "aos quais possa ser atribuída uma parcela de responsabilidade nesta grande missão, como na melhoria da saúde, no aperfeiçoamento da educação e do bem-estar de todos os povos."

Arnaldo Süssekind[45] afirma que foi a partir de 1950 que foram ampliados os programas de cooperação técnica desenvolvidos pela OIT, em especial naqueles países subdesenvolvidos e em desenvolvimento, que haviam conquistado a sua independência após a Segunda Guerra Mundial, época em que foram auxiliados em diversos campos, dentre eles, a formação profissional, o desenvolvimento de dirigentes sindicais e de empresas e a capacitação para a administração de questões sociais com conexões trabalhistas. O mesmo autor destaca ainda a importância dessa cooperação, em especial, pela tarefa de formação, nos países em questão, de pessoas que vão dar continuidade aos trabalhos iniciados, substituindo os técnicos contratados pela OIT para a assistência técnica.

Esses programas de cooperação técnica da OIT ganharam um fôlego maior na década de 1970, muito em decorrência dos recursos financeiros que foram aplicados pela ONU (PNUD — Programa de Desenvolvimento das Nações Unidas), pelo Banco Mundial e por outros fundos nacionais ou multinacionais, demonstrando que a cooperação abrange tanto os países quanto outros organismos internacionais. Tais programas têm por meta "a valorização e o respeito aos Direitos Humanos do trabalhador, a criação e o desenvolvimento de instituições sociais e a melhoria das condições de vida e de trabalho"[46].

Ainda no que diz respeito ao objeto do presente trabalho, é importante dar destaque a algumas convenções da OIT que, ao tratarem diretamente da higidez do meio ambiente do trabalho, preconizam a adoção de mecanismo de cooperação, de forma especial entre particulares, no caso, empregados e empregadores.

Nesse sentido, a Convenção n. 148 da OIT, que trata da contaminação do ar, do ruído e das vibrações, avança para além do direito à participação e à informação dos envolvidos nas medidas que visam a prevenir e limitar os riscos profissionais oriundos da exposição aos agentes nocivos acima mencionados, estabelecendo o dever de cooperação entre particulares. A Convenção determina, em seu art. 5º, item 3, que "Na aplicação das medidas prescritas em virtude da presente Convenção, deverá ser estabelecida colaboração mais estreita possível, em todos os níveis, entre empregadores e trabalhadores"[47].

No mesmo documento, a cooperação também é estabelecida como dever entre diferentes empregadores que exerçam atividade no mesmo ambiente laboral, como se vê no art. 6º, item 2[48]. Obrigação que, aliás, é também registrada no art. 17 da Convenção n. 155 da OIT, sobre saúde e segurança dos trabalhadores[49].

---

(42) É o texto do art. 12 da Constituição da OIT: "A Organização Internacional do Trabalho cooperará, dentro da presente Constituição, com qualquer organização internacional de caráter geral encarregada de coordenar as atividades de organizações de direito internacional público de funções especializadas, e também, com aquelas dentre estas últimas organizações, cujas funcionais se relacionam com as suas próprias". Cf. OIT. Constituição da OIT e Declaração da Filadélfia. Disponível em: <https://www.ilo.org/brasilia/centro-de-informacoes/documentos/WCMS_336957/lang--pt/index.htm>. Acesso em: 20 maio 2019.

(43) SÜSSEKIND, Arnaldo. *Direito Internacional do Trabalho*. 3. ed. São Paulo: LTr, 2000. p. 286. Nesse sentido, estabelece a Declaração de Filadélfia já em seu art. I, letra "d": "a luta contra carência, em qualquer nação, deve ser conduzida com infatigável energia, e por um esforço internacional contínuo e conjugado, no qual os representantes dos empregadores e dos empregados discutam, em igualdade, com os dos Governos, e tome com eles decisões de caráter democrático, visando o bem comum."

(44) OIT. *loc. cit.*

(45) SÜSSEKIND, Arnaldo. *Direito Internacional....* *op. cit.*, p. 285-287.

(46) *Ibidem.* p. 287-288.

(47) SÜSSEKIND, Arnaldo. *Convenções... op. cit.*, p. 369.

(48) É o texto do art. 6º, item 2, da Convenção n. 148 da OIT: "Sempre que vários empregadores realizem simultaneamente atividades no mesmo local de trabalho, *terão o dever de colaborar para aplicar as medidas prescritas*, sem prejuízo da responsabilidade de cada empregador quanto à saúde e à segurança dos trabalhadores que emprega. Nos casos apropriados, a autoridade competente deverá prescrever os procedimentos gerais para efetivar esta colaboração. SÜSSEKIND, Arnaldo. *Convenções... op. cit.*, p. 369-370. (Grifo não pertencente ao original).

(49) *Ibidem.* p. 397.

A Convenção n. 155 da OIT também volta a tratar do tema cooperação em seu art. 19, letras "a" e "b", preconizando que, nas empresas, os trabalhadores devem cooperar para com os empregadores, possibilitando que eles possam cumprir suas obrigações referentes à saúde e segurança. Da mesma forma, indica que os representantes dos trabalhadores na empresa devem cooperar com o empregador no âmbito da segurança e higiene laboral.

O art. 20 da mesma Convenção reforça a ideia em discussão, ao frisar que a cooperação entre empregadores e trabalhadores ou seus representantes deverá ser "um elemento essencial das medidas em matéria de organização e de outro tipo, que forem adotadas para a aplicação dos arts. 16 a 19 da presente Convenção".[50]

Outra importante Convenção da OIT, a de n. 161, que trata dos serviços de saúde no trabalho, reforça, em seu art. 8º, a relevância da cooperação para a efetivação do meio ambiente do trabalho equilibrado, destacando que "O empregador, os trabalhadores e seus representantes, quando estes existam, **devem cooperar** e participar da organização de serviços de saúde no trabalho e de outras medidas a eles relativas, em bases equitativas."[51]

Cumpre, de igual modo, dar destaque, na seara de documentos da OIT sobre o princípio da cooperação, à Declaração sobre Princípios e Direitos Fundamentais no Trabalho aprovada em 1998, a qual tem por objetivo reafirmar os compromissos dos Estados membros com os pilares e direitos consagrados na Constituição da OIT e na Declaração de Filadélfia e promover um amplo esforço para a ratificação e cumprimento das convenções consideradas fundamentais[52]

O documento em questão, a Declaração sobre Princípios e Direitos Fundamentais no Trabalho, já em seus considerandos, reafirma que só a justiça social garantirá a paz universal e permanente, sendo necessário que a OIT promova políticas sociais sólidas, justiça e instituições democráticas, caminhos que entende necessários para a equidade, o progresso social e a erradicação da pobreza. Para tanto, entende que a OIT deve mobilizar todas as suas energias, incluindo a sua capacidade de cooperação técnica, para que, no âmbito global, seja criado um desenvolvimento sustentável, com estratégias que combinem concomitantemente desenvolvimento econômico e social e políticas econômicas e sociais. É importante lembrar ainda que não há como mencionar desenvolvimento ou políticas sociais sem levar em conta a garantia do direito fundamental ao meio ambiente do trabalho equilibrado.

No art. 3º da Declaração ora em análise, a OIT reconhece a sua obrigação de cooperar com seus membros a lograrem êxito na consecução de seus objetivos, utilizando, para tanto, todos os meios disponíveis, dentre eles a cooperação técnica e os serviços de assessoramento para aqueles que possuem condições internas para ratificar e aplicar as convenções fundamentais e a assistência àquelas nações que ainda não estão em situação de ratificá-las, para que se esforcem em tornar realidade os princípios e direitos fundamentais insculpidos nas convenções eleitas, auxiliando, assim, os países membros a desenvolverem-se econômica e socialmente.

Ainda na abordagem de documentos da OIT que recomendam a adoção da cooperação internacional ou entre particulares, não se poderia deixar de dar relevo à terceira declaração aprovada pela Organização, a Declaração sobre Justiça Social para uma Globalização Equitativa, datada do ano de 2008[53].

A Declaração em comento, sob a perspectiva do fenômeno da globalização, adota várias estratégias para minorar seus efeitos deletérios e promover o trabalho decente[54]. Reconhece que, ao mesmo tempo em que a globalização tem beneficiado alguns países, com altas taxas de crescimento econômico e de criação de empregos, tem também causado grandes prejuízos a outros, os quais não têm conseguido mudar a sua realidade com relação aos níveis de desemprego e pobreza elevados, ao aumento do trabalho precário e à economia informal.

Para alcançar os objetivos que elegeu como estratégicos, dentre eles a adoção e a ampliação de medidas de proteção social, as quais englobam condições de trabalho que preservem a saúde e a segurança dos trabalhadores (A, ii), a

---

(50) OIT. Convenção n. 155...*op.cit.*

(51) OIT. Convenção n. 161...*op.cit.* (grifo não pertencente ao original)

(52) OIT. Declaração sobre os princípios e direitos fundamentais no trabalho e seu seguimento. Disponível em: <https://www.ilo.org/public/english/standards/declaration/declaration_portuguese.pdf>. Acesso em: 15 abr. 2019.

(53) OIT. Declaração da OIT sobre Justiça Social...*op.cit.*

(54) Segundo Tadeu Henrique Lopes da Cunha são os objetivos estratégicos da OIT para a promoção do trabalho decente como elemento central das políticas econômicas e sociais dos Estados: a) Promover o emprego, criando um entorno institucional e econômico sustentável; b) Adotar e ampliar medidas de proteção social — seguridade social e proteção dos trabalhadores — que sejam sustentáveis e estejam adaptadas às circunstâncias nacionais; c) Promover o diálogo social e o tripartismo; d) Respeitar, promover e aplicar os princípios e direitos fundamentais no trabalho, que são de particular importância, tanto como direitos quanto como condições necessárias para a plena realização dos objetivos estratégicos." CUNHA, Tadeu Henrique Lopes da. Declaração da OIT sobre Justiça Social para uma Globalização Equitativa (2008). *In*: ROCHA, Cláudio Jannotti da. *et al.* (Coords.) *Direito Internacional do Trabalho*: aplicabilidade e eficácia dos instrumentos internacionais de proteção ao trabalhador. São Paulo: LTr, 2018. p. 373.

Declaração determina que cada Estado Membro labore observando suas obrigações internacionais, de acordo com os princípios e deveres fundamentais do trabalho, levando em conta algumas questões, dentre as quais se destaca aquela que interessa ao presente trabalho: "a interdependência, **solidariedade e cooperação** entre todos os Membros da OIT que são mais pertinentes que nunca, no contexto de uma economia globalizada."[55]

A Declaração, em várias outras passagens, aponta a cooperação como mecanismo para alcançar seus objetivos, como quando estabelece que a OIT deve "reforçar e coordenar sua cooperação técnica e conhecimentos especializados que oferece"[56], com a finalidade de apoiar os esforços que cada Estado membro mobiliza a fim de alcançar os objetivos estratégicos; prestar assistência aos países mediante programas em prol do trabalho decente; e auxiliar no reforço da capacidade de cada um de seus membros e das organizações representativas de empregados e empregadores na escolha e construção de uma política social que conduza ao desenvolvimento sustentável. Ainda estimula a cooperação voluntária entre países, inclusive por meio de acordos bilaterais ou multilaterais, para os quais a OIT dispõe-se a dar assistência em suas discussões.

Nessa perspectiva, é importante evidenciar, mais uma vez, que a adoção do mecanismo de cooperação é essencial para que seja atingido um desenvolvimento sustentável, que trará, por consequência, a instalação de uma justiça social, a qual somente poderá ser alcançada no mundo do trabalho quando a dignidade do trabalhador for garantida principalmente por meio da preservação de sua saúde e segurança.

Por fim, resta ressaltar ainda que o princípio de cooperação em apreço, segundo os documentos que foram aqui analisados, deve ocorrer entre a OIT e os Estados membros, entre a OIT e outros organismos internacionais, entre os próprios Estados membros, entre empregados e empregadores e entre os representantes dos empregados e empregadores.

5 EXEMPLOS DE APLICAÇÃO DA COOPERAÇÃO INTERNACIONAL NO ÂMBITO DA OIT VISANDO A CONSECUÇÃO DO TRABALHO DECENTE

Neste item, serão demonstrados alguns exemplos em que a cooperação está sendo aplicada com êxito para o desenvolvimento do trabalho decente, no qual está incluído o equilíbrio do meio ambiente laboral.

Um exemplo de programa de cooperação elaborado de forma específica para a melhoria das condições de trabalho é aquele resultante de resolução adotada pela Conferência Internacional do Trabalho em sua 60ª reunião, ocorrida em 1975, quando decidiu-se por encomendar ao Diretor Geral da OIT, sob orientação do Conselho de Administração, a elaboração de um programa, em conjunto com o PNUMA (Programa das Nações Unidas para o Meio Ambiente), que priorizasse a destinação de um número maior de recursos para ações que visassem melhorias das condições do meio ambiente do trabalho, assim como aperfeiçoamento dos métodos de cooperação técnica nessa temática[57].

Dessa iniciativa, resultou a aprovação pelo Conselho de Administração da OIT, em 1976, do PIACT (Programa Internacional para a Melhorar as Condições de Trabalho e Meio Ambiente do Trabalho), com medidas bastante variadas e completas sobre o tema, abrangendo a colaboração na produção de normas; preparação de documentos para subsidiar as discussões nas Conferências; elaboração de relatórios para comissões temáticas; promoção de reuniões com especialistas; produção e distribuição de estudos técnicos; manutenção de serviços consultivos técnicos; realização de cursos de formação de técnicos; e organização de reuniões técnicas sobre o meio ambiente do trabalho com representantes sindicais.

Além disso, no que interessa mais diretamente à análise ora desenvolvida, o PIACT foca na prestação de assistência técnica, por intermédio do mecanismo da cooperação, para os governos, entidades representativas de empregados e empregadores e instituições de formação profissional. Essa cooperação tem por finalidade dar suporte aos países na elaboração e execução de programas que, para além da prevenção de acidentes de trabalho e doenças ocupacionais, busquem melhoria global do meio laboral.

---

(55) OIT. Declaração da OIT sobre Justiça Social... *op.cit.* (grifo não pertencente ao original)
(56) *Ibidem*.
(57) SÜSSEKIND, Arnaldo. *Direito Internacional... op. cit.*, p. 294.

324

Segundo Süssekind, melhorias essas que, em particular, priorizem

> "a adaptação do meio ambiente do trabalho às capacidades físicas e mentais dos trabalhadores, às formas de organização racional de trabalho e à ergonomia e às condições do meio onde vive o trabalhador (habitação, alimentação, saúde, educação, serviços sociais, lazer etc.)"[58].

Outro exemplo de sucesso no uso do mecanismo em debate é a iniciativa da OIT que fomenta a cooperação entre os países que ocupam a parte Sul do globo, visando à implantação, nos respectivos territórios, do trabalho decente[59]. Trata-se da chamada cooperação Sul-Sul (CSS), que pode também se configurar como cooperação Sul-Sul e triangular (CSST), quando, além do país que está cooperando e daquele que está recebendo o auxílio, envolve a OIT como organismo internacional e/ou algum país do Hemisfério Norte, que coopera por meio de prestação de assistência técnica ou mobilização de recursos para a concretização de projetos.

A cooperação entre o Brasil e a OIT é bastante antiga, mas, neste capítulo, cumpre assinalar o ano de 1987, quando foi assinado acordo entre o Governo brasileiro e a Organização, tendo como objeto a colaboração para o incremento de programas e projetos de cooperação técnica em países em desenvolvimento na América Latina e África.

Foi, entretanto, a partir de 2005[60] que as iniciativas da cooperação Sul-Sul, tendo o Brasil como um dos protagonistas, começaram a se efetivar, em especial, em decorrência da expertise adquirida pelo país nas ações para prevenção e erradicação do trabalho infantil e do trabalho escravo[61], bem como naquelas referentes à implantação de sistema de seguridade social. Com relação ao trabalho infantil, importantes projetos foram discutidos e aprovados nos anos de 2005 e 2007, com suporte financeiro do Brasil por intermédio da Agência Brasileira de Cooperação (ABC), beneficiando Angola, Moçambique e Haiti, respectivamente. Tais projetos, posteriormente, foram seguidos de outras iniciativas igualmente exitosas, envolvendo o combate ao trabalho infantil e a promoção da proteção social, sempre na perspectiva de implementação do trabalho decente.

Durante o desenvolvimento da cooperação sul-sul, o acordo inicial foi acrescido de documento denominado "Ajuste Complementar ao Acordo de Cooperação Técnica entre o Brasil e OIT"[62], firmado em 2009, que previu um mecanismo triangular de cooperação para beneficiar países da América Latina, Caribe e África, auxiliando-os na implementação da Agenda do Trabalho Decente e seus objetivos estratégicos, fixados na Declaração da OIT sobre Justiça Social para uma Globalização Equitativa, documento já abordado no item anterior deste capítulo. Tal ajuste deixa evidenciado que se trata de princípios orientadores do programa de parceria: "a igualdade entre as partes, o apoio mútuo, a apropriação local e a solidariedade entre as nações"[63].

A partir dessa formalização, vários programas de cooperação foram aprovados e alguns deles implementados, tendo como áreas de atuação: a) erradicação do trabalho infantil; b) promoção da seguridade social; c) fortalecimentos das organizações sindicais; e d) eliminação do trabalho forçado e promoção de empregos verdes. Inúmeros países em desenvolvimento também foram beneficiados com os programas de cooperação capitaneados pelo Brasil e com a assistência da OIT, podendo ser citados Bolívia, Equador, Paraguai, Timor Leste, Tanzânia e Haiti. Ademais, é válido citar que houve ainda programas que foram desenvolvidos com organismos de integração regional como o MERCOSUL e agrupamento de nações como o PALOP.[64]

---

(58) SÜSSEKIND, Arnaldo. *Direito Internacional... op. cit.*, p. 295.

(59) Importante lembrar que o trabalho decente preconizado pela OIT, como já visto neste trabalho, engloba, como não poderia deixar de ser, a preservação da segurança e saúde no meio ambiente do trabalho.

(60) OIT. *A inovação que vem do terreno. Sistematização do Programa de Parceria Brasil-OIT para a Promoção da Cooperação Sul-Sul (2005-2014)*. Brasília: OIT, 2015.

(61) O trabalho escravo contemporâneo, conforme leciona Marina Dorileo Barros, constitui-se em uma violação direta ao meio ambiente do trabalho equilibrado, não só nas hipóteses de trabalho degradante, em que a dignidade da pessoa humana é aviltada quando não são fornecidas as condições mínimas de saúde e segurança no trabalho, de moradia, de higiene, de alimentação e respeito, mas também nos demais meios de execução do crime. Tal desequilíbrio fica evidente quando configurado o meio de execução referente à jornada exaustiva, já que esta viola frontalmente o direito à saúde física do trabalhador, além de aumentar os riscos de acidentes de trabalho. No tocante ao trabalho forçado, há ainda evidente afronta à sua saúde mental, e à integridade física em algumas situações, o mesmo ocorrendo na hipótese de servidão por dívida. Cf. BARROS, Marina Dorileo. *Trabalho escravo contemporâneo*: os impactos no meio ambiente do trabalho. Rio de Janeiro: Editora Multifoco, 2017. p. 168-169.

(62) OIT. Ajuste Complementar ao Acordo de Cooperação Técnica entre o Brasil e OIT. Disponível em: <https://www.ilo.org/brasilia/temas/WCMS_658160/lang--pt/index.htm>. Acesso em: 15 abr. 2019.

(63) OIT. A inovação .... *op. cit.*, p. 18.

(64) PALOP é a expressão usada para se referir aos países africanos de língua oficial portuguesa — Angola, Moçambique, Cabo Verde, São Tomé e Príncipe, Guiné Bissau e Guiné Equatorial.

É importante destacar ainda que a OIT, além de contribuição financeira para implantação dos programas de cooperação Sul-Sul triangular, tendo o Brasil como protagonista, auxiliou principalmente com "conhecimentos, experiência, tecnologia, influência política, alianças, facilidades logísticas e outros recursos intangíveis de difícil valoração"[65]. Cabe também destacar que países do Hemisfério Norte, dentre eles os Estados Unidos da América, Espanha, Irlanda e Noruega, participaram de alguns programas, configurando a já mencionada cooperação Sul-Sul e triangular, não só com apoio financeiro, mas, em alguns casos, com recursos técnicos ou de logística.

Várias práticas foram usadas para materializar a cooperação entre os países do sul e seus parceiros, sendo interessante destacar visitas técnicas conjuntas dos Estados atendidos ao Brasil; formação de grupos de intercâmbio; missões de estudos ao Brasil; missões de assistência técnica de especialistas brasileiros aos países parceiros; eventos de intercâmbio de experiências como seminários, oficinas, encontros e conferências; capacitação horizontal de técnicos sobre assuntos específicos; criação de plataforma virtual para registro de boas práticas; estudos conjuntos de legislação comparada; desenvolvimento de instrumentos comuns para aplicação de normas como o protocolo comum de inspeção do trabalho infantil adotado pelo MERCOSUL e campanhas conjuntas de sensibilização da população sobre temas objeto dos programas[66].

Cabe dar destaque, ainda, ao fato de que, no processo de cooperação, todos os parceiros são beneficiados por seus resultados. No caso do Brasil, o relatório "A inovação que vem do terreno. Sistematização do Programa de Parceria Brasil-OIT para a Promoção da Cooperação Sul-Sul (2005-2014)" aponta como alguns dos ganhos: o crescimento de sua capacidade de cooperar, com a ampliação e diversificação, não só dos países envolvidos, mas também das matérias objeto da cooperação; a catalogação de boas práticas desenvolvidas no país para a promoção do trabalho decente, possibilitando comparti-las com os seus parceiros; fortalecimento dos vínculos de solidariedade e apoio mútuo entre o Brasil e outros países da América Latina, África e Ásia em torno do trabalho decente; desenvolvimento de método e de instrumentos para operacionalizar a cooperação Sul-Sul, modelo que pode ser replicado posteriormente em outras iniciativas; e o grande aprendizado dos técnicos de instituições brasileiras envolvidas na cooperação, pois, além de reverem as próprias experiências, tiveram a oportunidade de avançar na compreensão das temáticas desenvolvidas com os erros e acertos ocorridos nos intercâmbios.[67]

A OIT, por sua vez, também se beneficiou de todo o processo de cooperação Sul-Sul liderado pelo Brasil, sendo reconhecidos como alguns dos resultados positivos: o fato do Brasil ter surgido como o pioneiro, entre os países do Sul, na contribuição financeira para o desenvolvimento de programas de cooperação técnica junto com a OIT, exemplo posteriormente copiado por outros países; a disseminação do modelo e de iniciativas de cooperação sul-sul e triangular como mecanismo de promoção do trabalho decente; o surgimento de novo olhar, pela OIT, para os países do Sul sob a ótica da cooperação técnica; a conscientização da OIT sobre o seu próprio papel no desenvolvimento de iniciativas de cooperação Sul-Sul e triangular; o despertar de interesse em parceiros tradicionais da OIT no tocante ao financiamento de novas iniciativas de cooperação; a inclusão nos programas e orçamentos da OIT da cooperação Sul-Sul; a adoção de estratégia própria e criação de área específica e permanente para o desenvolvimento da cooperação Sul-Sul; a publicação de coleção pela OIT sobre boas práticas de cooperação Sul-Sul; e o aumento da capacidade do pessoal técnico administrativo para desempenhar funções nos processos de cooperação.[68]

Quanto aos países parceiros, inúmeros são os benefícios resultantes da cooperação sul-sul e triangular implementada, como, por exemplo, o desenvolvimento e o início de operação de um sistema de monitoramento e fiscalização do trabalho infantil baseado na tecnologia da informação no Bolívia; a elaboração de registro único de trabalho infantil com base na tecnologia de informação para utilização pelos ministérios integrantes do Comitê Interinstitucional para Eliminação do Trabalha Infantil (CIETI) no Equador; integração de programas nacionais já existentes para aumentar a proteção contra outras formas de trabalho infantil, ajuste nos currículos escolares para tratar de questões relacionadas a trabalho infantil, trabalho infantil doméstico e exploração sexual e treinamento sobre sistema de seguridade social e proteção contra o desemprego no Paraguai; adoção de protocolo comum de inspeção na área de trabalho infantil, implementação de programa de formação conjunta de inspetores e realização de estudo comparativo para harmonização da legislação do bloco e atualizar a Declaração Social e do Trabalho no âmbito do MERCOSUL; criação do primeiro sistema de previdência social no Timor Leste, voltado inicialmente aos servidores públicos, ao treinamento de pessoal

---

(65) OIT. A inovação.... *loc. cit.* p. 30.
(66) OIT. A inovação .... *op. cit.*, p. 36.
(67) *Ibidem*. p.43-44.
(68) OIT. A inovação.... *op. cit.*, p. 44-45.

técnico para operar tal sistema e, na área do trabalho infantil, ao estabelecimento de grupo de atores tripartites para diálogo e iniciativas para prevenir e combater essa prática, bem como o desenvolvimento por tal grupo de termo de referência para criação da Comissão Nacional Tripartite contra o Trabalho Infantil (CNTI); concepção, por organizações de empregadores e trabalhadores, de programa conjunto para implementação de Plano Nacional de Ação para a erradicação do trabalho infantil e revisão e melhoramento por parte das autoridades nacionais dos relatórios para a OIT sobre o cumprimento das convenções sobre o trabalho infantil na Tanzânia; e treinamento de inspetores nacionais, no Haiti, por inspetores brasileiros, formulando um memorando para definirem uma lista de piores formas de trabalho infantil e um plano nacional de combate a essa prática[69].

Por último, ainda como experiência de cooperação Sul-Sul triangular, envolvendo da OIT, Brasil, Peru e Estados Unidos (financiador), cabe mencionar o acordo firmado pela OIT com o Brasil e o Peru para fortalecer ações para erradicação do trabalho escravo nos dois países, nomeado "Consolidar e disseminar os esforços para combater o Trabalho Forçado no Brasil e Peru" (2012-2017)[70]. Tal acordo tem como público alvo trabalhadores resgatados pelos Grupos Móveis de Fiscalização, sujeitos vulneráveis ao recrutamento do para fins de trabalho escravo, em especial no Estado de Mato Grosso e crianças encontradas em condições de trabalho infantil.

O acordo possuía previsão de intervenções em nível nacional no Brasil, coordenadas pela Comissão Nacional para Erradicação do Trabalho Escravo (CONATRAE), visando a que os resultados e produtos fossem utilizados para fortalecimento do Plano Nacional para Erradicação do Trabalho Forçado e da Agenda Nacional de Trabalho Decente. Já no nível estadual, as estratégias foram previstas para dar apoio a algumas Comissões Estaduais para Erradicação do Trabalho Escravo existentes e para fortalecer as Agendas Estaduais de Trabalho Decente, compartilhando boas práticas entre diferentes estados, além de reforçar projetos que já trabalhavam com egressos e comunidades vulneráveis ao trabalho escravo, em especial aqueles que capacitam trabalhadores resgatados para obterem trabalho digno. Por fim, no nível internacional, o programa pretendia apoiar os esforços do Peru no combate ao trabalho escravo, por meio da cooperação horizontal, incorporando ao contexto do país as boas práticas desenvolvidas pelo Brasil, de modo a facilitar o diálogo entre as instituições públicas e privadas de ambos os países e o intercâmbio entre as comissões nacionais de combate ao trabalho escravo.

Extrai-se, sobre a experiência da participação ativa do Brasil na cooperação Sul-Sul e triangular, que o país, em decorrência dos conhecimentos e experiências que acumulou ao longo do tempo, tem muito a colaborar para com as nações em desenvolvimento do Hemisfério Sul, em especial em temas relacionados ao trabalho decente, particularmente ao combate ao trabalho escravo e infantil, à implementação de sistema de segurança social e ao desenvolvimento da inspeção do trabalho

É importante mencionar, entretanto, que há ainda muito a ser feito, em especial na promoção do trabalho decente, objetivo listado como n. 8 no rol dos Objetivos de Desenvolvimento Sustentável (ODS) aprovado pela Assembleia das Nações Unidas em 2015, não só no Brasil, mas em todos os países do mundo, principalmente naqueles em desenvolvimento.

6 CONCLUSÕES

O presente estudo teve como principal objetivo verificar a aplicação do mecanismo da cooperação, seja ela internacional ou não, como meio de buscar maior proteção ao ser humano que labora em cenário de grande desigualdade, causada ou agudizada por um processo de globalização em que os aspectos econômicos são privilegiados em detrimento dos aspectos sociais, movimento que inevitavelmente resulta em precárias condições de trabalho em boa parte das nações do globo.

Constatou-se que a resposta é positiva, ou seja, a cooperação, que se apresenta como um dever de solidariedade, pode e deve ser instrumento de promoção do trabalho decente em todos os territórios nacionais, envolvendo os organismos internacionais, países desenvolvidos e em desenvolvimento, organizações não governamentais e até mesmo os particulares, como empregados e empregadores, em especial quando se trata da efetivação de um meio ambiente do

---

(69) OIT. A inovação ... *op. cit.,* p. 37-43.

(70) OIT. Consolidar e disseminar os esforços para combater o trabalho forçado no Brasil e Peru. Disponível em: <https://www.ilo.org/brasilia/programas-projetos/WCMS_430934/lang.../index.htm>. Acesse em: 15 abr. 2019.

trabalho equilibrado, que garanta saúde e segurança àqueles que ali exercem suas funções, condição essencial para que esses trabalhadores tenham uma vida digna.

Pode-se notar que vários documentos internacionais preconizam a adoção da cooperação para a resolução de problemas de variadas matizes, sempre visando ao progresso, ao desenvolvimento econômico e social e ao respeito aos Direitos Humanos. Dentre eles, encontram-se documentos basilares gerais como a Carta das Nações Unidas, a Declaração Universal dos Direitos Humanos, o Pacto Internacional de Direitos Econômicos, Sociais e Culturais, a Carta da Organização dos Estados Americanos, a Convenção Interamericana de Direitos Humanos e o seu Protocolo Adicional, nomeado Protocolo de San Salvador.

Evidenciou-se, ainda, que a OIT é a grande catalizadora das ações que preconizam a cooperação no mundo laboral, indicando a sua importância e destacando a necessidade de sua adoção desde seu documento constitutivo, até as convenções que tratam diretamente do meio ambiente do trabalho, de modo a contemplar suas três declarações (1944, 1998 e 2008), sempre na busca da justiça social, a qual somente poderá ser alcançada com a garantia de progresso social, equidade e erradicação da pobreza.

Ficou claro, ademais, que a cooperação apresenta-se como uma proposta concreta para a promoção do trabalho decente — que tem o meio ambiente do trabalho equilibrado como um de seus componentes — e, em última análise, para a efetivação da dignidade dos trabalhadores, principalmente quando se analisa exemplos de cooperação horizontal Sul-Sul e triangular envolvendo países em situação econômica e estrutural muito difíceis, como aqueles com os quais o Brasil, com a intermediação da OIT e o auxílio de países do hemisfério norte, cooperou em passado recente e — espera-se — poderá continuar a cooperar.

Por fim, chegou-se à conclusão de que o Brasil tem muito a cooperar para com os países em desenvolvimento, pois, muito embora ainda tenha que se empenhar em demasia para superar suas próprias mazelas, não se pode negar que, ao longo dos anos, acumulou conhecimentos e experiências em temas relacionados ao trabalho decente, particularmente no tocante ao combate ao trabalho escravo e ao trabalho infantil, à implementação de sistema de seguridade social e ao desenvolvimento da inspeção do trabalho.

7 REFERÊNCIAS

AYALA, Patryck de Araújo; SENN, Adriana V. Pommer. *Cooperação internacional em matéria ambiental*: elementos do direito brasileiro e do direito internacional do meio ambiente. Disponível em: <http://www.publicadireito.com.br/publicacao/livro.php?gt=53>. Acesso em: 11 abr. 2019.

AZEVEDO NETO, Platon Teixeira de. *O trabalho decente como um direito humano*. São Paulo: LTr, 2015.

BARROS, Marina Dorileo. *Trabalho escravo contemporâneo*: os impactos no meio ambiente do trabalho. Rio de Janeiro: Multifoco, 2017.

BAUMAN, Zygmunt. *Globalização*: as consequências humanas. Rio de Janeiro: Zahar, 1999.

BRASIL. [Constituição (1988)]. Constituição da República Federativa do Brasil de 1998. Brasília, DF: Presidência da república, [2016]. Disponível em: <file:///C:/Users/andra/Downloads/NORMAS-ABNT-NBR-6023.2018---Referencias---ATUALIZADA.pdf>. Acesso em: 11 abr. 2019.

BRITO FILHO, José Claudio Monteiro. *Trabalho decente*: análise jurídica da exploração do trabalho — trabalho escravo e outras formas de trabalho indigno. 2. ed. São Paulo: LTr, 2010.

CUNHA, Tadeu Henrique Lopes da. Declaração da OIT sobre Justiça Social para uma Globalização Equitativa (2008). In: ROCHA, Cláudio Jannotti da. *et al.* (Coords.) *Direito Internacional do Trabalho*: aplicabilidade e eficácia dos instrumentos internacionais de proteção ao trabalhador. São Paulo: LTr, 2018.

DECLARAÇÃO DE ESTOCOLMO. Disponível em: <http://www.direitoshumanos.usp.br/index.php/meio-ambiente/declaracao-de-estocolmo-sobre-o-ambiente-humano.html>. Acesso em: 09 mar. 2019.

DECLARAÇÃO DO RIO SOBRE MEIO AMBIENTE. Disponível em: <http://www.meioambiente.pr.gov.br/arquivos/File/agenda21/Declaracao_Rio_Meio_Ambiente_Desenvolvimento.pdf>. Acesso em: 13 mar. 2019.

LATIN DICTIONARY. Disponível em: <http://latin-dictionary.net/definition/14128/cooperatio-cooperationis>. Acesso em: 09 mar. 2019.

LEITE, José Rubens Morato; AYALA, Patryck de Araújo. *Dano ambiental — do individual ao coletivo extrapatrimonial — teoria e prática*. São Paulo: Revista dos Tribunais, 2011.

MARANHÃO. Ney Stany Morais. Meio ambiente do trabalho: descrição jurídico-conceitual. *Revista direitos, trabalho e política social.* Cuiabá: UFMT, vol. 2, n. 3, jul./dez. 2016.

MAZZUOLI. Valerio de Oliveira. *Curso de direitos humanos.* Rio de Janeiro: Forense; São Paulo: Método, 2014.

OEA. Carta da Organização dos Estados Americanos. Disponível em: <http://www.oas.org/dil/port/tratados_A-41_Carta_da_Organiza%C3%A7%C3%A3o_dos_Estados_Americanos.htm>. Acesso em: 20 maio 2019.

OEA. Convenção Interamericana de Direitos Humanos. Disponível em: <https://www.cidh.oas.org/basicos/portugues/c.convencao_americana.htm>. Acesso em: 20 maio 2019.

OEA. Protocolo Adicional à Convenção Americana sobre Direitos Humanos em Matéria de Direitos Econômicos, Sociais e Culturais. Disponível em: <http://www.planalto.gov.br/ccivil_03/decreto/D3321.htm>. Acesso em: 20 maio 2019.

OIT. Ajuste Complementar ao Acordo de Cooperação Técnica entre o Brasil e OIT. Disponível em: <https://www.ilo.org/brasilia/temas/WCMS_658160/lang--pt/index.htm>. Acesso em: 15 abr. 2019.

OIT. *A inovação que vem do terreiro. Sistematização do Programa de Parceria Brasil-OIT para a Promoção da Cooperação Sul-Sul (2005-2014).* Brasília: OIT, 2015.

OIT. Consolidar e disseminar os esforços para combater o trabalho forçado no Brasil e Peru. Disponível em: <https://www.ilo.org/brasilia/programas-projetos/WCMS_430934/lang.../index.htm>. Acesso em: 15 abr. 2019.

OIT. Convenção n. 148 — Contaminação do ar, ruído e vibrações. Disponível em: <https://www.ilo.org/brasilia/convencoes/WCMS_236121/lang--pt/index.htm>. Acesso em: 20 maio 2019.

OIT. Convenção n. 155 — Segurança e saúde dos trabalhadores. Disponível em: <https://www.ilo.org/brasilia/convencoes/WCMS_236121/lang--pt/index.htm>. Acesso em: 20 maio 2019.

OIT. Convenção n. 168 — Promoção do emprego e proteção contra o desemprego. Disponível em: <https://www.ilo.org/brasilia/convencoes/WCMS_236246/lang--pt/index.htm>. Acesso em: 20 maio 2019.

OIT. Constituição da OIT e Declaração da Filadélfia. Disponível em: <https://www.ilo.org/brasilia/centro-de-informacoes/documentos/WCMS_336957/lang--pt/index.htm>. Acesso em: 20 maio 2019.

OIT. Declaração da OIT sobre Justiça Social para uma Globalização Equitativa. Disponível em: <https://www.ilo.org/wcmsp5/groups/public/---.../---ro.../wcms_336918.pdf>. Acesso em: 15 abr. 2019.

OIT. Declaração sobre os princípios e direitos fundamentais no trabalho e seu seguimento. Disponível em: <https://www.ilo.org/public/english/standards/declaration/declaration_portuguese.pdf>. Acesso em: 15 abr. 2019.

OIT. Por uma globalización justa: crear oportunidades para todos. Disponível em: <www.ilo.org/public/spanish/wcsdg/docs/report.pdf>. Acesso em: 09 maio 2019.

OIT. Trabalho decente. Disponível em: <https://www.ilo.org/brasilia/temas/trabalho-decente/lang--pt/index.htm>. Acesso em: 15 abr. 2019.

OIT. The benefits of International Labour Standarts. Disponível em: <https://www.ilo.org/global/standards/introduction-to-international-labour-standards/the-benefits-of-international-labour-standards/lang--en/index.htm>. Acesso em: 05 abr. 2019.

ONU. Carta das Nações. Disponível em: <https://nacoesunidas.org/carta/>. Acesso em: 15 abr. 2019.

ONU. Declaração Universal dos Direitos Humanos. Disponível em: <https://nacoesunidas.org/wp-content/uploads/2018/10/DUDH.pdf>. Acesso em: 10 abr. 2019.

ONU. Declaração de Estocolmo. Disponível em: <http://www.direitoshumanos.usp.br/index.php/meio-ambiente/declaracao-de-estocolmo-sobre-o-ambiente-humano.html>. Acesso em: 09 mar. 2019.

ONU. Declaração Universal dos Direitos Humanos. Disponível em: <https://nacoesunidas.org/wp-content/uploads/2018/10/DUDH.pdf>. Acesso em: 10 abr. 2019.

ONU. Organização Internacional do Trabalho. Disponível em: <https://nacoesunidas.org/agencia/oit/>. Acesso em: 11 mar. 2019.

ONU. Pacto Internacional sobre Direitos Econômicos, Sociais e Culturais. Disponível: <http://www.planalto.gov.br/ccivil_03/decreto/1990-1994/d0591.htm>. Acesso em: 20 maio 2019.

PADILHA, Norma Sueli; ORTOLAN DI PIETRO, Josilene Hernandes. A contribuição da OIT na construção da tutela internacional do direito ao meio ambiente do trabalho equilibrado. In: *Revista da Faculdade de Direito da Universidade Federal de Minas Gerais*, n. 70, jan-jun 2017.

PIMENTA, Raquel Betty de Castro. *Cooperação judiciária internacional no combate à discriminação da mulher no trabalho:* Um diálogo Brasil e Itália. São Paulo: LTr, 2016.

ROCHA, Cláudio Jannotti da. *et al* (Coords.) *Direito Internacional do Trabalho:* aplicabilidade e eficácia dos instrumentos internacionais de proteção ao trabalhador. São Paulo: LTr, 2018.

SEITENFUS, Ricardo. *Manual das organizações internacionais.* 4. ed. Porto Alegre: Livraria do Advogado, 2005.

SARLET, Ingo Wolfgang; FENSTERSEIFER, Tiago. *Princípios do direito ambiental*. São Paulo: Saraiva, 2014.

SOARES, Guido Fernando Silva. *Direito internacional do meio ambiente:* emergência, obrigações e responsabilidade. São Paulo: Atlas, 2001.

_____. O direito internacional sanitário e seus temas: apresentação de sua incômoda vizinhança. *Revisa de direito sanitário*. São Paulo, vol. 1, n. 1, nov. 2000.

SÜSSEKIND, Arnaldo. *Convenções da OIT*. 2. ed. São Paulo: LTr, 1998.

SÜSSEKIND, Arnaldo. *Direito Internacional do Trabalho*. 3. ed. São Paulo: LTr, 2000.

TOFFOLI, José Antonio Dias. CESTARI, Virgínia Charpinel Junger. *Mecanismos de cooperação jurídica internacional no Brasil*. Disponível em: <https://www.agu.gov.br/page/download/index/id/1070064>. Acesso em: 11 abr. 2019.

PRINCÍPIO DA PARTICIPAÇÃO (OU PRINCÍPIO DEMOCRÁTICO)

Paulo de Bessa Antunes[*]

1 INTRODUÇÃO

Este trabalho tem por objetivo principal realizar uma breve análise do Princípio da Participação ou Princípio Democrático no Direito Ambiental Brasileiro. O ponto de partida é a inserção dogmática do princípio, ou seja, a sua presença como direito posto no ordenamento jurídico, portanto no campo do *dever ser*. Faço a ressalva, na medida em que, cada vez mais, o Direito Ambiental tem se tornado um campo fértil para uma proliferação de princípios que, com grande frequência, são construídos para a solução de um caso concreto nas hipóteses em que a solução legal *desagrada* o aplicador da norma sem que representem a expressão de uma experiência jurídica consolidada.

A história do Direito Ambiental e da proteção do ambiente demonstra que a participação popular (participação cidadã) é um elemento fundamental em sua construção. (Antunes, 2019). De fato, o Direito Ambiental surge como um complexo de normas cuja origem mediata é a sensação de desconforto causada pelas externalidades negativas sobre terceiras partes do desenvolvimento industrial e tecnológico, tendo sido verbalizado internacionalmente por obras como *Silent Spring* de Rachel Carson, lançado em 1962[1], *Antes que a natureza morra* de Jean Dorst[2] e, no Brasil por José Lutzenberger com *Fim do Futuro? Manifesto ecológico brasileiro*[3]. Tais obras, de uma forma ou de outra, espelhavam movimentos de protesto contra graves situações de poluição e danos à saúde humana resultantes de atividades industrias e de acidentes industriais bem como uma excessiva utilização de produtos químicos na agricultura. Assim, o Direito Ambiental tem em sua origem, pelo menos, dois fatores fundantes (i) a busca por um mundo menos poluído e (ii) o protesto pelas condições adversas causadas pela poluição e pela industrialização. É, portanto, em sua origem, um direito de protesto. Característica que o diferencia das outras províncias da ordem jurídica.

A ideia subjacente ao princípio democrático ou da participação é que seja assegurado àqueles que vão sentir a maior parte das inevitáveis cargas negativas que vêm associadas ao desenvolvimento industrial o direito de opinião sobre os projetos a serem implantados e os meios legais para impedi-los caso entendam que o sacrifício que lhes é

---

[*] Professor Associado da Universidade Federal do Estado do Rio de Janeiro (UNIRIO), Coordenador do Programa de Pós-Graduação. Mestre (PUC/RJ) e Doutor (UERJ) em Direito. 2019 Elizabeth Haub Visiting Scholar (Pace University).
[1] <http://rachelcarson.org/SilentSpring.aspx>. Acesso em: 16 fev. 2019
[2] DORST, Jean. *Antes que a natureza morra* (tradução de Rita Buongermino). São Paulo: Edgar Blücher, 1973
[3] LUTZENBERGER, José. *Fim do futuro. Manifesto ecológico brasileiro*. Porto Alegre: Movmento, 1973.

imposto seja desproporcional aos benefícios que, em tese, receberão. Entretanto, a busca pelo necessário equilíbrio, ao que parece, ainda mal se iniciou. Estamos, com efeito, muito distantes de uma solução que possa harmonizar as reais necessidades da sociedade com a proteção do mundo natural, sem o qual a existência da sociedade humana não é possível. A questão se complica, na medida em que, assim como existe a diversidade biológica no mundo natural, no mundo social a diversidade também é uma verdade inescapável. Ocorre que a diversidade social se torna mais complexa do que a diversidade biológica, pois fundada em interesses que, não raras vezes, não ultrapassam o umbigo das partes envolvidas. Na ciência política e na sociologia a polarização interesses egoísticos e interesse sociais é recorrente e ultrapassa séculos. No universo jurídico a polaridade se manifesta em diferentes correntes filosóficas e legais que se sucedem ao longo do tempo sem que, no fundo, tragam alguma novidade substancial.

Vivemos em um período no qual a biodiversidade conceitual, ou a variabilidade dos conceitos, se confunde com as necessidades imediatas do caso concreto, apagando a generalidade que, por boa parte de nossa História, caracterizou a norma jurídica que era a manifestação de um princípio jurídico. Direito jovem e de jovens, o Direito Ambiental ainda não se deu conta de que a cã começa a se acinzentar e que os comportamentos à la soixante-huitard se tornaram *démodés*. E são *outdateds* por incapazes de contribuir para a solução dos complexos problemas da atualidade, sendo antes partes do problema que soube denunciar e que agora se mostram como um labirinto sem fio de Ariadne para garantir o caminho de volta.

O enorme crescimento da importância dos princípios jurídicos e, sobretudo dos princípios de Direito Ambiental, dada a enorme fluidez por eles ostentada, é uma manifestação do período "nebuloso" no qual vivemos. Nebuloso pois vazio de certezas e, o que é pior, com uma hipervalorização da incerteza, como se o passado houvesse sido um território de segurança e garantias. A preocupação com o futuro, elevada ao nível constitucional no Brasil e alhures, caso não seja adequadamente calibrada pode transformar o meio ambiente em medo ambiente, tendo como única imagem possível as distopias de Phillip K. Dick[4], ou o brasileiríssimo Simão Bacamarte que, no fim do dia, recolheu-se à Casa Verde, vez que assim indicava a ciência.[5]

Com vistas a resguardar a sociedade das incertezas, os princípios de Direito Ambiental, eles próprios incertos, geram instabilidades crescentes, pois a sua multiplicação é um fenômeno quase que individual, pois no dia a dia do ativismo judicial são mimetizados princípios dos mais variados ramos do direito, chegado a falar-se em um abstrato *in dubio pro natura*, como se a natureza fosse algo indiscutível e um dado *a priori*. Feliz ou infelizmente, a natureza é, assim como tantas outras coisas, um dado social, uma construção feita pela sociedade e, nos dias correntes, sobretudo pela mídia. (EVERNDEN, 1992).

A análise dos princípios do Direito Ambiental e, no nosso caso, do princípio da participação deve levar em consideração o acima mencionado. Todavia, não há Direito Ambiental sem Rachel Carson, Henry David Thoreau, José Lutzemberger, Chico Mendes, Jean Dorst e outros. Da mesma forma, não há direito ambiental sem Cubatão, Chernobyl, Seveso, Torey Canyon, Amoco Cádiz e Bhopal. Aqui fatos e personalidades que souberam captá-los e dar-lhes uma expressão retórica se misturam na produção de normas jurídicas que se arrastam atrás do mundo real, sem conseguir alcançá-lo. Uma ilusão vã: pelos princípios, os problemas ambientais acabarão pois, o direito exercerá o papel de evitar a catástrofe, providenciando soluções para problemas que não estavam no radar de Papiniano[6] e seus colegas. A força

---

(4) Philip K. Dick (1928-1982) autor de 36 romances de ficção científica e cerca de 121 contos. Entre a sua obra destacam-se: *Blade Runner* (com base em Do Androids Dream of Electric Sheep?), *Total Recall, Minority Report* e *A Scanner Darkly*.

(5) "Era decisivo. Simão Bacamarte curvou a cabeça, juntamente alegre e triste, e ainda mais alegre do que triste. Ato contínuo, recolheu-se à Casa Verde. Em vão a mulher e os amigos lhe disseram que ficasse, que estava perfeitamente são e equilibrado: nem rogos nem sugestões nem lágrimas o detiveram um só instante.

—A questão é científica, dizia ele; trata-se de uma doutrina nova, cujo primeiro exemplo sou eu. Reúno em mim mesmo a teoria e a prática.

—Simão! Simão! meu amor! dizia-lhe a esposa com o rosto lavado em lágrimas.

Mas o ilustre médico, com os olhos acesos da convicção científica, trancou os ouvidos à saudade da mulher, e brandamente a repeliu. Fechada a porta da Casa Verde, entregou-se ao estudo e à cura de si mesmo. Dizem os cronistas que ele morreu dali a dezessete meses, no mesmo estado em que entrou, sem ter podido alcançar nada. Alguns chegam ao ponto de conjeturar que nunca houve outro louco, além dele, em Itaguaí, mas esta opinião, fundada em um boato que correu desde que o alienista expirou, não tem outra prova senão o boato; e boato duvidoso, pois é atribuído ao Padre Lopes, que com tanto fogo realçara as qualidades do grande homem. Seja como for, efetuou-se o enterro com muita pompa e rara solenidade."

(6) *Emílio Papiniano* (*Aemilius Papinianus*, em latim) (142 — 212 (70 anos)), foi um jurista romano, *magister libellorum* e, após a morte de Caio Fúlvio Plauciano em 205, prefeito do pretório......Papiniano foi amigo íntimo do Imperador Severo e o acompanhou à Britânia. Antes de sua morte, o imperador recomendou-lhe os seus dois filhos, Caracala e Geta. Papiniano procurou manter a paz entre os dois irmãos, mas o resultado foi incorrer no ódio de Caracala, que o fez perecer no massacre geral dos amigos de Geta em seguida ao fratricídio de 212.....Na Lei das Citações (426), Papiniano aparece no mesmo nível de Caio, Paulo, Modestino e Ulpiano, como um dos cinco juristas cujas opiniões registradas eram consideradas decisivas. Sua opinião prevaleceria se as outras quatro não fossem coerentes.in, <https://pt.wikipedia.org/wiki/Papiniano>. Acesso em: 17 jan. 2019.

do medo ambiente é de tal monta que o discurso ambiental se enraíza em altas esferas judiciais e se transforma em razões de decidir, em motivação jurídica, afastando o brocardo "quod non est in autos, non est in mundo".

O ritmo dendroclasta prossegue, conforme noticia a imprensa internacional, após constatar o que ocorre com a Floresta Amazônica, última grande mata nativa tropical do planeta. Hoje, pese embora a negativa oficial, as fotos dos satélites não escondem o destino melancólico da última *rain forest* do mundo. Foi por isso que o constituinte de 1988, num assomo de lucidez, conferiu tratamento diferencial e significativo ao meio ambiente. Ao convertê-lo em 'bem de uso comum do povo e essencial à sadia qualidade de vida', alterou a tosca e insuficiente concepção ecológica do Estado brasileiro. Este se vê obrigado a exercer 'o dever de defendê-lo e preservá-lo' defender e preservar o meio ambiente, mas não o fará só. Incumbiu desse dever a própria coletividade, integrada pelo povo e pelas sociedades particulares, às quais o Estado deve assegurar condições de criação, funcionamento e subsistência. Por que o constituinte de 1988 se viu obrigado a destinar ao meio ambiente um tratamento tão singular? Foi alertado pela verdade científica de que a continuidade do maltrato, a insensibilidade e a inconsequência, conjugados com a ganância da sociedade de consumo, tornariam realidade próxima a ameaça remota de esgotamento dos recursos naturais. A propósito, James Lovelock, o formulador da hipótese Gaia, alerta que o mundo está irremediavelmente comprometido pelo aquecimento global e que talvez não haja possibilidade de retorno. O que está em jogo não é apenas a qualidade de vida, senão a própria sobrevivência no Planeta. Quando da realização da Eco-92, o então Presidente Gorbatchev afirmou que a humanidade teria trinta anos para mudar seus hábitos de consumo. Senão, a Terra poderia continuar a existir, mas prescindiria da espécie humana para isso. (Superior Tribunal de Justiça, AREsp 476067, Relator Ministro Humberto Martins DJE: 02.05.2014.)

Avançando com o nosso ensaio, veremos que todos os ingredientes dos discursos ambientais estão presentes na decisão do Superior Tribunal de Justiça e, de lá. Irradia-se por todas as Cortes de Justiça, gerando a impressão que o direito se ecologizou, se tornou verde. No verde do direito, nas declarações retóricas e simbólicas, o Judiciário pode, enfim, lançar uma cortina de fumaça sobre uma realidade que está mais para cinza do que verde. Os milhares de processos que se encontram deitados "eternamente em berço esplendido" podem ficar sossegados no canto da sala, pois o tribunal se esverdeou, está *aggiornato*.

Sem dúvida, o Poder Judiciário tem contribuído para a proteção do ambiente e seria insensato negá-lo. Porém, é necessário lembrar que o papel desempenhado pelo Judiciário na proteção do ambiente é, forçosamente, subordinado ao papel que o próprio direito desempenha na proteção ambiental. Foi somente na década de 1980 do século XX que, nos Estados Unidos, se estabeleceu o conceito de crime ambiental (BRICKEY, 2008). A criminalização, todavia, é problemática pois muitas das atividades "rotineiras" nas sociedades industriais geram resíduos perigosos que necessitam ser dispostos em algum lugar, isto implica que muitos indivíduos e empresas passam a ter a sua atividade regulada por normas de direito penal com repercussões extraordinárias sobre tais atividades, especialmente quando tais normas são "abertas" e sujeitas a um grau de imprevisibilidade que, dificilmente, pode ser considerado razoável, sob qualquer ponto de vista. Pense-se no descumprimento de "obrigação de relevante interesse ambiental" do art. 68 da Lei n. 9.605/1998, dita de crimes ambientais.

Nos dias atuais, como sempre, vivemos mudanças. O ambientalismo, inobstante a sua retórica transformadora e, até mesmo, revolucionária é, no fundo, uma ideologia conservadora, pois basicamente oriunda de países maduros, com economias maduras e população crescentemente envelhecida. Isto amplia, em muito, a já mencionada necessidade de segurança, de manutenção do *status quo*.

As mudanças que a Humanidade produziu no ambiente, as transformações que introduziu no mundo natural, foram frutos de necessidades concretas e de desafios postos em cada etapa de nosso desenvolvimento. Hoje, diferentemente de 10 mil anos atrás, não é mais possível sustentar a vida humana sobre a Terra unicamente com base no "modelo determinado pela natureza de *fertilidade do solo e clima*." (REICHHOLF, 2008, p. 23) O mesmo autor afirma que a história da natureza e a história da humanidade implicam em mudanças (p. 28), cuida-se, portanto, de entendê-las de forma que elas sejam as mais suaves possíveis, ou que, no mínimo, para elas estejamos preparados.

O princípio da participação ou democrático é uma tentativa de dar resposta às complexas questões acima relatadas, pois busca ouvir a palavra daqueles que serão diretamente afetados pelas intervenções humanas que virão a consumir os chamados recursos ambientais. Aliás, grande parte dos problemas ambientais hoje vividos em nosso País têm como causa a ausência de participação dos interessados.

333

2 PRINCÍPIO DA PARTICIPAÇÃO OU PRINCÍPIO DEMOCRÁTICO NO DIREITO BRASILEIRO

Feitas as apresentações do tema, cumpre avançar nos pressupostos normativos constantes do Direito Brasileiro. Como sabemos, o Direito Ambiental, em seus aspectos regulatórios, depende da Administração Pública, que tem no princípio da publicidade administrativa um dos seus alicerces (Constituição Federal, art. 37). Obviamente, o princípio se faz presente também no conjunto de normas constitucionais voltadas para a organização da proteção ao meio ambiente.

O princípio democrático assegura aos cidadãos o direito de, na forma da lei ou regulamento, participar das discussões para a elaboração das políticas públicas ambientais e de obter informações dos órgãos públicos sobre matéria referente à defesa do meio ambiente e de empreendimentos utilizadores de recursos ambientais e que tenham significativas repercussões sobre o ambiente, resguardado o sigilo industrial. No sistema constitucional brasileiro, tal participação faz-se por várias maneiras diferentes, das quais merecem destaque: (i) o dever jurídico de proteger e preservar o meio ambiente; (ii) o direito de opinar sobre as políticas públicas, através de: a) participação em audiências públicas, integrando órgãos colegiados etc.; b) participação mediante a utilização de mecanismos judiciais e administrativos de controle dos diferentes atos praticados pelo Executivo, tais como as ações populares, as representações e outros; c) as iniciativas legislativas que podem ser patrocinadas pelos cidadãos. A materialização do princípio democrático faz-se através de diversos instrumentos processuais e procedimentais.

No âmbito das *iniciativas legislativas* previstas em nossa Constituição temos a *Iniciativa Popular, o Plebiscito* e o Referendo; já como medidas administrativas encontram-se o direito de informação, o de petição e o de representação. Os mencionados direitos estão arrolados no art. 5º da Carta Federal.

Contudo, como não é difícil perceber, o princípio da participação ou democrático não se aplica apenas ao Direito Ambiental. Especificamente em relação à participação nas questões de meio ambiente, merece destaque o Estudo Prévio de Impacto Ambiental [EIA], ao qual se dará publicidade. O EIA é uma exigência constitucional prevista no § 1º, inciso IV, do art. 225 da Constituição Federal, para toda *instalação de obra ou atividade potencialmente causadora de significativa degradação do meio ambiente*. O Estudo de Impacto Ambiental deve ser tornado público. O EIA deve ser submetido à audiência pública. É importante frisar que a exigência de Estudo de Impacto Ambiental só é legal nas hipóteses em que o órgão ambiental demonstre a potencialidade de um impacto negativo a ser causado ao meio ambiente. A exigência da avaliação ambiental prévia não se confunde com a exigência de prévio Estudo de Impacto Ambiental.

A legislação ordinária buscou concretizar os diferentes comandos constitucionais relativamente ao princípio da participação ou democrático. Em relação à informação ambiental, existe a Lei n. 10.650, de 16 de abril de 2003 que é especificamente destinada ao tema, também merece menção a Lei n. 12.527, de 18 de novembro de 2011 sobre o acesso às informações públicas. Enquanto a Lei n. 10.650/2003 é aplicável apenas à União, por ser norma federal, a Lei n. 12.527/2011 é aplicável a todos os entes federativos, por ser uma norma nacional. Desta forma, as organizações não governamentais, por exemplo, que recebam verbas da compensação ambiental deverão dar publicidade às informações sobre a aplicação e a gestão de tais recursos, bem como poderão requerer informações sobre atos da Administração pública, inclusive com vistas a processos que não se encontrem protegidos por sigilo.

É relevante frisar que não há participação legítima sem a prévia informação, isto porque a assimetria no nível de informação e, sobretudo, em seu tratamento podem transformar o direito à participação em uma mera formalidade, sem qualquer sentido concreto ou prático.

No que tange às medidas judiciais contempladas pelo princípio da participação ou democrático, as mais relevantes são (i) a ação popular cuja característica é ser uma ação constitucional, proposta pelo cidadão, cuja finalidade é anular ato lesivo ao patrimônio público ou de entidade da qual o Estado participe, à moralidade administrativa, ao meio ambiente e ao patrimônio histórico e cultural, (ii) a ação civil pública que é outra ação constitucional, proposta por pessoas jurídicas ou instituições como o Ministério Público ou Defensoria Pública, com a finalidade de tutelar os chamados direitos difusos, dentre os quais há destaque para o meio ambiente. Por fim, não devem ser esquecidas as diversas ações de controle de constitucionalidade que podem ser propostas perante o Supremo Tribunal Federal, por exemplo.

2.1 Audiência Pública

A participação amplamente prevista em nossa legislação é, todavia, uma questão em aberto e não inteiramente resolvida. O ponto mais crítico de tal tema é, certamente, o licenciamento ambiental. O licenciamento ambiental no Brasil, como regra, não possui um conjunto de dispositivos claros para assegurar a intervenção de terceiros na esfera administrativa como forma de antecipar problemas e transmitir segurança jurídica para todas as partes envolvidas. As Resoluções Conama 001/1986 e 237/1997 são extremamente tímidas ao tratar da participação nos processos de licenciamento ambiental.

A Resolução n. 001/1986 que trata do Estudo Prévio de Impacto Ambiental não se utiliza da palavra participação em nenhum de seus dispositivos, sendo o seu artigo 11 bastante ambíguo em relação ao tema. Com efeito, o *caput* do artigo estabelece que o RIMA será acessível ao público, "assim solicitado e demonstrado interesse". O RIMA, como se sabe, é o relatório de impacto ambiental que "refletirá as conclusões do estudo de impacto ambiental", devendo conter, no mínimo: (i) Os objetivos e justificativas do projeto, sua relação e compatibilidade com as políticas setoriais, planos e programas governamentais; (i) A descrição do projeto e suas alternativas tecnológicas e locacionais, especificando para cada um deles, nas fases de construção e operação a área de influência, as matérias-primas, e mão de obra, as fontes de energia, os processos e técnicas operacionais, os prováveis efluentes, emissões, resíduos de energia, os empregos diretos e indiretos a serem gerados; (iii) A síntese dos resultados dos estudos de diagnósticos ambiental da área de influência do projeto; (iv) A descrição dos prováveis impactos ambientais da implantação e operação da atividade, considerando o projeto, suas alternativas, os horizontes de tempo de incidência dos impactos e indicando os métodos, técnicas e critérios adotados para sua identificação, quantificação e interpretação; (v) A caracterização da qualidade ambiental futura da área de influência, comparando as diferentes situações da adoção do projeto e suas alternativas, bem como com a hipótese de sua não realização; (vi) A descrição do efeito esperado das medidas mitigadoras previstas em relação aos impactos negativos, mencionando aqueles que não puderam ser evitados, e o grau de alteração esperado; (vii) O programa de acompanhamento e monitoramento dos impactos; (viii) Recomendação quanto à alternativa mais favorável (conclusões e comentários de ordem geral). Há determinação de que o RIMA seja apresentado de forma "objetiva e adequada a sua compreensão". Todavia, empreendimentos de grande porte a serem implantados em regiões cuja população seja muito humilde e sem formação técnica, dificilmente, poderá haver uma compreensão adequada do que está sendo proposto e, sobretudo, das externalidades negativas que dele poderão advir. Na Resolução n. 237/1997 a palavra "participação" aparece três vezes, sendo que, em[7] duas delas, cuida-se da participação do empreendedor no licenciamento; já na terceira cuida-se de exigência para a delegação de competência no licenciamento ambiental[8].

A audiência pública integrante dos processos federais de licenciamento ambiental, está prevista na Resolução n. 009, de 3 de dezembro de 1987 que, estranhamente, só foi publicada aos 05.07.1990. A audiência pública é um instrumento de participação cidadã de natureza consultiva, não tendo poderes para deliberar sobre o licenciamento ambiental de empreendimento ou atividade. No âmbito dos estados e dos municípios existem diversas normas próprias e que devem ser aplicadas preferencialmente à Resolução Conama n. 009/1990, salvo nas hipóteses em que suas disposições sejam claramente incompatíveis com a regra federal.

A convocação da Audiência Pública pode ser feita (i) pelo próprio órgão licenciador, (ii) pelo Ministério Público ou (iii) a requerimento de 50 cidadãos. Uma vez convocada a audiência pública, ela deverá ser realizada, sob pena de nulidade da licença eventualmente concedida no bojo do processo de licenciamento ambiental.

As audiências públicas realizadas em processos de licenciamento ambiental, na sua prática concreta, têm servido de escoadoro de diversas demandas que não propriamente ambientais, tais como demandas relativas à construção de escolas, atendimento médico e várias outras, pois durante muito tempo foram as únicas oportunidades para que a população pudesse levar diretamente às autoridades as suas reivindicações.

A lei do Sistema Nacional de Unidades de Conservação (Lei n. 9.985, de 18 de julho de 2000) estabelece diversos mecanismos de participação popular para a criação de unidades de conservação. A ideia de participação encontra-se

---

(7) Resolução n. 237/1997: Art. 10. O procedimento de licenciamento ambiental obedecerá às seguintes etapas: I — Definição pelo órgão ambiental competente, com a participação do empreendedor, dos documentos, projetos e estudos ambientais, necessários ao início do processo de licenciamento correspondente à licença a ser requerida..... § 2º No caso de empreendimentos e atividades sujeitos ao estudo de impacto ambiental — EIA, se verificada a necessidade de nova complementação em decorrência de esclarecimentos já prestados, conforme incisos IV e VI, o órgão ambiental competente, mediante decisão motivada e com a participação do empreendedor, poderá formular novo pedido de complementação.

(8) Art. 20. Os entes federados, para exercerem suas competências licenciatórias, deverão ter implementados os Conselhos de Meio Ambiente, com caráter deliberativo e participação social e, ainda, possuir em seus quadros ou a sua disposição profissionais legalmente habilitados.

presente desde as diretrizes do SNUC, tal qual estabelecidas pelo art. 5º da Lei. Já no inciso II do art. 5º foi fixado que devem ser assegurados "os mecanismos e procedimentos necessários ao envolvimento da sociedade no estabelecimento e na revisão da política nacional de unidades de conservação," Tais mecanismos deverão garantir a "participação efetiva das populações locais na criação, implantação e gestão das unidades de conservação". A participação, também tem como objetivo a obtenção de "apoio e a cooperação de organizações não-governamentais, de organizações privadas e pessoas físicas para o desenvolvimento de estudos, pesquisas científicas, práticas de educação ambiental, atividades de lazer e de turismo ecológico, monitoramento, manutenção e outras atividades de gestão das unidades de conservação".

Em seu art. 22, § 2º a Lei do SNUC estabelece que a criação de UC "deve ser precedida de estudos técnicos e de *consulta pública* que permitam identificar a localização, a dimensão e os limites mais adequados para a unidade, conforme se dispuser em regulamento." A própria lei estabelece alguns itens que deverão constar obrigatoriamente da consulta pública tais como a obrigatoriedade de fornecimento de "informações adequadas e inteligíveis" à população local e outras partes interessadas, valendo registrar que a alteração dos limites de UCs também de ser submetida à consulta pública, no que tange à sua ampliação.

3 CONCLUSÃO

O direito brasileiro, inclusive em sede constitucional reconhece amplamente o direito à participação nos processos ambientais de interesse da comunidade. Há uma base legal capaz de prover a sociedade com os meios necessários para assegurar a participação pública na proteção ambiental.

O PRINCÍPIO DA PARTICIPAÇÃO AMBIENTAL NO DIREITO DO TRABALHO BRASILEIRO

Rúbia Zanotelli de Alvarenga[(*)]

Fabrício Milhomens da Neiva[(**)]

1 INTRODUÇÃO

O presente artigo possui o objetivo de apresentar a relevância e aplicabilidade do princípio da participação no âmbito do meio ambiente de trabalho.

Para que seja possível a compreensão, por parte do leitor, da ideia que se busca transmitir, é que será preciso percorrer certo contexto histórico e conceitual, viabilizando, desta forma, a absoluta absorção do conteúdo do trabalho.

Relevante destacar que, em que pese seja uma seara muito específica, o meio ambiente de trabalho, é imprescindível que todo operador e estudante de Direito do Trabalho conheça sobre regramentos e aplicação de um meio ambiente de trabalho saudável e ecologicamente sustentável.

A sociedade tem experimentado, ao longo do tempo, inúmeros exemplos de quão necessário se faz tal instrumento jurídico, especialmente no que tange ao nosso país.

O Estado Democrático de Direito precisa que o regramento existente (não que este seja absolutamente satisfatório) seja cumprido e aplicável, e que não se prenda ao aspecto formal da norma, mas sim que represente a efetivação de aspectos fundamentais da dignidade da pessoa humana.

Todo este contexto será objeto de digressões e análises ao longo deste texto.

[(*)] Professora Titular do Centro Universitário do Distrito Federal (UDF) e de seu Mestrado em Direito das Relações Sociais e Trabalhistas. Doutora em Direito pela PUC Minas e Mestre em Direito do Trabalho pela PUC Minas. Professora de Direitos Humanos, Direito do Trabalho, Direito Constitucional do Trabalho e Direito Internacional do Trabalho em Cursos de Pós-Graduação. Autora de diversos livros e artigos em Direito do Trabalho, Direito Constitucional do Trabalho, Direito Internacional do Trabalho e Direitos Humanos e Sociais.
[(**)] Advogado. Mestrando em Direito do Trabalho e Relações Sociais pelo Centro Universitário do Distrito Federal — UDF, Brasília. Professor Universitário de Direito e Processo do Trabalho.

2 PROTEÇÃO À SAÚDE DO TRABALHADOR E AO MEIO AMBIENTE DE TRABALHO ECOLOGICAMENTE EQUILIBRADO E SAUDÁVEL

Dentro de um contexto nacional em que vivenciamos diversos desastres incidentes sobre o meio ambiente de trabalho, ganha ainda mais relevância o presente estudo.

Os diversos acidentes de trabalho que acometem os trabalhadores estão diretamente ligados ao desrespeito ou à inobservância do adequado, ou melhor, do equilibrado e saudável meio ambiente de trabalho.

O Brasil experimentou, nos últimos anos, sem adentrar às estatísticas de acidentes laborais, dois grandes desastres, ambos envolvendo o campo de trabalho minerário, e de amplo conhecimento de todos, Mariana e Brumadinho. Duas cidades do Estado de Minas Gerais que sofreram com o rompimento de barragens que armazenavam rejeitos de minério.

O primeiro passo em busca da compreensão do que seja o meio ambiente de trabalho equilibrado e saudável é conhecer o próprio conceito basilar do que seja, efetivamente, o meio ambiente de trabalho.

A respeito da questão, leciona Celso Antônio Pacheco Fiorillo:

> Constitui meio ambiente de trabalho o local onde as pessoas desempenham suas atividades laborais, sejam remuneradas ou não, cujo equilíbrio está baseado na salubridade do meio e na ausência de agentes que comprometam a incolumidade físico-psíquica dos trabalhadores, independente da condição que ostentem (homens ou mulheres, maiores ou menores de idade, celetistas, servidores públicos, autônomos etc.).[1]

Este trabalho alcançará o debate e a digressão acerca do aspecto fundamental deste direito, contudo forçoso se faz, dentro do âmbito conceitual, trazer o que dispõe nossa Carta Magna acerca deste tema, com disposição expressa, conforme cita-se.

> Art. 225. Todos têm direito ao meio ambiente ecologicamente equilibrado, bem de uso comum do povo e essencial à sadia qualidade de vida, impondo-se ao Poder Público e à coletividade o dever de defendê-lo e preservá-lo para as presentes e futuras gerações.

Por meio do texto constitucional deparamo-nos com um novo paradigma, que é o de meio ambiente de trabalho ecologicamente equilibrado.

A Constituição de 1988, que possui o caráter de proteção e legitimação dos direitos humanos e, em especial, com a dignidade da pessoa humana, traz a disposição deste ambiente equilibrado e preocupado com a saúde do trabalhador, com a qualidade de vida, ou seja, com absoluta atenção e respeito à dignidade da pessoa humana.

Ao se falar de meio ambiente equilibrado e saudável, não se remete tão somente ao meio físico que circunda o trabalhador, mas sim todo o contexto laboral, que envolve e abrange as condições gerais do labor, o relacionamento que é dispensado por colegas de trabalho e pelo empregador.

A preocupação, neste sentido, deixa de ser apenas com o fornecimento ou não de EPI (Equipamento de Proteção Individual), e passa a ser atingido por uma proteção muito mais ampla.

Sob tal assertiva, assinala Raimundo Simão de Melo:

> O meio ambiente do trabalho adequado e seguro é um dos mais importantes e fundamentais direitos do cidadão trabalhador, o qual, se desrespeitado, provoca agressão a toda a sociedade, que, no final das contas, é quem custeia a Previdência Social.[2]

---

(1) FIORILLO, Celso Antonio Pacheco. *Curso de direito ambiental brasileiro*. 8. ed. São Paulo: Saraiva, 2007. p. 23.

(2) MELO, Raimundo Simão de. *Direito ambiental do trabalho e a saúde do trabalhador*: responsabilidades legais, dano material, dano moral, dano estético, indenização pela perda de uma chance, prescrição. 3. ed. São Paulo: LTr, 2008. p. 30/31.

Neste toar, a saúde do trabalhador atinge o aspecto físico, psíquico, social e familiar, dentre outros, visto que não se preocupa apenas com lesões orgânicas do colaborador, destacando-se que qualquer lesão a outros aspectos da pessoa humana, vão refletir ou recair sobre a sociedade por meio da Previdência Social.

Aquele empregado que possui traumas psicológicos muito dificilmente conseguirá manter o ambiente familiar saudável, gerando um problema social e uma agressão à sociedade como um todo.

Desse modo, seguindo a visão de Guilherme Guimarães Feliciano, o conceito de meio ambiente do trabalho estabelecido pela doutrina carece de dois aspectos cruciais, pois não esclarece, em um primeiro momento, a que trabalhador se refere — se subordinado, autônomo, eventual, avulso ou voluntário; já, em um segundo momento, "porque olvidam uma dimensão própria e inerente ao meio ambiente de trabalho, que, nas demais manifestações da *Gestalt* ambiental (natural, artificial, cultural), não tem relevância: a dimensão psicológica".[3]

Corroborando o pensamento supraexposto, meio ambiente do trabalho — partindo-se da descrição legal do art. 3º, inciso I, da Lei n. 6.938/81, constitui "o conjunto (=sistema) de condições, leis, influências e interações de ordem física, química, biológica e psicológica que incidem sobre o homem em sua atividade laboral, esteja ou não submetido ao poder hierárquico de outrem".[4]

Nesta linha de pensamento, o trabalho, enquanto espaço de construção do bem-estar e da dignificação das condições de labor, considera o homem o valor primeiro a ser preservado perante os meios de produção e não como uma máquina produtora de bens e de serviços. Sob tal prisma, a proteção à saúde não se limita apenas à ausência de doença ou de enfermidade, abrangendo também um completo estado de bem-estar físico, mental e social do trabalhador, conforme o conceito mais completo de saúde, estabelecido pela Organização Mundial da Saúde (OMS), através do relatório de sua 8ª Conferência, que prevê diversas condições, como: alimentação, habitação, educação, renda, meio ambiente, trabalho, emprego etc.

Portanto, por meio deste conceito ampliativo, estabelecido pela OMS, o conceito de saúde "deixou de ser apenas a ausência de doenças para representar o completo bem-estar físico, mental e social".[5]

O meio ambiente do trabalho caracteriza-se, pois, como sendo a soma das influências que afetam diretamente o ser humano, desempenhando aspecto chave na prestação e na *performance* do trabalho. Aspecto sob o qual ele constitui o pano de fundo das complexas relações biológicas, psicológicas e sociais a que o trabalhador está submetido.[6] Logo, a concepção do meio ambiente do trabalho "inclui todos os fatores (psicológicos, físicos e sociais) que interferem no bem-estar do ser humano".[7]

Meio ambiente do trabalho e proteção à saúde do trabalhador, portanto, instauram-se sobre um caráter indissociável, uma vez que o respeito ao direito ao meio ambiente do trabalho saudável e equilibrado implica prática defensiva do direito à vida — o mais básico alicerce dos direitos fundamentais da pessoa humana. Sendo assim, inexorável se apruma o direito ao meio ambiente equilibrado, como um direito fundamental — materialmente considerado — ligado ao direito à vida e ao completo bem-estar *físico, mental* e *social* do trabalhador. Este busca, na atividade laboral, o acesso aos bens de consumo, necessários para conservar sua vida, pelo que não se pode ignorar a ressonância direta do labor com o processo vital, haja vista que, para ocorrer o exercício do trabalho, o homem não pode perder a saúde, tendo-se em conta que, sem ela, o direito à vida não se sustenta.

Daí concluir-se: tudo o que estiver ligado à sadia qualidade de vida insere-se no conceito de meio ambiente, sendo o meio *ambiente de trabalho* apenas uma concepção mais específica, ou seja, a parte do direito ambiental que cuida das condições de saúde e de vida no trabalho, espaço onde o ser humano desenvolve suas potencialidades, provendo o necessário ao seu desenvolvimento e à sua sobrevivência.[8]

---

(3) FELICIANO, Guilherme Guimarães. Reconhecendo a danosidade sistêmica. In: FELICIANO, Guilherme Guimarães; URIAS, João (Coord.). *Direito ambiental do trabalho:* apontamentos para uma teoria geral. v. 1. São Paulo: LTr, 2013. p. 13.

(4) *Ibid.*, p. 13.

(5) OLIVEIRA, Sebastião Geraldo de. *Proteção jurídica à saúde do trabalhador.* 6. ed. São Paulo: LTr, 2011. p. 109.

(6) ROCHA, Julio Cesar de Sá da. *Direito ambiental do trabalho:* mudanças de paradigma na tutela jurídica à saúde do trabalhador. 2. ed. São Paulo: Atlas, 2013. p. 99.

(7) *Ibid.*, p. 185.

(8) ROSSIT, Liliana Allodi. *O meio ambiente do trabalho no direito ambiental brasileiro.* São Paulo: LTr, 2003. p. 67.

2.1 O meio ambiente de trabalho como direito humano fundamental

O meio ambiente de trabalho, conforme já exposto, e, inclusive, citado, neste trabalho possui regulamentação prescrita na Carta Magna.

Aliado a isso, o direito ao meio ambiente de trabalho saudável e equilibrado possui o condão ou consectário da preservação do próprio direito à saúde, que é garantido a todos, em condições dignas.

Diante desta disposição jurídica, o meio ambiente de trabalho possui conotação de direito humano fundamental.

O art. 225 da Constituição de 1988 apresenta a necessidade deste meio ambiente reunir condições ecologicamente equilibradas, prezando pela sadia qualidade de vida.

O art. 170, inc. VI, da Carta Constitucional também trás a inserção da proteção ao meio ambiente como sendo um dos princípios da ordem econômica, corroborando o discurso de que tal direito se encaixa dentro daqueles que são considerados de natureza fundamental.

Nosso conteúdo constitucional preocupa-se, de forma específica e significativa, com a proteção à dignidade da pessoa humana (sendo este, inclusive, um dos fundamentos da República Federativa do Brasil), que, no âmbito das relações de trabalho, traduz-se, diretamente, pela busca do trabalho decente, o qual não pode ser atingido ou alcançado sem que se tenha um meio ambiente de trabalho saudável e ecologicamente equilibrado.

Como defende Ney Maranhão:

> O meio ambiente do trabalho constitui dimensão intrínseca ao meio ambiente humano. Sem sombra de dúvida, referida admissão constitui fator que potencializa, ainda mais, no aspecto jurídico, a proteção e a promoção da saúde física e mental da classe trabalhadora. Todavia — e este é um ponto crucial para nossas reflexões —, é preciso perceber que tal alocação dogmática tem o propósito de dar braçadas mais largas, amplificando sua eficácia a ponto de gerar benefícios também, ainda que indiretamente, a toda a sociedade e ao meio ambiente.[9]

Muitas são, portanto, os fundamentos que basilam o meio ambiente de trabalho, este inserido dentro da normatização ampla de meio ambiente, como sendo um direito fundamental protegido pelo texto constitucional.

Complementando a referida visão, Adelson Silva dos Santos aduz que:

> A proteção ao meio ambiente de trabalho, de qualquer forma, é reconhecida textualmente na Constituição da República como consequência e expressão do direito à saúde. Reza a Constituição no seu art. 200, VIII, que, entre as competências do Sistema Único de Saúde — SUS, se inclui colaborar com a defesa do meio ambiente, nele compreendido o do trabalho.[10]

O texto supracitado defende a participação do direito ao meio ambiente saudável e equilibrado como sendo de natureza fundamental, previsto, logo, em cláusulas pétreas da Constituição de 1988.

Uma das grandes consequências que há diante desta tipificação classificatória como sendo um direito fundamental é, por óbvio, a impossibilidade de renúncia ou negociação de tal preceito.

Nota-se oportuna a abordagem de Adelson Silva dos Santos:

> Enquanto aspecto do meio ambiente geral, tudo que se aplica a este pode ser completo ao meio ambiente do trabalho. O art. 225 da CR proclama que o meio ambiente ecologicamente equilibrado é bem de uso comum do povo e essencial à sadia qualidade de vida. É bem que não se pode alienar, e constitui direito fundamental, por dizer respeito a todos e essencial à sadia qualidade de vida. De igual modo, o meio ambiente do trabalho é bem de uso comum dos trabalhadores e essencial a sua sadia qualidade de vida. Portanto, constitui um direito fundamental dos trabalhadores.[11]

---

(9) MARANHÃO, Ney. Meio ambiente do trabalho: relevância sociojurídica de seu reconhecimento constitucional e internacional. In: ROCHA, Cláudio Jannotti et al. Direito internacional do trabalho: aplicabilidade e eficácia dos instrumentos internacionais de proteção ao trabalhador. São Paulo: LTr, 2018. p. 291.

(10) SANTOS, Adelson Silva dos. Fundamentos do direito ambiental do trabalho. São Paulo: LTr, 2010. p. 81.

(11) SANTOS, Adelson Silva dos. Fundamentos do direito ambiental do trabalho. São Paulo: LTr, 2010. p. 82.

Noutra perspectiva, mas não distante, vislumbra-se a ideia de utilização de outro fundamento basilar para o reconhecimento do direito ao meio ambiente saudável e equilibrado como sendo uma norma de natureza fundamental.

Esta outra vertente compreende tal direito como sendo derivado do direito fundamental à vida.

Nesse sentido, seguindo a assaz apropriada visão de Ney Maranhão, o meio ambiente laboral...

Exsurge como dimensão ambiental deveras diferenciada, na medida em que apta a propiciar, em paralelo, o resguardo do equilíbrio ecológico e a preservação da vida humana. Realmente, a proteção do meio ambiente do trabalho é medida que atinge, a um só tempo, a ambos os citados objetivos, ou seja, tanto serve à proteção do ser humano investido no papel social de trabalhador quanto à proteção da população vizinha e do equilíbrio ecológico que o circunda. É essa visão mais ampla e integrada, a conferir ao tema estatura de questão de saúde pública, como genuíno interesse público primário, que precisa impregnar a mente do estudioso jusambiental.[12]

Diante desta perspectiva, a própria disposição no sentido de garantir a segurança física e psíquica dos trabalhadores demonstra e comprova a derivação do direito à vida, que é, indubitavelmente, um direito fundamental.

A respeito da questão, leciona Fábio Ribeiro Rocha:

A proteção à saúde do trabalhador é um direito-dever de cunho social, visto como um dos mais importantes e avançados da atual Constituição. Volta-se para quaisquer pessoas e atribuiu às normas constitucionais a consciência de que o direito à vida, como matriz de todos os demais direitos fundamentais do homem é que há de orientar as formas de atuação no campo da tutela do meio ambiente. Falar-se, portanto, em proteção à vida humana, é, em última instância, também assegurar o direito à vida com qualidade, o que inclui a garantia à saúde e às condições de trabalho saudáveis.[13]

Esta mesma obra nos traz, por meio de números, a importância do tema para o direito juslaboral e jusambiental, ao passo que informa que mais de 700.000 (setecentos mil) acidentes acontecem anualmente em nosso país.

Neste diapasão, a garantia e proteção ao meio ambiente de trabalho representa uma própria proteção ao bem físico e psíquico de cada trabalhador.

O aspecto e a relevância social de proteção a tal direito, é representado por meio das consequências que todos estes acidentes representam para a sociedade, tais como pessoas sem condições de trabalho; sem condições de gerar renda por meio da sua força de trabalho; famílias com graves problemas de relacionamento e desenvolvimento pessoal e financeiro; grave impacto financeiro no sistema de previdência social; dentre outros.

Portanto, é notório que, ainda que tenhamos uma proteção do direito ao meio ambiente saudável e equilibrado como sendo norma de natureza fundamental, com todos os consectários legais de tal, ainda enfrentamos um enorme desafio de se atingir a eficácia desta norma, que representa, em muitos aspectos, o cumprimento do objetivo de existir um trabalho digno e decente a todos, algo, ainda, inalcançável, mas que deve ser perseguido, especialmente, em conjunto com todas as normas constitucionais e fundamentais que existem em nosso ordenamento jurídico e de Direito Internacional pertinentes.

3   O PRINCÍPIO DA PARTICIPAÇÃO AMBIENTAL NO DIREITO DO TRABALHO BRASILEIRO

O Constituinte de 1988 inseriu o nosso País dentre aqueles que aderem ao formato do Estado Democrático de Direito. Uma das implicações diretas deste paradigma estatal é a real e efetiva participação popular na construção da sociedade, em seu plano econômico, político, cultural e social.

---

(12) MARANHÃO, Ney. Meio ambiente do trabalho: relevância sociojurídica de seu reconhecimento constitucional e internacional. In: ROCHA, Cláudio Jannotti *et al. Direito internacional do trabalho*: aplicabilidade e eficácia dos instrumentos internacionais de proteção ao trabalhador. São Paulo: LTr, 2018. p. 291.

(13) MINARDI, Fabio Freitas. *Meio ambiente do trabalho*: proteção jurídica a saúde mental do trabalhador. Curitiba: Juruá, 2010. p. 46.

A partir dos fundamentos deste formato de Estado, há o que se chama de Democracia Substantiva ou Multidimensional, ou seja, os cidadãos possuem direitos e participação efetiva, deixando-se de existir normas, com efeito, meramente formal.

Sob tal ótica, o ordenamento jurídico brasileiro está envolvido, no âmbito do meio ambiente de trabalho, pelo princípio da participação.

Necessário se faz apresentar o conceito de tal princípio, conforme ensina Celso Antonio Pacheco Fiorillo:

> A Constituição Federal de 1988, em seu art. 225, *caput*, consagrou na defesa do meio ambiente a atuação presente do *Estado* e da *sociedade civil* na proteção e preservação do meio ambiente, ao impor à coletividade e ao Poder Público tais deveres. Disso retira-se uma atuação conjunta entre organizações ambientalistas, sindicatos, indústrias, comércio, agricultura e tantos outros organismos sociais comprometidos nessa defesa e preservação.[14]

Diante de tais considerações, o princípio da participação traduz-se na obrigação conjunta e sistêmica pela preservação do meio ambiente de trabalho.

Registre-se, ainda, que Fábio Freitas Minardi estabelece a ideia de um conjunto formado por 4 (quatro) entes, *v. g.*, empregador, empregado, Poder Público e sindicatos, no âmbito do que este doutrinador denomina de atuação quadripartite. Cita-se trecho de sua obra:

> Com efeito, o princípio da participação, na esfera do meio ambiente do trabalho, exige a atuação quadripartite (empregados, empregadores, sindicatos e Estado), todos voltados para a conscientização da sociedade em zelar pelo meio ambiente do trabalho equilibrado e seguro.[15]

Observa-se, assim, que cumpre à coletividade, e não só ao Poder Público, o dever de atuar na proteção do meio ambiente, conforme dispõe o *caput* do art. 225 da Constituição de 1988.

Veja-se:

> Art. 225. Todos têm direito ao meio ambiente ecologicamente equilibrado, bem de uso comum do povo e essencial à sadia qualidade de vida, impondo-se ao Poder Público e à coletividade o **dever de defendê-lo e preservá-lo** para as presentes e futuras gerações. (grifo nosso)

No que tange ao meio ambiente de trabalho, portanto, cabe, ao Estado, aos sindicatos, aos trabalhadores e aos empregadores, o papel de se envolverem na tarefa de promover a informação e a educação ambiental.

Como observa Fábio Freitas Minardi, "o princípio da participação, na esfera do meio ambiente do trabalho, exige a atuação quadripartite (empregados, empregadores, sindicatos e Estado), todos voltados para a conscientização da sociedade em zelar pelo meio ambiente do trabalho equilibrado e seguro".[16]

Na matriz deste princípio, encontram-se, portanto, a informação e a educação ambiental como componentes fundamentais do alicerce deste mandamento nuclear, compondo-lhe o espírito e servindo de critério para a sua exata inteligência e compreensão, definindo-lhe a lógica e a racionalidade, conferindo-lhe, dessa maneira, tônica intelectiva que espraia no direito que o trabalhador deve tomar conhecimento sobre as condições ambientais a que está exposto, bem como sobre as formas de prevenção e de treinamento adequadas.

Os trabalhadores têm, assim, direito de conhecer as reais condições ambientais a que estão expostos (os agentes tóxicos, os níveis de ruído, as altas temperaturas, as radiações, os vapores etc.), como também a própria forma de organização do trabalho e as jornadas noturnas ou em turnos ininterruptos de revezamento. Logo, por consequência deste princípio, "observam-se os princípios da precaução e da prevenção, pois, uma vez que se conhecem os riscos concretos ou possíveis a que estão expostos, serão mais facilmente evitados".[17]

---

(14) FIORILLO, Celso Antonio Pacheco. *Curso de direito ambiental brasileiro*. 8. ed. São Paulo: Saraiva, 2007. p. 41.

(15) MINARDI, Fabio Freitas. *Meio ambiente do trabalho*: proteção jurídica a saúde mental do trabalhador. Curitiba: Juruá, 2010. p. 58.

(16) MINARDI, Fábio Freitas. *Meio ambiente do trabalho*: proteção jurídica a saúde mental do trabalhador. Curitiba: Juruá, 2010. p. 58.

(17) CAMARGO, Thaísa Rodrigues Lustosa; MELO, Sandro Nahmias. *Princípios de direito ambiental do trabalho*. São Paulo: LTr, 2013. p. 63.

A título de complementação da legitimidade deste regramento, destaca-se a necessidade de se promover a educação ambiental, difundir em todos os níveis de ensino a conscientização do meio ambiente, no qual se insere o meio ambiente do trabalho, o que é encontrado na Política Nacional do Meio Ambiente.

Neste toar, Celso Antonio Pacheco Fiorillo ensina que existem dois elementos essenciais à aplicação do princípio da participação no meio ambiente de trabalho:

> Nessa perspectiva, denotam-se presentes dois elementos fundamentais para a efetivação dessa ação em conjunto: a informação e a educação ambiental, mecanismos de atuação, numa relação de complementariedade.[18]

Em tal contexto, educação ambiental se traduz como:

> Reduzir os custos ambientais, à medida que a população atuará como guardiã do meio ambiente; b) efetivar o princípio da prevenção; c) fixar a ideia de consciência ecológica, que buscará sempre a utilização de tecnologias limpas; d) incentivar a realização do princípio da solidariedade, no exato sentido que perceberá que o meio ambiente é único, indivisível e de titulares indetermináveis, devendo ser justa e distributivamente acessíveis a todos; e) efetivar o princípio da participação, entre outras finalidades.[19]

Imperiosa salientar que as disposições legais que nos remetem à aplicabilidade deste princípio não se restringem ao que se encontra prescrito no art. 225 da Constituição de 1988.

A CLT, em seu art. 197, estabelece a exigência de educação e de informação do meio ambiente do trabalho, compreendido este como a execução laborativa, o produto de manipulação, o equipamento utilizado e o local de prestação do trabalho.

Por disposição legislativa, tem-se também o art. 19, § 3º, da Lei n. 8.213/91, que prevê: *"É dever da empresa prestar informações pormenorizadas sobre os riscos da operação a executar e do produto a manipular"*.

Na seara do Direito Internacional do Trabalho, verifica-se o dever de publicidade das informações ambientais no art. 19 da Convenção n. 155 da OIT. Veja-se:

Artigo 19

Deverão adotar-se disposições a nível de empresa em virtude das quais:

a) os trabalhadores, ao executar o seu trabalho, cooperem com o cumprimento das obrigações de incumbência do empregador;

b) os representantes dos trabalhadores na empresa cooperem com o empregador no âmbito da segurança e higiene do trabalho;

c) **os representantes dos trabalhadores na empresa recebam informação adequada sobre as medidas tomadas pelo empregador para garantir a segurança e a saúde** e possam consultar as suas organizações representativas sobre esta informação, com a condição de não divulgar segredos comerciais;

d) os trabalhadores e seus representantes na empresa recebam uma formação apropriada no âmbito da segurança e da higiene do trabalho;

e) os trabalhadores ou seus representantes e, chegado o caso, suas organizações representativas na empresa estejam habilitados, de conformidade com a legislação e **a prática nacionais, para examinar todos os aspectos da segurança e a saúde relacionados com seu trabalho**, e sejam consultados a este respeito pelo empregador; com tal objetivo, e de comum acordo, se poderá recorrer a conselheiros técnicos alheios à empresa;

f) **o trabalhador informará de imediato ao seu superior hierárquico direto sobre qualquer situação de trabalho que ao seu juízo envolva, por motivos razoáveis, um perigo iminente e grave para sua vida ou sua saúde; enquanto o empregador não tenha tomado medidas corretivas, se forem necessárias, não poderá exigir dos trabalhadores que reiniciem uma situação de trabalho onde exista com caráter continuo um perigo grave e iminente para sua vida ou sua saúde.**
(grifos nossos)

---

(18) FIORILLO, Celso Antonio Pacheco. *Curso de direito ambiental brasileiro.* 8. ed. São Paulo: Saraiva, 2007. p. 42.

(19) FIORILLO, Celso Antônio Pacheco. *Curso de direito ambiental brasileiro.* 14. ed. São Paulo: Saraiva, 2013. p. 58.

Então, o empregador tem o dever de proteger a saúde — *física, mental e social* — do trabalhador. A partir das determinações constitucionais estabelecidas nos arts. 7º, inc. XXII; 196; 225; 200, inc. VIII; a CLT estabelece caber às empresas "cumprir e fazer cumprir as normas de segurança e medicina do trabalho" (art. 157, I, CLT), agindo de modo a "instruir os empregados, através de ordens de serviço, quanto às precauções a tomar no sentido de evitar acidentes do trabalho ou doenças ocupacionais" (art. 157, II, CLT), de forma a assegurar um ambiente do trabalho seguro e essencial à sadia qualidade de vida do trabalhador.

Os arts. 220 e 221 da Carta Magna também trazem o direito à informação e de ser informado. Veja-se:

Art. 220. A manifestação do pensamento, a criação, a expressão e a informação, sob qualquer forma, processo ou veículo não sofrerão qualquer restrição, observado o disposto nesta Constituição. [...]

§ 1º Nenhuma lei conterá dispositivo que possa constituir embaraço à plena liberdade de informação jornalística em qualquer veículo de comunicação social, observado o disposto no art. 5º, IV, V, X, XIII e XIV. [...]

Art. 221. A produção e a programação das emissoras de rádio e televisão atenderão aos seguintes princípios: [...]

IV — respeito aos valores éticos e sociais da pessoa e da família.

Ainda como instrumentalização do princípio da participação e da relevância da difusão da informação ambiental, há que destacar a disposição dos arts. 157 e 158 da CLT, além da NR-5 (Norma Regulamentadora), que dispõe sobre a CIPA (Comissão Interna de Prevenção de Acidentes).

Cita-se normas da CLT e da Norma regulamentadora supracitada:

Art. 157. Cabe às empresas:

I — cumprir e fazer cumprir as normas de segurança e medicina do trabalho;

II — instruir os empregados, através de ordens de serviço, quanto às precauções a tomar no sentido de evitar acidentes do trabalho ou doenças ocupacionais; [...]

Art. 158. Cabe aos empregados:

I — observar as normas de segurança e medicina do trabalho, inclusive as instruções de que trata o item II do artigo anterior;

II — colaborar com a empresa na aplicação dos dispositivos deste Capítulo. [...]

NORMA REGULAMENTADORA 5 — NR 5

5.1. A Comissão Interna de Prevenção de Acidentes — CIPA — tem como objetivo a prevenção de acidentes e doenças decorrentes do trabalho, de modo a tornar compatível permanentemente o trabalho com a preservação da vida e a promoção da saúde do trabalhador.

5.2 Devem constituir CIPA, por estabelecimento, e mantê-la em regular funcionamento as empresas privadas, públicas, sociedades de economia mista, órgãos da administração direta e indireta, instituições beneficentes, associações recreativas, cooperativas, bem como outras instituições que admitam trabalhadores como empregados. [...]

A CIPA é um forte exemplo de participação dos empregados no âmbito da prevenção de acidentes e preservação de um meio ambiente de trabalho sadio e ecologicamente equilibrado.

A norma legal prescreve, inclusive, circunstância de garantia de emprego para alguns membros da CIPA, o que reforça a clara e notória necessidade de aplicação do princípio da participação.

É sabido que, ainda que tal princípio seja amplamente aplicado e presente em nosso ordenamento jurídico, ainda é demasiadamente alta a quantidade de casos de acidentes de trabalho.

Portanto, a conclusão que se chega é da necessidade de fortalecimento da aplicabilidade de tal princípio.

A democracia, tão presente no Estado Democrático de Direito, apresenta-nos, aqui, mais uma relevante circunstância de sua atuação.

O Poder Público, sozinho, não consegue garantir a efetivação das normas prescritas no art. 225 da Constituição de 1988, razão pela qual se faz necessário que todos os envolvidos direta (empregado e empregador) e indiretamente (entidades de classe, órgãos reguladores e fiscalizatórios) participem e contribuam.

Importante frisar que não é tarefa fácil, e, contextualizando a matéria, temos a recente extinção do Ministério do Trabalho e Emprego, que era responsável por representar o Poder Público e realizar a fiscalização preventiva e ostensiva quanto ao cumprimento destas normas de direito ambiental.

Outro ponto que merece destaque é o caso em que se propõe Ação Civil Pública para a tutela deste direito ao meio ambiente de trabalho adequado. A atuação das ONGs (Organizações Não Governamentais) também representam este espectro de atuação, que habitualmente são substituídas por sindicatos.

As normas de Direito Internacional também dispõem, ao longo da história, acerca deste princípio, tal como se observa por meio do princípio n. 17 da Conferência de Estocolmo; princípio n. 10, da Declaração do Rio; item 23 da Declaração de Joanesburgo. Veam-se:

Princípio n. 17 — Deve-se confiar às instituições nacionais competentes a tarefa de planejar, administrar ou controlar a utilização dos recursos ambientais dos estado, com o fim de melhorar a qualidade do meio ambiente.

Princípio n. 10 — A melhor maneira de tratar questões ambientais e assegurar a participação, no nível apropriado, de todos os cidadãos interessados. No nível nacional, cada indivíduo deve ter acesso adequado a informações relativas ao meio ambiente de que disponham as autoridades públicas, inclusive informações sobre materiais e atividades perigosas em suas comunidades, bem como a oportunidade de participar de processos de tomada de decisões. Os Estados devem facilitar e estimular a conscientização e a participação pública, colocando a informação à disposição de todos. Deve ser propiciado acesso efetivo a procedimentos judiciais e administrativos, inclusive no que diz respeito à compensação e reparação de danos.

Item 23 — Aplaudimos e apoiamos o surgimento de grupos e alianças regionais mais robustos, tais como a Nova Parceria para o Desenvolvimento da África (NEPAD), para a promoção da cooperação regional, do aperfeiçoamento da cooperação internacional e do desenvolvimento sustentável.

O próprio Conselho Nacional de Meio Ambiente (CONAMA) possui previsão de participação da sociedade civil, enquanto integrante do plenário. Veja-se Decreto n. 99.274/1990:

Art. 5º Integram o Plenário do Conama: [...]

VIII — vinte e um representantes de entidades de trabalhadores e da sociedade civil, sendo: [...]

Em nosso ordenamento jurídico existe, inclusive, previsão de participação de povos indígenas e quilombolas, no âmbito da Política Nacional de Biodiversidade.

[...] 9. A Política Nacional da Biodiversidade abrange os seguintes Componentes: [...]

VI — Componente 6 — Educação, Sensibilização Pública, Informação e Divulgação sobre Biodiversidade: define diretrizes para a educação e sensibilização pública e para a gestão e divulgação de informações sobre biodiversidade, com a promoção da participação da sociedade inclusive dos povos indígenas, quilombolas e outras comunidades locais, no respeito à conservação da biodiversidade, à utilização sustentável de seus componentes e à repartição justa e eqüitativa dos benefícios derivados da utilização de recursos genéticos, de componentes do patrimônio genético e de conhecimento tradicional associado à biodiversidade; [...]

Na mui precisa visão de Thaísa Rodrigues Lustosa de Camargo e Sandro Nahmias Melo:

O princípio da participação popular coloca a sociedade como ponto de partida de prática democrática. Podem ser listadas como formas de participação popular: a elaboração legislativa ambiental, os debates e as audiências públicas, a ação popular, o mandado de segurança coletivo e a ação civil pública trabalhista ambiental.[20]

Portanto, demonstrado está a relevância jurídica e social da efetivação do princípio da participação no âmbito do meio ambiente de trabalho.

_____
(20) CAMARGO, Thaísa Rodrigues Lustosa; MELO, Sandro Nahmias. *Princípios de direito ambiental do trabalho.* São Paulo: LTr, 2013. p. 53.

4 CONCLUSÃO

O estudo objetivou expor, ao seu leitor, uma análise pontual sobre o princípio da participação no âmbito do meio ambiente de trabalho.

Impossível se faz que alguém consiga compreender a mensagem que aqui se tentou transmitir, sem o conhecimento prévio de alguns conceitos, como o de meio ambiente de trabalho sadio e ecologicamente equilibrado, assim como quanto ao enquadramento da norma como sendo de natureza fundamental.

O ordenamento jurídico brasileiro é uníssono ao realizar a abordagem protetiva ao meio ambiente de trabalho, inclusive, com vasta prescrição constitucional.

Neste sentido, temos que as normas devem ser interpretadas e cumpridas, sobretudo no que tange ao seu aspecto fundamental. Para tanto, é necessário também compreender a norma em seu sentido fundamental, como norma constitucional pétrea, e todas as consequências que daí decorrem.

A aplicabilidade do instituto é notória, bem como sua importância, especialmente em um contexto de graves acidentes envolvendo o meio ambiente de trabalho, em nosso país.

Até mesmo o cenário político vivenciado por nossa nação contribui para a discussão, visto que envolve um momento de afloração do sentimento democrático. Grande parte da população participou, ativamente, do último movimento eleitoral, manifestando-se nos mais diversos sentidos.

O princípio da participação traz este ideal, de que empregado, empregador, Estado e demais entes, devem participar juntamente na promoção do meio ambiente sadio e ecologicamente equilibrado.

Todos devem contribuir para que tal finalidade seja alcançada e é justamente nesta união e colaboração que se funda este princípio do Direito Ambiental do Trabalho, ou do Direito do Meio Ambiente de Trabalho.

Após a apresentação que se faz, almeja-se que a relevância de tal instituto seja compreendida e utilizada para potencializar sua aplicabilidade. As consequências sociais de um meio ambiente de trabalho que não atinge sua finalidade são drásticas e podem provocar danos irreparáveis ou que levem décadas e décadas para serem eliminados da sociedade.

5 REFERÊNCIAS

CAMARGO, Thaísa Rodrigues Lustosa; MELO, Sandro Nahmias. *Princípios de direito ambiental do trabalho*. São Paulo: LTr, 2013.

FELICIANO, Guilherme Guimarães. Reconhecendo a danosidade sistêmica. In: FELICIANO, Guilherme Guimarães; URIAS, João (Coord.). *Direito ambiental do trabalho*: apontamentos para uma teoria geral. v. 1. São Paulo: LTr, 2013. p. 13.

FIORILLO, Celso Antonio Pacheco. *Curso de direito ambiental brasileiro*. 8. ed. São Paulo: Saraiva, 2007.

_____ . *Curso de direito ambiental brasileiro*. 14. ed. São Paulo: Saraiva, 2013.

MARANHÃO, Ney. Meio ambiente do trabalho: relevância sociojurídica de seu reconhecimento constitucional e internacional. In: ROCHA, Cláudio Jannotti *et al. Direito internacional do trabalho*: aplicabilidade e eficácia dos instrumentos internacionais de proteção ao trabalhador. São Paulo: LTr, 2018.

MELO, Raimundo Simão de. *Direito ambiental do trabalho e a saúde do trabalhador*: responsabilidades legais, dano material, dano moral, dano estético, indenização pela perda de uma chance, prescrição. 3. ed. São Paulo: LTr, 2008.

MINARDI, Fabio Freitas. *Meio ambiente do trabalho*: proteção jurídica a saúde mental do trabalhador. Curitiba: Juruá, 2010.

OLIVEIRA, Sebastião Geraldo de. *Proteção jurídica à saúde do trabalhador*. 6. ed. São Paulo: LTr, 2011.

ROCHA, Fábio Ribeiro. *Efetividade do direito fundamental ao meio ambiente do trabalho seguro e adequado*. São Paulo: LTr, 2016.

ROCHA, Julio Cesar de Sá da. *Direito ambiental do trabalho*: mudanças de paradigma na tutela jurídica à saúde do trabalhador. 2. ed. São Paulo: Atlas, 2013.

SANTOS, Adelson Silva dos. *Fundamentos do direito ambiental do trabalho*. São Paulo: LTr, 2010.

SEÇÃO 4

TEMAS ESPECÍFICOS EM FOCO

AS REVOLUÇÕES INDUSTRIAIS E O MEIO AMBIENTE DO TRABALHO: REFLEXÕES, ANÁLISES, COMPARAÇÕES E OS FUNDAMENTOS DO DIREITO DO TRABALHO

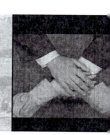

Cláudio Jannotti da Rocha(*)
Lorena Vasconcelos Porto(**)
Rúbia Zanotelli de Alvarenga(***)

1 INTRODUÇÃO

No futuro haverá trabalho? Como será o trabalho daqui alguns anos? O trabalho é sinônimo de liberdade? O trabalho é uma atividade exclusivamente humana? Os computadores e as máquinas vão acabar com os postos de trabalho ou gerar novos empregos? Trabalhar é bom ou é ruim? Como tem sido dito por aí: fazer o que gosta é não trabalhar? Essas são perguntas que já podem ter sido feitas milhares de vezes e até mesmo, há pouco tempo, pelas mais imprevisíveis pessoas, das mais distintas nacionalidades. É inquestionável que, atualmente, estas questões são o centro das atenções não somente dos sociólogos, filósofos, antropólogos, mas também dos operadores do Direito, que atuam nos Direitos Constitucional, do Trabalho e Previdenciário, ramos estes que regulamentam o trabalho como direito fundamental, inclusive um dos pilares do Estado Democrático de Direito.

O trabalho envolve tantas variáveis, é um modo comportamental tão complexo que relaciona ao mesmo tempo diversos fatores que conseguem, de forma concomitante, interferir na sociedade e ao mesmo tempo serem fruto dela e, com isso, acabam sendo causa e consequência na relação do homem na sociedade. Essa relação pode ser comparada como a existente no mutualismo ou simbiose, em que um ser vivo necessita do outro para sua própria sobrevivência; por mais paradoxal que seja, entre o trabalho e a sociedade existe uma interdependência, constante e dinâmica que se retroalimenta ininterruptamente.

(*) Professor Adjunto da Universidade Federal do Espírito Santo (UFES). Professor Titular do Centro Universitário do Distrito Federal (UDF), em Brasília-DF, e de seu Mestrado em Direito das Relações Sociais e Trabalhistas. Doutor e Mestre em Direito pela PUC-MG. Coordenador e Pesquisador do Grupo de Pesquisa: Processo, Trabalho e Previdência: diálogos críticos, da UFES, com registro no Diretório dos Grupos de Pesquisa do CNPq. É pesquisador do Grupo de Pesquisa: Constitucionalismo, Direito do Trabalho e Processo, do UDF e do Grupo de Pesquisa: Trabalho, Constituição e Cidadania, da UnB — ambos com os respectivos registros no Diretório dos Grupos de Pesquisa do CNPq. Autor de livros e artigos publicados no Brasil e no Exterior. Advogado. Palestrante.
(**) Procuradora do Trabalho. Doutora em Autonomia Individual e Autonomia Coletiva pela Universidade de Roma II. Mestre em Direito do Trabalho pela PUC-MG. Especialista em Direito do Trabalho e Previdência Social pela Universidade de Roma II. Bacharel em Direito pela UFMG. Professora Titular do Centro Universitário UDF. Professora Convidada do Mestrado em Direito do Trabalho da *Universidad Externado de Colombia*, em Bogotá. Pesquisadora. Autora de livros e artigos publicados no Brasil e no Exterior.
(***) Professora Titular do Centro Universitário do Distrito Federal (UDF) e de seu Mestrado em Direito das Relações Sociais e Trabalhistas. Doutora em Direito pela PUC Minas e Mestre em Direito do Trabalho pela PUC Minas. Professora de Direitos Humanos, Direito do Trabalho, Direito Constitucional do Trabalho e Direito Internacional do Trabalho em Cursos de Pós-Graduação. Autora de diversos livros e artigos em Direito do Trabalho, Direito Constitucional do Trabalho, Direito Internacional do Trabalho e Direitos Humanos e Sociais.

Dados recentes nos informam que "até 65% das crianças, de hoje, quando formadas, terão um emprego que ainda não existe e que entre 1995-2002 aproximadamente 22 milhões de empregos desapareceram das fábricas, sendo que estes trabalhadores se readaptaram em outros postos de trabalho"[1].

Se perguntarmos para pessoas diferentes o que é trabalho, podemos escutar as mais variadas respostas, sendo estas diretamente correlacionadas ao viver, ao modo de ver e de levar que cada uma daquelas possui. Muito provavelmente cada um de nós tem um conceito do que é trabalho e, se Hegel nos ensina que com uma afirmação temos também uma negação, teremos ainda, quem sabe, um conceito para o que não é trabalho. Cada um de nós é capaz de conceituar o trabalho, tendo em vista que a definição individual desta atividade humana advém da vida, do olhar, da educação de cada ser humano. Pode-se até mesmo afirmar que conceituar trabalho é um ato de sentimento sublime. Ora, todos nós trabalhamos e a partir desta atividade é que traçamos a nossa rotina, desenvolvemos nossas amizades, escolhemos onde iremos morar, quanto vamos gastar mensalmente, se iremos viajar ou não e até mesmo se casaremos ou se teremos filhos. É com o trabalho que somos inseridos na sociedade. O trabalho metaforicamente é como uma mola mestre em nossas vidas, e por isso passamos a olhar, refletir e a viver o mundo a partir dele.

É a partir do trabalho que você age no mundo e que o mundo age em você. Antes mesmo de trabalharmos, o trabalho já trabalha em nós, afinal, começamos a estudar por volta dos 4 anos de idade e assim diariamente vamos à escola para nos alfabetizarmos e nos educarmos para que, consequentemente um dia, quando adultos, sejamos capazes de exercer uma profissão. É como uma voz que fala em nossos ouvidos diariamente: *você vai estudar para quando crescer trabalhar e ganhar o seu dinheiro e ser alguém na vida*. E, assim, a relação entre o ser humano e o trabalho é uma relação de domínio, uma propulsão cerebral que conduz nossos movimentos que se desenvolvem no mundo dos fatos; é conexão do metafísico com o físico e, por isso, podemos dizer que o trabalho é um ato de exteriorização do nosso *in* para o *out* e até mesmo do eu para nós. É assim que tomamos as mais diversas decisões sem percebemos, de maneira assintomática, por acharmos que são naturais e óbvias, entretanto, na verdade não o são. São fruto das nossas escolhas racionais e lógicas, advindas dos nossos mais sinceros e profundos (ou não) sentimentos e conhecimentos e, portanto, condicionadas aos desdobramentos do labor.

Enquanto que para alguns o trabalho é libertação, para outros pode ser pena; alguns podem ganhar muito através dele, outros pouco recebem e muitos apenas o suficiente para ter onde morar e o que comer. Fato é que o trabalho é um paradoxo em si, uma manifestação volitiva impossível de ser conceituada de maneira singular e precisa.

Entretanto, a Ciência do Direito não regulamenta o trabalho como todos acham que ele é ou como deveria ser, até mesmo porque se trata de tarefa impossível, mas sim dentro dos parâmetros econômicos e sociais que o sistema capitalista entende como necessários e, a partir da daí, cria-se a norma que irá tornar o trabalho um valor e, dentro deste espectro, normatizá-lo. Portanto, a regulamentação do trabalho em um país é fruto, especificamente, de uma política pública determinada e escolhida pelo respectivo Poder Legislativo, fruto da soberania, a qual o normatiza dentro de uma determinada e direcionada perspectiva: a relação de emprego sendo a regra do Direito do Trabalho.

Foi assim que, no início do século XX, surgiu o Direito do Trabalho como ramo jurídico autônomo e específico, com o objetivo precípuo de regulamentar a relação de emprego, uma espécie do gênero relação de trabalho. Enquanto que esta abrange toda e qualquer forma de trabalho, uma atividade humana direcionada e predeterminada que almeja um dado fim; aquela é uma modalidade que se caracteriza quando presentes cinco requisitos de maneira concomitante, sendo eles: trabalho prestado por pessoa física, com onerosidade, habitualidade, pessoalidade e subordinação (dependência).

É justamente o trabalho subordinado/dependente, no qual os frutos não ficam com quem os produziu, é que interessa e é regulamentado pelo Direito. Dessa forma, por mais que o trabalho seja atividade humana e que o Direito do Trabalho seja resultado de manifestações sociais, revoluções e movimentos populares, uma conquista da sociedade, não deixa de ser fruto de uma imposição e de interesses do Estado e do anseio empresarial, tendo como objeto nuclear a relação de emprego. É o próprio homem constituindo e determinando sua regulamentação, modo comportamental e organizacional em favor das suas necessidades; é a legitimação da apropriação da liberdade do ser humano. Enquanto que o empregado vende a sua liberdade para trabalhar, o empregador a compra e por isso deve a ele pagar; por isso, é uma relação de troca, ainda que assimétrica, mas é.

---

(1) LIMA, Suscelia Abreu dos Santos. Empregos do futuro. *Jornal a Gazeta* de 24.05.2019.

A partir deste espectro normativo, cria-se o núcleo duro, o objeto do Direito e do Processo do Trabalho e, ao mesmo tempo, do sistema capitalista de produção, fazendo com que as empresas se utilizem da "norma" para pautar o seu modo de produção e, por conseguinte, para que o Estado tenha sua arrecadação tributária. Assim, com esta triangulação, todos ganham: empregado, empregador e Estado.

Portanto, para o presente artigo, tem-se a seguinte problemática: como o Direito do Trabalho e o Processo do Trabalho devem atuar no atual cenário do mundo do trabalho no século XXI, composto concomitantemente por diversas formas de trabalho, lícitas ou ilícitas (empregado tradicional, intermitente, teletrabalhador, terceirizado, trabalho análogo ao de escravo, pejotização, autônomos, trabalhos por meio de plataformas digitais e aplicativos etc.)?

2 DA PRIMEIRA REVOLUÇÃO INDUSTRIAL: DO SUPORTE FÁTICO PARA O SURGIMENTO DO DIREITO DO TRABALHO

O Estado de Direito, fruto das revoluções burguesas (principalmente na Inglaterra, no século XVII, e na França, no século XVIII), fez emergir dois direitos: a igualdade e a liberdade. Com isso, as pessoas sendo iguais entre si perante a lei, eram livres também para fazer o que bem desejavam e, assim, homens adultos, mulheres e crianças, por serem iguais formalmente, eram tratados de maneira idêntica em seus respectivos locais de trabalho. Estavam expostos às mesmas condições de labor e ao mesmo tratamento por parte dos donos dos meios de produção. E, por serem livres, poderiam negociar livremente o seu trabalho, inclusive sua jornada de trabalho, invariavelmente exaustiva, e o seu salário.

Fazendo uso deste binômio, igualdade e liberdade, dentro deste contexto, o que se presenciou foi uma (super) exploração das crianças e mulheres, cuja mão de obra era utilizada de maneira preferencial, diante, principalmente, de três fatores: as mulheres e crianças especificamente pela não resistência às ordens que recebiam; pelo pagamento de salários mais baixos; pela menor necessidade de força física no processo produtivo mecanizado; e pela facilidade no manuseio das máquinas a vapor (principalmente a de tear), devido às mãos mais finas que as dos homens adultos.

A primeira revolução industrial (1760-1860) foi caraterizada pelo surgimento da máquina a vapor, invento que, de forma inquestionável, mudou todo o panorama do mundo do trabalho, porquanto o contato do ser humano com a máquina fez com que a produção manufatureira e artesanal passasse a ser em massa e fragmentada, com cada trabalhador ficando próximo a uma máquina e participando, parcialmente, da produção. E assim, as Corporações de Artes e Ofício, pouco a pouco, foram dando lugar às indústrias, fazendo com que, inclusive, a sociedade passasse a se organizar onde estas estavam estabelecidas e não mais no campo, ocasionando o famoso êxodo rural.

É justamente neste cenário que surge o embrião do núcleo duro do Direito do Trabalho, o trabalho subordinado/dependente, concentrado em um mesmo local (geralmente grande, pois na indústria era produzida a mercadoria integralmente, mesmo que de maneira fragmentada com os trabalhadores situados em diversas máquinas distintas; entrava a matéria-prima e saía o produto final), permitindo assim o surgimento dos sindicatos. Formava-se um círculo virtuoso, pois todos os fatores completavam-se: a criação da máquina pelo homem e a sua utilização no mundo trabalho; a otimização da produção; a oferta em abundância de mão de obra; a concentração de pessoas nos grandes centros em procura de oportunidades e a associação de trabalhadores. Esta relação de completude era tudo que o sistema capitalista precisava para consolidar-se. Tinha-se a certeza do amanhã. Mas ao mesmo tempo, de forma paradoxal, foi criado o Direito do Trabalho, primeiramente pelas mãos dos sindicatos e, após, pela pena do legislador. Paradoxal porque ao mesmo tempo legitima e impõe limites de exploração no sistema capitalista, permitindo que ele se implemente e se desenvolva mas de forma mais humanizada. Como observa sagazmente Márcio Túlio Viana, o Direito do Trabalho é filho do capitalismo, um filho rebelde, mas legítimo.

O ingresso e a utilização do maquinismo no mundo do trabalho permitiram a reunião dos trabalhadores em um mesmo espaço, ditando um novo ritmo e forma de produção, e, por conseguinte, uma nova classe de trabalhadores: o proletariado assalariado da sociedade capitalista. E, com isso, surgem grandes descobertas como a indústria de algodão, linho, tratamento de lã, preparação da seda, a produção de ferro, a construção de ferrovias e de estradas e a construção do barco a vapor (que permitiu inclusive as descobertas de novos territórios — continentes).

3 DA SEGUNDA REVOLUÇÃO INDUSTRIAL: O SURGIMENTO DO DIREITO DO TRABALHO

A segunda revolução industrial (1860-1945), é marcada, principalmente, pelo advento da energia advinda da eletricidade e do petróleo. Destaca-se ainda a expansão das ferrovias e a produção de aço. Neste bojo, eis que surgem os sistemas taylorista e fordista, que potencializaram ainda mais o modo de produção, otimizando consideravelmente a velocidade do labor, exigindo do trabalhador uma disciplina quase que perfeita, ao ponto de ele realizar movimentos tão mecânicos como se uma máquina também fosse, o que foi bem ilustrado por Chaplin em seu "Tempos Modernos".

Neste contexto, a função dos trabalhadores era operar as máquinas de maneira quase que mecânica, sendo que de modo paulatino e gradativo, o pensar não era mais tão necessário, já que o novo foco era a produtividade: fabricar o maior número possível de produtos, reproduzindo-se o que já havia sido planejado pelo empregador.

E assim estava posto o suporte fático para a configuração do que, atualmente, é conhecido por relação de emprego, formada pela existência concomitante de cinco elementos fáticos-jurídicos: trabalho prestado por pessoa física com pessoalidade, onerosidade, habitualidade e subordinação (ou dependência econômica). Seria uma questão de tempo para que cada país, mais cedo ou mais tarde, normatizasse esta relação social que acontecia dentro das indústrias, mas que repercutia efeitos na sociedade. Almejava-se, com isso, a devida segurança jurídica, em busca da dita paz social.

O homem passou a dividir seu local de trabalho com as máquinas, sendo que o ritmo de produção, cada vez mais intenso, ensejou níveis intoleráveis de condições de vida, com jornadas de trabalho extenuantes, em locais insalubres e perigosos, sem qualquer proteção de trabalho, com salários baixíssimos e, inclusive, com uma massiva presença de crianças e mulheres nas indústrias, tendo como premissa e lógica que o contrato de trabalho seria como qualquer outro contrato de Direito Privado tradicional. Corolário lógico é que a junção destes fatores ocasionou um número alarmante de acidentes de trabalho, que culminaram em mortes e mutilações de milhões de trabalhadores. Dentro das fábricas vivia-se o caos social.

Nesse sentido, diante deste colapso social, a Europa foi dominada por movimentos sociais, marcados por uma onda de greves, que almejavam melhores condições de trabalho. Assim ocorreu na Alemanha e França, em 1868; na Bélgica, em 1869; na Áustria-Hungria, 1870; na Rússia, em 1871 e na Inglaterra, em 1871-1873. Portanto, o meio ambiente do trabalho é a própria base do Direito do Trabalho, sua principal fonte material, pois a partir daquela insustentabilidade do ambiente laboral, que se pensou na necessidade da edição de normas trabalhistas. Buscava-se a sustentabilidade do ser humano em seu local de trabalho, afinal, ele teria o direito de trabalhar e permanecer vivo e do seu trabalho auferir o seu próprio sustento.

Neste momento histórico, o que se presenciou foi um liberalismo concentrado, com trabalhadores localizados em determinados espaços físicos e laborando de maneira uniforme, com a predominância do trabalho vivo, fatores estes que facilitaram a transição da associação para o surgimento dos sindicatos, a partir do sentimento incipiente de solidariedade entre os trabalhadores. É justamente nesta conjuntura que surge o Direito do Trabalho no final do século XIX e início do século XX, no contexto de surgimento do constitucionalismo social, que teve como marcos as Constituições do México, de 1917, e da Alemanha de 1919.

A partir do Direito do Trabalho, tem-se uma nova perspectiva: a de que o contrato de trabalho não poderia mais ser regulamentado pelo Direito Privado comum, consubstanciado no ideário civilista; mas sim dentro de uma ótica protecionista, na qual se valoriza o ser humano, o trabalho por ele realizado e o meio ambiente do trabalho. Criava-se uma desigualdade formal, através das normas trabalhistas, almejando a igualdade material ou, ao menos a diminuição da desigualdade fática, aquilo que nos ensinamentos aristotélicos seria denominado de equidade, traço característico dos direitos sociais.

E, assim, o Direito do Trabalho e o Direito Previdenciário são parte do constitucionalismo social, da emergência da Justiça Social, marcando a passagem do Estado Liberal para o Estado Social de Direito, almejando a melhoria da condição socioeconômica do ser humano que vende sua força de trabalho, permitindo assim uma melhor distribuição de renda e do poder na sociedade capitalista

O núcleo duro do Direito do Trabalho é a relação de emprego, é para ela que ele existe e é ela que ele regulamenta e tutela através das normas trabalhistas.

Em 1919, com o fim da Primeira Guerra Mundial, é realizada a Conferência da Paz, quando foi assinado o Tratado de Versalhes, ocasião em que ficou reconhecida a necessidade de um pacto social, consubstanciado na valorização do trabalho, que por seu turno fez emergir a Organização Internacional do Trabalho (OIT). Esta, no corrente ano, completa seu centenário, sendo responsável pela universalização das normas de proteção ao trabalho, valorizando-o no patamar que merece, isto é, como um instrumento fundamental para as mudanças necessárias e para ajudar a Europa, que se encontrava devastada e arruinada após o conflito global. A partir da valorização do trabalho, valoriza- se também o ser humano que o realiza, e, assim, nasce a possibilidade de reconstrução da sociedade europeia, conferindo-se o valor devido ao homem e sua principal atividade: o trabalho. Desta feita, ocorre a socialização do viver, permitindo que o homem, por meio dos frutos de seu trabalho, tenha uma oportunidade de melhoria de vida e de inclusão social.

4 DA TERCEIRA REVOLUÇÃO INDUSTRIAL: A CRISE DO DIREITO DO TRABALHO

Até o final da década de 1970, nos países capitalistas desenvolvidos, e mesmo até o final do século XX, em países em desenvolvimento, como no Brasil, o Direito do Trabalho viveu o seu ápice, por muitos denominada de época dourada, quando as normas trabalhistas foram constitucionalizadas em diversos países e regulamentadas no âmbito infraconstitucional, fazendo com que se tornasse um ramo autônomo e independente, dotado de regras, princípios e institutos próprios. Este foi o caso do Brasil que com a Consolidação das Leis do Trabalho em 1943, a criação da Justiça do Trabalho e, em 1988, com a Constituição da República, inserindo as normas trabalhistas nos arts. 7º, 8º, 9º, 10 e 11, tornando-as direitos fundamentais e, como corolário lógico, cláusulas pétreas.

Neste contexto, os direitos trabalhistas eram efetivados a tempo e modo, fazendo com que a economia também ascendesse, sendo que a Carteira de Trabalho e Previdência Social — CTPS materializava a certeza do amanhã e de dias melhores. Dessa forma, promovia-se a inclusão social, uma melhor distribuição de renda e, por consequência, a valorização do trabalho, do ser humano e do meio ambiente do trabalho.

Contudo, já na década de 1960 se iniciou a flexibilização dos direitos trabalhistas, destacando-se o FGTS, criado em 1967, que, tão logo, se fez substituto da estabilidade decenal. Dito em outras palavras, retirava-se a estabilidade no emprego atingida quando completados os 10 anos na empresa, para, em troca, destinar ao trabalhador um valor mensal de 8% do seu salário para uma conta a ele vinculada, que no caso do desemprego involuntário seria acrescida de 40%. Com isso, a dispensa do trabalhador foi facilitada e, automaticamente, as normas trabalhistas pouco a pouco perderam sua força e o Direito do Trabalho a sua efetividade. Retirava-se, ainda que de maneira velada, a resistência no contrato de trabalho.

No período posterior à Segunda Guerra Mundial, ocorreu a denominada 3ª revolução industrial, com as inovações e avanços tecnológicos, sobretudo nos campos da microinformática, robótica, microeletrônica e das telecomunicações, além da abertura dos mercados, com a globalização econômica e cultural e a reestruturação produtiva e empresarial, pautada pelo toyotismo. Este traz consigo uma nova sistemática, em que o trabalho morto (aquele exercido pela máquina) ganha maior relevância e o trabalho vivo (aquele exercido homem) vai perdendo espaço e importância; as indústrias e as fábricas ficam menores e divididas; a produção fracionada e com viés imediatista, sem estoques, o que também é conhecido como *just in time*. E a certeza do amanhã vai deixando de existir, ainda que pouco a pouco.

Neste contexto, os empregadores começam a contratar empregados de maneira não previstas em lei, almejando assim o barateamento da mão de obra e, por consequência, a redução dos custos relacionados à produção. Isso ensejou a famigerada crise do Direito do Trabalho, pautada pela fraude trabalhista, que, por seu turno, acarreta o *dumping social*, a concorrência desleal e a desregulamentação econômica. Eis que surgem a terceirização, a pejotização, o teletrabalho, os falsos autônomos, entre outras figuras atípicas e precárias. Criam-se verdadeiras rotas de fuga ao Direito do Trabalho, formas de contratações às margens da lei. As fraudes trabalhistas por vezes passaram a ser camufladas através das figuras do "colaborador" ou do "parceiro".

Através das formas fraudulentas, a solidariedade dá lugar à competitividade, fragmenta-se a morfologia do contrato de trabalho, a classe trabalhadora, a empresa e consequentemente o próprio Direito do Trabalho. No Brasil, percebe-se claramente todo este processo através da Reforma Trabalhista (Leis ns. 13.429/17 e 13.467/17) que regulamentou todas as antigas fraudes trabalhistas, bem como, de alguma maneira, normatizou entendimentos contrários aos do Tribunal Superior do Trabalho, consolidados há décadas por intermédio de Súmulas e Orientações Jurisprudenciais.

O medo do desemprego faz com que o trabalhador aceite a fraude trabalhista, afinal, ela é melhor do que o desemprego. Todavia, o Direito do Trabalho deve cumprir o seu papel de regulamentar a concorrência entre empresas e entre Estados (nesse ponto, destaca-se o papel da OIT), para evitar o *dumping* social, e entre os próprios trabalhadores, pois, do contrário, haverá uma "corrida ladeira abaixo" sem limites, chegando-se às condições laborativas extremamente precárias existentes antes da própria criação do Direito do Trabalho.

5 DA QUARTA REVOLUÇÃO INDUSTRIAL: A DESNATURAÇÃO DO DIREITO DO TRABALHO

No início do século XXI, quando surge a 4ª revolução industrial, pautada pela cyberização, altera-se até mesmo a ontologia do trabalho, vez que é um gênero que engloba a utilização de aplicativos e plataformas digitais, a algoritimização, a inteligência artificial, a robotização, as criptomoedas, a implementação de chips nos trabalhadores e a discriminação genética.

Dentro desta nova lógica empresarial, tem-se a automação total ou parcial da fábrica, por alguns denominada de fábrica inteligente. O trabalho morto ganha ainda mais espaço e o trabalho vivo perde ainda mais sua importância, podendo até mesmo pensar-se que a fábrica já não precisa mais existir fisicamente, mas somente de maneira algorítimica ou até mesmo nas nuvens digitais.

Talvez, quem sabe, hoje ser virtual é mais presente que o próprio presente.

Se antes a máquina, pelo próprio homem criada, o ajudava, fazia com que produzisse de maneira mais rápida, eficiente e segura, hoje em dia disputa emprego com ele e ou controla o seu trabalho.

Se antes o consumo era descartável, agora o trabalho também o é, para muitos até mais. Já não se trabalha mais para consumir, se consome e trabalha para pagar. Só se trabalha o necessário para consumir, o ritmo daquele depende do ditado por este.

Atualmente, quem dá as ordens não é mais uma pessoa física, é uma máquina, que recebe ordens diretas do consumidor. Para muitos, não se tem nem um "chefe", mas somente números, endereços, nomes, lugares os mais diversos. O empregador não é presencial, se faz presente através de nuvens, aplicativos e plataformas digitais. O tomador do seu serviço pode ser qualquer um, até mesmo o seu vizinho, pois quem vai dizer o que você vai fazer ou para quem vai fazer é uma plataforma ou aplicativo através de algoritmos.

Muito embora os sistemas taylorista, fordista, toyotista e até mesmo o trabalho análogo ao de escravo estejam presentes no mundo do trabalho brasileiro, sendo a realidade de milhões de trabalhadores, porquanto determinados empregadores conseguem fazer uso destes quatro sistemas concomitantemente, não se pode olvidar, nesta reflexão, os trabalhos precários, como o intermitente, o teletrabalhador, a pejotização e o terceirizado.

A par disso, destaca-se a enorme proliferação, não apenas no Brasil, como nos diversos países do mundo, da denominada "economia do bico". Esta compreende duas formas principais de trabalho: o *crowdwork*, que abrange a realização de tarefas a partir de plataformas *on-line*, e o trabalho *on-demand*, que envolve a execução de labores tradicionais, como o transporte, ou de escritório, demandados por meio de aplicativos gerenciados por empresas, sendo a empresa mais conhecida a Uber, razão pela qual se utiliza também a expressão "uberização" das relações de trabalho.

Na terceirização, por sua vez, o trabalho é intermediado por um terceiro e, na pejotização, uma pessoa jurídica é constituída para escamotear o trabalho prestado por uma determinada pessoa física. Em síntese o passado ainda está presente, de modo que a 4ª revolução industrial é parte do presente, mas não o domina em sua integralidade. Se antes o Direito do Trabalho era corroído, agora ele se desnatura. O colaborador cedeu lugar para o "empreendedor".

Tanto no intermitente, como no teletrabalho, o ser humano é considerado descartável, se tornando um refém das demandas e condições que lhe são impostas, que geralmente são altíssimas e aceitas diante da necessidade do empregado em receber, afinal ele não sabe quando será demandado novamente. O alteridade —, que sempre foi e é exclusiva do empregador —, vai, ainda que de maneira quase imperceptível, sendo transferida do empregador para o empregado, como um que vai transferindo a areia de um lado para o outro vagarosamente.

Em ambas tipologias, assim como na chamada "economia do bico", o sustentáculo é a tónica da liberdade: *"ei, você é livre, para trabalhar o dia que quiser, como desejar, a hora que lhe convier e aonde escolher!!!. Você pode abrir e ter seu próprio negócio, empreender e ter poder, afinal você é livre!!!* Porém, esta liberdade é irreal, afinal, quanto maior a necessidade do trabalhador, mais dependente do trabalho se torna e menos ele é livre. É um discurso sem lógica e descompassado da realidade fática. E assim alcança-se a figura do "empreendedor". A liberdade agora já não é concentrada, ela é difusa, afinal, um trabalhador pode ser contratado via plataforma digital no Brasil para prestar serviço para uma empresa espanhola e o consumidor do seu trabalho pode ser um brasileiro ou estrangeiro situado no Brasil ou no exterior.

O tempo passa, a história se repete, os personagens são os mesmos, o conteúdo é idêntico e as nomenclaturas são novas, para não dizer falaciosas. Até o final do século XIX no Brasil, éramos escravos, no século XX empregados, no final deste e início do século XXI colaboradores e, mais recentemente, empreendedores. O que seremos daqui algumas poucas décadas? A questão embrionária sempre foi e sempre será a mesma: a subordinação/dependência do ser humano face ao seu trabalho. Em outras palavras: a exploração do homem que trabalha pelos proprietários dos meios de produção permanece essencialmente a mesma, apenas a sua denominação ou forma de concretização é que se alteram ao longo da história.

O próprio Direito do Trabalho brasileiro reconhece esta dependência econômica do trabalhador de seu trabalho, de modo que no art. 3º da CLT não estabelece apenas a subordinação como elemento fático-jurídico para caracterização da relação empregatícia, mas, sim, ela mesma: a dependência, a qual abrange a subordinação jurídica e a própria dependência econômica.

Na verdade, a subordinação é advinda da doutrina e da jurisprudência como método dedutivo de alcançar uma objetividade para dependência, uma racionalidade. Um direcionamento da dependência. Porém, esta racionalidade está sendo elidida, ou até mesmo camuflada, para banalizar o mal e, assim, criar novas tipologias de emprego, verdadeiras rotas de fuga para dizer tão somente o óbvio: foram, são e sempre serão empregados. Neste momento, deve-se ter a dependência ao lado da subordinação, como critérios alternativos (um ou outro), que se somam e se completam para o mesmo fim: a caracterização da relação de emprego. Alteram-se as formas, mas o conteúdo é sempre o mesmo, afinal, é a relação empregatícia que oferta a segurança jurídica almejada pelos empregadores para conduzir e realizar sua atividade econômica. A certeza de que eles precisam e procuram no empregado, que ele estará produzindo, é a relação de emprego que lhes oferece.

O fato de o intermitente e de o teletrabalhador não terem habitualidade, pouco ou nada mais significa, afinal, não descaracteriza a dependência que possuem de seu tomador, e deste perante aqueles. E o fato de eles estarem normatizados não significa que constituem uma evolução, melhoramento no Direito do Trabalho brasileiro, mas, parafraseando Montesquieu "não há tirania mais cruel que a que se exerce a sombra das leis e com as cores da justiça". Esta normatização advinda da reforma trabalhista nada mais faz do que aprofundar a estratificação e segregação no mundo do trabalho brasileiro. Agora, em nome e pela lei, tem-se: o empregador, o empregado e o subempregado.

Enquanto que no intermitente a principal característica é a ausência de necessária habitualidade; no teletrabalho, que é quando o trabalhador realiza sua atividade à distância do seu empregador, fazendo uso de instrumentos telemáticos, percebe-se que o trabalhador pode ser demandado à distância, ao passo que o intermitente presta serviços de maneira presencial; são estas as duas mensagens que se extraem dos arts. 75-A/E e 442 da CLT, respectivamente. E, mais, estão estabelecidas como relações empregatícias.

Esta nova lógica empresarial pauta-se na miscigenação empregatícia, pois insere em seu método de produção as mais diversas formas de relação de emprego (o tradicional, o intermitente, o pejotizado, o terceirizado, o teletrabalhador, o uberizado) e até mesmo também o autônomo, concomitantemente. Além de ela causar um enorme prejuízo ao empregado quando não contratado como tal (tendo violados diversos direitos e garantias fundamentais), também prejudica o Estado que deixa de arrecadar tributos, a efetividade das normas trabalhistas e o próprio meio ambiente do trabalho; trata-se de um dano social, vez que prejudica toda a sociedade.

Esta poluição socioambiental ocasionada pela miscigenação empregatícia acarreta uma verdadeira insegurança no empregado: o medo de não ser demandado amanhã, de quando será convocado novamente. Se antes o empregado pedia para não ser explorado, hoje ele roga: me explore, pois preciso trabalhar.

A competição trabalhista entre os próprios colegas de trabalho, que prejudica o pertencimento e o reconhecimento do trabalhador junto ao local em que ele convive e permanece a grande parte do seu dia. Ora, a partir do momento em que se encontram dentro do mesmo meio ambiente pessoas que estão inseridas dentro da mesma ótica e perspectiva, podendo até mesmo não realizar a mesma atividade, mas estão dominadas pela mesma lógica empresarial, e até mesmo uma completando a atividade da outra, como pequenas ilhas dentro do mesmo arquipélago, mas recebendo direitos e tratamentos distintos, inquestionavelmente é questão de tempo para que um colega de trabalho passe a disputar com o outro aquele emprego que é melhor na ordem jurídica.

Se antigamente a produção era *just in time,* agora o trabalhador que é, tendo em vista que ele sempre deve estar pronto para trabalhar, na hora em que é demandado, quando o consumidor aciona o aplicativo/plataforma e a empresa faz a intermediação e o controle do trabalho realizado. O que interliga a demanda do consumidor, a intermediação/controle da empresa e o trabalhador é a disponibilidade imediata deste em trabalhar, ele deve estar sempre a postos o dia inteiro! Em nome do "empreendedorismo", cria-se uma empresa de um homem só, para somente ele trabalhar em nome dela, não podendo se fazer substituir por mais ninguém, até porque ele é o único trabalhador da empresa e por isso deve estar sempre pronto para quando for demandado, atender o pedido imediatamente, sob pena de perder a oportunidade e mesmo o emprego. É óbvio, claro como a luz do sol, que estamos diante de uma fraude trabalhista, pois esta empresa é falsa ou este autônomo (**freelancer**) também é falso, usados para mascarar o que todos nós já sabemos: trata-se de um empregado.

A insegurança do trabalhador é tamanha ao ponto de se expor a jornadas de trabalho extenuantes, sem as mínimas condições de segurança e saúde, não utilização de equipamentos de proteção, por salários-dia aquém do mínimo, sem descanso semanal, sem férias, sem décimo terceiro e completamente afastado do âmago previdenciário. E aí se compreende o número de 4.000 óbitos por ano no Brasil, sendo que aproximadamente 10 pessoas por dia morrem trabalhando no país e a cada 48 segundos acontece um acidente de trabalho[2]. No Brasil, quarta posição no *ranking* mundial de acidentes de trabalho, a Previdência Social registra por ano cerca de 700 mil casos e, segundo dados do Observatório Digital de Segurança e Saúde do Trabalho, o país chega a contabilizar uma morte por acidente em serviço a cada três horas e 40 minutos[3]. É uma carnificina laboral, nada menos do que isso.

E, assim, viola-se literalmente o inciso XXII do art. 7º da CR/88, que garante a todos a redução dos riscos inerentes ao trabalho, por meio de normas de saúde, higiene e segurança.

O medo e a incerteza do amanhã fazem com que o empregado se exponha ao máximo hoje e, com isso, sua vida fica vulnerável, seja na perspectiva física quanto psíquica. O número de doenças advindas do labor é um fator cada vez mais presente no mundo do trabalho e na vida do trabalhador, como a depressão, neurose, psicose, síndrome de *burnout*, a ansiedade, o estresse e a bipolaridade. Somando-se a todo este cenário os números alarmantes de 13,4 milhões de desempregados e 28,3 milhões de subutilizados, alcança-se a rotatividade que torna o trabalhador descartável, afinal, quando ele não puder ou não quiser (já que ele é "livre"), alguém sempre vai querer[4]. E, assim, acirra-se ainda mais a competição laboral. Tem-se um exército de necessitados.

Portanto, a busca pelo melhor emprego atinge diretamente o lado competitivo dos empregados, estraçalhando o sentimento de solidariedade entre eles, prejudicando o convívio social e seu lado psíquico. E, com isso, o meio ambiente deixa de ser saudável e sadio, ficando com o próprio ar poluído. O pertencimento e o reconhecimento no local do trabalho evaporam-se e o ser humano torna-se descartável no processo produtivo, tendo importância somente quando demandado e necessário.

E, como a relação de emprego tradicional é a que mais protege e tutela o empregado, destinando uma maior gama de direitos trabalhistas, tem-se que o empregador, almejando reduzir os seus custos no processo produtivo, opta pela contratação do trabalhador que lhe sai mais barato e deixa a relação de emprego como residual e não como principal. Assim, inverte-se toda a lógica produtiva, colocando a regra como exceção e esta como aquela, e cria-se outra verdadeira competição, a empresarial: a busca pela produção mais barata e, assim, pela venda de seu produto ou serviço por um preço acessível ao maior número de pessoas. O mínimo passa a ser máximo e o necessário passa a ser o ordinário.

O que se vê claramente através das normatizações do intermitente, do teletrabalhador, do terceirizado e da pejotização fraudulenta são claras e manifestas hipóteses legais que não asseguram a todos estes trabalhadores o patamar mínimo civilizatório estabelecido na Constituição da República de 1988, em seus arts. 7º ao 11, que são direitos consti-

---

(2) Disponível em: <https://areasst.com/acidentes-de-trabalho-no-brasil/>. Acesso em: 07 jul. 2019.

(3) Disponível em: <http://atarde.uol.com.br/empregos/noticias/2058823-brasil-ocupa-quarta-posicao-no-ranking-de- acidentes-de-trabalho>.

(4) Disponível em: <https://g1.globo.com/economia/noticia/2019/04/30/desemprego-sobe-para-127percent-em-marco-diz- ibge.ghtml>.

tucionais fundamentais. Qualquer normatização que viole este piso mínimo existencial trabalhista é inconstitucional. Não se pode admitir que um trabalhador que labore de maneira dependente ou subordinado a outrem não receba o arcabouço normativo trabalhista brasileiro.

6   CONCLUSÃO

Se o Direito do Trabalho foi criado para regulamentar a relação entre empregado e empregador, com o tempo ele passou a também ter que proteger o trabalho, diante das fraudes praticadas (intermitente, terceirizado ilícito, teletrabalhadores sem registro em CTPS, faltas pessoas jurídicas e uberizados). Atualmente, o que se tem é o Direito do Trabalho diante da sua própria desnaturação, pois todas as antigas fraudes estão normatizadas e permitidas pela lei. O maior desafio contemporâneo do Direito e do Processo do Trabalho é justamente como lidar com esta miscigenação empregatícia. A resposta passa também pelo controle da constitucionalidade e de convencionalidade das normas advindas da reforma trabalhista. É justamente através deste controle que a segurança jurídica será alcançada, bem como a devida efetividade das normas trabalhistas constitucionais e supralegais.

E, diante deste novo cenário normativo, que estabelece diversas hipóteses em que o empregado recebe aquém do mínimo constitucional estabelecido, a relação de emprego tradicional caminha para ser a exceção, e não a regra do Direito do Trabalho, diante do seu "custo" quando comparada àquelas.

Sendo assim, o que se propõe no presente artigo é que, para fins de caraterização da relação empregatícia tradicional, o requisito dependência estabelecido no art. 3º da CLT, seja efetivado, isto é, interpretado como abrangente, não apenas da subordinação jurídica, mas também da dependência econômica, principalmente no que diz respeito ao intermitente, ao teletrabalhador, terceirizado, pejotizado e uberizado.

A utilização da dependência para fins de caraterização da relação empregatícia, ao lado da subordinação jurídica, corresponde ao resgate da efetividade das próprias normas trabalhistas estabelecidas na Constituição da República e nos tratados internacionais de direitos humanos ratificados pelo Brasil, resguardando a todos um piso mínimo existencial a partir do trabalho que realiza.

Não se pode compreender que pessoas trabalhando de maneira quase que exclusiva e ininterrupta para determinadas plataformas e aplicativos digitais sejam caracterizadas como autônomos ou "parceiros", com a sonegação de direitos trabalhistas e previdenciários basilares, como se independentes fossem e subordinação e controle não recebessem.

Os fundamentos do Direito do Trabalho, por si só atrelados e consubstanciados na sustentabilidade do ser humano, dentro da ótica e na proteção de um meio ambiente do trabalho, sua principal fonte material, exigem que as normas trabalhistas, advindas do constitucionalismo social, sejam capazes de ofertar aos trabalhadores brasileiros um meio ambiente do trabalho saudável, seguro e democrático, um local em que todos possam frequentar e ali almejarem dias melhores para si e para a sociedade, tendo o ser humano como epicentro de tudo que o cerca, exercendo assim seu papel fundante no Estado Democrático de Direito.

NANOTECNOLOGIA E MEIO AMBIENTE DO TRABALHO: AINDA A TUTELA JUSFUNDAMENTAL DO TRABALHADOR EM HORIZONTES DE INCERTEZA(*)

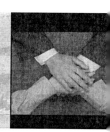

Guilherme Guimarães Feliciano[**]

1 BREVÍSSIMA INTRODUÇÃO AOS NANOFENÔMENOS. CONCEITOS E APLICAÇÕES

Qualquer debate científico sobre temas novidadeiros e momentosos como este que sugeri — *a nanotecnologia e seus impactos no meio ambiente do trabalho* — deve começar por um esquadrinhamento cuidadoso dos conceitos por onde se aventurará o estudioso. Assim, interessa saber, preliminarmente, **o que é a *nanotecnologia*.**

A nanotecnologia diz com a pesquisa e a tecnologia em **nível atômico, molecular e macromolecular**, em uma escala de aproximadamente 1-100 nanômetros, para a produção de conhecimentos fundamentais dos fenômenos e dos materiais em nanoescala, possibilitando a criação e o uso de estruturas, dispositivos e sistemas com novas propriedades e funções devido a estes tamanhos.

Para quem gosta de ficção hollywoodiana, falar de nanotecnologia remete sempre ao filme *"Viagem Insólita"*, que exibia uma mininave dirigida por piloto miniaturizado viajando pelo corpo humano e fazendo interferências no funcionamento do organismo do hospedeiro[1]. A nanotecnologia tem a ver com isto. A rigor, conviria dizer: é isto (com a diferença de que o ser humano não acompanha fisicamente a nave). Mas o seu engenho e a sua ciência, sim. A nanotecnologia diz com a construção de "máquinas" diminutas, tão pequenas que são invisíveis ao microscópio comum, e que podem não só promover interferências em organismos biológicos (inclusive seres humanos), mas também realizar uma série de tarefas complexas e racionalmente predispostas, antes cientificamente impensáveis.

O termo "nanotecnologia" foi criado em 1974, como nome genérico para varias técnicas que envolvem o uso de partículas medidas em "nanômetros" (unidade que é um bilhão de vezes menor que um metro). A maioria dos objetos

---

(*) O presente artigo tem origem em texto preparado para o Seminário *"O acidente de trabalho e sua relação com o meio ambiente do trabalho"*, ocorrido na sede da Procuradoria Regional do Trabalho da 15ª Região, em Campinas, no dia 24.10.2014, sob a coordenação deste Autor e dos Professores Flávio Leme e Ney Maranhão, com o apoio institucional do Ministério Público do Trabalho, da Ordem dos Advogados do Brasil (3ª Subseção) e da Associação dos Magistrados da Justiça do Trabalho da 15ª Região (AMATRA XV). As referências foram posteriormente atualizadas. Foi *atualizado*, com novas informações, em julho de 2019.

(**) Professor Associado II do Departamento de Direito do Trabalho e da Seguridade Social da Faculdade de Direito da Universidade de São Paulo. Juiz Titular da 1ª Vara do Trabalho de Taubaté. Livre-docente em Direito do Trabalho e Doutor em Direito Penal pela FDUSP. Doutor em Direito Processual pela Faculdade de Direito da Universidade de Lisboa. Diretor de Prerrogativas e Assuntos Jurídicos da Associação Nacional dos Magistrados da Justiça do Trabalho — ANAMATRA (2013-2015).

(1) Cf. <http://web.fetecsp.org.br/index.php?option=com_content&view=article&id=36109&catid=41:em-cima-da-hora&Itemid=129>. Acesso em: 23 jun. 2017.

produzidos nesta escala é 70 mil vezes menor que a espessura de um fio de cabelo; e já estão por aí, em cosméticos, remédios, bolas de tênis, cera para carros, protetores solares, IPods, materiais sintéticos para diversos usos industriais, comerciais e médicos etc.

2 NANOTECNOLOGIA, BIOÉTICA E SAÚDE HUMANA. A POLÊMICA DO USO DISSEMINADO

A novidade, por óbvio, atrai defensores e detratores. Defensores destacam as infinitas possibilidades que se abrem, pela nanotecnologia, para o desenvolvimento de novos tratamentos para doenças como o câncer, o Mal de Alzheimer e o diabetes; a possibilidade de se desenvolverem dispositivos nanotecnológicos que possam recuperar a visão dos cegos e a audição dos surdos (mediante aparelhos que possam funcionar como olhos e ouvidos biônicos); a perspectiva de se criar material sintético capaz de se autorregenerar (com imensas aplicações no campo dos transportes viários, p. ex.); e outros tantos horizontes. Na ecologia, a própria poluição ambiental poderá ser combatida com nanoestruturas que capturem os poluentes e os transformem em substâncias inofensivas.

Os detratores, por sua vez, lidam com as incertezas. Há ainda reduzidas pesquisas sobre os impactos destes materiais na saúde de seres humanos e nos ecossistemas de entorno. Mas algumas preocupantes observações têm sido feitas. Observou-se, por exemplo, que cobaias animais apresentaram depósitos de partículas nanotecnológicas no fígado, com potencial prejuízo às suas funções plenas; e, como se sabe, essas estruturas podem facilmente ingressar nas cadeias alimentares e contaminar os seres vivos. No meio ambiente do trabalho, o risco de contaminação é ainda mais imediato; e assim se diz não apenas de operários e tarefeiros, que manipulam o material nanotecnológico, mas até mesmo os pesquisadores e cientistas que conduzem os experimentos.

A esse respeito, em meados de 2012, destacou MARLENE BRAZ, então presidente da seção regional da Sociedade Brasileira de Bioética no Rio de Janeiro, que *"eles [os cientistas] usam máscaras cirúrgicas e luvas comuns, mas estes equipamentos de proteção tradicionais não são eficientes, porque as nanopartículas são tão pequenas que penetram até mesmo na pele"*[2]. E, porque o meio ambiente humano é uma *"Gestalt"*, a impactação no meio ambiente do trabalho contamina outras manifestações do meio ambiente humano, como, na espécie, o meio ambiente natural. É o que diz a mesma pesquisadora: *"Ao final do expediente, estes profissionais lavam as mãos e vão para casa. Esta água, que está contaminada, vai para o esgoto comum"*, com efeitos inauditos nos ecossistemas alcançados.

Nesse encalço, como apontam PYRRHO e SCHRAMM[3],

> A toxicidade das nanopartículas e dos materiais nanoestruturados depende de uma interação complexa de fatores como tamanho, concentração, tempo de exposição, estado de saúde e características individuais do organismo exposto. No entanto, seria um erro afirmar que os mecanismos de toxicidade das nanopartículas são plenamente conhecidos. Isso se dá porque aquilo que faz a nanotecnologia parecer tão promissora — o comportamento diverso das nanopartículas em relação às formas brutas do mesmo material — é também aquilo que torna seus potenciais efeitos sobre a saúde e sobre o meio ambiente imprevisíveis.

Noutras palavras: **suas virtudes são seus vícios**.

3 A NANOTECNOLOGIA HOJE: ABORDAGENS JURÍDICAS POSSÍVEIS. NANOTECNOLOGIA E MEIO AMBIENTE DO TRABALHO

Nos dias de hoje, *nanomateriais* são encontrados em diversos campos: industriais, de serviços ou manufaturas, com aplicações úteis nas indústrias cosmética e de alimentos, biotecnologia, medicina, engenharia, energia, entre outros, em virtude de seu tamanho, os nanomateriais possuem propriedades únicas, mas ainda pouco estudadas quanto

---

(2) Cf. novamente <http://web.fetecsp.org.br/index.php?option=com_content&view=article&id=36109&catid=41:em-cima-da-hora&Itemid=129>. Acesso em: 23 jun. 2017). Da autora, v. ainda BRAZ, Marlene. *Aceitação Pragmática, otimismo utópico ou reflexão sistemática*: nanobiotecnologia, psicanálise, ética e os testes preditivos de câncer de mama. Tese de Doutorado. Rio de Janeiro: Fundação Oswaldo Cruz (FIOCRUZ), 2001.
(3) PYRRHO, Monique; SCHRAMM, Fermin Roland. A moralidade da nanotecnologia. In: *Cad. Saúde Pública [on-line]*. 2012, vol. 28, n. 11, p. 2023-2033. ISSN 1678-4464. Disponível em: <http://dx.doi.org/10.1590/S0102-311X2012001100002>. Acesso em: 25 jun. 2017.

às características dos produtos feitos ou dos processos de fabricação envolvidos, além dos tipos de materiais usados e dos resíduos tóxicos utilizados na fabricação desses produtos, por exemplo. Daqui que, na perspectiva ambiental (e labor-ambiental), ainda há diversas dúvidas e inquietudes acerca das possíveis impactações.

O que nos leva, nos lindes do Direito Ambiental do Trabalho, à primeira advertência: *a ausência de absoluta certeza científica sobre os impactos da nanotecnologia na saúde do trabalhador não deve obstar as necessárias medidas judiciais aptas a prevenir danos pessoais e labor-ambientais.* É o que estatui, em sede de Direito Ambiental — e, portanto, de Direito Ambiental do Trabalho —, o chamado **princípio da precaução**, positivado pela primeira vez, nos textos jurídicos internacionais, por ocasião da 2ª Conferência Internacional sobre o Meio Ambiente Humano (a Rio 92). Com efeito, assim reza o *princípio n. 15* da Declaração do Rio de Janeiro sobre o Meio Ambiente:

> Quando houver ameaça de danos sérios ou irreversíveis, a ausência de absoluta certeza científica não deve ser utilizada como razão para postergar medidas eficazes e economicamente viáveis para prevenir a degradação ambiental,

Veja-se que, em se tratando de *direitos humanos de terceira geração* (ou *dimensão*) — como é o direito ao meio ambiente ecologicamente equilibrado (art. 225, CRFB) e, no plano juslaboral, o direito ao meio ambiente do trabalho sadio e equilibrado (arts. 7º, XXII, CRFB), que se conecta com direitos humanos de *primeira* e de *segunda dimensão* quando recobre a integridade pessoal da pessoa e do coletivo social (vida, integridade física, saúde pública etc.) —, está claro que **essa norma-princípio insere-se no sistema jurídico brasileiro com *status* supralegal,** a valer a recente jurisprudência do STF em matéria de recepção de tratados e convenções internacionais que versem sobre direitos humanos, *"ex vi"* do art. 5º, § 2º, da Constituição Federal (originando, a propósito, a atual Súmula Vinculante n. 25, que veda toda e qualquer prisão de depositário infiel).

No que diz com o meio ambiente natural, o princípio da precaução fora aplicado já no final dos anos noventa, quando a Justiça Federal de primeiro grau deferiu **medida liminar inibitória** em favor do Instituto Brasileiro de Defesa dos Direitos do Consumidor — IDEC, proibindo a *Monsanto* de estabelecer, no Brasil, as primeiras plantações de soja transgênica (*"round-up"*), à vista da *dúvida* acerca dos efeitos deletérios da introdução de um organismo novo no ecossistema de destino e no próprio regime alimentar dos consumidores (eis que sequer havia, à altura, regulamentação em torno da *rotulagem* dos produtos que contivessem a malsinada soja). Ulteriormente, à vista de toda uma regulamentação cuidadosamente desenvolvida pelas mãos da CTNBio e da própria revisão da Lei Nacional de Biossegurança (Lei n. 11.105/2005, revogando a anterior Lei n. 8.974/1995), essas plantações passaram a ser autorizadas.

No âmbito trabalhista, da mesma maneira, são inúmeros os ensejos em que, diante da *dúvida* acerca dos efeitos negativos de determinada atividade, obra ou equipamento no meio ambiente do trabalho, o juiz do Trabalho *deve* decidir em favor da proteção da incolumidade dos trabalhadores considerados individual ou coletivamente. Por isso mesmo, tenho dito que, no Direito Ambiental do Trabalho, o princípio da precaução, lido por jusambientalistas através da parêmia *in dubio pro natura*, passa a ser lido como **in dubio pro homine**. Assim seria, p. ex., desde a ação civil pública que pede o desligamento de caldeiras, diante do risco iminente de explosão (que a empresa contesta com laudos técnicos igualmente bons), até a ação de jurisdição constitucional concentrada que discute a autorização ou vedação de atividades produtivas com certas modalidades "menos agressivas" de amianto. Neste último caso, estamos falando da ADI n. 4.066/DF, de que são autoras a Associação Nacional dos Magistrados da Justiça do Trabalho — ANAMATRA e a Associação Nacional dos Procuradores do Trabalho — ANPT, e que discute a constitucionalidade da Lei n. 9.055/95, que autoriza, em âmbito nacional, o "uso controlado" do amianto crisotila (no que colide com leis estaduais que o vedam, como, p. ex., a Lei n. 12.684/2007, do Estado de São Paulo, cuja constitucionalidade já foi *reconhecida* na ADI n. 3.937).

A Ação Direta de Inconstitucionalidade n. 4066, com pedido de medida cautelar, pede a revogação do art. 2º da lei questionada. Para a ANFT e a Anamatra, pesquisas científicas em muitos países já comprovaram os malefícios vários — principalmente o *câncer*, já que o amianto é carcinogênico, mas também outras doenças, como a própria asbestose — da manipulação de todas as modalidades de amianto, i.e., tanto o marrom quanto o branco ou azul, também chamado de crisotila. Não por outra razão, o amianto, em todas as suas modalidades, vem sendo sistematicamente abolido, não só pelos países desenvolvidos (*e. g.*, em praticamente toda a Europa ocidental), mas também por muitas nações em desenvolvimento. Até em razão desse quadro, as grandes empresas multinacionais migraram para países como o Brasil, onde a legislação de proteção ao trabalhador, à saúde e ao meio ambiente, por ser menos restritiva, *"re-*

vela-se mais suscetível de abrigar empresas voltadas à exploração de atividades econômicas fundadas em matérias-primas poluentes ou revestidas de altíssimo nível de toxidade para o organismo humano e o meio ambiente". Para a ANAMATRA e a ANPT, ao permitir a utilização dessas substâncias, a lei desrespeita dispositivos constitucionais, como o direito à saúde (art. 196), o direito ao meio ambiente em geral e ao meio ambiente do trabalho sadio e equilibrado (arts. 170, 200, VIII, e 225, CRFB) e o próprio princípio da supremacia da dignidade da pessoa humana.

Em um caso como este, era ingente examinar a questão sob a luz do *princípio da precaução* (sem prejuízo de outras regras, princípios e valores que devessem ser considerados na hipótese). No que se viu até aqui, porém, há risco de que o Excelso Pretório venha a ignorar este que é, inequivocamente, o parâmetro normativo mais relevante para o caso. No voto do Min. Marco Aurélio Mello para a ADI n. 3.937, amplamente divulgado, o princípio da precaução — e, de resto, todo o universo normativo ligado à tutela do trabalhador no meio ambiente do trabalho — não foi objeto de qualquer cogitação. Ao contrário, bastou-se o Ministro em que,

[a]ssentada a constitucionalidade do artigo 2º da Lei n. 9.055/1995, torna-se singela a análise atinente à Lei estadual n. 12.684/2007, do Estado de São Paulo. Revela-se inequívoca a inconstitucionalidade formal da norma, por inadequação ao artigo 24, incisos V, VI e XII, e § 3º, da Carta Federal. Venho afirmando que o julgador, ao deparar-se com determinada questão jurídica, busca, nas convicções íntimas, na formação humanística, alfim, na cosmovisão que possui, a resposta que mais lhe afigure correta e justa. É o que chamam de contexto de descoberta. Em seguida, procura, no ordenamento jurídico, os fundamentos capazes de sustentar a conclusão. Surge aí contexto de justificação. Quando a solução mais justa, na concepção particular do intérprete, não encontra esteio no arcabouço normativo, impõe-se a revisão do sentimento inicial. Às vezes, o politicamente correto simplesmente não equivale ao juridicamente acertado.

O caso envolvendo o amianto é um desses em que os contextos não se harmonizam. Inequivocamente, a substância possui enorme potencial cancerígeno, que já provocou tragédia humanitária em diversos países. A despeito da cifra negra, creio que os fundamentos jurídicos, econômicos e científicos apresentados ao longo do voto não permitem chegar à conclusão de que a permissão, contida em lei federal, de uso e comércio balizados do amianto seja material ou formalmente inconstitucional. Insisto: rever a proibição do amianto requer manifestação democrática, que seja capaz inclusive de avaliar adequadamente a adoção do produto e dos possíveis substitutos.

Mera análise formal da arquitetura federativa e de seus reflexos nas competências legislativas, portanto. Mas, como visto, foi nisto — felizmente — vencido. Quase uma década depois, em direção mais adequada, nos autos da ADI n. 3.937/SP (com repercussão direta no objeto da ADI n. 4.066/DF), o Min. Dias Toffoli avançou na análise jurídico-ambiental da questão, flertando com o princípio da melhoria contínua (conquanto não o refira textualmente). É que, por força de tal princípio, cabe ao Estado e à sociedade civil — à vista do *caput* do art. 225 da Constituição — buscar progressivamente a melhor condição de equilíbrio para o meio ambiente humano, acompanhando a evolução do estado da técnica[4]. Leia-se (negritos nossos, sem os realces originais):

No presente caso, a Lei n. 9.055, em seu art. 1º, proibiu a extração, a produção, a industrialização, a utilização e a comercialização de todos os tipos de amianto, com exceção da crisotila, vedando, quanto a essa espécie, apenas a pulverização e a venda a granel de fibras em pó. Na sequência, em seu art. 2º, a lei autorizou a extração, a industrialização, a utilização e a comercialização do asbesto/amianto da variedade crisotila (asbesto branco) na forma definida na lei. Assim, se a lei federal admite, de modo restrito, o uso do amianto, em tese, a lei estadual ou municipal não poderia proibi-lo totalmente, pois, desse modo, atuaria de forma contrária à prescrição da norma geral federal. Nesse caso, não temos norma suplementar, mas norma contrária/substitutiva à lei geral, em detrimento da competência legislativa da União. Voltando ao vetor interpretativo de que as normas gerais suplementares devem conviver em harmonia dentro do mesmo território, no caso, a norma supostamente suplementar acaba por anular *in totum*, naquela unidade da federação, a aplicação da lei nacional.

No entanto, pelos fundamentos que serão expostos a seguir, **entendo que o art. 2º da Lei federal n. 9.055/1995 passou por um processo de inconstitucionalização e, no momento atual, não mais se compatibiliza com a Constituição de 1988, razão pela qual os estados passaram a ter competência legislativa plena sobre a matéria até que sobrevenha eventual nova legislação federal, nos termos do art. 24, §§ 3º e 4º, da CF/88.**

Embora a Lei federal n. 9.055/95 não seja impugnada nestas ações — somente na ADI n. 4.066 (a qual estou impedido de julgar por ter atuado nela como Advogado-Geral da União) —, a causa de pedir nas ações de controle concentrado é aberta e *"o STF, no exercício da competência geral de fiscalizar a compatibilidade formal e material de qualquer ato normativo*

---

(4) V., por todos, FELICIANO, Guilherme Guimarães. "Meio ambiente do trabalho (aspectos gerais e propedêuticos)". In: *Revista do Tribunal Regional do Trabalho da 15ª Região*. Campinas/SP: TRT 15, 2002. n. 20. *Passim.*

com a Constituição, pode declarar a inconstitucionalidade, incidentalmente, de normas tidas como fundamento da decisão" (Rcl 4374/PE, Rel. Min. Gilmar Mendes, DJe de 4.9.13). Até porque, sob os fundamentos aqui apresentados, a análise da constitucionalidade da lei federal — como chamou a atenção o eminente Professor Ministro Eros Grau no julgamento da medida cautelar da ADI n. 3.937/SP — é questão prejudicial ao debate quanto à constitucionalidade das leis estaduais e municipal em questão, não sendo dado à Corte se furtar de se pronunciar sobre uma questão de inconstitucionalidade que surge *incidenter tantum*. Lembro que já o fez a Corte na ADI n. 4.029, de relatoria do Ministro Luiz Fux: julgou improcedente a ação que questionava a constitucionalidade da Lei federal n. 11.516/07, que criou o Instituto Chico Mendes, mas declarou incidentalmente a inconstitucionalidade de dispositivos da Resolução n. 1 de 2002 do Congresso Nacional (DJe de 27.6.12). Passo, então, ao próximo ponto de meu voto.

III. O ATUAL ESTÁGIO DO DEBATE PÚBLICO E CIENTÍFICO ACERCA DO AMIANTO CRISOTILA (ASBESTO BRANCO) E O PROCESSO DE INCONSTITUCIONALIZAÇÃO DO ART. 2º DA LEI FEDERAL N. 9.055/1995

Na doutrina constitucional, reconhece-se o fenômeno pelo qual uma lei antes reconhecida como constitucional vem a ser considerada incompatível com a Constituição após determinado período de vigência. Esse fenômeno pode ocorrer, basicamente, de duas formas: em razão de mudança no parâmetro de controle, decorrente de alteração formal do texto constitucional ou do sentido da norma constitucional (no último caso, tem-se a chamada mutação constitucional); ou por força de alterações nas relações fáticas subjacentes à norma jurídica. Sabe-se que a esfera dos fatos se comunica com a esfera do direito de diversas maneiras. Nesse sentido, a interpretação das normas jurídicas sempre é um processo de articulação entre texto e realidade fática. Do mesmo modo, a esfera dos fatos é determinante na compreensão que temos acerca da adequação de determinada norma aos princípios e regras constitucionais. A jurisdição constitucional deve ser exercida com prudência e sensibilidade para esse importante aspecto da interpretação constitucional. É essa compreensão que embasa, por exemplo, o emprego da técnica do apelo ao legislador em virtude de mudança nas relações jurídicas ou fáticas, a respeito da qual leciona o eminente Ministro Gilmar Mendes na seara doutrinária, a partir da análise da jurisprudência da Corte Constitucional Alemã. Dentre as decisões citadas pelo eminente Ministro, vale mencionar o caso da divisão dos distritos eleitorais, clássico exemplo de processo de inconstitucionalização na jurisprudência alemã, relatado nos seguintes termos:

"22. A decisão do Bundesverfassungsgericht de 22 de maio de 1963 revela exemplo clássico do processo de inconstitucionalização (Verfassungswidrigwerden) em virtude de uma mudança nas relações fáticas. Ressaltou-se, nesse acórdão, que, em virtude da significativa alteração na estrutura demográfica das diferentes unidades federadas, a divisão dos distritos eleitorais, realizada em 1949 e preservada nas sucessivas leis eleitorais, não mais atendia às exigências demandadas do princípio de igualdade eleitoral (Lei Fundamental, art. 38). O Tribunal absteve-se, porém, de pronunciar a inconstitucionalidade sob a alegação de que tal situação não podia ser constatada na data da promulgação da lei (setembro de 1961). O Bundesverfassungsgericht logrou infirmar, assim, a ofensa ao art. 38 da Lei Fundamental. Conclamou-se, porém, o legislador 'a empreender as medidas necessárias à modificação dos distritos eleitorais, com a redução da discrepância existente para patamares toleráveis'. 23. Essa exortação do Tribunal foi atendida com a promulgação da Lei de 14 de fevereiro de 1964 (Gesetz zur Änderung des Bundeswahlgesetzes)" (O Apelo ao Legislador — Appellentscheidung — na Práxis da Corte Constitucional Alemã. Revista de informação legislativa : v. 29, n. 114, abr./jun. 1992).

O fenômeno do processo de inconstitucionalização não é estranho à práxis deste Supremo Tribunal Federal. Vale mencionar o RE n. 135.328, de Relatoria do Ministro Marco Aurélio, em que foi consignado que, enquanto a Defensoria Pública não fosse devidamente organizada, o art. 68 do Código de Processo Penal seria considerado ainda constitucional, permanecendo o Ministério Público ainda legitimado para a ação de ressarcimento nele prevista (Tribunal Pleno, DJ de 20.4.01). Mais recentemente, no julgamento da Rcl n. 4.374/PE, a respeito do benefício assistencial de prestação continuada ao idoso e ao deficiente, o Tribunal, por maioria, declarou a inconstitucionalidade parcial, sem pronúncia de nulidade, do art. 20, § 3º, da Lei n. 8.742/1993, em razão da "ocorrência do processo de inconstitucionalização decorrente de notórias mudanças fáticas (políticas, econômicas e sociais) e jurídicas (sucessivas modificações legislativas dos patamares econômicos utilizados como critérios de concessão de outros benefícios assistenciais por parte do Estado brasileiro)" (DJe 4/9/13). Outrossim, conforme se observa a partir de Marcelo Borges de Mattos Medina, toda legislação é editada tendo-se em conta determinados prognósticos, que podem vir ou não a ser confirmados após um considerável período de vigência da norma. Frustradas as expectativas em relação ao cumprimento desses prognósticos, e atestada sua inaptidão para colaborar com a concretização dos valores constitucionais, cabe reavaliar sua validade. Nas palavras do autor mencionado:

"Acontece que, às vezes, mesmo os melhores prognósticos legislativos, em face dos quais determinado estatuto, de início constitucional, tenha sido elaborado, acabam por ser infirmados em virtude da evolução da realidade. E, assim, tempos depois da edição da lei, cumprirá renovar a apreciação dos fatos da vida, a fim de se verificar a validade da medida no contexto social então presente. (…) justificar-se-á o reexame pela permanente necessidade de tornar ótima a efetividade das normas da Constituição, afastando-se, no plano infraconstitucional, quaisquer diplomas que obstem a plena realização desse grave desiderato" (Constituição e Realidade: a influência das transformações sociais na jurisdição constitucional. Rio de Janeiro: Renovar, 2011. p. 47).

Tendo em vista tais pressupostos teóricos, entendo, no caso, que **a Lei n. 9.055/1995 passou por um processo de inconstitucionalização, em razão da alteração no substrato fático do presente caso. Isso porque as percepções dos níveis de consenso e dissenso em torno da necessidade ou não do banimento do amianto não são mais os mesmos observados quando da edição da referida norma geral. Se, antes, tinha-se notícia dos possíveis riscos à saúde e ao meio ambiente ocasionados pela utilização da crisotila, falando-se naquela época na possibilidade do uso controlado dessa substância, hoje, o que se observa é um consenso em torno da natureza altamente cancerígena do mineral e da inviabilidade de seu uso de forma efetivamente segura, sendo esse o entendimento oficial dos órgãos nacionais e internacionais que detêm autoridade no tema da saúde em geral e da saúde do trabalhador. [...]**

Pelo exposto, **julgo improcedentes as ADI n. 3.356, n. 3.357 e n. 3.937 e a ADPF n. 109, com declaração incidental de inconstitucionalidade do art. 2º da Lei Federal n. 9.055/1995,** com efeitos *erga omnes* e vinculante.

Assim, ainda que o princípio da precaução não tenha funcionado como *ratio iuris* fundamental a basear a declaração de inconstitucionalidade da Lei n. 9.055/95, ao menos se superou a exegese jurídico-formal e se incorporou, para o equacionamento do *hard case*, discussões substantivas em torno do direito fundamental à saúde e do referido princípio da progressão contínua (que, no Direito do Trabalho, deriva do art. 7º, XXII, da Constituição e tem sido identificado como *princípio do risco mínimo regressivo,* na linha de SEBASTIÃO GERALDO DE OLIVEIRA[5] e outros autores).

E no campo da nanotecnologia? *"Quid iuris"*?

4 NANOTECNOLOGIA, TRABALHO E PRECAUÇÃO. "NANORRISCOS" NAS DIMENSÕES BIOLÓGICA E SOCIAL

Por evidente, o princípio da precaução deve se aplicar, como baliza normativa e guia de regência, à impactação da nanotecnologia no meio ambiente do trabalho. Prestar-se-á, desde logo, a justificar, por exemplo, a tutela processual inibitória ou de remoção de ilícito em favor de trabalhadores expostos a riscos de danos graves, ainda que não mensurados no imo da indústria nanotecnológica.

Mas os mercados não percebem assim.

Produtos desenvolvidos com técnicas de nanotecnologia já estão nas prateleiras do comércio e os consumidores sequer têm conhecimento disso (tal como se pretendera, outrora, com os organismos geneticamente modificados). Houvesse investimento bastante, a própria nanotecnologia poderia ser o remédio para seus próprios males: desenvolver-se-iam, com alguma dificuldade e gasto, nanoestruturas para reverter ou prevenir os danos causados por outras nanopartículas. E a questão não é apenas esta. Na dicção da pesquisadora ARLINE ARCURI, da FUNDACENTRO/MTE, *"mesmo havendo regulamentação, os empresários só cumprem as normas quando são fiscalizados e multados. O benzeno, por exemplo, é um produto químico altamente tóxico, há normas para seu uso e para proteção dos trabalhadores, mas as empresas não cumprem espontaneamente. Só tomam as medidas de precaução necessárias e obrigatórias quando há fiscalização"*[6].

E, de fato, se as normas regulamentadoras do Ministério do Trabalho e Emprego ainda lidam com a saúde e a segurança do trabalho no âmbito "macroscópico", em larga medida, decerto não estão adequadas, neste momento, para a tutela do trabalhador contra os perigos da nanotecnologia. Nem por isso, deve estar o trabalhador ao desamparo: afinal, *acesso à jurisdição* (art. 5º, XXXV, CRFB) significa, a uma, *acesso à ordem jurídica justa* e *acesso à jurisdição efetiva,* para além do mero acesso formal ao sistema judiciário.

Mas eventual danosidade da onda nanotecnológica não se resumirá à integridade pessoal. Também os direitos sociais tendem a ser afetados, direta ou indiretamente. A nanotecnologia permitirá que, em lojas e supermercados, um *scanner* universal identifique os dados de todas as mercadorias que o consumidor leve em seu carrinho (preço, data de validade, especificações de segurança etc.), debitando o valor total da compra diretamente no cartão de crédito do cliente e encaminhando ao seu endereço eletrônico precadastrado tudo o que for relevante para o seu conhecimento imediato. Possibilidades como esta conduzirão, p.ex., à eliminação das funções de operadores de caixa.

---

(5) V., por todos, OLIVEIRA, Sebastião Geraldo. *Proteção Jurídica à Saúde do Trabalhador.* 5. ed. São Paulo: LTr, 2010. p. 124.

(6) Cf., ainda uma vez, <http://web.fetecsp.org.br/index.php?option=com_content&view= article&id=36109&catid=41:em-cima-da-hora&Itemid=129>. Acesso em: 23 jun. 2017.

Na indústria, nanomáquinas capazes de realizar diversos tipos de trabalho poderão tornar as linhas de produção tradicionais obsoletas, sejam ou não automatizadas. Os serviços de saúde, na mesma linha, serão impactados por uma revolução nos métodos de diagnóstico e tratamento, que utilizarão nanomáquinas de reconhecimento que singrarão os órgãos ou tecidos examinados; daqui advirá o desemprego para profissionais de saúde que hoje manipulam máquinas macroscópicas.

No segmento terciário, os serviços bancários poderão ser automatizados plenamente, valendo-se de nanodispositivos que se integrarão às cédulas, moedas, cartões e até boletos de cobrança, dispensando a intervenção do trabalho humano. Basta lembrar que temos quase 450 mil bancários no Brasil hodierno para aquilatarmos a extensão dessas mudanças que se avizinham, notadamente na perspectiva do "pleno emprego", que também está entre as principais diretrizes constitucionais para a ordem econômica (art. 170 da Constituição).

A automação industrial que o Brasil conheceu nos anos oitenta não se compara ao que a nanotecnologia poderá fazer. Poucos operários poderão ser "reciclados" para manipular a nanotecnologia; e, de fato, poucos serão necessários. A "Infoera", tão bem descrita por ZUFFO[7], trará o desamparo social. E, aqui, o Direito do Trabalho pouco poderá fazer, à míngua de políticas públicas competentes de compensação, capacitação e reaproveitamento.

O "lixo" nanotecnológico, que não pode ser visto ao microscópio ótico, é de detecção quase impossível; como, então, manejá-los ecologicamente? Entre os muros das fábricas, como prevenir ou remediar a contaminação nanotecnológica, com os obsoletos e burocráticos PCMSOs da nossa praxe diuturna? Tais riscos potencializam-se, ademais, se considerarmos que os cientistas agora trabalham com um modelo de *nanoestruturas autoreplicáveis*, isto é, capazes de produzir cópias de si mesmas. Esse recurso é de grande interesse nos mais diversos campos, e notadamente no segmento médico: tornar-se-ia desnecessário injetar dose alta de medicamento num paciente, bastando um pequeno número de nanomáquinas que se reproduziriam na quantidade necessária. Mas, em paralelo, a reprodução desordenada de nanopartículas com funções desviadas ou em contextos inadequados pode configurar algo semelhante às grandes endemias e pestes de outrora. Os futurologistas já designam esse novo perigo com a expressão *"grey-goo"* ("gosma cinza"), identificada como a proliferação dos nanorobôs autoreplicantes, capazes de se alimentar de tudo o que encontrassem, para além da absorção da energia solar como "combustível" básico.

A **Organização Internacional do Trabalho** já volta os olhos para essa nova realidade, identificando-a como os novos e graves riscos imanentes às relações de trabalho. Há quatro anos, elegeu o tema como aqueles a especialmente focar nos esforços de promoção da saúde e da segurança do trabalhador no meio ambiente do trabalho. Em 2010, lançou seu alerta em *"Riesgos emergentes y nuevos modelos de prevención en um mundo de trabajo en transformación"*[8], no qual se lê:

> Se espera que, em 2020, aproximadamente 20 de todos os produtos manufaturados no mundo se basearão em certa medida, na utilização da nanotecnologia. [...] Os riscos novos e emergentes do trabalho podem ser provocados pela inovação técnica ou pelas mudanças sociais ou de organização, por exemplo: novas tecnologias e processos de produção, por exemplo, *a nanotecnologia ou a biotecnologia*; novas condições de trabalho, por exemplo, maiores cargas de trabalho, intensificação do trabalho por causa de cortes de empregos, más condições associadas com a migração por motivos de trabalho, trabalhos na economia informal; novas formas de emprego, por exemplo, o emprego independente, a subcontratação ou os contratos temporários.

A rigor, os desdobramentos sociais da universalização da nanotecnologia alcançarão *as três dimensões* divisadas pela OIT: não apenas os *processos produtivos,* mas também as próprias *condições de trabalho* (inclusive pelo corte de empregos, como se viu) e também as *novas formas de emprego.*

5 À GUISA DE CONCLUSÃO

Poderiam talvez redarguir, à vista de tudo o que se disse acima: a despeito das incertezas que se avizinham no horizonte próximo, *haverá Direito suficiente* para lidar com essa nova realidade.

Talvez.

---

(7) ZUFFO, J. A *Infoera*: o imenso desafio do futuro. São Paulo: Saber, 1997. *Passim.*
(8) ORGANIZAÇÃO INTERNACIONAL DO TRABALHO. *Riesgos emergentes y nuevos modelos de prevención en un mundo de trabajo en transformación.* Genebra: ILO, 2010. *Passim.* Disponível em: <http://www.ilo.org/wcmsp5/groups/public/---ed_protect/---protrav/---safework/documents/publication/wcms_124341. pdf>. Acesso em: 23 jun. 2017.

Citei, alhures, as ações de caráter inibitório e a tutela judicial preventiva em geral. Há, bem assim, os próprios rudimentos que informam o Direito do Trabalho e o Direito Ambiental do Trabalho, e que bem poderão servir à hipótese, como o princípio geral da precaução (*supra*), já internalizado no direito pátrio (v., *e.g.*, a própria Lei da Biossegurança, no art. 1º, *caput, in fine*), como também o princípio do risco mínimo regressivo (art. 7º, XXII, CF) e a própria garantia constitucional do trabalhador contra a automação (art. 7º, XXVII, CF — porque, como se viu, a nanotecnologia é o que dilata, hoje, as perspectivas da automação nos setores primário, secundário e terciário). Sempre se poderá, então, julgar com base em normas-princípios.

É fato. Talvez haja Direito bastante.

Mas haverá Ciência bastante?

O tempo dirá.

6 REFERÊNCIAS

BRAZ, Marlene. *Aceitação Pragmática, otimismo utópico ou reflexão sistemática:* nanobiotecnologia, psicanálise, ética e os testes preditivos de câncer de mama. Tese de Doutorado. Rio de Janeiro: Fundação Oswaldo Cruz (FIOCRUZ), 2001.

FELICIANO, Guilherme Guimarães. *Curso Crítico de Direito do Trabalho:* Teoria Geral do Direito do Trabalho. São Paulo: Saraiva, 2012.

FELICIANO, Guilherme Guimarães. "Meio ambiente do trabalho (aspectos gerais e propedêuticos)". In: *Revista do Tribunal Regional do Trabalho da 15ª Região*. Campinas/SP: TRT 15, 2002.

OLIVEIRA, Sebastião Geraldo. *Proteção Jurídica à Saúde do Trabalhador*. 5. ed. São Paulo: LTr, 2010.

PYRRHO, Monique. SCHRAMM, Fermin Roland. A moralidade da nanotecnologia. In: *Cad. Saúde Pública* [*on-line*]. 2012, vol. 28, n. 11, p. 2023-2033.

ZUFFO, João. *A Infoera: o imenso desafio do futuro*. São Paulo: Saber, 1997.

ORGANIZAÇÃO INTERNACIONAL DO TRABALHO. *Riesgos emergentes y nuevos modelos de prevención en un mundo de trabajo en transformación*. Genebra: ILO, 2010.

O 'MEDICAL MONITORING' COMO ESPÉCIE DE RESPONSABILIDADE CIVIL POR RISCO NAS RELAÇÕES JURÍDICAS TRABALHISTAS: UMA ANÁLISE A PARTIR DA TEORIA DO DANO AMBIENTAL FUTURO

Délton Winter de Carvalho[*]
Gustavo Vinícius Ben[**]

1 INTRODUÇÃO

Este artigo trata do tema da aplicabilidade do dano ambiental futuro — mais especificamente, do instituto do monitoramento médico (*medical monitoring*) — no Direito do Trabalho brasileiro. Mediante o estudo do risco abstrato e do dano ambiental futuro, o artigo traça um panorama do direito brasileiro no que se refere às teorias do risco e à imputação da responsabilidade civil, mormente no âmbito trabalhista quanto à exposição de funcionários a contaminações massivas por negligência ou imprudência do empregador.

As ações judiciais de monitoramento médico começaram a surgir nos Estados Unidos após a constatação de que milhares de pessoas estavam expondo-se de modo prolongado a substâncias tóxicas, de maneira a haver um incremento dos riscos de elas desenvolverem doenças graves, como asbestose e diversos tipos de cânceres. Essas ações consistem na solicitação de custeamento de exames de diagnóstico prévios em favor das vítimas por parte daqueles que, por agirem ilicitamente, causaram a contaminação.

Essas demandas foram bem-sucedidas em grande parte dos Estados norte-americanos, e o seu grande diferencial é que a concessão dos benefícios tem se dado antes mesmo de os demandantes apresentarem qualquer sintoma das patologias possíveis. Ocorre que esse é o seu fundamento, pois o objetivo é identificar doenças que podem ocorrer muito tempo depois da exposição mediante a realização de exames médicos periódicos, possibilitando o seu tratamento precoce. Diante disso, levanta-se o seguinte problema de pesquisa: o monitoramento médico poderia ser assimilado pelo Direito Trabalhista Brasileiro em casos de contaminações massivas de empregados, de modo a se responsabilizar empregadores por danos ambientais futuros?

---

[*] Pós-Doutor em Direito Ambiental e Direito dos Desastres pela University of California, Berkeley, CA, USA, sob a orientação de Daniel A. Farber. Atualmente é Professor Adjunto I no Programa de Pós-Graduação em Direito — PPGD da Universidade do Vale do Rio dos Sinos. Membro da Associação Brasileira dos Professores de Direito Ambiental — APRODAB e do Instituto o Direito por um Planeta Verde. Membro do Conselho Editorial da Revista Brasileira de Direito Ambiental e da Revista Direito Ambiental e Sociedade. Líder do Grupo de Pesquisa Direito, Risco e Ecocomplexidade. Advogado. E-mail: delton@ deltoncarvalho.com.br.
[**] Mestrando Bolsista CAPES/PROEX em Direito Público da Universidade do Vale do Rio dos Sinos (UNISINOS). Bacharel em Direito pela Universidade Federal do Rio Grande do Sul — UFRGS. Membro do Grupo de Pesquisa Direito, Risco e Ecocomplexidade. E-mail: gustavo_ben@hotmail.com.

Esta pesquisa se justifica pelo fato de a sociedade brasileira contemporânea ser uma sociedade complexa, em que o risco e o perigo estão inerentes a sua realidade. A ideia de risco surge na modernidade, diante das novas tecnologias, e por consequência, o surgimento de novas formas de trabalho decorrentes da Revolução Industrial. Frente a tais transformações sociais, intensificadas no que pode ser chamado de era pós-industrial, torna-se necessária a implementação de instrumentos de prevenção e precaução capazes de lidar com os riscos globais, invisíveis e transtemporais que caracterizam essa verdadeira sociedade de risco.

O estudo do risco inerente a essa sociedade, faz-se necessário, também, no que tange as relações de trabalho. Isso porque o trabalhador é a pessoa que possuí maior contato com os possíveis agentes prejudiciais à saúde decorrentes de atividades de risco, como por exemplos, produtos químicos industriais que podem ser contaminantes ao trabalhador, que fica a mercê de doenças graves. O fato de os sintomas dessas patologias serem, frequentemente, latentes, exemplifica a incapacidade de a responsabilidade civil tradicional corresponder às expectativas sociais atuais, o que demonstra a necessidade de os mecanismos jurídicos internalizarem a ideia de responsabilização civil por danos futuros.

Há, assim, a necessidade de se repensar a visão do Direito sobre o risco de dano, isto é, do dano futuro, em especial na área do Direito Ambiental aqui tratada. Nesse sentido, é importante ressaltar a obra "Dano Ambiental Futuro: a responsabilização civil pelo risco ambiental", de Délton Winter de Carvalho. Isso porque essa obra, há mais de uma década, já tratava desse tema em terras brasileiras, de modo a repercutir na compreensão do risco pelo sistema jurídico nacional. Tendo isso em vista, as ideias levantadas nela, também servem como base principal para o presente estudo, uma vez que as ações de monitoramento médico se focam justamente em danos que ainda não se concretizaram.

Esta pesquisa, então, está estruturada em três partes. Na primeira, demonstra-se um estudo das transformações da sociedade devido aos avanços tecnológicos, oportunidade em que é explicada a transição de uma sociedade de risco concreto para uma sociedade de risco abstrato, bem como a maneira como isso repercute no Direito. Nesse ponto, é sublinhada, também, a importância da teoria do dano ambiental futuro para que o Direito ocupe-se adequadamente desse tipo de risco, que escapa às concepções clássicas de responsabilidade civil. A partir disso, começa-se a fazer uma maior inserção no tema deste artigo, demonstrando-se a relação do dano ambiental futuro e os ilícitos tóxicos que implicam contaminações massivas, as quais geram situações de risco abstrato.

Na segunda parte, trata-se da criação do instituto do monitoramento médico (*medical monitoring*), aplicado pelo Direito norte-americano. Aqui, são estudados os *leading cases* sobre o tema: *Friends for All Children v. Lockheed Aircraft Co.*, *Ayers v. Township of Jackson*, *In Re Paoli R. R. Yard PCB* e *Metro-North Commuter Railroad Co. v. Buckley*. O enfoque dessa exposição são os requisitos elencados para a concessão do monitoramento médico, os quais foram elencados nos casos concretos dos Estados Unidos, com o intuito de explorar a sua aplicabilidade no Direito brasileiro. Além disso, é um feito destaque no caso *Metro-North*, julgado pela Suprema Corte dos Estado Unidos, que, em razão de erros interpretativos por grande parte dos tribunais, representou um entrave para as ações de monitoramento médico no país.

Na terceira parte, analisa-se a maneira como o Direito Brasileiro tem tratado as questões suscitadas pelos riscos abstratos, bem como a recepção do dano ambiental futuro pelo sistema jurídico nacional. Enfim, a partir disso, estuda-se a compreensão do Direito Trabalhista a respeito desse tipo de risco e do dano ambiental futuro, tomando-se como objeto as recentes decisões proferidas pelo TRT-2 e TRT-1 nas Ações Civis Públicas n. 0002106-72.2013.5.02.0009/SP e n. 0011104-96.2014.5.01.0049/RJ, nas quais se verifica o provimento de pedidos para o custeio de exames médicos de diagnóstico antes de qualquer sintoma a funcionários e ex-funcionários expostos ao amianto.

Para estudar-se a admissibilidade do monitoramento médico, utiliza-se o método de abordagem dedutivo e o método de procedimento comparativo. Como técnica de pesquisa, por sua vez, é utilizada a revisão bibliográfica e a análise documental, em que são estudadas as principais bases teóricas que fundamentam o conceito de riscos concreto e abstrato, o dano ambiental futuro, o instituto do monitoramento médico (*medical monitoring*), bem como àquelas que justificam a aplicabilidade do dano ambiental futuro no Direito do Trabalho brasileiro. Ao final, as concepções teóricas são justificadas pela análise das decisões judiciais proferidas pelo TRT-2 e pelo TRT-1, e pela reflexão a respeito da compatibilidade dos requisitos constituídos pelo sistema jurídico norte-americano com o sistema jurídico brasileiro.

2   A SOCIEDADE DE RISCO E AS TRANSFORMAÇÕES DO DIREITO

Com a consolidação do capitalismo industrial a partir dos séculos XVIII e XIX, o mundo ocidental passou a ser marcado pela explosão de criações tecnológicas e científicas, as quais deram causa a novos riscos e perigos. Considerando as novas tecnologias, como as utilizadas na indústria, Kanner[1] explica que foram criadas situações de danos não conhecidas na era pré-industrial, que têm sido confrontadas em ações de responsabilidade civil de massas.

Nesse ponto, é importante destacar que, em um primeiro momento, os avanços tecnológicos levaram ao maquinismo, e a riscos atrelados a essa realidade. Esses são os chamados riscos concretos ou industriais, que são consequências de atividades ou técnicas calculáveis pelo conhecimento vigente. Esses riscos costumam ficar limitados a classes sociais e ao território em que a atividade que lhe causou estiver sendo executada.

Posteriormente, passou-se da forma industrial mecanicista para uma forma tecnologicamente potencializada, o que deu início a era pós-industrial, em que emergiram novos riscos, que podem ser chamados de riscos abstratos ou pós-industriais, distribuídos de maneira distinta daqueles do período industrial mecanicista. Os riscos abstratos caracterizam a sociedade de risco, e são marcados pela invisibilidade, globalidade e transtemporalidade.[2] Essas características, como explicado a seguir, não são abarcadas pelas teorias tradicionais da responsabilidade, as quais exigem a demonstração de um dano presente para a sua imputação. Dessa maneira, impõe-se a ampliação da responsabilidade por ilícitos ambientais, ao menos no âmbito civil, de modo a englobar, também, os danos ambientais futuros.

2.1 O tratamento do risco pela teoria do dano ambiental futuro

A formação da sociedade industrial gerou ressonâncias no sistema social ao mesmo tempo em que ocorriam outras mudanças em vários âmbitos da sociedade, mudanças também catalisadas pelo iluminismo europeu, de modo a operarem conforme a lógica do progresso técnico e científico da humanidade, que, conforme essa compreensão, já vinha ocorrendo ao longo da história e deveria ser otimizado.[3] No direito, começava-se a constituir uma ciência jurídica, sistematicamente organizada e representada pelas codificações do século XIX. Na economia, passou-se a utilizar o modelo capitalista industrial, o que está estritamente conectado às novas possibilidades de produção e ao ideal de progresso. Na política, iniciavam-se as construções do Estado de bem-estar social[4], buscando-se estabelecer uma interação entre política e direito, os quais passaram a figurar como instrumentos de transformação e equilíbrio social.[5]

A produção industrial massificada, o surgimento de novas tecnologias e a explosão demográfica decorrentes do advento do capitalismo industrial desencadearam situações sem precedentes, não amparadas, desse modo, pelo conceito tradicional de culpa. As pessoas ficaram expostas a riscos e a perigos típicos do maquinismo da era industrial, cuja culpa dos agentes causadores dificilmente poderia ser comprovado pelas vítimas. Pode-se falar na proliferação de acidentes de trabalho, que, de acordo com Cavalieri Filho, ocorreu "não só em razão do despreparo dos operários mas, também, e principalmente, pelo empirismo das máquinas então utilizadas, expondo os trabalhadores a grandes riscos".[6]

Dadas essas transformações, despontou, na segunda metade do século XIX, a responsabilidade civil objetiva como uma espécie de responsabilidade civil que prescinde de comprovação de culpa do agente para que haja a sua condenação para reparar ou indenizar os danos que tiver causado, bastando, para tal, a demonstração de conduta, nexo causal e dano. Isso foi uma resposta do direito às mudanças sociais e aos riscos (que, neste trabalho, são os chamados riscos concretos) que se proliferavam e se distribuíam com a industrialização.

Com a transição da sociedade industrial para a pós-industrial, passou-se da teoria do risco concreto para a teoria do risco abstrato, que trata de riscos que surgem em acréscimo aos riscos concretos, e que, como exposto anteriormente, são demarcados pela sua invisibilidade, globalidade e transtemporalidade. Eles são *invisíveis* por fugirem à percepção dos sentidos humanos e por não haver conhecimento científico seguro sobre suas possíveis dimensões. São *globais* por não apresentarem limites territoriais e por terem a capacidade de atingir um número indeterminado de sujeitos (os chamados interesses transindividuais). Ademais, são *transtemporais*, pois continuam existindo por um

---

(1) KANNER, Allan. The Politics of Toxic Tort Law. *Widener Law Symposium Journal*, v. 2, n. 163. p. 163-183, outono de 1997. p. 174. Disponível em: <https://ssrn.com/abstract=1874928>. Acesso em: 18 abr. 2019.

(2) CARVALHO, Délton Winter de. *Gestão Jurídica Ambiental*. São Paulo: Revista dos Tribunais, 2015. p. 150-153.

(3) JONAS, Hans. *Técnica, medicina y ética* sobre la prática del principio de responsabilidade. Barcelona/Buenos Aires/México: Paidós, 1997. p. 33.

(4) CARVALHO, Délton Winter de. *Dano Ambiental Futuro*: A responsabilização civil pelo risco ambiental. 2. ed. rev. atual. ampl. Porto Alegre: Livraria do Advogado, 2013. p. 172.

(5) DE GIORGI, Raffaele. *Direito, democracia e risco*: vínculos com o futuro. Porto Alegre: Fabris, 1993. p. 108-109.

(6) CAVALIERI FILHO, Sérgio. *Programa de responsabilidade civil*. 12. ed. São Paulo: Atlas, 2015. p. 214.

longo tempo, haja vista seu caráter acumulativo e a profundidade das alterações elementares e estruturais dos sistemas ecológicos e biológicos sob os quais os efeitos da ação humana incidem.[7]

Em se tratando de riscos abstratos, é esclarecedora a afirmação de De Giorgi, segundo quem o risco, na sociedade de risco, deve ser compreendido como "uma forma de constituição de formas para a representação do futuro para produzir vínculos com o futuro".[8] Assim o risco ganha o sentido de comunicação com o futuro, ressoando na sociedade de modo a gerar a necessidade de tomadas de decisões que visem ao seu controle e ao afastamento de frustrações.

Sendo assim, a incorporação dos riscos abstratos (não quantificáveis) aos riscos concretos (quantificáveis) caracteriza a sociedade atual, e isso leva a exigência de ressignificação da teoria do risco para fins de responsabilização civil. Em outras palavras, é preciso ir além das teorias clássicas da responsabilização civil, as quais estão direcionadas a danos já materializados, de modo a juridicizar o risco abstrato. Atualmente, não basta a noção jurídica restrita e dogmática do risco — a partir da qual há a atribuição de responsabilidade civil objetiva ao agente que desenvolver atividades arriscadas e que, desse modo, comete dano ambiental —, impondo-se a necessidade de uma teoria que permita a investigação, a avaliação e a gestão dos danos ambientais invisíveis, globais e transtemporais, antecipando a sua ocorrência.[9]

Enfim, os riscos produzidos e distribuídos pela sociedade pós-industrial exigem que o direito adote uma teoria do risco abstrato, capaz de servir como condição epistemológica para a responsabilização civil por danos ambientais futuros, de modo a permitir a aplicação de medidas preventivas *lato sensu*. Tradicionalmente, é preciso que haja a ocorrência do dano ambiental para haver a imputação da responsabilidade objetiva. O dano ambiental futuro, por outro lado, depende sempre da configuração da ilicitude do risco ambiental. Desse modo, o risco pode ser constatado por meio de análises de probabilidade e magnitude, e, caso ele seja considerado intolerável à sociedade, ele pode ter o enquadramento como ilícito ambiental.

2.2 Os ilícitos tóxicos e o dano ambiental futuro

A transição de uma sociedade marcada por riscos concretos para uma sociedade de riscos abstratos pode ser percebida em casos contemporâneos que envolvam ilícitos tóxicos de consequências massivas, os quais demandam uma abordagem distinta dos casos que envolvam danos pessoais tradicionais. Esses ilícitos trazem consigo uma grande dificuldade de se determinar o dano, pois, muitas vezes, as doenças que podem ser causadas pelo contato com substâncias tóxicas são latentes, isto é, elas levam tempo para se manifestar. Na verdade, é possível que o organismo sequer chegue a adoecer durante o tempo de vida da pessoa que tenha sido exposta a contaminantes.

Segundo Kanner[10], há um frequente obscurecimento da causa do dano pelo seu lento desenvolvimento nesses casos, aliado, ainda, a variabilidade das características biológicas e ao estilo de vida do indivíduo em questão, fatores que influenciam a velocidade no processo de adoecimento. Nesse sentido, o autor explica que:

> One of the alleged differences between toxic tort injuries and prior traditional injuries is that the harm is unlimited in time. The most frequently cited example of this is the long dormancy of latency period of cancer and other latent diseases. An aspect of the latency issue is the transformative nature of toxic tort injuries. For example, a chromosomal break will develop into a cancer. Unlike traditional torts, toxic torts often exhibit a temporal separation between the wrongful conduct and the appearance of injury. This produces a number of novel and difficult questions, including but not limited to issues regarding proof of exposure and dose; who expose the plaintiff; and remedies, especially during the latency period of before the most serious harm feared emerges.[11]

---

(7) CARVALHO, Délton Winter de. *Op. cit.*, p. 73-75

(8) DE GIORGI, Raffaele. *Op. cit.*, p. 193.

(9) CARVALHO, Délton Winter de. *Op. cit.*, p. 181.

(10) KANNER, Allan. *Op. cit.*, p. 169.

(11) "Uma das alegadas diferenças entre lesões por ilícitos tóxicos e lesões tradicionais é que a lesão é ilimitada no tempo. O exemplo citado com mais frequência é o longo período de dormência ou latência do câncer e de outras doenças latentes. Um aspecto da questão da latência é a natureza transformadora das lesões por ilícitos tóxicos. Por exemplo, uma ruptura cromossômica se transformará em um câncer. Ao contrário dos ilícitos tradicionais, os ilícitos tóxicos frequentemente exibem uma separação temporal entre a conduta ilícita e o surgimento da lesão. Isso produz uma série de questões novas e difíceis, incluindo, mas não se limitando a, questões relativas à prova de exposição e dose; quem expõe o demandante; e remédios, especialmente durante o período de latência ou antes da emersão do dano mais sério e temido". (tradução nossa). KANNER, Allan. *Op. cit.*, p. 169-170.

Casos assim ocorrem, por exemplo, quando há má gestão de substâncias perigosas à saúde humana, que podem se infiltrar em águas subterrâneas e levar à sua contaminação paulatina. Esse fato pode não ser descoberto até muito tempo depois de ter começado e, uma vez que se tenha tomado ciência da sua ocorrência, muitas pessoas que beberam da água podem não apresentar qualquer sintoma. Esse foi o caso de *Ayers v. Township of Jackson*, em que moradores da cidade norte-americana de Jackson, no Estado de Nova Jersey, entraram com uma ação judicial contra o município porque o aterro que ele operava começou a vazar poluentes potencialmente perigosos no poço de água consumida pelos moradores.[12]

Destaca-se, também, a exposição de milhares de norte-americanos ao amianto, fato que, segundo Henderson Jr. e Twerski[13], levou diversos observadores a afirmarem que essa substância já causou e ainda causará lesões sérias à saúde de milhares de pessoas (como asbestose e câncer de pulmão) em um período de, pelo menos, sete décadas. O resultado dessa constatação foi o ajuizamento de milhares de demandas judiciais buscando reparação de danos, inclusive de danos que ainda não se manifestaram.

Devido à longa latência de lesões oriundas de contaminações, e a consequente dificuldade de se produzir, em ações judiciais, provas científicas e médicas do nexo causal entre a conduta dos réus e lesões sofridas pelos autores, Abraham[14] afirma ser necessário, muitas vezes, a produção de prova de danos futuros, tendo em vista que o dano em questão está frequentemente em processo.

Nota-se que os riscos decorrentes de contaminações podem ser enquadrados como riscos abstratos (da era pós--industrial), visto que são invisíveis, globais e transtemporais. As contaminações massivas são situações em que (a) os riscos daí advindos não podem ser calculados com precisão, mas apenas estimados mediante uma avaliação probabilística, guardando, assim, a incerteza científica própria de uma sistemática muito complexa, o que lhe dá o caráter de *invisibilidade*; esses riscos frequentemente não apresentam limites territoriais, visto que a contaminação pode se espalhar pela rede ecológica, causando um desequilíbrio sistêmico das condições de vida, o que lhe dá o atributo de *globalidade*; finalmente, em clara relação com sua invisibilidade e globalidade, os efeitos contaminantes perduram ao irradiarem pela teia ecossistêmica bioacumulativamente, chegando a transformar as microestruturas desses sistemas de forma a alterar a funcionalidade dos seus elementos e as probabilidades das consequências, de modo a desencadear fatos socialmente relevantes apenas depois de um tempo do seu marco inicial, o que lhes torna *transtemporais*.

Percebe-se, assim, o enquadramento das contaminações massivas no tipo de risco próprio da sociedade pós--industrial, exigindo-se, nesses casos, a adoção da teoria do risco abstrato, de modo a se pensar na ocorrência de dano ambiental futuro. Logo, caso se constate a contaminação do sistema ecológico (bem como do sistema biológico das vítimas) pela má gestão de substâncias tóxicas, pode-se fazer a estimativa do risco, avaliando-se, quando possível, as probabilidades e as magnitudes das consequências dos efeitos plausíveis, havendo a configuração de ilícito tóxico se o risco for socialmente inaceitável, o que viabiliza a aplicação das medidas preventivas e precaucionais adequadas à situação.

3 O MEDICAL MONITORING

Devido à globalidade, à transtemporalidade e à invisibilidade dos efeitos irradiados em casos de contaminações em larga escala, é comum que as vítimas, ainda que consigam demonstrar a causalidade genérica, não consigam demonstrar a causalidade específica que comprove a possibilidade de desenvolvimento de uma doença em indivíduos específicos.[15]

---

(12) JOFFE, Adam P. The Medical Monitoring: Ongoing Controversy and a Proposed Solution. *Chicago-Kent. Law Review*, Chicago/IL, v. 84, n. 2. p. 663-689, abr. 2009. p. 667. Disponível em: <http://scholarship.kentlaw.iit.edu/cklawreview/vol84/iss2/11>. Acesso em: 04 abr. 2019.

(13) HENDERSON JR. James A.; TWERSKI, Aaron. Asbestos Litigation Gone Mad: Exposure-Based Recovery for Increased Risk, Mental Distress, and Medical Monitoring. *South Carolina Law Review*, Columbia/SC, v. 53, n. 4. p. 815-850, verão de 2002. p. 817. Disponível em: <https://scholarship.law.cornell.edu/facpub/807/>. Acesso em: 04 maio 2019.

(14) ABRAHAM, Kenneth S. The Relation Between Civil Liability and Environmental Regulation: An Analytical Overview. *Washburn University School of Law*, Topeka/KS, v. 41, n. 3. p. 379-398, primavera de 2002. p. 381. Disponível em: <https://contentdm.washburnlaw.edu/digital/collection/wlj/id/5271>. Acesso em: 04 maio 2019.

(15) CARVALHO, Délton Winter de. *Desastres ambientais e sua regulação jurídica*: deveres de prevenção, resposta e compensação ambiental. São Paulo: Revista dos Tribunais, 2015. p. 133.

O caráter abstrato dos riscos nesses casos evidencia-se ainda mais pela tendência de as contaminações alcançarem níveis socialmente relevantes somente após um longo período de negligência ambiental, tendo em vista a cumulatividade das substâncias nos sistemas ecológico e biológico. Além disso, existe a possibilidade de as doenças atreladas à exposição a toxinas terem um período de latência, de modo que podem não haver sintomas demonstráveis pelo indivíduo por meio de exames médicos no tempo presente, mas apenas o risco de desenvolvê-los futuramente.

Ao se depararem com essas situações, os juristas norte-americanos levantaram a possibilidade de vítimas de exposições a substâncias tóxicas terem direito a alguma tutela jurisdicional, mesmo sem apresentarem quaisquer sintomas clínicos de lesões físicas. Esse direito adviria do simples fato de elas terem sido expostas a toxinas, ficando mais propensas ao desenvolvimento de determinadas doenças, como alguns tipos de cânceres e asbestose.

Em meio a isso, algumas cortes norte-americanas passaram a determinar deveres de agir por parte dos culpados por contaminações em massa em casos de simples contato das vítimas com substâncias tóxicas. Esses deveres têm se dado na forma de compensação por gastos com monitoramento médico (*medical monitoring*), que consiste na realização periódica de exames de diagnóstico médico antes do surgimento de sintomas nos demandantes, sendo que os gastos devem ser custeados pelos demandados considerados culpados mediante responsabilidade civil extracontratual (*tort liability*).

3.1 A era pré-metro-north e a criação de requisitos para a concessão de monitoramento médico

Essas transformações na responsabilidade civil apareceram em 1984, quando a agência de assistência para adoção *Friends for All Children* ajuizou uma ação contra a empresa aérea *Lockheed Aircraft Corp.*[16] devido à queda de um avião da empresa que transportava órfãos do Vietnã do Sul aos Estados Unidos. A demandante alegou que os órfãos sobreviventes ficaram propensos a sofrer prejuízos cerebrais específicos por causa da descompressão violenta e da consequente perda abrupta de oxigênio ocorrida durante o acidente. Como resultado, a Corte do Distrito de Columbia deu provimento aos pedidos da autora, condenado a ré a arcar com os custos de monitoramento médico para os órfãos. Joffe[17] destaca que, para tal, o tribunal entendeu que o risco não era meramente especulativo, pois havia surgido de um evento traumático específico (e esse é um ponto bastante relevante para as decisões subsequentes referentes à concessão de monitoramento médico).

Outro caso emblemático foi o *Ayers v. Township of Jackson*[18], de 1987, em que os demandantes afirmavam terem sido contaminados por poluentes tóxicos despejados no aquífero Cohansey, de onde vinha a água que eles consumiam. A poluição estava sendo causada por um aterro instalado e operado pelo município de Jackson, que foi, então, condenado nessa ação pela Suprema Corte de Nova Jersey a arcar com os custos futuros de exames de diagnóstico anuais que os médicos dos demandantes considerassem necessários.

No caso *Ayers*, a corte definiu requisitos para auxiliar na determinação da necessidade e da razoabilidade da concessão do monitoramento médico: os autores deveriam demonstrar — por meio de testemunhos de especialistas baseados no significado e na extensão da exposição aos produtos químicos: (a) a toxicidade dos produtos químicos; (b) a gravidade das doenças que eles corriam risco de contrair; (c) o aumento relativo na chance de aparecimento de doença nos indivíduos expostos; (d) o valor do diagnóstico precoce[19]. De acordo com Joffe[20], esses elementos são bastante subjetivos e inquantificáveis, mas serviram como base para que um grande número de Estados norte-americanos aceitasse esse tipo de ação judicial.

---

(16) 746 F. 2d 816 (D.C. Cir. 1984). Disponível em: <https://law.justia.com/cases/federal/district-courts/FSupp/587/180/1752777/>. Acesso em: 09 maio 2019.

(17) JOFFE, Adam P. *op. cit.*, p. 666.

(18) 525 A. 2d 287 (N.J. 1987). Disponível em: <https://law.justia.com/cases/new-jersey/supreme-court/1987/106-n-j-557-1.html>. Acesso em: 06 abr. 2019.

(19) "Accordingly, we hold that the cost of medical surveillance is a compensable item of damages where the proofs demonstrate, through reliable expert testimony predicated upon the significance and extent of exposure to chemicals, the toxicity of the chemicals, the seriousness of the diseases for which individuals are at risk, the relative increase in the chance of onset of disease in those exposed, and the value of early diagnosis, that such surveillance to monitor the effect of exposure to toxic chemicals is reasonable and necessary." 525 A. 2d 287 (N.J. 1987). Disponível em: <https://law.justia.com/cases/new-jersey/supreme-court/1987/106-n-j-557-1.html>. Acesso em: 06 abr. 2019.

(20) JOFFE, Adam P. *op. cit.*, p. 668.

Em relação a esse caso, Farber[21] constatou que a corte fez distinções importantes entre quatro tipos de demandas relacionadas a potenciais lesões futuras decorrentes de exposição a produtos tóxicos: (a) no primeiro tipo, o autor apresenta uma lesão física atual que pode se tornar uma doença mais grave; (b) no segundo tipo, o autor não apresenta qualquer lesão atual, mas houve o aumento do risco de ele desenvolver certa doença no futuro; (c) no terceiro tipo, o autor, por ter ficado suscetível a uma doença, sofre a angústia emocional presente, como medo ou ansiedade, o que pode ser acompanhado de sintomas físicos ou não; (d) no quarto tipo, o autor, por causa do incremento do risco de desenvolver alguma doença, precisa se submeter a exames médicos periódicos para detectar a doença caso ela surja em algum momento.

Conforme Farber[22], o entendimento preponderante nas situações (a), (b) e (c) — que são baseadas puramente em "incremento de risco" ou "angústia mental" — é de que não cabe compensação, a menos que os autores demonstrem que o aumento da probabilidade da doença futura tenha sido maior que cinquenta por cento. Abraham[23], porém, considera ser problemática a necessidade de quantificação do incremento do nível de risco, pois é frequentemente impossível quantificá-lo precisamente. Por isso, para ele, exigir a demonstração de um nível de risco inflexível impossibilitaria que muitos autores recebessem o que é de seu direito, uma vez que, nos casos de demandas por monitoramento médico, há justamente a tendência de não haver dados confiáveis dos riscos resultantes da exposição.

Em relação ao tipo de demanda (d) — em que o autor, por causa do incremento do risco de desenvolver alguma doença, precisa se submeter a monitoramento médico para detectar a doença caso ela surja de fato —, Farber[24] explica que o entendimento prevalecente é ilustrado pela decisão do caso *In re Paoli R. R. Yard PCB Litigation*[25], proferida pelo Terceiro Circuito Norte-Americano em 1990. Essa ação foi movida por dezenove pessoas que viviam ou possuíam propriedades próximas ao pátio ferroviário de Paoli, acusando vários réus de liberararem grandes quantidades de produtos químicos tóxicos, incluindo bifenilos policlorados (PCBs) nessa área. Os demandantes, sob a alegação de que essas substâncias teriam lhes ferido pessoalmente, pediram, entre outras coisas, que lhes fossem concedidos monitoramento médico e indenizações.[26]

Nesse caso, o tribunal decidiu que, para a concessão do monitoramento médico, os autores da demanda deveriam demonstrar, necessariamente: (a) que foram expostos de forma significativa a substâncias comprovadamente perigosas por negligência do réu; (b) que, como resultado próximo, o autor era vítima de um aumento do risco de contrair doença latente grave; (c) que esse incremento do risco tornou os exames médicos sensatamente necessários; e (d) que diagnósticos e tratamento precoces da doença eram possíveis.[27]

Da leitura dos casos *Friends for All Children*, *Ayers* e *In re Paoli R.R.*, pode-se dizer, então, que, para a concessão do monitoramento médico, estabeleceu-se a exigência de comprovação da toxicidade dos produtos químicos aos quais as vítimas alegam terem sido expostas por negligência do réu[28], e da gravidade das doenças que podem ser causadas por isso. É preciso, também, que a exposição tenha se dado em um grau significativo, visto que, ainda que a substância seja tóxica e possa comprovadamente causar doenças graves latentes, existe uma relação de quantidade e tempo de exposição para que seja gerado, de fato, algum risco à saúde.

Merece destaque, também, a exigência de comprovação do aumento relativo da chance de aparecimento de doenças nos indivíduos expostos, ao ponto de tornar a realização de exames médicos necessários. Quanto a isso, Abraham[29] explica ser necessário um aumento significativo do risco decorrente da exposição, de modo que o risco

---

(21) FARBER, Daniel. *Environmental law in a nutshell*. 9 ed. Saint Paul: West Academic Publishing, 2014. p. 264-265.

(22) *Ibid.*, p. 265.

(23) ABRAHAM, Kenneth S. Liability for Medical Monitoring and the Problem of Limits. *Virginia Law Review*, Charlottesville/VA, v. 88, n. 8. p. 1975-1988, dez. 2002. p. 1982. Disponível em: <https://www.jstor.org/stable/1074014?seq=1#page_scan_tab_contents>. Acesso em: 06 maio 2019.

(24) FARBER. *op. cit.*, p. 265.

(25) 916F. 2d829 (3rd Cir. 1990); 35F.3d717, 784-88 (3rd Cir. 1994). Disponível em: <https://caselaw.findlaw.com/us-3rd-circuit/1295807.html>. Acesso em: 06 abr. 2019.

(26) CARVALHO, Délton Winter de. *op. cit.*, p. 133-134.

(27) FARBER. *op. cit.*, p. 265.

(28) Observa-se que a necessidade de comprovação da negligência do réu não se aplicaria no Brasil para a responsabilização civil. Isso porque o direito brasileiro considera que a responsabilidade civil por lícitos ambientais é objetiva, de modo que é possível se atribuir a obrigação de reparar ou indenizar os danos causados por determinado agente sem a necessidade de comprovação de culpa na conduta que ocasionou a lesão. Assim, no Brasil, a imposição da responsabilidade civil objetiva aos danos ambientais estabelece a necessidade de comprovação apenas da conduta (ação ou omissão), do dano e do nexo de causalidade. Considerando os riscos abstratos da sociedade pós-industrial, pode-se dizer que a responsabilidade civil — tendo em vista a posição primordial assumida pela sua função preventiva em no contexto de proliferação de riscos — pode ser imposta objetivamente também às atividades que geram riscos ambientais intoleráveis, mesmo sem a comprovação de ocorrência de dano atual e concreto. CARVALHO, Délton Winter de. *op. cit.*, p. 420 a 423.

(29) ABRAHAM, Kenneth S. *op. cit.*, p. 1981.

atinja um nível significativo. Neste ponto, nota-se que há uma distinção entre nível significativo de risco e aumento significativo de risco: por um lado, é possível que haja um aumento significativo do risco sem que ele atinja um patamar significativo; por outro lado, é possível que não haja um incremento significativo no risco, mas, ainda assim, haver um nível de risco significativo, pois ele já era alto antes de ser potencializado. Percebe-se que essas circunstâncias precisam ser consideradas para fins de responsabilização.

Além dessas condições, percebe-se nessas decisões a exigência de o autor comprovar que existem exames médicos capazes de identificar a possível doença grave no momento em que seus sintomas eventualmente aparecerem, e que a sua constatação precoce poderia auxiliar no tratamento. Também é possível inserir, entre os requisitos, a comprovação da possibilidade de a doença permanecer oculta, de modo a justificar a realização periódica de exames de diagnóstico.

3.2 A barreira do Metro-North Commuter R. R. Co. v. Buckley

Apesar de todos esses avanços relativos à concessão judicial de monitoramento médico prévio, chegando-se a estabelecer critérios para isso, a Suprema Corte dos Estados Unidos mostrou-se relutante em ampliar a responsabilidade civil para casos de monitoramento médico preventivo.

Em 1997, a Suprema Corte dos Estados Unidos, ao analisar pela primeira vez o tema, no caso *Metro-North Commuter R. R. Co. v. Buckley*[30] — em que um trabalhador ferroviário que lidava frequentemente com amianto demandava a concessão de monitoramento médico preventivo —, negou a concessão pleiteada pelo autor. A Suprema Corte considerou que, nesse caso, (a) diferentemente de *Friends for All Children*, não havia impactos físicos sofridos pela parte autora. (b) Além disso, ela entendeu que o provimento do pedido poderia gerar um alto nível de contencioso sobre a matéria, (c) e que os especialistas poderiam não chegar a um acordo sobre quais exames seriam necessários para o diagnóstico das doenças possíveis. (d) Por fim, os julgadores consideraram serem muito grandes as chances de as ações de monitoramento médico resultarem em ganhos extraordinários para demandantes cobertos por seguros.[31]

A juíza Guinsburg[32], ao comentar a decisão da Suprema Corte (que ela considera enigmática), observa que, embora tenha havido a reversão da decisão do Segundo Circuito, houve, também, a ordenação do reenvio do caso para as instâncias inferiores para mais procedimentos. A partir disso, Guisburg conclui que o posicionamento da Suprema Corte é de que as concessões de monitoramento médico podem ser atendidas via judicial, barrando-se, somente, a sua execução mediante o pagamento de montante em quantia fixa (*lump sum*)[33].

No entanto, apesar de a decisão não proibir a concessão de monitoramento médico, ela gerou impactos significativos nos tribunais norte-americanos, muitos dos quais passaram a negar provimento aos pedidos que versam sobre isso. Joffe[34] observa, contudo, que aproximadamente metade das cortes estaduais continuou favorável a ele, fato corroborado por casos como o emblemático caso *Lewis v. Lead Indus. Ass'n Inc.*[35], em que os autores pediram a concessão de monitoramento médico por causa da exposição de seus filhos a altos níveis de pigmento de chumbo usado na fabricação de tintas. Nesse caso, entendendo que o fabricante da tinta seria passível de fornecer acompanhamento médico, a Corte de Apelação de Illinois, em uma linha de raciocínio usada desde *Friends for All Children*[36], condenou os réus a pagarem por exames preventivos periódicos, entendendo que a lesão decorreria da violação do interesse individual das vítimas de não terem que pagar por exames médicos caros.

---

(30) 521 U.S. 424 (1997). Disponível em: <https://supreme.justia.com/cases/federal/us/521/424/>. Acesso em: 09 abr. 2019.

(31) *Ibid.*, p. 440-444.

(32) *Ibid.*, p. 445-456.

(33) O *lump sum* é um modelo contratual que consiste no pagamento único de determinada quantia de dinheiro antes da execução do projeto a ele está direcionado, diferentemente de sistemas em que há pagamentos periódicos. A aplicação do *lump sum* no caso do monitoramento médico consiste no pagamento das despesas de exames médicos de diagnóstico em quantias únicas aos ganhadores do benefício, o que é feito após estimativa do valor total que deverá ser gasto com os exames. O grande problema é que sistemas como esse abrem grande espaço para o mau uso do dinheiro, que acaba não sendo usado conforme sua finalidade. JOFFE. *op. cit.*, p. 680.

(34) *Ibid.*, *op. cit.*, p. 671.

(35) 793 N.E. 2d 869 (Ill. App. Ct. 2003). Disponível em: <https://law.justia.com/cases/illinois/court-of-appeals-first-appellate-district/2003/1021034.html>. Acesso em: 09 maio 2019.

(36) JOFFE. *op. cit.*, p. 671.

Assim, ainda que grande parte dos tribunais norte-americanos tenha se mostrado relutante em admitir essa forma de responsabilidade civil pelo risco, as ações de monitoramento médico persistem, bem como o provimento dos pedidos em alguns Estados Farber[37] explica que a relutância de tribunais pós-Metro-North decorreu de um erro interpretativo do entendimento da Suprema Corte que, como também explicado por Guinsburg, limitou-se a rejeitar pagamentos em montantes fixos (*lump sum*), não rejeitando amplamente as concessões de monitoramento médico.

Finalmente, diante do exposto, pode-se dizer que o fenômeno das ações judiciais de monitoramento médico prévio é um exemplo de assimilação pelo Poder Judiciário das transformações implicadas pela sociedade de risco. Assim, está-se ante uma ampliação da responsabilidade civil, em que a teoria do risco abstrato possibilita a responsabilização por danos ambientais futuros. Com isso, tem-se assumido uma postura de imposição de medidas preventivas ante os riscos pós-industriais, que, nos casos aqui tratados, são representados pela possibilidade de desenvolvimento de doenças latentes decorrentes da exposição dos litigantes a substâncias tóxicas. Tendo em vista que essas enfermidades podem ser detectadas por exames médicos preventivos periódicos em prol do seu tratamento em fases primárias, este tema reveste-se de indubitável interesse social e jurídico.

4 O DANO AMBIENTAL FUTURO NA PRÁXIS BRASILEIRA E A POSSIBILIDADE DO *MEDICAL MONITORING*

Ao tratar do tema da recepção do dano ambiental futuro pelo direito brasileiro e, a partir disso, considerar a possibilidade de ações de monitoramento médico prévio, é preciso ressaltar, em primeiro lugar, que o dano ambiental é um conceito aberto, ou seja, não há um conceito normativo de dano. O dano é uma construção jurídica, e para se chegar à conclusão de que ele existe, utiliza-se uma lógica de decodificação mediante procedimentos jurídicos realizados a partir de informações não jurídicas, as quais podem vir, por exemplo, de laudos técnicos.

No caso do dano, Frota[38] observa que as transformações no instituto da responsabilidade sequer dependem da elaboração de novas leis, mas sim da mudança de mentalidade dos intérpretes na apreciação dos casos concretos. Dentre os intérpretes, pode-se citar a população em relação às situações a que é imposta, os escritórios de advocacia na tradução das questões que lhes são levadas para uma linguagem jurídica, e os tribunais no julgamento das demandas que chegam à sua análise.

A responsabilidade civil por danos ambientais encontra-se fundamentada no art. 14, § 1º, da Lei n. 6.938/81 (da Política Nacional do Meio Ambiente), que determina estar "[...] o poluidor obrigado, independentemente da existência de culpa, a indenizar ou reparar os danos causados ao meio ambiente e a terceiros, afetados por sua atividade"[39], do que se extrai que, para a aplicação do dano ambiental, basta a sua ocorrência, a conduta e o nexo causal. Ao tratar desse tema, Carvalho[40] explica que, além desse dispositivo, existe a previsão normativa da tutela das futuras gerações dada pelo art. 225 da Constituição Federal, e o art. 187 do Código Civil, que dispõe que "também comete ato ilícito o titular de um direito que, ao exercê-lo, excede manifestamente os limites impostos pelo seu fim econômico ou social, pela boa-fé ou pelos bons costumes"[41], os quais atuam como programações decisionais autorizadoras da responsabilização civil por dano ambiental futuro.

Dito isso, observa-se que a responsabilização civil por danos ambientais futuros tem sido acolhida por tribunais brasileiros há algum tempo, o que denota a sensibilização de mecanismos jurídicos de seleção e variação ao tema dos riscos abstratos. O Superior Tribunal de Justiça, em diversas decisões, demonstra reconhecer o dano ambiental fu-

---

(37) FARBER, Daniel A. Tort Law in the Era of climate Change, Katrina, and 9/11: Exploring Liability for Extraordinary Risks. *UC Berkeley Public Law Research Paper No. 11211125* , Berkeley/CA, 13 abr. 2018. p. 19-20. Disponível em: <https://papers.ssrn.com/sol3/papers.cfm?abstract_id=1121125>. Acesso em: 10 maio 2019.

(38) FROTA, Pablo Malheiros da Cunha. *Responsabilidade por danos*: imputação e nexo de causalidade. Curitiba: Juruá Editora, 2014. p. 229.

(39) BRASIL. *Lei n. 6.938, de 31 de agosto de 1981*. Dispõe sobre a Política Nacional do Meio Ambiente, seus fins e mecanismos de formulação e aplicação, e dá outras providências. Brasília, DF: Presidência da República, 1981. Disponível em: <http://www.planalto.gov.br/ccivil_03/leis/l6938.htm>. Acesso em: 17 maio 2019.

(40) CARVALHO, Délton Winter de. *Dano Ambiental Futuro*: A responsabilização civil pelo risco ambiental. 2. ed. rev. atual. ampl. Porto Alegre: Livraria do Advogado, 2013. p. 236.

(41) BRASIL. *Lei n. 10.406, de 10 de janeiro de 2002*. Institui o Código Civil. Brasília, DF: Presidência da República, 2002. Disponível em: <http://www.planalto.gov.br/ccivil_03/leis/2002/l10406.htm>. Acesso em: 17 maio 2019.

turo, como nos REsp 1.654.950/SC[42], REsp 1.668.652[43], e REsp 1.770.219[44]. Também não faltam menções ao dano ambiental futuro em diversas decisões de outros tribunais, podendo-se elencar, apenas como um pequeno exemplo: AC n. 2006.039778-1, julgada pelo TJ-SC[45]; AGs n. 5011085-89.2013.404.0000/RS e n. 5011078-97.2013.404.0000, julgados pelo TRF-4[46]; AC n. 70078097284, julgada pelo TJ-RS[47]; e AC n. 0001965-96.2011.4.01.3804, julgada pelo TJ-MG[48].

Assim sendo, pode-se constatar, na prática, que o direito demonstra-se sensível à realidade social de que é parte. No caso, verifica-se a ressonância de comunicações do risco no sistema jurídico, o qual é chamado a dar respostas ante as situações implicadas pela invisibilidade, pela globalidade e pela transtemporalidade dos riscos abstratos. Em outras palavras, o Direito começa a compreender que o risco, em suas dimensões concreta e abstrata, é algo a ser estudado com maior atenção do que aquela que fora dada pelas teorias construídas para tratar dos riscos da era industrial. Assim, o Direito tem se reestruturado de modo a assimilar o dano futuro e, mais especificamente, o dano ambiental futuro.

4.1 A possibilidade de ações de monitoramento médico no Direito trabalhista brasileiro

A assimilação das ideias de risco abstrato e da necessidade de responsabilização por danos futuros também pode ser percebida na esfera do Direito do Trabalho. Nesse ramo jurídico, há uma nítida preocupação com a segurança e a saúde dos trabalhadores, o que está expresso na Consolidação das Leis do Trabalho — CLT[49]. Há um tempo o risco já vinha sendo elemento importante em reclamatórias trabalhistas, mormente naquelas que versam sobre indenizações relativas aos adicionais de insalubridade e periculosidade (adicionais que, na verdade, podem criar um risco moral[50]) e à falta de fornecimento de cursos de treinamento e equipamentos de proteção adequados.

---

(42) BRASIL. Superior Tribunal de Justiça. *Recurso Especial n. 1.654.950/SC.* 2ª Turma. Recorrente: IBAMA. Recorrido: Antonio Fernandes da Silva. Relator: Ministro Herman Benjamin, 13 de junho de 2018. Disponível em: <https://ww2.stj.jus.br/processo/monocraticas/decisoes/?num_registro=201700349645&dt_publicacao=06/09/2018>. Acesso em: 17 maio 2019.

(43) BRASIL. Superior Tribunal de Justiça. *Recurso Especial n. 1.668.652/PA.* 2ª Turma. Recorrente: IBAMA. Recorrido: R Novaes e Leal Ltda. Relator: Ministro Herman Benjamin, 27 de novembro de 2018. Disponível em: <https://ww2.stj.jus.br/processo/revista/inteiroteor/?num_registro=201700861493&dt_publicacao=08/02/2019>. Acesso em: 17 maio 2019.

(44) BRASIL. Superior Tribunal de Justiça. *Recurso Especial n. 1.770.219/MG.* 2ª Turma. Recorrente: TNL PCS S/A. Recorridos: Ministério Público do Estado de Minas Gerais. Relator: Ministro Herman Benjamin, 30 de janeiro de 2019. Disponível em: <https://ww2.stj.jus.br/processo/monocraticas/decisoes/?num_registro=201802544414&dt_publicacao=08/03/2019>. Acesso em: 17 maio 2019.

(45) SANTA CATARINA. Tribunal de Justiça. *Apelação Cível em Mandado de Segurança n. 2006.039778-1.* 2ª Câmara de Direito Público. Recorrente: Dow Agrosciences Industrial Ltda. Recorrido: Chefe do Serviço de Vigilância Sanitária do Município de Saudades e outro. Relator: Desembargador Ricardo Roesler, 25 de maio de 2010. Disponível em: <http://busca.tjsc.jus.br/jurisprudencia/html.do?q=&only_ementa=Munic%EDpio%20de%20Saudades%20implementou%20 restri%E7%F5es%20ao%20uso%20do%20herbicida%20a%20%20base&frase=&id=AAAbmQAABAACCRwAAB&categoria=acordao>. Acesso em: 17 abr. 2019.

(46) TRF4 nega recurso de empresas e mantém suspensa extração de areia no Rio Jacuí. *TRF4*, Porto Alegre, 05 junho 2013. Disponível em: <https://www.trf4.jus.br/trf4/controlador.php?acao=noticia_visualizar&id_noticia=9160>. Acesso em 17 maio 2019.

(47) RIO GRANDE DO SUL. Tribunal de Justiça. *Apelação Cível n. 70078097284.* 21ª Câmara Cível. Recorrente: Syngenta Proteção de Cultivos Ltda. Recorrido: Ministério Público do Estado do Rio Grande do Sul. Relator: Desembargador Armínio José Abreu Lima da Rosa, 12 de julho de 2018. Disponível em: <http://www.tjrs.jus.br/busca/search?q=70078097284&proxystylesheet=tjrs_index&client=tjrs_index&filter=0&getfields=*&aba=juris&entsp=a__politica--site&wc-200&wc_mc=1&oe=UTF-8&ie=UTF-8&ud=1&sort=date%3AD%3AS%3Ad1&as_qj=&site=ementario&as_epq=&as_oq=&as_eq=&as_q=+#main_res_juris>. Acesso em: 17 maio 2019.

(48) BRASIL. Tribunal Regional Federal (1ª Região). *Apelação Cível n. 0001965-96.2011.4.01.3804.* 5ª Turma. Recorrente: Ministério Público Federal. Recorrido: Fuad Felipe e Outros (as). Relator: Desembargador Federal Souza Prudente, 01 de abril de 2016. Disponível em: <https://arquivo.trf1.jus.br/PesquisaMenuArquivo.asp?p1=00019659620114013804&pA=&pN=19659620114013804>. Acesso em: 17 maio 2019.

(49) Segundo o art. 157 da CLT, cabe às empresas: I — cumprir e fazer cumprir as normas de segurança e medicina do trabalho; II — instruir os empregados, através de ordens de serviço, quanto às precauções a tomar no sentido de evitar acidentes do trabalho ou doenças ocupacionais; III — adotar as medidas que lhes sejam determinadas pelo órgão regional competente; IV — facilitar o exercício da fiscalização pela autoridade competente. BRASIL. *Lei n. 5.452, de 1º de maio de 1943.* Aprova a Consolidação das Leis do Trabalho. Rio de Janeiro, RJ: Presidência da República, 1943. Disponível em: <http://www.planalto.gov.br/ccivil_03/decreto-lei/del5452.htm>. Acesso em: 18 maio 2019.

(50) Cutter e Emrich explicam que "os riscos morais, segundo os economistas, ocorrem quando o seguro muda o comportamento das pessoas que estão sendo seguradas. Por exemplo, a disponibilidade de seguro contra inundações em áreas de alto risco e propensas a inundações incentiva os indivíduos a construírem lá, apesar dos riscos conhecidos" (tradução nossa). CUTTER, Susan L.; EMRICH, Christopher T. Moral Hazard, Social Catastrophe: The Changing Face of Vulnerability along the Hurricane Coasts. *The ANNALS of the American Academy of Political and Social Science, Virginia Law Review*, Los Angeles/CA, v. 604, n. 1. p. 102-112, 1 mar. 2006. p. 105. Disponível em: <https://journals.sagepub.com/doi/abs/10.1177/0002716205285515>. Acesso em: 23 maio 2019. Sendo assim, é possível ponderar sobre o risco moral decorrente da maneira de o direito trabalhista brasileiro lidar com os riscos: Será que adicionais de insalubridade e periculosidade não incentivariam os trabalhadores a exporem-se a situações de risco em troca de um ganho financeiro? Além disso, esses adicionais não acabariam desincumbindo os empregadores de lidarem adequadamente com riscos aos quais seus empregados estiverem submetidos, visto que não aparenta haver qualquer redução de risco com essa prática, e sim uma verdadeira remuneração pelo risco? É claro que alguns riscos não podem ser mitigados abaixo de certo nível, e que sempre haverá riscos em nossa sociedade, entretanto, é bem possível que essa maneira de lidar com riscos (adicionais) sejam ineficázes para o seu gerenciamento, sendo, assim, uma medida a ser aplicada em última circunstância, isto é, quando não houver maneira de reduzir ainda mais um risco ao qual alguma classe de trabalhadores precise se submeter, de modo a compensá-la por uma questão de equidade.

Assim, é preciso destacar que a concepção de risco abstrato ainda não é muito perceptível no Direito Trabalhista, o que configura um obstáculo para a aplicação de um instituto como o monitoramento médico. Mas, na práxis jurídica, diante dos problemas desencadeados na era pós-industrial, constatam-se casos que elucidam a assimilação do risco abstrato e do dano futuro relativo ao meio ambiente de trabalho, em demandas judiciais que podem ser enquadradas como verdadeiras ações de monitoramento médico prévio. As ações selecionadas para ilustrar esse fato são duas Ações Civis Públicas ajuizadas contra a Eternit S.A.[51]: a ACP n. 0002106-72.2013.5.02.0009/SP, e a ACP n. 0011104-96.2014.5.01.0049/RJ.

A ACP n. 0002106-72.2013.5.02.0009, ajuizada pelo MPT-2, foi fundada na contaminação dos trabalhadores de Osasco, na Grande São Paulo. No período de 1939 a 1992, funcionava, na cidade, a fábrica da Eternit de produtos a base de amianto, a maior da América Latina na produção de produtos de fibrocimento, bem como as fábricas da Lonaflex, que também explorava o material, e a Hervy, que utilizava sílica. Nesse cenário, a população de Osasco viveu mais de 50 anos exposta ao amianto, o que lhe causou grandes problemas relacionados a fibrose pulmonar.[52]

As consequências para os trabalhadores da Eternit, foco da ACP, foram desastrosas, considerando que eles exerciam suas atividades sem qualquer equipamento de proteção, sem segurança e em cargas horárias maçantes.[53] Diante dos riscos por isso desencadeados o MPT entrou com a ACP visando à responsabilização da Eternit para compensar os seus ex-funcionários, bem como para tomar medidas preventivas dentro do possível.

Sobreveio sentença proferida pela 9ª Vara do Trabalho de São Paulo, que condenou a empresa em diversas indenizações decorrentes da utilização do amianto e da exposição de mais de dez mil de seus ex-empregados e respectivos familiares a essa substância cancerígena.[54] O grande destaque da decisão, é que, dentre as condenações, a ré foi obrigada a arcar com os custos de monitoramento médico prévio das vítimas que trabalharam para a empresa:

A condenação em assistência à saúde abrangeu "***ampla assistência à saúde de seus ex-empregados*** (*nela incluídos os procedimentos médicos, nutricionais, psicológicos, fisioterapêuticos, terapêuticos, ambulatoriais, internações e medicamentos), sem limitação temporal (ou seja, vitalícia), em razão do largo período de latência e incerteza científica de seu final.*" (fls. 968). Ou seja, a assistência abrange todos os ex-empregados da reclamada, doentes ou não, diagnosticados ou não, bastando ser ex-empregado, único requisito para fazer jus ao direito.[55] (grifos no original)

Especificamente em relação a exames de diagnóstico, o TRT-2 afirma que,

Mais à frente, ainda com relação aos critérios, consta na sentença "***A realização e cobertura de consultas, exames, de todo o tipo de tratamento***" (fls. 969). Isto quer dizer que a cobertura inclui consultas e exames e tratamentos médicos, abrangendo, por isso, consultas e exames sem que exista a necessidade, em princípio, de tratamento, esta sim medida reparatória. As consultas e exames preventivos, portanto, estão incluídos, lembrando-se que para exames, de acordo com julgado, há necessidade apenas de pedido médico com registro no CRM, não havendo exceção para qualquer tipo de exame.[56] (grifos no original)

A sentença foi confirmada pelo TRT-2, que entendeu terem sido demonstrados as causalidades geral[57] e específica[58], estando comprovada, assim, a exposição dos ex-empregados da empresa a substâncias cancerígenas. Observa-se

---

(51) A Eternit S.A. é uma empresa que atua no segmento de coberturas, louças, metais sanitários e soluções construtivas. Para a confecção de muitos de seus produtos, ela utilizava o amianto crisotila, exploração que precisou ser suspensa ante a declaração de inconstitucionalidade do art. 2º da Lei 9.055/1995, que regulava a utilização do mineral. RYNGELBLUM; Ivan. Eternit suspende atividades de mineradora que produz amianto. *Valor*, São Paulo, 11 fev. 2019. Disponível em: <https://www.valor.com.br/empresas/6112583/eternit-suspende-atividades-de-mineradora-que-produz-amianto>. Acesso em: 11 jun. 2019. Sobre a declaração de inconstitucionalidade do art. 2º da Lei n. 9.055/1995, ver: STF declara inconstitucionalidade de dispositivo federal que disciplina uso do amianto crisotila. In: SUPREMO Tribunal Federal. Brasília, 24 ago. 2017. Disponível em: <http://www.stf.jus.br/portal/cms/verNoticiaDetalhe.asp?idConteudo=353599>. Acesso em: 11 jun. 2019.

(52) BRASIL. Comissão de Meio Ambiente e Desenvolvimento Sustentável — CMADS. *DOSSIÊ AMIANTO Brasil*: Relatório do Grupo de Trabalho da Comissão de Meio Ambiente e Desenvolvimento Sustentável da Câmara dos Deputados destinado à análise das implicações do uso do amianto no Brasil. Brasília, DF: Câmara dos Deputados, 2010. p. 573-575. Disponível em: <https://www.camara.leg.br/proposicoesWeb/prop_mostrarintegra;jsessionid=6D7A48F5E37BF9E-0890451F24A3A6917.node1?codteor=769916&filename=REL+1/2010+CMADS>. Acesso em: 12 jun. 2019.

(53) *Ibid.*, p. 577.

(54) BRASIL. Tribunal Regional do Trabalho (2ª Região). *Ação Civil Pública n. 0002106-72.2013.5.02.0009*. 2ª Turma. Recorrentes: Associação Brasileira dos Expostos ao Amianto — Abrea; Eternit S.A.; Ministério Público do Trabalho — PRT-2. Recorrido: os mesmos. Relatora: Desembargadora Sônia Maria Forster do Amaral, 07 de dezembro de 2016. p. 16. Disponível em: <https://trt-2.jusbrasil.com.br/jurisprudencia/499844558/21067220135020009-sao-paulo-sp/inteiro-teor-499844568?ref=serp>. Acesso em: 13 jun. 2019.

(55) *Ibid.*, p. 32.

(56) *Ibid.*, p. 32-33.

(57) "São inegáveis os efeitos prejudiciais da exposição a tal substância, tanto que não há controvérsia sobre a sua natureza cancerígena." *Ibid.*, p. 13-14.

(58) "Além disso, ao contrário do que afirma a recorrente, a bem fundamentada sentença se baseou em fatos concretos, notadamente nos diagnósticos de ex-trabalhadores da recorrente com doenças comprovadamente decorrentes de exposição ao amianto e mesmo óbitos ocorridos pela mesma razão." *Ibid.*, p. 13.

que não houve a utilização do termo "monitoramento médico prévio" ao proferir a decisão. Porém, ao incluir pessoas que ainda não apresentam quaisquer sintomas como beneficiárias de tratamento médico (em que estão inclusos exames de diagnóstico), ele ampliou a responsabilidade civil nesse sentido. Isto é, ele condenou o réu a arcar com os custos de monitoramento médico prévio em favor das vítimas, considerando-o responsável civilmente por danos futuros decorrentes de ilícitos ambientais no âmbito trabalhista.

Além desse caso de São Paulo, há outra ação civil pública emblemática sobre o tema. É a ACP n. 0011104-96.2014.5.01.0049, do Rio de Janeiro. Nessa ação o MPT realizou o pedido de ampliação do rol de exames a serem custeados pela empresa aos seus funcionários, de modo a se ir além dos exames médicos exemplificados pela NR-7, aprovada pela Portaria n. 3.214 de 1978[59] do Ministério de Estado do Trabalho. Considerando as informações científicas sobre o tema, o direito fundamental à saúde, e os princípios ambientais da prevenção e do poluído-pagador, o juízo de primeiro grau deu provimento ao pedido nos seguintes termos:

> Haja vista toda a fundamentação exposta supra, especialmente de que as doenças causadas pelo amianto às vezes demoram cerca de 30 anos para o surgimento dos primeiros sintomas, bem assim porque os estudos científicos citados supra evidenciam a relação do amianto para o surgimento também de tais doenças, e também pela urgência da medida, considerando-se os mesmos fundamentos supra, para concessão da tutela de urgência anteriormente deferida, **acolho o pedido do MPT para determinar, a contar da ciência da presente decisão, a ampliação do rol de exames médicos de controle de todos os atuais e ex-empregados da fábrica no Rio de Janeiro para a inclusão dos exames de diagnóstico** de neoplasia maligna do estômago (C16), neoplasia maligna da laringe (C32), mesotelioma de peritônio (C45.1) e mesotelioma de pericárdio (C45.2), sob pena de multa cominatória de R$ 30.000,00 (trinta mil reais) por descumprimento em relação a cada trabalhador. Elucide-se que essa determinação decorre de todos estudos científicos sobre o tema, inclusive já citados no tópico relativo à substituição do amianto que relacionam essas doenças à exposição ao amianto e também porque o direito à saúde é norma de direito fundamental, assegurada constitucionalmente, bem como porque o direito ambiental do trabalho tem nos princípios da prevenção, da responsabilidade e do poluidor pagador seus grandes vetores, pelo que não há nenhuma suposta violação ao disposto nas NRs 7 e 15, a par da manifestação defensiva em sentido oposto.[60] (grifo nosso)

A decisão foi mantida em segundo grau, em que os julgadores ressaltaram a existência de comprovação científica dos riscos à saúde, e a necessidade de se decidir em conformidade com o direito fundamental à saúde e os princípios ambientais da prevenção e do poluidor-pagador. O juízo observou, ainda, que a latência das doenças que tiveram o risco potencializado justifica a vitaliciedade do acompanhamento médico dos empregados e ex-empregados da ré. Verifica-se, portanto, a exemplo do caso anterior, a condenação do réu a custear o monitoramento médico prévio das vítimas.

A partir da leitura de ambos os casos, percebe-se a assimilação de riscos abstratos (invisíveis, globais, transtemporais, próprios da sociedade pós-industrial). Isso porque se verifica a responsabilização de causadores de contaminações do meio ambiente do trabalho não só pelos danos ambientais presentes, mas pelos danos ambientais futuros.

Com isso, pode-se dizer que há uma ampliação da responsabilidade civil para a admissão do monitoramento médico prévio. Essa ampliação tem encontrado entrada no Direito Trabalhista brasileiro, mediante decisões como as explicadas anteriormente, que, ao tratarem de contaminações massivas, reconhecem o caráter latente de certas

---

(59) A Portaria n. 3.214, de 08 de junho de 1978, do Ministério de Estado do Trabalho (MTE) aprova as Normas Regulamentadoras — NR — do Capítulo V, título II, da Consolidação das Leis do Trabalho, relativas à Segurança e Medicina do Trabalho. BRASIL. Ministério de Estado do Trabalho. Portaria n. 3.214, de 08 de junho de 1978. Aprova as Normas Regulamentadoras — NR — do Capítulo V, Título II, da Consolidação das Leis do Trabalho, relativas a Segurança e Medicina do Trabalho. *Tribunal Regional do Trabalho da 2ª Região* (*TRT2 São Paulo*), São Paulo, SP, 26 maio 2011. Disponível em: <http://www.trtsp.jus.br/geral/tribunal2/ORGAOS/MTE/Portaria/P3214_78.html>. Acesso em: 13 jun. 2019.

Quanto à NR-7: É a norma regulamentar n. 7, que "estabelece a obrigatoriedade de elaboração e implementação, por parte de todos os empregadores e instituições que admitam trabalhadores como empregados, do Programa de Controle Médico de Saúde Ocupacional — PCMSO, com o objetivo de promoção e preservação da saúde do conjunto dos seus trabalhadores." BRASIL. Ministério de Estado do Trabalho. Norma Regulamentadora n. 7 — Programa de Controle Médico de Saúde Ocupacional. Estabelece a obrigatoriedade de elaboração e implementação, por parte de todos os empregadores e instituições que admitam trabalhadores como empregados, do Programa de Controle Médico de Saúde Ocupacional — PCMSO, com o objetivo de promoção e preservação da saúde do conjunto dos seus trabalhadores. *Centro de Treinamento e Certificação Empresarial* (*CTCEM*), Piracicaba, SP, 13 jun. 2016. Disponível em: <http://www.trtsp.jus.br/geral/tribunal2/ORGAOS/MTE/Portaria/P3214_78.html>. Acesso em: 13 jun. 2019.

Tendo em vista que o item 7.4.2.3 da NR-7 trata de exames complementares, sem os especificá-los, o Tribunal entendeu não haver qualquer óbice para a ampliação do rol de exames médicos a serem custeados pelo empregador.

(60) BRASIL. Tribunal Regional do Trabalho (1ª Região). *Ação Civil Pública n. 0011104-96.2014.5.01.0049*. 7ª Turma. Recorrentes: Eternit S.A.; Ministério Público do Trabalho — PRT-1. Recorrido: os mesmos. Relatora: Desembargadora Sayonara Grillo Coutinho Leonardo da Silva, 22 de novembro de 2017. p. 39. Disponível em: <https://bdigital.trt1.jus.br/xmlui/bitstream/handle/1001/1295832/0011104962014501049-DEJT-16-12-2017.pdf?sequence=1&isAllowed=y&themepath=PortalTRT1/>. Acesso em: 13 jun. 2019.

doenças graves. Em outras palavras, essas decisões reconhecem os riscos invisíveis, transtemporais e globais, bem como a exigência de uma abordagem adequada a essas características. Esse tratamento do risco pelo Direito passa pela admissão do dano ambiental futuro, o qual fica explícito nas imposições de obrigações de fazer (arcar com monitoramento médico) em relação a pessoas que não apresentam qualquer sintoma, isto é, que ainda não sofreram danos.

5 CONCLUSÃO

As ameaças à saúde dos trabalhadores expõem a necessidade de se tomar medidas para mitigação de riscos que eles estiverem vivenciando, não bastando adicionais pecuniários pelo perigo ou pelas ameaças à saúde. O monitoramento médico prévio apresenta-se como uma abordagem com grande potencial em prol de um gerenciamento eficaz do risco, pelo fato de permitir o combate a eventuais doenças latentes em seus estágios iniciais. Tendo isso em vista, é cabível uma análise dos requisitos elencados na experiência norte-americana para a concessão de monitoramento médico, de modo a buscar a sua adequação à lógica do direito trabalhista brasileiro.

Como explicado, em uma síntese dos requisitos elencados pelas cortes de *Ayers v. Township of Jackson* e *In Re Paoli R.R. v. Yard PCB Litigation*, dois *leading cases* sobre o tema, há certos pontos que precisam ser comprovados para a condenação do réu para arcar com os custos de monitoramento médico prévio: a) o contato das vítimas com as substâncias tóxicas; b) a toxicidade dos produtos químicos aos quais as vítimas alegam terem sido expostas por negligência do réu; c) a gravidade das doenças que podem ser causadas pela exposição; d) o grau significativo da exposição; e) o aumento relativo do risco de desenvolvimento de doenças aliado ao alcance de nível significativo desse risco; f) a existência de exames médicos capazes de identificar a possível doença; g) o auxílio que a identificação precoce da doença poderia dar ao seu tratamento.

No Direito Trabalhista brasileiro, conforme entendimento do Tribunal Superior do Trabalho — TST[61], entende-se que há nexo causal pelo simples fato de o empregado exercer atividade cujo exercício ocasiona, por sua natureza, risco acentuado à sua integridade psicofísica, o que é capaz de atrair a aplicação da responsabilidade do empregador. Assim, pode-se dizer que, uma vez verificada a contaminação do empregado, não há a necessidade de comprovar o seu contato com a substância tóxica para fins de responsabilização do empregador, visto que o contato seria presumido. Excepcionalmente, tendo em vista a amplitude a que as contaminações podem alcançar, trabalhadores que não exercem atividades perigosas poderiam ser expostos a agentes tóxicos, situação que ensejaria provas capazes de demonstrar a especificidade do nexo causal ante a necessidade de demonstração de elementos configuradores da exceção.

Além da comprovação do nexo causal, que se dá pela demonstração da existência da relação empregatícia, há a necessidade de preenchimento dos demais requisitos. O preenchimento dos demais requisitos pode ser feito mediante provas periciais, as quais já são utilizadas para apurar enfermidades desenvolvidas por trabalhadores no nosso sistema jurídico.

No caso das ações de monitoramento médico prévio, contudo, essas provas não se voltariam para a demonstração da existência de doenças, já que elas podem ter caráter latente, e sim para: a) a toxicidade da substância com que os empregados trabalhavam; b) as doenças que podem ser ocasionadas pela exposição à substância; c) a possibilidade de essas doenças manterem-se ocultas; d) a efetiva contaminação do empregado mediante exames toxicológicos, ainda que não seja necessário demonstrar que ele entrou em contato com a substância, já que isso é presumido; e) o aumento dos riscos de desenvolver doenças específicas em decorrência do exercício da atividade perigosa pelo empregado (riscos que precisam alcançar níveis significativos devido ao seu aumento significativo), fator relacionado ao tempo de trabalho exercido pelos funcionários (ainda que não apenas a isso); f) a existência de exames médicos capazes de detectar sintomas das doenças concebíveis, e em tempo suficiente para auxiliar nos tratamentos correspondentes.

Verifica-se, então, a possibilidade de assimilação do instituto do monitoramento médico prévio pelo direito trabalhista brasileiro, sobretudo por haver ações judiciais bem sucedidas nesse sentido, tais quais as ACPs n. 0002106-72.2013.5.02.0009/SP e n. 0011104-96.2014.5.01.0049/RJ. Em outras palavras, observa-se a possibilidade de se

---

(61) BRASIL. Tribunal Superior do Trabalho. *Agravo de Instrumento em Recurso de Revista n. TST-AIRR-600-97.2006.5.02.0432.* 7ª Turma. Agravante: Solvay Indupa do Brasil S.A. Agravado: Alaídio Araújo. Relator: Ministro Vieira de Mello Filho, 28 de abril de 2018. Disponível em: <http://aplicacao5.tst.jus.br/consultaunificada2/inteiroTeor.do?action=printInteiroTeor&format=html&highlight=true&numeroFormatado=AIRR%20-%20600-97.2006.5.02.0432&base=acordao&rowid=AAANGhAAFAABCNdAAC&dataPublicacao=27/04/2018&localPublicacao=DEJT&query=%27RESPONSABILIDADE%20CIVIL%20OBJETIVA%27%20and%20%27CONTAMINA%C7%C3O%27>. Acesso em: 22 maio 2019.

responsabilizar os empregadores por eventuais contaminações de seus funcionários, ensejando, dessa maneira, a sua condenação para arcar com os custos de monitoramento médico das pessoas que, devido à exposição a substâncias tóxicas no exercício de suas atividades laborais, comprovadamente ficaram submetidas a um maior risco de desenvolverem doenças latentes específicas.

Assim, esse ramo jurídico conseguiria se adaptar às expectativas próprias da sociedade pós-industrial, integrando, enfim, o dano ambiental futuro a seu sistema, o que se daria pela sua reestruturação para conceber a possibilidade da concessão de monitoramento médico, o qual se apresenta, para casos de contaminações massivas, como instrumento mais eficaz que apenas indenizações, que consistem em obrigações de dar compensações pecuniárias que mais funcionam como bônus pela resignação aos riscos.

O monitoramento médico, então, merece a devida atenção dos juristas brasileiros em razão de ser um mecanismo capaz de promover a melhor gestão de riscos criados ou amplificados por contaminações, sendo um meio plausível para a mitigação da intensidade de consequências que tiverem tido suas probabilidades de concretização aumentadas ante o contato humano com substâncias tóxicas. O dano ambiental futuro, ao permitir a compreensão do risco como ilícito, oferece a base para o cabimento da responsabilidade civil pelo risco em casos de exposição de funcionários a contaminações massivas causadas pela conduta dos empregados. Esses ilícitos, por sua vez, geram obrigações de fazer e não fazer, dentre as quais se enquadram as obrigações de monitoramento médico.

6 REFERÊNCIAS

521 U.S. 424 (1997). Disponível em: <https://supreme.justia.com/cases/federal/us/521/424/>. Acesso em: 09 abr. 2019.

525 A. 2d 287 (N.J. 1987). Disponível em: <https://law.justia.com/cases/new-jersey/supreme-court/1987/106-n-j-557-1.html>. Acesso em: 06 abr. 2019.

746 F. 2d 816 (D.C. Cir. 1984). Disponível em: <https://law.justia.com/cases/federal/district-courts/FSupp/587/180/1752777/>. Acesso em: 09 maio 2019.

793 N.E. 2d 869 (Il1. App. Ct. 2003). Disponível em: <https://law.justia.com/cases/illinois/court-of-appeals-first-appellate-district/2003/1021034.html>. Acesso em: 09 maio 2019.

916F. 2d829 (3rd Cir. 1990); 35 F.3d717, 784-88 (3rd Cir. 1994). Disponível em: <https://caselaw.findlaw.com/us-3rd-circuit/1295807.html>. Acesso em: 06 abr. 2019.

ABRAHAM, Kenneth S. Liability for Medical Monitoring and the Problem of Limits. *Virginia Law Review*, Charlottesville/VA, v. 88, n. 8, p. 1975-1988, dez. 2002. Disponível em: <https://www.jstor.org/stable/1074014?seq=1#page_scan_tab_contents>. Acesso em: 06 maio 2019.

ABRAHAM, Kenneth S. The Relation Between Civil Liability and Environmental Regulation: An Analytical Overview. *Washburn University School of Law*, Topeka/KS, v. 41, n. 3, p. 379-398, primavera de 2002. Disponível em: <https://contentdm.washburnlaw.edu/digital/collection/wlj/id/5271>. Acesso em: 04 maio 2019.

BRASIL. Comissão de Meio Ambiente e Desenvolvimento Sustentável — CMADS. *DOSSIÊ AMIANTO Brasil*: Relatório do Grupo de Trabalho da Comissão de Meio Ambiente e Desenvolvimento Sustentável da Câmara dos Deputados destinado à análise das implicações do uso do amianto no Brasil. Brasília, DF: Câmara dos Deputados, 2010. Disponível em: <https://www.camara.leg.br/proposicoesWeb/prop_mostrarintegra;jsessionid=6D7A48F5E37BF9E0890451F24A3A6917.node1?codteor=769516&filename=REL+1/2010+CMADS>. Acesso em: 12 jun. 2019.

BRASIL. *Lei n. 10.406, de 10 de janeiro de 2002*. Institui o Código Civil. Brasília, DF: Presidência da República, 2002. Disponível em: <http://www.planalto.gov.br/ccivil_03/leis/2002/l10406.htm>. Acesso em: 17 maio 2019.

BRASIL. *Lei n. 5.452, de 1º de maio de 1943*. Aprova a Consolidação das Leis do Trabalho. Rio de Janeiro, RJ: Presidência da República, 1943. Disponível em: <http://www.planalto.gov.br/ccivil_03/decreto-lei/del5452.htm>. Acesso em: 18 maio 2019.

BRASIL. *Lei n. 6.938, de 31 de agosto de 1981*. Dispõe sobre a Política Nacional do Meio Ambiente, seus fins e mecanismos de formulação e aplicação, e dá outras providências. Brasília, DF: Presidência da República, 1981. Disponível em: <http://www.planalto.gov.br/ccivil_03/leis/l6938.htm>. Acesso em: 17 maio 2019.

BRASIL. Ministério de Estado do Trabalho. Norma Regulamentadora n. 7 — Programa de Controle Médico de Saúde Ocupacional. Estabelece a obrigatoriedade de elaboração e implementação, por parte de todos os empregadores e instituições que admitam trabalhadores como empregados, do Programa de Controle Médico de Saúde Ocupacional — PCMSO, com o objetivo de promoção e preservação da saúde do conjunto dos seus trabalhadores. *Centro de Treinamento e Certificação Empresarial (CTCEM)*, Piracicaba, SP, 13 jun. 2016. Disponível em: <http://www.trtsp.jus.br/geral/tribunal2/ORGAOS/MTE/Portaria/P3214_78.html>. Acesso em: 13 jun. 2019.

BRASIL. Ministério de Estado do Trabalho. Portaria n. 3.214, de 08 de junho de 1978. Aprova as Normas Regulamentadoras — NR — do Capítulo V, Título II, da Consolidação das Leis do Trabalho, relativas a Segurança e Medicina do Trabalho. *Tribunal Regional do Trabalho da 2ª Região* (*TRT2 São Paulo*), São Paulo, SP, 26 maio 2011. Disponível em: <http://www.trtsp.jus.br/geral/tribunal2/ORGAOS/MTE/Portaria/P3214_78.html>. Acesso em: 13 jun. 2019.

BRASIL. Superior Tribunal de Justiça. *Recurso Especial n. 1.654.950/SC*. 2ª Turma. Recorrente: IBAMA. Recorrido: Antonio Fernandes da Silva. Relator: Ministro Herman Benjamin, 13 de junho de 2018. Disponível em: <https://ww2.stj.jus.br/processo/monocraticas/decisoes/?num_registro=201700349645&dt_publicacao=06/09/2018>. Acesso em: 17 maio 2019.

BRASIL. Superior Tribunal de Justiça. *Recurso Especial n. 1.668.652/PA*. 2ª Turma. Recorrente: IBAMA. Recorrido: R Novaes e Leal Ltda. Relator: Ministro Herman Benjamin, 27 de novembro de 2018. Disponível em: <https://ww2.stj.jus.br/processo/revista/inteiroteor/?num_registro=201700361493&dt_publicacao=08/02/2019>. Acesso em: 17 maio 2019.

BRASIL. Superior Tribunal de Justiça. *Recurso Especial n. 1.770.219/MG*. 2ª Turma. Recorrente: TNL PCS S/A. Recorridos: Ministério Público do Estado de Minas Gerais. Relator: Ministro Herman Benjamin, 30 de janeiro de 2019. Disponível em: <https://ww2.stj.jus.br/processo/monocraticas/decisoes/?num_registro=201802544414&dt_publicacao=08/03/2019>. Acesso em: 17 maio 2019.

BRASIL. Tribunal Regional do Trabalho (1ª Região). *Ação Civil Pública n. 0011104-96.2014.5.01.0049*. 7ª Turma. Recorrentes: Eternit S.A.; Ministério Público do Trabalho — PRT-1. Recorrido: os mesmos. Relatora: Desembargadora Sayonara Grillo Coutinho Leonardo da Silva, 22 de novembro de 2017. Disponível em: <https://bdigital.trt1.jus.br/xmlui/bitstream/handle/1001/1295832/00111049620145•10049-DEJT-16-12-2017.pdf?sequence=1&isAllowed=y&themepath=PortalTRT1/>. Acesso em: 13 jun. 2019.

BRASIL. Tribunal Regional do Trabalho (2ª Região). *Ação Civil Pública n. 0002106-72.2013.5.02.0009*. 2ª Turma. Recorrentes: Associação Brasileira dos Expostos ao Amianto — Abrea; Eternit S.A.; Ministério Público do Trabalho — PRT-2. Recorrido: os mesmos. Relatora: Desembargadora Sônia Maria Forster do Amaral, 07 de dezembro de 2016. Disponível em: <https://trt-2.jusbrasil.com.br/jurisprudencia/499844558/210672320135020009-sao-paulo-sp/inteiro-teor-499844568?ref=serp>. Acesso em: 13 jun. 2019.

BRASIL. Tribunal Regional Federal (1ª Região). *Apelação Cível n. 0001965-96.2011.4.01.3804*. 5ª Turma. Recorrente: Ministério Público Federal. Recorrido: Fuad Felipe e Outros (as). Relator: Desembargador Federal Souza Prudente, 01 de abril de 2016. Disponível em: <https://arquivo.trf1.jus.br/PesquisaMenuArquivo.asp?p1=00019659620114013804&pA=&pN=19659620114013804>. Acesso em: 17 maio 2019.

BRASIL. Tribunal Superior do Trabalho. *Agravo de Instrumento em Recurso de Revista n. TST-AIRR-600-97.2006.5.02.0432*. 7ª Turma. Agravante: Solvay Indupa do Brasil S.A. Agravado: Alaidio Araújo. Relator: Ministro Vieira de Mello Filho, 28 de abril de 2018. Disponível em: <http://aplicacao5.tst.jus.br/consultaunificada2/inteiroTeor.do?action=printInteiroTeor&format=html&highlight=true&numeroFormatado=AIRR%20-%20600-97.2006.5.02.0432&base=acordao&rowid=AAANGhAAFAABCNdAAC&dataPublicacao=27/04/2018&localPublicacao=DEJT&query=%27RESPONSABILIDADE%20CIVIL%20OBJETIVA%27%20and%20%27CONTAMINA%C7%C3O%27>. Acesso em: 22 maio 2019.

CARVALHO, Délton Winter de. *Dano Ambiental Futuro*: A responsabilização civil pelo risco ambiental. 2. ed. rev. atual. ampl. Porto Alegre: Livraria do Advogado, 2013.

CARVALHO, Délton Winter de. *Desastres ambientais e sua regulação jurídica*: deveres de prevenção, resposta e compensação ambiental. São Paulo: Revista dos Tribunais, 2015.

CARVALHO, Délton Winter de. *Gestão Jurídica Ambiental*. São Paulo: Revista dos Tribunais, 2015.

CAVALIERI FILHO, Sérgio. *Programa de responsabilidade civil*. 12. ed. São Paulo: Atlas, 2015.

CUTTER, Susan L.; EMRICH, Christopher T. Moral Hazard, Social Catastrophe: The Changing Face of Vulnerability along the Hurricane Coasts. *The ANNALS of the American Academy of Political and Social Science*, *Virginia Law Review*, Los Angeles/CA, v. 604, n. 1, p. 102-112, 1 mar. 2006. Disponível em: <https://journals.sagepub.com/doi/abs/10.1177/0002716205285515>. Acesso em 23 maio 2019.

DE GIORGI, Raffaele. *Direito, democracia e risco*: vínculos com o futuro. Porto Alegre: Safe, 1993.

FARBER, Daniel A. Tort Law in the Era of climate Change, Katrina, and 9/11: Exploring Liability for Extraordinary Risks. *UC Berkeley Public Law Research Paper No. 11211125*, Berkeley/CA, 13 abr. 2018. Disponível em: <https://papers.ssrn.com/sol3/papers.cfm?abstract_id=1121125>. Acesso em: 10 maio 2019.

FARBER, Daniel. *Environmental law in a nutshell*. 9 ed. Saint Paul: West Academic Publishing, 2014.

FROTA, Pablo Malheiros da Cunha. *Responsabilidade por danos*: imputação e nexo de causalidade. Curitiba: Juruá Editora, 2014.

HENDERSON JR. James A.; TWELSKI, Aaron. Asbestos Litigation Gone Mad: Exposure-Based Recovery for Increased Risk, Mental Distress, and Medical Monitoring. *South Carolina Law Review*, Columbia/SC, v. 53, n. 4, p. 815-850, verão de 2002. Disponível em: <https://scholarship.law.cornell.edu/facpub/807/>. Acesso em: 04 maio 2019.

JOFFE, Adam P. The Medical Monitoring: Ongoing Controversy and a Proposed Solution. *Chicago-Kent. Law Review*, Chicago/IL, v. 84, n. 2, p. 663-689, abr. 2009. Disponível em: <http://scholarship.kentlaw.iit.edu/cklawreview/vol84/iss2/11>. Acesso em: 04 abr. 2019.

JONAS, Hans. *Técnica, medicina y ética:* sobre la práctica del principio de responsabilidad. Barcelona/Buenos Aires/México: Paidós, 1997.

KANNER, Allan. The Politics of Toxic Tort Law. *Widener Law Symposium Journal*, v. 2, n. 163, p. 163-183, outono de 1997. Disponível em: <https://ssrn.com/abstract=1874928>. Acesso em: 08 abr. 2019.

RIO GRANDE DO SUL. Tribunal de Justiça. *Apelação Cível n. 70078097284*. 21ª Câmara Cível. Recorrente: Syngenta Proteção de Cultivos Ltda. Recorrido: Ministério Público do Estado do Rio Grande do Sul. Relator: Desembargador Armínio José Abreu Lima da Rosa, 12 de julho de 2018. Disponível em: <http://www.tjrs.jus.br/busca/search?q=70078097284&proxystylesheet=tjrs_index&client=tjrs_index&filter=0&getfields=*&aba=juris&entsp=a__politica-site&wc=200&wc_mc=1&oe=UTF-8&ie=UTF--8&ud=1&sort=date%3AD%3AS%3Ad1&as_qj=&site=ementario&as_epq=&as_oq=&as_eq=&as_q=+#main_res_juris>. Acesso em: 17 maio 2019.

RYNGELBLUM; Ivan. Eternit suspende atividades de mineradora que produz amianto. *Valor,* São Paulo, 11 fev. 2019. Disponível em: <https://www.valor.com.br/empresas/6112583/eternit-suspende-atividades-de-mineradora-que-produz-amianto>. Acesso em: 11 jun. 2019.

SANTA CATARINA. Tribunal de Justiça. *Apelação Cível em Mandado de Segurança n. 2006.039778-1*. 2ª Câmara de Direito Público. Recorrente: Dow Agrosciences Industrial Ltda. Recorrido: Chefe do Serviço de Vigilância Sanitária do Município de Saudades e outro. Relator: Desembargador Ricardo Roesler, 25 de maio de 2010. Disponível em: <http://busca.tjsc.jus.br/jurisprudencia/html.do?q=&only_ementa=Munic%EDpio%20de%20Saudades%20implementou%20restri%E7%F5es%20ao%20uso%20do%20herbicida%20a%20%20base&frase=&id=AAAbmQAABAACCRwAAB&categoria=acordao>. Acesso em: 17 abr. 2019.

STF declara inconstitucionalidade de dispositivo federal que disciplina uso do amianto crisotila. In: SUPREMO Tribunal Federal. Brasília, 24 ago. 2017. Disponível em: <http://www.stf.jus.br/portal/cms/verNoticiaDetalhe.asp?idConteudo=353599>. Acesso em: 11 jun. 2019.

TRF4 nega recurso de empresas e mantém suspensa extração de areia no Rio Jacuí. *TRF4*, Porto Alegre, 05 junho 2013. Disponível em: <https://www.trf4.jus.br/trf4/controlador.php?acao=noticia_visualizar&id_noticia=9160>. Acesso em: 17 maio 2019.

FIXAÇÃO DE METAS E ASSÉDIO MORAL

Flávio da Costa Higa[(*)]

— O senhor poderia me dizer, por favor, qual o caminho que devo tomar para sair daqui?
— Isso depende muito de para onde você quer ir.
— Não me importo muito para onde...
— Então não importa o caminho que você escolha[(1)].

Lewis Carroll

1 INTRODUÇÃO

O diálogo aparentemente despretensioso e um tanto *nonsense* — travado em *Alice no País das Maravilhas* — infunde sutilmente uma lição de sabedoria, qual seja a de que "não há bons ventos para aqueles que não sabem onde querem aportar[(2)]". Deveras, soa mesmo axiomático afirmar que a vida está inexoravelmente permeada de objetivos e intenções, até porque o homem é produto de suas escolhas[(3)] individuais e coletivas. Ao optar por um candidato em determinado processo eleitoral, cobram-se propostas e um projeto de governo. Na decisão por determinada instituição de ensino, tem-se em mira o valor potencial que o diploma agregará ao currículo e os conhecimentos que os estudos proporcionarão. Por ocasião da busca por emprego, analisam-se as necessidades pessoais, as oportunidades advindas daquela colocação no mercado de trabalho e as perspectivas de evolução na carreira. Quando se investe em um relacionamento amoroso, busca-se a realização afetiva e projeta-se ou não edificar uma família.

(*) Juiz Titular do TRT da 24ª Região. Doutor e Mestre em Direito do Trabalho pela USP. Pós-Doutorando em Ciências Jurídico-Empresariais pela Universidade de Lisboa. Professor da EMATRA/MS, da EJUD/TRT 24ª Região e do Centro Universitário Anhanguera/UNAES.

(1) CARROLL, Lewis (pseudônimo de Charles Lutwidge Dodgson). *Alice no País das Maravilhas*. Trad. Clélia Regina Ramos. Petrópolis: Editora Arara Azul, 2002. p. 59.

(2) Tradução livre do autor sobre o pensamento de Sêneca (4 a.C. — 5 d.C), para quem os nossos planos fracassam porque não temos objetivos: "*Our plans miscarry because they have no aim. When a man does not know what harbour he is making for, no wind is he right wind.*" (SÊNECA. *Ad Lucilium Epistulae Morales.* Trad. para o inglês: Richard M. Gummere. London: William Heinemann Ltd., 1962, v. II, Epistle LXXI. p. 75).

(3) Saliente-se que até mesmo uma vida à deriva é fruto de uma opção, qual seja a de renunciar ao controle sobre o próprio destino.

Nesse cenário de respeito pleno ao regime de liberdades, a vida se apresenta tal qual uma obra em permanente construção, cuja história é escrita a partir daquilo que se definem como metas e da administração dos sucessos e fracassos experimentados na tentativa de alcançá-las.

Enfim, "a liberdade [...], na medida em que pode coexistir com a liberdade de todos os outros de acordo com uma lei universal, é o único direito original pertencente a todos os homens em virtude da humanidade destes[4]". Sartre sustentava que o ser humano está "condenado a ser livre[5]", de modo que o bom cumprimento desta implacável sentença passa necessariamente pelo delineamento de propósitos, já que a caminhada a esmo tem como destino certo o precipício. "Ter mais liberdade melhora o potencial das pessoas para cuidar de si mesmas e para influenciar o mundo, questões centrais para o processo de desenvolvimento[6]." Portanto, ela possui um valor intrínseco que a torna pressuposto à autorrealização. Por óbvio, a liberdade cobra um preço, qual seja o de pagar pelas consequências negativas das predileções equivocadas, mas isso não tem o condão de outorgar a alguém o direito de obstar determinada opção pessoal[7], quando envolvidos apenas interesses de particulares.

Decorre, pois, do postulado ontológico de liberdade humana o corolário de que as pessoas naturais e jurídicas podem traçar metas, sendo autêntico que o façam. No campo das relações entre capital e trabalho, a moldura constitucional brasileira, plasmada a partir da concepção de Estado Democrático de Direito, é igualmente receptiva à ideia do estabelecimento de alvos de produção pelo empregador, como ferramenta legítima de concreção do valor social da livre-iniciativa (Constituição Federal, art. 1º, IV e art. 170, *caput*[8]). Em harmonia com o texto constitucional, a lei conceitua o empregador como aquele que dirige a prestação pessoal de serviços (Consolidação das Leis do Trabalho, art. 2º, *caput*[9]), o que, aliás, é inferência lógica de ele assumir os riscos da atividade econômica. Isso lhe confere determinadas faculdades sob o prisma subjetivo, na medida em que o torna "titular dos poderes de direcção e de disciplina, que correspondem à posição de subordinação do trabalhador[10]". Assenta-se, assim, no poder diretivo do empregador, a justificativa epistemológica para que se lhe atribua o direito de esboçar os fins de seu empreendimento e exigir dos empregados contratados que cooperem para a consecução destes[11].

2 LIMITES AO PODER DIRETIVO DO EMPREGADOR

Malgrado o ordenamento jurídico conceda ao empregador o poder de gerir a prestação de serviços e, em consequência, fixar metas de produção, é certo que nenhum direito, por mais fundamental que seja, possui caráter absoluto[12]. Basta constatar que o direito à vida, quiçá o mais elementar deles e certamente o pressuposto para a fruição de quase todos os demais, está excepcionado pela Carta Magna no caso de guerra declarada (CF, art. 5º, XLVII, "a"[13]). A propósito, o Supremo Tribunal Federal já teve a oportunidade de se pronunciar a respeito da incidência de limitações aos direitos e garantias individuais com o escopo de proteger a integridade do interesse social e assegurar a coexistência harmônica das liberdades, de modo que nenhum direito seja exercido em detrimento da ordem pública ou vilipendiando direitos de terceiros[14].

---

(4) KANT, Immanuel. *Introdução ao Estudo do Direito*: doutrina do Direito. 2. ed. Trad. Edson Bini. Bauru: Edipro, 2007. p. 53.

(5) SARTRE, Jean-Paul. *O existencialismo é um humanismo*: a imaginação — questão de método. Seleção de textos de José Américo Motta Pessanha. Tradução de Rita Correia Gudes e Luiz Roberto Salinas Forte. 3. ed. São Paulo: Nova Cultura, 1987. p. 9.

(6) SEN, Amartya. Desenvolvimento como liberdade. Tradução de Laura Teixeira Motta. São Paulo: Companhia das Letras, 2000. p. 33

(7) MILL, John Stuart. Sobre a liberdade. Tradução e introdução de Pedro Madeira. São Paulo: Saraiva. p. 35

(8) BRASIL. *Constituição da República Federativa do Brasil*. 19. ed. São Paulo: RT, 2014.

(9) BRASIL. Consolidação das Leis do Trabalho (1943). *CLT Saraiva e Constituição Federal*. 42. ed. São Paulo: Saraiva, 2014.

(10) RAMALHO, Maria do Rosário Palma. Direito do trabalho: parte I — dogmática geral. 2. ed., actualizada ao Código do Trabalho de 2009. Coimbra: Almedina, 2009. v. I. p. 326.

(11) "O empregador, no uso de seu poder diretivo, pode cobrar incrementos na quantidade ou qualidade do serviço, fixar metas e exigir resultados. Isto é o seu direito. [...]". (SANTA CATARINA. Tribunal Regional do Trabalho da 12ª Região. 3ª Turma. *RO 0001307-33.2012.5.12.0026*. Relator: José Ernesto Manzi. Publicação em 18 jun. 2013)

(12) Apesar de a restrição aos direitos fundamentais também sofrer limitações, haja vista subordinar-se aos requisitos de adequação, necessidade e proporcionalidade. (HESSE, Konrad. *Elementos de Direito Constitucional da República Federal da Alemanha*. Tradução Luís Afonso Heck. Porto Alegre: Sérgio Fabris, 1998. p. 256)

(13) BRASIL. *Constituição Federal (1988)*. *Op. cit.*

(14) Destaquem-se os seguintes trechos da ementa: "Não há, no sistema constitucional brasileiro, direitos ou garantias que se revistam de caráter absoluto [...]. O estatuto constitucional das liberdades públicas, ao delinear o regime jurídico a que estas estão sujeitas — e considerado o substrato ético que as informa — permite que sobre elas incidam limitações de ordem jurídica, destinadas, de um lado, a proteger a integridade do interesse social e, de outro, a assegurar a coexistência harmoniosa das liberdades, pois nenhum direito ou garantia pode ser exercido em detrimento da ordem pública ou com desrespeito aos direitos e garantias de terceiros." (BRASIL. Supremo Tribunal Federal. *RMS 23.452/RJ*. Relator: Celso de Mello. Diário da Justiça 12 maio 2000. Disponível em: <http://redir.stf.jus.br/paginadorpub/paginador.jsp? docTP=AC&docID=85966>. Acesso em: 27 out. 2014).

Incorporou-se, pois, ao vetor hermenêutico sobre a possibilidade de exercício dos direitos fundamentais a ética aristotélica, segundo a qual a plena felicidade pressupõe a justiça entre os indivíduos, para não haver desigualdades[15]. Kant sofisticou a regra ao propor que "qualquer ação é justa se for capaz de coexistir com a liberdade de todos de acordo com uma lei universal, ou se na sua máxima liberdade de escolha de cada um puder coexistir com a liberdade de todos de acordo com uma lei universal[16]." Ao alinhavar o "direito à felicidade", a Constituição japonesa parece ter aglutinado ambas as matrizes deontológicas, elegendo-o como de suprema consideração pela lei e demais assuntos governamentais, até o limite em que não perturbe o bem-estar público[17]. O postulado kantiano, por sua vez, também fornece bases jusfilosóficas para resolver a colisão entre princípios pelo sistema de ponderação, proposto por Alexy, segundo o qual um deles deve ceder em face da precedência axiológica do outro, sob determinadas condições, de acordo com a análise do caso concreto[18].

Desse modo, o exercício do poder diretivo pelo empregador possui limites externos, impostos pela própria Constituição, pelas leis e pelos contratos individuais e coletivos, e também internos, consistentes no dever de exercê-lo conforme as regras da boa-fé[19] e sem abusos[20]. Nessa senda, o estabelecimento de metas, apesar de reputado lícito em juízo apriorístico, deve passar pelo crivo da estrita observância ao valor social do trabalho e da dignidade da pessoa humana do trabalhador.

Isso impõe perscrutar a licitude de tais metas desde a sua imposição — qualitativa e quantitativamente — até a sua cobrança, passando, evidentemente, pelos meios de fiscalização de seu cumprimento, de forma que sejam sempre resguardados os direitos da personalidade do trabalhador[21].

3 ESTABELECIMENTO, FISCALIZAÇÃO E COBRANÇA DE METAS

O estabelecimento de metas pelo empregador — conforme mencionado alhures — é perfeitamente possível sob o prisma jurídico. Ademais, trata-se de política empresarial altamente disseminada, haja vista os mais diversos benefícios que convergem ao capital, em face da diminuição da necessidade de controle ostensivo da realização do trabalho e do incremento produtivo decorrente da vinculação dos ganhos aos resultados. Com essa conjunção de fatores, previsível que tal modelo de gestão de mão de obra, pela sua inerente eficácia, alastrar-se-ia exponencial-mente[22].

Entretanto, essa prática é balizada por instrumentos de contenção que vão desde a própria fixação, que não pode ser abusiva, "irrealista ou irrealizável[23]", devendo respeitar os limites físicos e psicológicos e a própria capacidade produtiva de cada um[24]. A designação de tarefas impossíveis tem como efeito nefasto a deterioração da autoestima do indivíduo, que passa a pôr em xeque a sua própria competência e duvidar de suas habilidades, prática inequívoca de constrangimento psicológico. Nesse sentido, tanto a lei municipal de São Paulo/SP caracteriza o assédio moral pela determinação de "tarefas com prazos impossíveis[25]" quanto a lei do estado o configura pela imposição do "cum-

---

(15) ARISTÓTELES. Ética a Nicômaco. Trad. e notas Edson Bini. 3. ed. São Paulo: Edipro, 2009. p. 67-86.

(16) KANT, Immanuel. Op. cit., p. 46-47.

(17) O belíssimo texto do art. 13 do diploma oriental assim prescreve: "Article 13. All of the people shall be respected as individuals. Their right to life, liberty, and the pursuit of happiness shall, to the extent that it does not interfere with the public welfare, be the supreme consideration in legislation and in other governmental affairs." (JAPÃO. The Constitution of Japan. Promulgated on November 3, 1946. Disponível em: <http://japan.kantei.go.jp/constitution_and_government_of_japan/constitution_e.html>. Acesso em: 02 out. 2014)

(18) ALEXY, Robert. Teoria dos Direitos Fundamentais. Trad. Virgílio Afonso da Silva. São Paulo: Malheiros, 2008. p. 93-103.

(19) Segundo o escólio de Menezes Cordeiro: "Mantem-se em aberto, por isso, a possibilidade de um controlo judicial dos conteúdos contratuais, independente, por definição, das restrições legais específicas à autonomia privada, que possam, por lei, ser estabelecidas, bem como dos níveis colectivos de negociação que, na prática, se tenham feito reconhecer." (CORDEIRO, António Manuel da Rocha e Menezes. Da boa-fé no Direito Civil. Coimbra: Almedina, 2011. p. 653-654).

(20) BARROS, Alice Monteiro de. Curso de Direito do Trabalho. São Paulo: LTr, 2005. p. 554.

(21) Nesse diapasão, o seguinte acórdão do TST: "A fixação de metas de desempenho, apesar de autorizada pelo Direito do Trabalho, deve compatibilizar-se com os direitos de personalidade assegurados pela Constituição Federal. [...]". (BRASIL. Tribunal Superior do Trabalho. 4ª Turma. Processo RR — 1448-15.2011.5.09.0012. Relator: João Oreste Dalazen. Diário eletrônico da Justiça do Trabalho 22 ago. 2014)

(22) EMERICK, Paula Cristina Hott. Metas — estratégia empresarial de busca agressiva por resultados: incentivo ou constrangimento? São Paulo: LTr, 2009. p. 117.

(23) Expressão empregada pela Corte de Cassação francesa em um caso que envolvia assédio moral e fixação de metas. (FRANÇA. Cour de cassation. Chambre sociale. 27 nov.2013, 12-22.414. Disponível em: <http://www.legifrance.gouv.fr>. Acesso em: 12 out. 2014)

(24) PINTO, Rafael Morais de Carvalho. Assédio moral no ambiente de trabalho e a política empresarial de metas. 2011, 159f. Dissertação (Mestrado em Direito). PUC — Minas, Belo Horizonte, 2011, l v.. p. 112.

(25) SÃO PAULO. Lei Municipal n. 13.288 de 10 de janeiro de 2002. Disponível em: <http://camaramunicipalsp.qaplaweb.com.br/iah/full text/leis/L13288.pdf>. Acesso em: 28 out. 2014.

primento de atribuições estranhas ou de atividades incompatíveis com o cargo que ocupa, ou em condições e prazos inexequíveis[26]".

A missão de delinear quais são as metas impossíveis, irrealizáveis ou de realização capaz de comprometer o bem-estar psicofísico do empregado é complexa, na medida em que envolve a valoração de conceitos jurídicos abertos, cujo preenchimento não pode ser feito *ex ante.* Propõe-se, sem embargo das dificuldades, que a lacuna natural decorrente de tais definições seja colmatada *ex post,* a partir do conceito de "medida" proposto por Hegel[27], que consiste no momento em que a quantidade altera a qualidade[28]. Sabe-se que, de ordinário, a quantidade não é um elemento transformador. Analise-se, por exemplo, a água: não importa se há 1, 100 ou 1.000 litros, o líquido continua a ser água. Observe-se, por outro lado, o que ocorre com a sua temperatura: dentro de determinada margem, ela pode oscilar para cima ou para baixo sem que a modificação altere o estado físico de agregação. Contudo, dentro das CNTP[29], ao alcançar zero grau centígrado, ocorrerá a mudança de um corpo líquido para sólido, ao passo que, ao atingir os cem graus, haverá transmudação de líquido em gasoso, ou seja, dois pontos decisivos em que a mera alteração quantitativa alterará qualitativamente os corpos.

Diante disso, reside no limite quantitativo aferível em concreto a constatação se as metas são qualitativamente lícitas ou abusivas. Tal critério nada tem de novo nas relações de trabalho, uma vez que Marx apropriou-se dos conceitos de Hegel para sustentar que o elemento quantitativo era fulcral para diferenciar a produção de valor da produção de mais-valia[30].

No que concerne à fiscalização, sabe-se que o mero controle das atividades não transborda os limites do poder diretivo. Conforme já decidido pela Corte de Apelação de Montpellier, o fato de a atividade do empregado ser quantificada e objeto de estudos e relatórios estatísticos, de modo a permitir a comparação de desempenho entre empregados de um mesmo ou de diferentes estabelecimentos, não configuraria, por si só, assédio[31] [32]. Por outro lado, o uso de tais prerrogativas não pode implicar degradação, desvalorização ou desqualificação de um trabalhador, criando uma atmosfera inóspita em que ele não se sinta respeitado, nos exatos termos do pronunciamento do Tribunal Superior de Justiça de Madri[33]. Até porque, como bem salientado pela Suprema Corte norte-americana, um ambiente de trabalho hostil, ainda que não afete o bem-estar psicológico do empregado, pode afetar o seu desempenho, desencorajá-lo de progredir na carreira e até mesmo de manter-se no emprego[34].

Talvez resida na forma de cobrança pelo atingimento de metas o ponto nevrálgico das relações de trabalho no Brasil, principalmente no setor de vendas, onde a obsessão por resultados é levada ao paroxismo. Por isso, a jurisprudência do Tribunal Superior do Trabalho tem sido resoluta ao compensar — via indenização por danos extrapatrimoniais — os danos sofridos pelos empregados em razão do assédio moral de empregadores que promovem o

---

(26) SÃO PAULO. *Lei Estadual n. 12.250,* de 9 de fevereiro de 2006. Disponível em: <http://www.al.sp.gov.br/repositorio/legislacao/lei/2006/lei%20n.12.250,%20 de%2009.02.2006.htm>. Acesso em: 28 out. 2014.

(27) HEGEL, Georg Wilhelm Friedrich. *Enciclopédia das Ciências Filosóficas em compêndio (1830).* Texto completo com os adendos orais. Tradução Paulo Meneses, com a colaboração de José Machado. São Paulo: Loyola, 1995, v. 1. p. 214.

(28) Para aprofundamento, vide: HIGA, Flávio da Costa. *Responsabilidade Civil:* a perda de uma chance no Direito do Trabalho. São Paulo: LTr, 2012. p. 90-92.

(29) As CNTP — Condições Normais de Temperatura e Pressão (cuja sigla é CNTP no Brasil e PTN em Portugal), são condições experimentais ideais, e referem-se à temperatura e pressão de 273,15 K (0 °C) e 101 325 Pa (101,325 kPa = 1,01325 bar = 1 atm = 760 mmHg), respectivamente. (LUZ, Ana Maria. *Condições Normais de Temperatura e Pressão (CNTP).* Disponível em: <http://www.infoescola.com /termodinamica/condicoes-normais-de-temperatura-e-pressao-cntp>. Acesso em: 28 out. 2014)

(30) "Comparando o processo de produzir valor com o de produzir mais valia, veremos que o segundo só difere do primeiro por se prolongar além de certo ponto. O processo de produzir valor simplesmente dura até o ponto em que o valor da força de trabalho pago pelo capital é substituído por um equivalente. Ultrapassando esse ponto, o processo de produzir valor torna-se processo de produzir mais valia (valor excedente)". (MARX, Karl. *O capital.* v. I. Disponível em: <http://www. marxists.org/portugues/marx/ 1867/ocapital-v1/vol1cap07.htm#c7s2>. Acesso em: 07 mar. 2011)

(31) O trecho citado consta do artigo de: ROCHEBLAVE, Éric. *Le harcèlement moral en Languedoc-Roussillon.* Disponível em: <http://rocheblave.com/avocats/ harcelement-moral-avocat/>. Acesso em: 28 out. 2014.

(32) Registre-se que a decisão foi cassada, mas não pela refutação da tese, e sim por ter sido tomada a partir de considerações genéricas, totalmente desconectadas da situação particular da vítima: "*[...] qu'en statuant de la sorte, par un motif inopérant procédant de considérations générales et totalement déconnectées de la situation individuelle de Madame X..., la Cour d'appel a violé les articles L. L. 1222-1, L. 1152-1 et L. 1154-1 du Code du travail.*" (FRANÇA. Cour de Cassation. Chambre sociale. *10 juillet 2013, 12-17.560.* Disponível em: <http://www.legifrance.gouv.fr>. Acesso em: 28 out. 2014)

(33) "*Y si bien es cierto que las afinidades personales y laborales no es posible imponerlas y que naturalmente la dirección busca rodearse de equipos afines, no por ello se deben permitir estilos de gestión y de mando que, en uso o ejercicio de la posición superior y de facultades legales, determinen desplazamiento, degradación, infravaloración y descalificación de un trabajador de forma persistente, generando con ello un ambiente de trabajo hostil manifestado en el hecho de saberse el trabajador no querido, respetado y apreciado por su dirección lo que claramente atenta contra su dignidad e integridad moral, constituyendo un acoso.*" (ESPANHA Tribunal Superior de Justicia de Madrid. *Sentencia 189/2012, de 14 de marzo.* Disponível em: <http://portalprevencion.lexnova.es>. Acesso em: 16 out. 2014)

(34) "*A discriminatorily abusive work environment, even one that does not seriously affect employees' psychological wellbeing, can and often will detract from employees' job performance, discourage employees from remaining on the job, or keep them from advancing in their careers.*" (ESTADOS UNIDOS DA AMÉRICA. Supreme Court of the United States. *Harris v. Forfklift Systems, Inc.* U.S. 1993, n. 92-1168. Disponível em: <http://caselaw.lp.findlaw.com/scripts/getcase.pl?court=US&-vol=000&invol=u10433>. Acesso em: 16 out. 2014)

terror psicológico no trabalho, seja ao infligir castigos, chacotas e outros tipos de humilhação[35], ou ainda pelo uso constante e inescrupuloso da ameaça de dispensa aos que "ousarem" descumprir os objetivos[36].

4 DIREITO AO MEIO AMBIENTE HÍGIDO V. CONDUTAS DE ASSÉDIO

"Os seres humanos constituem o centro das preocupações relacionadas com o desenvolvimento sustentável. Têm direito a uma vida saudável e produtiva em harmonia com a natureza[37]." De matriz antropocêntrica, esse postulado — erigido à condição de princípio primeiro da Declaração do Rio Sobre o Meio Ambiente — absorve o imperativo categórico segundo o qual todo indivíduo é um fim em si mesmo, e não um meio para consecução das finalidades alheias[38], sujeito, e não objeto de direito[39]. Por isso, o meio ambiente é de fundamental importância para a vida e a saúde do homem. Se o trabalho constitui ou não fonte de afirmação da sua dignidade e satisfação de suas necessidades vitais depende em larga escala do local em que ele é executado[40].

Referidas constatações demonstram o acerto do legislador constituinte ao tentar resguardar a todas as gerações — presentes e futuras — um meio ambiente sadio e equilibrado, nele incluindo o meio ambiente de trabalho (CF, arts. 225, *caput*, c/c 200, VIII[41]). Criou-se, assim, uma espécie de "direito intergeracional" ao desenvolvimento sustentável[42], do qual deflui o dever de o empregador zelar por um ambiente de trabalho salubre inclusive do ponto de vista mental[43]. Um local de relações interpessoais contaminadas produz uma legião de incapazes acometidos de doenças profissionais que aumenta vertiginosamente os custos da Previdência Social, numa geração de externalidade[44] que não pode ser aceita como custo social legitimado no discurso desenvolvimentista.

Ante tal quadro, a expressão "meio ambiente do trabalho" não pode estar confinada à utilização retórica, porquanto deve capturar os princípios de Direito Ambiental na tutela dos direitos dos trabalhadores, notadamente no que concerne à convivência harmônica e às relações interpessoais. Por caber ao empregador zelar pela serenidade moral dos seus empregados[45], deve ele estar atento a uma categoria de riscos associada aos episódios de transformação do trabalho, à intensificação, à precarização, às novas organizações empresariais e à introdução de novas tecnologias. Os chamados "riscos psicossociais" abrangem o estresse, o assédio, a depressão, o sofrimento, o esgotamento profissional, as discriminações e o suicídio, noção pouco homogênea, cujo denominador comum encontra-se no atentado ao

---

(35) "Delimitado nos autos que havia a cobrança de metas individuais e que, durante as reuniões, o reclamante era exposto a humilhações por superiores e colegas, por meio de chacotas e castigos, configurado está o dano moral, porque evidente o abalo emocional, psíquico e físico, fazendo jus, pois, o autor à reparação." (BRASIL. Tribunal Superior do Trabalho. 7ª Turma. *Processo RR — 747-57.2011.5.09.0011*, Rel. Aloysio Corrêa da Veiga. Diário eletrônico da Justiça do Trabalho 1º jul. 2014)

(36) "Demonstrado o assédio moral ao reclamante, decorrente da postura excessiva de seu superior hierárquico na busca do cumprimento de metas, sob a ameaça de dispensa, resta configurado o abalo moral e psíquico a ensejar a reparação." (BRASIL. Tribunal Superior do Trabalho. 6ª Turma. *Processo RR — 1627-09.2011.5.04.0231*, Rel. Aloysio Corrêa da Veiga. Diário eletrônico da Justiça do Trabalho 28 mar. 2014)

(37) ORGANIZAÇÃO DAS NAÇÕES UNIDAS. Conferência das Nações Unidas sobre Meio Ambiente e Desenvolvimento. Declaração do Rio sobre Meio Ambiente e Desenvolvimento. *Princípio 1*. Disponível em: <http://www.onu.org.br/ rio20/ img/2012/01/rio92.pdf>. Acesso em: 10 out. 2014.

(38) HIGA, Flávio da Costa. *Assédio Sexual no Trabalho e Discriminação de Gênero*: duas faces da mesma moeda? Inédito.

(39) Destaca-se pequeno excerto da fundamentação do imperativo categórico: "O homem, e, duma maneira geral, todo o ser racional, existe como fim em si mesmo, não só como meio para o uso arbitrário desta ou daquela vontade. Pelo contrário, em todas as suas acções, tanto nas que se dirigem a ele mesmo como nas que se dirigem a outros seres racionais ele tem sempre de ser considerado simultaneamente como fim." (KANT, Immanuel. *Fundamentação da Metafísica dos Costumes*. Tradução de Paulo Quintela. Lisboa: Edições 70, 2007. p. 68).

(40) Segundo o escólio de Roshchin: "*Man's environment is of paramount importance to his life and health. The working environment is part of the general environment. In it man performs his work, which is the basis of his material and spiritual welfare. Whether work is a source of health and of satisfaction of his vital needs depends to a great extent on the environment in which it is performed.*" (ROSHCHIN, A. V. Protection of the Working Environment. *International Labour Review*, v. 110. p. 235-249, 1974. p. 249)

(41) BRASIL. Constituição Federal (1988) Op. cit.

(42) O Código Ambiental italiano esclarece que é preciso satisfazer as necessidades das gerações atuais sem comprometer a qualidade de vida e as possibilidades das gerações futuras: "*Art. 3-quater. (1) Principio dello sviluppo sostenibile. Ogni attivita' umana giuridicamente rilevante ai sensi del presente codice deve conformarsi al principio dello sviluppo sostenibile, al fine di garantire che il soddisfacimento dei bisogni delle generazioni attuali non possa compromettere la qualita' della vita e le possibilita' delle generazioni future.*" (ITÁLIA. *Codice Dell'Ambiente (Testo coordinato del Decreto legislativo n. 152 del 3 aprile 2006)*. Disponível em: <http://www.altalex.com/index.php?idnot=33891>. Acesso em: 18 out. 2014)

(43) No meio acadêmico, esse dever foi consolidado no Enunciado n. 39 da 1ª Jornada de Direito Material e Processual na Justiça do Trabalho. (JORNADA DE DIREITO MATERIAL E PROCESSUAL NA JUSTIÇA DO TRABALHO, 1, 2007, Brasília, *Enunciados*. Disponível em: <http://www.anamatra.org.br/jornada/enunciados/enunciados_aprovados.cfm>. Acesso em: 15 out. 2014).

(44) Ato de alguém que afeta o bem-estar de outrem (SHAVELL, Steven. *Foundation of Economic Analisys of Law*. Cambridge: Harvard University Press, 2004. p. 77).

(45) De acordo com a Corte de Cassação italiana: "*[...] il datore di lavoro ha in generale l'obbligo di proteggere la sfera morale del lavoratore in azienda e di assicurare che l'esercizio del potere gerarchico sia ispirato ai principi di correttezza.*" (ITÁLIA, Cassazione. *Sentenza 112717 del 9 dicembre 1998*. Disponível em: <http://www.cortedicassazione.it/corte-di-cassazione/> Acesso em: 17 out. 2014)

bem-estar psíquico da pessoa[46]. Na Bélgica, o decreto real relativo à prevenção da carga psicossocial ocasionada pelo trabalho enuncia princípios e regras que visam a enfrentar exatamente os mesmos perigos[47].

O empregador detém a obrigação de tomar medidas para prevenir e coibir o assédio não apenas dos colegas de trabalho, mas também de terceiros, como clientes, consumidores e outros contatos comerciais, nos termos do *Employment Equality Act 1998* irlandês[48]. Se a desorganização da estrutura produtiva cria um ambiente hostil ao empregado, incapaz de atender às expectativas do público, patente a responsabilidade de seu empregador pelo assédio moral que decorre da poluição ambiental. No Brasil, um exemplo bastante ilustrativo é o das companhias aéreas, em que o desarranjo externado em reiterados cancelamentos e atrasos de voos provoca a ira dos passageiros, que, inadvertidamente, transferem-na brutalmente ao elo mais baixo da cadeia. A jurisprudência pátria, acertadamente, tem reprochado esse tipo de conduta[49], o que expressa, ainda que em sede reparatória, a aplicação do "princípio do poluidor-pagador[50]", auxiliando a internalização dos custos de produção e a regulação eficiente do sistema de preços[51].

5 — ASSÉDIO MORAL: CONCEITO, ESPÉCIES, REQUISITOS E FORMAS DE TUTELA EM FACE DA ABUSIVIDADE NA FIXAÇÃO DE METAS

As agressões psicológicas sempre estiveram presentes no mundo do trabalho. O que talvez seja diferente atualmente seja a sua frequência, intensidade e consequências psicopatológicas[52], fruto espúrio do mundo competitivo e globalizado em que está inserido o modo capitalista de produção. Outra hipótese, não necessariamente excludente da primeira — até porque os fenômenos costumam ter múltiplas causas —, é a de que apenas a percepção seja contemporânea, na medida em que o legislador adotava, até pouco tempo, uma visão reducionista da relação de emprego. Sob essa perspectiva estreita, ela ficou, durante muito tempo, confinada apenas a uma relação de troca mercantil, com a prestação de serviços do empregado, de um lado, e a contraprestação salarial pelo empregador, do outro, numa miopia patrimonialista que menoscabava os direitos da personalidade[53].

De qualquer forma, o assédio moral passou a ter grande destaque na doutrina e na jurisprudência a partir da década de 1990, consolidando-se a partir do conceito de Hirigoyen. Ela o definiu como toda conduta abusiva — composta de gestos, palavras, comportamentos ou atitudes — que atenta, por sua repetição ou sistematização, contra a dignidade ou a integridade física ou psíquica de uma pessoa, colocando em risco o seu emprego, deteriorando o

---

(46) ANTONMATTEI, Paul-Henri et al. *Les risques psychosociaux:* identifier, prévenir, traiter. Paris: Éditions Lamy, 2010. p. 16-17.

(47) BÉLGICA. *Directive 2000/78/CE du Conseil du 27 novembre 2000 portant création d'un cadre général en faveur de l'égalité de traitement en matière d'emploi et de travail.* Disponível em: <http://eur-lex.europa.eu/ legal-content/FR/TXT/HTML/?uri=CELEX:32000L0078>. Acesso em: 16 out. 2014.

(48) *"Employers are legally responsible for the sexual harassment and harassment of employees carried out by co-employees, clients, customers or other business contacts of the employer."* (IRLANDA. *Employment Equality Act 1998 (Code of Practice) (Harassment) Order 2012.* Disponível em: <http://www.irishstatutebook.ie/pdf/2012/en.si.2012.0208.pdf>. Acesso em: 09 jan. 2014)

(49) Como, *e.g.*, demonstrado no seguinte acórdão: "O empregador, ao dirigir a prestação pessoal de serviços, deve diligenciar a manutenção de um ambiente de trabalho que favoreça o adequado cumprimento das atividades profissionais incumbidas aos empregados, inclusive no que reporta aos aspectos emocionais e psicológicos correspondentes à prestação laboral. No caso sob exame, encontra-se perfeitamente configurada a conduta antijurídica e culposa da empresa, porquanto não fora capaz de se organizar apropriadamente para cumprir os compromissos assumidos perante os respectivos clientes, expondo os empregados a um ambiente de trabalho hostil e vexatório. Não há dúvida de que essa situação, causada pelo indébito atraso e cancelamento dos vôos programados pela empresa, causou enorme constrangimento e desgaste emocional, vulnerando a integridade moral do trabalhador, de forma a determinar a postulada reparação, a teor art. 5º, incisos V e X, da Constituição." (MINAS GERAIS. Tribunal Regional do Trabalho da 3ª Região. 7ª Turma. *Processo 00363-2012-092-03-00-9.* Relator: Marcelo Lamego Pertence. Publicação em 15 mar. 2013)

(50) Segundo o qual as despesas com prevenção, redução e luta contra a poluição devem ser suportadas pelo poluidor, conforme definição do Código Ambiental francês: *"3º Le principe pollueur-payeur, selon lequel les frais résultant des mesures de prévention, de réduction de la pollution et de lutte contre celle-ci doivent être supportés par le pollueur."* (FRANÇA. *Code de l'environnement.* Article L110-1. (Modifié par Loi 2010-788 du 12 juillet 2010). Disponível em: <http://www.legifrance.gouv.fr>. Acesso em: 13 out. 2014)

(51) De acordo com o vaticínio da doutrina: "Todo o direito ambiental, queiramos ou não, gira em torno do princípio do poluidor-pagador, já que é este que orienta — ou deve orientar — sua vocação redistributiva, ou seja, sua função de enfrentamento das deficiências do sistema de preços" (BENJAMIN, Antônio Herman V. O princípio do poluidor-pagador e a reparação do dano ambiental. In:_____ (Coord.). *Dano ambiental: prevenção, reparação e repressão.* São Paulo: RT, 1992).

(52) A ideia é defendida por: SOARES, Angelo. *Quand le travail devient indécent:* le harcèlement psychologique au travail. Montreal: CSQ, 2002. p. 5.

(53) Esse é o diagnóstico de Mallet para o fato de a Consolidação do Trabalho não ter se ocupado, com raríssimas exceções, da tutela dos direitos da personalidade. Para aprofundamento, vide: MALLET, Estêvão. Direitos da Personalidade e Direito do Trabalho. *Revista Magister de Direito Trabalhista e Previdenciário*, n. 1. p. 12-27, jul./ago. 2004. p. 13.

ambiente de trabalho[54] e estigmatizando-a[55]. Tanto os Estados Unidos da América[56] quanto a Europa[57] optaram por classificá-lo como espécie do gênero discriminação, taxonomia que não pode ser desprezada, mas que não encerra todas as dimensões fenomênicas, além de possuir inconvenientes se analisado de forma sectária. O primeiro deles concerne às dificuldades de se provar um comportamento discriminatório por parte do ofensor, como se já não bastassem os obstáculos à demonstração do próprio assédio, porquanto "aquele que propositadamente pratica um ilícito, salvo por extrema ingenuidade, não o faz às claras. Busca, sempre, as trevas[58]".

A postura hermética em relação aos diversos contextos em que pode ocorrer o assédio despreza, por exemplo, a possibilidade do enquadramento da conduta como violação do direito do trabalhador ao meio ambiente equilibrado, que gera, como contrapartida, uma "obrigação de segurança de resultado ao empregador", conforme entendimento da Corte de Cassação francesa[59]. Outrossim, torna epistemologicamente impossível caracterizar a "gestão por injúrias" como assédio moral, como se o fato de o facínora aterrorizar coletiva e indistintamente todos os seus empregados ao, e.g., cobrar metas, pudesse descaracterizá-lo[60]. Diante disso, parece ser mais recomendável compreender o assédio genericamente como uma forma de violação à dignidade humana, como faz o Código do Trabalho do Chile[61].

O Código do Trabalho de Portugal, apesar de imbricar o conceito de assédio ao de discriminação, traz importante avanço ao conceituá-lo como a prática que tenha por "objetivo ou efeito" de perturbar ou constranger a pessoa, afetar sua dignidade ou "criar-lhe um ambiente intimidativo, hostil, degradante, humilhante ou desestabilizador[62]." Na mesma linha, o diploma trabalhista francês também se refere ao "objeto ou efeito" do comportamento[63], o que demonstra o desacerto de parte da jurisprudência brasileira ao interpolar o dolo como requisito à sua configuração[64]. Além de a prova da intenção malévola do causador do dano ser de difícil produção, é inaceitável que a boçalidade de determinado empregador ao agir de modo abusivo, vexatório ou humilhante possa servir-lhe de excludente da responsabilidade, pelo simples fato de a sua estupidez não lhe permitir lobrigar que o método de gestão degrada o meio ambiente de trabalho. Para além das táticas acintosas de cobrança, a competitividade excessiva e desmesurada já propicia o clima ideal para que o individualismo instale-se como padrão comportamental, ensejando a ruptura de

---

(54) No original: "C'est toute conduite abusive (geste, parole, comportement, attitude...) qui porte atteinte, par sa répétition ou sa systématisation, à la dignité ou à l'intégrité psychique ou physique d'une personne, mettant en péril l'emploi de celle-ci ou dégradant le climat de travail.". (HIRIGOYEN, Marie France. *Malaise dans le travail*: harcèlement moral — démêler le vrai du faux. Paris: Syros, 2001. p. 13)

(55) A última palavra foi agregada a partir dos estudos de: EINARSEN, Stale. The nature and causes of bullying at work. *International Journal of Manpower*, v. 20, n. 1/2, 1999. p. 16-27.

(56) Prova disso está no fato de a agência norte-americana de combate à discriminação ser responsável pela resolução de conflitos antidiscriminatórios e definir o assédio como uma de suas manifestações: "*Harassment is a form of employment discrimination that violates Title VII of the Civil Rights Act of 1964, the Age Discrimination in Employment Act of 1967, (ADEA), and the Americans with Disabilities Act of 1990, (ADA)*." (ESTADOS UNIDOS DA AMÉRICA. U.S. Equal Employment Opportunity Commission. *Harassment*. Disponível em: <http://www.eeoc.gov/laws/types/harassment.cfm>. Acesso em: 22 out. 2014)

(57) Embora cada país possua suas peculiaridades no tratamento e na definição, alude-se à Europa como um todo em face da definição constante da Diretiva do Conselho Europeu: "*3. Le harcèlement est considéré comme une forme de discrimination au sens du paragraphe 1 lorsqu'un comportement indésirable lié à l'un des motifs visés à l'article 1er se manifeste, qui a pour objet ou pour effet de porter atteinte à la dignité d'une personne et de créer un environnement intimidant, hostile, dégradant, humiliant ou offensant. [...]*." (BELGICA. *Directive 2000/78/CE du Conseil du 27 novembre 2000 portant création d'un cadre général en faveur de l'égalité de traitement en matière d'emploi et de travail*. Disponível em: <http://eur-lex.europa.eu/legal-content/FR/TXT/HTML/?uri=CELEX:32000L0078>. Acesso em: 16 out. 2014)

(58) A asserção faz parte da seguinte ementa, que manteve a condenação por assédio moral decorrente da prática de atos de retaliação por força da participação em greve: "ASSÉDIO MORAL — PROVA. Aquele que propositadamente pratica um ilícito, salvo por extrema ingenuidade, não o faz às claras. Busca, sempre, as trevas. Tal quadro obriga o julgador a se valer de circunstâncias indiciárias em quantidade suficiente para gerar uma presunção que o aproxime da verdade." (MATO GROSSO DO SUL. Tribunal Regional do Trabalho da 24ª Região. 1ª Turma. *Processo n. 0000580-07.2012.5.24.0005-RO.1*. Relator: Júlio César Bebber. Diário eletrônico da Justiça do Trabalho 22 abr. 2013. Sem destaques no texto original)

(59) A expressão compõe a "jurisprudência constante" da Corte de Cassação francesa. De efeitos semelhantes aos da responsabilidade objetiva, ela impõe ao empregador zelar pela saúde física e mental de seus empregados, não se exonerando da responsabilidade ainda que comprove a tomada das medidas de precaução para cessar os comportamentos ilícitos, consoante a seguinte ementa: "*L'employeur, tenu d'une obligation de sécurité de résultat en matière de protection de la santé et de la sécurité des travailleurs, manque à cette obligation lorsqu'un salarié est victime sur le lieu de travail de violences physiques ou morales, exercées par l'un ou l'autre de ses salariés, quand bien même il aurait pris des mesures en vue de faire cesser ces agissements.*" (FRANÇA. Cour de Cassation. Chambre Sociale, 3 févr. 2010, *n. 08-40.144*. Disponível em: <http://www.legifrance.gouv.fr>. Acesso em: 11 out. 2014).

(60) "[...] não se pode diferenciar a gestão por injúria do assédio moral, com base no ataque diferenciado de uma ou mais pessoas, na medida em que um assediador pode efetuar atos agressivos contra todos os empregados de um setor para forçá-los a se demitir ou, até mesmo, de uma empresa inteira." (THOME, Candy Florencio. *O assédio moral nas relações de emprego*. São Paulo: LTr, 2008. p. 50)

(61) Que assim dispõe, em seu art. 2º: "Art. 2º. Las relaciones laborales deberán siempre fundarse en un trato compatible con la dignidad de la persona. [...] es contrario a la dignidad de la persona el acoso laboral, entendiéndose por tal toda conducta que constituya agresión u hostigamiento reiterados, ejercida por el empleador o por uno o más trabajadores, en contra de otro u otros trabajadores, por cualquier medio, y que tenga como resultado para el o los afectados su menoscabo, maltrato o humillación, o bien que amenace o perjudique su situación laboral o sus oportunidades en el empleo." (CHILE. *Código Del Trabajo (2002)*. Disponível em: <http://www.dt.gob.cl/legislacion/1611/articles-95516_recurso_1.pdf>. Acesso em: 29 set. 2014).

(62) A definição consta do art. 29º do referido documento (PORTUGAL. Código do Trabalho. *Lei n. 7/2009, de 12 de Fevereiro*. Disponível em: < http://dre.pt/pdf1s/2009/02/03000/0092601029.pdf>. Acesso em: 15 out. 2014)

(63) FRANÇA. *Code du Travail*. Version consolidée au 29 octobre 2014. Disponível em: <http://www.legifrance.gouv.fr>. Acesso em: 29 out. 2014.

(64) Cito, por todos, o seguinte aresto: BAHIA. Tribunal Regional do Trabalho da 5ª Região. 1ª Turma. *RO 0000941-14.2010.5.05.0008*. Relator: Edilton Meireles. Diário da Justiça eletrônico 19 out. 2011.

vínculos e a solidão alienante como tática de sobrevivência no reino do "cada um por si[65]". Em um ambiente marcado pelo pânico, a punição a um único empregado possui um efeito transcendente, uma vez que transmite aos demais a mensagem de que são objetos totalmente descartáveis e, por isso, devem alcançar os objetivos da empresa a qualquer custo, sob pena de suportarem calados todas as zombarias e chacotas decorrentes da sua "ineficiência[66]".

Hodiernamente, há um imenso leque de mecanismos destinados à tutela dos direitos da personalidade, em geral, e de combate ao assédio moral, especificamente. Alguns países, como, por exemplo, a França[67] e a Espanha[68], optaram por tipificar tal conduta como crime, o que parece ser a mais inadequada das providências, em face do princípio da "intervenção penal mínima[69]". Segundo essa orientação, deve-se socorrer do Direito Penal apenas para os crimes mais graves e ultrajantes, quando as demais sanções não forem suficientes ou adequadas à correção do comportamento do réu[70]. Além disso, o Direito Criminal é naturalmente mais garantista, moroso e não resolve o problema do ofendido, além de impor novo sacrifício social, razões que justificaram a orientação de adotá-lo apenas como *ultima ratio*[71].

No campo trabalhista *stricto sensu*, a solução mais corriqueira é a de possibilitar ao empregado que cesse imediatamente o contrato de trabalho, remanescendo o direito à indenização. Trata-se de providência prevista tanto em países de tradição anglo-saxônica como o Canadá[72] e a Inglaterra[73], em que a expressão jurídica a designar o direito é "*constructive dismissal*[74]", quanto em países de *civil law* como o México e o Brasil, em que o empregado pode pleitear a rescisão indireta do contrato de trabalho, com fulcro no art. 483, alíneas "a", "b", "c", "d" e "e" da CLT[75]. Conquanto tenha a sua importância, por retirar o trabalhador do ambiente de assédio, preservando os direitos econômicos como se tivesse sido dispensado sem justa causa, a solução também não é a ideal, pelo fato de acarretar a perda do emprego pela vítima, embora essa seja a única possibilidade factível em casos extremos.

A vertente mais comum de tutela em face do assédio moral ocorre pela via da responsabilidade civil, mediante condenações em danos extrapatrimoniais. O Brasil já avançou ao ponto de reconhecer que os transtornos afetivos relacionados ao trabalho podem ser a causa da aposentadoria por invalidez[76]. A França foi além, já que o país possui doutrina[77] e jurisprudência no sentido de que até mesmo o suicídio decorrente de transtornos psiquiátricos

---

(65) Transcrevem-se, a respeito, as lições de Dejours e Gernet: "Sabe-se também que certas formas de organização do trabalho podem contribuir para o aparecimento de distúrbios psicopatológicos (depressões, patologias de assédio e suicídios, por exemplo). [...] Por meio de condutas desleais, a confiança e a ajuda mútua desaparecem, é o reino do 'cada um por si'. Nesse contexto, os bons resultados dos colegas acabam representando uma ameaça. [...] O desaparecimento do senso comum fragiliza eletivamente as práticas de resistência coletiva face à dominação e à injustiça. Quando um ataque injusto se produz contra um dos trabalhadores, as marcas da solidariedade são cada vez mais inexistentes. Para a vítima da injustiça resta a perplexidade, fato que agrava a situação." (DEJOURS, Christophe; GERNET, Isabelle. Trabalho, subjetividade e confiança. In: SZNELWAR, Laerte Idal. *Saúde dos Bancários*. São Paulo: Publisher Brasil; Editora Gráfica Atitude Ltda., 2011. p. 37)

(66) "Os castigos vexatórios impostos ao vendedor que não cumpriu sua difícil meta de vendas do mês, além de destruir a auto-estima do empregado, informa a todos os colegas sobre sua descartabilidade e os obriga, sob o signo do medo da humilhação, a atingir sua cota a qualquer preço." (SOUZA, Rodrigo Trindade de. Punitive Damages e o Direito do Trabalho Brasileiro: adequação das condenações punitivas para a necessária repressão da delinquência patronal. *Revista do Tribunal Regional do Trabalho da 14ª Região*, v. 2, n. 6. p. 667-713, jul./dez. 2010. p. 697)

(67) FRANÇA. *Code Penall*. Version consolidée au 29 octobre 2014. Article 222-33-2. Disponível em: <http://www.legifrance.gouv.fr>. Acesso em: 29 out. 2014.

(68) ESPANHA. Codigo Penal de España. *Ley Orgánica 10/1995*, de 23 de noviembre. Artículo 173. Disponível em: <https://www.boe.es/buscar/pdf/1995/BOE--A-1995-25444-consolidado.pdf>. Acesso em: 20 out. 2014.

(69) BITENCOURT, Cezar Roberto. Princípios Fundamentais do Direito Penal. *Revista Brasileira de Ciências Criminais*, v. 15. p. 81-88, jul. 1996. p. 82.

(70) OWEN, David G. A Punitive Damages Overview: functions, problems and reform. *Villanova Law Review*, v. 39. p. 363-413, 1994. p. 383-384.

(71) O art. 8º da Declaração Universal dos Direitos do Homem assim dispõe: "*Article VIII. La loi ne doit établir que des peines strictement et évidemment nécessaires, et nul ne peut être puni qu'en vertu d'une Loi établie et promulguée antérieurement au délit, et légalement appliquée.*" (FRANÇA. *Déclaration universelle des droits de l'homme et du citoyen de 1789*. Disponível em: <http://www.assemblee-nationale.fr/histoire/ dudh/ 1789. asp>. Acesso em: 05 jul. 2013. Sem destaques no texto original)

(72) CANADÁ. Supreme Court of Canada. *Janzen v. Platy Enterprises Ltd., [1989] 1 S.C.R. 1252*. Disponível em: <https://archive.org/stream/boi116/boi116_djvu.txt>. Acesso em: 25 out. 2014.

(73) INGLATERRA. Employment Appeal Tribunal. *Bracebridge Engineering Ltd v. Darby [1990] IRLR 3 EAT*. Disponível em: <http://people.exeter.ac.uk/rburnley/empdis/ 1990IRLR3.html>. Acesso em: 26 out. 2014.

(74) MÉXICO. *Ley Federal del Trabajo*. Nueva Ley publicada en el Diario Oficial de la Federación el 1º de abril de 1970. Artículos 50 a 52. Disponível em: <http://www.diputados.gob.mx/LeyesBiblio/pdf/125.pdf>. Acesso em: 18 out. 2014.

(75) BRASIL. Consolidação das Leis do Trabalho (1943). Op. cit. A imposição, a fiscalização e a cobrança por metas poderão ser enquadradas em uma ou mais alíneas descritas no art. 483 da CLT, a depender da situação específica.

(76) "[...] a imposição de metas, justamente em um setor (vendas) que está a mercê de diversos fatores externos, ao lado de uma atitude intransigente, a ponto de submeter aqueles que não cumprissem as metas a situações vexatórias, humilhantes e tratamento degradante, consiste em atitude inaceitável, apta a lesar profundamente o psicológico de um ser humano, a ponto de ser em potencial agente exclusivo de traumas capazes de inabilitar uma pessoa para o trabalho, conforme confirmado pelo i. perito na transcrição de suas conclusões. Assim, [...]o ambiente de trabalho a que estava submetida, por si só, tem potencial para levá-la ao estado depressivo ensejador da aposentação por invalidez, sendo devido, portanto, pensão mensal correspondente a 100% da remuneração." (BRASIL. Tribunal Superior do Trabalho. 6ª Turma. *RR — 170700-85.2009.5.24.0006*. Julgado em 5 de dezembro de 2012. Relator: Aloysio Corrêa da Veiga. Publicação em 7 dez. 2012)

(77) DEJOURS, Christophe; BÈGUE, Françoise. Suicide et travail: que faire? Paris: PUF, 2009.

adquiridos por força de um ambiente de trabalho hostil é caracterizado como acidente de trabalho[78]. Não obstante seja digna de encômios, a responsabilidade civil possui limites claros, haja vista o seu caráter preponderantemente reparatório, circunstância que reclama outros tipos de atuação, até porque é sempre insuficiente compensar perdas em casos de invalidez ou morte.

Desse modo, a grande ênfase para o combate ao assédio moral — sem alijar nenhuma das outras, que devem atuar conjuntamente — reside nos métodos de prevenção ao assédio moral, que englobam políticas de formação, informação, conscientização, treinamento e capacitação, como deixa claro o texto da Convenção n. 155 da Organização Internacional do Trabalho[79]. Finalmente, não se pode deixar de mencionar as tutelas inibitórias, principalmente no âmbito coletivo, a fim de constranger os empregadores à abstenção de práticas de assédio[80].

6 REFERÊNCIAS

ALEXY, Robert. *Teoria dos Direitos Fundamentais*. Trad. Virgílio Afonso da Silva. São Paulo: Malheiros, 2008.

ANTONMATTEI, Paul-Henri et al. *Les risques psychosociaux:* identifier, prévenir, traiter. Paris: Éditions Lamy, 2010.

ARENHART, Sérgio Cruz. *A tutela inibitória da vida privada*. São Paulo: Revista dos Tribunais, 2000.

ARISTÓTELES. Ética a Nicômaco. Tradução e notas Edson Bini. 3. ed. São Paulo: Edipro, 2009.

BAHIA. Tribunal Regional do Trabalho da 5ª Região. 1ª Turma. *RO 0000941-14.2010.5.05.0008*. Relator: Edilton Meireles. Diário da Justiça eletrônico 19 out. 2011.

BARROS, Alice Monteiro de. *Curso de Direito do Trabalho*. São Paulo: LTr, 2005.

BÉLGICA. *Directive 2000/78/CE du Conseil du 27 novembre 2000 portant création d'un cadre général en faveur de l'égalité de traitement en matière d'emploi et de travail*. Disponível em: <http://eur-lex.europa.eu/legal-content/FR/TXT/HTML/?uri=CELEX:32000L0078>. Acesso em: 16 out. 2014.

BENJAMIN, Antônio Herman V. O princípio do poluidor-pagador e a reparação do dano ambiental. In:_____ (Coord.). *Dano ambiental: prevenção, reparação e repressão*. São Paulo: RT, 1992.

BITENCOURT, Cezar Roberto. Princípios Fundamentais do Direito Penal. *Revista Brasileira de Ciências Criminais*, v. 15, p. 81-88, jul. 1996.

BRASIL. Consolidação das Leis do Trabalho (1943). *CLT Saraiva e Constituição Federal*. 42. ed. São Paulo: Saraiva, 2014.

_____ . *Constituição da República Federativa do Brasil*. 19. ed. São Paulo: RT, 2014.

_____ . Supremo Tribunal Federal. *RMS 23.452/RJ*. Relator: Celso de Mello. Diário da Justiça 12 maio 2000. Disponível em: <http://redir.stf.jus.br/paginadorpub/paginador.jsp? docTP=AC&docID=85966>. Acesso em: 27 out. 2014.

_____ . Tribunal Superior do Trabalho. 4ª Turma. *Processo RR — 1448-15.2011.5.09.0012*. Relator: João Oreste Dalazen. Diário eletrônico da Justiça do Trabalho 22 ago. 2014.

_____ . Tribunal Superior do Trabalho. 6ª Turma. *Processo RR — 747-57.2011.5.09.0011*, Rel. Aloysio Corrêa da Veiga. Diário eletrônico da Justiça do Trabalho 1º jul. 2014.

_____ . Tribunal Superior do Trabalho. 6ª Turma. *Processo RR — 1627-09.2011.5.04.0231*, Rel. Aloysio Corrêa da Veiga. Diário eletrônico da Justiça do Trabalho 28 mar. 2014.

_____ . Tribunal Superior do Trabalho. 6ª Turma. *RR — 170700-85.2009.5.24.0006*. Julgado em 5 de dezembro de 2012. Relator: Aloysio Corrêa da Veiga. Publicação em 7 dez. 2012.

CANADÁ. Supreme Court of Canada. *Janzen v. Platy Enterprises Ltd., [1989] 1 S.C.R. 1252*. Disponível em: <https://archive.org/stream/boi116/boi116_djvu.txt>. Acesso em: 25 out. 2014.

---

(78) "*Attendu que pour accueillir cette demande, l'arrêt retient que, constituant un acte délibéré, le suicide perpétré aux temps et lieu de travail ne peut revêtir le caractère d'un accident du travail que s'il trouve sa cause dans des difficultés d'origine professionnelle, et que c'est à juste titre qu'en l'absence de tout élément de preuve de l'existence de difficultés professionnelles pouvant expliquer le geste de la victime, l'employeur a contesté la décision de prise en charge de ce suicide; Qu'en statuant ainsi, alors qu'André X... étant décédé au temps et au lieu de travail, il appartenait à l'employeur, dans ses rapports avec la caisse primaire, pour écarter la présomption d'imputabilité résultant de l'article L. 411-1 du code de la sécurité sociale, de prouver que ce décès avait une cause totalement étrangère au travail, la cour d'appel a violé le texte susvisé;[...]*." (FRANÇA. Cour de Cassation. Soc., n. 11-22134. Julgado em 12 de julho de 2012. Disponível em: <http://www.legifrance.gouv.fr.> Acesso em: 12 out. 2014)

(79) ORGANIZAÇÃO INTERNACIONAL DO TRABALHO. *Convenção n. 155*. Segurança e Saúde dos Trabalhadores. Disponível em: <http://portal.mte.gov.br/legislacao/convencao-n-155.htm>. Acesso em: 24 out. 2014.

(80) "*Quanto aos direitos da personalidade, contudo, o mesmo não se dá. A tutela de que tal espécie de direitos carece não se harmoniza, de forma alguma, com os instrumentos dados pelo nosso sistema processual. Tanto quanto a proteção do meio ambiente, necessitam de uma tutela especial, que se afasta completamente daquela reparatória (que é impossível, como já vimos, em sede de direitos da personalidade) outorgada aos direitos patrimoniais.*" (ARENHART, Sérgio Cruz. *A tutela inibitória da vida privada*. São Paulo: Editora Revista dos Tribunais, 2000, v. 2. p. 60-61)

CARROLL, Lewis (pseudônimo de Charles Lutwidge Dodgson). *Alice no País das Maravilhas*. Tradução de Clélia Regina Ramos. Petrópolis: Editora Arara Azul, 2002.

CHILE. *Código Del Trabajo (2002)*. Disponível em: <http://www.dt.gob.cl/legislacion/1611/articles-95516_recurso_1.pdf>. Acesso em: 29 set. 2014.

CORDEIRO, António Manuel da Rocha e Menezes. *Da boa-fé no Direito Civil*. Coimbra: Almedina, 2011.

DEJOURS, Christophe; BÈGUE, Françoise. Suicide et travail: que faire? Paris: PUF, 2009.

_____ ; GERNET, Isabelle. Trabalho, subjetividade e confiança. In: SZNELWAR, Laerte Idal. *Saúde dos Bancários*. São Paulo: Publisher Brasil; Editora Gráfica Atitude Ltda., 2011.

EINARSEN, Stale. The nature and causes of bullying at work. *International Journal of Manpower*, v. 20, n. 1/2, 1999.

EMERICK, Paula Cristina Hott. *Metas* — estratégia empresarial de busca agressiva por resultados: incentivo ou constrangimento? São Paulo: LTr, 2009.

ESPANHA. Codigo Penal de España. *Ley Orgánica 10/1995, de 23 de noviembre*. Artículo 173. Disponível em: <https://www.boe.es/buscar/pdf/1995/BOE-A-1995-25444-consolidado.pdf>. Acesso em: 20 out. 2014.

_____ . Tribunal Superior de Justicia de Madrid. *Sentencia 189/2012, de 14 de marzo*. Disponível em: <http://portalprevencion.lexnova.es>. Acesso em: 16 out. 2014.

ESTADOS UNIDOS DA AMÉRICA. U.S. Equal Employment Opportunity Commission. *Harassment*. Disponível em: <http://www.eeoc.gov/laws/types/harassment.cfm>. Acesso em: 22 out. 2014.

_____ . Supreme Court of the United States. *Harris v. Forfklift Systems, Inc*. U.S. 1993, n. 92-1168. Disponível em: <http://caselaw.lp.findlaw.com/scripts/getcase.pl?court=US&vol=000&invol=u10433>. Acesso em: 16 out. 2014.

FRANÇA. *Code de l'environnement*. Article L110-1. (Modifié par Loi 2010-788 du 12 juillet 2010). Disponível em: <http://www.legifrance.gouv.fr>. Acesso em: 13 out. 2014.

_____ . *Code du Travail*. Version consolidée au 29 octobre 2014. Disponível em: <http://www.legifrance.gouv.fr>. Acesso em: 29 out. 2014.

_____ . *Code Penal*. Version consolidée au 29 octobre 2014. Article 222-33-2. Disponível em: <http://www.legifrance.gouv.fr>. Acesso em: 29 out. 2014.

_____ . Cour de cassation. Chambre sociale. *27 nov.2013, 12-22.414*. Disponível em: <http://www.legifrance.gouv.fr>. Acesso em: 12 out. 2014.

_____ . Cour de Cassation. Chambre sociale. *10 juillet 2013, 12-17.560*. Disponível em: <http://www.legifrance.gouv.fr>. Acesso em: 28 out. 2014.

_____ . Cour de Cassation. Chambre Sociale, 3 févr.2010, *n. 08-40.144*. Disponível em: <http://www.legifrance.gouv.fr>. Acesso em: 11 out. 2014.

_____ . Cour de Cassation. Soc., *n. 11-22134*. Julgado em 12 de julho de 2012. Disponível em: <http://www.legifrance.gouv.fr> Acesso em: 12 out. 2014.

_____ . *Déclaration universelle des droits de l'homme et du citoyen de 1789*. Disponível em: <http://www.assemblee-nationale.fr/histoire/ dudh/ 1789. asp>. Acesso em: 05 jul. 2013.

HEGEL, Georg Wilhelm Friedrich. *Enciclopédia das Ciências Filosóficas em compêndio (1830)*. Texto completo com os adendos orais. Tradução Paulo Meneses, com a colaboração de José Machado. São Paulo: Loyola, 1995, v. 1.

HESSE, Konrad. *Elementos de Direito Constitucional da República Federal da Alemanha*. Tradução Luís Afonso Heck. Porto Alegre: Sérgio Fabris, 1998.

HIGA, Flávio da Costa. *Assédio Sexual no Trabalho e Discriminação de Gênero*: duas faces da mesma moeda? Inédito.

_____ . *Responsabilidade Civil*: a perda de uma chance no Direito do Trabalho. São Paulo: LTr, 2012.

HIRIGOYEN, Marie France. *Malaise dans le travail*: harcèlement moral — démêler le vrai du faux. Paris: Syros, 2001.

INGLATERRA. Employment Appeal Tribunal. *Bracebridge Engineering Ltd v. Darby [1990] IRLR 3 EAT*. Disponível em: <http://people.exeter.ac.uk/rburnley/empdis/ 1990IRLR3.html>. Acesso em: 26 out. 2014.

IRLANDA. *Employment Equality Act 1998 (Code of Practice) (Harassment) Order 2012*. Disponível em: <http://www.irishstatutebook.ie/pdf/2012/en.si.2012.0208.pdf>. Acesso em: 09 jan. 2014.

ITÁLIA, Cassazione. *Sentenza 112717 del 9 dicembre 1998*. Disponível em: <http://www.cortedicassazione.it/corte-di-cassazione/>. Acesso em: 17 out. 2014.

_____ . *Codice Dell'Ambiente (Testo coordinato del Decreto legislativo n. 152 del 3 aprile 2006)*. Disponível em: <http://www.altalex.com/index.php?idnot=33891>. Acesso em: 18 out. 2014.

JAPÃO. *The Constitution of Japan*. Promulgated on November 3, 1946. Disponível em: <http://japan.kantei.go.jp/constitution_and_government_of_japan/constitutior_e.html>. Acesso em: 02 out. 2014.

JORNADA DE DIREITO MATERIAL E PROCESSUAL NA JUSTIÇA DO TRABALHO, 1, 2007, Brasília, *Enunciados*. Disponível em: <http://www.anamatra.org.br/_ornada/ enunciados/enunciados_aprovados.cfm>. Acesso em: 15 out. 2014.

KANT, Immanuel. *Introdução ao Estudo do Direito*: doutrina do Direito. 2. ed. Tradução de Edson Bini. Bauru: Edipro, 2007.

_____ . *Fundamentação da Metafísica dos Costumes*. Tradução de Paulo Quintela. Lisboa: Edições 70, 2007.

LUZ, Ana Maria. *Condições Normais de Temperatura e Pressão (CNTP)*. Disponível em: <http://www.infoescola.com/termodinamica/condicoes-normais-de-temperatura-e-pressao-cntp>. Acesso em: 28 out. 2014.

MALLET, Estêvão. Direitos da Personalidade e Direito do Trabalho. *Revista Magister de Direito Trabalhista e Previdenciário*, n. 1, p. 12-27, jul./ago. 2004.

MARX, Karl. *O capital*. v. I. Disponível em: <http://www.marxists.org/portugues/marx/ 1867/ocapital-v1/vol1cap07.htm#c7s2>. Acesso em: 07 mar. 2011.

MATO GROSSO DO SUL. Tribunal Regional do Trabalho da 24ª Região. 1ª Turma. *Processo n. 0000580-07.2012.5.24.0005-RO.1*. Relator: Júlio César Bebber. Diário eletrônico da Justiça do Trabalho 22 abr. 2013.

MÉXICO. *Ley Federal del Trabajo*. Nueva Ley publicada en el Diario Oficial de la Federación el 1º de abril de 1970. Artículos 50 a 52. Disponível em: <http://www.diputados.gob.mx/LeyesBiblio/pdf/125.pdf>. Acesso em: 21 out. 2014.

MILL, John Stuart. Sobre a liberdade. Tradução e introdução de Pedro Madeira. São Paulo: Saraiva.

MINAS GERAIS. Tribunal Regional do Trabalho da 3ª Região. 7ª Turma. *Processo 00363-2012-092-03-00-9*. Relator: Marcelo Lamego Pertence. Publicação em 15 mar. 2013.

ORGANIZAÇÃO DAS NAÇÕES UNIDAS. Conferência das Nações Unidas sobre Meio Ambiente e Desenvolvimento. Declaração do Rio sobre Meio Ambiente e Desenvolvimento. *Princípio 1*. Disponível em: <http://www.onu.org.br/ rio20/ img/2012/01/rio92.pdf>. Acesso em: 10 out. 2014.

ORGANIZAÇÃO INTERNACIONAL DO TRABALHO. *Convenção n. 155*. Segurança e Saúde dos Trabalhadores. Disponível em: <http://portal.mte.gov.br/legislacao/convencao-n-155.htm>. Acesso em: 24 out. 2014.

OWEN, David G. A Punitive Damages Overview: functions, problems and reform. *Villanova Law Review*, v. 39, p. 363-413, 1994.

PINTO, Rafael Morais de Carvalho Assédio moral no ambiente de trabalho e a política empresarial de metas. 2011, 159f. Dissertação (Mestrado em Direito). PUC — Minas, Belo Horizonte, 2011, I v.

PORTUGAL. Código do Trabalho. *Lei n. 7/2009, de 12 de Fevereiro*. Disponível em: < http://dre.pt/pdf1s/2009/02/03000/0092601029.pdf>. Acesso em: 15 out. 2014.

RAMALHO, Maria do Rosário Palma. Direito do trabalho: parte I — dogmática geral. 2. ed., actualizada ao Código do Trabalho de 2009. Coimbra: Almedina, 2009. v. I.

ROCHEBLAVE, Éric. *Le harcèlement moral en Languedoc-Roussillon*. Disponível em: <http://rocheblave.com/avocats/harcelement-moral-avocat/>. Acesso em: 28 out. 2014.

ROSHCHIN, A. V. Protection of the Working Environment. *International Labour Review*, v. 110, p. 235-249, 1974.

SANTA CATARINA. Tribunal Regional do Trabalho da 12ª Região. 3ª Turma. *RO 0001307-33.2012.5.12.0026*. Relator: José Ernesto Manzi. Publicação em 18 jun. 2013.

SÃO PAULO. *Lei Estadual n. 12.250, de 9 de fevereiro de 2006*. Disponível em: <http://www.al.sp.gov.br/repositorio/legislacao/lei/2006/lei%20n.12.250,%20de%2009.02.2006.htm>. Acesso em: 28 out. 2014.

_____ . *Lei Municipal n. 13.288, de 10 de janeiro de 2002*. Disponível em: <http://camaramunicipalsp.qaplaweb.com.br/iah/fulltext/leis/L13288.pdf>. Acesso em: 28 out. 2014.

SARTRE, Jean-Paul. *O existencialismo é um humanismo*: a imaginação — questão de método. Seleção de textos de José Américo Motta Pessanha. Tradução de Rita Correia Gudes e Luiz Roberto Salinas Forte. 3. ed. São Paulo: Nova Cultura, 1987.

SEN, Amartya. Desenvolvimento como liberdade. Tradução de Laura Teixeira Motta. São Paulo: Companhia das Letras, 2000.

SÊNECA. *Ad Lucilium Epistulae Morales*. Trad. para o inglês: Richard M. Gummere. London: William Heinemann Ltd., 1962, v. II, Epistle LXXI.

SHAVELL, Steven. *Foundation of Economic Analisys of Law*. Cambridge: Harvard University Press, 2004, p. 77.

SOARES, Angelo. *Quand le travail devient indécent*: le harcèlement psychologique au travail. Montreal: CSQ, 2002.

SOUZA, Rodrigo Trindade de. Punitive Damages e o Direito do Trabalho Brasileiro: adequação das condenações punitivas para a necessária repressão da delinquência patronal. *Revista do Tribunal Regional do Trabalho da 14ª Região*, v. 2, n. 6, p. 667-713, jul./dez. 2010.

THOME, Candy Florencio. *O assédio moral nas relações de emprego*. São Paulo: LTr, 2008.

O ACIDENTE AMBIENTAL TRABALHISTA E A RESPONSABILIDADE CIVIL OBJETIVA AGRAVADA DO EMPREGADOR

André Araújo Molina[*]

1 INTRODUÇÃO

Contemporânea das civilizações mais remotas, a ideia de responsabilidade nasceu como decorrência do delito, enquanto direito natural que tinha o ofendido de ver reparado o dano causado ao seu direito. Ainda não se falava em responsabilidade civil ou penal, mas apenas na admissão da autotutela como mecanismo de vingança para a retribuição do delito, admitindo-se a prática de outro dano, sendo irrelevante a pesquisa da eventual culpa ou dolo do seu causador, da ilicitude da sua conduta ou da sua imputabilidade. Com o direito romano, a retribuição violenta foi substituída pela pena de restituição (Lei das XII Tábuas, 450 a. C.), enquanto intervenção estatal nas relações privadas para o fim de impor uma composição pecuniária entre ofendido e ofensor, contribuindo para a disseminação das penas patrimoniais no seio do direito privado. Foi também com o monopólio estatal para resolução dos conflitos que as penas dividiram-se entre as retributivas e as punitivas, germe da divisão da responsabilidade em civil e penal.

A partir da *Lex Aquilia de damnum*, de 286 a. C., foi quando passou a interessar para o tema da responsabilidade civil o elemento subjetivo da culpa ou dolo do agente ofensor, enquanto requisito para a imposição do dever de retribuição. Observe-se que a teoria originária de responsabilidade civil nasceu secundada pela ideia de dano e não a de culpa, sendo apenas com o seu aprimoramento que o elemento subjetivo passou a ser relevante. Interessante perceber que a expansão das hipóteses de responsabilidade objetiva em dias atuais importa em um aceno às origens do instituto.[1]

A doutrina da culpa como requisito da responsabilidade civil expandiu-se por toda a Europa nos séculos seguintes, mesmo depois da queda do Império Romano, atingindo seu ápice com o Código Civil francês de 1804, em cujo art. 1.382 ficou consagrada a exigência de prova da culpa do agente como requisito para a reparação[2], influenciando

---

[*] Professor Titular da Escola Superior da Magistratura Trabalhista de Mato Grosso (ESMATRA-MT), Doutor em Filosofia do Direito (PUC-SP), Mestre em Direito do Trabalho (PUC-SP), Especialista em Direito do Trabalho (UCB-RJ) e em Direito Processual Civil (UCB-RJ), Bacharel em Direito (UFMT) e Juiz do Trabalho Titular no TRT da 23ª Região (Mato Grosso). aamolina@bol.com.br.

[1] Anota Roberto Senise Lisboa que "o reconhecimento da responsabilidade objetiva corrobora a tese segundo a qual o elemento nuclear da responsabilidade é o *dano*, e não a culpa do autor do ilícito, que somente despontou a partir da lei aquiliana." (*Manual de Direito Civil*. p. 426).

[2] "Art. 1382. Tout fait quelconque de l'homme, qui cause à autrui un dommage, oblige celui par la faute duquel il est arrivé, à le réparer."

diversos diplomas normativos mundiais, chegando ao nosso Código Civil de 1916, cujo art. 159 era uma homenagem direta ao Código de Napoleão.

A já consagrada teoria aquiliana da responsabilidade civil foi questionada por alguns juristas a partir da revolução industrial, quando a utilização das máquinas e das novas tecnologias ocasionou, principalmente, o aumento significativo dos acidentes com os trabalhadores, sendo faticamente quase impossível fazer prova da culpa do industrial quanto ao incorreto funcionamento das máquinas para poder obter a reparação. Num primeiro sopro de renovação, a jurisprudência estabeleceu algumas presunções de culpa para as atividades perigosas — como na produção industrial e no transporte coletivo —; na sequência vieram as teorias que divisavam as obrigações em de meio e resultado, cisão que deu origem à inversão do ônus da prova da culpa no segundo caso; depois vieram as paulatinas alterações legislativas dispensando a prova da culpa em algumas atividades especiais, instituindo-se legalmente a teoria da responsabilidade objetiva pelo risco da atividade, embora a regra geral continuasse sendo a da exigência da nota subjetiva para praticamente a universalidade das relações.

Entre nós, o Código Civil de 1916 consagrou a teoria aquiliana, havendo a necessidade de prova do elemento subjetivo como modelo geral de responsabilidade civil, no entanto, à moda europeia, legislações especiais recolheram algumas relações jurídicas em que a responsabilização passava a ser objetiva, por exemplo, na proteção dos passageiros e proprietários marginais quanto aos danos causados pelo operador das estradas de ferro (Decreto n. 2.681 de 1912), proteção previdenciária nos acidentes de trabalho (Decreto n. 3.724 de 1919), nos danos nucleares (Lei n. 6.453 de 1977), nos danos ambientais (Lei n. 6.938 de 1981) e também nos acidentes aeronáuticos (Lei n. 7.565 de 1986), entre outras hipóteses, inclusive previstas no próprio Código de 1916.[3]

Influenciado pela Constituição de 1988, que colocou a dignidade da pessoa humana e o solidarismo social na centralidade das suas preocupações, o Código Civil de 2002 substituiu a filosofia liberal-individualista do vetusto código pelo solidarismo contratual, assim como as legislações específicas que previam hipóteses de responsabilidade objetiva foram recepcionadas, constituindo hoje os diversos microssistemas de responsabilidade civil, os quais serão objeto de aprofundamento nos tópicos seguintes, com destaque para o ambiental trabalhista.

O paulatino aumento das hipóteses legislativas de responsabilização objetiva demonstra uma mudança de foco, deixando em segundo plano a preocupação com a censura do ofensor, que demandaria prova de sua atuação culposa, para se ocupar principalmente com a reparação do dano causado, marcando os objetivos teleológicos dos dois ramos da ciência jurídica: enquanto para o Direito Civil o objeto é a vítima e o seu ressarcimento, para o Direito Penal é a conduta do agente e a sua reprovabilidade social o objeto central da preocupação legislativa.[4]

No Brasil há opção legislativa onde a preocupação é com a reparação da vítima sem a investigação da reprovabilidade do causador do dano, exatamente o que se dá nos casos de responsabilidade por atos lícitos, por exemplo, quando alguém em legítima defesa pratica um ato jurídico lícito, entretanto ainda assim deverá indenizar os prejuízos sofridos pela vítima da lesão (arts. 188, 929 e 930 do Código Civil).

A mudança de perspectiva, com os olhos da responsabilidade civil voltados à reparação do dano injusto sofrido pela vítima, acena para a tendência futura de socialização das responsabilidades e dos riscos, garantindo-se à todo lesado de forma injusta a certeza da reparação do dano, normalmente com o Estado assumindo os riscos e os redistribuindo para a sociedade por meio de tributos, como de resto já ocorre com os modelos de acidentes de trânsito e previdenciário, a cargo de todos os proprietários de veículos, por meio do seguro obrigatório, e o previdenciário por acidente ou doença, a cargo de toda a sociedade, por intermédio da Seguridade Social. Em países como a Nova Zelândia e a Suécia o sistema de socialização ampla dos riscos já é realidade, garantindo-se a reparabilidade de qualquer acidente sofrido por um cidadão por meio de um fundo administrado pelo Estado.

De toda a evolução do instituto resumida nas linhas acima, percebe-se que o atual sistema de responsabilidade civil brasileiro está na posição intermediária entre a preocupação de punibilidade do ofensor e a da reparabilidade da

---

(3) Responsabilidade do habitante do imóvel por danos resultantes de coisas que dele caíssem (art. 1.529) e a responsabilidade do empregador pelo ato do empregado ou preposto (art. 1.521, III, c/c Súmula n. 341 do STF).

(4) O correto entendimento das duas matrizes teleológicas do direito penal e civil permitiu, por exemplo, consagrar nas legislações que na fixação das indenizações por danos morais o bem objeto de tutela é o dano causado e a sua compensação e não a punição do agente ofensor, no que se equivoca parte considerável da jurisprudência quando diz que entre as funções das indenizações por danos morais estão a punição e a prevenção, importando inadvertidamente o mecanismo norte-americano dos *punitive damages* para o nosso sistema, sem previsão constitucional ou legal nesse sentido. Para maiores aprofundamentos v. BODIN DE MORAES, Maria Celina. Dano moral: conceito, função e valoração. *Revista Forense*, vol. 413, jan/jun. de 2011. p. 361-378 e JUNKES, Sérgio Luiz. A culpa e a punição não podem servir de critério para a fixação da indenização por dano moral. *Novos Estudos Jurídicos*, vol. 11, n. 2, jul/dez. 2006. p. 291-299.

vítima, pois atualmente há coexistência dos modelos de responsabilização subjetiva e objetiva, com tendência expansionista dessa última, na medida em que cada vez mais o legislador aumenta as hipóteses de responsabilidade objetiva, subtraindo-as da regra geral aquiliana.

2 | SISTEMAS DE RESPONSABILIDADE CIVIL

O estudo do ordenamento jurídico pátrio, incluindo enquanto tal também os tratados internacionais ratificados e internalizados, revela dois grandes sistemas de responsabilidade civil: o subjetivo e o objetivo, havendo algumas espécies dentro dos grandes conjuntos, formando-se diversos microssistemas, mas nem todos eles incidem nas relações jurídicas acidentárias, de modo que faremos um corte epistemológico para analisarmos apenas os microssistemas de responsabilidade civil com aplicabilidade nos acidentes de trabalho, por corolário omitindo uma plêiade de legislações em que a responsabilidade objetiva é válida e vigente, porém incidentes em outras relações jurídicas que não as de trabalho.[5]

A Constituição Federal de 1988 não elegeu expressamente nenhum dos dois grandes sistemas enquanto regra geral de responsabilidade, mas pontuou situações excepcionais em que a teoria adotada foi a objetiva, como nos danos nucleares (art. 21, XXIII, "c"), nos causados pelo Estado e seus serviços permitidos ou concedidos (art. 37, § 6º) e quanto aos danos ambientais (art. 225, § 3º), técnica legislativa que acena para a adoção implícita da regra geral da responsabilidade civil subjetiva, na medida em que se a teoria geral adotada fosse a objetiva não haveria necessidade de apontar relações específicas expressas em que essa teoria incidiria. A interpretação cuidadosa da Carta atual revela que o poder constituinte consagrou a técnica legislativa anterior, qual seja a de a lei civil adotar a teoria subjetiva como regra, mas a legislação especial, inclusive de hierarquia constitucional, indicar as relações particulares em que passaria a incidir a teoria objetiva, retirando essas relações específicas da hipótese geral.

Coerente com a opção constituinte, o Código Civil de 2002, por intermédio dos arts. 186 e 927, *caput*, reafirmou a teoria subjetiva como regra geral, exigindo-se prova de dolo ou culpa do agente — por imperícia, imprudência ou negligência — para se estabelecer a relação jurídica indenizatória. Porém, a grande inovação foi que ao lado dos casos em que leis específicas prevejam a responsabilidade objetiva, a nova lei civil criou uma cláusula geral de responsabilidade objetiva pelo risco da atividade, sem a indicação das atividades específicas em que os riscos potenciais serão verificados. A técnica legislativa é bastante elogiada, pois permite que novas situações de risco sejam recolhidas pela teoria objetiva, conforme o assombroso avanço da tecnologia, sem que para isso haja necessidade de aprovação de nova legislação específica. A um só golpe, o legislador civil mantém a teoria subjetiva como regra geral, como também permite que o Código permaneça sempre atualizado, em tempo de alterações sociais significativas.

A técnica legislativa eleita pelo codificador civil de 2002 não foi a de agrupar todos os dispositivos que tratam de responsabilidade civil no mesmo título ou capítulo, mas o de positivar em dispositivos dispersos pelo Código Civil as variadas hipóteses e requisitos de responsabilidade, por exemplo, nos arts. 12, 20, 43, 186, 187, 206, § 3º, 398, 406, 1278, 1296, 1311 e 1385, além do título IX do Livro I da parte especial, o que reclama do estudioso da responsabilidade civil uma visão não só panorâmica do Código como um todo, mas também uma visão holística da Constituição, dos Tratados Internacionais e da legislação federal extravagante.

Atualmente convivem harmonicamente os dois sistemas de responsabilidade civil, sem prevalência ou preferência de um sobre o outro; são as situações fáticas que serão, indistintamente, enquadradas em um ou outro sistema, conforme os requisitos específicos estejam atendidos. E é esse o grande desafio do jurista trabalhista, na nova fase após a pacificação do cabimento da teoria objetiva quanto aos acidentes. Se antes o jurista especializado manipulava apenas o sistema subjetivo, com uniformidade de requisitos para todas as situações de acidente, desde a Constituição de 1988, com o reforço do Código Civil de 2002, o intérprete especializado deverá transitar por todos os dois sistemas, identificando as várias espécies em cada um deles, para somente após realizar o enquadramento adequado do caso concreto. O principal equívoco que ainda é cometido no ramo especializado é o sincretismo inadequado de invocar requisitos de um dos microssistemas para imputação de responsabilidade em outro, por exemplo, na hipótese mais

---

(5) Por exemplo, no Direito do Consumidor, em que o fornecedor responde objetivamente pelos danos causados aos consumidores (CDC, art. 12), cujo microssistema consumerista não tem incidência nas relações de acidente, pois os empregados não se enquadram no conceito de consumidores, destinatários da proteção objetiva. Significa dizer que um acidente na empresa que afete clientes e empregados poderá ensejar duas modalidades de responsabilização, uma objetiva quanto aos clientes (consumidores) e outra subjetiva em relação aos empregados, ressalvado o caso de a atividade ser considerada de risco acentuado, quando os empregados também ficariam submetidos à teoria objetiva, mas desta feita com fundamento no art. 927, parágrafo único, do Código Civil e não no art. 12 do CDC.

comum de importação dos requisitos da lei previdenciária (pertencente ao sistema objetivo) para a imputação de responsabilidade em acidentes que não foram verificados em atividades de risco acentuado, muito menos nas modalidades da legislação particular.[6]

Antes do atual Código Civil, Fernando Noronha já havia percebido que o conjunto da legislação brasileira consagrou várias das doutrinas mundiais quanto à responsabilidade civil, cujas hipóteses oscilavam desde a responsabilidade restrita à conduta dolosa ou gravemente culposa, até a designada por ele de responsabilidade objetiva agravada, em que haverá obrigação de indenizar não só independentemente de culpa, mas também de nexo de causalidade.

Para o autor referenciado a responsabilidade objetiva agravada insere-se no final de uma evolução que começou quando, num primeiro momento, se reconheceu que o requisito *culpa* nem sempre é imprescindível para o surgimento da obrigação de indenizar: o exercício de algumas atividades, suscetíveis de causar lesões, implicava o ônus de suportar os danos que eventualmente fossem causados a outrem, isso em contrapartida aos benefícios que as atividades proporcionavam aos seus agentes; foi por isso que se desenvolveu a teoria da responsabilidade objetiva. Na sequência, entramos num segundo momento, em que se verifica haver hipóteses em que se prescinde também do *nexo de causalidade*, para se exigir unicamente que o dano acontecido possa ser considerado risco próprio da atividade lesiva. Na agravada, que diz respeito unicamente a certas e determinadas atividades excepcionalíssimas, vai-se mais longe e o agente deve reparar os danos simplesmente acontecidos durante a atividade que desenvolve, embora se exija que os danos estejam ligados a essa atividade e que possam ser considerados riscos próprios, típicos dela (relação de conexidade).[7]

Tomamos de empréstimo a classificação do autor referido para divisar a responsabilidade civil em dois grandes sistemas, subjetivo e objetivo, conforme a lei dispense o elemento da culpa do agente para estabelecimento da relação indenizatória. Na primeira espécie há três microssistemas: da responsabilidade civil subjetiva comum, da restrita à dolo ou culpa grave[8] e a com presunção relativa de culpa. Do segundo grupo fazem parte a responsabilidade objetiva normal e a agravada.[9] É a legislação que indicará expressamente quais são as relações sujeitas às quatro últimas espécies, de modo que não havendo indicação legislativa, estaremos diante da subjetiva comum.

Segue que a responsabilidade civil subjetiva é residual, ou seja, primeiro o intérprete deve analisar se a situação fática se enquadra em algumas das situações que a lei especial previu como de responsabilidade objetiva, comum ou agravada; se não, depois avançar para verificar se ela se enquadra na cláusula geral pelo risco da atividade do art. 927, parágrafo único, do Código Civil; havendo nova negativa, avançar para verificar se há alguma presunção legal de culpa ou a exigência de dolo ou culpa grave; apenas havendo negativa quanto às três primeiras tentativas de enquadramento é que se concluirá que no caso o sistema de responsabilidade civil incidente é o subjetivo comum ou clássico, com os requisitos do dano, nexo causal, ato ilícito e culpa. Por outro lado, poderá ocorrer de a relação fática em estudo enquadrar-se no descritor de dois microssistemas diferentes, quando a aparente antinomia será resolvida em favor da norma mais favorável ao trabalhador; seria a hipótese de um acidente por vazamento de gás ocorrer com um empregado público, hipótese fática que reclama a incidência tanto do microssistema de responsabilidade objetiva do Estado, quanto do por acidentes ambientais, preferindo o intérprete àquela mais favorável, conjuntamente analisado (teoria do conglobamento).

3 REQUISITOS GERAIS DO MACROSSISTEMA DE RESPONSABILIDADE CIVIL OBJETIVA

A meditação acerca dos vários textos legais que preveem a responsabilidade civil sem culpa, no que se convencionou chamar de responsabilidade civil objetiva, nos mostra que essa última modalidade trata-se na verdade de

---

(6) Para o entendimento acerca do equívoco da invocação de requisitos previdenciários para a imputação de responsabilidade civil aos empregadores v. MOLINA, André Molina. O nexo causal nos acidentes de trabalho. *Revista SÍNTESE Trabalhista e Previdenciária*, ano XXIV, n. 283, janeiro de 2013. p. 60-82.

(7) NORONHA. *Desenvolvimentos contemporâneos da responsabilidade civil.* p. 37-38.

(8) Exemplos da espécie de responsabilidade subjetiva restrita à dolo ou culpa grave estão a denúncia infundada de crime que ocasione a prisão da vítima, indenizável apenas se a denúncia for falsa e de má-fé (ou seja, dolosa), conforme o art. 954, parágrafo único, II, do Código Civil e no transporte aéreo quando, em regra, a responsabilidade é limitada, contudo os limites não se aplicarão se for provado que o dano resultou de dolo ou culpa grave do transportador ou de seus prepostos (art. 248 do Código de Aeronáutica — Lei n. 7.565 de 1986).

(9) O professor Fernando Noronha classifica as hipóteses de responsabilidade civil objetiva em dois grandes grupos: objetiva normal e objetiva agravada. As do primeiro grupo, a despeito de dispensar a prova da culpa, exigem prova do nexo causal e por isso admitem a comprovação pelo agente das quatro excludentes de nexo causal (caso fortuito, força maior, fato de terceiro e fato da vítima), sendo que na modalidade agravada a legislação resolveu afastar a possibilidade de prova de alguma das quatro excludentes de nexo causal, chegando ao extremo de tornar irrelevante quaisquer delas em casos excepcionais, quando haverá imputação de responsabilidade sem a necessidade de nexo causal, naquilo que os autores apontam como opção pela teoria do risco integral (Responsabilidade civil, *passim*).

um grande gênero, dentro do qual se inserem diversas espécies de responsabilidade civil sem culpa, conforme cada um dos microssistemas e da cláusula geral do art. 927, parágrafo único, do Código Civil. A inclusão das espécies no mesmo conjunto, que se dá pelo traço comum da desnecessidade de comprovação da culpa do ofensor, não autoriza a enunciação de que os seus outros requisitos sejam os mesmos, muitos menos o são as hipóteses de excludentes. Dito em termos pragmáticos, o reconhecimento de que a relação jurídica acidentária insere-se na teoria objetiva não esgota a questão, sendo o mais importante definir qual das várias modalidades de responsabilidade civil objetiva ela se enquadra: se nos microssistemas das leis especiais ou na cláusula geral pelo risco da atividade; se se trata de responsabilidade objetiva normal ou objetiva agravada.

Os requisitos gerais do sistema de responsabilidade objetiva são dano e nexo causal, dispensando prova de culpa e do ato ilícito.[10] Quanto à dispensa de prova do requisito do ato ilícito, significa dizer que não se investiga se houve violação objetiva de uma norma jurídica pela conduta do agente, bastando confirmar o resultado lesivo da atividade de risco para gerar antijuridicidade, conhecida como "ilícito pelo resultado". Em outras palavras, quando um agente cria uma situação de risco potencial aos direitos de outrem, assume a responsabilidade pelos resultados que essa atividade venha causar, independente de qualquer conduta ilícita sua, omissiva ou comissiva. Aquele que, por exemplo, recebe autorização para exercer atividade nuclear, em razão dos potenciais riscos que ela proporciona, é obrigado a reparar os danos causados independentemente se agiu diligentemente, tomando todas as medidas legais para evitar o acidente nuclear; basta ao lesado pelo acidente nuclear comprovar, então, dano e nexo causal.

Roberto Senise Lisboa também é da posição de que apenas dano e nexo causal são elementos da responsabilidade objetiva, sendo irrelevantes a culpa e o ato ilícito, isso porque "a reparação do dano causado à vítima ou aos seus bens advém da atividade em si, e não de sua licitude ou ilicitude. Torna-se desnecessária a discussão sobre a ilicitude da atividade perigosa, já que a responsabilidade objetiva se dá mesmo quando a atividade é lícita. O que se cogita é o *resultado* provocado em razão do exercício da atividade do agente."[11]

Fernando Noronha adverte com acerto que a responsabilidade civil objetiva é independente de culpa e ato ilícito, mas não dispensa os outros dois requisitos e, em especial, exige que haja um nexo de causalidade adequado entre a atividade do agente e o dano. Decorre que cessa o liame de responsabilidade civil, rompendo com o nexo causal, quando provado que o dano é devido a fato que, em relação ao agente, seja externo, imprevisível e irresistível, isto é, quando o agente comprovar que o dano se deve a caso fortuito externo, força maior, fato de terceiro ou fato da vítima, nas hipóteses em que a responsabilidade é classificada como objetiva comum, ressalvando que nas excepcionais hipóteses de responsabilidade objetiva agravada cada microssistema é que vai impedir a possibilidade de o causador do dano demonstrar uma ou algumas das quatro excludentes de nexo. No limite, quando o microssistema recolher a teoria do risco integral, não socorrerá ao ofensor comprovar nenhuma das quatro excludentes de nexo, quando haverá dever de indenizar pela mera existência de dano.[12]

Haverá responsabilidade civil objetiva por risco integral quando estabelecida em contrato[13] ou quando a legislação vedar a possibilidade de o ofensor demonstrar as quatro hipóteses de excludentes de nexo causal. As duas situações previstas na lei que impõe responsabilidade civil pelo risco integral são na proteção previdenciária, quando mesmo havendo força maior, caso fortuito, fato de terceiro e fato da vítima remanesce o dever de indenizar pelo INSS (Lei n. 8.213 de 1991) e nos casos de seguro obrigatório de veículos automotores, o seguro DPVAT (Leis n. 6.194 de 1974 e n. 8.441 de 1992). Observe-se que nenhuma das duas legislações, previdenciária e de seguro obrigatório, têm incidência nas relações de acidente de trabalho. Disso segue que, conceitualmente, há no direito atual duas hipóteses de responsabilidade por risco integral, entretanto nenhuma delas incidentes nas relações de trabalho. Também decorre da premissa que não há no tema de acidentes de trabalho uma única espécie de responsabilidade objetiva em que não possa o empregador comprovar pelo menos uma das quatro modalidades de excludentes de nexo causal, quando não todas as quatro.

---

(10) "Confrontando as duas espécies de responsabilidade, subjetiva e objetiva, pode-se dizer, em rápida síntese, que verificado um fato danoso para uma pessoa ou para seu patrimônio, no domínio da responsabilidade subjetiva é preciso averiguar se o seu autor agiu com culpa ou dolo, porque só nestes casos ele estará obrigado a reparar o dano; no domínio da responsabilidade objetiva, prescinde-se de indagações sobre a culpa do agente, bastando que haja nexo causal entre o fato e o dano, para que ele seja forçado à reparação." (NORONHA. *Responsabilidade civil.* p. 16).

(11) LISBOA. *Manual de Direito Civil.* p. 39.

(12) NORONHA. *Responsabilidade civil.* p. 33-34.

(13) O art. 393 do Código Civil estabelece que o devedor não responde pelos prejuízos resultantes de caso fortuito ou força maior, mas admite que expressamente seja responsável, inclusive nesses casos, quando houver contratado. Nessa última hipótese estar-se-á diante de obrigação de garantia, ocasião em que o agente responde pelos danos, independente de culpa e nexo causal, não podendo sequer invocar nenhuma excludente de responsabilidade.

Algumas palavras ainda são necessárias quanto às excludentes de nexo de causalidade. O Código Civil atual recolheu as hipóteses de caso fortuito e força maior, diferenciando-as, daí porque os civilistas deram início à incessante estudo a respeito do tema.[14] A posição decantada é a que na responsabilidade civil subjetiva, basta a comprovação de que não houve culpa do alegado ofensor para romper o dever de indenizar; não precisa comprovar nos autos qual a razão de sua isenção de culpa, se relacionada a fato humano ou a fato da natureza, daí segue que a ausência de culpa, o caso fortuito e a força maior são excludentes de responsabilidade. Já na responsabilidade civil objetiva é irrelevante a prova de ausência de culpa do agente ofensor, pois ainda assim remanesce o dever de indenizar. Também não o exonera o chamado caso fortuito interno, inerente aos riscos da atividade. Em último nível, apenas o caso fortuito externo e a força maior rompem com a relação obrigacional, na medida em que ambos são inevitáveis e irresistíveis. Agostinho Alvim resume os dois níveis de excludentes ao asseverar que se "a responsabilidade fundar-se na culpa, bastará o caso fortuito para exonerar o devedor", porém "se a responsabilidade de devedor fundar-se no risco, então o simples caso fortuito não o exonerará. Será mister haja força maior, ou, como dizem alguns, caso fortuito externo." E arremata com precisão: "A força maior, portanto, é o fato externo que não se liga à pessoa ou à empresa por nenhum laço de conexidade. Enquanto o caso fortuito, propriamente, traduz a hipótese em que existe aquele nexo."[15]

Exemplo típico para explicar essa gradação é a do acidente de transporte. O microssistema especial é da modalidade objetiva agravada, isto é, apenas a força maior e o fato da vítima são excludentes de nexo causal. Disso resulta que não socorre ao transportador comprovar que não teve culpa no acidente, como também não basta provar que houve um fortuito interno, como um estouro do pneu ou a quebra da barra de direção do veículo, na medida em que continuará havendo uma relação de conexidade entre o dano e a sua atividade. Apenas o evento externo, inevitável e irresistível o exonerará, configurando-se força maior, como no caso de uma tempestade inesperada ou a ação de um assaltante que atira de fora do ônibus, ferindo um passageiro. O principal evento que gerou discussões na jurisprudência foi justamente o assalto ou roubo, tendo o entendimento se pacificado no âmbito do Superior Tribunal de Justiça ao classificá-lo como força maior, ou seja, externo e irresistível, e não como risco conexo à atividade empresarial ordinária (caso fortuito interno).[16]

Com acerto observou Erick Frederico Gramstrup que há tendência em confundir responsabilidade sem culpa com responsabilidade por risco integral, as quais são absolutamente diferentes. Afirma ele que não se pode extrair da desnecessidade de provar culpa que não haja outros requisitos, notadamente a possibilidade de prova das excludentes de responsabilidade, no que chamou de "salto heróico" o que é praticado por grande parte dos autores ao derivar da objetivação da responsabilidade a integralidade do risco.[17] O "salto heróico" é também observado, com frequência, na jurisprudência trabalhista, quando se reconhece que a atividade da empresa é de risco e a responsabilidade civil é objetiva, já avançando para a condenação direta pelos danos sofridos pelos empregados, sem investigar a presença do nexo de causalidade (ou quais das excludentes de nexo causal estão demonstradas). É deveras comum os julgados especializados não admitir o fato de terceiro como uma excludente de nexo, justamente por confundir responsabilidade civil objetiva com responsabilidade civil por risco integral.

A teoria geral da responsabilidade civil considera o grau de culpa das partes da relação jurídica como relevante para o fim de fixação do valor da indenização; se houve dolo ou a culpa do ofensor foi grave, leve ou levíssima, a lei possibilita a redução equitativa do valor da indenização (CC, art. 944); se também houve culpa do ofendido no evento, a lei possibilita a redução proporcional no valor da indenização (CC, art. 945).

No macrossistema de responsabilidade civil objetiva, que tem o traço comum de que em todas as espécies se dispensa a investigação do elemento culpa do causador do dano, é inaplicável a disposição do art. 944, parágrafo único,

---

(14) No particular, conferir o trabalho do professor Carlos Alberto Dabus Maluf, Do caso fortuito e da força maior excludentes de culpabilidade no Código Civil de 2002. In: DELGADO, Mário Luiz; ALVES, Jônes Figueiredo (coord.). *Novo Código Civil*. Questões Controvertidas. Responsabilidade Civil. São Paulo: Método, 2006.

(15) ALVIM. *Da inexecução das obrigações e suas consequências*. p. 315-316, *passim*.

(16) "Responsabilidade civil — Transporte coletivo — Assalto à mão armada — Força maior. Constitui causa excludente da responsabilidade da empresa transportadora o fato inteiramente estranho ao transporte em si, como é o assalto ocorrido no interior do coletivo. Precedentes." (STJ — REsp. 435.865/RJ — Rel. Min. Barros Monteiro — DJ 12.05.2003), "provado o roubo da mercadoria, sob ameaça de arma, fica evidente, na linha dos precedentes, que há força maior a excluir a responsabilidade do transportador." (STJ — REsp. 110.099/SP — Rel. Min. Carlos Alberto Menezes Direito — DJ 09.12.1997) e "(...) parte da jurisprudência defende que a frequência e notoriedade desses eventos retiram-lhe o caráter de força maior capaz de exonerar o transportador de sua responsabilidade, cabendo-lhe tomar providências para evitá-los. Estou, no entanto, que não deve prevalecer tal entendimento. O que define tais ocorrências não é a imprevisibilidade, mas, ao contrário, sua inevitabilidade, não devendo ser atribuído poder de polícia a tais empresas, em substituição ao Estado a quem cabe zelar pela segurança pública." (STJ — REsp. 164.155/RJ — Rel. Min. Waldemar Zveiter — DJ 03.05.1999). No mesmo sentido é a doutrina de Carlos Alberto Dabus Maluf, Do caso fortuito e da força maior. p. 56.

(17) GRAMSTRUP. *Responsabilidade objetiva na cláusula geral codificada*. p. 139.

do Código Civil.[18] De outro lado, quanto à participação do ofendido, ela será relevante juridicamente, tanto quando é só dele a culpa pelo evento, hipótese em que haverá rompimento do nexo causal (fato da vítima, impropriamente chamada de culpa exclusiva da vítima), assim como quando a vítima contribuir em parte para o dano, ocasião em que a indenização será reduzida, cuja inovação na lei brasileira espelhou-se na moderna legislação portuguesa sobre acidentes de trabalho.[19]

Observamos nesse tópico que os diversos microssistemas do grande gênero objetivo irão prever especificidades, como a possibilidade de demonstração das excludentes de nexo de causalidade, nas modalidades de responsabilidade objetiva normal, ou a vedação legal expressa de se invocar uma delas, na modalidade objetiva agravada, assim como, em hipóteses alheias aos acidentes de trabalho, há na legislação nacional duas adoções legislativas da teoria do risco integral, quando o ofensor não pode alegar nenhuma das excludentes.

Coerente com o reconhecimento da vigência de dezenas de microssistemas de responsabilidade civil é que se faz impositiva a aceitação de que em cada um deles há eleição legislativa de um prazo de prescrição para o exercício da pretensão. A prescrição tem natureza jurídica material e, por isso, são nos regramentos materiais onde os juristas irão encontrar os respectivos prazos prescricionais. Reafirmamos com isso que os prazos prescricionais para pretensão de responsabilidade decorrente de acidente de trabalho são diversos e especiais, não se confundindo com o prazo trabalhista genérico previsto no art. 7º, XXIX, da Constituição, aplicável apenas às verbas de natureza jurídica trabalhista em sentido estrito e não de natureza jurídica civil.[20]

4 ACIDENTE AMBIENTAL TRABALHISTA

A Constituição Federal de 1988 enunciou direitos fundamentais de todas as dimensões — direitos de liberdade, igualdade e solidariedade — entre os quais se encontra o direito fundamental ao meio ambiente ecologicamente equilibrado. O estudo sistêmico do texto constitucional revela ao intérprete a preocupação do constituinte com o meio ambiente em quatro perspectivas: natural ou físico, artificial, cultural e do trabalho.[21] A eficácia do princípio geral do meio ambiente equilibrado gerou reflexos especificamente nos limites do Direito do Trabalho com a necessidade de redução dos riscos inerentes ao trabalho por intermédio de normas de saúde, higiene e segurança (CF, 7º, XXII) e com a implementação pelo Sistema Único de Saúde da proteção do meio ambiente do trabalho (CF, 220, VIII).

O meio ambiente do trabalho é conceituado por Celso Antonio Pacheco Fiorillo como o local onde as pessoas desempenham as suas atividades laborais, remuneradas ou não, cujo equilíbrio está baseado na salubridade do meio e na ausência de agentes que comprometam a incolumidade psicofísica dos trabalhadores, independente da condição jurídica que ostentem, ou seja, o direito ao meio ambiente do trabalho equilibrado pertence à todas as espécies de trabalhadores, empregados, servidores públicos, autônomos, temporários etc.[22]

Desafiando interpretação mais moderna, holística e completa, Ney Maranhão define o meio ambiente do trabalho para além do simples local em que os trabalhadores prestam serviços, como quer a doutrina clássica. Para o autor, o meio ambiente do trabalho engloba as condições de trabalho (aspectos físico-estruturais relacionados ao local de trabalho), a organização do trabalho (aspectos técnico-organizacionais relacionados à execução da atividade) e as relações interpessoais (aspectos relacionados com a convivência, com o suporte social do trabalho). E conclui:

---

(18) O Enunciado n. 46 da I Jornada de direito civil diz que: "A possibilidade de redução do montante da indenização em face do grau de culpa do agente, estabelecida no parágrafo único do art. 944 do novo Código Civil, deve ser interpretada restritivamente, por representar uma exceção ao princípio da reparação integral do dano, não se aplicando às hipóteses de responsabilidade objetiva.", cuja posição é compartilhada por Regina Beatriz Tavares da Silva: "O parágrafo único deste artigo adota a teoria da gradação da culpa, a influenciar o *quantum* indenizatório, mas somente possibilita sua diminuição diante de desproporção entre a gravidade da culpa e o dano. Esse parágrafo é inaplicável nas hipóteses de responsabilidade objetiva, em que não há apuração da culpa e, portanto, descabe a diminuição da indenização consoante o critério aqui estabelecido." (*Da responsabilidade civil.* p. 855).

(19) Em comentários ao Código do Trabalho português de 2009 e a Lei de Acidentes de Trabalho de 1997 a professora Maria do Rosário de Palma Ramalho anota que "sendo a responsabilidade por acidente de trabalho uma responsabilidade objectiva pelo risco, a lei não deixa de valorizar o elemento subjectivo da culpa para efeitos de conformação concreta da reparação devida pelo facto acidentário. Assim, a culpa do trabalhador ou de terceiro no acidente pode constituir causa de exclusão ou de redução da responsabilidade do empregador." (*Direito do Trabalho.* p. 833).

(20) Para aprofundamento v. MOLINA, André Araújo. A prescrição das ações de responsabilidade civil na Justiça do Trabalho. *Revista IOB Trabalhista e Previdenciária,* ano XVIII, n. 217, julho de 2007. p. 79-110.

(21) Arts. 5º, XXIII, 21, XX, 170, VI, 182, 96, 216, 220, VIII, e 225. A vertente natural engloba a terra, a água, o ar atmosférico, a flora e a fauna, a vertente artificial abrange o espaço urbano construído, quer através de edificações, quer por meio de equipamentos públicos, a vertente cultural abarca o patrimônio histórico, artístico, paisagístico, arqueológico e turístico, e a vertente trabalhista alberga o meio ambiente do trabalho, que prima pela vida, pela dignidade e pela saúde do trabalhador, rechaçando à insalubridade, periculosidade e à desarmonia no ambiente de trabalho.

(22) FIORILLO. *Curso de direito ambiental brasileiro.* p. 21.

Meio ambiente do trabalho é a resultante da interação sistêmica de fatores naturais, técnicos e psicológicos ligados às condições de trabalho, à organização do trabalho e às relações interpessoais que condicionam a segurança e a saúde física e mental do ser humano exposto a qualquer contexto jurídico-laborativo.[23]

O art. 225, § 3º, da Constituição Federal garante a repercussão dos danos ambientais em três esferas diferentes, quais sejam, administrativa, criminal e civil. Pela perspectiva da reparação civil o art. 14, § 1º, da Lei n. 6.938/81 impõe a reparação dos danos em favor do meio ambiente (direito difuso) e de terceiros, pessoas físicas ou jurídicas, com a particularidade que "Sem obstar a aplicação das penalidades previstas neste artigo, é o poluidor obrigado, independentemente da existência de culpa, a indenizar ou reparar os danos causados ao meio ambiente e a terceiros, afetados por sua atividade", havendo opção pela responsabilidade civil objetiva, quando o legislador dispensou a demonstração de culpa.

Também da interpretação do art. 225 da Constituição extrai-se os princípios inerentes ao direito ambiental: da prevenção[24], da educação, do desenvolvimento sustentável, do poluidor-pagador, da participação e da ubiquidade, aplicáveis ao Direito do Trabalho.

Por sua vez, as normas infraconstitucionais trabalhistas que materializam o direito fundamental ao meio ambiente do trabalho equilibrado são as normas internacionais ratificadas e internalizadas[25], que ocupam o *status* de supralegalidade, a CLT (capítulo V), a Lei n. 7.369/85 (trabalho por contato com energia elétrica), a Portaria n. 3.214/78 do Ministério do Trabalho e Emprego (com as suas normas regulamentadoras — NR's) e a Portaria n. 3.393/87 (trabalho com radiações ionizantes ou substâncias radioativas). Objetivamente, todos aqueles que estão submetidos ao meio ambiente do trabalho — gerentes, empregados, estagiários, voluntários, autônomos — possuem o direito subjetivo de que as normas dos tratados internacionais, das Leis ns. 6.938/81 e 7.369/85, do capítulo V da CLT, das NR's da Portaria n. 3.214/78 e da Portaria n. 3.393/87 sejam integralmente atendidas. Se não o forem, havendo ocorrência de danos, estar-se-á diante de acidente ambiental do trabalho, sujeitando-se o poluidor à reparação independente de apuração de ato ilícito ou culpa.

Existe grande cizânia doutrinária acerca da espécie de risco abraçada pelo sistema ambiental brasileiro, pois nem a Constituição, nem a lei regulamentadora fazem a opção de forma expressa. Há aqueles que defendem a modalidade por risco integral, quando nenhuma excludente de nexo causal seria admitida[26], assim como outros são da posição que a teoria adotada foi a do risco criado, quando se admite as excludentes clássicas de nexo causal.[27] Annelise Monteiro Steigleder, com apoio em extensa pesquisa de direito comparado, defende a posição intermediária de que apenas a força maior e o fato de terceiro seriam causas excludentes, pois consistem em fatores externos, desvinculados ao empreendimento, nada tendo a ver com os riscos intrínsecos à atividade ou estabelecimento.[28] Essa também é a nossa posição, pois a teoria do risco integral é excepcionalíssima em nosso sistema de responsabilidade objetiva, de modo que quando o legislador quis adotá-la o fez expressamente (como no direito previdenciário e no seguro obrigatório para proprietários de veículos), também pela razão de que a força maior e o fato de terceiro, quando imprevisíveis, irresistíveis e exteriores, não podem ser incluídos dentro da malha de responsabilidade do agente ambiental, por absoluta falta de conexidade entre a atividade e o dano.[29]

---

(23) MARANHÃO. *Meio ambiente do trabalho*. p. 430.

(24) Em relação ao princípio da prevenção em tema de direito ambiental do trabalho e a exigência das tutelas processuais mandamentais como mecanismos processuais adequados, consultar CESÁRIO, João Humberto. *Técnica processual e tutela coletiva de interesses ambientais trabalhistas*. São Paulo: LTr, 2012.

(25) Convenção n. 115 da OIT sobre a proteção dos trabalhadores contra radiações ionizantes (Dec. n. 61.151/1968), Convenção n. 136 da OIT sobre a proteção contra os riscos de intoxicação provocados por benzeno (Dec. n. 1.253/1994), Convenção n. 139 da OIT sobre a prevenção e controle de riscos profissionais causados pelas substâncias ou agentes cancerígenos (Dec. n. 157/1991), Convenção n. 148 da OIT sobre a proteção dos trabalhadores contra os riscos profissionais devidos à contaminação do ar, ao ruído e às vibrações no local de trabalho (Dec. n. 93.413/1986), Convenção n. 152 da OIT relativa à segurança e higiene nos trabalhos portuários (Dec. n. 99.534/1990), Convenção n. 155 da OIT sobre segurança e saúde dos trabalhadores e o meio ambiente de trabalho (Dec. n. 1.254/1994), Convenção n. 162 da OIT sobre a utilização do asbesto com segurança (Dec. n. 126/1991), Convenção n. 164 da OIT sobre a proteção da saúde e a assistência médica aos trabalhadores marítimos (Dec. n. 2.671/1998), Convenção n. 167 da OIT sobre a segurança e saúde na construção (Dec. n. 6.271/2007), Convenção n. 170 da OIT relativa à segurança na utilização de produtos químicos no trabalho (Dec. 2.657/1998), Convenção n. 174 da OIT sobre a prevenção de acidentes industriais maiores (Dec. n. 4.085/2002) e a Convenção n. 176 da OIT sobre segurança e saúde nas minas (Dec. n. 6.270/2007).

(26) Desse grupo faz parte Sergio Cavalieri Filho, *Programa de responsabilidade civil*. p. 164, Édis Milaré, *A tutela jurídico-civil do ambiente*. p. 33, Nelson Nery Jr., *Responsabilidade civil por dano ecológico e a ação civil pública*. p. 38, Antonio Herman Benjamim, *Responsabilidade civil pelo dano ambiental* e José Afonso da Silva, *Direito ambiental constitucional*. p. 322.

(27) Entre outros estão Toshio Mukai, Direito ambiental sistematizado. p. 61 e Andreas Joachim Krell, *Concretização do dano ambiental*: algumas objeções à teoria do risco integral. p. 14-15.

(28) STEIGLEDER. *Responsabilidade civil ambiental*. p. 182.

(29) José Rubens Morato Leite aprofunda o tema ao asseverar que "o motivo de força maior, para sua caracterização, requer a ocorrência de três fatores: imprevisibilidade, irresistibilidade e exterioridade. Se o dano foi causado somente por força da natureza, como um abalo sísmico, sem a ocorrência do agente poluidor, dita

Coerente com os pilares do macrossistema de responsabilidade objetiva, em que não se investiga culpa ou ato ilícito do causador do dano, relembra José Afonso da Silva que não libera o poluidor nem mesmo a prova de que a atividade foi licenciada de acordo com o respectivo processo, já que as autorizações e licenças são concedidas com a inerente ressalva dos direitos de terceiros prejudicados. Mesmo que o poluidor exerça a atividade dentro dos padrões fixados pelas licenças administrativas, isso não o exonera de verificar se sua atividade é prejudicial, se está ou não causando dano, quando é responsável objetivamente.[30]

Quando o dano ambiental for ocasionado por mais de um agente serão todos eles solidariamente responsáveis pela reparação, na medida em que o art. 3º, IV, da Lei n. 6.938/81 considera como poluidores as pessoas físicas ou jurídicas que atuem, tanto direta como indiretamente, para causar a degradação ambiental, solidariedade que atualmente foi reforçada pelo art. 942 do Código Civil.[31]

Em relação à figura do Estado haverá sua responsabilidade em três diversas situações. Quando a pessoa jurídica de direito público causar diretamente um dano de natureza ambiental, será objetiva e diretamente responsável (CF, art. 37, § 6º). Já na ocasião em que os danos forem causados diretamente pelas empresas concessionárias ou permissionárias de serviços públicos, responderá o Estado de forma solidária, pois ele é considerado o responsável indireto da poluição ambiental, na forma do art. 3º, IV, da Lei n. 6.938/81. Anote-se que embora a Lei n. 8.987, de 1995 vede a imposição de responsabilidade ao Estado nas modalidades de concessões e permissões de serviços públicos, considera os autores e a jurisprudência a lei das concessões uma regra geral, que cede na ocasião para a lei especial dos acidentes ambientais.[32] Pelo mesmo fundamento o Estado é responsável solidário com o autor direto do dano quando se omite na sua função de fiscalização das atividades poluidoras e na concessão sem critério de autorizações administrativas e licenças ambientais.[33]

Não há na legislação específica ambiental prazo prescricional para a pretensão reparatória. Houve longo dissenso doutrinário e jurisprudencial em torno do tema, sedimentando-se o entendimento de que os danos ambientais podem alcançar o coletivo e o individual. O art. 14, § 1º, da Lei n. 6.938/81 impõe a reparação dos danos em favor do meio ambiente (direito difuso) e de terceiros (direitos coletivos, individuais homogêneos ou individuais puros, conforme a situação). Na primeira modalidade de danos aos direitos difusos a pretensão é imprescritível[34] e na segunda modalidade o prazo é de 3 anos, conforme art. 206, § 3º, V, do Código Civil.

Transportando as conclusões acima para as relações de trabalho, afirmamos que quando a vítima do dano ecológico for o trabalhador, incidirá na sua relação jurídica que o enlaça ao tomador de sua mão de obra o microssistema por danos ambientais, no qual a responsabilidade civil do poluidor é objetiva, independente de prova de culpa e ato ilícito, podendo haver a comprovação das excludentes de nexo causal por força maior e fato de terceiro, desde que imprevisíveis, irresistíveis e exteriores. Segue que, a depender da situação concreta, o Estado responderá solidariamente pela reparação, devendo integrar a relação jurídica processual.[35] O prazo de prescrição é de três anos, a teor do art. 206, § 3º, V, do Código Civil.

---

força maior, nestas condições, faz excluir o nexo causal entre o prejuízo e ação ou omissão da pessoa a quem se atribui a responsabilidade pelo prejuízo. Porém, se, de alguma forma, o agente concorreu para o dano, não poderá excluir-se da responsabilidade, prevalecendo a regra segundo a qual a imprevisibilidade relativa não exclui a responsabilidade do agente." (*Dano ambiental*. p. 208-209).

(30) SILVA. *Direito ambiental constitucional*. p. 323.

(31) Essa é a posição do Superior Tribunal de Justiça, valendo-se consultar os recentes julgados da 2ª Turma, REsp. 1.056.540-GO, Relª. Minª. Eliana Calmon, DJ 14.09.2009 e o REsp. 647.493-SC, Rel. Min. João Otávio de Noronha, DJ 22.10.2007.

(32) Por todos: STJ — 2ª Turma — REsp. 28.222-SP — Relª. Minª. Eliana Calmon — DJ 15.02.2001.

(33) Por todos: STJ — 2ª Turma — REsp. 604.725-PR — Rel. Min. Castro Meira — DJ 22.08.2005.

(34) "(...) 4. O dano ambiental além de atingir de imediato o bem jurídico que lhe está próximo, a comunidade indígena, também atinge a todos os integrantes do Estado, espraiando-se para toda a comunidade local, não indígena e para futuras gerações pela irreversibilidade do mal ocasionado. 5. Tratando-se de direito difuso, a reparação civil assume grande amplitude, com profundas implicações na espécie de responsabilidade do degradador que é objetiva, fundada no simples risco ou no simples fato da atividade danosa, independentemente da culpa do agente causador do dano. 6. O direito ao pedido de reparação de danos ambientais, dentro da logicidade hermenêutica, está protegido pelo manto da imprescritibilidade, por se tratar de direito inerente à vida, fundamental e essencial à afirmação dos povos, independentemente de não estar expresso em texto legal. 7. Em matéria de prescrição cumpre distinguir qual o bem jurídico tutelado: se eminentemente privado seguem-se os prazos normais das ações indenizatórias; se o bem jurídico é indisponível, fundamental, antecedendo a todos os demais direitos, pois sem ele não há vida, nem saúde, nem trabalho, nem lazer, considera-se imprescritível o direito à reparação." (STJ — 2ª Turma — REsp. 1.120.117-AC — Relª. Minª. Eliana Calmon — DJ 19.11.2009).

(35) Essa também é a posição do Enunciado n. 38 da 1ª Jornada de Direito do Trabalho promovida pela ANAMATRA e pelo TST de 2007: "RESPONSABILIDADE CIVIL. DOENÇAS OCUPACIONAIS DECORRENTES DOS DANOS AO MEIO AMBIENTE DO TRABALHO. Nas doenças ocupacionais decorrentes dos danos ao meio ambiente do trabalho, a responsabilidade do empregador é objetiva. Interpretação sistemática dos arts. 7º, XXVIII, 200, VIII, 225, § 3º, da Constituição Federal e do art. 14, § 1º, da Lei n. 6.938/81."

Os exemplos multiplicam-se, conforme haja o enquadramento nas normas de proteção ao meio ambiente do trabalho. Considera-se acidente ambiental do trabalho a doença que acometeu motorista profissional de ônibus em razão de sua submissão às vibrações, por adequação à Convenção n. 148 da OIT, como também é acidente ambiental o causado pela explosão de uma caldeira em frigorífico, por adequação na NR-13, e a morte do operário pela descarga de energia elétrica de alta tensão, por enquadrar-se na Lei n. 7.369/1985, incidindo o microssistema de responsabilidade objetiva do empregador nesses casos, ajustando-se à figura do poluidor. Significa dizer que ainda que o empregador tenha tomado todos os cuidados impostos pela legislação, como a entrega de EPI, instalação de dispositivos de segurança, treinamento dos empregados, entre outros, tais fatos não o exime da responsabilização, salvo se comprovar força maior ou fato de terceiro, imprevisíveis, irresistíveis e exteriores, afastando a relação de conexidade entre a atividade e o dano ambiental.

4.1 Acidente ambiental biológico

A Lei n. 11.105 de 2005 regulamentou o art. 225 da Constituição de 1988 para estabelecer normas de segurança e mecanismos de fiscalização de atividades que envolvam organismos geneticamente modificados e seus derivados, considerando dentro da incidência legislativa as atividades de construção, cultivo, produção, manipulação, transporte, transferência, importação, exportação, armazenamento, pesquisa, comercialização, consumo, liberação no meio ambiente e o descarte de organismos geneticamente modificados e seus derivados, cujos danos causados sujeitam os seus responsáveis, solidariamente e independentemente da existência de culpa, à responsabilização civil objetiva (art. 20), no que a legislação especial apenas reafirmou a objetividade civil da responsabilidade, pois o acidente biológico é uma espécie de dano ambiental.

Inserem-se no conceito de acidente biológico todos aqueles verificados a partir das atividades com os organismos geneticamente modificados, como nas indústrias farmacêuticas, de herbicidas agrícolas, sementes transgênicas, alimentícias, entre tantas outras, expondo os seus empregados ao risco de acidentes ou doenças.

A doença ocupacional contraída por empregado que manipula organismo geneticamente modificado na atividade de pesquisa para a qual foi contratado, sujeita o empregador na responsabilidade objetiva, devendo o empregado apenas provar dano e nexo causal, ou seja, relação de conexidade entre a doença desenvolvida e o organismo geneticamente modificado manipulado, mesmo que o empregador tenha tomado todas as medidas de proteção, como treinamento, oferecimento de equipamentos de proteção e que possua licença para a atividade. Por se tratar espécie de dano ambiental, socorre o empregador apenas a prova de uma das duas excludentes de nexo causal admitidas: o fato de terceiro e a ocorrência de força maior, externa, irresistível e imprevisível.

5 CONCLUSÕES

- O ordenamento jurídico revela dois grandes sistemas de responsabilidade civil: o subjetivo e o objetivo, conforme a lei dispense o elemento da culpa do agente para estabelecimento da relação indenizatória, havendo algumas espécies dentro dos dois grandes conjuntos, formando-se microssistemas, os quais convivem harmonicamente, sem preferência de um sobre o outro; são as situações fáticas que serão, indistintamente, enquadradas em um ou outro sistema, conforme os requisitos específicos estejam atendidos.

- Na espécie subjetiva há três microssistemas: responsabilidade civil subjetiva comum, da restrita a dolo ou culpa grave e a com presunção relativa de culpa. Do grupo objetivo fazem parte a responsabilidade normal e a agravada. É a legislação que indicará expressamente quais são as relações sujeitas às quatro últimas espécies, de modo que não havendo indicação legislativa, estaremos diante da subjetiva comum. Segue que a responsabilidade civil subjetiva é residual, ou seja, primeiro o intérprete deve analisar se a situação fática se enquadra em algumas das situações que a lei especial previu como de responsabilidade objetiva, comum ou agravada; se não, depois avançar para verificar se ela se enquadra na cláusula geral pelo risco da atividade do art. 927, parágrafo único, do Código Civil; havendo nova negativa, avançar para verificar se há alguma presunção legal de culpa ou a exigência de dolo ou culpa grave; apenas havendo negativa quanto às três primeiras tentativas de enquadramento é que se concluirá que no caso o sistema de responsabilidade civil incidente é o subjetivo comum ou clássico, com os requisitos do dano, nexo causal, ato ilícito e culpa.

- As hipóteses fáticas acidentárias ou de doenças ocupacionais poderão amoldar-se a dois ou mais microssistemas de responsabilidade objetiva, quando a aparente antinomia será resolvida em favor da norma mais favorável ao trabalhador, globalmente analisada (teoria do conglobamento). É exemplo da sobreposição de microssistemas o acidente generalizado ocorrido em mina de exploração de minerais radioativos, cujo acidente amoldar-se-á nos microssistemas por acidentes nucleares, acidentes ambientais, acidentes nas atividades de mineração e na responsabilidade administrativa das pessoas jurídicas de direito público ou das de direito privado prestadoras de serviços públicos, optando-se, no caso concreto, pelo microssistema nuclear, mais benéfico, pois não se admite excludente de nexo causal mesmo que haja fato de terceiro ou caso fortuito, além de o sistema específico admitir a responsabilização subsidiária do Estado, caso o devedor principal não tenha recursos.

- Os requisitos gerais do sistema de responsabilidade objetiva são dano e nexo causal, dispensando prova de culpa e do ato ilícito. Porém, os diversos microssistemas do gênero objetivo irão prever especificidades, como a possibilidade de demonstração das excludentes de nexo causal, nas modalidades de responsabilidade objetiva normal, ou a vedação legal expressa de se invocar uma delas, na modalidade objetiva agravada, bem como em cada sistema especial há eleição legislativa de um prazo de prescrição para o exercício da pretensão. Os prazos prescricionais para pretensão de responsabilidade decorrente de acidente de trabalho são diversos e especiais, não se confundindo com o prazo trabalhista genérico previsto no art. 7º, XXIX, da Constituição, aplicável apenas às verbas de natureza jurídica trabalhista em sentido estrito e não de natureza jurídica civil.

- É indispensável que as decisões judiciais fundamentem analiticamente em qual macrossistema a relação acidentária se insere, depois avançar para identificar qual dos microssistemas objetivos é incidente, se da espécie comum ou agravada, analisando as modalidades de excludentes de nexo causal admitidas pela legislação, significando que só o fato de dizer que a responsabilidade é objetiva passa ao largo da correta fundamentação e não resolve a questão.

6 REFERÊNCIAS

ALVIM, Agostinho. *Da inexecução das obrigações e seus consequências.* 4. ed. São Paulo: Saraiva, 1972.

BENJAMIM, Antônio Herman. *R*esponsabilidade civil pelo dano ambiental. *Revista de Direito Ambiental,* ano 3, vol. 9, jan-março de 1998.

CAVALIERI FILHO, Sergio. *Programa de Responsabilidade Civil.* 6. ed. São Paulo: Malheiros, 2005.

FIORILLO, Celso Antonio Pacheco. *Curso de direito ambiental brasileiro.* 12. ed. São Paulo: Saraiva, 2011.

GRAMSTRUP, Erick Frederico. Responsabilidade objetiva na cláusula geral codificada e nos micro-sistemas. In: DELGADO, Mário Luiz; ALVES, Jônes Figueiredo (coord.). *Novo Código Civil.* Questões Controvertidas. Responsabilidade Civil. São Paulo: Método, 2006.

KRELL, Andreas Joachim. Concretização do dano ambiental: algumas objeções à teoria do risco integral, *Direitos e Deveres,* n. 1, 1997, p. 9-38.

LEITE, José Rubens Morato. *Dano ambiental:* do individual ao coletivo extrapatrimonial. São Paulo: Revista dos Tribunais, 2000.

LISBOA, Roberto Senise. *Manual de Direito Civil.* Obrigações e responsabilidade civil. 3. ed. São Paulo: RT, 2004.

MARANHÃO, Ney. Meio ambiente do trabalho: descrição jurídico-conceitual. *Revista LTr,* São Paulo, vol. 80, n. 04, p. 420/430, abril 2016.

MILARÉ, Édis. A tutela jurídico-civil do ambiente. In: *Revista de Direito Ambiental.* São Paulo: Revista dos Tribunais, 1996, n. 0.

MOLINA, André Araújo. *Os direitos fundamentais na pós-modernidade.* O futuro do direito e do processo do trabalho. Rio de Janeiro: Lumen Juris, 2017.

_____ . *Teoria dos Princípios Trabalhistas.* A aplicação do modelo metodológico pós-positivista ao Direito do Trabalho. São Paulo: Atlas, 2013.

_____ . O nexo causal nos acidentes de trabalho. *Revista SÍNTESE Trabalhista e Previdenciária,* ano XXIV, n. 283, janeiro de 2013, p. 60-82.

_____ . Imunidade jurisdicional das pessoas jurídicas de direito público externo: Um diálogo com Georgenor de Souza Franco Filho, *Revista IOB Trabalhista e Previdenciária,* ano XXI, n. 253, julho de 2010, p. 17-30.

_____. A prescrição das ações de responsabilidade civil na Justiça do Trabalho. *Revista IOB Trabalhista e Previdenciária,* ano XVIII, n. 217, julho de 2007, p. 79-110.

MUKAI, Toshio. *Direito ambiental sistematizado.* 3. ed. Rio de Janeiro: Forense, 1998.

NERY JR., Nelson. Responsabilidade civil pelo dano ecológico e ação civil pública, *Justitia,* v. 46, julho-set. 1984.

NORONHA, Fernando. Responsabilidade civil: uma tentativa de ressistematização. *Revista de Direito Civil,* ano 17, n. 64, abril-junho de 1993, p. 12-47.

_____ . Desenvolvimentos contemporâneos da responsabilidade civil. *Revista dos Tribunais,* ano 88, vol. 761, março de 1999, p. 31-44.

PALMA RAMALHO, Maria do Rosário. *Direito do Trabalho.* Parte II — Situações laborais individuais. 3. ed. Coimbra: Almedina, 2010.

SILVA, José Afonso da. *Direito Ambiental Constitucional.* 9. ed. São Paulo: Malheiros, 2011.

SILVA, Regina Beatriz Tavares da. Da responsabilidade civil. In: FIUZA, Ricardo (coord.). *Novo Código Civil Comentado.* 2. ed. São Paulo: Saraiva, 2004.

STEIGLEDER, Annelise Monteiro. *Responsabilidade Civil Ambiental.* As dimensões do dano ambiental no direito brasileiro. 2. ed. Porto Alegre: Livraria do Advogado, 2011.

A IDEIA JUSAMBIENTAL DE SOLIDARIEDADE INTERGERACIONAL APLICADA AO MEIO AMBIENTE DO TRABALHO — REFLEXÕES E POSSIBILIDADES

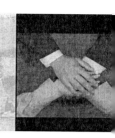

Ney Maranhão[*]
Omar Conde Aleixo Martins[**]

1 INTRODUÇÃO

No cerne da preocupação ambiental está o *ser humano*, como se observa do Princípio 1 da Declaração do Rio sobre Meio Ambiente e Desenvolvimento (Rio/92), que assim dispõe, em sua primeira parte: "Os seres humanos constituem o centro das preocupações relacionadas com o desenvolvimento sustentável"[1]. Em torno do ser humano, assim, gravitam as necessidades não apenas de racional e comedida exploração de recursos naturais, mas também a responsabilidade pela manutenção de um meio ambiente equilibrado que, em todas as suas facetas, como eloquentemente afirma nosso texto constitucional, é "essencial à sadia qualidade de vida" (art. 225, *caput*). Afinal, em essência, o que se pretende mesmo, com a pauta ambiental, é "salvar a humanidade dela mesmo, enquanto é tempo"[2].

Importante notar, assim, que as tensões e interações do ser humano nesta complexa teia da vida associam-se a um jogo de relações que extrapola muito a simples ambiência natural, abarcando dimensões outras da relação humana, como a ambiência artificial construída pelo próprio homem, o arcabouço patrimonial imaterial emanado da cultura e das tradições comunitárias, bem assim a complexa interação trabalhista que historicamente o envolve e o per-

---

[*] Doutor em Direito do Trabalho e da Seguridade Social pela Universidade de São Paulo (USP), com estágio de Doutorado-Sanduíche junto à Universidade de Massachusetts (Boston/EUA). Mestre em Direitos Humanos pela Universidade Federal do Pará (UFPA). Especialista em Direito Material e Processual do Trabalho pela Universidade de Roma — La Sapienza (Itália). Professor da Graduação e do Programa de Pós-Graduação *Stricto Sensu* da Universidade Federal do Pará (UFPA). Professor da Pós-Graduação *Lato Sensu* em Direito do Trabalho do Centro Universitário do Estado do Pará (CESUPA). Professor convidado em diversas Escolas Judiciais de Tribunais Regionais do Trabalho. Juiz Titular da 2ª Vara do Trabalho de Macapá (AP) (TRT da 8ª Região/PA-AP). E-mail: ney.maranhao@gmail.com / Facebook: Ney Maranhão II.

[**] Doutorando em Direitos Humanos, Constitucionalismo e Democracia pela Universidade Federal do Pará (UFPA). Mestre em Direitos Humanos pela Universidade Federal do Pará (UFPA). Professor do Curso de Direito da Faculdade Estácio-Castanhal/PA (Graduação). Advogado Trabalhista. E-mail: omar.martins.adv@gmail.com.

(1) ORGANIZAÇÃO DAS NAÇÕES UNIDAS. Declaração do Rio sobre Meio Ambiente e Desenvolvimento. Disponível em: <http://www.onu.org.br>. Acesso em: 14 dez. 2018.

(2) FREITAS, Juarez. *Sustentabilidade*: direito ao futuro. 2. ed. Belo Horizonte: Fórum, 2012. p. 44.

meia, constatações fenomênicas que originam a conhecida divisão do meio ambiente em *natural, artificial, cultural* e *laboral*[3], devidamente abraçada por nossa Carta Constitucional[4].

Em que pese a didática divisão, não se pode olvidar que o plexo ambiental não é estático, fragmentado, nem tampouco hermeticamente compartimentado. Ao revés, é dinâmico, sistêmico, intercambiante, gestáltico[5], marcado pela interações de múltiplos fatores que, se ora distanciam os "campos ambientais" citados por suas especificidades, ora os aproximam pela similitude de problemas socioambientais, fatores de riscos, degradações etc., o que significa, por exemplo, que conceitos e ideias originalmente forjados para o meio ambiente natural podem adequar-se ao meio ambiente do trabalho. Seria a ideia *intergeracional*, marcante no Direito Ambiental, um desses casos?

Se o meio ambiente do trabalho integra, em perspectiva gestáltica, o plexo ambiental geral (CRFB/88, art. 200, VIII), que reflexões adviriam e que possibilidades exsurgiriam ao se problematizar esse relevante constructo jusambiental perante o peculiar domínio do meio ambiente do trabalho? Ou seja: haveria também algum traço de equidade intergeracional identificável na realidade labor-ambiental? Eis nosso problema de pesquisa neste breve ensaio. A pesquisa é qualitativa, eminentemente bibliográfica, tendo sido utilizado o método hipotético dedutivo.

2 A IDEIA DE SOLIDARIEDADE INTERGERACIONAL NO DIREITO AMBIENTAL E SUA LIGAÇÃO INTRÍNSECA COM O PRINCÍPIO JUSAMBIENTAL DO DESENVOLVIMENTO SUSTENTÁVEL

A preocupação com as futuras gerações está no cerne do Direito Ambiental[6]. Se o comparássemos a um edifício e pudéssemos olhá-lo abaixo do chão, o dever de preservação ambiental para as gerações vindouras estaria dentre os alicerces que o sustentam, o que não deixa de representar um paradigma ético de respeito humano (incluindo aqueles que virão) e consciência de que os seres humanos hoje viventes tanto recebem uma herança de seus antepassados como constroem um legado para as próximas eras, numa espécie de, como diria Dworkin em significado outro, "romance em cadeia"[7] da história humana universal.

O entendimento de que a proteção ambiental projeta-se para as gerações futuras advém, de plano, do caráter metaindividual ou difuso[8] do direito ao meio ambiente equilibrado, o qual apregoa a indeterminação dos sujeitos que o titularizam, incluindo, transversalmente, pessoas que ainda nascerão, até mesmo porque os comportamentos ambientais — de efeitos sinérgicos — podem propiciar resultados sequer imagináveis numa perspectiva de espaço e também de tempo.

No tocante ao dever de solidariedade intergeracional, Norma Sueli Padilha faz o resgate histórico da deliberação feita na Conferência da ONU de Estocolmo (1972), com ênfase para o Princípio 1 ali assentado. Nas palavras da autora:

> A manutenção das bases da vida e do equilíbrio do meio ambiente está diretamente correlacionada com a **ideia de continuidade, de futuro e, portanto, com a preocupação com as futuras gerações.** Nesse sentido, a Conferência da ONU sobre Desenvolvimento Humano em Estocolmo, em 1972, marco da constrição do Direito Internacional do Meio Ambiente, já reconheceu a importância de se relacionar o direito das futuras gerações à responsabilidade das atuais gerações para com o equilíbrio do meio ambiente, nos termos do Princípio 1: O homem tem o direito fundamental à liberdade, igualdade e adequadas condições de vida, num meio ambiente cuja qualidade permita uma vida de dignidade e bem-estar, e tem a solene **responsabilidade de proteger e melhorar o meio ambiente, para a presente e as futuras gerações** (grifamos)[9].

---

(3) PADILHA, Norma Sueli. *Fundamentos constitucionais do direito ambiental brasileiro*. Rio de Janeiro: Elsevier, 2010. p. 202.

(4) A respeito, confira-se: MARANHÃO, Ney. *Poluição labor-ambiental*: abordagem conceitual da degradação das condições de trabalho, da organização do trabalho e das relações interpessoais travadas no contexto laborativo. Rio de Janeiro: Lumen Juris, 2017, capítulo 1, p. 11-58.

(5) Segundo Guilherme Guimarães Feliciano, há de se reconhecer a "indissociabilidade ontológica entre o meio ambiente natural e o meio ambiente humano [...]. Daí sustentarmos que o meio ambiente [...] apreende-se como *Gestalt*" (FELICIANO, Guilherme Guimarães. *Tópicos avançados de direito material do trabalho*: atualidades forenses. São Paulo: Ed. Damásio de Jesus, 2006, v. 1. p. 113). Também Guido Fernando Silva Soares assere que "o meio ambiente é um valor complexo, que deve ser encarado como uma Gestalt em relação aos seus componentes" (SOARES, Guido Fernando Silva. *As responsabilidades no direito internacional do meio ambiente*. Campinas: Komedi Editores, 1995. p. 42).

(6) A respeito, confira-se, entre outros: JONAS, Hans. *O princípio responsabilidade*: ensaio de uma ética para a civilização tecnológica. Tradução de Marijane Lisboa e Luiz Barros Montez. Rio de Janeiro: Contraponto, 2006.

(7) DWORKIN, Ronald. *O império do direito*. São Paulo: Martins Fontes, 2003. p. 272ss.

(8) PADILHA, Norma Sueli. *Op. cit.,* p. 176/181.

(9) *Idem.* p. 187. Grifamos.

A Constituição Federal de 1988 plasmou em seu texto referência expressa ao dever de solidariedade intergeracional quando, no *caput* do art. 225 assentou: "Todos têm direito ao meio ambiente ecologicamente equilibrado, bem de uso comum do povo e essencial à sadia qualidade de vida, impondo-se ao Poder Público e à coletividade o **dever de defendê-lo e preservá-lo para as presentes e futuras gerações**" (grifamos). Inspirado na Lei Maior, o chamado Estatuto da Cidade (Lei n. 10.257/2001) dispõe que uma das diretrizes da política urbana consiste na garantia do "direito a cidades sustentáveis, entendido como o direito à terra urbana, à moradia, ao saneamento ambiental, à infraestrutura urbana, ao transporte e aos serviços públicos, ao trabalho e ao lazer, **para as presentes e futuras gerações**" (grifamos).

O dever de solidariedade entre as gerações tem ligação orgânica com um dos princípios estruturantes do Direito Ambiental, o do *desenvolvimento sustentável*, mesmo porque a tentativa de equacionar o desenvolvimento econômico dos países à sustentabilidade ambiental visa à continuidade da existência de recursos, e, portanto, de desenvolvimento, para o futuro próximo que será vivido pela presente geração, mas também para aquele mais distante, destinado a ser vivido pelas gerações vindouras

Celso Antonio Pacheco Fiorillo afirma que o conteúdo do princípio do desenvolvimento sustentável consiste na "manutenção das bases vitais da produção e reprodução do homem e de suas atividades (...) para que as futuras gerações também tenham oportunidade de desfrutar os mesmos recursos que temos hoje à nossa disposição"[10]. Para Norma Sueli Padilha, "a preocupação com o não esgotamento dos recursos naturais do planeta é uma garantia da própria continuidade da vida, em todas as suas formas, que não pode estar submetida, tão livremente, às leis do mercado econômico"[11].

Como se nota, o desenvolvimento sustentável erige-se essencialmente apoiado no dever de preservação ambiental que as presentes gerações têm não apenas para com elas mesmas, mas sobretudo para com as futuras gerações, sendo que este dever jurídico de defesa e preservação visa a propiciar que as gerações vindouras tenham condições socioambientais de usufruir de um meio ambiente equilibrado e, por consequência, gozem de qualidade de vida.

3 O APORTE DO DEVER SOLIDÁRIO DE PRESERVAÇÃO AMBIENTAL ENTRE GERAÇÕES PARA O MEIO AMBIENTE DO TRABALHO — REFLEXÕES E POSSIBILIDADES

Quando o Poder Constituinte Originário brasileiro tratou das competências do sistema único de saúde, conhecido como "SUS", elencou no inciso VIII do art. 200 que àquele compete "colaborar na proteção do meio ambiente, nele compreendido o do trabalho", plasmando, no privilegiado rol de temas com previsão expressa no Texto Maior, o meio ambiente na sua dimensão laboral, ou, simplesmente, o meio ambiente do trabalho.

Por certo, felicíssima a percepção constituinte de que não há como pensar em meio ambiente, mesmo que na mais simplória noção como sendo aquilo que nos circunda e influencia, e no quanto ele é essencial para a qualidade de vida, sem pensar no ser humano em sua dinâmica cotidiana de labor, é dizer, nas infindáveis horas que passa trabalhando, o que equivale, ao menos para a maioria, tempo útil vendendo sua força de trabalho enquanto único bem que pode chamar de seu no sistema capitalista de produção, em troca de recursos para sobreviver e, quiçá, alcançar alguma concreção de básicos projetos de vida.

Julio Cesar de Sá da Rocha ressalta, como amplamente o faz a mais recente doutrina sobre o tema, que a noção da ambiência laboral está centrada no ser humano e em sua ação. O referido autor defende:

> Em suma, o ambiente do trabalho constitui-se esfera circundante do trabalho, espaço transformado pela ação antrópica. Por exemplo, uma lavoura, por mais que seja realizada em permanente contato com a terra, caracteriza-se como um meio ambiente do trabalho pela atuação humana. Em outras palavras, apesar de a natureza emprestar as condições para que o trabalho seja realizado, a mão semeia, cuida da plantação e colhe os frutos da terra, implantando o elemento humano na área de produção.[12]

---

(10) FIORILLO, Celso Antônio Pacheco, *Op. cit.*, p. 24. O autor cita, nesta mesma passagem (p. 26), o Princípio n. 3 da Declaração do Rio de Janeiro sobre Meio Ambiente e Desenvolvimento de 1992: "O direito ao desenvolvimento deve ser exercido de modo a permitir que sejam atendidas equitativamente as necessidades *de gerações presentes e futuras*" (grifamos).

(11) PADILHA, Norma Sueli. *Op. cit.*, p. 245.

(12) ROCHA, Julio Cesar de Sá. *Direito ambiental do trabalho:* mudanças de paradigma na tutela jurídica à saúde do trabalhador. São Paulo: Atlas, 2013. p. 102.

Adelson Silva dos Santos corrobora afirmando que "o conceito de meio ambiente do trabalho não pode prescindir de relação intrínseca com a pessoa humana do trabalhador"[13]. Este autor, no entanto, acrescenta a importante ideia que o ser humano e sua atividade laboral — elementos nucleares da ideia de meio ambiente do trabalho — estão em interação e conexão com o meio ambiente como um todo. Nas palavras do autor:

> Meio ambiente do trabalho não é só as instalações físicas, mas todo o complexo relacional envolvendo desde a forma de organização do trabalho até a satisfação dos trabalhadores, porquanto ambiência de desenvolvimento do trabalho humano, não se restringindo ao meio interno, mas da fábrica ou da empresa, porém, alcançando o próprio local de moradia ou ambiente urbano. O *habitat* laboral está interligado com o meio ambiente total.[14]

A noção própria de meio ambiente, portanto, incluído o do trabalho, é sistêmica, interativa, combinando em tensões e interações a perspectiva natural, artificial, cultural e laboral, as quais estão em constante mistura e relação. Para os fins do nosso estudo, este entendimento é relevante na medida em que, se o meio ambiente — didaticamente fracionado — é tão conectado, gestáltico, permitindo interações e correlações entre suas diferentes perspectivas, é possível, então, cientificamente, aportar conceitos, definições e ideias estruturantes de uma perspectiva para outra, por exemplo, da perspectiva natural para a laboral, de modo que arquétipos conceituais pensados originalmente tendo em foco o meio ambiente natural possam também se adaptar, em alguma medida, às realidades peculiares da ambiência laboral, maximizando a proteção do trabalhador.

De fato, o sábio acolhimento constitucional de uma perspectiva ampla, vocacionada a resguardar equilíbrio ambiental tanto na *biosfera* quanto na *sociosfera*, inclusive a ponto de proteger os interesses das "presentes e futuras gerações" (CF, art. 225, *caput*, *in fine*), é circunstância que permite ao pesquisador realizar incursão jurídica mais detalhada, com alguma margem de segurança jurídica, sobre cada dimensão ambiental oficialmente reconhecida (natural, artificial, cultural e laboral), sem prejuízo do ontológico reconhecimento do plexo jusambiental como um todo indissociável. Aliás, não sem razão cada citada faceta do meio ambiente detém regulação própria e institutos jurídicos diferentes[15], o que só reforça nossa assertiva de que a expressão múltipla da realidade ambiental, longe de impedir, em verdade autoriza verticalizações como a que aqui levamos a efeito[16].

É o que já está feito com a ideia de poluição, ou melhor, poluição labor-ambiental. Noutra ocasião, após trabalharmos a descrição jurídico-conceitual da poluição "em si", é dizer, pensada no contexto de ambiências outras, especialmente a natural, propomos exatamente o aporte desta estrutura conceitual para amoldá-la à realidade da ambiência laboral, discutindo e sugestionando uma conceituação que enlaça a ideia de poluição e degradação ambiental com os elementos nucleares do meio ambiental laboral — o ambiente, a técnica e o homem — e os fatores de risco correspondentes, a saber, as condições de trabalho (relacionadas ao *ambiente*), a organização do trabalho (referente à *técnica*) e as relações interpessoais (associadas ao *homem*). Nessa esteira intelectiva, construímos alhures nossa proposta conceitual do fenômeno da poluição labor-ambiental, como segue:

> *Poluição labor-ambiental é o desequilíbrio sistêmico no arranjo das condições de trabalho, da organização do trabalho ou das relações interpessoais havidas no âmbito do meio ambiente laboral que, tendo base antrópica, gera riscos intoleráveis à segurança e à saúde física e mental do ser humano exposto a qualquer contexto jurídico--laborativo — arrostando-lhe, assim, a sadia qualidade de vida (CF, art. 225, caput)*[17].

A inquietação que remanesce, e que representa o coração deste trabalho, é se essa mesma transposição conceitual, realizada com êxito quanto à *poluição*, pode ser feita para a ideia jusambiental de *solidariedade intergeracional*. Noutros termos: saber se o dever solidário entre gerações, comumente pensado no contexto da ambiência natural e

---

(13) SANTOS, Adelson Silva dos. *Fundamentos do direito ambiental do trabalho*. São Paulo: LTr, 2010. p. 37.

(14) *Idem*, p. 38.

(15) SÉGUIN, Elida. *O direito ambiental*: nossa casa planetária. 3. ed. Rio de Janeiro: Forense, 2006. p. 19.

(16) Exemplo disso é a interessante construção doutrinária de Ana Maria Moreira Marchesan ao arrolar o que seriam os "princípios" específicos da tutela do meio ambiente *cultural*, como segue: a) princípio da preservação no próprio sítio e a proteção ao entorno; b) princípio do uso compatível com a natureza do bem; c) princípio *pro monumento*; d) princípio da valorização sustentável; e) princípio da participação da população. Fonte: MARCHESAN, Ana Maria Moreira. *A tutela do patrimônio cultural sob o enfoque do direito ambiental*. Porto Alegre: Livraria do Advogado, 2007. p. 168-197.

(17) MARANHÃO, Ney. *Poluição labor-ambiental*: abordagem conceitual da degradação das condições de trabalho, da organização do trabalho e das relações interpessoais travadas no contexto laborativo. Rio de Janeiro: Lumen Juris, 2017. p. 234.

cujo núcleo é a obrigação das gerações presentes em proteger e preservar o meio ambiente e seus recursos para as futuras gerações, pode igualmente encontrar algum repouso nos domínios da ambiência laboral[18].

Pensamos que sim. Mas, a nosso ver, a pergunta prévia a ser feita é esta: a ideia de *futuras gerações* se aplica à perspectiva labor-ambiental? Porque, em caso de resposta afirmativa, menos árdua e hercúlea será a tarefa de transpor o tal dever de solidariedade intergeracional, com as devidas adaptações científicas, se necessário.

Pois bem. Note-se que tais *futuras gerações*, para o direito ambiental, pelo menos em perspectiva antropocêntrica[19], são as pessoas que, no futuro, assumirão a titularidade do direito humano e fundamental ao meio ambiente equilibrado, essencial à sadia qualidade de vida. Logo, subjaz à ideia de solidariedade intergeracional, em essência, uma perspectiva de responsabilidade para com *futuros titulares do direito ao equilíbrio ambiental*.

Nesta toada, seria possível falar, com inteira segurança técnica, em *gerações* no direito ambiental laboral, todavia não no sentido de gerações de seres humanos que irão nascer (nascimento *físico*; perspectiva *biológica*), o que obviamente seria estranho e acientífico ao contexto jurídico-laborativo, mas, sim, partindo da concepção de gerações como *futuros titulares* do direito fundamental ao meio ambiente do trabalho sadio e equilibrado. Estaríamos a falar, com isso, dos futuros trabalhadores ou empregados que serão ou poderão ser inseridos na ambiência laboral daquele determinado tomador de serviços e que "nascerão", por assim dizer, juridicamente, para esse específico microcosmo ambiental, a partir da celebração dos contratos de trabalho pertinentes àquele empregador (nascimento *contratual*; perspectiva *jurídica*).

Bem se sabe, a propósito, que o contrato individual de trabalho, por definição legal, é o acordo tácito ou expresso correspondente à relação de emprego (CLT, art. 442, *caput*). Mauricio Godinho Delgado aduz que o contrato de trabalho é aquele "que viabiliza a concretização da relação jurídica empregatícia tipificada pelos arts. 2º e 3º da CLT"[20]. E, a nosso ver, o evento da celebração do contrato de trabalho marcaria o nascedouro de mais um titular do direito fundamental ao meio ambiente sadio e equilibrado. Se é presumível que em toda empresa os contratos de trabalho sigam uma dinâmica relativamente natural de "nascimentos e mortes", ou seja, rescisões e novas celebrações contratuais, será possível falar, com segurança, na existência de *futuras gerações* de titulares do direito à ambiência laboral sadia.

Ora, se consentirmos na existência de futuras gerações no meio ambiente do trabalho, este se torna um solo juridicamente fértil para a *solene responsabilidade de proteger e melhorar o meio ambiente, para a presente e as futuras gerações*, consoante o Princípio 1 da Conferência de Estocolmo de 1972, já mencionado linhas acima. Se há bens ambientais trabalhistas, se existe degradação e poluição em perspectiva labor-ambiental, se há condições de trabalho (relacionados ao ambiente), uma organização do trabalho (referentes à técnica) e relações interpessoais (associadas ao homem) que influenciam diretamente o meio ambiente laboral, de hoje e de amanhã, haverá também o dever fundamental das "gerações" presentes de proteger e melhorar a qualidade labor-ambiental de determinados microcosmos trabalhistas também em benefício de seus futuros titulares de direito — dever, claro, a recair primariamente sobre o empregador, mas não só.

A tese não deve causar assombro. Em primeiro lugar, porque o meio ambiente, em si, demanda que se utilize de uma perspectiva *sistêmica* para sua adequada compreensão, de modo que a análise do ente ambiental deve considerar o funcionamento e a complexidade do todo, com suas inúmeras influências e interações[21]. Em segundo lugar, porque a viabilidade dessa modalidade de construção científica encontra guarida no seio de nossa própria Carta Constitucional, quando estabeleceu, inequivocamente, não apenas a existência dogmática, mas a própria conformação *jusambien-*

---

(18) A nosso ver, a ideia *intergeracional* encontra perfeita ressonância, por exemplo, na ambiência *cultural*. Basta recordar que monumentos e museus servem também para cristalizar significados humanos de relevância intergeracional.

(19) "Só com um homem o poder ser emancipou da totalidade por meio do saber e do arbítrio, podendo se tornar fatal para ela e para si mesmo. O seu poder é o seu destino e torna-se cada vez mais o destino geral. Portanto, por causa do homem, e apenas nesse caso, o dever surge da vontade como autocontrole do seu poder, exercido conscientemente: em primeiro lugar em relação ao seu próprio ser. (...) O homem se torna o primeiro objeto do seu dever (...). Além disso, ele se torna o fiel depositário de todos os outros fins em si mesmos, que se encontram sob a lei do seu poder" (JONAS, Hans. *O princípio responsabilidade*: ensaio de uma ética para a civilização tecnológica. Tradução de Marijane Lisboa e Luiz Barros Montez. Rio de Janeiro: Contraponto, 2006. p. 217). A linha que esposamos é em grande parte coincidente com o chamado antropocentrismo *moderado* ou *alargado*. Confira-se: "O ambiente não se protege por si só, mas também não é um mero instrumento do bem-estar do homem. O ambiente deve ser preservado porque é condição de existência dos seres humanos, os quais, por sua vez, são dele parte integrante. O homem fica, assim, investido na responsabilidade de promoção e não perturbação (grave e irreversivelmente lesiva) do equilíbrio ecológico. Esta 'terceira' via é apelidada de 'antropocentrismo alargado' (*extended stewardship ideology*)" (GOMES, Carla Amado. *Direito ambiental*: o ambiente como objeto e os objetos do direito do ambiente. Curitiba: Juruá, 2010. p. 20).

(20) DELGADO, Mauricio Godinho. *Curso de direito do trabalho*. 17. ed. rev. atual. e ampl. São Paulo: LTr, 2018. p. 637.

(21) De fato, como anota Fritjof Capra, o pensamento sistêmico é um pensar "em termos de conexidade, de relações, de contexto. [...] o pensamento sistêmico é pensamento 'contextual'" (CAPRA, Fritjof. *A teia da vida*: uma nova compreensão científica dos sistemas vivos. Tradução de Newton Roberval Eichemberg. São Paulo: Editora Cultrix, 2006. p. 40 e 46).

tal do meio ambiente do trabalho (CRFB/88, art. 200, VIII), fomentando, com isso, o exsurgir de construções teóricas viabilizadoras da canalização de toda a racionalidade do Direito Ambiental também em benefício do equilíbrio do meio ambiente laboral.

Por fim, em terceiro lugar, como nos ensina sabiamente o jurista Alain Supiot, porque o direito como um todo deve ser encarado como uma técnica de *humanização* das demais técnicas[22]. No caso do Direito Ambiental, os deveres jurídicos engendrados pela noção de equidade intergeracional decerto constituem genuínos "limites civilizatórios" a qualquer conformação técnico-jurídica, inclusive de feitio contratual, ensejadora de vulnerabilidades socioambientais — e, aqui, não há dúvidas de que, historicamente, pelo menos na realidade pátria, todo o arranjo físico, técnico e humano ínsito ao meio ambiente laboral tem sido engendrado de maneira quase sempre unilateral e arbitrária por parte do tomador dos serviços, sujeitando o trabalhador a uma ambiência que, como regra, não teve e não tem participação alguma em sua formatação.

Pois bem. A perspectiva teórica trabalhada neste texto, no tocante à transposição da ideia de solidariedade intergeracional para os domínios do meio ambiente do trabalho, por certo encontrará sua completude e utilidade ao migrar do terreno puramente teórico para o campo prático das relações laborais, dando funções verdadeiramente concretas e operacionais à construção aqui levada a efeito. Os primeiros e não exaustivos rumos práticos de aplicação desta proposta reflexiva serão esboçados a seguir.

Registre-se, desde logo, que essa tarefa de aplicabilidade prática, no bojo da temática ora abordada, é certamente desafiadora, de modo que as primeiras reflexões que esboçaremos se constituem, no fundo, verdadeiros convites para desenvolvimentos e aprofundamentos posteriores. Não há como, no entanto, furtar-nos à reflexão prática, pois, no presente caso, o aporte teórico-científico ora defendido precisa impactar, em alguma medida, a complexa teia das relações laborais, nas quais as pessoas, de fato, e infelizmente, sofrem, adoecem e chegam a morrer em razão da trágica sujeição a um meio ambiente laboral degradado e poluído.

Nessa linha de raciocínio, um primeiro campo de aplicação prática da ideia intergeracional em perspectiva labor-ambiental repousa na complexa problemática do assédio moral. Aqui, porém, enveredamos para a adoção de uma abordagem um tanto diferente da tradicional, porque busca alcançar não apenas o sofrimento individual da vítima direta, mas também das vítimas indiretas, pressionadas por condições degradadas de trabalho que a conduta assediante irremediavelmente suscita perante os demais trabalhadores (quase sempre forçadas testemunhas do assédio), condição metaindividual deletéria que, decerto, também atingirá futuros contratados. O que estamos aqui sublinhando é que um clima organizacional poluído, denegrido pela prática do assédio laboral, constitui fator intolerável de risco para a saúde biopsíquica tanto dos que nele já estão imersos (já contratados) quanto dos que nele imergirão (a contratar), conscientes ou não desse risco.

No tocante à definição de assédio moral laboral, a professora Margarida Barreto assim entende:

> Entendemos o assédio laboral como um risco não visível em que todos os trabalhadores estão expostos, durante a jornada de trabalho, a determinados atos, comportamentos, atitudes e situações constrangedoras que, de forma repetitiva e prolongada durante a jornada de trabalho, no exercício de suas funções, caracterizam-se como assédio moral. Ressaltamos que todos estão expostos, mesmo quando um trabalhador é o escolhido para ser constrangido publicamente ou a portas fechadas, e o medo passar a rondar o coletivo.[23]

Destacamos que, das lições dessa reconhecida autora, podemos vislumbrar as consequências do assédio moral para além da perspectiva individual da vítima, é dizer, para os contornos coletivos ou ambientais que a conduta implica. Não se trata, é claro, de ignorar ou minimizar as danosas consequências pessoais para a vítima central do assédio, mas a proposta reflexiva é, ampliando o olhar jurídico, também enxergar os incontornáveis impactos metaindividuais da conduta assediadora. É o medo que passa a "rondar o coletivo", como visto na citação acima.

Não sem razão, a citada autora ainda defende o assédio indireto para a testemunha da conduta assediadora, bem como o que ela chama de "medo oceânico" que, para além da esfera individual, afeta o coletivo. Confira-se:

---

(22) SUPIOT, Alain. *Homo juridicus*: ensaio sobre a função antropológica do direito. Lisboa: Instituto Piaget, 2005, pp. 155 a 165.

(23) BARRETO, Margarida. Assédio moral: trabalho, doenças e morte. In: LIMA, Cristiane Queiroz Barbeiro; OLIVEIRA, Juliana Andrade; MAENO, Maria (Coord.). *Compreendendo o assédio moral no ambiente de trabalho*. São Paulo: Fundacentro, 2013. p. 18.

Todo o assédio, para se efetivar, necessita de uma organização, que é o sujeito fundamental. Há um agente, um destinatário e as testemunhas, que geralmente são passivas por múltiplos medos e por uma série de outras situações. O pacto de silêncio que se observa no coletivo reforça ou dá o aval à organização que assedia. Entretanto, a testemunha sofre e, por assistir de forma reiterada ao assédio do colega, passa a ser mais que uma testemunha, pois também é assediada indiretamente. (...) O assédio moral no trabalho produz mal-estar que pode se tornar explícito em variados medos, um medo oceânico que intimida, causando terror tanto ao indivíduo, quanto ao próprio coletivo, que também é tomado pelo temor[24].

Ora, independentemente do que venha a acontecer com a vítima principal, se foi forçada a pedir demissão, se entrou em embate com o empregador e foi dispensada, se ajuizou ação trabalhista, se fez denúncia ao Ministério Público do Trabalho etc., por certo há toda uma "herança coletiva" do assédio moral praticado. Um incômodo estado de "medo institucionalizado" de regra passa a ser marca daquele ambiente de trabalho. Terror que "ronda o coletivo" e tem forte potencial de afetar negativamente o bem-estar psíquico daqueles que estão mergulhados naquela ambiência laboral. Enfim, a própria naturalização de um clima de insegurança que pode, seguramente, afetar a saúde mental dos trabalhadores e o equilíbrio do meio ambiente laboral.

Essa herança coletiva do assédio moral, esse dito "medo oceânico", por certo pode desaguar nos novos empregados que vierem a compor o quadro funcional da empresa. Isso porque as "novas gerações" de trabalhadores já serão inseridas em uma ambiência doentia, degradada, onde a insegurança e o terror coletivo bem podem estar naturalizados na organização imaterial do trabalho, de modo que suas interações com os trabalhadores antigos já se darão sob a égide de um clima organizacional hostil, agressivo.

Assim como uma comunidade que descuida da preservação do ar atmosférico pode fazer com que suas crianças nasçam e tenham sua saúde afetada pelo desequilíbrio do meio ambiente natural, uma comunidade laboral saturada de cobranças abusivas e vitupérios "presenteia" os novos trabalhadores com um ambiente consideravelmente afetado e estressante. Em um quadro de relações interpessoais concretamente pautadas na insegurança, repulsa e medo, antigos assediados ou testemunhas de assédio sistemático bem podem se tornar novos assediadores, avalizados por uma cultura de competitividade, insensibilidade e desrespeito, reprodutora da lógica de violência.

Enfim, um desequilíbrio sistêmico do meio ambiente laboral cujos efeitos perniciosos, como estamos a destacar, hão de atingir não apenas seus atuais partícipes. Na verdade, em perspectiva mais ampla, esse descrito cenário de poluição labor-ambiental também implicaria riscos intoleráveis à saúde mental daqueles que ainda demandariam por contratação e, por consequência, seriam mergulhados em um cenário ambiental psicologicamente tóxico e assaz desfavorável para a sadia convivência humana laborativa.

Ademais, além do assédio moral e sua herança coletiva calamitosa, vislumbramos outro possível campo de aplicação prática da ideia intergeracional em perspectiva labor-ambiental, a saber, a obrigação de contínua melhoria técnica do maquinário utilizado no meio ambiente do trabalho[25]. É dizer, a ausência da contínua melhoria ou a negligência na atualização do maquinário disponível mais seguro implicaria também injustificável violação do dever de equidade intergeracional, pois além de submeter os atuais trabalhadores aos riscos da insegurança, violaria a obrigação de *melhorar* (Princípio 1 da Conferência de Estocolmo de 1972) a técnica aplicada na ambiência trabalhista também em detrimento do direito fundamental ao equilíbrio labor-ambiental titularizado pelos membros da sociedade que ali poderão atuar como futuros trabalhadores.

Releva notar que a obrigação patronal de manter as condições de trabalho hígidas, inclusive com maquinário adequado, é decorrência direta e induvidosa dos mandamentos constitucionais acerca da proteção ao meio ambiente do trabalho (arts. 225, *caput*, 200, VIII, e 7º, XXII). No entanto, acreditamos que estes mesmos preceitos de magnitude constitucional vinculam a todos os tomadores de serviço, obrigando-os a ir além, não apenas *mantendo* um maquinário razoavelmente adequado, mas *melhorando-o* de acordo com os avanços científicos e sua disponibilidade financeiramente razoável no mercado, dever que também se mostra plenamente consentâneo com sadios vetores convencionais incorporados ao ordenamento jurídico brasileiro (OIT/Convenção n. 148, item 8.3; OIT/Convenção n. 155, item 12, "c").

---

(24) BARRETO, Margarida. *Op. cit.*, p. 20.

(25) A bem de ver, o dever de melhoria refere ao meio ambiente laboral como um todo e não apenas a um seu eventual maquinário integrativo. Todavia, neste ensaio, por questão meramente didática, ficaremos apenas nesse aspecto em particular.

413

Há mais: as personagens responsáveis pela provocação da jurisdição em matéria de meio ambiente do trabalho, a exemplo não apenas do Ministério Público do Trabalho, mas de Sindicatos e Associações que representam coletividades de trabalhadores, podem tranquilamente adotar a racionalidade aqui desenvolvida para requerer, em tutela inibitória, prestação de fazer no sentido de que a empresa seja compelida à aquisição de maquinário razoavelmente mais seguro, conforme disponibilidade de mercado, com fundamento na proteção não apenas dos atuais trabalhadores inseridos na ambiência laboral, mas, igualmente, daqueles que ainda poderão vir a compor os quadros empresariais, é dizer, as futuras gerações de titulares do direito ao meio ambiente equilibrado, em relação aos quais também já existe, conforme defendemos, o dever ambiental de *melhorar*.

Aliás, das profundas reflexões e interações no bojo do Direito Ambiental do Trabalho, estamos nos pondo a defender uma gama principiológica própria a este sub-ramo jurídico, da qual se extrai com facilidade o princípio jusambiental específico da *contínua melhoria labor-ambiental*, que se associa com perfeição ao pensamento que ora expomos, acrescendo-se, agora, à luz do que aqui se trabalha, que este dever jurídico a cargo do empregador ou do tomador dos serviços também encontra fundamentação jurídica plausível no dever jusambiental de solidariedade intergeracional[26].

Buscando reforçar o leque de razões jurídicas justificadoras de condutas tendentes a resguardar o efetivo equilíbrio ambiental, registramos nossa percepção de que esse dever de solidariedade intergeracional, aplicado ao meio ambiente laboral, também pode se revelar ferramenta útil nas mãos do juiz trabalhista em sua sempre dificultosa missão de fixar o montante reparatório de danos extrapatrimoniais coletivos na esteira das variáveis legais hoje disponíveis, a exemplo dos "reflexos sociais" da ação ou omissão, a extensão e a duração dos efeitos da ofensa, o grau de culpa patronal (onde bem se pode enquadrar a negligência de melhoria ambiental) e o esforço efetivo para minimizar a ofensa (CLT, art. 223-G, IV, V, VII e IX, da CLT).

Semelhantemente, esse fator geracional pode também servir como mais um critério técnico para sopesar, em ações individuais, um nível de riscos labor-ambientais eventualmente justificador de imediata comunicação oficial ao *Parquet* Laboral, para os fins de direito, independentemente da prolação de sentença ou, mesmo quando proferida, de seu trânsito em julgado.

Em arremate a este tópico, consignamos que a ideia jusambiental de solidariedade intergeracional, quando aplicada ao meio ambiente do trabalho, também legitima, com inteira razoabilidade, discussões relacionadas à própria defesa dos já combalidos cofres da Previdência Social. Como se sabe, quando a acidentalidade laboral (em sentido amplo, a incluir as doenças ocupacionais) oportuniza ao cidadão o gozo de benefícios previdenciários, o empregador poderá ser acionado a fim de ressarcir os cofres do INSS quando essa acidentalidade decorrer de fator culposo a ele imputado. São as chamadas *ações regressivas previdenciárias*, manuseadas "nos casos de negligência quanto às normas padrão de segurança e higiene do trabalho indicados para a proteção individual e coletiva" (Lei n. 8.213/1991, art. 120).

Nessas situações, além do próprio princípio jusambiental do poluidor-pagador, também é possível enxergar a ideia de equidade intergeracional, com leves adaptações, de maneira a justificar ações enérgicas visando à recomposição, suficiente e célere, dos cofres públicos, garantindo-se, assim, a manutenção e longevidade de um sistema que serve a milhões de brasileiros, hoje e também amanhã. Isso significa que mesmo quem ainda não usufrui de aportes disponibilizados pelo INSS tem interesse legítimo em contemplar máxima eficiência nessa técnica de recomposição patrimonial, simplesmente por gozar do *status* de eventual futuro beneficiário do sistema (potencial *próxima geração* contratual, pois).

Reitere-se que essa tônica de importância de ordem pública e de forte cariz prevencionista, quanto ao assunto do equilíbrio do meio ambiente do trabalho, encontra guarida jurídica no próprio art. 225 da Constituição Federal, sendo certo, ainda, que essa preocupação não se limita, por óbvio, às temáticas do assédio moral, da segurança de maquinários, da dosimetria de *quantum* indenizatório, de tutelas inibitórias e de remoção do ilícito, e de ações regressivas previdenciárias, aqui utilizadas apenas a título exemplificativo. Em verdade, a preocupação com o ser humano e a proteção de sua dignidade precisa se espraiar por toda e qualquer discussão laborativa que ganhe importância jusambiental, seja oriunda das condições de trabalho *stricto sensu* (instalações prediais em situação deplorável, não

---

(26) Sobre uma principiologia própria ao Direito Ambiental do Trabalho, confira-se: MARANHÃO, Ney. Comentários art. 7º, inciso XXII, da Constituição do Brasil. In: CANOTILHO, J. J. Gomes; MENDES, Gilmar Ferreira; SARLET, Ingo Wolfgang; STRECK, Lenio Luiz (coordenadores científicos). *Comentários à Constituição do Brasil*. 2. ed. São Paulo: Saraiva, 2018. p. 649.

concessão de equipamentos de proteção etc.), da organização do trabalho (fixação de metas inalcançáveis, prática sistemática de jornada extraordinária, não concessão de intervalos etc.) ou mesmo de outros fatores alusivos à qualidade das relações intersubjetivas travadas no cotidiano laboral (pacientes agressivos, clientes insatisfeitos etc.).

Como se vê, o equilíbrio do meio ambiente do trabalho detém genuína importância de ordem pública, porquanto as preocupações jurídicas que suscita não se limitam aos trabalhadores diretamente interessados, sujeitos de pactos de trabalho já vigentes, mas alcançam, igualmente, os interesses daqueles que, apesar de ainda não contratados, poderão estar submetidos, em pactos vindouros, a arranjos labor-ambientais ensejadores de riscos físicos e mentais insustentáveis.

4   CONSIDERAÇÕES FINAIS

Neste breve ensaio, a proposta de problematização sugerida consiste em avaliar em que termos a ideia jusambiental de *solidariedade intergeracional* seria aplicável à realidade do meio ambiente do trabalho, no que concluímos plenamente viável o aporte dessa matriz teórica para a ambiência laboral, na medida em que o interesse em preservação de um meio ambiente de trabalho sadio e equilibrado transborda a perspectiva coletiva dos trabalhadores que naquele tempo/espaço demarcado prestam serviços ao empregador, alcançando também o interesse, plenamente caracterizável do ponto de vista jurídico, dos seres humanos que futuramente ainda estão por ocupar, por força contratual, aquele ambiente de labor.

Enfatizamos, ainda, que o equilíbrio do meio ambiente do trabalho, *também* por isso, demanda importância de ordem pública, porquanto as preocupações jurídicas que suscita não se limitam aos trabalhadores diretamente interessados, sujeitos de pactos de trabalho já vigentes, mas alcançam, igualmente, os interesses daqueles que, apesar de ainda não contratados, poderão estar submetidos, em pactos vindouros, a arranjos labor-ambientais ensejadores de riscos físicos e mentais insustentáveis — nessa especial acepção, pois, as *futuras gerações* de trabalhadores.

O ensaio propôs incursões, a título exemplificativo, nas temáticas do assédio moral, da segurança de maquinários, da dosimetria de *quantum* indenizatório, de tutelas inibitórias e de remoção do ilícito, e de ações regressivas previdenciárias, ofertando abordagens jurídicas que legitimam, para cada qual, a adoção de uma perspectiva intergeracional, com ênfase em um dever solidário de proteção e melhoria do meio ambiente laboral também para as futuras gerações de obreiros.

Por fim, já é possível antecipar uma objeção à tese aqui esboçada, de cunho prático e com ar, diríamos, de pessimismo: se a realidade brasileira já é árdua no tocante à proteção das atuais gerações de trabalhadores, que diariamente se acidentam, sofrem ou perdem suas vidas nos ambientes laborais insalubres, perigosos e desequilibrados, não seria uma ousadia utópica o vislumbre de uma proteção às futuras gerações de obreiros, cujos contratos serão ainda celebrados e se tornarão titulares do direito, especialmente em tempos de expressiva crise econômica, brutal estatística de desemprego e intenso fomento a redução de custos? Acreditamos que não.

No bojo das diversas perspectivas científicas que se enlaçam na temática labor-ambiental, tais como a médica, a psicológica, a engenharia etc., a perspectiva jurídica é exatamente a responsável em frisar que as garantias e postulados ambientais, de magnitude constitucional, são coercitivas para o empregador. Noutro modo de dizer: é o Direito que discursará pela superação dos entraves econômicos do mundo real, haja vista o paradigma de juridicidade — e, portanto, de coercibilidade e justiciabilidade — do meio ambiente, inclusive o do trabalho.

Em tempos de perspectiva neoconstitucional do Direito, onde se enfatiza o protagonismo dos direitos fundamentais e da própria jurisdição[27] (ressignificada com a ênfase na concretização dos direitos fundamentais e dos ideais da dignidade humana plasmados na Constituição), não se encontra lugar para o discurso retórico de retrocesso prático, ainda mais considerando que a saúde e a segurança dos trabalhadores compõem a ideia de *trabalho decente*[28], conectando-se aos compromissos assumidos pelo Brasil inclusive frente à ordem jurídica internacional.

---

(27) CAMBI, Eduardo. *Neoconstitucionalismo e Neoprocessualismo:* direitos fundamentais, políticas públicas e protagonismo judiciário. 2. ed. rev. e atual. — São Paulo: Revista dos Tribunais, 2011. p. 28/29 e 215/2018.

(28) BRITO FILHO, José Claudio Monteiro de. *Trabalho Decente:* Análise Jurídica da exploração do trabalho: trabalho escravo e outras formas de trabalho indigno. 3. ed. São Paulo: LTr, 2013. p. 51-55.

E não se trata de exigir de forma desarrazoada do empregador ou mesmo de frustrar a iniciativa privada constitucionalmente assegurada, mas de perseguir comandos igualmente constitucionais que delineiam a própria função social da propriedade patronal (arts. 5º, XXIII, e 170, III, da CF/88), os quais incidem com toda a força jurídica, para proteção da pessoa humana do trabalhador, sobre aquele que decidiu assumir os riscos da atividade econômica (art. 2º da CLT).

Para isso, temos, pois, que a ideia de solidariedade intergeracional receberá boa serventia na lida jurídica cotidiana de temáticas relacionadas à higidez labor-ambiental, propiciando, por consequência, melhor nível de proteção ao ser humano que trabalha.

5 REFERÊNCIAS

BARRETO, Margarida. Assédio moral: trabalho, doenças e morte. In: LIMA, Cristiane Queiroz Barbeiro; OLIVEIRA, Juliana Andrade; MAENO, Maria (Coord.). *Compreendendo o assédio moral no ambiente de trabalho*. São Paulo: Fundacentro, 2013.

BRITO FILHO, José Claudio Monteiro de. *Trabalho Decente*: Análise Jurídica da exploração do trabalho: trabalho escravo e outras formas de trabalho indigno. 3. ed. São Paulo: LTr, 2013.

CAMBI, Eduardo. *Neoconstitucionalismo e Neoprocessualismo*: direitos fundamentais, políticas públicas e protagonismo judiciário. 2. ed. rev. e atual. — São Paulo: Revista dos Tribunais, 2011.

CAPRA, Fritjof. *A teia da vida*: uma nova compreensão científica dos sistemas vivos. Tradução de Newton Roberval Eichemberg. São Paulo: Cultrix, 2006.

DELGADO, Mauricio Godinho. *Curso de direito do trabalho*. 17. ed. rev. atual. e ampl. São Paulo: LTr, 2018.

DWORKIN, Ronald. *O império do direito*. São Paulo: Martins Fontes, 2003.

FELICIANO, Guilherme Guimarães. *Tópicos avançados de direito material do trabalho*: atualidades forenses. São Paulo: Damásio de Jesus, 2006, v. 1.

FIORILLO, Celso Antônio Pacheco. *Curso de direito ambiental brasileiro*. 2. ed. ampl. — São Paulo: Saraiva, 2001.

FREITAS, Juarez. *Sustentabilidade*: direito ao futuro. 2. ed. Belo Horizonte: Fórum, 2012.

GOMES, Carla Amado. *Direito ambiental*: o ambiente como objeto e os objetos do direito do ambiente. Curitiba: Juruá, 2010.

JONAS, Hans. *O princípio responsabilidade*: ensaio de uma ética para a civilização tecnológica. Trad. Marijane Lisboa e Luiz Barros Montez. Rio de Janeiro: Contraponto, 2006.

MARANHÃO, Ney. *Poluição Labor-Ambiental*: Abordagem conceitual da degradação das condições de trabalho, da organização do trabalho e das relações interpessoais travadas no contexto laborativo. — Rio de Janeiro: Lumen Juris, 2017.

_____ . Comentários ao art. 7º, inciso XXII, da Constituição do Brasil. In: CANOTILHO, J. J. Gomes; MENDES, Gilmar Ferreira; SARLET, Ingo Wolfgang; STRECK, Lenio Luiz (coordenadores científicos). *Comentários à Constituição do Brasil*. 2. ed. São Paulo: Saraiva, 2018.

MARCHESAN, Ana Maria Moreira. *A tutela do patrimônio cultural sob o enfoque do direito ambiental*. Porto Alegre: Livraria do Advogado, 2007.

PADILHA, Norma Sueli. *Fundamentos constitucionais do direito ambiental brasileiro*. Rio de Janeiro: Elsevier, 2010.

ROCHA, Julio Cesar de Sá. *Direito ambiental do trabalho*: mudanças de paradigma na tutela jurídica à saúde do trabalhador. São Paulo: Atlas, 2013.

SANTOS, Adelson Silva dos. *Fundamentos do direito ambiental do trabalho*. São Paulo: LTr, 2010.

SÉGUIN, Elida. *O direito ambiental*: nossa casa planetária. 3. ed. Rio de Janeiro: Forense, 2006.

SOARES, Guido Fernando Silva. *As responsabilidades no direito internacional do meio ambiente*. Campinas: Komedi Editores, 1995.

SUPIOT, Alain. *Homo juridicus*: ensaio sobre a função antropológica do direito. Lisboa: Instituto Piaget, 2005.

SUSTENTABILIDADE E EMPREGOS VERDES

Georgenor de Sousa Franco Filho[(*)]

1. PREOCUPAÇÃO COM DESENVOLVIMENTO SUSTENTÁVEL

A palavra *sustentabilidade* tem origem no latim *sustentare*, significando sustentar, apoiar, conservar, cuidar de alguma coisa. No Direito Ambiental, seu conceito teve origem em Estocolmo, na Suécia, na I Conferência das Nações Unidas sobre o meio ambiente, em 1972, tratando da relação do homem com a natureza, tanto assim que o principal objetivo do desenvolvimento sustentável é preservar o planeta e as necessidades humanas, a fim de que os recursos naturais sejam explorados de forma sustentável e, assim, durem para sempre.

Essa preocupação com o meio ambiente, levou a Organização das Nações Unidas, em 1983, a criar a Comissão Mundial sobre Meio Ambiente e Desenvolvimento, conhecida como Comissão *Brundtland*, que, em 1987, apresentou relatório intitulado "Nosso Futuro Comum". Nesse documento, o entendimento sobre desenvolvimento sustentável ganhou nova visão: um sistema de desenvolvimento socioeconômico, fazendo a relação próxima de justiça social, economia e meio ambiente.

É adequado admitirmos que, atualmente, a sustentabilidade encontra-se sustentada por um tripé reunindo esses três temas. É social, porque desenvolve papel cuidando do ser humano e de convicções de vida, como educação, saúde, violência, lazer etc. É econômico porquanto relaciona-se com produção, distribuição e consumo de serviços. É ambiental, considerando os recursos naturais renováveis e não-renováveis do planeta e a forma pela qual são utilizados por todos (comunidade e empresas). O desenvolvimento sustentável então necessariamente envolve esses três inseparáveis aspectos.

Por outro lado, a preocupação com normas regulamentadoras surgiu em 1969, quando os Estados Unidos da América editaram a primeira legislação de proteção de impacto ambiental, que é o *National Environment Policy Act (NEPA)*. No Brasil, essa providência ocorreu inicialmente com a Lei n. 6.938/81, estabelecendo a Política Nacional do Meio Ambiente e instituindo o Sistema Nacional de Meio Ambiente (SISNAMA).

(*) Desembargador do Trabalho de carreira do TRT da 8ª Região, Doutor em Direito Internacional pela Faculdade de Direito da Universidade de São Paulo, Doutor *Honoris Causa* e Professor Titular de Direito Internacional e do Trabalho da Universidade da Amazônia, Presidente Honorário da Academia Brasileira de Direito do Trabalho, Membro de Numero da Academia Ibero-Americana de Derecho del Trabajo y de la Seguridad Social, Membro da Academia Paraense de Letras.

2 O INCREMENTO AOS EMPREGOS VERDES

Em 2007, o tema *empregos verdes* começou a ganhar espaço na discussão internacional, objeto de preocupação de importantes entidades internacionais, tais como Programa das Nações Unidas para o Meio Ambiente (PNUMA), Organização Internacional do Trabalho (OIT), Confederação Sindical Internacional (CSI) e Organização Internacional dos Empregadores (OIE). Identificava-se a necessidade de reunir novas oportunidades de trabalho com o papel preservacionista das empresas. Surgia a ideia de uma economia verde.

Essa atividade importa em criar trabalho formal que contribua para preservar ou restaurar a qualidade ambiental, protegendo biodiversidade e ecossistemas, evitando desperdício e poluição, reduzindo consumo de energia, emissão de CO2 e impactos no meio ambiente.

O Programa das Nações Unidas para o Meio Ambiente (PNUMA), juntamente com a OIT, demonstrou a necessidade de uma economia mais sustentável com redução de emissão de dióxido de carbono. As indicações para o futuro não muito distante revelam-se preocupantes: 262 milhões de pessoas foram afetadas por desastres climáticos; até 2035, 1.800 milhões de pessoas terão escassez de água; em breve, cinquenta milhões de pessoas serão refugiados climáticos; 330 milhões de desabrigados em decorrência dessas mudanças do clima.

E no mundo do trabalho, o quadro não é menos assustador: 1.300 milhões de pobres, com salário/dia de US$ 2,00, o que representa mais de 43% da força mundial de trabalho; 190 milhões de pessoas estão desempregados; e, nos dez anos vindouros, mais de quinhentos milhões de jovens buscarão emprego.

Esses empregos que necessitam ser criados encaminham-se para um novo rumo, mas indispensável, pena de prejudicar as gerações futuras. É que começa a surgir outra mentalidade e igualmente outras preocupações: proteger o ecossistema, a biodiversidade, mediante a adoção de formas para reduzir o consumo de energia, de minerais não renováveis, de água, evitando a contaminação. São empregos onde haja o uso adequado desses recursos ou a substituição deles por outros que realizem o mesmo papel com menos danos ambientais. Inclui nesse rol de medidas a reciclagem de resíduos e materiais de todos os tipos, com a adoção de novos padrões de consumo e produção

Levantamentos efetuados pela OIT, acerca do fenômeno dos empregos verdes no setor de fornecimento de energia, indicam que mais de 2,3 milhões de empregos verdes foram criados para gerar energia de fontes renováveis, o que representa 2% da energia mundial, de acordo com o documento do PNUMA, denominado "Empregos verdes: rumo ao trabalho decente em um mundo sustentável e com baixas emissões de carbono" (2008, p. 6).

Ainda segundo esse documento, na Alemanha, em 2006, haviam 82,1 mil empregos verdes no setor de energia eólica. Acresça-se que, também de acordo com o PNUMA, o Brasil encontra-se em primeiro lugar, seguido de China e Estados Unidos, como os maiores empregadores no setor de reciclagem. Aduz o mesmo documento que *a falta de capacitação e habilidades representa uma limitação que impede o esverdeamento de economias tanto em países industriais como em desenvolvimento. Esse problema foi identificado no setor de biocombustíveis no Brasil, no setor ambiental e das energias renováveis em Bangladesh, na Alemanha e nos Estados Unidos e no setor da construção civil na Austrália, China, Europa e África do Sul* (p. 21).

O total de empregos verdes no Brasil cresceu expressivamente e, em 2008, existem 6,73% de trabalhadores formais em atividades dessa natureza (2,6 milhões), a maioria desenvolvendo atividades em transportes coletivos e alternativos ao rodoviário e aeroviário (quase 800 mil), conforme dados da OIT.

O que é induvidoso, no mundo moderno, ou pós-moderno como tantos chamam, é que os empregos verdes precisam ser incentivados para que se alcance níveis sustentáveis de desenvolvimento.

3 PARA ONDE CAMINHAMOS E O QUE ESPERAMOS?

Os indicativos ambientais demonstram que vivemos em uma fase de altos e baixos no trato desse delicado tema. Não é apenas a preocupação com a conservação ambiental, ou com o desenvolvimento sustentável. Existem questões econômicas aliadas a enfrentamentos ideológicos que dificultam governos e sociedade ajustarem suas linhas de pensamento com vistas ao futuro da humanidade.

É verdade que, nos últimos tempos, tem sido incentivada a coleta seletiva de resíduos sólidos e sua consequente reciclagem, e a prova é a crescente utilização de papel reciclado. Do outro lado, a energia muda. Deixou-se de incentivar o uso de combustível fóssil, e passou-se a buscar energia eólica, energia solar e outras tantas de fontes renováveis.

Observe-se que, a Lei n. 12.305/2010 criou a Política Nacional de Resíduos Sólidos (PNRS), regulamentada pelo Decreto n. 7.404/2010, que instituiu normas cuja finalidade é viabilizar a aplicabilidade de seus instrumentos. Seu objetivo era o de acabar com os lixões e obrigar municípios e empresas a criarem programas de manejo e proteção ambiental, mas parece que continua ainda como tarefa programática.

A isso se ajunta a preocupação com grandes desastres ambientais que poderiam ter sido evitados e não foram adequados prevenidos. No Brasil, sem precisar recorrer a outros acidentes graves no resto do mundo, nos últimos danos foram registradas três lamentáveis ocorrências: em Mariana, em Minas Gerais, em 2015, a empresa Samarco foi a responsável pelo rompimento de barragem que contaminou diversos rios com rejeitos de ferro; em Barcarena, no Pará, em 2018, a empresa holandesa Hydro-Alunorte foi a responsável pela contaminação de grandes espaços fluviais com rejeitos de bauxita; e, Brumadinho, novamente em Minas Gerais, 2019, grandes áreas e muitas mortes foram vitimadas pelo descaso da empresa Vale, com o rompimento de uma barragem, promovendo contaminação do rio Paraopeba, afluente do São Francisco.

Esses lamentáveis acontecimentos evidenciam a necessidade de regular o uso adequado do espaço e de incrementar atividades que não causem caos ao meio ambiente, a fim de preservá-lo para as gerações futuras.

Nessa linha de raciocínio, pensemos em criar mais empregos verdes, incentivando o trabalho decente, tratando o trabalhador com dignidade e humanidade, reduzindo os impactos ambientais, com efeitos inegáveis para a saúde, higiene e segurança do trabalhador e de toda a comunidade, através, inclusive da adoção de políticas públicas que envolvam toda a sociedade.

Reitere-se a necessidade de termos atividades que não poluam o meio ambiente, que representem sustentabilidade, que proporcionem trabalho decente, onde seja respeitada a dignidade da pessoa humana, que, inclusive, é princípio constitucional fundante de nosso país (art. 1º, III, da Constituição).

Assim, e nessa linha, a importância da Convenção n. 155 da OIT, que cuida de meio ambiente e que o Brasil ratificou, como o estatuto principal com vistas a um meio ambiente do trabalho sustentável, ganha também novos contornos à medida em que deve igualmente servir de incentivo à criação de técnicas inovadoras de trabalho. Tudo, todavia, poderá ser conquistado mediante certas concessões recíprocas entre Estados desenvolvidos e periféricos. Necessariamente, passa-se pela repetição de velhos temas: transferência de tecnologia não poluente; redistribuição de renda; eliminação de desigualdades raciais e sociais; superação da xenofobia. Somente mediante intenso diálogo entre grandes e pequenos países essas dificuldades, que emperram o mundo do trabalho, poderemos falar em melhores dias para a sociedade.

MEIO AMBIENTE DO TRABALHO E TRANSFORMAÇÃO SOCIAL: UMA ANÁLISE DO TELETRABALHO SOB O VIÉS DA PROTEÇÃO JUSLABORAL

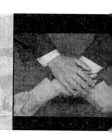

Andréia Chiquini Bugalho[*]
Camila Martinelli Sabongi[**]
Jair Aparecido Cardoso[***]

1 INTRODUÇÃO

O direito do trabalho vem sofrendo modificações em face das diversas transformações decorrentes da globalização e das novas dinâmicas de produção, ascensão de novos ramos econômicos, e, consequentemente, surgimento de novas demandas laborais. E o meio ambiente laboral não está imune a tais influências.

Diante da evolução da tecnologia, inteligência artificial, robótica e automação por meio do uso de computadores, smartphones, drones, robôs e máquinas inteligentes, a subordinação clássica na qual se embasava o poder hierárquico do empregador sofreu grande metamorfose. Contemporaneamente, os papéis de gerenciamento de tarefas, organização e fiscalização da força de trabalho não necessitam de contato físico entre empregado e empregador, podendo o trabalho ser prestado em qualquer ambiente.

Nesse sentido, a discussão sobre os limites e conceitos do meio ambiente do trabalho é reavivada, uma vez que este deve se moldar às novas práticas comerciais e empresariais, de modo a concretizar o direito constitucionalmente assegurado de um meio ambiente laboral equilibrado e salubre.

Nessa senda, discute-se sobre os impactos que o teletrabalho pode causar na saúde do trabalhador: seria esta modalidade de prestação de serviço uma possibilidade de flexibilização da responsabilidade do empregador de promover um meio ambiente do trabalho equilibrado e salubre ao seus empregados?

(*) Mestranda em Direito Coletivo e Cidadania pela Universidade de Ribeirão Preto (UNAERP), Especialista em Direito e Processo do Trabalho pela Faculdade de Direito Ribeirão Preto — USP (FDRP/USP); membro do grupo de pesquisa (CNPQ) "A Transformação do Direito do Trabalho na sociedade pós-moderna e seus reflexos no mundo do trabalho "da FDRP/USP. Graduada em direito pela Universidade Paulista de Ribeirão Preto — UNIP. Advogada. E-mail: andreia bugalho@hotmail.com.
(**) Mestre e Graduada pela Universidade Estadual Paulista "Júlio de Mesquita Filho" — UNESP/Franca. Membro Pesquisador do Grupo de Pesquisa (CNPQ) "A transformação do Direito do Trabalho na sociedade pós-moderna e seus reflexos no mundo do trabalho" da Faculdade de Direito de Ribeirão Preto da Universidade de São Paulo (FDRP/USP). Bolsista FAPESP. camilamartinellisabongi@gmail.com.
(**) Professor da Faculdade de Direito de Ribeirão Preto — FDRP/USP. Líder do grupo de pesquisa (CNPQ) "A Transformação do Direito do Trabalho na sociedade pós-moderna e seus reflexos no mundo do trabalho" FDRP/USP. E-mail: jaircardoso@usp.br.

Considerando esse contexto, objetiva-se compreender, esse novo ambiente de trabalho e analisar se há persistência na harmonização da atividade econômica com a proteção à saúde, qualidade de vida no trabalho, prevalência de um meio ambiente equilibrado e salubre.

Para tanto, partindo de pesquisa bibliográfica, os estudos realizados para elaboração deste trabalho foram aqui organizados em três partes: (i) A interdependência entre a proteção labor-ambiental e o trabalho digno e saudável: aspectos doutrinários e normativos; (ii) A influência da tecnologia no meio ambiente de trabalho (iii) O teletrabalho e a concretização da proteção labor-ambiental.

Por fim, são apresentadas as conclusões a respeito deste novo ambiente de trabalho, especialmente no tocante aos seus impactos.

2 A INTERDEPENDÊNCIA ENTRE A PROTEÇÃO LABOR-AMBIENTAL E O TRABALHO DIGNO E SAUDÁVEL: ASPECTOS DOUTRINÁRIOS E NORMATIVOS

O meio ambiente do trabalho é o espaço no qual o trabalhador exerce e desenvolve sua atividade laboral. "É o local onde o homem obtém os meios para prover a sua subsistência, podendo ser o estabelecimento empresarial, o ambiente urbano, nos casos dos que executam atividades externas e, até o domicílio do trabalhador, no caso do empregado a domicílio"[1].

A respeito, Guilherme Oliveira Castanho da Silva, diz:

O **meio ambiente de trabalho** pode ser considerado como o local onde as pessoas desempenham suas atividades laborais, sejam remuneradas ou não, cujo equilíbrio baseia-se na salubridade do meio e na ausência de agentes que comprometam a incolumidade físico-psíquica dos trabalhadores, independente da condição que ostentam (homens ou mulheres, maiores ou menores de idade, celetistas, servidores públicos, autônomos etc.)[2].

No mesmo sentido, Felipe Gondim Brandão, chama a atenção para o fato do meio ambiente do trabalho poder ser configurado nos mais diversos locais:

Assim, considerando que o trabalho humano pode ser desempenhado em vários locais internos ou externos, como um escritório, uma fábrica, uma instituição bancária ou ainda ao ar livre, pode-se afirmar que o ser humano necessita encontrar aí condições suficientes que lhe proporcionem o máximo de proteção à sua higidez psicofísica, e ao mesmo tempo, este ambiente de trabalho deve ser capaz de gerar uma satisfação, uma sensação de prazer[3].

A proteção ao meio ambiente do trabalho possui contornos complexos, tendo em vista que, para sua efetividade, há de se atentar para a inter-relação entre diversos âmbitos da vida do trabalhador e os variados elementos de um ambiente no qual a atividade laboral é exercida. Isso se dá em decorrência de não apenas os aspectos estruturais e físicos formarem o meio ambiente do trabalho, mas também os próprios trabalhadores o constituírem, podendo, consequentemente, ser influenciados e influenciar a dinâmica desse meio ambiente laboral.

Mesmo sendo conceituado como um tipo de meio ambiente artificial, por ser um espaço constituído por conjunto de edificações e equipamentos, o meio ambiente do trabalho deve ser entendido como "local em que se desenrola boa parte da vida do trabalhador, cuja qualidade de vida está, por isso, em íntima dependência da qualidade daquele ambiente"[4].

---

(1) BARROS, Alice Monteiro de. *Curso de Direito do Trabalho*. 9. ed. São Paulo: LTr, 2013. p. 1036.

(2) SILVA, Guilherme Oliveira Castanho da. *O meio ambiente do trabalho e o princípio da dignidade da pessoa humana*. Disponível em: <http://www.egov.ufsc.br/portal/sites/default/files/anexos/32202-38307-1-PB.pdf >. Acesso: 06 mar. 2019.

(3) BRANDÃO, Felipe Gondim. O direito à redução dos riscos no meio ambiente do trabalho na perspectiva constitucional. In; BRANDÃO, Cláudio. *Os direitos fundamentais, o direito e o processo do trabalho. Salvador.* JusPodvim, 2010.

(4) SILVA, José Afonso. *Direito ambiental constitucional*. 7. ed. São Paulo: Malheiros, 2013. p. 23.

Extrai-se dessa definição a relevância que o meio ambiente do trabalho tem na qualidade de vida do indivíduo, ou seja, por ser espaço no qual o trabalhador passa considerável período de seu dia, é indiscutível seu impacto na saúde, no humor, no bem-estar e, consequentemente, na existência humana digna.

Assim, a noção de meio ambiente do trabalho não pode ser reduzida aos aspectos físicos labor-ambientais (por exemplo, as edificações e os objetos utilizados para o trabalho), devendo abarcar o estudo da interdependência entre o meio ambiente geral (rural, urbano e cultural) e o meio ambiente do trabalho[5], bem como os aspectos pessoais dos trabalhadores.

Nessa diapasão, o próprio estado de ânimo do indivíduo é influenciado pelas manifestações ambientais que o cercam, mas também as influencia e, ainda, interliga o meio ambiente cultural, rural, urbano e do trabalho quando por elas tramita.

Essa ideia é exteriorizada pelos Princípios da Bidirecionalidade e da Interdependência, os quais vinculam as noções de saúde e qualidade de vida a partir do destaque que a estrutura sistêmica ambiental traz para a interdependência entre o meio ambiente do trabalho e meio ambiente geral. Como afirma Victor Hugo de Almeida, o meio ambiente do trabalho é constituído não apenas por fatores ambientais, mas também por fatores pessoais dos trabalhadores, pois não existe meio ambiente do trabalho sem trabalhadores, nem trabalhadores sem meio ambiente do trabalho[6].

O equilíbrio do meio ambiente do trabalho só é possível quando há harmonia entre toda a estrutura sistêmica ambiental, e, por sua vez, se cada um dos aspectos constituintes do lócus laboral tendentes a influenciar na saúde psicofísica do trabalhador estiverem equilibrados. Contudo, para que isso ocorra, deve-se se atentar para os aspectos ambientais (geográficos, arquitetural-tecnológicos, organizacionais e culturais) e aspectos pessoais (biogenéticos, comportamentais e psicológicos), haja vista que o trabalhador é parte integrante dessa manifestação ambiental[7].

Em adição, Guilherme Guimarães Feliciano discorre sobre a formação do meio ambiente do trabalho por elementos de ordem física, química e biológica, incluindo-se ainda as leis que impactam o homem em sua atividade laboral, presente o poder hierárquico ou não[8]. Tal entendimento leva o autor a afirmar que o meio ambiente do trabalho é uma nova subdivisão do meio ambiente, que convive ao lado do meio ambiente natural, artificial e cultural, ou seja, "doutrinariamente, o meio ambiente do trabalho aparece ao lado do meio ambiente natural, (...) do meio ambiente artificial (...) e do meio ambiente cultural, (...) sendo todos manifestações particulares da entidade meio ambiente"[9].

Raimundo Simão de Melo reafirma a complexidade da formação do meio ambiente do trabalho, enunciando sua composição pelo local de trabalho, pelos instrumentos de trabalho, pelo modo de execução das tarefas e pela maneira como o trabalhador é tratado pelo empregador ou tomador de serviço e pelos próprios colegas de trabalho[10].

Ainda, Ney Maranhão assevera essa concepção "estonteantemente ampla" de meio ambiente do trabalho, "abarcadora não apenas do local de trabalho, mas também da organização do trabalho implementada, bem assim da própria qualidade das relações interpessoais travadas no contexto laborativo"[11].

Nessa senda, Amauri Mascaro Nascimento propõe uma noção ampla de meio ambiente do trabalho que abarca os aspectos organizacionais do meio ambiente, dentre eles as jornadas de trabalho, horas extras, intervalos, dentre outros elementos que podem impactar no equilíbrio labor-ambiental:

> O complexo maquina-trabalho: as edificações do estabelecimento, equipamentos de proteção individual, iluminação, conforto térmico, instalações elétricas, condições de salubridade ou insalubridade, de periculosidade

---

(5) COSTA, Aline Moreira da; GONÇALVES, Leandro Krebs. Meio ambiente do trabalho e proteção jurídica do trabalhador: (re)significando paradigmas sob a perspectiva constitucional. In: FELICIANO, Guilherme Guimarães; URIAS, João. (Org.). *Direito ambiental do trabalho*: apontamentos para uma teoria geral. São Paulo: LTr, 2013. v. 1.

(6) ALMEIDA, Victor Hugo de. *Consumo e trabalho*: impactos no meio ambiente do trabalho e na saúde do trabalhador. 2013. 241 f. Tese (Doutorado em Direito) — Faculdade de Direito, Universidade de São Paulo, São Paulo, 2013.

(7) *Ibidem*. p. 158.

(8) FELICIANO, Guilherme Guimarães. O meio ambiente do trabalho e a responsabilidade civil patronal: reconhecendo a danosidade sistêmica. In: FELICIANO, Guilherme Guimarães; URIAS, João (Coord.). *Direito ambiental do trabalho*: apontamentos para uma teoria geral. São Paulo: LTr, 2013. v. 1.

(9) FELICIANO, Guilherme Guimarães. *Meio ambiente do trabalho*: aspectos gerais e propedêuticos. Revista do Tribunal Regional do Trabalho da 15ª Região, Campinas, n. 20. p. 160-203, set. 2002. p. 67

(10) MELO, Raimundo Simão. *Direito ambiental do trabalho e saúde do trabalhador*. 5. ed. São Paulo: LTr, 2013.

(11) MARANHÃO, Ney. Meio ambiente do trabalho: descrição jurídico-conceitual. In: FELICIANO, Guilherme Guimarães; URIAS, João (Coord.). *Direito ambiental do trabalho*: apontamentos para uma teoria geral. São Paulo: LTr, 2017. v. 3. p. 28.

ou não, meios de preservação à fadiga, outras medidas de proteção ao trabalhador, jornadas de trabalho e horas extras, intervalos, descansos, férias, movimentação, armazenagem e manuseio de materiais que formam o conjunto de condições de trabalho etc.[12]

Nesse sentido, o empregador deve preocupar-se não apenas com o provimento de uma estrutura física satisfatória para a prestação laboral, mas também utilizar-se de seu poder diretivo para promover o respeito a normas de duração de trabalho, prevenção ao assédio moral, promoção do descanso, pois dessa forma, estar-se-á promovendo o respeito aos aspectos organizacionais do meio ambiente do trabalho, sem os quais, não há como obter um meio ambiente do trabalho salubre e equilibrado.

No âmbito normativo internacional, é de suma relevância observar-se a preocupação da Organização Internacional do Trabalho (OIT) na construção da tutela ambiental laboral no âmbito internacional, no compromisso com o desenvolvimento sustentável, inclusão social e promoção do trabalho decente, enfatiza:

O trabalho decente é o ponto de convergência dos quatro objetivos estratégicos da OIT:

1. o respeito aos direitos no trabalho, especialmente aqueles definidos como fundamentais (liberdade sindical, direito de negociação coletiva, eliminação de todas as formas de discriminação em matéria de emprego e ocupação e erradicação de todas as formas de trabalho forçado e trabalho infantil);

2. a promoção do emprego produtivo e de qualidade;

3. a ampliação da proteção social;

4. e o fortalecimento do diálogo social[13].

Como se constata, segundo a OIT, o compromisso com o trabalho descente redunda na necessidade de respeito ao valor social do trabalho, à dignidade humana, à integridade física e psíquica do trabalhador. Assim, a OIT, visando tutelar o mínimo existencial do trabalhador, disponibiliza mecanismos cujo intuito principal é a proteção da vida, da saúde, e da segurança do trabalhador no ambiente laboral. Nesse sentido, diversas Convenções e Recomendações da OIT versam sobre está finalidade.

Nessa senda, é crucial citar a Convenção n. 155 da Organização Internacional do Trabalho (OIT), que corrobora esse raciocínio, explicitando a lógica de adaptação do meio ambiente do trabalho às necessidades do trabalhador, e não o inverso.

A referida convenção, em seu art. 12, letra 'a' estabelece que deve-se buscar "a certeza de que, na medida do razoável e possível, os equipamentos e maquinários não implicarão perigo algum para a segurança e saúde das pessoas que fizerem uso correto dos mesmo". Já na letra 'b' prevê que se deve facilitar "informações sobre instalação e utilização correta e sobre os riscos, características perigosas, assim como instruções sobre a forma de prevenir riscos conhecidos". Ainda, na letra 'c', ressalta-se que se deve produzir estudos e pesquisas de modo a fomentar "a evolução do conhecimento científico e técnico necessários para cumprir com as obrigações expostas nos itens 'a' e 'b' do presente artigo"[14]. Resta evidente a previsão na Convenção n. 155 da OIT do princípio da melhoria contínua, o qual preza pela constante evolução da proteção da saúde e segurança dos trabalhadores por meio da melhoria incessante do meio ambiente laboral.

Já no âmbito normativo nacional, o princípio da melhoria contínua encontra-se previsto no inc. XXII do art. 7º da CF, o qual prevê que é direito dos trabalhadores urbanos e rurais, a "redução dos riscos inerentes ao trabalho, por meio de normas de saúde, higiene e segurança"[15].

Em adição, diante de previsão na Consolidação das Leis do Trabalho (CLT) em seu art. 157, cabe às empresas "I — cumprir e fazer cumprir as normas de segurança e medicina do trabalho; II — instruir os empregados, através de

---

(12) NASCIMENTO, Amauri Mascaro. *Curso de direito do trabalho*. 33. ed. São Paulo: LTr, 2018. p. 491.

(13) OIT. Trabalho Descente. In: *Organização Internacional do Trabalho*. Disponível em: <https://www.ilo.org/brasilia/temas/trabalho-decente/lang--pt/index.htm> . Acesso: 06 mar. 2019.

(14) *Idem. Convenção n. 155*. Genebra, 1981. Disponível em: <http://www.oitbrasil.org.br/node/504>. Acesso em: 7 jun. 2016.

(15) BRASIL. Constituição da República Federativa do Brasil. *Diário Oficial da União*, Brasília, DF, 5 out. 1988. Anexo. Disponível em: <http://www.planalto.gov.br/ccivil_03/constituicao/ConstituicaoCompilado.htm>. Acesso em: 26 jul. 2017.

ordens de serviço, quanto às precauções a tomar no sentido de evitar acidentes do trabalho ou doenças ocupacionais" dentre outros.

Ao observar os supracitados preceitos legais, resta evidente que é dever do empregador prezar pelo respeito às normas de meio ambiente do trabalho, sejam elas de cunho físico ou organizacional, além de incentivar a constante melhoria do meio ambiente laboral.

3 A INFLUÊNCIA DA TECNOLOGIA NO MEIO AMBIENTE DE TRABALHO

Assim como os meios de produção se encontram em constante evolução, as estruturas físicas, as relações de subordinação, a medicina do trabalho, dentre outros elementos também estão. Tais fatores representam fontes materiais que pressionam o direito, instigando-o a produzir novos mecanismos de tutela para a promoção e efetivação das normas jurídicas, ou apenas demonstrando a essencialidade da reinterpretação dos já existentes.

Contemporaneamente, o Direito do trabalho se depara com necessidade de se adaptar à evolução da tecnologia da informação, comunicação e automação industrial, a qual redunda em um novo modelo de ambiente laboral, haja vista que a modificação dos meios de produção e prestação de serviços vem trazendo uma nova roupagem ao mercado, a empresa, a produção, ao trabalho e ambiente laboral. Por essa razão, a OIT e a direção geral do emprego e das relações de trabalho promoveram a apresentação do Relatório da Comissão Global sobre o futuro do trabalho. A respeito, segue uma das reflexões do diálogo levantado no Brasil:

> [...] para se estabelecerem condições do trabalho dignas em um mundo em constante mutação, incluindo as transformações provocadas pela manufatura avançada. Os grandes desafios, além da prioridade de gerar empregos, são a segurança e as boas condições de trabalho. E é preciso efetivá-las garantindo-se, ao mesmo tempo, meios adequados para que as empresas possam existir neste novo mundo da robótica, inteligência artificial, internet das coisas e digitalização de todos os processos.
>
> Tal equilíbrio é essencial para que a própria economia capitalista cumpra sua essência filosófica de garantir oportunidades para todos, gerar renda, riqueza e vida de boa qualidade, por meio da integração sinérgica do capital financeiro e do capital humano. É preciso enfrentar o chamado desemprego tecnológico com realismo, proporcionando possibilidades ao ser humano de trabalhar e otimizar a produtividade num ambiente de elevada sofisticação de *hardware*, *software* e automação. O *Homo sapiens, não* precisa competir com as máquinas, mas deve saber usa-las para viabilizar uma civilização próspera, mais justa e avançada sob o aspecto socioeconômico e ambiental.
>
> Esse novo enfoque do trabalho, embora exija expressivos esforços nacionais, precisa ser equacionado com abrangência global, pois é também decisivo para a paridade competitiva entre as economias. O Brasil, por exemplo, concorre, no comércio mundial e em seu próprio mercado, com países posicionados em diferentes níveis de desenvolvimento, alguns de alto nível tecnológico e outros com muito baixo custo de mão de obra. Pois bem, a parcela dos recursos humanos agregada ao preço dos produtos não pode ser resultante da precarização do trabalho, pois isso é incompatível com os preceitos contemporâneos da cidadania, os valores inerentes ao *compliance* e os princípios basilares de uma civilização viável.
>
> [...] os lucros têm se concentrado principalmente nos donos das inovações, fazendo com que as recentes mudanças tecnológicas levem a uma maior desigualdade.
>
> Devemos lutar para que todos esses avanços tecnológicos sejam colocados a serviço de toda a humanidade e não apenas para minorias como as dos 1% mais ricos[16].

Para tanto, há de se notar que a esse novo enfoque no trabalho tecnológico está gerando trabalho em condições degradantes. Diante disso, "a OIT, alerta para a precarização do emprego a nível mundial"[17].

---

(16) _____. Relatório da Organização do Trabalho sobre o futuro do trabalho. In: *Organização Internacional do Trabalho*. Disponível em: <https://www.ilo.org/lisbon/reuni%C3%B5es-e-eventos/WCMS_672599/lang--pt/index.htm> ; <https://www.ilo.org/wcmsp5/groups/public/---americas/---ro-lima/---ilo brasilia/documents/publication/wcms_626908.pdf> Acesso em: 07 mar. 2019.

(17) _____. Organização Internacional do Trabalho faz um alerta da precarização do trabalho a nível mundial. In: *Fundação única dos Petroleiros (FUP)*. Disponível em: <https://www.fup.org.br/ultima -noticias/item/23702-oit-alerta-para-precarizacao-do-emprego-em-nivel-mundial>. Acesso: 08 mar. 2019.

Ademais, segundo o relatório do McKinsey Global Institute[18], aponta que a robotização e o avanço da Inteligência Artificial podem acabar com entre 400 e 800 milhões de vagas de emprego. Segundo o relatório, trabalhos manuais e que requerem pouca formação seriam os primeiros a serem substituídos, o que afetaria diretamente os setores mais precarizados da força de trabalho.

Diante disso, para se manter no emprego e se estabelecer, o trabalhador tem que estar "pronto para assumir qualquer tarefa que lhe apareça e preparado para ajustar, reajustar e refocalizar de imediato suas próprias inclinações, abraçando novas prioridades e abandonando as adquiridas anteriormente"[19].

As modificações promovidas nas técnicas de produção, denominadas por Richard Sennett como capitalismo flexível, exigem maior tolerância às constantes mudanças que são inerentes à nova forma de produção. Essa exigência que se impõe ao trabalhador exige sua adaptação psicológica a valores institucionais mutáveis e novas formas de subordinação, dentre outras novidades[20].

Sobre os avanços tecnológicos, seus impactos na relação empregado-trabalho e a consequente mudança no meio ambiente do trabalho, assevera Victor Hugo de Almeida que "diversos estudos nas mais variadas áreas do conhecimento (Direito, Medicina, Psicologia, Economia, Saúde Pública, Sociologia etc.) tem demonstrado os impactos dos processos de modernização técnica e organizacional na saúde do trabalhador"[21].

Segundo o referido autor, a sofisticação tecnológica gera a possibilidade de aprimorar o conteúdo organizacional do trabalho, permitindo a simplificação do processo produtivo e a redução do tempo de execução das tarefas. Todavia, os mesmos avanços tecnológicos tornaram o trabalho mais "intenso, compacto e amplamente controlado, fomentando a velha quizila entre capital e trabalho"[22].

Tal evento leva André Gorz a afirmar que as novas formas de produção e de subordinação trazidas pelos avanços tecnológicos levam o sujeito a ter que produzir-se para o trabalho, ou seja, dedicar-se ao trabalho não apenas de forma objetiva (cumprindo regras de produção), mas também se empenhando de forma subjetiva. Em outras palavras, o trabalhador é avaliado por sua dedicação e motivação na valoração do que produz, o que leva o autor a afirmar que há uma mobilização total para o trabalho a exigir que o indivíduo produza a si próprio para exercer seu trabalho, afetando indiscutivelmente sua vida extralaboral[23].

Assim, nesse processo de expansão, mudam-se "as tarefas, a cultura organizacional, os ritmos de trabalho, as perspectivas de desenvolvimento profissional, as relações interpessoais no trabalho e a interface trabalho e vida familiar"[24].

A respeito desse processo de mudanças, Antônio Enrique Pérez Luño, assinala:

> A revolução tecnológica tem redimensionado a relação dos seres humanos com a natureza, as relações dos seres humanos entre si e a relação do homem consigo mesmo. Estas mudanças não tem deixado de afetar o campo dos direitos humanos, Assim, produz um fenômeno de bifronte, por um lado, as Novas Tecnologias (NT) e as Tecnologias da Informação e Comunicação (TIC) tem reduzido significativo desenvolvimento e melhorias nas condições de vida da humanidade, ajudando a fortalecer as vezes o desfrute e exercício de certos direitos, mas, por outro lado, determinados usos ou abusos tecnológicos levaram a uma grave ameaça para a liberdade, que exige a formulação de novos direitos ou atualização e adaptação ao novos desafios de instrumentos de segurança dos direitos existentes[25].

---

(18) MANYIKA, James; LUND, Susan; CHUI, Michael; BUGHIN, Jaques; WOWTZEL, Jonathan; BATRA, Parul; KO, Ryan; SANGHVI, Saurabh; Jobs lost, jobs gained: *What the future of work will mean for jobs, skills, and wages*. In mckinsey & Company. Disponível em: <https://www.mckinsey.com/featured-insights/future-of-work/jobs-lost-jobs-gained-what-the-future-of-work-will-mean-for-jobs-skills-and-wages#part%202>. Acesso: 19 março 2019.

(19) BAUMANN, Zygmunt. *Amor líquido*: sobre a fragilidade dos laços humanos. Trad. Carlos Alberto Medeiros. Rio de Janeiro: Zahar, 2004.

(20) SENNETT, Richard. *A corrosão do caráter*: consequências pessoais do trabalho no novo capitalismo. Trad. Marcos Santaritta. 14. ed. Rio de Janeiro: Record, 2009.

(21) ALMEIDA, Victor Hugo de. *Consumo e trabalho*: impactos no meio ambiente do trabalho e na saúde do trabalhador. 2013. 241 f. Tese (Doutorado em Direito) — Faculdade de Direito, Universidade de São Paulo, São Paulo, 2013. p. 13-14.

(22) *Ibidem*, p. 13-14.

(23) GORZ, André. *O imaterial*: conhecimento, valor e capital. São Paulo: Annablume, 2005.

(24) Organização Internacional do Trabalho. *Workplace stress*: a collective challenge, cit.. p. 3.

(25)LUÑO, Antônio Enrique Péres. *Los derechos humanos en la sociedad tecnológica*. Madri: Castellano, 2012. p. 20.

Diante disso, segundo o autor, em que pesem os inúmeros benefícios da tecnologia, há de se notar inexistência de preocupação com as novas condições de trabalho, nele incluído o meio ambiente laboral. Em resposta a esta despreocupação, ocorrerá uma grave ameaça para a liberdade e violação aos direitos humanos, afetando significativamente a vida do trabalhador.

Recentemente, o Instituto Delete, núcleo pioneiro criado dentro do Instituto de Psiquiatria da Universidade Federal do Rio de Janeiro, revelou que o uso constante da tecnologia afeta a saúde do trabalhador[26].

Em uma análise contemporânea, Domenico de Masi afirmou que essa nova realidade revela um achatamento dos direitos dos trabalhadores, supressão do estado de bem-estar social, grande aumento de doenças ligadas ao estresse e violência contra a subjetividade do trabalhador[27].

Deve-se ressaltar que os aspectos ora estudados influenciarão as diferentes manifestações do meio ambiente do trabalho de forma distinta, ou seja, de acordo com a atividade desenvolvida.

Contudo, o que se propõe é a análise da existência de fatores subjetivos no meio ambiente do trabalho, para além das questões externas, que podem atentar contra a dignidade humana, o que redunda na necessidade de um novo olhar no estudo do meio ambiente do trabalho, para que a proteção deste acompanhe os novos mecanismos de labor, sendo importante ressaltar que as inovações nas formas de produção devem ser acompanhadas pela melhoria na proteção dos trabalhadores de forma a efetivar o princípio da melhoria contínua insculpido na Convenção n. 155 do OIT.

4   O TELETRABALHO E A CONCRETIZAÇÃO DA PROTEÇÃO LABOR-AMBIENTAL

O teletrabalho é a prestação de serviços por meio do uso da *tecnologia de informação e de comunicação, utilizando a* "internet bidirecional, tridimensional, profunda ou escura e, também, por meio da comunicação somente entre robôs, avatares, nanorrobôs, ciborgues ou programas de computador ou destes com o ser humano"[28].

De acordo com o art. 75-B da CLT, o teletrabalho consiste na "prestação de serviços preponderantemente fora das dependências do empregador, com a utilização de tecnologias de informação e de comunicação que, por sua natureza, não se constituam como trabalho externo".

Nesse sentido, não configura requisito para a caracterização do teletrabalho a simples prestação de serviço dentro do domicílio do empregado. Essa modalidade de trabalho é essencialmente desempenhada "indoors", ou seja, exige-se um contexto específico que coloque o empregado dentro de um sistema laborativo que, apesar de ser desenvolvido com dependência de uma infraestrutura ou estabelecimento, poderá ser realizado em locais distintos, desde que autorizado pelo empregador.

No que diz respeito à execução do teletrabalho, Ivani Contini Bramante esclarece:

A prestação de serviços pode se dar: a) no domicílio do trabalhador ou outro lugar qualquer, por ele designado; b) parte no domicílio e, em parte na empresa; c) em local remoto, distante da empresa; d) em telecentros, unidade distante da sede central da empresa; e) de forma móvel, executado no lugar onde estão determinados clientes, ou fora da sede da empresa, em constante locomoção, mas em contato permanente com o superior hierárquico, mediante o uso das ferramentas telemáticas; f) em centros satélites; inclusive transfronteiriços, fora do país, que engendra as questões de Direito Internacional Privado e de jurisdição[29].

Nessa continuidade, o teletrabalho é uma função que, apesar de não ser desempenhada dentro do estabelecimento do empregador, tem por característica ser desempenhada dentro de algum estabelecimento ou no próprio domicilio do empregado. Dessa forma, o teletrabalho não se confunde com as atividades de campo, de visitação de

---

(26) Instituto Delete. Uso constante da tecnologia afeta a saúde do trabalhador. In: *FITAPR*. Disponível em: <https://ftiapr.org.br/o-uso-constante-da-tecnologia--afeta-a-saude-do-trabalhador/>. Acesso: 07 mar. 2019.

(27) MASI. Domenico de. *O ócio criativo*. Rio de Janeiro: Sextante, 2000.

(28) ESTRADA Manuel Martín Pino. Teletrabalho: conceitos e a sua classificação em face aos avanços tecnológicos. In COLNAGO, Lorena de Mello Rezende; CHAVES JUNIOR, José Eduardo de Resende; ESTRADA, Manuel Martín Pino (Coord.). *Teletrabalho*, São Paulo: LTr, 2017. p. 12.

(29) BRAMANTE, Ivani Contini. Teletrabalho: teledireção, telessubordinação e teledisposição. *Revista LTr*: legislação do trabalho, São Paulo, v. 76, n. 4. p. 391-412, abr. 2012. p. 396.

clientes, parceiros ou qualquer outro tipo de trabalho que seja inerentemente desenvolvido com deslocamento entre estabelecimento ou ao ar livre.

Outra característica relevante do teletrabalho é a grande utilização de meios telemáticos. Denise Pires Fincato chama a atenção para a vinculação entre globalização e desenvolvimento tecnológico desenfreado e a ascenção do fenômeno da prestação de serviço em teletrabalho, afirmando que o "teletrabalho é fenômeno decorrente dos rearranjos econômicos laborais, com forte influxo dos movimentos globalizatórios e visceral relação com as tecnologias de informação e comunicação" [30].

Tais rearranjos tecnológicos geram ruptura tão intensa na forma de organização produtiva que a referida autora afirma estarmos diante de uma nova revolução de relevância similar à Industrial, chamada Revolução Informacional. Em decorrência desse fenômeno, "o empregado e patrão não ocupam o mesmo espaço físico (e às vezes têm entre si até mesmo diferenças temporais — fuso horário), mas podem estar interligados, de maneira síncrona, via tecnologia (internet, webcams etc.)[31]".

A utilização de tecnologias (Revolução Informática) e a crescente interligação da economia internacional (globalização) são pano de fundo para o crescimento da utilização do teletrabalho. Assim, a prática desse modelo de prestação de serviço ganhou ainda mais força com o avanço da tecnologia da informação, comunicação e maior acessibilidade à internet, provocando mudanças significativas nas formas de trabalho, nos métodos de organização e no processo produtivo, ampliando e diversificando os ambientes laborais, sendo que "o teletrabalho e o surgimento de uma economia compartilhada estão entre os fenômenos que consolidam essas novas tendências"[32].

Ademais, oportuno consignar que o relatório publicado pela UpWork, sobre o futuro do meio ambiente do trabalho (*future workforce report*), revelou que a força de trabalho remoto (teletrabalho) aumentou consideravelmente:

> Das mais de mil empresas pesquisadas, 59% já utiliza a força de trabalho remota para conquistar novos talentos. Esse número aumentou 24% de 2017 para 2018. As empresas estão percebendo que precisam ir em busca dos talentos e não o contrário.
>
> O talento flexível proporciona uma vantagem econômica e eficiente tão grande para as empresas que o estudo prevê que a contratação nesse modelo vai aumentar em 168% nos próximos 10 anos[33].

Nota-se que a ascenção da utilização dessa modalidade de prestação laboral não pode ser negada, resultando na necessidade de o Direito voltar seu olhar a ele, tutelando a massa de trabalhadores que será por ele abarcada.

Nesse cenário, o meio ambiente do trabalho se elastece em face de a prestação de serviços não se restringir às paredes da fábrica ou estabelecimento empresarial por força das inovações tecnológicas já citadas[34].

Assim, o legislador reformista alterou a CLT não apenas para incluir um conceito de teletrabalho no art. 75-A, mas também para estipular normativas sobre a nova modalidade de prestação de labor, de modo a trazer maior segurança para os empregadores que escolhem promover tal prestação de trabalho em suas atividades empresárias, além de promover proteção para os trabalhadores que se vem trabalhando sob novas regras.

Todavia, a nova legislação que passou a regular o teletrabalho no Brasil é demasiadamente simplista, uma vez que não consegue prever a resposta para impasses cotidianos[35], dentre os quais a questão da responsabilidade do empregador pela proteção e promoção do meio ambiente do trabalho sadio e equilibrado, uma vez que o teletrabalho é desempenhado fora das dependências do empregador.

Tal impasse é resultado de não haver normativa específica sobre quem deveria exercer o ato de compra de mobiliário, material de escritório e infraestrutura em geral para o que teletrabalho fosse exercido. Pelo contrário, o legislador

---

[30] FINCATO, Denise Pires. Acidente do trabalho e teletrabalho: novos desafios à dignidade do trabalhador. In *Direitos Fundamentais & Justiça*, São Paulo, n. 24. p. 147-173, jul./set. 2013. p. 148

[31] *Ibidem*, p. 148.

[32] CGI, Comitê gestor de Internet no Brasil. Pesquisa sobre o uso das tecnologias de informação e comunicação nas empresas brasileiras. In *CETIC*. Disponível em: <https://www.cetic.br/media/docs/publicacoes/2/TIC_Empresas_2014_livro_eletronico.pdf>. Acesso em: 19 mar. 2019.

[33] BREDA, Marcia. Future workforce report. In: *Adoro Home office*. Disponível em: <http://adorohomeoffice.com.br/2018/03/16/forca-de-trabalho-remoto-aumenta-24-em-um-ano/>. Acesso em: 20 mar. 2019.

[34] ROMITA, Arion Sayon. *Direitos fundamentais nas relações de trabalho*. 5 ed. São Paulo: LTr, 2014.

[35] MIZIARA, Raphael. A reforma sem acabamento: incompletude e insuficiência da normatização do teletrabalho no Brasil. In: *Revista de Direito do Trabalho*, Thonsom Reuters, vol. 189. p. 61 a 80, maio, 2018. p. 2.

reformista optou por dar liberdade para que as partes, por meio de contrato escrito, definam quem será responsável por tais aquisições, nos termos do art. 75-D da CLT:

> As disposições relativas à responsabilidade pela aquisição, manutenção ou fornecimento dos equipamentos tecnológicos e da infraestrutura necessária e adequada à prestação do trabalho remoto, bem como ao reembolso de despesas arcadas pelo empregado, serão previstas em contrato escrito[36].

Segundo Juliana Herek Valerio, "as primeiras vozes que se propuseram a comentar o art. 75-D da CLT afirmaram que, com a reforma, o empregador poderia transferir ao empregado o custo da manutenção do seu local de trabalho (energia elétrica, mobiliário, equipamentos eletrônicos da residência do trabalhador)"[37]. Todavia, de acordo com os princípios trabalhistas e normas protetivas labor-ambientais, esse não parece ser o melhor entendimento, devendo-se prezar por uma interpretação teleológica.

Nesse sentido, para Raphael Miziara, "não é essa a norma por detrás do texto legal"[38], o que se comprova pela escolha termológica do legislador, o qual previu a obrigatoriedade do "reembolso", ou seja, a aquisição pode ser feita pelo empregado, contudo nesse caso tal gasto deverá ser reembolsado:

> Com efeito, basta a leitura segmentada e da parte em destaque do *caput* do dispositivo, que assim determina: "as disposições relativas [...] ao reembolso de despesas arcadas pelo empregado, serão previstas em contrato escrito". O que se extrai do texto é que, obrigatoriamente, as disposições relativas ao reembolso deverão estar previstas em contrato escrito. O reembolso não é opção conferida ao empregador. Trata-se de imperativo: "serão"[39].

O referido entendimento encontra respaldo no princípio da alteridade o qual preconiza que os riscos da atividade econômica não pertencem ao empregado, mas sim ao empregador, que detém a livre-iniciativa e o direito de propriedade sobre os meios de produção. Nesse sentido, encontra-se o a *ratio decidendi* trazida no informativo n. 101 do TST, consistente na vedação, regra geral, da transmissão dos riscos dos negócios ao empregado, cabendo a este zelar pela infraestrutura do empreendimento.

Reforçando tal raciocínio, o Enunciado n. 70 da 2ª Jornada de Direito Material e Processual do Trabalho da Escola Nacional de Formação e Aperfeiçoamento de Magistrados do Trabalho (ENAMAT), exteriorizou o entendimento de que os custos com a estrutura necessária para o teletrabalho não devem ser relegado ao empregado:

> Teletrabalho. Custeio de equipamentos. O contrato de trabalho deve dispor sobre a estrutura e sobre a forma de reembolso de despesas do teletrabalho, mas não pode transferir para o empregado seus custos, que devem ser suportados exclusivamente pelo empregador. Interpretação sistemática dos artigos 75-D e 2º da CLT à luz dos artigos 1º, IV, 5º, XIII e 170 da Constituição da República e do artigo 21 da Convenção n. 155 da OIT[40].

Diante de tal raciocínio, no caso do teletrabalho, os trabalhadores não poderiam arcar com os investimentos na infraestrutura do novo local de prestação de serviços, ou seja, compra de mobiliário, modificações ergométricas dentre outros, pois caso eles o façam estarão arcando com os riscos do empreendimento, os quais, segundo o princípio da alteridade, devem ser suportados pelo empregador.

Ainda, prezando por uma interpretação sistemática das novas normativas relativas ao teletrabalho, de modo a não promover distinções injustas entre estes e os outros trabalhadores, é de suma relevância ressaltar o art. 157 da CLT cuja previsão encontra-se no sentido de responsabilizar as empresas pelo cumprimento e fiscalização da efetivação das normas de segurança e medicina do trabalho; além de terem o dever de "instruir os empregados, através de

---

(36) BRASIL. Decreto-lei n. 5.452, de 1º de maio de 1943. Aprova a Consolidação das Leis do Trabalho (CLT). *Diário Oficial da União*, Rio de Janeiro, 9 ago. 1943. Disponível em: <http://www.planalto.gov.br/ccivil_03/decreto-lei/Del5452.htm>. Acesso em: 10 dez. 2017.

(37) VALÉRIO, Juliana Herek. Reforma trabalhista: retrocesso em 20 pontos. In: *Jota*. 26 de abril de 2017. Disponível em: <https://jota.info/artigos/reforma-trabalhista-retrocesso-em-20-pontos-260 2017>. Acesso em: 11 abr. 2019.

(38) MIZIARA, Raphael. A reforma sem acabamento: incompletude e insuficiência da normatização do teletrabalho no Brasil. In: *Revista de Direito do Trabalho*, Thonsom Reuters, vol. 189. p. 61 a 80, maio, 2018. p. 2.

(39) *Ibidem*, p. 2.

(40) ENAMAT, Escola Nacional de Formação e Aperfeiçoamento de Magistrados do Trabalho. 2ª *Jornada de Direito Material e Processual do Trabalho*. Enunciado n. 70. Aglutinado 1 da Comissão 6.

ordens de serviço, quanto às precauções a tomar no sentido de evitar acidentes do trabalho ou doenças ocupacionais" dentre outros.

O art. 75-E da CLT acolheu a mesma lógica, ao prever o dever do empregador de zelar por um meio ambiente sadio para o trabalhador, mesmo que este esteja exercendo função em teletrabalho:

> O empregador deverá instruir os empregados, de maneira expressa e ostensiva, quanto às precauções a tomar a fim de evitar doenças e acidentes de trabalho[41].

O referido artigo encontra-se em harmonia com a doutrina internacional de proteção do meio ambiente do trabalho, como se constata das normas exteriorizadas pela OIT. Segundo a supracitada Organização Internacional, o compromisso com o trabalho descente redunda na necessidade de respeito ao valor social do trabalho, à dignidade humana, à integridade física e psíquica do trabalhador. Em adição, a Convenção n. 155 da Organização Internacional do Trabalho (OIT) explicita a lógica de adaptação do meio ambiente do trabalho às necessidades do trabalhador (art. 12)[42].

Merece destaque a previsão do princípio da melhoria contínua, insculpido pela Convenção n. 155 da OIT e acolhido pelo inc. XXII do art. 7º da CF, o qual preza pela constante evolução da proteção da saúde e segurança dos trabalhadores por meio da melhoria incessante do meio ambiente laboral.

Entretanto, não são apenas os aspectos estruturais e físicos que formam o meio ambiente do trabalho, mas também os aspectos organizacionais. Nesse sentido, encontram-se Guilherme Guimarães Feliciano[43], Ney Maranhão[44] e Victor Hugo de Almeida[45] os quais ressaltam que os aspectos organizacionais devem ser levados em consideração para que se promova um meio ambiente do trabalho salubre, uma vez que o poder hierárquico do empregador fornece a possibilidade deste impactar na relação entre empregado e meio ambiente do trabalho, além de redundar na determinação de horas que este trabalhador irá se relacionar com o meio ambiente laboral (duração do trabalho).

Nesse sentido, o empregador deve preocupar-se não apenas com o provimento de uma estrutura física satisfatória para a prestação laboral, mas também utilizar-se de seu poder diretivo para promover o respeito às normas de duração de trabalho, prevenção ao assédio moral, promoção do descanso, pois dessa forma, estar-se-á promovendo o respeito aos aspectos organizacionais do meio ambiente do trabalho, sem os quais, não há como obter um meio ambiente do trabalho salubre e equilibrado.

Tal obrigação é reafirmada no âmbito do teletrabalho quando o legislador, no art. 75-E estipulou como dever do empregador a instrução dos empregados, de maneira expressa e ostensiva, quanto às precauções a tomar a fim de evitar doenças e acidentes de trabalho[46].

Todavia, na contramão da doutrina da proteção juslaboral, o texto reformador, em seu art. 62, III, da CLT, excluiu os teletrabalhadores do regime de duração do trabalho previsto na CLT, apesar do regime de trabalho afetar diretamente a salubridade do meio ambiente do trabalho, uma vez que a duração do trabalho é decidida pelo empregador, em face de seu poder hierárquico e do próprio princípio da alteridade.

Apesar de alguns defenderem que o teletrabalho não poderia ser regulado a ponto de se estipular jornada de trabalho rígida e fiscalizada pelo empregador, tal argumento não possui razão uma vez que o próprio teletrabalho é possibilitado pelos meios telemáticos, os quais resultam em novas possibilidades de controle (como é o caso dos sistemas de *login* e *logoff*).

---

(41) BRASIL. Decreto-lei n. 5.452, de 1º de maio de 1943. Aprova a Consolidação das Leis do Trabalho (CLT). *Diário Oficial da União*, Rio de Janeiro, 9 ago. 1943. Disponível em: <http://www.planalto.gov.br/ccivil_03/decreto-lei/Del5452.htm>. Acesso em: 10 dez. 2017.

(42) OIT. *Convenção n. 155*. Genebra, 1981. Disponível em: <http://www.oitbrasil.org.br/node/504>. Acesso em: 7 jun. 2016.

(43) FELICIANO, Guilherme Guimarães. O meio ambiente do trabalho e a reponsabilidade civil patronal: reconhecendo a danosidade sistêmica. In: FELICIANO, Guilherme Guimarães; URIAS, João (Coord.). *Direito ambiental do trabalho*: apontamentos para uma teoria geral. São Paulo: LTr, 2013. v. 1.

(44) MARANHÃO, Ney. Meio ambiente do trabalho: descrição jurídico-conceitual. In: FELICIANO, Guilherme Guimarães; URIAS, João (Coord.). *Direito ambiental do trabalho*: apontamentos para uma teoria geral. São Paulo: LTr, 2017. v. 3. p. 28.

(45) ALMEIDA, Victor Hugo de. *Consumo e trabalho*: impactos no meio ambiente do trabalho e na saúde do trabalhador. 2013. 241 f. Tese (Doutorado em Direito) — Faculdade de Direito, Universidade de São Paulo, São Paulo, 2013. p. 13-14.

(46) BRASIL. Decreto-lei n. 5.452, de 1º de maio de 1943. Aprova a Consolidação das Leis do Trabalho (CLT). *Diário Oficial da União*, Rio de Janeiro, 9 ago. 1943. Disponível em: <http://www.planalto.gov.br/ccivil_03/decreto-lei/Del5452.htm>. Acesso em: 10 dez. 2017.

A própria redação do art. 6º da CLT foi alterada em 2011 de modo a abarcar as novas formas de subordinação jurídica[47], prevendo que "não se distingue entre o trabalho realizado no estabelecimento do empregador, o executado no domicílio do empregado e o realizado a distância, desde que estejam caracterizados os pressupostos da relação de emprego" e o seu parágrafo único: "Os meios telemáticos e informatizados de comando, controle e supervisão se equiparam, para fins de subordinação jurídica, aos meios pessoais e diretos de comando, controle e supervisão do trabalho alheio".

O referido artigo tem o condão de igualar o tratamento protetivo dedicado aos empregados que prestam seu serviço em âmbito de subordinação tradicional, dentro do estabelecimento do empregador e no meio ambiente proporcionado por ele, e as novas modalidades de empregados, que não se moldam às estruturas tradicionais, laborando fora do estabelecimento empregatício e consequentemente, entrando em contrato com novos meios de ambientes laborais.

Ao analisar as mudanças provenientes de tal dispositivo, Victor Hugo de Almeida (2016) chama atenção para a ampliação que o conceito de poder empregatício experimentou, uma vez que com as evoluções tecnológicas há mais formas de se controlar a prestação laboral:

> Dessa forma, para fins de controle e fiscalização, pouco importa se o empregador o faz na forma tradicional, através de controle e contato presencial, ou por meio da telemática, ensejando os mesmos resultados para a caracterização da subordinação jurídica. Se assim não fosse, a norma trabalhista deixaria à margem formas de trabalho realizadas a distância, bem como meios de registro de jornada inaugurados pela tecnologia, como o registro de ponto eletrônico e o biométrico[48].

Assim, haveria um conflito entre a igualdade promovida pelo art. 6º da CLT, que reconhece a existência de meios telemáticos que concretizam o controle da prestação empregatícia, possibilitando, inclusive, meios de registro de jornada, como o ponto eletrônico e o biométrico, e a redução protetiva inaugurada pelo art. 62, III, da CLT, ao afirmar que não se aplica controle de jornada aos teletrabalhadores.

Tal flexibilização nos direitos dos teletrabalhadores deve ser observada com cautela, diante da possibilidade de violação de seu direito fundamental ao lazer, ao descanso e à desconexão, uma vez que o trabalho exercido por meios telemáticos gera a possibilidade de o trabalhador estar em contato com seu serviço em qualquer local, em qualquer hora.

Nesse sentido, Priscilla Maria Santana Macedo e Rafael Marcílio Xerez (2016) afirmam que:

> Todo trabalhador tem direito ao descanso, ao lazer e à desvinculação do trabalho, direitos que visam garantir sua própria saúde, evitando o trabalho excessivo. O teletrabalho desafia este direito em decorrência do "vínculo virtual" existente entre empregador e trabalhador, que possibilita uma conexão contínua entre empregador e empregado.

> Essa "conexão permanente" decorrente do uso das tecnologias da informação no trabalho é denominada pela doutrina de "escravidão digital", no sentido de que, a falta de determinação de horário de jornada de trabalho, bem como a ausência de determinação sobre o período entre jornadas, gera confusão na divisão do tempo de trabalho e do tempo livre do trabalhador, podendo submetê-lo a jornadas exaustivas sem o devido momento de descanso, ocasionando até mesmo patologias físicas e mentais[49].

Nesse contexto, a *contra sensu* da norma insculpida no art. 62, III da CLT, o direito ao descanso deve ser priorizado como forma de garantir a dignidade humana, a qual só se concretiza por meio do livre desenvolvimento do homem em seu labor[50], em um meio ambiente do trabalho sadio, equilíbrio e hígido.

---

(47) ALMEIDA, Victor Hugo. Os impactos das novas tecnologias de informação e comunicação no direito e no processo do trabalho. In: *Pensar*, Fortaleza, v. 21, n. 2 p. 779-808, mai./ago. 2016. p. 785.

(48) ALMEIDA, Victor Hugo. Os impactos das novas tecnologias de informação e comunicação no direito e no processo do trabalho. In: *Pensar*, Fortaleza, v. 21, n. 2 p. 779-808, mai./ago. 2016. p. 785.

(49) MACEDO, Priscilla Maria Santana; XEREZ, Rafael Marcílio. A sociedade da informação e o teletrabalho: considerações sobre a jornada extraordinária de trabalho. In: *Revista do Direito do Trabalho e Meio Ambiente do Trabalho*. Brasília, v. 2, n. 1. p. 77-92, jan./jun. 2016. p. 87.

(50) CARDOSO, Jair Aparecido. O direito ao descanso como direito fundamental e como elemento de proteção ao direito existencial e ao meio ambiente do trabalho. In: *Revista de Informação Legislativa*. Brasília, ano 52, n. 207. jul./set. 2015. p. 14.

Resta a crítica de que tal exclusão do controle de jornada do arcabouço protetivo do teletrabalhador consiste afronta ao princípio da vedação ao retrocesso, uma vez que ao se prever normativas para regulamentar nova modalidade de prestação de serviço, como é o caso do teletrabalho, não se poderia promover retrocesso na proteção social já alcançada pelo trabalhador, ou promover distinções injustas entre estes.

Assim, entende-se que apesar de o teletrabalho gerar a dissociação entre local de prestação de trabalho e estabelecimento comercial, fábrica, ou sede empresarial, não houve a desobrigação do empregador em promover um meio ambiente de trabalho equilibrado e sadio, nele inclusos seus aspectos físicos, pessoais e organizacionais.

5 CONCLUSÃO

O meio ambiente do trabalho é o espaço onde o trabalhador exerce e desenvolve sua atividade laboral. Diante desse conceito amplo, o meio ambiente do trabalho pode ser qualquer local, desde que nele um indivíduo exerça seu trabalho.

No caso do teletrabalho, tal conceito pode ser ainda mais elastecido, tendo em vista que os meios telemáticos dão ao empregado liberdade de exercer sua função em diversos locais, até mesmo dentro de seu próprio domicílio.

Daí surge a preocupação com a promoção do meio ambiente sadio e equilibrado para o teletrabalhador, de modo a promover este direito constitucionalmente previsto. Para isso, indagou-se sobre a responsabilidade do empregador para concretizar tal direito.

Entendeu-se que o princípio da alteridade encontra-se no sentido de impossibilitar que o empregador relegue ao teletrabalhador os investimentos para a concretização de um meio ambiente do trabalho equilibrado e sadio, uma vez que os riscos da atividade econômica não pertencem ao empregado, mas sim ao empregador, que detém a livre-iniciativa e o direito de propriedade sobre os meios de produção. Nesse sentido encontra-se o informativo n. 101 do TST e os arts. 75-D e 75-E da CLT.

Ainda, no mesmo sentido, encontram-se as normativas internacionais, dentre as quais vale citar a Convenção n. 155 da Organização Internacional do Trabalho (OIT) e o princípio da melhoria contínua; e as normativas nacionais, como o inc. XXII do art. 7º da CF e o art. 157 da CLT.

Em adição, levando-se em conta que o direito ao trabalho e a dignidade humana configuram fundamentos da República Federativa do Brasil (art. 1º, CF), todo o trabalhador brasileiro tem o direito de exercer seu trabalho livre de riscos à sua integridade física e psicológica. Assim, o direito ao meio ambiente laboral salubre e seguro estende-se a todos os trabalhadores, em todas as relações de trabalho e não somente aos empregados que exercem suas funções no estabelecimento do empregador, sendo primordial que o arcabouço jurídico de proteção alcance os diversos trabalhadores que exercem suas funções nos mais variados locais, sem distinções injustas entre eles.

6 REFERÊNCIAS

ALMEIDA, Victor Hugo de. *Consumo e trabalho*: impactos no meio ambiente do trabalho e na saúde do trabalhador. 2013. 241 f. Tese (Doutorado em Direito) — Faculdade de Direito, Universidade de São Paulo, São Paulo, 2013.

_____ ; COSTA, Aline Moreira da; GONÇALVES, Leandro Krebs. Meio ambiente do trabalho e proteção jurídica do trabalhador: (re)significando paradigmas sob a perspectiva constitucional. In: FELICIANO, Guilherme Guimarães; URIAS, João. (Org.). *Direito ambiental do trabalho*: apontamentos para uma teoria geral. São Paulo: LTr, 2013. v. 1.

_____ . Os impactos das novas tecnologias de informação e comunicação no direito e no processo do trabalho. In: *Pensar*, Fortaleza, v. 21, n. 2 p. 779-808, maio/ago. 2016.

BARROS, Alice Monteiro de. *Curso de Direito do Trabalho*. 9. ed. São Paulo: LTr, 2013.

BRAMANTE, Ivani Contini. Teletrabalho: teledireção, telessubordinação e teledisposição. *Revista LTr*: Legislação do Trabalho, São Paulo, v. 76, n. 4, p. 391-412, abr. 2012.

BRANDÃO, Felipe Gondim. O direito à redução dos riscos no meio ambiente do trabalho na perspectiva constitucional. In: BRANDÃO, Cláudio. *Os direitos fundamentais, o direito e o processo do trabalho*. Salvador: JusPodvim, 2010.

BRASIL. Decreto-lei n. 5.452, de 1º de maio de 1943. Aprova a Consolidação das Leis do Trabalho (CLT). *Diário Oficial da União*, Rio de Janeiro, 9 ago. 1943. Disponível em: <http://www.planalto.gov.br/ccivil_03/decreto-lei/Del5452.htm>. Acesso em: 10 dez. 2017.

_____ . Constituição da República Federativa do Brasil. *Diário Oficial da União*, Brasília, DF, 5 out. 1988. Anexo. Disponível em: <http://www.planalto.gov.br/ccivil_03/constituicao/ConstituicaoCompilado.htm>. Acesso em: 26 jul. 2017.

BREDA, Marcia. Future workforce report. In: *Adoro Home office*. Disponível em: <http://adorohomeoffice.com.br/2018/03/16/forca-de-trabalho-remoto-aumenta-24-em-um-ano/>. Acesso em: 20 mar. 2019.

CARDOSO, Jair Aparecido. O direito ao descanso como direito fundamental e como elemento de proteção ao direito existencial e ao meio ambiente do trabalho. In: *Revista de Informação Legislativa*. Brasília, ano 52, n. 207. Jul-set, 2015.

CGI, Comitê Gestor de Internet no Brasil. Pesquisa sobre o uso das tecnologias de informação e comunicação nas empresas brasileiras. In: *CETIC*. Disponível em: <https://www.cetic.br/media/docs/publicacoes/2/TIC_Empresas_2014_livro_eletronico.pdf>. Acesso em: 19 mar. 2019.

ESTRADA Manuel Martín Pino. Teletrabalho: conceitos e a sua classificação em face aos avanços tecnológicos. In: COLNAGO, Lorena de Mello Rezende; CHAVES JUNIOR, José Eduardo de Resende; ESTRADA, Manuel Martín Pino (Coord.). *Teletrabalho*. São Paulo: LTr, 2017.

FELICIANO, Guilherme Guimarães. O meio ambiente do trabalho e a reponsabilidade civil patronal: reconhecendo a danosidade sistêmica. In: FELICIANO, Guilherme Guimarães; URIAS, João (Coord.). Direito ambiental do trabalho: apontamentos para uma teoria geral. São Paulo: LTr, 2013. v. 1.

_____ . Meio ambiente do trabalho: aspectos gerais e propedêuticos. *Revista do Tribunal Regional do Trabalho da 15ª Região*, Campinas, n. 20, p. 160-203, set. 2002.

FINCATO, Denise Pires. Acidente do trabalho e teletrabalho: novos desafios à dignidade do trabalhador. In: *Direitos Fundamentais & Justiça*, São Paulo, n. 24, p. 147-173, jul./set. 2013.

GORZ, André. *O imaterial:* conhecimento, valor e capital. São Paulo: Annablume, 2005.

INSTITUTO DELETE. Uso constante da tecnologia afeta a saúde do trabalhador. In: *FITAPR*. Disponível em: <https://ftiapr.org.br/o-uso-constante-da-tecnologia-afeta-a-saude-do-trabalhador/>. Acesso em: 07 mar. 2019.

LUÑO, Antônio Enrique Péres. *Los derechos humanos en la sociedad tecnológica*. Editora Castellano, 2012.

MACEDO, Priscilla Maria Santana; XEREZ, Rafael Marcílio. A sociedade da informação e o teletrabalho: considerações sobre a jornada extraordinária de trabalho. In: *Revista do Direito do Trabalho e Meio Ambiente do Trabalho*. Brasília, v. 2, n. 1, p. 77-92, jan./jun. 2016.

MANYIKA, James; LUND, Susan; CHUI, Michael; BUGHIN, Jaques; WOWTZEL, Jonathan; BATRA, Parul; KO, Ryan; SANGHVI, Saurabh; Jobs lost, jobs gained: What the future of work will mean for jobs, skills, and wages. In: *mckinsey & Company*. Disponível em: <https://www.mckinsey.com/featured-insights/future-of-work/jobs-lost-jobs-gained-what-the-future-of-work-will-mean-for-jobs-skills-and-wages#part%202>. Acesso em: 19 março 2019.

MARANHÃO, Ney. Meio ambiente do trabalho: descrição jurídico-conceitual. In: FELICIANO, Guilherme Guimarães; URIAS, João (Coord.). *Direito ambiental do trabalho*: apontamentos para uma teoria geral. São Paulo: LTr, 2017. v. 3.

MASI. Domenico de. *O ócio criativo*. Rio de Janeiro: Sextante, 2000.

MELO, Raimundo Simão. *Direito ambiental do trabalho e saúde do trabalhador*. 5. ed. São Paulo: LTr, 2013.

MIZIARA, Raphael. A reforma sem acabamento: incompletude e insuficiência da normatização do teletrabalho no Brasil. In: *Revista de Direito do Trabalho*, Thonsom Feuters, vol. 189, p. 61 a 80, maio, 2018.

NASCIMENTO, Amauri Mascaro. Curso de direito do trabalho. 33. ed. São Paulo: LTr, 2018, p. 491.

OIT, Organização Internacional do Trabalho. *Convenção n. 155*. Genebra, 1981. Disponível em: <http://www.oitbrasil.org.br/node/504>. Acesso em: 7 jun. 2016.

_____ . Trabalho Descente. In: *Organização Internacional do Trabalho*. Disponível em: <https://www.ilo.org/brasilia/temas/trabalho-decente/lang--pt/index.htm> . Acesso em: 06 mar. 2019

_____ . Relatório da Organização do Trabalho sobre o futuro do trabalho. In: *Organização Internacional do Trabalho*. Disponível em: <https://www.ilo.org/lisbon/reuni%C3%B5es-e-eventos/WCMS_672599/lang--pt/index.htm>;<https://www.ilo.org/wcmsp5/groups/public/---americas/---ro-lima/---ilo brasilia/documents/publication/wcms_626908.pdf>. Acesso em: 07 mar. 2019.

_____ . Organização Internacional do Trabalho faz um alerta da precarização do trabalho a nível mundial. In: *Fundação única dos Petroleiros (FUP)*. Disponível em: <https://www.fup.org.br/ultimas-noticias/item/23702-oit-alerta-para-precarizacao-do-emprego-em-nivel-mundial>. Acesso em: 08 mar. 2019.

_____ . Workplace stress: a collective challenge. In: *Organização Internacional do Trabalho*. Disponível em: <https://www.ilo.org/safework/info/publications/WCMS_466547/lang--en/index.htm>. Acesso em: 08 mar. de 2019.

ROMITA, Arion Sayon. *Direitos fundamentais nas relações de trabalho*. 5. ed. São Paulo: LTr, 2014.

SENNETT, Richard. *A corrosão do caráter: consequências pessoais do trabalho no novo capitalismo. Tradução de Marcos Santaritta.* 14. ed. Rio de Janeiro: Record, 2009.

SILVA, Guilherme Oliveira Castanho da. *O meio ambiente do trabalho e o princípio da dignidade da pessoa humana*. Disponível em: <http://www.egov.ufsc.br/portal/sites/default/files/anexos/32202-38307-1-PB.pdf>. Acesso em: 06 mar. 2019.

SILVA, José Afonso. *Direito ambiental constitucional*. 7. ed. São Paulo: Malheiros, 2013.

VALÉRIO, Juliana Herek. Reforma trabalhista: retrocesso em 20 pontos. In: *Jota*. 26 de abril de 2017. Disponível em: <https://jota.info/artigos/reforma-trabalhista-retrocesso-em-20-pontos-26042017>. Acesso em: 11 abr. 2019.

VIANA, Márcio Túlio. 70 anos de CLT (LGL\1943\5): uma análise voltada para os estudantes e os que não militam na área trabalhista. In: *Revista de Direito UFMG*. Disponível em: <www.direito.ufmg.br/revista/index.php/revista/article/view/P.0304-2340.2013v63p647>. Acesso em: 06 mar. 2019.

MEIO AMBIENTE DO TRABALHO E O ART. 611-A, III, DA CLT, ALGUMAS CONSIDERAÇÕES

Francisco Alberto da Motta Peixoto Giordani[(*)]

O propósito destas singelas linhas é o de ver se o quanto disposto no art. 611-A, em seu inciso III, com a redação dada pela Reforma Trabalhista, como ficou conhecida a Lei n. 13.467/17, se harmoniza ou não, com o meio ambiente do trabalho equilibrado, e se pode ou não ser objeto de regulamentação por norma coletiva, sobrepondo-se aos limites fixados por lei.

A questão não é fácil, seja pela sua própria complexidade, seja pela divisão que a Lei n. 13.467/17 provocou na comunidade jurídica (apoiada, conforme a posição adotada, por outros setores da sociedade), uns defendendo sua ampla e irrestrita aplicação, não aceitando argumentos contrários e reagindo, uns com palavras mais moderadas, alguns de forma incisiva, outros criticando as alterações que trouxe/traz em seu bojo, criticando também alguns as posições contrárias, de forma mais moderada, outros de forma mais incisiva, o que afasta, quase impossibilitando, em inúmeras situações, um exame mais sereno, aumentando as dificuldades de que se "encaixe", numa linguagem futebolística, suas disposições, no "time" do ordenamento jurídico pátrio, "jogando junto" com o direito do trabalho e seus fins, sem olvidar, claro está, do "capitão" do time: A Constituição da República!

De todo modo, procurando me posicionar e sempre respeitando as posições contrárias (necessárias à evolução do direito), mesmo porque, como já se disse, em direito não há, exatamente, certo e errado, mas adequado e inadequado, certamente com as vistas voltadas a uma sociedade concreta, específica e determinada, de acordo com sua realidade, dificuldades, estágio de evolução e tantos outros fatores, estou em que, designadamente, no que toca à prevalência do negociado sobre o legislado, cuida-se de um objetivo a ser perseguido, mas não creio tenha já chegado o momento certo para autorizá-lo, ao menos para alguns temas, sem antes ser precedido por uma reforma na estrutura sindical brasileira, além do que, temas existem para cuja disciplina é difícil imaginar seja feita só pelos envolvidos, porquanto, na esfera trabalhista, sempre haverá uma maior vulnerabilidade do trabalhador, no plano individual, a qual, no estágio atual das sociedades, de uma maneira geral, logo, não só entre nós, mas acentuadamente em nosso país, repercute no plano coletivo, ou alguém diria que os sindicatos hoje podem negociar, já não digo de igual para igual, o que tradi-

---

(*) Desembargador Federal do Trabalho do Tribunal Regional do Trabalho da 15ª Região, e membro da Academia Nacional de Direito Desportivo.

cional e historicamente não é o que se viu, como regra, mas com um mínimo de força para se fazer ouvir? Não estão acentuadamente mais fragilizados, hodiernamente, do que estavam há anos passados — e não tantos assim?

A natureza não dá saltos: há preparar, dar condições e garantias para que o negociado prevaleça sobre o legislado! Soluções "mandrake", não parecem ser as que, com justiça (repiso: com justiça) resolverão os problemas, no particular!

Ora, se é assim, permitir que prevaleça o negociado sobre o legislado, em todos os temas disciplinados no art. 611-A, da CLT, poderá fazer com que direitos fundamentais dos trabalhadores venham a ser desrespeitados, desde logo e para ser objetivo, o direito fundamental ao meio ambiente do trabalho equilibrado e a saúde e segurança do trabalhador, quanto ao que, diga-se sem maiores delongas, o Estado tem grande e intensa responsabilidade, partindo do pressuposto de que a proteção dos mais vulneráveis lhe incumbe e dela não há se esquivar! Ou admitir-se-á o contrário, tendo-se sob as vistas a nossa Constituição da República?

Dá-nos interessante medida dessa responsabilidade o Prof. José João Abrantes, quando, ao cuidar das relações entre a liberdade individual e os poderes privados, em observação de rodapé, adverte que:

> "*numa sociedade fracturada em interesses antagónicos e em que ao Estado compete, não apenas respeitar a liberdade de cada um, mas também garantir a sua efectivação, cada vez mais ameaçada por obstáculos económicos e sociais que limitando de facto a liberdade e igualdade dos cidadãos e impedem o pleno desenvolvimento da pessoa humana.*
>
> *O Estado democrático não pode, de facto, ignorar os fortes poderes económicos e sociais existentes na sociedade civil, que, representando uma ameaça permanente para essa liberdade, tornam imperiosa a sua intervenção. A defesa dos mais fracos, dos que não têm voz, é uma das funções principais desse Estado".* [1]

Vale mencionar, ademais, que nem se afina com o sistema constitucional pátrio esse afastamento do Estado, como já se salientou: "*O nosso sistema constitucional não consagra a ideia de um Estado que se abstém da tutela e da intervenção para a garantia da observância a direitos fundamentais, ao contrário, apresenta um Estado voltado ao bem--estar social. Assim, a premissa é de que a omissão Estatal viola a ordem constitucional pois torna-se impensável hoje um retorno ao modelo de Estado Abstenseísta (Bastos, 1994, p. 68). Nessa perspectiva o Estado tem total responsabilidade no processo de consolidação da cidadania*"[2]

Às vezes, a impressão que fica é a de que, no afã de ver as empresas instaladas em território nacional progredirem — o que é natural e legítimo —, se olvida do elemento humano, da pessoa humana que trabalha na condição de empregado, se obnubilando mesmo da centralidade conferida pela nossa Lei Maior ao trabalho, o que, conquanto lamentável ocorra quanto a alguns profissionais de outras áreas, é sucesso que, absolutamente, não deve se verificar no que aos operadores do direito toca, ou como superiormente dito pelo insigne Pedro Romano Martinez[3]:

> "*Por vezes, a dimensão humana é esquecida e encontram-se economistas que, com respeito a uma fábrica com 1.000 trabalhadores, contabilizam como existindo 1.000 unidades de produção na dita fábrica, mas para um jurista os referidos trabalhadores são pessoas*".

Ainda no que diz com a centralidade do trabalho, de observar que, embora de uma maneira geral, isso seja condenável, quando diz respeito à vida de um ser humano, aqui e designadamente, também como já dito, do ser humano que trabalha na condição de empregado, não há espaço para tentar se criar/"fabricar" uma realidade, que pode vir a existir, e será bom se realmente vier a existir, mas ainda não existe, por falta de condições para tanto, as quais, portanto, devem ser, antes do mais, "plantadas"/propiciadas para, só depois então, quando já alterado/preparado/tornado fértil o ambiente/quadro, se promover alteração na legislação, já então conforme a essa nova realidade, pena de se agravar, desmedidamente, a situação desse ser humano, o que, consoante a autorizada visão de Raimundo Faoro, um dos bri-

---

(1) ABRANTES, José João. *Direitos Fundamentais da Pessoa Humana no Trabalho*. São Paulo: Almedina, 2014. p. 09/10.

(2) CASARTELLI, Mônica de Oliveira. A Proposta de Superação da Crise Econômica por Meio da Flexibilização da Legislação Trabalhista Via negociação Coletiva, *Revista do Tribunal Regional do Trabalho da 4ª Região*, n. 44, 2016. p. 70.

(3) MARTINEZ, Pedro Romano. O Novo Código de Processo do Trabalho uma Reforma necessária. *Estudos do Instituto de Direito do Trabalho*, vol. VI, São Paulo: Almedina, p. 16.

lhantes Presidentes que teve a CAB-Brasil, essa instituição tão relevante para a história nacional, era uma prática que os portugueses trouxeram para o Brasil, como refere a socióloga Mériti de Souza, *verbis*[4]:

> *"Segundo Raimundo Faoro (1976), uma das práticas características da sociedade portuguesa foi transplantada para o Brasil Império e mesmo para o Brasil República: **'a criação da realidade pela lei, pelo regulamento'**. Ele cita, como exemplo, a criação de vilas, efetuada pela organização administrativa, para só mais tarde contemplar a chegada das populações. A organização política e administrativa das vilas é anterior ao seu próprio estabelecimento e, consequentemente, anterior a sua organização social".*

Designadamente, quanto a possibilidade que o legislador pretendeu abrir/abriu, por meio do citado art. 611-A, em seu inciso III, de ser ajustada a duração do intervalo para alimentação em 0:30 minutos, via instrumento coletivo, diversos pontos hão de ser, antes do mais, resolvidos, para que se infira dessa possibilidade, ou não, por se harmonizar, ou não, ao que dispõe nossa Carta Política, e o que projetou para a pessoa, quanto à sua vida, dignidade, saúde, trabalho, sobre o meio ambiente do trabalho equilibrado, entre outros aspectos; levantarei, aqui, alguns deles, sem qualquer pretensão de referir a todos, mas apenas "agitar" o debate, tão necessário, quando de uma vida humana se cuide, ainda mais se se tiver sob as vistas o que disse a preclara Milena Silva Rouxinol, no sentido de que:

> *"Com tanto de real como de avassalador, os dados estatísticos relativos aos acidentes de trabalho, doenças profissionais e respectivas consequências, nomeadamente mortais, não podem deixar de ver-se como o mais gritante dos estímulos a um olhar atento sobre as condições em que, ainda hoje, se desenvolve o trabalho. 'O trabalho mata mais do que as guerras' — pode ler-se numa recente publicação conjunta da OIT e da (então ainda) IGT"*[5].

Por óbvio, não se deve, não se pode, colocar todas as empresas, indiscriminadamente, nessa vala comum, claro que não!, pois não se desconhece o esforço desenvolvido, por um sem-número delas, em número felizmente cada vez mais crescente, para propiciar boas e adequadas condições de trabalho para seus empregados, mas se o problema existe — e existe! —, enquanto não for de vez solucionado/extirpado, há preocupar o devotado operador do direito do trabalho.

Para bem situar a questão, de mencionar reportagem recentemente[6] publicada por revista especializada em Recursos Humanos, com o título "Causa Mortis: Trabalho", na qual especialistas foram ouvidos, sendo que nas linhas abaixo seguem alguns excertos

> *"As pessoas estão morrendo por um salário. Essa é a conclusão do professor de comportamento organizacional da Universidade Stanford, nos Estados Unidos, e um dos maiores especialistas em gestão do mundo, Jeffrey Pfeffer. Sua estimativa é que o emprego acabe com a vida de 120.000 pessoas por ano apenas naquele país [...] 'A má notícia é que o trabalho está matando', disse Jeffrey a VOCÊ RH. 'E ninguém realmente se importa", e mais adiante, citando outro profissional, consta dessa publicação: "As pessoas, acredita Sigmar Malvezzi, professor de psicologia da Universidade de São Paulo, têm dificuldade de se adaptar a um ritmo tão intenso. 'Os eventos acontecem numa velocidade alta e a competitividade é grande.' Essas condições roubam o ser humano dele mesmo, a fim de colocá-lo a serviço de outros [...] 'O que se observa é que os projetos de vida são pequenos', afirma Sigmar. 'A gente vive uma situação de desumanização", e prossegue a reportagem: "Contudo, outra parte é sequela da cultura corporativa instalada nos últimos anos. 'Falamos 'reter', 'pipeline', 'selecionar', uma linguagem na qual as pessoas são tratadas como um recurso a explorar', diz Marcelo Cardoso, ex-CEO do Hopi-Hari e hoje presidente da Chie, consultoria especializada em transformação organizacional' [...] Fora ou dentro do mundo empresarial, os humanos se transformaram em meras engrenagens"*[7][8].

---

(4) SOUZA, Mériti de. A Experiência da Lei e a Lei da Experiência. *Revan/Fapesp*, 1999. p. 35.

(5) ROUXINOL, Milena Silva. *A Obrigação de Segurança e Saúde do Empregador*. Coimbra: Coimbra Editora, 2008. p. 13.

(6) Considerando a data de elaboração deste singelo artigo.

(7) *Revista VOCÊ RH*, p. 22.

(8) De observar, com apreensão e tristeza, que o grande sociólogo Boaventura de Sousa Santos, já referiu a um "processo de desumanização atualmente em curso", o que indica que essa visão já atinge o olhar de reconhecidos profissionais. SANTOS, Boaventura de Sousa. *Portugal — Ensaio contra a Autoflagelação*. São Paulo: Cortez Editora, 2011. p. 126.

Já me desculpando, tendo em vista a importância da reportagem para o tema aqui abordado, peço licença para trazer mais um trecho, pela grande contribuição que pode dar, para melhor e mais lucidamente encaminhar o raciocínio que vem e continuará sendo desenvolvido:

"A rotina extenuante, o excesso de cobrança, a escassez de recursos são a combinação perfeita para a instalação de doenças crônicas (como diabetes, hipertensão e problemas cardiovasculares), que representam três quartos dos gastos em saúde nos Estados Unidos. Para Jeffrey Pfeffer, esses males estão intimamente relacionados ao estilo de vida e à higiene mental dos indivíduos — duas coisas impactadas pelo trabalho. 'Se você abusa de um equipamento e faz com que o custo da manutenção seja alto, você é demitido. Mas se abusa de alguém, causando desgaste, ninguém parece prestar atenção', diz o professor, ao concluir que as empresas são o mal, e não a vítima, da famosa inflação médica", e falando do que isso representa, em custos para as empresas, especificamente entre nós: "No Brasil, segundo Alberto Ogata, conselheiro de gestão da Associação Brasileira de Qualidade de Vida (ABQV), essa perda poderia representar 6% da folha de pagamentos das organizações só no aumento de taxas de seguro de saúde. Além dos gastos, funcionários adoentados e estressados pioram índices que os líderes de recursos humanos adoram medir, como os de rotatividade e de produtividade [...] Um determinante na saúde das pessoas é o nível de controle de seus afazeres — o que Jeffrey chama de job control. Em sua análise, ele diz que, assim como o fumo é um fator importante para predizer o risco de doenças cardíacas, a autonomia sobre horários e local de trabalho e a clareza nas responsabilidades seriam tão ou mais relevantes para avaliar o nível toxicológico de um emprego.

Nem sempre o controle é explícito. Longos períodos de deslocamento, jornadas extensas, mudanças constantes e pressão por resultado também geram a impressão de comando"[9].

Renovando minhas escusas pela transcrição, longa em certa medida, justifico-me, como disse acima, pela sua relevância ao tema ora em foco, pelo alargado ângulo de visão que propicia, desvendando aspectos do mundo do trabalho e o que o trabalho, como exercido hodiernamente, pode fazer, se não houver cuidado, com a saúde de um sem--número de pessoas, a começar pelos Estados Unidos, a maior potência e o País mais desenvolvido do orbe, além de muito bonito e espetacular, o que se agrava, em muito, quando se tem sob as vistas a realidade do nosso Brasil, fatores esses que devem ser, necessariamente, considerados quando se aborda a questão da prevalência do negociado sobre o legislado, atento a que, como já mencionado nas linhas transatas, a vida, a saúde, a dignidade e o trabalho ocupam postos cimeiros na arquitetura constitucional pátria; e vale colocar o acento tônico no fato de que essa reportagem não foi feita com base na visão e na palavra de trabalhadores ou de dirigentes sindicais, mas sim de profissionais em gestão de pessoas, o que lhe confere um sabor técnico e de reprodução da realidade muito acentuado! Fique claro que não estou, com isso, asseverando que os trabalhadores e seus dirigentes sindicais não fossem/sejam técnicos e/ou não reproduzam bem a realidade ao tratar desses assuntos, de forma alguma, até porque o "sentir na pele", o viver esse mundo de perto, estar "envolto" nele e por ele, certamente torna indispensável e muito valioso, insubstituível mesmo, seu olhar e sua descrição, sobre o que se passa no cotidiano do seu mourejar, estou, apenas, acentuando que, esse argumento, com os quais alguns "interessados" poderiam tentar esgrimir, com o escopo de fazer soçobrar o asseverado pelos profissionais citados na reportagem, não empolgaria/empolga, por balofo! E sem dúvida, tudo isso diz, também — e muito! — com o intervalo intrajornada de trinta minutos, facultado pelo art. 611-A, III, do Diploma Consolidado, e diz muito, como salientei, porque diretamente relacionado com o meio ambiente do trabalho adequado.

Com efeito, pois, como já bem exposto por renomados estudiosos, aquando da divisão de aspectos que envolvem o meio ambiente do trabalho:

"Por fim, os aspectos organizacionais também integram os fatores ambientais do meio ambiente do trabalho, consistindo nos recursos alocados dentro da organização, a serviço dos objetivos institucionais, os quais influenciam, inclusive, na satisfação individual e coletiva dos trabalhadores no âmbito do trabalho e das relações interpessoais no contexto laboral englobam, por exemplo, estrutura organizacional (procedimentos), cultura organizacional, regulamento da empresa, estrutura hierárquica, jornada de trabalho, intervalos/pausas, instrumentos de controle disciplinar e de avaliação, entre outros"[10].

---

(9) *Revista VOCÊ RH*, p. 23/24.

(10) COSTA, Aline Moreira da; ALMEIDA, Victor Hugo de. *Meio Ambiente do Trabalho:* uma abordagem propedêutica (coord.) Guilherme Guimarães Feliciano, João Urias e Ney Maranhão, Direito Ambiental do Trabalho — Apontamentos para uma Teoria Geral, vol. 3, São Paulo: LTr, 2017. p. 58.

Atento aos ensinamentos que se vem de referir, a conclusão primeira que se impõe é a de que não é correto/saudável, permitir que a duração do trabalho fique tão amplamente aos "cuidados" patronais, pois a preocupação com o "incremento" da produção, na luta pela sobrevivência, (que, conquanto natural e justificada, pode fazer com que se esqueça/atropele direitos —fundamentais — dos trabalhadores), num mercado tão duramente competitivo, pode levar a que se relegue a um segundo (ou terceiro, quarto, quinto ou sabe-se lá para onde) as preocupações com a vida, dignidade e saúde dos empregados, ou como superiormente já asseverado[11]: "*a duração de trabalho não pode figurar como mero instrumento de gestão nas mãos dos empregadores para perseguir vantagens econômicas, pois diz respeito diretamente com a dignidade dos trabalhadores*", mesmo porque, "*A flexibilização e aumento das jornadas de trabalho, inclusive sem proteção sindical e do Estado, sem dúvida colocam em risco a saúde dos trabalhadores não somente no tocante às doenças, mas também em relação aos acidentes de trabalho típicos que na sua maioria têm a ver com o excesso da jornada de trabalho*"[12], por isso, de seguir o irreprochável ensinamento de Guilherme José Purvin de Figueiredo, de que: "*Impõe-se, portanto, afastar qualquer concepção de saúde e segurança do trabalhador como meros apêndices do Direito Individual do Trabalho, tópicos negociáveis em contratos de emprego*"[13][14].

Permito-me acrescentar, quanto a última lição acima reproduzida, não apenas quanto aos contratos individuais de trabalho, mas também no que tange aos instrumentos coletivos de trabalho, o que, creio, não foi incluído pelo renomado autor, porque não era uma possibilidade a ser considerada à época em que cuidou do tema, uma vez que aberta a partir da Lei n. 13.467/17, com a inclusão do art. 611-A, inciso III, no Diploma Consolidado.

Chegando a essa altura, reafirmo, como já fiz anteriormente, em outro singelo trabalho[15], que o contrato de trabalho é um contrato existencial, asserto feito com base na doutrina do eminente lente Antonio Junqueira Azevedo, que assim expressamente o considerou e apresentou à comunidade jurídica, como ele próprio disse, uma "nova dicotomia contratual", sendo seu ensinamento, no particular, que:

> "*Por contrato empresarial há de se entender o contrato entre pessoas físicas ou jurídicas, ou, ainda, o contrato entre um empresário e um não-empresário que, porém, naquele contrato, visa obter lucro. O contrato existencial, por sua vez, é aquele entre pessoas não-empresárias ou, como é frequente em que somente uma parte é não-empresária, desde que esta naturalmente não pretenda transferir, com intuito de lucro, os efeitos do contrato para terceiros. O critério de distinção é exclusivamente subjetivo, se possível, ou, se não, subjetivo-objetivo. São existenciais, por exemplo, todos os contratos de consumo (o consumidor é o destinatário final das vantagens contratuais ou não visa obter lucro), o contrato de trabalho, o de aquisição da casa própria, o de locação da casa própria, o de conta corrente bancária e assim por diante*"[16].

Em outro momento, ao ensejo de uma entrevista, o Mestre Antonio Junqueira de Azevedo dilucidou[17]: "*[...] estou propugnando por uma nova dicotomia contratual — contratos existenciais e contratos de lucro, a dicotomia do século XXI — porque essas categorias contratuais não devem ser tratadas de maneira idêntica na vida prática. Os contratos existenciais tem basicamente como uma das partes, ou ambas, as pessoas naturais; estas estão visando a subsistência. Por equiparação, podemos incluir nesse tipo de contrato, as pessoas jurídicas sem fins lucrativos. Ora, as pessoas naturais não são 'descartáveis' e os juízes têm de atender às suas necessidades fundamentais; é preciso respeitar o direito à vida,*

---

(11) PEREIRA, Ricardo José Macêdo de Britto. *Saúde, Higiene e Segurança no Trabalho no Contexto do Trabalho Digno*: a Fragmentação do Meio Ambiente de Trabalho Operada pela Reforma Trabalhista (orgs.) Élisson Miessa e Henrique Correia, *A Reforma Trabalhista e Seus Impactos*. São Paulo: JusPodivm, 2018. p. 413.

(12) MELO, Raimundo Simão de; MELO, Guilherme Aparecido Bassi de. *Impactos da Reforma Trabalhista sobre a Saúde dos Trabalhadores no Tocante à Jornada de Trabalho* (orgs.) Élisson Miessa e Henrique Correia, *A Reforma Trabalhista e Seus Impactos*. São Paulo: Editora JusPodivm, 2018. p. 341.

(13) FIGUEIREDO, Guilherme José Purvin. *Direito Ambiental e a Saúde dos Trabalhadores*. 2. ed. São Paulo: LTr, p. 176.

(14) Importante/necessário/preocupante e triste notar, quanto ao que à duração do trabalho toca, hodiernamente, enquanto milhões de pessoas trabalham em excesso, outras tantas ou estão desempregadas ou labutando de forma precarizada, o que coloca em dúvida muitas das "justificativas" apresentadas para o desemprego, nesse sentido Pietro Basso observou: "Ao mesmo tempo, também analiso o caráter radicalmente antissocial, irracional, da sobrecarga de trabalho imposta a centenas de milhões de assalariados e assalariadas, enquanto muitos outros, homens e mulheres, são forçados, contra sua vontade e suas expectativas, ao desemprego ou a sobreviver mal em qualquer empreguinho precário e ocasional". BASSO, Pietro. *Tempos Modernos Jornadas Antigas — Vidas de trabalho no início do século XXI*. Campinas: Unicamp, 2018. p. 11.

(15) Quando e ao discorrer sobre esse ponto específico, me valerei de estudo que fiz, intitulado "Contratos de Trabalho (Contratos Existenciais) e a Negociação Coletiva após a Lei n. 13.467/2017, publicado pela *Revista LTr* n. 82-10/1187/1202 e também pela *Revista do Tribunal Superior do Trabalho*, volume 84, n. 4, out/dez 2018, p. 116/150.

(16) AZEVEDO, Antonio Junqueira de. *Novos Estudos e Pareceres de Direito Privado*. São Paulo: Saraiva, 2009. p. 186.

(17) "Antonio Junqueira de Azevedo, entrevista concedida à Revista Trimestral de Direito Civil, volume 09, n. 34, páginas 299/308, abril-junho/2008, apud Ruy Rosado de Aguiar Júnior, "Contratos relacionais, existenciais e de lucro", *Revista Trimestral de Direito Civil — RTDC*, ano 12, volume 45, janeiro/março de 2011, p. 91.

à integridade física, à saúde, a habitação etc. de forma que as cláusulas contratuais que prejudiquem esses bens podem ser desconsideradas. Já os contratos de lucro são aqueles entre empresas ou entre profissionais e, inversamente, se essas entidades ou pessoas são incompetentes, devem ser expulsas 'descartadas', do mercado ou da vida profissional. No caso desses contratos de lucro, a interferência dos juízes perturba o funcionamento do mercado ou o exercício das profissões; o princípio pacta sunt servanda tem que ter aí maior força".

Como é bem de ver, desses valiosos ensinamentos se extrai que tendo em vista seus fins, que dizem com uma existência digna, com o direito à vida, à saúde, os contratos existenciais são merecedores (rectius: merecem efetivamente e não apenas "na vontade"/no discurso!), de uma atenção diferenciada da dispensada aos contratos de lucro, de modo que não se pode aceitar disposições que acarretem riscos e/ou possam magoar os direitos apontados[18], o que, desde logo, se opõe, como referido nas linhas transatas, a um pretendido afastamento do Estado das disposições contratuais e da proteção da parte contratante[19], que, ao celebrá-lo, busca sua sobrevivência, com dignidade! Como consectário, são de repelir/rejeitar/rechaçar disposições contratuais que ofendam/agridam aludidos direitos, para o que, fácil notar, necessária a presença do Estado, ou não? Como defender-se-á, de outra maneira, o contratante mais fraco e para o qual existencial o contrato que então está celebrando, ou querer-se-á deixá-lo, em verdade, desprotegido?

Seja permitida, outra vez, referência ao escrito já aludido:

"Além disso, e é algo que não é tão 'abertamente' enfrentado, ao reverso do que deveria acontecer, sendo o contrato de trabalho um contrato existencial, por meio do qual o trabalhador busca sua sobrevivência digna (o que, entre nós, é já uma tarefa hercúlea, de realização sobremodo difícil e que poucos conseguem!) e não lucro, vantagens patrimoniais, como admitir que o sindicato possa (rectius: seja levado/obrigado a) negociar algo que reduza o nível de sobrevivência dos integrantes de sua categoria? E isso lembrando que, viver, não é apenas sobreviver/vegetar, sem ter o mínimo para o desenvolvimento de sua personalidade, mas ter uma existência digna, com aquilo que é tido como o preciso/indispensável/necessário, num dado momento, em dada sociedade, para que se atinja essa existência com dignidade; agora, de perguntar (e como seria bom poder fazê-lo olhando no fundo dos olhos de cada um dos que defendem ser possível reduzir, via negociação coletiva, direitos dos trabalhadores!): sendo o sindicato o titular do poder de negociar pela categoria, mas não dos direitos dos trabalhadores à sua subsistência, a uma existência digna, e atento a que, como se disse, ser o contrato de trabalho um contrato existencial, que cuida, justamente, dessas subsistência e existência digna, e quando se sabe que, entre nós, mui raramente um contrato de trabalho propicia a satisfação dessas tão básicas necessidades, do e ao ser humano que vive do seu trabalho, na condição de empregado, como permitir uma redução, via negociação coletiva, desses níveis mínimos? E ainda mais quando se sabe da situação de fragilidade dos sindicatos, decorrente da mais absoluta fragilidade em que se encontram os trabalhadores, na quadra em que vivemos, lutando os sindicatos, já antes da edição da Lei n. 13.467/2017, mais para perder o menos que puderem, sendo uma vitória se conseguirem manter o que haviam conquistado anteriormente, como, com alguma sensibilidade e senso de justiça, achar "normal"/"moderno" permitir a retirada de direitos, que, ao fim e ao cabo, é o que se desenha/deseja com a prevalência do negociado sobre o legislado, na forma tão largamente autorizada pela lei que se vem de mencionar?

Um instrumento coletivo, não há de ser reputado um feixe de contratos existenciais e/ou um contrato existencial em âmbito coletivo, atento a que um contrato de trabalho, contrato existencial que é, não perde essa qualidade, quando um sindicato negocia condições de trabalho dos e para os integrantes de sua categoria profissional?"[20]

---

(18) Como apontado por Raphael Fraeman Braga Viana, *"...os contratos existenciais procuram perseguir o atendimento a um mínimo essencial e se caracterizam por ser um instrumento a serviço da pessoa humana e da concretização do mínimo existencial*", Raphael Fraeman Braga Viana," A Função Social dos Contratos Existenciais, de Lucro e Híbridos", coordenadores Marcos Ehrhardt Júnior e Fabíola Albuquerque Lobo, *A Função Social nas Relações Privadas*. Fórum, BH, 2019, p. 125.

(19) Novamente citando Raphael Fraeman Braga Viana, ao observar que: *"Judith Martins-Costa, por fim, também explica que o caráter existencial ou não dos contratos também tem uma direta relação com a sua função social. Ela defenderá que, quanto mais essencial for o bem da vida objeto do contrato, maior deverá ser a intervenção estatal, com fundamento no princípio da função social, para tutelá-lo*"; aliás, esse insigne autor chega mesmo a se posicionar no sentido de que: *"Ao constatar algum tipo de violação à função social dos contratos existenciais, o julgador não deve se abster, porque a tutela das situações jurídicas existenciais possui inquestionável interesse público. Desse modo, chega-se, inclusive, a defender que, nas relações jurídicas existenciais, o julgador tem a prerrogativa para agir de ofício com o intuito de reprimir condutas que expressem uma superioridade injustificada de uma das partes, declarar a nulidade de cláusulas contratuais que violem diretamente a função social do contrato, impor deveres negativos e de estabelecer o campo de atuação com as capacidades, limites e poderes dos contratantes no caso concreto*", VIANA, Raphael Braga. *A Função Social dos Contratos Existenciais, de Lucro e Híbridos* (coords.) Marcos Ehrhardt Júnior e Fabíola Albuquerque Lobo, "A Função Social nas Relações Privadas", Fórum, BH, 2019. p. 123 e 129, respectivamente. Registre-se que, a circunstância de o autor, cujos ensinamentos se vem de reproduzir, haver enfatizado a função social do contrato não significa qualquer limitação e/ou restrição, mas se deve ao enfoque dado ao seu trabalho e à obra em que inserido.

(20) GIORDANI, Francisco Alberto da Motta Peixoto. "Contratos de Trabalho (Contratos Existenciais) e a Negociação Coletiva após a Lei n. 13.467/2017, e que foi publicado pela *Revista LTr* n. 82-10/1187/1202 e também pela *Revista do Tribunal Superior do Trabalho*, volume 84, n. 4, out/dez 2018, p. 137/138.

Aqui chegando, há enfatizar, com muito vigor, o quanto um contrato existencial releva para a proteção e devida valorização daquele que vive do seu trabalho, na condição de empregado, mas que, em momento algum, perde e/ou pode ter ofuscada/esquecida/"atropelada" sua dignidade de pessoa humana, e como corolário, seus direitos fundamentais e o direito ao livre desenvolvimento de sua personalidade; com vistas a essa importância dos contratos existenciais para a valorização da pessoa, já se afirmou:

> "Portanto, tem-se que os contratos existenciais tornam-se importantes instrumentos para a valorização da pessoa, especialmente a partir da efetivação da tutela do mínimo existencial, pois garantir o objeto útil e essencial à pessoa em uma economia de mercado e, ainda assim, fazer prevalecer os valores existenciais sobre os patrimoniais ressalta seu papel na construção de uma sociedade mais justa, livre e solidária, pois permite o livre e igual desenvolvimento na sociedade"[21].

Indago: e não deve ser mesmo visto assim, máxime lembrando que viver não é a mesma coisa que sobreviver (e a duras/duríssimas penas), ou não se pensa mais no direito do trabalhador de viver, promovendo-se/respeitando-se seus direitos fundamentais, o direito ao livre desenvolvimento de sua personalidade, a sua dignidade de pessoa humana, entendendo-se que basta a sua sobrevivência? E de fixar que o Direito não pode ficar alheio a isso, pelo reverso, em muito pode contribuir para que esse deplorável modo de ver o outro (o homem que se encontra na condição de empregado) não se alastre/vingue, deixando um rastro de insensibilidade, dor e de sofrimento que não deveriam/devem ser aceitos em pleno século XXI (como, de resto, embora a História registre o contrário, jamais deveria ser aceito!).

Destarte, ainda que se considere possível a prevalência do negociado sobre o legislado em algumas questões, difícil admiti-la em se tratando de algo tão ligado ao meio ambiente do trabalho, a saúde do trabalhador, como o intervalo de trinta minutos, mormente da forma ampla e generalizada em que a Reforma Trabalhista pretendeu autorizá-la.

Vale realçar que não critico a possibilidade de, em dadas situações, haver uma prevalência do negociado sobre o legislado, o que pode ser praticado quanto a situações específicas e que não tenham potencial para afetar e/ou afetem direitos como, à guisa de exemplo, em relação não exaustiva, à vida, dignidade, saúde, desenvolvimento da personalidade.

Ainda, nesse ponto, de evocar o *caput* do art. 7º, da Carta Política, que contém, de maneira forte, clara e reclamando observância, o que deseja (*rectius*: impõe), relativamente aos direitos dos trabalhadores, sendo que a invocação do quanto estabelecido no inciso XIII, desse dispositivo, não empolga, pois não há desgarrá-lo do comando do *caput*, o que, regra elementar embora, servia, já antes da Reforma Trabalhista, e ainda "serve" de fundamento para autorizar, sob a ótica de alguma doutrina, essa ampla prevalência do negociado, sobre o legislado!

Além disso, de citar forte e consistente posicionamento, que singra pelas disposições do art. 7º, inciso XXVI, da CF, que configura direito social fundamental dos trabalhadores, de maneira que uma negociação coletiva, que não se apresenta como uma prerrogativa sindical, pois se fosse, seu sítio adequado seria o art. 8º, do Lei Maior, não pode estabelecer algo em desfavor dos trabalhadores, desfigurando, então, sua razão de ser, que é a da melhoria das condições de trabalho, no particular, para visar a redução dos riscos à saúde dos trabalhadores, ou como mais clara e superiormente afirmado:

> "Para complementar tal argumentação, é interessante notar que o inciso XXVI está no art. 7º como direito social dos trabalhadores, logo a negociação coletiva não é, na essência constitucional, uma prerrogativa sindical, mas sim um instrumento de melhoria de vida para os trabalhadores. Como reflexão, se pode afirmar que, caso o inciso XXVI em análise fosse inserido no art. 8º, e não do [sic] art. 7º, o reconhecimento dos acordos coletivos e das convenções coletivas seria uma prerrogativa sindical ligada à liberdade sindical, o que amplificaria o espaço para flexibilização via negociação coletiva; contudo, repita-se, o reconhecimento dos acordos coletivos e convenções coletivas consta no art. 7º, de forma que é, acima de tudo, mecanismo para a melhoria das condições sociais e econômicas dos trabalhadores"[22].

---

(21) MENEZES, Caroline Nogueira Teixeira de; CARQUI, Vagner Bruno Caparelli. "Contrato Existencial como Instrumento para Efetivação do Mínimo Existencial", *XXIV Congresso Nacional do CONPEDI — UFMG/FUMEC/DOM HELDER CÂMARA*, p. 209. Disponível em: <www.conpedi.org.br>. Acesso em: 02 maio 2019.

(22) SOARES, João Batista Berthier Leite. *A Reforma Trabalhista, as Negociações Coletivas e a Constituição da República* (orgs.) Cláudia Honório e Paulo Joarês Vieira, *Em Defesa da Constituição — primeiras impressões do MPT sobre a 'reforma trabalhista'*, abril/2018, p. 154.

Acresça-se que, se o empregado não pode, validamente, renunciar a um meio ambiente do trabalho adequado e ao que diz respeito a sua saúde, não se vê possa, eficazmente, fazê-lo o sindicato que o representa! Isso, ao fim e ao cabo, representa uma, nem tão engenhosa assim, manobra para "fugir" (*rectius*: desrespeitar/infringir) ao comando da Lei Maior, querendo dar a impressão de obedecê-la!

Diga-se mais, porquanto olvidar não se pode de que, na quadra atual, houve profunda transformação no direito pátrio, que passou a emprestar maior valor ao ser do que ao ter, como deve ser mesmo, valendo transcrever o que, com pena de mestre, a respeito escreveu Rose Melo Vencelau Meireles:

> "*O vértice do ordenamento jurídico brasileiro, todavia, não está no ter, mas no ser, quando se tem como valor máximo a tutela da pessoa humana, expresso no art. 1º, III, da Constituição da República que Gustavo Tepedino denomina de 'verdadeira cláusula geral de tutela e promoção da pessoa humana.*
>
> *Essa conclusão advém da escolha pelo constituinte da dignidade da pessoa humana como fundamento da República, associada ao objetivo fundamental de erradicação da pobreza e da marginalização e de redução das desigualdades sociais, juntamente com a previsão do § 2º, do art. 5º, no sentido de não exclusão de quaisquer direitos ou garantias, mesmo que não expressos, desde que decorrentes dos princípios adotados no texto maior. Seria, portanto, cláusula de inclusão, com vistas à proteção e ao livre desenvolvimento da personalidade*"[23].

Essa mudança constitucional, por certo, refletiu/reflete e há de refletir, na disciplina e interpretação dos mais diversos ramos do direito, sendo um notável exemplo o Direito Civil; entretanto e curiosamente, em sede trabalhista há uma resistência por parte da doutrina, velada em alguns momentos, mais declarada e aberta em outros, e até de alguma jurisprudência, quanto a se dar realce/priorizar a vida e a dignidade da pessoa humana do trabalhador, e com isso, sua saúde, física e mental, com o desenvolvimento de sua personalidade, bem como sua consideração enquanto ser social, que deve interagir/participar com o meio em que vive; bem desenhou esse quadro a insigne Maria Cecilia Máximo Teodoro, ao observar que:

> "*Caminha a passos lentos o fenômeno de repersonalização na esfera trabalhista, diferentemente de seu vizinho Direito Civil, que já apresenta avanços muito maiores, como visto, mesmo em se tratando, na maioria dos casos, de relações jurídicas cujas partes têm igualdade de forças e paridade de armas.*
>
> *No Direito do Trabalho ainda se valoriza o patrimônio em detrimento da proteção da pessoa humana. Há uma forte tendência da monetização do risco do labor, mediante a qual o empregador escolhe pagar pelo direito de adoecer o empregado (adicional de insalubridade), de deixá-lo exposto diariamente ao risco de explosão (adicional de periculosidade) ou ainda submetê-lo a jornadas extraordinárias e noturnas (adicional de hora extra e noturno)*"[24][25].

Estou em que sempre válido, mormente na quadra atual, lembrar que não desconhecem os operadores do Direito, nem os sociólogos e tampouco os economistas (que perigo aqui!) que, num contrato, de regra e na grande maioria dos casos, há sempre uma parte mais fraca/vulnerável que não tem como se opor à vontade da outra, o que a faz aceitar, resignadamente, curvando-se, aquando da celebração de um contrato, por não ter outra opção, ao que esta deseja/pretende/quer, o que os princípios contratuais bem demonstram e pretendem obstar, procurando equilibrar as obrigações/prestações e promover a justiça contratual.

E a grande indagação: O trabalhador pode negociar com seu empregador em condições de igualdade, lembrando ser o contrato que celebra, enquanto tal, um contrato existencial (daqui se vê do elevado valor da proposta do Professor Antonio Junqueira Azevedo, a qual, foi seguida por vários autores, como referido no trabalho que já citei,

---

(23) MEIRELES, Rose Melo Vencelau. *Autonomia Privada e dignidade Humana*. Rio de Janeiro: Renovar, 2009. p. 03.

(24) TEODORO Maria Cecília Máximo. *Por um Direito do Trabalho Repersonalizado* (coords.) Maria Cecília Máximo Teodoro, Márcio Túlio Viana, Cleber Lucio de Almeida e Sabrina Colares Nogueira, "Direito Material e Processual do Trabalho — *III Congresso Latino-Americano de Direito Material e Processual do Trabalho*. São Paulo: LTr, 2016. p. 55/6.

(25) A autora citada, dilucida, outrossim, que "*O novo Código Civil de 2012, mostrou-se repersonalizado, na medida em que passou a ser guiado pelos fundamentos do Direito Civil de status constitucional. Isto porque a patrimonialização das relações civis é incompatível com os valores fundados na dignidade da pessoa humana.*

Assim, a repersonalização restaura o brilho marcante de lutas da emancipação humana no decorrer da história, reposicionando-o no centro do Direito Civil, relegando o patrimônio a um papel coadjuvante, embora imprescindível". Maria Cecília Máximo Teodoro, "Por um Direito do Trabalho Repersonalizado", coordenadores Maria Cecília Máximo Teodoro, Márcio Túlio Viana, Cleber Lucio de Almeida e Sabrina Colares Nogueira, "Direito Material e Processual do Trabalho — *III Congresso Latino-Americano de Direito Material e Processual do Trabalho*". São Paulo: LTr, 2016. p. 57.

embora com uma ou outra reserva, o que não lhe tira o valor)? Ainda mais, quando o direito civil procura tornar mais justos/equilibrados os contratos, como poucas linhas antes mencionado? E no que a este simples artigo mais releva: isso não se aplicaria/aplica aos acordos coletivos e convenções coletivas de trabalho, diante da notória fragilidade dos sindicatos, como também já comentado? Em sendo assim, como permitir prevaleça o negociado sobre o legislado, especificamente, para não abrir demais a discussão, na fixação do intervalo em 0:30 minutos, da forma tão ampla como fez a Lei n. 13.467/2017?

Agora, vou examinar a questão do intervalo de trinta minutos, que a Lei n. 13.467/2017 permite seja fixado por norma coletiva, pelo comando do art. 611-A, inciso III, sob a ótica da transdisciplinaridade/multidisciplinaridade que, nos dias que correm, marcam o relacionamento do Direito, em geral, com outras disciplinas, em busca de uma maior e mais adequada proteção da vida, da pessoa humana e sua saúde, para o que o meio ambiente, incluído o meio ambiente do trabalho, assoma em relevância, reclamando mesmo um muito mais intenso relacionamento com outras ciências/áreas do conhecimento, sendo de todo em todo insuficiente, conquanto necessário, o domínio do Direito, para tanto; a realidade, aqui, não é simples, ao reverso, cuida-se de um universo complexo e dinâmico, precisando, como salientado já, do aporte, do auxílio, do concurso, de saberes oriundos das mais diferentes áreas do saber, como, de resto, foi já superiormente afirmado, *verbis*:

> "*Compreender a complexidade do meio ambiente do trabalho e a dinâmica da inter-relação trabalhador-ambiente não é tarefa fácil. É preciso muito engenho e disposição para desbravar o vasto universo labor-ambiental, que congrega diversos domínios e áreas do conhecimento, espraiando-se para além do conteúdo normativo.*
>
> *É por isso que o campo de estudo labor-ambiental é necessariamente multidisciplinar e plurinormativo, envolvendo a soma do conhecimento acumulado por diversas áreas do conhecimento (Arquitetura, Direito, Engenharia, Medicina, Psicologia, Sociologia etc), constituindo um espaço de complementação, pois, isoladamente, nenhuma seara é capaz de abarcar a complexidade e o dinamismo desse universo*"[26].

Na lição, sempre precisa, do preclaro Ney Maranhão, com vistas ao meio ambiente do trabalho[27]:

> "*Já por aí fica evidente que o meio ambiente do trabalho engloba uma variedade de fatores cuja interação tem o condão de influenciar diretamente a qualidade de vida dos trabalhadores. Cuida-se de uma ambiência de especial conformação, na medida em que envolve numerosos itens, aspectos e situações cuja interação produz resultados os mais diversos. Como sistematizar esses elementos, tornando-os minimamente inteligíveis? Conferir atenção a cientistas e estudiosos de outras pode ser uma boa solução*".

Enfim, no ponto, como ensina Antonio Enrique Pérez Luño, "*O sinal da teoria jurídica de nosso tempo é o da interdisciplinaridade. Nunca como hoje se tem feito tanta referência à condição poliédrica das grandes questões jurídicas e a consequente necessidade de captá-las através de sua inevitável dimensão plural*". [28]

Ora, não padece dúvida de que os intervalos concedidos ao trabalhador, quanto à sua duração, são fruto de estudos de especialistas, que fixaram o quanto de tempo é necessário, em cada e para cada um dos intervalos, para que seus fins sejam atingidos, quer se trate de férias, intervalo interjornada ou intervalo intrajornada, este último o que agora releva, e daí, quanto ao mesmo, as disposições do art. 71 e seus §§ 1º ao 3º, não atingidos pela Lei n. 13.467/2017. Note-se que, para os empregados que labutam para além de seis horas, há ser concedido intervalo que não poderá ter menos de 1:00 h e não deverá, salvo ajuste nos termos referidos pelo § 1º, exceder de 2:00 h.; apenas excepcionalmente, nos termos do § 3º, o tempo mínimo de 1:00 h poderá ser reduzido. De indagar: mudou o estado da arte, para se autorizar, com a amplitude feita pela Reforma, a concessão de intervalo de apenas 0:30 minutos, por instrumento coletivo?[29] Não deveria (*rectius*: teria) de haver algum estudo, sério/responsável, de outras áreas, máxime médica,

---

(26) COSTA, Aline Moreira da; ALMEIDA, Victor Hugo de. *Meio Ambiente do Trabalho:* uma Abordagem Propedêutica (coords.) Guilherme Guimarães Feliciano, João Urias e Ney Maranhão, "Direito Ambiental do Trabalho — Apontamentos para uma Teoria Geral", v. 03. São Paulo: LTr, 2017. p. 50.

(27) MARANHÃO, Ney. *Meio Ambiente do Trabalho:* Descrição Jurídico Conceitual (coords.) Guilherme Guimarães Feliciano, João Urias e Ney Maranhão, "Direito Ambiental do Trabalho — Apontamentos para uma Teoria Geral. v. 03. São Paulo: LTr, 2017. p. 30.

(28) LUÑO, Antonio Enrique Pérez. *Perspectivas e Tendências Atuais do Estado Constitucional.* Porto Alegre: Livraria do Advogado Editora, 2012. p. 52.

(29) Longe a ideia/ousadia de abordar, neste ensejo, questões afetas a outras áreas do saber, designadamente médicas, por absoluta incompetência, mas ao que consta/caiu no domínio popular/leigo, há estudos que concluem que comer rápido, que é o que se dá com um intervalo de 0:30 minutos, embora algumas pessoas tenham organismo que bem "digerem" essa prática, pode fazer mal ao coração, o que também pode fazer o mastigar rápido, não permitindo uma correta digestão dos alimentos e provocando alterações no organismo que podem levar a doenças; que para certas pessoas, é pior almoçar

que demonstrasse/comprovasse/afiançasse, tudo com o devido embasamento técnico, não mais ser necessária a observância dos tempos estabelecidos no citado art. 71, §§ 1º ao 3º, da CLT? Bastaria/basta, "in casu", uma mudança na legislação para autorizar tão relevante alteração? Só o Direito pode assumir, sozinho, tamanha responsabilidade, haveria/há conhecimento especializado para tanto? Não seria (*rectius: é*) absolutamente necessário um diálogo com outras áreas do saber, para averiguar e atestar/comprovar depois, que a saúde do trabalhador e o meio ambiente do trabalho não são afetados com uma alteração de tamanha importância?

Ao que consta, até pela pressa com que tramitou e foi aprovada a Reforma Trabalhista, sem mais detalhadas discussões com especialistas em Direito do Trabalho e do mundo do trabalho, ainda que não juristas, não houve, nem haveria como pretender/esperar qualquer referência a consulta a especialistas da área médica e/ou qualquer outra; essa circunstância põe em causa o quanto estabelecido no art. 611-A, III, da CLT, colocando-o em linha de colisão com o que determina a Constituição Federal, a respeito do meio ambiente do trabalho e dos cuidados devidos à saúde do trabalhador.

Como a insígne Procuradora do Trabalho Cinthia Passari Von Ammon acentuou[30]:

> "*Há muito tem se observado que a prestação de trabalho extraordinário se tornou prática comum no ambiente de trabalho dos mais variados setores da atividade econômica, de modo que as razões que levaram à limitação do tempo de trabalho têm sido deixadas em plano inferior, em total discrepância exegética às diretrizes normativas de proteção à saúde física, psíquica e social do trabalhador*".

Agora, não bastasse esse "avanço" contra a limitação do tempo de trabalho, parece haver e/ou estar sendo ampliada uma investida contra a proteção do tempo de intervalo, aqui o intrajornada, porquanto, com as contraditórias "horas extras habituais" já se investiu contra a aludida limitação do tempo de trabalho, ainda que "discretamente"!

Ainda na lição da ilustrada juslaborista que se vem de mencionar, há reter que[31]: "*a limitação do tempo de trabalho reclama a máxima atenção e tutela do Estado, de modo que a fixação máxima diária em 08 horas de trabalho, estabelecida no inciso XIII, do art. 7º, da CF/88, não é arbitrária e sim decorre de critérios extraídos de áreas disciplinares da saúde, segundo as quais, após a oitava hora, o desgaste físico e mental mostra-se acentuado, potencializando a ocorrência de acidentes de trabalho e o surgimento de doenças ocupacionais*", e como se sabe, o mesmo se dá, com as adaptações /cuidados cabíveis, quanto ao intervalo para alimentação, daí a imprescindível necessidade, que apontei acima, de comprovação de que o estado da arte permitisse/permite inferir da possibilidade da generalizada redução para 0:30 minutos, por instrumento coletivo, ainda mais sem cuidados/limites, de "horas extras habituais", expondo o trabalhador aos acidentes e doenças ocupacionais mencionados no texto reproduzido. Onde? Cadê estudos que demonstrassem/demonstrem isso? Sem isso, estou em que não se harmoniza com a Lei Maior, tampouco com o Direito, fazer com que um trabalhador se sujeite ao intervalo intrajornada de 0:30 minutos, e nem se venha com o frágil argumento de que os trabalhadores podem desejá-lo, pois para rebatê-lo, basta lembrar o episódio do "arremesso do anão", proibido em França, ainda que o "arremessado" pretendesse continuar com essa atividade!

É hora, agora, de voltar um pouco mais e detidamente os olhos para a nossa Constituição Federal, considerando que ela e nela se encontrará o que pretendemos para os que vivem em nossa terra, para nossos destinos, nos mais variados aspectos, como, aliás, já resulta do que até o momento asseverado, quanto a aspirações relativamente a quem somos e como anelamos levar nossas vidas inclusive, tudo volta à nossa Lei Maior; aliás, acerca das Constituições e seu valor, o papel relevante que desempenham, não se deve deixar de mencionar a bela, elegante e profunda visão do preclaro Professor Oscar Vilhena Vieira, *verbis*[32]:

---

rápido do que não almoçar, que para saber os efeitos sobre o organismo de uma pessoa, de almoçar rápido, pois enquanto alguns, como dito, "aceitam"/suportam/reagem melhor/se adaptam a essa prática, recomendável exame pós-prandial, para se avaliar essa situação, conjunto de preocupações essas que não poderiam ser deixadas de lado, quando e sempre que se pretender submeter um trabalhador ao intervalo de 0:30 minutos, porém inexistentes no texto legal, mas nem por isso, claro, podem ser validamente deixadas de lado, podendo mesmo, no extremo, levar à responsabilização de uma empresa por algum abalo na saúde do trabalhador provocada por este fato...

(30) Cinthia Passari Von Ammon, "Trabalho Extraordinário Habitual: Submissão em Descompasso com as Normas que Limitam o Tempo de Trabalho e seus Reflexos na Saúde do Trabalhador", organizadoras Amanda Barbosa, Andréia Chiquini Bugalho e Luiza de Oliveira Garcia Miessa dos Santos, "Atualidades e Tendências do Direito e Processo do Trabalho", LTr, 2017, p. 47.

(31) AMMON, Cinthia Passari Von. *Trabalho Extraordinário Habitual:* Submissão em Descompasso com as Normas que Limitam o Tempo de Trabalho e seus Reflexos na Saúde do Trabalhador (orgs.) Amanda Barbosa, Andréia Chiquini Bugalho e Luiza de Oliveira Garcia Miessa dos Santos, "Atualidades e Tendências do Direito e Processo do Trabalho". São Paulo: LTr, 2017. p. 49.

(32) VIEIRA, Oscar Vilhena. *A Batalha dos Poderes*. São Paulo: Cia das Letras, 2018. p. 09/10.

"As constituições têm sido um objeto de interesse predominante dos juristas, e eventualmente dos cientistas políticos, ao longo da história Em momentos de maior tensão política e institucional, no entanto, muitos se dão conta de que nossos destinos — não apenas político, econômico e social, mas também nossas aspirações sobre quem somos e como queremos levar nossas vidas — estão diretamente relacionados à vitalidade do pacto que nos constitui como sociedade.

As constituições, mais do que um conjunto de normas superiores, são dispositivos que aspiram habilitar a democracia, regular o exercício do poder e estabelecer parâmetros de justiça que devem pautar a relação entre as pessoas e entre os cidadãos e o Estado".

Parece irrecusável que a Constituição Federal de 1988 projetou uma sociedade em que se valorizasse/valorize quem trabalha, de uma maneira geral, mas cuidando muito especialmente, pela situação em que se encontra frente a quem o admite e assalaria, e com isso dirige/comanda o seu labor, daquele que trabalha na condição de empregado, conferindo larga centralidade ao trabalho em seus dispositivos, o que é uma das manifestações importantes do valor superior assinalado à vida em seu texto, e a vida, saudável, decente e digna, como quer a Constituição, passa, quanto aos que trabalham, pelo meio ambiente do trabalho equilibrado, por séria e sincera atenção/preocupação por sua saúde, por sua interação no meio social, para ficar no que mais de perto diz com o que aqui se desenvolve.

Todavia, para que essas aspirações se tornem realidade e percorram o tecido da vida, não basta o texto constitucional, o que não lhe tira o enorme valor, necessário que todos nós estejamos imbuídos do propósito -sincero- de respeitá-la e vê-la cumprida, realizada, agindo firmemente nesse sentido, porquanto, como ainda asseverado pelo ilustre lente que acabo de referir, com base, por sua vez, em lição de estudiosos que cita, *"as constituições não se salvam sozinhas"*[33], como, de resto, também o Judiciário não se salva sozinho, o que não significa, não ter uma importante parcela de e na responsabilidade quanto ao compromisso de mantê-la, e com isso manter "viva" a vida, daquele que trabalha na condição de empregado, atuando com vistas a que os seus meio ambiente do trabalho, dignidade, direitos fundamentais, saúde, participação social sejam respeitados.

Nesse e com esse objetivo de respeitar e fazer cumprir a Lei Maior, para logo evitar triunfe a vontade do legislador ordinário, quando e sempre que embalada por interesses conflitantes/não harmônicos com os da Constituição Federal, casos em que a norma então promulgada não poderá ser tida como válida, no ponto, de extrema relevância o excerto que segue:

"Com essa mudança entra em cena um novo modelo de estado de direito que pode ser chamado de estado constitucional de direito. De acordo com esse modelo, não é a vontade do legislador que deve prevalecer para conter o arbítrio do governante, mas sim a vontade da Constituição que deve se impor tanto para o governante como para o legislador. Isso vale não apenas no sentido formal, mas também no sentido material. Com efeito, mesmo que uma norma seja formalmente válida, ela ainda assim será inválida caso substancialmente viole diretriz, princípio ou regra constitucional. Aqui a Constituição não se restringe a fixar os parâmetros da organização do Estado ou os limites da formação pública de vontades, mas confere poder normativo efetivo aos valores que estruturam a ordem social (Böckenförde, 2000:40). Isso implica significativa mudança nas esferas política e jurídica da sociedade. Do ponto de vista político, a legitimidade não se reduz mais ao cálculo das maiorias, mas decorre também da consonância do discurso e da prática com os valores e princípios constitucionais. O estatuto do jogo político não pode mais desconsiderar a gramática constitucional e, por conseguinte, dos direitos humanos que ela preconiza. Do ponto de vista jurídico, a autonomia técnica do direito precisa igualmente se render aos valores e princípios constitucionais, de sorte que passa a ser inaceitável o raciocínio jurídico que, embora aparente ser tecnicamente adequado, não se conforme à axiologia constitucional. Esse impacto pode ser mais claramente percebido no papel da jurisdição, que passa a transcender a mera relação juiz e legislação infraconstitucional (Ferrajoli, 2006:425)"[34].

Há cuidar para que o discurso exaltando a dignidade da pessoa humana e os direitos fundamentais, não embale as consciências, acreditando que tudo e todos os respeitam/observam e praticam, quando, em realidade, relativamente a certos setores, mais se diga, do que se faça, o que torna balofo o quanto dito, pois, como se não desconhece, a palavra,

---

(33) VIEIRA, Oscar Vilhena. *A Batalha dos Poderes*. São Paulo: Cia das Letras, 2018. p. 11.

(34) CUNHA, José Ricardo; BORGES, Nadine *Direitos humanos, (não)realização do estado de direito e o problema da exclusão* (org.) José Ricardo Cunha, "Direitos Humanos, Poder Judiciário e Sociedade. Rio de Janeiro: FGV, 2011. p. 215.

nessas situações, não pode ser um singelo ornamento, cumpre seja acompanhada pela prática, que o mesmo é dizer, não são suficientes aprofundados estudos sobre esse tema, se não for para aplicar o que, a respeito, se inferir, como útil e necessário, para a evolução e o bem-estar das pessoas e das sociedades.

Não se espera, por exemplo, se tenha com os direitos fundamentais dos trabalhadores, em nosso País, uma postura como a verificada no Chile, em que, há algum tempo já, a Suprema Corte de lá, em entendimento acerca do direito de greve, levou a que renomado juslaborista José Luis Ugarte Cataldo, escrevesse artigo intitulado: "La Corte Suprema y Derecho de Huelga: aqui no, por favor"[35].

Entre nós, os operadores do Direito do Trabalho, a própria Justiça do Trabalho, certamente, não aceitando/não permitindo/não atendendo as expectativas de certos segmentos, continuarão/permanecerão, como fazem, respeitando e fazendo respeitar os direitos fundamentais dos trabalhadores, e o verdadeiro espírito e escopo de uma negociação coletiva, de modo que, por aqui, não vicejará, quer que: "Direitos fundamentais dos trabalhadores, aqui não, por favor", nem, tampouco, "Negociação coletiva verdadeira e efetiva aqui não, por favor"!

Embora confiante no que acima afirmei, de todo modo, vale fixar que não basta uma sedutora/reconfortante referência a que o norte da nossa Magna Carta é a dignidade da pessoa humana, seus direitos fundamentais e o desenvolvimento de sua personalidade, se não houver um profundo e contínuo estudo/reflexão da melhor maneira de atingi-lo/segui-lo/preservá-lo, o que passa pelo exame, em situações concretas, se isso está sendo efetivamente — e não apenas de forma retórica — observado/feito, o que exige uma visão para além das disposições legais, atingindo as esferas mais elevadas do Direito, no seu papel maior de concretização da Justiça, o que vai além de textos legais, sejam quais forem[36][37], porquanto, como consta de precioso ensinamento do Professor Eduardo Vera-Cruz Pinto, *verbis*: "*O Jurídico precede e enforma o legal e muitas vezes existe sem lei que o expresse pois essa é a vontade dos políticos que fazem as leis. Assim, a censura jurídica não precisa da condenação transitada em julgado de uma sentença de juiz para ser exercida. A juridicidade da vida política é ameaçada na sua credibilidade preventiva quando é reduzida à judicialidade assente na legalidade*"[38], e aqui, ainda, tenho por muito apropriado o recurso a um escrito do grande pensador Rubem Alves, quando dilucidou: "*Porque um país — ao contrário do que me ensinaram na escola — não se faz com as coisas físicas que se encontram em seu território, mas com os pensamentos de seu povo*"[39], para dele arrancar uma comparação/afirmação, que vai no sentido de que o Direito não se faz/basta com a letra fria das leis, nem a elas se restringe, mas com o que conseguem extrair, em seus pensamentos, em suas interpretações, seus incansáveis operadores, tendo como norte, fazer com que melhore e seja mais justa a vida para cada qual, e procurando que todos possam ter uma existência digna!

---

(35) CATALDO, José Luis Ugarte. "Estudios de Derecho del Trabajo y de la Seguridad Social — Doctrina Chilena y Extranjera", volumen IV, *Sociedad Chilena de Derecho del Trabajo y de la Seguridad Social/Abeledo Perrot-Chile*, 2012. p. 153.

(36) Socorro-me, neste momento, dos ensinamentos do Professor Eduardo Vera-Cruz Pinto, que assevera: "Só que o Direito — que deveria servir de referência a quem faz as leis no Estado (que se diz de Direito) — não é a lei do Estado, mesmo quando lhe chamam Fundamental (a Constituição)", Eduardo Vera-Cruz Pinto, em sua apresentação ao livro de Miguel da Câmara Machado, "Meios de Combate à Corrupção no Direito Romano e na Actualidade". Lisboa: AAFDL Editora, 2018, p. 10. De todo modo, não é demais lembrar/repisar, que a Constituição Federal privilegia o ser sobre o ter, as situações existenciais sobre as patrimoniais, valores, princípios e disposições essas que melhor atendem ao Direito, enquanto concretizador da Justiça, os quais, se irradiam/norteiam/impõem sobre todo o ordenamento jurídico.

(37) Para além disso, de assumir/admitir que o Direito não deve/pode ser indiferente/frio/distante, para com a realidade/o mundo que o cerca e no qual deve atuar, ao reverso, há orientar-se/afinar-se/perseguir a Justiça, seu fim primeiro e último, é dizer, o que justifica sua existência e confere-lhe a acrescida importância que possui e que tanto incomoda a certos setores (demonstração do quanto importa!), quase tanto quanto é essencial para a sociedade e designadamente para os mais necessitados de Justiça (os mais vulneráveis!), aqui, de ceder o passo para o afamado Guilherme Machado Dray, para quem:

"O Direito não deve, em suma, assumir uma postura axiologicamente neutra, devendo orientar-se pela prossecução da Justiça, pela salvaguarda da dignidade humana e pela eticização das suas normas e princípios, tendo em vista a prossecução de soluções razoáveis. Materialmente justas e equilibradas que conduzam — tanto quanto possível — a uma equivalência das prestações.

É a este nível e neste plano que se deve compreender e admitir os fenómenos de heterolimitação da liberdade contratual: está em causa a busca de soluções justas e equilibradas e a tutela, em última instância, dos contraentes mais débeis". Guilherme Machado Dray, "Breves Notas sobre o Ideal de Justiça Contratual e a Tutela do Contraente mais Débil", incluído em obra coletiva "Estudos em Homenagem ao Professor Doutor Inocêncio Galvão Telles", volume I, Coimbra: Almedina, 2002. p. 77.

(38) Eduardo Vera-Cruz PINTO, em sua apresentação ao livro de Miguel da Câmara Machado, *Meios de Combate à Corrupção no Direito Romano e na Actualidade*. Lisboa: AAFDL Editora, 2018. p. 08.

(39) ALVES, Rubem. *Entre a Ciência e a Sapiência — O dilema da educação*. 9. ed. São Paulo: Edições Loyola, 2003. p. 24.

O MEIO AMBIENTE DE TRABALHO DOS PORTUÁRIOS E DOS MARÍTIMOS

Paulo Roberto Lemgruber Ebert[(*)]

1 INTRODUÇÃO

A existência dos trabalhadores portuários e marítimos é tão antiga quanto o próprio comércio, pois a necessidade por mercadorias de terras distantes levou o homem a se lançar ao mar e a praticar o intercâmbio de bens e serviços. Várias civilizações clássicas, como a dos fenícios e a dos gregos, tiveram sua economia vinculada umbilicalmente ao comércio marítimo que, de seu turno, marcou de maneira inexorável a identidade cultural de tais povos e lançou as bases para o desenvolvimento dos portos e dos navios ao longo dos períodos históricos subsequentes.

Sendo, pois, os portuários e os marítimos categorias tão antigas, as questões relacionadas ao trabalho por eles desempenhado é, igualmente, de amplo e remoto conhecimento. Bernardino Ramazzini já fazia menção em seu tratado de 1700 aos problemas osteomusculares enfrentados pelos *carregadores* dedicados ao embarque e ao desembarque de mercadorias dos navios e aos riscos de doenças contagiosas a afetarem, em especial medida, os trabalhadores embarcados em alto mar.[(1)]

(*) Advogado e professor universitário. Integrante da Assessoria Jurídica da Federação Nacional dos Portuários. Doutor em direito do trabalho e da seguridade social pela Universidade de São Paulo (USP). Especialista em direito constitucional pela Universidade de Brasília (UnB). Especialista em direito e processo do trabalho pelo Centro Universitário de Brasília (UniCEUB). Membro integrante do Grupo de Pesquisa *Trabalho, Constituição e Cidadania*, da Universidade de Brasília (UnB).

(1) Segundo Ramazzini:

"Nas cidades populosas, principalmente nas marítimas, como Veneza, pela grande afluência de homens chegados de diversos pontos e pelo acúmulo de mercadorias, vê-se imensa multidão de carregadores que são indispensáveis para retirarem-se mercadorias dos navios ou levá-las aos mesmos. (...) De transportarem grandes pesos sobre os ombros, contraem distúrbios mórbidos que se tornam geralmente graves.

(...)

Se há alguma arte que permita manter relações mútuas e felicidade pública, esta será, antes de tudo, a navegação, que une o nascente ao poente, o boreal ao austral, torna comuns os bens que a Natureza fizere próprios desta ou daquela região." RAMAZZINI. Bernardino. Trad. Estrêla. Raimundo. *As doenças dos trabalhadores.* São Paulo: FUNDACENTRO, 2000. p. 181-262.

(...)

Expressarei, pois, em uma palavra, que os marinheiros, remeiros e demais operários são presa de qualquer tipo de doenças graves. Tal é o seu gênero de vida, que os fazem sofrer tantas afecções, no seu instável e pérfido elemento.

(...)

Não raro acontece que alguma doença epidêmica invada o navio, seja por causa extrínseca ou pela má alimentação comum e, sobretudo, pelas águas poluídas; ou então suceda que a variada e grande multidão dos navegantes, não habituada ao mar, contraia febres pestilentas e malignas (...) cujo germe se difunde e ataca os demais com

Com o desenvolvimento econômico e tecnológico a modificar significativamente não apenas o perfil das áreas portuárias e dos navios, como também das cargas embarcadas, desembarcadas e transportadas e das próprias atividades inerentes ao comércio marítimo, novos riscos profissionais foram acrescidos àqueles já descritos por Ramazzini no final do século XVII.

Tais vicissitudes têm sido objeto de intensa regulamentação não apenas no plano das legislações domésticas, como também no âmbito dos organismos internacionais (especialmente da Organização Internacional do Trabalho — OIT e da Organização Marítima Internacional — OMI), de modo a gerar um extenso e complexo sistema normativo dedicado à tutela das condições de trabalho dos portuários e marítimos que, a despeito de sua amplitude, vem gerando há décadas, controvérsias pertinentes à aplicação das leis no espaço e ao alcance da jurisdição dos Estados para a resolução dos conflitos relativos ao tema.

Sob tal pano de fundo, o presente estudo buscará relatar, sinteticamente, os aspectos gerais inerentes à organização do trabalho portuário e marítimo, bem assim os riscos que se apresentam no meio ambiente laboral a circundar as referidas categorias. Pretende-se, igualmente, analisar os principais diplomas normativos internacionais e domésticos relativos ao tema, com a descrição das controvérsias relativas à sua aplicação no espaço e das soluções que vêm sendo apresentadas pela doutrina e pela jurisprudência nesse particular.

Tal análise — convém adiantar desde já — será formulada com base na premissa de que o direito fundamental ao *meio ambiente do trabalho adequado* reconhecido na Constituição Federal de 1988 e nos sobreditos tratados internacionais (especialmente na Convenção n. 155 da OIT), asseguram aos trabalhadores portuários e marítimos (i) a proteção efetiva em face dos riscos conhecidos e potenciais, por intermédio de medidas preventivas e reparatórias, (ii) a implementação, por parte de seus tomadores de serviços, de todas as medidas cabíveis para eliminar as causas do risco, (iii) o acesso ao treinamento e às informações concernentes às ameaças à sua integridade psicofísica relacionadas aos locais de trabalho e (iv) a responsabilização objetiva das entidades que, de uma forma ou de outra, concorrem para a organização dos insumos e das atividades nos terminais e nos navios.[2]

2 TRABALHADORES PORTUÁRIOS

Tradicionalmente, os trabalhadores portuários são qualificados como os operários dedicados aos serviços de embarque, desembarque e transporte das mercadorias nas áreas dos portos e às atividades de apoio destinadas a viabilizar o manuseio das cargas que serão retiradas e alocadas nos navios, conforme a clássica definição de George de Semo. Diferem eles dos marítimos na medida em que suas tarefas são executadas com as embarcações já atracadas ou fundeadas, não abrangendo operações durante a navegação propriamente dita.[3]

A despeito da notória modernização das atividades portuárias, com a crescente utilização de equipamentos mecanizados de movimentação de cargas, tais como contêineres, guindastes, esteiras e empilhadeiras, o meio ambiente laboral a elas inerente ainda é marcado, em muitos casos, pela subsistência daqueles mesmos riscos apontados por Ramazzini no século XVII e, paralelamente a isto, por novas ameaças de cunho químico, biológico, físico e ergonômicos advindas das novas tecnologias e das cargas que passaram a ser manuseadas naquelas instalações.[4]

São estes riscos antigos e novos, exatamente, o objeto da tutela ao meio ambiente do trabalho portuário emanada da Constituição Federal, bem como das Convenções ns. 137, 152 e 155, da OIT e dos diplomas infraconstitucionais a regulamentarem a temática no ordenamento doméstico, notoriamente a Lei n. 12.815, de 5.6.2013 e a Norma Regulamentar n. 29, do Ministério do Trabalho.

---

a mesma doença. Em tais casos não existe fuga possível, pois todos, como soem dizer, estão no mesmo barco e todos devem ver os moribundos ficarem a seu lado, tendo diante dos olhos o sepulcro comum."

(2) ROCHA, Julio Cesar de Sá da. *Direito ambiental do trabalho. Mudanças de paradigma na tutela jurídica à saúde do trabalhador.* 2. ed. São Paulo: Atlas, 2013. p. 236-239.

(3) No original:

"Gli lavoratori di porti sono le persone addette al servizio d´imbarco, di sbarco e di trasporto dele merci nei porti." SEMO, Giorgio di. In: BORSI. Umberto; PERGOLESI. Ferrucio. *Trattato di diritto del lavoro.* Padova: CEDAM, 1938. p. 608.

(4) *Vide,* a propósito:

CARVALHO, Francisco Edivar. *Trabalho portuário avulso. Antes e depois da Lei de Modernização dos Portos.* São Paulo: LTr, 2005. p. 66-67.

2.1 Aspectos inerentes à organização do trabalho portuário

Preliminarmente à análise dos riscos labor-ambientais presentes nos portos, faz-se mister discorrer, ainda que sinteticamente, sobre as características peculiares que conferem identidade ao trabalho portuário e que delimitam, nos termos do ordenamento jurídico pátrio, a problemática atinente à matéria.

Seguindo a definição tradicional a respeito dos *trabalhadores portuários,* a legislação brasileira vem dividindo historicamente a referida categoria em seis grandes grupos, representados pela *capatazia,* pela *estiva,* pela *conferência de cargas,* pelo *conserto de cargas,* pelo *bloco* e pela *vigilância portuária.* Tal classificação foi mantida pela atual lei nacional de organização portuária (Lei n. 12.815, de 5.6.2013) em seu art. 40, § 1º, que revogou a Lei n. 8.630, de 25 fevereiro de 1993, então apodada de *Lei de Modernização dos Portos.*

A *capatazia* engloba, em termos gerais, as atividades de movimentação de cargas nas instalações situadas dentro do porto (p. ex: molhes, armazéns, pátios etc.), com ou sem o uso de maquinário, ao passo que a *estiva* envolve a manipulação e a preparação das mercadorias no interior dos navios estacionados. Já a *conferência* diz respeito à checagem das cargas no que concerne às suas características, quantidade, peso, origem, destino e estado, enquanto o *conserto* abrange a reparação dos volumes danificados, bem como a reembalagem, a etiquetagem, a abertura e o fechamento destes últimos.[5]

Por fim, o *bloco* engloba as tarefas de reparo e de conservação dos tanques e dos compartimentos de cargas dos navios, enquanto a *vigilância* abrange as atividades concernentes à fiscalização quanto à entrada e à saída de pessoas nas embarcações e quanto à movimentação de mercadorias nos equipamentos de embarque e desembarque.[6]

Sob a égide do regime anterior à entrada em vigor da Lei n. 8.630/93, as atividades de *capatazia* eram realizadas, como regra, por servidores públicos estatutários ou por trabalhadores celetistas vinculados às Companhias Docas que integravam a estrutura da Administração Pública, enquanto as demais atividades (*estiva, conferência, conserto, bloco e vigilância*) eram desempenhadas preferencialmente por operários avulsos filiados aos respectivos sindicatos das categorias profissionais que estivessem regularmente matriculados nas Capitanias dos Portos e nas Delegacias do Trabalho Marítimo, no caso dos vigias portuários.[7]

Com o advento da Lei n. 8.630/93 e com a implantação do regime de concessão dos terminais situados na área do porto organizado aos operadores privados, rompeu-se com a preferência instituída em favor dos sindicatos para a definição das equipes de trabalhadores avulsos e com o desempenho das atividades de capatazia por parte dos trabalhadores vinculados às Companhias Docas.

A partir de então, estabeleceu-se que a seleção de tais obreiros dar-se-ia com base nas listagens de trabalhadores *registrados* e *cadastrados* nos Órgãos Gestores de Mão de Obra (OGMO) que, de seu turno, consistem em entidades sem fins lucrativos instituídas em cada um dos portos organizados pelos próprios operadores portuários com vistas, justamente, à administração e ao fornecimento da força de trabalho avulsa.[8]

Desse modo, a realidade constatada atualmente nos portos brasileiros — seja nos terminais de uso público, ou de uso privado — contempla a convivência lado a lado de trabalhadores portuários de todas as categorias (capatazia, estiva, conferência, conserto, bloco e vigilância) contratados diretamente pelos operadores portuários mediante vínculo empregatício e enquadrados na condição de *avulsos,* conforme pressupõe a própria redação do art. 40, *caput,* da Lei n. 12.805/2013.

Paralelamente a isto, a mesma realidade atesta que os operadores portuários situados no porto organizado, bem assim os terminais de uso privado localizados fora do porto organizado, vêm se valendo da contratação de mão de

---

(5) PINTO, Cristiano Paixão Araújo; FLEURY. Ronaldo Curado. *A modernização dos portos e as relações de trabalho no Brasil. Doutrina, legislação e jurisprudência.* Porto Alegre: Síntese, 2004. p. 34-36.

(6) *Idem.*

(7) REIS, Nelio. *Contratos especiais de trabalho.* Rio de Janeiro: Freiras Bastos, 1955. p. 169-200.

(8) Sobre a distinção entre *registro* e *cadastro,* Cristiano Paixão Araújo Pinto e Ronaldo Curado Fleury asseveram que:

"*[os trabalhadores registrados] são chamados ao trabalho pelo OGMO, sempre que um operador portuário requisitar o trabalho [de modo que] o trabalhador não se vincula, de forma constante, a nenhum operador portuário.*

(...)

O cadastrado, no regime atual, complementa as equipes de trabalho na falta do registrado, ou seja, quando os registrados aptos ao trabalho não são suficientes para o preenchimento das equipes. Cuida-se de uma reminiscência de uma prática anterior à vigência da Lei de Modernização dos Portos. Antes da Lei n. 8.630/93, existia a figura do trabalhador que compunha a força supletiva. Era aquele que, sem ser inerente ao sistema, completava as equipes." PINTO, Cristiano Paixão Araújo; FLEURY, Ronaldo Curado. *A modernização dos portos e as relações de trabalho no Brasil. Doutrina, legislação e jurisprudência.* Porto Alegre: Síntese, 2004. p. 29-30.

obra terceirizada com vistas ao desempenho de suas atividades finalísticas, assim compreendidas aquelas inerentes à movimentação das cargas próprias e de terceiros.[9]

Sendo assim, a subsistência de múltiplos regimes laborais nos terminais portuários e a coexistência de diversos gestores de mão de obra e dos fatores de produção (operadores portuários, OGMO, empresas prestadoras de serviços etc.) passou a suscitar controvérsias a respeito da responsabilização de cada uma dessas figuras pela prevenção e pela reparação dos danos labor-ambientais passíveis de ser experimentados pelos trabalhadores em decorrência da organização deficiente de seus locais de trabalho.

Nesse sentido, as discussões perpassam questões como a responsabilização dos operadores portuários e dos armadores pela integridade psicofísica dos trabalhadores avulsos arregimentados pelo OGMO e dos terceirizados que lhes prestam serviços sem manter, com eles, vínculos empregatícios.

À luz do paradigma labor-ambiental, contudo, tais controvérsias não se resolvem por intermédio da cisão das responsabilidades atribuídas às entidades estabelecidas nos portos em função do vínculo contratual a abranger os trabalhadores que lhes prestam serviços. A premissa, aqui, reside no fato de que o meio ambiente do trabalho a circundar de maneira idêntica e incindível os referidos obreiros — sejam eles empregados, avulsos ou terceirizados — é caracterizado, indistintamente, pelos mesmos riscos físicos, químicos, biológicos e ergonômicos a afetar, de igual modo, a integridade psicofísica de quem quer que desempenhe suas atividades laborais naquele espaço.

Tal vicissitude foi captada de modo pleno por José Martins Catharino que, ao discorrer sobre a conceituação formulada na Lei n. 8.630/93 (Lei de Modernização dos Portos), formulou didática analogia entre os agentes da organização do trabalho portuário e os elementos inerentes às artes cênicas, de modo a indicar que os trabalhadores empregados, avulsos e terceirizados, enquanto *protagonistas* do labor portuário, partilham idêntico *palco* (ou seja, o *porto*), igualando-se, portanto, no que diz respeito às condições de trabalho a lhes circundar.[10]

De fato, a análise a respeito dos riscos labor-ambientais presentes nos portos, a ser formulada no item subsequente, atesta de maneira plena que os trabalhadores empregados, avulsos e terceirizados encontram-se submetidos às mesmas ameaças de cunho físico, químico, biológico e ergonômico, de modo que a limitação da responsabilidade dos gestores dos locais de trabalho em função do regime de contratação da mão de obra mostra-se meramente artificial.

Ver-se-á, de igual modo, que a identidade existente entre as condições labor-ambientais a permear os sobreditos obreiros é reconhecida pelo ordenamento jurídico doméstico, com destaque para a Lei n. 12.815/2013 e para a NR-29, bem como pelas Convenções ns. 137 e 152 ratificadas pelo Brasil, de modo a ensejar a responsabilização conjunta dos operadores portuários, do OGMO e das empresas prestadoras de serviços pela integridade psicofísica dos trabalhadores ativados nas funções de capatazia, estiva, conferência, conserto, bloco e vigilância.

2.2 Os riscos labor-ambientais inerentes ao trabalho portuário

Tal como um reflexo do próprio País, a realidade constatada nos portos brasileiros indica a existência de uma notória assimetria no que diz respeito ao desenvolvimento tecnológico dos diversos terminais. Coexistem, desse modo, portos dotados de ampla mecanização e outras estruturas que ainda se valem, primordialmente, do trabalho braçal de capatazes e de estivadores para a movimentação dos volumes nos armazéns, molhes e navios.[11]

---

(9) Nesse sentido, o Tribunal Superior do Trabalho teve a oportunidade de analisar diversas situações a envolverem a terceirização nos terminais portuários.

Importa ressaltar, todavia, que tais julgados são anteriores ao julgamento da Arguição de Descumprimento de Preceito Fundamental n. 324/DF e do Recurso Extraordinário com Repercussão Geral n. 958.282/MG, em que o Supremo Tribunal Federal elidiu a distinção formulada na jurisprudência do Tribunal Superior do Trabalho entre as *atividades-meio* e as *atividades-fim*, para efeitos de terceirização.

A título exemplificativo, vide:

BRASIL: TRIBUNAL SUPERIOR DO TRABALHO. RECURSO DE REVISTA N. 91700-02.2009.5.09.0411. RELATOR: Min. José Roberto Freire Pimenta. 2ª Turma. DJ: 2.12.2016;

BRASIL: TRIBUNAL SUPERIOR DO TRABALHO. RECURSO DE REVISTA N. 49500-82.2009.5.17.0014. RELATORA: Desembargadora Convocada Cilene Ferreira Amaro Santos. 4ª Turma. DJ: 11.11.2016;

BRASIL: TRIBUNAL SUPERIOR DO TRABALHO. AGRAVO DE INSTRUMENTO NO RECURSO DE REVISTA N. 23300-90.2008.5.17.0008. RELATORA: Min. Kátia Magalhães Arruda. 6ª Turma. DJ: 3.6.2016.

(10) CATHARINO, José Martins. *O novo sistema portuário brasileiro.* Rio de Janeiro: Destaque, 1994. p. 6-18.

(11) PINTO, Cristiano Paixão Araujo; FLEURY, Ronaldo Curado. *A modernização dos portos e as relações de trabalho no Brasil. Doutrina, legislação e jurisprudência.* Porto Alegre: Síntese, 2004. p. 51-52.

A situação ora descrita denota, inexoravelmente, um contexto em que os riscos osteomusculares clássicos experimentados pelos trabalhadores portuários desde a antiguidade, decorrentes do manuseio frequente e inadequado de pesados fardos, convivem com os novas ameaças advindas da mecanização, da implantação de metodologias de gestão baseadas no ritmo frenético do trabalho com vistas ao aumento da produtividade e da movimentação e do armazenamento de uma miríade de substâncias potencialmente nocivas.

Nesse sentido, os estudos levados à cabo pelos especialistas das áreas de saúde e segurança no trabalho corroboram com tais conclusões, na medida em que atestam a presença constante, nos terminais portuários brasileiros, (i) da alta possibilidade de ocorrência de acidentes laborais decorrentes de equipamentos em estado precário de conservação, (ii) de exposição a substâncias químicas tóxicas (em especial, poeiras e gases) e a micro-organismos nocivos, (iii) de riscos de atingimento por explosões ocorridas em instalações da área do porto e (iv) de condições ergonômicas inadequadas.

A título ilustrativo, a exposição formulada pelo pesquisador Antônio Carlos Garcia Júnior, da FUNDACENTRO, acerca dos *Riscos à Saúde dos Trabalhadores na Operação Portuária* atesta que mesmo nos terminais onde a movimentação de cargas é realizada por intermédio de processos mecanizados, o risco de acidentes de trabalho é elevado em decorrência, entre outros fatores, de *"guindastes de bordo sem manutenção adequada"*, de *"acessórios de estivagem ou componentes dos guindastes, como cabos de aço sem inspeção prévia ou manutenção preventiva"* e de *"moegas e ou estruturas metálicas antigas com corrosão ou danos visíveis sendo utilizadas normalmente"*.[12]

Para além disso, o levantamento de dados implementado pela bióloga Íris Regina Fernandes Poffo, em tese de doutorado apresentada ao Programa de Pós-Graduação em Ciências Ambientais da Universidade de São Paulo — USP sob o título *Gerenciamento de Riscos Socioambientais no Complexo Portuário de Santos na Ótica Ecossistêmica* atesta a ocorrência de inúmeros acidentes com materiais tóxicos — tais como acetato de etila, ácido muriático, hidróxido de amônio, entre outros — ocorridos durante seu manuseio na área do porto organizado de Santos-SP.[13]

Nesse mesmo sentido, o farto histórico de vazamentos e explosões ocorridos em terminais portuários destinados ao armazenamento de substâncias químicas (p. ex: hidrocarbonetos, fertilizantes, solventes etc.) contribui para a presença constante da possibilidade de contato com agentes tóxicos por parte dos trabalhadores portuários empregados, avulsos e terceirizados. Como exemplos recentes de tais eventos, tem-se a explosão ocorrida nas instalações da empresa *Ultracargo* situadas no Porto de Santos-SP em 2.4.2015 e o grave vazamento de dicloroisocianurato de sódio ocorrido no terminal de contêineres da empresa *Localfrio* no dia 15.1.2016, em área portuária situada no município do Guarujá-SP.

No que diz respeito aos riscos físicos e ergonômicos, os especialistas em saúde e segurança do trabalho apontam, igualmente, a presença constante e unânime de tais fatores no ambiente laboral a circundar os trabalhadores portuários empregados e avulsos, indicando, em particular, o desempenho de trabalho em posições corporais incômodas, sob níveis elevados de ruído e de vibração ou em contato frequente com baixas temperaturas, bem assim o intenso desgaste psicofísico decorrente da metodologia dos ganhos vinculados à produtividade, conforme observado por Jorgana Fernanda de Souza Soares e por Marlise Capa Verde de Almeida em seus estudos sobre o tema intitulados, respectivamente, *Percepção dos trabalhadores avulsos sobre os riscos ocupacionais no porto do Rio Grande, Rio Grande do Sul, Brasil* e *Trabalhador portuário: perfil de doenças ocupacionais diagnosticadas em serviço de saúde ocupacional.*[14]

Já quanto aos riscos biológicos, é igualmente notório o potencial de contaminação dos trabalhadores portuários por doenças transmitidas por pombos e por ratos, especialmente a *criptococose* e a *leptospirose*, em decorrência do descarregamento, do armazenamento e do embarque a céu aberto e em silos de cereais como trigo, cevada e malte.[15]

---

(12) GARCIA JÚNIOR. *Riscos à saúde dos trabalhadores nas operações portuárias.* Disponível em: <http://www.antaq.gov.br/Portal/pdf/Palestras/Forum_Saude_Seguranca_Trabalhador_Portuario_20 4/Antonio_Carlos_Riscos_a_Saude_no_Trabalho_Portuario.pdf>. Acesso em: 16 nov. 2018.

(13) POFFO, Íris Regina Fernandes. *Gerenciamento de riscos socioambientais no Complexo Portuário de Santos na ótica ecossistêmica.* São Paulo: Universidade de São Paulo, 2007.

(14) SOARES, Jorgana Fernanda de Souza *et alii.* Percepção dos trabalhadores avulsos sobre os riscos ocupacionais no porto do Rio Grande, Rio Grande do Sul, Brasil. *Cad. Saúde Pública*, Rio de Janeiro, 24(6):1251-1259, jun, 2008;

ALMEIDA, Marlise Capa Verde de *et alii.* Trabalhador portuário: perfil de doenças ocupacionais diagnosticadas em serviço de saúde ocupacional. Disponível em: <http://www.scielo.br/pdf/ape/v25n2/a18v25n2.pdf>. Acesso em: 14 nov. 2018.

(15) *Vide,* nesse sentido:

AGUIAR, Mariana Baioco; LUCIANO. Luzimar. Avaliação dos riscos de contaminação relacionados com a superpopulação de Columbia Viva (pombos) em trabalhadores portuários avulsos. In: *Revista Brasileira de Pesquisa em Saúde* 2011; 13(3): 43-49;

FUNDACENTRO. *Manual técnico da NR-29. Segurança e saúde no trabalho portuário.* São Paulo: FUNDACENTRO, 2014. p. 142-144.

Da breve amostragem ora formulada, observa-se de plano que as condições labor-ambientais a circundarem os trabalhadores portuários empregados, avulsos e terceirizados são caracterizadas pela presença de uma série de riscos de ordem física, química, biológica e ergonômica. Tais fatores a comprometerem em potencial a integridade psicofísica dos referidos obreiros constituem, exatamente, o objeto nuclear de um abrangente sistema normativo a integrar o ordenamento jurídico pátrio.

2.3 A regulamentação específica do meio ambiente do trabalho portuário

Tal como a generalidade dos trabalhadores, os portuários são titulares do direito fundamental ao *meio ambiente adequado*, a teor dos arts. 7º, XXII, 193 e 225, *caput,* da Constituição Federal, cujo teor lhes assegura a proteção contra os riscos inerentes ao trabalho e a garantia inerente ao bem-estar como diretriz norteadora da ordem social. Especificamente no que diz respeito ao labor portuário, a Carta Magna estabelece em seu art. 7º, XXXIV a *"igualdade de direitos entre o trabalhador com vínculo empregatício permanente e o trabalhador avulso".*[16]

Em plena consonância com tais diretrizes, o Brasil ratificou em 31.7.1995 a Convenção n. 137 da OIT, a preconizar em seu art. 6º que os estados signatários *"farão com que as regras adequadas, referentes à segurança, higiene, bem-estar e formação profissional dos trabalhadores, sejam aplicadas aos portuários."* E de modo ainda mais incisivo, o País inseriu em seu ordenamento jurídico, em 19.9.1990, a Convenção n. 152 da OIT, a ter por objeto específico *"a segurança e higiene nos trabalhos portuários".*

Já em seu art. 3º, a Convenção n. 152 da OIT rompe com a dicotomia artificialmente criada entre empregados, avulsos e terceirizados para fins de inserção no meio ambiente do trabalho, deixando assente que a expressão *trabalhador* a ser utilizada nos dispositivos subsequentes abrange *"toda pessoa ocupada nos trabalhos portuários".* Com base em tal premissa, o texto do referido tratado estabelece nos arts. 4º e 8º que os Estados signatários e os empregadores encontram-se comprometidos com a implementação em concreto das medidas destinadas à eliminação dos riscos à integridade psicofísica dos referidos obreiros, aí incluídas a prevenção contra incêndios e explosões (art. 4º, § 2º, "b"), a construção e a manutenção adequadas dos equipamentos de capatazia e transbordo (art. 4º, § 2º, alíneas "e" a "k"), o controle em relação ao contato com substâncias perigosas (art. 4º, § 2º, "l") e o oferecimento dos treinamentos e das informações necessárias (art. 4º, § 2º, "r"), dentre outras.

E ainda na linha a preconizar o rompimento com a dicotomia entre os trabalhadores portuários, o art. 5º da Convenção n. 152 da OIT prescreve como diretriz geral a ser seguida pelas legislações nacionais a corresponsabilidade dos empregadores, dos armadores e dos órgãos de gestão de pessoal pela implementação das medidas previstas em seus arts. 4º e 8º, destacando de modo expresso que tal premissa decorre da ambivalência dos fatores de risco para todos aqueles trabalhadores a desempenharem suas atividades no ambiente portuário, independentemente da natureza de seus vínculos laborais.

Em total alinhamento com a diretriz emanada da Convenção n. 152 nesse particular, o art. 33, § 2º, da Lei n. 12.815/2013 — a estabelecer o atual regime de exploração dos portos nacionais — classificou os operadores portuários (empregadores) e os Órgãos Gestores de Mão de Obra — OGMOs como responsáveis solidários pelos danos resultantes de acidentes de trabalho e de doenças ocupacionais experimentados pelos trabalhadores.

E em relação aos trabalhadores terceirizados ativados nos portos, convém salientar que o Código Civil vigente encampou no art. 927, parágrafo único, a teoria do risco-atividade, a vincular o dever de reparar os danos àqueles sujeitos que criam os riscos profissionais (poluição) e que extraem proveito econômico destes últimos. Por isso mesmo, o diploma em comento enfatizou nos arts. 932, III e 933 a solidariedade a permear a responsabilidade entre o empregador (empresa interposta prestadora de serviços) e o comitente (tomador de serviços) pelas lesões ocasionadas em decorrência das operações por eles desempenhadas, tendo tal entendimento encontrado, inclusive, amplo respaldo na jurisprudência do Tribunal Superior do Trabalho.[17]

---

(16) MELO, Raimundo Simão de. *Direito ambiental do trabalho e a saúde do trabalhador.* 5. ed. São Paulo: LTr, 2013. p. 34-35.

(17) Nesse sentido:

BRASIL: TRIBUNAL SUPERIOR DO TRABALHO. AGRAVO DE INSTRUMENTO NO RECURSO DE REVISTA N. 2658-50.2010.5.02.0362. RELATOR: Desembargador Convocado Marcelo Lamego Pertence. 1ª Turma. DJ: 1º.7.2016;

BRASIL: TRIBUNAL SUPERIOR DO TRABALHO. AGRAVO DE INSTRUMENTO NO RECURSO DE REVISTA N. 330-82.2012.5.15.0050. RELATOR: Min. Maurício Godinho Delgado. 3ª Turma. DJ: 19.8.2016;

BRASIL: TRIBUNAL SUPERIOR DO TRABALHO. AGRAVO DE INSTRUMENTO NO RECURSO DE REVISTA N. 1773-11.2011.5.15.0145. RELATORA: Min. Dora Maria da Costa. 8ª Turma. DJ: 4.9.2015.

Nesse mesmo sentido, a NR-29, editada pelo Ministério do Trabalho e dedicada à *"segurança e saúde no trabalho portuário"*, não faz qualquer distinção entre trabalhador empregado, avulso e terceirizado para fins de submissão aos seus preceitos. Ao revés, a referida normativa deixa expresso no item 29.1.2 que suas disposições se aplicam, indistintamente, a todos os trabalhadores que exerçam atividades nos portos organizados, retroportos e nas instalações portuárias de uso privativo, estejam ou não situadas em área de porto organizado.

Na sequência, a NR-29 estabelece em seus itens 29.3 a 29.6 uma série de obrigações aos operadores portuários, ao OGMO e aos tomadores de serviços com vistas ao resguardo da integridade da saúde dos trabalhadores portuários em face daqueles riscos físicos, químicos, biológicos e ergonômicos constatados nos terminais e navios atracados ou fundeados. Destacam-se, dentre tais prescrições, a imposição de cuidados relativos ao embarque e desembarque de volumes e contêineres (itens 29.3.1 e seguintes), ao contato com substâncias potencialmente nocivas em tais operações (itens 29.3.4.14, 29.3.7.5, 29.3.8.5.3 e 29.3.9.6.2), à disponibilização de instalações sanitárias e de repouso adequadas (itens 29.4.1 e seguintes), ao manejo e ao armazenamento de cargas perigosas (29.6.1 e seguintes) e ao treinamento e ao repasse de informações aos obreiros sobre os riscos inerentes à manipulação de tais cargas (item 29.6.3.5).[18]

E para além das obrigações impostas aos operadores portuários e aos OGMOs, a NR-29 inova, em alinhamento com as diretrizes constantes da Convenção n. 152 da OIT, no sentido de estabelecer deveres de prevenção de riscos também para os armadores (proprietários ou locatários das embarcações) e aos seus representantes no País. Nesse sentido, a normativa em comento estabelece para os referidos sujeitos, nos itens 23.3.5.9, 29.3.5.11, 29.3.5.15, 29.3.5.16, 29.3.5.17, 29.3.5.22, 29.4.3, 29.6.3.1.1, e 29.6.3.3, as obrigações concernentes (i) à manutenção em bom estado dos equipamentos de guincar e dos acessórios de bordo, (ii) à aposição de sinalização adequada e compreensível em tais aparatos, (iii) ao oferecimento de instalações sanitárias adequadas para os trabalhadores da estiva durante a realização de suas atividades a bordo, (iv) ao encaminhamento, para o OGMO, de memorial descritivo a respeito de cargas perigosas transportadas e (v) a observância acerca das medidas definidas em plano de emergência a respeito de tais volumes.

Vê-se, portanto, que os dispositivos do ordenamento jurídico pátrio concernentes à tutela do meio ambiente do trabalho portuário encontram-se alinhados em um sistema coerente que parte dos arts. 7º, XXII, XXXIV, 193 e 225, *caput,* da Constituição Federal, percorre as Convenções n. 137 e 152, bem assim a Lei n. 12.815/2013 e culmina com a NR-29, permeado pela ideia-guia a propalar o oferecimento de condições de labor adequadas ao resguardo da integridade psicofísica dos obreiros e a igualdade dos trabalhadores portuários empregados, avulsos e terceirizados para fins de incidência das normas labor-ambientais.

3   TRABALHADORES MARÍTIMOS

Tal como o trabalho portuário, o labor desempenhado pelos marítimos experimentou notória evolução tecnológica, especialmente nos séculos que sucederam a Revolução Industrial. Hoje, as embarcações de cargas e de passageiros apresentam um nível de segurança, mas também de complexidade operacional, significativamente mais elevado do que aquele verificado nas etapas históricas da navegação mercante, a ter seu início com os barcos fenícios e gregos da antiguidade, passando pelas caravelas portuguesas e espanholas da era mercantilista e desaguando nos motores a vapor da era industrial.

Paralelamente a isto, as atividades desempenhadas pelos trabalhadores marítimos transcenderam as clássicas tarefas concernentes à navegação e à pesca em alto mar, passando a abranger os extenuantes trabalhos realizados pelos operadores ativados nas plataformas petrolíferas e pelos mergulhadores.

Com o expressivo avanço tecnológico a afetar os locais e os instrumentos de trabalho dos marítimos e com as próprias mutações experimentadas pelas ocupações a caracterizarem-no, os riscos inerentes ao labor nos oceanos foram igualmente incrementados, para muito além daqueles clássicos distúrbios enfrentados pelos *homens do mar,* de amplo conhecimento desde a navegação a remo e a vela desempenhada na antiguidade.

Da mesma forma com que vem ocorrendo em relação ao trabalho portuário, as legislações no plano doméstico e internacional — especialmente no âmbito da OIT e da OMI (Organização Marítima Internacional) — vêm se

---

(18) Para uma descrição mais precisa de tais diretrizes, *vide*:

FUNDACENTRO. *Manual técnico da NR-29. Segurança e saúde no trabalho portuário.* São Paulo: FUNDACENTRO, 2014. p. 61-235.

453

dedicando ao enfrentamento dos riscos antigos e novos concernentes ao trabalho marítimo, cujas complexas nuances constituem, ainda nos dias atuais, um instigante desafio tanto para aqueles que se dedicam à elaboração das normativas sobre o tema, quanto para os que irão aplicá-las aos casos práticos.

3.1 Aspectos inerentes à organização do trabalho marítimo

O trabalho marítimo, em todas as suas variações, encontra-se conceitualmente relacionado ao desempenho de atividades a bordo de navios, barcos ou plataformas petrolíferas situadas em alto mar, de modo a demandar dos trabalhadores o afastamento de seus lares por longos períodos de tempo, bem assim o exercício de extenuantes jornadas de trabalho sob condições adversas, o que acaba por gerar, fatalmente, severos impactos em sua integridade psicofísica.

A categoria profissional com maior identificação histórica e cultural ao trabalho marítimo faz-se representada, indubitavelmente, pelos oficiais e tripulantes da marinha mercante que, embarcados em navios cargueiros ou de cruzeiro, operacionalizam o deslocamento de mercadorias e de passageiros através dos portos domésticos (cabotagem) e internacionais (navegação de longo curso). Há, de igual modo, os trabalhadores ativados nas plataformas de petróleo situadas em alto-mar, que, com seu labor, viabilizam a extração daquele combustível fóssil, os obreiros dedicados à pesca industrial e comercial e os chamados *trabalhadores submersos*, exemplificados, em grande medida, pelos mergulhadores, que executam tarefas de extrema complexidade tais como reparos em instalações situadas em grandes profundidades e resgates.

Por envolver a mobilidade entre territórios submetidos a diferentes autoridades nacionais, o trabalho marítimo realizado a bordo de embarcações sempre envolveu — e ainda envolve — significativas controvérsias a respeito da aplicação das leis no espaço. De fato, não é incomum se deparar com situações a envolverem conflitos entre as jurisdições do porto onde o navio se encontra fundeado, da bandeira sob a qual a embarcação está registrada e da nacionalidade da tripulação, sem falar nas questões relativas à aplicabilidade ou não das normativas internacionais referentes ao tema, a depender das nuances do caso concreto.

A questão adquiriu complexidade ainda maior ante a proliferação do fenômeno das *bandeiras de conveniência*, a consistir, sinteticamente, no registro de navios construídos em um determinado país, em uma terceira nação que não guarda, a princípio, relação alguma com o país de origem das embarcações. Tal prática tem por intuito a redução dos custos operacionais por parte dos armadores, já que os Estados a servirem de *hospedeiros* ou *facilitadores* possuem exigências consideravelmente flexíveis em relação a uma série de fatores, aí incluídos os cuidados necessários com o meio ambiente em geral e com as instalações e equipamentos disponibilizados aos trabalhadores.[19]

Anteriormente à difusão das *bandeiras de conveniência*, a questão em torno do ordenamento jurídico aplicável à tripulação no que concerne aos assuntos relacionados à saúde e à segurança do trabalho marítimo era resolvida, em geral, à luz da prevalência da chamada *lei do pavilhão*. Segundo tal sistemática, adotada expressamente pelos arts. n. 198 e 281 do *Código Bustamante* (ratificado pelo Brasil por intermédio do Decreto n. 18.871, de 13.8.1929), seria aplicável a tais controvérsias o ordenamento da bandeira do país envergada pelo navio, com esteio na presunção de que este último era o país de registro da embarcação.[20]

No entanto, com a generalização daquela prática deletéria, passou-se a suscitar o conceito vago de *ordem pública* constante do art. 17 da Lei de Introdução às Normas do Direito Brasileiro (Decreto-Lei n. 4.657, de 4.9.1942) e do próprio art. 3º do *Código Bustamante* para afastar a aplicação da *lei do pavilhão*, nas hipóteses em que o trabalho marítimo era desempenhado em embarcações a envergarem *bandeiras de conveniência*.[21]

A despeito da tese a propalar a noção legal de *ordem pública* como limitador da aplicação do direito vigente nos países originários das *bandeiras de conveniência*, a tendência hodiernamente verificada na doutrina e na jurisprudência

---

(19) Para um conceito de *bandeira de conveniência*, vide:

SILVA. Marcus Edmar Ramos Alvares da; TOLEDO. André de Paiva. Vínculo substancial e as bandeiras de conveniência: consequências ambientais decorrentes dos navios com registros abertos. *Revista de Direito Internacional*, Brasília, v. 13, n. 2, 2016. p. 159-177.

(20) *"Art. 198. Tambem é territorial a legislação sobre accidentes do trabalho e protecção social do trabalhador."*

"Art. 281. As obrigações dos officiaes e gente do mar e a ordem interna do navio subordinam-se á lei do pavilhão."

(21) Sobre o conceito de *ordem pública* no direito internacional privado, vide:

ESPÍNOLA, Eduardo; ESPÍNOLA FILHO, Eduardo. *A Lei de Introdução ao Código Civil Brasileiro. Volume 3º*. 3. ed. Rio de Janeiro: Renovar, 1999. p. 387-401;

DOLINGER, Jacob. *Direito internacional privado*. Parte Geral. 7. ed. Rio de Janeiro: Renovar, 2003. p. 391-394.

especializadas aponta para a prevalência da teoria do *centro de gravidade,* também denominada *most significant relationship,* a propalar a incidência do ordenamento jurídico do país com o qual a causa em análise possuir maior ligação, independentemente do pavilhão ostentado pela embarcação.[22]

A adoção de tal tese por diversos países encontra respaldo no art. 91, § 1º da *Convenção das Nações Unidas sobre o Direito do Mar,* ratificada pelo Brasil por intermédio do Decreto n. 99.165, de 22.3.1990, a preconizar de modo expresso que a despeito da nacionalidade das embarcações serem relacionadas às bandeiras por elas envergadas, *"deve existir um vínculo substancial entre o Estado e o navio".*

A teoria do *centro de gravidade* vem sendo sistematicamente aplicada pela Justiça do Trabalho não apenas para resguardar a incidência da legislação pátria às relações de labor marítimo que guardam estreitas e visíveis relações com o País (p. ex: no caso dos tripulantes nacionais de cruzeiros contratados para o desempenho de atividades em navios de bandeira estrangeira a terem, em sua rota, localidades situadas na costa brasileira), como também para atrair a competência do Poder Judiciário para o conhecimento e julgamento de tais questões, à luz do art. 651, § 3º, da CLT e do art. 21 do Código de Processo Civil vigente.[23]

É importante salientar, todavia, que os cinco países a reunirem as maiores frotas de *bandeiras de conveniência* (a saber: Panamá, Libéria, Bahamas, Ilhas Marshall e Hong Kong, representado em suas relações internacionais pela China) ratificaram a recente *Convenção Consolidada sobre o Trabalho Marítimo da OIT de 2006* que traz em seus dispositivos normas mais precisas e rigorosas a respeito da organização do meio ambiente de trabalho nas embarcações e que permite, inclusive, a fiscalização quanto ao cumprimento de suas diretrizes pelo Estado em cujo porto os navios se encontrarem fundeados.

Desse modo, o Brasil, cujos nacionais têm sido prejudicados em seus direitos pela prática concernente às *bandeiras de conveniência,* terá maiores condições de exigir dos armadores e de seus representantes no País o oferecimento de condições adequadas de trabalho às tripulações ali ativadas e a eliminação dos riscos labor-ambientais presentes nas embarcações, de modo a dar concretude prática ao sistema normativo formado, em sua cúpula, pela Constituição Federal e pelas Convenções ns. 163, 164 e 178 da OIT e, em sua base, pelos arts. 248 a 252 da CLT e pela NR-30.

3.2 Os riscos labor-ambientais inerentes ao trabalho marítimo

Quanto aos riscos labor-ambientais inerentes ao trabalho marítimo, há os comuns a todas as categorias de trabalhadores a desempenharem atividades em alto-mar, e aqueles especificamente relacionados ao trabalho nos navios de cargas e passageiros, nos barcos de pesca industrial e comercial, nas plataformas de petróleo e no desempenho do mergulho em águas profundas.

Os riscos comuns à generalidade das atividades relacionadas ao trabalho no mar são aqueles próprios da rudeza do ambiente marítimo, caracterizado por mudanças abruptas de temperatura, por intempéries climáticas como tem-

---

(22) Nesse sentido:

ARAÚJO, Nadia de. *Direito Internacional Privado.* 3. ed. Rio de Janeiro: Renovar, 2006. p. 46.

(23) *"Art. 651. A competência das Varas do Trabalho é determinada pela localidade onde o empregado, reclamante ou reclamado, prestar serviços ao empregador, ainda que tenha sido contratado noutro local ou no estrangeiro.*

(...)

§ 3º. Em se tratando de empregador que promova realização de atividades fora do lugar do contrato de trabalho, é assegurado ao empregado apresentar reclamação no foro da celebração do contrato ou no da prestação dos respectivos serviços."

(...)

"Art. 21. Compete à autoridade judiciária brasileira processar e julgar as ações em que:

I — o réu, qualquer que seja a sua nacionalidade, estiver domiciliado no Brasil;

II — no Brasil tiver de ser cumprida a obrigação;

III — o fundamento seja fato ocorrido ou ato praticado no Brasil.

Parágrafo único. Para o fim do disposto no inciso I, considera-se domiciliada no Brasil a pessoa jurídica estrangeira que nele tiver agência, filial ou sucursal."

Como exemplos de julgados proferidos nesse sentido, *vide:*

BRASIL: TRIBUNAL REGIONAL DO TRABALHO DA 2ª REGIÃO. RECURSO ORDINÁRIO N. 0001079-39.2015.5.02.0444. RELATOR: Desembargador Nelson Bueno do Prado. 16ª Turma. DJ: 5.10.2016;

BRASIL: TRIBUNAL REGIONAL DO TRABALHO DA 2ª REGIÃO. RECURSO ORDINÁRIO N. 0001318732014502002. RELATOR: Desembargador Jomar Luz de Vassimon Freitas. 5ª Turma. DJ: 18.10.2016;

BRASIL: TRIBUNAL REGIONAL DO TRABALHO DA 17ª REGIÃO. RECURSO ORDINÁRIO N. 0114400-11.2012.5.17.0001. RELATOR: Desembargador Marcelo Macial Mancilha. 2ª Turma. DJ: 1º.7.2015.

pestades, furacões e tufões, pelos rigorosos regimes de correntes e marés, pela presença de obstáculos físicos potencialmente letais, como rochedos e *icebergs,* dentre outros.

Ao lado de tais ameaças, a irmanar todos aqueles que se lançam ao mar para obter seu sustento, há os riscos específicos de cada uma das sobreditas profissões marítimas. Nesse sentido, os oficiais e tripulantes das embarcações mercantes de cabotagem e de longo curso encontram-se sujeitos não apenas a longas jornadas com vistas à manutenção das condições de operação dos navios, como também às constantes interrupções dos períodos de descanso e sono no interesse do labor por eles desempenhado.

Tais fatores de desgaste se somam aos longos períodos de afastamento do ambiente familiar e de confinamento em alto mar impostos aos referidos trabalhadores, o que acaba por afetar-lhes, invariavelmente, a saúde mental, de modo a acarretar a manifestação de doenças psicossomáticas como, por exemplo, a depressão, conforme já havia notado Bernardino Ramazzini em seu tratado do século XVII.[24]

Nesse sentido, o desgaste psicofísico ocasionado pelo estresse resultante da árdua organização dos fatores de trabalho nas atividades marítimas vem sendo objeto de inúmeros estudos a demonstrarem, com precisão, a correlação entre estes últimos e aquelas graves doenças de cunho psicossomático. Não obstante, a própria OMI alerta em publicação específica sobre o tema para o fato de que a fadiga é um potencial indutor de acidentes laborais, haja vista as alterações por ela ocasionada nas habilidades psicomotoras, na velocidade e na intensidade dos reflexos, na capacidade de coordenação, na tomada de decisões e no próprio equilíbrio emocional.[25]

Para além dos fatores psicossomáticos ora indicados, os trabalhadores ativados na navegação mercantil encontram-se sujeitos (i) a níveis elevados de ruído e vibrações provenientes dos motores e das complexas instalações elétricas e hidráulicas, (ii) à iluminação deficiente, (iii) à queda de alturas elevadas, (iv) ao desconforto térmico e ergonômico, (v) à possibilidade de serem afetados por explosões nas caldeiras, vasos de pressão, motores e maquinário em geral, (vi) ao contato com substâncias químicas (como o amianto, por exemplo, que se faz presente no revestimento térmico dos cascos e das caldeiras, especialmente dos navios mais antigos), (vii) à aspiração de gases e vapores tóxicos em locais de trabalho pouco arejados e (ix) aos riscos biológicos decorrentes da proliferação de micro-organismos no ambiente confinado dos navios.[26]

No que diz respeito especificamente à pesca industrial e comercial em alto mar, os riscos físicos, biológicos, químicos e ergonômicos a afetarem os trabalhadores marítimos ativados na navegação mercantil também se fazem presentes, com uma série de agravantes decorrentes das peculiaridades inerentes a tal labor. De fato, a estrutura mais enxuta das embarcações aliada ao número reduzido de tripulantes exige dos obreiros jornadas mais intensas em condições extremas de temperatura, ruído e umidade, com diminutas horas de repouso e de sono, o que acaba por contribuir, inexoravelmente, para o aumento da fadiga e para o aparecimento de doenças de cunho psicossomático.[27]

Ademais, o desempenho de inúmeras atividades ao ar livre no convés dos navios, muitas vezes próximas aos anteparos, sujeitam os obreiros a riscos mais elevados de choques e de lesões osteomusculares, decorrentes do próprio balanço das embarcações, não sendo incomum, em tais casos, a queda de trabalhadores no mar. Há, ainda, os riscos decorrentes do manuseio dos artefatos de pesca (redes, armadilhas, cabos, linhas, anzóis etc.) e dos próprios

---

(24) Segundo o autor:

"Os nautas estão submetidos a contínuas vigílias; e como de sua vigilância depende a salvação de todos os que estão no navio, mal têm tempo de conciliar o sono, caso deles se apodere a tristeza, da qual sofrem mesmo dormindo, por trazê-la sempre no espírito." RAMAZZINI, Bernardino. Trad. Estrêla. Raimundo. *As doenças dos trabalhadores.* São Paulo: FUNDACENTRO, 2000. p. 264.

(25) No original:

"Fatigue [is] a reduction of a physical and/or mental condition, resulting from physical stress. It may impair almost all psycho-physical abilities including: power, speed, reaction time, coordination, decision making, and/or emotional balance." INTERNATIONAL MARITIME ORGANIZATION (IMO). *Guidance on fatigue mitigation and management.* MSC/Circ. 1014, June 2001. London: International Maritime Organization, 2001.

Sobre o nexo causal entre as condições labor-ambientais inerentes à marinha mercante e as doenças psicossomáticas, *vide:*

OLDENBURG. Marcus *et alii. Seafaring stressors aboard merchant and passenger ships.* International Journal of Public Health. 2009; 54; 96-105;

CAROTENUTO. Anna *et alii. Psychological stress in seafarers: a review.* International Maritime Health. 2012; 63, 4: 188-194;

EL-SHERIEF-CAPITAIN. Mohamed Soliman; ELNABAWY. Mohamed Nabil. *Impact of fatigue on seafarer´s performance.* International Journal of research in Engeneering & Technology. Vol. 3, Issue 10, Oct 2015, 87-100.

(26) *Vide,* a propósito:

SOLINO, Maria de Nazareth da Fonseca. *Trabalho em convés de navios químicos:* um estudo sobre os riscos à saúde. Rio de Janeiro: Escola Nacional de Saúde Pública, 1998. Disponível em: <http://www.arca.fiocruz.br/handle/icict/5254>. Acesso em: 16 nov. 2018;

(27) RIOS, Antoniel de Oliveira *et alii.* Doenças em trabalhadores da pesca. *Revista Baiana de Saúde Pública,* Salvador, v. 35, n. 1. p. 175-188, jan-mar/2011.

pescados, a acarretarem a possibilidade de cortes na pele (mãos e braços, principalmente), de infecções por agentes biológicos e, em casos mais extremos, de amputação de membros.[28]

Já os petroleiros em atividade nos navios-tanque e nas plataformas não só se encontram submetidos às agruras inerentes ao confinamento, às jornadas prolongadas, às restrições ao descanso e à exposição a riscos físicos, químicos e ergonômicos, como também sujeitam-se de maneira frequente a acidentes potencialmente fatais, conhecidas no jargão técnico como *kick* (entrada de fluidos inflamáveis em um poço) e *blow out* (vazamento de gás ou líquido para o meio ambiente), cuja ocorrência tem o condão de ocasionar explosões e incêndios de grandes proporções.[29]

E, por fim, os trabalhadores marítimos que atuam em regime de submersão (*vg*: mergulhadores ativados na reparação de plataformas petrolíferas e no resgate de naufrágios) têm como principais riscos labor-ambientais inerentes ao seu trabalho a submissão à elevada pressão existente nas grandes profundidades e a possibilidade quanto à manifestação de uma série de patologias barométricas (p. ex: doença descompressiva, perfuração da membrana do tímpano, osteonecrose, otite e sinusite barotraumáticas, dentre outras), para além da potencial invalidez permanente ou até mesmo morte em decorrência de falhas no processo de readaptação do organismo à pressão atmosférica após os mergulhos.[30]

Ante o potencial lesivo agregado aos fatores de risco que afetam os trabalhadores marítimos e que, em muitos casos, se revestem de um elevado grau de fatalidade, tanto a OIT quanto a OMI dedicaram diversas convenções à regulamentação do meio ambiente laboral nas embarcações e plataformas. De igual modo, a legislação doméstica possui inúmeros dispositivos relacionados ao tema que, compreendidos em conjunto com os referidos tratados internacionais e com a Constituição Federal, formam um sistema normativo coeso a ter por diretriz nuclear a incolumidade da integridade psicofísica daqueles obreiros.

3.3   A regulamentação do meio ambiente laboral marítimo

A questão concernente às normas que regem as condições de trabalho dos marítimos está intimamente relacionada às controvérsias em torno da aplicação da lei no espaço sintetizadas no item 2.1 *supra*. Assim, as embarcações a ostentarem a bandeira brasileira e aquelas que forem submetidas à jurisdição pátria em decorrência da teoria do *centro de gravidade*, sujeitam-se aos princípios labor-ambientais insculpidos nos arts. 7º, XXII, 193 e 225, *caput*, da Constituição Federal, bem como aos comandos emanados dos arts. 248 a 252 da CLT e da NR-30.

Não obstante, as embarcações que ostentam bandeiras de países signatários das convenções da OIT e da OMI sobre trabalho marítimo, sujeitam-se integralmente às diretrizes formuladas nos referidos tratados internacionais que, em diversos aspectos, são significativamente mais exigentes do que a legislação infraconstitucional pátria.

No âmbito da OIT existem, atualmente, trinta e nove convenções dedicadas ao trabalho marítimo, sendo que as mais diretamente relacionadas à temática do meio ambiente laboral são as Convenções ns. 163 e 164 ratificadas pelo Brasil em 15.7.1998. Em 2006, contudo, o referido organismo internacional promulgou a *Convenção sobre o trabalho marítimo* (Convenção n. 186), que busca não apenas consolidar as diretrizes formuladas naqueles tratados anteriores, como também tornar mais objetivos os preceitos concernentes às condições de trabalho a bordo e à fiscalização nos portos de origem, escala e destino. No presente momento, oitenta países já ratificaram a mencionada Convenção, sendo que o Brasil ainda não o fez.

As Convenções ns. 163 e 164 da OIT têm por objeto o *"bem estar dos trabalhadores marítimos no mar e no porto"* e a *"proteção da saúde e a assistência médica aos trabalhadores marítimos"*, respectivamente. O primeiro dos referidos tratados estabelece, em apertada síntese, que os Estados signatários e as empresas de navegação neles estabelecidas deverão promover o oferecimento de todos os equipamentos e insumos necessários ao desempenho do trabalho

---

(28) Sobre os riscos específicos da pesca industrial, *vide*:

PORTUGAL: AUTORIDADE PARA AS CONDIÇÕES DE TRABALHO. *Segurança e Saúde no Trabalho no Setor da Pesca: Riscos profissionais e medidas preventivas nas diferentes artes de pesca*. Lisboa: ACT, 2015. p. 14-32.

(29) FREITAS, Marcela Galdino. *Controle da pressão anular de fundo na perfuração de poços de petróleo — Rejeição de perturbação: Kick de Líquido*, 2013. Disponível em: <http://www.ufrrj.br/posgrad/cpeq/paginas/docs_teses_dissert/dissertacoes2013/MarcelaGaldinoFreitas.pdf>. Acesso em: 13 nov. 2018.

(30) *Vide*, nesse sentido:

GOMES, Aline Campos Monteiro *et alii*. *Mergulho profundo e os riscos ergonômicos no setor petrolífero offshore na Bacia de Campos dos Goytacazes-RJ*. Disponível em: <http://www.abepro.org.br/biblioteca/enegep2013_tn_sto_180_027_23295.pdf>. Acesso em: 13 nov. 2018.

marítimo em condições seguras nas embarcações, bem como ao conforto e ao repouso das tripulações (art. 4º), exigindo-se dos referidos destinatários, ademais, a atualização constante de tais equipamentos à luz dos progressos técnicos e da necessidade dos trabalhadores, em nítida concretização do princípio labor-ambiental da *melhoria contínua* (art. 5º).[31]

Já a Convenção n. 164 exige dos Estados-membros a responsabilização dos armadores pelas condições sanitárias e labor-ambientais das embarcações (art. 3º), bem como a prestação de assistência médica irrestrita e eficaz aos trabalhadores marítimos nos portos de escala e destino (art. 4º) e a formatação das exigências a serem impostas aos proprietários ou locatários das embarcações no que diz respeito aos itens imprescindíveis da *farmácia de bordo* (art. 5º), ao guia médico (art. 6º), às consultas médicas à distância por rádio ou satélite (art. 7º), à presença de médicos a bordo nos navios com mais de cem tripulantes (art. 8º) e à estruturação as enfermarias (art. 11).

De modo significativamente mais incisivo do que os sobreditos tratados, a *Convenção sobre o trabalho marítimo de 2006* (Convenção n. 186) assevera de maneira expressa em seu art. 4º que *"todo trabalhador marítimo tem o direito de exercer seu labor em um local seguro e adequado aos padrões de segurança"*, bem como os direitos a *"condições dignas de trabalho e de vida a bordo dos navios"* e o direito à *"proteção à saúde, cuidados médicos e medidas de tutela social"*. E em um avanço significativo, o art. 5º possibilita aos países responsáveis pelos portos de escala e de destino a realização de inspeções a bordo das embarcações de bandeira estrangeira com vistas à averiguação em torno do cumprimento do tratado ora analisado, seja ou não a nação cuja bandeira é ostentada pelo navio ratificante da Convenção em comento.

Para além dos sobreditos tratados, a OIT possui duas convenções especificamente relacionadas à pesca comercial e industrial (as Convenções ns. 126 e 188). A primeira delas, ratificada pelo Brasil por intermédio do Decreto n. 2.420, de 16.12.1997, fixa as normativas gerais para o *"alojamento a bordo dos navios"*, ao passo que a segunda, ainda não integrada ao ordenamento jurídico pátrio, estabelece as diretrizes pertinentes às condições de saúde e segurança do trabalho pesqueiro.

A Convenção n. 126 da OIT tem por objeto o estabelecimento das diretrizes básicas para os alojamentos das tripulações ativadas nos navios de pesca comercial e industrial construídos após sua entrada em vigor nos países signatários, de modo a impor aos construtores e armadores o dever de dotá-los (i) de condições de segurança contra as intempéries do mar, (ii) de isolamento térmico e acústico adequado, incluindo aparelhagem de calefação e ar-condicionado, a depender da zona climática onde opera a embarcação, (iii) de ventilação e exaustão eficazes, (iv) de separação física em relação às casas de máquinas, aos depósitos de pescado, aos almoxarifados de materiais potencialmente nocivos e aos sanitários, (v) de dispositivos de proteção contra incêndios, (vi) de proteção adequada contra acidentes e quedas nos conveses, (vii) de meios destinados e evitar a penetração de animais vetores de doenças, (viii) de iluminação artificial satisfatória, (ix) de refeitórios e de instalações sanitárias com níveis adequados de higiene, e (ix) de áreas de descanso em locais seguros e relativamente distantes das áreas operacionais do navio (no meio ou à ré da embarcação). Ademais, o tratado em apreço possibilita a fixação, por parte dos Estados signatários, de condições a serem observadas obrigatoriamente pelos barcos pesqueiros já existentes.

Já a Convenção n. 188, ainda não ratificada pelo Brasil, fixa as diretrizes elementares a serem observadas pelos construtores e armadores no que concerne à segurança, saúde e meio ambiente laboral dos trabalhadores ativados na pesca comercial e industrial. Seu texto estabelece normativas peremptórias a respeito (i) da prevenção da fadiga, especialmente em relação aos períodos mínimos de repouso, (ii) da idade mínima, (iii) do exame médico, (iv) dos contingentes mínimos de tripulantes, (v) da acomodação e da alimentação dos trabalhadores, (vi) da assistência médica a ser-lhes prestada, (vii) da adoção das medidas disponíveis para a prevenção de acidentes de trabalho e doenças ocupacionais, (viii) do treinamento e do direito à informação, (ix) do fornecimento de roupa e equipamento de proteção individual, e (x) da responsabilidade dos proprietários da embarcação pela rigorosa observância de tais normativas.

Já no que diz respeito à OMI, as normas concernentes às condições gerais de segurança da navegação encontram-se consolidadas sob a chamada *Convenção para a salvaguarda da vida humana no mar*, de 1974, mais conhecida pela sigla *SOLAS,* ratificada pelo Brasil por intermédio do Decreto n. 87.186, de 18.5.1982. A Convenção *SOLAS* tem por objeto a regulamentação das condições gerais de organização das embarcações e de seus equipamentos, bem como de transporte de cargas potencialmente nocivas, o que acaba por impactar diretamente no meio ambiente do trabalho marítimo.

---

(31) Sobre a melhoria contínua como princípio labor-ambiental, *vide*:
FELICIANO, Guilherme Guimarães. *Tópicos avançados de direito material do trabalho. Atualidades forenses. Vol. 1.* São Paulo: Damásio de Jesus, 2006. p. 132.

A Convenção *SOLAS* encontra-se dividida em doze capítulos, a estabelecerem regras pormenorizadas a respeito (i) da construção e estruturação dos equipamentos de proteção contra incêndios, bem como do maquinário de bordo, (ii) da disponibilização dos equipamentos salva-vidas, (iii) das radiocomunicações, (iv) da segurança na navegação, (v) do transporte de cargas e óleos combustíveis, (vi) do transporte de volumes perigosos, (vii) da estruturação dos navios nucleares, e (viii) das medidas especiais para as embarcações de alta velocidade e para os navios graneleiros.

No plano da legislação doméstica aplicável às embarcações de bandeira brasileira e aos navios estrangeiros sujeitos ao princípio do *centro de gravidade,* as diretrizes previstas nas Convenções da OIT e da OMI ratificadas pelo Brasil são complementadas pelos arts. 248 a 250 da CLT a terem por objeto a regulamentação do tempo de trabalho dos tripulantes da *"marinha mercante nacional, de navegação fluvial e lacustre, do tráfego nos portos e da pesca"* com vistas, justamente, à prevenção da fadiga. Estabelece o primeiro dos referidos dispositivos que o trabalhador marítimo somente pode permanecer no seu posto, de modo contínuo ou intermitente, por, no máximo, oito horas, de modo que o labor exercido para além de tal jornada será considerado trabalho extraordinário (art. 249), permitindo-se, no entanto, a realização de compensação nos dias seguintes ou subsequentes (art. 250).

O ordenamento doméstico relativo às condições de trabalho dos marítimos é complementado, ainda, pela NR-30, aprovada pela Portaria MTE n. 34, de 4.12.2002, cujos dispositivos conferiram concretude às diretrizes emanadas das Convenções ns. 163 e 164 da OIT. Nesse sentido, a normativa em apreço estabelece parâmetros para (i) a alimentação a ser fornecida às tripulações (item 30.6 e seguintes), (ii) a higiene e conforto a bordo (item 30.7 e seguintes), (iii) os salões de refeição e locais de recreio (item 30.8 e seguintes), (iv) as cozinhas (item 30.9 e seguintes), (v) as instalações sanitárias (item 30.10 e seguintes), (vi) os locais para lavagem, secagem e armazenamento das roupas de trabalho (item 30.11 e seguintes), (vii) a montagem e equipagem da enfermaria a bordo (item 30.12 e seguintes), e (viii) a segurança nos trabalhos de limpeza e manutenção das embarcações (item 30.13 e seguintes).

Em seu Anexo I a NR-30 estabelece os parâmetros a serem observados pelos armadores no desempenho das atividades relacionadas à pesca comercial e industrial segundo a mesma sistemática prevista na Convenção n. 126 da OIT, a fracionar o grau de exigências entre os navios a serem construídos a partir de sua entrada em vigor e as embarcações já existentes àquela ocasião. Para aqueles primeiros, o anexo determina uma série de medidas relacionadas (i) às instalações elétricas, frigoríficas, de navegação, de radiocomunicação, de tração, de cozinha e de pressão, (ii) às vias e saídas de emergência, (iii) à prevenção e ao combate a incêndios, (iv) às condições de ventilação, de iluminação, e de isolamento térmico e acústico dos locais de trabalho, (v) aos pisos, anteparos e tetos, (vi) às portas e vias de circulação, (vii) à segurança nas operações nos conveses, nos motores e nos passadiços, (viii) às condições de habitabilidade das áreas de repouso e de vivência, e (viii) às instalações sanitárias, aos refeitórios e às lavanderias. Para estes últimos, as determinações referentes aos oito itens ora mencionados são relativizadas, mas não a ponto de permitir aos proprietários e locatários das embarcações a precarização do meio ambiente laboral a circundar os trabalhadores ali ativados.

Já o Anexo II da NR-30 tem por objeto a regulamentação das condições de trabalho nas plataformas petrolíferas e nas embarcações de apoio a estas últimas situadas no mar territorial brasileiro, enfatizando, dentre os direitos assegurados aos trabalhadores, a imediata suspensão das operações em caso de iminente ameaça à sua saúde e à sua segurança, bem assim o acesso à totalidade das informações a respeito dos riscos operacionais inerentes aos locais de trabalho. Na sequência, o anexo detalha as regras concernentes (i) ao programa de prevenção de riscos nas plataformas, (ii) à sinalização de segurança obrigatória, (iii) às condições de vivência a bordo relacionadas às instalações sanitárias, vestiários, cozinhas, camarotes, alojamentos temporários e instalações de lazer, (iv) às atividades de construção, manutenção e reparo, (v) às caldeiras e vasos de pressão, e (v) à proteção contra incêndios e contra acidentes relacionados ao *kick* e ao *blow out.*

Por fim, as condições laborais peculiares aos mergulhadores encontram-se regulamentadas no Anexo VI da NR-15, dedicado ao *trabalho sob condições hiperbáricas,* cuja parte segunda tem por objeto, especificamente, o *trabalho submerso.* Ali são traçadas as normas relacionadas (i) ao oferecimento do instrumental adequado e em perfeitas condições aos trabalhadores, (ii) à realização periódica de exames médicos, (iii) à disponibilização de meios adequados de alojamento, alimentação e transporte, e (iv) à segurança no mergulho, inclusive no que diz respeito à metodologia de descompressão, à configuração e à utilização de câmaras de pressurização e despressurização, ao período de observação após a realização de mergulhos em alta profundidade, à configuração e à utilização dos sinos de mergulho, à configuração e à utilização das câmaras hiperbáricas, ao emprego da técnica de saturação e ao fornecimento da chamada *mistura respiratória artificial,* aos tempos máximos de permanência sob condições hiperbáricas, à configuração e à utilização dos compressores de misturas gasosas e aos requisitos mínimos para os sistemas e equipamentos de mergulho.

Da síntese ora formulada, observa-se que tanto as diretrizes labor-ambientais prefiguradas na Constituição Federal, na CLT e na NR-30, quanto as normativas constantes das Convenções da OIT e da OMI, reconhecem a especial tutela a ser conferida aos trabalhadores marítimos não apenas quanto às consequências decorrentes das intempéries inerentes ao mar, cujo efeito mais evidente é a fadiga a comprometer-lhes a integridade psicofísica e a própria segurança operacional nas embarcações, como também em relação aos inúmeros riscos físicos, químicos, biológicos e ergonômicos a acompanharem a arte da navegação em sua evoluão e também o desempenho das complexas atividades relacionadas à pesca comercial e industrial, ao trabalho nas plataformas petrolíferas e ao mergulho em altas profundidades.

4 CONCLUSÃO

Com o incremento do processo de globalização econômica, a demandar o aumento do ritmo das transações a envolverem agentes localizados em todos os pontos do globo terrestre e, consequentemente, da intensidade do labor desempenhado pelos portuários e marítimos, os riscos antigos e novos a afetarem as referidas categorias profissionais tendem a se fazer cada vez mais presentes nos terminais e nas embarcações. Tal vicissitude foi constatada pela própria OIT por ocasião da promulgação da *Convenção sobre o Trabalho Marítimo* de 2006 (Convenção n. 186), a elencar dentre seus motivos determinantes a necessidade quanto ao alargamento do alcance do princípio do *trabalho decente* em direção ao maior número possível de jurisdições, haja vista, justamente, a ampliação do comércio internacional pela via da navegação.

Desse modo, ante o inédito grau de intensidade a caracterizar, hodiernamente, o intercâmbio de bens e serviços, os intérpretes e aplicadores dos dispositivos internacionais e domésticos relacionados ao trabalho portuário e marítimo devem atentar para as cristalinas diretrizes emanadas de seus princípios reitores, a apontarem para a existência de um inquestionável dever imputado aos tomadores de serviços (operadores portuários, armadores, proprietários de embarcações etc.) de proporcionar aos obreiros ativados em seus terminais e navios um meio ambiente laboral livre de riscos capazes de afetar a integridade psicofísica dos obreiros.

De fato, se o comércio internacional vem se intensificando de modo a beneficiar Estados e agentes privados que até pouco tempo atrás estavam dele alijados, é mister que as condições laborais dos trabalhadores portuários e marítimos a operacionalizarem tal fluxo de mercadorias acompanhem, *pari passu* o desenvolvimento das trocas entre as nações. A análise dos princípios subjacentes às convenções da OIT e da OMI e, no caso brasileiro, do conteúdo protetivo inerente à Constituição Federal (arts. 7º, XXII, 193 e 225, *caput*), às leis ordinárias (Lei n. 12.580/2013 e arts. 248 a 250 da CLT) e às NRs 29 e 30, apontam exatamente para essa direção.

5 REFERÊNCIAS

AGUIAR, Mariana Baioco; LUCIANO, Luzimar. Avaliação dos riscos de contaminação relacionados com a superpopulação de Columbia Viva (pombos) em trabalhadores portuários avulsos. In: *Revista Brasileira de Pesquisa em Saúde* 2011; 13(3): 43-49;

ALMEIDA, Marlise Capa Verde de *et alii*. *Trabalhador portuário*: perfil de doenças ocupacionais diagnosticadas em serviço de saúde ocupacional. Disponível em: <http://www.scielo.br/pdf/ape/v25n2/a18v25n2.pdf>. Acesso em: 14 nov. 2016;

ARAÚJO, Nadia de. *Direito Internacional Privado*. 3. ed. Rio de Janeiro: Renovar, 2006;

BORSI, Umberto; PERGOLESI, Ferrucio. *Trattato di diritto del lavoro*. Padova: CEDAM, 1938;

CAROTENUTO, Anna *et alii*. *Psychological stress in seafarers: a review*. International Maritime Health. 2012; 63, 4: 188-194;

CARVALHO. Francisco Edivar. *Trabalho portuário avulso. Antes e depois da Lei de Modernização dos Portos*. São Paulo: LTr, 2005;

CATHARINO. José Martins. *O novo sistema portuário brasileiro*. Rio de Janeiro: Destaque, 1994;

DOLINGER. Jacob. *Direito internacional privado. Parte Geral*. 7. ed. Rio de Janeiro: Renovar, 2003;

EL-SHERIEF-CAPITAIN. Mohamed Soliman; ELNABAWY. Mohamed Nabil. *Impact of fatigue on seafarer´s performance*. International journal of research in Engeneering & Technology. Vol.3, Issue 10, Oct 2015, 87-100;

ESPÍNOLA. Eduardo; ESPÍNOLA FILHO. Eduardo. *A Lei de Introdução ao Código Civil Brasileiro. Volume 3º.* 3. ed. Rio de Janeiro: Renovar, 1999;

FELICIANO. Guilherme Guimarães. *Tópicos avançados de direito material do trabalho. Atualidades forenses. Vol. 1.* São Paulo: Damásio de Jesus, 2006;

FREITAS. Marcela Galdino. *Controle da pressão anular de fundo na perfuração de poços de petróleo — Rejeição de pertubação: Kick de Líquido,* 2013. Disponível em: <http://www.ufrrj.br/posgrad/cpeq/paginas/docs_teses_dissert/dissertacoes2013/Marcela GaldinoFreitas.pdf. Acesso em: 13 jan. 2017;

FUNDACENTRO. *Manual técnico da NR-29. Segurança e saúde no trabalho portuário.* São Paulo: FUNDACENTRO, 2014;

GARCIA JÚNIOR. *Riscos à saúde dos trabalhadores nas operações portuárias.* Disponível em: <http://www.antaq.gov.br/Portal/pdf/ Palestras/Forum_Saude_Seguranca_Trabalhador_Portuario_2014/Antonio_Carlos_Riscos_a_Saude_no_Trabalho_Portuario. pdf. Acesso em: 16 jan. 2017;

GOMES. Aline Campos Monteiro *et alii. Mergulho profundo e os riscos ergonômicos no setor petrolífero offshore na Bacia de Campos dos Goytacazes-RJ.* Disponível em: <http://www.abepro.org.br/biblioteca/enegep2013_tn_sto_180_027_23295.pdf. Acesso em: 13 jan. 2017;

INTERNATIONAL MARITIME ORGANIZATION (IMO). *Guidance on fatigue mitigation and management.* MSC/Circ. 1014, June 2001. London: International Maritime Organization, 2001;

OLDENBURG. Marcus *et alii. Seafaring stressors aboard merchant and passenger ships.* International Journal of Public Health. 2009; 54; 96-105;

MELO. Raimundo Simão de. *Direito ambiental do trabalho e a saúde do trabalhador.* 5. ed. São Paulo: LTr, 2013;

PINTO. Cristiano Paixão Araújo; FLEURY. Ronaldo Curado. *A modernização dos portos e as relações de trabalho no Brasil. Doutrina, legislação e jurisprudência.* Porto Alegre: Síntese, 2004;

POFFO. Íris Regina Fernandes. *Gerenciamento de riscos socioambientais no Complexo Portuário de Santos na ótica ecossistêmica.* São Paulo: Universidade de São Paulo, 2007;

PORTUGAL: AUTORIDADE PARA AS CONDIÇÕES DE TRABALHO. *Segurança e Saúde no Trabalho no Setor da Pesca: Riscos profissionais e medidas preventivas nas diferentes artes de pesca.* Lisboa: ACT, 2015;

RAMAZZINI. Bernardino. Trad.: Estrêla, Raimundo. *As doenças dos trabalhadores.* São Paulo: FUNDACENTRO, 2000;

REIS. Nelio. *Contratos especiais de trabalho.* Rio de Janeiro: Freiras Bastos, 1955;

RIOS. Antoniel de Oliveira *et alii. Doenças em trabalhadores da pesca.* Revista Baiana de Saúde Pública, Salvador, v. 35, n. 1, p. 175-188, jan-mar/2011;

ROCHA. Julio Cesar de Sá da. *Direito ambiental do trabalho. Mudanças de paradigma na tutela jurídica à saúde do trabalhador.* 2. ed. São Paulo: Atlas, 2013;

SILVA. Marcus Edmar Ramos Alvares da; TOLEDO. André de Paiva. Vínculo substancial e as bandeiras de conveniência: consequências ambientais decorrentes dos navios com registros abertos. *Revista de Direito Internacional,* Brasília, v. 13, n. 2, 2016, p. 159-177;

SOARES. Jorgana Fernanda de Souza *et alii.* Percepção dos trabalhadores avulsos sobre os riscos ocupacionais no porto do Rio Grande, Rio Grande do Sul, Brasil. *Cad. Saúde Pública,* Rio de Janeiro, 24(6):1251-1259, jun, 2008;

SOLINO. Maria de Nazareth da Fonseca. *Trabalho em convés de navios químicos:* um estudo sobre os riscos à saúde. Rio de Janeiro: Escola Nacional de Saúde Pública, 1998. Disponível em: <http://www.arca.fiocruz.br/handle/icict/5254. Acesso em: 16 jan. 2017.

Acórdãos

BRASIL: TRIBUNAL REGIONAL DO TRABALHO DA 2ª REGIÃO. RECURSO ORDINÁRIO N. 0001079-39.2015.5.02.0444. RELATOR: Desembargador Nelson Bueno do Prado. 16ª Turma. DJ: 5.10.2016;

BRASIL: TRIBUNAL REGIONAL DO TRABALHO DA 2ª REGIÃO. RECURSO ORDINÁRIO N. 0001318732014502002. RELATOR: Desembargador Jomar Luz de Vassimon Freitas. 5ª Turma. DJ: 18.10.2016;

BRASIL: TRIBUNAL REGIONAL DO TRABALHO DA 17ª REGIÃO. RECURSO ORDINÁRIO N. 0114400-11.2012.5.17.0001. RELATOR: Desembargador Marcelo Macial Mancilha. 2ª Turma. DJ: 1º.7.2015.

BRASIL: TRIBUNAL SUPERIOR DO TRABALHO. RECURSO DE REVISTA N. 91700-02.2009.5.09.0411. RELATOR: Min. José Roberto Freire Pimenta. 2ª Turma. DJ: 2.12.2016;

BRASIL: TRIBUNAL SUPERIOR DO TRABALHO. RECURSO DE REVISTA N. 49500-82.2009.5.17.0014. RELATORA: Desembargadora Convocada Cilene Ferreira Amaro Santos. 4ª Turma. DJ: 11.11.2016;

BRASIL: TRIBUNAL SUPERIOR DO TRABALHO. AGRAVO DE INSTRUMENTO NO RECURSO DE REVISTA N. 23300-90.2008.5.17.0008. RELATORA: Min. Kátia Magalhães Arruda. 6ª Turma. DJ: 3.6.2016.

BRASIL: TRIBUNAL SUPERIOR DO TRABALHO. AGRAVO DE INSTRUMENTO NO RECURSO DE REVISTA N. 2658-50.2010.5.02.0362. RELATOR: Desembargador Convocado Marcelo Lamego Pertence. 1ª Turma. DJ: 1º.7.2016;

BRASIL: TRIBUNAL SUPERIOR DO TRABALHO. AGRAVO DE INSTRUMENTO NO RECURSO DE REVISTA N. 330-82.2012.5.15.0050. RELATOR: Min. Maurício Godinho Delgado. 3ª Turma. DJ: 19.8.2016;

BRASIL: TRIBUNAL SUPERIOR DO TRABALHO. AGRAVO DE INSTRUMENTO NO RECURSO DE REVISTA N. 1773-11.2011.5.15.0145. RELATORA: Min. Dora Maria da Costa. 8ª Turma. DJ: 4.9.2015.

PROTEÇÃO JURÍDICA CONTRA DANOS AMBIENTAIS FUTUROS PARA O CASO CONCRETO. O CASO DO RECANTO DOS PÁSSAROS OU SHELL/BASF

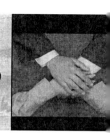

Claudirene Andrade Ribeiro[*]

1. INTRODUÇÃO

No atual estágio da sociedade, também denominada como sociedade de risco, constata-se um sem número de riscos, os quais, apesar de não serem exclusivos da era pós-industrial, foram ampliados e tornaram-se mais complexos, porquanto suas causas nem sempre podem ser identificadas. Os riscos agora ultrapassam barreiras fronteiriças e podem atingir a sociedade como um todo. (BECK, 2011)

Tal contexto foi acompanhado por profundas alterações no instituto da responsabilidade civil, principalmente nas duas últimas décadas do século XX, quando se observou não apenas a ampliação dos danos indenizáveis, como, por exemplo, a expressa menção ao dano moral, admitido expressamente no art. 5º, X da CF/88, a ampliação das hipóteses de responsabilidade civil objetiva a exemplo da admitida em relação aos danos causados pela administração pública (art. 37, § 6º, CF/88) e o surgimento de novas teses acerca do exame do nexo de causalidade.

A par desta nova realidade social e da revolução observada no instituto da responsabilidade civil, partindo-se de uma revisitação ao levantamento bibliográfico desenvolvido na dissertação de mestrado realizada na UFMT, defendida em 2016 e publicada no ano seguinte quanto à categoria dano ambiental (RIBEIRO, 2017), acrescidas de novas bases bibliográficas e da análise das decisões proferidas nas Ações Civis Públicas n. 0022200-28.2007.5.15.0126 e 0068400-59.2008.5.15.0126 (julgamento conjunto em razão da reconhecida conexão[1] das demandas quanto ao mérito), o presente artigo visa correlacionar a teoria do dano ambiental futuro com sua ocorrência no caso concreto

---

[*] Graduada em Direito (2001) e em Geografia — Licenciatura Plena e Bacharelado (1995/1996), todos pela Universidade Federal de Mato Grosso- UFMT. Mestre em direito agroambiental (2016) e em Educação (2000), também pela UFMT e Especialista em Direito do Trabalho pelo PUC/SP. Atuou como conciliadora de Defesa do Consumidor junto ao Procon/MT (2001 a 2003). Exerceu atividade de docência do ensino Pré-escolar ao ensino superior e pós-graduação, na área de Geografia, com ênfase em geografia humana e na área jurídica, com ênfase em direito Agrário e Direito do Trabalho. Exerceu a advocacia no período de 2001 a 2004. Foi Juíza do Trabalho Substituta do Tribunal Regional do Trabalho da 14ª Região — TRT 14, no período de 2004 a 2006 e juíza do Trabalho Substituta no TRT 23 (2006 a 2011), sendo promovida a Juíza titular da Vara do Trabalho de Juína em dezembro de 2011. Atualmente é juíza titular da VT de Mirassol d'Oeste/MT. Email: claudireneribeiro@yahoo.com.br

(1) Dispõe o art. 55, CPC: "*Reputam-se conexas 2 (duas) ou mais ações quando lhes for comum o pedido ou a causa de pedir. § 1º "Os processos de ações conexas serão reunidos para decisão conjunta, salvo se um deles já houver sido sentenciado.*"

que ficou conhecido como Shell/Basf, nas quais se discutiu os danos causados aos trabalhadores e seus descendentes em razão dos danos ao meio ambiente do trabalho.[2]

A escolha das ações supramencionadas deveu-se ao fato de terem sido disponibilizadas como ponto de partida para o seminário realizado disciplina Saúde, Ambiente e Trabalho: Novos Rumos da Regulação Jurídica do Trabalho I e ainda por se tratarem de decisões emblemáticas, por abrangerem não apenas os danos individuais, como também direitos coletivos e difusos dos trabalhadores,[3] possibilitando aliar teoria e prática, como forma de enriquecer o aprendizado.

As referidas ações poderiam ser estudadas sob diversos ângulos (titularidade dos direitos perseguidos nas ações coletivas, prescrição de tais direitos, tipo de responsabilidade a incidir, litispendência entre ações individuais e coletivas com pedidos semelhantes, princípios do direito ambiental do trabalho, dentre outros).

Todavia, não obstante as decisões proferidas em tais processos tenham enfrentado tais temas, deles não se cuidará no presente artigo. Não porque não sejam relevantes, mas em face da necessidade de se traçar um recorte no todo para se enxergar melhor a parte que se pretende destacar.

Para tanto, apresenta-se um breve histórico acerca do andamento das referidas ações civis públicas, algumas definições doutrinárias sobre o dano tradicional e sobre o dano ambiental, nele incluído o ambiental trabalhista, assim como as principais doutrinas acerca do dano futuro e sobre a importância da responsabilidade civil no aspecto da prevenção do dano. Ao final, aponta-se alguns resultados alcançados na ação civil em comento com vistas a assegurar o que se entende como dano ambiental futuro do ponto de vista doutrinário.[4]

2 A TRADICIONAL CONCEPÇÃO DO DANO E O DANO AMBIENTAL

No presente tópico, sem pretensão de esgotar as discussões acerca da matéria, aponta-se as principais noções acerca do dano como elemento da responsabilidade civil moderna, seu conceito e principais características.

Historicamente, a responsabilidade civil tinha no ato ilícito seu principal pressuposto. No entanto, se até o século XIX e início do século XX, a ideia central da responsabilidade civil se fundava no ato ilícito com foco no ofensor, com a chamada revolução da responsabilidade civil, o foco passa a ser a vítima, de modo que o dano adquire nova dimensão e passa a ocupar lugar de centralidade para a responsabilidade civil.

Para ALVIM, 1965, o dano, em sentido amplo, equivale à lesão de qualquer bem jurídico, inclusive em relação à moral. Todavia, à época, a indenizabilidade do dano moral era controvertida, de modo que o autor apresentava um conceito de dano em sentido estrito. Assim, para ele, o dano constitui: *"a lesão do patrimônio; e patrimônio é o conjunto das relações jurídicas de uma pessoa, apreciáveis em dinheiro."* (ALVIM, 1965, p. 171).

Também CAVALIERI FILHO, 2014, conceitua o dano como lesão a um bem ou interesse jurídico, mas destaca que esse interesse pode ser patrimonial ou moral.

ANTUNES, 2009, p. 234, define o dano como: *"(...) o prejuízo causado a alguém por um terceiro que se vê obrigado ao ressarcimento."*

A seu turno, NORONHA, 2013, também define o dano na perspectiva de prejuízo. Para ele, o dano é *"o prejuízo, de natureza individual ou coletiva, econômico ou não econômico, resultante de ato ou fato antijurídico que viole*

---

(2) O artigo é fruto do seminário realizado na disciplina Saúde, Ambiente e Trabalho: Novos Rumos da Regulação Jurídica do Trabalho I, ministrada pelo prof. Dr. Guilherme Guimarães Feliciano, na Faculdade de Direito da USP no primeiro semestre de 2018, cursada pela autora na condição de aluna especial.

(3) A CF/1988, em seu art. 129, III, tratou dos direitos difusos e coletivos, mas não os definiu, tarefa realizada pelo legislador ordinário por meio do parágrafo único do art. 81 CDC, que assim dispõe:

"Parágrafo único. A defesa coletiva será exercida quando se tratar de:

I — interesses ou direitos difusos, assim entendidos, para efeitos deste código, os transindividuais, de natureza indivisível, de que sejam titulares pessoas indeterminadas e ligadas por circunstâncias de fato;

II- interesses ou direitos coletivos, assim entendidos, para efeitos deste código, os transindividuais, de natureza indivisível de que seja titular grupo, categoria ou classe de pessoas ligadas entre si ou com a parte contrária por uma relação jurídica base;

III — interesses ou direitos individuais homogêneos, assim entendidos os decorrentes de origem comum."

(4) A contaminação do meio ambiente do trabalho gerou inúmeras ações com pleitos de indenização na esfera civil para os moradores do entorno da chácara Recanto dos Pássaros. Porém, no presente estudo, apesar de se reconhecer a unidade do meio ambiente, para efeito de maior aprofundamento do tema, aborda-se apenas as questões relacionadas aos pedidos de indenizações em prol dos trabalhadores da empresa.

qualquer valor inerente a pessoa humana, ou atinja coisa do mundo externo que seja juridicamente tutelada." (NORONHA, 2013, p. 497).

O conceito de dano como uma ofensa a um direito que se deve tutelar é vago. Assim, o conceito de dano deve advir de: "uma lesão concreta, como violação de uma regra que tutele não o interesse isoladamente, mas de uma regra que, transcendendo a regulação abstrata de um interesse, estabeleça sua relação com outro interesse igualmente tutelado." (SCHREIBER, 2011, p. 189).

Das definições acima transcritas, constata-se que tradicionalmente o dano é visto com um prejuízo, algo já concretizado.

Registrado o que se entende por dano do ponto de vista da doutrina tradicional, já que a lei não conceituou esse elemento da responsabilidade civil, passa-se a discorrer sobre as características tradicionais do dano.

Para que seja indenizável, o dano deve satisfazer os seguintes requisitos: a) constituir lesão a um bem tutelado juridicamente; b) ser certo e não hipotético; e c) subsistente no momento da indenização. (GAGLIANO & PAMPLONA FILHO, 2006).

Dentre os avanços verificados no instituto da responsabilidade civil, destaca-se o surgimento de novos danos indenizáveis, como os danos ambientais, os quais atingem indistintamente um número maior de pessoas, por vezes sem a possibilidade de identificação das vítimas, como se dá em suas hipóteses típicas, nas quais o dano não respeita fronteiras geográficas.

Diferenciando os conceitos da sociedade industrial e da sociedade de risco, BECK, 2011, aduz que enquanto o primeiro "pressupõe o predomínio da "lógica da riqueza" e sustenta a compatibilidade da distribuição de riscos", o segundo, "sustenta a incompatibilidade da distribuição de riqueza e de riscos e a concorrência entre suas "lógicas". (BECK, 2011, p. 232).

Ainda conforme o indigitado autor, os riscos criados atuais diferem-se daqueles anteriores não apenas em razão do "alcance em termos de transformação social" como também em razão da particular "constituição científica." (BECK, 2011, p. 233).

Com efeito. Para a compreensão do dano ambiental, necessário tecer algumas linhas acerca do que se entende por meio ambiente do trabalho, pois este constitui, em princípio, o objeto do dano, a partir do qual podem se originar reflexos à sociedade e aos trabalhadores que ali atuam, podendo traduzir-se em dano individual ou coletivo e mesmo individual e coletivo.

MARANHÃO, 2017, em obra decorrente de tese de doutoramento, discorre sobre a poluição labor-ambiental, enfatiza que esta não ocorre apenas nas esferas do meio ambiente natural ou cultural, mas também na microesfera do meio ambiente do trabalho. A par destas constatações e levantando o caráter sistêmico e integrativo dos diversos aspectos do meio ambiente (natural, cultural, artificial e do trabalho), o autor propõe o seguinte conceito de meio ambiente do trabalho:

"(...) meio ambiente do trabalho é a resultante da interação sistêmica dos fatores naturais, técnicos e psicológicos ligados às condições de trabalho, à organização do trabalho e às relações interpessoais que condiciona a segurança e a saúde física e mental do ser humano exposto a qualquer contexto jurídico-laborativo." (MARANHÃO, 2017, 126).

Também no sentido da necessidade de incluir a dimensão psicológica no conceito de meio ambiente do trabalho, registra-se as lições de FELICIANO, 2013, segundo o qual os conceitos usuais de meio ambiente do trabalho não tratam de dois pontos que considera fundamentais, o público a que diz respeito e a dimensão psicológica do ambiente laboral.

Do conceito proposto por MARANHÃO, destaca-se a vantagem de incluir, além dos fatores naturais, que aqui se chama de fatores palpáveis, visíveis do meio ambiente do trabalho, também os aspectos relacionados à organização do trabalho e relações interpessoais, nem sempre considerados nos conceitos de meio ambiente do trabalho, donde se infere que o dano ambiental do trabalho também pode decorrer da ofensa à aspectos da personalidade do grupo de trabalhadores.

O dano ambiental corresponde à ofensa a algum dos elementos constituintes do meio ambiente, o qual difere do impacto ambiental, usualmente trazido pelo desempenho de alguma operação. (LEMOS, 2011)

O dano ambiental diz respeito aos prejuízos patrimoniais ou extrapatrimonais em relação ao meio ambiente. Podem atingir diretamente o meio ambiente, hipótese em que se diz tratar-se de dano coletivo, que atingem os interesses da coletividade e tratam-se de danos extrapatrimoniais e também podem ocorrer tendo por elo o meio ambiente e, de forma indireta, ocasionar prejuízos aos interesses dos indivíduos, acarretando danos à saúde ou danos de natureza patrimonial. Assevera ainda que o dano ambiental não diz respeito apenas ao meio ambiente natural, mas a todos os aspectos deste, ou seja, o meio ambiente enquanto *"macro ou microbem."* (CARVALHO, 2013, p. 102/103).

RIZZARDO, 2011, entende que o dano ambiental *"consiste na degradação da qualidade ambiental"*, provocada pelo exercício de alguma atividade que cause prejuízos diretos ou indiretos à saúde, segurança ou qualidade de vida da comunidade ou que produza circunstâncias prejudiciais: às *atividades sociais e econômicas ou afete as condições vitais, estéticas ou sanitárias do meio ambiente; ou, finalmente, lance matérias ou energia em desacordo com os padrões ambientais estabelecidos."* (RIZZARDO, 2011, p. 695)

Se tradicionalmente o dano, para ser indenizável devia guardar as características de certeza, atualidade e tutela prevista pelo ordenamento jurídico, observa-se que o dano ambiental nem sempre apresenta as características da atualidade e certeza (ANTUNES, 2009), vez que podem atingir não apenas as gerações presentes, mas também futuras, tanto que o art. 225 da CF/88, expressamente assegurou que o meio ambiente constitui direito das presentes e futuras gerações, logo, o dano ambiental ultrapassa gerações, como por exemplo quando desaparece uma determinada espécie de pássaros em função do desmatamento da área em que a espécie se reproduz.

Outrossim, o dano advindo do desaparecimento de determinada espécie de ave, por exemplo, atinge não apenas a geração de pessoas que vive quando deste desaparecimento, mas também as gerações vindouras, que serão impedidas de conhecer a espécie desaparecida, prolongando-se no tempo e podendo também interferir nas interações do ecossistema.

LEITE & AYALA, 2003, assinalam doze diferenças entre o dano ambiental e o dano clássico, as quais podem ser assim resumidas: 1) O primeiro, via de regra, possui natureza difusa e se refere à qualidade de vida da coletividade e pode ser relevado em parte, sendo sua lesão de difícil percepção e tem muitas vezes causas cumulativas, o que dificulta a prova do nexo e sua proteção impõe a aplicação dos princípios da precaução, do poluidor pagador e reparação integral, tendo em vista a solidariedade intergeracional e a relação com o futuro e apenas por via reflexa atinge o direito individual e caracteriza-se pela imprescritibilidade, ao passo que o último está ligado à concepção individualista, atinge diretamente o indivíduo, de fácil percepção, atual e por isso mais fácil de provar o nexo causal, não comporta condescendência quando ocorrida a ofensa e é amparado pelo direito comum, sendo de fácil aceitação a defesa com base em direito adquirido e estabilidade do ato jurídico e é prescritível.

Dadas as particularidades do dano ambiental, a responsabilidade civil é convidada a aproximar-se do direito ambiental para a proteção do dano ambiental, impondo-se a necessidade de novas teorias para tal instituto no que concerne à verificação da ocorrência do dano, dentre as quais destaca-se as teorias da responsabilidade por danos futuros (CARVALHO, 2013), responsabilidade civil sem danos (LOPEZ, 2010) e mesmo propostas de cisão da responsabilidade civil para que a mesma passe a ser dividida em um direito dos danos e um direito das condutas lesivas. (LEVY, 2012).

Vistas as diferenças entre o dano tradicional e o dano ambiental, passa-se ao estudo da dano ambiental futuro, aí incluindo o trabalhista e a possibilidade/necessidade da responsabilidade civil conferir respostas a tal dano se tratará a seguir.

2.1 O dano ambiental futuro e a responsabilidade civil

Diferenciando os conceitos da sociedade industrial e da sociedade de risco, BECK, 2011, aduz que enquanto o primeiro *"pressupõe o predomínio da "lógica da riqueza" e sustenta a compatibilidade da distribuição de riscos"*, o segundo, *"sustenta a incompatibilidade da distribuição de riqueza e de riscos e a concorrência entre suas "lógicas".* (BECK, 2011, p. 232).

Os riscos criados atuais diferem-se daqueles anteriores não apenas em razão do "*alcance em termos de transformação social*" como também em razão da particular "*constituição científica.*" (BECK, 2011, p. 233).

Partindo da premissa da complexidade dos novos danos verificados na sociedade de risco, CARVALHO, 2013, leciona a necessidade de se estabelecer uma forma de abordagem do direito para responder aos problemas trazidos pela nova realidade. O autor atribui tal dificuldade ao fato do direito ser estruturado na perspectiva do indivíduo, do conflito e com olhos para o passado, enquanto o direito ambiental exige uma teoria do direito com base sistêmica diversa, ou seja, com base no: "*ransindividualismo, na solidariedade intergeracional, na transdiciplinaridade, em um alargamento do antropocentrismo e, acima de tudo, na necessidade de controle e programação do futuro (programação finalística).*" (CARVALHO, 2013, p. 47)

CARVALHO, 2013, também enfatiza que as questões ambientais apresentam características policontextuais, vez que depende da observação de vários sistemas que possuem suas racionalidades próprias para conduzir reflexos em outros sistemas, o que favorece a "*potencialização do direito ambiental e seus instrumentos dogmáticos (ação civil pública, responsabilidade civil, tutelas de urgência, perícias ambientais, termos de ajustamento de conduta, inquérito civil etc).*" (CARVALHO, 2013, p. 49)

Para GONÇALVES, 2003, a reparação do dano ambiental pode ocorrer em forma de indenização das perdas comprovados ou presumidas na forma da lei ou na busca da recomposição do bem lesado ou destruído. Deste modo, a responsabilidade civil ambiental pode assumir uma feição de repressão ou de prevenção da lesão prevista. Todavia, o autor destaca o papel preventivo da responsabilidade civil no que tange ao dano ambiental em que muitos prejuízos não são reparáveis em espécie, tanto que o art. 3º da Lei n. 7.347, de 1985, Lei da Ação Civil Pública, permite a condenação do réu em obrigações de fazer ou de não fazer.

Com base no princípio do poluidor-pagador, CARVALHO, 2013, aduz que:

"*a responsabilidade civil passa a desempenhar um papel preventivo principal, pela prevenção do dano ambiental futuro e representa uma importante função de integração de diálogos policontextuais (...). A responsabilidade civil, como ato comunicacional único, detém no direito um sentido de instrumento de reparação de danos e remoção de ilícito; na economia, atua como mecanismo de internalização dos custos de contaminação para contenção e correção de falhas de mercado; e, na política, orienta uma irritação e conscientização da Administração Pública para o desenvolvimento sustentável.*" (CARVALHO, 2013, p. 101) sem grifo no original.

Todavia, as teorias acerca do papel preventivo da responsabilidade civil não estão indene de críticas.

"*Em que pesem seus muitos acertos, as propostas que advogam a existência de uma Responsabilidade Civil sem danos terminam por chegar às mesmas consequências práticas já existentes no estado da arte presente. Apenas o fazem por meio de um caminho tão sinuoso e oblíquo que ao final termina por desconstruí-la. O grande mérito de seus corifeus, a saber, o de haver soado o alarme sobre a onipresença e complexidade dos novos danos, vem a ser obnubilado pela consequencial ameaça de descaracterização da ideia mesma da responsabilidade civil como conhecida há mais de dois mil anos de História. Em definitivo, os fundamentos utilizados para transformar a Responsabilidade Civil em um direito de condutas, ou prima facie preventivo, terminam por lança-la à deriva de si própria, como um barco que deixa seu porto mais seguro para vagar em mar revolto.*" (CARRÁ, 2015, p. 267)

Conquanto não se desconheça que a principal função do instituto da responsabilidade civil sempre foi o de indenizar ou compensar os danos sofridos pela vítima de uma conduta danosa, não se pode olvidar que a nova tessitura social está a exigir cada vez mais um maior alcance dos institutos jurídicos, o que não significa descaracterizá-los, mas adequá-los à nova realidade social.

A dificuldade do instituto da responsabilidade civil de contornar as dificuldades com vistas a servir de instrumento de tutela do ambiente em razão da dificuldade de prova do nexo causal e a não atualidade do dano é reconhecida por CRUZ, 1997.

Contudo, assevera que tais dificuldades não impedem que se reconheça "*a responsabilidade civil como pilar de defesa do ambiente*", pois o instituto pode contornar as tantas dificuldades apontadas, graças à sua "*amplitude dogmática e institucional*". (CRUZ, 1997, p. 40).

Segundo a referida autora o maior obstáculo consiste na:

"capacidade da doutrina e da (jurisprudência) em aceitar a renovação dogmática e conceptual, sem alterar seus fundamentos. O problema está muito mais na sempre difícil alteração dos quadros mentais tantas vezes anquilosados do que no encontrar das soluções que a própria elasticidade dos conceitos autoriza." (CRUZ, 1997, p. 40).

A sociedade industrial representou uma fase na qual os danos eram conhecidos e concretos, iniciando-se pelos riscos impostos aos empregados e proliferando-se posteriormente para ampliar número de pessoas expostas ao risco, com a expansão dos meios de comunicação e dos transportes e do próprio aumento populacional, partia da noção de risco concreto, que fundamentou a passagem da teoria da culpa para a teoria do risco, a sociedade atual ou sociedade pós-industrial ou de risco tem nas características de: invisibilidade, globalidade e imprevisibilidade, devem adotar uma nova teoria, a do risco abstrato, ou seja, é necessário que haja uma ressignificação da teoria do risco para fins de responsabilidade civil.

Na atualidade, amplia-se a exigência de prevenção do dano que deve ser feita pelo Estado e pela sociedade, pois não se aceita somente a reparação do dano, que não raro se torna despiciendo ou mesmo inócuo, se a lesão é de grande extensão e atinge um número considerável ou indefinível de pessoas (danos coletivos ou difusos), mas sua prevenção.

A regra de que o dano deve ser certo e atual não é absoluta em matéria de dano ambiental, na qual se permite a reparação de um dano que mesmo não estando inteiramente concretizado tem previsão de concretude em razão dos fatos já provados e levados a efeito, como nos casos de dano à saúde e aos cursos d'água por poluição decorrente do uso de agrotóxicos, danos aos ecossistemas de determinada região por vazamento de óleo, danos advindos de atividades nucleares e outros. (GONÇALVES, 2003). Para tais casos, considerando não ser possível restabelecer as condições anteriores do bem LOPEZ, 2010, advoga que: *"uma simples **ameaça de dano** poderia justificar a proposição de uma ação de responsabilidade civil."* (LOPEZ, 2010, p. 79, itálico e negrito no original).

A relevância de se compreender o dano ambiental futuro permite apreender até onde a responsabilidade civil pode ir bem como definir o momento de se adotar medidas com vistas à prevenção, tendo como base o princípio da proporcionalidade, pois a possibilidade de ausência total de risco não existe. Desse modo, devem ser ponderados os aspectos científicos, econômicos e políticos pelo direito para se diagnosticar, avaliar e gerir os riscos ambientais. Torna-se importante a valoração dos riscos ambientais considerando os critérios de probabilidade ou não do risco; reversibilidade ou não do dano e o risco *versus* o benefício, para que se verifiquem quais os riscos devem ser tolerados. (CARVALHO, 2013).

Mas o que se entende por dano ambiental futuro?

De acordo com CARVALHO, 2013:

"(...) o dano ambiental futuro é a expectativa de dano de caráter individual ou transindividual ao meio ambiente. Por se tratar de risco, não há dano atual nem certeza científica absoluta de sua ocorrência futura, mas tão somente a probabilidade de danos às futuras gerações." (CARVALHO, 2013, p. 192).

O dano ambiental futuro divide-se em duas espécies, de acordo com o entendimento de CARVALHO, 2013, como se infere de suas palavras.

"O dano ambiental futuro em matéria ambiental consiste, assim, naqueles riscos ambientais considerados ilícitos pelo direito. Estes podem ser configurados em duas espécies do dano ambiental futuro: o dano ambiental futuro propriamente dito, ou strictu sensu, *e as consequências futuras de um dano ambiental atual."* (CARVALHO, 2013, p. 240)

Em um quadro sinótico bastante elucidativo, CARVALHO, 2013, apresenta os elementos estruturais da responsabilidade civil por dano ambiental de um lado e os da responsabilidade civil por dano ambiental futuro de outro, a partir do qual, extrai-se que os danos ambientais são típicos da era industrial, em que se observava uma modernidade simples, riscos concretos, princípio da responsabilização, o risco é analisado em forma de determinação e com base na teoria do risco concreto ou dogmático, com fulcro na responsabilidade objetiva, cujas variantes são o risco integral e o risco criado, o dano ambiental é atual e tem como fundamento legal o art. 14, § 1º da Lei n. 6.938, de 1981 e a reparação se dá na forma de recuperação, compensação ou indenização ao passo que os danos ambientais futuros são típicos da sociedade de risco, fundada numa modernidade reflexiva, na qual os riscos não são visíveis, logo, deve estar baseada nos princípios da prevenção e precaução e a responsabilidade civil deve buscar a análise probabilística do risco, baseado no risco abstrato ou sociológico, cujas variantes são a probabilidade *versus* improbabilidade, tendo por base o dano potencial ou futuro, cujos fundamentos normativos são o art. 187, CC, art. 225, CF e art. 3º da Lei n. 7.347/85, com vistas a impor medidas preventivas. (CARVALHO, 2013, p. 234)

Ao contrário da regra da responsabilidade civil que exige o dano ambiental para aplicação da responsabilidade objetiva, a avaliação da existência de um dano ambiental futuro faz-se por meio da análise *"da ilicitude do risco ambiental em questão, o que é possível a partir do binômio probabilidade e magnitude (gravidade e irreversibilidade) de um risco ambiental."* (CARVALHO, 2010, p. 236).

Por certo não se está a defender que os riscos ambientais devam chegar a zero, pois conforme defende BELFORT, 2008, por imperativo Constitucional, deve haver uma compatibilização da atividade econômica com a questão ambiental. Ademais, não existe como evitar a instalação de fábricas, aberturas de estradas e outras atividades, que, em sendo consideradas normais devem ser toleradas pela sociedade, mesmo porque são úteis e trazem proveito econômico. Entretanto, quando a atividade causar dano ambiental deve repará-lo. Para a avaliação dos transtornos e da poluição causada pela atividade deve ser feita pelo Conselho Nacional do Meio Ambiente, por força do art. 8º da Lei n. 6.938/1981.

Também no sentido da necessidade de se compatibilizar os interesses econômicos e sociais, ante a dificuldade de se atingir patamares de ausência de qualquer risco, CARVALHO, 2013, defende a ponderação de interesses fundada no princípio da proporcionalidade e para se chegar à aplicação da restrição, que deve estar em consonância com a tutela almejada, fazendo-se uma *"avaliação proporcional entre os meios e os fins."* (CARVALHO, 2013, p. 232).

A Lei n. 7.347, de 1985, que rege as ações de responsabilidade civil que envolvem direitos coletivos *lato sensu* prevê a possibilidade de impor ao réu medidas preventivas consistentes em obrigações de fazer e não fazer, nos casos de riscos ambientais não toleráveis. O dano ambiental futuro, que em razão de sua intolerabilidade é tido como ilícito, autoriza a imposição de medidas preventivas como espécie de *"sanção civil."* (CARVALHO, 2013, p. 214).

LOPEZ, 2010, afirma que a ideia de impor à responsabilidade civil uma penalidade como forma de prevenção encontra-se desgastada, principalmente em razão da adoção dos seguros. Mas ainda assim defende que a responsabilidade civil não deve servir apenas para a reparação, mas como uma espécie de advertência ao réu e à sociedade nas hipóteses de atividades que causem muitos acidentes.

O direito deve ser considerado em conjunto com outras ciências, dentre as quais a sociologia e economia, com vistas à determinação do dano ambiental, principalmente quando os efeitos de uma ação específica não são conhecidos de imediato por depender de interações do sistema ou fatores químicos. Conhecer os danos se torna necessário não apenas para a reparação como também para a a prevenção dos danos futuros. (CRUZ, 1997).

No que diz respeito ao meio ambiente do trabalho, também não é diferente, posto que, ainda que se observe a adequação do meio ambiente de trabalho por meio da adequação do maquinário e eliminação da insalubridade, por exemplo, as medidas adotadas somente terão efeito daí em diante, sendo que os danos já causados à saúde dos trabalhadores somente serão possíveis de reparação por meio de pagamento de indenização a título de lucros cessantes, danos morais individuais, danos estéticos e outros danos que restarem comprovados pelo trabalhador, sendo importante a lógica da prevenção para os danos futuros.

Apresentadas as principais teorias acerca da necessidade de se tutelar os danos futuros por meio da responsabilidade civil e também teórico que faz críticas ao que chama de responsabilidade sem dano, no próximo tópico apresenta-se os aspectos fáticos considerados na decisão para justificar a condenação por danos futuros.

3   O CASO SHELL/BASF. ASPECTOS HISTÓRICOS

Um dos casos mais emblemáticos de poluição laboro-ambiental se deu em Paulínia, no bairro do Recanto dos Pássaros[5], que resultou numa profunda degradação no meio ambiente, *lato sensu*, abrangendo assim o ecossistema e também a saúde de trabalhadores da planta industrial das empresas e moradores da região.

---

(5) O caso despertou forte mobilização da comunidade de moradores do entorno da região, assim como dos trabalhadores vítimas da contaminação e foi tema de diversas notícias em jornais e revistas e resultou ainda na produção do documentário *"Caso Shell/Basf: O Lucro Acima da Vida"*, que apresenta depoimentos de moradores do entorno e ex-trabalhadores da indústria.

Em 1974, a Shell do Brasil S/A, após a cassação de seu registo para produzir e comercializar pesticidas, dentre os quais o Aldrin, dieldrin e endrin, nos Estados Unidos da América adquiriu um terreno de 78,9 hectares no Bairro denominado Jardim dos Pássaros, no município de Paulínia, Estado de São Paulo, com vistas à produção dos inseticidas destinados ao controle de pragas em lavouras de milho e outras.[6] (CAMPINAS, 2010)

O início das operações de formulação e síntese de compostos organoclorados e organofosforados, ocorreu em 1977 na referida unidade fabril e em 1978, a empresa obteve licença da Companhia ambiental do Estado de São Paulo — Cetesb, para funcionamento e, menos de seis meses depois, a companhia passou a receber por parte da Petrobrás e dos moradores do entorno, reclamações de emanações atmosféricas com elevado odor tóxico, causando desconforto físico nos funcionários da refinaria de Paulínia e nos habitantes das proximidades, as quais persistiram até 1999.

De 1979 a 1981, a Cesteb, por meio de seus técnicos fizeram diversas vistoras na área, as quais constataram a presença de emissão de poluentes na atmosfera em razão da incineração de vasilhames com resíduos de organoclorados e em razão de vazamento em tanque que estocava a matéria-prima trimetilfosfito.

A empresa Shell, que ativou-se no local até 1995 foi vendida para a Cyanamid CO. que exigiu uma auditoria ambiental como condição para fechar o negócio e a referida auditoria, realizada por consultores internacionais, constatou a contaminação do solo e do lençol freático, resultando numa autodenúncia da Shell à Curadoria do Meio Ambiente de Paulínea e à assunção de um termo de ajuste de conduta por parte da empresa, que reconheceu a contaminação do solo por aldrin, endrin e dieldrin, produtos altamente cancerígenos e ainda que podem causar hepatoxidade e anomalias no sistema nervoso central. Também se constatou quantidades elevadas de cromo, vanádio, zinco e óleo mineral.

Em 2000, a Cynamid foi adquirida pela Basf, que manteve os trabalhadores expostos aos riscos de contaminação até 2002, quando os auditores fiscais interditaram o local.

O local foi isolado pela prefeitura em 2003.

Verificou-se, ademais, que a água das imediações do parque fabril não poderia ser utilizada, ensejando na compra pela referida empresa de todas as plantações de legumes e verduras das proximidades, além de se encarregar a fornecer água potável para as populações vizinhas, que antes valiam-se de poços artesianos contaminados.

No entanto, apesar de ter firmado o Termo de Ajuste de Conduta com o Ministério Público Estadual, a empresa Shell permaneceu descumprindo a legislação ambiental, o que ocasionou na lavratura de um auto de infração, com previsão de penalidade, pela CETESB.

Em 2000, parte da unidade fabril da Cyanamid C.O. foi vendida à Basf S.A, que operou até a interdição do local de trabalho por auditores fiscais do Ministério do Trabalho e Emprego, em conjunto com o Ministério Público do Trabalho, em 2002. Pouco tempo depois, logo após a interdição, a Prefeitura de Paulínia decretou Estado de Calamidade Pública no Bairro Recanto dos Pássaros e isolamento da área.

Traçado um breve histórico acerca dos aspectos relacionados à instalação e funcionamento das fábricas da Shell, Cynamid e Basf, visando fornecer elementos que permitam uma ampla visão acerca do ocorrido em relação ao processamento das ações civis públicas que serviram de base para o presente estudo, traça-se, no próximo tópico, um resumo acerca dos principais acontecimentos verificados desde o ingresso da ação.

3.1 As Ação Civil Públicas ns. 0022200-28.2007.5.15.0126 e 0068400-59.2008.5.15.0126

O Ministério Público do Trabalho em conjunto com a Associação de Combate aos POPs (ACPO), propôs, no mês de março de 2007, em face das empresa Shell Brasil Ltda e Basf S.A., a Ação Civil Pública n. 0022200-28.2007.5.15.0126, distribuída para a 2ª Vara do Trabalho de Paulínea, do TRT 15ª Região, na qual requereu a condenação solidária das empresas no pagamento de indenização por danos morais coletivos a serem revertidos para o FAT e indenização aos ex-trabalhadores além do custeio do tratamento de saúde destes e seus filhos e pedido de antecipação dos efeitos da tutela no que concerne à obrigação de contratar plano de saúde aos trabalhadores e filhos nascidos no período que

---

(6) Os dados históricos doravante apontados foram obtidos a partir da decisão proferida no Mandado de Segurança n. 005200-34.2009.5.15.000, oposto pela empresa Shell Brasil Ltda em face do juiz prolator da decisão que antecipou os efeitos da tutela quanto ao pleito de contratação de plano de saúde vitalício aos trabalhadores e filhos, na ação 00222-2007-126-15-00-6. CAMPINAS. Impetrante: Shell Brasil Ltda. Impetrados: Juiz da segunda Vara do Trabalho de Paulínia e outros. Órgão Julgador: Primeira Seção de Dissídios Individuais. TRT15ª Região. Relatora: Helena Rosa Mônaco S. L. Coelho. Data da decisão: 13.04.2010. Disponível em: <http://consulta.trt15.jus.br/consulta/owa/pDecisao.wAcordao?pTipoConsulta=PROCESSOCNJ&n_idv=1044314>. Acesso em: 29 out. 2018.

durou a prestação de serviços ou após esta, tendo como fundamentos fáticos a poluição do meio ambiente, incluindo o do trabalho com as substâncias cancerígenas, bioacumulativas e mutagênicas em decorrência da fabricação dos produtos inseticidas e praguicidas pelas rés. (CAMPINAS, 2010).

Já a Ação Civil Pública 0068400-59.2008.5.15.012, distribuída em 27.06.2018, foi proposta pela Associação de Trabalhadores Expostos à Substâncias Químicas e pelo Sindicato dos Trabalhadores nas Indústrias dos Ramos Químicos, Farmacêuticos, Plásticos, Abrasivos e Similares de Campinas e Região — ATESC em face das empresas Shell Brasil Ltda. e Basf, apontando praticamente os mesmos fatos narrados na Ação civil Pública 0022200-28.2007.5.15.0126 e enfatizando que a atitude das empresas lhe trouxeram danos morais individuais face à fragilização da saúde física e psíquica. Alegaram ainda que a dispensa ocorreu quando a empresa estava em negociação com o Sindicato da categoria, logo, não poderia dispensá-los. Postulou-se indenização por danos morais individuais em razão da doença e a reintegração dos trabalhadores ou pagamento dos salários até data da propositura da ação. (PAULÍNIA, 2010).

As defesas das rés arguiram conexão parcial do feito com a Ação Civil Pública 0022200-28.2007.5.15.0126, dentre outras tantas teses, como as de ausência de prova de que os produtos por ela produzidos causavam os problemas de saúde relatados nos autos não teriam cometido conduta culposa pois não tinham conhecimento da toxicidade dos produtos que fabricavam. (PAULÍNIA, 2010)

Também foram protocolados diversos pedidos de suspensão do feito por parte da empresa sob a alegação de tratativas de acordo ao longo da tramitação do feito, mesmo antes do julgamento do mérito pela primeira instância, o que resultou no adiamento do julgamento por diversas vezes. (PAULÍNIA, 2010)

A conexão foi reconhecida pela juíza de primeira instância e determinada a reunião dos processos.

As rés interpuseram vários recursos e Mandado de Segurança com vistas a sustar os efeitos da medida antecipatória, tendo obtido parcial êxito no que concerne à conversão da obrigação de fazer em obrigação de dar (pagar o valor necessário para as despesas médicas *lato sensu*) perante o TRT.

Todavia, no dia 30.09.2010, em sede de reclamação correicional perante a Corredoria-Geral da Justiça do Trabalho — TST a Shell conseguiu sustar os efeitos da antecipação de tutela. (MAEDA & FRANCO, 2013).

Na decisão de mérito proferida nos autos 0022200-28.2007.5.15.0126 e 00684-2008-126-15-00-4, reconheceu-se a existência de contaminação por compostos organoclorados, em especial aldrin, dieldrin e endrin, pertencentes ao grupo de Poluentes Orgânicos Persistentes ("POP's") e que tais substâncias possuem altíssimo grau de toxidade, além de serem resistentes à degradação e biocumulativas. Tais características geram uma grande nocividade destes compostos à saúde humana, pois são associados à diversas doenças, afetando perniciosamente os sistemas imunológico, nervoso, reprodutor e endócrino do ser humano. Ressaltou-se também o fato do Brasil ser signatário da Convenção de Estocolmo sobre POP's.[7]

Quanto à condenação completa que foi imposta às rés, colhe-se das razões de decidir da sentença de mérito de segunda instância nas ações principais, quanto ao recurso da Shell:

"A recorrente foi condenada a pagar indenização por dano moral coletivo, reversível ao Fundo de Amparo do Trabalhador; custear despesas com assistência médica, por meio de entidades hospitalares, clínicas especializadas e consultórios médicos, psicológicos, nutricionais, fisioterapêuticos e terapêuticos da cidade de São Paulo e da região metropolitana de Campinas, para atendimento médico, nutricional, psicológico, fisioterapêutico e terapêutico, internações aos ex-trabalhadores, seus empregados e da co-ré BASF, prestadores de serviços autônomos e seus filhos nascidos no curso e após as contratações; constituir um comitê para gerir estes atendimentos; divulgar na imprensa a decisão, a fim de atrair os beneficiários; indenizar cada trabalhador e filho nascido durante a prestação de serviço, substituindo a obrigação de dar-lhes assistência (obrigação de fazer) e pagar indenização individual por dano moral a todos os trabalhadores e sucessores que prestaram serviços como empregados, prestadores de serviços

---

(7) A Convenção de Estocolmo foi assinada na cidade de mesmo nome, em 22 de maio de 2001, entrou em vigor no plano internacional em 24.02.2004 e teve seu texto aprovado no Brasil pelo Decreto Legislativo n. 204/2004. BRASIL, Decreto Legislativo n. 204, de 7 de maio de 2004. *Aprova o texto da Convenção de Estocolmo sobre Poluentes Orgânicos Persistentes.* Brasília, Senado Federal. Foi promulgada em nível nacional no Brasil por meio do Decreto n. 5.472, de 20 de junho de 2005. No que interessa mais de perto ao presente trabalho, ressalta-se que a referida Convenção, por meio de seus considerandos destaca a ideia de precaução como fundamento de preocupação de todas as partes, a necessidade de fortalecer os países em desenvolvimento para a gestão das substâncias químicas e a importância de que os fabricantes de poluentes orgânicos persistentes respondam pelos efeitos negativos causados por seus produtos, consagrando o princípio da precaução e do poluidor-pagador, tão caros ao direito ambiental. Apresenta 5 anexos (A/F, sendo que no anexo A, elenca as substâncias Aldrin, Deldrin e Endrin, dentre outras, como substâncias cuja produção deve ser eliminada pelo país. BRASIL, Decreto n. 5.472, de 20 de junho de 2005, Diário Oficial da União, 20 de junho de 2005.

ou autônomos, representados e substituídos pelas entidades autoras da ação: Ministério Público, Associação de Trabalhadores Expostos a Substâncias Químicas e Sindicato de Trabalhadores nas Indústrias Químicas, Farmacêuticas, Plásticos, Abrasivos e Similares." (CAMPINAS, 2011, p. 12)

As rés não lograram êxito no recurso interposto perante o TRT 15ª Região, o qual foi julgado em 06.04.2011 e manteve integralmente a decisão de primeira instância. Considerou-se que a sentença foi exauriente e que as rés não conseguiram afastar os argumentos da sentença quanto às provas consideradas e aos fundamentos.

Em 08 de abril de 2013 o ministro Carlos Alberto Reis de Paula (TST) homologou acordo nos autos das ACPs aqui tratadas, no qual restou acordado que as rés pagarão o valor de 200 milhões de reais por danos morais coletivos, os quais serão destinados pelo MPT a entidades que trabalhem com pesquisa, prevenção e tratamento de trabalhadores vítimas de intoxicação no ambiente de trabalho, além do pagamento de compensação por danos morais individuais no percentual de 70% do valor determinado em sentença, o que perfaz a quantia de R$ 83,5 milhões e o pagamento também de 70% do valor da indenização por dano material fixada em sentença, o que perfaz aproximadamente 87,3 milhões. Ficou garantido ainda o atendimento médico vitalício a 1.058 vítimas habilitadas no acordo, além das pessoas que venham a comprovar a necessidade deste tratamento no futuro.

Atualmente, procede-se à habilitação dos substituídos ao recebimento de suas parcelas.

Os elementos acima delineados permitem compreender o andamento das Ações Civis Públicas que ora se analisa. Destaca-se, a seguir, das decisões nelas proferidas, a verificação do dano ambiental futuro, correlacionando-o com os ensinamentos doutrinários inicialmente traçados.

3.2 A proteção jurídica conferida aos danos ambientais futuros no caso Shell/Basf

As decisões proferidas nas ações civis públicas em comento reconheceram que os danos à saúde dos trabalhadores atingidos e seus filhos não eram totalmente conhecidos mas, que os estudos médicos e os adoecimento de vários trabalhadores indicavam fortes evidências de possíveis doenças no futuro, como problemas de fertilidade e maior propensão ao câncer etc.

No que concerne às provas, considerou-se que a própria ré reconhecia que *"as substâncias tóxicas ainda se encontram depositadas no corpo dos trabalhadores"*, mesmo depois de muitos anos que as atividades foram encerradas no local (relembre-se que o fechamento da unidade ocorreu em 1995, como já asseverado antes, embora o *complexo industrial tenha continuado operando até 2002, por intermédio das empresas Cyanamid e Basf S.A*). (CAMPINAS, 2010, p. 43).

Ademais, as decisões de mérito proferidas tanto nas ações civis públicas, quanto no Mandado de segurança impetrado em face da decisão que antecipou os efeitos da tutela, consideraram que, ao contrário do que alegavam as causadoras do dano, os Equipamentos de Proteção Individuais e os de proteção coletiva não foram capazes de eliminar os riscos de contaminação dos trabalhadores, sendo que esta ocorreu por meio de contato físico com os produtos produzidos que algumas vezes eram derramados dos frascos, por meio de resíduos que ficavam no ar em razão da varrição das áreas de produção. (PAULÍNIA, 2010; CAMPINAS, 2010).

A decisão de mérito do Mandado de segurança impetrado em face da decisão que deferiu a antecipação dos efeitos da tutela no sentido de estipular a obrigação das rés de contratar plano de saúde sem carência e vitalício aos ex-trabalhadores e seus filhos e na decisão proferida na ação 0022200-28.2007.5.15.0126, embora sem utilizar expressamente o termo dano futuro, considerou os aspectos enfatizados pela doutrina para a constatação deste tipo de dano, ao se considerar que os danos à saúde dos trabalhadores e de seus filhos vão se concretizando com o passar dos anos. (CAMPINAS, 2010).[8]

---

(8) Como fundamentos legais, citou-se o princípio da dignidade da pessoa humana, insculpido no art. 1º da CF/88, direitos ao trabalho e à saúde, art. 6º *caput*, CF/88, direito à redução dos riscos inerentes ao trabalho, art. 7º, XXII, CF/88, e direito ao meio ambiente sadio e na obrigação de reparar os danos a ele causados, art. 225, *caput* e §3º, CF/88.

Também se valeu do disposto no art. 5º da Convenção n. 139 da OIT, que estabelece normas para a proteção contra as substâncias ou agentes cancerígenos e estipula que os Estados signatários devem assegurar que os trabalhadores tenham acesso aos exames durante o emprego ou depois dele para avaliação dos riscos profissionais e estado de saúde.

Nesse sentido, as decisões vão ao encontro do que defende CARVALHO, 2013, segundo o qual em casos em que houver alta probabilidade de danos às gerações futuras, deve- impor ao agente *medidas preventivas necessárias (obrigações de fazer ou não fazer), a fim de evitar a concretização futura dos danos ou minimizar as consequências futuras daqueles já efetivados.*" (CARVALHO, 2013, p. 192).

Extrai-se das razões de decidir dos julgados supra referidos:

"O fundado receio de dano irreparável e de difícil reparação justifica-se pelo fato de que os ex-trabalhadores, terceirizados e autônomos que prestaram serviços para as empresas Shell, Cyanamid e Basf, em Paulínia/SP, assim como seus filhos, estão comprovadamente adoecendo com o passar dos anos, desenvolvendo moléstias equivalentes àquelas que os compostos químicos e altamente tóxicos manuseados e produzidos na unidade industrial podem causar, sendo que muitos deles já vieram a óbito, consoante documentos de fls. 2003-2013 — 10º Vol., não havendo que se cogitar em "prejuízos hipotéticos ou incertos à saúde de um universo heterogêneo e desconhecido de beneficiários". (CAMPINAS, 2010, p. 27)

"Para melhor ilustração da questão, cito novamente o documento "Avaliação das informações sobre a exposição dos trabalhadores das empresas Shell, Cyanamid e Basf a compostos químicos — Paulínia/SP" (fls. 1739-1937 — 9º Vol.), o qual enfatizou que os compostos tóxicos liberados no meio ambiente apresentam efeitos genotóxicos, com maior nível de potencial lesivo sobre o organismo humano em formação, sendo que a manifestação clínica de tais efeitos pode ocorrer somente em gerações futuras, nos filhos das pessoas expostas e sob a forma de malformações congênitas ou no desenvolvimento de cânceres e tumores (fl. 1831). O dieldrin armazena-se na placenta, líquido amniótico, sangue fetal e leite mamário, com tendência a ser estocado no tecido adiposo dentro do organismo e sendo liberado em caso de dieta ou amamentação (fl. 1842). Já o DDT e seus isômeros podem ocasionar prematuridade e abortos espontâneos (fl. 1849 — 9º Vol.). (CAMPINAS, 2010, p. 29) Sem destaque no original.

"Não se pode, portanto, admitir a tese simplista da Shell de que a existência de substâncias tóxicas no corpo humano, por si só, não configura intoxicação. Pode até não configurar um processo de intoxicação aguda, neste momento, para alguns trabalhadores, sendo certo, entretanto, que muitos deles têm doenças vinculadas à contaminação, como provado nas inúmeras ações individuais já apreciadas. Certamente, entretanto, a presença dessas substâncias tóxicas no organismo humano demonstra a existência de intoxicação crônica, cujas consequências aparecerão nos anos vindouros e nos filhos desses trabalhadores, em face da mutação genética por tais compostos produzida nos seres humanos. (PAULÍNIA, 2010, p. 42) Sem destaque no original.

"Indubitável o dano ao meio ambiente causado pela nefasta atuação das Recorrentes, que gerou o dever de reparar todos os prejuízos dele decorrentes, do qual não se pode dissociar o trabalhador, dado os males causados a sua saúde, seja em sua composição atual ou em eventual alteração genética, a se considerar os danos físicos presentes e futuros, nem tampouco se pode afastar a culpa inicial da SHELL, que evoluiu para o dolo quando deu prosseguimento aos mesmos métodos de industrialização de componentes químicos, sabidamente danosos. (CAMPINAS, 2011, p. 20/21) Sem destaque no original.

Da ementa da decisão proferida em Mandado de segurança, colhe-se:

FUNDADO RECEIO DE DANO IRREPARÁVEL OU DE DIFÍCIL REPARAÇÃO. EXISTÊNCIA. ADOECIMENTO E FALECIMENTO, COM O PASSAR DOS ANOS, DE TRABALHADORES, TERCEIRIZADOS E AUTÔNOMOS QUE PRESTARAM SERVIÇOS PARA AS EMPRESAS SHELL, CYANAMID E BASF EM PAULÍNIA/SP. CARACTERIZAÇÃO DA HIPÓTESE LEGAL PREVISTA NO INCISO PRIMEIRO DO ARTIGO 273 DO CPC. *O fundado receio de dano irreparável ou de difícil reparação justifica-se pelo fato de os ex-trabalhadores, terceirizados e autônomos que prestaram serviços para as empresas Shell, Cyanamid e Basf, em Paulínia/SP, assim como seus filhos, estão comprovadamente adoecendo com o passar dos anos, desenvolvendo moléstias equivalentes àquelas que os compostos químicos e altamente tóxicos manuseados e produzidos na unidade industrial podem causar, sendo que muitos deles já vieram a óbito.* (CAMPINAS, 2010, p. 2). (Negrito no original. Grifou-se).

Registre-se que também no que concerne à análise do pedido de indenização por danos morais, condenou-se às rés ao pagamento de indenização e ressaltou-se a angústia dos trabalhadores em conviver com a possibilidade "*de desenvolver uma doença ou de gerar filhos com anomalias genéticas.*" (PAULÍNIA, 2010, p. 89).

Conforme a classificação de CARVALHO, 2013, p. 193, citada anteriormente, do trecho da decisão acima transcrito, observa-se que a mesma se refere ao que o autor classifica como "*consequências futuras de um dano ambiental atual*", que aqui se denomina de dano ambiental futuro *lato sensu*, pois o dano ambiental já ocorreu quando os trabalhadores foram expostos às substâncias químicas. Nada obstante, as consequências do dano ambiental não se exauriram e poderão gerar consequências nefastas tanto à saúde dos trabalhadores quanto em relação aos filhos destes, em razão da "mutação genética" provocada pelos compostos a que foram expostos os trabalhadores (ou seja, embora a contaminação já tenha se concretizado, todos os efeitos adversos que pode produzir ainda não fizeram presentes).

Também é possível extrair da fundamentação da decisão ora em comento, resposta à defesa das rés, que afirmaram estar a decisão a respaldar um dano hipotético e ainda à crítica feita por aqueles que entendem que a responsabilidade civil deveria apenas lidar com danos concretos, pois do contrário se conferiria a prevalência de um papel precaucional ao instituto, descaracterizando-o, como defende CARRÁ, 2015.

No julgamento do mérito do mandado de segurança, considerou-se como prova das evidências dos danos futuros, a afastar a alegação defensiva de ausência de certeza do dano ou indenização por mera precaução ou especulação, estudo realizado em pós-graduação em saúde coletiva na Unicamp, que constatou que a incidência de câncer na tireóide dos trabalhadores expostos era 166 vezes maior que a população de Campinas. (CAMPINAS, 2010, p. 26).

Igualmente, na decisão de mérito da Ação principal foi analisada tal questão, nos seguintes termos:

"Finalmente, a presente demanda não trata, meramente, de danos hipotéticos à saúde dos trabalhadores e, muito menos, de busca de uma reparação "por precaução".

Trata da reparação de danos efetivos que têm mostrado seu potencial, tanto nos trabalhadores como em seus descendentes, crianças nascidas após o período em que esses trabalhadores foram expostos à contaminação." (CAMPINAS, 2010, p. 63/64). (Sem destaque no original)

Tal compreensão também está em consonância com as lições doutrinárias de CARVALHO, 2013, segundo o qual a ilicitude do dano, a caracterizar o que chama de dano ambiental futuro exige medidas preventivas e deve levar em conta a alta probabilidade de ocorrência do evento no futuro, de acordo com os estudos transdisciplinares, observando-se os aspectos estatísticos da ocorrência ou mesmo na capacidade de antever os acontecimentos e ainda em função de sua *"magnitude"* (CARVALHO, 2013, p. 219), ultrapassando o seu grau de tolerabilidade e a irreversibilidade da lesão.

O princípio da solidariedade intergeracional quanto à proteção do meio ambiente (art. 225, CF/88), também enfatizado pela doutrina do dano ambiental e do dano ambiental futuro, pode ser constatado no fato de que a condenação de primeira instância, mantida pela segunda, impôs às rés, a obrigação de custear as despesas com qualquer tipo de tratamento médico, psicológico, nutricional, fisioterapêutico e internações, não apenas aos trabalhadores das rés da época da exposição à contaminação ambiental e os filhos nascidos em tal época, como também em relação aos filhos nascidos após a prestação de serviços, porque se observou que com a ofensa ao meio ambiente do trabalho no caso concreto também se atingiu direitos das futuras gerações de descendentes do trabalhadores atingidos.

Os danos reflexos da lesão ao meio ambiente do trabalho no caso Shell/Basf têm alta probabilidade de trazer lesão à saúde das gerações futuras de descendentes dos trabalhadores atingidos, já que não há comprovação científica acerca de todos os efeitos que podem ocasionar, demonstrando-se na prática, a importância da preocupação com as gerações futuras.

Contudo, a suspensão da obrigação das rés de custear os tratamentos dos trabalhadores, por força de decisão do TST atendendo a reclamação correicional proposta por uma das rés, certamente dificultou a efetivação de referido princípio, posto que em casos de elevada possibilidade de doenças cancerígenas como a verificada nos casos de pessoas expostas à contaminação pelos produtos organoclorados e organofosforados, o acompanhamento médico precoce é a maneira mais fácil de se obter a cura da doença, minimizando as consequências do dano ambiental na saúde dos trabalhadores e seus filhos.

Conforme se extrai da análise da decisão proferida no julgamento do mérito do Mandado de segurança impetrado em face da decisão que concedeu a antecipação dos efeitos da tutela, as rés contestaram o fato da juíza de primeira instância deferir esse tipo de tutela em sede de ação civil coletiva.

A resposta do relator do Acórdão proferido na Ação Civil Pública ao referido argumento foi contundente:

"A Recorrente ainda não se deu conta da modernização da atividade jurisdicional, além de aterrorizar-se por desconhecer ação civil pública, também parece desconhecer o princípio da fungibilidade da concessão da tutela, segundo o qual o Juiz pode converter uma obrigação em outra, para assegurar o resultado prático equivalente ao adimplemento originariamente pretendido, como primorosamente ensinou a Desembargadora Helena em seu voto." (CAMPINAS, 2011, p. 14)

De fato, a estipulação de obrigações de fazer ou não fazer em casos de danos ambientais futuros como os caracterizados no caso em análise encontra previsão expressa no art. 3º da Lei n. 7.347, de 1985, assim como a fungibilidade das obrigações de fazer constitui princípio do direito com expressa previsão na própria legislação civil, tradicionalmente de cunho individualista, de modo que as decisões adotadas estão longe de ser teratológicas.

Certamente que decisões como as aqui analisadas fogem da ideia tradicional da responsabilidade civil, de cunho individualista, centrada na concretude e atualidade do dano, o que inclusive pode ter levado a defesa da empresa a se exortar, afirmando se tratar de decisão teratológica e mesmo proferindo ofensas à magistrada de primeira instância, como enfatizado no julgamento dos recursos. Mesmo assim, é preciso ter em mente que a sociedade atual está a exigir cada vez mais soluções abrangentes, afastando-se do paradigma da sociedade industrial, em que as soluções eram fundadas com fulcro no indivíduo e aproximando-se do paradigma da sociedade de risco, onde as lesões atingem muitas vezes um número elevado ou mesmo indeterminado de pessoas, que já foi assimilado pelo ordenamento jurídico por meio do instrumento da Ação Civil Pública, dentre outros.

4 CONSIDERAÇÕES FINAIS

Depreende-se do estudo realizado, que o dano ambiental trabalhista como uma espécie do gênero de danos ambientais, deve ser tratado adotando-se enfoques diversos daqueles habitualmente tratados pela responsabilidade civil, sobretudo quando advindos de uma conduta antijurídica do agente, como no caso da contaminação do meio ambiente do trabalho no caso Shell/Basf, que resultou em ofensa direta aos trabalhadores que foram expostos às substâncias tóxicas ali produzidas, seja por contato direto com o material derramado seja por contato indireto por via respiratória, ocasionando diversos danos, dos quais a maioria sequer é conhecida totalmente, ou seja, não apenas danos imediatos como principalmente danos ambientais futuros para os trabalhadores e seus descendentes.

Verificou-se também que, como assevera BECK, a própria constituição dos produtos a que os trabalhadores foram expostos e a interação destes quando em contato com o organismo humano, demonstra que a distribuição dos riscos não é compatível, assim como a distribuição de riquezas. Os altos lucros das empresas que causaram a contaminação da área do Bairro Recanto dos Pássaros e de vários trabalhadores não a impediram de questionar em todas as esferas possíveis os direitos aos tratamentos médicos dos trabalhadores, mesmo que isso implicasse em dificultar o princípio da prevenção à problemas de saúde que, acaso diagnosticados precocemente são mais fáceis de serem curados.

O exercício da tutela de forma coletiva, contrariando a forma tradicional de busca de reparação de danos, fortaleceu a coletividade de trabalhadores vítimas da contaminação promovida pelas empresas, seja por conferir maior facilidade na produção das provas com vistas a demonstrar a elevada incidência de casos típicos de uma mesma doença, o que certamente configurou-se como elemento importante no desfecho final da ação por meio de um acordo, assegurando, de forma vitalícia o tratamento médico em sentido amplo aos trabalhadores que se ativaram na fábrica durante o seu funcionamento e aos filhos destes, além das indenização por danos morais coletivos por danos morais individuais.

Especificamente quanto ao objeto que se pretendeu analisar, verificou-se, que a condenação das rés ao custeio de tratamento médico vitalício aos trabalhadores e seus filhos, constitui hipótese de efetivação da principal função da responsabilidade civil, que é a reparação das consequências do dano ambiental, ou seja, dano ambiental futuro em sentido *lato sensu*, pois ainda que não se mostrem atuais e concretos, apresentam elevada probabilidade de ocorrência, com base naquilo que o estado atual da técnica já permite inferir ou a partir da verificação de um elevado número de ocorrências, logo, não é razoável que fiquem tais danos sem reparação.

Mas não é só. A obrigação imposta às empresas, conquanto que não tenham sido cumpridas de imediato, face ao elevado número de recursos interpostos pelas rés e a suspensão por força de reclamação correicional por parte do TST, apontam para o caráter preventivo que a responsabilidade civil pode assumir como concreção da efetividade da medida, pois, aguardar o trânsito em julgado da decisão para só então iniciar o tratamento dos trabalhadores e seus filhos, certamente implicaria em danos muitos maiores com quase ou nenhuma possibilidade de controle, já que doenças como o câncer, a que os trabalhadores expostos às substâncias operadas nas fábricas das rés estão sujeitos, são mais facilmente tratáveis se descobertas no início.

5 REFERÊNCIAS

ALVIM, Agostinho. *Da inexecução das obrigações*. 2. ed. São Paulo: Jurídica e Universitária. 1965.

ANTUNES, Paulo de Bessa. *Direito ambiental*. 11. ed. Rio de Janeiro: Lumen Jures, 2009.

BECK, Ulrich. *Sociedade de risco. Rumo a uma outra modernidade*. 2. ed. (Trad. Sebastião Nascimento). São Paulo: Editora 34, 2011.

BELFORT, Fernando José Cunha. *A responsabilidade do empregador na degradação do meio ambiente do trabalho e suas consequências jurídicas no âmbito do direito do trabalho*. Tese de Doutorado. São Paulo: Pontifícia Universidade Católica — PUC-SP, 2008 (in mimeo).

BRASIL, Decreto Legislativo n. 204, de 7 de maio de 2004. Aprova o texto da Convenção de Estocolmo sobre Poluentes Orgânicos Persistentes. Brasília, Senado Federal. Disponível em: <*https://www.ibama.gov.br/anuencias/quimicos-e-biologicos/importacao-de--substancias-listadas-na-convencao-de-estocolmo-sobre-poluentes-organicos-persistentes-pops#legislacao*>. Acesso em: 31 out. 2018.

BRASIL, Decreto n. 5.472, de 20 de junho de 2005. Promulga o texto da Convenção de Estocolmo sobre Poluentes Orgânicos Persistentes. Brasília, Senado Federal. Disponível em: <*https://www.ibama.gov.br/anuencias/quimicos-e-biologicos/importacao-de--substancias-listadas-na-convencao-de-estocolmo-sobre-poluentes-organicos-persistentes-pops#legislacao*>. Acesso em: 31 out. 2018.

CARRÁ, Bruno Leonardo Câmara. *Responsabilidade civil sem dano. Uma análise crítica. Limites epistêmicos a uma responsabilidade civil preventiva ou por simples conduta*. São Paulo: 2015.

CAMPINAS. Acórdão proferido em Mandado de segurança, n. do Processo: MS 00052-2009-000-15-00-0. Impetrante: Shell Brasil Ltda e Basf S.A. Impetrados: Juiz da segunda Vara do Trabalho de Paulínia e outros. Órgão Julgador: Primeira Seção de Dissídios Individuais. TRT15ª Região. Relatora: Helena Rosa Mônaco S. L. Coelho. Data da decisão: 13.04.2010. Disponível em: <*http://consulta.trt15.jus.br/consulta/owa/pDecisao.wAcordao?pTipoConsulta=PROCESSOCNJ&n_idv=1044314*>. Acesso em: 29 out. 2018.

CAMPINAS. Tribunal Regional da 15ª Região. Decisão proferida nos acórdão em Ação Civil Pública ns. 0022200-28.2007-5.15.0126 e 00684-59.2008.5.15.0126 (APENSADOS). Relator: Desembargador Dagoberto Nishina. Data do julgamento: 06.04.2011. Disponível em: <*http://consulta.trt15.jus.br/consulta/owa/pDecisao.wAcordao?pTipoConsulta=PROCESSOCNJ&n_idv=1127638*>. Acesso em: 26 out. 2018.

CAMPINAS. TST homologa acordo entre empresas e vítimas de contaminação química em Paulínia. Notícia veiculada no Sítio eletrônico do Tribunal Regional da 15 Região. Disponível em: <*http://portal.trt15.jus.br/widget/noticias/-/asset_publisher/Ny36/content/tst-homologa-acordo-entre-empresas-e-vitimas-de-contaminacao-quimica-em-paulinia/maximized;jsessionid=AC73CFD4B22BC04C4901250CC70B100B.lr2*>. Acesso em: 28 out. 2018.

CARVALHO, Délton Winter de. *Dano ambiental futuro. A responsabilidade civil pelo risco ambiental*. 2. ed. rev. e ampl. Porto Alegre: Livraria do Advogado, 2013.

CAVALIERI FILHO, Sérgio. *Programa de responsabilidade civil*. 11. ed. São Paulo: Ed. Atlas, 2014.

CRUZ, Bianca Martins. Responsabilidade civil pelo dano ecológico: alguns problemas. In: *Revista de Direito Ambiental*. n. 5, p. 47-54.

DONINI, Rogério. Prevenção de danos e a extensão do princípio *nenimem laedere*. In: NERY, Rosa Maria de Andrade & DONINI, Rogério. *Responsabilidade civil. Estudos em homenagem ao professor Rui Geraldo Camargo Viana*. São Paulo: Revista dos Tribunais, 2009.

FELICIANO, Guilherme Guimarães. O meio ambiente do trabalho e a responsabilidade civil patronal. In: FELICIANO, Guilherme Guimarães & URIAS, João. (coord.). *Direito ambiental do trabalho. Apontamentos para uma teoria geral. Saúde, ambiente e trabalho: novos rumos da regulamentação jurídica do trabalho*. (v. 1). São Paulo: LTr, 2013.

FROTA, Pablo Malheiros da Cunha. *Responsabilidade por danos. Imputação e nexo de causalidade*. Curitiba: Juruá, 2014.

GAGLIANO, Pablo Stolze & PAMPLONA FILHO, Rodolfo. *Novo curso de direito civil. Responsabilidade civil*. 4. ed. rev, atual e reform. São Paulo: Saraiva, 2006.

GONÇALVES, Carlos Roberto. Responsabilidade civil. 8. ed., rev. São Paulo: 2003.

LEITE, José Rubens Morato & AYALA, Patryck de Araújo. *Dano ambiental: do individual ao extrapatrimonial. Teoria e prática*. 3. ed. São Paulo: Revista dos Tribunais, 2003.

LEMOS, Patrícia Faga Iglesias. *Direito ambiental. A responsabilidade civil e proteção ao meio ambiente*. 3. ed. São Paulo: Revista dos Tribunais, 2011.

LEVY, Daniel de Andrade. *Responsabilidade civil. De um direito dos danos a um direito das condutas lesivas*. São Paulo: Atlas, 2012.

LYRA, Marcos Mendes. Dano ambiental. In: *Revista de Direito Ambiental*. Ano 2, out./dez. 1997, São Paulo, Ed. Revista dos Tribunais, p. 49/83.

LOPEZ, Tereza Ancona. *Princípio da precaução e evolução da responsabilidade civil*. São Paulo: Quartier Latin, 2010.

MAEDA, Fabíola & FRANCO, Rita de Cássia de Lima. Danos labor-ambientais na jurisprudência brasileira: O caso Recanto dos Pássaros (Paulínia). In: FELICIANO, Guilherme Guimarães & ULRIAS, João (coord.) *Apontamentos para uma teoria geral: saúde, ambiente e trabalho: novos rumos da regulamentação jurídica do trabalho*. (vol. I). São Paulo: LTr, 2013.

MARANHÃO, Ney. *Poluição labor-ambiental:* Abordagem conceitual da degradação das condições de trabalho, da organização do trabalho e das relações interpessoais travadas no contexto laborativo. Rio de Janeiro: Lumen Juris, 2017.

NORONHA, Fernando. *Direito das obrigações.* 4. ed. São Paulo: Saraiva, 2013.

O CASO SHELL/BASF. O LUCRO ACIMA DA VIDA. Direção e Produção: Denise Simeão. Produzido por: Centro Organizativo dos Trabalhadores (COT). Duração 25 minutos. Disponível em: <*https://youtube.be/c7SjAHnWShU*>. Acesso em: 28 out. 2018.

PAULÍNIA. 2ª Vara do Trabalho de Paulínia. Sentença proferida nos autos dos Processo n. 0022200-28.2007.5.15.0126 e 0068400-59.2008.5.15.0126. Relatora: juíza Maria Inês Corrêa de Cerqueira César Targa. Publicada em 19 de agosto de 2010. Disponível em: <*http://consulta.trt15.jus.br/consulta/owa/pDecisao.wAcordao?pTipoConsulta=PROCESSOCNJ&n_idv=1044314*>. Acesso em: 28 out. 2018.

RIBEIRO, Claudirene Andrade. *Meio ambiente do trabalho. Responsabilidade civil por dano moral coletivo na atividade frigorífica.* Curitiba: Juruá, 2017.

RIZZARDO, Arnaldo. *Responsabilidade civil.* 5. ed. Rio de Janeiro: Forense, 2011.

SCHREIBER, Anderson. *Novos paradigmas da responsabilidade civil. Da erosão dos filtros da reparação à diluição dos danos.* 3. ed. São Paulo: Atlas, 2011.

A PRESCRIÇÃO NO ACIDENTE DE TRABALHO E NA DOENÇA OCUPACIONAL

Rodolfo Pamplona Filho(*)

Leandro Fernandez(**)

1. INTRODUÇÃO

A prescrição é, sem exagero, um instituto cercado de divergências desde seus primórdios. Sua definição, a delimitação dos seus efeitos e a fixação de critérios de distinção em relação à decadência são temas que há muito estão presentes na literatura estrangeira e nacional.

Cabe-nos, aqui, analisar o instigante tema da prescrição de pretensões decorrentes de acidentes de trabalho e doenças ocupacionais.

Para tanto, empreenderemos, previamente, breve exposição a respeito da delimitação conceitual da prescrição e do tratamento conferido ao instituto pelo Código Civil. É o que será realizado a seguir.

2. NOÇÕES CONCEITUAIS SOBRE PRESCRIÇÃO

A adequada compreensão da prescrição pressupõe o conhecimento da categoria jurídica da pretensão.

(*) Juiz Titular da 32ª Vara do Trabalho de Salvador/BA. Professor Titular de Direito Civil e Direito Processual do Trabalho da Universidade Salvador — UNIFACS. Professor Associado da graduação e pós-graduação (Mestrado e Doutorado) em Direito da UFBA — Universidade Federal da Bahia. Coordenador dos Cursos de Especialização em Direito Civil e em Direito e Processo do Trabalho da Faculdade Baiana de Direito. Mestre e Doutor em Direito das Relações Sociais pela PUC/SP — Pontifícia Universidade Católica de São Paulo. *Máster em Estudios en Derechos Sociales para Magistrados de Trabajo de Brasil* pela *UCLM — Universidad de Castilla-La Mancha*/Espanha. Especialista em Direito Civil pela Fundação Faculdade de Direito da Bahia. Membro e Presidente Honorário da Academia Brasileira de Direito do Trabalho (antiga Academia Nacional de Direito do Trabalho — ANDT). Presidente da Academia de Letras Jurídicas da Bahia e do Instituto Baiano de Direito do Trabalho. Membro da Academia Brasileira de Direito Civil, do Instituto Brasileiro de Direito de Família (IBDFam) e do Instituto Brasileiro de Direito Civil (IBDCivil).

(**) Juiz do Trabalho Substituto no Tribunal Regional do Trabalho da Sexta Região. Mestre em Relações Sociais e Novos Direitos pela Faculdade de Direito da Universidade Federal da Bahia. Especialista em Direito e Processo do Trabalho pelo JusPodivm/BA. Diretor de Prerrogativas da Associação dos Magistrados da Justiça do Trabalho da Sexta Região — AMATRA VI (gestão 2018/2020). Professor. Membro do Instituto Baiano de Direito do Trabalho (IBDT).

Pretensão é a "*posição subjetiva de poder exigir de outrem alguma prestação positiva ou negativa*"[1]. A prescrição opera no plano da eficácia[2], suspendendo (ou encobrindo, na linguagem de Pontes de Miranda) a eficácia da pretensão[3].

Trata-se a pretensão de instituto de direito material, não sendo identificável com a ação processual.

Entretanto, no passado, as formulações teóricas em torno da prescrição frequentemente assumiam a premissa (equivocada) de identificação entre pretensão e ação (em sentido processual), conduzindo à conclusão de que a prescrição atingiria esta.

A noção de prescrição da ação é claramente identificável nos arts. 177 e 178 do Código Civil de 1916[4].

Na doutrina, Câmara Leal, um dos maiores expoentes brasileiros no estudo da prescrição, conceituava-a como a "*extinção de uma ação ajuizável, em virtude da inércia do seu titular durante um certo lapso de tempo, na ausência de causas preclusivas de seu curso*"[5].

A confusão possui uma justificativa histórica, relacionada à ampla adoção da teoria concretista da ação, conforme esclarecem Nelson Nery Júnior e Rosa Maria de Andrade Nery:

> *De longa data, sabe-se, estão superadas as doutrinas da ação como direito concreto, pelo moderno conceito de ação como sendo* direito subjetivo abstrato, *totalmente independente do direito material. Esta evolução se deveu à obra de Wach, que demonstrou a fragilidade da teoria concreta, com a possibilidade do ajuizamento da* ação declaratória negativa *e com a verificação da* ação infundada[6] (grifos no original).

E prosseguem os ilustrados autores: "*O direito de ação firmou-se como subjetivo e abstrato e completamente autônomo do direito substancial. Deles difere, também, a* pretensão, *que pode ser definida como a exigência da subordinação de um interesse alheio ao interesse próprio. A pretensão, resistida, ou insatisfeita, enseja a lide*"[7] (grifos no original).

Com efeito, o direito de ação é o direito público, subjetivo e abstrato de provocar a atuação do Estado para obtenção da tutela jurisdicional. Não está submetido, ele próprio, a prazo prescricional.

Assentada essa premissa, podemos avançar à delimitação conceitual da prescrição.

A **prescrição** consiste em ato-fato jurídico caducificante cujo suporte fático é composto pela inação do titular do direito em relação a uma pretensão exigível e pelo decurso do tempo fixado em lei[8]. Com a oposição da exceção

---

(1) MIRANDA, Francisco Cavalcanti Pontes de. *Tratado de Direito Privado: Parte Geral*. Tomo V. Rio de Janeiro: Borsoi, 1955, § 615, 1. "*A pretensão, como se vê, constitui o grau de exigibilidade do direito (subjetivo) e a obrigação de submissão ao adimplemento. O direito, enquanto sem pretensão, não é exigível; apenas existe in potentia*" (MELLO, Marcos Bernardes de. *Teoria do fato jurídico: plano da eficácia: 1ª parte*. 10 ed. São Paulo: Saraiva, 2015. p. 208).

(2) "*A prescrição não se passa no plano da existência da pretensão, nem no plano da validade do ato jurídico; é fato que ocorre no plano da eficácia, onde se pode perguntar se existe, ou se não existe o efeito* prescritivo, *que é encobrimento da eficácia da pretensão, ou da ação*" (grifo no original) (MIRANDA, Francisco Cavalcanti Pontes de. *Tratado de Direito Privado: Parte Geral*. Tomo VI. Rio de Janeiro: Borsoi, 1955, § 694, 2). A expressão "ação" é utilizada, nesta passagem, em sentido material, não processual.

(3) Veremos adiante que o Código Civil de 2002 adotou a ideia de que a prescrição extinguiria a pretensão, o que, com a devida vênia, não se revela como a opção teórica mais precisa, pelos motivos que serão oportunamente expostos.

(4) Cuidou-se, por outro lado, no Estatuto Privado de 2002, de evitar o equívoco, conforme se infere da leitura do seguinte excerto da sua Exposição de motivos: "*Ainda a propósito da prescrição, há um problema terminológico digno de especial ressalte. Trata-se de saber se prescreve a ação ou a pretensão. Após amadurecidos estudos, preferiu-se a segunda solução, por ser considerada a mais condizente com o Direito Processual contemporâneo, que de há muito superou a teoria da ação como simples projeção de direitos subjetivos. É claro que nas questões terminológicas pode haver certa margem de escolha opcional, mas o indispensável, num sistema de leis, é que, eleita uma via, se mantenha fidelidade ao sentido técnico e unívoco atribuído às palavras, o que se procurou satisfazer nas demais secções do Anteprojeto*".

(5) LEAL, Antônio Luís da Câmara. *Da prescrição e da decadência: teoria geral do direito civil*. 3. ed. Rio de Janeiro: Forense, 1978. p. 12.

(6) NERY JÚNIOR, Nelson; NERY, Rosa Maria de Andrade. *Instituições de Direito Civil*. vol. I, tomo II: Parte Geral. São Paulo: Revista dos Tribunais, 2015. p. 359.

(7) *Ibidem*, p. 359.

(8) MIRANDA, Francisco Cavalcanti Pontes de. *Tratado de Direito Privado: Parte Geral*. Tomo VI. Rio de Janeiro: Borsoi, 1955, § 665, 1 e 3. Vide, ainda: "*Os atos-fatos jurídicos caducificantes (casos de caducidade sem ilicitude) concretizam-se naquelas situações que constituem fatos jurídicos, cujo efeito consiste na* extinção de *determinado direito e, por consequência, da pretensão, da ação e da exceção dele decorrentes, como ocorre na decadência e na preclusão, ou no encobrimento* somente *da pretensão, da ação ou da exceção, conforme acontece na prescrição, independentemente de ato ilícito de seu titular. (...) Essas hipóteses em que a caducidade se dá independentemente de ato culposo e, portanto, não constitui eficácia de ato ilícito, configuram atos-fatos jurídicos, uma vez que não se leva em consideração qualquer elemento volitivo como determinante da omissão (= inação) de que resultam. O suporte fáctico do fato jurídico que tem por efeito a caducidade sem culpa é constituído, geralmente, por dois elementos: transcurso de determinado lapso de tempo (= fato) + inação do titular do direito (= ato). Se houve ou não vontade quanto à omissão, é dado absolutamente irrelevante; importa, apenas, o transcurso do tempo sem ação do titular do direito, o que caracteriza, precisamente, o ato-fato*" (grifos no original) (MELLO, Marcos Bernardes de. *Teoria do fato jurídico: plano da existência*. 21. ed. São Paulo: Saraiva, 2015. p. 200 e 202).

(em sentido material) da prescrição ou, na atualidade, sua pronúncia *ex officio*, encobre-se a eficácia da pretensão[9]. Não há, entretanto, extinção do direito[10], da ação processual ou da própria pretensão.

A percepção de que a prescrição não extingue o direito nem a pretensão confere sentido a duas questões jurídicas relevantes.

Se a prescrição extinguisse a pretensão, teríamos, na *renúncia* à prescrição, um direito que permaneceria desprovido de pretensão e, pois, de exigibilidade, o que alijaria a figura da renúncia de efeitos concretos. O devedor renunciaria à prescrição, mas o credor não poderia dele exigir a prestação. Daí afirmar Pontes de Miranda que, com "*a prescrição, não se extinguiu a pretensão e, pois, não morreu a obrigação: ambas continuaram. Pretensão e obrigação são efeitos; a prescrição só se passa no plano da eficácia: torna-a encobrível; alegada, encobre-a. Com a renúncia, o devedor fá-la não encobrível*"[11].

Da mesma maneira, se a prescrição importasse na extinção do direito e da pretensão, o devedor que efetuasse o pagamento de dívida prescrita realizaria *pagamento indevido*, podendo postular a *repetição*. Não é isso, todavia, que ocorre, não sendo cabível repetição do indébito por adimplemento de dívida cuja pretensão está prescrita, regra prevista no art. 970 do Código Civil de 1916 e no art. 882 do Diploma Civil de 2002. Novamente invocando o magistério de Pontes de Miranda, há de se reconhecer que tal preceito não decorre apenas da previsão legal, mas da própria lógica do instituto da prescrição[12].

Respeitadas as variações de enfoque conferidas por cada autor, é possível afirmar que há razoável consenso na doutrina clássica[13] acerca dos requisitos da prescrição: a inércia do titular do direito em relação a uma pretensão exigível e o decurso do tempo fixado em lei. A existência de boa-fé do devedor, fator previsto no Livro IV[14] das Ordenações Filipinas como imprescindível para a fluência do prazo prescricional, perdeu sua relevância com o passar do tempo, sendo declarada indiferente já na Consolidação das Leis Civis[15] de Teixeira de Freitas.

O primeiro pressuposto evidencia que somente é possível cogitar-se da deflagração do prazo prescricional a partir da exigibilidade[16] do direito. Fala-se, neste momento, na existência da ***actio nata***[17].

Violado o direito, surge a pretensão, iniciando-se, então, o prazo prescricional. Nessa ordem de ideias, assenta Pontes de Miranda que a "*prescrição inicia-se ao nascer a pretensão; portanto, desde que o titular do direito pode exigir*

---

(9) *Ibidem*, § 691, 1.

(10) "*Quando se diz que 'prescreveu o direito' emprega-se elipse reprovável, porque em verdade se quis dizer que o 'direito teve prescrita a pretensão (ou a ação), que dele se irradiava, ou teve prescritas todas as pretensões (ou ações) que dele se irradiavam. Quando se diz 'dívida prescrita' elipticamente se exprime 'dívida com pretensão (ou ação) prescrita'; portanto dívida com pretensão encobrível (ou já encoberta) por exceção de prescrição*" (Ibidem, § 662, 6). Registramos que Pontes de Miranda, aqui, ao empregar o vocábulo "ação", refere-se à ação em sentido material (relacionada à impositividade do direito), não à ação em sentido processual.

(11) *Ibidem*, § 695, 6.

(12) "*O devedor que paga a dívida não pode repetir o pagamento: tornou não encobrível a eficácia do fato jurídico, ou a descobriu, se já alegada, e ao mesmo tempo solveu a dívida, ou satisfez a pretensão. O que apenas renuncia à prescrição faz inencobrível a eficácia; e deixa para momento posterior solver a dívida ou satisfazer a pretensão*" (Ibidem, § 695, 6).

(13) *Vide*, por exemplo: "*Os requisitos da prescrição se reduzem a dois: a negligência ou inação do titular do direito e o decurso do tempo*" (BEVILÁQUA, Clóvis. *Teoria geral do direito civil*. Rio de Janeiro: Ed. Rio, 1975. p. 290). "*Quatro são os elementos integrantes, ou condições elementares, da prescrição: 1º — existência de uma ação exercitável (actio nata); 2º — inércia do titular da ação pelo seu não exercício; 3º — continuidade dessa inércia durante um certo lapso de tempo; 4º — ausência de algum fato ou ato a que a lei atribua eficácia impeditiva, suspensiva ou interruptiva do curso prescricional*" (LEAL, Antônio Luís da Câmara. *Da prescrição e da decadência: teoria geral do direito civil*. 3 ed. Rio de Janeiro: Forense, 1978. p. 11). "*Três são os requisitos da prescrição extintiva: a) inércia do credor; b) o decurso do tempo; c) a invocação dela por qualquer interessado, requisito esse que, em casos especiais, não se exige, como mais adiante será evidenciado. É dispensável o requisito da boa-fé*" (SANTOS, J. M. Carvalho. *Código Civil brasileiro interpretado: principalmente do ponto de vista prático*. v. III. 7. ed. Rio de Janeiro: Freitas Bastos, 1958. p. 372). "*A prescrição ocorre quando o seu suporte fático se compõe. No suporte fático da exceção, é preciso que estejam: a) a possibilidade da pretensão ou ação (não é necessário que exista a pretensão ou ação, razão por que o que não é devedor, mas é apontado como tal, pode alegar a prescrição, exercer, portanto, o ius exceptionis temporis); b) a prescritibilidade da pretensão ou da ação; c) o tempus (transcurso do prazo prescricional), sem interrupção, e vazio de exercício pelo titular da pretensão ou da ação*" (MIRANDA, Francisco Cavalcanti Pontes de. *Tratado de Direito Privado: Parte Geral*. Tomo VI. Rio de Janeiro: Borsoi, 1955, § 665, 1).

(14) Título LXXIX. Se alguma pessoa for obrigada à outra em alguma certa cousa, ou quantidade, por razão de algum contracto, ou quase-contracto, poderá ser demandada até trinta annos, contados do dia, que essa cousa, ou quantidade haja de ser paga, em diante. E passados os ditos trinta annos, não poderá ser mais demandado por essa cousa ou quantidade, por quanto por a negligencia, que a parte teve, de não demandar em tanto tempo sua cousa, ou divida, havemos por bem, que seja prescripta a acção, que tinha para demandar. *Porém esta Lei não haverá lugar nos devedores, que tiverem má fé porque estes taes não poderão prescrever per tempo algum*, por se não dar occasião de peccar, tendo o alheio indevidamente.

(15) Art. 854. Nesta prescripção, só motivada pela negligencia do credor, não se-exige o requisito da bôa fé.

(16) "É nesse termo que há nascimento da pretensão e, de regra com ele, ação nascida, actio nata. *Antes, não, e qualquer referência seria a ação nondum nata*" (ALVES, Vilson Rodrigues. *Da prescrição e da decadência no Código Civil de 2002*. 4. ed. rev., ampl. e atual. Campinas: Servanda Editora, 2008. p. 604).

(17) A locução *actio nata*, como é intuitivo, encontra sua origem no direito romano. Seu uso é amplamente difundido até a atualidade. Deve o leitor manter-se atento, apenas, para não ser induzido a, em razão da terminologia, associar a figura à ação em sentido processual, pelas razões expostas anteriormente.

o ato, ou a omissão. A pretensão supõe o direito, que é prius; pode ser posterior a ele, e.g., se há dia para o vencimento e exigibilidade"[18].

Essa diretriz foi consagrada no **art. 189**[19] **do Código Civil de 2002**, estando explicitada, também, no **Enunciado n. 14**[20] **das Jornadas de Direito Civil**.

Assentadas as necessárias premissas conceituais, impõe-se o avanço à compreensão dos contornos conceituais do acidente de trabalho e da doença ocupacional.

3 ACIDENTE DE TRABALHO E DOENÇA OCUPACIONAL: COMPREENSÃO

A partir da disciplina veiculada pelos arts. 19 a 21 da Lei n. 8.213/91, é possível identificar três modalidades de infortúnios relacionados ao trabalho: o acidente típico, as doenças ocupacionais e os acidentes por equiparação.

Valendo-nos da sistematização elaborada pelo Ministro Cláudio Brandão em trabalho de profundo fôlego acadêmico, podemos apresentar as seguintes distinções entre o acidente e as doenças ocupacionais:

"a) o acidente é caracterizado, em regra, pela subitaneidade e violência, ao passo que a doença decorre de um processo que tem certa duração, embora se desencadeie num momento certo, gerando a impossibilidade do exercício das atividades do empregado;

b) no acidente a causa é externa, enquanto a doença, em geral, apresenta-se internamente, num processo silencioso peculiar às moléstias orgânicas do homem;

c) o acidente pode ser provocado intencionalmente, ao passo que a doença não, ainda que seja possível a simulação pelo empregado;

d) no acidente a causa e o efeito, em geral, são simultâneos, enquanto na doença o mediatismo é a sua característica"[21].

O **acidente típico** consiste em *"um evento, em regra, súbito, ocorrido durante a realização do trabalho por conta alheia, que acarreta danos físicos ou psíquicos à pessoa do empregado, capazes de gerar a morte ou a perda, temporária ou permanente, de sua capacidade laboral"*[22].

A figura da **doença ocupacional** é gênero abrangente da doença profissional e da doença do trabalho.

Doença profissional (*"ergopatias, tecnopatias, idiopatias, doenças profissionais típicas, doenças profissionais verdadeiras ou tecnopatias propriamente ditas"*[23]) é *"aquela peculiar a determinada atividade ou profissão"*, vindo a *"produzir ou desencadear certas patologias, sendo certo que, nessa hipótese, o nexo causal da doença com a atividade é presumido"*[24].

Por sua vez, a **doença do trabalho** (*"mesopatias, moléstias profissionais atípicas, doenças indiretamente profissionais, doenças das condições de trabalho, enfermidades profissionais indiretas, enfermidades profissionais impropriamente*

---

(18) MIRANDA, Francisco Cavalcanti Pontes de. *Op. cit.*, § 665, 7. *"Mas há um ponto que deve ficar bem ressaltado, porque interessa fundamentalmente às conclusões do presente estudo: os vários autores que se dedicaram à análise do termo inicial da prescrição fixam esse termo, sem discrepância, no nascimento da ação* (actio nata), *determinado, tal nascimento, pela violação de um direito. Savigny, por exemplo, no capítulo da sua monumental obra dedicado ao estudo das condições da prescrição, inclui, em primeiro lugar, a* actio nata, *e acentua que esta se caracteriza por dois elementos: a) existência de um direito atual, suscetível de ser reclamado em juízo; e b) violação desse direito"* (AMORIM FILHO, Agnelo. Critério científico para distinguir a prescrição da decadência e para identificar as ações imprescritíveis *in* MENDES, Gilmar Ferreira; STOCO, Rui (Org.). *Coleção doutrinas essenciais: Direito Civil*, Parte Geral. v. 5. São Paulo: Editora Revista dos Tribunais, 2011. p. 38). Sobre o tema, registre-se, ainda, a ponderação de Ísis de Almeida: *"Diante das observações supra, não é difícil concluir que não se inserem no campo da prescrição nem os direitos futuros, entre os quais se incluem o direito condicional e o direito eventual, nem, por muito mais forte razão, uma expectativa de direito. E isso porque não é lícito reprovar (ou punir) o credor, por não ter agido numa época em que continuava na incerteza de seu direito, tendo em vista que a exigibilidade dele dependia da ocorrência de fato (ou de condição) ainda não verificado (...). Seria um absurdo perder-se um direito antes que pudesse ser exercido"* (ALMEIDA, Ísis de. *Manual da prescrição trabalhista*. 2. ed. São Paulo: LTr, 1990. p. 28).

(19) Art. 189. Violado o direito, nasce para o titular a pretensão, a qual se extingue, pela prescrição, nos prazos a que aludem os arts. 205 e 206.

(20) Enunciado n. 14. 1) O início do prazo prescricional ocorre com o surgimento da pretensão, que decorre da exigibilidade do direito subjetivo; 2) o art. 189 diz respeito a casos em que a pretensão nasce imediatamente após a violação do direito absoluto ou da obrigação de não fazer.

(21) BRANDÃO, Cláudio. *Acidente do trabalho e responsabilidade civil do empregador*. 4. ed. São Paulo: LTr, 2015. p. 165.

(22) *Ibidem*, p. 132.

(23) BRANDÃO, Cláudio. *Op. cit.*, p. 166.

(24) OLIVEIRA, Sebastião Geraldo. *Indenizações por acidente do trabalho ou doença ocupacional*. 6. ed. São Paulo: LTr, 2011. p. 50.

tidas como tais ou doenças do meio"[25]), "*apesar de igualmente ter origem na atividade do trabalhador, não está vinculada necessariamente a esta ou aquela profissão. Seu aparecimento decorre da forma em que o trabalho é prestado ou das condições específicas do ambiente de trabalho*"[26].

A seu turno, os **acidentes por equiparação** encontram-se previstos no rol de situações heterogêneas contido no art. 21 da Lei n. 8.213/91.

É relevante registrar que a ocorrência de alguma das hipóteses indicadas nos mencionados dispositivos legais importará no reconhecimento do acidente de trabalho (*lato sensu*) para fins previdenciários, não necessariamente ensejando a responsabilidade civil do empregador, a qual apenas existirá se presentes seus pressupostos (conduta, nexo de causalidade, dano, podendo ou não exigir-se a presença de culpa, de acordo com o enquadramento num caso de responsabilidade subjetiva ou objetiva).

Tratando-se de acidente de trabalho ou doença ocupacional passível de responsabilização patronal, é possível a formulação de uma série de postulações decorrentes de diversas lesões: danos materiais (dano emergente, lucro cessante), danos morais, perda de uma chance, dano estético, dano sexual[27], dano biológico, dano à saúde[28]...

Sob a perspectiva jurídica uma das mais tormentosas questões envolvidas na apreciação de lides decorrentes de acidentes de trabalho ou doenças ocupacionais refere-se à prescrição, temática objeto de análise a seguir.

4 O PRAZO PRESCRICIONAL DAS PRETENSÕES FUNDADAS EM HIPÓTESES DE ACIDENTE DE TRABALHO OU DOENÇA OCUPACIONAL

Quanto ao prazo prescricional para o exercício das pretensões decorrentes de acidente de trabalho ou doença ocupacional, as divergências doutrinárias foram agravadas por razões de competência jurisdicional.

A apreciação das lides entre obreiro e empregador decorrentes de acidente de trabalho (*lato sensu*) foi **inserida no âmbito de competência da Justiça do Trabalho com a Emenda Constitucional n. 45/04**[29], o que somente veio a ser reconhecido pelo Supremo Tribunal Federal por ocasião do julgamento do **Conflito de Competência n. 7.204**[30],

---

(25) BRANDÃO, Cláudio. *Op. cit.*, p. 168.

(26) OLIVEIRA, Sebastião Geraldo. *Op. cit*, p. 50.

(27) Vide, por exemplo, a Apelação 9079703-44.2003.8.26.0000, Tribunal de Justiça de São Paulo, 9ª Câmara de Direito Público, Relator Desembargador Gonzaga Franceschini, Data do julgamento: 19.08.2009, decisão mencionada em SCHREIBER, Anderson. *Direitos da personalidade*. 2 ed., rev. e atual. São Paulo: Atlas, 2013. p. 225. Saliente-se que, *no decisum*, não consta expressamente a locução "dano sexual", a qual viria a ser utilizada pela doutrina para identificar a lesão à integridade física da pessoa que inviabiliza a fruição (por ela própria ou seu parceiro) de uma vida sexual regular.

(28) Em perspectiva crítica à criação de nomenclaturas específicas aos denominados "novos danos indenizáveis": "*A prática da adjetivação de danos parece não apenas ser atécnica, mas também perigosa, resultando não numa ampliação da proteção à pessoa, mas uma redução. Ao se enumerar todas as situações merecedoras de tutela, dando nomes próprios a cada dano decorrente delas, corre-se o risco de entender que um dano, quando não esteja dentro das hipóteses enumeradas, não mereça proteção, restringindo, portanto, a tutela à pessoa. A dignidade não comporta limitações, bem como, qualquer dano que a ofenda. (...) O caminho a se seguir parece ser o de entender a dignidade como um valor unitário inerente a todo o ser humano, que não admite fracionamento ou enumeração. Dentro desta concepção, tendo em mente que qualquer lesão à pessoa em sua dignidade caracteriza-se como dano moral, permite-se que a cláusula geral de proteção à dignidade humana funcione de maneira aberta, porosa, adequando-se às mais diversas situações de risco*" (PAMPLONA FILHO, Rodolfo; ANDRADE JÚNIOR, Luiz Carlos Vilas Boas. *A Torre de Babel das novas adjetivações do dano*. Disponível em: <http://www.revistas.unifacs.br/index.php/redu/article/view/3477>.

(29) Após analisar a evolução da legislação anterior à Constituição Cidadã sobre a matéria, destacando a ressalva contida no art. 142, § 2º, da Constituição de 1967, manifesta-se o Ministro Cláudio Brandão: "*O cenário jurídico-constitucional, contudo, sofreu significativa mudança com o advento da Carta Constitucional de 1988, em virtude da supressão da regra excecionadora, o que autorizaria a concluir-se que, a partir de então, as demandas passaram a ser da competência da Justiça do Trabalho*" (BRANDÃO, Cláudio. *Op. cit.*, p. 365).

(30) "*CONSTITUCIONAL. COMPETÊNCIA JUDICANTE EM RAZÃO DA MATÉRIA. AÇÃO DE INDENIZAÇÃO POR DANOS MORAIS E PATRIMONIAIS DECORRENTES DE ACIDENTE DO TRABALHO, PROPOSTA PELO EMPREGADO EM FACE DE SEU (EX-)EMPREGADOR. COMPETÊNCIA DA JUSTIÇA DO TRABALHO. ART. 114 DA MAGNA CARTA. REDAÇÃO ANTERIOR E POSTERIOR À EMENDA CONSTITUCIONAL N. 45/04. EVOLUÇÃO DA JURISPRUDÊNCIA DO SUPREMO TRIBUNAL FEDERAL. PROCESSOS EM CURSO NA JUSTIÇA COMUM DOS ESTADOS. IMPERATIVO DE POLÍTICA JUDICIÁRIA. Numa primeira interpretação do inciso I do art. 109 da Carta de Outubro, o Supremo Tribunal Federal entendeu que as ações de indenização por danos morais e patrimoniais decorrentes de acidente do trabalho, ainda que movidas pelo empregado contra seu (ex-)empregador, eram da competência da Justiça comum dos Estados-Membros. 2. Revisando a matéria, porém, o Plenário concluiu que a Lei Republicana de 1988 conferiu tal competência à Justiça do Trabalho. Seja porque o art. 114, já em sua redação originária, assim deixava transparecer, seja porque aquela primeira interpretação do mencionado inciso I do art. 109 estava, em boa verdade, influenciada pela jurisprudência que se firmou na Corte sob a égide das Constituições anteriores. 3. Nada obstante, como imperativo de política judiciária — haja vista o significativo número de ações que já tramitaram e ainda tramitam nas instâncias ordinárias, bem como o relevante interesse social em causa —, o Plenário decidiu, por maioria, que o marco temporal da competência da Justiça trabalhista é o advento da EC n. 45/04. Emenda que explicitou a competência da Justiça Laboral na matéria em apreço. 4. A nova orientação alcança os processos em trâmite pela Justiça comum estadual, desde que pendentes de julgamento de mérito. É dizer: as ações que tramitam perante a Justiça comum dos Estados, com sentença de mérito anterior à promulgação da EC n. 45/04, lá continuam até o trânsito em julgado e correspondente execução. Quanto àquelas cujo mérito ainda não foi apreciado, hão de ser remetidas à Justiça do Trabalho, no estado em que se encontram, com total aproveitamento dos atos praticados até então. A medida se impõe, em razão das características que distinguem a Justiça comum estadual e a Justiça do Trabalho, cujos sistemas recursais, órgãos e instâncias não guardam exata correlação 5. O Supremo Tribunal Federal, guardião-mor da Constituição Republicana, pode e deve, em prol da segurança jurídica, atribuir eficácia prospectiva às suas decisões, com a delimitação precisa dos respectivos efeitos, toda vez que proceder a revisões de jurisprudência definidora de compe-*

em 29.06.2005. Na oportunidade, em modulação dos efeitos da decisão, esclareceu a Suprema Corte que *"as ações que tramitam perante a Justiça comum dos Estados, com sentença de mérito anterior à promulgação da EC n. 45/04, lá continuam até o trânsito em julgado e correspondente execução. Quanto àquelas cujo mérito ainda não foi apreciado, hão de ser remetidas à Justiça do Trabalho, no estado em que se encontram, com total aproveitamento dos atos praticados até então"*.

É interessante observar que o reconhecimento da nova competência deflagrou acesa discussão em torno do prazo prescricional não apenas quanto ao tema em si (uma vez que a Justiça Comum aplicava, até então, o prazo do Código Civil), como também reavivou os debates em relação às pretensões de pagamento de indenização por danos morais em geral.

Após anos de divergências em todas as instâncias do Judiciário Trabalhista, o Tribunal Superior do Trabalho pacificou a matéria, quando da apreciação do E-RR 2700-23.2006.5.10.0005[31], sob a relatoria do Ministro Aloysio Corrêa da Veiga, estabelecendo os seguintes parâmetros:

a) ocorrência do termo inicial[32] **da prescrição a partir da promulgação da Emenda Constitucional n. 45/04 (30.12.2004):** aplicação do prazo prescricional trabalhista (cinco anos no curso do contrato, observado o biênio posterior à cessação do vínculo);

b) ocorrência do termo inicial da prescrição antes da promulgação da Emenda Constitucional n. 45/04 (30.12.2004):

b.1) a partir da entrada em vigor do Código Civil de 2002 (11.01.2003): prescrição trienal (CC/02, art. 206, § 3º, inciso V);

b.2) antes da entrada em vigor do Código Civil de 2002 (11.01.2003), aplicação da **regra de transição** prevista no art. 2.028[33] do CC/02:

b.2.1) se, em 11.01.2003, houver decorrido mais de dez anos de fluência do prazo, manutenção da prescrição vintenária prevista no art. 177 do CC/16 (contada, obviamente, a partir do seu termo inicial);

b.2.2) se, em 11.01.2003, não houver decorrido mais de dez anos de fluência do prazo, aplicação da prescrição de três anos (CC/02, art. 206, § 3º, inciso V), contados a partir de 11.01.2003.

Como se observa, o critério adotado acaba por vincular a competência ao prazo prescricional, interpretação que, com a devida vênia, não se mostra tecnicamente a mais adequada. A definição do prazo de prescrição não está atrelada ao órgão julgador, mas à natureza jurídica da relação e, de acordo com a disciplina legal, às partes nela envolvidas. Em verdade, sob essa ótica, desde sempre o prazo deveria ter sido o trabalhista.

No entanto, é inegável que a exegese adotada pelo TST visava a solucionar problemas concretos e um grave quadro de insegurança jurídica, evitando, ainda, que as partes fossem surpreendidas com a alteração do prazo de prescrição. Sem dúvida, sob a perspectiva da responsabilidade institucional e do papel uniformizador e pacificador de controvérsias da Corte, a decisão foi louvável.

A **Orientação Jurisprudencial n. 5, item IV, da Segunda Turma do Tribunal Regional do Trabalho da 9ª Região** sistematiza (com sutil diferença apenas em relação à data de início da aplicação da prescrição trabalhista) os critérios definidos pelo TST:

"IV — Prazo. Os prazos prescricionais para a pretensão de indenização por danos morais e materiais decorrentes de acidente de trabalho ou doença a ele equiparada observarão os seguintes parâmetros:

---

tência ex ratione materiae. O escopo é preservar os jurisdicionados de alterações jurisprudenciais que ocorram sem mudança formal do Magno Texto. 6. Aplicação do precedente consubstanciado no julgamento do Inquérito n. 687, Sessão Plenária de 25.08.99, ocasião em que foi cancelada a Súmula n. 394 do STF, por incompatível com a Constituição de 1988, ressalvadas as decisões proferidas na vigência do verbete. 7. Conflito de competência que se resolve, no caso, com o retorno dos autos ao Tribunal Superior do Trabalho" (CC 7204, Relator Ministro Carlos Britto, Tribunal Pleno, julgado em 29.06.2005).

(31) *"RECURSO DE EMBARGOS. INDENIZAÇÃO POR DANO MORAL E MATERIAL. DOENÇA PROFISSIONAL. EMPREGADO APOSENTADO POR INVALIDEZ. LESÃO ANTERIOR À VIGÊNCIA DO CC. AÇÃO AJUIZADA APÓS A EDIÇÃO DA EC n. 45/2004. PRESCRIÇÃO APLICÁVEL. Necessário examinar a prescrição da pretensão a indenização por dano moral, em face de acidente de trabalho, quando o reconhecimento da lesão é anterior à vigência do Código Civil de 2002 (vigência a partir de 11 de janeiro de 2003), em 13.4.2001 e a ação trabalhista foi ajuizada após a vigência da EC n. 45/2004, em 17.1.2006. Diante da tese da c. Turma de que o marco para verificação da doença profissional deve se dar pela data da concessão de aposentadoria por invalidez, é de se aplicar a regra de transição, para consagrar a prescrição trienal, no presente caso, conforme determinam os arts. 206, § 3º, c/c 2.028 do Código Civil de 2002, iniciando-se a contagem em 11.1.2003, data da vigência do novo Código. Se a prescrição começou a correr, da data da lesão, antes da EC n. 45, não é possível aplicar-se a prescrição trabalhista, sob pena de ferimento ao princípio da segurança jurídica, sendo relevante para o exame da prescrição que se observe a data da lesão, com o fim de estabilização das relações jurídicas. Embargos conhecidos e desprovidos"* (E-RR 2700-23.2006.5.10.0005, Relator Ministro Aloysio Corrêa da Veiga, Data de Julgamento: 22.05.2014, Subseção I Especializada em Dissídios Individuais, Data de Publicação: DEJT 22.08.2014).

(32) A questão da definição do termo inicial do prazo prescricional será examinada adiante.

(33) Art. 2.028. Serão os da lei anterior os prazos, quando reduzidos por este Código, e se, na data de sua entrada em vigor, já houver transcorrido mais da metade do tempo estabelecido na lei revogada.

a) termo inicial ocorrido até 1ºC.01.1993: prescrição de 20 anos (art. 177 do CCB/1916), não incidindo regra de transição (art. 2028, CCB 2002);

b) termo inicial ocorrido entre 11.01.1993 e 10.01.2003: prescrição de 3 anos (art. 206, § 3º, V, do CCB/2002), com início da contagem a partir da vigência do novo Código Civil, por incidência da regra de transição (art. 2028 do CCB 2002);

c) termo inicial ocorrido entre 11.01.2003 e 31.12.2004: prescrição de 3 anos (art. 206, V, do CCB 2002), mesmo que a ação tenha sido ajuizada após a vigência da EC 45/2004 e perante a Justiça do Trabalho;

d) termo inicial ocorrido a partir de 01.01.2005: prescrição de 5 anos, até o limite de 2 anos após a extinção do contrato de trabalho (art. 7º, XXIX, da CF/1988), tendo em vista as alterações introduzidas pela EC n. 45/2004".

Também no sentido da aplicação da prescrição trabalhista após a promulgação da Emenda Constitucional n. 45/04 são o **Enunciado n. 420**[34] **das Jornadas de Direito Civil**, a **Súmula n. 91**[35] **do Tribunal Regional do Trabalho da 4ª Região**, a **Súmula n. 102**[36] **do Tribunal Regional do Trabalho da 12ª Região** e a **Súmula n. 70**[37] **do Tribunal Regional do Trabalho da 15ª Região.**

A **Súmula n. 4**[38] **do Tribunal Regional do Trabalho da 8ª Região** proclama a inviabilidade de aplicação da prescrição trabalhista em ações ajuizadas anteriormente ao advento da EC n. 45/04.

O **Enunciado n. 45**[39] **da Jornada de Direito Material e Processual do Trabalho** acolhe a tese da aplicação do prazo geral de prescrição previsto no Código Civil, tema que já foi analisado quando da abordagem a respeito da indenização por danos morais.

Superada a questão da definição do prazo, cumpre avançar para um tema que gerou (e prossegue gerando) severas divergências doutrinárias e jurisprudenciais: a **identificação do *dies a quo***[40] do prazo prescricional nas pretensões decorrentes de acidente de trabalho ou doença ocupacional.

5   O TERMO INICIAL DO PRAZO PRESCRICIONAL

Ao abordar a temática do termo inicial do prazo de prescrição nas hipóteses em análise, uma primeira referência importante é o **Enunciado n. 230 da Súmula de Jurisprudência Predominante do Supremo Tribunal Federal**, *in verbis*: "*A prescrição da ação de acidente do trabalho conta-se do exame pericial que comprovar a enfermidade ou verificar a natureza da incapacidade*".

O verbete veicula um direcionamento inicial quanto à matéria, evidenciando não ser possível considerar, *a priori*, como termo inicial da prescrição a data de surgimento dos primeiros sintomas de doença ou da expedição da CAT ou mesmo a data da concessão do auxílio-doença.

---

(34) Enunciado n. 420. Não se aplica o art. 206, § 3º, V, do Código Civil às pretensões indenizatórias decorrentes de acidente de trabalho, após a vigência da Emenda Constitucional n. 45, incidindo a regra do art. 7º, XXIX, da Constituição da República.

(35) Súmula n. 91 — PRESCRIÇÃO. ACIDENTE DO TRABALHO OU DOENÇA A ELE EQUIPARADA. Aplica-se o prazo prescricional previsto no art. 7º, XXIX, da Constituição Federal à pretensão de pagamento de indenização por danos patrimoniais e extrapatrimoniais decorrentes de acidente do trabalho ou de doença a ele equiparada ocorridos após a edição da Emenda Constitucional n. 45/2004.

(36) Súmula n. 102. ACIDENTE DE TRABALHO OU DOENÇA A ELE EQUIPARADA. INDENIZAÇÃO POR DANOS MORAIS E MATERIAIS. PRESCRIÇÃO APLICÁVEL. I — As ações indenizatórias decorrentes de acidente do trabalho ou doença a ele equiparada em que a ciência inequívoca da lesão ocorreu antes da Emenda Constitucional n. 45/2004 estão sujeitas ao prazo prescricional previsto no Código Civil, observadas as regras de direito intertemporal. II — Para as ações cuja ciência inequívoca ocorreu após a Emenda Constitucional n. 45/2004, o prazo a ser observado é o de cinco anos, respeitado o limite de dois anos a contar do término do vínculo de emprego (art. 7º, XXIX, da CF).

(37) Súmula n. 170. ACIDENTE/DOENÇA DO TRABALHO. CIÊNCIA INEQUÍVOCA DA LESÃO POSTERIOR À 30.12.2004. VIGÊNCIA DA EC 45/2004. INCIDÊNCIA DA PRESCRIÇÃO TRABALHISTA. Aplica-se a prescrição trabalhista a que alude o art. 7º, XXIX, da CF/88, bienal ou quinquenal, a depender do caso, às pretensões indenizatórias decorrentes de acidente/doença do trabalho quando a ciência inequívoca da lesão ocorrer após 30.12.2004, quando já vigorava a EC n. 45/2004.

(38) Súmula n. 14. Nos processos em que se discute indenização por dano, remetidos pela Justiça Estadual, em observância ao que determina a Emenda Constitucional n. 45/2004, não incide o prazo prescricional previsto no artigo 7º, XXIX da Constituição Federal e no artigo 11 da CLT.

(39) Enunciado n. 45. RESPONSABILIDADE CIVIL. ACIDENTE DO TRABALHO. PRESCRIÇÃO. A prescrição da indenização por danos materiais ou morais resultantes de acidente do trabalho é de 10 anos, nos termos do artigo 205, ou de 20 anos, observado o artigo 2.028 do Código Civil de 2002.

(40) Vale rememorar, a propósito, a ponderação do mestre Orlando Gomes, meditando acerca do delicado problema da identificação do termo inicial do prazo prescricional: "*Para que o prazo possa calcular-se corretamente, interessa determinar o momento exato em que a prescrição começa a correr. A regra intuitiva é de que seu início coincide com o instante em que a pretensão pode ser exercida* (actioni nondum natae non praescribitur). *A dificuldade reside, porém, na fixação desse momento*" (grifos no original) (GOMES, Orlando. *Introdução ao Direito Civil*. 20. ed. rev., atual. e aum. de acordo com o Código Civil de 2002. Atualizado por Edvaldo Brito e Reginalda Paranhos de Brito. Rio de Janeiro: Forense, 2010. p. 386).

Em relação a alguns acidentes de trabalho, já é possível concluir de maneira definitiva no tocante às suas repercussões sobre a capacidade laborativa no próprio dia da sua ocorrência[41]. Por outro lado, os efeitos de outros acidentes apenas são passíveis de precisa delimitação com o decurso de algum tempo[42]. Assim, quanto aos acidentes típicos, o enunciado possui o mérito de não estabelecer, de maneira absoluta, o dia do evento como o termo inicial da prescrição.

No que diz respeito às doenças ocupacionais, é sabido que, em inúmeras situações, seu desenvolvimento ocorre de maneira progressiva, afetando paulatinamente a integridade física e a capacidade para o trabalho[43].

Relativamente a esses casos e aos de acidentes típicos cujos efeitos somente podem ser identificados com o passar do tempo, o verbete possui uma grave dificuldade: o *"exame pericial que comprovar a enfermidade ou verificar a natureza da incapacidade"* é realizado, em inúmeras hipóteses, antes da estabilização das repercussões do infortúnio sobre a saúde e a capacidade laboral do obreiro, refletindo apenas um quadro inicial e precário da doença ou dos efeitos do acidente. Logo, a utilização de tal parâmetro redunda frequentemente no reconhecimento da deflagração do prazo prescricional antes mesmo da consolidação da lesão a ser compensada e, portanto, da ciência do trabalhador quanto ao seu real estado de saúde, o que colide frontalmente com a teoria da *actio nata*.

Visando a compatibilizar o marco de início da contagem da prescrição com tal teoria, o **Superior Tribunal de Justiça** editou o **Enunciado n. 278 da sua Súmula de Jurisprudência**, com a seguinte redação: "*O termo inicial do prazo prescricional, na ação de indenização, é a data em que o segurado teve **ciência inequívoca da incapacidade laboral**".*

A Alta Corte Trabalhista tem acolhido o critério consagrado pelo STJ, o qual se encontra explicitado, também, no **Enunciado n. 46**[44] **da Jornada de Direito e Material e Processual do Trabalho**, no **Enunciado n. 579**[45] **das Jornadas de Direito Civil**, na **Súmula n. 32, item I**[46], **do Tribunal Regional do Trabalho da 10ª Região** e na **Súmula n. 63**[47] **do Tribunal Regional do Trabalho da 12ª Região**.

A grande questão que se apresenta é: quando, efetivamente, haverá a ciência inequívoca da incapacidade laboral?

No julgamento do E-RR 92300-39.2007.5.20.0006[48], sendo Redator Designado para o acórdão o Ministro João Oreste Dalazen, a **SDI-I do TST definiu balizas** para a identificação desse momento: **a)** a data concessão da aposentadoria por invalidez; **b)** inexistindo aposentadoria por invalidez, a data em que o empregado retorna ao trabalho, seja totalmente reabilitado, seja readaptado em outra função[49].

---

(41) *"Há lesões instantâneas com resultados instantâneos, a exemplo da queda do alto de um andaime que causa dor física, nada mais"* (CARVALHO, Augusto César Leite de. *Direito do Trabalho: Curso e Discurso*. São Paulo: LTr, 2016. p. 105).

(42) *"A título de ilustração, os braços e pernas esmagados por prensas mecânicas podem causar lesão e desconforto progressivos, nascendo o interesse de reparação muito após a dor da amputação, ou somente quando a necrose ou apoptose do membro parcialmente perdido não for mais suportável"* (Ibidem. p. 104).

(43) *"Dos males oriundos da absorção do amianto, pode-se dizer que o derrame pleural no mesotelioma é comum e recidivante, podendo ressurgir quando passados mais de cinco anos da primeira vez em que foi diagnosticado; os sintomas da placa pleural podem revelar-se entre três e trinta anos; os da asbestose, de quinze a quarenta anos, pois curtos ou longos, às vezes muito longos, são os períodos de latência, tudo a fazer variado e incerto o tempo do diagnóstico definitivo"* (Ibidem. p. 104).

(44) Enunciado n. 46. ACIDENTE DO TRABALHO. PRESCRIÇÃO. TERMO INICIAL. O termo inicial do prazo prescricional da indenização por danos decorrentes de acidente do trabalho é a data em que o trabalhador teve ciência inequívoca da incapacidade laboral ou do resultado gravoso para a saúde física e/ou mental.

(45) Enunciado n. 579. Nas pretensões decorrentes de doenças profissionais ou de caráter progressivo, o cômputo da prescrição iniciar-se-á somente a partir da ciência inequívoca da incapacidade do indivíduo, da origem e da natureza dos danos causados.

(46) Súmula n. 132, I — A prescrição da pretensão de reparação de dano, defluente de acidente ou doença profissionais, tem seu marco inicial na data da ciência inequívoca da perda da capacidade laboral (Súmulas ns. 278/STJ e 230/STF).

(47) Súmula n. 163. ACIDENTE DE TRABALHO. DOENÇA OCUPACIONAL. PRESCRIÇÃO. CONTAGEM DO PRAZO. TERMO INICIAL. A contagem do prazo prescricional, nas ações que buscam a reparação dos danos decorrentes de acidente de trabalho ou de doença ocupacional a ele equiparada, inicia-se no momento em que o trabalhador tem ciência inequívoca da incapacidade laboral.

(48) *"PRESCRIÇÃO. MARCO INICIAL. DANO MORAL E MATERIAL. INDENIZAÇÃO. DOENÇA OCUPACIONAL. LER/DORT. CIÊNCIA INEQUÍVOCA DA LESÃO. REVOGAÇÃO DO AUXÍLIO-DOENÇA PREVIDENCIÁRIO. EMPREGADO REABILITADO. RETORNO AO TRABALHO 1. As doenças ocupacionais relacionadas às — Lesões por Esforço Repetitivo — e aos — Distúrbios Osteomusculares Relacionados ao Trabalho — -LER/DORT- constituem típica síndrome associada ao trabalho, de acometimento progressivo da saúde do empregado, o que, por essa razão, dificulta a identificação do momento em que se dá a ciência inequívoca da lesão ensejadora de danos moral e material, em sua completa extensão. 2. A fixação do marco inicial da contagem do prazo prescricional no tocante ao pleito de indenização por danos moral e material decorrentes do acometimento de LER/DORT demanda a identificação, caso a caso, do momento em que o empregado tomou conhecimento da real extensão da moléstia profissional. Desarrazoado exigir-se do empregado o exercício precoce do direito de ação se ainda não consolidada a extensão do dano durante a evolução da doença ou no curso de processo de reabilitação. 3. Na trilha desse entendimento, a jurisprudência da SbDI-1 do TST, reiteradamente, considera a concessão da aposentadoria por invalidez como marco inicial do prazo prescricional. Precedentes. 4. Se não há aposentadoria por invalidez, mas regresso do empregado às atividades laborais, após revogação do auxílio-doença previdenciário, o marco inicial do fluxo do prazo prescricional é a data em que o empregado retorna ao trabalho, seja totalmente reabilitado, seja readaptado em outra função, em virtude de incapacidade parcial para o trabalho. Somente a partir daí o empregado tem exata noção da extensão da lesão causada em virtude da doença profissional, em relação ao nível de gravidade, e, consequentemente, no tocante a virtuais limitações daí advindas. 5. Embargos de que se conhece, por divergência jurisprudencial, e a que se nega provimento"* (E-RR 92300-39.2007.5.20.0006, Redator Ministro João Oreste Dalazen, Data de Julgamento: 12.09.2013, Subseção I Especializada em Dissídios Individuais, Data de Publicação: DEJT 25.10.2013).

(49) Em sentido próximo, temos a *Súmula n. 8 do Tribunal Regional do Trabalho da 9ª Região: "ACIDENTE DE TRABALHO. DOENÇA OCUPACIONAL. PRESCRIÇÃO. Nos termos da Súmula n. 278 do STJ o prazo prescricional para o ajuizamento de ação indenizatória por acidente de trabalho ou doença ocupacional começa*

Conquanto decisões da Corte proferidas posteriormente à mencionada supra indiquem que, com ela, houve pacificação do tema, é certo que vários acórdãos, da mesma época ou posteriores, adotam outros critérios para a definição do marco da ciência inequívoca da incapacidade: data da decisão de concessão da aposentadoria por invalidez[50]; data do trânsito em julgado da decisão de concessão da aposentadoria por invalidez[51]; data do trânsito em julgado de decisão em ação anterior, em que foram reconhecidos a existência de doença ocupacional e o direito à garantia provisória de emprego[52].

Em todas essas hipóteses visualizadas na jurisprudência do TST, é inegável que o trabalhador não poderia alegar ignorância em relação à sua condição de saúde. Ocorre que, com a devida vênia, os critérios adotados não prestigiam a teoria da *actio nata*. A ciência inequívoca da incapacidade, em regra, existe desde momento anterior às balizas acolhidas no âmbito do TST.

Parece-nos que a matéria demanda reflexão à luz da jurisprudência do Superior Tribunal de Justiça.

Em junho de 2014, quando do julgamento do REsp 1.388.030, sob a sistemática dos recursos repetitivos, a Segunda Seção do STJ firmou seu entendimento a respeito do momento de ocorrência da ciência inequívoca:

"RECURSO ESPECIAL REPRESENTATIVO DA CONTROVÉRSIA. CIVIL E PROCESSUAL CIVIL. SEGURO DPVAT. TERMO INICIAL DA PRESCRIÇÃO. CIÊNCIA INEQUÍVOCA DO CARÁTER PERMANENTE DA INVALIDEZ. NECESSIDADE DE LAUDO MÉDICO. 1. Para fins do art. 543-C do CPC: 1.1. O termo inicial do prazo prescricional, na ação de indenização, é a data em que o segurado teve ciência inequívoca do caráter permanente da invalidez. 1.2. Exceto nos casos de invalidez permanente notória, a ciência inequívoca do caráter permanente da invalidez depende de laudo médico, sendo relativa a presunção de ciência. 2. Caso concreto: inocorrência de prescrição, não obstante a apresentação de laudo elaborado quatro anos após o acidente. 3. RECURSO ESPECIAL DESPROVIDO" (REsp 1388030/MG, Rel. Ministro PAULO DE TARSO SANSEVERINO, SEGUNDA SEÇÃO, julgado em 11.06.2014, DJe 01.08.2014).

Em razão da oposição de embargos declaratórios, o órgão fracionário pronunciou-se novamente sobre o tema, explicitando de maneira mais detalhada a tese esposada:

"PROCESSUAL CIVIL. EMBARGOS DE DECLARAÇÃO. OBSCURIDADE. OCORRÊNCIA. SANEAMENTO DO 'DECISUM'. 1 — ALTERAÇÃO DA TESE 1.2 DO ACÓRDÃO EMBARGADO NOS SEGUINTES TERMOS: "1.2. Exceto nos casos de invalidez permanente notória ou naqueles em que o conhecimento anterior resulte comprovado na fase de instrução, a ciência inequívoca do caráter permanente da invalidez depende de laudo médico." 2 — EMBARGOS DE DECLARAÇÃO ACOLHIDOS, SEM EFEITOS INFRINGENTES" (EDcl no REsp 1388030/MG, Rel. Ministro PAULO DE TARSO SANSEVERINO, SEGUNDA SEÇÃO, julgado em 27.08.2014, DJe 12.11.2014).

No teor do acórdão, foram fixadas ainda algumas relevantes noções:

a) nem sempre em casos de lesão imediata haverá ciência inequívoca da lesão e de sua extensão (*"Interessante destacar que o fato de a invalidez permanente ser uma consequência imediata do acidente, não implica, necessariamente, ciência inequívoca da vítima. A perda do baço, por exemplo, somente chegará ao conhecimento de uma vítima leiga em Medicina se essa informação lhe for prestada por um médico. Nesses casos, ainda que a lesão seja imediata, a ciência da vítima só ocorrerá em momento posterior"*);

b) o decurso do tempo ou a ausência de tratamento médico não são fatores capazes, isoladamente, de conduzir à conclusão de que a vítima possui ciência da consolidação da lesão, especialmente em um País em que, dramaticamente, o sistema público de saúde não oferece serviços com a prontidão que seria minimamente desejável, de modo que é possível que o sujeito conviva com o agravo à saúde sem ter, ainda, conhecimento da estabilização das repercussões do infortúnio (*"Essa questão*

---

a fluir da ciência inequívoca da incapacidade laboral do segurado, que ocorrerá: a) a partir da concessão da aposentadoria pelo órgão previdenciário, quando o acidente ou a doença ocupacional resultam em aposentadoria por invalidez; b) da data em que cessou o auxílio-doença/acidente previdenciário, quando há retorno ao trabalho, por alta médica; c) da data da juntada aos autos de ação indenizatória, do laudo pericial que reconheceu a existência de acidente ou doença ocupacional, quando o empregado retorna ao trabalho e continua com sequelas decorrentes do infortúnio". Salientamos, a propósito, que a *Orientação Jurisprudencial n. 5, itens II e III, da Segunda Turma* do mesmo Regional possui redação praticamente idêntica à do verbete anteriormente transcrito.

(50) E-ED-RR 210200-43.2006.5.18.0003, Relator Ministro Renato de Lacerda Paiva, Data de Julgamento: 08.08.2013, Subseção I Especializada em Dissídios Individuais, Data de Publicação: DEJT 16.08.2013.

(51) AIRR 2352-92.2012.5.02.0465, Relatora Ministra Maria Cristina Irigoyen Peduzzi, Data de Julgamento: 28.09.2016, 8ª Turma, Data de Publicação: DEJT 30.09.2016.

(52) E-ED-RR 125300-90.2007.5.17.0013, Relator Ministro: Márcio Eurico Vitral Amaro, Data de Julgamento: 18.05.2017, Subseção I Especializada em Dissídios Individuais, Data de Publicação: DEJT 02.06.2017.

deve ser contextualizada a realidade brasileira em que a maioria das vítimas se submetem a tratamento médico e fisioterápico custeado pelo SUS (Sistema Único de Saúde), que sabidamente é bastante demorado nesses casos em que não há mais risco de vida. Desse modo, o fato de a vítima não persistir no tratamento iniciado, não pode ser utilizado para fulminar seu direito à indenização, se não há previsão legal nesse sentido");

c) na apreciação dos aclaratórios, a Ministra Maria Isabel Gallotti, em seu voto, exemplificou situações nas quais é possível que vítima possua inquestionavelmente ciência da realidade do seu estado de saúde antes mesmo da produção de laudo médico (*"Mas há outras circunstâncias, passíveis de apuração na instrução e valoração pelo juízo de origem, como documentos, a própria confissão da parte, ou sua comprovada conduta incompatível com o desconhecimento da invalidez permanente, passíveis de aferição pelas instâncias ordinárias"*).

O posicionamento explicitado na apreciação do recurso repetitivo veio a ser consagrado no **Enunciado n. 573 da Súmula de Jurisprudência** da Corte, com a seguinte redação: *"Nas ações de indenização decorrente de seguro DPVAT, a **ciência inequívoca do caráter permanente da invalidez, para fins de contagem do prazo prescricional, depende de laudo médico, exceto nos casos de invalidez permanente notória ou naqueles em que o conhecimento anterior resulte comprovado na fase de instrução**".*

Os parâmetros adotados pelo Superior Tribunal de Justiça parecem-nos os mais adequados para a abordagem da questão.

Em regra, a ciência inequívoca ocorrerá quando da cientificação do obreiro em relação a laudo médico (produzido, por exemplo, na ação movida em face da autarquia previdenciária ou na reclamação ajuizada em face do empregador) que ateste a consolidação do agravo à saúde decorrente de acidente do trabalho ou doença ocupacional.

Se o laudo indicar, *verbi gratia*, que a doença possui desenvolvimento progressivo ou tempo de latência alongado (o que ocorre, por exemplo, com enfermidades decorrentes do contato com o amianto) ou que o acidente, por sua natureza, gera sucessivas repercussões negativas, estando em curso o agravamento da situação fisiológica do trabalhador, obviamente não será deflagrado o prazo prescricional. Diga-se o mesmo em relação às situações em que o laudo demonstra que, após o retorno ao trabalho, as condições de desempenho das atividades na empresa importam na piora da saúde do empregado, que, sob outras circunstâncias, já estaria completamente recuperado[53]. Por isso, é muito importante que o Magistrado e os Advogados das partes formulem ao perito questionamentos a respeito da estabilização ou não do estado de saúde do empregado, além, claro, da ocorrência ou não de incapacidade, de sua extensão e de seu caráter permanente ou temporário.

Excepcionalmente, é possível que o trabalhador tenha ciência da consolidação do seu quadro de saúde antes da produção do laudo médico, seja em razão da visualização imediata das consequências do evento danoso, seja em razão do acesso a essa informação por outros meios (imagine, por exemplo, a situação do obreiro que realiza exames particulares e descobre tal dado, mas não os acosta à reclamação trabalhista, vindo, porém, diante do Juiz, a admitir ter conhecimento do seu real estado de saúde).

Por essas razões, entendemos que os critérios de identificação do termo inicial do prazo prescricional consagrados pelo STJ são mais adequados à teoria da *actio nata*.

Assim, **em nossa visão**, acolhendo o raciocínio desenvolvido pelo Tribunal da Cidadania, a **ciência inequívoca da consolidação do estado de saúde do trabalhador**, para fins de contagem do prazo prescricional, depende de laudo médico, exceto nos casos de invalidez permanente notória ou naqueles em que o conhecimento anterior resulte comprovado na fase de instrução. Reiteramos, todavia, por dever de lealdade intelectual, não ser este o posicionamento do Tribunal Superior do Trabalho.

Assentadas essas premissas, vale recordar que o conhecimento da estabilização do quadro de saúde do obreiro pode ocorrer apenas **após a extinção do contrato de trabalho**. Nesse caso, o prazo prescricional será **bienal**, por força da incidência da parte final do inciso XXIX do art. 7º da CF/88.

---

(53) *"E se a doença osteomuscular relacionada ao trabalho é agravada pelas condições de trabalho impostas ao empregado que já recebeu o inditoso diagnóstico de LER--DORT? A prevalecer a opinião de que o transcurso do prazo prescritivo, a partir da ciência inequívoca da patologia, faz prescrita a pretensão reparatória, imuniza-se o empregador que persevera na exposição do empregado aos fatores de risco que o fizeram adoecer, quando lhe devia oferecer terapia e procedimento de reabilitação"* (CARVALHO, Augusto César Leite de. *Direito do Trabalho*: Curso e Discurso. São Paulo: LTr, 2016. p. 104).

6 CONCLUSÕES

Por fim, sintetizamos a seguir o entendimento do Tribunal Superior do Trabalho:

1) Quanto ao prazo prescricional das pretensões fundadas em acidento do trabalho ou doença ocupacional:

a) ocorrência do termo inicial da prescrição a partir da promulgação da Emenda Constitucional n. 45/04 (30.12.2004): aplicação do prazo prescricional trabalhista (cinco anos no curso do contrato, observado o biênio posterior à cessação do vínculo);

b) ocorrência do termo inicial da prescrição antes da promulgação da Emenda Constitucional n. 45/04 (30.12.2004):

b.1) a partir da entrada em vigor do Código Civil de 2002 (11.01.2003): prescrição trienal (CC/02, art. 206, §3º, inciso V);

b.2) antes da entrada em vigor do Código Civil de 2002 (11.01.2003), aplicação da **regra de transição** prevista no art. 2.028 do CC/02:

b.2.1) se, em 11.01.2003, houver decorrido mais de dez anos de fluência do prazo, manutenção da prescrição vintenária prevista no art. 177 do CC/16 (contada, obviamente, a partir do seu termo inicial);

b.2.2) se, em 11.01.2003, não houver decorrido mais de dez anos de fluência do prazo, aplicação da prescrição de três anos (CC/02, art. 206, § 3º, inciso V), contados a partir de 11.01.2003.

2) O termo inicial do prazo prescricional dá-se com a ciência inequívoca da consolidação do estado de saúde do trabalhador, o que se verifica, de acordo com a visão predominante na Corte:

a) na data concessão da aposentadoria por invalidez;

b) inexistindo aposentadoria por invalidez, na data em que o empregado retorna ao trabalho, seja totalmente reabilitado, seja readaptado em outra função;

c) há decisões que fixam o *dies a quo* na data da decisão de concessão da aposentadoria por invalidez, na data do trânsito em julgado da decisão de concessão da aposentadoria por invalidez e na data do trânsito em julgado de decisão em ação anterior, em que foram reconhecidos a existência de doença ocupacional e o direito à garantia provisória de emprego.

7 REFERÊNCIAS

ALMEIDA, Ísis de. *Manual da prescrição trabalhista*. 2. ed. São Paulo: LTr, 1990.

ALVES, Vilson Rodrigues. *Da prescrição e da decadência no Código Civil de 2002*. 4. ed. rev., ampl. e atual. Campinas: Servanda Editora, 2008.

AMORIM FILHO, Agnelo. Critério científico para distinguir a prescrição da decadência e para identificar as ações imprescritíveis *in* MENDES, Gilmar Ferreira; STOCO, Rui (Org.). *Coleção doutrinas essenciais: Direito Civil*, Parte Geral. v. 5. São Paulo: Revista dos Tribunais, 2011.

BEVILÁQUA, Clóvis. *Teoria geral do direito civil*. Rio de Janeiro: Rio, 1975.

BRANDÃO, Cláudio. *Acidente do trabalho e responsabilidade civil do empregador*. 4. ed. São Paulo: LTr, 2015.

CARVALHO, Augusto César Leite de. *Direito do Trabalho*: Curso e Discurso. São Paulo: LTr, 2016.

FERNANDEZ, Leandro; PAMPLONA FILHO, Rodolfo. *Tratado da Prescrição Trabalhista: Aspectos Teóricos e Práticos*. São Paulo: LTr, 2017.

GOMES, Orlando. *Introdução ao Direito Civil*. 20. ed. rev., atual. e aum. de acordo com o Código Civil de 2002. Atualizado por Edvaldo Brito e Reginalda Paranhos de Brito. Rio de Janeiro: Forense, 2010.

LEAL, Antônio Luís da Câmara. *Da prescrição e da decadência*: teoria geral do direito civil. 3. ed. Rio de Janeiro: Forense, 1978.

MELLO, Marcos Bernardes de. *Teoria do fato jurídico*: plano da eficácia: 1ª parte. 10. ed. São Paulo: Saraiva, 2015.

_____ . *Teoria do fato jurídico*: plano da existência. 21. ed. São Paulo: Saraiva, 2015.

MIRANDA, Francisco Cavalcanti Pontes de. *Tratado de Direito Privado*: Parte Geral. Tomo V. Rio de Janeiro: Borsoi, 1955.

_____ . *Tratado de Direito Privado*: Parte Geral. Tomo VI. Rio de Janeiro: Borsoi, 1955.

NERY JÚNIOR, Nelson; NERY, Rosa Maria de Andrade. *Instituições de Direito Civil*. vol. I, tomo II: Parte Geral. São Paulo: Revista dos Tribunais, 2015.

OLIVEIRA, Sebastião Geraldo. *Indenizações por acidente do trabalho ou doença ocupacional*. 6. ed. São Paulo: LTr, 2011.

PAMPLONA FILHO, Rodolfo; ANDRADE JÚNIOR, Luiz Carlos Vilas Boas. *A Torre de Babel das novas adjetivações do dano*. Disponível em: <http://www.revistas.unifacs.br/index.php/redu/article/view/3477>.

SANTOS, J. M. Carvalho. *Código Civil brasileiro interpretado:* principalmente do ponto de vista prático. v. III. 7. ed. Rio de Janeiro: Freitas Bastos, 1958.

SCHREIBER, Anderson. *Direitos da personalidade.* 2. ed., rev. e atual. São Paulo: Atlas, 2013.

O GRITO DE BRUMADINHO: O ROMPIMENTO DA BARRAGEM DO CÓRREGO DO FEIJÃO E SUAS IMPLICAÇÕES NA PERSPECTIVA DO MEIO AMBIENTE DO TRABALHO

André Augusto Malcher Meira(*)
Fernanda Antunes Marques Junqueira(**)
Ney Maranhão(***)

> *O Rio? É doce.*
> *A Vale? Amarga.*
> *Ai, antes fosse*
> *Mais leve a carga.*
> *Entre estatais*
> *E multinacionais,*
> *Quantos ais!*
> *A dívida interna.*
> *A dívida externa*
> *A dívida eterna.*
> *Quantas toneladas exportamos*
> *De ferro?*
> *Quantas lágrimas disfarçamos*
> *Sem berro?*
>
> (Carlos Drummond de Andrade)

(*) Mestre e Doutorando em Direito pela Universidade de Lisboa. Presidente do Instituto Silvio Meira. Membro da Academia Paraense de Letras Jurídicas e da Academia Brasileira de Direito. Orador Oficial do IAP. Membro efetivo do IAB Nacional. Advogado. Professor.

(**) Doutoranda em Direito do Trabalho pela Universidade de São Paulo. Mestre em Direito Material e Processual do Trabalho pela Universidade Federal de Minas Gerais. Autora de obras, capítulos de livros e artigos publicados em revistas especializadas. Juíza do Trabalho do Tribunal Regional do Trabalho da Décima Quarta Região (RO-AC).

(***) Doutor em Direito do Trabalho pela Universidade de São Paulo, com estágio de Doutorado-Sanduíche junto à Universidade de Massachusetts (Boston/EUA). Especialista em Direito Material e Processual do Trabalho pela Universidade de Roma — La Sapienza (Itália). Mestre em Direitos Humanos pela Universidade Federal do Pará (UFPA). Professor de Direito do Trabalho da Universidade Federal do Pará (UFPA). Professor Permanente do Programa de Pós-Graduação *Stricto Sensu* em Direito da Universidade Federal do Pará (UFPA). Professor Convidado do Programa de Pós-Graduação *Lato Sensu* em Direito do Trabalho do Centro Universitário do Estado do Pará (CESUPA). Professor convidado em diversas Escolas Judiciais de Tribunais Regionais do Trabalho. Juiz Titular da 2ª Vara do Trabalho de Macapá (AP) (TRT da 8ª Região/PA-AP). E-mail: ney.maranhao@gmail.com / Facebook: Ney Maranhão II

1 COMO INTRODUÇÃO: *UM POUCO DE MINAS GERAIS*

Minas Gerais é terra de montanhas, colinas e vales. É o berço do mineiro; do queijo; da goiabada e do "uai". É solo fértil, rico, do ouro, do café, da pedra. Por suas veias, corre o Rio São Francisco. Pelos seus montes, estende-se a Mata Atlântica. No seu dorso, repousa a face esplendorosa do sol. Terra de Aleijadinho e de Carlos Drummond de Andrade. Lugar de grandes riquezas.

Não à toa que forasteiros se encantaram. Pouco tempo depois, as britadeiras chegaram. A montanha se resumiu a pó. Foi-se o ouro. O brasão é de ferro. O ferro é da Vale que, em Minas Gerais, fez morada.

Itabira, Mariana, Ouro Preto, Sabará, Brumadinho foram as cidades eleitas. De suas sacadas, porém, viram finar--se o reino. As serras pulverizaram-se, britadas em bilhões de lascas, "deslizando em correia transportadora, entupindo 150 vagões, no trem monstro de cinco locomotivas — trem maior do mundo, tomem nota".[1]

Fugiu a serra, permaneceu o mísero pó de ferro e este não passa.

Fala-se do pó de Mariana, que, em 05 de novembro de 2015, marcou a paisagem daquela região com a sua dura e inelutável geografia. Concebido como o maior crime ambiental da história brasileira, o rompimento da barragem de Fundão, controlada pela Samarco Mineração S.A, um empreendimento conjunto da Vale S. A. e da BHP Billiton Brasil Ltda., despejou, sobre o vale do córrego de Santarém, 62 milhões de metros cúbicos de rejeitos de mineração.

O subdistrito de Bento Rodrigues foi soterrado pelo mar de resíduos que se formou. As águas foram estagnadas; a terra envenenada; as casas aniquiladas; os bosques naturais exterminados; os camponeses foram expulsos de seus lares, vegetando nos subúrbios das grandes cidades, tentando consumir o que antes produziam. Dezenove mortes contabilizadas.

Fala-se do pó de Brumadinho, que, há pouco mais de três anos do episódio fatídico de Mariana, em 25 de janeiro de 2019, reabriu as cicatrizes de uma terra ferida pela exploração descompromissada com a sustentabilidade, traduzindo-se no maior acidente de trabalho experimentado pela história brasileira.

O rompimento da barragem do Córrego de Feijão, controlada pela Vale S.A., apagou o verde das colinas. Fez da serra, lama. Do lar, memória. Do presente, incerteza. Da vida, incógnita. Mais de 200 pessoas desaparecidas, 394 resgatadas, 176 desabrigados, 121 mortos, dentre os quais 114 foram identificados.[2]

Uma terra em dor; contaminada pela cobiça; ferida pela ambição; indignada pelo descaso com o ser humano; angustiada pelos bens que foram destruídos; entristecida pelos braços que foram soterrados; pesarosa pelo esfarelamento do valor social do trabalho; zurzida pela exploração; obliterada pela carência de humanidade.

Até quando a história se repetirá? Quantas *Marianas* e quantos *Brumadinhos* haverão de somar-se para que o homem repense a forma como interage com o meio ambiente? Quantos trabalhadores haverão de sucumbir-se para se implementar medidas de prevenção com responsabilidade e responsividade? Qual será o legado desta geração para as vindouras?

Nas linhas seguintes, talvez, se encontre respostas para tais indagações. Se não prontas, mas, possivelmente, marcos de reflexão. Reflexão sobre o meio ambiente do trabalho e a importância de sua preservação. Reflexão sobre a necessidade de adoção de mecanismos de salvaguarda da incolumidade física e psíquica do trabalhador a partir dos marcos regulatórios nacional e internacionalmente editados. Reflexão sobre a centralidade do trabalho e do ser humano, em toda a sua inexorabilidade.

O caminho já foi nivelado pela Constituição de 1988, paço dos direitos fundamentais, morada da democracia e dos mais caros valores conquistados pela Nação. A experiência catastrófica do pó de Mariana e de Brumadinho demonstrou, ao custo de vidas, fauna e flora, que a prevalência do capital em detrimento da pessoa humana conduz, inevitavelmente, à barbárie.

Minas Gerais não será a mesma. Ainda será a terra do mineiro, do pão de queijo, do diminutivo. Mas, ainda assim, marcada pelas agruras cometidas pelo capital sem freio, muros e bagagens. Espera-se, ao menos, que o pó de lá

---

(1) ANDRADE, Carlos Drummond de Andrade. *A montanha pulverizada*. Disponível em: <https://dialogosessenciais.com>. Acesso em: 29 jan. 2019.
(2) Por ser um fenômeno recente, até a data de elaboração deste artigo, notas oficiais relatam a morte de 121 pessoas, estando 200 listadas como desaparecidas. Essa informação, todavia, está sujeita à flutuação à medida dos procedimentos de busca pelas equipes responsáveis.

sirva de lição e alerta para o restante do mundo. Ou o homem muda de curso, preservando as condições de vitalidade da Terra ou o abismo o aguardará.

2 COMO PERGUNTA: *O QUE ACONTECEU?*

Tarde do dia 25 de janeiro de 2019. Estavam os trabalhadores diretos e terceirizados da empresa Vale S.A. executando ordinariamente seu nicho de atribuições na Mina do Feijão, situada na cidade de Brumadinho/MG. Alguns lotados na área administrativa. Outros aguardando o carregamento e o descarregamento do minério. Havia quem estivesse em gozo do intervalo destinado à alimentação, apresentando-se no refeitório da empresa.

Logo ali ao lado, um pouco acima, ficava a barragem de rejeitos de mineração, construída segundo o sistema de alteamento para montante[3], método menos oneroso e mais simples de depósito dos dejetos minerários.

Nos arredores da região, os moradores estavam a executar suas tarefas na lavoura, no campo, ou, então, deleitando-se em casas de hospedagem para apreciar a paz e a vista da serra que corta a paisagem. Ou, quem sabe, para visitar o museu a céu aberto de Inhotim, pérola das Minas Gerais.

Nada fora do cotidiano usual de uma típica cidade do interior.

Cenário que mudaria, por completo, pelas voltas do relógio, aproximadamente às 13:37 daquela tarde.

De súbito, sem aviso ou anúncio prévio, Brumadinho se viu arroubada pela lama, sem tempo para socorro e clemência. Mais uma tragédia a se somar na conta das Gerais, a cuja dívida nem o minério mais refinado é capaz de suportar. O sempre efêmero sopro das glórias e o peso sempre perdurável das catástrofes.

Do total de vítimas, a maior parte é de trabalhadores que, ao tempo do rompimento, prestavam serviços direta ou indiretamente para a Vale.

Em relação ao dano ambiental, a que se pode atribuir a qualificação de *ecocídio*, aproximadamente 12,7 milhões de metros cúbicos de rejeitos foram despejados pelo rompimento, com a contaminação do solo, subsolo e dos recursos hídricos que abastecem a região.

Os trabalhadores que vivem da pesca não encontrarão nas águas do Rio Paraopeba os peixes de outrora. O agricultor e pecuarista procurarão seus campos férteis, mas não os encontrarão. Os desalojados migrarão para outros centros, levando na bagagem a memória do lar que perdeu e a incerteza do futuro que se avizinha. Apenas alguns dos efeitos deletérios de ordem macrossocial advindos da exploração desconectada com os axiomas fundantes da ética ambiental.

Em nota, a Vale afirmou que:

A Barragem I da Mina Córrego do Feijão tinha como finalidade a disposição de rejeitos provenientes da produção e ficava situada em Brumadinho (MG). A mesma estava inativa (não recebia rejeitos), não tinha a presença de lago e não existia nenhum outro tipo de atividade operacional em andamento. No momento, encontrava-se em desenvolvimento o projeto de descomissionamento da mesma. A barragem foi construída em 1976, pela Ferteco Mineração (adquirida pela Vale em 27 de abril de 2001), pelo método de alteamento a montante. A Barragem I possuía Declarações de Condição de Estabilidade emitidas pela empresa TUV SUD do Brasil, empresa internacional especializada em Geotecnia. As Declarações de Condição de Estabilidade foram emitidas em 13.06.18 e em 26.09.18, referentes aos processos de Revisão Periódica de Segurança de Barragens e Inspeção Regular de Segurança de Barragens, respectivamente, conforme determina a portaria DNPM 70.389/2017. A barragem possuía Fator de Segurança de acordo com as boas práticas mundiais e acima da referência da Norma Brasileira. Ambas as declarações de estabilidade mencionadas atestam a segurança física e hidráulica da barragem.

---

(3) O método para montante consiste, inicialmente, na construção de um dique inicial ou de partida, utilizando-se geralmente aterro compactado ou enrocamento. Os rejeitos são descarregados hidraulicamente, por meio de canhões ou hidrociclones, desde a crista (parte mais alta) do dique de partida, formando uma praia de rejeito que, com o tempo, será adensada e servirá como fundação e fornecerá material para futuros diques de alteamento, que serão construídos com o próprio material do rejeito. O processo é repetido até que seja atingida a cota de ampliação prevista no projeto. (*in*: RAFAEL, Herbert Miguel Angel Maturano. *Análise do potencial de liquefação de uma barragem de rejeito*. Pontifícia Universidade Católica do Rio de Janeiro. Departamento de Engenharia Civil, 2012). Pelos riscos ambientais que oferece, o método de alteamento para montante é proibido no Chile e no Peru e conta com pouca utilização nos Estados Unidos e na Europa.

A Barragem passava por inspeções de campo quinzenais, todas reportadas à ANM (Agência Nacional de Mineração) através do SIGBM (Sistema Integrado de Gestão de Segurança de Barragens de Mineração). Sendo que a última inspeção cadastrada no sistema da ANM foi executada em 21.12.18. Adicionalmente, a mesma passou por inspeções em 08.01.19 e 22.01.19, com registro no sistema de monitoramento da Vale. O cadastramento da inspeção na ANM, conforme legislação, deve ser executado até o final da quinzena seguinte. Todas estas inspeções não detectaram nenhuma alteração no estado de conservação da estrutura.

A Barragem possuía 94 piezômetros e 41 INAs (Indicador de Nível D'*Água) para seu monitoramento. As informações dos instrumentos eram coletadas periodicamente e todos os seus dados analisados pelos geotécnicos responsáveis pela barragem. Dos 94 piezômetros, 46 eram automatizados.*

A Barragem possuía PAEBM (Plano de Ações Emergenciais de Barragem de Mineração), conforme determina portaria DNPM 70.389/2017. O mesmo foi protocolado nas Defesas Civis Federal, Estadual e Municipal, entre os meses de junho e setembro de 2018. O PAEBM foi construído com base em um estudo de ruptura hipotética, que definiu a mancha de inundação. Além disso, a barragem possuía sistema de vídeo monitoramento, sistema de alerta através de sirenes (todas testadas) e cadastramento da população à jusante. Também foi realizado o simulado externo de emergência em 16.06.2018, sob coordenação das Defesas Civis, com o total apoio da Vale, e o treinamento interno com os funcionários em 23.10.18.

Diante de todos os pontos descritos acima, estamos ainda buscando respostas para o ocorrido.[4]

Inúmeros são os questionamentos. Poucas as respostas. Como? Por quê? O que foi feito? O que se deixou de fazer? Como não se preveniu?

A questão merece um olhar mais aprofundado. A par dos riscos oferecidos pela barragem construída com lastro no sistema de alteamento à montante, os quais deveriam contar com fiscalização constante por parte das autoridades públicas e da empresa, não se podem perder de vista as patentes e inúmeras violações às normas de segurança e medicina do trabalho, que, se implementadas, colocaria a salvo as inúmeras vidas que precocemente se foram em razão do rompimento.

3   COMO LIÇÃO: *A CULTURA DO CUIDADO*

Diferentemente do que ocorria nas civilizações históricas, nas quais o homem consumia de forma sistemática e crescente as fontes naturais, na sociedade moderna, a mola propulsora está centrada na economia, entendida esta como a arte e técnica de produção ilimitada de riqueza mediante a exploração dos recursos naturais e da invenção tecnológica da espécie humana.[5]

Há, nesta proposição, uma inversão lógica do conceito de economia que, de gestão racional da escassez, é tomada como a ciência do crescimento ilimitado.

Nos países da América Latina, entretanto, conjugam-se ambas as definições. De um lado, utilizam-se de métodos próprios do século XVIII, cativos do período colonial, aliadas, de outro, a práticas expropriatórias do século XXI.

Para se alcançar o mundo (*o mercado internacional*) e atrair investimentos (*embora injustos*), os países latinos corroem suas riquezas, carpindo-se ao seu império beleguim. Por isso o dizer de Eduardo Galeano que os sonhos do mercado mundial são os pesadelos dos países que se submetem aos seus caprichos. E complementa:

> [...] Essa triste rotina dos séculos começou com o ouro e a prata, e seguiu com o açúcar, o tabaco, o guano, o salitre, o cobre, o estanho, a borracha, o cacau, a banana, o café, o petróleo... O que nos legaram esses esplendores? Nem herança nem bonança. Jardins transformados em desertos, campos abandonados, montanhas esburacadas, águas estagnadas, longas caravanas de infelizes condenados à morte precoce e palácios vazios onde deambulam os fantasmas.[6]

---

(4) Disponível em: <http://brumadinho.vale.com/>. Acesso em: 30 jan. 2019.
(5) BOFF, Leonardo. *Ecologia*: grito da terra, grito dos pobres. 2. ed. São Paulo: Editora Vozes, 2013. p. 238-244.
(6) GALEANO, Eduardo. *As veias abertas da América Latina*. Trad. Sérgio Faraco. Montevidéu: LPM editora, 2010. p. 6.

Salva-vidas de chumbo: em nome do progresso e da modernização, os parques industriais, as explorações mineiras e plantações gigantescas contribuem para o extermínio da escassa Natureza que se mantem viva.

Tudo se resume ao preço de mercado. Quando o preço internacional do minério cai, de mãos dadas perece o país que dele depende. Se, do contrário, o preço é elevado, os donos dos meios de produção agigantam-se e, ao mesmo tempo e, paradoxalmente, aumenta-se a curva de miséria de sua população.

Porque cambiante, fluído e volátil, o capital vai em busca de solos fecundos, fixando morada quando consegue casar a riqueza produzida com os custos da produção. A legislação trabalhista, neste ponto, deve ser flexível; os salários achatados; a jornada claudicante. Relega-se a um segundo momento a implementação de mecanismos de segurança, higiene e medicina do trabalho, mercê do custo envolvido na operação. Opta-se, sempre, pelo menos oneroso. Afinal de contas, tudo se resume às forças centrípetas do mercado internacional.

Com a Vale não foi diferente.

A Mina do Feijão está localizada no *quadrilátero ferrífero* de Minas Gerais, região rica em minério, que tem como principal consumidor os Estados Unidos. No vale do Rio Paraopeba, especificamente, jaz uma das maiores concentrações de ferro do mundo inteiro, objeto de disputa pelos americanos no período que antecedeu o golpe militar de 1964 e que auxiliou na queda do então Presidente Jânio Quadros.[7]

Nos anos seguintes, o minério viveu seus dias de glória. Com a desaceleração da produção chinesa, sofreu forte queda, mas se mantém com preço estável no mercado internacional.

A barragem do Córrego do Feijão, localizada à jusante do Rio Paraopeba, porém, desde o ano de 2015, não estava em operação, por conta do processo de beneficiamento do minério a seco. Em dezembro de 2018, após obtida a licença ambiental, referendada pelo governo do Estado de Minas Gerais — em tempo recorde, por sinal —, a Vale retomou o processo de ampliação das atividades do complexo Paraopeba, que incluiu a mina do Córrego do Feijão[8]. Assim o fez, entretanto, em desacordo com normas básicas de prevenção ambiental, custando a vida de inúmeros trabalhadores e

---

(7) PEREIRA, Osny Duarte. *Ferro e independência. Um desafio à dignidade nacional.* Rio de Janeiro: Civilização Brasileira, 1967. p. 150.

(8) Em 11 de dezembro de 2018, reuniu-se extraordinariamente a Câmara de Atividades Minerárias, na sede da Secretaria de Estado de Meio Ambiente, para deliberação sobre a licença para a continuidade das Operações da Mina da Jangada e a continuidade das operações da Mina de Córrego de Feijão. Nesta convocação, o único voto contrário à obtenção da licença partiu da ambientalista Maria Teresa Corujo, que, em manifestação, declarou que o pedido de ampliação da capacidade produtiva foi operado às pressas, sem prévio balanço hídrico, em ordem a diagnosticar os reais impactos nas águas da região e do entorno. Em reunião anterior, o Fórum Nacional da Sociedade Civil nos Comitês de Bacias Hidrográficas (FONASC) tentou retirar o pedido formulado pela Vale de pauta, porque constatou uma série de inconsistências no processo de licenciamento. Dentre as irregularidades, citaram o fato de que o licenciamento deveria ter sido realizado em três fases (de licença prévia; de instalação e de operação), mas foi levado a efeito de uma só vez. Segue abaixo excerto do parecer apresentado ao Presidente da Câmara de Atividades Minerárias — CMI:

"Considerando ainda a legislação vigente e o parágrafo único do art. 1º da DN 217/2017 que estabelece que "o licenciamento ambiental deve assegurar a participação pública, a transparência e o controle social, sem como a preponderância do interesse público, a celeridade e a economia processual, a prevenção do dano ambiental e a análise integrada dos impactos ambientais o FONASC-CBH entende que é necessário um novo EIA e RIMA do chamado "Projeto de Continuidade das Operações da Mina da Jangada e Córrego do Feijão", objeto dos PA's COPAM 00118/2000/030/2013 (MBR/Mina da Jangada) e 00245/2004/050/2015 (VALE/Mina Córrego do Feijão)

Considerando o direito/dever da coletividade de defender e preservar o meio ambiente para as presentes e futuras gerações (art. 225), a Superintendência de Projetos Prioritários (SUPPRI) não poderia ter elaborado o Parecer Único n. 0786757/2018 (SIAM), de 20.11.2018, com sugestão pelo deferimento, e o PA COPAM n. 00245/2004/050/2015 não poderia ter sido pautado por V. Exa. na 36ª Reunião Ordinária da Câmara de Atividades Minerárias — CMI realizada nesta data, visto que o mesmo não está devidamente instruído.

Diante dos fatos e razões acima expostos, REQUEREMOS A RETIRADA DA PAUTA da 36ª Reunião Ordinária da Câmara de Atividades Minerárias — CMI do PA COPAM n. 00245/2004/050/2015 — Processo Administrativo para exame de Licença Prévia concomitante com a Licença de Instalação e a Licença de Operação do empreendimento "Vale S.A./ Continuidade das Operações da Mina de Córrego do Feijão — Lavra a céu aberto sem tratamento ou com tratamento a seco; Minério de Ferro" nos municípios de Brumadinho e Sarzedo/MG, sob o risco de grave violação a direitos fundamentais e à legalidade administrativa, processual e ambiental.

[...]

Considerando as informações acima expostas, a modalidade do PA COPAM n. 00245/2004/050/2015 — Mina Córrego do Feijão é LAC 2 e não LAC1 como pautado na 37ª Reunião Extraordinária da CMI/COPAM.

Considerando que a DN 217/2017 no § 5º do art. 8º dispõe que "o órgão ambiental competente, quando o critério técnico assim o exigir, poderá, justificadamente, determinar que o licenciamento se proceda em quaisquer de suas modalidades, independentemente do enquadramento inicial da atividade ou do empreendimento, observada necessidade de apresentação dos estudos ambientais especificamente exigidos e respeitado o contraditório", entendemos que a SUPPRI não podia ter acatado a solicitação do empreendedor e deveria ter mantido a modalidade LAC2 e até ter determinado que o licenciamento se procedesse em LAT (licenciamento ambiental trifásico), ainda mais que a alteração de Classe 6 para Classe 4 é muito questionável em um complexo minerário desta magnitude.

O FONASC, conforme se manifestou em diversas ocasiões durante a tramitação da revisão da DN 74/2004, REPUDIA TODAS AS ALTERAÇÕES EFETUADAS QUE NÃO APRESENTARAM QUAISQUER JUSTIFICATIVAS TÉCNICO-CIENTÍFICAS, por mais que se demandasse da SEMAD.

Este Processo de Licenciamento, já nos moldes da DN 217/2017, é prova concreta desse grave retrocesso na legislação ambiental, com implicações seríssimas para o meio ambiente e a população, promovido pelo Governo do Estado de Minas Gerais e por todos aqueles direta ou indiretamente envolvidos nesta questão, sejam eles servidores ou conselheiros que votaram a favor desse novo texto na Câmara Normativa Recursal (CNR). (g.n) Disponível em: <http://fonasc-cbh.org.br/wp-content/uploads/Item_5.2_Relato_de_vistas_FONASC_VALE1.pdf>. Acesso em: 03 fev. 2019.

impondo à presente e futura gerações os altíssimos custos da degradação ambiental. De uma ponta, o grito da Terra. De outra, o grito dos pobres.

É, de fato, chegada uma nova era geológica: o antropoceno[9] —, no qual, em nome do progresso, se hasteia o estandarte da injustiça ecológica e da injustiça social, alimentando-se de hábitos destrutivos para manter vivo o sonho do capitalismo. Dentro desta perspectiva, Hans Jonas adverte que:

> [...] Só com um homem o poder ser emancipou da totalidade por meio do saber e do arbítrio, podendo se tornar fatal para ela e para si mesmo. O seu poder é o seu destino e torna-se cada vez mais o destino geral. Portanto, por causa do homem, e apenas nesse caso, o dever surge da vontade como autocontrole do seu poder, exercido conscientemente: em primeiro lugar em relação ao seu próprio ser. [...] O homem se torna o primeiro objeto do seu dever [...]. Além disso, ele se torna o fiel depositário de todos os outros fins em si mesmos, que se encontram sob a lei do seu poder"[10].

O desafio, urgente, então, é proteger a *casa comum* e, para isso, urge a necessidade de uma *conversão ecológica global*, a qual perpassa, *a priori*, pela cultura do cuidado:[11]

> [...] a análise mostrou a necessidade de uma mudança de rumo. Devemos sair da espiral de autodestruição em que nós estamos afundando. Não se trata de uma reforma, mas, citando a Carta da Terra, de buscar um novo começo. [...] A interdependência de todos com todos nos leva a pensar num só mundo com um projeto comum.[12]

A Declaração Universal dos Direitos Humanos, a despeito de não mencionar especificamente acerca do direito fundamental ao meio ambiente, em seu art. 251, fez questão de contemplar a cultura do cuidado, ao declarar que: "toda pessoa tem direito a um nível de vida adequado que lhe assegure saúde e bem-estar".

No mesmo sentido, a Declaração sobre o Direito ao Desenvolvimento de 1986 orienta que "o ser humano deve ser o centro do processo de desenvolvimento".

O Protocolo Adicional à Convenção Americana de Direitos Humanos em matéria de Direitos Econômicos, Sociais e Culturais de 1988 prega o direito do homem de viver em ambiente sadio e contar com serviços públicos básicos.

Vale rememorar, ainda no marco histórico pré-constitucional, importantes Convenções da Organização Internacional do Trabalho — OIT que tratam da saúde e segurança no meio ambiente do trabalho. Dentre tantas, destacam-se a Convenção n. 136 (sobre a proteção dos trabalhadores contra os riscos da intoxicação pelo Benzeno, em vigor no plano internacional desde julho de 1973), a Convenção n. 139 (sobre a prevenção e controle de riscos profissionais causados por substâncias ou agentes cancerígenos, em vigor no plano internacional desde junho de 1976), a Convenção n. 148 (sobre a proteção dos trabalhadores contra os riscos devidos à contaminação do ar, ao ruído e às vibrações no local de trabalho, em vigor no plano internacional desde julho de 1979), a Convenção n. 155 (sobre a segurança e saúde dos trabalhadores, em vigor no plano internacional desde agosto de 1983) e a Convenção n. 161 (sobre serviços de saúde do trabalho, com vigência em âmbito internacional desde fevereiro de 1988).

No plano nacional, a Constituição de 1988, arvorecida do processo de redemocratização por que passou o país, intentou resgatar as promessas firmadas pela humanidade e, pela sua índole eminentemente social, dedicou especial atenção ao meio ambiente, forte no compromisso de que sua vitalidade supõe e pressupõe uma mudança paradigmática: da cultura de exploração para a cultura do cuidado.

---

(9) "O termo Antropoceno foi criado para levar em consideração o impacto da acelerada acumulação de gases de efeito estufa sobre o clima e a biodiversidade e, da mesma forma, dos danos irreversíveis causados pelo consumo excessivo de recursos naturais. Contudo, é preciso transformá-lo em uma nova época geológica. Enquanto o debate continua entre cientistas, ainda precisam ser encontradas soluções. Nós estamos, de fato, testemunhando uma forma coletiva de negação, que é o resultado de uma fé ingênua no progresso, de uma ideologia consumista e de poderosos lobbies econômicos". *In*: ISSBERNER, Liz-Rejane e LÉNA, Philippe. *Progress, risk and responsibilities*. Unesco Courier, 1998. Disponível em: <https://pt.unesco.org/courier/2018-2/antropoceno-os-desafios-essenciais-um-debate--cientifico>. Acesso em: 31 jan. 2019.

(10) JONAS, Hans. *O princípio responsabilidade*: ensaio de uma ética para a civilização tecnológica. Tradução de Marijane Lisboa e Luiz Barros Montez. Rio de Janeiro: Contraponto, 2006. p. 217.

(11) Carta Encíclica *Laudato Si* do Santo Padre Francisco sobre o cuidado da casa comum. Disponível em: <http://w2.vatican.va/content/francesco/pt/encyclicals/documents/papa-francesco_20150524_enciclica-laudato-si.html>. Acesso em: 31 jan. 2019.

(12) Trecho expungido da Carta Encíclica *Laudato Si* do Santo Padre Francisco sobre o cuidado da casa comum. Disponível em: <http://w2.vatican.va/content/francesco/pt/encyclicals/documents/papa-francesco_20150524_enciclica-laudato-si.html>. Acesso em: 31 jan. 2019.

Tanto assim é que a menção ao direito fundamental ao meio ambiente está impregnada em todo o texto constitucional como um ritornelo, pois é um conceito-chave do novo paradigma inaugurado com o seu nascedouro.

O art. 225, por exemplo, elevou o meio ambiente ao *status* de bem jurídico e, nesta condição, tutelável, impondo ao Estado e às gerações presente e futura o dever de zelar pelo patrimônio natural que ornamenta o território brasileiro:

> Todos têm direito ao meio ambiente ecologicamente equilibrado, bem de uso comum do povo e essencial à sadia qualidade de vida, impondo-se ao Poder Público e à coletividade o dever de defendê-lo e preservá-lo para as presentes e futuras gerações.

O meio ambiente assume, pela norma constitucional, a feição de bem transindividual, rompendo com a noção individualista — própria da era imperialista — e instaurando a necessidade de limitação de condutas individuais que atentem contra a sua integridade.

Catalisa-se, nesta medida, a cultura do cuidado, partindo da premissa de que o homem é essencialmente natural, parte integrante da biosfera. A Natureza, por este viés, não se presta apenas a servir ao homem, mas sua preservação é condição vital e necessária para garantia de sua sobrevivência. Esta virada hermenêutica contribui para que o ser humano se inquiete com os impactos de suas ações sobre o meio ambiente, criando uma cultura de prevenção, preservação, cooperação e sustentabilidade.

Mais que um simples comando constitucional, o art. 225 contempla a ética ambiental, estribada na visão holística de mundo, na miscível interface *homem-natureza*.

Aliás, não à toa que o Constituinte de 1988 consagrou, dentre os vetores gerais da ordem econômica, a defesa do meio ambiente (art. 170, VI) e é, justamente, neste axioma, que reside o grande dilema das nações: conciliar as forças motrizes do poderio econômico e o uso sustentável dos recursos naturais.

Leonardo Boff, em perfeita síntese, afirma que "para ser sustentável, o desenvolvimento deve ser economicamente viável, socialmente justo e ambientalmente correto".[13]

Em igual sentido, John Elkington, a quem se atribui a autoria do termo *Triple Bottom Line*, a sustentabilidade consiste no equilíbrio entre os três pilares: ambiental, econômico e social.[14]

Essa equipolência entre valores representa, em última *ratio*, o sentido apreendido pela Conferência das Nações Unidas sobre o Meio Ambiente Humano, que resultou na Declaração de Estocolmo e no Programa das Nações Unidas para o Meio Ambiente (PNUMA), no ano de 1972, nos termos a seguir reproduzidos:

> [...] O ser humano tem o direito fundamental à liberdade, à igualdade e ao desfrute de condições de vida adequada em um meio cuja qualidade lhe permita levar uma vida digna e gozar de bem-estar, e tem a solene obrigação de proteger e melhorar esse meio para as gerações presentes e futuras. (Princípio 1)

A partir desta visão sistêmica, compreende-se que o meio ambiente, para além da preservação dos ecossistemas e processos biológicos, contempla dimensões econômicas, culturais, sociais e políticas, as quais estão, invariavelmente, associadas à existência humana.

Por essa razão, ao conceito de meio ambiente[15] agrega-se a definição de meio ambiente do trabalho, sem que haja dissociação cognoscitiva.[16] **Não se trata de gênero e espécie tampouco de ramo e sub-ramo da ciência jurídica. São unívocos e, dentro desta perspectiva, agrupam argumentos em favor da proteção integral à saúde do trabalhador, representando dever do Estado e, sobretudo, obrigação diretamente exigível do empregador.**

---

(13) BOFF, Leonardo. *Sustentabilidade: o que é, o que não é*. Rio de Janeiro: Vozes, 2012. p. 43.

(14) ELKINGTON, John. *Sustentabilidade, canibais com garfo e faca*. São Paulo: M. Books do Brasil Editora Ltda., 2012. p. 43.

(15) Para os fins previstos na Lei n. 6.938/81, em seu art. 3º, inciso I, entende-se por meio ambiente "o conjunto de condições, leis, influências e interações de ordem física, química e biológica, que permite, abriga e rege a vida em todas as suas formas".

(16) Art. 200, inciso VIII da CR/88: Ao sistema único de saúde compete, além de outras atribuições, nos termos da lei:

[...]

VIII — colaborar na proteção do meio ambiente, nele compreendido o do trabalho.

Alhures, retratamos essa simbiose, enfatizando a indissociabilidade entre a saúde e o bem-estar dos trabalhadores e a saúde e o bem-estar da comunidade:

> Essa assertiva não tem lastro apenas em uma importante invocação *isonômica* — o que seria já vetor jurídico de carga suficiente para tanto. O que está em jogo, na essência, é o reconhecimento de que a proteção do meio ambiente em geral supõe a proteção efetiva de uma de suas facetas mais vulneráveis, na qual costumeiramente se dá o foco de muitas tragédias ambientais: o *meio ambiente do trabalho*.[17]

O art. 7º, inciso XXII, da Constituição de 1988 assegura aos trabalhadores o direito à redução dos riscos inerentes ao trabalho, por meio de normas de saúde, higiene e segurança. No inciso XXVIII, consagra o direito ao seguro contra acidentes do trabalho, a cargo do empregador, sem excluir a indenização a que está obrigado, quando incorrer em dolo ou culpa.

A Consolidação das Leis do Trabalho dedica um capítulo à cultura do cuidado no ambiente do trabalho, estabelecendo diretrizes, a cargo do empregador, na preservação da incolumidade física e psíquica do trabalhador. Em seu art. 157, elenca as premissas gerais, impondo ao empregador a exigência de cumprimento e implementação das normas que versam sobre medicina, higiene e segurança do trabalho, conjugadas suas ações com aquelas normatizadas pelo extinto Ministério do Trabalho, atual Ministério da Economia.[18]

Neste passo, em ordem a possibilitar a avaliação das condições ambientais, constitui obrigação do empregador a manutenção de serviços especializados em segurança e medicina do trabalho, com análise do risco da atividade e indicação do número de profissionais especializados necessários para assegurar a sanidade e vitalidade do ambiente de trabalho.[19]

A esse respeito, a NR 4, do extinto Ministério do Trabalho, em seu item 4.1, dispõe expressamente que:

> [...] As empresas privadas e públicas, os órgãos públicos da administração direta e indireta e dos poderes Legislativo e Judiciário, que possuam empregados regidos pela Consolidação das Leis do Trabalho — CLT, manterão, obrigatoriamente, Serviços Especializados em Engenharia de Segurança e em Medicina do Trabalho, com a finalidade de promover a saúde e proteger a integridade do trabalhador no local de trabalho.

Cabe ao SESMT — Serviços Especializados em Engenharia e Medicina do Trabalho — a responsabilidade pela execução do PCMSO — Programa de Controle Médico de Saúde Ocupacional, regulamentado pela NR 7[20], e pela elaboração, implementação e acompanhamento do PPRA — Programa de Prevenção dos Riscos Ambientais, regulamentado pela NR 9 do atual Ministério da Economia.[21]

Ambos os programas visam à catalisação dos riscos advindos da atividade, cujo conhecimento propicia a concertação de ações com vistas a garantir a integridade física e psíquica do trabalhador, seja em estrutura, seja em trei-

---

(17) MARANHÃO, Ney. *Poluição labor-ambiental*: abordagem conceitual da degradação das condições de trabalho, da organização do trabalho e das relações interpessoais travadas no contexto laborativo. Rio de Janeiro: Lumen Juris, 2017. p. 70.

(18) Art. 157. Cabe às empresas:

I — cumprir e fazer cumprir as normas de segurança e medicina do trabalho;

II — instruir os empregados, através de ordens de serviço, quanto às precauções a tomar no sentido de evitar acidentes do trabalho ou doenças ocupacionais;

III — adotar as medidas que lhes sejam determinadas pelo órgão regional competente;

IV — facilitar o exercício da fiscalização pela autoridade competente.

(19) Art. 162. As empresas, de acordo com normas a serem expedidas pelo Ministério do Trabalho, estarão obrigadas a manter serviços especializados em segurança e em medicina do trabalho

Parágrafo único. As normas a que se refere este artigo estabelecerão:

a) classificação das empresas segundo o número de empregados e a natureza do risco de suas atividades;

b) o número mínimo de profissionais especializados exigido de cada empresa, segundo o grupo em que se classifique, na forma da alínea anterior;

c) a qualificação exigida para os profissionais em questão e o seu regime de trabalho;

d) as demais características e atribuições dos serviços especializados em segurança e em medicina do trabalho, nas empresas.

(20) NR 7 — 7.1.1. Esta Norma Regulamentadora — NR estabelece a obrigatoriedade de elaboração e implementação, por parte de todos os empregadores e instituições que admitam trabalhadores como empregados, do Programa de Controle Médico de Saúde Ocupacional — PCMSO, com o objetivo de promoção e preservação da saúde do conjunto dos seus trabalhadores.

(21) NR 9 — 9.1.1 Esta Norma Regulamentadora — NR estabelece a obrigatoriedade da elaboração e implementação, por parte de todos os empregadores e instituições que admitam trabalhadores como empregados, do Programa de Prevenção de Riscos Ambientais — PPRA, visando à preservação da saúde e da integridade dos trabalhadores, através da antecipação, reconhecimento, avaliação e consequente controle da ocorrência de riscos ambientais existentes ou que venham a existir no ambiente de trabalho, tendo em consideração a proteção do meio ambiente e dos recursos naturais.

namentos e cursos de capacitação, seja na catalogação dos equipamentos de proteção individual e coletivo necessários para minimizar o perigo e evitar acidentes.

No ramo minerário, especificamente, as empresas extrativas de minério, beneficiamento, garimpo e pesquisa mineral têm a incumbência de elaboração do chamado Programa de Gerenciamento de Riscos — PGR, em substituição ao Programa de Prevenção de Riscos Ambientais — PPRA, na forma da NR 22, o qual deverá ser revisto anualmente, com registro das medidas de controle implementadas e programadas.

De outra banda, deverão criar uma Comissão Interna de Prevenção de Acidentes na Mineração — CIPAMIN, que tem por objetivo observar e relatar as condições de risco no ambiente de trabalho, visando à prevenção de acidentes e doenças decorrentes da atividade mineradora, de modo a assegurar um ambiente de trabalho seguro e saudável.

A respeito da disposição de rejeitos e produtos minerários, o item 22.26 da NR 22 destaca que os depósitos de substâncias líquidas em barragens de mineração e bacias de decantação "devem possuir estudos hidrogeológicos, pluviométricos e sismológicos regionais e dispor de monitoramento da percolação de água, do lençol freático e da movimentação e da estabilidade dos maciços". Por isso, pontua a necessidade de supervisão constante confiada a profissionais legalmente habilitados, aliada a um sistema de alerta sonoro eficiente em caso de emergência.

A Lei n. 12.334/2010, que institui o Plano Nacional de Segurança de Barragens, estabelece a obrigatoriedade de revisão periódica de segurança de barragem, com a finalidade de verificar o estado geral de segurança da barragem, "considerando o atual estado da arte para os critérios de projeto, atualização dos dados hidrológicos e as alterações das condições a montante e a jusante da barragem".[22]

Neste panorama geral, já se pode antever, com alguma margem de segurança, que a tragédia ocorrida em Brumadinho/MG foi resultado da negligência e do descaso da Vale em implementar medidas de segurança, medicina e higiene do trabalho asseguradas em lei e normas regulamentadoras, descurando, ademais, da fiel observância de princípios jusambientais basilares.

Aprioristicamente, até para um olhar singelo, não técnico, já se denuncia, por exemplo, a brutal insensatez na decisão empresarial de instalar departamentos administrativos e refeitórios de trabalhadores em plena rota de possível vazamento do imenso mar de rejeitos represado, em inacreditável violação a regras basilares de prevenção de danos e redução de riscos (CRFB, art. 7º, XXII).

Não bastasse, ao tempo que antecedeu ao rompimento, não se ouviu qualquer dispositivo sonoro que pudesse alertar as pessoas em seu entorno do risco de ruptura, conforme previsto na NR 22 do extinto Ministério do Trabalho, possibilitando a evacuação segundo as orientações do plano de emergência adotado pela empresa.

Importante registrar que a simples instalação de equipamento sonoro para situações que tais em nada atende aos ditames de cuidado e prevenção eficaz à vida humana se, na precisa ocorrência trágica que o justificaria, o recurso técnico simplesmente não funciona, operando-se infeliz frustração de seus propósitos tuitivos. Nessa linha, argumentar que o dispositivo sonoro não funcionou porque "engolido" pelo mar de rejeitos soa tão absurdo quanto afirmar que o *air bag* de um veículo não funcionou por causa da abalroada.

Recorde-se que a Lei n. 12.334/2010, em seu artigo 11, inclusive, estabelece a necessidade de elaboração de Plano de Ação de Emergência — PAE, documento formal, no qual são identificadas as condições de emergência em potencial para a barragem, contendo todas as orientações importantes para tomada de decisão no momento do sinistro, permitindo, entre outras medidas, a notificação e o alerta antecipado, visando a minimizar os danos socioambientais.[23]

Questão também a ser trabalhada com bastante atenção concerne a uma eventual desconsideração do *atual estado da técnica* em tema de contenção de rejeitos e proteção ambiental. Conforme se tem divulgado na grande mídia e por especialistas por ela consultados, a técnica aplicada pela Vale nas tragédias de Mariana e Brumadinho é a de menor custo e de maior risco, em cotejo com as demais.

Neste ponto, importa asseverar que nossa Constituição Federal admite, expressamente, que todo trabalho envolve algum grau de risco, motivo pelo qual fala em riscos *inerentes* ao trabalho. Em razão disso, o texto constitucional é

---

(22) Artigo 10, da Lei n. 12.334/2010: Art. 10. Deverá ser realizada Revisão Periódica de Segurança de Barragem com o objetivo de verificar o estado geral de segurança da barragem, considerando o atual estado da arte para os critérios de projeto, a atualização dos dados hidrológicos e as alterações das condições a montante e a jusante da barragem.

(23) NEVES, Luiz Paniago. *Segurança de Barragens* — Legislação federal brasileira em segurança de barragens comentada. ANM: Brasília, 2018. p. 17.

explícito ao referir não à *eliminação*, mas à simples ideia de *redução* dos riscos labor-ambientais, proposta bem mais aderente à realidade dos fatos.

Essa redução dos riscos, entretanto, caso tecnicamente possível, haverá de sempre tender à *anulação* plena ou mesmo à sua *eliminação* total. Isso se dá porque o propósito último da disposição constitucional é que todo trabalhador trabalhe em ambientes laborais cada vez mais seguros e sadios, à luz da invocada ideia de *atual estado da técnica* (OIT, Convenção n. 115, item 3.1, e Convenção n. 148, item 8.3), pouco importando se esse nível de exposição está, ou não, dentro dos parâmetros técnicos oficiais.

A propósito, por envolver discussão imantada de ordem pública, certamente a aplicação dessas Convenções deve ser geral, não se prendendo à esfera das radiações ionizantes ou da contaminação do ar, ruído e vibrações. Exegese que se articula exatamente com o art. 7º, XXII, da Carta da República, que revela o alvissareiro direito fundamental à *contínua redução* dos riscos inerentes ao trabalho — **é dizer, em uma permanente busca de, se possível, reduzir-se a** *zero* os riscos labor-ambientais[24].

Não se olvida, de outra banda, a falha dos órgãos fiscalizadores na avaliação das condições da barragem do Córrego de Feijão, por meio das inspeções regulares levadas a cabo pela Agência Nacional de Mineração — ANM. Afinal de contas, como sói acontecer:

> [...] Desastres retratam a insuficiência e o colapso de estruturas governamentais e não governamentais que, por alguma razão (ausência de investimento, fiscalização, impossibilidade de ação ou omissão) vem-se obrigadas a pagar um alto preço pela reconstrução do caos. [...] Proteger as pessoas e os ecossistemas dos desastres requer o firme compromisso público, privado e da sociedade civil no sentido de guardar e manter os sistemas naturais. Somem-se a isso os esforços no sentido de redução dos níveis de vulnerabilidade e exposição humana e ecossistêmica e, finalmente, a aceitação de que o Direito deve assumir uma abordagem de prevenção e precaução sistêmica para gestão de risco". [25]

A prolepse desta insuficiência já havia sido anunciada pelo Fórum Nacional da Sociedade Civil nos Comitês de Bacias Hidrográficas — FONASC. CBH, em parecer encaminhado à Câmara Técnica Especializada de Atividades Minerárias — CMI e ao Conselho de Política Ambiental de Minas Gerais — COPAM/MG, apontando as irregularidades constatadas no processo de licenciamento da mina Córrego de Feijão, notadamente no rebaixamento de risco de classe 6 (DN 74/2003) para classe 4 (DN 217/2017), conforme excerto a seguir reverberado:

> [...] Assim, a AMPLIAÇÃO e CONTINUIDADE ATÉ 2032 das minas Jangada e Feijão, que eram Classe 6 quando da DN 74/2003, com INCREMENTO de 88% (oitenta e oito por cento) na produção, é considerada hoje CLASSE 4 pela DN 217/2017, o que não tem qualquer fundamento e beira a insanidade, ainda mais se considerarmos que já é um grande complexo minerário com anos de operação e impactos cumulativos na região. E ainda se pretende conceder Licenciamento Ambiental Concomitante em uma única fase — LAC 1 (LP+LI+LO), com parecer da SUPPRI favorável ao deferimento [...].[26]

A barragem do Córrego de Feijão é classificada pela Agência Nacional de Águas (ANA), com base nos critérios gerais estabelecidos pelo Conselho Nacional de Recursos Hídricos (CNRH), como de baixo risco de rompimento, mas com dano potencial associado (DPA) alto.[27]

Isso significa que, embora não apresentasse risco de rompimento, os danos associados à falha estrutural da barragem poderiam representar uma hecatombe. Justamente o que aconteceu. Uma tragédia anunciada, mas relegada ao réquiem dos estertores.

---

(24) MARANHÃO, Ney. Comentários art. 7º, inciso XXII, da Constituição do Brasil. In: CANOTILHO, J. J. Gomes; MENDES, Gilmar Ferreira; SARLET, Ingo Wolfgang; STRECK, Lenio Luiz (coordenadores científicos). *Comentários à Constituição do Brasil*. 2. ed. São Paulo: Saraiva, 2018. p. 649.

(25) CARVALHO, Délton Wiinter de; DAMACENA, Fernanda Dalla Libera. *Direito dos desastres*. Porto Alegre: Livraria do Advogado Editora, 2013. p. 141 e 144.

(26) Excerto do parecer elaborado pelo Fórum Nacional da Sociedade Civil nos Comitês de Bacias Hidrográficas — FONASC. CBH. Disponível em: <http://fonasc-cbh.org.br/wp-content/uploads/Item_5.2_Relato_de_vistas_FONASC_VALE1.pdf>. Acesso em: 03 fev. 2019.

(27) Em sintonia com o art. 2º, inciso VII da Lei n. 12.334/2010, entende-se por dano potencial associado à barragem "o dano que pode ocorrer devido a rompimento, vazamento, infiltração no solo ou mau funcionamento de uma barragem". O chamado dano potencial associado consiste no medidor de riscos de estragos no entorno das barragens, cujo grau varia de acordo com a proximidade de áreas urbanas, povoados, indústrias e rodovias. Disponível em: <http://www3.ana.gov.br>. Acesso em: 30 jan. 2019.

Por certo, pelo dano potencial associado alto, além do empreendedor, incumbe ao Poder Público e seus agentes delegados, desde a deflagração do processo de licenciamento até a operação minerária, o monitoramento constante das ações implementadas para se garantir a segurança da barragem e a preservação dos recursos naturais e hídricos da região afetada com a extração, criando espaços a permitir a participação direta da população local, munindo-a de mecanismos efetivos de controle social. Mesmo porque, como denunciam Délton Wiinter de Carvalho e Fernanda Dalla Libera:

> [...] Os riscos catastróficos têm geralmente baixas probabilidades, mas consequências extremas. Neste sentido, estes riscos são marcados por uma grande incidência de incerteza científica, o que dificulta aplicação de metodologias de quantificação de sua probabilidade. Contudo, mesmo que as consequências sejam remotas e altamente especulativas, destaca-se a necessidade de investigação (demonstrada nos estudos de impactos ambientais) em casos de potencial catastrófico (ataques terroristas, acidentes nucleares, terremotos, acidentes industriais, epidemias etc.). [...] os critérios utilizados para impor a necessidade de aprofundamento investigativo acerca de riscos de desastres é que deva haver um prognóstico razoável (*rule of reason*) que inclua as possíveis consequências catastróficas, mesmo com baixas probabilidades. Alguns eventos catastróficos, mesmo diante de sua remota probabilidade, podem ter consequências tão catastróficas capazes de justificar que tais riscos sejam levados em consideração. Diante da possibilidade de especulações acerca de riscos catastróficos, as agências são compelidas a uma leitura mais exigente (*hard look doctrine*) acerca dos piores cenários possíveis (*worst-case scenarios*), impondo uma busca pelo aprofundamento de informações ambientais para identificação técnica dos riscos, suas incertezas, precariedade de dados ou mesmo a ausência destes e, finalmente, a realização de processos de publicização em audiências públicas."[28]

Em se tratando de meio ambiente, deve-se ter em mira sempre os princípios da precaução e da prevenção. Se dúvida houver, prevalece o cuidado com o meio ambiente, em todas as suas dimensões, alicerçado na máxima *in dubio pro sanitas et pro natura*. Como ensina a boa doutrina, "o princípio da precaução, para ser aplicado efetivamente, tem que suplantar a pressa, a precipitação, a improvisação, a rapidez insensata e a vontade de resultado imediato".[29]

4   COMO REFLEXÃO: *QUEM DEVE PAGAR A CONTA?*

O fundamento ontológico clássico da responsabilidade civil repousa no dever do agente causador da ofensa em reparar, material e moralmente, o dano causado, lastreado, na maior parte das vezes, na presença da culpa. É fato comprovado que tal moldura subjetiva se mostrou insuficiente para cobrir toda a miríade dos danos ressarcíveis; mas é fato igualmente comprovado que, em regra, os atos lesivos são causados pela conduta antijurídica do agente, por negligência, imperícia ou por imprudência.

Aceitando, embora, que a responsabilidade civil se construiu tradicionalmente sobre o conceito de culpa, o jurista moderno convenceu-se de que esta não satisfaz. Deixado à vítima o ônus da prova de que o ofensor procedeu antijuridicamente, a deficiência de meios, a desigualdade de fortuna, a própria organização social, acabam por deixar "larga cópia de danos descobertos e sem indenização". Prossegue Caio Mário da Silva Pereira em suas elucubrações:

> [...] A evolução da responsabilidade civil gravita em torno da necessidade de socorrer a vítima, o que tem levado a doutrina e a jurisprudência a marchar adiante dos códigos, cujos princípios constritores entravam o desenvolvimento e a aplicação da boa justiça. Foi preciso recorrer a outros meios técnicos, e aceitar, vencendo para isto resistências quotidianas, que em muitos casos o dano é reparável sem o fundamento da culpa.[30]

Neste diapasão, uma vertente, dita objetivista, perscrutou desvincular o dever ressarcitório da ideia de culpa. Raymond Saleilles foi o precursor desta corrente, seguido por Louis Josserand, insurgindo ambos contra o elemento subjetivo da responsabilidade civil e enquadrando o dever de indenizar no conceito material de fato danoso. Um conflito de ideias aguerrido, à época, dado que o Código Civil Francês era partidário da teoria da culpa, nos termos do

---

(28) CARVALHO, Délton Wiinter de; DAMACENA, Fernanda Dalla Libera. *Direito dos desastres*. Porto Alegre: Livraria do Advogado Editora, 2013. p. 63-64.

(29) MACHADO, Paulo Affonso Leme. *Direito Ambiental Brasileiro*. 25. ed. São Paulo: Malheiros Editores. 2017. p. 75.

(30) PEREIRA, Caio Mário da Silva. *Instituições de Direito Civil*. Volume III. 13. ed. Rio de Janeiro: Forense, 2009. p. 486.

art. 1382.[31] Em esforço hermenêutico de interpretação do vocábulo *faute*, Raymond Saleilles defendeu a ideia de que o Código Civil adotou a acepção de *fait*, equivalente à causa determinante de qualquer dano:

> [...] A lei deixa a cada um a liberdade de seus atos; ela não proíbe senão aqueles que se conhecem como causa direta do dano. Não poderia proibir aqueles que apenas trazem em si a virtualidade de atos danosos, uma vez que se possa crer fundamentalmente em tais perigos possam ser evitados, à base de prudência e habilidade. Mas, se a lei os permite, impõe àqueles que tomam o risco a seu cargo a obrigação de pagar os gastos respectivos, sejam ou não resultados de culpa. Entre eles e as vítimas não há equiparação. Ocorrido o dano, é preciso que alguém o suporte. Não há culpa positiva de nenhum deles. Qual seria, então, o critério e imputação do risco? A prática exige que aquele que obtém proveito de iniciativa lhe suporte os encargos, pelo menos a título de sua causa material, uma vez que essa iniciativa constitui um fato que, em si e por si, encerra perigos potenciais contra os quais os terceiros não dispõem de defesa eficaz. É um balanceamento a fazer. A justiça quer que se faça inclinar o prato da responsabilidade para o lado do iniciador do risco.[32]

Louis Josserand, neste mesmo sentido, enfatiza que a reparação dos danos não deve ser deixada aos azares do destino, tanto mais que, entre a vítima e o autor do dano, a primeira merece mais proteção, porque, comumente, é a que possui menos recursos e nada fez para causar o prejuízo.[33]

No Brasil, a responsabilidade objetiva ingressou efetivamente no ordenamento jurídico positivo por meio de diplomas especiais, como a Lei das Estradas de Ferro (Decreto n. 2.681/1912), o Código Civil Brasileiro de Aeronáutica (Lei n. 7.565/1986) e a Lei n. 6.453/1977, relativa às atividades nucleares.

O Código Civil de 2002, por sua vez, não ficou imune ao movimento revisionista da responsabilidade civil estribada na culpa, tendo, em diversas hipóteses, adotado a responsabilidade civil objetiva. O parágrafo único do artigo 927 representa, nesta quadra, cláusula geral de responsabilidade objetiva, ao determinar que haverá obrigação de reparar o dano, independentemente de culpa, quando a atividade normalmente desenvolvida pelo autor do dano implicar, por sua natureza, risco para os direitos de outrem[34].

Em matéria de meio ambiente, a Lei n. 6.938/1981, em seu art. 14, §1º, contemplou a responsabilidade desvinculada do seu elemento subjetivo.[35] Esta marca foi reverberada pela Constituição de 1988, em seu art. 225, § 3º, evidenciando o novo vetor axiológico adotado, sintonizado em uma responsabilidade que, dispensando a culpa, se mostre comprometida com a reparação do ato danoso em uma perspectiva fundada na solidariedade social. Aqui, especificamente, jaz a morada do princípio do *poluidor-pagador*.[36]

Por poluição, legalmente, entende-se a degradação da qualidade ambiental resultante de atividades que direta ou indiretamente: (i) prejudiquem a saúde, a segurança e o bem-estar da população; (ii) criem condições adversas às atividades sociais e econômicas; (iii) afetem desfavoravelmente a biota; (iv) afetem as condições estéticas ou sanitárias do meio ambiente; e, por fim, (v) lancem matérias ou energia em desacordo com os padrões ambientais estabelecidos.[37]

---

(31) Art. 1382. *Tout fait quelconque de l'homme, qui cause à autrui un dommage, oblige celui par la faute duquel il est arrivé, à le réparer.* (Qualquer fato oriundo daquele que provoca um dano a outrem obriga aquele que foi a causa do que ocorreu a reparar este dano). Segundo Wilson Melo da Silva "os arquitetos do Código Napoleônico, o código padrão por assim dizer, haviam-no alicerçado nas bases graníticas da culpa subjetiva. Segundo tal código, só haveria obrigação de indenizar quando a vítima pudesse demonstrar, além da relação de causalidade necessária entre o autor do dano e o dano mesmo, que dito dano pudesse ser imputado à culpa desse autor". (SILVA, Wilson Melo da. *Responsabilidade sem culpa*. São Paulo: Saraiva, 1974. p. 26)

(32) SALEILLES, Raymond. *Les Accidents de Travail et la Responsabilité Civile* — Essai d'une Théorie Objective de la Responsabilité Delictuelle. Arthur Rousseau Éditeur: Paris, 1897. p. 50.

(33) JOSSERAND, Louis. *De la responsabilité du fait des choses inanimées.* Arthur Rousseau Éditeur: Paris, 1897 Arthur Rousseau Éditeur: Paris, 1987. p. 45.

(34) A respeito, confira-se, entre outros: MARANHÃO, Ney. *Responsabilidade civil objetiva pelo risco da atividade*: uma perspectiva civil-constitucional. São Paulo: GEN/Método, 2010.

(35) Art. 14. Sem prejuízo das penalidades definidas pela legislação federal, estadual e municipal, o não cumprimento das medidas necessárias à preservação ou correção dos inconvenientes e danos causados pela degradação da qualidade ambiental sujeitará os transgressores:

[...]

§ 1º Sem obstar a aplicação das penalidades previstas neste artigo, é o poluidor obrigado, independentemente da existência de culpa, a indenizar ou reparar os danos causados ao meio ambiente e a terceiros, afetados por sua atividade. O Ministério Público da União e dos Estados terá legitimidade para propor ação de responsabilidade civil e criminal, por danos causados ao meio ambiente.

(36) Art. 225. Todos têm direito ao meio ambiente ecologicamente equilibrado, bem de uso comum do povo e essencial à sadia qualidade de vida, impondo-se ao Poder Público e à coletividade o dever de defendê-lo e preservá-lo para as presentes e futuras gerações.

[...] § 3º As condutas e atividades consideradas lesivas ao meio ambiente sujeitarão os infratores, pessoas físicas ou jurídicas, a sanções penais e administrativas, independentemente da obrigação de reparar os danos causados.

(37) Art. 3º, inciso III da Lei n. 6.938/1981.

Doutrinariamente, poluição, em essência, corresponde ao desarranjo sistêmico suscitado pela ingerência humana que gera inaceitável afetação do equilíbrio ambiental propiciador de vida. Vertido de modo sintético: poluição é degradação ambiental de base antrópica e nível intolerável.[38]

O poluidor, a seu turno, compreende a pessoa física ou jurídica, seja de direito público, seja de direito privado, responsável direta ou indiretamente, por atividade causadora de degradação ambiental.[39]

Nesta linha de raciocínio, fica fácil perceber que a Vale, em função da tragédia ocorrida na cidade de Brumadinho/MG, enquadra-se na acepção de agente poluidor e, nesta condição, responde objetivamente pelos danos ambientais ocasionados, cujos efeitos deletérios de ordem macrossocial serão sentidos anos a fio, afetando as gerações presentes e futuras. No mesmo sentido vaticina o art. 4º da Lei n. 12.334/2010, ao definir o empreendedor como o responsável legal pela segurança da barragem.

Mas a questão não se encerra por aí. Conforme enfatizado em linhas transatas, ao conceito de meio ambiente se agrega também a ambiência laboral. Dentro desta perspectiva, pode-se dizer, então, que a preocupação com o meio ambiente do trabalho se torna também uma preocupação iniludivelmente ambiental:

> [...] Além disso, se a Constituição Federal fala em proteção ambiental para garantia de qualidade de vida e já legitima devassar questões até então consideradas assuntos de exclusiva ingerência patronal, retirando-se o manto de invisibilidade que historicamente encobriu o "d'além muro da fábrica", não há como refutar a ilação de que a questão da saúde e segurança dos trabalhadores passa mesmo a compor, com destaque, a pauta ambiental, com todas as repercussões jurídicas que disso se possa extrair. [40]

José Afonso da Silva, de sua parte, é bastante claro ao destacar que a proteção do meio ambiente de trabalho "significa proteção do ambiente e da saúde das populações externas aos estabelecimentos industriais, já que um ambiente interno poluído e inseguro expele poluição e insegurança externa."[41]

Esse enfoque facilita sobremaneira a compreensão sobre o porquê de a Lei n. 6.938/1981, quando apresenta o conceito jurídico de poluição, estendê-lo à degradação da qualidade ambiental resultante de atividades que, direta ou indiretamente, "criam condições adversas às atividades sociais e econômicas" (art. 3º, *b*).

Por isso, há de se reconhecer que, também neste particular, a Constituição de 1988 é digna de efusivos elogios, na medida em que:

> [...] navega nessa valiosíssima perspectiva de reaproximação histórica e científica das questões social e ambiental, arbitrariamente apartadas em algum ponto da trajetória humana [...]. Ou seja, ao reconhecer a integração jurídica do meio ambiente do trabalho ao meio ambiente humano (art. 200, VIII), o Texto Magno dá concretude a esse sutil movimento de *conjunção socioambiental*. **Sob tal perspectiva, a Carta Magna serviu como verdadeiro ponto de culminância para um sadio processo de realinhamento jurídico-axiológico entre *saúde, meio ambiente* e *trabalho*, cujo elemento de intersecção é precisamente o *meio ambiente laboral*.** Resgata, assim, a importância da proteção e promoção do equilíbrio no meio ambiente do trabalho como técnica de atingimento do propósito mais amplo de se erigir, em nossa sociedade, um meio ambiente sadio e equilibrado, em todas as suas dimensões.[42]

A propósito, não custa lembrar que boa parte das catástrofes ambientais poderia ter sido evitada caso se praticasse rigorosa ação preventiva no combate à poluição junto aos mais variados ambientes de trabalho, especialmente no que tange às condições laborais praticadas e ao processo produtivo aplicado. Fala-se aqui da tragédia de Mariana. Fala-se também da tragédia de Brumadinho/MG.

---

(38) MARANHÃO, Ney. *Poluição labor-ambiental*: abordagem conceitual da degradação das condições de trabalho, da organização do trabalho e das relações interpessoais travadas no contexto laborativo. Rio de Janeiro: Lumen Juris, 2017. p. 253.

(39) Art. 3º, inciso IV da Lei n. 6.938/1981.

(40) MARANHÃO, Ney. *Poluição labor-ambiental*: abordagem conceitual da degradação das condições de trabalho, da organização do trabalho e das relações interpessoais travadas no contexto laborativo. Rio de Janeiro: Lumen Juris, 2017. p. 86.

(41) SILVA, José Afonso da. *Direito ambiental constitucional*. 10. ed. São Paulo: Malheiros Editores, 2013. p. 24.

(42) MARANHÃO, Ney. *Poluição labor-ambiental*: abordagem conceitual da degradação das condições de trabalho, da organização do trabalho e das relações interpessoais travadas no contexto laborativo. Rio de Janeiro: Lumen Juris, 2017. p. 87-88.

Se executadas oportunamente as medidas de prevenção, zelando pela cultura do cuidado, não se estaria diante do maior acidente de trabalho experimentado pela história brasileira. E porque conectado umbilicalmente a danos ambientais, responde a Vale objetivamente pelos acidentes do trabalho ocorridos e, assim o faz, ancorada inclusive na teoria do risco integral, muito própria à temática ambiental, a não se admitir, então, pois, na hipótese, excludente de responsabilidade[43]. Trata-se, decerto, de rigor característico do estuário jusambiental, justificado pela magnitude do bem jurídico que tutela.

Afinal de contas, Vale:

> [...] *Tu Antecipaste a hora.*
>
> *Teu ponteiro enlouqueceu, enlouquecendo nossas horas.*
>
> *Que poderias ter feito de mais grave*
>
> *do que o ato sem continuação, o ato em si,*
>
> *o ato que não ousamos nem sabemos ousar*
>
> *porque depois dele não há nada?*[44]

5 COMO ENCERRAMENTO: *"O MUNDO É MAIS QUE UMA COISA A SE RESOLVER, É UM MISTÉRIO GRANDIOSO PARA SER CONTEMPLADO NA ALEGRIA E NO LOUVOR"*[45]

Certa feita, Polônio, em um diálogo com seu filho Laertes, no trecho da peça de *Hamlet*, escrita por *Shakespeare*, deixou-o embebido dos seguintes conselhos:

> [...] Vai com a minha bênção, e grava na memória estes preceitos: 'Não dês língua aos teus próprios pensamentos, nem corpo aos que não forem convenientes'. 'Sê lhano, mas evita abastardares-te'. 'O amigo comprovado, prende-o firme no coração com vínculos de ferro, mas a mão não calejes com saudares a todo instante amigos novos'. 'Foge de entrar em briga; mas, brigando, acaso, faze o competidor temer-te sempre'. 'A todos, teu ouvido; a voz a poucos; ouve opiniões, mas forma juízo próprio'. 'Conforme a bolsa, assim tenhas a roupa: sem fantasia; rica, mas discreta, que o traje às vezes o homem denuncia. Nisso, principalmente, são pichosas as pessoas de classe e prol na França'. 'Não emprestes nem peças emprestado; que emprestar é perder dinheiro e amigo, e o oposto embota o fio à economia'. 'Mas, sobretudo, sê a ti próprio fiel; segue-se disso, como o dia à noite, que a ninguém poderás jamais ser falso'. Adeus; que minha bênção tais conselhos faça frutificar.[46]

À Vale, costuram-se os seguintes: aparta-se da apatia nefanda que a encobre. Não se curve aos feitiços da ambição, mas aos anseios genuínos do homem. Se, por obra do acaso, tiver que lutar, que seja, sempre, em benefício dos trabalhadores que seu rótulo estampa. Sê inteiro e não pela metade. Resgate, com honradez, a Natureza que foi soterrada. Transfira seu olhar para as aflições dos seus. Transforme a discussão envaidecida de egos em política pública. Dê lugar à reparação integral e se veja livre da abstenção. Seja seu átrio reduto de edificação do valor social do trabalho. Mas, sobretudo, sê fiel à cultura da prevenção. Segue-se disso, de sol a sol, e colherá as aventuranças da função social que lhe acomete. Adeus; que nossa exortação pleno respeito faça frutificar.

---

(43) Atente-se para a *Tese 10* publicada pela Secretaria de Jurisprudência do Superior Tribunal de Justiça — STJ, elaborada mediante exaustiva pesquisa na base de jurisprudência daquele Tribunal. São estes seus termos: "A responsabilidade por dano ambiental é objetiva, informada pela teoria do risco integral, sendo o nexo de causalidade o fator aglutinante que permite que o risco se integre na unidade do ato, sendo descabida a invocação, pela empresa responsável pelo dano ambiental, de excludentes de responsabilidade civil para afastar sua obrigação de indenizar" (BRASIL. Superior Tribunal de Justiça. "Jurisprudência em Teses", Edição n. 30, Brasília, 18 mar. 2015. Disponível em: <www.stj.jus.br>).

(44) ANDRADE, Carlos Drummond de. *A um ausente.* Disponível em: <www.pensador.com/poesias_de_carlos_drummond_de_andrade>. Acesso em: 04 fev. 2019.

(45) Trecho extraído da Carta Encíclica *Laudato Si* do Santo Padre Francisco sobre o cuidado da casa comum. Disponível em: <http://w2.vatican.va/content/francesco/pt/encyclicals/documents/papa-francesco_20150524_enciclica-laudato-si.html>. Acesso em: 31 jan. 2019.

(46) SHAKESPEARE, William. *Hamlet.* Trad. Millôr Fernandes. Porto Alegre: L&PM, 2016.

6 REFERÊNCIAS

ANDRADE, Carlos Drummond de. *A montanha pulverizada*. Disponível em: <https://dialogosessenciais.com>. Acesso em: 29 jan. 2019.

BAUMAN, Zygmunt. *Modernidade líquida*. Trad. Plínio Dent-zien. Rio de Janeiro: Zahar, 2001.

BOFF, Leonardo. *Ecologia: grito da terra, grito dos pobres*. 2. ed. São Paulo: 2013.

_____ . *Sustentabilidade*: o que é, o que não é. Rio de Janeiro: Vozes, 2012.

BONAVIDES, Paulo. Jurisdição constitucional e legitimidade (algumas observações sobre o Brasil). In: *Estudos Avançados*, São Paulo, 18 (51), 2004.

Carta Encíclica *Laudato Si* do Santo Padre Francisco sobre o cuidado da casa comum. Disponível em: <http://w2.vatican.va/content/francesco/pt/encyclicals/documents/papa-francesco_20150524_enciclica-laudato-si.html>. Acesso em: 31 jan. 2019.

DE LA GRESSAYE. Brethe. *La corporation et l'état. Apud.* CESARINO JÚNIOR, A. F. *Direito corporativo e direito do trabalho*. São Paulo: Livraria Martins, 1940.

CARVALHO, Délton Wiinter de; DAMACENA, Fernanda Dalla Libera. *Direito dos desastres*. Porto Alegre: Livraria do Advogado Editora, 2013.

DELGADO, Mauricio Godinho. *Direito do trabalho e modernização jurídica*. Brasília: Consulex, 1992.

_____ . *Curso de direito do trabalho*. 14. ed. São Paulo: LTr, 2015.

ELKINGTON, John. *Sustentabilidade, canibais com garfo e faca*. São Paulo: M. Books do Brasil Editora Ltda., 2012.

FAUSTO, Boris. *História do Brasil*. 3. ed. São Paulo: Edusp, 2008.

GALEANO, Eduardo. *As veias abertas da América Latina*. Trad. Sérgio Faraco. LPM editora: Montevidéu, 2010.

HOBSBAWN, Eric. *A crise do capitalismo e a importância atual de Marx*. Tradução (espanhol-português) de Marco Aurélio Weissheimer. Disponível em: <http://www.cartamaior.com.br/templates>.

ISSBERNER, Liz-Rejane e LÉNA, Philippe. *Progress, risk and responsibilities*. Unesco Courier, 1998. Disponível em: <https://pt.unesco.org/courier/2018-2/antropoceno-cs-desafios-essenciais-um-debate-cientifico>. Acesso em: 31 jan. 2019.

JOSSERAND, Louis. *De la responsabilité du fait des choses inanimées*. Arthur Rousseau Éditeur: Paris, 1897 Arthur Rousseau Éditeur: Paris, 1987.

MACHADO, Paulo Affonso Leme. *Direito Ambiental Brasileiro*. 25. ed. São Paulo: Malheiros Editores. 2017.

MARANHÃO, Ney. *Responsabilidade civil objetiva pelo risco da atividade*: uma perspectiva civil-constitucional. São Paulo: GEN/Método, 2010.

_____ . *Poluição Labor-Ambiental*: abordagem conceitual da degradação das condições de trabalho, da organização do trabalho e das relações interpessoais travadas no contexto laborativo. Rio de Janeiro: Lumen Juris, 2017.

_____ . Comentários art. 7º, inciso XXII, da Constituição do Brasil. In: CANOTILHO, J. J. Gomes; MENDES, Gilmar Ferreira; SARLET, Ingo Wolfgang; STRECK, Lenio Luiz (coordenadores científicos). *Comentários à Constituição do Brasil*. 2. ed. São Paulo: Saraiva, 2018.

NEVES, Luiz Paniago. *Segurança de Barragens* — Legislação federal brasileira em segurança de barragens comentada. ANM: Brasília, 2018.

PEREIRA, Caio Mário da Silva. *Instituições de Direito Civil*. Volume III. 13. ed. Rio de Janeiro: Editora Forense, 2009.

PEREIRA, Osny Duarte. *Ferro e independência. Um desafio à dignidade nacional*. Rio de Janeiro, 1967.

QUIRINO, Célia Galvão; MONTES, Maria Lúcia. *Constituições brasileiras e cidadania*. São Paulo: Ática, 1987.

RAFAEL, Herbert Miguel Angel Maturano. *Análise do potencial de liquefação de uma barragem de rejeito*. Pontifícia Universidade Católica do Rio de Janeiro. Departamento de Engenharia Civil, 2012.

ROMITA, Arion Sayão. *Os direitos sociais na Constituição e outros Estudos*. São Paulo: LTr, 1991.

SALEILLES, Raymond. *Les Accidents de Travail et la Responsabilité Civile* — Essai d´une Théorie Objective de la Responsabilité Delictuelle. Arthur Rousseau Éditeur: Paris, 1897.

SHAKESPEARE, William. *Hamlet*. Tradução de Millôr Fernandes. Porto Alegre: L&PM, 2016.

SILVA, José Afonso da. *Direito ambiental constitucional*. 10. ed. São Paulo: Malheiros Editores, 2013.

SILVA, Wilson Melo da. *Responsabilidade sem culpa*. São Paulo: Saraiva, 1974.

VERDIER, Jean Maurice. *Traité de droit Du travail*. Coordenação de Camerlynck, Paris, 1968.

WEBER, Max. *The theory of social and economic organization*. Tradução de A. R. Henderson e Talcott Parsons. Nova York: Hodge, 1947.

GREVE AMBIENTAL TRABALHISTA: INSTRUMENTO DE EFETIVAÇÃO DA DIGNIDADE HUMANA DO TRABALHADOR

Georgenor de Sousa Franco Filho[*]
Perlla Barbosa Pereira Maués[**]

1 INTRODUÇÃO

Entendamos que a evolução do sistema capitalista nos últimos tempos trouxe uma série de transformações e reestruturações nas empresas, acarretando uma busca desenfreada pelo acúmulo de riquezas e, em contrapartida, uma despreocupação com a saúde do trabalhador, saúde esta que há muito já não era respeitada, quiçá elegida como fundamental, situação que passou a ser paulatinamente minorada e até mitigada ao longo dos anos pelos empresários, desprestigiando não só a CLT como os institutos internacionais criados com o objetivo de proteger os trabalhadores e equilibrar as desigualdades tão marcantes existentes nas relações laborais, como por exemplo, a OIT — Organização Internacional do Trabalho.

Em meio a isso, surge a necessidade de buscar instrumentos que viabilizem a efetiva proteção dos direitos sociais e fundamentais dos trabalhadores, seja no seio urbano, seja no seio rural.

Tal assertiva demonstra-se com tamanha importância, que nosso Ordenamento Jurídico Pátrio elevou a *status* constitucional tais garantias e preceitos fundamentais básicos, insculpindo-os em nossa Constituição, em seu art. 200, incisos II e VIII, respectivamente, o que demonstra a real necessidade de efetivar e proteger da mesma maneira, instrumentos que viabilizem a proteção desses direitos.

Nesse sentido, temos que a Greve Ambiental Trabalhista se traduz como sendo um instrumento criado com o intuito de viabilizar e, acima de tudo, buscar a efetivação da defesa da saúde dos trabalhadores de acordo com o meio laboral que estão inseridos e/ou vinculados, seja de forma direta, seja de forma indireta, especialmente para aqueles que se encontram em situações ambientais laborais de risco iminente e constante.

(*) Desembargador do Trabalho de carreira do TRT da 8ª Região. Doutor em Direito Internacional pela Faculdade de Direito da Universidade de São Paulo. Doutor *Honoris Causa* e Professor Titular de Direito Internacional e de Direito do Trabalho da Universidade da Amazônia. Presidente Honorário da Academia Brasileira de Direito do Trabalho, Membro de Numero da Academia Ibero-Americana de Derecho del Trabajo y de la Seguridad Social, Membro da Academia Paraense de Letras e da Academia Paraense de Letras Jurídicas.

(**) Especialista em Direito Material e Processual do Trabalho na Universidade da Amazônia/UNAMA. Mestranda no Programa de Pós-Graduação da Universidade da Amazônia/UNAMA. Advogada. Email: perllaalmeida@hotmail.com

Diante da realidade laboral e levando em conta que existem diversos trabalhadores espalhados em variados setores à mercê dos empresários, surgiu a necessidade de criar um mecanismo para buscar a proteção ao direito à saúde do trabalhador, a greve ambiental, como uma forma de, mediante pressão específica, efetivar e garantir esse direito, levando em conta as reais condições e circunstâncias nas quais cada empregado está submetido em determinada empresa.

Por conta disto, surge uma mudança de paradigma do que outrora se entendia por "greve", não sendo mais compreendido como sendo apenas um direito individual cujo exercício somente poderia ser consagrado através da coletividade, e sim como um direito transindividual que poderá ser exercido de forma tão somente individual, desatrelando ao dogma da necessidade da formação do ente coletivo para que se possa de fato exercer o direito à greve, consagrado em nossa Constituição.

Partindo dessa premissa, ressaltamos que, apesar da ausência de previsão legislativa interna expressa e específica que discipline esse tema, a Convenção n. 155 da Organização Internacional do Trabalho (OIT), ratificada pelo Brasil, prevê o direito de exercer a greve ambiental.

O presente artigo não tem o escopo de exaurir todas as controversas e lacunas que envolvem o tema proposto, de modo que caminha em passos significantes para a demonstração de ser a Greve Ambiental um instrumento válido e necessário para a proteção dos direitos fundamentais do trabalhador; inserindo-se a discussão na temática dos Direitos Sociais, os quais se intensificam com o advento dos Direitos Humanos de Segunda Dimensão.

Tem-se, portanto, que o objetivo deste estudo é evidenciar e identificar o amparo jurídico tanto constitucional como infraconstitucional que permite a utilização desse instrumento garantista, diante de riscos ambientais laborais graves e iminentes, bem como delimitar as possibilidades de utilização dos meios jurídicos para salvaguardarem o bem maior, possibilitando a real proteção individual dos direitos e garantias fundamentais do trabalhador, tornando, deste modo, mais justo e eficaz, no que tange os reparos dos danos causados pelo meio ambiente laboral ao qual está exposto.

A meta da pesquisa é o esclarecimento da modalidade grevista objeto do estudo, visando à sua utilização como contribuição ao aprofundamento das discussões em torno do assunto, diante da notória resistência de alguns doutrinadores e magistrados quanto a sua aceitação e aplicabilidade ao caso concreto, sob o argumento que seu exercício somente poderia ser feito pelo ente coletivo e não individual.

2 MEIO AMBIENTE DO TRABALHO COMO DIREITO FUNDAMENTAL

Podemos inferir que o meio ambiente de trabalho sadio é um direito fundamental, já que o direito à vida humana digna é consagrado como tal e, assim sendo, como uma coisa decorre da outra, considerando a ligação direta da proteção à vida humana digna com o meio ambiente de trabalho sadio, tem-se o meio ambiente de trabalho como direito fundamental do cidadão/trabalhador.

Neste viés, Fábio Fernandes afirma que é:

> [...] importante observar que o art. III da Declaração Universal dos Direitos Humanos (1948), ao enunciar que toda pessoa tem direito à vida, à liberdade e à segurança pessoal, implicitamente, quando diz "à vida" incluiu o meio ambiente equilibrado, pois esta é uma das condições essenciais à existência da vida em toda a sua plenitude e formas [...][1].

Ressalta-se que o enfoque às preocupações ambientais começou a ser propagado com maior visibilidade através dos movimentos ambientais ocorridos na década de 1960, desencadeando o surgimento de pesquisas ambientais que demonstraram a necessidade de medidas urgentes de conservação ambiental, especialmente no que tange a saúde e ao bem estar favorável do trabalhador.

Ato contínuo temos o Pacto Internacional dos Direitos Sociais, Econômicos e Culturais de 1966, ratificado pelo Brasil em 1992, com medidas ambientais que buscou consignar o direito ao meio ambiente sadio, equilibrado e com as mínimas condições para o exercício do trabalho, a qual inclui-se o meio ambiente de trabalho.

---

(1) FERNANDES, Fábio. *Meio ambiente geral e meio ambiente do trabalho:* uma visão sistêmica. São Paulo: LTr, 2009. p. 40.

O referido Pacto traz importantes disposições acerca das condições mínimas de trabalho que cada pessoa necessita para o desempenho de suas atividades, sejam elas lotadas no meio urbano ou no meio rural, bem como o meio ambiente laboral adequado ao desenvolvimento de cada trabalho com todas as suas peculiaridades e particularidades, estabelecendo como "direito de toda pessoa de desfrutar o mais elevado nível possível de saúde física e mental através da melhoria de todos os aspectos de higiene do trabalho e do meio ambiente" (art. 12.2, b).

Em seguida, a Conferência das Nações Unidas sobre o Ambiente Humano de 1972, reunida em Estocolmo, trouxe diretrizes essenciais para nortear inúmeras problemáticas que envolvem o Meio Ambiente, sendo este incluído na categoria de Direito Humano. A Declaração de Estocolmo posicionou o direito ao meio ambiente sadio ao lado do direito à vida, considerando que sua concretização prescinde, necessariamente, da higidez do meio ambiente.

Neste viés, o direito ao meio ambiente sadio como direito humano fundamental, atrelado ao direito à vida, engloba o meio ambiente laboral, como afirma Evanna Soares, o "direito ao meio ambiente do trabalho saudável e seguro, como segmento daquele, é também um direito humano cujo objeto consiste na proteção à saúde e à vida no 'habitat' laboral"[2].

Raimundo Simão de Melo afirma que o Direito Ambiental do Trabalho

> [...] constitui direito difuso fundamental inerente às normas sanitárias e de saúde do trabalhador (CF, art. 196), que, por isso, merece a proteção dos Poderes Públicos e da sociedade organizada, conforme estabelece o art. 225 da Constituição Federal. É difusa a sua natureza, ainda, porque as consequências decorrentes da sua degradação, como, por exemplo, os acidentes de trabalho, embora com repercussão imediata no campo individual, atingem, finalmente, toda a sociedade, que paga a conta fina [...][3].

Prossegue, afirmando que o meio ambiente de trabalho:

> [...] não é um mero direito trabalhista vinculado ao contrato de trabalho, pois a proteção daquele é distinta da assegurada ao meio ambiente do trabalho, porquanto esta última busca salvaguardar a saúde e a segurança do trabalhador no ambiente onde desenvolve as suas atividades [...][4].

Desta forma, têm-se que o meio ambiente equilibrado é um direito humano fundamental básico e inerente a cada relação de trabalho e em especial aquelas caraterizadas diretamente como relações de emprego, consagrado em nossa Constituição de 1988, de forma geral, em seu art. 225, *caput*, bem como, com especial destaque, ao que disciplina o art. 7º, inciso XXII, e ao que dispõe o art. 200, inciso VIII, ambos do diploma constitucional.

Depreende-se, assim, que os dispositivos supracitados estabelecem que o direito ao meio ambiente saudável e equilibrado, o qual se inclui o meio ambiente do trabalho, é um direito humano fundamental, correlato intrinsecamente com o que preconiza o princípio fundamental mais importante da Constituição de 1988, qual seja o princípio da dignidade da pessoa humana (art. 1º, III).

2.1 Os direitos fundamentais e suas dimensões

Os direitos fundamentais foram declarados progressivamente, de acordo com a necessidade de cada época, em que foram acrescentados sequencialmente com a evolução dos textos constitucionais, até chegarmos aos moldes existentes na atualidade. Sendo, portanto, cada período de seu surgimento marcado por suas respectivas dimensões e características específicas.

Em meio às premissas iniciais demonstradas, devemos tecer alguns comentários a respeito da Declaração Universal dos Direitos Humanos de 1948, considerando que foi um dos marcos iniciais das maiores transformações sociais em todo mundo, especialmente no que tange à proteção dos direitos humanos.

---

(2) SOARES, Evanna. *Ação ambiental trabalhista*: uma proposta de defesa judicial do direito humano ao meio ambiente do trabalho no Brasil. Porto Alegre: Sergio Antonio Fabris, 2004. p. 74-75.

(3) MELO, Raimundo Simão. *A Greve Ambiental no Direito Brasileiro*. 3. ed. São Paulo: LTr, 2011. p. 32.

(4) MELO, *Idem*. p. 31.

Partindo da evolução histórica dos direitos humanos conseguimos analisá-los sobre a ótica de três gerações ou dimensões bem delineadas: a primeira representada pelo direito à liberdade e aos direitos civis e políticos, posicionando o indivíduo no centro como ser totalmente abstrato e dotado de direitos; a segunda traz os direitos à igualdade, sendo traduzido pelos direitos econômicos, sociais e culturais, surgem nesse momento os primeiros ensaios diretamente relacionados a questões eminentemente sociais previstos, tais como: à saúde, à moradia, à alimentação, à educação, à previdência; a terceira diz respeito aos direitos a fraternidade e solidariedade, incluídos nesses os direitos difusos e coletivos, momento no qual a humanidade começa a discutir sobre a interação necessária entre todos os países no sentido de debater sobre questões de interesse comum, como: paz, desenvolvimento, comunicação, segurança mundial, proteção ao meio ambiente e conservação do patrimônio comum da humanidade[5].

Ademais, devemos conceituar e caracterizar o que vem a ser efetivamente um cidadão, não só do ponto de vista jurídico, mas também moral, tendo em vista que são premissas básicas para que se possa defender e argumentar o real motivo da possibilidade do ser humano, mesmo que de forma individual, possa exercer seu direito constitucional a greve, conforme mais adiante será demonstrado.

Em meio a isso, considerando os mais variados conceitos do que vem a ser a expressão Cidadão, chega-se ao entendimento de que cidadão é aquela pessoa inserida no Estado, que participa ativamente de sua tomada de decisões em todos os seus níveis de gestão e organização.

Seguindo esta mesma linha de entendimento, nas palavras de Diego Machado[6]: "O exercício da cidadania possui estreita vinculação com a proteção aos direitos fundamentais, tanto que o princípio da cidadania tem como um de seus corolários o da dignidade da pessoa humana."

Assim, dentre as principais características contempladas dentro dos artigos e estudos acerca dos direitos humanos, encontramos: a historicidade, a universalidade, a essencialidade, a irrenunciabilidade, a inalienabilidade, a inexauribilidade, a imprescritibilidade, a efetividade, a inviolabilidade, a limitabilidade, a vedação ao retrocesso, a indivisibilidade, a complementariedade, a unidade existencial e a inter-relacionalidade.

Visto isso, chamamos atenção dentre os 30 (trinta) artigos que compõem a Declaração de 1948 para os seguintes:

Artigo VII — Todos são iguais perante a lei e têm direito, sem qualquer distinção, a igual proteção da lei. (...)"

Artigo VIII — Todo ser humano tem direito a receber dos tribunais nacionais competentes remédio efetivo para os atos que violem os direitos fundamentais que lhes sejam reconhecidos pelo direito ou pela lei.

Logo, é um dever moral, internacionalmente reconhecido, afirmar e reconhecer que todas as pessoas possuem direitos e deveres intrínsecos a sua própria condição humana, ocasião em que o Estado, como ente preconizador e protetor das garantias mínimas inseridas em nosso texto constitucional, possui o papel primordial e obrigatório não só de exigir dos indivíduos o cumprimento de suas obrigações perante a sociedade, mas também, garantir que todos tenham respeitados o mínimo de direito vinculados na Declaração Universal dos Direitos Humanos, com fito de afastar, completamente o *status* de barbárie e total descaso social que a muito assolou diversas camadas da sociedade, em especial, dos trabalhadores de um modo geral, sejam eles brasileiros, estrangeiros, brancos, negros etc.

Daí porque diversos países e organizações internacionais defendem o conteúdo e a base principiológica do documento considerado como máxima expressão do reconhecimento e consecução mundial do que vem efetivamente a ser os direitos humanos de cada ser humano.

Nesse sentido, devemos considerar que o tema em questão possui íntima relação com os direitos humanos assegurados a cada pessoa enquanto cidadão dotado de direitos e obrigações, sendo fruto da evolução das discussões acerca da ótica sobre direitos fundamentais, aprimorado de forma cristalina através da divisão e estudo do tema por meio das dimensões referidas acima.

---

(5) Doutrina, Volume Único, *Direitos Humanos*, Editora: Juspodivm, 2. ed., revista ampliada e atualizada, Ano: 2013; Autor: Diego Pereira Machado; Capítulo I, Direitos Humanos, p. 167.

(6) *Ibid.*, p. 168.

Observamos ser possível identificar outras gerações, mais atuais, como a quarta geração, que inclui direitos à democracia de um lado e da engenharia genética de outro. Também podemos apontar direitos da quinta geração, a dos direitos subjetivos, como o direito aos sentimentos, envolvendo direito ao amor mútuo e à religiosidade (v. FRANCO FILHO, Georgenor de Sousa. *Curso de direito do trabalho*. 4. ed. São Paulo, LTr, 2018. p. 41-42).

Ressaltamos que o surgimento de novas dimensões/gerações não tem o condão de por fim aos direitos fundamentais básicos consagrados pelas anteriores, ao contrário disso, ocorre uma verdadeira complementação entre eles, de maneira que atualmente, todos coexistem de forma harmônica entre si, iniciando um onde termina o outro.

Neste contexto, cabe dar especial destaque à característica e especificidade de cada geração, em relação aos direitos fundamentais de primeira, segunda e terceira gerações, considerando a influência direta de cada um deles para o estudo da temática ora proposta concernente a análise do meio ambiente laboral.

Os direitos fundamentais de primeira geração possuem como marco principal a sua luta e garantia ao valor de liberdade, são os direitos civis e políticos, conhecidos pelo seu caráter negativo por destinarem-se a uma abstenção por parte do Estado.

Já os direitos fundamentais de segunda geração estão diretamente ligados ao valor de igualdade, sendo estes, portanto, direitos sociais, econômicos e culturais, de caráter positivo, já que demandam atuações por parte do Estado.

São também conhecidos como direitos humanos de segunda geração, por versarem principalmente sobre a proteção aos direitos humanos inerentes ao ser humano.

Seguindo essa linha, vale destacar os ensinamentos de João Batista Herkenhoff, os direitos humanos são "[...] aqueles direitos fundamentais que o homem possui pelo fato de ser homem, por sua natureza humana, pela dignidade que a ele é inerente"[7].

Numa perspectiva constitucionalista, Alexandre de Moraes prefere utilizar a expressão "direitos humanos fundamentais", sendo estes o:

> [...] conjunto institucionalizado de direitos e garantias do ser humano que tem por finalidade básica o respeito a sua dignidade, por meio de sua proteção contra o arbítrio do poder estatal e o estabelecimento de condições mínimas de vida e desenvolvimento da personalidade humana [...][8].

Neste viés, embora existam preferências de nomenclaturas, como as supracitadas, adota-se a expressão "direitos humanos", por entender que é suficiente para traduzir seu caráter fundamental constitucional de acordo com os ditames mínimos de cada pessoa enquanto cidadão.

Infere-se, por corolário, que os direitos sociais são integrantes de uma das gerações dos direitos humanos, classificados como direitos humanos de segunda geração, a qual trouxe maior enfoque à garantia da igualdade entre as pessoas e a proteção dos direitos dos trabalhadores, independentemente de urbanos e rurais.

Antônio Enrique Perez Luño evidencia que os direitos sociais emergem da evidenciação de que a "[...] liberdade sem igualdade não conduz a uma sociedade livre e pluralista"[9], sendo tal perspectiva essencial para que se atinja a efetiva preservação do mínimo existencial.

Desta forma, observa-se que a segunda geração trouxe a preocupação com os direitos sociais, voltada para a perspectiva da preservação do mínimo existencial, o qual encontra essencial e direta ligação com o direito fundamental à dignidade da pessoa humana.

Com efeito, os direitos fundamentais de terceira geração são aqueles ligados ao valor fraternidade e solidariedade, e se relacionam com o desenvolvimento e progresso do meio ambiente, à autodeterminação dos povos, o direito aos bens de patrimônio comum da humanidade e ao direito de comunicação. Tais direitos possuem um rol exemplificativo que transcende a individualidade, buscando a proteção do ser humano.

Com isso, pode-se observar a influência direta de cada uma dessas gerações, bem como sua relação com a proteção do trabalhador através da utilização, quando necessário, da greve ambiental trabalhista, que iremos examinar mais adiante.

---

(7) HERKENHOFF, João Batista. *Curso de Direitos Humanos*. São Paulo: Acadêmica, 1994. V. I. p. 30.
(8) MORAES, Alexandre de. *Direitos Humanos Fundamentais: teoria geral*. 4. ed. São Paulo: Atlas, 2002. p. 39.
(9) PEREZ LUÑO, Antonio Enrique. *Derechos Humanos, Estado de Derecho y Constitución*. 3. ed. Madri: Teccnos, 1990. p. 48.

2.2 O trabalho e a dignidade da pessoa humana

Ingo Wolfgang Sarlet conceitua a dignidade da pessoa humana como sendo a:

> [...] qualidade intrínseca e distintiva reconhecida em cada ser humano que o faz merecedor do mesmo respeito e consideração por parte do Estado e da comunidade, implicando, neste sentido, um complexo de direitos e deveres fundamentais que assegurem a pessoa tanto contra todo e qualquer ato de cunho degradante e desumano, como venham a lhe garantir as condições existenciais mínimas para uma vida saudável, além de propiciar e promover sua participação ativa e co-responsável nos destinos da própria existência e da vida em comunhão [...][10].

Victor Hugo Nazário Stuchi discorre que:

> [...] A Declaração Universal dos Direitos Humanos adotada e proclamada na Assembleia Geral das Nações Unidas em 10 de dezembro de 1948 estabelece, de forma geral, que a dignidade é fundamento da liberdade, da justiça e da paz no mundo e que toda as pessoas nascem livres e iguais em dignidade e direitos, sendo dotadas de razão e consciência, devendo agir em relação umas às outras com espírito de fraternidade. Essa mesma Declaração estabeleceu uma estreita relação entre a dignidade e o trabalho humano ao declarar, em seu artigo XXIII, que toda pessoa tem direito ao trabalho, à livre escolha de emprego, a condições justas e favoráveis de trabalho e a uma remuneração justa e satisfatória, que lhe assegure, assim como à sua família, uma existência compatível com a dignidade humana [...][11].

No Brasil, a Constituição de 1988 trouxe uma série de fundamentos primordiais para a proteção do indivíduo, bem como a valorização do trabalho, sendo constituídos como fundamentos do Estado Democrático de Direito, quais sejam: Soberania, cidadania, dignidade da pessoa humana, valores sociais do trabalho e da livre-iniciativa, e o pluralismo político.

Ressalta-se que a Constituição de 1988 trouxe, pioneiramente, ideais de ordem econômica e ordem social de maneira sincrética no Brasil, onde buscou-se um equilíbrio entre estes.

No que tange à ordem econômica, esta encontra-se disposta no art. 170 da CR/88, o qual aborda a valorização do trabalho e a livre-iniciativa, em que podemos destacar como principal objetivo, uma existência digna, com a proteção a busca da plenitude de emprego.

Outrossim, o art. 193 da CR/88 trouxe o alicerce à ordem social, a qual também possui relação direta com o exercício do trabalho e tem por objetivo o bem-estar e a justiça social.

Demonstrada está, portanto, a essencialidade do trabalho como fundamento do próprio Estado Democrático de Direitos e alicerce, tanto para ordem econômica como para ordem social, "[...] quando há o equilíbrio entre o desenvolvimento econômico e o desenvolvimento social, manifesta-se o ideal de justiça social"[12].

Nazário Stuchi exemplifica o ideal de justiça social da seguinte forma:

> [...] Para visualizarmos a efetividade desse ideal de justiça social, devemos pensar em uma balança. De um lado vemos a propriedade, um dos princípios da ordem econômica que se manifesta claramente nas relações de trabalho na figura do empregador, pois ele detém o poder econômico e os meios de produção. Do outro lado está o trabalho humano, um dos princípios da ordem social, presente nas relações de trabalho por meio da figura do próprio trabalho, que entrega ao empregador toda a sua força de trabalho em troca de um salário. O ponto de equilíbrio entre a ordem econômica e a ordem social é a dignidade da pessoa humana [...][13].

---

(10) SARLET, Ingo Wolfgang. *Dignidade da Pessoa Humana e Direitos Fundamentais*. 6. ed. rev. e atual. Porto Alegre: Livraria do Advogado, 2008. p. 37.

(11) NAZÁRIO STUCHI, Victor Hugo. *Direitos Humanos e Direito do Trabalho*. São Paulo: Atlas, 2010. p. 228.

(12) *Idem*, p. 228.

(13) NAZÁRIO STUCHI, *loc. cit.*

Carla Martins Romar relaciona a dignidade da pessoa humana e o trabalho, de maneira que, pela sua análise, o trabalho e a dignidade da pessoa humana caminham, necessariamente, juntos e em completude. Vejamos:

> [...] a relação existente entre a dignidade humana e trabalho abrange três questões iniciais: (a) a dignidade se afirma a partir da garantia ao trabalho, ou seja, o fato de ter *trabalho* assegura ao homem dignidade; (b) a dignidade somente é assegurada se o *trabalho é decente*, ou seja, não basta ter trabalho, é preciso que do trabalho decorram circunstâncias que asseguram ao trabalhador e à sua família uma vida digna; e (c) o ordenamento jurídico deve assegurar ao trabalhador *direitos fundamentais* e deve prever mecanismos de proteção e efetivação de tais direitos [...][14] (grifos da autora).

Deste modo, deve haver a garantia a um trabalho, sendo este instrumento dignificante do homem. O trabalho deve ser decente o Estado precisa fornecer a devida tutela jurídica a estes direitos fundamentais.

Neste viés, frisa-se que as condições do meio ambiente de trabalho laboral estão intimamente relacionadas à proteção à vida e à saúde do trabalhador, o que implicam no respeito a sua dignidade humana, consagradas na Constituição de 1988, pois, "se a vida é o bem jurídico mais importante do ser humano e o trabalho é vital à pessoa humana, deve-se respeitar a integridade do trabalhador em seu cotidiano, pois atos adversos vão, por consequência, atingir a dignidade da pessoa humana"[15].

2.3 Meio ambiente do trabalho

De acordo com a Constituição de 1988, o meio ambiente divide-se em físico ou natural, cultural, artificial e do trabalho.

Vicente José Malheiros da Fonseca explica que:

> *Meio ambiente físico ou natural* é constituído pela flora, fauna, solo, água, atmosfera, e todos os demais elementos naturais responsáveis pelo equilíbrio dinâmico entre os seres vivos e o meio em que vivem, inclusive os ecossistemas (art. 225, *caput*, §1º, I, a VIII).
>
> *Meio ambiente cultural* é aquele composto pelo patrimônio histórico, artístico, arqueológico, paisagístico, turístico, científico e pelas sínteses culturais que integram o universo das práticas sociais das relações de intercâmbio entre homem e natureza (arts. 215 e 216).
>
> *Meio ambiente artificial* é o constituído pelo conjunto de edificações, equipamentos, rodovias e demais elementos que formam o espaço urbano construído (arts. 21, XX, 182 e segs., e 225).
>
> *Meio ambiente do trabalho* é o conjunto de condições existentes no local de trabalho relativas à qualidade de vida do trabalhador; ou, ainda, é o integrado pelo conjunto de bens, instrumentos e meios, de natureza material e imaterial, em face dos quais o ser humano exerce as atividades laborais (arts. 7º, XXXIII, e 200, VIII)[16].

Desta forma, tem-se que o meio ambiente do trabalho está relacionado a todos os fatores interligados a aspectos físicos ou climáticos, no que tange o ambiente laboral do trabalhador.

Com isso, inclui-se precisamente o meio ambiente do trabalho como uma das espécies de meio ambiente, onde a proteção à saúde e à dignidade humana do trabalhador correlaciona-se implicitamente.

Neste aspecto, temos a conexão entre os direitos fundamentais de segunda dimensão, bem como os de terceira dimensão, considerando o nexo entre os direitos sociais e ambientais aqui presentes.

Em relação aos direitos sociais, a Constituição de 1988 dispõe o dever de ser assegurado aos trabalhadores a redução de quaisquer riscos relacionados ao trabalho, através de normas de saúde, higiene e segurança do trabalho,

---

(14) ROMAR, Carla Teresa Martins. Direito do Trabalho e Dignidade da Pessoa Humana. In: MIRANDA, Jorge; MARQUES DA SILVA, Marco Antônio (Coord.). *Tratado Luso-Brasileiro da Dignidade Humana*. São Paulo: Quartier Latin, 2008. p. 1287.

(15) MARQUES, Christiani. *A proteção ao Trabalho Penoso*. São Paulo: LTr, 2007. p. 21.

(16) FONSECA, Vicente José Malheiros d... Meio Ambiente do Trabalho e Saúde do Trabalhador. In: *Direito Ambiental do trabalho*; v.2: apontamentos para uma teoria geral/Guilherme Guimarães Feliciano [*et al.*], coordenadores. São Paulo: LTr, 2015. p. 43.

conforme previsto em seu art. 7º, XXII. Por conseguinte, determinou em seu art. 200, VIII, que no sistema de saúde o meio ambiente do trabalho deve ser protegido.

Portanto, o meio ambiente de trabalho configura-se como um direito transindividual, pelo fato de não haver qualquer restrição, garantido, portanto, a todo trabalhador. Sendo certo que sua garantia emerge da obrigação social do Estado de prover instrumentos que a assegurem, dentre os quais, se pode destacar a greve ambiental trabalhista, cuja análise se dará em momento oportuno.

Consequentemente, o direito ao meio ambiente saudável de trabalho é, indiscutivelmente, um direito humano fundamental, cuja matéria se entrelaça com vários ramos do direito, sendo categorizado tanto como direito individual como direito social.

3 GREVE AMBIENTAL TRABALHISTA

Após percorrer toda a trajetória acima delineada, inicia-se a presente seção com a certeza de que inexiste qualquer previsão legal que nos ampare com exatidão acerca da conceituação de Greve Ambiental Trabalhista. No entanto, busca-se ampliar a conceituação tradicional de greve para obter um parâmetro capaz de suportar e direcionar o estudo, certos de que o direito de greve, previsto na Constituição, não pode sofrer limitação ou restrição na sua forma interpretativa, segundo princípios basilares de hermenêutica jurídica.

Deste modo, Amauri Mascaro Nascimento apresenta o conceito tradicional de greve, o qual estamos tradicionalmente habituados, segundo o qual se trata de:

[...] um direito individual de exercício coletivo, manifestando-se como autodefesa, e que exerce uma pressão necessária que leva à reconstrução do direito do trabalho quando as normas vigentes não atendem às exigências do grupo social [...][17].

A greve, portanto, rompe a habitualidade laboral dos trabalhadores com caráter temporário, perfazendo-se com a recusa deste grupo a desenvolver suas atividades, não havendo, segundo seu conceito tradicional, a possibilidade de greve individual, diante da sua essência coletiva.

Por outro lado, percebemos a fundamental importância da greve como instrumento de reivindicações para obtenção de direitos inerentes a um determinado grupo de trabalhadores, bem como seus aspectos fundamentais. Este é o conceito habitual que, comumente, encontramos. Todavia, há outra espécie de greve que, convenientemente, chama--se "greve ambiental trabalhista".

No que tange a temática abordada, Raimundo Simão de Melo elabora conceituação coerente com as circunstanciais:

[...] À falta de conceito legal ou doutrinal, ouso conceituar a greve ambiental como sendo a paralisação coletiva ou individual, temporária, parcial ou total da prestação de trabalho de um tomador de serviços, de qualquer que seja a relação de trabalho, com a finalidade de preservar e defender o meio ambiente do trabalho de quaisquer agressões que possam prejudicar a segurança, a saúde, e a integridade física e psíquica dos trabalhadores.

A finalidade da greve ambiental é implementar adequadas e seguras condições de trabalho e, com isso, evitar acidentes e doenças profissionais e do trabalho. Enquanto com a greve comum os trabalhadores visam a proteger e a criar direitos em geral, na greve ambiental o objeto específico de tutela é a saúde e vida dos trabalhadores, como direitos fundamentais assegurados constitucionalmente [...][18].

Com isso, supera-se a problemática conceitual e admite-se a extensão conceitual de Greve Simples para Greve Ambiental Trabalhista, destacando que o termo *greve* já não pode mais ser admitido apenas como ação coletiva de trabalhadores, tendo em vista seu perfeito cabimento, em condições excepcionais e verdadeiramente atípicas, na modalidade individual.

---

(17) NASCIMENTO, Amauri Mascaro. *Curso de direito do trabalho*. 24. ed. São Paulo: Saraiva, 2009. p. 1318/1319.
(18) MELO, Raimundo Simão. *A greve ambiental no Direito Brasileiro*. 3. ed. São Paulo: LTr, 2011. p. 109.

No que tange à expansão e evolução da nomenclatura "greve", tais modificações podem ser explicadas diante da própria necessidade de adequar direitos preexistentes às inovações advindas com a produção e distribuição de bens e serviços, conforme discorre Bezerra Leite:

> [...] Na seara das relações sociais trabalhistas, a mudança do modelo fordista para o toyotista de produção e distribuição de bens e serviços implicou novas formas de trabalho, como a robotização, o teletrabalho e o trabalho a distância, além de o próprio direito do trabalho sofrer influências estruturais com os fenômenos decorrentes da globalização, como a flexibilização das normas de proteção ao trabalho humano subordinado, geralmente, igualmente, a degradação em massa dos direitos sociais dos trabalhadores, especialmente os direitos relativos à sadia qualidade de vida no meio ambiente laboral [...][19].

Essas influências são fundamentais para compreendermos a necessidade de criação de um "mecanismo de proteção" com maior eficácia, que acompanhe as inovações tecnológicas globais e, em contrapartida, respeite os direitos fundamentais consagrados na Constituição de 1988.

Neste sentido, Amauri Mascaro Nascimento ressalta que "desde logo é possível afirmar que há greves típicas e atípicas: as primeiras, observando os padrões clássicos e rotineiros, e as segundas, distanciando-se desses mesmos padrões"[20].

Ressalta-se que um grande diferencial desta modalidade atípica de Greve são os seus efeitos no contrato de trabalho, na medida em que na Greve habitual há a suspensão do contrato de trabalho, enquanto que na Greve Ambiental Trabalhista temos a interrupção do contrato de trabalho, ou seja, o trabalhador interrompe as suas atividades, mas não terá seus haveres pecuniários e previdenciários interrompidos, que continuam a lhes ser devidos.

Diante de tais afirmações, temos que a definição e aplicação da greve não se limitam às circunstâncias habituais e tradicionalmente conhecidas em nosso ordenamento jurídico.

3.1 Tutela jurídica da greve ambiental trabalhista

Importante analisar a temática que gira em torno da tutela jurídica da Greve Ambiental Trabalhista, pois, de fato não há previsão específica que tutele a referida modalidade. No entanto, entende-se que o próprio direito de greve não pode ser interpretado de maneira restritiva, sofrendo quaisquer limitações.

É possível observar a importância da previsão material obtida da Constituição constante no art. 5º, § 2º, dispondo: "os direitos e garantias expressos nesta Constituição não excluem outros decorrentes do regime e dos princípios por ela adotados, ou dos tratados internacionais em que a República Federativa do Brasil seja parte".

Partindo desta premissa, é possível admitir que as normas que não constam expressamente no corpo da Constituição poderão ter natureza jurídica diferenciada, e, numa interpretação mais abrangente, invocando o princípio da mutação constitucional, aceitar outras regras que se destinam a favorecer a dignidade da pessoa humana.

Dessarte, passa-se a analisar a tutela jurídica da Greve Ambiental Trabalhista, em nosso ordenamento jurídico brasileiro.

3.1.1 Convenção n. 155 da OIT

Os arts. 13 e 19, "f", da Convenção n. 155 da OIT, que foi ratificada pelo Brasil, contemplam expressamente a greve ambiental trabalhista e, por corolário, são os principais dispositivos que a tutelam. Os referidos artigos dispõem:

> **Art. 13.** De conformidade com a prática e as condições nacionais, deverá ser protegido, de consequências injustificadas, todo trabalhador que julgar necessário interromper uma situação de trabalho por considerar, por motivos razoáveis, que ela envolve um perigo iminente e grave para sua visa ou sua saúde.

---

(19) BEZERRA LEITE, Carlos Henrique. *Direito ambiental do trabalho*; v. 2: apontamentos para uma teoria geral. São Paulo: LTr, 2015. p. 137.
(20) NASCIMENTO, *op. cit.*, p. 512.

Art. 19. Deverão ser adotadas disposições, em nível de empresa, em virtude das quais:

f) o trabalhador informará imediatamente o seu superior hierárquico direto sobre qualquer situação de trabalho que, a seu ver e por motivos razoáveis, envolva um perigo iminente e grave para sua vida ou sua saúde. Enquanto o empregador não tiver tomado medidas corretivas, se forem necessárias, não poderá exigir dos trabalhadores a sua volta a uma situação de trabalho onde exista, em caráter contínuo, um perigo grave ou iminente para sua vida ou sua saúde.

Percebe-se que a referida convenção se utiliza da expressão "perigo iminente e grave", como requisito para a paralisação das atividades laborais. Entretanto, há quem discorde da referida expressão, entendendo ser mais correto a nomenclatura "risco iminente e grave", tendo em vista que o risco seria apenas uma previsibilidade, podendo ser minimizado ou eliminado.

Desta forma, o trabalhador possui a liberalidade de analisar a oportunidade e o meio que será utilizado para paralisar as suas atividades, sendo certo que a greve ambiental possui o escopo de garantir a sobrevivência do trabalhador, o que está diretamente ligado à sua dignidade humana e à vida.

Ressalta-se que, sendo um instrumento de autodefesa, é incoerente retirar a legitimidade de um empregado, individualmente, paralisar suas atividades, apesar da insistência de alguns doutrinadores em conferir à legitimidade tão somente à coletividade para o exercício desse direito.

Não obstante, nas situações em que houver risco normal, a paralisação deverá ser tutelada pela Lei brasileira de Greve (Lei n. 7.783, de 28 de junho de 1989), cabendo a devida observância a todos os requisitos ali previstos. Neste sentido, em se tratando de greve ambiental trabalhista, onde, repisa-se, há risco grave e iminente à vida do empregado, não há que se falar em obediência aos requisitos previstos na Lei de Greve, diante da sua própria natureza emergencial e atípica.

A greve ambiental trabalhista está intimamente relacionada a proteção do direito à vida, de maneira que o art. 21 da Convenção n. 155 da OIT estabelece que "As medidas de segurança e higiene do trabalho não deverão implicar nenhum ônus financeiro para os trabalhadores".

Deste modo, não há razão para exigir o cumprimento dos requisitos da Lei de Greve, considerando o estado que se encontra o trabalhador de exposição da sua vida a um risco iminente, uma vez que a consequência da não paralisação imediata poderá ser até mesmo a perda do seu bem maior, a vida, não havendo, portanto, que se falar em cumprimento de formalidades legais.

Assim sendo, entende-se que a greve ambiental não pode ser declarada abusiva pela ausência de cumprimentos formais, diante da essência emergencial e fundamental que a fundamenta, não possuindo, com efeito, o condão de discutir questões de ordem econômica ou social, e sim aquelas inerentes a própria vida.

Neste sentido, afirmou-se alhures que:

[...] Especificamente quanto ao meio ambiente do trabalho, embora existam outras convenções ligadas ao tema, a principal é a Convenção n. 155, sobre Segurança e Saúde dos Trabalhadores, aprovada na 67ª reunião da Conferência Internacional do Trabalho, em Genebra, a 22.6.81, e que entrou em vigor no plano internacional em 11.8.83, e que é aplicável a todas as áreas da atividade econômica (art. 1,1), e, para seus fins, trabalhadores são todas as pessoas empregadas, incluindo os funcionários públicos (art. 3, b).

Trata-se da consagração internacional da greve ambiental trabalhista, e essa norma, incorporada ao Direito brasileiro e, portanto, lei no Brasil, é o próprio direito à greve ambiental [...]l[21].

Em contrapartida, existe apenas um requisito básico previsto no art. 19, *f*, da Convenção n. 155, que precisa ser cumprido para que a greve ambiental seja admitida, conforme expusemos:

[...] Importante que, para a greve ambiental ser admitida, é imperioso que o trabalhador cumpra uma obrigação que é sua, e, pelo art. 19, f, da Convenção, é fundamental, qual a de que informará imediatamente o seu su-

---

(21) FRANCO FILHO, Georgenor de Sousa. Greve ambiental trabalhista. In: Elisa Maria Nunes da SIlva. (Org.). *COAD Consultoria Trabalhista*. 1. ed. Rio de Janeiro: COAD, 2013, v. 1. p. 458.

perior hierárquico direto sobre qualquer situação de trabalho que, a seu ver e por motivos razoáveis, envolva um perigo iminente e grave para sua vida ou sua saúde; enquanto o empregador não tiver tomado medidas corretivas, se forem necessárias, não poderá exigir dos trabalhadores a sua volta a uma situação de trabalho onde exista, em caráter contínuo, um perigo grave ou iminente para sua vida ou sua saúde. Em outros termos, informada a condição danosa de trabalho, o empregado pode iniciar a paralisação que durará até que aquela situação tenha desaparecido [...][22].

Desta forma, resta clara a previsão do direito de greve ambiental trabalhista na Convenção n. 155, a qual o Brasil é parte. Sendo que sua instrumentalidade transcende o mero exercício de um direito, perfazendo-se como um verdadeiro instrumento de proteção da dignidade humana e da vida do trabalhador.

3.1.2 Tutela Constitucional

Considerando os apontamentos ao norte tecidos, isso, com um simples olhar mais apurado sobre o que disciplina o art. 9º, *caput*, da Constituição de 1988, a qual preconiza que o direito de greve, para o art. 1º, *caput*, da Lei n. 7.783/89, que regulamenta este mesmo direito, declara de forma concisa e objetiva que a tese contrária a aceitação da greve ambiental não pode e nem merece prosperar, já que tanto no preceito constitucional, quanto no dispositivo infraconstitucional citado, definem expressamente que o direito a greve: é assegurado a todos, salvo as exceções previstas em lei, competindo aos trabalhadores decidir sobre a oportunidade e situação de exercê-la sobre os interesses que devam por meio dele se defender e defender os seus iguais.

No mesmo sentido, elucida-se através do Enunciado n. 6 aprovado na 1ª Jornada de Direito Material e Processual na Justiça do Trabalho (TST, Brasília, 23.11.07):

GREVES ATÍPICAS REALIZADAS POR TRABALHADORES. CONSTITUCIONALIDADE DOS ATOS. Não há, no texto constitucional, previsão reducionista do direito de greve, de modo que todo e qualquer ato dela decorrente está garantido, salvo os abusos. A Constituição da República contempla a greve atípica, ao fazer referência à liberdade conferida aos trabalhadores para deliberarem acerca da oportunidade da manifestação e dos interesses a serem defendidos. A greve não se esgota com a paralisação das atividades, eis que envolve a organização do evento, os piquetes, bem como a defesa de bandeiras mais amplas ligadas à democracia e à justiça social.

Desta forma, entende-se que o direito fundamental a greve não pode ser interpretado de maneira restritiva, limitada ou reducionista, como esclarece o enunciado supracitado. Temos, então, que todo ato decorrente deste direito é legal, ressalvados os abusos.

Portanto, a greve ambiental trabalhista se enquadra perfeitamente em uma das espécies de greve atípica (fora dos padrões das greves típicas ou rotineiras).

Não obstante, a Constituição estabelece em seu art. 5º, § 2º, que:

[...] Os direitos e garantias expressos nesta Constituição não excluem outros decorrentes do regime e dos princípios por ela adotados, ou dos tratados internacionais em que a República Federativa do Brasil seja parte [...]

Extrai-se do referido texto constitucional, que os tratados internacionais aos quais o Brasil é parte, poderão ter natureza de norma infraconstitucional, recebendo a devida proteção como qualquer outro direito e garantia expresso constitucionalmente.

Extrai-se desse dispositivo que os tratados internacionais dos quais o Brasil seja parte podem ter natureza infraconstitucional, acolhidos em nível de lei federal, e, conforme decidido pelo STF, até mesmo natureza supralegal, isto é, imediatamente abaixo da Constituição, mas superior a todo o ordenamento interno ordinário.

Acrescente-se que, se o tratado vier a ser incorporado à ordem jurídica positiva interna do Brasil observado o *quorum* especial do § 3º do art. 5º da Constituição, teremos norma em nível de emenda constitucional. Mas, não é este o caso da Convenção n. 155 da OIT.

---

(22) 17 *Ibid.*, p. 457.

Agregamos necessária observação acerca da preocupação demonstrado por algumas Constituições que preveem o direito de greve ambiental trabalhista, apesar de não estar claramente assim intitulada.

Vejamos o que dispõe a Constituição do Estado de São Paulo, em seu art. 229, § 2º:

Art. 229. Compete à autoridade estadual, de ofício ou mediante denúncia de risco à saúde, proceder à avaliação das fontes de risco no ambiente de trabalho, e determinar a adoção das devidas providências para que cessem os motivos que lhe deram causa.

(...)

§ 2º Em condições de risco grave ou iminente no local de trabalho, será lícito ao empregado interromper suas atividades, sem prejuízo de quaisquer direitos, até a eliminação do risco;".

O referido artigo contempla a tutela da vida do ser humano, demonstrando que, acima de qualquer relação econômica de produção, há um bem maior a ser resguardado.

A Constituição do Estado de Rondônia, em seu art. 224, III, dispõe:

Art. 224. A saúde ocupacional é parte integrante do sistema estadual de saúde, sendo assegurada aos trabalhadores, mediante:

(...)

III — recusa ao trabalho em ambiente insalubre ou perigoso, ou que represente graves e iminentes riscos à saúde quando não adotadas medidas de eliminação ou proteção contra eles, assegurada a permanência no emprego;".

A Constituição do Estado do Rio de Janeiro contempla o referido instituto em seu art. 293, X, "d", *verbis*:

Art. 293. Ao Sistema Único de Saúde compete, além de outras atribuições estabelecidas na Lei Orgânica da Saúde:

(...)

X — desenvolver ações visando à segurança e à saúde do trabalhador, integrando sindicatos e associações técnicas, compreendendo a fiscalização, normatização e coordenação geral na prevenção, prestação de serviços e recuperação mediante:

(...)

d) direito de recusa ao trabalho em ambientes sem controle adequado de riscos, assegurada a permanência no emprego;".

Seguindo a mesma corrente de posicionamento, o art. 199, III, da Constituição do Estado de Sergipe:

Art. 199. A saúde ocupacional é parte integrante do Sistema Único de Saúde, assegurada aos trabalhadores mediante:

(...)

III — direito de recusa ao trabalho em ambiente sem controle adequado de risco, com garantias de permanência no emprego."

Por igual, constata-se que a Constituição do Estado do Ceará assegurou a paralisação laboral, sem qualquer redução salarial, por circunstâncias ambientais, em seu art. 248, XIX, "c", *verbis*:

Art. 248. Compete ao sistema único estadual de saúde, além de outras atribuições:

(...)

XIX — atuar em relação ao processo produtivo, garantindo:

(...)

c) direito de recusa ao trabalho em ambientes que tiverem seus controles de riscos à vida e à saúde em desacordo com as normas em vigor, com a garantia de permanência no emprego, sem redução salarial;".

Imperioso ressaltar que a validação do instituto da greve encontra íntima relação à proteção constitucional da dignidade da pessoa humana, consagrado na Constituição da República (art. 1º, III), a proteção da integridade física e mental do trabalhador, bem como os valores sociais a ele inerente (art. 1º, IV).

Podemos perceber que o instituto da greve ambiental trabalhista, apesar de não possuir expressa previsão legal em norma interna original brasileira, tampouco uniformidade jurisprudencial e doutrinária, se revela como sendo aquela construção jurídica que irá abranger e ampliar o pensamento de análise e valoração adequada do caso concreto ao ponto de vista defendido por diversas instituições governamentais ou não sobre direitos humanos, especialmente com relação ao princípio da dignidade da pessoa humana, revelando a evolução do pensamento coletivo em relação a proteção do exercício dos direitos individuais inclusive sob o aspecto do direito coletivo de greve.

3.1.3 Análise de Julgados

Apesar do instituto da greve ambiental trabalhista ainda não ter se disseminado em larga escala na seara jurídica especializada, os Tribunais Regionais do Trabalho vêm aplicando o referido instituto de maneira expressiva. Neste sentido, vejamos a ementa do Tribunal Regional do Trabalho da 2ª Região, utilizando como fundamento principal o art. 229, § 2º, da Constituição de São Paulo:

> DISSÍDIO COLETIVO DE GREVE. RISCO DE VIDA EM AMBIENTE DE TRABALHO. A Constituição do Estado de São Paulo em seu artigo 229, parágrafo 2º autoriza expressamente a interrupção das atividades laborativas pelo empregado em condições de risco grave ou iminente no local de trabalho. Afastada a abusividade da greve. (TRT-2 — DC: 20305200300002008 SP 20305-2003-000-02-00-8, Relator: PLINIO BOLIVAR DE ALMEIDA, Data de Julgamento: 28.08.2003, SDC TURMA, Data de Publicação: 05.09.2003)".[23]

No mesmo sentido de validação do instituto, o antigo Ministério do Trabalho e Emprego, pela Portaria GM n. 3.214, de 08 de junho de 1978, aprovou a NR 9, a qual cuida, justamente, de programas de prevenção de riscos ambientais, tendo como intuito o resguardo da saúde do trabalhador e de sua integridade.

A referida Norma Regulamentadora garante ao trabalhador o direito de recusa ao trabalho, diante de situações de risco grave e iminente a sua saúde. Vejamos:

> "9.6.3 — O empregador deverá garantir que, na ocorrência de riscos ambientais nos locais de trabalho que coloquem em situação de grave e iminente risco um ou mais trabalhadores, os mesmos possam interromper de imediato as suas atividades, comunicando o fato ao superior hierárquico direto para as devidas providências."

O referido direito de greve atípica, intitulada, convenientemente, de greve ambiental, teve o devido reconhecimento através do Enunciado de número 6, do Seminário de Prevenção de Acidentes do Trabalho (TRT 8ª, Belém, 08 a 11.10.2012):

> **6) DIREITO DE RECUSA. SITUAÇÃO DE GRAVE E IMINENTE RISCO NO MEIO AMBIENTE LABORAL. VIOLAÇÃO DA DIGNIDADE HUMANA DO TRABALHADOR. INDENIZAÇÃO POR DANO MORAL.** Deve ser garantida ao trabalhador, na ocorrência de circunstâncias ambientais nos locais de trabalho que o coloquem em situação de grave e iminente risco, a imediata interrupção da atividade profissional e a respectiva comunicação ao superior hierárquico para as devidas providências, sem qualquer prejuízo remuneratório. A não garantia do direito de recusa do trabalhador constitui violação das Normas Regulamentadoras (NR 9 — item 9.6.3), da Convenção n. 155 da OIT (arts. 13 e 19, alínea "f") e do princípio da dignidade humana do trabalhador (art. 1º, III, da CF), ensejando reparação de ordem moral, além das repercussões nas esferas civil, penal e administrativa.

O Enunciado teve a importância de reconhecer o instituto da greve ambiental trabalhista, garantindo o direito de recusa à prestação laboral diante de situações de grave e iminente risco à sua saúde, em consonância com o art. 13, da Convenção n. 155, da OIT, bem como foi muito mais além, trazendo a possibilidade de reparação de ordem moral, civil, penal e administrativa.

De acordo com a mesma perspectiva, o TRT da 15ª Região, através do Dissídio Coletivo n. 153/96, firmou entendimento jurisprudencial enfatizando a necessidade de proteção do ambiente laboral do trabalhador, momento no qual os trabalhadores de uma empresa metalúrgica deflagraram greve em razão das tentativas frustradas de regularizar o ambiente laboral a qual estavam expostos.

A situação era de risco grave e iminente à vida dos trabalhadores, motivo pelo qual, embora não estivessem preenchidos os requisitos formais para deflagração da greve, esta não foi considerada abusiva e, ao contrário disso, os trabalhadores tiveram uma decisão favorável, a qual restou resguardados todos direitos dos grevistas.

---

(23) TRT-2 — DC: 20305200300002008 SP 20305-2003-000-02-00-8, Relator: PLINIO BOLIVAR DE ALMEIDA, Data de Julgamento: 28.08.2003, SDC TURMA, Data de Publicação: 05.09.2003.

4 CONSIDERAÇÕES FINAIS

Buscamos relacionar vários aspectos do direito com um objetivo, qual o de demonstrar a necessidade de proteção do bem maior da vida. Neste sentido, o Direito Ambiental encontra nítida relação com os Direitos Sociais e Constitucionais, tudo isso para que se possa efetivar instrumentos já existentes em nosso ordenamento jurídico em prol do respeito à saúde e à dignidade humana do trabalhador.

Partindo dessa premissa, a Greve Ambiental Trabalhista surge, justamente, com o objetivo primordial de ser o instrumento de efetivação da dignidade humana do trabalhador, resguardando a sua saúde e a sua vida que se encontram em risco grave e iminente devido o seu meio ambiente laboral não estar em condições adequadas.

Apesar da controvérsia sobre a aceitação do referido instituto de Greve atípica, nota-se que este direito vem sendo paulatinamente reconhecido, o que demonstra um grande avanço para a sociedade como um todo.

A garantia justificadora encontra fundamento constitucional e internacional. É assim que devemos entender o verdadeiro alcance do art. 9º da Constituição, e essa a intenção principal do art. 13, da Convenção n. 155 da OIT, a qual o Brasil é parte.

Por conseguinte, demonstramos através de vários precedentes de diversos Tribunais Regionais do Trabalho, a aceitação dessa modalidade nova de greve como instrumento para efetivamente proteger a dignidade humana do trabalhador, garantindo-lhe saúde, higiene e segurança no trabalho e, consequentemente, de própria sua vida.

Conclui-se, por fim, que a greve ambiental trabalhista está intimamente relacionada ao direito do trabalhador ao meio ambiente laboral sadio, o que implica na possibilidade de paralisar suas atividades diante de situações que demonstrem claramente o dano irreparável a qual poderá ser vitimado, daí surgindo o direito a tutela do bem maior da vida.

5 REFERÊNCIAS

BEZERRA LEITE, Carlos Henrique. *A greve como direito fundamental*. 2. ed. Curitiba: Juruá, 2014.

_____ . *Direito ambiental do trabalho*; v. 2: apontamentos para uma teoria geral. São Paulo: LTr, 2015.

Doutrina, Volume Único, *Direitos Humanos*, Editora: JusPodivm, 2. ed., revista ampliada e atualizada, Ano: 2013; Autor: Diego Pereira Machado; Capítulo I, Direitos Humanos.

FERNANDES, Fábio. *Meio ambiente geral e meio ambiente do trabalho*: uma visão sistêmica. São Paulo: LTr, 2009, p. 40.

FONSECA, Vicente José Malheiros da. Meio ambiente do trabalho e saúde do trabalhador. In: *Direito Ambiental do trabalho*; v. 2: apontamentos para uma teoria geral/Guilherme Guimarães Feliciano [*et al.*], coordenadores. São Paulo: LTr, 2015.

FRANCO FILHO, Georgenor de Sousa. Greve ambiental trabalhista. In: Elisa Maria Nunes da Silva. (Org.). *COAD Consultoria Trabalhista*. 1. ed. Rio de Janeiro: COAD, 2013, v. 1.

_____ . *Curso de direito do trabalho*. 4. ed. São Paulo, LTr, 2018

HERKENHOFF, João Batista. *Curso de Direitos Humanos*. São Paulo: Acadêmica, 1994. V. I.

MARQUES, Christiani. *A proteção ao trabalho penoso*. São Paulo: LTr, 2007.

MELO, Raimundo Simão. *A greve ambiental no Direito Brasileiro*. 3. ed. São Paulo: LTr, 2011.

MORAES, Alexandre de. *Direitos humanos fundamentais*: teoria geral. 4. ed. São Paulo: Atlas, 2002.

NASCIMENTO, Amauri Mascaro. *Curso de direito do trabalho*. 24 ed. São Paulo: Saraiva, 2009.

NAZÁRIO STUCHI, Victor Hugo. *Direitos humanos e direito do trabalho*. São Paulo: Atlas, 2010.

PEREZ LUÑO, Antonio Enrique. *Derechos Humanos, Estado de Derecho y Constitución*. 3. ed. Madri: Teccnos, 1990.

ROMAR, Carla Teresa Martins. Direito do trabalho e dignidade da pessoa humana. In: MIRANDA, Jorge; MARQUES DA SILVA, Marco Antônio (Coord.). *Tratado Luso-Brasileiro da Dignidade Humana*. São Paulo: Quartier Latin, 2008.

SARLET, Ingo Wolfgang. *Dignidade da pessoa humana e Direitos fundamentais*. 6. ed. rev. e atual. Porto Alegre: Livraria do Advogado, 2008.

SOARES, Evanna. *Ação ambiental trabalhista*: uma proposta de defesa judicial do direito humano ao meio ambiente do trabalho no Brasil. Porto Alegre: Sergio Antonio Fabris Ed., 2004.

LEGITIMIDADE ATIVA PARA A TUTELA PROCESSUAL DO EQUILÍBRIO DO MEIO AMBIENTE DO TRABALHO

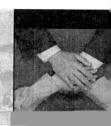

Carlos Henrique Bezerra Leite(*)
Laís Durval Leite(**)

1 INTRODUÇÃO

A Constituição Federal de 1988 assegura o direito de acesso irrestrito ao Poder Judiciário, tanto nos casos de lesão quanto de ameaça a direito (art. 5º, XXXV), sendo que, no atual contexto fático de sociedade de massa em que vivemos, tal direito necessita ser garantido por instrumentos específicos para tornar o processo mais útil, efetivo e ágil (art. 5º, LXXVIII). Para tanto, encontramos no ordenamento jurídico brasileiro: ações coletivas, súmulas vinculantes, julgamento de recursos repetitivos, repercussão geral e incidente de resolução de demandas repetitivas.

A utilização conjunta de todos esses meios é essencial para se buscar uma prestação jurisdicional célere e condizente com os postulados da segurança jurídica e da isonomia. Merece destaque, porém, tecnicamente, o processo coletivo, pois é o instrumento com maior potencialidade para o julgamento efetivo e eficiente das demandas de massa, de modo que de nada adianta aprimorar os estudos dos demais meios de acesso sem solidificar no País a ideia de coletivização do acesso à justiça. Isso porque os demais instrumentos sempre irão pressupor um grande número de processos individuais para que possam ser aplicados, enquanto a ação coletiva concentra, desde o princípio, diversas demandas em um único processo.

E como instrumento principal para garantir direitos ou interesses metaindividuais por meio de demandas coletivas, a Constituição de 1988 previu a ação civil pública, "para a proteção do patrimônio público e social, do meio ambiente e de outros interesses difusos e coletivos" (CF, art. 129, III), bem como a ação popular (CF, art. 5º, LXXIII), de modo que qualquer cidadão é parte legítima para propor ação que "vise a anular ato lesivo ao patrimônio público ou de entidade de que o Estado participe, à moralidade administrativa, ao meio ambiente e ao patrimônio histórico e cultural, ficando o autor, salvo comprovada má-fé, isento de custas judiciais e do ônus da sucumbência".

(*) Doutor e Mestre em Direito pela PUC-SP. Professor de Direitos Humanos Sociais e Metaindividuais do PPG *Stricto Sensu* (mestrado e doutorado) da FDV. Ex-Professor Associado de Direito Processual do Trabalho e Direitos Humanos da UFES. Desembargador do Trabalho do TRT da 17ª Região. Ex-Procurador Regional do Ministério Público do Trabalho. Titular da Cadeira 44 da Academia Nacional de Direito do Trabalho.

(**) Juíza Federal Substituta do TRF da 1ª Região. Ex-Procuradora da Fazenda Nacional. Ex-Advogada. Foi professora assistente da FDV-Faculdade de Direito de Vitória.

Nesse cenário, possuindo caráter essencialmente coletivo, o direito a um meio ambiente de trabalho ecologicamente equilibrado é reconhecido como um direito humano e fundamental dos trabalhadores à sadia qualidade de vida física, psíquica, social e moral no ambiente laboral, como será demonstrado no início da presente pesquisa. Veremos que o acesso ao Poder Judiciário nessas questões deve ser garantido da melhor forma possível, sendo a ação coletiva o principal instrumento para alcance da efetivação deste direito material.

Para tanto, mostra-se necessário o aprofundamento do estudo de todos os aspectos relacionados às demandas coletivas, sendo que, neste momento, o escopo é analisar a legitimidade ativa *ad causam* nas causas que versem sobre a tutela processual destinada a proteger o direito fundamental ao meio ambiente do trabalho ecologicamente equilibrado, buscando resolução para o seguinte problema: quem detém a legitimidade ativa *ad casuam* para promover a tutela processual em defesa do direito fundamental ao meio ambiente saudável no ordenamento jurídico brasileiro?

2 O MEIO AMBIENTE DO TRABALHO SAUDÁVEL COMO DIREITO E DEVER FUNDAMENTAL NA CONSTITUIÇÃO FEDERAL DE 1988

A Constituição brasileira de 1988 contempla inúmeros aspectos a respeito do meio ambiente, reservando, de forma inédita no constitucionalismo brasileiro, um capítulo específico sobre o tema. A compreensão holística do meio ambiente requer a interpretação sistemática de todos os princípios e normas contidas na própria Constituição e dos Tratados Internacionais, cujo conceito é extraído do art. 225 da CF, *in verbis*:

> Todos têm direito ao meio ambiente ecologicamente equilibrado, bem de uso comum do povo e essencial à sadia qualidade de vida, impondo-se ao Poder Público e à coletividade o dever de defendê-lo e preservá-lo para as presentes e futuras gerações.

Este conceito também está previsto no art. 3º, I, da Lei n. 6.938/81, que define o meio ambiente como "o conjunto de condições, leis, influências e interações de ordem física, química e biológica, que permite, abriga e rege a vida em todas as suas formas". Ambas as definições de meio ambiente são bastante amplas, pelo que temos um conceito jurídico indeterminado, permitindo, de tal arte, a abertura no ordenamento jurídico para a sua concretização na perspectiva da terceira dimensão dos direitos humanos.

Inegável, porém, que todos têm direito ao meio ambiente ecologicamente equilibrado, tratando-se de um típico direito de terceira geração (ou de novíssima dimensão), cabendo, portanto, ao Estado e à coletividade o dever de defender e preservar, em benefício das presentes e futuras gerações, esse direito de titularidade coletiva e de caráter transindividual. Conforme entendimento do Supremo Tribunal Federal, "o adimplemento desse encargo, que é irrenunciável, representa a garantia de que não se instaurarão, no seio da coletividade, os graves conflitos intergeracionais marcados pelo desrespeito ao dever de solidariedade, que a todos se impõe, na proteção desse bem essencial de uso comum das pessoas em geral" (ADI 3540 MC, Relator(a): Min. CELSO DE MELLO, Tribunal Pleno, julgado em 01.09.2005, DJ 03-02-2006 PP-00014 EMENT VOL-02219-03 PP-00528).

Nesse cenário, e visando à compreensão do conceito de meio ambiente, adotamos a seguinte classificação, para fins meramente didáticos, e que também fora adotada pela Corte Suprema no julgamento da ADI 3540: meio ambiente natural; meio ambiente artificial; meio ambiente cultural; meio ambiente do trabalho; patrimônio genético. No que diz respeito ao estudo (e efetivação) do direito humano e fundamental ao meio ambiente do trabalho saudável, requer-se do intérprete a conjugação apriorística dos princípios e regras:

> a) da Constituição Federal — arts. 1º, III e IV, 6º, 7º, XXII, XXIII, XXVIII, XXXIII, 200, VIII, 225 (a saúde como bem ambiental);
>
> b) dos Tratados Internacionais — especialmente as Convenções da Organização Internacional do Trabalho ns. 148, 155, 161 e 170 (que são, no mínimo, para acompanhar o recente entendimento do STF, normas de natureza supralegal).

Destarte, as normas relativas à segurança e medicina do trabalho previstas no Título II, Capítulo V (arts. 154 a 223) da CLT, na Lei n. 6.514/77 e na Portaria n. 3.214/78 com as suas respectivas Normas Regulamentares, devem ser interpretadas conforme os princípios e regras previstos na Constituição Federal e nos tratados internacionais acima referidos. Nesse sentido, adverte Paulo Roberto Lemgruber Ebert:

> Supera-se, assim, a concepção tradicional da doutrina juslaboralista pátria, calcada apenas nas normas técnicas da CLT e nas Normas Regulamentadoras do Ministério do Trabalho e Emprego, que preconizam o meio ambiente do trabalho tão-somente sob a perspectiva dogmática e formal da medicina, higiene e segurança do trabalho.
>
> No atual contexto de evolução alucinante dos riscos laborais, a falência do modelo casuístico-legalista, pautado pela subsunção mecânica das previsões normativas em abstrato aos fatos, é notória. Em tal realidade, somente o desvelamento do conteúdo histórico-institucional das normas principiológicas de direitos fundamentais à luz das nuances dos casos concretos, na acepção formulada por *Dworkin* e *Zagrebelsky*, é capaz de responder a tais desafios com um mínimo de eficiência.
>
> Para que isso seja possível, faz-se necessário, em primeiro lugar, superar aquela concepção clássica (e positivista) que enxerga as diretrizes normativas pertinentes à segurança e à medicina do trabalho como meros adendos legais aos contratos laborais definidos de forma estrita, casuística e em "numerus clausus". Nesse sentido, a incorporação do conceito de "meio ambiente do trabalho" e de sua principiologia à regulamentação de tais aspectos e à resolução em concreto das controvérsias é de substancial auxílio para o tratamento eficiente dos riscos laborais a que os obreiros estão expostos.
>
> Para tanto, as diretrizes constantes da Lei n. 6.938, de 31.8.1981 e da Constituição Federal de 1988, oferecem amplo manancial principiológico e conceitual que permite inserir os locais e as condições de trabalho no conceito de "meio ambiente" expandindo, também para essa seara, os mecanismos preventivos, inibitórios e repressivos que tutelam os indivíduos contra os riscos à vida e à integridade física, independentemente da natureza do vínculo mantido com o detentor dos meios de produção.[1]

A concepção moderna de meio ambiente do trabalho, portanto, está relacionada aos direitos humanos e fundamentais, notadamente os direitos à vida, à segurança e à saúde dos trabalhadores. Esses direitos, na verdade, devem ser interpretados e aplicados com arrimo nos princípios fundamentais da dignidade da pessoa humana, do valor social do trabalho (e da livre-iniciativa) e da cidadania.

Nessa perspectiva, o novo conceito de meio ambiente do trabalho há de ser extraído da interpretação sistemática das referidas normas em cotejo com as previstas nos arts. 200, VII, 7º, XXII e XXVIII, da CF[2], que passa a ser, segundo Sidnei Machado, o "conjunto das condições internas e externas do local de trabalho e sua relação com a saúde dos trabalhadores"[3], sendo que, nos dizeres do autor:

> essa aproximação do meio ambiente com a saúde do trabalhador, numa perspectiva antropocêntrica, coloca a ecologia dentro da política. O produtivismo é a lógica do modo de produção capitalista, cuja irracionalidade dilapida a natureza para sua reprodução. Essa é a verdadeira fonte da crise ecológica, que também gera a exploração desenfreada da força de trabalho que coloca em perigo a vida, a saúde ou o equilíbrio psíquico dos trabalhadores[4].

A nosso sentir, portanto, meio ambiente do trabalho ecologicamente equilibrado é um direito humano e fundamental dos trabalhadores à sadia qualidade de vida física, psíquica, social e moral no ambiente laboral. Impõe-se,

---

(1) EBERT, Paulo Roberto Lemgruber. O meio ambiente do trabalho. Conceito, responsabilidade civil e tutela. Jus Navigandi, Teresina, ano 17, n. 3377, 29 set. 2012 . Disponível em: <http://jus.com.br/revista/texto/22694>. Acesso em: 16 jun. 2013.
(2) "Art. 200 — Ao sistema único de saúde compete, além de outras atribuições, nos termos da lei:
(...)
VIII — colaborar na proteção do meio ambiente, nele compreendido o do trabalho."
Art. 7º — São direitos dos trabalhadores urbanos e rurais, além de outros que visem à melhoria de sua condição social:
(...)
XXII — redução dos riscos inerentes ao trabalho, por meio de normas de saúde, higiene e segurança;
(...)
XXVIII — seguro contra acidentes de trabalho, a cargo do empregador, sem excluir a indenização a que este está obrigado, quando incorrer em dolo ou culpa.
(3) *O direito à proteção ao meio ambiente de trabalho no Brasil*. São Paulo: LTr, 2001. p. 66-67.
(4) *Op. cit.*, p. 67.

portanto, ao empregador (e aos tomadores de serviços em geral) o dever fundamental, decorrente da função socioambiental da empresa, de assegurar a sadia qualidade de vida (física, psíquica e moral) dos trabalhadores, pelo que deve cumprir, efetivamente, as normas de proteção à vida, à saúde, à higiene e à segurança do meio ambiente do trabalho (CF, arts. 225 e 200, VIII, c/c art. 7º, XXII e XXVIII)[5]. No mesmo sentido, lembra Paulo Roberto Lemgruber Ebert:

> pode-se afirmar que o conceito em abstrato da expressão "meio-ambiente do trabalho" resultará da análise sistemática dos artigos 225, 7º, XXII e 170 da Constituição Federal. Note-se, a propósito, que o primeiro dos referidos dispositivos assegura à totalidade dos indivíduos o direito fundamental ao "meio-ambiente equilibrado", impondo-se ao poder público, nesse desiderato, o controle efetivo das "técnicas, métodos e substâncias que comportem risco para a vida, a qualidade de vida e o meio-ambiente" (inciso V). O segundo dos sobreditos dispositivos (art. 7º, XXII), por sua vez, assegura expressamente ser direito dos trabalhadores, no intuito de promover a melhoria de sua "condição social", a "redução dos riscos inerentes ao trabalho", enquanto o terceiro (art. 170) fundamenta a ordem econômica na "valorização do trabalho humano" e condiciona o livre exercício das atividades privadas à "função social da propriedade" (inciso III) e à "defesa do meio-ambiente" (inciso VI).[6]

Destaca-se ainda que, conforme já decidido no âmbito do Supremo Tribunal Federal, "a incolumidade do meio ambiente não pode ser comprometida por interesses empresariais nem ficar dependente de motivações de índole meramente econômica, ainda mais se tiver presente que a atividade econômica, considerada a disciplina constitucional que a rege, está subordinada, dentre outros princípios gerais, àquele que privilegia a "defesa do meio ambiente" (CF, art. 170, VI), que traduz conceito amplo e abrangente das noções de meio ambiente natural, de meio ambiente cultural, de meio ambiente artificial (espaço urbano) **e de meio ambiente laboral**". (STF — ADI-MC 3540 / DF — Rel. Min. Celso de Mello. J. 01.09.2005).

2.1 O Meio Ambiente do Trabalho Ecologicamente equilibrado como um direito difuso, coletivo ou individual homogêneo

Primeiramente, no que diz respeito ao direito ao meio ambiente em sentido amplo, prelecionam Celso Fiorillo e Marcelo Abelha[7] que a Constituição Federal de 1988 consagrou de "forma nova e importante a existência de um bem que não possui características de bem público e, muito menos, privado, voltado à realidade do século XXI, das sociedades de massa". Afirmam os autores que, diante desse quadro, "a nossa Carta Magna estruturou uma composição para a tutela dos valores ambientais e lhes conferiu características próprias, desvinculadas do instituto da posse e da propriedade, consagrando uma nova concepção: os chamados direitos difusos".

Assim também se posiciona a jurisprudência, ao entender que a Constituição da República consagra o direito fundamental ao meio ambiente ecologicamente equilibrado como interesse difuso das presentes e futuras gerações, prevendo a responsabilidade civil objetiva das pessoas físicas ou jurídicas pela prática de conduta ou atividade lesiva ao meio ambiente, sem prejuízo das respectivas sanções penais e administrativas (TRF-3 — AC: 100 SP 0000100-15.2005.4.03.6125, Relator: Desembargadora Federal Regina Costa, Data de Julgamento: 18.04.2013, Sexta Turma)

Quanto ao objeto desta pesquisa, segundo ensinamentos de Vólia Bomfim Cassar, "o meio ambiente do trabalho deve priorizar a incolumidade física, psíquica e social do empregado e demais trabalhadores e, por isso, deve ser salubre, saudável, digno e íntegro", não se limitando ao meio ambiente interno. Afirma a autora que o "desenvolvimento da atividade laborativa naturalmente expõe o trabalhador a inúmeros fatores de risco e agressões à saúde e à higidez física, chamando por urgente proteção"[8].

---

(5) ACIDENTE DE TRABALHO. DANOS MORAL, MATERIAL E ESTÉTICO. Tendo o empregador descumprido normas de segurança, negligenciando quanto às medidas necessárias à neutralização do risco, responde por danos morais, materiais e estéticos decorrentes de acidente do trabalho, pois o trabalhador tem direito a um meio ambiente do trabalho sadio, sendo a proteção de sua integridade física, moral e psíquica um dos deveres fundamentais do empregador (TRT 17ª R., RO 0256900-43.2009.5.17.0151, 3ª T., Rel. Des. Carlos Henrique Bezerra Leite, DEJT 04.10.2011).

(6) EBERT, Paulo Roberto Lemgruber. O meio ambiente do trabalho. Conceito, responsabilidade civil e tutela. Jus Navigandi, Teresina, ano 17, n. 3377, 29 set. 2012 . Disponível em: <http://jus.com.br/revista/texto/22694>. Acesso em: 16 jun. 2013.

(7) FIORILLO, Celso Antônio Pacheco; RODRIGUES, Marcelo Abelha. Manual de Direito Ambiental e Legislação Aplicável. São Paulo: M. Limonad, 1997. p. 10.

(8) CASSAR, Vólia Bomfim. Direito do trabalho. 12. ed. Rio de Janeiro: Forense; São Paulo: Metodo, 2016. p. 978.

Consequentemente, observa-se que o direito ao meio ambiente do trabalho ecologicamente equilibrado mantém sua natureza essencialmente metaindividual, tendo em vista que está compreendido na concepção de meio ambiente relatada acima, bem como pelo fato de as condições referentes à saúde e segurança do trabalhador em seu local de trabalho afetam todos aqueles que trabalham e transitam no local, inclusive consumidores, fornecedores de produtos, agentes de fiscalização etc.

Evidenciada, portanto, a sua característica de direito transindividual, passaremos agora a identificar em quais das situações previstas no art. 8 do Código de Defesa do Consumidor se enquadraria o direito ao meio ambiente de trabalho sadio e seguro.

Conforme definido na referida legislação (art. 81, parágrafo único, do CDC), interesses ou direitos difusos são os transindividuais, de natureza indivisível, de que sejam titulares pessoas indeterminadas e ligadas por circunstâncias de fato. Já os interesses ou direitos coletivos possuem natureza indivisível de que seja titular grupo, categoria ou classe de pessoas ligadas entre si ou com a parte contrária por uma relação jurídica base. Por fim, os interesses ou direitos individuais homogêneos consistem naqueles decorrentes de origem comum.

A partir dessa classificação, constatamos que, não sendo possível precisar quais pessoas são ou serão direta ou indiretamente atingidas em um meio ambiente de trabalho desequilibrado e insalubre, além da dificuldade de identificar a dimensão dos danos suportada por cada indivíduo, inegável que o direito ao meio ambiente laboral sadio e seguro possui natureza essencialmente difusa. Essa dificuldade decorre do fato de tal direito ostentar natureza predominantemente indivisível ligando seus titulares pela única circunstância fática de ocuparem o mesmo local de trabalho, independentemente do vínculo jurídico que possuem com o empregador.

Nos ensinamentos de Julio Cesar de Sá da Rocha, o meio ambiente do trabalho será classificado como essencialmente difuso "quando considerado como interesse de todos os trabalhadores em defesa de condições da salubridade do trabalho, ou seja, o equilíbrio do meio ambiente do trabalho e a plenitude da saúde do trabalhador"[9]. No mesmo sentido, entende Ronaldo Lima dos Santos[10].

A jurisprudência do Tribunal Superior do Trabalho inclusive caminha nessa direção, ao reconhecer a natureza difusa do direito em questão, quando se manifesta no sentido de que a ação civil pública que visa tutelar normas de proteção ao meio ambiente laboral, de ordem pública, se reveste, simultaneamente, de caráter difuso, coletivo e individual indisponível e homogêneo. O TST ainda destaca que a referida ação tem por escopo proteger o interesse difuso de toda a sociedade, em ver concretizados a Constituição Federal e os direitos trabalhistas fundamentais. (TST — RR: 995009120095030106, Relator: Cláudio Mascarenhas Brandão, Data de Julgamento: 30.09.2015, 7ª Turma, Data de Publicação: DEJT 23.10.2015)

Em razão disso, considerando o meio ambiente do trabalho ecologicamente equilibrado um direito fundamental que ostenta natureza predominantemente difusa, resta agora analisarmos quais os legitimados ativos para postular a efetivação de tal direito no Poder Judiciário, bem como o instrumento processual adequado para tanto. Antes, porém, importante expor e compreender como se dá o sistema de acesso coletivo na Justiça do Trabalho.

3 A JURISDIÇÃO TRABALHISTA E O ACESSO COLETIVO À JUSTIÇA

Durante muito tempo, a jurisdição trabalhista foi exercida por meio de dois sistemas: o primeiro, destinado aos tradicionais dissídios individuais; o segundo, voltado para os dissídios coletivos de trabalho, nos quais se busca, por intermédio do Poder Normativo, a criação (ou interpretação) de normas trabalhistas coletivas destinadas aos grupos sociais representados pelas partes que figuram em tal espécie de processo coletivo (CF, art. 114, § 2º).

Com a vigência da Constituição de 1988, do CDC, que deu nova redação ao art. 1º, inciso IV da LACP, alargando o espectro tutelar da ação civil pública, e da LOMPU (Lei Complementar n. 75/93, art. 83, III c/c art. 6º, VII, *a* e *d*), encerrando a antiga polêmica a respeito da competência da Justiça do Trabalho para a referida ação coletiva, não há mais dúvida de que a jurisdição trabalhista passa a abarcar um terceiro sistema, que é o vocacionado à tutela

---

(9) ROCHA, Júlio Cesar de Sá da. *Direito ambiental e meio ambiente do trabalho:* dano, prevenção e proteção jurídica. São Paulo: LTr, 1997. p. 32.
(10) SANTOS, Ronaldo Lima dos. *Sindicatos e ações coletivas:* acesso à justiça, jurisdição coletiva e tutela dos interesses difusos, coletivos e individuais homogêneos. São Paulo: LTr, 2003. p. 117.

preventiva ou reparatória dos direitos ou interesses metaindividuais, a saber: os difusos, os coletivos *stricto sensu* e os individuais homogêneos.

O fundamento desse sistema de acesso coletivo ao Judiciário trabalhista repousa nos princípios constitucionais da indeclinabilidade da jurisdição (CF, art. 5º, XXXV) e do devido processo legal (*idem*, incisos LIV e LV), pois, como bem observa Marcelo Abelha Rodrigues,

> tratar-se-ia de, por certo, se assim fosse, uma hedionda forma de inconstitucionalidade, na medida em que impede o acesso efetivo à justiça e fere, em todos os sentidos, o direito processual do devido processo legal. Isto porque, falar-se em devido processo legal, em sede de direitos coletivos *lato sensu*, é, inexoravelmente, fazer menção ao sistema integrado de tutela processual trazido pelo CDC (Lei n. 8.078/90) e LACP (Lei n. 7.347/85).[11]

No bojo do Agravo de Petição referente ao processo n. 0010593-71.2014.5.15.0126, o Tribunal Regional do Trabalho da 15ª Região ressaltou as vantagens da defesa dos direitos dos trabalhadores por meio da ação coletiva, citando os ensinamentos, João Batista Martins César[12], no sentido de que "a defesa dos direitos fundamentais dos trabalhadores por meio da ação coletiva traria inúmeras vantagens, dentre as quais se destacam":

> 1) evitar a proliferação de demandas repetitivas sobre os mesmos fatos; 2) a despersonalização do polo ativo da demanda, impedindo que os lesados sofram as agruras de uma demanda judicial. Isso é salutar na Justiça do Trabalho — leia-se Justiça de desempregados —, haja vista que, na inexistência de estabilidade no emprego, raramente os trabalhadores se sentem em condições de demandar em face do seu empregador, mesmo porque apresentam significativo temor de desemprego, ainda mais quando estão em situação de vínculo empregatício com a sociedade empresária; 3) a democratização do acesso ao Judiciário; 4) a ocupação do polo ativo por uma pessoa com melhores condições de litigar em face dos grandes conglomerados, causadores de lesões de massa, já que o cidadão sozinho não teria condições de fazê-lo, o que asseguraria a igualdade processual nos polos da demanda e daria maior paridade de armas aos lesados, pois o homem comum não tem condições financeiras para custear uma demanda e tampouco possui condições psicológicas para aguardar por longo tempo; 5) evitar a proliferação de decisões contraditórias sobre a mesma questão fática que tanto desprestígio traz ao Poder Judiciário. O cidadão comum não consegue entender porque a sua demanda não foi acolhida, ao contrário do que ocorreu com seu colega de trabalho; 6) propiciar efetividade aos princípios da celeridade e economia processuais, conforme previsão legal no art. 5º — incisos XXXV e LXXVIII — Norma Maior pátria em vigência.

E para efetivar a "jurisdição civil coletiva"[13] na Justiça do Trabalho, é condição *sine qua non* observar, aprioristicamente, o sistema integrado de tutela coletiva instituído conjuntamente pela LACP (art. 21) e pelo CDC (arts. 83 e 90), que formam o chamado "microssistema da tutela coletiva". Cumpre mencionar ainda que o Superior Tribunal de Justiça já incluiu outros diplomas normativos nesse microssistema, quando decidiu que "a lei de improbidade administrativa, juntamente com a lei da ação civil pública, da ação popular, do mandado de segurança coletivo, do Código de Defesa do Consumidor e do Estatuto da Criança e do Adolescente e do Idoso, compõem um microssistema de tutela dos interesses transindividuais e sob esse enfoque interdisciplinar, interpenetram-se e subsidiam-se" (STJ, REsp 510.150/MA, Rel. Min. Luiz Fux, DJ. 29.03.2004).

Na Justiça do Trabalho, esse raciocínio é perfeitamente aplicável, sendo que o microssistema coletivo também deve prevalecer nas lides coletivas decorrentes das relações de trabalho e emprego em detrimentos da legislação trabalhista específica que cria obstáculos à efetivação dos direitos metaindividuais.

Noutro falar, somente na hipótese de lacuna no sistema integrado de acesso coletivo à justiça (LACP e CDC), poderá o juiz do trabalho se socorrer da aplicação subsidiária da CLT, do CPC e de outros diplomas normativos pertinentes e desde que haja compatibilidade principiológica da norma a ser migrada com o sistema do processo coletivo, como se depreende da dicção do art. 19 da LACP e do art. 90 do CDC. No mesmo sentido, Frederico Rodrigues Tedesco observa que

---

(11) *Elementos de direito processual civil*. Vol. 1. p. 73.
(12) CÉSAR, João Batista Martins. *A tutela coletiva dos direitos fundamentais dos trabalhadores*. São Paulo: LTr, 2013. p. 69.
(13) FIORILLO, Celso Antônio Pacheco. *Direito processual ambiental brasileiro*. p. 98-114.

A tutela de massa é regulada por uma gama de diplomas interligados, com princípios comuns e que formam um microssistema que permite a comunicação constante da legislação atrelada ao direito coletivo. É o que se observa da leitura dos arts. 90 e 117 do Código de Defesa do Consumidor (CDC)[1], promovendo a integração entre o referido código e a Lei n. 7.347/1985, a Lei da Ação Civil Pública (LACP) (Mazzei, 2007, p. 268-270). (...) Entende-se que as demandas coletivas devam ser processadas e julgadas segundo o microssistema de tutela coletiva, integrado pela LACP e pelo CDC, sempre buscando uma interpretação que proteja e efetive os direitos fundamentais do trabalhador, com os olhos voltados para a Constituição. A CLT traz dispositivos para resolução de conflitos individuais e normativos, mas não possui previsão para as demandas coletivas. Os códigos de 1973 e de 2015 são omissos em relação ao processo coletivo [14].

A não adoção do microssistema do processo coletivo importa negativa de vigência aos referidos dispositivos constitucionais (CF, art. 129, III) e infraconstitucionais supracitados, os quais inclusive, se interpretados sistematicamente, reconhecem a legitimidade do Ministério Público do Trabalho para promover a ação civil pública no âmbito da Justiça do Trabalho (LOMPU, art. 83, III, c/c art. 6º, VII, *a* e *b*).

4   LEGITIMIDADE *AD CAUSAM* EM AÇÕES COLETIVAS — LEGITIMIDADE ORDINÁRIA, EXTRAORDINÁRIA E AUTÔNOMA

De acordo com o art. 17 do Código de Processo Civil, "para postular em juízo é necessário ter interesse e legitimidade". Assim, a ausência de legitimidade, ordinária ou extraordinária, ativa ou passiva, configura carência de ação e o juiz deverá extinguir o processo sem resolução do mérito, nos termos do art. 485, VI, ou indeferir, de plano, a petição inicial com base no art. 330, II e III, do CPC. Nestes casos, não há óbice a que a parte reproponha ação com o mesmo objeto, conforme disposto no art. 486 e seu § 1º do CPC, que dependerá da correção do vício que levou à prolação de sentença sem resolução do mérito.

Como dito, a legitimidade *ad causam* pode ser definida como *ordinária* ou *extraordinária*. Os legitimados ordinários são os próprios titulares dos interesses conflitantes, isto é, os sujeitos da lide. Atuam em nome e em defesa de si mesmos. Segundo Liebman, a legitimação *ad causam*

> É a pertinência subjetiva da ação, isto é, a identidade entre quem a propõe e aquele que, relativamente à lesão de um direito próprio (que afirma existente), poderá pretender para si o provimento da tutela jurisdicional pedido com referência àquele que foi chamado em juízo[15].

Porém, nos termos do art. 18 do CPC ninguém poderá pleitear direito alheio em nome próprio, salvo quando autorizado pelo ordenamento jurídico. Logo, além da legitimação ordinária, constata-se que o ordenamento jurídico brasileiro também prevê outra modalidade de legitimação, denominada *legitimação extraordinária*, por meio da qual, em determinadas circunstâncias, pessoas ou entes, desde que autorizados por lei, podem figurar no processo em nome próprio, mas defendendo direito alheio.

Verifica-se que o CPC não emprega o termo "lei", abrindo, portanto, a possibilidade de se interpretarem as normas que contemplem, implicitamente, diversas hipóteses de legitimação extraordinária. O art. 8º, III, da CF, por exemplo, não fala expressamente em legitimação extraordinária ou substituição processual, mas, segundo interpretação dada pelo Supremo Tribunal Federal, está ali uma autêntica hipótese de substituição processual (RE 202.063-PR, Ac. 1ª T., Rel. Min. Octavio Gallotti, 27.6.97, Informativo STF, n. 78, 1º a 8 ago./97).

Alguns autores, segundo Bezerra Leite, sustentam que a legitimação extraordinária configura verdadeira substituição processual, enquanto outros defendem que esta constitui espécie do gênero legitimação extraordinária[16]. Sustenta o referido autor que "a doutrina majoritária vem reconhecendo que o instituto da substituição processual consiste na permissão legal para que alguém atue em juízo como parte em nome próprio, mas postulando direito de

---

(14) TEDESCO, Frederico Rodrigues. *Inaplicabilidade do art. 844 da CLT à ação civil pública trabalhista ajuizada pelo Ministério Público*. Disponível em: <https://escola.mpu.mp.br/publicacoes/boletim-cientifico/edicoes-do-boletim/boletim-cientifico-n-47-janeiro-junho-2016/inaplicabilidade-do-art-844-da-clt-a-acao--civil-publica-trabalhista-ajuizada-pelo-ministerio-publico/at_download>. Acesso em: 23 fev 2018.

(15) LIEBMAN, Enrico Tullio. *Manual de direito processual civil*. Trad. Cândido Rangel Dinamarco. Rio de Janeiro: Forense, 1984. V. I. p. 159.

(16) LEITE, Carlos Henrique Bezerra. *Curso de direito processual do trabalho*. 16. ed. São Paulo: Saraiva, 2018. p. 415.

terceiro"[17], sendo que, no processo do trabalho, os estudos sobre a substituição processual limitavam-se, antes da Constituição Federal de 1988, às hipóteses em que o sindicato ajuizava:

> Ação trabalhista, postulando pagamento de adicional de insalubridade ou periculosidade em favor de grupo de associados (CLT, art. 195, § 2º); ação de cumprimento, em favor dos associados, visando ao pagamento de salários fixados na sentença normativa (CLT, art. 872, parágrafo único); ação trabalhista, em favor de todos os integrantes da categoria, objetivando o pagamento das correções automáticas dos salários (Lei n. 6.708/79, art. 3º, § 2º, e Lei n. 7.238/84, art. 3º, § 2º)[18].

Porém, com promulgação da CF/1988, cujo art. 8º, III, assegura ao sindicato o direito de defender, judicial e administrativamente, os direitos e interesses individuais e coletivos da categoria, acirraram-se as discussões sobre a substituição processual trabalhista, ou seja, sobre quem seriam os legitimados ativos na defesa dos direitos metaindividuais dos trabalhadores.

Em 3.7.1989, sobreveio a Lei n. 7.788, que dispôs sobre política salarial, disciplinando, em seu art. 8º, que "as entidades sindicais poderão atuar como substitutos processuais da categoria, não tendo eficácia a desistência, a renúncia e a transação individuais". Tal legislação foi inteiramente revogada pelo art. 14 da Lei n. 8.030, de 12.4.1990, cujo art. 25 confere ao sindicato a legitimação para "acionar diretamente a empresa por intermédio da Justiça do Trabalho, para compeli-la a efetuar o depósito das importâncias devidas nos termos desta Lei".

Temos sustentado,[19] que os direitos ou interesses individuais homogêneos são *materialmente individuais*, embora, em razão de sua origem comum, possam ser *processualmente tutelados por demanda coletiva*, donde se conclui que a legitimação conferida às pessoas jurídicas e instituições arrolados no sistema integrado de acesso coletivo à justiça (CF/LACP/CDC) é do tipo extraordinária, ocorrendo aí o fenômeno da substituição processual.

Nesse passo, se o sindicato age em nome próprio, mas na defesa de interesse do trabalhador, vinculado à categoria profissional correspondente, nessa hipótese constatamos, inegavelmente, o instituto da substituição processual. Poucos meses depois, foi editada a Lei n. 8.073, de 30.7.1990, que instituiu nova política nacional de salários e, não obstante o veto presidencial a quase todas as suas normas, manteve incólume o art. 3º, segundo o qual as "entidades sindicais poderão atuar como substitutos processuais dos integrantes da categoria".

Colhemos, nesse passo, a atual jurisprudência do Supremo Tribunal Federal e do Tribunal Superior do Trabalho, respectivamente:

"PROCESSO CIVIL. SINDICATO. ART. 8º, III DA CONSTITUIÇÃO FEDERAL. LEGITIMIDADE. SUBSTITUIÇÃO PROCESSUAL. DEFESA DE DIREITOS E INTERESSES COLETIVOS OU INDIVIDUAIS. RECURSO CONHECIDO E PROVIDO. O artigo 8º, III, da Constituição Federal estabelece a legitimidade extraordinária dos sindicatos para defender em juízo os direitos e interesses coletivos ou individuais dos integrantes da categoria que representam. Essa legitimidade extraordinária é ampla, abrangendo a liquidação e a execução dos créditos reconhecidos aos trabalhadores. Por se tratar de típica hipótese de substituição processual, é desnecessária qualquer autorização dos substituídos. Recurso conhecido e provido" (STF-RE 193503/SP, Rel. Min. Carlos Velloso, Rel. p/ acórdão Min. Joaquim Barbosa, j. 12.06.2006, TP, DJe-087, div. 23.08.2007, publ. 24.08.2007, DJ 24.08.2007, p. 00056).

AGRAVO DE INSTRUMENTO. LEGITIMIDADE DO SINDICATO PARA ATUAR COMO SUBSTITUTO PROCESSUAL DOS INTEGRANTES DA CATEGORIA. Afronta ao artigo 8º, III, da Constituição Federal configurada, razão pela qual se dá provimento ao agravo interposto. Agravo de instrumento conhecido e provido. RECURSO DE REVISTA. LEGITIMIDADE DO SINDICATO PARA ATUAR COMO SUBSTITUTO PROCESSUAL DOS INTEGRANTES DA CATEGORIA. O artigo 872, parágrafo único, da Consolidação das Leis do Trabalho foi recepcionado apenas em parte pela Constituição Federal de 1988. A expressão "de seus associados" não foi recepcionada, porque incompatível com a nova ordem constitucional. O artigo 8º, III da Carta Magna autoriza a atuação ampla do sindicato, na qualidade de substituto processual, dada a sua função institucional de defesa dos direitos e interesses individuais e coletivos da categoria. Tem-se, portanto, que, a despeito da existência ou não de rol dos substituídos na ação originariamente ajuizada, em se tratando de substituição pro-

---

(17) *Idem*, p. 416.
(18) *Op. cit.*, p. 417.
(19) *Op. cit.*, p. 420.

cessual, podem os integrantes da categoria, em qualquer tempo durante a execução, habilitar-se, alcançando-se, inclusive, uma finalidade importante em termos de celeridade, para evitar que toda a discussão seja novamente deflagrada. Recurso de revista conhecido e a que se dá provimento (TST-ED-RR 9988600-48.2003.5.02.0900, Rel. Min. Lelio Bentes Corrêa, j. 07.05.2008, 1ª T. DEJT 13.06.2008).

O estudo da substituição processual, portanto, revela-se extremamente importante no âmbito da jurisdição civil coletiva ou jurisdição trabalhista metaindividual, especificamente na temática dos interesses ou direitos individuais homogêneos, uma vez que os arts. 127 e 129, III, da CF, combinados com os arts. 21 da LACP, 91 e 92 do CDC, 6º, VII, *d*, 83 e 84 da LOMPU e 3º da Lei n. 8.073/90, conferem, segundo se verá mais adiante, legitimação extraordinária ao Ministério Público do Trabalho para defender, na qualidade de substituto processual, interesses individuais homogêneos dos trabalhadores.

Ocorre que o raciocínio ora exposto não pode ser aplicado na temática da legitimação ativa na defesa dos interesses difusos os coletivos *stricto sensu*. Conforme defendido por Bezerra Leite[20], verifica-se a insuficiência e inadequação da clássica dicotomia legitimidade ordinária x legitimidade extraordinária, pois seu objeto repousa exclusivamente na tutela dos direitos individuais e individuais homogêneos, razão pela qual alguns autores defendem que a defesa de direitos difusos e coletivos *lato sensu* se daria por meio de uma legitimação autônoma, como veremos a seguir[21].

Nelson Nery Junior cita um instituto do direito alemão, *selbständige prozessführungsbefugnis*, destinado à tutela dos interesses difusos em juízo, que prescinde de recurso "aos mecanismos de direito material para explicar referida legitimação"[22].

Carlos Henrique Bezerra Leite endossa essa tese e acrescenta apenas que, por considerar a legitimação autônoma para a condução do processo um *tercium genus*,

> talvez seja melhor não qualificá-la de "ordinária", pois isso desaguaria, a nosso sentir, no equívoco cometido pelos que insistem em explicar essa nova modalidade de legitimação *ad causam* por meio da clássica dicotomia legitimação ordinária-extraordinária, própria do sistema liberal-individualista do CPC brasileiro, inaplicável, em princípio, ao sistema de proteção aos direitos difusos e coletivos.[23]

Ao constatarmos que o meio ambiente laboral ecologicamente equilibrado é direito fundamental de natureza predominantemente difusa, temos que a legitimação para ajuizamento de ações coletivas que visem a sua proteção deve ser encarada como autônoma, pois aquele que postula em defesa de direito alheio, mas em nome próprio, está apto a figurar no polo ativo da ação.

Com o intuito de solucionar o problema enfrentado na presente pesquisa, passamos agora a identificar precisamente quem detém legitimidade ativa *ad casuam* para promover a tutela processual em defesa do direito fundamental ao meio ambiente ecologicamente equilibrado no ordenamento jurídico brasileiro.

5 LEGITIMIDADE ATIVA NAS AÇÕES COLETIVAS EM DEFESA DO MEIO AMBIENTE LABORAL

Como já explanado nas linhas anteriores e nos ensinamentos de Hugo Nigro Mazzilli, é possível classificar o meio ambiente em meio ambiente natural, artificial, cultural e do trabalho. Para o referido autor "tudo o que diga respeito ao equilíbrio ecológico e induza a uma sadia qualidade de vida, é, pois, questão afeta ao meio ambiente, pelo que devem ser combatidas todas as formas de degradação ambiental, em qualquer nível"[24].

Porém, a Constituição de 1988 e a legislação infraconstitucional não especificaram qual o tipo ou espécie de meio ambiente deveria ser protegido pelo Estado e pela sociedade. Pelo contrário, conferiu tutela ampla, razão pela qual o

---

(20) *Op. cit.*, p. 423.

(21) Luís Roberto Barroso (O direito constitucional e a efetividade de suas normas. p. 221) sustenta que a legitimação ativa para a ACP ou coletiva é concorrente, autônoma e disjuntiva. Ada Pellegrini Grinover (A Marcha do Processo. p. 20) afirma que, para a tutela jurisdicional dos novos direitos, o legislador brasileiro escolheu a via da legitimação concorrente e autônoma.

(22) NERY JUNIOR, Nelson. *Princípios do processo civil na Constituição Federal*. 6. ed. São Paulo: Revista dos Tribunais, 2000. p. 116-117.

(23) LEITE, Carlos Henrique Bezerra. *Curso de direito processual do trabalho*. 16. ed. São Paulo: Saraiva, 2018. p. 415.

(24) MAZZILLI, Hugo Nigro. *A defesa dos interesses difusos em juízo*: meio ambiente, consumidor, patrimônio cultural, patrimônio público e outros interesses. 19. ed., ver. ampl. e atual. São Paulo: Saraiva. 2006. p. 145.

meio ambiente do trabalho deve receber a mesma atenção que vem sendo dada ao meio ambiente natural, garantindo-se, portanto, os mesmos instrumentos jurídicos para acesso à Justiça na busca por condições de trabalho condizentes com a lei e com o princípio da dignidade da pessoa humana (art. 1º, III, da CR).

Nesse contexto, visando garantir a eficácia do direito de acesso metaindividual à justiça, o ordenamento jurídico brasileiro conferiu legitimação ativa *ad causam*: aos órgãos públicos, nas ações civis públicas ou coletivas para tutela de interesses ou direitos difusos, coletivos e individuais homogêneos; às associações civis, nas mesmas hipóteses (CF, art. 129, § 1º); aos cidadãos, na ação popular, compreendido no conceito de legitimado todo o nacional detentor de direitos políticos, nos termos do art. 1º, § 3º, da Lei n. 4.717/65.

Nos termos do inciso III do art. 129 da Constituição de 1988, é função institucional do Ministério Público promover o inquérito civil e a ação civil pública, para a proteção do patrimônio público e social, do **meio ambiente** e de outros interesses difusos e coletivos. Além disso, nos termos do inciso I do art. 1º da Lei n. 7.347/85, é cabível o ajuizamento de ações civis públicas visando à responsabilização por danos morais e patrimoniais causados ao meio ambiente. Nota-se que a lei não reduziu o alcance da expressão, pelo que a norma deve ser interpretada no sentido de abranger o meio ambiente do trabalho.

Constamos, portanto, que o direito à saúde e à segurança do trabalho está relacionado entre os direitos de solidariedade, logo, o direito ao meio ambiente de trabalho ecologicamente equilibrado deve também ser tutelado por meio de ação civil pública, especialmente em virtude de seu caráter essencialmente difuso, pelo que também se adéqua ao disposto no inciso IV do art. 1º da Lei n. 7.347/85, razão pela qual é perfeitamente cabível a utilização do referido instrumento processual coletivo para busca de melhores condições laborativas. Nesse sentido, a jurisprudência:

RECURSO DE REVISTA. AÇÃO CIVIL PÚBLICA AJUIZADA PELO MINISTÉRIO PÚBLICO EM FACE DO ESTADO DE SANTA CATARINA . TUTELA DO MEIO AMBIENTE DO TRABALHO. ABRANGÊNCIA A TODOS OS TRABALHADORES, AINDA QUE OS SERVIDORES DO HOSPITAL PÚBLICO ENVOLVIDO SEJAM ADMINISTRATIVOS. MEIO AMBIENTE DO TRABALHO REGULADO POR NORMAS TRABALHISTAS ENVOLVENDO TAMBÉM OUTROS TRABALHADORES ALÉM DOS ADMINISTRATIVOS. MATÉRIA EMINENTEMENTE TRABALHISTA. SÚMULA N. 736 DO STF. COMPETÊNCIA DA JUSTIÇA DO TRABALHO. Insere-se no âmbito da competência material da Justiça do Trabalho a apreciação e julgamento de ação civil pública ajuizada pelo Ministério Público do Trabalho, mediante a qual se formulam pedidos relativos à adequação do meio ambiente de trabalho em face de ente público para todos os trabalhadores, independentemente do vínculo jurídico laboral, inclusive para os servidores estatutários (Súmula n. 736 do STF. Precedentes desta Corte). Agregue-se, ademais, a constatação de que a Constituição da República, em seu conceito estruturante de Estado Democrático de Direito, concentra na Justiça do Trabalho (art. 114, I) as ações que o Ministério Público do Trabalho proponha contra a União, Estados, DF ou Municípios — e suas entidades públicas — visando à concentração do princípio constitucional da valorização do trabalho e do emprego, com a efetivação dos direitos fundamentais da pessoa humana, seja com respeito ao meio ambiente, seja com respeito a outros temas e dimensões correlatos, em busca de medidas concretas para o cumprimento real da ordem jurídica. Nessa linha, há precedente judicial desta 3ª Turma, envolvendo o Poder Público Municipal (RR-75700-37.2010.5.16.0009, Relator Ministro Mauricio Godinho Delgado, DEJT de 20.09.2013). A propósito da amplitude da presente ação, envolvendo também outros trabalhadores, ao invés de apenas os administrativos, citam-se os pedidos "a.10" e "a.17", formulados na petição inicial da presente ação civil pública, nos quais estão contemplados também os trabalhadores terceirizados. Recurso de revista conhecido e provido. (TST — RR: 1023694201355120034, Relator: Mauricio Godinho Delgado, Data de Julgamento: 22.04.2015, 3ª Turma, Data de Publicação: DEJT 24.04.2015).

No que tange ao aspecto da legitimidade ativa, além do Ministério Público, o art. 5º da Lei n. 7.347/85 confere legitimidade para propor a ação civil pública à Defensoria Pública, à União, aos Estados, ao Distrito Federal e aos Municípios, às autarquias, empresas públicas, fundações ou sociedades de economia mista, à associação que, concomitantemente, esteja constituída há pelo menos 1 (um) ano nos termos da lei civil e inclua, entre suas finalidades institucionais, a proteção ao patrimônio público e social, ao **meio ambiente**, ao consumidor, à ordem econômica, à livre concorrência, aos direitos de grupos raciais, étnicos ou religiosos ou ao patrimônio artístico, estético, histórico, turístico e paisagístico.

Quanto à necessidade de demonstração de "pertinência temática" para ajuizamento da ação civil pública, a doutrina majoritária, segundo Fredie Didier Jr., entende que "a adequação do representante ao objeto litigioso não é requisito exigido para a sua legítima atuação em defesa dos interesses difusos e coletivos, pois o legislador teria disposto um rol taxativo de legitimados, estabelecendo uma presunção absoluta de que são 'representantes adequados'"[25]. Nesse sentido, é a lição de Cassio Scarpinella Bueno:

> As pessoas que compõem a administração direta (art. 5º, III, da Lei n. 7.347/85), porque o são estão dispensadas de demonstrar a "pertinência temática" para verem reconhecidas sua "representatividade adequada em juízo". Com relação às pessoas que integram a administração indireta, é importante distinguir as que são regidas pelo direito público (autarquias, agências e fundações) das que são regidas, por imposição constitucional (art. 173), pelo direito privado (empresas públicas e sociedades de economia mista). Para estas, não para aquelas, a "pertinência temática" não pode ser afastada até para que não se atrite com o precitado dispositivo constitucional, que impõe, àquelas pessoas, o mesmo regime das empresas privadas[26].

Todavia, doutrinadores como Teori Albino Zavaski, entendem ser necessária a demonstração de pertinência temática. Para o autor:

> No caso do Ministério Público, o interesse na defesa de direitos difusos e coletivos se configura pela só circunstância de que ela representa o cumprimento de suas próprias funções institucionais. É diferente, entretanto, com os demais legitimados, cujas funções primordiais são outras e para as quais a atuação em defesa de direitos transindividuais constitui atividade acessória e eventual. Embora sem alusão expressa no texto normativo, há, em relação a eles, uma condição de legitimação implícita: não é qualquer ação civil pública que pode ser promovida por tais entes, mas apenas as que visem tutelar direitos transindividuais que, de alguma forma, estejam relacionados com interesses da demanda. Seja em razão de suas atividades, ou das suas competências, ou de seu patrimônio, ou de seus serviços, seja por qualquer outra razão, é indispensável que se possa identificar uma relação de pertinência entre o pedido formulado pela entidade autora da ação civil pública e seus próprios interesses e objetivos como instituição. (...) Essa mesma relação de interesse jurídico deve estar presente quando a demanda for promovida pelos demais legitimados do art. 5º da Lei n. 7.347/85: autarquia, empresas públicas, fundações, sociedades de economia mista e associações[27].

Entendemos que pela interpretação literal do art. 5º da Lei n. 7.347/85, resta claro que somente às associações será exigido o requisito de pertinência temática quando da propositura de ação civil pública que objetive a defesa de interesses difusos e coletivos.

Porém, a partir de uma interpretação sistemática do ordenamento jurídico pátrio, que no art. 7º do Código de Processo Civil exige a demonstração da legitimidade e do interesse de agir, consideramos que apenas o Ministério Público do Trabalho estaria total e absolutamente dispensado de demonstrar a pertinência temática quando ajuizar ação visando a tutela do meio ambiente do trabalho, bem como a Ordem dos Advogados do Brasil, conforme posição do Superior Tribunal de Justiça manifestada no bojo REsp 1423825, em que o relator, ministro Luis Felipe Salomão, argumentou da seguinte forma:

> é prerrogativa da entidade proteger os direitos fundamentais de toda a coletividade, defender a ordem jurídica e velar pelos direitos difusos de expressão social, como sói os consumidores (em sentido amplo, independentemente se se trata de profissional advogado), estando inserida, portanto, dentro de sua representatividade adequada a harmonização destes interesses e a finalidade institucional da OAB", disse o ministro (STJ — REsp 1423825. Relator: ministro Luis Felipe Salomão. DJ: 7 nov. 2017).

Assim, tratando-se de direito difuso, os demais legitimados estarão aptos ao ajuizamento da ação civil pública na defesa do meio ambiente laboral desde que demonstrem a pertinência temática, que é presumida em alguns casos, sendo que tal avaliação deverá ser feita de forma casuística pelo magistrado, como veremos a seguir.

O Supremo Tribunal Federal já decidiu que o artigo 8º, III, da Constituição Federal estabelece a legitimidade extraordinária dos sindicatos para defender em juízo os direitos e interesses coletivos ou individuais dos integrantes

---

(25) DIDIER Jr. Fredie. *Direito Processual Civil* — Tutela Jurisdicional Individual e Coletiva. Vol. I. 5. ed. JusPodivm. Salvador. 2005. p. 158.
(26) BUENO, Cássio Scarpinella. *Curso Sistematizado de Direito Processual Civil.* v. 2. Tomo II. 2. ed. São Paulo: Saraiva. 2012. p. 227.
(27) ZAVASKI, Teori Albino. *Processo Coletivo* — tutela de direitos coletivos e tutela coletiva de direito. 5. ed. São Paulo: Revista dos Tribunais. 2012. p. 62/63. No mesmo sentido, ainda, Hugo Nigro Mazzilli, in *A defesa dos interesses difusos em juízo.* 13. ed. São Paulo: Saraiva. 2001. p. 223/225.

da categoria que representam. Essa legitimidade extraordinária é ampla, abrangendo a liquidação e a execução dos créditos reconhecidos aos trabalhadores (STF, Pleno, RE 210029/RS, Rel. Min. Carlos Velloso, Rel. p/ acórdão Min. Joaquim Barbosa, DJ 17.08.2007). Logo, o sindicato é parte legitima para tutela do meio ambiente laboral. Nesse sentido, Hugo Nigro Mazzilli

> Quanto aos sindicatos, a Constituição lhes permitiu a defesa judicial dos direitos e interesses coletivos e individuais da categoria, inclusive em questões judiciais ou administrativas, bastando-lhes o registro no Ministério do Trabalho. Embora a Lei Maior não seja expressa quanto à possibilidade de defesa de interesses difusos pelos sindicatos, entendemos estarem incluídos dentro do sentido lato da expressão interesses coletivos. Assim, nada obsta, por exemplo, a que os sindicatos defendam em juízo o meio ambiente do trabalho (interesses difusos)[28].

Outro exemplo são os conselhos profissionais que, na qualidade de autarquia especial — entendimento mantido pelo Supremo Tribunal Federal no julgamento do Recurso Extraordinário (RE) 938837 —, possuem legitimidade para ajuizar ação civil pública na defesa do meio ambiente de trabalho ecologicamente equilibrado demonstrando seu interesse de agir (pertinência temática) se envolvidos no caso concreto trabalhadores submetidos à sua fiscalização.

Em relação à Defensoria Pública, o Plenário do Supremo Tribunal Federal, julgando improcedente a Ação Direta de Inconstitucionalidade (ADI) 3943, considerou constitucional a atribuição da Defensoria Pública em propor ação civil pública, sendo que, ao negar provimento ao Recurso Extraordinário (RE) 733433, firmou a seguinte tese em sede de repercussão geral: "a Defensoria Pública tem legitimidade para a propositura de ação civil pública em ordem a promover a tutela judicial de direitos difusos e coletivos de que sejam titulares, em tese, pessoas necessitadas". Logo, sendo o direito ao meio ambiente do trabalho saudável um direito difuso, seria necessária a demonstração pela Defensoria Pública de que indivíduos vulneráveis economicamente seriam beneficiados com o sucesso da ação coletiva.

Por fim, após apresentamos os legitimados autônomos para defesa do direito ao meio ambiente laboral ecologicamente equilibrado, trazemos mais uma outra hipótese de acesso coletivo à Justiça do Trabalho na busca pela garantia de condições de trabalho dignas. Trata-se da ação popular ajuizada pelo próprio cidadão, que pode ser um empregado da empresa, um trabalhador autônomo, um consumidor etc.

Nos termos do inciso LXXIII da Constituição de 1988, a ação popular é o meio utilizado para a anulação de atos ou contratos administrativos lesivos ao patrimônio público ou de entidade de que o Estado participe, no que tange à moralidade administrativa, ao **meio ambiente** e ao patrimônio histórico e cultural.

O art. 1º da Lei n. 4.717, por sua vez, preceitua que qualquer cidadão será parte legítima para pleitear a anulação ou a declaração de nulidade de atos lesivos ao patrimônio da União, do Distrito Federal, dos Estados, dos Municípios, de entidades autárquicas, de sociedades de economia mista (Constituição, art. 141, § 38), de sociedades mútuas de seguro nas quais a União represente os segurados ausentes, de empresas públicas, de serviços sociais autônomos, de instituições ou fundações para cuja criação ou custeio o tesouro público haja concorrido ou concorra com mais de cinquenta por cento do patrimônio ou da receita ânua, de empresas incorporadas ao patrimônio da União, do Distrito Federal, dos Estados e dos Municípios, e de quaisquer pessoas jurídicas ou entidades subvencionadas pelos cofres públicos.

Nesse passo, sendo o meio ambiente objeto de proteção por meio da ação popular, conclui-se que o meio ambiente do trabalho também está inserido no âmbito de proteção do referido instrumento processual, pois a lei não fez qualquer distinção, bem como pelo fato de tal direito fundamental ter natureza preponderantemente difusa. Já a legitimidade ativa para sua propositura resta configurada pela comprovação da condição de eleitor do autor.

Importante destacar que o interesse do autor da ação popular deve necessariamente abranger direitos metaindividuais e indivisíveis, não se confundindo com interesse particular, tendo em vista a singularidade da ação especial, onde o autor age como substituto processual de toda coletividade e mesmo da própria pessoa jurídica de direito público contra qual intenta a ação — art. 17 da Lei da Ação Popular.

Logo, o magistrado deverá verificar, casuisticamente, se os pedidos formulados na inicial da ação popular têm o alcance de beneficiar pessoas determinadas e indetermináveis (como futuros trabalhadores que vierem a ser contra-

---

(28) MAZZILLI, Hugo Nigro. *A defesa dos interesses difusos em juízo*. 19. ed. São Paulo: Saraiva, 2006. p. 286

tados pela ré, por exemplo). Em outros termos, se o autor da ação popular objetiva apenas atender interesses pessoais e divisíveis, o processo deverá ser extinto sem resolução do mérito, com fulcro no inciso VI do art. 485 do Código de Processo Civil, por inadequação da via eleita.

Para tal análise, o órgão julgador poderá se valer dos princípios da razoabilidade e da proporcionalidade, tendo em vista que na defesa dos direitos difusos quase sempre será um dos beneficiários o próprio autor da ação. Logo, o fato de o autor da demanda ser empregado da empresa não caracteriza, por si só, seu interesse exclusivamente particular na causa.

Inclusive na Justiça Comum, quando a ação é ajuizada pelos órgãos públicos na tutela de outros direitos difusos, como o meio ambiente natural, nos deparamos com a possibilidade de o agente (pessoa física) que ajuíza a ação ser interessado direto na garantia do direito, pois reside no local da jurisdição e a melhoria da qualidade do ar e da água de uma cidade, por exemplo, beneficiará a todos os moradores daquela localidade, inclusive o próprio autor da demanda. Cabe ao magistrado, portanto, no caso concreto, avaliar se o deferimento da tutela trará benefícios de repercussão difusa. Se sim, a ação popular será perfeitamente cabível.

Correntes contrárias negam o cabimento da ação popular no que concerne à proteção da saúde e da segurança do trabalhador. Felipe Lopes Soares entende que uma "interpretação histórica do instituto da ação popular impossibilita a conclusão pelo cabimento desse instrumento para a proteção do meio ambiente do trabalho, considerando que "a ação popular sempre teve sua vocação voltada à proteção de bens e interesses difusos (majoritariamente atrelados ao erário), ou seja, não individualizáveis sequer em nível de grupo"[29].

Todavia, este argumento não deve prevalecer, tendo em vista que, como exaustivamente já demonstrado nesta pesquisa, o direito ao meio ambiente do trabalho ecologicamente equilibrado possui natureza difusa.

Nota-se que a competência para ajuizar ações que visem à melhoria do meio ambiente será fixada de acordo com a causa de pedir da demanda. Logo, se a argumentação exposta abrange a melhoria do local de trabalho, pois as condições encontradas são prejudiciais aos trabalhadores do local e na inicial são citadas leis específicas que protegem o trabalhador, a ação deverá ser processada e julgada na Justiça do Trabalho.

Isso porque o eventual acolhimento do pedido pelo juiz repercutirá na esfera fática e jurídica de todos os trabalhadores do local e demais pessoas determinadas e indetermináveis envolvidas. Assim, de acordo com o entendimento do e. Tribunal Superior do Trabalho, com o qual coaduno, o órgão competente para processar e julgar ação cuja causa de pedir seja o descumprimento de normas atinentes ao meio ambiente do trabalho, é a Justiça do Trabalho, ainda que o empregador seja ente público ou o autor da ação não seja trabalhador (STF, Súmula n. 736). O Supremo Tribunal Federal, inclusive, na Rcl 13.113 (Rel. Min. Ricardo Lewandowski, j. 18.12.2013), assentou que:

AGRAVO REGIMENTAL. RECLAMAÇÃO. AFRONTA AO DECIDIDO NA ADI 3.395-MC/DF. NÃO OCORRÊNCIA. AÇÃO CIVIL PÚBLICA PROPOSTA NA JUSTIÇA DO TRABALHO, PARA IMPOR AO PODER PÚBLICO A OBSERVÂNCIA DAS NORMAS DE SAÚDE, HIGIENE E SEGURANÇA DO TRABALHO NO ÂMBITO DE HOSPITAL. AUSÊNCIA DE SIMILITUDE ENTRE O ATO RECLAMADO E A DECISÃO PARADIGMA. AGRAVO IMPROVIDO. I Esta Corte, por ocasião do julgamento da ADI 3.395-MC/DF, deu interpretação conforme ao art. 114, I, da Constituição Federal, para excluir da competência da Justiça do Trabalho as causas instauradas entre o Poder Público e servidor que lhe esteja vinculado por relação jurídico-estatutária. II — O ato reclamado deve ajustar-se com exatidão ao paradigma invocado, a fim de que se verifique afronta à autoridade de decisão deste Tribunal. III — A ausência de similitude entre o ato reclamado e o acórdão indicado como paradigma impede o julgamento da reclamação. IV — No caso, trata-se de Ação Civil Pública proposta pelo Ministério Público do Trabalho, com o fim de apurar o descumprimento de normas relativas ao meio ambiente do trabalho, especialmente no que se refere ao Hospital 28 de Agosto, localizado em Manaus/AM, o que afasta a competência da Justiça comum.

Segundo o TST, "a limitação de competência imposta à Justiça do Trabalho pela decisão do STF na ADI n. 3395-6 não alcança as ações que tenham como causa de pedir o descumprimento de normas trabalhistas relativas à segurança, higiene e saúde dos trabalhadores", conforme se verifica nos seguintes julgados:

RECURSO DE REVISTA. MINISTÉRIO PÚBLICO DO TRABALHO. AÇÃO CIVIL PÚBLICA MOVIDA CONTRA A ADMINISTRAÇÃO PÚBLICA DIRETA. COMPETÊNCIA DA JUSTIÇA DO TRABALHO. CONDIÇÕES DE SAÚDE,

---

(29) SOARES, Felipe Lopes. Cabimento de ação civil pública e ação popular na defesa da saúde e da segurança do trabalhador. *Revista dos Tribunais*, São Paulo, v. 918, ano 101, abril de 2012. p. 441-442)

HIGIENE E SEGURANÇA DO TRABALHO. VÍNCULO JURÍDICO ESTATUTÁRIO. A limitação de competência imposta à Justiça do Trabalho pela decisão do STF na ADI n. 3395-6 não alcança as ações que tenham como causa de pedir o descumprimento de normas trabalhistas relativas à segurança, higiene e saúde dos trabalhadores. Nesse sentido, permanece inabalável a Súmula n. 736 do STF. Recurso de Revista conhecido e provido. (RR — 1218-92.2011.5.23.0008, Relatora Ministra: Maria de Assis Calsing, Data de Julgamento: 24.10.2012, 4ª Turma, Data de Publicação: 31.10.2012)

AGRAVO DE INSTRUMENTO EM RECURSO DE REVISTA. COMPETÊNCIA DA JUSTIÇA DO TRABALHO. AÇÃO CIVIL PÚBLICA. DEFESA DO MEIO AMBIENTE DO TRABALHO. ENTE PÚBLICO. NATUREZA CELETISTA OU ESTATUTÁRIA DA RELAÇÃO JURÍDICA. IRRELEVÂNCIA. 1. Trata-se de ação civil pública pela qual se busca "a interdição do edifício sede da Procuradoria Geral do Estado", "no qual laboram, além de servidores estatutários, 'dezenas de trabalhadores terceirizados, regidos pela CLT, os quais também se encontram diuturnamente expostos aos graves e iminentes riscos verificados nas dependências daquela edificação'". A demanda "visa à preservação da saúde e a segurança da coletividade dos trabalhadores que prestam serviço na edificação, sejam eles inseridos numa relação contratual trabalhista ou estatutária, bem como toda a sociedade que transita por aquele ambiente". Diante do quadro, o e. TRT concluiu que "A natureza do vínculo existente entre as partes, se estatutária ou celetista, não tem o condão de afastar a competência da Justiça do Trabalho, na medida em que a preservação do meio ambiente de trabalho afigura-se como um direito social (art. 7º, XXII, da Constituição Federal), e nessa condição, direito de todo e qualquer trabalhador". Acrescentou que "o ambiente laboral em causa põe em risco não apenas os ocupantes de cargos públicos, mas todos os trabalhadores que ali prestam serviços — aí incluídos os terceirizados, cuja relação é estritamente celetista. Isto já seria suficiente para atrair a competência da Justiça do Trabalho" . 2. Não há justificativa jurídica ou faticamente plausível para cindir o meio ambiente em setores — celetista e estatutário. O ambiente de trabalho é um só e as diretrizes elementares e imperativas de segurança, saúde e higiene do trabalho aplicam-se a todos aqueles que laboram no recinto público, não guardando relevância a qualificação do vínculo jurídico que possuam com o ente público tomador dos serviços. O que se tutela na presente demanda é a higidez do local de trabalho e não o indivíduo trabalhador em si — e esta é a razão pela qual a qualificação ao vínculo jurídico que ostenta é irrelevante. 3. Dessarte, não há como conferir outra solução à lide, que não a de considerar a Justiça do Trabalho competente para as ações alusivas ao meio ambiente do trabalho. Inteligência da Súmula n. 736 do STF. Precedentes. Intacto o art. 114, I, da Constituição Federal. 4. Divergência jurisprudencial formalmente válida não demonstrada (art. 896, a, da CLT). MEIO AMBIENTE DO TRABALHO. INOBSERVÂNCIA DAS NORMAS RELATIVAS À SAÚDE E SEGURANÇA DOS TRABALHADORES. 1. O e. TRT relatou que "todos os elementos dos autos indicam a precariedade do ambiente laboral no prédio interditado, resultante do descumprimento de regras comezinhas de saúde e segurança no trabalho, de cujo cumprimento ninguém, seja particular, seja poder público, pode se esquivar". 2. No tema, o recurso de revista está desfundamentado, uma vez que a reclamada não respalda sua insurgência em qualquer das hipóteses de admissibilidade inscritas no art. 896 da CLT. ALEGAÇÃO DE AFRONTA AO PRINCÍPIO DA SEPARAÇÃO DOS PODERES. 1. O e. TRT relatou que "todos os elementos dos autos indicam a precariedade do ambiente laboral no prédio interditado, resultante do descumprimento de regras comezinhas de saúde e segurança no trabalho, de cujo cumprimento ninguém, seja particular, seja poder público, pode se esquivar". Asseverou que "uma das características do estado democrático de direito é justamente esta: ninguém está acima ou fora da influência da lei"e, sendo assim, concluiu que "a determinação do cumprimento de normas de saúde e segurança dos trabalhadores é medida que se impõe e de modo algum encerra violação ao princípio da separação dos poderes, consagrado no art. 2º da Constituição Federal". Dessarte, a Corte de origem manteve a sentença que determinou a interdição do prédio ameaçado, condicionando a sua liberação ao cumprimento das providências elencadas no *decisum*. 2. Com respaldo nos artigos 196 e 225 da Carta Magna, evidenciada a situação precária a que submetidos os servidores do ente público, imperiosa a atuação do Poder Judiciário, no mister de concretizar direitos fundamentais do trabalhador, não havendo falar, nessa hipótese, em ingerência abusiva de um Poder sobre o outro, tampouco em afronta ao princípio da separação dos poderes. Inviolado, pois, o artigo 2º da Lei Maior. Agravo de instrumento conhecido e não provido. (TST — AIRR: 1285007020135130025, Relator: Hugo Carlos Scheuermann, Data de Julgamento: 12.08.2015, 1ª Turma, Data de Publicação: DEJT 18.08.2015).

Além disso, o art. 114, I, da Constituição Federal, dispõe ser da Justiça do Trabalho a competência para processar e julgar qualquer ação oriunda da relação de trabalho, inclusive abrangendo os entes de direito público. Por fim, a Súmula n. 736 do e. Supremo Tribunal estabelece que "compete à Justiça do Trabalho julgar as ações que tenham como causa de pedir o descumprimento de normas trabalhistas relativas à segurança, higiene e saúde dos trabalhadores".

6 CONSIDERAÇÕES FINAIS

Além das conclusões tópicas já lançadas ao longo do desenvolvimento deste artigo, podemos dizer, como síntese de todo o exposto, que o meio ambiente do trabalho ecologicamente equilibrado é um direito humano e fundamental dos trabalhadores à sadia qualidade de vida física, psíquica, social e moral no ambiente laboral.

Não sendo possível precisar quais pessoas são ou serão direta ou indiretamente atingidas em um meio ambiente de trabalho desequilibrado e insalubre, além da dificuldade de identificar a dimensão dos danos suportada por cada indivíduo, inegável que o direito ao meio ambiente laboral sadio e seguro possui natureza essencialmente difusa.

Essa dificuldade decorre do fato de tal direito ostentar natureza predominantemente indivisível, ligando seus titulares pela única circunstância fática de ocuparem o mesmo local de trabalho, independentemente do vínculo jurídico que possuem com o empregador.

Quanto ao acesso à Justiça, verificamos ser necessária a adoção do microssistema do processo coletivo na Justiça do Trabalho, de modo que somente na hipótese de lacuna no sistema integrado de acesso coletivo à justiça (LACP e CDC), poderá o juiz do trabalho se socorrer da aplicação subsidiária da CLT, do CPC e de outros diplomas normativos pertinentes e desde que haja compatibilidade principiológica da norma a ser migrada com o sistema do processo coletivo, como se depreende da dicção do art. 19 da LACP e do art. 90 do CDC.

Ao constatarmos que o meio ambiente laboral ecologicamente equilibrado é direito fundamental de natureza predominantemente difusa, a legitimação para ajuizamento de ações coletivas que visem a sua proteção deve ser encarada como autônoma.

Respondendo à pergunta de pesquisa, concluímos que todos os legitimados previstos no art. 5º da Lei n. 7.347/85 podem ajuizar ação coletiva na defesa do meio ambiente laboral na Justiça do Trabalho, estando apenas o Ministério Público do Trabalho e a OAB dispensados de demonstrar interesse (pertinência temática) para prosseguimento da demanda. Em algumas situações, a pertinência é presumida, como na hipótese de o sindicato ou conselhos profissionais forem os autores da ação.

Além disso, o cidadão também é parte legítima para ajuizar a ação popular, não configurando presunção de interesse meramente particular o simples fato de o autor ser trabalhador da empresa. Cabe ao magistrado, portanto, no caso concreto, analisar se os pedidos feitos na inicial possuem a aptidão de gerar benefícios de caráter difuso (alcançando pessoas indeterminadas ou indetermináveis, como os futuros trabalhadores). Se sim, a ação popular deverá ser devidamente processada e ter seu mérito julgado.

7   REFERÊNCIAS

BUENO, Cássio Scarpinella. *Curso Sistematizado de Direito Processual Civil*. v. 2. Tomo II. 2. ed. São Paulo: Saraiva. 2012. p. 227.

CASSAR, Vólia Bomfim. *Direito de trabalho*. 12. ed. Rio de Janeiro: Forense; São Paulo: Metodo, 2016. p. 978.

CÉSAR, João Batista Martins. *A tutela coletiva dos direitos fundamentais dos trabalhadores*. São Paulo: LTr, 2013, p. 69.

DIDIER Jr. Fredie. *Direito Processual Civil — Tutela Jurisdicional Individual e Coletiva*. Vol. I. 5. ed. JusPodivm. Salvador. 2005. p. 158.

EBERT, Paulo Roberto Lemgruber. *O meio ambiente do trabalho. Conceito, responsabilidade civil e tutela.* Jus Navigandi, Teresina, ano 17, n. 3377, 29 set. 2012 . Disponível em: <http://jus.com.br/revista/texto/22694>. Acesso em: 16 jun. 2013.

FIORILLO, Celso Antonio Pacheco et al. *Direito processual ambiental brasileiro*. Belo Horizonte: Del Rey, 1996.

FIORILLO, Celso Antônio Pacheco; RODRIGUES, Marcelo Abelha. *Manual de Direito ambiental e Legislação aplicável*. São Paulo: M. Limonad, 1997. p. 10.

LEITE, Carlos Henrique Bezerra. *Curso de direito processual do trabalho*. 16. ed. São Paulo: Saraiva, 2017.

_____ . *Direito processual coletivo do trabalho na perspectiva dos direitos humanos*. 2. ed. São Paulo: LTr, 2008.

_____ . *Direito processual coletivo do trabalho*. São Paulo: LTr, 2014.

LIEBMAN, Enrico Tullio. *Manual de direito processual civil*. Trad. Cândido Rangel Dinamarco. Rio de Janeiro: Forense, 1984. V. I, p. 159.

MAZZILLI, Hugo Nigro. *A defesa dos interesses difusos em juízo*. 9. ed. São Paulo: Saraiva, 1997.

NERY JUNIOR, Nelson. *Princípio do Processo Civil na Constituição Federal*. 4. ed. São Paulo: Editora Revista dos Tribunais, 1997.

_____ . *Código de processo civil anotado*. 4. ed. São Paulo: Editora Revista dos Tribunais, 1999. 8. ed., 2004.

RODRIGUES, Marcelo Abelha. *Elementos de direito processual civil*. São Paulo: Editora Revista dos Tribunais. vol. 1, 2. ed., 2000, vol. 2, 2000.

_____ . *Ação civil pública e meio ambiente*. Rio de Janeiro: Forense Universitária, 2003.

ROCHA, Júlio Cesar de Sá da. *Direito ambiental e meio ambiente do trabalho:* dano, prevenção e proteção jurídica. São Paulo: LTr, 1997. p. 32.

SANTOS, Ronaldo Lima dos. *Sindicatos e ações coletivas:* acesso à justiça, jurisdição coletiva e tutela dos interesses difusos, coletivos e individuais homogêneos. São Paulo: LTr, 2003. p. 117.

TEDESCO, Frederico Rodrigues. *Inaplicabilidade do art. 844 da CLT à ação civil pública trabalhista ajuizada pelo Ministério Público.* Disponível em: <https://escola.mpu.mp.br/publicacoes/boletim-cientifico/edicoes-do-boletim/boletim-cientifico-n-47-janeiro--junho-2016/inaplicabilidade-do-art-844-da-clt-a-acao-civil-publica-trabalhista-ajuizada-pelo-ministerio-publico/at_download. Acesso em: 23 fev 2018.

WATANABE, Kazuo. Apontamentos sobre tutela jurisdicional dos interesses difusos (necessidade de processo dotado de efetividade e aperfeiçoamento permanente dos juízes e apoio dos órgãos superiores da justiça em termos de infraestrutura material e pessoal). In: *Ação civil pública*: Lei n. 7.347/85 — reminiscências e reflexões após dez anos de aplicação. coord. Édis Milaré. São Paulo: Revista dos Tribunais, 1995.

_____ . *Cognição no processo civil*. São Paulo: Revista dos Tribunais, 1987.

ZAVASKI, Teori Albino. *Processo Coletivo* — tutela de direitos coletivos e tutela coletiva de direito. 5. ed. São Paulo: Revista dos Tribunais. 2012. p. 62/63. No mesmo sentido, ainda, Hugo Nigro Mazzilli, in *A defesa dos interesses difusos em juízo*. 13. ed. São Paulo: Saraiva. 2001. p. 223/225.

TUTELAS PROVISÓRIAS NO DIREITO AMBIENTAL DO TRABALHO

Vitor Salino de Moura Eça(*)

1 INTRODUÇÃO

O direito na contemporaneidade é vincado pela fiscalidade incessante e o processo que lhe é correlato compreendido como meio de pacificação social, entretanto a mera acessibilidade é insuficiente para a garantia do processo justo. É imprescindível que a prestação jurisdicional seja em tempo adequado.

Está na consciência de todos nós que o acesso à justiça integra o Estado Democrático de Direito, ideal com o qual se alinha a Constituição Federal, e que deve compreender a previsão legal do direito e os instrumentos que facilitem a sua concretização, considerando, por óbvio, as desigualdades dos jurisdicionados, pois é papel do direito democrático equalizar as distorções. E mais do que isso, para que aplicação seja efetiva ela carece de chegar em tempo útil, o que somente se perfaz por meio de uma tutela jurisdicional tempestiva e efetiva.

Os fundamentos deste modelo Estado se assentam não só na positivação de direitos, notadamente os direitos fundamentais, sendo mais caros para nós o direito fundamental do trabalho e o acesso à justiça em tempo adequado, mas também todo um sistema integrado e comprometido com a promoção e a concretização de tais direitos.

Nesse sentido, convém reafirmar que são objetivos da República Federativa do Brasil a construção de uma sociedade mais livre, justa e solidária e seu fundamento maior é o princípio da dignidade da pessoa humana.

O direito de acesso à justiça — direito humano e fundamental[1] — neste contexto, está positivado e pressupõe meios garantidores de seu real exercício, devendo proporcionar ao jurisdicionado uma tutela em tempo adequado

---

(*) Pós-doutor em Direito Processual Comparado pela Universidad Castilla-La Mancha, na Espanha. Pós-doutor em Direito Processual Internacional pela Universidad de Talca — Chile. Professor Adjunto IV da PUC-Minas (CAPES 6), lecionando nos cursos de mestrado e doutorado em Direito. Professor visitante em diversas universidades nacionais e estrangeiras. Professor conferencista na ENFAM e na ENAMAT. Pesquisador junto ao Centro Europeo y Latinoamericano para el Diálogo Social — España. Membro efetivo, dentre outras, das seguintes sociedades: Academia Brasileira de Direito do Trabalho — ABDT; Academia Brasileira de Direito da Seguridade Social — ABDSS; Asociación Iberoamericana de Derecho del Trabajo y de la Seguridad Social — AIDTSS; Asociación de Laboralistas — AAL; Equipo Federal del Trabajo — EFT; Escuela Judicial de América Latina — EJAL; Instituto Brasileiro de Direito Social Júnior- IBDSCJ; Instituto Brasileiro de Direito Processual — IBDP; Instituto Latino-Americano de Derecho del Trabajo y de la Seguridad Social — ILTRAS; e da Societé Internationale de Droit du Travail et de la Sécurité Sociale.

(1) Convindo com o magistério de Sarlet (2009. p. 29), "Em que pese sejam ambos os termos ("direitos humanos" e "direitos fundamentais") comumente utilizados como sinônimos, a explicação corriqueira e, diga-se de passagem, procedente para a distinção é de que o termo "direitos fundamentais" se aplica para aqueles direitos do ser humano reconhecidos e positivados na esfera do direito constitucional positivo de determinado Estado, ao passo que a expressão "direitos

e que assegure efeito proveitoso diante das necessidades humanas, em sintonia com o princípio constitucional do devido processo legal e seus consectários, o contraditório, a ampla defesa, a motivação das decisões, e ainda o duplo grau de jurisdição.

O direito de acesso à justiça, garantido pelo inciso XXXV, do art. 5º/CF, não quer dizer apenas que todos têm direito de ir a juízo, mas também quer significar que todos têm direito à adequada tutela jurisdicional ou à tutela jurisdicional efetiva, adequada e tempestiva. (MARINONI, 1998, p. 18). E para tanto o Direito Processual do Trabalho emerge como um conjunto de princípios e regras que servem à concretização do direito material a que serve, e será mais eficiente a medida que conseguir realizar sua harmônica subsunção, em especial à luz dos valores constitucionais.

A Justiça do Trabalho atua direito existencial e, por isso, a sua prestação jurisdicional há de ser célere.

Nada obstante, mais do que reparar é função da justiça prevenir os males, sobretudo àqueles que impacto o meio ambiente do trabalho e a saúde do trabalhador, espaço hábil para as tutelas provisórias. E nesse sentido, o direito processual dispõe de variadas tutelas provisórias, antecedentes e cautelares, que otimizam o tempo de tramitação do processo mas que, lamentavelmente, não costumam ser requeridas. Sendo assim, a intensificação doutrinária há de cumprir o relevante papel de disponibilizar estes importantes instrumentos.

2 NORMAS DE SAÚDE, SEGURANÇA E PREVENÇÃO TRABALHISTA

O meio ambiente saudável para o trabalhador é aquele em que sua saúde não é exposta à riscos, e impõe-se pontuar que saúde não é apenas a ausência de doença, em sintonia com o conceito que vem sendo utilizado pela Organização Mundial da Saúde — OMS, agência especializada da ONU para o setor, criada em 7 de abril de 1948, com sede em Genebra, na Suíça, para quem a saúde significa *o completo estado de bem-estar físico, mental e social*, e não simplesmente na ausência de doença ou enfermidade.

Neste estudo nos interessa o homem mais especificamente enquanto trabalhador, em especial porque nesta condição merece tutela diferenciada do Estado, na medida em que afirma o *caput* do art. 7º de nossa Lei Maior, que são direitos dos trabalhadores urbanos e rurais, além de outros que visem à melhoria de sua condição social: [...] IV — salário-mínimo, fixado em lei, nacionalmente unificado, capaz de atender a suas necessidades vitais básicas e às de sua família com moradia, alimentação, educação, *saúde*, lazer, vestuário, higiene, transporte e previdência social, com reajustes periódicos que lhe preservem o poder aquisitivo, sendo vedada sua vinculação para qualquer fim.

Temos, assim, que a Constituição Federal garante a saúde a todos, mas que ao homem trabalhador a proteção é elastecida, consagrando o meio ambiente sustentável do trabalho, e integrando o empregador como agente promotor de saúde junto ao organismo de produção, em linha com o papel social da empresa.

Ocorre que o espaço de trabalho é controlado pelo empregador, situação que inibe o empregado a exigir as mais modernas e eficientes técnicas de prevenção, de saúde e segurança no ambiente de trabalho. E note-se que neste sítio se desencadeiam muitas doenças ocupacionais, algumas temporárias e outras com sequelas permanentes, e ainda serve de dramático palco de acidentes de trabalho, agravando o quadro da saúde no Brasil.

Como estamos a tratar de proteção do direito fundamental social da saúde, convém exibir das mais significativas normas constitucionais de relativas ao objeto de investigação. Depois delas temos as Convenções da OIT ratificadas pelo Brasil, que são várias em nosso tema de estudo, uma delas anterior à própria CLT e da ONU, que é a Convenção n. 42, concernente à indenização de moléstias profissionais, de 1934, ratificada no Brasil por meio do Decreto n. 1.361, de janeiro de 1937. Sobreveio a Convenção n. 115, que trata da proteção contra as radiações ionizantes, a Convenção n. 120, que dispõe sobre a higiene em escritórios, a Convenção n. 127, sobre o peso máximo de cargas que podem ser transportadas por um só trabalhador, e assim por diante.

Temos ainda muitas leis que tutelam a saúde e segurança do trabalhador, valendo como exemplos notáveis as Leis ns. 6.514/77, que trata de insalubridade e periculosidade, a Lei n. 7.410/85, de engenharia de segurança no trabalho,

---

humanos" guardaria relação com os documentos de direito internacional, por referir-se àquelas posições jurídicas que se reconhecem ao ser humano como tal, independentemente de sua vinculação com determinada ordem constitucional, e que, portanto, aspiram à validade universal, para todos os povos e tempos, de tal sorte que revelam um inequívoco caráter supranacional (internacional)". E complementa o autor dizendo que, nos dias atuais, no que diz respeito ao conteúdo das declarações internacionais e dos textos constitucionais, está ocorrendo um processo de aproximação e harmonização, na medida em que a maior parte das Constituições do segundo pós-guerra se inspirou tanto na Declaração Universal de 1948, quanto nos diversos documentos internacionais e regionais que a sucederam.

e a Lei n. 9.029/95, que se ocupa dos atestados de gravidez e esterilização, sem prejuízo de inúmeras outras normas na mesma temática.

Naturalmente que a CLT também aqui cumpre o seu papel histórico. Ela que com indesejável frequência é injustamente acusada de anacronismo, desde a sua redação original, mais uma vez em posição de vanguarda, sempre contou com regras atinentes à "higiene e segurança do trabalho", a partir de seu art. 154, consolidando a normatividade antecedente, que se consigna para registro histórico, o Decreto n. 3.652, de 20 de maio de 1940, o Decreto-lei n. 3.700, de 9 de outubro de 1941, e o Decreto n. 10.569, de 5 de outubro de 1942, ocupando-se ainda com a fiscalização, a fim de que as normas fossem efetivamente respeitadas.

Inauguram-se com a CLT as disposições que se ocupam com saúde desde antes da abertura do estabelecimento destinado a abrigar trabalhadores, exigindo inspeção prévia, com sujeição a embargo e interdição, criando órgãos de segurança e medidas preventivas, que vão desde a edificação, passando por iluminação, conforto térmico e afins, em posturas que até hoje parecem atuais e são bem eficientes. As principais ocupações de então sempre contaram com regramentos específicos, assim como os grupos que merecem atenção diferenciada, como mulheres e menores, com jornadas e peculiaridades sujeitas à estrita observância.

O mundo somente viria a conhecer os Direitos Humanos com a Declaração Universal dos Direitos Homem, de 1948, portanto posterior à CLT brasileira, de 1943, onde se convencionou o direito ao trabalho e à proteção à saúde. O art. 25, do documento da humanidade preceitua que toda pessoa tem direito a um nível de vida suficiente para lhe assegurar e à sua família a *saúde* e o bem-estar, principalmente quanto à alimentação, ao vestuário, ao alojamento, à assistência médica e ainda quanto aos serviços sociais necessários, e tem direito à segurança no desemprego, na doença, na invalidez, na viuvez, na velhice ou noutros casos de perda de meios de subsistência por circunstâncias independentes da sua vontade.

Sensível e eficiente, a CLT precede como instrumento destinado à proteção ao direito social da saúde até mesmo à Declaração Universal dos Direitos do Homem, com o importante recorte do homem enquanto trabalhador, amalgamando dos mais precisos direitos que a humanidade conhece, como o direito à vida, qualificada por uma vida saudável; o direito ao trabalho, expressão de Direitos Humanos, porque confere dignidade à pessoa humana; e, por fim, que o trabalho possa ser prestado em condições compatíveis com o resguardo a tão elevado padrão de civilidade.

O nosso acervo legislativo é amplo e variado, mas queremos, por fim, destacar a importantíssima Portaria n. 3.214/78, do Ministro do Trabalho, que aprovas as *Normas Regulamentadoras*, em atenção ao art. 200/CLT, relativas à Segurança e Medicina do Trabalho, disciplinando técnicas específicas para a prestação de serviços de modo seguro. Estas normas são de observância obrigatória por empresas públicas e privadas, bem como pelos órgãos da administração direta e indireta, além dos próprios Poderes da República em suas contratações celetistas.

A prevenção deve ser vista como um objetivo comum. O empregador tem de cumprir e fazer cumprir as normas de segurança e medicina do trabalho, instruindo seus empregados e adotando a regras protetivas disponíveis no momento para o setor, além de facilitar o exercício da fiscalização pela autoridade competente, tudo conforme o art. 157/CLT. Ao empregado toca a observância das referidas normas, bem como, objetivamente, colaborar com o empregador em sua aplicação, nos moldes do art. 158/CLT. E o poder público, que se ativa por meio das atividades de fiscalização, segundo o preceito constante do art. 156/CLT, prevenindo, orientando e até mesmo punindo o aqueles que descumprirem o estatuído, segundo a regra do art. 201/CLT.

3 TEMPO E PROCESSO

O respeito às normas de tutela que proporcionam o meio ambiente saudável nem sempre é compreendido com a devida importância e, neste setor, a omissão e a negligência podem ser fatais ou deixarem como consequências sofridas patologias.

Estas situações exigem intervenção imediata. Ocorre que em nossa sociedade a ética flexível estimula um crescente número de demandas, razão pela qual, apesar das respostas do Poder Judiciário serem prestadas, em geral, em tempo adequado, às vezes a antecipação do provimento é medida cautelarmente recomendada.

O tempo é uma expressão que comporta vários significados e percepções a seu respeito, sendo elemento essencial da vida e das relações humanas. Estas, com o desenvolvimento social, passaram a ser regidas pelo ordenamento jurídico como um conjunto de normas que, entre outras funções, estabelecem direitos e obrigações aos homens em prol de uma convivência coletiva harmônica.

A tutela jurisdicional emerge como resultado da prestação jurisdicional. É por meio desta que se define quem é o titular do bem da vida objeto do litígio, e que a ele o entrega, havendo concreta alteração dos mundos dos fatos, na medida do que foi garantido pela lei material ou, não sendo isso possível, por seu equivalente.

Além das garantias postas num plano ideal, nos convém que elas atuem adequadamente, o que é preocupação constante da ciência processual. O processo comum, em certa perspectiva, tem doutrinado tais inquietações com mais propulsão, e a soma de esforços há orientar as nossas investigações, daí porque é conveniente ampliar a comunicabilidade, a fim de potencializar o Direito Processual do Trabalho, sobretudo porque as hipóteses positivadas de tutelas de urgência e evidência são ainda incipientes entre nós, exigindo do intérprete e aplicador da norma o manejo da teoria do diálogo de fontes como método de coordenação de normas, guiado pelos preceitos constitucionais que, também, são objetivos a serem alcançados com a hétero-integração.

O tempo da entrega da tutela ganha importância diante de sua relação direta com a efetividade, mas o queremos conforme às garantias constitucionais processuais. E diante disso, percebe-se que não basta o acesso aos tribunais e, consequentemente, o direito ao processo. Delineia-se inafastável, também, a absoluta regularidade deste (direito no processo), com a verificação efetiva de todas as garantias resguardadas ao consumidor da justiça *due process of law*, em um breve prazo de tempo, isto é, dentro de um tempo justo, para a consecução do escopo que lhe é reservado. (TUCCI, 1997, p. 145).

Nessa perspectiva, pode-se afirmar que o legislador infraconstitucional, dando concretude ao direito fundamental de acesso à justiça na perspectiva contemporânea, está obrigado a implantar procedimentos e técnicas que tutelem de forma efetiva, adequada e tempestiva os direitos e que permitam uma racional distribuição do tempo do processo. Face a isso, afirma Bedaque com sabedoria que, de nada adianta a proteção constitucional do direito de demandar em juízo se o sistema processual não estiver preparado para garantir de maneira eficaz o interesse juridicamente protegido. O devido processo legal não se limita aos princípios da ampla defesa, contraditório, igualdade. É preciso também assegurar às partes a perfeita adequação do instrumento a ser utilizado, a fim de que possa ele proporcionar aos interessados acesso à ordem jurídica justa, isto é, assegurar ao titular de um direito praticamente tudo aquilo que o ordenamento jurídico lhe garante. (BEDAQUE, 2011, p. 101).

Cabe ao Estado, no exercício de sua função legiferante, organizar procedimentos e prever técnicas processuais que garantam a tempestividade e a efetividade da tutela jurisdicional, bem como, no exercício de sua função judicial, interpretar e aplicar a lei de modo que esse poder-dever de dizer o direito no caso concreto se realize segundo as citadas características, garantindo, realmente, o direito fundamental de acesso à justiça.

A isso se ajusta a observação do Ministro Luiz Fux, pontificando que o acesso à justiça, para não se transformar em mera garantia formal, exige "efetividade", que tem íntima vinculação com a questão temporal do processo. Uma indefinição do litígio pelo decurso excessivo do tempo não contempla à parte o devido processo legal, senão mesmo o "indevido" processo. (FUX, 1996, p. 320).

Sendo assim, as duas características — efetividade e tempestividade — devem permear o acesso à justiça, o que se remata com a observação de que sem efetividade, no concernente ao resultado processual cotejado com o direito material ofendido, não se pode pensar em processo justo. Não sendo rápida a resposta do juízo para a pacificação do litígio, a tutela não se revela efetiva (THEODORO JUNIOR, 2017, p. 833).

Não devemos esmorecer diante dos desafios que estão postos. Convém destacar que tudo isso ainda é bem novo para nós, pois somente com o advento da Emenda Constitucional n. 45, de 2004, é que o princípio da duração razoável do processo passou a constar expressamente de nosso acervo legislativo, com *status* de direito fundamental, com a inclusão do inciso LXXVIII ao art. 5º/CF, segundo o qual a todos, no âmbito judicial e administrativo, são assegurados a razoável duração do processo e os meios que garantam a celeridade de sua tramitação.

4 TUTELAS PROVISÓRIAS

A despeito do processo do trabalho dispor de duas específicas formas de tutelas provisórias, nos moldes do inciso IX e X, do art. 659/CLT, o tratamento sistêmico do tema segue a disciplina legal preconizada no CPC. E o TST, por meio do inciso VI, do art. 3º, da IN n. 39/TST já anuiu que as regras do processo comum aplicam-se ao Direito Processual do Trabalho.

Sendo assim temos que a tutela provisória pode fundamentar-se em urgência ou evidência e ser satisfativa ou cautelar. Ela vale, a um só tempo, para antecipar dos efeitos da tutela (satisfação em tempo adequado) e para funcionar como medidas cautelares, sejam nominadas ou inominadas[2] (assegurar o direito afirmado), inclusive, como é comum em meio trabalhista, para a obtenção de efeito suspensivo nos recursos, sem necessidade de ação própria, visando afastar a incidência do disposto no art. 899/CLT.

Nesse sentido a inteligente observação de Fredie Didier Jr. *et alli*, de que a tutela provisória é marcada por três características essenciais: a) sumariedade da cognição, vez que a decisão se assenta em análise superficial do objeto litigioso e, por isso, autoriza que o julgador decida a partir de um juízo de probabilidade; b) precariedade, pois, a princípio, a tutela provisória conservará sua eficácia ao longo do processo, mas ela poderá ser revogada a qualquer tempo; c) no fato de que, por ser fundada em cognição sumária e precária, a tutela provisória é inapta a tornar-se indiscutível pela coisa julgada (DIDIER Jr. *et alli*, 2015, p. 568).

A tutela provisória de urgência, cautelar ou antecipatória, pode ser concedida em caráter antecedente (na petição inicial antes de qualquer outra providência, isto é, antes da própria citação) ou incidental, vale dizer, no curso da demanda, cabendo ao Juiz do Trabalho determinar as medidas que considerar adequadas para efetivação da tutela provisória[3], que observará as normas referentes ao cumprimento provisório da sentença, no que couber.

Como comenta Bruno Freire e Silva, com acerto, quando a parte requerer ao Estado-juiz a concessão de uma medida de caráter provisório, considerando a urgência da situação, o magistrado deve considerar a medida que se demonstre mais apta e adequada a proteger o direito em risco, assegurando o resultado mais efetivo. E quanto à efetivação da tutela provisória, deverão ser observados os procedimentos de cumprimento provisório da sentença, regulados no art. 517 e seguintes do CPC (FREIRE E SILVA, 2016, p. 213).

Na decisão que conceder, negar, modificar ou revogar a tutela provisória, o Juiz do Trabalho motivará fartamente seu convencimento[4], de modo claro e preciso, como é garantia das partes, em especial porque esta é uma situação excepcional. Isso porque, o magistrado não pode proferir decisão contra uma das partes sem que ela seja previamente ouvida, mas o art. 9º/CPC põe fora desta regra fundamental justamente as decisões referentes à tutela provisória de urgência e às hipóteses de tutela da evidência, em face de que as garantias de cidadania exigem a aplicação exauriente do disposto no inciso IX, do art. 93/CF, c/c os arts. 298/CPC e 832/CLT.

A tutela provisória será requerida ao juízo da causa, o que poderá ocorrer ao longo de toda tramitação, vez que não se sujeita à preclusão, ao juízo competente para conhecer do pedido principal, sendo que em caso de ação de competência originária de tribunal[5] e nos recursos a tutela provisória será requerida ao órgão jurisdicional competente para apreciar o mérito, de acordo com o art. 299/CPC.

A tutela provisória conserva sua eficácia na pendência do processo, mas pode, a qualquer tempo, ser revogada ou modificada, nos moldes do art. 296/CPC. E salvo decisão judicial em contrário, a ela conservará a eficácia até mesmo durante o período de suspensão do processo. Lado outro, a decisão que julga improcedente o pedido final gera a perda da eficácia da tutela antecipada, exceto se houver decisão judicial em sentido contrário, o que pode ocorrer em situações excepcionais, exigindo fundamentação específica.

---

(2) O CPC atual extinguiu o antigo *processo cautelar* e unificou as suas hipóteses no título em exame.

(3) O inciso IV, do art. 139/CPC, autoriza que o Juiz do Trabalho determine todas as medidas indutivas, coercitivas, mandamentais ou sub-rogatórias necessárias para assegurar o cumprimento de ordem judicial, inclusive nas ações que tenham por objeto prestação pecuniária.

(4) Sobre a fundamentação das decisões judiciais convém relembrar que, conforme o art. 489/CPC, são elementos essenciais da sentença: I — o relatório, que conterá os nomes das partes, a identificação do caso, com a suma do pedido e da contestação, e o registro das principais ocorrências havidas no andamento do processo; II — os fundamentos, em que o juiz analisará as questões de fato e de direito; III — o dispositivo, em que o juiz resolverá as questões principais que as partes lhe submeterem. § 1º Não se considera fundamentada qualquer decisão judicial, seja ela interlocutória, sentença ou acórdão, que: I — se limitar à indicação, à reprodução ou à paráfrase de ato normativo, sem explicar sua relação com a causa ou a questão decidida; II — empregar conceitos jurídicos indeterminados, sem explicar o motivo concreto de sua incidência no caso; III — invocar motivos que se prestariam a justificar qualquer outra decisão; IV — não enfrentar todos os argumentos deduzidos no processo capazes de, em tese, infirmar a conclusão adotada pelo julgador; V — se limitar a invocar precedente ou enunciado de súmula, sem identificar seus fundamentos determinantes nem demonstrar que o caso sob julgamento se ajusta àqueles fundamentos; VI — deixar de seguir enunciado de súmula, jurisprudência ou precedente invocado pela parte, sem demonstrar a existência de distinção no caso em julgamento ou a superação do entendimento.

(5) A decisão monocrática do relator que concede, nega, modifica ou revoga tutela provisória, seja em caso ação de competência originária dos tribunais ou de recurso é agravável, via agravo interno, conforme inteligência do art. 1021/CPC e dos Regimentos Internos.

Convém registrar que a tutela provisória pode também ser concedida na sentença, e com muita mais fundamentação, pois já terá ocorrido toda a cognição exauriente, bem como em sede recursal, com requerimento dirigido ao relator, *ad referendum* da Turma, conferindo eficácia imediata à sentença.

A exceção fica por conta do que dispõe o art. 1º, da Lei n. 9.494/97, não permite a concessão de tutela antecipada quando forem rés as pessoas jurídicas de direito público, suas autarquias e fundações, e o pleito girar em torno de: a

Anote-se que conforme disposto no art. 295/CPC, que expressamente preceitua que a tutela provisória deve ser requerida, temos a aplicação do princípio da congruência, no sentido de que a tutela provisória jamais pode ser conferida de ofício.

A decisão que aprecia o pedido de tutela provisória, seja antecedente ou incidental, em fase de conhecimento ou de execução, ou ainda em primeiro ou em segundo grau, terá natureza de decisão interlocutória ou de capítulo da sentença (acórdão), conforme o momento em que proferida.

5 TUTELA DE URGÊNCIA

O art. 300/CPC estabelece que a tutela de urgência será concedida quando houver elementos que evidenciem a probabilidade do direito (verossimilhança) e o perigo de dano (*periculum in mora*) ou o risco ao resultado útil do processo, sendo que ela poderá ser concedida liminarmente ou após justificação prévia, mas se atividade discricionária judicial, ou seja, basta que a parte preencha os requisitos.

Sendo assim, o direito afirmado pela parte deve ter consistente plausibilidade, e o tempo regular de tramitação do processo importar em comprometimento para a eficácia da decisão.

A sua adequação ao Direito Processual do Trabalho é total, já que este atua em pactos de prazo sucessivo, onde as situações fáticas se protraem no tempo, gerando ou agravando riscos à integridade física, moral e patrimonial das partes. Note-se que a tutela de urgência não tem o escopo reparar, mas sim de prevenir o ilícito, conferindo efetividade à tutela judicial[6].

Se requerida em um processo já existente ela será incidental, sendo irrelevante se o mesmo já foi julgado, pois há possibilidade de se buscar a proteção antecipada também na fase de execução, e se o processo ainda não existe a tutela é antecedente, faz-se desde a petição inicial, mas com o compromisso de se reafirmar a providência em sede de pedido definitivo.

Saliente-se que o pedido não é exclusividade do autor. Assim, o réu, o terceiro interessado e o MPT também pode formular o pleito de tutela provisória.

Note-se que na tutela de urgência inexiste qualquer distinção entre os requisitos de concessão de tutela cautelar e tutela de satisfativa de urgência, pois a probabilidade e o perigo na demora são requisitos comuns para ambas as formas de tutela.

Se a tutela de urgência for de natureza antecipatória, ela não deve ser concedida quando houver perigo de irreversibilidade dos efeitos da decisão.

Diante de sua provisoriedade, o § 1º, do aludido art. 300/CPC preconiza que para a concessão da tutela de urgência, o Juiz do Trabalho pode, conforme o caso, exigir caução real ou fidejussória idônea para ressarcir os danos que a outra parte possa vir a sofrer, o que é inadequado em jurisdição trabalhista e poderia até impedir a sua utilizada entre nós, entretanto a norma tem a cautela de dispensar a caução quando o requerente for economicamente hipossuficiente e não puder oferecê-la, o que corrobora a recepção do instituto.

Salienta o art. 301/CPC que a tutela de urgência de natureza cautelar pode ser efetivada mediante arresto, sequestro, arrolamento de bens, registro de protesto contra alienação de bem e qualquer outra medida idônea para asseguração do direito.

---

(6) A praxe forense trabalhista é pródiga em exemplos, sobretudo no campo da prevenção de saúde e segurança, o impedimento de manuseio de equipamentos inadequados, as reintegrações diante de dispensas ilícitas; a manutenção de plano de saúde indevidamente suprimido, a ausência de quitação de verbas rescisórias após a formalização do distrato e assim por diante.

Este rol exemplificativo é nítido resquício do antigo CPC, para conferir alguma segurança às partes, pois doravante não mais carecemos que medidas típicas, porquanto segundo os poderes conferidos ao magistrado pelo art. 139/CPC, basta que ele cogite da plausibilidade e verifique a existência dos elementos autorizadores para a tutela provisória para a sua concessão que pautado nos princípios processuais constitucionais da duração razoável do processo e da fundamentação ele poderá deferir qualquer medida que seja útil e adequada para garantir o direito que está sob ameaça.

Independentemente da reparação por dano processual, a parte responde pelo prejuízo que a efetivação da tutela de urgência causar à parte adversa, se: I — a sentença lhe for desfavorável; II — ocorrer a cessação da eficácia da medida em qualquer hipótese legal. III — o Juiz do Trabalho acolher a alegação de decadência ou prescrição da pretensão do autor. E a indenização será liquidada nos autos em que a medida tiver sido concedida, sempre que possível.

6 TUTELA ANTECIPADA ANTECEDENTE

Nos casos em que a urgência for contemporânea à propositura da ação, afirma o art. 303/CPC, a petição inicial pode limitar-se ao requerimento da tutela antecipada e à indicação do pedido de tutela final, com a exposição da lide, do direito que se busca realizar e do perigo de dano ou do risco ao resultado útil do processo.

Neste caso a situação de urgência preexiste à demanda, a sua quantificação já é possível e, destarte, na petição inicial o autor terá de indicar o valor da causa, que deve levar em consideração o pedido de tutela final.

Concedida a tutela antecipada, o autor deverá aditar a petição inicial, com a complementação de sua argumentação, a juntada de novos documentos e a confirmação do pedido de tutela final, no prazo que o Juiz do Trabalho fixar, não podendo ser maior de quinze dias, que é o prazo do processo comum, diante do princípio da celeridade que informa o processo do trabalho. No entanto, o magistrado poderá dilatar esse prazo, a teor do inciso VI, do art. 139/CPC, adequando-o às necessidades do conflito de modo a conferir maior efetividade à tutela do direito.

Se o aditamento não for realizado, o processo será extinto sem resolução do mérito.

Diante da formalização do aditamento, o réu será então citado e intimado para a audiência de conciliação, e não havendo autocomposição, abre-se o prazo para contestação. A administração desse interregno é muito importante, pois o réu precisa ter pleno conhecimento do inteiro teor do aditamento para que possa produzir defesa válida sem o risco de surpresas processuais que são vedadas.

Finalmente, caso entenda que não há elementos para a concessão de tutela antecipada, o órgão jurisdicional determinará a emenda da petição inicial em até cinco dias, sob pena de ser indeferida e de o processo ser extinto sem resolução de mérito[7].

O art. 304/CPC trata da estabilização da lide, caso seja concedida tutela antecipada e não haja recurso, entretanto está norma não se aplica ao Direito Processual do Trabalho, por incompatibilidade, já que não temos a recorribilidade imediata da decisão[8]. Aliás, sobre o tema já se pronunciou o TST, asseverando caber mandado de segurança, diante tutela provisória antecedente[9], nos termos da Súmula n. 414/TST.

Nada obstante, inexistindo o mandado de segurança de que trata a Súmula n. 414/TST, a tutela antecipada conservará seus efeitos enquanto não revista, reformada ou invalidada por decisão de mérito, seja por sentença ou julgamento de recurso ordinário.

---

(7) As partes podem requerer o desarquivamento dos autos em que foi concedida a medida, para instruir a petição inicial vindoura, ficando prevento o juízo em que a tutela antecipada foi concedida, mas o direito de rever, reformar ou invalidar a tutela antecipada, extingue-se após dois anos, contados da ciência da decisão que extinguiu o processo.

(8) Apesar do entendimento do TST e da autoridade de seu argumento, nada impede que as partes convencionem, caso seja de interesse, a estabilidade da demanda.

(9) MANDADO DE SEGURANÇA. TUTELA PROVISÓRIA CONCEDIDA ANTES OU NA SENTENÇA. I — A tutela provisória concedida na sentença não comporta impugnação pela via do mandado de segurança, por ser impugnável mediante recurso ordinário. É admissível a obtenção de efeito suspensivo ao recurso ordinário mediante requerimento dirigido ao tribunal, ao relator ou ao presidente ou ao vice-presidente do tribunal recorrido, por aplicação subsidiária ao processo do trabalho do art. 1.029, § 5º, do CPC. II — No caso de a tutela provisória haver sido concedida ou indeferida antes da sentença, cabe mandado de segurança, em face da inexistência de recurso próprio. III — A superveniência da sentença, nos autos originários, faz perder o objeto do mandado de segurança que impugnava a concessão ou o indeferimento da tutela provisória.

A decisão que concede a tutela não fará coisa julgada, mas a estabilidade dos respectivos efeitos só será afastada por decisão superveniente de mérito que a revir, reformar ou invalidar.

7 TUTELA CAUTELAR ANTECEDENTE

A petição inicial da ação que visa à prestação de tutela cautelar em caráter antecedente indicará a lide e seu fundamento, a exposição sumária do direito que se objetiva assegurar e o perigo de dano ou o risco ao resultado útil do processo, tudo nos termos do art. 305/CPC. E caso o Juiz do Trabalho entender que o pedido tem natureza antecipada, ele deve seguir os regramentos do art. 303/CPC.

Esta tutela é, portanto, requerida dentro do mesmo processo em que se busca a tutela definitiva, e a antecipação se destina exatamente a permitir a aceleração da providência e a assegurar a sua eficácia.

O réu será citado para, no prazo de cinco dias, contestar o pedido e indicar as provas que pretende produzir.

Havendo contestação, o feito tomará o procedimento comum. E não sendo contestado o pedido, os fatos alegados pelo autor presumir-se-ão aceitos pelo réu configurando-se a revelia, caso em que o Juiz do Trabalho decidirá dentro de cinco dias.

Uma vez efetivada a tutela cautelar, o pedido principal terá de ser formulado pelo autor no prazo de trinta dias (aqui seguimos o prazo do processo comum, diante de omissão celetista), e salientamos que este prazo é importante para a efetivação da medida, caso em que o pleito principal virá nos mesmos autos em que deduzido o pedido de tutela cautelar antecedente[10].

Note-se que o pedido principal pode ser formulado conjuntamente com o pedido de tutela cautelar, e que a causa de pedir poderá ser aditada no momento de formulação do pedido principal. E quando apresentado o pedido principal, as partes serão intimadas para a audiência de conciliação, na forma do art. 334/CPC, por seus advogados ou pessoalmente, sem necessidade de nova citação do réu.

Inexistindo a autocomposição, abre-se o prazo para contestação.

Segundo o art. 309/CPC, cessa a eficácia da tutela concedida em caráter antecedente, se: I — o autor não deduzir o pedido principal no prazo legal; II — não for efetivada dentro de trinta dias; III — o Juiz do Trabalho julgar improcedente o pedido principal formulado pelo autor ou extinguir o processo sem resolução de mérito.

Se por qualquer motivo cessar a eficácia da tutela cautelar, é vedado à parte renovar o pedido, salvo sob novo fundamento.

O indeferimento da tutela cautelar não obsta a que a parte formule o pedido principal, nem influi no julgamento desse, salvo se o motivo do indeferimento for o reconhecimento de decadência ou de prescrição.

O procedimento a seguir será comum, sumaríssimo ou ordinário, consoante o valor da causa, e a sua decisão importará em julgar o pedido de tutela cautelar definitivamente, quando o julgador poderá conceder, manter, alterar ou extinguir o pleito originário.

8 TUTELA DE EVIDÊNCIA

O art. 311/CPC autoriza que o Juiz do Trabalho conceda a tutela da evidência, independentemente da demonstração de perigo de dano ou de risco ao resultado útil do processo, quando: I — ficar caracterizado o abuso do direito de defesa ou o manifesto propósito protelatório da parte; II — as alegações de fato puderem ser comprovadas apenas documentalmente e houver tese firmada em julgamento de casos repetitivos[11] ou em súmula vinculante, quando o magistrado fica legalmente autorizado a decidir liminarmente; III — a petição inicial for instruída com prova

---

(10) Em sede trabalhista esta medida pode ser requerida para arresto ou sequestro de bens, para lançamento de impedimento de alienação de bens que tornem o executado insolvente, e assim por diante.

(11) Esta hipótese compreende a tese jurídica firmada em demandas repetitivas, por meio de incidente de resolução de demandas repetitivas ou por meio dos respectivos recursos, pelo que fica a parte dispensada de aguardar toda a tramitação se todos já sabem, antecipadamente, qual o destino da questão submetida a juízo.

documental suficiente dos fatos constitutivos do direito do autor, a que o réu não oponha prova capaz de gerar dúvida razoável.

A compreensão da norma indica que a circunstância de evidência significa uma questão fática processualmente corroborada. Sendo assim, a evidência não pode ser encarada como uma modalidade de tutela propriamente dita, mas sim num pressuposto para a sua concessão no espaço processual.

A tutela de evidência pode ser requerida pela parte, por terceiros e pelo MPT.

Na jurisdição trabalhista estas situações acontecem com indesejável frequência, quando o empregador dispensa o trabalhador e aduz, em juízo, que não tem como pagar sequer os créditos rescisórios, ensejando a concessão de tutela de evidência, ou seja, em demandas que contam com provas fáticas e ampla probabilidade de comprovação do quanto alegado. E, naturalmente, sendo assim, temos que a tutela de evidência pode ser utilizada em prestação jurisdicional provisória ou definitiva.

A conclusão é no sentido de que, se está tudo às claras, há demonstração inequívoca e a complementação cognitiva é esperada com invulgar credibilidade, inexiste razão para que não se atenda desde logo a formulação. A instrução processual perpassando por todas as etapas da fase de conhecimento só tem sentido diante de dúvida fundada em torno do direito perseguido, e não fazer do processo um instrumento de salvaguarda de maus pagadores[12]. Assim, a agilidade permitida pela tutela de evidência pune a chicana processual que tenta atravancar a justiça.

Os entes públicos também se sujeitam à tutela provisória de evidência, por abusividade do direito, sempre que deduzem em juízo defesa que contrariar entendimento coincidente com orientação vinculante firmada no âmbito administrativo do próprio ente, consolidada em parecer ou súmula administrativa, salvo se para demonstrar a existência de distinção ou da necessidade de superação do entendimento.

Os procedimentos especiais, assim entendidos os previstos em lei de rito próprio, também se sujeitam à tutela de evidência.

A tutela de evidência pode ser renovada em sede recursal, assim como os demais pedidos de antecipação de tutela, estando a matéria disciplinada na OJ n. 68, da SDI-II/TST, que aduz competir ao relator decidir sobre o mesmo, submetendo a sua decisão ao Colegiado respectivo, independentemente de pauta, na sessão imediatamente subsequente.

9 TUTELAS PROVISÓRIAS EXCLUSIVAMENTE TRABALHISTAS

O Direito Processual do Trabalho conta com duas hipóteses exclusivas de tutelas provisórias, constantes dos incisos IX e X, do art. 659/CLT, que autorizam o Juiz do Trabalho a conceder tutela de urgência para tornar sem efeito transferência disciplinada nos parágrafos do art. 469, bem como a conceder antecipação de tutela em casos que visem reintegrar no emprego dirigente sindical afastado, suspenso ou dispensado pelo empregador, com base no art. 659/CLT.

10 CONCLUSÃO

A saúde no Brasil é um direito social fundamental, assegurado a todos pelo Estado, que deve ser garantido mediante políticas sociais e econômicas que visem à redução do risco de doença e de outros agravos, e ao acesso universal e igualitário às ações e serviços para sua promoção, proteção e recuperação.

Vimos que o trabalhador goza da proteção a saúde comum a todos os cidadãos, mas que, em virtude de sua sujeição no momento da prestação de serviços, tem o espectro alargado e fica ainda sob a proteção objetiva do empregador, segundo o padrão civilizatório da CLT brasileira, que precede até mesmo à Declaração Universal dos Direitos do Homem como instrumento de afirmação do trabalho e da saúde como direitos sociais.

---

(12) A tutela de evidência é apropriada para procedimentos especiais que clamam por rápida intervenção judicial em caso de flagrantes injustiças, tais como as possessórias, os embargos de terceiros e a ação monitória.

O mundo do trabalho tem de se ocupar com técnicas de saúde e proteção do trabalho, conferindo um meio ambiente equilibrado para a prestação de trabalho, e que apesar da inibição natural de para exigências desse teor, prevenir é bem mais econômico do que indenizar, e ainda suprime as lesões e sequelas.

As atividades preventivas devem ocupar empregadores, empregados e o poder público, com a valorização dos serviços especializados em engenharia e medicina do trabalho, a Comissão Interna de Prevenção de Acidentes — CIPA, bem como a aquisição, instrução e fiscalização do uso de EPI, além da adoção de medidas preventivas de risco.

Ante ao insucesso da prevenção, precisamos conhecer bem as morbidades e os respectivos tratamentos, a que deve ser feito a parir de escorreita caracterização do acidente de trabalho, das doenças profissionais, das doenças do trabalho e os eventos equiparados, nos valendo de conceitos legais, estabelecidos pela norma previdenciária.

As indenizações, cujas pretensões são buscadas na Justiça do Trabalho, são importantes e têm caráter pedagógico, mas não nos referimos a elas. Interessa-nos investigar as formas preventivas. Destarte, as tutelas de urgência exsurgem nesse contexto como medidas necessárias no atual estágio da civilização, até que a prevenção esteja na consciência de empregados e empregadores, no fato de promoção da dignidade humana, e na vontade dos agentes políticos encarregados de promoção de saúde.

A despeito do valor ínsito que damos à saúde e segurança, já é tempo de propormos um manejo mais frequente das tutelas de urgência e evidência perante a Justiça do Trabalho, sejam elas cautelares ou antecipatórias, antecedentes ou incidentais, como medidas de promover o Meio Ambiente *sustentável* do Trabalho.

O problema da efetividade do processo é ancestral, e a ausência de sua tramitação em tempo adequado é um dos fatores de mais deletério comprometimento mundo afora. A sua inserção como valor fundamental na Constituição da República é um fenômeno ainda recente e, por isso, o apontamento do meio de viabilizar este desiderato e o rompimento da cultura anterior são desafios ainda por vencer.

Nada obstante a vereda está aberta. Relembramos, com saudade, de Zavascki (2002, p. 30), para quem o princípio constitucional da efetividade do processo se exterioriza, entre outros modos, também pela pronta resposta do Estado às demandas que lhe são dirigidas.

Vamos manejar com mais destreza as tutelas provisórias em seara trabalhista, onde o caráter existencial dos créditos vindicados na Justiça do Trabalho recomenda a celeridade. A relação entre efetividade e tempestividade da tutela jurisdicional qualificam o primado do acesso à justiça em nossos dias, razão pela qual precisamos refundar o modo de distribuição de justiça, notadamente a partir de tutelas jurisdicionais diferenciadas, próprias para o campo trabalhista, com o fito de atuar melhor este significativo ramo judiciária, a fim de coroar o valor social do trabalho, com a dimensão que lhe é devida.

A prestação jurisdicional é um serviço público e deve ser prestado com o máximo de eficiência para que seja dotado de efetividade. E é muito importante afirmar que não são exclusivamente os agentes políticos os responsáveis pela missão, porquanto o compromisso é plural, e dele devem estar imbuídos os juízes, os servidores, os advogados, as partes, bem como todos aqueles que puderem colaborar com a construção de uma sociedade mais justa, solidária e fraterna.

11 REFERÊNCIAS

BEDAQUE, José Roberto dos Santos. *Direito e processo:* influência do direito material sobre o processo. 6. ed. São Paulo: Malheiros. 2011.

DIDIER Jr. Fredie; BRAGA, Paula Sarno & OLIVEIRA, Rafael Alexandria de. *Curso de direito processual civil.* Vol. II. 10. ed. Salvador: *Jus*Podivm. 2015.

EÇA, Vitor Salino de Moura. A função do magistrado na direção do processo no novo CPC e as repercussões no Processo do Trabalho. In: LEITE, Carlos Henrique Bezerra (Org.). *CPC: repercussões no processo do trabalho.* 2. ed. São Paulo: Saraiva. 2017a. p. 31-61.

_____ . Direito social à saúde do trabalhador e tutelas de urgência. In: *Proteção à saúde e segurança no trabalho.* ROCHA, Cláudio Jannotti da *et alli.* Coord. São Paulo: LTr. 2018.

_____ . Fontes, diálogos e diálogos de fontes em direito processual do trabalho. In: COLNAGO, Lorena de Mello Rezende; CLAUS, Ben-Hur Silveira (Coord.). *A teoria do diálogo das fontes no processo do trabalho.* São Paulo: LTr, 2017b. p. 17-20.

_____ . Coord. *Trabalho & Saúde.* Belo Horizonte: RTM. 2015.

FREIRE E SILVA, Bruno. *O novo CPC e o processo do trabalho.* Vol. I. Parte Geral. 2. ed. São Paulo: LTr. 2016.

FUX, Luiz. *Tutela de segurança e tutela da evidência*: (fundamentos da tutela antecipada). São Paulo: Saraiva. 1996.

MARINONI, Luiz Guilherme. *Efetividade do processo e tutela de urgência*. Porto Alegre: Sérgio Antônio Fabris Editor. 1994.

_____ . *Tutela antecipatória, julgamento antecipado e execução imediata da sentença*. 2. ed. São Paulo: RT. 1998.

SARLET, Ingo Wolfgang. *Dignidade da pessoa humana e direitos fundamentais na Constituição Federal de 1988*. 7. ed. Porto Alegre: Livraria do Advogado. 2009.

THEODORO JÚNIOR, Humberto. *Curso de direito processual civil*. Vol. I. 58. ed. Rio de Janeiro: Forense. 2017.

TUCCI, José Rogério Cruz e. *Tempo e processo:* uma análise empírica das repercussões do tempo na fenomenologia processual (civil e penal). São Paulo: RT. 1997.

ZAVASCKI, Teori Albino. *Antecipação da tutela em face de pedido incontroverso*. São Paulo: Revista Jurídica, n. 301, p. 30-35, nov. 2002.

PARTICIPAÇÃO PELA VIA JUDICIAL NA PROTEÇÃO DO MEIO AMBIENTE E A EXPANSÃO DA FUNÇÃO JURISDICIONAL(*)

Álvaro Luiz Valery Mirra(**)

1 A PARTICIPAÇÃO JUDICIAL AMBIENTAL E O ACESSO À JUSTIÇA NO DIREITO BRASILEIRO

A questão ambiental, segundo se tem entendido, é uma questão eminentemente política, pois que relacionada, em última instância, à própria definição do modo de vida em sociedade e da estrutura de produção e consumo socialmente desejável. Bem por isso, a questão da proteção do meio ambiente somente pode ser equacionada de maneira adequada com a participação democrática dos cidadãos.[1]

Nesse sentido, participação popular e proteção do meio ambiente são temas indissociáveis, circunstância que evidencia a necessidade da abertura de canais institucionais que viabilizem a participação pública na preservação da qualidade ambiental, seja na esfera legislativa, seja na esfera administrativa, seja, enfim, também, na esfera judicial.[2]

A participação judicial ambiental, em tal contexto, é a participação pública na defesa do meio ambiente que se realiza no âmbito da função jurisdicional, por intermédio do Poder Judiciário. Trata-se de modalidade de participação pública que se soma à participação legislativa e à participação administrativa, a fim de reduzir o distanciamento entre o povo e os agentes que exercem o poder na área do meio ambiente.

As finalidades básicas dessa modalidade de participação pública são (i) fortalecer a implementação do direito ambiental, (ii) propiciar o controle pela sociedade da legalidade e da legitimidade das ações e omissões públicas e privadas na área ambiental e (iii) assegurar a própria participação popular na defesa do meio ambiente.[3]

(*) Texto revisto e acrescido de notas de exposição realizada no 16º Congresso da Associação dos Professores de Direito Ambiental do Brasil — APRODAB — 15.09.2018 — Camboriú/SC.

(**) Doutor em Direito Processual pela Faculdade de Direito da Universidade de São Paulo. Diplomado em Estudos Superiores Especializados em Direito Ambiental pela Faculdade de Direito da Universidade de Estrasburgo — França. Coordenador Adjunto da área de Direito Urbanístico e Ambiental da Escola Paulista da Magistratura. Membro do Instituto "O Direito Por Um Planeta Verde" e da Associação dos Professores de Direito Ambiental do Brasil. Juiz de Direito em São Paulo/SP. alvaromirra@tjsp.jus.br.

(1) Sobre o tema, ver MIRRA, Álvaro Luiz Valery. *Participação, processo civil e defesa do meio ambiente*. São Paulo: Letras Jurídicas, 2011. p. 29-30.

(2) MIRRA, Álvaro Luiz Valery. *Participação, processo civil e defesa do meio ambiente*, cit.. p. 30-31. Sobre a questão da participação pública em matéria ambiental, ver, ainda, SARLET, Ingo Wolfgang; FENSTERSEIFER, Tiago. *Princípios do direito ambiental*. São Paulo: Saraiva, 2014. p. 114 e seguintes.

(3) MIRRA, Álvaro Luiz Valery. *Participação, processo civil e defesa do meio ambiente*, cit.. p. 169.

Importante lembrar, aqui, que a participação judicial ambiental foi institucionalizada no Brasil, em termos amplos e definitivos, com a consagração, na Constituição de 1988, do *acesso participativo à justiça em tema de meio ambiente*.

De fato, em termos gerais, de acordo com os arts. 1º, *caput*, e parágrafo único, e 5º, XXXV, da CF, a República Federativa do Brasil está organizada sob a forma de Estado Democrático-Participativo[4], em que se garante o acesso à justiça para a reivindicação e a proteção integral de todos os direitos reconhecidos (individuais, coletivos e difusos). Mais especificamente em matéria ambiental, a Constituição Federal consagrou, no art. 225, *caput*, o direito de todos ao meio ambiente ecologicamente equilibrado, como direito fundamental, que tem, como consectários lógicos, a adequada informação ambiental, a ampla participação do público na proteção do meio ambiente e, precisamente, o acesso à justiça para a preservação da qualidade ambiental.[5]

Assim, o acesso à justiça em matéria ambiental, no Estado Democrático-Participativo, como corolário do direito de todos ao meio ambiente, só pode ser um acesso *participativo*, voltado a tornar efetiva a participação pública ambiental.[6]

2 A CONCRETIZAÇÃO DO ACESSO PARTICIPATIVO À JUSTIÇA EM MATÉRIA AMBIENTAL E A EXPANSÃO DA FUNÇÃO JURISDICIONAL

Para concretizar o acesso participativo à justiça na defesa do meio ambiente, consagrado no direito brasileiro, como acima se viu, instituiu-se, entre nós, dentro do sistema geral do direito processual civil, um microssistema de direito processual coletivo, composto de normas constitucionais e infraconstitucionais que fizeram do processo civil um autêntico instrumento de participação política. Expressivas, no ponto, as normas inscritas nos arts. 5º, XXXV, LXX e LXXIII, 129, III, e § 1º, e 103 da CF e as Leis ns. 4.717/1965 (ação popular), 7.347/1985 (ação civil pública), 8.078/1990 (Código de Defesa do Consumidor, em seus aspectos processuais), 12.016/2009 (mandado de segurança individual e coletivo), 13.300/2016 (mandado de injunção individual e coletivo), 9.882/1999 (arguição de descumprimento de preceito fundamental) e 9.868/1999 (ação direta de inconstitucionalidade e ação declaratória de constitucionalidade).

Em todas essas normas é fácil verificar a preocupação do constituinte e do legislador infraconstitucional com a abertura da via do processo jurisdicional para a participação popular na defesa de direitos coletivos e difusos e, notadamente, do direito ao meio ambiente, em sentido amplo, incluído o meio ambiente do trabalho.[7]

A principal evidência dessa preocupação do legislador nacional é a atribuição da titularidade do poder de agir em juízo (a legitimidade para agir), nas normas referidas, com as variações próprias de cada instituto processual, às pessoas físicas e aos denominados entes intermediários, tanto privados (associações civis e sindicatos), quanto públicos (Ministério Público e Defensoria Pública), os quais representam em juízo os interesses da sociedade na proteção do meio ambiente, sempre incluído o do trabalho, estando habilitados, a partir daí, a provocar o exercício da jurisdição na esfera ambiental.[8]

Com isso, a jurisdição, no processo coletivo ambiental, assumiu contornos específicos, já que passou a ser uma função exercida pelos juízes em vista da tutela de um direito de titularidade coletiva, voltada à resolução de conflitos metaindividuais e destinada à canalização da participação de indivíduos, grupos e entes intermediários na defesa da

---

(4) BONAVIDES. Paulo. *Teoria constitucional da democracia participativa*: por um direito constitucional de luta e resistência, por uma nova hermenêutica, por uma repolitização da legitimidade. São Paulo: Malheiros, 2001. p. 19.

(5) BENJAMIN, Antônio Herman V. O meio ambiente na Constituição Federal de 1988. In: KISHI, Sandra Akemi Shimada; SILVA, Solange Teles da; SOARES, Inês Virgínia Prado (Org.). *Desafios do direito ambiental no século XXI*: estudos em homenagem a Paulo Affonso Leme Machado. São Paulo: Malheiros, 2005. p. 386. Ainda: CANÇADO TRINDADE, Antonio Augusto. *Direitos humanos e meio-ambiente*: paralelo dos sistemas de proteção internacional. Porto Alegre: Sergio Antonio Fabris, 1993. p. 194; CANOTILHO, J. J. Gomes. O direito ao ambiente como direito subjectivo. In: CANOTILHO, J. J. Gomes. *Estudos sobre direitos fundamentais*. Coimbra: Coimbra Ed., 2004. p. 187; DÉJEANT-PONS, Maguelone. Le droit de l'homme à l'environnement en tant que droit procédural. In: DÉJEANT-PONS, Maguelone; PALLEMAERTS, Marc. *Droits de l'homme et environnement*. Strasbourg: Conseil de l'Europe, 2002. p. 21; CORDINI, Giovanni. *Diritto ambientale comparato*. 3. ed. Padova: Cedam, 2002. p. 78; MIRRA, Álvaro Luiz Valery. *Participação, processo civil e defesa do meio ambiente*, cit.. p. 176-177.

(6) MIRRA, Álvaro Luiz Valery. *Participação, processo civil e defesa do meio ambiente*, cit.. p. 177.

(7) Sobre a inclusão do meio ambiente do trabalho no conceito de meio ambiente e sua descrição jurídico-conceitual, ver MARANHÃO, Ney. Meio ambiente do trabalho: descrição jurídico-conceitual. Disponível em: <https://jus.com.br/artigos/56263/meio-ambiente-do-trabalho-descricao-juridico-conceitual/4>. Acesso em: 08 abr. 2019. Na jurisprudência: STF — Tribunal Pleno — ADI n. 3540/DF-MC — rel. Min. Celso de Mello — DJ 03.02.2006.

(8) MIRRA, Álvaro Luiz Valery. *Participação, processo civil e defesa do meio ambiente*, cit.. p. 179.

qualidade ambiental e no controle das ações e omissões públicas e privadas relacionadas à proteção do meio ambiente[9], inclusive laboral.

Daí, então, as peculiaridades da jurisdição no processo coletivo ambiental, decorrentes (i) da natureza dos conflitos levados ao exame dos juízes — conflitos ambientais de natureza metaindividual; (ii) da especificidade do direito incidente nos casos concretos — direito ao meio ambiente como direito fundamental de titularidade coletiva; e (iii) dos objetivos perseguidos com o seu exercício — não só a pacificação social e a realização do direito material, mas também a viabilização da participação pública na defesa do meio ambiente[10], inclusive, como sempre, o do trabalho.

Vale dizer: no processo coletivo ambiental assume grande importância a dimensão política da jurisdição, que passou a ter como um dos seus objetivos principais viabilizar a participação da sociedade, pela via do Poder Judiciário, na proteção do meio ambiente.

A consequência inevitável da valorização da concepção política da jurisdição foi a de levar a uma considerável ampliação da função jurisdicional, inclusive frente aos demais poderes, sejam os poderes estatais (legislativo e executivo), sejam os poderes exercidos pelos agentes econômicos privados.[11]

Eis aqui, sem dúvida, um aspecto nem sempre considerado na análise da matéria: o de que foi, precisamente, a necessidade de garantir a participação pública ambiental que fez com que a função jurisdicional, em si mesma, se expandisse, no confronto com as demais funções estatais e com as esferas de poder privado.

Há, nesse sentido, na matéria, uma ampliação considerável do alcance da função jurisdicional, para além das hipóteses restritas e tradicionais de prevenção e reparação de danos e degradações ambientais específicos e localizados espacialmente. Aqui, a função jurisdicional passa a abranger, também, (i) o controle concentrado e difuso de constitucionalidade de leis e atos normativos contrários às normas constitucionais de proteção do meio ambiente; (ii) o controle de atos e omissões do Poder Público, inclusive no tocante ao mérito de determinadas escolhas realizadas pelos agentes administrativos e à implementação, pela via judicial, de políticas públicas ambientais[12]; e (iii) a correção de práticas degradadoras do meio ambiente empregadas nos processos produtivos e na organização empresarial pelos agentes privados — tudo levando a uma significativa intervenção do Poder Judiciário nas esferas públicas e privadas.

E é isso, de fato, o que vem ocorrendo no Brasil, na área ambiental, especialmente a partir da atuação do Superior Tribunal de Justiça, o qual, ao longo dos anos vem se constituindo em uma verdadeira Corte Ambiental. Efetivamente, o exame da jurisprudência do STJ deixa bem clara a compreensão que essa Corte de Justiça vem tendo a respeito da atuação que se espera dos tribunais como espaços institucionais por intermédio dos quais se concretiza a participação cidadã em matéria ambiental, especialmente no tocante ao controle das ações e omissões públicas e privadas lesivas ao meio ambiente.

Expressivos, a respeito, os diversos julgados do STJ concernentes ao controle social pela via judicial das omissões do Poder Público em tema de meio ambiente, notadamente no que se refere à omissão na fiscalização das atividades potencialmente degradadoras[13] e na adoção de medidas administrativas indispensáveis à implementação de políticas públicas ambientais (tratamento de esgotos e efluentes líquidos e sólidos antes do lançamento em cursos d'água[14]; implantação de sistema de coleta e tratamento de resíduos sólidos[15]; ocupação irregular de áreas de mananciais[16];

---

(9) MIRRA, Álvaro Luiz Valery. *Participação, processo civil e defesa do meio ambiente*, cit.. p. 372-373.

(10) MIRRA, Álvaro Luiz Valery. *Participação, processo civil e defesa do meio ambiente*, cit.. p. 373. Sobre os escopos sociais, jurídico e políticos da jurisdição em geral, no processo civil moderno, ver DINAMARCO, Cândido Rangel. *A instrumentalidade do processo*. 12. ed. São Paulo: Malheiros, 2003. p. 181 e seguintes (ns. 18 e seguintes).

(11) MIRRA, Álvaro Luiz Valery. *Participação, processo civil e defesa do meio ambiente*, cit.. p. 373.

(12) Sobre o tema, ver, especialmente, KRELL, Andreas J. *Discricionariedade administrativa e proteção ambiental*: o controle dos conceitos jurídicos indeterminados e a competência dos órgãos ambientais: um estudo comparativo. Porto Alegre: Livraria do Advogado, 2004. p. 57 e seguintes; GOMES, Luís Roberto. *O Ministério Público e o controle da omissão administrativa*: o controle da omissão estatal no direito ambiental. Rio de Janeiro: Forense Universitária, 2003. p. 79-110. Na jurisprudência, STF — 1ª T. — AgRg no RE n. 417408 — j. 20.03.2012 — rel. Min. Dias Toffoli; STF — 2ª T. — ARE n. 903241 AgR — j. 22.06.2018 — rel. Min. Edson Fachin.

(13) STJ — 2ª T. — REsp n. 1071741/SP — j. 24.03.2009 — rel. Min. Herman Benjamin (inclusive com a afirmação da responsabilidade *objetiva* do Estado, na esfera civil, pela omissão no dever de fiscalizar). Ainda: STJ — 2ª T. — REsp n. 604725/PR — j. 21.06.2005 — rel. Min. Castro Meira; STJ — 1ª T. — AgRg no Ag n. 822.764/MG — j. 05.06.2007 — rel. Min. José Delgado; STJ — 2ª T. — AgRg no Ag n. 973577/SP — j. 16.09.2008 — rel. Min. Mauro Campbell Marques; STJ — 2ª T. — REsp n. 1376199/SP — j. 19.08.2014 — rel. Min. Herman Benjamin.

(14) STJ — 2ª T. — REsp n. 1366331/RS — j. 16.12.2014 — rel. Min. Humberto Martins; STJ — 2ª T. — REsp n. 1220669/MG — j. 17.04.2012 — rel. Min. Herman Benjamin.

(15) STJ — 1ª T. — REsp n. 575998/MG — j. 07.10.2004 — rel. Min. Luiz Fux; STJ — 2ª T. — REsp n. 1267549/MG — j. 02.09.2014 — rel. Min. Humberto Martins.

(16) STJ — 2ª T. — REsp n. 1376199/SP — j. 19.08.2014 — rel. Min. Herman Benjamin; STJ — 2ª T. — REsp n. 403190/SP — j. 27.06.2006 — rel. Min. João Otávio de Noronha; STJ — 1ª T. — REsp n. 1150392/RS — j. 13.09.2016 — rel. Min. Sergio Kukina.

regularização de loteamentos e desmembramentos irregulares[17] implantação de espaços territoriais especialmente protegidos[18]).

Além disso, avançou-se muito, ainda, no âmbito da Corte, na direção de um regime jurídico bastante severo que permite à sociedade civil buscar a ampla responsabilização, na esfera civil, de pessoas físicas e de pessoas jurídicas, de direito privado e de direito público, por danos e degradações ambientais, especialmente pelo reconhecimento de que a responsabilidade civil ambiental, objetiva[19], está fundada na teoria do risco integral[20], afastada a incidência das excludentes da responsabilidade civil da licitude da atividade, do caso fortuito, da força maior e do fato de terceiro, com aplicação, ainda, do princípio da reparação integral do dano ambiental[21], excluídas a incidência da teoria do fato consumado[22] e a possibilidade de invocação do princípio da insignificância[23] na matéria.

Portanto, foi a necessidade de viabilizar a participação pública na defesa do meio ambiente para o controle das ações e omissões públicas e privadas degradadoras da qualidade ambiental, pela via do espaço institucional do Poder Judiciário, no âmbito do Estado Democrático-Participativo e no contexto do acesso participativo à justiça em matéria ambiental, que fez com que a jurisdição se expandisse na área ambiental; não um desejo específico dos juízes de exercer um poder que extrapola aquele normalmente atribuído à magistratura.

3 PARTICIPAÇÃO JUDICIAL AMBIENTAL, ACESSO À JUSTIÇA E LEGITIMIDADE POLÍTICA DOS JUÍZES E TRIBUNAIS

Em que pese a evolução doutrinária e jurisprudencial verificada na matéria, acima indicada, não há como negar a existência de questionamentos importantes, relacionados à legitimidade política do Poder Judiciário para exercer, com tamanha amplitude, o controle sobre as ações e omissões lesivas ao meio ambiente, sobretudo aquelas relacionadas aos ramos propriamente políticos do Estado (legislativo e executivo).

A indagação normalmente feita é: estariam os juízes, na condição de agentes públicos não escolhidos pela via do processo eleitoral, habilitados a exercer, de forma tão ampla, o controle da atividade desempenhada pelos representantes eleitos pelo povo?

No ponto, o que vale a pena lembrar é que, devido à inércia da jurisdição, os juízes e os tribunais normalmente têm um papel passivo na origem, ficando sempre na dependência de iniciativas externas na defesa do meio ambiente, motivadas, no mais das vezes, por pressões da sociedade civil, a quem se reconhece ampla possibilidade de participação na área ambiental. E, como se sabe, não são, evidentemente, os juízes que criam o movimento popular reivindicativo de proteção do meio ambiente. Ao contrário, os juízes e os tribunais apenas dão respostas às reivindicações populares legítimas de participação e atuação concreta na preservação da qualidade ambiental, que se manifestam na esfera judicial.[24]

Nesse sentido, quando atuam como canais institucionais de participação pública na defesa do meio ambiente, os juízes e os tribunais são, acima de tudo, veículos por intermédio dos quais a própria sociedade civil organizada exer-

---

(17) STJ — 2ª T. — REsp n. 1.113.789/SP — j. 16.06.2009 — rel. Min. Castro Meira; STJ — 2ª T. — REsp n. 333.056/SP — rel. Min. Castro Meira; STJ — 2ª T. — REsp. n. 131697/SP — rel. Min. João Otávio de Noronha; STJ — 2ª T. — REsp. n. 124.714/SP — rel. Min. Francisco Peçanha Martins; STJ — 2ª T. — REsp n. 259.982/SP — rel. Min. Franciulli Netto; STJ — 2ª T. — REsp n. 292.846/SP — rel. Min. Humberto Gomes de Barros.

(18) STJ — 2ª T. — REsp n. 1163524/SC — j. 05.05.2011 — rel. Min. Humberto Martins.

(19) Art. 225, § 3º, da CF; art. 14, § 1º, da Lei n. 6.938/1981.

(20) STJ — 2ª Seção — REsp n. 1.374.284/MG — j. 27.08.2014 — rel. Min. Luís Felipe Salomão — recurso que tramitou sob o regime dos recursos repetitivos do art. 543-C do CPC/1973; STJ — 4ª T. — AgRg no AgRg no AREsp n. 153.797/SP — j. 05.06.2014 — rel. Min. Marco Buzzi; STJ — 3ª T. REsp n. 1373788/SP — j. 06.05.2014 — rel. Min. Paulo de Tarso Sanseverino; STJ — 4ª T. — AgRg no REsp n. 1412664/SP — j. 11.02.2014 — rel. Min. Raul Araújo; STJ — 2ª Seção — REsp n. 1.114.398/PR — j. 08.02.2012 — rel. Min. Sidnei Beneti — recurso que tramitou sob o regime dos recursos repetitivos do art. 543-C do CPC/1973; STJ — 4ª T. — AgRg no AREsp n. 273.058/PR — j. 09.04.2013 — rel. Min. Antonio Carlos Ferreira.

(21) STJ — 2ª T. — REsp n. 1145083/MG — j. 27.09.2011 — rel. Min. Herman Benjamin.

(22) Súmula n. 613 do STJ: "Não se admite a aplicação da teoria do fato consumado em tema de Direito Ambiental". A propósito, STJ — 2ª T. — AgRg no REsp n. 1491027/PB — j. 13.10.2015 — rel. Min. Humberto Martins; STJ — 2ª T. — AgRg no REsp n. 1494681/MS — j. 03.11.2015 — rel. Min. Humberto Martins; STJ — 2ª T. — AgRg no REsp n. 1497346/MS — j. 19.11.2015 — rel. Min. Mauro Campbell Marques; STJ — 1ª T. — AgRg no RMS n. 28220/DF — j. 18.04.2017 — rel. Min. Napoleão Nunes Maia Filho; STJ — 2ª T. — REsp n. 948921/SP — j. 23.10.2007 — rel. Min. Herman Benjamin; STJ — 1ª T. REsp n. 1505083/SC — j. 27.11.2018 — rel. Min. Napoleão Nunes Maia Filho; STJ — 2ª T. AgInt no REsp n. 1545177/PR — j. 13.11.2018 — rel. Min. Og Fernandes; STJ — 1ª T. — AgInt no REsp n. 1283547/SC — j. 23.10.2018 — rel. Min. Regina Helena Costa; STJ — 2ª T. — REsp n. 1705599/SP — j. 14.08.2018 — rel. Min. Herman Benjamin.

(23) STJ — 2ª T. — AREsp n. 667.867/SP — j. 17.10.2018 — rel. Min. Og Fernandes.

(24) FRIEDMAN, Lawrence M. Réclamations, contestations, litiges et l'État-Providence de nos jours. In: CAPPELLETTI, Mauro (Org.). Accès à la justice et État providence. Paris: Economica, 1984. p. 257-260.

cita o poder, que a ela foi conferido no Estado Democrático-Participativo, de tomar parte nas instâncias de decisões relacionadas à preservação da qualidade ambiental e de controlar as condutas e atividades públicas e privadas lesivas ao meio ambiente.

Bem por isso, não são os juízes, a rigor, que intervêm em domínios reservados, normalmente, à legislação, à administração pública ou à iniciativa privada. Em verdade, são os indivíduos, os grupos e os entes representativos da sociedade, a quem se atribui o direito e o dever de participar ativamente na defesa do meio ambiente (art. 225, *caput*, da CF), que realizam essa intervenção.[25]

Daí por que, quando se fala em controle *judicial* sobre as ações e omissões públicas e privadas em matéria ambiental, está-se falando, na realidade, em controle *social* na defesa do meio ambiente, realizado *por intermédio* do Poder Judiciário.[26]

A peculiaridade, na matéria, é que os juízes e os tribunais, no processo coletivo ambiental, não apenas colaboram com a sociedade civil, mas decidem imperativamente e impõem suas decisões nos casos concretos, como é próprio do exercício do poder jurisdicional.[27] Contudo, o controle, em si mesmo, é realizado pela sociedade — representada pelos entes legalmente habilitados —, por intermédio do Judiciário, ainda que, no final das contas, os juízes e os tribunais decidam e imponham suas decisões.

E, de fato, é assim que deve ser, já que de nada adiantaria a incorporação no ordenamento jurídico da participação pela via judicial na defesa do meio ambiente, se os pleitos formulados pelos indivíduos e pelos entes representativos, tendentes ao controle das ações e omissões públicas e privadas na área ambiental, não pudessem ser examinados e deferidos pelo Poder Judiciário, por carência de legitimidade política dos juízes. Seria um verdadeiro contrassenso abrir a via jurisdicional para a participação pública na defesa do meio ambiente se não se reconhecesse a legitimidade política dos juízes para o exame das pretensões veiculadas pela sociedade civil.[28]

Portanto, se com o advento do Estado da democracia participativa houve uma crescente abertura de canais para a participação pública e o controle social relativamente a todas as esferas de poder, desde as estatais até as não estatais, parece claro que o Judiciário surge, nesse contexto, igualmente, como espaço institucional participativo legítimo para viabilizar o exercício desse controle social na área ambiental, apesar de os juízes não serem eleitos pelo povo.

4 SIGNIFICADO DA EXPANSÃO DA JURISDIÇÃO PARA VIABILIZAR A PARTICIPAÇÃO JUDICIAL NA DEFESA DO MEIO AMBIENTE

Como acima analisado, no Estado Democrático-Participativo, consagrado na Constituição Federal, o Poder Judiciário desempenha papel político da mais alta importância, voltado a garantir e a viabilizar a participação pública ambiental, inclusive no tocante ao controle social do poder exercido pelos agentes públicos e privados, ampliando-se, com isso, inevitavelmente, a função jurisdicional na matéria. E, como visto também, o Judiciário atua nesse campo com plena legitimidade política, por definição constitucional, apesar de os seus membros não serem eleitos pelo povo.

Tal legitimidade política do Judiciário, vale registrar, é reforçada, inclusive, pela legislação infraconstitucional, no momento em que o legislador ordinário disciplinou o processo coletivo como instrumento de participação popular na defesa do meio ambiente.

Essa é, precisamente, uma peculiaridade do ordenamento jurídico brasileiro na matéria. A legitimidade política dos juízes e do Poder Judiciário para viabilizar a participação pública ambiental mediante o processo jurisdicional e para decidir as pretensões coletivas ambientais foi reconhecida, no caso brasileiro, pelo constituinte de 1988 e pelo próprio legislador infraconstitucional.

---

(25) A propósito, a lição de MANCUSO, Rodolfo de Camargo. Ação civil pública: instrumento de participação na tutela do bem comum. In: GRINOVER, Ada Pellegrini; DINAMARCO, Cândido Rangel; WATANABE, Kazuo (Coord.). *Participação e processo*. São Paulo: Revista dos Tribunais, 1988. p. 195-196; MIRRA, Álvaro Luiz Valery. *Participação, processo civil e defesa do meio ambiente*, cit.. p. 380-381.

(26) MIRRA, Álvaro Luiz Valery. *Participação, processo civil e defesa do meio ambiente*, cit.. p. 463.

(27) MARINONI, Luiz Guilherme. *Curso de processo civil*: teoria geral do processo. São Paulo: Revista dos Tribunais, 2006, v. 1. p. 111; MIRRA, Álvaro Luiz Valery. *Participação, processo civil e defesa do meio ambiente*, cit.. p. 381.

(28) MIRRA, Álvaro Luiz Valery. *Participação, processo civil e defesa do meio ambiente*, cit.. p. 382.

Vale dizer: a ampliação da função jurisdicional que se tem verificado em matéria ambiental não é resultado de um verdadeiro ativismo judicial, entendido aqui como expressão da independência, do protagonismo ou da ousadia da magistratura nacional. Ao contrário, a expansão da jurisdição nesse domínio nada mais é do que decorrência do espaço de atuação aberto aos juízes e aos tribunais pela própria representação político-eleitoral.[29] Como já teve a oportunidade de decidir o Superior Tribunal de Justiça, no Brasil o ativismo em tema de meio ambiente é da Constituição e da lei e não dos juízes.[30]

Dito de outra maneira, o suposto ativismo judicial na matéria, a que muitas vezes se faz alusão, não é exercido por iniciativa das Cortes de Justiça e das Cortes Superiores, mas por autorização e estímulo do próprio constituinte e do parlamento nacional, no momento em que estes instituíram e disciplinaram o processo coletivo como instrumento de participação do público nos destinos da sociedade e do país, circunstância que reforça a legitimidade da função jurisdicional na área ambiental.[31]

Pode-se, é claro, discutir se reservar ao Poder Judiciário e à função jurisdicional um papel de tal magnitude é, de fato, a melhor alternativa, debate esse sempre importante.

O problema, no entanto, é que a via jurisdicional, frequentemente, aparece como a única alternativa para que a cidadania possa ver cumpridos os ditames constitucionais e infraconstitucionais em tema de meio ambiente, quando tal não se dá nas esferas administrativa e legislativa ou privada.

A via judicial, assim, pode até não ser a melhor alternativa para a viabilização da participação pública ambiental tendente ao controle das ações e omissões públicas e privadas lesivas ao meio ambiente. Entretanto, em não raras ocasiões, ela acaba sendo a única alternativa[32], sobretudo nos últimos tempos, em que se têm verificado não só inúmeros retrocessos legislativos e administrativos na área ambiental como, também, uma persistente aliança entre os agentes públicos e os detentores do poder econômico, aliança essa que, muitas vezes, desconsidera as reais necessidades de proteção do meio ambiente.

Nessas condições, o acesso participativo à justiça, com a expansão da função jurisdicional para o efetivo controle social das ações e omissões públicas e privadas na área ambiental, pode ser, em diversas situações, a única via para que a sociedade civil faça avançar as suas pautas em matéria ambiental. Daí a jurisdição se apresentar, sim, como um espaço institucional importante de participação pública na defesa do meio ambiente, que precisa ser fortalecido e prestigiado, a fim de que a função jurisdicional possa ser acionada de maneira eficiente pela cidadania quando for necessário.

Por essa razão, cumpre anotar de passagem, quando iniciativas legislativas recentes, como, por exemplo, a que trouxe modificações na Lei de Introdução às Normas do Direito Brasileiro[33], esboçam mecanismos tendentes a limitar o controle judicial na área pública, sob a alegação de que se pretende evitar supostos "abusos judiciais" ou garantir maior segurança jurídica[34], o que elas na realidade fazem é tentar controlar e limitar o próprio controle social realizado pela via judicial sobre as ações e omissões públicas.

Por fim, um último registro vale a pena ser feito, para que não haja compreensão equivocada do que vem de ser analisado. É o de que a valorização do acesso participativo à justiça em matéria ambiental, com a expansão da função jurisdicional, na forma exposta, não significa, em hipótese alguma, a desvalorização da representação político-eleitoral e nem do papel do Estado e dos órgãos ambientais na defesa do meio ambiente.

---

(29) Como ressaltam Luiz Werneck Vianna e Marcelo Burgos, "(...) no Brasil, os institutos da revolução processual [ação civil pública e ação popular] procederam da intervenção do Poder Legislativo — mais particularmente do momento de sua maior expressão, a Assembleia Nacional Constituinte —, não derivando, pois, de qualquer tipo de ativismo judicial. Foi, portanto, o Legislativo que mobilizou o Judiciário a fim de cumprir o papel de *tertius* nas relações entre os Poderes, assim como foi ele quem decidiu em favor dos novos papéis da representação funcional" (VIANNA, Luiz Werneck; BURGOS, Marcelo. Revolução processual do direito e democracia progressiva. In: VIANNA, Luiz Werneck (Org.). *A democracia e os três poderes no Brasil*. Belo Horizonte: UFMG; Rio de Janeiro: IUPERJ; FAPERJ, 2002. p. 390). Isso afasta a ideia de um suposto "imperialismo judiciário", na medida em que, como apontam Mauro Cappelletti e Bryant Garth, com apoio na doutrina de Lawrence M. Friedman, frequentemente os novos poderes dos juízes e dos tribunais são expressamente conferidos pelo próprio Poder Legislativo (CAPPELLETTI, Mauro; GARTH, Bryant. Introduction. In: CAPPELLETTI, Mauro (Org.). *Accès à la justice et État providence*. Paris: Economica, 1984. p. 26).
(30) STJ — 2ª T. — REsp n. 650728/SC — j. 23.10.2007 — rel. Min. Herman Benjamin.
(31) MIRRA, Álvaro Luiz Valery. *Participação, processo civil e defesa do meio ambiente*, cit.. p. 386.
(32) DENTI, Vittorio. Giustizia e partecipazione nella tutela dei nuovi diritti. In: GRINOVER, Ada Pellegrini; DINAMARCO, Cândido Rangel; WATANABE, Kazuo (Coord.). *Participação e processo*. São Paulo: Revista dos Tribunais, 1988. p. 17.
(33) Ver, a respeito, Lei n. 13.655/2018, e arts. 20 a 30 da LINDB.
(34) A propósito, vale mencionar matéria de autoria de Sérgio Rodas, veiculada na Revista Eletrônica Consultor Jurídico (Conjur), em 29.08.2018, alterada em 30.08.2018, com referência à manifestação de Carlos Ari Sundfeld sobre o tema, intitulada "Nova Lindb busca responsabilizar juiz que age como administrador, diz Sundfeld" — Disponível em: <https://www.conjur.com.br/2018-ago-29/lindb-responsabiliza-juiz-agir-gestor-sundfeld>. Acesso em: 10 abr. 2019.

Ao contrário, a participação pública na defesa do meio ambiente pela via da jurisdição implica, sempre, a valorização do Estado e da representação político-eleitoral, com a devida compreensão de que a atuação do Estado e dos agentes públicos na preservação da qualidade ambiental é necessária, relevante e irrenunciável, como têm decidido o Supremo Tribunal Federal e o Superior Tribunal de Justiça.[35]

Em matéria ambiental, o que se pretende, em definitivo, é, por uma das vias institucionais postas à disposição da cidadania, fazer com que o Estado e a representação político-eleitoral, no final das contas, cumpram o papel que a eles foi atribuído pela Constituição Federal, papel esse cujo cumprimento a sociedade civil tem o direito de exigir, inclusive pela via judicial. Até para que os órgãos ambientais possam fazer aquilo que sempre pretenderam, mas que muitas vezes se veem impedidos de realizar por entraves criados pelo jogo político dos governos.

E é isso o que, efetivamente, vem ocorrendo, no Brasil, na esfera judicial, a partir da atuação das diversas Cortes de Justiça e das Cortes Superiores, notadamente o Superior Tribunal de Justiça. O que se tem pretendido com a atuação dos juízes e dos tribunais, no final das contas, é apenas viabilizar a participação pública na defesa do meio ambiente pela via judicial, sem jamais deixar de valorizar os papéis do Estado, da representação político-eleitoral e dos órgãos ambientais.

5 REFERÊNCIAS

AGUILLAR, Fernando Herren. *Serviços públicos*: doutrina, jurisprudência e legislação. São Paulo: Saraiva, 2011.

BENJAMIN, Antônio Herman V. O meio ambiente na Constituição Federal de 1988. In: KISHI, Sandra Akemi Shimada; SILVA, Solange Teles da; SOARES, Inês Virgínia Prado (Org.). *Desafios do direito ambiental no século XXI*: estudos em homenagem a Paulo Affonso Leme Machado. São Paulo: Malheiros, 2005.

BONAVIDES. Paulo. *Teoria constitucional da democracia participativa*: por um direito constitucional de luta e resistência, por uma nova hermenêutica, por uma repolitização da legitimidade. São Paulo: Malheiros, 2001.

CANÇADO TRINDADE, Antonio Augusto. *Direitos humanos e meio-ambiente*: paralelo dos sistemas de proteção internacional. Porto Alegre: Sergio Antonio Fabris, 1993.

CANOTILHO, J. J. Gomes. O direito ao ambiente como direito subjectivo. In: CANOTILHO, J. J. Gomes. *Estudos sobre direitos fundamentais*. Coimbra: Coimbra Ed., 2004.

CAPPELLETTI, Mauro; GARTH, Bryant. Introduction. In: CAPPELLETTI, Mauro (Org.). *Accès à la justice et État providence*. Paris: Economica, 1984.

CORDINI, Giovanni. *Diritto ambientale comparato*. 3. ed. Padova: Cedam, 2002.

DÉJEANT-PONS, Maguelone. Le croit de l'homme à l'environnement en tant que droit procédural. In: DÉJEANT-PONS, Maguelone; PALLEMAERTS, Marc. *Droits de l'homme et environnement*. Strasbourg: Conseil de l'Europe, 2002.

DENTI, Vittorio. Giustizia e partecipazione nella tutela dei nuovi diritti. In: GRINOVER, Ada Pellegrini; DINAMARCO, Cândido Rangel; WATANABE, Kazuo (Coord.). *Participação e processo*. São Paulo: Revista dos Tribunais, 1988.

DINAMARCO, Cândido Rangel. *A instrumentalidade do processo*. 12. ed. São Paulo: Malheiros, 2003.

FRIEDMAN, Lawrence M. Réclamations, contestations, litiges et l'État-Providence de nos jours. In: CAPPELLETTI, Mauro (Org.). *Accès à la justice et État providence*. Paris: Economica, 1984.

GOMES, Luís Roberto. *O Ministério Público e o controle da omissão administrativa*: o controle da omissão estatal no direito ambiental. Rio de Janeiro: Forense Universitária, 2003.

KRELL, Andreas J. *Discricionariedade administrativa e proteção ambiental*: o controle dos conceitos jurídicos indeterminados e a competência dos órgãos ambientais: um estudo comparativo. Porto Alegre: Livraria do Advogado, 2004.

MANCUSO, Rodolfo de Camargo. Ação civil pública: instrumento de participação na tutela do bem comum. In: GRINOVER, Ada Pellegrini; DINAMARCO, Cândido Rangel; WATANABE, Kazuo (Coord.). *Participação e processo*. São Paulo: Revista dos Tribunais, 1988.

MARANHÃO, Ney. *Meio ambiente do trabalho*: descrição jurídico-conceitual. Disponível em: <https://jus.com.br/artigos/56263/meio-ambiente-do-trabalho-descricao-juridico-conceitual/4>. Acesso em: 08 abr. 2019.

---

(35) STF — Tribunal Pleno — ADI n. 3540/DF-MC — rel. Min. Celso de Mello — DJ 03.02.2006; STJ — 2ª T. — REsp n. 1071741/SP — j. 24.03.2009 — rel. Min. Herman Benjamin. A proteção do meio ambiente, nesse sentido, é uma autêntica função pública, da qual o Poder Público não pode se desvencilhar, sob pena de ficar descaracterizada a própria existência do Estado (AGUILLAR, Fernando Herren. *Serviços públicos*: doutrina, jurisprudência e legislação. São Paulo: Saraiva, 2011. p. 28).

MARINONI, Luiz Guilherme. *Curso de processo civil*: teoria geral do processo. São Paulo: Revista dos Tribunais, 2006, v. 1.

MIRRA, Álvaro Luiz Valery. *Participação, processo civil e defesa do meio ambiente*. São Paulo: Letras Jurídicas, 2011.

SARLET, Ingo Wolfgang; FENSTERSEIFER, Tiago. *Princípios do direito ambiental*. São Paulo: Saraiva, 2014.

VIANNA, Luiz Werneck; BURGOS, Marcelo. Revolução processual do direito e democracia progressiva. In: VIANNA, Luiz Werneck (Org.). *A democracia e os três poderes no Brasil*. Belo Horizonte: UFMG; Rio de Janeiro: IUPERJ; FAPERJ, 2002.